KB111225

제5판

로스쿨 노동법 해설

조용만 김홍영

LABOUR LAW

圖書出版 오래

로스쿨 노동법 해설

—— 조용만·김홍영

제5판 머리말

제3판을 출간한 지 4년 만에 제5판을 선보인다. 제5판의 달라진 모습은 다음과 같다. 학습대상 일부 강좌를 통합 또는 삭제하여 전체 강좌가 총 30강에서 25강으로 줄었고, 대부분 강좌의 첫머리에 있던 개요 부분을 없앴다. 제4판에서 다루었던 '노동조합과 실업자' 관련 판결(2001두8568), '설립신고를 하지 않은 법외노조' 관련 헌재 결정(2004헌바9), '노동조합의 전임자' 관련 판결(95다46715)을 대상판결에서 제외한 반면에 '임금피크제와 연령차별의 금지' 관련 판결(2017다292343), '불리하게 변경된 취업규칙과 근로계약의 관계' 관련 판결(2018다200709), '노동조합의 실질적 요건' 관련 판결(2017다51610)을 추가했다. 또한 대상판결 6개를 교체했는데, '연차유급휴가' 관련 판결(2008다41666 → 2014다232296, 232302), '근무성적 불량' 해고 관련 판결(90다카25420 → 2018다253680), '경영상 이유에 의한 해고' 관련 판결(2001다29452 → 2016두64876), '해고사유의 서면통지' 관련 판결(2011다42324 → 2017다226605), '준법투쟁'의 쟁의행위 해당성 관련 판결(92누11176 → 2016도11744), '지배개입'의 부당노동행위 관련 판결(96누2057 → 2017두33510)이 그러하다.

그 외에도 최신 주요 판례를 해당 강좌의 '심화학습'에서 공부할 수 있도록 하였다. 보험회사 위탁계약형 지점장의 근기법상 근로자성 관련 판결(2021두33715), 재직조건부 정기상여금의 통상임금성 관련 판결(2019다238053), 육아휴직 후 복직 인사발령의 정당성 관련 판결(2017두76005), 경영상 해고자 우선 재고용 의무 관련 판결(2016다13437), 부당해고 구제이익 관련 판결(2019두52386, 2020두54852), 산별노조 간부의 지회 사업장 출입·활동의 정당성 관련 판결(2017도2478), 절차적 공정대표의무 관련 판결(2017다263192), 사내하청 근로자들의 도급인 사업장에서의 쟁의행위 관련 판결(2015도1927 판결), 위법한 대체근로 저지를 위한 실력행사의 정당성 관련 판결(2015도1927 판결 참고), 유니온 숍 협정의 효력 제한 관련 판결(2019두47377) 등이 그러하다.

여러 가지 어려운 상황임에도 제5판이 발간될 수 있도록 힘써주신 황인욱 발행인과 출판사 관계자 여러분께 이 자리를 빌려 감사의 인사를 드린다. 아무쪼록 제5판이 독자들에게 유익한 교재가 될 수 있기를 바라며, 독자 여러분의 많은 관심과 성원에 감사드린다.

2023년 1월

저자들 씀

제4판 머리말

제3판을 출간한 지 3년 만에 새로운 모습으로 제4판을 선보인다. 우선, 제3판과 달리 제4판에서는 분석 대상판결이 80개에서 78개로 줄었다. 제3판에서 다루었던 남녀 정년차별 관련 판결(94누13589), 묵시적 근로계약 관련 판결(2005다75088), 임금의 직접지급 관련 판결(87다카2803), 사내하청 불법파견 관련 판결(2008두4367), 통근재해 관련 판결(2005두12572), 공항 특수경비원의 단체행동권 제한 관련 판결(2007헌마1359), 골프장 캐디의 노조법상 근로자성 관련 판결(90누1731), 실질적 요건을 못 갖춘 노조 관련 판결(93도855), 노조의 민주적 운영 관련 판결(97다41439), 지부의 교섭 당사자성 관련 판결(2000도4299) 등 10개를 대상판결에서 제외하였다. 그 대신 동일가치노동 동일임금에 관한 판결(2002도3883), 사내하도급 관련 묵시적 근로계약 및 근로자파견관계에 관한 판결(2010다106436), 회사분할에 따른 근로관계의 승계에 관한 판결(2011두4282), 회식 사고의 업무상 재해에 관한 판결(2016두54589), 반도체 사업장의 직업병에 관한 판결(2015두3867), 학습지교사의 노조법상 근로자성에 관한 판결(2014두12598,12604), 기업별노조로의 조직형태변경에 관한 판결(2012다96120), 공정대표의무에 관한 판결(2017다218642) 등 8개를 새로운 대상판결로 다루고 있다.

책의 구성 체계도 바뀌었다. 개별적 노동관계법 분야의 후반부에서 독립된 강으로 편성했던 '비정규직 근로관계' 관련 사례를 제1강 기본원칙(3. 비정규직 차별적 처우의 금지), 제3강 근로기준법상 사용자와 근로계약(2. 사업주) 및 제13강 기타 근로관계 종료의 제한(4. 기간제 근로계약과 갱신기대권)에 각각 배치하여 학습하는 것으로 하였다. 기간제법과 파견법 관련 분쟁에 관한 학습의 중요성과 선행을 강조하기 위해서다. 그리고 제3판과 달리 '기업변동과 근로관계'에 관한 강(제14강)을 신설하여 영업양도와 회사분할에 따른 근로관계의 승계와 그 거부에 관한 문제를 학습하는 것으로 하였다. 한편, 집단적 노사관계법 분야에서는 '노동조합법상 근로자'라는 독립의 강(제16강)을 신설하여 실업자와 특수형태근로종사자 및 불법체류 외국인 근로자의 노조법상 근로자 해당 여부에 관한 사례를 종합적으로 다루는 것으로 하였다. 단결권 관련 사례들은 노동조합의 요건(제17강), 노동조합의 조직(제18강), 노동조합의 운영(제19강)으로 구분하여 살핀다.

그 밖에도 제3판 출간 후 선고된 주요 대법원 판결과 헌법재판소 결정을 주제에 따라 해당 강에서 학습할 수 있도록 하였다. 경비원 야간휴게시간의 근로시간 여부 관련 판결(2016다243078), 기간제법 시행 후 갱신기대권 인정 여부 관련 판결(2015두59907), 방송연기자의 노조법상 근로자성 관련 판결(2015두38092), 청원경찰에 대한 노동3권 제한 관련 결정(2015헌마653), 노조대표자의 협약체결권 제한과 불법행위책임 관련 판결(2016다205908), 교섭단위의 분리 관련 판결(2015두39361), 공격적 직장폐쇄로의 성격 변질 관련 판결(2013다101425), 근로시간 면제자에 대한 급여지급과 부당노동행위 관련 판결(2014두11137), 노조운영비 원조금지조항의 교섭권 침해 여부 관련 결정(2012헌바90) 등이 그 예이다.

제4판 발간에 도움을 주신 많은 분들께 이 자리를 빌려 감사드린다. 특히 초판 때부터 지금까지 변함없이 꼼꼼하게 편집 작업을 하신 이종운 선생님과 여러 어려운 상황임에도 따뜻한 격려로 힘을 주신 황인욱 발행인께 감사드린다. 끝으로 독자 여러분의 지속적인 관심과 조언을 부탁드린다.

2019년 2월

저자들 씀

제3판 머 리 말

제2판 출간 후 3년 만에 제3판을 낸다. 제3판의 달라진 모습을 소개한다. 우선, 제2판의 분석 대상판결은 76개였으나, 제3판은 80개로 4개가 늘었다. 제3판에서는 제2판에서 다루었던 3개의 판결, 즉 경업금지약정의 효력(2009다82244 판결), 임금채권우선변제(2006다1930 판결), 기업변동과 근로조건(95다41659 판결)을 대상판결에서 삭제하여 심화학습의 내용으로 돌렸다. 그 대신 7개 판결을 대상판결로 추가하였다. 추가된 대상판결은 통상임금(2012다89399 전원합의체 판결 및 2012다94643 전원합의체 판결), 대기발령·직위해제(2005다3991 판결), 부당해고와 중간수입(90다카25277 판결), 불법체류 외국인 근로자의 근로삼권(2007두4995 전원합의체 판결), 경영해고를 제한하는 단체협약의 효력(2011두20406 판결), 인사고과와 불이익취급(2007두25695 판결)에 관한 것이다.

다음으로, 책의 구성 체계를 바꾸었다. 그 내용은 다음과 같다. 제2판 '제2강 근로기준법상 근로자와 사용자'를 제3판에서는 '제2강 근로기준법상 근로자', '제3강 근로기준법상 사용자와 근로계약'으로 변경하였고, 제2판 '제9강 인사와 징계'를 제3판에서는 '제9강 인사', '제10강 징계'로 분리하였으며, 제2판 제11강~제13강의 각 제목 근로관계의 종료(1), (2), 기업변동과 근로관계를 제3판에서는 각각 해고의 제한(1), (2), 기타 근로관계 종료의 제한으로 수정하였고, 제2판 '제16강 집단적 노사관계법 총론'을 제3판에서는 '제16강 근로삼권의 보장과 제한'으로 바꾸면서 아울러 제16강 앞에 '※ 집단적 노사관계법 총론'을 배치했다. 이러한 구성 체계의 변화에 따라 일부 대상판결의 위치도 제3판에서는 제2판과 달라졌다.

그 외에도 제2판 출간 후 선고된 중요한 대법원 판결을 해당 강에 포함하여 학습의 내용으로 삼았다. 취업규칙 불이익변경의 사회통념상 합리성에 관한 판결(2015. 8. 13. 선고 2012다43522 판결), 경영상 필요에 의한 대기발령과 휴업수당에 관한 판결(2013. 10. 11. 선고 2012다12870 판결), 쟁의행위기간과 연차유급휴가일수의 산정에 관한 판결(2013. 12. 26. 선고 2011다4629 판결), 이메일 해고통지에 관한 판결(2015. 9. 10. 선고 2015두41401 판결), 회사분할과 근로관계의 승계에 관한 판결(2013. 12. 12. 선고 2011두4282 판결), 기간제 근로계약 갱신기대권에 관한 판결(2014. 2. 13. 선고 2011두12528 판결), 도급과 파견의 구별기준에 관한 판결(2015. 2. 26. 선고 2010다106436 판결), 근기법 및 노조법상의 근로자성에 관한 판결(2014. 2. 13. 선고 2011다78804 판결), 규약 등에 의한 노조대표자의 협약체결권한 행사의 절차적 제한에 관한 판결(2014. 4. 24. 선고 2010다24534 판결), 쟁의행위의 주된 목적이 정당하지 않은 경우 업무방해죄의 성립 여부에 관한 판결(2014. 11. 13. 선고 2011도393 판결), 파업 및 태업 기간의 임금청구권에 관한 판결(2013. 11. 28. 선고 2011다39946 판결) 등이 대표적 사례다.

초판과 제2판에 이어 제3판을 발간하는 데 많은 분들의 도움이 있었다. 그 분들께 감사드린다. 아울러 제3판에 대한 관심과 조언을 당부한다. 초판 때부터 제3판까지 세밀하게 편집 작업에 임하신 이종운 선생님과 제3판이 신속히 출간될 수 있도록 격려를 아끼지 않으셨던 황인욱 발행인께 이 자리를 빌어서 거듭 감사드린다.

2016년 2월

저자들 씀

제2판 머리말

초판을 낸 지 2년 만에 제2판을 출간하게 되었다. 초판 이후 의미 있는 대법원 판결들이 다수 선고되었기에 제2판에서는 이들 판결의 내용을 충실히 반영하고자 하였다. 또한 강의 등을 하면서 파악한 초판의 부족한 점들을 수정·보완하였다. 구체적인 내용은 다음과 같다.

제2판에서는 초판의 제2강(개별적 근로관계법 총설 등)과 제17강(근로삼권) 및 제27강(노동쟁의의 조정)을 삭제한 대신에 제14강(비정규직 근로관계)을 신설했고, '근로관계의 종료'(제10강~제12강)와 '쟁의행위'(제24강~제26강) 및 '부당노동행위'(제27강~제29강)에 관한 내용을 2개의 강에서 3개의 강으로 늘렸다. 제2판에서는 초판의 주제별 대상판결 76개 가운데 12개(개별적 근로관계법 분야 7개, 집단적 노사관계법 분야 5개)를 삭제하고 그 대신에 새로운 대상판결 12개(개별적 근로관계법 분야 9개, 집단적 노사관계법 분야 3개)를 담았다. 그 결과 개별적 근로관계법 분야의 대상판결은 38개에서 40개로 늘었고, 집단적 노사관계법 분야의 경우 38개에서 36개로 줄었다. 그 외에도 '판결의 의의와 한계', '기타 해설', 'Q 풀이', '심화학습' 등에서 초판의 내용을 보완하였다.

초판 발간 후 여러 방면의 많은 분들로부터 조언과 격려를 받았다. 그리고 초판에 대한 독자 여러분의 관심과 사랑은 저자들에게 과분한 것이었다. 이러한 모든 것들이 밑거름이 되어 제2판이 탄생할 수 있었다. 이 자리를 통해 그 모든 분들께 감사의 말씀을 올리며 아울러 계속적인 조언과 격려, 관심과 사랑을 부탁드린다. 초판 발행 때와 마찬가지로 온 정성을 다해 꼼꼼하게 편집 작업을 하신 이종운 선생님과 초판 발간 후 지금까지 늘 넘치는 사랑으로 격려하여 주신 황인욱 발행인께 감사드린다.

2013년 3월

저자들 씀

초 판 머 리 말

이 책은 저자들을 포함하여 5인(이철수·김인재·강성태·김홍영·조용만)이 저술한 「로스쿨 노동법」(도서출판 오래, 2011. 3.)의 해설서이다. 「로스쿨 노동법」은 법학전문대학원의 노동법 강의를 위해 만들어진 교재로서, 제1강부터 제30강까지 총 76개 노동판례(개별적 근로관계법 관련 38개 판례, 집단적 노사관계법 관련 38개 판례)를 학습할 수 있도록 구성되어 있다. 이 책은 「로스쿨 노동법」의 저술체계에 기초하여 위 76개의 노동판례에 대한 심층적인 판례분석과 문제풀이, 심화학습 주제에 관한 설명 등을 주된 내용으로 하고 있다.

노동판례 학습을 위한 최고의 자료는 판결문 그 자체라 할 수 있다. 다만, 판결문을 정확히 읽고 제대로 이해하기 위해서는 체계적인 판례분석의 틀이 필요한데, 지금까지 이런 필요에 부응한 노동법 교재의 개발이 충분히 이루어졌다고 보기 어렵다. 이 책에 기술된 '판례분석'의 각 항목과 항목별 내용은 저자들이 그동안 법과대학과 대학원 및 로스쿨에서 노동법을 강의하면서 나름대로 고안하여 활용하였던 사항을 토대로 한 것이다. 76개의 노동판례를 분석함에 있어서, 특히 i) '제목'을 통해 사건의 특성과 쟁점 및 판결의 결론을 한눈에 알아 볼 수 있게 하였고, ii) '사건의 개요'에서 사실관계를 압축하였으며, iii) '중요 사실관계'에서는 사건의 쟁점과 판례 법리에 비추어 어떤 사실이 왜 중요한지를 언급하였고, iv) '기본법리(판지)'에서는 그 핵심을 이해할 수 있도록 요약한 사항을 덧붙였으며, v) '판례의 의의와 한계'를 통해 분석대상 판결의 의미나 시사점, 경우에 따라서는 의문점 등을 파악할 수 있게 하였다. 또한 'Q 풀이'와 '심화학습'에서는 분석대상 판결을 보다 효과적이고 깊이 있게 학습할 수 있도록 하기 위해 관련 판결례나 노동법 교과서의 내용을 소개하였고, 때때로 표 또는 그림 등을 활용하기도 하였다.

이 책이 나오기까지 많은 분들의 도움이 있었다. 무엇보다 먼저 이 책의 출간을 흔쾌히 승낙하여 주신 「로스쿨 노동법」의 공저자인 서울대학교 이철수 교수님, 인하대학교 김인재 교수님, 한양대학교 강성태 교수님께 거듭 감사드린다. 꼼꼼하게 편집 작업을 하여 주신 출판사 이종운 선생님과 아낌없이 격려하여 주신 황인욱 발행인께도 감사드린다. 또한 가족들에게 이 자리를 빌려서 사랑의 마음을 전하고자 한다.

끝으로, 이 책이 로스쿨뿐만 아니라 법과대학 및 대학원 등에서 노동법의 강의와 학습을 위한 교재로서, 또는 변호사시험이나 공인노무사시험 등을 위한 수험 교재로서 혹은 노동법 실무를 위한 참고서로서 나름의 가치와 역할을 다할 수 있기를 바라는 바이다.

2011년 3월
저자들 씀

차   례

제25강 부당노동행위 (2)

로스쿨 노동법 해설

제1강 기본원칙

1. 동일가치노동 동일임금

◀ 판례분석 ▶

■**제 목** : 남녀 간 임금차등의 동일가치노동 동일임금 위반 여부(Y) [타일제조공장사건]

■**대상판결** : 대법원 2003. 3. 14. 선고 2002도3883 판결【남녀고용평등법위반】
【피고인】 피고인
【상고인】 검사
【원심판결】 수원지법 2002. 7. 11. 선고 2001노3321 판결
【주문】 원심판결 중 무죄 부분을 파기하고, 이 부분 사건을 수원지방법원 본원 합의부에 환송한다.

■**사건의 개요** : 피고인은 이 사건 사업장(타일제조공장)을 운영하는 공소외 주식회사의 대표이사로서 동일한 사업 내의 동일가치의 노동에 대하여는 동일한 임금을 지급하여야 함에도 불구하고 신규채용자의 일급을 1995. 6.경부터 1996. 9.경까지 남녀근로자 간 달리 책정하여 여자근로자 23명에 대한 임금 합계 금 22,409,607원을 부족하게 지급하는 등 성별을 이유로 근로자들을 부당하게 대우하여 남녀고용평등법 위반으로 공소제기되었다.

■**관련 법 규정**(현행법 기준)
- 남녀고용평등법 제8조(임금) ① 사업주는 동일한 사업 내의 동일 가치 노동에 대하여는 동일한 임금을 지급하여야 한다.
② 동일 가치 노동의 기준은 직무 수행에서 요구되는 기술, 노력, 책임 및 작업

조건 등으로 하고, 사업주가 그 기준을 정할 때에는 제25조에 따른 노사협의회의 근로자를 대표하는 위원의 의견을 들어야 한다.
- 남녀고용평등법 제37조(벌칙) ② 사업주가 다음 각 호의 어느 하나에 해당하는 위반행위를 한 경우에는 3년 이하의 징역 또는 3천만원 이하의 벌금에 처한다.
  1. 제8조 제1항을 위반하여 동일한 사업 내의 동일 가치의 노동에 대하여 동일한 임금을 지급하지 아니한 경우

▌**판결의 성격** : 원심은 이 사건 사업장 내 남녀근로자의 일이 동일가치의 노동이라고 볼 수 없다고 판단하여 무죄를 선고했으나, 대법원은 그들이 실질적으로 거의 같은 성질의 노동에 종사하고 있다고 보아서 원심판결 중 무죄 부분을 파기환송하였다.

▌**쟁 점**
- 피고인이 이 사건 사업장의 여성 근로자들에게 남성 근로자들보다 적은 임금을 지급한 행위가 동일가치노동 동일임금 지급 규정 위반인지 여부

▌**중요 사실관계**
- 이 사건 사업장의 타일제조공정은 성형 등 8개 공정으로 크게 나뉘고 남자직원 총 32명, 여자직원 총 10명이 교대로 근무하며, <u>남자직원들이 여자직원들보다 높은 급여를 지급받아 옴</u> ⇒ **남녀직원 간 임금차등 지급과 관련**
- <u>원심이 인정한 사실에 따르면, 각 공정 중 여자직원들이 담당하여 왔던 공정의 업무는</u> 스크린상의 잉크를 보충, 주입하거나 교환하고 스크린판을 교환하거나 청소하는 업무이거나 컨베이어시스템으로 이동하는 타일제품을 단순히 눈으로 보아 불량품에 대하여 형광펜으로 표시만 해주는 업무, 또는 기계버튼을 눌러 스크린판을 당겨주고 스크린판 표면을 닦는 정도의 업무로서 <u>특별한 기술이나 숙련도, 체력을 요하지 아니하는 업무인 반면</u>, 남자직원들이 담당하여 왔던 공정의 업무는 무거운 기계나 원료를 운반, 투입하여야 하는 <u>체력을 필요로 하는 업무이거나 기계에 대한 숙련도와 전문적인 기술을 요하는 업무</u> ⇒ **남자직원에게 더 높은 임금을 주는 것이 정당화될 정도로 남녀근로자의 노동에서 실질적인 차이가 있는지 여부와 관련**

▌**기본법리**(판지)
1) 구 남녀고용평등법 제6조의2 제1항(현행 제8조 제1항)은 '사업주는 동일한 사업

내의 동일가치의 노동에 대하여는 동일한 임금을 지급하여야 한다'고 규정하고 있는바, 여기에서 '동일가치의 노동'이라 함은 당해 사업장 내의 서로 비교되는 남녀 간의 노동이 동일하거나 실질적으로 거의 같은 성질의 노동 또는 그 직무가 다소 다르더라도 객관적인 직무평가 등에 의하여 본질적으로 동일한 가치가 있다고 인정되는 노동에 해당하는 것을 말하고, ⇒ **[동일가치노동의 의미]**

2) 동일가치의 노동인지 여부는 같은 조 제2항 소정의 직무 수행에서 요구되는 기술, 노력, 책임 및 작업조건을 비롯하여 근로자의 학력·경력·근속연수 등의 기준을 종합적으로 고려하여 판단하여야 하며, ⇒ **[동일가치노동의 판단기준]**

3) '기술, 노력, 책임 및 작업조건'은 당해 직무가 요구하는 내용에 관한 것으로서, '기술'은 자격증, 학위, 습득된 경험 등에 의한 직무수행능력 또는 솜씨의 객관적 수준을, '노력'은 육체적 및 정신적 노력, 작업수행에 필요한 물리적 및 정신적 긴장 즉, 노동 강도를, '책임'은 업무에 내재한 의무의 성격·범위·복잡성, 사업주가 당해 직무에 의존하는 정도를, '작업조건'은 소음, 열, 물리적·화학적 위험, 고립, 추위 또는 더위의 정도 등 당해 업무에 종사하는 근로자가 통상적으로 처하는 물리적 작업환경을 말한다. ⇒ **[기술, 노력, 책임 및 작업조건의 의미]**

■**결론 및 이유** : 이 사건 사업장 내에서 일용직 남녀근로자들이 하는 일에 다소간의 차이가 있기는 하지만 그것이 임금의 결정에 있어서 차등을 둘 만큼 실질적으로 중요한 차이라고 보기는 어려우므로, 그들은 실질적으로는 거의 같은 성질의 노동에 종사하고 있다고 봄이 상당하고, 따라서 공소외 회사는 임금 책정에 있어 성에 따라 그 기준을 달리 적용함으로써 여자근로자에게 동일가치의 노동에 종사하는 남자근로자보다 적은 임금을 지급한 것이라고 보아야 할 것이다.
- 공소외 회사는 1996. 4. 1. 제정된 취업규칙 제53조에서 '종업원에 대한 임금은 성별, 학력, 연령, 경력, 기술 정도에 따라 결정한다'고 규정하고 있어 성별을 임금 결정의 중요한 기준으로 삼아왔고, 실제로 일용직 근로자를 신규채용함에 있어 취업규칙에 근거하여 학력, 경력, 기술 등 다른 기준에서 별다른 차이가 없는 남녀근로자에 대하여 성별에 따라 미리 일률적으로 책정된 일당을 적용하여 1995. 6.경부터 1996. 9.경까지 남자는 금 17,600원, 여자는 금 15,600원, 1996. 10.경부터 남자는 금 19,100원, 여자는 금 17,100원을 지급함 ⇒ **취업규칙에서 성별을 임금 결정의 중요 기준으로 삼아 여자근로자에게 차별적인 임금 지급**
- 공정 구분과 남녀직원 배치에 관한 원심의 사실인정을 수긍한다고 하더라도, 공소외 회사의 신규채용 일용직 근로자의 경우, 남녀 모두 하나의 공장 안에서

의 연속된 작업공정에 배치되어 협동체로서 함께 근무하고 있고 공정에 따라 위험도나 작업환경에 별다른 차이가 있다고 볼 수 없어 그 '작업조건'이 본질적으로 다르다고 할 수는 없고, 이들은 모두 일용직 근로자로서 그 '책임'의 면에서 별다른 차이가 있다고 보기도 어려움 ⇒ 남녀 간 작업조건과 책임의 면에서 차이 부재 – 일반적으로 '기술'과 '노력'의 면에서 임금 차별을 정당화할 만한 실질적 차이가 없는 한 체력이 우세한 남자가 여자에 비하여 더 많은 체력을 요하는 노동을 한다든가 여자보다 남자에게 적합한 기계 작동 관련 노동을 한다는 점만으로 남자근로자에게 더 높은 임금을 주는 것이 정당화되지는 않는 것인데, 공소외 회사의 공장의 경우에 남녀근로자가 하는 작업이 작업의 성격이나 기계 작동의 유무의 면에서 다소의 차이가 있고, 작업공정에 따라서는 남자근로자가 무거운 물건을 운반하고 취급하는 등 여자근로자에 비하여 더 많은 체력을 소모하는 노동에 종사한 것이 사실이지만, 그렇다고 하여 남자근로자의 작업이 일반적인 생산직 근로자에 비하여 특별히 고도의 노동 강도를 요하는 것이었다든가 신규채용되는 남자근로자에게 기계 작동을 위한 특별한 기술이나 경험이 요구되었던 것은 아닌 것으로 보이므로, 원심 인정과 같은 정도의 차이만으로 남녀 간 임금의 차별 지급을 정당화할 정도로 '기술'과 '노력'상의 차이가 있다고 볼 수는 없음 ⇒ 남녀 간 임금차별지급을 정당화할 정도로 기술과 노력의 면에서 실질적 차이 부재

▋판결의 의의와 한계
1) 1987년 12월 4일 제정 남녀고용평등법은 헌법 제11조상의 평등원칙과 제32조상의 고용·임금 및 근로조건에서 여성에 대한 부당한 차별금지 및 근로기준법(이하 '근기법') 제6조상의 성별 등을 이유로 하는 차별적 대우의 금지를 구체화하고 있는 법률이다. 1989년 4월 1일 개정 남녀고용평등법에서 동일가치노동 동일임금 지급 규정이 신설되었다.
2) 대상판결은 동일가치노동의 의미와 그 판단기준을 제시한 첫 대법원 판결이라는 점에서, 그리고 이 사건 사업장 내 남녀근로자의 일이 동일가치노동에 해당하지 않는다고 본 원심판결을 파기한 사례라는 점에서 의미가 있다.
3) 대상판결은 동일가치노동의 의미를 3가지로 풀이하고 있는데, 그에 따르면 남녀 간 "그 직무가 다소 다르더라도 객관적인 직무평가 등에 의하여 본질적으로 동일한 가치가 있다고 인정되는 노동"은 동일한 임금이 지급되어야 하는 동일가치노동에 해당한다. 그러나 우리의 기업 현실에서 객관적인 직무평가에 따른 임금의 결정·지급이 일반화되어 있지 않은 상황이어서 동일가치노동 여부의

판단이 용이하지 않다. 해당 기업 내에 객관적인 직무평가체계가 마련되어 있지 않더라도 대상판결이 제시하고 있는 판단기준에 따라 동일가치노동 해당 여부를 판단하여야 할 것이다.

4) 대상판결은 동일가치노동의 판단기준으로 남녀고용평등법이 규정하고 있는 '기술, 노력, 책임 및 작업조건'뿐만 아니라 '근로자의 학력·경력·근속연수 등'을 제시하고 있다. 남녀고용평등법은 기술 등 위 4가지 기준을 예시적으로 열거하고 있기 때문에 그 외의 기준을 종합적으로 고려하여 동일가치노동 해당 여부를 판단하는 방법이 잘못되었다고 볼 수는 없다. 대상판결 당시 시행되고 있던 구 남녀고용평등업무처리규정(노동부예규) 제5조 제3항(현행 제4조 제3항)은 동일가치 노동인가를 판단할 때 남녀고용평등법에 예시된 4가지 기준 외에 당해 근로자의 학력·경력·근속년수 등을 종합적으로 고려하여야 한다고 규정하고 있었고, 대상 판결은 그 규정을 감안하여 종합적인 판단기준을 제시한 것으로 보인다. 그럼에도 불구하고 주된 판단기준은 남녀고용평등법이 규정하고 있는 기술 등 4가지 기준으로 보아야 하고, 그 외의 기준은 주된 판단기준 4가지를 보강하는 부차적인 기준으로 취급하는 것이 남녀고용평등법 규정에 더 부합하는 해석이라고 할 수 있다.

5) 대상판결에서 대법원은 '기술'과 '노력'의 면에서 임금 차별을 정당화할 만한 실질적 차이가 없는 한 체력이 우세한 남자가 여자에 비하여 더 많은 체력을 요하는 노동을 한다든가 여자보다 남자에게 적합한 기계 작동 관련 노동을 한다는 점만으로 남자근로자에게 더 높은 임금을 주는 것이 정당화되지 않는다는 점을 분명히 밝히면서, 이 사건 사업장의 남녀 간 임금의 차별 지급을 정당화할 정도로 '기술'과 '노력'상의 차이가 있다고 볼 수 없다고 판시하고 있다. 남녀 간 체력의 차이와 그에 따른 담당 업무의 차이는 본질적으로 남녀 간의 생물학적 차이에 기인하는 것으로 볼 수 있기 때문에 그러한 차이만을 이유로 한 남녀 간 임금 차별은 정당하지 않다는 점을 잘 보여주고 있다.

6) 대상판결은 동일가치노동 동일임금 관련 사업주의 형사책임이 문제된 사례이다. 사업주가 동일가치노동에 대하여 동일한 임금을 지급하지 않은 경우 근로자는 사업주에게 손해배상책임을 물을 수 있다(☞ 심화학습 1. 참고). 그 외에도 근로자는 차별받은 임금 상당액을 사업주에게 직접 청구할 수 있다고 보아야 할 것이다. 그러나 동일가치노동에 해당하지 않는다고 평가되는 경우에는 남녀 간 임금차별이 모두 정당화되는 것인지, 아니면 기술, 노력, 책임 및 작업조건 등의 면에서 남녀 간 노동의 차이가 존재하지만 그 차이에 비하여 임금의 격차가 과도

하다면 합리적 이유가 없는 임금차별로 볼 수 있는지가 향후 해결을 요하는 문제라 할 것이다.

◀ Q 풀이 ▶

Q 1. 대상판결에 따르면 동일가치노동의 의미와 그 판단기준은?

[A] 동일가치의 노동이란 해당 사업장 내에서 서로 비교 대상이 되는 남녀 간의 노동이 동일하거나 실질적으로 거의 같은 성질의 노동 또는 그 직무가 다소 다르더라도 객관적인 직무평가 등에 의하여 본질적으로 동일한 가치가 있다고 인정되는 노동을 말한다. 동일가치노동인지 여부는 직무 수행에서 요구되는 기술, 노력, 책임 및 작업조건을 비롯하여 근로자의 학력·경력·근속연수 등의 기준을 종합적으로 고려하여 판단하여야 한다.

Q 2. 대상판결에서 대법원이 원심의 판단과 달리 이 사건 사업장 내 남녀근로자의 일이 동일가치노동에 해당한다고 본 이유는?

[A] 원심은 이 사건 사업장의 여자직원들이 담당하여 왔던 업무는 특별한 기술이나 숙련도, 체력을 요하지 아니하는 업무인 반면, 남자직원들이 담당하여 왔던 업무는 무거운 기계나 원료를 운반, 투입하여야 하는 체력을 필요로 하는 업무이거나 기계에 대한 숙련도와 전문적인 기술을 요하는 업무이므로, 여자직원들의 노동과 남자직원들의 노동은 그 담당하는 업무의 성질, 내용, 기술, 노력, 책임의 정도, 작업조건 등에 비추어 '동일가치의 노동'에 해당된다고 볼 수 없다고 판단하였다. 그러나 대법원은 이 사건 사업장 내에서 일용직 남녀근로자들이 하는 일에 다소간의 차이가 있기는 하지만, i) 남녀 모두 하나의 공장 안에서 연속된 작업공정에 배치되어 함께 근무하고 있고 위험도나 작업환경에 별다른 차이가 있다고 볼 수 없어 그 '작업조건'이 본질적으로 다르다고 할 수 없는 점, ii) 모두 일용직 근로자로서 그 '책임'의 면에서 별다른 차이가 있다고 보기 어려운 점, iii) 원심 인정과 같은 정도의 차이만으로 남녀 간 임금의 차별 지급을 정당화할 정도로 '기술'과 '노력'상의 차이가 있다고 볼 수 없는 점 등에 근거하여, 이 사건 사업장의 남녀근로자들은 실질적으로 거의 같은 성질의 노동에 종사하고 있다고 봄이 상당하다고 하였다.

◀ 심화학습 ▶

1. 동일가치노동에 대한 동일임금 지급을 규정하고 있는 남녀고용평등법 제8조 제1항 위반 행위의 불법행위 구성 여부 및 손해배상책임의 범위 (대법원 2013. 3. 14. 선고 2010다101011 판결 참고)

▷ 참고판결(2010다101011 판결) 사건은 비정규직(시간제) 여성근로자인 원고가 피고 회사의 소성실에서 작업을 함에 있어서 소성실 전기로를 관리하는 남자 직원 및 포장실 남자 직원과 비교하여 '동일치노동' 내지 '동종 또는 유사한 업무'를 수행하였음에도 불구하고, 원고가 단지 여자이고 비정규직이라는 이유만으로 피고 회사가 원고에 대하여 임금에서 부당한 차별을 하고 있다고 주장하면서 남녀고용평등법 및 기간제법에 근거하여 임금차액을 청구한 사례이다. 참고판결에서 대법원은 사업주가 동일한 사업 내에서 근무하는 남녀근로자가 제공하는 노동이 동일한 가치인데도 합리적 이유 없이 여성근로자에게 남성근로자보다 적은 임금을 지급할 경우 남녀고용평등법 제8조 제1항을 위반한 행위로서 불법행위를 구성하는지 여부(적극) 및 이 경우 손해배상책임의 범위(차별이 없었더라면 받았을 적정한 임금과 실제 받은 임금의 차액 상당 손해)에 관하여 판시하고 있다. 그러나 참고판결 사건에서 대법원은 원고의 직무가 비교 대상인 남성근로자의 직무와 동일한 가치의 노동에 해당하는 것으로 평가하기 어렵고, 원고와 남성근로자 간의 임금 격차가 불합리하다고 보기 어렵다는 원심(서울고등법원 2010. 10. 29. 선고 2009나 41184 판결)의 판단을 정당한 것으로 보아서 원고의 상고를 기각하였다.

※ **대법원 2013. 3. 14. 선고 2010다101011 판결 【임금】**
- "… (생략) … 구 남녀고용평등법은 헌법의 평등이념에 따라 고용에서 남녀의 평등한 기회와 대우를 보장함으로써 남녀고용평등을 실현하려는 데에 그 입법 목적이 있다. 위와 같은 구 남녀고용평등법의 입법 목적에 비추어 보면, <u>사업주가 동일한 사업 내에서 근무하는 남녀근로자가 제공하는 노동이 동일한 가치임에도 합리적인 이유 없이 여성근로자에 대하여 남성근로자보다 적은 임금을 지급할 경우 이는 구 남녀고용평등법 제8조를 위반하는 행위로서 불법행위를 구성하고, 사업주는 임금차별을 받은 여성근로자에게 그러한 차별이 없었더라면 받았을 적정한 임금과 실제 받은 임금과의 차액 상당의 손해를 배상할 책임이 있다.</u>
나. 원심판결 이유에 의하면, 원심은 그 판시와 같은 사정을 들어 전기로 가동 작업을 수행하는 소성부 생산직 남성근로자의 직무 또는 출하업무를 수행하는 포장부 생산직 남성근로자의 직무와 원고의 직무가 동일한 가치의 노동에 해당하는 것으로 평가하기 어렵고, 나아가 원고의 임금수준과 동일한 근속의 생산직 남성근로

자의 임금수준을 비교하여 볼 때 원고와 생산직 남성근로자 사이의 임금 격차가 불합리하다고 보기 어렵다고 판단하였다.

앞서 본 법리와 기록에 비추어 살펴보면, 원심의 위와 같은 판단은 정당한 것으로 수긍할 수 있고, 거기에 상고이유에서 주장하는 바와 같은 노동의 동일가치성에 관한 법리오해, 사실오인 등의 위법이 없다. … (이하 생략) …"

※ **원심 : 서울고등법원 2010. 10. 29. 선고 2009나41184 판결 【임금】**
- "다. 이 법원의 판단
(1) 소성실 남자 직원과의 비교
1) 기술 : 피고는 전기로 관리 작업이 공업고 혹은 동등 이상 학력을 필요로 하는 업무인 반면 원고 작업은 주부 사원으로 족한 작업이라며 기술의 차이를 주장하지만, 앞에 나온 증거들에 의하면, 남자 직원들 중 관련 공업고 출신은 2명에 불과할 뿐만 아니라, 전기로 설정 온도는 외부에서 주어지는데, 전기로 온도 설정 작업은 소성실 배치 후 현장 교육으로 충분하고, 사전에 자격, 학위, 경험을 필요로 하는 것으로는 보이지 않으므로, 원고의 직무 수행과 소성실 남자 직원의 그것이 기술의 측면에서 다르다고 볼 수는 없다.
2) 노력 : 남자 직원의 작업인 전기로 1회 공정은 12시간 가량의 장시간이고 오작동이 일어나는 경우 이러한 긴 공정이 허사가 될 뿐만 아니라 물량 손실도 크며, 24시 3교대 체제로 업무 인수인계가 필요한 점에 비추어 보면, 원고의 직무 수행과 비교하여 정신적 노력과 긴장의 차이를 인정할 수 있으므로, 노력의 측면에서 다르다고 볼 수 있다.
3) 책임 : 원고는 원고와 남자 직원이 직제상 같은 소성실에 배치되고, 원고가 이 사건 소송으로 문제를 삼기 이전에 남자 직원이 정렬 작업을 하는 등 일부 중복된 일을 하기도 하였다는 점을 들어 비교 대상 남자 직원과 사실상 동일한 업무를 하였고 단지 일부 작업만 구분되었을 뿐이라고 주장하나, 앞에 나온 증거들 및 1994년경부터 각기 운영된 작업규정과 원고의 경력서 주4) 기재에 의하여 알 수 있는 다음과 같은 사정을 종합하여 보면, 원고의 직무 수행과 남자 직원의 그것은 책임의 측면에서 다르다고 볼 수 있다.
① 원고의 정렬 작업과 남자 직원의 전기로 관리 작업은 각기 본연의 업무로 보이고, 특히 원고는 남자 직원이 전담하는 온도 관리 업무에 관여한 적이 전혀 없다.
② 남자 직원이 원고의 정렬 업무를 수행하기도 한 것은 유휴 시간을 이용하여 전기로 가동률을 높일 목적 하에 여자 직원들을 위한 호의적인 업무수행으로 보일 뿐만 아니라, 남자 직원이 원고의 업무를 수행할 수 있었다는 점은 원고 업무를 단순 노동으로 볼 근거가 될 수도 있다.
③ 소성실 전기로 온도 관리가 잘못될 경우 당해 전기로에 투입된 모든 제품이 손상되는 반면에(온도설정의 잘못 및 비상시 조치 미흡으로 인하여 한 번에 많게는 960만개에서 적게는 3만개 가량의 코아의 불량이 발생할 수 있다), 정렬 업무가 초래하는 위험은 당장에 정렬 작업 중인 소량의 수량에 불과하다.

④ 남자 직원의 전기로 작업은 모든 제품을 대상으로 하고, 품목별 설정 온도는 영업비밀로서 관리되는 피고의 핵심 작업인 반면, 원고의 정렬 작업은 수취기로 자동 정렬이 안 되는 전체 20~25% 가량의 제품만을 대상으로 할 뿐이다.

4) 작업조건 : 피고는 전기로가 1천도가 넘는 고온으로 가동되고 수리시 화상의 위험성도 있다고 주장하나, 로(로) 출 구역 이외의 나머지 구역은 특별히 가혹하다고 보기 어렵고, 원고도 정렬 제품의 운반을 위해 수시로 드나들며, 남자 직원은 별도로 소성실 내 사무실 냉방 구역에서 휴식을 취할 수 있는 점에 비추어 보면, 원고의 직무 수행과 남자 직원의 그것이 작업조건의 측면에서 다르다고 볼 수 없다.

(2) 포장부 남자 직원과의 비교

1) 기술 : 앞서 본 포장업무의 내용에 비추어 포장부 남자 직원에게 사전에 자격, 학위, 경험이 요구되는 것으로 보이지 아니하므로, 기술의 측면에서 다르다고 볼 수 없다.

2) 노력 : 앞서 본 포장업무의 내용과 작업표준에 비추어 보면, 원고의 업무와 포장부 남자 직원의 업무 사이에 정신적 노력과 긴장, 노동강도의 차이를 인정하기 어려우므로, 노력의 측면에서 다르다고 보기는 어렵다.

3) 책임 : 앞서 본 포장업무가 출하시까지 운반, 적재, 확인 등의 일련의 업무를 모두 수행하는 것임에 비추어 보면, 중간작업에 불과한 원고의 업무와 포장업무는 책임의 측면에서 다르다고 볼 수 있다.

4) 작업조건 : 앞서 본 바와 같이 원고의 업무와 포장부 남자 직원의 업무는 그 내용이 전혀 다르므로 작업조건의 측면에서 다르다고 볼 수 있다.

(3) 소결론

결국 원고의 업무 수행과 소성실 남자 직원의 업무 수행은 '책임'과 '노력'의 측면에서 다르다고 판단되므로 '동일가치' 노동으로 볼 수 없고, 원고의 업무와 포장부 남자 직원의 업무는 '책임'과 '작업조건'의 측면에서 다르다고 판단되므로 역시 '동일가치' 노동으로 볼 수 없다. 여기에다가 원고가 시간제 주부사원으로 근무하고 있는 점과 원고의 임금수준은 동일한 근속의 피고 남자직원의 임금수준과 비교하여 볼 때 82.33% 내지 85.53%에 달하는 점을 종합하여 보면, 원고와 남자 직원 사이의 임금 차별이 불합리하다고 볼 수 없다. … (이하 생략) …"

2. 근기법 제6조가 금지하는 '차별적 처우'의 의미와 동조에서 정하고 있는 균등대우원칙의 취지 및 효과 (대법원 2019. 3. 14. 선고 2015두46321 판결 참고)

▷ 사용자는 근로자에 대하여 성별·국적·신앙 또는 사회적 신분을 이유로 근로조건에 대한 차별적 처우를 하지 못한다(근기법 제6조). 여기에서 '차별적 처우'란 사용자가 근로자를 임금 및 그 밖의 근로조건 등에서 합리적인 이유 없이 불리하게 처우하는 것을 의미하고, '합리적인 이유가 없는 경우'라 함은 당해 근로자가 제공하는 근로의 내용을 종합적으로 고려하여 달리 처우할 필요성이 인정되

지 아니하거나 달리 처우하는 경우에도 그 방법·정도 등이 적정하지 아니한 경우를 말하며, 근기법 제6조에서 정하고 있는 균등대우원칙이나 남녀고용평등법 제8조에서 정하고 있는 동일가치노동 동일임금 원칙 등은 어느 것이나 헌법 제11조 제1항의 평등원칙을 근로관계에서 실질적으로 실현하기 위한 것이므로, 사용자는 근로계약을 체결할 때 사회적 신분이나 성별에 따른 임금 차별을 하여서는 아니 됨은 물론 그 밖에 근로계약상의 근로 내용과는 무관한 다른 사정을 이유로 근로자에 대하여 불합리한 차별 대우를 해서는 아니 된다(2015두46321 판결 참조).

▷ 참고판결에서 원고(시간강사)는 피고(국립대학교 총장)와 시간강사를 전업과 비전업으로 구분하여 시간당 강의료를 차등지급하는 내용의 근로계약을 체결하고 자신이 전업강사에 해당한다고 고지됨에 따라 전업 시간강사 단가(시간당 80,000원)를 기준으로 3월분 강의료를 받았다. 그런데 국민연금공단으로부터 '원고가 부동산임대사업자로서 별도의 수입이 있는 사람에 해당한다'는 사실을 통보받은 피고가 이미 지급한 3월분 강사료 중 비전업 시간강사료(시간당 30,000원)와의 차액 반환을 통보하고, 4월분과 5월분의 비전업 시간강사료를 지급하였다(이하 피고의 차액 반환통보 및 감액지급 처분을 통칭하여 '이 사건 각 처분'이라고 한다). 원심은 원고가 피고와 사이에 전업·비전업에 따라 강사료를 차등지급하는 이 사건 근로계약을 체결한 이상 이 사건 각 처분은 위법하다고 할 수 없다고 판단하였다. 그러나 대법원은 ① 이 사건 근로계약상의 전업·비전업 기준의 의미가 불분명하나 이를 어떻게 이해하든 시간제 근로자인 시간강사에 대하여 근로제공에 대한 대가로서 기본급 성격의 임금인 강사료를 근로의 내용과 무관한 사정에 따라 차등을 두는 것은 합리적이지 않은 점, ② 대학 측이 시간강사에 대한 열악한 처우를 개선할 의도로 강사료 단가를 인상하고자 하였으나 예산 사정으로 부득이 전업 여부에 따라 강사료 단가에 차등을 둔 것이라고 하더라도, 그와 같은 사용자 측의 재정 상황은 시간제 근로자인 시간강사의 근로 내용과는 무관한 것으로서 동일한 가치의 노동을 차별적으로 처우하는 데 대한 합리적인 이유가 될 수 없는 점, ③ 피고는 원고가 부동산임대사업자로서 별도의 수입이 있는 사람에 해당한다는 이유만으로 원고를 비전업강사로 보아 이 사건 각 처분을 하였으나 국내에 거주하는 국민은 누구든지 건강보험가입자 또는 피부양자가 되고, 임대수입이 있어 사업자등록을 한 경우 국민건강보험법상 피부양자가 아닌 지역가입자로 구분되는 점에 비추어 보더라도, 원고에게 임대수입이 있다고 하여 시간강사 직업

에 전념하여 일할 수 없는 사람이라고 단정할 수는 없는 점 등에 근거하여, 이 사건 근로계약이 근기법 제6조에서 정하고 있는 균등대우원칙 및 남녀고용평등법 제8조에서 정하고 있는 동일가치노동 동일임금 원칙 등에 위배되므로 근로자에게 불리한 부분은 무효로 보아야 하고, 피고는 국립대학교의 장으로서 헌법상의 평등원칙에 위배되는 위법한 공권력의 행사를 하여서는 안 되는 지위에 있으며, 그러한 지위에 있는 피고가 이 사건 근로계약이 전부 유효함을 전제로 한 이 사건 각 처분은 위법하다고 보아 원심판결을 파기하였다.

※ 대법원 2019. 3. 14. 선고 2015두46321 판결 【시간강사료반환처분등무효확인】
- "사용자는 근로자에 대하여 성별·국적·신앙 또는 사회적 신분을 이유로 근로조건에 대한 차별적 처우를 하지 못한다(근로기준법 제6조). 여기에서 '차별적 처우'란 사용자가 근로자를 임금 및 그 밖의 근로조건 등에서 합리적인 이유 없이 불리하게 처우하는 것을 의미하고, '합리적인 이유가 없는 경우'라 함은 당해 근로자가 제공하는 근로의 내용을 종합적으로 고려하여 달리 처우할 필요성이 인정되지 아니하거나 달리 처우하는 경우에도 그 방법·정도 등이 적정하지 아니한 경우를 말한다.
또한 사업주는 동일한 사업 내의 동일 가치 노동에 대하여는 동일한 임금을 지급하여야 한다[남녀고용평등과 일·가정 양립 지원에 관한 법률(이하 '남녀고용평등법'이라고 한다) 제8조 제1항]. 여기에서 '동일 가치의 노동'이라 함은 당해 사업장 내의 서로 비교되는 노동이 동일하거나 실질적으로 거의 같은 성질의 노동 또는 그 직무가 다소 다르더라도 객관적인 직무평가 등에 의하여 본질적으로 동일한 가치가 있다고 인정되는 노동에 해당하는 것을 말하고, 동일 가치의 노동인지 여부는 직무 수행에서 요구되는 기술, 노력, 책임 및 작업조건을 비롯하여 근로자의 학력·경력·근속연수 등의 기준을 종합적으로 고려하여 판단하여야 한다(대법원 2013. 3. 14. 선고 2010다101011 판결 등 참조).
근로기준법 제6조에서 정하고 있는 균등대우원칙이나 남녀고용평등법 제8조에서 정하고 있는 동일가치노동 동일임금 원칙 등은 어느 것이나 헌법 제11조 제1항의 평등원칙을 근로관계에서 실질적으로 실현하기 위한 것이다. 그러므로 국립대학의 장으로서 행정청의 지위에 있는 피고로서는 근로계약을 체결할 때에 사회적 신분이나 성별에 따른 임금 차별을 하여서는 아니 됨은 물론 그 밖에 근로계약상의 근로 내용과는 무관한 다른 사정을 이유로 근로자에 대하여 불합리한 차별 대우를 해서는 아니 된다. … (이하 생략) …"

2. 비정규직 차별적 처우의 금지

◀ 판례분석 ▶

▌**제 목** : 통근비와 중식대의 차등지급, 변동성과급의 미지급 관련 차별적 처우 해당 여부(전자 Y, 후자 N) [국민은행사건]

▌**대상판결** : 대법원 2012. 10. 25. 선고 2011두7045 판결【차별시정재심판정취소】
【원고, 상고인 겸 피상고인】 주식회사 국민은행
【피고, 피상고인 겸 상고인】 중앙노동위원회위원장
【피고보조참가인】 별지 목록 기재와 같다.
【원심판결】 서울고법 2011. 1. 28. 선고 2010누20241 판결
【주 문】 상고를 모두 기각한다. 상고비용은 상고인 각자가 부담한다.

▌**사건의 개요** : 참가인들은 2005. 4. 11.부터 2007. 11. 1. 사이에 원고와 기간제 근로계약을 체결하고 내부통제점검업무를 수행하여 오다가 2009. 2. 28.경부터 같은 해 4. 10.경까지 계약기간의 만료로 퇴사했고, 원고가 참가인들에게 정규직 임금피크제 근로자에 비해 통근비, 중식대, 변동성과급 등을 차등지급하거나 지급하지 않은 것은 차별적 처우에 해당한다고 주장하면서 관할 지방노동위원회에 차별적 처우 시정신청을 하였다.

▌**관련 법 규정**(현행법 기준)
- 기간제법 제2조(정의) 제3호 : "차별적 처우"라 함은 다음 각 목의 사항에서 합리적인 이유 없이 불리하게 처우하는 것을 말한다.
  가. 「근로기준법」 제2조 제1항 제5호에 따른 임금
  나. 정기상여금, 명절상여금 등 정기적으로 지급되는 상여금
  다. 경영성과에 따른 성과금
  라. 그 밖에 근로조건 및 복리후생 등에 관한 사항
- 기간제법 제8조(차별적 처우의 금지)   ① 사용자는 기간제근로자임을 이유로 해당 사업 또는 사업장에서 <u>동종 또는 유사한</u> 업무에 종사하는 기간의 정함이 없는 근로계약을 체결한 근로자에 비하여 차별적 처우를 하여서는 아니 된다.

■**판결의 성격** : 원심은 원고가 참가인들에게 비교 대상 근로자(정규직 임금피크제 근로자)에 비해 통근비와 중식대를 차등지급한 것은 합리적 이유가 없는 반면에 변동성과급을 지급하지 않은 것은 합리적 이유가 있다고 판단하였고, 대법원은 원심의 판단이 정당하다고 보아서 원고와 피고의 상고를 모두 기각하였다.

■**쟁 점**
- 기간제근로자인 참가인들과 동종 또는 유사한 업무에 종사한 비교 대상 근로자가 존재하는지 여부
- (존재하다면) 원고가 비교 대상 근로자에 비해 참가인들에게 통근비와 중식대를 적게 지급하고 변동성과급을 지급하지 않은 것에 합리적 이유가 있는지 여부

■**중요 사실관계**
- i) 기간제근로자인 참가인들('내부통제점검자')의 업무내용(1일 2-3개소 영업점 방문, 입출금 거래 등 18개 점검항목의 관련 규정·지침에 따른 적정 처리 여부 점검)과 정규직 임금피크제 근로자('영업마케팅·내부통제점검자')의 업무내용(소속 영업점에서 매일 8시간 중 2시간은 내부통제점검 업무, 나머지 시간은 영업마케팅 업무에 종사), ii) 원고는 영업마케팅·내부통제점검자의 영업마케팅 활동(영업목표액 부여, 출장보고서, 상당실적 등)에 대한 관리감독을 하지 않고 근로자들의 자율에 맡김(2008년 기준 임금피크제 근로자 65명 중 25명은 영업실적 전무, 영업실적 있는 직원의 1인 연평균 영업실적 27만원에 불과, 영업마케팅·내부통제점검자의 영업마케팅 실적을 근무성과평가에 직접 반영하지 않음), iii) 원고는 노동조합과의 합의에 따라 임금피크제 근로자 165명을 자점검사전담자로 인사발령하여 연수를 실시하고 2009. 2.경부터 이들로 하여금 계약기간이 만료되어 퇴직하는 기간제 내부통제점검자들의 후임으로 내부통제점검 업무를 수행하게 함 ⇒ **비교 대상 근로자 존부(업무의 동종·유사성)와 관련**
- 관련 규정 및 지침에 각 근거해 2009. 1. 16.~2009. 4. 10. 동안 정규직 임금피크제 근로자에게 월 통근비 25만원과 중식대 20만원 지급한 반면 참가인 내부통제점검자들에게는 월 통근비 20만원과 중식대 10만원 지급 ⇒ **통근비와 중식대 차등지급의 합리적 이유 유무와 관련**
- 정규직 임금피크제 근로자의 보수는 임금피크제 전환 직전 연보수 총액의 50%(55세 이하에 전환된 직원) 또는 42%(56세에 전환된 직원)를 임금피크제 연보수로 산정하고, 이 연보수의 80%는 기본급 등으로, 나머지 20%는 변동성과급(업무성과

중간 등급인 G등급 기준, 반면 S등급은 연보수의 30%, A등급은 연보수의 25%, C등급은 연보수의 15%, D등급은 연보수의 10%)으로 지급하도록 되어 있는 임금피크제 운영지침에 따라 산정된 변동성과급의 1/4에 해당하는 금원(1분기 지급액)을 2009. 2. 10. 임금피크제 근로자들에게 지급한 반면에 참가인 내부통제점검자들에게는 아무런 변동성과급도 지급하지 않음(한편, 텔러직, 지원직 등 다른 계약인력에 대하여는 월 통상임금에 연 200% 내지 연 400%를 곱한 금액만큼의 변동성과급을 지급) ⇒ **변동성과급 미지급의 합리적 이유 유무와 관련**

■ **기본법리**(판지)

1) ⑴ 기간제 및 단시간근로자 보호 등에 관한 법률(이하 '기간제법') 제8조 제1항은 … (중략) … 기간제 근로자에 대하여 차별적 처우가 있었는지를 판단하기 위한 비교 대상 근로자로 '당해 사업 또는 사업장에서 동종 또는 유사한 업무에 종사하는 기간의 정함이 없는 근로계약을 체결한 근로자'를 들고 있다. ⇒ **[기간제근로자 차별적 처우 판단의 비교대상자]**

⑵ 비교 대상 근로자로 선정된 근로자의 업무가 기간제 근로자의 업무와 동종 또는 유사한 업무에 해당하는지 여부는 취업규칙이나 근로계약 등에 명시된 업무 내용이 아니라 근로자가 실제 수행하여 온 업무를 기준으로 판단하되, 이들이 수행하는 업무가 서로 완전히 일치하지 아니하고 업무의 범위 또는 책임과 권한 등에서 다소 차이가 있다고 하더라도 주된 업무의 내용에 본질적인 차이가 없다면, 특별한 사정이 없는 이상 이들은 동종 또는 유사한 업무에 종사한다고 보아야 할 것이다. ⇒ **[업무의 동종·유사성 판단기준]**

2) ⑴ 기간제법 제2조 제3호는 차별적 처우를 "임금 그 밖의 근로조건 등에서 합리적인 이유 없이 불리하게 처우하는 것"으로 정의하고 있다. 여기서 불리한 처우라 함은 사용자가 임금 그 밖의 근로조건 등에서 기간제 근로자와 비교 대상 근로자를 다르게 처우함으로써 기간제 근로자에게 발생하는 불이익 전반을 의미하고, ⇒ **[불리한 처우의 의미]**

⑵ 합리적인 이유가 없는 경우라 함은 기간제 근로자를 달리 처우할 필요성이 인정되지 아니하거나, 달리 처우할 필요성이 인정되는 경우에도 그 방법·정도 등이 적정하지 아니한 경우를 의미한다고 할 것이다. 그리고 합리적인 이유가 있는지 여부는 개별 사안에서 문제가 된 불리한 처우의 내용 및 사용자가 불리한 처우의 사유로 삼은 사정을 기준으로 기간제 근로자의 고용형태, 업무의 내용과 범위·권한·책임, 임금 그 밖의 근로조건 등의 결정요소 등을 종합적으로 고려

하여 판단하여야 한다. ⇒ [합리적 이유 없는 경우의 의미와 합리적 이유 유무 판단기준]

■**결론 및 이유** : 영업마케팅·내부통제점검자와 자점검사전담자는 참가인들의 비교 대상 근로자에 해당하고, 참가인들에게 중식대와 통근비를 불리하게 지급한 데에 합리적 이유가 있다고 할 수 없고, 참가인들에게 변동성과급을 지급하지 않은 것은 합리적 이유가 있다고 본 원심의 판단은 정당하다.

- **비교대상자(업무의 동종·유사성) 관련** : 원고가 임금피크제 직원 중 영업마케팅 업무와 내부통제점검 업무를 겸임하는 직원(이하 '영업마케팅·내부통제점검자'라고 한다)에게 명목상으로는 영업마케팅 업무를 주된 업무로, 내부통제점검 업무를 부수적 업무로 부여하였으나, 영업마케팅 업무에 관하여 아무런 관리·감독을 하지 않았고, 영업마케팅 실적을 업무 성과 평가의 중요 요소로 고려하지 않은 것으로 보이며, 실제로 그들의 영업실적도 미미한 데 비해, 내부통제점검 업무는 매일 수행결과를 기록하도록 하는 등 제대로 수행된 것으로 보이는 점, 원고는 임금피크제 직원을 자점검사전담자로 임명하여 기간제 근로자인 내부통제점검자가 맡았던 내부통제점검 업무를 수행하도록 한 점 등을 종합하여 보면, 영업마케팅·내부통제점검자와 자점검사전담자는 내부통제점검자인 피고보조참가인들(이하 '참가인들'이라고 한다)과 동종 또는 유사한 업무를 수행한 것으로 인정할 수 있어 기간제법 제8조 제1항이 정한 비교 대상 근로자에 해당함.

- **합리적 이유(중식대와 교통비) 관련** : 원고가 참가인들에 대한 중식대와 통근비를 비교 대상 근로자인 영업마케팅·내부통제점검자 및 자점검사전담자에 대한 중식대와 통근비보다 적은 금액으로 책정하여 지급한 것은 불리한 처우에 해당하고, 중식대와 통근비가 실비변상의 성격을 가진 점, 원고가 텔러직, 지원직 등 다른 기간제 근로자들에게도 중식대와 통근비를 지급한 사정에 비추어 이들 수당을 장기근속 유도와 직접 연관시키기 어려운 것으로 보이는 점 등을 종합하면, 위와 같이 원고가 참가인들에게 중식대와 통근비를 불리하게 지급한 데에 합리적인 이유가 있는 것으로 볼 수 없음.

- **합리적 이유(변동성과급) 관련** : i) 영업마케팅·내부통제점검자의 연보수는 임금피크제 전환 전 연보수의 50% 또는 42%로 정해지고, 위와 같이 정해진 약정 연보수의 80%는 기본급 등으로, 나머지 20%는 변동성과급(성과 평가 G등급 기준)으로 각 지급하게 되어 있으므로, 변동성과급은 개념상 고정된 연보수에 추가로 지급되는 것이 아니라 그 자체가 연보수의 일부분을 구성하는 것인 점, ii) 이러한 이유로 영업마케팅·내부통제점검자가 성과 평가에서 중간 등급인 G등급을

받을 경우 약정 연보수를 그대로 받을 뿐이고, 그보다 낮은 C등급이나 D등급을 받으면 오히려 연보수가 95% 내지 90% 수준으로 삭감되므로, 위 변동성과급은 정해진 보수에 추가하여 지급되는 텔러직 등 다른 기간제 근로자에 대한 변동성 과급과는 성격이 매우 다른 점, iii) 영업마케팅·내부통제점검자는 결국 약정 연 보수를 기준으로 90% 내지 110%에 해당하는 연보수를 받게 되는데, 이는 근로 자들의 전년도 실질 성과를 다음 연도에 반영하여 근로자들로 하여금 장기간에 걸쳐 지속적으로 업무수행능력을 향상하도록 유도하기 위한 것으로 볼 수 있는 점, iv) 참가인들을 비롯한 내부통제점검자의 보수체계는 애초부터 영업마케팅· 내부통제점검자처럼 약정된 연보수를 전제로 하여 이를 기본급과 변동성과급으 로 나누어 지급하는 형태로 구성되어 있지 않기 때문에 이 사건 재심판정에서 명한 바와 같이 원고가 참가인들에게 연보수의 20%에 해당하는 금액을 변동성 과급으로 지급하게 되면 참가인들은 당초 연보수의 120%를 받는 것이 되어 영 업마케팅·내부통제점검자보다 오히려 높은 비율의 성과급을 받게 되는 점 등을 종합하여 보면, 원고가 2009. 2. 10. 참가인들의 비교 대상 근로자인 영업마케 팅·내부통제점검자에게 지급한 이 사건 변동성과급은 참가인들에게 적용될 수 있는 성격의 보수라 할 수 없으므로 이를 참가인들에게 지급하지 아니한 것은 합리적인 이유가 있음.

▌판결의 의의와 한계

1) 기간제법과 파견법에 의거한 비정규직 근로자에 대한 차별시정제도는 2007 년 7월 1일부터 시행되었다. 비정규직 근로자가 차별적 처우가 있었음을 주장하 면서 노동위원회에 그 시정을 신청한 경우 노동위원회가 차별시정을 명하기 위 해서는 i) 신청권자(기간제·단시간·파견근로자)가 제척기간 6개월 내에 신청한 것이 어야 하고, ii) 비교 대상 근로자(업무의 동종·유사성)가 존재해야 하며, iii) 차별금 지영역(임금 기타 근로조건 등)에 관한 처우가 신청인에게 불리한 것이고, iv) 불리 한 처우의 합리적 이유가 존재하지 않아야 한다.

2) 대상판결은 차별적 처우의 성립요건 중 하나인 '업무의 동종·유사성'에 관한 판단기준을 밝히고 있다. 즉 업무의 동종·유사성 여부는 실제 수행하여 온 업무 를 기준으로 판단하되, 주된 업무의 내용에서 본질적인 차이가 없으면 원칙적으 로 업무의 동종·유사성이 인정된다. 사용자가 근로계약, 취업규칙, 직무기술서, 업무분장표 등을 통해 어떤 업무를 주된 업무로 부여했을지라도 실제 수행된 업 무로 볼 수 없는 특별한 사정이 있는 경우에는 그 업무를 주된 업무로 볼 수 없

을 것이다. 대상판결은 이러한 점을 잘 보여 주고 있는 사례이다(☞ Q 1. 참고).
3) 대상판결은 차별적 처우의 성립요건 중 하나인 '합리적 이유가 없는 경우'에 관한
법리를 밝히고 있다. '합리적 이유가 없는 경우'의 의미를 비정규직 근로자를 달리 처
우할 필요성이 인정되지 않는 경우 또는 그 필요성이 인정되더라도 그 방법·정도 등
이 적정하지 않는 경우라고 보고 있다. 이것은 차별의 목적(달리 처우할 필요성)과 그
수단(달리 처우하는 방법과 정도) 사이에 균형적 내지는 비례적 관계가 존재하여야 차별
의 합리성이 인정될 수 있다는 취지(즉 합리적 이유에 관한 엄격한 판단을 요구하는 취지)
의 판시로 해석할 수 있을 것이다.[1] 대상판결 사건에서 통근비와 중식대의 차등지급
은 '달리 처우할 필요성이 인정되지 않는 경우'(실비변상 성격의 수당으로 업무의 종류 등
에 따라 차등지급할 필요가 없는 경우)에 해당하여 합리적 이유가 없다고 판단된 반면에
변동성과급의 미지급은 '달리 처우할 필요성이 인정되고 그 방법·정도 등이 적정한 경
우'(장기적·지속적인 업무수행능력 향상 유도하기 것으로 보수체계를 달리하는 참가인들에게
지급되면 비교 대상 근로자보다 높은 비율의 성과급이 지급되는 결과를 초래하는 것)에 해당
하여 합리적 이유가 있는 것으로 판단되었다고 볼 수 있다(☞ Q 2. 참고).

▋기타 해설 : 기간제근로자가 기간제근로자임을 이유로 임금에서 비교 대상 근
로자에 비하여 차별적 처우를 받았다고 주장하며 차별시정을 신청하는 경우 원
칙적으로 기간제근로자가 불리한 처우라고 주장하는 임금의 세부 항목별로 비교
대상 근로자와 비교하여 불리한 처우가 존재하는지를 판단하여야 한다. 다만 기
간제근로자와 비교 대상 근로자의 임금이 서로 다른 항목으로 구성되어 있거나,
기간제근로자가 특정 항목은 비교 대상 근로자보다 불리한 대우를 받은 대신 다
른 특정 항목은 유리한 대우를 받은 경우 등과 같이 항목별로 비교하는 것이 곤
란하거나 적정하지 않은 특별한 사정이 있는 경우라면, 상호 관련된 항목들을
범주별로 구분하고 각각의 범주별로 기간제근로자가 받은 임금 액수와 비교 대
상 근로자가 받은 임금 액수를 비교하여 기간제근로자에게 불리한 처우가 존재
하는지를 판단하여야 한다. 이러한 경우 임금의 세부 항목이 어떤 범주에 속하
는지는 비교 대상 근로자가 받은 항목별 임금의 지급 근거, 대상과 그 성격, 기
간제근로자가 받은 임금의 세부 항목 구성과 산정기준, 특정 항목의 임금이 기

---

1) 그러나 차별의 합리성에 관한 엄격한 판단척도가 차별금지영역(임금 그 밖의 근로조건
등) 전반에 걸쳐 일률적으로 적용되어야 하는지, 사용자에게 지급 내지 제공의 의무가 있다고 보
기 어려운 금품이나 편의 등의 경우에는 완화된 판단척도가 적용될 수 있는지 등에 관한 논란이
예상된다.

간제근로자에게 지급되지 않거나 적게 지급된 이유나 경위, 임금 지급 관행 등을 종합하여 합리적이고 객관적으로 판단하여야 한다(대법원 2019. 9. 26. 선고 2016두47857 판결).

◀ Q 풀이 ▶

Q 1. 대상판결에서 정규직 임금피크제 근로자인 영업마케팅·내부통제점검자와 기간제근로자인 내부통제점검자의 업무가 동종 또는 유사한 것으로 인정된 이유는?

[A]   대상판결이 제시한 법리에 따르면, 업무의 동종·유사성 여부는 근로자가 실제 수행하여 온 업무를 기준으로 판단하되 주된 업무의 내용에 본질적 차이가 없다면 특별한 사정이 없는 이상 동종 또는 유사한 업무에 종사한 것으로 보아야 한다. 이 사건에서 원고가 정규직 임금피크제 직원들에게 주된 업무로 부여한 영업마케팅 업무는 그에 대한 관리감독의 부재 등의 사정에 비추어 볼 때 명목상 그렇게 부여된 것일 뿐 실제 수행된 주된 업무로 보기 어려운 반면에 부수적 업무로 부여된 내부통제점검 업무는 제대로 수행되었을 뿐만 아니라 나중에는 계약기간의 만료로 순차적으로 퇴사하는 기간제근로자들을 대신하여 정규직 임금피크제 직원들이 내부통제점검 업무를 전담하여 수행하였기 때문에, 기간제근로자와 정규직 임금피크제 근로자는 실제 수행한 주된 업무가 내부통제점검 업무라는 점에서 동종 또는 유사한 업무에 종사한 것으로 인정되었다고 볼 수 있다.

Q 2. 대상판결에서 통근비와 중식대의 차등지급 및 변동성과급의 미지급과 관련하여 합리적 이유의 유무가 어떻게 판단되고 있는가?

[A] 1) 통근비와 중식대의 차등지급 : 참가인들과 다른 업무를 수행한 다른 기간제근로자들에게도 지급된 통근비와 중식대는 실비변상의 성격을 가진 수당으로서 장기근속 유도와 직접 연관시키기 어려운 것임에도 원고가 비교 대상 근로자에 비해 참가인들에게 불리하게 지급하였기 때문에 합리적인 이유가 없는 것으로 판단되었다.

2) 변동성과급의 미지급 : 비교 대상 근로자에게 지급된 변동성과급은 임금피크제의 적용에 따른 약정 연보수의 일부분을 구성하는 것이자 성과평가의 등급에 따라 지급률(연보수의 10~30%)이 달라지는 것으로서 장기간에 걸친 지속적 업무

수행능력 향상을 유도하기 위한 것으로 볼 수 있는데 반해 참가인들의 보수체계는 비교 대상 근로자의 그것과 다를 뿐만 아니라 참가인들에게 변동성과급(재심판정에서 명한 참가인들 연보수의 20% 해당 금액)이 지급되면 참가인들은 비교 대상 근로자보다 오히려 높은 비율의 성과급을 받게 되므로 원고가 참가인들에게 적용될 수 없는 성격의 보수인 변동성과급을 지급하지 않은 것은 합리적인 이유가 있다고 판단되었다.

Q 3. 기간제법상 노동위원회에 대한 차별시정신청의 신청권자는? 시정명령의 내용은? 확정된 시정명령을 이행하지 않은 경우의 제재는?

[A] 1) 기간제법에 따르면 기간제근로자 또는 단시간근로자는 차별적 처우를 받은 경우 차별적 처우가 있은 날(계속되는 차별적 처우는 그 종료일)부터 6개월 내 노동위원회에 그 시정을 신청할 수 있다(제9조 제1항 참조). 이러한 시정신청이 없더라도 고용노동부장관은 사용자가 차별적 처우를 한 경우에 그 시정을 요구할 수 있고, 사용자가 시정요구에 응하지 아니할 경우에는 차별적 처우의 내용을 구체적으로 명시하여 노동위원회에 통보하여야 하며, 통보를 받은 노동위원회는 지체 없이 차별적 처우가 있는지 여부를 심리하여야 한다(제15조의2).

2) 차별적 처우에 대하여 노동위원회가 발하는 시정명령에는 차별적 행위의 중지, 임금 등 근로조건의 개선(취업규칙, 단체협약 등의 제도개선 명령을 포함한다) 또는 적절한 배상 등이 포함될 수 있고, 특히 사용자의 차별적 처우에 명백한 고의가 인정되거나 차별적 처우가 반복되는 경우에는 차별적 처우로 인하여 기간제근로자 또는 단시간근로자에게 발생한 손해액을 기준으로 3배를 넘지 아니하는 범위에서 배상을 명령할 수 있다(제13조). 손해액을 기준으로 한 배상명령은 사용자의 고의적 내지 반복적인 차별행위에 대한 예방 효과가 적기 때문에 손해액의 3배까지 징벌적 성격의 배상명령을 할 수 있도록 함으로써 악의적 차별행위를 사전 차단하고 실효적인 차별시정이 가능하도록 한 것이다.

3) 확정된 시정명령을 정당한 이유 없이 이행하지 아니한 자에게는 1억원 이하의 과태료를 부과한다(제24조 제1항). 고용노동부장관은 확정된 시정명령을 이행할 의무가 있는 사용자의 사업 또는 사업장에서 해당 시정명령의 효력이 미치는 근로자 이외의 기간제 또는 단시간근로자에 대하여 차별적 처우가 있는지를 조사하여 차별적 처우가 있는 경우에는 그 시정을 요구할 수 있다(제15조의3 제1항). 종전 차별시정제도는 차별시정 신청을 한 근로자에 대해서만 시정명령을 하도록

되어 있어 차별시정명령을 받은 사업주의 사업장에서 동일 또는 유사한 차별행위가 존재해도 차별시정 신청을 하지 않으면 차별시정명령의 대상이 될 수가 없었던바, 동일한 사용자의 사업 또는 사업장에서 한 명의 기간제 또는 단시간근로자가 차별 인정을 받았을 때 동일 조건에 있는 근로자 모두의 차별적 처우가 개선될 수 있도록 확정된 시정명령의 효력을 확대할 수 있도록 하였다.

◀ 심화학습 ▶

1. 임금차별의 '계속되는 차별적 처우' 해당 여부 (대법원 2011. 12. 22. 선고 2010두3237 판결 참고)

▷ 참고판결(2010두3237 판결)에서 대법원은 차별적 처우의 시정신청기간은 제척기간이나 '계속되는 차별적 처우'의 경우 종료일부터 시정신청기간(구법상 3개월, 현행법상 6개월) 이내에 시정을 신청하였다면 계속되는 차별적 처우 전체에 대하여 제척기간을 준수한 것이 된다는 전제 하에 임금차별은 특별한 사정이 없는 이상 '계속되는 차별적 처우'에 해당한다는 점을 밝혔고,[2] 기간제법 시행일(2007. 7. 1.)부터 차별적 처우 종료일(2008. 4. 13.)까지의 임금차별 전체에 대하여 시정을 구할 수 있다고 한 원심판단을 정당하다고 보았다.

▷ 대법원이 임금차별을 '계속되는 차별적 처우'로 본 것은 다른 근로조건 차별과는 구별되는 임금차별의 본질을 고려한 올바른 판단이라고 평가할 수 있다. 차별적 해고 등과 달리 임금차별은 상당한 기간에 걸친 일련의 행위로서 계속적·반복적으로 발생한다. 소정의 임금지급기일 사이에 시간적 공백을 두고 임금이 단속적으로 지급된다는 현상적 사실에 집착하여 임금차별을 계속되지 않는 개별적 행위로 해석하는 것은 불합리한 차별을 시정하고 비정규직 근로자를 보호하고자 하는 법의 취지에 부합하지 않는다. 비정규직 임금차별은 비정규직 근로자에게 적용되는 취업규칙이나 근로계약 등에 근거하여 상당한 기간에 걸쳐 계속적으로 이루어지는 이른바 '제도적인' 차별이다. 그 제도가 계속 유지되는

---

[2] 이 사건(철도공사영양사사건)에서 중노위는 임금차별이 계속되는 차별적 처우에 해당하지 않는다고 보았다(중노위 2008. 11. 3. 2008차별23,25). 그 이유로 "임금은 근로제공의 대가로서 매일 발생하나 사용자가 취업규칙이나 근로계약 등에서 정한 임금지급기일에 임금을 지급함으로써 임금지급의 개별적·구체적 행위가 이루어지고 이러한 구체적인 행위가 있어야 비로소 차별적 처우가 있었는지 여부를 알 수 있는 것이므로, 임금지급에 있어 차별적 처우가 있고 그 차별적 처우가 반복되었다고 하더라도 이를 기간제법 제9조에서 규정하는 계속되는 차별적 처우라고 보기는 어렵다"고 하였다.

한 그 제도에 근거한 차별은 계속적일 수밖에 없다. 해당 제도의 설정 당시에 그 제도 속에 내포된 직·간접적인 차별의사는 그 제도가 적용되는 전 기간 동안 임금지급기일에 임금차별의 구체적인 행위로 발현되는 것에 불과하기 때문에 차별시정이라는 법적 관점에서 볼 때 임금차별은 '계속되는' 차별적 처우로 해석되어야 한다.[3]

> ※ **대법원 2011. 12. 22. 선고 2010두3237 판결 【차별시정재심판정취소】**
> - "기간제 및 단시간근로자 보호 등에 관한 법률(이하 '기간제법'이라고 한다) 제9조 제1항은 "기간제근로자 또는 단시간근로자는 차별적 처우를 받은 경우 노동위원회법 제1조의 규정에 따른 노동위원회에 그 시정을 신청할 수 있다. 다만, 차별적 처우가 있은 날(계속되는 차별적 처우는 그 종료일)부터 3월(⇒ 현행 6개월)이 경과한 때에는 그러하지 아니하다"고 규정하고 있다. 이와 같은 <u>차별적 처우의 시정신청기간은 제척기간</u>이라고 할 것이므로 그 기간이 경과하면 그로써 기간제법에 따른 시정을 신청할 권리는 소멸하나, <u>계속되는 차별적 처우의 경우 그 종료일부터 3월(⇒ 현행 6개월) 이내에 시정을 신청하였다면 그 계속되는 차별적 처우 전체에 대하여 제척기간을 준수한 것</u>이 된다고 할 것이다. 한편 **사용자가 계속되는 근로 제공에 대하여 기간제근로자 또는 단시간근로자에게 차별적인 규정 등을 적용하여 차별적으로 임금을 지급하여 왔다면 특별한 사정이 없는 이상 그와 같은 임금의 차별적 지급은 기간제법 제9조 제1항 단서가 정한 '계속되는 차별적 처우'**에 해당한다고 봄이 상당하다.
> 원심 및 원심이 인용한 제1심판결에 의하면, 원심은 판시와 같은 사실을 인정한 다음 원고들이 각 입사 이후부터 임금 지급에 있어 피고보조참가인(이하 '참가인'이라고 한다)으로부터 받아 온 일련의 차별적 처우는 참가인의 기간제근로자 운영지침에 기초하여 계속적으로 이루어진 것으로서 '계속되는 차별적 처우'에 해당한다고 보고, 기간제법의 시행일인 2007. 7. 1.부터 2008. 4. 13.까지의 임금 지급과 관련된 차별적 처우에 대하여 그 시정을 구할 수 있다고 판단하였다.
> 앞서 본 법리와 기록에 비추어 살펴보면, 원심의 위와 같은 판단은 정당하고, … (이하 생략) …"

2. 차별적 처우의 시정신청 당시 또는 시정절차 진행 도중 근로계약기간이 만료한 경우 기간제근로자가 차별적 처우의 시정을 구할 이익이 소멸하는지 여부 (대법원 2016. 12. 1. 선고 2014두43288 판결 참고)

▷ 참고판결(2014두43288 판결)은 기간제법 제9조에 따른 차별적 처우의 시정신청 당시 또는 시정절차 진행 도중에 근로계약기간이 만료하였다는 이유만으로 기간

---

3) 이상의 내용은 조용만, "비정규직 차별금지의 쟁점과 과제", 「노동법학」 제42호, 한국노동법학회, 2012. 6, 28면 참조.

제근로자가 차별적 처우의 시정을 구할 시정이익이 소멸하지는 않다고 본 사례이다. 그 근거로 i) 차별적 처우 시정절차의 입법 목적이 부당해고의 구제절차와는 다른 점, ii) 차별적 처우에 따른 불이익을 금전적으로 전보하기 위한 금전보상명령 또는 배상명령은 그 성질상 근로계약기간이 만료한 경우에도 발할 수 있다고 해석되는 점, iii) 근로계약기간이 만료하였다고 하여 고용노동부장관의 직권에 의한 사용자에 대한 시정요구나 고용노동부장관의 통보에 따른 노동위원회의 시정절차 진행이 불가능하게 된다고 보기도 어려운 점, iv) 시정명령의 내용 중 중요한 의미가 있는 3배 배상명령을 독자적 제재수단으로 인정할 필요가 있고, 또한 시정명령의 효력 확대를 위한 전제로서 시정절차를 개시·유지할 필요도 있는 점 등을 들고 있다.

※ **대법원 2016. 12. 1. 선고 2014두43288 판결 【차별시정재심판정취소】**
- "기간제 및 단시간근로자 보호 등에 관한 법률(이하 '기간제법'이라 한다) 제9조 제1항, 제12조 제1항에 의하면, 기간제근로자가 차별적 처우를 받은 경우에 그 차별적 처우가 있은 날(계속되는 차별적 처우는 그 종료일)부터 6개월 이내에 노동위원회에 시정을 신청할 수 있고, 노동위원회는 그 신청에 따라 조사·심문을 거쳐 차별적 처우에 해당한다고 판정한 때에는 사용자에게 시정명령을 발한다.
이러한 시정절차는 사용자의 차별적 처우로 말미암아 기간제근로자에게 발생한 불이익을 해소하여 차별적 처우가 없었더라면 존재하였을 상태로 개선함으로써 기간제근로자에 대한 불합리한 차별을 바로잡고 근로조건 보호를 강화하려는 데에 그 주된 목적이 있으며, 기간제근로자 지위를 회복하거나 근로계약기간 자체를 보장하기 위한 것은 아니므로, 근로계약기간의 만료 여부는 차별적 처우의 시정과는 직접적인 관련이 없는 사정이라고 할 수 있다.
그리고 구 기간제법(2014. 3. 18. 법률 제12469호로 개정되기 전의 것) 제13조 및 위 법률로 개정된 기간제법 제13조 제1항에서 차별적 처우의 시정신청에 따라 발하는 노동위원회의 시정명령 내용 중 하나로 들고 있는 금전보상명령 또는 배상명령은 과거에 있었던 차별적 처우의 결과로 남아 있는 불이익을 금전적으로 전보하기 위한 것으로서, 그 성질상 근로계약기간이 만료한 경우에도 발할 수 있다고 해석된다.
아울러 차별적 처우를 받은 기간제근로자의 근로계약기간이 만료하였다고 하여 기간제법 제15조의2에서 정한 고용노동부장관의 직권에 의한 사용자에 대한 시정요구나 고용노동부장관의 통보에 따른 노동위원회의 시정절차 진행이 불가능하게 된다고 보기도 어렵다.
나아가 기간제법 제13조 제2항은 사용자의 명백한 고의가 있거나 반복적인 차별적 처우에 대하여 기간제근로자에게 발생한 손해액을 기준으로 3배를 넘지 아니하는 범위에서 배상을 명령할 수 있는 권한을 노동위원회에 부여하고 있으며, 제15조의3은 시정명령이 확정된 경우에 그 효력 확대 차원에서 고용노동부장관이 직권으로 다른 기간제근로자에 대한 차별적 처우를 조사하여 사용자에게 시정을 요구하고 노동위원회에 통보하여 시정절차를 진행할 수 있도록 규정하고 있다. 이에 따라 시정명령의 내용 중에서 배상명령은 제재 수단으로서 독자성을 인정할 필요가 있고 중요한 의미를 가진다고 할 것이며, 또한 시정명령의 효력 확대를 위한 전제로서 시정절차를 개시·유지할 필요도 있게 되었다.

위와 같은 시정절차 관련 규정의 내용과 그 입법 목적, 시정절차의 기능, 시정명령의 내용 등을 종합하여 보면, 시정신청 당시에 혹은 시정절차 진행 도중에 근로계약기간이 만료하였다는 이유만으로 기간제근로자가 차별적 처우의 시정을 구할 시정이익이 소멸하지는 아니한다고 보아야 한다. … (이하 생략) …"

3. 임금피크제와 연령차별의 금지

◀ 판례분석 ▶

▐**제 목** : 만 55세 이상 정규직 직원을 대상으로 한 정년유지형 임금피크제의 불합리한 연령차별 여부(Y) [전자기술연구원사건]

▐**대상판결** : 대법원 2022. 5. 26. 선고 2017다292343 판결 【임금등】
【원고, 피상고인】 원고
【피고, 상고인】 한국전자기술연구원(변경 전 명칭: △△△△연구원)
【원심판결】 서울고법 2017. 11. 15. 선고 2016나2090173 판결
【주 문】 상고를 기각한다. 상고비용은 피고가 부담한다.

▐**사건의 개요** : 피고는 노동조합과 신인사제도를 시행하기로 합의한 후 기존의 정년 61세를 그대로 유지하면서 55세 이상 정규직 직원들을 대상으로 임금을 삭감하는 내용의 성과연급제(이하 '이 사건 성과연급제')를 시행하였고, 피고의 행정직 근로자였다가 명예퇴직한 원고는 이 사건 성과연급제가 구 고용상 연령차별금지 및 고령자고용촉진에 관한 법률(이하 '고령자고용법')에 위반되어 무효라고 주장하면서 삭감된 임금 등의 지급을 구하는 소를 제기하였다.

■ 관련 법 규정(현행법 기준)

- 고령자고용법 제4조의4(모집·채용 등에서의 연령차별 금지) ① 사업주는 다음 각 호의 분야에서 합리적인 이유 없이 연령을 이유로 근로자 또는 근로자가 되려는 사람을 차별하여서는 아니 된다.
  1. 모집·채용
  2. 임금, 임금 외의 금품 지급 및 복리후생
  3. 교육·훈련
  4. 배치·전보·승진
  5. 퇴직·해고

② 제1항을 적용할 때 합리적인 이유 없이 연령 외의 기준을 적용하여 특정 연령 집단에 특히 불리한 결과를 초래하는 경우에는 연령차별로 본다.

■ 판결의 성격 : 원심은 이 사건 성과연급제가 원고를 포함한 55세 이상 직원들을 합리적 이유 없이 연령을 이유로 차별하는 것이어서 무효라고 판단하였고, 대법원은 원심의 판단이 정당하다고 보아서 피고의 상고를 기각하였다.

■ 쟁 점

- 고령자고용법 제4조의4 제1항 제2호의 규정이 강행규정인지
- 이 사건 성과연급제가 고령자고용법 제4조의4 제1항 제2호에서 금지하고 있는 연령을 이유로 한 합리적인 이유 없는 차별에 해당하는지 여부

■ 중요 사실관계

- 이 사건 성과연급제는 기존의 정년 61세를 그대로 유지하면서 55세 이상의 근로자를 대상으로 임금을 조정하는 내용으로서 경영혁신과 경영효율을 높이기 위한 목적으로 도입 **⇒ 임금피크제 도입 목적의 타당성 관련**
- 이 사건 성과연급제가 도입됨에 따라 2011. 1. 1.부터 2013. 3. 31.까지는 수석 5 역량등급 이상, 2013. 4. 1.부터는 수석 8 역량등급 이상인 55세 이상 정규직 직원들의 급여가 성과와 관계없이 삭감되었고, 따라서 이 사건 성과연급제로 인해 피고의 정규직 직원들은 만 55세 이상이 되면 연령을 이유로 불이익을 받음 **⇒ 임금피크제 적용에 따른 급여 삭감의 연령을 이유로 한 불이익 여부 관련**
- 원고의 경우 수석 20 역량등급이었다가 만 55세가 된 다음 해인 2011. 4.부터 이 사건 성과연급제를 적용받게 되면서 역량등급만을 기준으로 보면 약 50등급

이 일시에 하락한 것과 같은 결과가 되었고, 이 사건 성과연급제의 시행에 따라 선임 14 역량등급이 적용되어 2011년의 경우 성과 평가 결과가 S등급일 경우에는 월 급여가 약 93만 원 감소, D등급일 경우에는 월 급여가 약 283만 원 감소 ⇒ 임금피크제 적용으로 원고가 입은 불이익의 정도 관련

- 피고가 제출한 자료에 따르면, 51세 이상 55세 미만 정규직 직원들의 수주 목표 대비 실적 달성률이 55세 이상 정규직 직원들에 비하여 떨어지는 것으로 보임 ⇒ **55세 이상 정규직 직원들만을 대상으로 한 임금피크제 도입 목적의 타당성 관련**

- 명예퇴직제도는 이 사건 성과연급제가 도입되기 전부터 인사급여규정에서 정하고 있던 것이었는데 이 사건 성과연급제 시행과 함께 상시적인 제도로 시행 ⇒ **임금 삭감에 대한 대상 조치의 도입 여부 및 그 적정성 관련**

- 이 사건 성과연급제 시행에 따라 55세 이상 근로자의 업무 내용이 변경되지는 않았음(연구직의 경우 이 사건 성과연급제 시행에 따라 피고가 실제로 이 사건 성과연급제 대상 근로자의 목표 수준을 낮게 설정하고 그에 따라 평가를 하였는지에 관하여 이를 확인할 만한 자료가 없음. 원고와 같은 행정직의 경우 이 사건 성과연급제 시행에 따라 구체적으로 목표 수준이 어떻게 낮게 설정되어 업무량이 감소한다는 것인지를 알 수 있는 자료가 없음) ⇒ **임금 삭감에 대한 대상 조치의 도입 여부 및 그 적정성 관련**

▌기본법리(판지)

1) 고용의 영역에서 나이를 이유로 한 차별을 금지하여 헌법상 평등권을 실질적으로 구현하려는 구 고령자고용법상 차별 금지 조항의 입법 취지를 고려하면, 구 고령자고용법 제4조의4 제1항은 강행규정에 해당한다. 따라서 단체협약, 취업규칙 또는 근로계약에서 이에 반하는 내용을 정한 조항은 무효이다. ⇒ **[고용상 불합리한 연령차별 금지 조항의 법적 성격(강행규정)과 그 위반의 효력(무효)]**

2) ⑴ 연령을 이유로 한 차별을 금지하고 있는 구 고령자고용법 제4조의4 제1항에서 말하는 '합리적인 이유가 없는' 경우란 연령에 따라 근로자를 다르게 처우할 필요성이 인정되지 아니하거나 달리 처우하는 경우에도 그 방법·정도 등이 적정하지 아니한 경우를 말한다. ⇒ **[연령차별 금지에서 합리적 이유 없는 경우의 의미]**

⑵ 사업주가 근로자의 정년을 그대로 유지하면서 임금을 정년 전까지 일정 기간 삭감하는 형태의 이른바 '임금피크제'를 시행하는 경우 연령을 이유로 한 차별에 합리적인 이유가 없어 그 조치가 무효인지 여부는 임금피크제 도입 목적의 타당성, 대상 근로자들이 입는 불이익의 정도, 임금 삭감에 대한 대상 조치의 도입 여부 및 그 적정성, 임금피크제로 감액된 재원이 임금피크제 도입의 본래 목적

을 위하여 사용되었는지 등 여러 사정을 종합적으로 고려하여 판단하여야 한다.
⇒ [정년유지형 임금피크제가 불합리한 연령차별로서 무효인지 판단하는 기준]

■결론 및 이유 : 이 사건 성과연급제는 연령을 이유로 임금 분야에서 원고를 차별하는 것으로 그 차별에 합리적인 이유가 있다고 볼 수 없다.
- **임금피크제 도입 목적의 타당성 관련** : 이 사건 성과연급제는 피고의 인건비 부담을 완화하고 실적 달성률을 높이기 위한 목적으로 도입된 것으로 보임. 피고의 주장에 따르더라도 51세 이상 55세 미만 정규직 직원들의 수주 목표 대비 실적 달성률이 55세 이상 정규직 직원들에 비하여 떨어진다는 것이어서, 위와 같은 목적을 55세 이상 정규직 직원들만을 대상으로 한 임금 삭감 조치를 정당화할 만한 사유로 보기 어려움.
- **대상 근로자들이 입은 불이익의 정도, 임금 삭감에 대한 대상 조치의 도입 여부 및 그 적정성 관련** : 이 사건 성과연급제로 인하여 원고는 임금이 일시에 대폭 하락하는 불이익을 입었고, 그 불이익에 대한 대상조치가 강구되지 않았음. 피고가 대상조치라고 주장하는 명예퇴직제도는 근로자의 조기 퇴직을 장려하는 것으로서 근로를 계속하는 근로자에 대하여는 불이익을 보전하는 대상조치로 볼 수도 없음. 이 사건 성과연급제를 전후하여 원고에게 부여된 목표 수준이나 업무의 내용에 차이가 있었다고 보이지 아니함.

■판결의 의의와 한계
1) 임금피크제는 연공급 임금체계에서 고령자의 고용안정을 기하고 기업의 인건비 부담을 완화하기 위하여 근로자의 정년보장 또는 그 연장을 조건으로 정년 전까지 일정 기간 임금을 삭감하는 제도이다. 2013년 5월 22일 개정 고령자고용법은 60세 이상 정년제(제19조)를 도입하면서, 정년을 연장하는 사업 또는 사업장의 사업주와 근로자의 과반수로 조직된 노동조합(근로자의 과반수로 조직된 노동조합이 없는 경우에는 근로자의 과반수를 대표하는 자)은 그 사업 또는 사업장의 여건에 따라 임금체계 개편 등 필요한 조치를 하도록 규정하였다(제19조의2 제1항). 이러한 고령자고용법 개정을 배경으로 기업에서 임금피크제 도입이 활성화되었다.
2) 임금피크제의 유형에는 '정년유지형' 임금피크제와 '정년연장형' 임금피크제가 있다. 정년유지형 임금피크제는 일반적으로 정년 도래 3~5년 전부터 정년까지 임금을 삭감하는 방식으로 시행된다. 정년연장형 임금피크제는 기존의 정년을 연장하면서 기존 정년 도래 시점부터 연장된 정년 도래 시까지 3~5년에 걸쳐

임금을 삭감하거나 기존 정년 도래 2~3년 전부터 연장된 정년 도래 시까지 임금을 삭감하는 방식으로 시행된다.

3) 대상판결은 연령차별 관점에서 임금피크제의 효력 문제를 다룬 첫 대법원 판례로 i) 고령자고용법상 연령차별 금지 조항이 강행규정임을 인정한 점, ii) 합리적 이유 없는 연령차별의 의미를 밝힌 점, iii) 정년유지형 임금피크제가 합리적 이유 없는 연령차별로서 무효인지를 판단하는 기준을 제시한 점, iv) 그 판단기준에 따라 이 사건 성과연급제가 임금 분야에서 원고에 대한 불합리한 연령차별에 해당한다고 본 점에서 의의가 있다.

4) 대상판결에서 55세 이상 정규직 직원들만을 적용대상으로 한 이 사건 성과연급제는 그 도입 목적(특히 실적 달성률 제고)을 정당한 것으로 보기 어렵고, 이 사건 성과연급제로 인해 원고가 임금에서 입는 불이익이 현저함(월 급여가 S등급 시 약 93만 원, D등급 시 약 283만 원 감소)에도 그에 대한 대상 조치가 강구되지 않았음(명예퇴직제도는 대상 조치로 볼 수 없고 이 사건 성과연급제 전후로 원고에게 부여된 목표 수준이나 업무의 내용에 차이가 없었음)을 이유로 합리적인 이유가 없는 연령차별에 해당하는 것으로 판단되었다(☞ Q 1. 참고). 한편, 대상판결 사건에서는 임금피크제로 감액된 재원의 임금피크제 도입 본래 목적을 위한 사용 여부에 관한 판단을 찾아볼 수 없다. 이는 이 사건 성과연급제의 도입 목적에 있어서 감액된 재원의 용도를 별도 특정하지 않았기에 그 판단이 불필요했던 것으로 보인다. 만일 감액된 재원을 청년의 신규채용이나 고령자의 정년연장을 위한 용도로 사용하기 위해 임금피크제를 도입한 경우라면 그 목적에 부합하는 사용 여부에 관한 판단이 이루어져야 할 것이다. 이와 관련하여 고령자고용법은 "이 법이나 다른 법률에 따라 특정 연령집단의 고용유지·촉진을 위한 지원조치를 하는 경우"를 연령차별로 보지 않는다고 규정하고 있다(제4조의5 제4호).

5) 정년유지형 임금피크제와 관련하여 대상판결이 제시한 판단기준은 '정년연장형' 임금피크제 사안에서도 참고기준이 될 수 있을 것이다. 다만 기존의 정년을 보장하면서 임금을 삭감하는 정년유지형 임금피크제와 달리 정년연장형 임금피크제의 경우에는 그 도입 목적(노동시장 취약계층인 고령자의 고용연장)에서 타당하며 그 수단 및 대상 조치의 측면(정년연장 자체가 임금 삭감의 불이익을 완화하는 가장 중요한 수단이자 대상 조치에 해당한다는 점)에서도 적정한 것으로 판단될 가능성이 클 것으로 보인다.

◀ Q 풀이 ▶

Q 1. 대상판결에서 이 사건 성과연급제가 임금 분야에서 합리적인 이유 없이 연령을 이유로 원고를 차별한 것으로 판단된 이유는?

[A] 1) 임금피크제 도입 목적의 타당성 : 51세 이상 55세 미만 정규직 직원들의 수주 목표 대비 실적 달성률이 55세 이상 정규직 직원들에 비하여 떨어지는 점에 비추어 볼 때, 이 사건 성과연급제의 도입 목적(인건비 부담 완화 및 실적 달성률 제고)을 55세 이상 정규직 직원들만을 대상으로 한 임금 삭감 조치를 정당화할 만한 사유로 보기 어렵다.

2) 대상 근로자들이 입는 불이익의 정도 : 이 사건 성과연급제로 인해 원고는 임금이 일시에 대폭 하락하는 불이익을 입었다(이 사건 성과연급제의 시행으로 2011년 성과 평가 결과가 S등급일 경우 월 급여가 약 93만 원 감소, D등급일 경우 월 급여가 약 283만 원 감소).

3) 임금 삭감에 대한 대상 조치의 도입 여부 및 그 적정성 : 원고가 입는 불이익에 대한 대상 조치가 강구되지 않았다(이 사건 성과연급제 시행과 함께 상시적인 제도로 시행된 명예퇴직제도는 조기 퇴직을 장려하는 것으로서 근로를 계속하는 근로자에 대하여 불이익을 보전하는 대상 조치로 볼 수 없고, 이 사건 성과연급제를 전후하여 원고에게 부여된 목표 수준이나 업무의 내용에 차이가 있었다고 보이지 아니함).

4. 중간착취의 금지

◀ 판례분석 ▶

▌**제 목** : 조합간부를 역임한 근로자가 취업알선 명목으로 금품을 수령한 행위의 근기법 위반 여부(Y) [쌍용차취업알선사건]

▌**대상판결** : 대법원 2008. 9. 25. 선고 2006도7660 판결 【근로기준법위반】
【피고인】 피고인
【상고인】 피고인

【원심판결】 수원지법 2006. 10. 12. 선고 2006노2559 판결
【주 문】 상고를 기각한다.

■ **사건의 개요** : 쌍용자동차 노동조합 간부를 역임한 바 있는 피고인은 회사 구내·외에서 여러 차례에 걸쳐 다수인으로부터 취업알선 명목으로 합계 7,700만원을 수령하여 근기법상의 중간착취금지규정 위반으로 공소제기되었다.

■ **관련 법 규정**(현행법 기준)
- 근기법 제9조(중간착취의 배제) 누구든지 법률에 따르지 아니하고는 영리로 다른 사람의 취업에 개입하거나 중간인으로서 이익을 취득하지 못한다.
- 근기법 제107조(벌칙) … (중략) … 제9조 … (중략) … 위반한 자는 5년 이하의 징역 또는 5천만원 이하의 벌금에 처한다.

■ **판결의 성격** : 원심은 피고인의 행위가 근기법이 금지하는 행위에 해당한다고 판단하였고, 대법원은 원심의 판단이 정당하다고 보아서 피고인의 상고를 기각하였다.

■ **쟁 점**
- 취업 소개·알선의 명목으로 금품을 수령하였을 뿐이고 실제로 소개·알선하지 않은 피고인의 행위가 근기법상의 중간착취금지규정 위반에 해당하는지 여부

■ **중요 사실관계**
- 피고인은 쌍용차 노동조합에서 제4대 집행부의 조직부장과 제7대 집행부의 쟁의부장 등으로 활동한 바 있음 ⇒ **근로관계의 성립에 영향을 줄 수 있는 지위 여부와 관련**
- 2003년 8월말부터 2005년 2월까지의 기간 동안 회사 내외에서 지인 등 다수인으로부터 취업청탁 명목으로 500만원 내지 2,000만원 등 합계 7,700만원을 수령함 ⇒ **취업개입의 영리성과 관련**

■ **기본법리**(판지)
1) 구 근로기준법 제8조(현행 제9조)는 "누구든지 법률에 의하지 아니하고는 영리로 타인의 취업에 개입하거나 중간인으로서 이익을 취득하지 못한다"고 규정하고 있는 바, 여기서 '영리로 타인의 취업에 개입'한다고 함은 <u>제3자가 영리로 타인의 취업을</u>

소개 또는 알선하는 등 근로관계의 성립 또는 갱신에 영향을 주는 행위를 말한다(대법원 2007. 8. 23. 선고 2007도3192 판결 참조). ⇒ **[영리로 타인의 취업에 개입함의 의미]**

2) ⑴ 제3자가 타인의 취업에 직접·간접으로 관여하여 근로자를 착취하는 행위를 방지하고자 하는 위 규정의 입법 취지와 위 조항에 의하여 원칙적으로 금지되고 있는 타인의 취업에 개입하는 행위 중 허용되는 행위의 유형과 절차에 관하여 상세히 정하고 있는 직업안정법 등의 관련 법률 조항들을 종합적으로 고려해 볼 때, ⇒ **[중간착취금지의 입법취지 등]**

⑵ 위 조항의 '영리로 타인의 취업에 개입'하는 행위, 즉 제3자가 영리로 타인의 취업을 소개 또는 알선하는 등 근로관계의 성립 또는 갱신에 영향을 주는 행위에는 취업을 원하는 사람에게 취업을 알선해 주기로 하면서 그 대가로 금품을 수령하는 정도의 행위도 포함된다고 볼 것이고, 반드시 근로관계 성립 또는 갱신에 직접적인 영향을 미칠 정도로 구체적인 소개 또는 알선행위에까지 나아가야만 한다고 볼 것은 아니다. ⇒ **[영리의 타인 취업개입행위의 범위(취업알선 대가 금품수령행위, 구체적인 소개·알선행위 불요)]**

■ **결론 및 이유** : 원심의 판단은 정당하고 거기에 구 근기법 제8조(현행 제9조)의 적용 범위에 관한 법리오해 등의 위법은 없다.

- 회사의 노동조합 간부로 상당기간 근무하였기 때문에 회사의 취업자 선정에 관하여 사실상 영향력을 미칠 수 있는 지위에 있는 피고인이 구직자들로부터 그 회사에 취업할 수 있도록 알선해 달라는 부탁을 받고 이를 승낙하면서 그 대가로 금원을 교부받은 피고인의 행위가 구 근로기준법 제8조(현행 제9조)에서 금지하는 행위에 해당함.

■ **판결의 의의와 한계**

1) 대상판결은 근기법 제9조가 금지하는 '영리로 타인의 취업에 개입하는 행위'의 의미와 이에 해당하는 구체적 행위 유형을 밝히고 있는 사례이다. 특히 근로관계의 성립이나 갱신에 직접적인 영향을 미칠 정도로 구체적인 소개 또는 알선행위가 없더라도 위 제9조 위반에 해당할 수 있음을 분명히 하고 있다.

2) 대상판결 사건에서 피고인은 상당기간 회사의 조합간부를 역임하여 근로관계의 성립에 사실상 영향력을 미칠 수 있는 지위에 있었음이 인정되었고, 또한 상당한 기간 동안 여러 차례에 걸쳐 취업알선의 명목으로 금품을 수령함으로써 '영리'의 의사(경제적 이득을 취할 의사)로 타인의 취업에 개입한 경우에 해당하는

것으로 판단되었다. 그러나 '영리'의 의사가 인정되지 않으면 위 제9조 위반이 성립하지 않는다(☞ 심화학습 1. 참고).

◀ Q 풀이 ▶

Q 1. 대상판결에서 구체적인 소개 또는 알선행위가 없었음에도 불구하고 근기법 위반의 유죄로 판단된 이유는?

[A] 중간착취금지의 입법취지(타인의 취업에 직·간접으로 관여하여 근로자를 착취하는 행위의 방지)와 허용되는 취업개입행위 등을 정한 타 법률 조항들을 종합적으로 고려할 때, '영리로 타인의 취업에 개입'하는 행위에는 취업알선의 대가로 금품을 수령하는 정도의 행위도 포함되고, 반드시 근로관계의 성립 등에 직접적인 영향을 미칠 정도로 구체적인 소개 또는 알선행위에까지 나아가야만 하는 것은 아니기 때문이다.

Q 2. 중간인으로서 이익을 취득하는 행위의 의미는? (대법원 2007. 8. 23. 선고 2007도3192 판결 참고)

[A] 중간착취금지조항 중 '중간인으로서 이익을 취득'하는 행위는 근로계약관계 존속 중에 사용자와 근로자 사이의 중간에서 근로자의 노무제공과 관련하여 사용자 또는 근로자로부터 법률에 의하지 아니하는 이익을 취득하는 것을 말한다(2007도3192 판결).

> ※ **대법원 2007. 8. 23. 선고 2007도3192 판결 【근로기준법위반】**
> - "구 근로기준법 제8조(현행 제9조)는 "누구든지 법률에 의하지 아니하고는 영리로 타인의 취업에 개입하거나 중간인으로서 이익을 취득하지 못한다"고 규정하고 있는바, 이 규정이 금지하는 행위는 '영리로 타인의 취업에 개입'하는 행위와 '중간인으로서 이익을 취득'하는 행위인데, '영리로 타인의 취업에 개입'하는 행위는 제3자가 영리로 타인의 취업을 소개·알선하는 등 노동관계의 성립 또는 갱신에 영향을 주는 행위를 말하고, '중간인으로서 이익을 취득'하는 행위는 근로계약관계 존속중에 사용자와 근로자 사이의 중간에서 근로자의 노무제공과 관련하여 사용자 또는 근로자로부터 법률에 의하지 아니하는 이익을 취득하는 것을 말한다."

Q 3. 영리로 타인의 취업에 개입하거나 중간인으로서 이익을 취득하는 일체의 행위가 근기법 제9조 위반에 해당하는가?

[A] 근기법 제9조에서는 "법률에 따르지 아니하고" 중간착취하는 행위를 금지하

고 있으므로 법률(예, 직업안정법, 파견근로자보호 등에 관한 법률)에 따른 영리의 취업
개입이나 중간인 이익취득은 허용된다.

◀ 심화학습 ▶

1. 영리의 의사 관련 대상판결과 대법원 2007. 8. 23. 선고 2007도3192 판결의 비교

▷ 참고판결(2007도3192 판결) 사건에서 피고인은 현대중공업에 입사하여 생산기술
부 6급 조원으로 근무하면서 노동조합 정책실장 및 대의원을 역임한바 있는 자인
데, 울산대학교병원에서 피고인의 형으로부터 "아들 황○○이 현대자동차에 입사
하려고 하니 현대자동차에 다니는 사람의 추천을 받을 수 있게 도와 달라"는 부탁
을 받아 현대자동차 노동조합 사무국장을 지낸 피고인의 처남으로 하여금 위 황○
○을 추천 하도록 하고 같은 해 3. 24. 12:00경 위 울산대학교병원 로비에서 피고
인의 형으로부터 취업사례금 명목으로 300만원을 교부받았다. 그러나 이 사건의
제반 사정에 비추어 피고인이 위 황○○의 입사추천과 관련하여 단순히 돈을 건네
받았다는 것만으로 그것이 '영리로' 한 것이라고 볼 수 없다는 이유로 무죄로 판단
되었다(☞ 취업개입행위의 영리성이 부인된 구체적 이유는 아래의 원심판결 참고).

> **※ 울산지방법원 2007. 4. 6. 선고 2005노976 판결(위 참고판결의 원심판결)**
> - "타인의 취업에 개입하여 소개료, 중개료 등 명목으로 이익을 취득하거나 취업
> 후에도 중개인, 감독자 등의 지위를 이용하여 근로자의 임금의 일부를 착취하는
> 것을 막기 위하여 위 '중간착취 배제'의 규정을 둔 것으로서, 위 규정으로 처벌하
> 기 위해서는 타인의 취업에 개입하거나 중간인으로서 이익을 취득한 것으로는 부족
> 하고, '영리로' 타인의 취업에 개입하여야 하고, 여기에서의 '영리로'의 의미는 '경
> 제적인 이익을 취득할 의사'를 말하는 것이라 할 것이므로, … (중략) … 뇌물수수
> 죄에 관한 규정 등과 비교하여 볼 때 위 근로기준법 제8조(현행 제9조) 및 제110
> 조(현행 제107조)는 타인의 취업과 관련하여 금품을 수수하였다고 하더라도 그 모
> 든 경우를 처벌하는 것이 아니라 '영리'의 의사로 개입한 경우에 한하여 처벌하는
> 것으로 보아야 할 것이다. … (중략) … 영리성이 있었는지 여부는 피고인의 사회
> 적 지위, 피고인과 그 행위의 상대방과의 인적관계, 타인의 취업에 개입한 행위의
> 동기 및 경위와 수단이나 방법, 행위의 내용과 태양, 행위 상대방의 성격과 범위,
> 행위 당시의 사회상황, 관련 규정의 취지 등 여러 사정을 종합하여 사회통념에 비
> 추어 합리적으로 판단할 수밖에 없다.
> 위와 같은 법리에 비추어 이 사건을 살피건대, 기록에 의하여 인정되는 다음과 같

은 사정, 특히 ① 피고인이 지금까지 노조활동과 관련해서는 여러 차례 형사처벌을 받았으나, 노조간부의 지위나 노조활동가의 지위를 이용하여 금품을 수수하거나 회사의 편의를 제공받거나 금품을 제공받는 등의 도덕적으로 비난받을 행동을 한 사정은 찾아 볼 수 없는 점, ② 피고인은 부모님이 돌아가신 후 <u>맏형인 공소외 1이 아버지로서의 역할을 하여왔고</u> 피고인이 결혼을 할 때에도 공소외 1로부터 금적적인 도움을 받았으며, 공소외 1이 <u>이 사건에서 건넨 300만 원도 당시 피고인이 금전적으로 어려움을 겪고 있어 이를 도와준 측면이 있는데다가, 현대자동차에서 노조간부의 취업비리가 문제된 사안의 대부분 노조간부가 불특정 다수로부터 취업의 대가로 고액의 금원을 교부받은 것과는 그 성격을 달리하는 점</u>, ③ 피고인이 이 사건에서 300만 원을 건네받은 동기나 경위, 그 수단과 방법에 있어서도, 피고인이 공소외 1로부터 입사추천을 부탁받고 이를 공소외 3에게 전하는 과정에서 <u>그 취업의 대가로 돈을 지급받기로 약속하거나 이를 요구하였다고 볼 만한 증거가 없고 그러한 정황도 보이지 아니하며, 가까운 친인척간에 취업에 관한 도움을 부탁하는 것은 우리사회에서 통상 있는 일인데 그에 대하여 대가를 바라거나 경제적 이익을 얻고자 의도하였다는 것은 오히려 이례적인 점</u> 등을 종합해보면, 피고인이 이 사건 공소외 2의 입사추천과 관련하여 단순히 돈을 건네받았다는 것만으로 그것이 '영리로' 한 것이라고 볼 수는 없다고 할 것이다."

2. 근로자공급사업과 근로자파견사업 (대법원 2008. 9. 18. 선고 2007두22320 전원합의체 판결 참고)

▷ 근로자공급사업은 공급계약에 따라 근로자를 타인에게 사용하게 하는 사업을 말하고, 다만 파견법 제2조 제2호에 따른 근로자파견사업은 근로자공급사업에서 제외된다(직업안정법 제2조의2 제7호 참조).

▷ 근로자파견사업은 파견사업주가 근로자를 고용한 후 그 고용관계를 유지하면서 근로자파견계약(파견사업주와 사용사업주간에 근로자파견을 약정하는 계약)의 내용에 따라 사용사업주(근로자파견계약에 의하여 파견근로자를 사용하는 자)의 지휘·명령을 받아 사용사업주를 위한 근로에 종사하게 하는 사업을 말한다(파견법 제2조 제1호, 제4호, 제6호 참조).

▷ 근로자공급사업의 구체적 의미와 그 예외적 허용, 근로자파견사업의 허용 경위 등에 관해서는 참고판결(2007두22320 판결)의 내용을 참고하기 바란다.

　※ **대법원 2008. 9. 18. 선고 2007두22320 전원합의체 판결 【부당해고구제재심판정취소】**
　- "근로자파견은 원래 근로자공급의 한 형태인데, <u>'근로자공급사업'은 '공급계약에 의하여 근로자를 타인에게 사용하게 하는 사업'(직업안정법 제4조 제7호)으로서 사실상 또는 고용계약에 의하여 자기의 지배하에 있는 근로자를 타인의 지휘 아래 사용하게 하는 사업</u>이므로 이를 자유로이 허용하면 타인의 취업에 개입하여 영리를 취하거나

임금 기타 근로자의 이익을 중간에서 착취하는 폐단이 생길 염려가 있어 근로기준법은 원칙적으로 이를 금지하고, 다만 직업안정법에 의하여 노동부장관의 허가를 받은 자에 대하여만 이를 인정하면서 국내 근로자공급사업의 경우는 그 허가대상을 노동조합으로 한정하고 있었다(직업안정법 제33조 제1항, 동법 시행령 제33조 제2항 제1호). 그러던 중 1998. 2. 9. '경제위기 극복을 위한 사회협약'(이른바 노사정합의)에서 노동시장의 유연성을 제고하는 한 방법으로 제한된 범위 안에서 근로자파견제도를 도입하기로 합의가 이루어졌고 이를 계기로 파견근로자보호법이 제정되면서 근로자파견사업은 근로자공급사업의 범위에서 제외되게 되었다(직업안정법 제4조 제7호)."

제2강 근로기준법상 근로자와 사용자 및 근로계약

1. 근로자

◀ 판례분석 ▶

▌**제 목** : 퇴직금청구 관련 대입학원 종합반 강사의 근기법상 근로자성(Y) [부산학원사건]

▌**대상판결** : 대법원 2006. 12. 7. 선고 2004다29736 판결 【퇴직금】
【원고, 상고인】 김○성외 3인
【피고, 피상고인】 오○선
【원심판결】 부산고법 2004. 5. 19. 선고 2003나14492 판결
【주 문】 원심판결을 파기하고, 사건을 부산고등법원에 환송한다.

▌**사건의 개요** : 피고가 운영하는 학원의 종합반 강사인 원고들(1985. 내지 1991. 부터 1999. 12. 내지 2001. 2.까지 근무)은 1994년부터 기간의 정함(매년 2월 중순경부터 그 해 11월경까지)이 있는 근로계약의 반복 갱신(6~7회)을 통해 강의 내지 학급담임 업무를 수행하였는데(1994년 이전까지는 계약기간을 정하지 않고 근무), 피고가 위 계약의 갱신을 거절하자 원고들은 퇴직금과 해고예고수당 청구의 소를 제기하였다.

▌**관련 법 규정**(현행법 기준)
- 근기법 제2조 제1항 제1호 : "근로자"란 직업의 종류와 관계없이 임금을 목적으로 사업이나 사업장에 근로를 제공하는 사람을 말한다.

- 근기법 제26조(해고의 예고) 사용자는 근로자를 해고(경영상 이유에 의한 해고를 포함한다)하려면 적어도 30일 전에 예고를 하여야 하고, 30일 전에 예고를 하지 아니하였을 때에는 30일분 이상의 통상임금을 지급하여야 한다. … (이하 생략) …
- 근기법 제34조(퇴직급여 제도) 사용자가 퇴직하는 근로자에게 지급하는 퇴직 급여 제도에 관하여는 「근로자퇴직급여 보장법」이 정하는 대로 따른다.
- 근로자퇴직급여 보장법 제8조(퇴직금제도의 설정 등) ① 퇴직금제도를 설정하려는 사용자는 계속근로기간 1년에 대하여 30일분 이상의 평균임금을 퇴직금으로 퇴직하는 근로자에게 지급할 수 있는 제도를 설정하여야 한다.

■ **판결의 성격** : 원심은 원고들이 근기법상 근로자가 아니라는 이유로 원고들의 청구를 기각했으나, 대법원은 원고들이 근로자에 해당한다고 봄이 상당하다는 등의 이유로 원심판결을 파기환송하였다.

■ **쟁 점**
- 원고들이 퇴직금을 청구할 수 있는 근기법상의 '근로자'인지 여부
- (근로자라면 퇴직금 관련) 원·피고 간에 갱신 내지 반복 체결된 기간제 근로계약 사이의 계약기간이 아닌 기간(공백 기간)중에도 근로관계가 계속되었다고 볼 수 있는지 여부
- 나아가 (해고예고수당 관련) 원고들에 대한 피고의 근로계약 갱신의 거절이 해고에 해당하는지 여부

■ **중요 사실관계**
- 원고들은 매년 2월 중순부터 대입 수학능력시험일이 있는 11월까지 아침 9시부터 저녁 7시까지 이어지는 10교시의 강의시간 중 하루에 4~5교시, 1개월에 100시간~110시간의 강의를 하고 시간당 28,000원 내지 30,000원으로 계산된 월 300만 원 정도의 강사료를 받았고, 수학능력시험이 끝난 후 다음해 2월의 개강 전까지는 강의를 하지 않고 강사료도 받지 않았음(다만 국어 강의를 맡은 원고 정○수는 11월 20일경부터 12월 말까지 대학별 논술 시험에 대비한 논술 강의를 하고 이에 따른 강사료를 받았음) ⇒ 강사료를 근로의 대가인 임금으로 볼 수 있는지와 관련
- 위 학원의 일과는 대략 08:30에 열리는 교직원 조례부터 시작되는데, 원고들 중 학급 담임을 맡은 강사는 08:00까지 학원에 나와 수강생들의 아침 자습과 방송 수업을 감독하다 08:30 교직원 조례에 참석하고 담임을 맡지 않은 강사는 그

날 자신이 할 첫 강의 시작 전까지 학원에 나와 맡은 강의의 마지막 시간인 오후 5시 내지 7시까지 강의를 하고 퇴근하였고, 담임을 맡은 원고들은 순번을 정하여 한 달에 몇 차례 수강생들의 저녁 자습을 감독한 후 퇴근하였음 ⇒ **피고 학원이 원고들의 업무의 내용·시간·장소를 정하고 원고들은 이에 구속되는지 여부와 관련**

- 원고들은 강의가 없는 자유시간에는 대부분 다음 강의에 대비한 휴식이나 교재 연구 등에 시간을 쓰게 되므로 학원을 떠나 다른 곳에 강의를 나간다는 것은 사실상 불가능하였고, 다만 특정 요일 오전이나 오후에 강의가 없도록 조정하는 것은 가능하였음 ⇒ **원·피고간에 전속적인 근로관계가 인정되는지 여부와 관련**

- 피고 학원에서 강의할 교재는 강사들이 복수의 교재를 학원측에 추천하면 학원측이 그 중 하나를 선택하여 사용하도록 하였음 ⇒ **원고들의 업무수행에 대한 피고 학원의 지휘감독 여부와 관련**

- 담임을 맡은 강사들의 경우, 자신들이 맡은 강의 외에 아침 교직원 조례 등에서 전달받은 단순 사무와 행정적인 일로서 아침 자습과 방송 수업 감독, 저녁 자습 감독, 수강생 조례 주재, 전달 사항 통보, 등록금 통지서·모의고사 성적표 배부, 수강생들의 외출증·조퇴증의 작성·발급, 결석·지각·조퇴·외출 학생 학부모 통보, 개별 상담, 모의고사 시험 감독, 수능 시험 후 대학 지원 상황 파악·보고, 합격자 현황 파악·보고 등 그때그때 학원측에서 필요하다고 인정하여 담임 강사들에게 맡긴 업무를 처리하였고, 이와 같은 담임 업무 수행에 대한 대가로 월 30만 원의 담임 수당을 지급받았음(그리고 담임을 맡지 않은 강사인 원고 김○성도 필요에 따라 모의고사 시험 감독 등의 업무가 부과되었음) ⇒ **강의 외의 업무에 대한 피고 학원의 지시 내지 지휘감독 여부와** 관련

- 원고들은 위 학원에서 처음 강사로 일할 때에는 특별히 문서로 된 계약서를 작성하지 않았고 근로소득세를 납부하였으며 위 학원이 사업장으로 된 직장의료보험에 가입하였는데, 1994년 초부터 학원측은 방침을 바꾸어 매년 강사들과 강의용역제공 계약이라는 이름의 계약서를 작성하였고, 강사들로 하여금 부가가치세법상 사업자등록을 하게 하고 직장의료보험 대신 지역의료보험에 가입하게 하였으며, 강사들의 보수에 대하여 근로소득세 대신 사업소득세를 원천징수하였음 ⇒ **계약형식의 변경, 사업자등록 등이 원고들의 법적 지위(근로자 여부)에 어떤 영향을 주는지와 관련**

▌기본법리(판지)

1) ⑴ 근로기준법상의 근로자에 해당하는지 여부는 <u>계약의 형식이 고용계약인지 도급계약인지보다 그 실질에 있어</u> 근로자가 사업 또는 사업장에 임금을 목적으

로 종속적인 관계에서 사용자에게 근로를 제공하였는지 여부에 따라 판단하여야 하고, ⇒ **[근기법상 근로자 여부 판단의 기본원칙: 계약의 형식보다는 그 실질에 있어 종속관계 여부를 판단]**

⑵ 위에서 말하는 종속적인 관계가 있는지 여부는 i) 업무 내용을 사용자가 정하고 취업규칙 또는 복무(인사)규정 등의 적용을 받으며 업무 수행 과정에서 사용자가 상당한 지휘·감독을 하는지, 사용자가 근무시간과 근무장소를 지정하고 근로자가 이에 구속을 받는지(⇒ **종속노동성**), ii) 노무제공자가 스스로 비품·원자재나 작업도구 등을 소유하거나 제3자를 고용하여 업무를 대행케 하는 등 독립하여 자신의 계산으로 사업을 영위할 수 있는지, 노무 제공을 통한 이윤의 창출과 손실의 초래 등 위험을 스스로 안고 있는지와(⇒ **독립사업자성: 기술적·조직적·경제적 독립성**), iii) 보수의 성격이 근로 자체의 대상적 성격인지, 기본급이나 고정급이 정하여졌는지 및 근로소득세의 원천징수 여부 등 보수에 관한 사항(⇒ **보수의 근로대가성 등**), iv) 근로제공관계의 계속성과 사용자에 대한 전속성의 유무와 그 정도(⇒ **계약관계의 계속성과 전속성**), v) 사회보장제도에 관한 법령에서 근로자로서 지위를 인정받는지 등의 경제적·사회적 여러 조건(⇒ **기타 요소**)을 종합하여 판단하여야 한다(대법원 1994. 12. 9. 선고 94다22859 판결 등 참조). ⇒ **[종속관계 판단의 요소]**

⑶ 다만, 기본급이나 고정급이 정하여졌는지, 근로소득세를 원천징수하였는지, 사회보장제도에 관하여 근로자로 인정받는지 등의 사정은 사용자가 경제적으로 우월한 지위를 이용하여 임의로 정할 여지가 크다는 점에서 그러한 점들이 인정되지 않는다는 것만으로 근로자성을 쉽게 부정하여서는 안 된다. ⇒ **[신중하게 판단하여야 할 요소(부차적 요소)]**

<표> 근기법상 근로자 여부 판단기준

기본원칙: 계약의 형식보다는 그 실질에 있어 종속관계 여부를 판단	
종속노동성	사용자의 업무내용 정함 여부
	취업규칙 적용 여부
	업무수행과정에서의 사용자의 상당한 지휘감독 여부
	사용자의 근무시간·장소 지정 및 근로자의 이에 구속 여부
독립사업자성 (기술적·조직적·경제적 독립성)	비품·원자재나 작업도구 등 소유 여부
	제3자의 고용에 의한 업무 대행 여부
	이윤 창출과 손실 초래 등 위험 부담 여부
보수의 근로대가성	보수의 성격이 근로 자체의 대상적 성격인지

계약관계의 계속성과 전속성	근로제공관계의 계속성 및 사용자에의 전속성 유무와 그 정도
기타 요소	사회보장제도상 근로자 지위 인정 여부 등 경제·사회적 제 조건
신중 판단 요소 (부차적 요소)	기본(고정)급 정함 여부
	근로소득세 원천징수 여부
	사회보장제도상 근로자로 인정 여부

2) ⑴ 근로계약기간이 만료되면서 다시 근로계약을 맺어 그 근로계약기간을 갱신하거나 동일한 조건의 근로계약을 반복하여 체결한 경우에는 <u>갱신 또는 반복된 계약기간을 합산하여 계속근로 여부와 계속근로연수를 판단</u>하여야 하고(대법원 1995. 7. 11. 선고 93다26168 전원합의체 판결 등 참조), ⇒ **[기간제 근로계약의 갱신 내지 반복 체결에 따른 계속근로연수의 계산방법]**

⑵ 갱신되거나 반복 체결된 근로계약 사이에 <u>일부 공백 기간이 있다</u> 하더라도 <u>그 기간이 전체 근로계약기간에 비하여 길지 아니하고, 계절적 요인이나</u> 방학 기간 등 <u>당해 업무의 성격에 기인하거나 대기 기간·재충전을 위한 휴식 기간 등의 사정</u>이 있어 그 기간중 근로를 제공하지 않거나 임금을 지급하지 않을 상당한 이유가 있다고 인정되는 경우에는, <u>근로관계의 계속성은 그 기간중에도 유지</u>된다고 봄이 상당하다. ⇒ **[기간제 근로계약이 공백 기간을 두고 갱신 내지 반복 체결된 경우 근로관계의 계속성 인정 기준]**

3) ⑴ 근로계약기간을 정한 경우 근로계약 당사자 사이의 근로관계는 특별한 사정이 없는 한 그 기간이 만료함에 따라 사용자의 해고 등 별도의 조처를 기다릴 것 없이 당연히 종료되나, ⇒ **[기간제 근로계약의 당연 종료사유(계약기간의 만료)]**

⑵ 단기의 근로계약이 <u>장기간에 걸쳐서 반복하여 갱신됨으로써 그 정한 기간이 단지 형식에 불과하게 된 경우</u>에는 계약상 기간을 정하여 채용된 근로자일지라도 사실상 기간의 정함이 없는 근로자와 다를 바가 없게 되어, 사용자가 <u>근로계약의 갱신을 거절하는 것은 해고</u>가 된다(대법원 1994. 1. 11. 선고 93다17843 판결 등 참조). ⇒ **[기간의 정함이 형식에 불과한 경우 근로계약의 갱신 거절=해고]**

■**결론 및 이유** : 원고들은 근로자에 해당하고, 갱신 내지 반복 체결된 근로계약 사이의 계약기간이 아닌 기간(공백 기간)중에도 원·피고 사이에 근로관계는 계속되었다고 보기에 충분하며, 피고가 원고들에게 한 근로계약 갱신 거절은 실질적으로 해고라고 봄이 상당하다.

- **근로자인지 여부** : i) 출근시간과 강의시간 및 강의장소의 지정, 사실상 다른 사업장에 대한 노무제공 가능성의 제한, 강의 외 부수업무 수행 등의 사정에다가, 시간당 일정액에 정해진 강의시간수를 곱한 금액을 보수로 지급받았을 뿐 수강생수와 이에 따른 학원의 수입 증감이 보수에 영향을 미치지 아니한 사정 등을 종합하여 보면, <u>원고들은 임금을 목적으로 종속적인 관계에서 피고에게 근로를 제공한 근로자에 해당한다고 봄이 상당</u>. ii) 원·피고 사이에 매년 '<u>강의용역제공계약서</u>'라는 이름의 계약서가 작성되었고, 그 계약서에는 수강생 인원이 10명 미만인 경우 강의용역 제공을 거부할 수 있고 다른 학원에 강의를 나가더라도 학원측이 이의를 제기하지 못하도록 되어 있으며, <u>일반 직원들에게 적용되는 취업규칙·복무(인사)규정·징계 규정</u> 등의 적용을 받지 않았고 보수에 고정급이 없으며 부가가치세법상 <u>사업자등록을</u> 하고 근로소득세가 아닌 <u>사업소득세를 원천징수</u>하였으며 <u>직장의료보험이 아닌 지역의료보험에 가입</u>한 사정이 있다 하더라도, 이러한 사정들은 실질적인 노무제공 실태와 부합하지 않는 계약서 문언에 불과하거나 사용자인 피고가 경제적으로 우월한 지위에서 사실상 임의로 정할 수 있는 사정에 불과하여 원고들의 근로자성을 뒤집는 사정이라고 보기에는 부족함.

- **계속 근로 여부** : 비록 원고들이 1987년 내지 1991년부터 강사로 근무하기 시작하면서 계약기간에 관하여는 그 기간을 정한 바가 없다가 1994년 초부터 매년 2월 중순경 계약기간을 그 때부터 그 해 11월경까지로 정한 근로계약을 맺고 그 기간이 끝난 후 다음해 2월에 다시 계약을 갱신하고 반복·체결하여 오기는 하였으나, <u>계약기간이 아닌 기간에도 원고들은</u> 수능시험 문제 풀이, 난이도 파악, 논술 강의, 수능 점수 파악·보고, 대학 지원자 파악·보고, 대학 합격자 <u>파악·보고</u> 등의 업무를 수행하였음을 알 수 있는바, 이러한 사정에 비추어 보면 <u>11월 대학수학능력시험일 이후 다음 해 2월 중순까지의 기간은 강의 외 부수 업무 수행과 다음 연도 강의를 위한 재충전과 강의 능력 제고를 위한 연구를 위한 기간으로서 그 기간중에도 원·피고 사이에 근로관계는 계속되었다고 보기에 충분함</u>.

- **계약 갱신 거절의 해고 해당 여부** : 원고들은 <u>짧게는 10년</u>(원고 김○성), <u>길게는 15년</u>(원고 김○환) 동안 계속하여 강사로 근무하여 왔고, <u>1994년 이전까지는 기간의 정함이 없이</u> 근로를 제공하여 왔으며, <u>그 이후로는</u> 근로소득세 대신 사업소득세를 공제당하고 직장의료보험에 가입하지 못하고 계약의 외양도 '용역계약서'라는 제목의 계약형식으로 바뀌기는 하였으나, 그러한 계약서 형식, 세금 공제 방법, 사회보장형태 등의 변경과 상관없이 <u>실지 근무형태는 종전과 달라진 것이 없이</u> 매년 2월에 계약을 갱신하여 왔는데 그와 같이 반복 체결된 계약이 6~7회

에 이르고, <u>60세에 도달하였다는 사정 때문에 계약 갱신을 거절한 것으로 보일</u> 뿐 달리 근무성적이나 업무성과 등 근로계약의 갱신에서 고려될 다른 사정 때문에 갱신 거절을 당하였음을 기록상 알아 볼 수 없음. 이러한 사정을 종합하여 보면, <u>비록 원고들이 매년 근로계약을 체결하는 형식을 취하였다 하더라도 이는 형식에 불과하여 실질적으로 기간의 정함이 없는 근로자의 지위에 있었던 것으로 보이므로, 피고가 원고들에게 한 근로계약 갱신 거절은 실질적으로 해고라고 봄이 상당함.</u>

▌판결의 의의와 한계

1) 근기법상 근로자성 판단기준을 처음으로 확립한 것으로 평가되는 판결은 대법원 1994. 12. 9. 선고 94다22859 판결이다. 이 판결에서 제시된 판단기준은 대상판결 이전까지 일관되게 유지되어 왔다. 대상판결은 기본적으로 위 판결에 기초하고 있지만, 판단기준의 내용을 일부 수정 내지 보완하였고, 특히 사용자가 경제적으로 우월한 지위를 이용하여 임의로 정할 여지가 큰 사항은 이를 근로자성 부정의 결정적인 징표로 삼아서는 아니 됨을 시사하고 있는 점에서 그 의의가 매우 크다. 즉 대상판결은 근기법상 근로자성 판단의 새로운 경향을 보여준 사례라고 평가할 수 있다(☞ 대상판결과 위 94다22859 판결의 비교는 Q 2. 참고).

2) 대상판결의 원심은 "1일 평균 4시간 정도 각자의 담당 과목을 독자적인 지식에 의하여 학생들에게 강의하는 등 <u>강의업무수행에 관한 한 피고학원으로부터</u> **구체적이고 직접적인 지휘·감독을 받지 아니한 채** 단지 같은 시설 내에서 이루어지는 다른 강의와의 조정을 위해 행하여지는 강의시간 및 강의장소에 관한 제한을 받았을 뿐"이라는 이유 등을 들어 원고들의 근로자성을 부정하였다. 이와 유사한 판단의 사례로 대법원 1996. 7. 30. 선고 96도732 판결이 있다(입시학원 단과반 강사들에 대한 임금 미지급의 근기법 위반 형사사건 ☞ 참고1 판결). 그런데 업무수행 과정에서 어느 정도의 지휘감독을 받는지는 해당 업무의 성격에 따라 다를 수 있다. 업무수행자에게 상당한 정도의 재량이 허용되는 업무(예, 강의)의 경우에는 그렇지 않은 업무에 비해 지휘감독의 정도가 덜할 수밖에 없다. 이와 관련 대상판결은 그 이전의 선례들에서 언급되었던 "구체적이고 직접적인"(경우에 따라서는 "구체적, 개별적인") 지휘감독 대신에 "상당한" 지휘감독이라는 표현을 쓰고 있다. 이는 업무의 성격에 따라 지휘감독의 정도가 상이할 수 있기 때문에 구체적이고 직접적인 지휘감독을 받지 않는다는 이유로 근로자성을 쉽사리 부정하는 성급한

판단을 하여서는 아니 된다는 점을 시사한다. 이러한 점을 확인할 수 있는 대상판결 이후의 사례로서 대법원 2007. 3. 29. 선고 2005두13018,13025 판결(대학시간강사가 근기법상 근로자임을 전제로 하여 피고 근로복지공단이 원고들이 운영하는 각 대학교에게 산업재해보상보험료 등을 부과처분하자 원고들이 그 취소를 구한 사건 ☞ 참고2 판결)이 있다.

※(참고1) 대법원 1996. 7. 30. 선고 96도732 판결【근로기준법위반】

- "① 입시학원에서 강의를 담당하는 학원강사인 공소외 공○일, 정○현, 김○훈, 방○민, 윤○규(이하 공소외인들이라 한다)는 … (중략) … 위 입시학원 단과반의 수학 등 해당 과목을 강의하기로 하면서, 그에 따른 강사료는 단지 수강생이 납입하는 수강료 수입의 50%씩을 위 학원측과 배분하기로 하였고, ② 이에 따라 공소외인들이 학원측과 배분하는 수강료 수입이 담당과목에 따라 그리고 월마다 달라서 같은 달에 공소외인들에게 배분되는 강사료가 공소외인들 사이에도 상당한 차이가 발생하고, 같은 강사의 경우에도 매월 그 강사료가 다르며, … (중략) … ⑤ 공소외인들은 그 업무수행과정에서 학원측으로부터 강의내용 등에 대하여 구체적이고 직접적인 지휘·감독을 받고 있지 아니한 채 단지 같은 시설 내에서 이루어지는 다른 강의와의 조정을 위하여 행하여지는 강의시간 및 강의장소에 관한 규제를 받고 있을 뿐이고(원심은 학원측에서 공소외인들의 강의방법에 관하여 통제를 하고 있다고 인정하였으나 기록상 구체적으로 강의방법을 어떻게 통제하였는지를 알 수 있는 증거가 전혀 없다), ⑥ 나아가 자신들이 담당하는 해당 과목의 강의시간 외에는 이와 별도로 시간적 구속을 받는 출·퇴근시간의 정함이 없으며, … (중략) … 등의 여러 사정을 종합하여 볼 때 공소외인들은 학원측에 대하여 사용종속관계하에서 임금을 목적으로 근로를 제공하는 근로자로 볼 수 없다 할 것이다."

※(참고2) 대법원 2007. 3. 29. 선고 2005두13018,13025 판결【산업재해보상보험료등부과처분취소】

- "이 사건 각 대학교의 시간강사들이 전임교원들과 같은 정해진 기본급이나 고정급을 지급받지 아니하고 근로제공관계가 단속적인 경우가 일반적이며 특정 사용자에게 전속되어 있지도 않을 뿐만 아니라 원고들로부터 근로소득세를 원천징수당하지 아니하는 등의 사정이 있다 하더라도, 이러한 사정들은 최근에 급격하게 증가하고 있는 시간제 근로자에게 일반적으로 나타나는 현상으로 볼 수 있는 데다가 사용자인 원고들이 경제적으로 우월한 지위에서 사실상 임의로 정할 수 있는 사정들에 불과하다. 또한, 시간강사들이 원고들로부터 강의내용이나 방법 등에 관한 구체적인 지휘·감독을 받지 않은 것은 지적 활동으로 이루어지는 강의업무의 특성에 기인하는 것일 뿐 그들이 근로자가 아니었기 때문이라고 할 수도 없다. 따라서 위와 같은 사정 들만으로는 이 사건 각 대학교의 시간강사들의 근로자성을 부정할 수 없다."

3) 강사료의 산정·지급방식에서 대상판결과 앞의 참고1 판결(96도372) 사안간에는 차이가 있다(시간당 일정액×강의시간 수 vs. 수강료 수입의 절반 배분). 이러한 차이가 근로자성(특히 보수의 근로대가성 여부) 판단에 영향을 미친 것으로 보인다. 그러나 대상판결에서 판시되고 있듯이 기본(고정)급의 정함 여부는 사용자가 경제적으로 우월한 지위를 이용하여 임의로 정할 여지가 크기 때문에 근로자성 판단의 결정적 요소로 삼기 곤란하다. 판결례로, 화물 운송업을 영위하는 회사와 '화물자동차 운전 용역(도급) 계약'을 체결한 운송기사가 회사로부터 제공받은 트레일러를 운전하여 운송업무를 수행하던 중 운전 부주의로 사망한 후, 망인의 배우자가 유족급여 및 장의비 지급을 청구하였으나 근로복지공단이 망인이 근로자가 아니라 사업주에 해당한다는 이유로 거부한 사안에서, 망인이 매월 지급받는 보수는 기본급이나 고정급이 아니라 운반물량에 의하여 정산한 금액이기는 하나 이러한 성과급 형태의 금원은 노동의 양과 질을 평가하는 것이라 할 수 있어 근로의 대가인 임금의 성격이 반드시 부정된다고 볼 수 없는 점 등에 근거하여 망인은 임금을 목적으로 종속적인 관계에서 운송회사에게 근로를 제공한 근로자에 해당한다고 본 사례가 있다(2007두9471 판결).

※ 대법원 2010. 5. 27. 선고 2007두9471 판결【유족보상등청구서반려처분취소】
- "앞서 살펴본 법리에 비추어 위 사실에 나타난 제반 사정, 즉 소외 1 주식회사가 망인이 수행하여야 할 구체적인 업무의 내용을 지정하고 운행일보 등의 제출을 요구하는 방식으로 운송기사의 업무 내용을 결정하고 그 업무 수행 과정에서 상당한 지휘·감독이 이루어진 점, 운송업무에 사용되는 화물차량이 소외 1 주식회사의 소유이고 그 운행에 수반되는 대부분의 비용을 소외 1 주식회사가 부담한 점, 사실상 제3자에 의한 업무 대행 및 운송기사의 다른 사업장에 대한 노무제공 가능성이 제한된 점, 망인이 매월 지급받는 보수는 기본급이나 고정급이 아니라 운반물량에 의하여 정산한 금액이기는 하나 이러한 성과급의 형태의 금원은 노동의 양과 질을 평가하는 것이라 할 수 있어 근로의 대가인 임금의 성격이 반드시 부정된다고 볼 수 없는 점 등을 종합하여 보면, 망인은 임금을 목적으로 종속적인 관계에서 소외 1 주식회사에게 근로를 제공한 근로자에 해당한다고 봄이 상당하다. 그리고 원심이 들고 있는 바와 같이 망인이 소외 1 주식회사와 사이에 근로계약을 체결하지 아니한 채 '화물자동차운전용역(도급)계약서'가 작성되었고 사업자등록을 하여 망인 명의(한국사이버물류)의 세금계산서를 발행하는 등 사업주로서의 외관을 갖추었으며 사업소득세 및 부가가치세를 납부하였고, 소외 1 주식회사의 취업규칙, 복무규정, 인사규정 등의 적용을 받지 아니하였으며, 국민연금 및 의료보험도 소외 1 주식회사와 관계없이 개별적으로 가입한 사정 등이 있다 하더라도, 이러한 사정들은 실질적인 노무제공 실태와 부합하지 않거나 사용자인 소외 1 주식회사가 경

제적으로 우월한 지위에서 임의로 정할 수 있는 사항들로서 소외 1 주식회사가 최소한의 책임만을 부담하면서 근로자를 사용하기 위하여 위장도급의 형식을 취한 것에 불과하여 망인의 근로자성을 뒤집는 사정이라고 보기에는 부족하다. … (이하 생략) …"

4) 대상판결은 갱신 내지 반복 체결된 기간제 근로계약(계약기간을 정한 근로계약) 사이에 공백 기간이 있더라도 근로관계의 계속성을 인정할 수 있는 기준을 제시한 사례로서 그 의의가 있다(이 사건의 경우 근로관계의 계속성 인정 취지로 판시). 근로관계의 계속성이 인정되면 위 공백 기간을 포함한 계속근로기간을 기초로 하여 퇴직금을 계산하여야 한다(☞ 자세한 내용은 제6강 2. 퇴직금 계산에서 계속근로기간, 심화학습 1. 참고).

5) 대상판결은 선례에 입각하여 기간제 근로계약의 당연 종료사유(계약기간의 만료)와 그 예외(즉 계약기간의 정함이 형식에 불과한 경우 근로계약의 갱신 거절은 실질적으로 해고에 해당)에 관한 법리를 재확인하고 있는 사례이다(☞ 자세한 내용은 제12강 3. 기간제 근로계약과 갱신기대권 참고). 대상판결에서는 원고들에 대한 피고의 근로계약 갱신 거절이 해고라고 판단되었다.

◀ Q 풀이 ▶

Q 1. 대상판결은 근기법상 근로자를 어떻게 판단하는가?

[A] 1) 계약의 형식보다 그 실질에 있어 종속관계가 있는지를 판단한다.

2) 종속관계 여부는 업무의 내용, 근무시간·장소, 취업규칙, 지휘감독, 보수의 성격 등 제반 요소를 종합적으로 고려하여 노무제공자가 종속적 지위에서 종속노동을 행하는지(아니면 독립사업자로서 자신의 사업을 행하는지)를 판단한다.

3) 사용자가 경제적으로 우월한 지위를 이용하여 임의로 정할 여지가 큰 요소들(예, 기본급, 근로소득세의 원천징수 등)에 관해서는 신중히 고려하여 판단한다(즉 그러한 요소들의 결여만으로 근로자성을 쉽게 부정하여서는 아니 됨).

Q 2. 근기법상 근로자를 판단할 때, 대상판결과 참고판결 (대법원 1994. 12. 9. 선고 94다22859 판결)의 공통점과 차이점은?

[A] 1) 참고판결(94다22859 판결)에서는 종속관계 여부 판단 시에 종합적으로 고려되어야 할 제 요소를 열거하는 것에 그치고 있는 반면에 대상판결의 경우 근

로자성을 부정하는 근거로 삼는데 신중하여야 할 요소들과 그 이유를 명시하고 있다.

2) 업무수행과정에서의 지휘감독의 '정도'와 관련하여 대상판결은 참고판결에 비해 그 기준을 완화하는 표현법을 쓰고 있다("구체적, 개별적인" 지휘·감독 → "상당한" 지휘·감독).

3) 독립사업자성 여부와 관련하여 대상판결은 참고판결 상의 판단기준을 보완하여 이를 보다 구체화하고 명확히 하고 있다(즉 "… 하는 등 독립하여 자신의 계산으로 사업을 영위할 수 있는지, 노무 제공을 통한 이윤의 창출과 손실의 초래 등 위험을 스스로 안고 있는지").

4) 그 외의 사항들은 두 판결간에 공통적이다.

> ※ **대법원 1994. 12. 9. 선고 94다22859 판결【배당이의】**
> - "근로기준법상의 근로자에 해당하는지 여부를 판단함에 있어서는 그 계약의 형식이 민법상의 고용계약인지 또는 도급계약인지에 관계없이 그 실질에 있어 근로자가 사업 또는 사업장에 임금을 목적으로 종속적인 관계에서 사용자에게 근로를 제공하였는지 여부에 따라 판단하여야 할 것이고, 위에서 말하는 종속적인 관계가 있는지 여부를 판단함에 있어서는, 업무의 내용이 사용자에 의하여 정하여지고 취업규칙 또는 복무(인사)규정 등의 적용을 받으며 <u>업무수행과정에 있어서도 사용자로부터 구체적, 개별적인 지휘·감독을 받는지 여부</u>, 사용자에 의하여 근무시간과 근무장소가 지정되고 이에 구속을 받는지 여부, <u>근로자 스스로가 제3자를 고용하여 업무를 대행케 하는 등 업무의 대체성 유무</u>, <u>비품, 원자재나 작업도구 등의 소유관계</u>, 보수의 성격이 근로 자체의 대상적 성격이 있는지 여부와 기본급이나 고정급이 정하여져 있는지 여부 및 근로소득세의 원천징수 여부 등 보수에 관한 사항, 근로제공관계의 계속성과 사용자에의 전속성의 유무와 정도, 사회보장제도에 관한 법령 등 다른 법령에 의하여 근로자로서의 지위를 인정받는지 여부, 양 당사자의 경제·사회적조건 <u>등을 종합적으로 고려하여 판단하여야 할 것이다.</u>"

Q 3. 근기법상 근로자와 노조법상 근로자의 차이는?

[A] 1) 근로기법상 근로자 : "임금을 목적으로 사업이나 사업장에 근로를 제공하는 자"(제2조 제1항 제1호) ⇒ **사업 또는 사업장에 고용되어 일하고 있는 자(취업자).**

2) 노조법상 근로자 : "임금·급료 기타 이에 준하는 수입에 의하여 생활하는 자"(노조법상 근로자) ⇒ **사업 또는 사업장에 고용될 의사를 갖고 있는 자(구직자)까지 포함.**

◀ 심화학습 ▶

1. 보험회사 위탁계약형 지점장의 근기법상 근로자성 인정 여부 (대법원 2022. 4. 14. 선고 2021두33715 판결 참고)

▷ 참고판결은 원고가 피고 보조참가인 보험회사(이하 '참가인 회사')와 지점장 추가업무 위탁계약을 체결하고 참가인 회사의 위탁계약형 지점장으로 담당 지점의 운영·관리를 총괄하면서 보험설계사 도입·교육 및 관리, 보험모집 지원 업무, 보험계약에 대한 유지·관리 등의 업무를 수행하다가 추가업무 위탁계약을 해지한다는 통지를 받은 사안에서, i) 참가인 회사는 '지역본부-지역단-지점'으로 이어지는 영업조직에서 지역단장이 위탁계약형 지점장에게도 시기별로 구체적인 실적목표를 제시하였고, 목표 달성을 독려하는 차원을 넘어 실적 달성을 위한 구체적인 업무 내용에 관하여 일일보고, 현장활동보고 등을 지시하는 등 위탁계약형 지점장인 원고의 업무수행 과정에서 상당한 지휘·감독을 하였던 점, ii) 위탁계약에 따르면 계약기간 만료 전에도 실적 부진 등을 이유로 해지할 수 있을 뿐만 아니라 참가인 회사의 필요에 따라 위탁계약형 지점장의 소속 지점변경이 가능하였고 이는 실질적으로는 정규직 지점장의 인사이동과 크게 다르지 않았던 점, iii) 위탁계약형 지점장의 실제 업무시간은 정규직 지점장과 크게 다르지 않았고, 지점 내에 참가인 회사가 제공한 사무실에서 지점 운영 업무를 수행하면서 현장활동 시 등에는 지역단에 보고가 이루어졌으며, 휴가일정도 지역단에 보고되었고, 지점 사무실에 배치된 참가인 회사의 서무직원에 의해 출근부 관리가 이루어졌다고 볼 여지도 있어 위탁계약형 지점장이 근무시간과 근무장소에 구속을 받은 점, iv) 위탁계약형 지점장이 스스로 비품·원자재나 작업도구 등을 소유하거나 제3자를 고용하여 업무를 대행하게 하는 등 독립하여 자신의 계산으로 사업을 영위할 수 없었던 점 등을 종합하면, 원고가 임금을 목적으로 종속적인 관계에서 참가인 회사에 근로를 제공한 근로자에 해당한다고 한 사례이다.

2. 고용보험법 및 산재보험법상 노무제공자에 대한 특례 (고용보험법 제77조의6 이하, 산업재해보상보험법 제91조의15 이하 참고)

▷ 2021. 1. 5. 개정 고용보험법(시행 2022. 1. 1.)은 근로자가 아니면서 자신이 아닌 다른 사람의 사업을 위하여 자신이 직접 노무를 제공하고 해당 사업주 또는 노무수령자로부터 일정한 대가를 지급받기로 하는 노무제공계약을 체결한 사람 중

대통령령으로 정하는 직종에 종사하는 '노무제공자'를 고용보험 적용대상으로 편입하여 실업에 따른 구직급여 등을 수급할 수 있도록 하였다(제77조의6 이하 신설).

※ **고용보험법 제77조의6**(노무제공자인 피보험자에 대한 적용) ① 근로자가 아니면서 자신이 아닌 다른 사람의 사업을 위하여 자신이 직접 노무를 제공하고 해당 사업주 또는 노무수령자로부터 일정한 대가를 지급받기로 하는 계약(이하 "노무제공계약"이라 한다)을 체결한 사람 중 대통령령으로 정하는 직종에 종사하는 사람(이하 "노무제공자"라 한다)과 이들을 상대방으로 하여 노무제공계약을 체결한 사업에 대해서는 제8조 제2항에 따라 이 장을 적용한다.
② 제1항에도 불구하고 노무제공자가 다음 각 호의 어느 하나에 해당하는 경우에는 이 법을 적용하지 아니한다.
  1. 65세 이후에 근로계약, 노무제공계약 또는 문화예술용역 관련 계약(65세 전부터 피보험자격을 유지하던 사람이 65세 이후에 계속하여 근로계약, 노무제공계약 또는 문화예술용역 관련 계약을 체결한 경우는 제외한다)을 체결하거나 자영업을 개시하는 경우
  2. 노무제공자 중 대통령령으로 정하는 소득 기준을 충족하지 못하는 경우. 다만, 노무제공자 중 계약의 기간이 1개월 미만인 사람(이하 "단기노무제공자"라 한다)은 제외한다. … (이하 생략) …

▷ 2022. 6. 10. 개정 산재보험법(시행 2023. 7. 1.)은 개정 전 동법에 따른 특수형태근로종사자에 대한 특례(제125조)를 삭제하고 관련 종사자를 '노무제공자'로 재정의하면서 특정 사업에의 전속성 요건을 폐지하였다. 개정 전에는 산재보험법을 적용받기 위해서는 '특정 사업에의 전속성' 요건을 충족하여야 하는데, 배달앱 등 온라인 플랫폼 등을 통해 복수의 사업에 노무를 제공하는 경우엔 이러한 요건을 충족하지 못하여 산업재해 보호의 사각지대가 발생하였고, 또한 특수형태근로종사자가 '특정 사업에의 전속성' 요건을 충족하더라도 주된 사업장 외의 보조사업장에서 업무상 재해를 입은 경우엔 산재보험이 적용되지 않았다. 이에 개정 산재보험법은 산재보험의 전속성 요건을 폐지하고, 기존 특수형태근로종사자 및 온라인 플랫폼 종사자 등을 포괄하는 개념으로 '노무제공자'의 정의를 신설하여 산재보험의 적용을 받을 수 있도록 하였다(제91조의15 이하 신설).

※ **산업재해보상보험법** 제91조의15(노무제공자 등의 정의) 이 장에서 사용하는 용어의 뜻은 다음과 같다.
  1. "노무제공자"란 자신이 아닌 다른 사람의 사업을 위하여 다음 각 목의 어느

하나에 해당하는 방법에 따라 자신이 직접 노무를 제공하고 그 대가를 지급
받는 사람으로서 업무상 재해로부터의 보호 필요성, 노무제공 형태 등을 고
려하여 대통령령으로 정하는 직종에 종사하는 사람을 말한다.
　가. 노무제공자가 사업주로부터 직접 노무제공을 요청받은 경우
　나. 노무제공자가 사업주로부터 일하는 사람의 노무제공을 중개·알선하기
　　　위한 전자적 정보처리시스템(이하 "온라인 플랫폼"이라 한다)을 통해 노
　　　무제공을 요청받는 경우 … (이하 생략) …

※ **산업재해보상보험법** 제91조의16(다른 조문과의 관계)　① 제5조 제2호에도 불구
하고 노무제공자는 이 법의 적용을 받는 근로자로 본다.
② 제6조에도 불구하고 노무제공자의 노무를 제공받는 사업은 이 법의 적용을 받
는 사업으로 본다.

2. 임원의 근로자성

◀ 판례분석 ▶

▌**제 목** : 회사 임원의 근기법상 근로자성(Y) [청구사건]

▌**대상판결** : 대법원 2003. 9. 26. 선고 2002다64681 판결 【퇴직금】
【원고, 상고인】 예○희 외 2인
【피고, 피상고인】 정리회사 주식회사 청구의 관리인 김○호의 소송수계인 정리
회사 주식회사 청구의 관리인 양○석
【원심판결】 대구고법 2002. 10. 11. 선고 2001나9596 판결
【주 문】 원심판결을 파기하고, 사건을 대구고등법원에 환송한다.

▌**사건의 개요** : 원고들은 주식회사 청구(이하 '청구')의 임원으로 재직하다가 청구
가 대구지방법원으로부터 1998년 8월 17일 회사정리절차개시결정을 받기 직전
인 같은 해 5월 내지 6월에 퇴직하였고, 자신들이 근기법상 근로자이고 자신들
의 퇴직금채권이 공익채권에 해당하기 때문에 피고는 자신들에게 퇴직금을 지급
할 의무가 있다고 주장하면서 퇴직금 청구의 소를 제기하였다.

▌관련 법 규정(현행법 기준)
- 근기법 제2조 제1항 제1호 : "근로자"란 직업의 종류와 관계없이 임금을 목적으로 사업이나 사업장에 근로를 제공하는 사람을 말한다.
- 채무자 회생 및 파산에 관한 법률 제179조(공익채권이 되는 청구권) ① 다음 각호의 어느 하나에 해당하는 청구권은 공익채권으로 한다.
   10. 채무자의 근로자의 임금·퇴직금 및 재해보상금
- 채무자 회생 및 파산에 관한 법률 제180조(공익채권의 변제 등) ① 공익채권은 회생절차에 의하지 아니하고 수시로 변제한다.
② 공익채권은 회생채권과 회생담보권에 우선하여 변제한다.

▌판결의 성격 : 원심은 원고들을 근기법상 근로자로 볼 수 없다고 판단하였으나, 대법원은 임원의 근기법상 근로자 인정 기준 등에 관한 법리에 입각하여 원심판결을 파기환송하였다.

> **※ 원심의 판단** : 원심은, 원고들이 명목상으로는 청구의 임원인 이사 또는 감사의 지위에 있었지만 실질적으로는 대표이사 등의 지휘·감독 아래 일정한 노무를 제공 하고 그 대가로 일정한 보수를 지급받는 고용관계에 있었던 것에 불과하였으므로 근로기준법상의 근로자이고, 따라서 원고들의 퇴직금 채권은 회사정리법상의 공익채권에 해당하므로, 피고는 정리회사의 '임원 퇴직금지급 규정'에 의하여 산정한 퇴직금을 원고들에게 지급할 의무가 있다는 원고들의 주장에 대하여, 그 내세운 증거들에 의하여, 원고들은 청구로부터 효과적인 업무추진을 위하여 분장된 일정한 업무를 위촉받아 그 업무의 담당임원으로서 임원회의에 참석하는 등 재량과 권한을 가지고 업무수행을 해 온 사실, 청구의 등기임원과 비등기임원 사이에는 업무수행권한과 보수 등 처우에 관하여 아무런 차별도 없었던 사실을 인정하고 나서, 이에 반하는 증거들을 배척한 다음, 위 인정 사실에 원고들이 청구의 비등기 또는 등기임원으로 선임된 경위, 청구의 자산규모, 일반직원이 임원으로 선임되는 경우에는 퇴직으로 간주하여 퇴직금을 지급하도록 하고 있고, 임원의 퇴직금 지급률과 그 지급시기가 일반 직원의 그것과 다른 점 등의 사정을 종합하여 보면, 원고들의 업무 내용이 사용자에 의하여 정하여지고 업무수행과정에 있어서도 사용자로부터 구체적, 개별적인 지휘·감독을 받았다고 볼 수 없을 뿐 아니라 원고들이 받은 보수 역시 근로 자체에 대한 대상적 성격을 가진 것은 아니므로, 원고들은 임금을 목적으로 종속적인 관계에서 사용자에게 근로를 제공한 근로자라고는 할 수 없다는 이유로, 원고들이 근로기준법 소정의 근로자임을 전제로 하는 원고들의 위 주장을 배척하였다.

▌쟁 점

- 회사의 임원인 원고들이 퇴직금을 청구할 수 있는 근기법상의 '근로자'인지 여부

▌중요 사실관계

- 청구의 정관과 '임원처우에 관한 규정' 등에 의하면, i) 주주총회 의결을 거친 임원(등기임원)의 선임 및 해임의 인사권은 대표이사가 행하고, 주주총회의 의결을 거치지 않은 임원(비등기임원)의 인사권은 이사회의 결의에 의하여 대표이사가 행하며, 효과적인 업무추진을 위하여 임원의 담당업무를 분장할 수 있음, ii) 등기된 이사에 한하여 그 임기를 3년으로 제한하면서, 대표이사에 임용될 자격, 대표이사를 보좌하고 이사회에서 정하는 바에 따라 회사의 업무를 분장 집행하며 대표이사의 유고시에는 그 직무를 대행할 권한, 이사회의 구성원으로서 회사업무의 중요사항 결의에 참여할 권한을 부여하고 있으나, 비등기임원의 업무분장에 관하여는 아무런 규정을 두지 않음, iii) 등기임원과 비등기임원은 그 보수과 퇴직금 지급에 있어서 동등한 대우를 받음 ⇒ **등기임원과 비등기임원 사이에 그 지위와 권한에서 차이가 있는지, 그 차이가 임원의 근로자성 판단에 어떤 영향을 주는지와 관련**

- 청구의 '퇴직금 지급규정'과 '임원처우에 관한 규정' 등에 의하면, 일반 직원이 임원으로 선임되는 경우에는 퇴직으로 간주하여 퇴직금을 지급하도록 하고 있고, 임원의 퇴직금 지급률과 그 지급시기가 일반 직원의 그것과 상이 ⇒ **이를 근거로 임원의 근로자성을 부정할 수 있는지와 관련**

- i) 원고 예○희는 1989. 12. 1. 청구의 비등기임원인 재무담당 상무이사로 입사하여 자금관리를 담당하다가 1995. 2. 28. 주주총회의 의결을 거친 등기임원인 이사가 되었고 1998. 3. 28. 이사에서 퇴임함과 동시에 감사로 취임하였다가 1998. 5. 9. 퇴직, ii) 원고 이○진은 1991. 8. 16. 청구의 비등기임원인 기술담당 이사로 입사하여 그 때부터 대구지역 토목담당 이사 및 상무이사로 근무하다가 1998. 6. 24. 퇴직, iii) 원고 박○동은 1989. 1. 4. 청구의 부장으로 입사하여 근무하다가 1993. 1. 3. 및 1994. 1. 3. 비등기임원인 기술담당 이사대우 및 이사로 각 승진하여 대구지역 공사담당 이사(대구지역현장PM)로 근무하다가 1998. 6. 24. 퇴직 ⇒ **원고들의 지위와 담당 업무 등에 비추어 볼 때 원고와 회사의 관계가 근기법상의 고용관계인지 아니면 상법상의 위임관계인지 여부와 관련**

▌기본법리(판지)

1) 상법상 이사와 감사는 주주총회의 선임 결의를 거쳐 임명하고(상법 제382조 제

1항, 제409조 제1항) 그 등기를 하여야 하며, 이사와 감사의 법정 권한은 위와 같이 적법하게 선임된 이사와 감사만이 행사할 수 있을 뿐이고 그러한 선임절차를 거치지 아니한 채 다만 회사로부터 이사라는 직함을 형식적·명목적으로 부여받은 것에 불과한 자는 상법상 이사로서의 직무권한을 행사할 수 없다. ⇒ **[등기임원과 비등기임원 사이의 업무수행권한의 차이]**

2) ⑴ 주식회사의 이사, 감사 등 임원은 회사로부터 일정한 사무처리의 위임을 받고 있는 것이므로, 사용자의 지휘·감독 아래 일정한 근로를 제공하고 소정의 임금을 받는 고용관계에 있는 것이 아니며, 따라서 일정한 보수를 받는 경우에도 이를 근로기준법 소정의 임금이라 할 수 없고, 회사의 규정에 의하여 이사 등 임원에게 퇴직금을 지급하는 경우에도 그 퇴직금은 근로기준법 소정의 퇴직금이 아니라 재직중의 직무집행에 대한 대가로 지급되는 보수에 불과하다(대법원 2001. 2. 23. 선고 2000다61312 판결 등 참조). ⇒ **[원칙: 임원의 법적 지위(고용관계가 아닌 위임관계)]**

⑵ 그러나 근로기준법의 적용을 받는 근로자에 해당하는지 여부는 계약의 형식에 관계없이 그 실질에 있어서 임금을 목적으로 종속적 관계에서 사용자에게 근로를 제공하였는지 여부에 따라 판단하여야 할 것이므로, i) 회사의 이사 또는 감사 등 임원이라고 하더라도 그 지위 또는 명칭이 형식적·명목적인 것이고 실제로는 매일 출근하여 업무집행권을 갖는 대표이사나 사용자의 지휘·감독 아래 일정한 근로를 제공하면서 그 대가로 보수를 받는 관계에 있다거나 또는 ii) 회사로부터 위임받은 사무를 처리하는 외에 대표이사 등의 지휘·감독 아래 일정한 노무를 담당하고 그 대가로 일정한 보수를 지급받아 왔다면 그러한 임원은 근로기준법상의 근로자에 해당한다 할 것이다(대법원 1997. 12. 23. 선고 97다44393 판결, 2000. 9. 8. 선고 2000다22591 판결 등 참조). ⇒ **[예외: 임원의 근기법상 근로자 인정 기준]**

■**결론 및 이유** : 청구의 등기임원과 비등기임원 사이에 업무수행권한에 아무런 차이가 없다고 한 원심의 사실인정과 이에 기하여 원고들이 근로기준법 소정의 근로자가 아니라고 한 원심의 판단은 다음과 같은 이유로 수긍하기 어렵다(따라서 원고들의 청구를 모두 기각한 원심의 판단은 위법).

- **등기임원과 비등기임원의 업무수행권한 관련** : i) 원심이 확정한 사실관계에 의하면, 청구의 등기임원은 상법의 선임요건을 갖춘 이사 또는 감사에 해당하고 비등기 임원은 형식적·명목적으로 명칭만을 부여받은 이사임이 명백하므로, 청구의

등기임원과 비등기임원 사이에 있어서 업무수행권한의 차이가 없다고 단정할 수 없음, ii) 기록에 의하면, 등기임원과 비등기임원 사이에 그 퇴직금과 보수에 관하여 동등한 처우를 하고 있기는 하나, <u>상법상 이사회에 참석하여 회사의 업무에 관한 중요한 사항의 결의에 참여할 권한 등은 등기임원에게만 이를 부여함으로써 등기임원과 비등기임원 사이에 업무수행권한에 있어서 명백히 구별</u>하고 있음을 알 수 있음.

- **근기법상 근로자 여부 관련** : 원심이 확정한 사실관계에 의하면, 원고 예○희는 비등기이사로 입사하여 재무담당 상무로서 자금관리를 담당하였고 등기이사로 선임된 후에도 위와 같은 내용의 직무를 수행하였으며 그 이후 퇴직일까지는 감사로 선임되어 한 달 남짓 근무한 사실, 원고 이○진은 비등기임원으로서 대구지역 토목담당 이사 및 상무이사로, 원고 박○동은 역시 비등기임원으로서 대구지역 공사담당 이사로 각 근무한 사실, 한편 원고들은 위와 같이 청구의 임원으로 근무하면서 매월 정액의 월급여와 상여금을 지급받은 사실, 청구의 임원 중 회장은 대주주인 장○홍이었고, 회장과 부회장이 청구의 대표이사로서 회사의 업무집행권 및 대표권을 가지고 있었던 사실을 인정할 수 있는바, 앞서 본 바와 같은 청구의 비등기임원의 지위, 상법상 이사와 명목상의 이사와의 업무수행권한의 차이 등과 함께 위 인정 사실을 종합하여 보면, i) <u>원고 예○희의 경우 비등기이사로 근무한 기간과 원고 이○진, 박○동의 전 근무기간 동안에 원고들의 이사 또는 이사대우라는 지위</u>는 상법상의 이사와 같은 위임관계가 아니라 <u>형식적·명목적인 것으로서 실제로는</u> 이사 또는 이사대우라는 직함을 가지고 <u>회장 등 대표이사의 지휘·감독하에</u> 각자 담당한 회사의 업무를 처리하고 이에 대한 대가로 일정한 보수를 지급받는 관계에 있었던 것으로 보이고, ii) 한편, <u>원고 예○희가 등기이사와 감사로 선임되어 근무한 기간 동안에</u> 원고 예○희는 청구로부터 상법상의 이사 또는 감사로서의 일정한 사무처리 위임을 받고 있었던 것으로서 <u>특별한 사정이 없는 한</u> 사용자의 지휘·감독 아래에 일정한 근로를 제공하고 소정 의 임금을 받는 <u>고용관계가 아니라고 할 것이나</u>, 기록에 의하면, 원고 예○희는, 그가 등기이사와 감사로 선임된 이후에도 이사 또는 감사로서의 직무 이외에 대표이사 등의 지시에 따라 일정한 노무를 담당하면서 그 대가로 보수를 지급받아 왔다고 주장하는 한편, 청구의 정관은 비등기이사와 등기이사에 대하여 같은 임원으로서 그 보수에 있어서 동일한 처우를 하고 있고 이에 따라 <u>원고 예○희는 비등기이사에서 등기이사를 거쳐 감사로 선임된 이후에도 회사에서의 지위에 별다른 변동이 없이 정액의 보수를 지급받았음</u>을 알 수 있는바, 사정이 이와 같다면, 원고 예○희

가 비등기 이사에서 등기이사 및 감사로 선임된 이후에도 <u>상법상 이사, 감사로서의</u>
<u>위임사무 외에 종래에 담당하고 있던 업무를 대표이사와의 사용종속관계하에서 계</u>
<u>속 유지하고 있었다고 볼 여지가 있으므로</u>(위 원고의 감사로서의 재임기간은 한 달 남
짓에 불과하다), <u>원심으로서는</u> 원고 예○희가 등기이사와 감사로 선임된 기간에도
과연 종래와같은 회사 업무를 담당하고 있었는지, 이에 관하여 대표이사와 사이
에 사용종속관계가 있었는지, 이러한 노무에 대한 대가로 보수가 지급된 것인지 등
<u>근로자의 인정에 전제가 되는 간접사실에 대하여 구체적으로 심리하여 원고 예○희</u>
<u>가 근로기준법상의 근로자에 해당하는지 여부를 판단하였어야 할 것.</u>

▌판결의 의의와 한계
1) 대상판결은 임원이 근기법상의 근로자로 인정될 수 있는 기준을 구체적으로
밝힌 사례로서 그 의의가 있다. 근로자성 판단의 핵심은 사용종속관계 여부이고,
이는 임원이 근로자인지 여부를 판단함에 있어서도 마찬가지이다(☞ Q 2. 참고).
2) 이 사건의 원심은, 등기임원과 비등기임원 간에는 업무수행권한과 보수 등 처
우에서 차이가 없고, 임원과 일반직원에게 적용되는 퇴직금제도가 상이하고, 업
무수행과정에서 사용자로부터 구체적·개별적인 지휘감독을 받았다고 볼 수 없
다는 등의 이유로 원고들의 근로자성을 부정하였다. 그러나 대법원은 대상판결
에서 판시하고 있는 임원의 근로자성 인정 기준에 비추어 원고들의 근로자성을
인정할 수 있다고 보아서 원심판결을 파기하였다(☞ Q 1. 참고).

◀ Q 풀이 ▶

Q 1. 대상판결은 원고들의 근기법상 지위를 어떻게 보았는가?

[A] 1) 원고 1(예○희)이 비등기이사로서 근무한 기간과 원고 2(이○진)와 3(박○동)
이 근무한 전 기간 : 원고들의 이사 또는 이사대우라는 지위는 형식적·명목적인
것으로서 실제로는 회장 등 대표이사의 지휘·감독 하에 각자 담당한 회사의 업
무를 처리하고 이에 대한 대가로 일정한 보수를 지급받는 관계(즉 고용관계)에 있
었던 것으로 보았다.
2) 원고 1(예○희)이 등기이사와 감사로 선임되어 근무한 기간 : 사업주인 청구로
부터 상법상의 이사 또는 감사로서의 일정한 사무처리 위임을 받고 있었던 것으
로서 특별한 사정이 없는 한 고용관계가 아니라고 할 것이나, 원고 1이 비등기이사

에서 등기이사를 거쳐 감사로 선임된 이후에도 회사에서의 지위에 별다른 변동이 없이 정액의 보수를 지급받았던 사정에 비추어 볼 때 원고 1이 비등기이사에서 등기이사 및 감사(감사로서의 재임기간은 한 달 남짓에 불과) 선임된 이후에도 상법상 이사, 감사로서의 위임사무 외에 종래에 담당하고 있던 업무를 대표이사와의 사용종속관계 하에서 계속 유지하고 있었다고 볼 여지가 있는 것으로 보았다.

Q 2. 판례에 의하면 주식회사 등에서 임원이 근로자로 판단될 수 있는 경우는?

[A] 1) 근기법상의 근로자 해당 여부는 종속적인 관계에서 근로를 제공하였는지 여부에 따라 판단하여야 할 것이지, 법인등기부에 이사로 등기되었는지 여부에 따라 판단할 것은 아니고(참고1 판결), 회사의 이사 등 임원의 경우에도 그 형식만을 따질 것이 아니라 종속관계 여부에 따라 판단하여야 한다(참고2 판결).

2) 참고1 판결(2002다4429 판결)은 회사의 이사로 등기되어 있으나 실제로는 회사가 운영하는 여러 시설의 관리주임으로 근무한 자의 근로자성을 인정한 사례이다. 참고2 판결(2005두524 판결)은 이사회의 결의를 통해 집행이사로 선임되었으나 실제로는 임원과 동등한 지위와 권한을 부여받지 않았고 대표이사의 지휘·감독 하에서 소관 업무를 수행한 자를 근로자로 본 사례이다. 반면에 참고3 판결(2000다61312 판결)은 새마을금고의 이사장과 그 사업주의 관계는 고용관계가 아니기 때문에 이사장의 퇴직급여를 근기법상의 임금으로 볼 수 없다고 한 사례이다.

3) 한편, 참고4 판결(2009두1440 판결)은 주식회사의 대표이사로 등기되어 있는 자라고 하더라도 대표이사로서의 지위가 형식적·명목적인 것에 불과하여 단지 실제 경영자로부터 구체적·개별적인 지휘·감독을 받아 근로를 제공하고 근로 자체의 대상적 성격으로 보수를 지급받는 경우에는 예외적으로 근로자에 해당한다고 판시한 사례이다.

※**(참고1) 대법원 2002. 9. 4. 선고 2002다4429 판결【구상금】**
- "산업재해보상보험법 및 근로기준법상의 근로자에 해당하는지 여부는 계약의 형식에 관계없이 그 실질에 있어서 임금을 목적으로 종속적인 관계에서 사용자에게 근로를 제공하였는지 여부에 따라 근로자임을 판단하여야 할 것이지(대법원 2000. 9. 8. 선고 2000다22591 판결, 2001. 2. 9. 선고 2000다57498 판결 등 참조), 법인등기부에 이사로 등기되었는지 여부에 따라 판단할 것은 아니다. 기록에 의하면, 소외 망 여○기는 소외 대덕타워 주식회사(이하 '대덕타워'라고 한다)의 이사로 등기되어 있기는 하나, 사실은 대덕타워가 운영하는 여관, 사우나, 식당의 관리주임으로 근무하였던 사실을 알 수 있으므로 여○기가 대덕타워의 이사임을 이유로

이 사건 업무용자동차보험약관의 면책규정에 따라 대인배상Ⅱ에 의한 보험금지급 책임이 면제된다고 한 원심의 판단은 잘못이라 할 것이다."

※(참고2) 대법원 2005. 5. 27. 선고 2005두524 판결【부당해고구제재심판정취소】
- "근로기준법상의 근로자에 해당하는지 여부를 판단함에 있어서는 그 계약이 민법상의 고용계약이든 또는 도급계약이든 그 계약의 형식에 관계없이 그 실질에 있어 근로자가 사업 또는 사업장에 임금을 목적으로 종속적인 관계에서 사용자에게 근로를 제공하였는지 여부에 따라 판단하여야 하고, … (중략) … 회사의 이사 등 임원의 경우에도 그 형식만을 따질 것이 아니라 위 기준을 종합적으로 고려하여 판단하여야 할 것이다(대법원 1992. 5. 12. 선고 91누11490 판결, 2003. 9. 26. 선고 2002다64681 판결 등 참조). 원심은, 원고 회사 이사회의 결의를 통하여 집행이사로 선임되어 본부장 또는 강서지역본부장으로 근무한 피고보조참가인(이하 '참가인'이라 한다)이 근로기준법 소정의 근로자인지의 여부에 관하여, 그 채용 증거들에 의하여 판시와 같은 사실을 인정한 다음에, 법인등기부에 등재되는 이사와 달리 참가인 업무의 내용은 집행이사제운영규정, 직제규정 등 원고 회사가 마련한 규정에 의하여 정해질 뿐 아니라 징계에 있어서도 직원에 준하여 행해지며, 보수 및 퇴직금에 관하여도 원고 회사의 규정을 적용받게 되는 점, 집행이사제운영규정에 의하여 집행이사는 임원이 아님을 명백히 하고 있고, 인사규정에서 본부장은 직원으로 명시되어 있는 점(원심의 인정 사실에 의하면, 참가인이 집행이사로 선임된 후 근무한 본부장, 지역 본부장은 이사대우, 1급 또는 2급 직원 중에서도 임명될 수 있다), 참가인은 원고 회사의 대표이사에 의하여 근무 장소를 지정받고 근무 시간에 대하여도 제한을 받고 있을 뿐 아니라 대표이사의 지휘·감독을 받는 점(원심의 인정 사실에 의하면, 참가인은 강서지역본부장으로서 자신보다 하위 직급인 1급 상당인 개인사업본부장의 지휘·감독도 받아 그 업무를 수행하였다), 참가인 근무의 사무실 및 그 비품 등에 관한 권리가 원고 회사에게 있는 점, 원고 회사가 참가인에 대하여 고용보험에 가입한 점 등에 비추어 볼 때, 원고가 주장하는 것처럼 집행이사가 취업규정상 원고 회사의 직원에 포함되지 아니할 뿐 아니라 보수 및 처우에 있어서도 임원과 유사하게 대우받고 있고, 참가인이 본부장으로 재임할 당시에는 경영협의회에 참여하여 소관 업무에 관한 집행권을 행사하는 부분이 있다 하더라도 실질적으로 임원과 동등한 지위와 권한을 부여받은 것은 아닐 뿐만 아니라, 이러한 권한 및 직무는 모두 원고 회사의 규정에서 정한 소관 업무에 한정되고 대표이사의 지휘·감독을 받고 있다 할 것이므로 참가인은 그 실질에 있어 사업 또는 사업장에 임금을 목적으로 종속적인 관계에서 사용자에게 근로를 제공하는 근로기준법 소정의 근로자에 해당한다고 판단하였는바, 위에서 본 법리와 기록에 비추어 살펴보면, 원심의 위와 같은 사실인정과 판단은 모두 정당하여 … (이하 생략) …"

※(참고3) 대법원 2001. 2. 23. 선고 2000다61312 판결【임금】

- "대법원은, 주식회사의 업무집행권을 가진 이사 등 임원은 회사로부터 일정한 사무처리의 위임을 받고 있는 것이므로(상법 제382조 제2항 참조) 사용자의 지휘 감독 아래 일정한 근로를 제공하고 소정의 임금을 지급받는 고용관계에 있는 것이 아니며, 따라서 일정한 보수를 받는 경우에도 이를 근로기준법 소정의 임금이라 할 수 없고, 회사의 규정에 의하여 이사 등 임원에게 퇴직금을 지급하는 경우에도 그 퇴직금은 근로기준법 소정의 퇴직금이 아니라 재직중의 직무집행에 대한 대가로 지급되는 보수의 일종이라고 판시한 바 있고(대법원 1988. 6. 14. 선고 87다카2268 판결), 한편 원고 금고에 적용되는 구 새마을금고법(1997. 12. 17. 법률 제5462호로 개정되기 전의 것) 제24조는 주식회사와 이사의 관계에 대하여 위임에 관한 규정을 준용하도록 한 위 상법 제382조 제2항의 규정을 새마을금고의 임원에 다시 준용하도록 규정하고 있으므로 주식회사의 임원의 퇴직금이 근로기준법 상의 임금인지의 여부에 관하여 위 판결이 취하고 있는 견해는 새마을금고의 이사장의 퇴직금에 관하여도 선례로서 구속력을 가진다고 할 것이다. 그렇다면 새마을금고의 이사장의 퇴직급여가 근로기준법상의 임금임을 전제로 한 원심의 판단에는 대법원의 판례와 상반되는 판단을 한 위법이 있고, 이로 인하여 판결에 영향을 미쳤다고 할 것이다."

※(참고4) 대법원 2009. 8. 20. 선고 2009두1440 판결【요양불승인처분취소】

- "산업재해보상보험법은 동법상의 보험급여를 받을 수 있는 근로자에 대하여 '근로기준법에 따른 근로자'를 말한다고 규정하는 외에 다른 규정을 두고 있지 아니하므로 보험급여 대상자인 근로자는 오로지 '근로기준법상의 근로자'에 해당하는지의 여부에 의하여 판가름나는 것이고, 그 해당 여부는 그 실질에 있어 그가 사업 또는 사업장에 임금을 목적으로 종속적인 관계에서 사용자에게 근로를 제공하였는지 여부에 따라 판단하여야 할 것이지(대법원 1999. 2. 24. 선고 98두2201 판결, 대법원 2001. 2. 9. 선고 2000다57498 판결 등 참조), 법인등기부에 임원으로 등기되었는지 여부에 따라 판단할 것은 아니다(대법원 2002. 9. 4. 선고 2002다4429 판결 참조). 한편, 주식회사의 대표이사는 대외적으로는 회사를 대표하고 대내적으로는 회사의 업무를 집행할 권한을 가지는 것이므로 특별한 사정이 없는 한 산업재해보상보험법상의 근로자에 해당하지 않는다고 할 것이나, 주식회사의 대표이사로 등기되어 있는 자라고 하더라도 대표이사로서의 지위가 형식적·명목적인 것에 불과하여 회사의 대내적인 업무집행권이 없을 뿐 아니라 대외적인 업무집행에 있어서도 등기 명의에 기인하여 그 명의로 집행되는 것일 뿐 그 의사결정권자인 실제 경영자가 따로 있으며, 자신은 단지 실제 경영자로부터 구체적·개별적인 지휘·감독을 받아 근로를 제공하고 경영성과나 업무성적에 따른 것이 아니라 근로 자체의 대상적 성격으로 보수를 지급받는 경우에는 예외적으로 산업재해보상보험법상의 근로자에 해당한다고 할 것이다."

3. 사 업 주

◀ 판례분석 ▶

■**제 목** : 사내하도급 근로자 관련 원청회사의 사업주성(묵시적 근로계약관계 N, 근로자파견관계 Y) [현대자동차사건]

■**대상판결** : 대법원 2015. 2. 26. 선고 2010다106436 판결 【근로자지위확인】
【원고, 피상고인】 원고 1 외 3인
【원고, 상고인】 원고 5 외 2인
【피고, 상고인 겸 피상고인】 현대자동차 주식회사
【원심판결】 서울고법 2010. 11. 12. 선고 2007나56977 판결
【주 문】 상고를 모두 기각한다. 상고비용 중 원고 1, 2, 3, 4와 피고 사이에 생긴 부분은 피고가 부담하고, 원고 5, 6, 7과 피고 사이에 생긴 부분은 원고 5, 6, 7이 부담한다.

■**사건의 개요** : 원고들은 피고 회사의 사내협력업체들 소속 근로자로서 피고 회사의 사업장에서 사내협력업체가 수급한 업무에 종사하여 오다가 묵시적 근로계약관계 내지 근로자파견관계의 성립을 주장하며 피고를 상대로 근로자지위확인의 소를 제기하였다.

■**관련 법 규정**(현행법 기준)
- 근기법 제2조(정의) 제1항 제2호 : "사용자"란 <u>사업주</u> 또는 사업 경영 담당자, 그 밖에 근로자에 관한 사항에 대하여 사업주를 위하여 행위하는 자를 말한다.
- 파견법 제2조(정의) 제1호 : "<u>근로자파견</u>"이란 파견사업주가 근로자를 고용한 후 그 고용관계를 유지하면서 근로자파견계약의 내용에 따라 사용사업주의 지휘·명령을 받아 사용사업주를 위한 근로에 종사하게 하는 것을 말한다.
- 파견법 제5조(근로자파견대상업무 등) ① 근로자파견사업은 <u>제조업의 직접생산공정업무를 제외</u>하고 전문지식·기술·경험 또는 업무의 성질 등을 고려하여 적합하다고 판단되는 업무로서 대통령령이 정하는 업무를 대상으로 한다.
② 제1항의 규정에 불구하고 출산·질병·부상 등으로 결원이 생긴 경우 또는 일

시적·간헐적으로 인력을 확보하여야 할 필요가 있는 경우에는 근로자파견사업을 행할 수 있다. … (이하 생략) …

- 파견법 제6조의2(고용의무) ① 사용사업주가 다음 각호의 어느 하나에 해당하는 경우에는 해당 파견근로자를 <u>직접 고용하여야 한다.</u>

　　1. 제5조 제1항의 근로자파견 대상 업무에 해당하지 아니하는 업무에서 파견근로자를 사용하는 경우(제5조 제2항에 따라 근로자파견사업을 행한 경우는 제외한다) …
　　(중략) …

　　5. 제7조(⇒ 근로자파견사업의 허가) 제3항의 규정을 위반하여 근로자파견의 역무를 제공받은 경우

▌**판결의 성격** : 원심은 원고 5, 6, 7과 피고 간 묵시적 근로계약관계가 성립하지 않으나, 원고 1, 2, 3, 4와 관련하여 근로자파견관계 성립에 따른 직접고용이 간주된다고 판단하였고, 대법원은 원심의 판단이 정당하다고 보아서 원고 일부 및 피고의 상고를 모두 기각하였다.

▌**쟁 점**
- 피고 회사의 사내협력업체 소속 근로자인 원고 일부(5, 6, 7)와 피고 회사 사이에 묵시적 근로계약관계가 성립하였다고 볼 수 있는지 여부
- 원고 일부(1, 2, 3, 4)와 사내협력업체 및 피고 회사 3자 간의 법률관계가 근로자파견관계에 해당하는지 여부

▌**중요 사실관계**
- 피고가 사내협력업체가 소속 근로자에 대한 인사권·징계권 행사에 직접 관여했다고 볼 수 있는 자료 없음 ⇒ **묵시적 근로계약관계 관련 사내협력업체의 사업주로서의 독자성 내지 독립성 여부 관련**
- i) 피고가 사내협력업체 근로자의 작업량과 작업방법, 작업순서, 작업속도, 작업장소, 작업시간 등 결정, ii) 휴게시간 부여, 연장 및 야간근로, 교대제 운영, 근태상황 파악 등과 관련 사내협력업체 근로자를 실질적으로 관리 ⇒ **사용자로서의 결정 권한 행사 주체(원고용주 또는 제3자)와 관련**
- 피고가 사내협력업체 근로자를 직접 지휘하거나 사내협력업체 소속 현장관리인 등을 통해 구체적인 작업 지시 ⇒ **제3자의 상당한 지휘명령 여부 관련**
- 사내협력업체 근로자와 피고 소속 근로자가 같은 조에 배치되어 동일한 업무

수행, 결원 발생 시 피고가 사내협력업체 근로자로 결원 대체 ⇒ **제3자 사업에의 실질적 편입 여부 관련**

- i) 도급 업무 중 일부는 피고 소속 근로자의 업무와 동일, ii) 사내협력업체의 고유하고 특유한 업무 부재, iii) 피고의 필요에 따른 사내협력업체의 구체적 업무 결정 ⇒ **계약 대상 업무의 고유성 여부 관련**

- i) 사내협력업체 근로자의 업무는 사내협력업체의 전문적 기술이나 근로자의 숙련도가 요구되지 않음, ii) 사내협력업체의 고유 기술이나 자본이 투입된 바 없음 ⇒ **계약 대상 업무의 전문성·기술성 여부 및 원고용주의 독립적 기업조직·설비 구비 여부 관련**

▌기본법리(판지)

1) 원고용주에게 고용되어 제3자의 사업장에서 제3자의 업무를 수행하는 사람을 제3자의 근로자라고 하기 위해서는, <u>원고용주가 사업주로서의 독자성이 없거나 독립성을 결하여 제3자의 노무대행기관과 동일시할 수 있는 등 그 존재가 형식적·명목적인 것에 지나지 아니하고, 사실상 당해 피고용인은 제3자와 종속적인 관계에 있으며 실질적으로 임금을 지급하는 주체가 제3자이고 근로 제공의 상대방도 제3자</u>이어서, 당해 피고용인과 제3자 사이에 묵시적 근로계약관계가 성립하였다고 평가할 수 있어야 한다(대법원 2010. 7. 22. 선고 2008두4367 판결 등 참조). ⇒ **[묵시적 근로계약관계 성립의 요건: 원고용주의 사업주로서의 실체성 결여(명목상의 사업주) + 원고용주의 피고용인과 제3자 사이의 실질적인 고용관계(종속적 관계에서의 근로제공과 임금지급)]**

2) ⑴ 파견근로자보호 등에 관한 법률(이하 '파견법'이라고 한다) 제2조 제1호에 의하면, 근로자파견이란 파견사업주가 근로자를 고용한 후 그 고용관계를 유지하면서 근로자파견계약의 내용에 따라 사용사업주의 지휘·명령을 받아 사용사업주를 위한 근로에 종사하게 하는 것을 말한다. ⇒ **[파견법상 근로자파견의 의미]**

⑵ 한편 <u>구 파견법</u>(2006. 12. 21. 법률 제8076호로 개정되기 전의 것, 이하 같다)은 제6조 제3항 본문으로 "사용사업주가 2년을 초과하여 계속적으로 파견근로자를 사용하는 경우에는 2년의 기간이 만료된 날의 다음 날부터 파견근로자를 고용한 것으로 본다"는 내용의 규정(이하 '직접고용간주 규정'이라고 한다)을 두고 있는데, 이러한 <u>직접고용간주 규정이 적법한 근로자파견에 대하여만 한정하여 적용되는 것은 아니므로</u>(대법원 2008. 9. 18. 선고 2007두22320 전원합의체 판결 등 참조), <u>적법하지 아니한 근로자파견의 경우에도</u> 사용사업주가 2년을 초과하여 계속적으로 파견

근로자를 사용할 때에는 그 2년의 기간이 만료된 날의 다음 날부터 <u>사용사업주</u>
<u>와 파견근로자 사이에 직접적인 근로관계가 형성된다고 볼 수는 있으나</u>, ⇒ **[구**
파견법상 직접고용간주 규정의 불법파견 적용 여부(긍정)]

⑶ 더 나아가 <u>위법한 근로자파견이라는 사정만으로</u> 적법한 근로자파견과는 달리
위와 같은 <u>2년의 기간 경과 여부와 관계없이 곧바로 사용사업주와 파견근로자</u>
<u>사이에 직접적인 근로관계가 성립한다고 해석할 수는 없다</u>. ⇒ **[구 파견법상 직접고**
용간주 규정의 적용요건]

3) <u>원고용주가 어느 근로자로 하여금 제3자를 위한 업무를 수행하도록 하는 경우</u> 그
법률관계가 위와 같이 파견법의 적용을 받는 <u>근로자파견에 해당하는지</u>는 당사자가
붙인 계약의 명칭이나 형식에 구애될 것이 아니라, <u>제3자가</u> 당해 근로자에 대하여
직·간접적으로 그 업무수행 자체에 관한 구속력 있는 지시를 하는 등 <u>상당한 지휘·명</u>
<u>령을 하는지</u>, 당해 근로자가 제3자 소속 근로자와 하나의 작업집단으로 구성되어 직
접 공동 작업을 하는 등 <u>제3자의 사업에 실질적으로 편입되었다고 볼 수 있는지</u>, <u>원</u>
<u>고용주가</u> 작업에 투입될 근로자의 선발이나 근로자의 수, 교육 및 훈련, 작업·휴게시
간, 휴가, 근무태도 점검 등에 관한 <u>결정 권한을 독자적으로 행사하는지</u>, <u>계약의 목적</u>
<u>의</u> 구체적으로 범위가 <u>한정된 업무의 이행으로</u> 확정되고 당해 근로자가 맡은 업무가
<u>제3자 소속 근로자의 업무와 구별</u>되며 그러한 업무에 <u>전문성·기술성이 있는지</u>, <u>원고</u>
<u>용주가</u> 계약의 목적을 달성하기 위하여 필요한 <u>독립적 기업조직이나 설비를 갖추고</u>
<u>있는지</u> 등의 요소를 바탕으로 <u>그 근로관계의 실질에 따라 판단하여야 한다</u>. ⇒ **[사내하**
도급 근로자와 원청 간 근로자파견 해당 판단기준]

■**결론 및 이유** : 원고 5, 6, 7과 피고 사이에 묵시적 근로계약관계가 성립하였다
고 단정할 수 없고, 위법하게 파견된 날로부터 2년 초과 근무 여부와 상관없이 원
고 5, 6, 7이 피고의 근로자로서의 지위가 인정되어야 한다는 주장은 받아들일 수
없으나, 원고 1, 2, 3, 4는 피고와 근로자파견관계에 있었으므로 각 피고에게 파견
된 날로부터 2년이 만료된 날의 다음 날부터 피고의 근로자 지위에 있게 되었다.
- **묵시적 근로계약관계 성립 관련** : 피고의 사내협력업체가 원고 5, 6, 7과 같은 그
소속 근로자에 대하여 사용자로서의 권리·의무를 행사하지 않았다고 보이지는
않을 뿐만 아니라 사내협력업체가 소속 근로자에 대한 인사권·징계권을 행사함
에 있어 피고가 직접 관여하였다는 점을 인정할 만한 구체적인 자료가 없어 <u>사</u>
<u>내협력업체가 사업주로서의 독자성이 없거나 독립성을 상실하였다고 볼 수 있을</u>
<u>정도로 그 존재가 형식적·명목적인 것이라고 할 수는 없다</u>는 이유로, 위 원고들

과 피고 사이에 묵시적 근로계약관계가 성립하였다고 단정할 수 없다는 원심의 판단은 정당함.

- **직접고용간주 규정 적용요건 관련** : 원고 5, 6, 7이 담당한 업무가 제조업의 직접 생산공정업무로서 구 파견법 제5조 규정에 따라 근로자파견대상업무에서 제외 되는 것이라 불법파견에 해당하고 이러한 경우에는 2년 초과 근무 여부와 상관 없이 위 원고들이 피고를 위하여 근로를 제공한 시점부터 피고의 근로자로서의 지위가 인정되어야 한다는 취지의 상고이유 주장은 받아들일 수 없음.

- **근로자파견관계 해당 관련** : i) 피고가 사내협력업체 소속 근로자에 대한 일반적 인 작업배치권과 변경결정권을 가지고 사내협력업체 소속 근로자가 수행할 작업 량과 작업방법, 작업순서, 작업속도, 작업장소, 작업시간 등을 결정한 점, ii) 피 고는 사내협력업체 소속 근로자를 직접 지휘하거나 사내협력업체 소속 현장관리 인 등을 통하여 구체적인 작업 지시를 하였는데, 사내협력업체의 현장관리인 등 이 소속 근로자에게 구체적인 지휘·명령권을 행사하였다 하더라도 이는 피고가 결정한 사항을 전달한 것에 불과하거나 그러한 지휘·명령이 피고에 의하여 통제 된 것에 불과한 점, iii) 사내협력업체 소속 근로자가 피고 소속 근로자와 같은 조에 배치되어 동일한 업무를 수행한 점, iv) 피고는 소속 근로자의 결원이 발생 하는 경우 사내협력업체 근로자로 하여금 그 결원을 대체하게 하기도 한 점, v) 피고가 사내협력업체 소속 근로자에 대한 휴게시간 부여, 연장 및 야간근로, 교 대제 운영 등을 결정하고 사내협력업체를 통하여 사내협력업체 소속 근로자의 근태상황 등을 파악하는 등 사내협력업체 근로자를 실질적으로 관리하여 온 점, vi) 사내협력업체가 도급받은 업무 중 일부는 피고 소속 근로자의 업무와 동일하 여 명확히 구분되지 아니하는 점, vii) 사내협력업체의 고유하고 특유한 업무가 별도로 있는 것이 아니라 피고의 필요에 따라 사내협력업체의 업무가 구체적으 로 결정된 점, viii) 사내협력업체 소속 근로자의 담당 업무는 피고가 미리 작성 하여 교부한 각종 조립작업지시표 등에 의하여 동일한 작업을 단순 반복하는 것 으로서 사내협력업체의 전문적인 기술이나 근로자의 숙련도가 요구되지 않고 사 내협력업체의 고유 기술이나 자본이 투입된 바 없는 점 등의 여러 사정을 종합 하면, 원고 1, 2, 3, 4는 사내협력업체에 고용된 후 피고의 작업현장에 파견되어 피고로부터 직접 지휘·감독을 받는 근로자파견관계에 있었다고 봄이 타당함(원 고들이 담당한 것과 같은 제조업의 직접생산공정업무는 구 파견법 제5조 규정에 따라 근로자 파견대상업무에서 제외되기는 하지만, 이처럼 적법하지 아니한 근로자파견의 경우에도 직접 고용간주 규정은 적용되므로, 각 피고에게 파견된 날로부터 2년이 만료된 날의 다음 날로서,

원고 1은 2003. 5. 25.부터, 원고 2는 2002. 2. 14.부터, 원고 3은 2002. 8. 1.부터, 원고 4는 2002. 8. 5.부터 각각 직접고용이 간주됨으로써 피고의 근로자 지위에 있게 되었다는 원심의 판단은 정당).

▮ 판결의 의의와 한계

1) 사내하도급 관련 노동분쟁이 증가하고 있을 뿐만 아니라 사회적으로도 커다란 이슈가 되고 있다(☞ 관련 분쟁의 주요 내용은 심화학습 1. 참고). 사내하도급 근로관계는 도급인(원청회사), 수급인(사내 하청업체), 수급인의 근로자(사내하청 근로자) 삼자가 관련된 다면적 근로관계로서 사실관계 자체가 복잡하고, 쟁점에 관한 사실인정 및 판단이 쉽지 않은 경우가 많다. 사내하도급에서 계약의 명칭 등 형식은 '도급'이나 그 실질은 '묵시적 근로계약관계' 또는 '근로자파견관계'인 경우(이른바 위장도급의 경우) 도급인은 수급인의 근로자(이하 '사내하도급 근로자')와의 관계에서 노동법상의 사용자 책임 또는 파견법상의 사용사업주책임을 부담한다. 대상판결에서 원심과 대법원은 묵시적 근로계약관계의 성립을 인정하지 않았으나, 근로자파견관계를 인정하여 원고 일부가 구 파견법상의 직접고용간주 규정의 적용에 따라 피고의 근로자로 간주된다고 보았다.

2) 대상판결이 인용하고 있는 법리에 따르면 묵시적 근로계약관계(즉 외형은 도급이나 실질은 직접적인 고용관계)가 성립한 것으로 볼 수 있으려면 두 가지 요건, 즉 i) 원고용주의 사업주로서의 실체성 결여(명목상의 사업주), ii) 원고용주의 피고용인과 제3자 사이에 실질적인 고용관계(종속적 관계에서의 근로제공과 임금지급)의 성립이라는 요건 모두가 충족되어야 한다. 묵시적 근로계약관계론은 외형상 근로계약을 체결하지 않은 두 당사자 사이에 직접적인 고용관계의 성립을 인정할 수 있는 유용한 이론임에는 틀림이 없다. 그러나 그 요건의 엄격성 등으로 인해 실제 실무에서 그 성립이 인정될 가능성은 그다지 크지 않다는 한계 역시 존재한다(☞ 관련 사례 Q 1. 참고).

3) 사내하도급에도 불구하고 근로자파견관계로 볼 수 있는지(이른바 불법파견 해당 여부) 및 불법파견의 경우에도 구 파견법상의 직접고용간주 규정이 적용되는지가 그간 쟁점이었다. 후자 쟁점은 예스코사건(대법원 2008. 9. 18. 선고 2007두22320 전원합의체 판결)을 통해 해결되었으나, 대법원은 대상판결 전까지 근로자파견관계 해당 여부(즉 도급과 파견의 구별)에 관한 판단기준을 제시하지는 않았다(다만, 대법원 2010. 7. 22. 선고 2008두4367 판결에서 근로자파견관계에 해당하는 구체적 사정을 설시한 바는 있다). 대상판결은 사내하도급에도 불구하고 파견법의 적용을 받는 근로

자파견에 해당하는지에 관한 판단기준을 처음 제시한 사례라는 점에서 의미가 있다. 그에 따르면 계약의 명칭이나 형식에 구애받을 것이 아니라, 제3자의 상당한 지휘·명령 여부, 근로자의 제3자 사업에의 실질적 편입 여부, 작업 투입 근로자의 선발 등 원고용주로서의 결정 권한 독자적 행사 여부, 계약 대상 업무의 고유성·전문성·기술성 여부, 원고용주의 독립적 기업조직·설비 구비 여부 등 그 근로관계의 실질에 따라 판단하여야 한다.

4) 구 파견법(2006. 12. 21. 법률 제8076호로 개정되기 전의 것)은 "사용사업주가 2년을 초과하여 계속적으로 파견근로자를 사용하는 경우에는 2년의 기간이 만료된 날의 다음날부터 파견근로자를 고용한 것으로 본다"고 규정하고 있었다. 이와 관련 대상판결에 따르면 불법파견이 인정되더라도 그 기간이 2년 미만인 경우(원고 5, 6, 7의 경우)에는 파견법 위반에 따른 직접고용간주의 사법적 효과가 인정되지 않는다. 더구나 2006. 12. 21. 개정 파견법(2007. 7. 1. 시행)은 종전의 직접고용간주 규정을 대체하여 직접고용의무 규정(제6조의2 제1항)을 신설했지만, 절대적 파견금지업무 조항(제5조 제3항) 위반의 경우를 제외한 나머지 불법파견에 대해 "2년을 초과하여 계속적으로 파견근로자를 사용하는 경우"에 사용사업주가 해당 파견근로자를 직접 고용하도록 규정하였다. 그 후 2012. 2. 1. 개정된 파견법(2012. 8. 2. 시행)은 불법파견의 경우 사용사업주가 파견근로자를 사용한 기간에 관계없이 직접고용의무가 발생하는 것으로 규정하였다 (다만 합법파견의 경우에는 2년을 초과하여 계속적으로 파견근로자를 사용하는 경우에 직접고용의무가 발생한다).

> ※ **2012. 2. 1. 개정 파견법 제6조의2(고용의무)** ① 사용사업주가 다음 각 호의 어느 하나에 해당하는 경우에는 해당 파견근로자를 직접 고용하여야 한다.
>   1. 제5조 제1항의 근로자파견 대상 업무에 해당하지 아니하는 업무에서 파견근로자를 사용하는 경우(제5조 제2항에 따라 근로자파견사업을 행한 경우는 제외한다) ⇒ **파견허용업무가 아닌 업무에서의 파견근로자 사용(다만 결원 등에 따른 임시파견 제외)**
>   2. 제5조 제3항의 규정을 위반하여 파견근로자를 사용하는 경우 ⇒ **절대적 파견금지업무(건설공사현장 업무 등)에서의 파견근로자 사용**
>   3. 제6조 제2항을 위반하여 2년을 초과하여 계속적으로 파견근로자를 사용하는 경우 ⇒ **파견허용업무에서의 2년 초과 계속적 파견근로자 사용**
>   4. 제6조 제4항을 위반하여 파견근로자를 사용하는 경우 ⇒ **결원 등에 따른 임시파견 허용기간 위반한 파견근로자 사용**
>   5. 제7조 제3항의 규정을 위반하여 근로자파견의 역무를 제공받은 경우 ⇒ **고용노동부장관의 허가를 받지 않은 파견사업주로부터 제공받은 파견근로자 사용**

■ **기타 해설(1)** : 파견법상 직접고용의무 규정(제6조의2 제1항)에 따라 파견근로자를 직접 고용할 의무가 있는 사용사업주가 그 의무를 이행하지 아니하는 경우 파견근로자는 사용사업주를 상대로 고용 의사표시를 갈음하는 판결을 구할 사법상의 권리가 있고, 판결이 확정되면 사용사업주와 파견근로자 사이에 직접고용관계가 성립하며, 파견근로자는 사용사업주의 직접고용의무 불이행에 대하여 직접고용관계가 성립할 때까지의 임금 상당 손해배상금을 청구할 수 있다(대법원 2015. 11. 26. 선고 2013다14965 판결 참조). 한편, 파견법상 직접고용의무 규정의 입법 취지 및 목적에 비추어 볼 때 특별한 사정이 없는 한 사용사업주는 직접고용의무 규정에 따라 근로계약을 체결할 때 기간을 정하지 않은 근로계약을 체결하여야 함이 원칙이고, 다만 파견법 제6조의2 제2항에서 파견근로자가 명시적으로 반대의사를 표시하는 경우에는 직접고용의무의 예외가 인정되는 점을 고려할 때 파견근로자가 사용사업주를 상대로 직접고용의무의 이행을 구할 수 있다는 점을 알면서도 기간제 근로계약을 희망하였다거나, 사용사업주의 근로자 중 해당 파견근로자와 같은 종류의 업무 또는 유사한 업무를 수행하는 근로자가 대부분 기간제 근로계약을 체결하고 근무하고 있어 파견근로자로서도 애초에 기간을 정하지 않은 근로계약 체결을 기대하기 어려웠던 경우 등과 같이 직접고용관계에 계약기간을 정한 것이 직접고용의무 규정의 입법 취지 및 목적을 잠탈한다고 보기 어려운 특별한 사정이 존재하는 경우에는 사용사업주가 파견근로자와 기간제 근로계약을 체결할 수 있을 것이다. 그리고 이러한 특별한 사정의 존재에 관하여는 사용사업주가 증명책임을 부담한다. 따라서 직접고용의무를 부담하는 사용사업주가 파견근로자를 직접고용하면서 앞서 본 특별한 사정이 없음에도 기간제 근로계약을 체결하는 경우 이는 직접고용의무를 완전하게 이행한 것이라고 보기 어렵고, 이러한 근로계약 중 기간을 정한 부분은 파견근로자를 보호하기 위한 파견법의 강행규정을 위반한 것에 해당하여 무효가 될 수 있다(대법원 2022. 1. 27. 선고 2018다207847 판결).

■ **기타 해설(2)** : 근기법상 사용자에는 사업주(사업경영의 주체) 외에도 사업 경영 담당자, 그 밖에 근로자에 관한 사항에 대하여 사업주를 위하여 행위하는 자가 포함된다(제2조 제1항 제2호 참조). '사업 경영 담당자'란 사업경영 일반에 관하여 책임을 지는 자로서 사업주로부터 사업경영의 전부 또는 일부에 대하여 포괄적인 위임을 받고 대외적으로 사업을 대표하거나 대리하는 자를 말하는바, 근기법이 같은 법 각 조항에 대한 준수의무자로서의 사용자를 사업주에 한정하지 아니

하고 사업 경영 담당자 등으로 확대한 이유가 노동현장에 있어서 근기법의 각 조항에 대한 실효성을 확보하기 위한 정책적 배려에 있는 만큼, 사업 경영 담당자는 원칙적으로 사업경영 일반에 관하여 권한을 가지고 책임을 부담하는 자로서 관계 법규에 의하여 제도적으로 근로기준법의 각 조항을 이행할 권한과 책임이 부여되었다면 이에 해당한다(대법원 2008. 4. 10. 선고 2007도1199 판결 참조: 대학교 의료원장이 의료원 산하 각 병원 등 소속 근로자들에 대한 관계에서 근기법이 정한 사용자에 해당한다고 본 사례). '근로자에 관한 사항에 대하여 사업주를 위하여 행위하는 자'라 함은 근로자의 인사·급여·후생·노무관리 등 근로조건의 결정 또는 업무상의 명령이나 지휘·감독을 하는 등의 사항에 대하여 사업주로부터 일정한 권한과 책임을 부여받은 자를 말한다(대법원 2008. 10. 9. 선고 2008도5984 판결). 이러한 사람은 일반 근로자와의 관계에서는 사용자이지만, 사업주와의 관계에서는 근로자에 해당할 수 있다.

◀ Q 풀이 ▶

Q 1. 묵시적 근로계약관계가 성립하기 위한 요건은 무엇인가?

[A] 1) 원고용주에게 고용되어 제3자의 사업장에서 제3자의 업무를 수행하는 사람을 제3자의 근로자라고 하기 위해서는, i) 원고용주가 사업주로서의 독자성이 없거나 독립성을 결하여 제3자의 노무대행기관과 동일시할 수 있는 등 그 존재가 형식적·명목적인 것에 지나지 아니하고, ii) 사실상 당해 피고용인은 제3자와 종속적인 관계에 있으며 실질적으로 임금을 지급하는 주체가 제3자이고 근로 제공의 상대방도 제3자이어서, 당해 피고용인과 제3자 사이에 묵시적 근로계약관계가 성립하였다고 평가할 수 있어야 한다.

2) 참고1 판결(2005다75088 판결)은 위의 두 요건이 충족된 것으로 본 사례이다. 반면에 참고2 결정(99마628 결정)은 그렇지 않다고 본 사례이다. 참고2 결정은 비록 제3자가 원고용주의 근로자들에 대한 채용·인사권이나 지휘감독권에 개입한 사실이 일부 있더라도 그것만으로 묵시적 근로관계의 성립을 단정하여서는 아니 된다는 점을 시사하고 있다.

※(참고1) 대법원 2008. 7. 10. 선고 2005다75088 판결【종업원지위확인】

- "원고들이 소속된 용인기업은 약 25년간 오직 피고 회사로부터 선박엔진 열교환기, 시 밸브(Sea Valve), 세이프티 밸브(Safety Valve)의 검사·수리 등의 업무를 수급인 자격으로 수행하여 왔는데, 피고 회사는 용인기업이 모집해 온 근로자에 대하여 피고 회사가 요구하는 기능시험을 실시한 다음, 그 채용 여부를 결정하였고, 그 시험합격자에게만 피고 회사가 직접 지급하는 수당을 수령할 자격을 부여하였으며, 용인기업 소속의 근로자들에 대하여 징계를 요구하거나, 승진대상자 명단을 통보하는 등, 용인기업 소속 근로자들의 채용, 승진, 징계에 관하여 실질적인 권한을 행사하였다.

뿐만 아니라, 피고 회사는 원고들의 출근, 조퇴, 휴가, 연장근무, 근로시간, 근무태도 등을 점검하고, 원고들이 수행할 작업량과 작업 방법, 작업 순서, 업무 협력 방안을 결정하여 원고들을 직접 지휘하거나 또는 용인기업 소속 책임자를 통하여 원고들에게 구체적인 작업 지시를 하였으며, 용인기업이 당초 수급한 업무 외에도 원고들로 하여금 피고 회사 소속 부서의 업무를 수행하게 하거나, 용인기업의 작업물량이 없을 때에는 교육, 사업장 정리, 타 부서 업무지원 등의 명목으로 원고들에게 매월 일정 수준 이상의 소득을 보장하는 등, 직접적으로 원고들에 대한 지휘감독권을 행사하였다.

더 나아가, 용인기업은 원칙적으로 수급한 물량에 대하여 시간단위의 작업량 단가로 산정된 금액을 피고 회사로부터 수령하였지만, 피고 회사는 용인기업 소속 근로자들이 선박 수리와 직접적인 관련이 없는 피고 회사의 다른 부서 업무지원, 안전교육 및 직무교육 등에 종사하는 경우 이에 대한 보수도 산정하여 그 지급액을 결정하였을 뿐만 아니라, 원고들에게 상여금, 퇴직금 등의 수당을 직접 지급하였다. 한편, 용인기업에 대한 작업량 단가는 피고 회사 소속 근로자(이른바 직영근로자)로 조직된 현대미포조선 노동조합과 피고 회사 사이에 체결된 임금협약 결과에 따라 결정되었으며, 원고들의 퇴직금이나 건강보험 등 사회보험료 역시 피고 회사가 기성 대금과 함께 지급하는 등, 피고 회사가 원고들의 임금 등 제반 근로조건에 대하여 실질적인 영향력을 행사하였다.

마지막으로, 용인기업은 사업자등록 명의를 가지고 소속 근로자들에 대한 근로소득세 원천징수, 소득신고, 회계장부 기장 등의 사무를 처리하였으나, 이러한 사무는 피고 회사가 제공하는 사무실에서 이루어졌을 뿐만 아니라, 용인기업은 독자적인 장비를 보유하지 않았으며, 소속 근로자의 교육 및 훈련 등에 필요한 사업경영상 독립적인 물적 시설을 갖추지 못하였다.

이러한 사정을 앞서 본 법리에 비추어 살펴보면, **용인기업은** 형식적으로는 피고 회사와 도급계약을 체결하고 소속 근로자들인 원고들로부터 노무를 제공받아 자신의 사업을 수행한 것과 같은 외관을 갖추었다고 하더라도, **실질적으로는 업무수행의 독자성이나 사업경영의 독립성을 갖추지 못한 채,** 피고 회사의 일개 사업부서로서 기능하거나 노무대행기관의 역할을 수행하였을 뿐이고, **오히려 피고 회사가 원고들로부터 종속적인 관계에서 근로를 제공받고, 임금을 포함한 제반 근로조건을 정하였다**

고 봄이 상당하므로, 원고들과 피고 회사 사이에는 직접 피고 회사가 원고들을 채용한 것과 같은 묵시적인 근로계약관계가 성립되어 있었다고 보는 것이 옳다."

※(참고2) 대법원 1999. 7. 12. 자 99마628 결정 【피용인지위보전가처분】

- "이 사건 아파트의 관리사무소장 임명에 관하여 피신청인이 재항고이유의 주장과 같은 경위로 관여한 적이 있다고 하더라도 관리사무소장은 그 신분이 신청외 보화 소속 직원으로서 수탁한 관리업무를 수행하는 위 아파트 관리사무소의 업무를 총괄하는 권한을 부여받은 신청외 보화의 대리인임은 기록상 분명하고, 관리사무소장과 근로계약을 체결하고 채용되어 위 관리사무소에서 근무하게 된 직원들인 신청인들은 어디까지나 신청외 보화의 피용인이라고 할 것인바, 이러한 <u>신청인들에 대하여 신청외 보화와 위수탁관리계약을 체결하였을 뿐인 피신청인이 임금지급의무가 있는 사용자로 인정되기 위하여는</u> 신청인들이 관리사무소장을 상대방으로 하여 체결한 근로계약이 형식적이고 명목적인 것에 지나지 않고, 신청인들이 사실상 피신청인과 종속적인 관계에서 그에게 근로를 제공하며, 피신청인은 그 대가로 임금을 지급하는 사정 등이 존재하여 <u>신청인들과 피신청인과 사이에 적어도 묵시적인 근로계약관계가 성립되어 있다고 평가되지 않으면 안 된다</u>(대법원 1972. 11. 14. 선고 72다895 판결, 1996. 6. 11. 선고 96누1504 판결 등 참조). … (중략) … 위와 같은 제반 사정에 이 사건 위수탁관리계약의 내용을 종합하면, <u>피신청인은 위수탁관리계약상의 지위에 기한 감독권의 범위를 넘어 일부 직원의 채용과 승진에 관여하거나 관리사무소 업무의 수행 상태를 감독하기도 하고, 또 신청인들의 근로조건인 임금, 복지비 등의 지급 수준을 독자적으로 결정하여 온 점은 인정되지만, **신청외 보화 혹은 그를 대리한 관리사무소장이 근로계약 당사자로서 갖는 신청인들에 대한 임면, 징계, 배치 등 인사권과 업무지휘명령권이 모두 배제 내지 형해화되어 신청인들과 체결한 근로계약이 형식적인 것에 지나지 않는다고 할 수 없고</u>, 또 피신청인이 신청인들의 업무내용을 정하고 그 업무수행과정에 있어 구체적·개별적인 지휘·감독을 행하고 있다고 볼 수도 없으므로, 피신청인이 신청인들과 근로계약관계에 있는 사용자라고 할 수 없다.**"

Q 2. 대상판결이 원고의 '묵시적 근로계약관계' 주장을 배척한 반면, '불법파견관계' 주장을 인용한 이유는 무엇인가?

[A] 1) 원고 5, 6, 7의 원고용주인 사내협력업체가 원고들 및 그 소속 근로자에 대하여 사용자로서의 권리·의무를 행사하지 않았다거나 사내협력업체가 소속 근로자에 대한 인사권·징계권을 행사함에 있어 피고가 직접 관여하였다는 점을 인정할 만한 구체적인 자료가 없어 사내협력업체가 사업주로서의 독자성이 없거나 독립성을 상실하였다고 볼 수 있을 정도로 그 존재가 형식적·명목적인 것이라고 할 수 없다는 이유로 묵시적 근로계약관계의 성립에 관한 주장을 배척하였다.

2) 그러나 원고 1, 2, 3, 4와 관련하여, i) 피고가 사내협력업체 소속 근로자가 수행할 작업량과 작업방법, 작업순서, 작업속도, 작업장소, 작업시간 등을 결정하였고, 휴게시간 부여, 연장 및 야간근로, 교대제 운영, 근태상황 파악 등과 관련하여 사내협력업체 근로자를 실질적으로 관리하여 온 점(⇒ **원고용주가 사용자로서의 결정 권한 독자적 행사 여부 관련**), ii) 피고는 사내협력업체 소속 근로자를 직접 지휘하거나 사내협력업체 소속 현장관리인 등을 통하여 구체적인 작업 지시를 한 것으로 볼 수 있는 점(⇒ **제3자의 상당한 지휘명령 여부 관련**), iii) 사내협력업체 소속 근로자가 피고 소속 근로자와 같은 조에 배치되어 동일한 업무를 수행하였고, 피고는 그 소속 근로자의 결원 발생 시 사내협력업체 근로자로 하여금 그 결원을 대체한 점(⇒ **제3자 사업에의 실질적 편입 여부 관련**), iv) 사내협력업체가 도급받은 업무 중 일부는 피고 소속 근로자의 업무와 동일하여 명확히 구분되지 아니하고, 사내협력업체의 고유하고 특유한 업무가 별도로 있는 것이 아니라 피고의 필요에 따라 사내협력업체의 업무가 구체적으로 결정된 점(⇒ **계약 대상 업무의 고유성 여부 관련**), v) 사내협력업체 소속 근로자의 담당 업무는 피고가 미리 작성하여 교부한 각종 조립작업지시표 등에 의하여 동일한 작업을 단순 반복하는 것으로서 사내협력업체의 전문적인 기술이나 근로자의 숙련도가 요구되지 않고 사내협력업체의 고유 기술이나 자본이 투입된 바 없는 점(⇒ **계약 대상 업무의 전문성·기술성 여부 및 원고용주의 독립적 기업조직·설비 구비 여부 관련**) 등에 근거하여 근로자파견관계가 인정되었다.

Q 3. 파견관계와 도급관계를 구별하는 기준은 무엇인가?

[A] 1) 대상판결에 따르면, 원고용주가 어느 근로자로 하여금 제3자를 위한 업무를 수행하도록 하는 경우 그 법률관계가 <u>파견법의 적용을 받는 근로자파견에 해당하는지는</u> 당사자가 붙인 <u>계약의 명칭이나 형식에 구애될 것이 아니라</u>, i) 제3자가 당해 근로자에 대하여 직·간접적으로 그 업무수행 자체에 관한 구속력 있는 지시를 하는 등 상당한 지휘·명령을 하는지(⇒ **제3자의 상당한 지휘명령 여부**), ii) 당해 근로자가 제3자 소속 근로자와 하나의 작업집단으로 구성되어 직접 공동작업을 하는 등 제3자의 사업에 실질적으로 편입되었다고 볼 수 있는지(⇒ **제3자 사업에의 실질적 편입 여부**), iii) 원고용주가 작업에 투입될 근로자의 선발이나 근로자의 수, 교육 및 훈련, 작업·휴게시간, 휴가, 근무태도 점검 등에 관한 결정 권한을 독자적으로 행사하는지(⇒ **원고용주로서의 결정 권한 독자적 행사 여부**), iv) 계약

의 목적이 구체적으로 범위가 한정된 업무의 이행으로 확정되고 당해 근로자가 맡은 업무가 제3자 소속 근로자의 업무와 구별되며 그러한 업무에 전문성·기술성이 있는지(⇒ **계약 대상 업무의 고유성·전문성·기술성 여부**), v) 원고용주가 계약의 목적을 달성하기 위하여 필요한 독립적 기업조직이나 설비를 갖추고 있는지(⇒ **원고용주의 독립적 기업조직·설비 구비 여부**) 등의 요소를 바탕으로 <u>그 근로관계의 실질에 따라 판단하여야</u> 한다.

◀ 심화학습 ▶

1. 사내하도급 관계에서 발생하는 분쟁에는 어떤 것이 있는가?

▷ 사내하도급 관계에서 발생하는 분쟁에는 다음과 같은 것들이 있다. i) 도급인(원청인)과 수급인(하청인) 소속 근로자(사내하청 근로자) 사이에 묵시적 근로계약관계가 성립한 것으로 볼 수 있는지, ii) 묵시적 근로계약관계가 인정되지 않더라도 도급인과 수급인의 관계가 '진정한 도급계약관계'가 아니라 파견법을 위반한 '불법파견'(내지는 '위장도급')으로서 도급인은 현행 파견법 제6조의2(고용의무)에 따라 사내하청 근로자를 직접 고용할 의무를 부담하는지(또는 구 근로자파견법 제6조 제3항에 따라 직접 고용한 것으로 간주되는지), iii) 도급인과 수급인의 관계가 진정한 도급계약관계라고 할지라도 사내하청 근로자와의 관계에서 도급인이 부당노동행위의 주체인 사용자에 해당하는지(☞ 제24강 1. 부당노동행위 주체 참고) 등이다.

2. 법인의 하부 기관이 독자적으로 채용한 근로자와의 관계에서 근기법상 사업주는?

▷ 국가 산하의 행정관청이 사법상 근로계약을 체결한 경우 근로계약관계의 권리의무는 행정주체인 국가에 귀속되기 때문에 사업주는 행정관청이 아니라 국가이다(참고1 판결). 법인의 하부기관이 근로자를 채용한 경우에도 그 근로자와의 관계에서 사업주는 다른 특별한 사정이 없는 한 법인이라고 보아야 할 것이다(참고2, 3 판결 참조).

▷ 참고1 판결(2006다40935 판결)은 노동부장관의 하위 행정관청인 각 지방노동청장이 근로계약의 체결을 통해 고용한 직업상담원(이들로 구성된 노동조합)과의 관계에서 단체교섭의 의무를 부담하는 사업주는 각 지방노동청장이 아니라 국가라고

본 사례이다. 참고2 판결(2005두5673 판결)은 사단법인이 운영하는 사회복지시설은 별도의 당사자능력을 갖는 법인격 없는 사단이나 재단으로 볼 수 없기 때문에 위 시설에 채용된 자에 대한 노동위원회의 부당해고 구제명령 재심판정에 대한 취소소송의 원고 적격자는 사회복지시설이 아니라 사단법인이라고 본 사례이다. 참고3 판결(2007다87061 판결)은 사립학교법인 산하의 어학원 원장과 강사채용계약을 체결하고 강사로 근무한 자에게도 근기법이 적용될 수 있기 때문에 강사의 근기법상 근로자 해당 여부 등에 관한 분쟁의 당사자인 사업주는 학교법인임을 확인할 수 있는 사례이다.

> ※**(참고1) 대법원 2008. 9. 11. 선고 2006다40935 판결 【사용자지위확인】**
> - "노동조합 및 노동관계조정법 제2조 제2호는 "사용자라 함은 사업주, 사업의 경영 담당자 또는 그 사업의 근로자에 관한 사항에 대하여 사업주를 위하여 행동하는 자를 말한다"고 규정하면서 … (중략) … 위와 같은 법조항에 규정한 '사용자'라 함은 근로자와의 사이에 사용종속관계가 있는 자, 즉 근로자와의 사이에 그를 지휘·감독하면서 그로부터 근로를 제공받고 그 대가로서 임금을 지급하는 것을 목적으로 하는 명시적이거나 묵시적인 근로계약관계를 맺고 있는 자를 말한다 할 것인데(대법원 1995. 12. 22. 선고 95누3565 판결, 대법원 1997. 9. 5. 선고 97누3644 판결 등 참조), 국가의 행정관청이 사법상 근로계약을 체결한 경우 그 근로계약관계의 권리·의무는 행정주체인 국가에 귀속되므로, 국가는 그러한 근로계약관계에 있어서 같은 법 제2조 제2호에 정한 사업주로서 단체교섭의 당사자의 지위에 있는 사용자에 해당한다 할 것이다. 원심은, 원고(노동부직업상담원 노동조합)는 전국 155개 노동부 고용안정센터에서 취업알선, 실업급여 지급 등의 업무를 담당하는 공무원이 아닌 직업상담원을 조합원으로 한 노동조합인 사실, 노동부장관의 하위 행정관청인 각 지방노동청장이 위 각 직업상담원들과 사법상 근로계약을 체결하여 그들을 지휘·감독하고 있는 사실을 인정한 다음, 각 지방노동청장이 '노동조합 및 노동관계조정법'상의 사업주라고 판단하여, 피고(대한민국)가 단체교섭의 상대방인 사용자 지위에 있다는 원고의 주장을 배척하였다. 그러나 위 법리에 비추어 원심이 인정한 사실관계를 살펴보면 각 지방노동청장이 그 이름으로 직업상담원들과 사법상 근로계약을 체결하였다고 하더라도, 이는 각 지방노동청장이 행정주체인 국가 산하의 행정관청으로서 근로계약체결사무를 처리한 것에 지나지 아니하므로, 사법상 근로계약관계의 권리·의무는 행정주체인 국가에 귀속된다 할 것이고, 이에 따라 피고(대한민국)가 '노동조합 및 노동관계조정법' 제2조 제2호 소정의 사업주인 사용자로서 원고에 대응하는 단체교섭의 상대방 당사자의 지위에 있다고 보아야 할 것이다."

※(참고2) 대법원 2006. 2. 24. 선고 2005두5673 판결【부당해고및부당노동행위구제재심판정취소】

- "부당해고나 부당노동행위에 대하여 지방노동위원회 또는 특별노동위원회의 구제명령이 발하여진 경우 그 명령에 따라 이를 시정할 주체는 사업주인 사용자가 되어야 한다. 그러므로 그 구제명령이 사업주인 사용자의 일부조직이나 업무집행기관 또는 업무담당자에 대하여 행하여진 경우에는 사업주인 사용자에 대하여 행하여진 것으로 보아야 할 것이다. 따라서 이에 대한 중앙노동위원회에의 재심신청이나 그 재심판정 취소소송 역시 당사자능력이 있는 당해 사업주만이 원고적격자로서 소송을 제기할 수 있다고 하여야 할 것이다(대법원 1999. 4. 9. 선고 97누19731 판결 등 참조). 그런데 원심판결의 이유와 기록에 의하면, 원고 법인은 한국시각장애인들의 교육문화, 직업재활 및 사회복지활동과 생활부조 등을 통하여 시각장애인들의 복지증진 및 권익옹호 등을 목적으로 1981. 5. 1. 설립인가를 받은 법인이고, 원고 서울특별시립 노원시각장애인복지관(이하 '원고 복지관'이라고 한다)은 원고 법인이 운영하는 장애인 복지시설로서, 이 사건 원고 법인과 참가인 등과의 사이에서 작성된 근로계약서들에는 사업주란에 원고 법인과 함께 원고 복지관도 기재되어 있지만, 원고 법인의 대표자인 회장이 기명·날인하였음을 알 수 있다. 그렇다면 원고 복지관은 원고 법인이 운영하는 사회복지시설에 불과할 뿐 원고 법인과 별도의 당사자능력을 갖는 법인격 없는 사단 또는 재단으로 볼 수 없어, 이 사건 재심판정에서 원고 복지관에게 부당해고 구제명령을 발한 것은 실질적으로 사업주인 원고 법인을 상대로 한 것이라 보아야 하고, 따라서 이 사건 재심판정에 대한 취소소송 역시 당사자능력이 있는 원고 법인만이 제기할 수 있다고 할 것이므로, 원고 복지관이 이 사건 재심판정의 취소를 구하는 부분은 당사자능력이 없는 자에 의하여 원고적격 없이 제기된 것으로서 부적법하다고 할 것이다. 이를 간과하고 이 부분 소의 본안에 관하여 심리·판단한 원심판결에는 법리를 오해하여 판결 결과에 영향을 미친 위법이 있다."

※(참고3) 대법원 2008. 3. 27. 선고 2007다87061 판결【근로자지위확인등】

- "비록 사립학교법이 사립학교의 교원과 사무직원의 임면 등에 관한 규정을 두고 있을 뿐 다른 근로자에 대한 규정을 두고 있지 않다고 하더라도, 이는 사립학교의 교원과 사무직원의 임면과 신분보장 등을 위하여 특별히 규정하고 있는 것에 지나지 아니한다고 할 것이므로, 사립학교에 근로를 제공하는 자로서 사립학교법상의 교원 또는 사무직원에 해당하지 아니하는 자에 대하여는 근로기준법이 적용될 수 있다고 할 것이다. … (중략) … 원심판결과 기록에 의하면, 원고들은 피고 법인이 설치·경영하는 아주대학교 산하 어학교육원의 원장 소외 1과 강사채용계약을 체결하고 한국어강좌의 시간강사 또는 전임강사로 근무하다가 2003. 5. 1.부터는 아주대학교 한국어학당에서 강사로 근무하고 있었으므로 원고들은 근로기준법상 피고 법인의 근로자에 해당하는데, 피고 법인이 2005. 12. 31. 원고들에 대한 재임용을 거절한 것은 부당해고로서 무효라고 주장하면서, 그 신분확인과 미지급 급여

의 지급을 청구하고 있음이 분명하므로, 원심으로서는 먼저 원고들이 근로기준법
상의 근로자에 해당하는지를 가려 본 다음, 원고들에 대한 근로계약의 갱신거절이
부당해고에 해당하는지를 심리하여 원고들의 청구의 당부를 판단하였어야 한다고
할 것이다. 그럼에도 불구하고, 원심은 사립학교법상 사립학교 소속의 근로자로서
는 교원과 직원만이 있을 뿐인데 원고들은 사립학교법에 의한 교직원이 아니고 이
를 전제로 하여 이 사건 청구를 하는 것도 아니라고 자인하고 있다는 이유만으로
원고들의 이 사건 청구를 배척하고 말았으니, 원심판결에는 사립학교의 근로자에
관한 법리를 오해한 나머지 원고들의 주장에 대하여 판단하지 아니함으로써
판결에 영향을 미친 위법이 있다고 할 것이다."

4. 위약예정의 금지

◀ 판례분석 ▶

▌**제 목** : 10년 근무약정의 위약금으로 10억원을 정한 계약의 유효성(N) [자동차
부품회사사건]

▌**대상판결** : 대법원 2008. 10. 23. 선고 2006다37274 판결 【약정금】
【원고, 피상고인】 원고 주식회사
【피고, 상고인】 피고
【원심판결】 부산고법 2006. 5. 19. 선고 2005나19491 판결
【주 문】 원심판결 중 피고 패소 부분을 파기하고, 사건을 부산고등법원으로 환송한다.

▌**사건의 개요** : 자동차부품(방진고무제품)의 개발·생산 관련 일본회사와의 기술제
휴 업무전담자로서 A회사에 입사한 피고는 기술연수를 앞두고 영업비밀보호계
약 및 10년간 근무약정(위반시 10억원 지급 약정 포함)을 하였고, A회사의 분할로 그
지위를 승계한 원고 회사에서 종전과 같이 근무하였으며, 피고가 A회사와 원고
회사에서 약 3년간 근무하는 동안 회사의 부담으로 위 일본회사에 기술습득을 위한
연수·출장을 다녀오기까지 하였으나 결국 다른 회사로 이직하였고, 원고 회사는
피고의 약정 위반을 이유로 10억원 중 1억원의 지급을 구하는 소를 제기하였다.

▌관련 법 규정(현행법 기준)

- 근기법 제20조(위약 예정의 금지) 사용자는 근로계약 불이행에 대한 위약금 또는 손해배상액을 예정하는 계약을 체결하지 못한다. (⇒ **동조 위반 벌칙 제114조 제1호**)

> ※ <u>**민법 제398조**(배상액의 예정)</u> ① 당사자는 채무불이행에 관한 손해배상액을 예정할 수 있다.
> ② 손해배상의 예정액이 부당히 과다한 경우에는 법원은 적당히 감액할 수 있다.
> ③ 손해배상액의 예정은 이행의 청구나 계약의 해제에 영향을 미치지 아니한다.
> ④ 위약금의 약정은 손해배상액의 예정으로 추정한다.
> ⑤ 당사자가 금전이 아닌 것으로써 손해의 배상에 충당할 것을 예정한 경우에도 전 4항의 규정을 준용한다.

▌판결의 성격 : 원심은 이 사건 약정(10년간 근무, 불이행시 10억원 지급)이 근기법상 금지되는 위약예정계약에 해당하지 않아 유효하고 그 계약 위반에 대한 피고의 손해배상 책임(원고 청구액의 절반인 5천만원)을 인정하였으나, 대법원은 이 사건 약정은 위약예정으로서 무효라고 판단하여 원심판결 중 피고 패소 부분을 파기환송하였다.

▌쟁 점

- 피고가 10년간 근무하기로 하고 그 위반 시에는 10억원을 지급하기로 한 이 사건 약정은 근기법상 금지되는 위약예정인지(아니면 민법상 허용되는 손해배상액의 예정인지) 여부

▌중요 사실관계

- 피고는 일본회사와의 기술제휴 업무전담자로 A회사에 입사하여 일본회사에서의 기술연수를 앞두고 영업비밀을 제3자에게 누설하지 않고 10년간 근무하기로 약정(불이행시에는 사용자에게 10억원 지급하기로 약정)하였으며, 이러한 약정상의 지위를 승계한 원고 회사에서 근무하다가 위 약정을 어기고 다른 회사로 이직함 ⇒ **10년 근무 약정의 필요성 내지 취지를 어떻게 해석해야 할 것인지와 관련(퇴직의 자유를 제한하는 부당한 약정인지 아니면 영업비밀보호를 위한 불가피한 약정인지)**

- 피고는 A회사와 원고 회사에서 근무하는 동안 위 일본회사에서의 기술습득을 위해 11회에 걸쳐 243일 동안 연수 및 출장을 다녀왔고, A회사와 원고 회사는 피고의 연수경비로 합계 금 27,711,933원을 지출함 ⇒ **원래 피고가 부담하여야 할 연수비용을 그 상환을 전제로 하여 사용자가 우선 지출하고 약정기간 근무 시에는 피고의 상환**

의무를 면제하기 위한 것으로 볼 수 있는지 여부와 관련

▌ 기본법리(판지)

1) 구 근로기준법 제27조(현행 제20조)가 "사용자는 근로계약 불이행에 대한 위약금 또는 손해배상액을 예정하는 계약을 체결하지 못한다."고 정하고 이를 위반하는 행위를 형사처벌 대상으로 삼은 취지는, 근로자의 근로계약 불이행을 이유로 사용자에게 어떤 손해가 어느 정도 발생하였는지를 묻지 않고 바로 일정 금액을 배상하도록 하는 약정을 미리 함으로써, 근로자의 의사에 반하는 계속 근로를 강제하는 것을 방지하기 위한 것이다(대법원 2004. 4. 28. 선고 2001다53875 판결 등 참조). ⇒ **[위약예정금지의 취지]**

2) 근로자가 일정 기간 동안 근무하기로 하면서 이를 위반할 경우 소정 금원을 사용자에게 지급하기로 약정하는 경우,

⑴ 그 약정의 취지가 약정한 근무기간 이전에 퇴직하면 그로 인하여 사용자에게 어떤 손해가 어느 정도 발생하였는지 묻지 않고 바로 소정 금액을 사용자에게 지급하기로 하는 것이라면 이는 명백히 위 조항에 반하는 것이어서 효력을 인정할 수 없다. ⇒ **[위약예정으로서 무효인 약정1]**

⑵ 또, 그 약정이 미리 정한 근무기간 이전에 퇴직하였다는 이유로 마땅히 근로자에게 지급되어야 할 임금을 반환하기로 하는 취지일 때에도, 결과적으로 위 조항의 입법 목적에 반하는 것이어서 역시 그 효력을 인정할 수 없다. ⇒ **[위약예정으로서 무효인 약정2]**

⑶ 다만, 그 약정이 사용자가 근로자의 교육훈련 또는 연수를 위한 비용을 우선 지출하고 근로자는 실제 지출된 비용의 전부 또는 일부를 상환하는 의무를 부담하기로 하되 장차 일정 기간 동안 근무하는 경우에는 그 상환의무를 면제해 주기로 하는 취지인 경우에는, i) 그러한 약정의 필요성이 인정되고(⇒ **약정의 필요성**), ii) 주로 사용자의 업무상 필요와 이익을 위하여 원래 사용자가 부담하여야 할 성질의 비용을 지출한 것에 불과한 정도가 아니라 근로자의 자발적 희망과 이익까지 고려하여 근로자가 전적으로 또는 공동으로 부담하여야 할 비용을 사용자가 대신 지출한 것으로 평가되며(⇒ **약정의 본질: 근로자의 이익을 위한 사용자의 대여금**), iii) 약정 근무기간 및 상환해야 할 비용이 합리적이고 타당한 범위 내에서 정해져 있는(⇒ **약정 근무기간 및 상환비용의 적정성**) 등 위와 같은 약정으로 인하여 근로자의 의사에 반하는 계속 근로를 부당하게 강제하는 것으로 평가되지 않는다면, 그러한 약정까지 구 근로기준법 제27조에 위반되는 것은 아니다. ⇒ **[위약예정에 해당하지 않는 유효한 약정(교육훈련·연수비용 상환의무면제 약정)]**

■**결론 및 이유** : 원심은 그 판시와 같은 사정을 들어 이 사건 약정이 구 근로기준법 제27조(현행 제20조)에 위반되지 않는다고 판단하였는바, 이에는 위 조항의 해석 적용에 관한 법리오해 등의 위법이 있어 그대로 유지될 수 없다.

- 이 사건 약정은 근로자인 피고가 사용자에게 영업비밀을 침해하지 않고 약정한 10년 동안 근무하겠다는 등을 약속하면서 만약 이를 이행하지 않을 때에는 10억 원을 지불하기로 하는 내용이라는 것인바, 이는 피고가 약정 근무기간 이전에 퇴직하는 등 위 약속을 위반하기만 하면 그로 인하여 사용자에게 어떤 손해가 어느 정도 발생하였는지 묻지 않고 바로 미리 정한 10억 원을 사용자에게 손해배상액으로 지급하기로 하는 것이므로, 구 근로기준법 제27조(현행 제20조)가 금지하는 전형적인 위약금 또는 손해배상액의 예정에 해당하여 그 효력을 인정할 수 없는 것.

- 이 사건 약정은 미리 정한 10억 원을 위약금 또는 손해배상액으로 예정하는 취지로 보일 뿐이고, 달리 피고가 실제 지출된 교육훈련 또는 연수비용의 전부 또는 일부를 상환하는 의무를 부담하기로 하되 일정 기간 동안 근무하는 경우에는 그 상환의무를 면제받기로 하는 취지로 해석할 여지는 없는 것으로 보임.

■**판결의 의의와 한계**

1) 대상판결은 위약예정금지(근기법 제20조) 관련 선례에서 제시된 바 있는 법리에 기초하여 이를 보완·종합한 완결판이라고 할 수 있다. 이러한 점에서 대상판결의 의의가 있다. 대상판결은 소정 근무기간 위반 위약금 약정의 취지를 크게 셋으로 구분하고, 각각에 대해 유·무효의 판단기준을 구체적으로 밝히고 있다(☞ Q 2. 참고).

2) 대상판결의 원심은 이 사건 약정이 피고의 퇴직의 자유를 제한하여 부당하게 근로의 계속을 강요하는 것이라고 볼 수 없고, 따라서 근기법이 금지하는 계약에 해당하지 아니하여 유효하다고 판단하였다. 그 근거로, i) 담당업무 및 기술연수를 감안한 피고의 자발적 선택에 의한 약정의 수락, ii) 기술연수 등에 따른 피고 근로의 전문성과 비대체성, 이로 인해 약정 불이행시 원고가 입게 되는 제품개발의 지연 등의 손해, iii) 영업비밀 침해 방지를 위한 약정의 불가피성, iv) 전직이 금지되는 10년 기간의 적정성 등을 들고 있다. 결국 원심은 이 사건 약정의 주된 취지가 퇴직의 자유에 대한 제한이 아니라 영업비밀의 보호에 있는 것으로 해석한 듯하다. 그러나 대법원은 이 사건 약정은 약정된 근무기간 이전의 퇴직으로 인한 손해의 발생 여부나 그 정도를 불문하고 소정 금액을 사용자에게 지급

하기로 하는 취지의 것이고, 따라서 근기법이 금지하는 전형적인 위약예정계약이라고 판단하였다. 또한 대법원은 이 사건 약정이 위약예정에 해당하지 않는 유효한 계약, 즉 교육훈련·연수비용 상환의무 면제 약정으로 해석될 여지 또한 없는 것으로 보았다.

■ **기타 해설** : 근로자가 근로계약을 불이행한 경우 반대급부인 임금을 지급받지 못한 것에서 더 나아가 위약금이나 손해배상금을 지급하여야 한다면 근로자로서는 비록 불리한 근로계약을 체결하였다 하더라도 근로계약의 구속에서 쉽사리 벗어날 수 없을 것이므로, 위와 같은 위약금이나 손해배상액 예정의 약정을 금지함으로써 근로자가 퇴직의 자유를 제한받아 부당하게 근로의 계속을 강요당하는 것을 방지하고, 근로자의 직장선택의 자유를 보장하며 불리한 근로계약을 해지할 수 있도록 보호하려는 데에 근기법 제20조 규정의 취지가 있다(대법원 2004. 4. 28. 선고 2001다53875 판결 참조). 사용자가 근로자에게 일정한 금전을 지급하면서 의무근로기간을 설정하고 이를 지키지 못하면 그 전부 또는 일부를 반환받기로 약정한 경우, 의무근로기간의 설정 양상, 반환 대상인 금전의 법적 성격 및 규모·액수, 반환 약정을 체결한 목적이나 경위 등을 종합할 때 그러한 반환 약정이 해당 금전을 지급받은 근로자의 퇴직의 자유를 제한하거나 그 의사에 반하는 근로의 계속을 부당하게 강요하는 것이라고 볼 수 없다면, 이는 근로기준법 제20조가 금지하는 약정이라고 보기 어렵다(대법원 2022. 3. 11. 선고 2017다202272 판결 : 원고 회사가 발행 주식 매각을 통한 소속 기업집단의 변경과정에서 이를 반대하는 근로자 측과 '원고 회사가 직원들에게 매각위로금 등을 지급하고, 매각위로금을 받은 직원이 지급일로부터 8개월 안에 퇴사할 경우 이미 지급받은 매각위로금을 월할로 계산하여 반납한다.'는 내용의 약정을 한 사안에서, 위 약정 중 위로금 반환 부분이 근로기준법 제20조에 위반된다고 단정하기 어렵다고 한 사례).

◀ Q 풀이 ▶

Q 1. 대상판결에서 원·피고간의 약정이 근기법이 금지하는 위약금 또는 손해배상액의 예정이라고 판단한 이유는?

[A]   ☞ 판결의 의의와 한계 2)의 내용 참고.

Q 2. 연수비 등의 상환 약정이 위약 예정의 금지 규정에 위반되는 경우와 그렇지 않은 경우는?

[A] 1) 대상판결에 의하면, 교육훈련비 내지 연수비 상환약정(즉 사용자가 근로자의 교육훈련 또는 연수를 위한 비용을 우선 지출하고 근로자는 실제 지출된 비용의 전부 또는 일부를 상환하는 의무를 부담하기로 하되 장차 일정 기간 동안 근무하는 경우에는 그 상환의무를 면제해 주기로 하는 취지의 약정)은 근로자의 의사에 반하는 계속 근로를 부당하게 강제하는 것으로 평가되지 않아야 그 유효성이 인정된다. 대상판결에서는 위와 같은 약정의 유효성 요건으로, i) 그러한 약정의 필요성이 인정될 것(⇒ **약정의 필요성**), ii) 주로 사용자의 업무상 필요와 이익을 위하여 원래 사용자가 부담하여야 할 성질의 비용을 지출한 것에 불과한 정도가 아니라 근로자의 자발적 희망과 이익까지 고려하여 근로자가 전적으로 또는 공동으로 부담하여야 할 비용을 사용자가 대신 지출한 것으로 평가될 것(⇒ **약정의 본질: 근로자의 이익을 위한 사용자의 대여금, 따라서 근로자는 상환채무 부담**), iii) 약정 근무기간 및 상환해야 할 비용이 합리적이고 타당한 범위 내에서 정해져 있을 것(⇒ **약정 근무기간 및 상환비용의 적정성**) 등이 제시되고 있다.

2) 참고1 판결(95다24944,24951 판결)은 연수비 등 상환약정이 위약예정금지 규정에 위반하는 것으로서 무효라고 본 사례이다. 반면에 참고2 판결(91다26232 판결)은 그렇지 않다고 본 사례이다(이 사례에서는 의무재직기간을 교육비용반환채무의 면제기간을 정한 것으로 봄). 대상판결은 연수비 등 상환약정의 유효성에 관한 구체적이고 엄격한 판단기준을 제시한 점에서 참고2 판결과 차이가 있다.

> **※(참고1) 대법원 1996. 12. 6. 선고 95다24944,24951 판결 【퇴직금·교육훈련비등】**
> - "원고(근로자)는 특별보수교육기간중 피고(통신개발연구원)에게 재직한 채 기술습득을 목적으로 미국회사에 파견되어 미국회사에 근로를 제공하였고, 미국회사로부터 지급받은 봉급 및 집세는 현지근무를 통한 실무훈련에 대하여 미국회사가 지급한 금품에 해당할 뿐, 원래 원고가 부담하여야 할 비용을 피고가 우선 부담함으로써 원고에 대하여 반환청구권을 가지게 되는 금품이라고는 할 수 없으므로, 원고가 위 특별보수교육을 종료한 후 피고 연구원에서의 의무복무기간을 근무하지 아니할 경우에 피고에게 미국회사로부터 지급받은 봉급 및 집세 상당액을 반환하여야 한다는 약정은 근로기준법 제24조(현행 제20조)에서 금지된 위약금 또는 손해배상을 예정하는 계약으로서 무효라고 할 것이다. 한편, 원고가 특별보수교육기간중 미국회사에 위와 같이 근로를 제공한 것은 피고의 노무지휘권에 따른 것으로서 이는 곧 피고에 대한 근로의 제공이라고도 할 수 있으므로 위 기간중에 피고가 원고에게 지급한 기본급 및 수당은 임금이라고 할 것이다. 그러므로, 위의 기본급 및 수

당의 반환을 약정한 부분은 원고에게 근로의 대가로 지급한 임금을 채무불이행을 이유로 반환하기로 하는 약정으로서 실질적으로는 위약금 또는 손해배상을 예정하는 계약이라고 할 것이므로 근로기준법 제24조에 위반되어 무효라고 할 것이다."

※(참고2) 대법원 1992. 2. 25. 선고 91다26232 판결 【대여금】

- "근로기준법 제21조(현행 삭제), 제24조(현행 제20조)의 규정취지는 근로자의 퇴직의 자유를 제한하여 근로의 계속을 강요하는 것을 방지하기 위함에 있고, 원고회사(대한항공)와 같은 기업체에서 비용을 부담 지출하여 직원을 해외에 파견하여 각종 교육훈련을 시키는 목적은 교육훈련을 마치고 돌아온 직원이 습득한 지식과 기능을 기업체를 위하여 활용하고자 함에 있고 이를 위하여 일정한 기간 근무하게 할 필요가 있는 사정 등을 고려해 볼 때, 위탁교육훈련을 이수한 직원이 교육수료일자로부터 일정한 의무재직기간 이상 원고 회사에 근무하지 아니할 때에는 원고 회사가 우선 부담한 해당 교육비용의 전부 또는 일부를 상환하도록 하되 위 의무재직기간 동안 근무하는 경우에는 이를 면제하기로 한 원고 회사의 교육훈련규정 및 위탁교육관리세칙의 규정은 근로기준법 제24조(현행 제20조)에서 금지된 위약금 또는 손해배상예정의 약정은 아니라 할 것이고, 또한 위의 의무재직기간은 근로기준법 제21조에서 말하는 근로계약기간이 아니라 교육비용반환채무의 면제기간을 정한 것으로 봄이 상당하므로 위와 같은 규정이나 관리세칙이 근로기준법 제21조, 제24조에 위배된다고 할 수 없고, 위의 규정내용이 근로기준법 제6조(현행 제7조)가 금지하는 사용자가 정신 또는 신체상의 자유를 부당하게 구속하는 수단으로써 근로자의 자유의사에 반하는 근로를 강요하는 것이거나 같은 법 제25조(현행 제21조)가 금지하는 전차금 기타 근로할 것을 조건으로 하는 전대채권과 임금을 상계하기로 하는 내용의 것이 아님은 명백하며, … (이하 생략) …"

Q 3. 연수비 반환 약정이 유효할 때 사용자가 근로자에게 반환을 청구할 수 있는 것과 그렇지 않은 것은?

[A] 연수비 내지 교육훈련비 반환(상환)약정이 유효한 경우, 교육비용의 전부 또는 일부를 근로자로 하여금 상환하도록 한 부분은 위약예정이 아니기 때문에 사용자는 그 반환을 청구할 수 있다. 그러나 근로의 대가로 지급한 임금의 반환을 약정한 부분은 위약예정에 해당하여 무효이기 때문에 그 반환을 청구할 수 없다. 또한 해외파견근무의 주된 실질이 연수나 교육훈련이 아니라 기업체의 업무상 명령에 따른 근로장소의 변경에 불과한 경우, 해외근무기간 동안 임금 이외에 지급 또는 지출한 금품은 장기간 해외근무라는 특수한 근로에 대한 대가 내지는 업무수행 관련 필요불가결한 경비이기 때문에 그 반환약정은 무효이다 (2001다53875 판결 참조).

※ 대법원 2004. 4. 28. 선고 2001다53875 판결 【경비반환】

- "기업체에서 비용을 부담 지출하여 직원에 대하여 위탁교육훈련을 시키면서 일정 임금을 지급하고 이를 이수한 직원이 교육수료일자부터 일정한 의무재직기간 이상 근무하지 아니할 때에는 기업체가 지급한 임금이나 해당 교육비용의 전부 또는 일부를 상환하도록 하되 의무재직기간 동안 근무하는 경우에는 이를 면제하기로 약정한 경우, 교육비용의 전부 또는 일부를 근로자로 하여금 상환하도록 한 부분은 근로기준법 제27조(현행 제20조)에서 금지된 위약금 또는 손해배상을 예정하는 계약이 아니므로 유효하지만, 임금반환을 약정한 부분은 기업체가 근로자에게 근로의 대상으로 지급한 임금을 채무불이행을 이유로 반환하기로 하는 약정으로서 실질적으로는 위약금 또는 손해배상을 예정하는 계약이므로 근로기준법 제27조(현행 제20조)에 위반되어 무효이고(대법원 1996. 12. 6. 선고 95다24944, 24951 판결 참조), 직원의 해외파견근무의 주된 실질이 연수나 교육훈련이 아니라 기업체의 업무상 명령에 따른 근로장소의 변경에 불과한 경우, 이러한 해외근무기간 동안 임금 이외에 지급 또는 지출한 금품은 장기간 해외근무라는 특수한 근로에 대한 대가이거나 또는 업무수행에 있어서의 필요불가결하게 지출할 것이 예정되어 있는 경비에 해당하여 재직기간 의무근무 위반을 이유로 이를 반환하기로 하는 약정 또한 마찬가지로 무효라고 보아야 할 것이다(대법원 2003. 10. 23. 선고 2003다7388 판결 참조)."

◀ 심화학습 ▶

1. 경업금지약정의 효력 (대법원 2010. 3. 11. 선고 2009다82244 판결 참고)

▷ 사용자와 근로자 사이에 경업금지약정이 존재한다고 하더라도, 그와 같은 약정이 헌법상 보장된 근로자의 직업선택의 자유와 근로권 등을 과도하게 제한하거나 자유로운 경쟁을 지나치게 제한하는 경우에는 민법 제103조에 정한 선량한 풍속 기타 사회질서에 반하는 법률행위로서 무효라고 보아야 하며, 이와 같은 경업금지약정의 유효성에 관한 판단은 보호할 가치 있는 사용자의 이익, 근로자의 퇴직 전 지위, 경업 제한의 기간·지역 및 대상 직종, 근로자에 대한 대가의 제공 유무, 근로자의 퇴직 경위, 공공의 이익 및 기타 사정 등을 종합적으로 고려하여야 하고, 여기에서 말하는 '보호할 가치 있는 사용자의 이익'이라 함은 부정경쟁방지 및 영업비밀보호에 관한 법률 제2조 제2호에 정한 '영업비밀'뿐만 아니라 그 정도에 이르지 아니하였더라도 당해 사용자만이 가지고 있는 지식 또는 정보로서 근로자와 이를 제3자에게 누설하지 않기로 약정한 것이거나 고객관계나 영업상의 신용의 유지도 이에 해당한다(2009다82244 판결).

▷ 근로계약의 존속 중에 근로자는 경업금지의무를 부담하고, 이는 근로계약에 수반되는 신의칙상의 의무이다. 그러나 퇴직 후의 경업금지의무는 원칙적으로 당사자 사이에 약정이 있고 그 약정의 내용이 직업선택의 자유와 근로권을 부당하게 제한하지 않는 등 유효한 범위 내에서 인정된다. 참고판결(2009다82244 판결)은 사용자와 근로자 사이의 경업금지약정의 유효성에 관한 구체적 판단기준을 제시한 첫 대법원 판결이라는 점에서 의미가 있다. 다만, 참고판결은 경업금지약정의 유효성에 관한 판단 시에 고려하여야 할 요소의 하나인 '보호할 가치가 있는 사용자의 이익'의 범위를 부정경쟁방지법상의 영업비밀보다 더 넓게 파악하고 있다.

2. 구체적인 경업(전직)금지약정이 없는 경우 영업비밀의 보호를 위한 전직금지 신청의 가부 (대법원 2003. 7. 16.자 2002마4380 결정 참고)

▷ 참고판결(2002마4380 결정)에 따르면, 경업금지약정이 없더라도 일정한 경우(즉 근로자가 전직한 회사에서 영업비밀과 관련된 업무에 종사하는 것을 금지하지 않고서는 회사의 영업비밀을 보호할 수 없다고 인정되는 경우)에는 부정경쟁방지법상의 영업비밀침해금지청구권에 근거한 전직금지신청이 가능하다. 따라서 유효한 경업금지약정이 있는 경우에는 그 약정에 근거하여, 경업금지약정이 없는 경우에는 위의 영업비밀침해금지청구권에 근거하여, 사용자는 가처분으로서 전직금지신청을 할 수 있다.

▷ 그러나 영업비밀보호의 범위를 넘어서는 전직금지 가처분 신청(예, 영업비밀과 관련성 없는 일반적 업무에의 종사금지 등)은 허용되지 않는다고 보아야 할 것이다.

※ **대법원 2003. 7. 16.자 2002마4380 결정 【전업금지가처분】**
- "영업비밀의 보유자는 부정경쟁방지 및 영업비밀보호에 관한 법률(다음부터 '부정경쟁방지법'이라 한다) 제10조 제1항에 따라 영업비밀 침해행위를 하거나 하고자 하는 자에 대하여 그 행위로 인하여 영업상의 이익이 침해되거나 침해될 우려가 있는 때에는 법원에 그 행위의 금지 또는 예방을 청구할 수 있고, 같은 조 제2항에 따라 영업비밀 침해행위의 금지 또는 예방을 청구하면서 침해행위를 조성한 물건의 폐기, 침해행위에 제공된 설비의 제거 기타 침해행위의 금지 또는 예방을 위하여 필요한 조치를 함께 청구할 수 있으며, 근로자가 전직한 회사에서 영업비밀과 관련된 업무에 종사하는 것을 금지하지 않고서는 회사의 영업비밀을 보호할 수 없다고 인정되는 경우에는 부정경쟁방지법 제10조 제1항에 의한 침해행위의

금지 또는 예방 및 이를 위하여 필요한 조치 중의 한 가지로서 그 근로자로 하여금 전직한 회사에서 영업비밀과 관련된 업무에 종사하는 것을 금지하도록 하는 조치를 취할 수 있을 것이다. … (중략) …

부정경쟁방지법 제2조 제2호의 영업비밀이라 함은 공연히 알려져 있지 아니하고 독립된 경제적 가치를 가지는 것으로서, 상당한 노력에 의하여 비밀로 유지된 생산방법·판매방법 기타 영업활동에 유용한 기술상 또는 경영상의 정보를 말하는 것이고, 영업비밀침해금지를 명하기 위해서는 그 영업비밀이 특정되어야 할 것이지만, 상당한 정도의 기술력과 노하우를 가지고 경쟁사로 전직하여 종전의 업무와 동일, 유사한 업무에 종사하는 근로자를 상대로 영업비밀침해금지를 구하는 경우 사용자가 주장하는 영업비밀이 영업비밀로서의 요건을 갖추었는지와 영업비밀로서 특정이 되었는지 등을 판단함에 있어서는, 사용자가 주장하는 영업비밀 자체의 내용뿐만 아니라 근로자의 근무기간, 담당업무, 직책, 영업비밀에의 접근 가능성, 전직한 회사에서 담당하는 업무의 내용과 성격, 사용자와 근로자가 전직한 회사와의 관계 등 여러 사정을 종합적으로 고려하여야 할 것이다. … (이하 생략) …"

제3강 취업규칙 (1)

1. 불이익 변경인지 여부

◀ 판례분석 ▶

■**제 목** : 퇴직금액 산정기준이 일부 근로자에게 유리하게, 다른 일부 근로자에게 불리하게 변경된 경우 불리한 변경 해당 여부(Y) [지적공사사건]

■**대상판결** : 대법원 1993. 5. 14. 선고 93다1893 판결 【퇴직금】
【원고, 상고인】 주○균 외 1인 원고들
【피고, 피상고인】 재단법인 대한지적공사
【원심판결】 서울고등법원 1992.12.2. 선고 91나52646 판결
【주 문】 원심판결을 파기하고, 사건을 서울고등법원에 환송한다.

■**사건의 개요** : 피고 공사는 1981. 4. 1. 급여(퇴직금)규정을 일방적으로 개정(퇴직금 지급률 하향조정, 그 산정기초인 월봉급액 증액, 개정 이전의 기득권 보장)하여 개정된 규정에 따라 원고들에게 퇴직금을 지급하였고, 원고들은 퇴직금 차액 청구의 소를 제기하였다.

■**관련 법 규정**(현행법 기준)
- 근기법 제94조(규칙의 작성, 변경 절차) ① 사용자는 취업규칙의 작성 또는 변경에 관하여 해당 사업 또는 사업장에 근로자의 과반수로 조직된 노동조합이 있는 경우에는 그 노동조합, 근로자의 과반수로 조직된 노동조합이 없는 경우에는 근로자의 과반수의 의견을 들어야 한다. 다만, <u>취업규칙을 근로자에게 불리하게 변경하는 경우에는 그 동의를 받아야</u> 한다.

▋판결의 성격 : 원심은 피고 공사의 일방적인 퇴직금규정 변경이 불리한 변경이 아니라고 판단(사회통념상 합리성까지 인정)하여 원고의 청구를 기각하였으나, 대법원은 불리한 변경에 해당한다고 보아서(사회통념상 합리성도 부인) 원심판결을 파기환송하였다.

▋쟁 점
- 취업규칙상 근로조건의 변경이 그 적용을 받는 근로자들 사이에 유·불리를 달리하는 경우 근로자 전체에게 불리한 변경인지 여부

▋중요 사실관계
- 피고 공사의 1981. 4. 1. 개정된 급여규정에 의하여 <u>퇴직금 지급률이 하향조정</u>됨에 따라 장기근속을 희망하는 사람에게는 불리하게 되었으나, 퇴직금 산정의 다른 기초가 되는 월봉급액은 상당히 증액되었고 1967. 7. 1.부터 1968. 12. 31.까지의 재직기간에 대한 퇴직금 산정방식이 개선되어 결과적으로 <u>장기근속을 희망하지 아니하는 사람에게는 오히려 유리하게</u> 되었음 ⇒ **취업규칙의 불리한 변경에 해당하는지 여부와 관련**

▋기본법리(판지) : <u>취업규칙의 일부를 이루는 급여규정의 변경이 일부의 근로자에게는 유리하고 일부의 근로자에게는 불리한 경우</u> 그러한 변경에 근로자 집단의 동의를 요하는지를 판단하는 것은 근로자 전체에 대하여 획일적으로 결정되어야 할 것이고, 또 이러한 경우 취업규칙의 변경이 근로자에게 전체적으로 유리한지 불리한지를 객관적으로 평가하기가 어려우며, 같은 개정에 의하여 <u>근로자 상호간의 이, 불리에 따른 이익이 충돌되는 경우에는 그러한 개정은 근로자에게 불이익한 것으로 취급하여 근로자들 전체의 의사에 따라 결정하게 하는 것이 타당하다.</u> ⇒ **[근로자간 유·불리를 달리하는 변경=불리변경]**

▋결론 및 이유 : 근로자집단의 동의 절차를 밟지 않고 이루어진 이 사건 급여규정의 개정은 무효이고, 이 사건 급여규정의 개정에 근로자집단의 동의를 받지 않아도 될 만한 사회통념상의 합리성이 있다고 보기는 어렵다.
- 이 사건 퇴직금 규정의 변경은 <u>근속기간에 따라 이, 불리를 달리하게 된 근로자집단의 규모를 비교할 것 없이 불이익한 변경</u>으로서 근로자집단의 동의를 요한다고 할 것.

- 보수규정의 개정이 당시 정부 산하의 투자기관 소속 임직원들의 급여 수준이 너무 높은 탓으로 인한 정부투자기관의 경영과 수익활동에 대한 재정압박과 일반 공무원과의 형평 등을 이유로 <u>정부의 조정방침에 따라 이루어졌다 하더라도 그것만 으로는 근로자집단의 동의를 받지 않아도 될 만한 사회통념상의 합리성이 있다 고 볼 수 없음</u>(당원 1993. 1.26. 선고 92다49324 판결; 1992. 11. 27. 선고 92다32357 판결 각 참조). (☞ 제3강 3. 근로자 과반수의 동의, 사회통념상 합리성 참고)

▌**판결의 의의와 한계** : 사용자가 취업규칙상의 특정 근로조건을 일방적으로 변 경한 결과 그 적용을 받는 근로자집단 내에서 유·불리를 달리하는 경우 불이익 변경으로 보아 그 근로자집단(과반수 노조 또는 근로자 과반수)의 동의절차를 거쳐야 함을 분명히 한 판결이다.

▌**기타 해설** : 근기법 제94조 제1항 단서에서 정한 취업규칙의 불이익 변경이란 사용자가 종전 취업규칙 규정을 개정하거나 새로운 규정을 신설하여 근로조건이 나 복무규율에 관한 근로자의 기득권·기득이익을 박탈하고 근로자에게 저하된 근로조건이나 강화된 복무규율을 일방적으로 부과하는 것을 말하고, 취업규칙의 변경이 근로자에게 불이익한지 여부를 판단할 때 근로조건을 결정짓는 여러 요 소 중 한 요소가 불이익하게 변경되더라도 그와 대가관계나 연계성이 있는 다른 요소가 유리하게 변경되는 경우라면 그와 같은 사정을 종합적으로 고려하여야 한다(대법원 2022. 3. 11. 선고 2018다255488 판결 : 한국방송공사가 기술직 근로자들의 TV조정실 근무형태를 '4조 3교대의 교대근무제'에서 '3조 3시차와 4조 3교대의 병합근무제' 로 변경하는 등 근무형태 전면 개편조치를 시행하였는데, 위 조치가 취업규칙의 불이익 변경 에 해당하는지 문제 된 사안에서, 이로 인하여 기술직 근로자들의 근무형태가 크게 불규칙해 졌다거나 업무부담이 증가하였다고 보기 어렵고, 일부 근로조건에서 다소 저하된 부분이 있다 고 하더라도 오히려 근로조건이 향상된 부분도 있으므로 여러 요소들을 종합적으로 고려해 보면 취업규칙이 불이익하게 변경되었다고 보기 어렵다고 한 원심판단을 수긍한 사례).

◀ Q 풀이 ▶

Q 1. 대상판결 사건에서 퇴직금 규정의 불이익한 변경 여부와 관련 원심과 대상판결 사이에 어떤 판단의 차이가 있는가?

[A] 원심은 이 사건 개정 급여규정의 적용을 받는 근로자들 사이에 유·불리를 달리하므로 근로조건의 내용이 근로자에게 일방적으로 불이익하게 변경되었다고 단정할 수 없기 때문에 그 변경에 근로자집단의 동의가 필요 없는 것으로 판단하였다. 그러나 대법원은 대상판결에서 밝히고 있는 법리에 기초하여 이 사건 퇴직금 규정의 변경은 근속기간에 따라 이·불리를 달리하게 된 근로자집단의 규모를 비교할 것 없이 불이익한 변경으로서 근로자집단의 동의를 요하고, 그러한 절차를 밟지 않고 이루어진 이 사건 급여규정의 개정은 무효라고 판단하였다.

◀ 심화학습 ▶

1. 정년규정의 신설이 취업규칙의 불이익 변경인지 여부 (대법원 1997. 5. 16. 선고 96다2507 판결 참고)

▷ 참고판결(96다2507 판결)은 취업규칙에 정년규정이 없던 상황에서 55세 정년규정을 신설한 것이 취업규칙의 불이익한 변경에 해당한다고 본 사례이다. 그 이유는 이러한 정년규정의 신설은 근로자가 갖고 있는 기득의 권리나 이익을 박탈하는 불이익한 근로조건을 부과하는 것이기 때문이다.

> ※ **대법원 1997. 5. 16. 선고 96다2507 판결 【채무부존재확인】**
> - "원고 회사의 근로자들은 정년제 규정이 신설되기 이전에는 만 55세를 넘더라도 아무런 제한 없이 계속 근무할 수 있었으나, 위 정년규정의 신설로 인하여 만 55세로 정년에 이르고, 원고 회사의 심사에 의하여 일정한 경우에만 만 55세를 넘어서 근무할 수 있도록 되었으므로 위에서 본 바와 같은 사정을 참작한다고 하더라도 이와 같은 정년제 규정의 신설은 근로자가 가지고 있는 기득의 권리나 이익을 박탈하는 불이익한 근로조건을 부과하는 것에 해당한다고 할 것이므로 … (이하 생략) …"

2. 동의의 주체가 되는 근로자집단의 범위

◀ 판례분석 ▶

▌제 목 : 관리직 정년단축에 대한 동의주체가 관리직 근로자집단인지 여부(N) [신협사건]

▌대상판결 : 대법원 2009. 5. 28. 선고 2009두2238 판결【부당해고구제재심판정취소】
【원고, 상고인】 원고 신용협동조합
【피고, 피상고인】 중앙노동위원회위원장
【피고 보조참가인, 피상고인】 정○현
【원심판결】 서울고법 2009. 1. 9. 선고 2008누17877 판결
【주 문】 원심판결을 파기하고 사건을 서울고등법원에 환송한다.

▌사건의 개요 : 원고 신협조합(직원 38명)은 정년규정을 개정하였고(관리직 60세, 일반직 55세 → 관리직과 일반직 모두 58세), 원고의 노동조합(조합원 27명)도 그 개정에 동의하였는데 개정된 정년규정에 따라 정년퇴직한 참가인은 노동위원회에 부당해고 구제신청을 하였다.

▌관련 법 규정(현행법 기준)
- 근기법 제94조(규칙의 작성, 변경 절차)   ① 사용자는 취업규칙의 작성 또는 변경에 관하여 해당 사업 또는 사업장에 <u>근로자의 과반수로 조직된 노동조합</u>이 있는 경우에는 그 노동조합, <u>근로자의 과반수로 조직된 노동조합이 없는 경우에는 근로자의 과반수</u>의 의견을 들어야 한다. 다만, <u>취업규칙을 근로자에게 불리하게 변경하는 경우에는 그 동의를 받아야</u> 한다.

▌판결의 성격 : 원심은 이 사건 정년규정의 불이익한 변경에 대한 적법한 동의(즉 관리직 직원 과반수의 동의)가 없었던 것으로 판단하였으나, 대법원은 불이익을 받은 근로자의 범위 및 동의주체에 관한 판단이 잘못되었다는 이유로 원심판결을 파기환송하였다.

※ **원심의 판단** : 이 사건 규정개정은 일반직의 경우는 종전의 55세의 정년을 58세로 연장하고, 관리직의 경우는 종전의 60세의 정년을 58세로 단축하는 것이어서 일반직 직원들에게는 유리하게, 관리직 직원들에게 불리하게 변경되는 경우라 할 것이므로, 이러한 경우라면 전체 근로자의 과반수로 조직된 노동조합이라 하더라도 불이익하게 변경되는 취업규칙의 적용을 받는 근로자 집단을 대표할 수 없고, 불이익하게 변경되는 취업규칙의 적용을 받는 근로자 집단의 집단적인 의사결정방법에 의한 동의가 있어야 하는바, 원고의 주장에 의하더라도 원고 조합의 노동조합은 관리직 직원 12명 중 가입자격이 있는 3급 4명만이 가입되어 있다는 것이어서 그러한 노동조합으로부터 위 규정개정에 동의를 얻었다 하더라도 이는 불이익변경 대상 근로자집단의 과반수의 동의를 얻은 것으로 볼 수 없음.

▋**쟁 점**

- 이 사건 정년규정의 변경으로 불이익을 받는 근로자의 범위가 관리직에 국한되는지 여부
- (그렇지 않다면) 전체 직원의 과반수로 조직된 노동조합의 동의가 있었기 때문에 이 사건 정년규정의 변경이 유효한 것인지 여부

▋**중요 사실관계**

- 3급 이상 관리직 직원의 정년단축(60세→58세), 4급 이하 일반직 직원의 정년연장(55세→58세) ⇒ **불이익을 받는 근로자의 범위 및 그에 따른 동의주체의 범위와 관련**
- 전체 직원 38명(그 중 관리직 12명)의 과반수인 27명(일반직 23명과 관리직 3급 4명, 3급 이하만 노조가입자격 있음)으로 조직된 노동조합이 정년규정의 개정에 동의 ⇒ **전체 직원의 과반수를 대표하지만 정년단축의 불이익을 받는 관리직 직원의 과반수를 대표하고 있지 않는 노조가 적법한 동의주체가 될 수 있는지 여부와 관련**

▋**기본법리**(판지)

1) 취업규칙의 작성·변경의 권한은 원칙적으로 사용자에게 있으므로 사용자는 그 의사에 따라 취업규칙을 작성·변경할 수 있으나, 취업규칙의 작성·변경이 근로자가 가지고 있는 기득의 권리나 이익을 박탈하여 불이익한 근로조건을 부과하는 내용일 때에는 종전 근로조건 또는 취업규칙의 적용을 받고 있던 근로자의 집단적 의사결정방법에 의한 동의, 즉 당해 사업장에 근로자의 과반수로 조직된 노동조합이 있는 경우에는 노동조합, 근로자의 과반수로 조직된 노동조합이 없는 경우에는 근로자의 과반수의 동의를 요한다(대법원 1997. 5. 16. 선고 96다2507

판결 등 참조). ⇒ [동의주체 근로자의 범위(원칙) : 기득 권리나 이익을 박탈하는 불이익한 변경의 경우 종전 근로조건 적용받던 근로자]

2) 여러 근로자 집단이 하나의 근로조건 체계 내에 있어 비록 취업규칙의 불이익변경 시점에는 어느 근로자 집단만이 직접적인 불이익을 받더라도 다른 근로자 집단에게도 변경된 취업규칙의 적용이 예상되는 경우에는 일부 근로자 집단은 물론 장래 변경된 취업규칙 규정의 적용이 예상되는 근로자 집단을 포함한 근로자 집단이 동의주체가 되고, ⇒ [근로조건 체계가 단일한 경우 (취업규칙 불리변경) 동의주체 근로자의 범위]

3) 그렇지 않고 근로조건이 이원화되어 있어 변경된 취업규칙이 적용되어 직접적으로 불이익을 받게 되는 근로자 집단 이외에 변경된 취업규칙의 적용이 예상되는 근로자 집단이 없는 경우에는 변경된 취업규칙이 적용되어 불이익을 받는 근로자 집단만이 동의주체가 된다. ⇒ [근로조건이 이원화되어 있는 경우 (취업규칙 불리변경) 동의주체 근로자의 범위]

■ **결론 및 이유** : 아래의 점에 비추어 볼 때 이 사건 정년규정의 개정은 당시 3급 이상이었던 관리직 직원뿐만이 아니라 일반직 직원들을 포함한 전체 직원에게 불이익하여 그 개정 당시의 관리직 직원들뿐만 아니라 일반직 직원들을 포함한 전체 직원들이 동의주체가 된다고 봄이 상당하다(따라서 원심이 이 사건 취업규칙의 개정으로 불이익을 받는 직원들은 관리직 직원뿐이라는 전제하에 관리직 직원 과반수의 동의를 얻은 것으로 볼 수 없다고 한 판단은 위법함).

- 이 사건 정년규정의 개정으로 일반직 직원인 4급 이하 직원의 정년은 55세에서 58세로 연장되었고, 관리직 직원인 3급 이상 직원의 정년은 60세에서 58세로 단축되었으며, 이 사건 정년규정의 개정 당시 원고의 전체 직원 38명 중 관리직 직원은 12명이고, 노동조합은 관리직 3급 4명과 일반직 23명 등 총 27명으로 구성되어 있었던 점.

- 위와 같이 원고의 전체 직원 중 과반수가 4급 이하의 일반직 직원이기는 하였으나, 3급 이상의 관리직 직원들과 4급 이하의 일반직 직원들은 그 직급에 따른 차이만이 있을 뿐 4급 이하의 일반직 직원들은 누구나 3급 이상으로 승진할 가능성이 있으며, 이러한 경우 승진한 직원들은 이 사건 정년규정에 따라 58세에 정년퇴직하여야 하므로 위 개정은 3급 이상에만 관련되는 것이 아니라 직원 전부에게 직접적 또는 간접적, 잠재적으로 관련되는 점.

▌판결의 의의와 한계

1) 대상판결은 취업규칙의 불이익한 변경(이하 '취업규칙 불리변경'이라고 함)의 동의 주체인 근로자집단에는 변경 당시에 그 적용을 받는 근로자들(이 사건 3급 이상의 관리직 직원)뿐만 아니라 그 적용이 예상되는 근로자들(이 사건 4급 이하의 일반직 직원)도 포함된다는 점을 분명히 한 첫 사례이다. 대상판결에 따르면, 취업규칙 불리변경에 대하여 직접적인 이해관계를 갖지 않는 근로자집단이라도 간접적·잠재적 이해관계를 갖고 있으면 동의주체가 된다. 결과적으로 동의주체인 근로자집단의 범위가 확대되는 것이다.[1] 다만, 대상판결이 밝히고 있듯이 근로조건이 이원화되어 있는 경우에는 그렇지 않다.

2) 대상판결의 법리에 대한 비판적인 견해와 우호적인 견해가 있다. 비판적 견해는 자칫하면 취업규칙 불리변경과 직접적으로 이해관계가 없거나 또는 희박한 근로자집단이 특정 근로자집단의 취업규칙 불리변경에 이용될 수 있는 위험성을 내포하고 있다고 지적한다.[2] 반면에 우호적 견해는 근로자집단 내부에서 이해관계의 대립이 있다면 분리하여 집단적 동의를 받는 방법이 해석상으로는 명확할 수 있지만 근로자의 이익보호와 사용자의 취업규칙 변경 필요성 모두를 고려할 때 그러한 방법이 현실적으로 실현 가능한지 또한 근기법 제94조의 제도취지상 규범적으로 허용되는지 의문이고, 따라서 대상판결은 현행 근기법상 취업규칙 불리변경과 집단적 동의제도 아래에서는 법리적으로 타당한 해석을 한 것으로 본다.[3]

▌기타 해설

1) 취업규칙 불리변경의 동의주체에 관한 대상판결의 법리에 기초하여 원심판결을 파기한 다른 사례(2009다49377 판결)가 있다. 이 사건에서 사용자(피고)는 노조

---

1) "원론적으로는 취업규칙의 불이익변경과 관련하여 근로자 집단은 잘게 나뉠수록 사용자에 대한 대등성이 약화되고 크게 합쳐질수록 이해관계가 나뉘는 근로자들에 대한 대표성이 약화될 위험이 존재한다. 근로자 보호의 강화라는 측면에서는 현재적으로 또한 직접적으로 적용되는 근로자집단을 대표하는 동의와 잠재적으로 적용되거나 또는 간접적으로 영향을 받는다고도 평가될 수 있는 근로자 집단도 포함하여 전체 근로자집단을 대표하는 동의를 중첩적으로 받는 방식이 바람직할 수도 있겠다. 하지만 더 나아가 근로자 보호와 근로조건 변경 가능성, 양자의 측면을 모두 고려하여 근로자대표에 대한 새로운 방식을 모색하는 고민이 필요하다. 취업규칙의 불이익 변경은 판례 법리를 통해 점점 세밀하게 전개되고 있지만, 근로조건을 결정하는 적절한 시스템인가라는 근본적인 물음이 점점 더 커져만 가기 때문이다. 김홍영, "취업규칙 불이익변경시 동의의 주체가 되는 근로자집단의 범위", 「노동판례리뷰」(2008/2009), 한국노동법학회 편, 중앙경제사, 2010, 217면.

2) 보다 제세한 내용은 이정, "취업규칙 불이익 변경시 동의 주체", 「월간 노동법률」, 2009년 9월호, 중앙경제사, 66-71면 참고 바람.

3) 박수근, "취업규칙의 불이익변경과 집단적 동의", 「2009 노동판례비평」, 제14호(연간), 민주사회를 위한 변호사모임, 2010, 157면 참조.

가입자격이 없는 연구직 책임급의 정년을 65세에서 60세로 단축하는 내용의 취업규칙에 관하여 전체 직원의 과반수로 조직된 노동조합의 동의를 받았지만, 원심은 이러한 취업규칙의 변경이 유효하지 않아 원고를 포함한 책임급 연구원에게는 그 효력이 없다고 보았다. 그러나 대법원은 이러한 원심판결에는 동의주체 등에 관한 법리오해 내지 심리미진의 위법이 있다고 보았다.

> ※ 대법원 2009. 11. 12. 선고 2009다49377 판결 【정년확인】
> - "비록 이 사건에서 원고와 같은 연구직 책임급에게는 조합원 자격이 인정되지 않고, 이 사건 취업규칙상의 연구직 책임급의 정년 단축으로 인하여 그 정년 단축 당시의 연구직 책임급만이 직접적인 불이익을 받는다고 하더라도, 다른 근로자 집단이 연구직 책임급의 근로자 집단과 동일한 근로조건 체계 내에 있고, 그 다른 근로자집단에게도 이 사건 취업규칙상의 정년단축 규정의 적용이 예상되는 경우에는 연구직 책임급의 근로자 집단뿐만 아니라 장래 이 사건 취업규칙상의 단축된 정년의 적용이 예상되는 다른 근로자 집단을 포함한 전체 근로자 집단이 동의주체가 된다고 봄이 상당하므로, 원심으로서는 연구직 책임급의 근로자 집단과 동일한 근로조건 체계 내에 있고 이 사건 취업규칙상의 단축된 정년의 적용이 예상되는 근로자 집단의 존재 및 범위를 심리하여 이 사건 취업규칙 변경에 대한 동의주체가 되는 근로자 집단을 분명히 한 다음 그 근로자 집단 소속 근로자들의 과반수로 조직된 노동조합이 있는 경우에는 그 노동조합의, 그와 같은 노동조합이 없는 경우에는 그 근로자들의 회의방식에 의한 과반수의 동의가 있는지를 확인하여, 취업규칙 불이익 변경의 효력요건인 근로자들의 동의가 있었는지를 판단하였어야 할 것이다. 그럼에도 불구하고, 원심은 위와 같은 점들에 대하여 제대로 심리·판단하지 아니한 채 이 사건 취업규칙상의 연구직 책임급의 정년 단축으로 불이익을 받는 직원들은 그 정년이 단축될 당시의 연구직 책임급뿐이라는 전제하에, 원고와 같은 연구직 책임급에게 조합원 자격이 인정되지 않아 그들이 조합원으로 가입되어 있지 않은 피고 회사 노동조합은 기존 정년규정의 적용을 받던 근로자의 과반수로 구성된 노동조합이라고 할 수 없다는 이유로 피고 회사가 노동조합의 동의를 받았다 하더라도 이 사건 취업규칙 변경이 유효하다고 볼 수 없다고 판단하였으니, 원심판결에는 취업규칙의 변경으로 인하여 불이익을 받는 근로자들의 범위 및 그 변경의 동의주체에 관한 법리를 오해하였거나 필요한 심리를 제대로 하지 아니하여 판결에 영향을 미친 위법이 있다."

2) 한편, 취업규칙 불리변경의 동의주체와 관련하여 근로조건이 이원화되어 있다고 볼 수 있는 경우에 관한 사례로서, 비록 오래전의 것이지만 다음의 판결(90다카19647 판결)을 참고하기 바란다. 이 사안에서 사원집단과 노무원집단에 적용되는 퇴직금제도가 각각 불리하게 변경되었는데, 대법원은 "노동조합원인 총 근로자 중 85%가 넘

는 수를 차지하는 노무원이 퇴직금 개정안에 완전히 동의하였다 하더라도 이는 노무원(고원 포함)에 대한 부분에 국한하여 효력이 있는 것일 뿐이고, 그로써 사원에 대한 부분을 포함한 개정안 전체에 대하여 유효한 동의가 있었다고 볼 수 없는 것"이라고 하였다.

※ 대법원 1990. 12. 7. 선고 90다카19647 판결 【퇴직금】
- "원심판결 이유에 의하면, 원심은 피고가 1981. 1. 1.자로 퇴직금규정을 개정하였는데, 퇴직금 지급 금액을 근속기간에 따른 퇴직금 지급 일수에 기초임금을 곱하여 산출하는 기본방식에는 변함이 없으나 직원을 종전에는 사원, 노무원, 고원 등 3개의 직류로 구분하던 것을 사원과 노무원으로 나누어 고원은 노무원에 포함시켜 2개의 직류로 구분하고, 퇴직금 지급 금액을 산출하기 위한 퇴직금 지급 일수를 종전보다 하향 조정하였으며, 기초임금도 종전에는 근로기준법이 정하는 퇴직시의 평균임금을 기초임금으로 하던 것을 사원에 대하여는 퇴직전 3개월분의 기본급, 상여금, 법정제수당(시간외, 휴일근로, 연·월차 휴가수당) 석탄개발 수당을 합한 금액의 1일 평균액으로, 노무원, 고원에 대하여는 퇴직전 3개월분의 기본급, 상여금, 법정제수당, 입갱수당, 휴일수당 및 생산독려수당을 합한 금액의 1일 평균액으로 각각 제한하도록 변경함으로써 개정 퇴직금 규정은 개정 전의 그것보다도 퇴직금 지급 일수의 계산 및 퇴직금산정 기초임금의 범위에 있어 근로자에게 불리하게 변경된 사실을 확정한 후, 위와 같은 퇴직금규정의 개정에 관하여 종전 취업규칙의 적용을 받고 있던 근로자 집단의 동의가 있어야 유효하다고 전제하고, 피고 공사 노동조합의 동의가 있었는지 여부에 관하여 그 채택증거에 의하여 노무원에 관하여는 노동조합의 명시적인 동의가 있어 유효하고, 고원에 관하여서도 노동조합이 묵시적인 동의를 하였다고 할 것이지만 원고들을 포함한 사원에 대하여서는 노동조합의 동의가 없으므로 개정 퇴직금규정은 그 효력이 없다고 하였다. 원심의 위와 같은 사실인정과 판단은 정당하고 그 과정에 소론이 지적하는 바와 같은 의사표시의 해석을 그르치거나 사실을 오인한 위법이 있다고 할 수 없으며, **개정 퇴직금규정이 사원과 노무원으로 이원화되어 있었다는 것이므로** 노동조합원인 총근로자 중 85퍼센트가 넘는 수를 차지하는 노무원이 퇴직금 개정안에 완전히 동의하였다 하더라도 이는 노무원(고원 포함)에 대한 부분에 국한하여 효력이 있는 것일 뿐, 그로써 사원에 대한 부분을 포함한 개정안 전체에 대하여 유효한 동의가 있었다고 볼 수 없는 것이다."

◀ Q 풀이 ▶

Q 1. 대상판결에서 일반직은 55세에서 58세로 정년이 연장되었음에도 전체 직원에게 불이익하다고 판단한 이유는?

[A] 이 사건에서 대법원은 3급 이상의 관리직 직원들과 4급 이하의 일반직 직원들은 그 직급에 따른 차이만이 있을 뿐 4급 이하의 일반직 직원들은 누구나 3급 이상으로 승진할 가능성이 있다고 판시하고 있다. 이는 관리직 직원과 일반직 직원이 하나의 근로조건 체계 내에 있는 것으로 본 것이다. 따라서 일반직에서 관리직으로 승진한 직원들은 이 사건 정년규정에 따라 58세에 정년퇴직하여야 하므로 이 사건 정년규정의 개정은 3급 이상에게만 불이익한 것이 아니라 전체 직원에게 불이익한 것으로 판단하였다.

Q 2. 대상판결 사건에서 관리직과 일반직의 근로조건이 이원화되어 있다고 가정하면 동의주체는?

[A] 일반직에게는 유리한 변경(정년연장)이기 때문에 일반직 직원이 대다수를 차지하는 노동조합은 비록 전체 직원의 과반수로 조직된 노동조합이라고 할지라도 동의주체가 될 수 없고, 불리한 변경(정년단축)의 적용을 받는 관리직 직원들만이 동의주체가 된다.

Q 3. 대상판결에서 불이익을 받은 직원의 범위 및 동의주체와 관련하여 원심과 대법원 사이에 판단의 차이는?

[A] 1) 원심 : 정년단축(60세→58세)의 불이익을 직접적으로 받는 관리직 직원(⇒ **따라서 관리직 직원 과반수의 동의 필요).**

2) 대법원 : 관리직 직원뿐만 아니라 관리직으로 승진하는 경우에 정년상의 불이익이 예상되는 일반직 직원을 포함한 전체 직원(⇒ **따라서 전체 직원의 과반수로 조직된 노동조합의 동의 필요).**

◀ **심화학습** ▶

1. 취업규칙의 불이익 변경에서 동의주체가 되는 '근로자 과반수로 조직된 노동조합'에서 근로자 과반수의 의미 (대법원 2008. 2. 29. 선고 2007다85997 판결 참고)

▷ 참고판결(2007다85997 판결)에 의하면, '근로자의 과반수'는 기존 취업규칙의 적용을 받는 근로자집단의 과반수를 의미한다. 참고판결은 정년을 단축(58세→55세)하는 퇴직규정의 개정에 대하여 그 적용대상 직원의 과반수로 조직된 노동조

합이 동의한 이상 노조가입자격이 없는 근로자에게도 그 자의 개별적인 동의 여부를 불문하고 당연히 개정된 퇴직규정이 적용된다고 본 사례이다.

※ **대법원 2008. 2. 29. 선고 2007다85997 판결【해고무효확인등】**

- "취업규칙의 작성·변경에 관한 권한은 원칙적으로 사용자에게 있으므로 사용자는 그 의사에 따라서 취업규칙을 작성·변경할 수 있고, 다만 취업규칙의 변경에 의하여 기존 근로조건의 내용을 일방적으로 근로자에게 불이익하게 변경하려면 종전 취업규칙의 적용을 받고 있던 근로자 집단의 집단적 의사결정방법에 의한 동의를 요한다고 할 것인바, 그 동의방법은 근로자 과반수로 조직된 노동조합이 있는 경우에는 그 노동조합의, 그와 같은 노동조합이 없는 경우에는 근로자들의 회의방식에 의한 과반수의 동의가 있어야 하고(대법원 1991. 9. 24. 선고 91다17542 판결, 대법원 1992. 4. 10. 선고 91다37522 판결 등 참조), <u>여기서 말하는 근로자의 과반수라 함은 기존 취업규칙의 적용을 받는 근로자 집단의 과반수를 뜻한다고 할 것이다</u>(대법원 2005. 11. 10. 선고 2005다21494 판결 등 참조). 원심은 그 채택 증거를 종합하여, 피고 회사의 취업규칙 중 하나인 <u>기존 퇴직규정에는 정년퇴직에 관하여 "정년퇴직의 연령은 만 58세로 한다(제2조 제2호).</u>", "정년에 도달한 사원의 경우라도 회사가 필요하다고 인정할 때에는 정년일로부터 1년을 초과하지 않는 범위 내에서 정년을 연장할 수 있다(제3조 제2항 제2호)."라고 규정되어 있었는데, 피고 회사가 2004. 5. 24. <u>이를 개정하면서 "정년퇴직의 연령은 만 55세로 한다(제2조 제2호).</u>", "정년에 도달한 사원의 경우라도 회사가 필요하다고 인정할 때에는 정년일로부터 3년을 초과하지 않는 범위 내에서 정년을 연장할 수 있다(제3조 제2항 제2호)."라고 규정한 사실, <u>피고 회사는 이러한 개정에 관하여 기존 퇴직규정의 적용을 받던 직원의 과반수로 구성된 노동조합의 동의를 얻은 사실, 원고는 그 당시 피고 회사의 부장으로서 차장(10직급) 이상에 해당하여 위 노동조합에 가입할 자격이 없었으나 기존 퇴직규정의 적용대상에 포함되었던 사실</u> 등을 인정한 다음, 원고와 같이 노동조합 가입대상에서 제외된 근로자들에 관한 별도의 동의절차가 이루어지지 아니한 이상, 위와 같은 노동조합의 동의가 있었다는 사정만으로 2004. 5. 24.자로 개정된 퇴직규정이 원고에게 적용된다고 볼 수는 없다고 판단하였다. 그러나 원심의 판단은 그대로 수긍하기 어렵다. 앞에서 살펴본 법리에 비추어 보면, 원심이 인정한 바와 같이 <u>기존 퇴직규정의 개정에 대하여 동의한 노동조합이 그 적용대상인 피고 회사 직원의 과반수로 구성된 것임이 분명한 이상, 원고 등이 이에 대하여 개별적으로 동의하였는지 여부와 관계없이 피고 회사의 2004. 5. 24.자 퇴직규정의 개정은 적법·유효하다고 할 것이고, 따라서 그 규정은 당연히 원고에게도 적용되는 것</u>으로 보아야 할 것이다."

2. 과장급 이상 사무직원들만을 대상으로 하여 기존의 호봉제(근속연수에 따른 호봉 인상)를 연봉제(개인성과에 따른 차등지급)로 변경하고자 하는 경우 근로자 집단의 동의 필요 유무 및 동의 주체인 근로자집단의 범위는?

▷ 동의 필요 유무 : 연봉제로의 변경이 그 적용대상 근로자들(그 적용 예상 근로자들 포함) 모두에게 불리한 경우 또는 그 적용대상 근로자들 상호간에 유·불리를 달리하는 경우에는 적용대상 근로자 집단의 동의가 있어야 한다.

▷ 동의 주체 : 과장급 미만 사무직원들은 누구나 과장급으로 승진할 가능성이 있어서 과장급 미만 사무직원들과 과장급 이상 사무직원들이 하나의 근로조건체계 내에 있는 경우라면 과장급 미만 사무직원들에게도 연봉제의 적용이 예상되기 때문에 동의 주체가 되는 근로자집단은 과장급 이상 사무직원들과 과장급 미만 사무직원들 전체이다.

> ※ 대법원 2012. 6. 28. 선고 2010다17468 판결 【임금】
> - "사용자가 취업규칙의 변경에 의하여 기존의 근로조건을 근로자에게 불리하게 변경하려면 종전 근로조건 또는 취업규칙의 적용을 받고 있던 근로자의 집단적 의사결정방법에 의한 동의를 받아야 한다(근로기준법 제94조 제1항 단서). 여기서 근로자에게 불리한 변경에 해당하는지 여부는 근로자 전체에 대하여 획일적으로 결정되어야 할 것이고, 그 변경이 일부 근로자에게는 유리하지만 다른 일부 근로자에게는 불리할 수 있어서 근로자에게 전체적으로 유리한지 불리한지를 단정적으로 평가하기가 어려운 경우에는 근로자에게 불이익한 것으로 취급하여 근로자들 전체의 의사에 따라 결정하게 하는 것이 타당하다(대법원 1993. 5. 14. 선고 93다1893 판결 등 참조).
> 위 법리와 기록에 비추어 살펴보면, 원심이 호봉제에서 연봉제로 보수체계가 변경되면서 일부 교원들의 경우에는 업적 평가에 의해 보수가 삭감될 가능성이 생겼고, 실제로 원고 및 선정자들의 보수가 삭감되는 상황이 발생한 이상, 급여규정이 연봉제로 변경된 것은 근로자에게 불리한 취업규칙 변경이라고 판단한 것은 정당하고 … (이하 생략) …"

3. 근로자 과반수의 동의, 사회통념상 합리성

◀ 판례분석 ▶

▌제 목 : 부서·기구별 설명회(각서 제출, 동의서 서명)를 통한 퇴직금지급률 등 근로조건의 불이익한 변경의 적법성 여부(Y)와 일방적인 정년단축의 사회통념상 합리성 유무(N) [방제조합사건]

■대상판결 : 대법원 2010. 1. 28. 선고 2009다32362 판결【임금등】

【원고, 피상고인】원고 1외 1인

【피고, 상고인】한국해양오염방제조합의 소송수계인 해양환경관리공단

【원심판결】서울고법 2009. 4. 3. 선고 2008나93348 판결

【주 문】원심판결을 모두 파기하고, 사건을 서울고등법원에 환송한다.

■사건의 개요 : 한국해양오염방제조합(이하 '방제조합')이 한국컨테이너부두공단(이하 '부두공단')의 예선사업을 1998. 7. 31.자로 포괄인수함에 따라 근로관계가 승계된 근로자들은 사용자측의 설명을 들은 후 방제조합 소정의 규정에 의한 근로조건을 따르겠다는 각서를 제출하였고, 이후 방제조합은 1998. 12. 31. 직원의 정년을 1년씩 단축하는 내용으로 인사규정을 일방적으로 개정하였으며, 또한 부서·기구별 설명회 개최 및 근로자의 동의서 서명 방식을 통해 1999. 12. 31. 퇴직금 누진제를 단수제로 변경하는 내용으로 보수규정을 개정하였고, 방제조합이 개정된 규정에 따라 원고들을 정년퇴직 처리하면서 퇴직금을 지급한 것에 대하여 원고들은 퇴직금 차액 청구의 소를 제기하였다.

■관련 법 규정(현행법 기준)

- 근기법 제94조(규칙의 작성, 변경 절차) ① 사용자는 취업규칙의 작성 또는 변경에 관하여 해당 사업 또는 사업장에 근로자의 과반수로 조직된 노동조합이 있는 경우에는 그 노동조합, 근로자의 과반수로 조직된 노동조합이 없는 경우에는 근로자의 과반수의 의견을 들어야 한다. 다만, <u>취업규칙을 근로자에게 불리하게 변경하는 경우에는 그 동의를 받아야</u> 한다.

■판결의 성격 : 원심은 포괄승계에 따른 근로조건의 변경과 퇴직금지급률 변경에 대하여 사용자측의 개입·간섭이 배제된 상태에서 근로자 상호간에 의견을 교환하여 찬반의견을 집약한 후 이를 취합하는 방식으로 동의가 이루어졌다고 인정하기에 부족하다고 판단하였으나, 대법원은 각 부서별, 사업소·지부별로 근로자들의 의견 집약과 취합 및 근로자들의 협의가 근로자들의 자유로운 의사에 따라 이루어진 것으로 보아서 원심판결을 파기환송하였다. 다만, 인사규정상 정년의 불리한 변경에 대해서는 원심과 대법원 모두 사회통념상 합리성을 인정하지 않았다(즉 근로자의 집단적 동의가 필요한 것으로 봄).

■쟁 점

- 근로관계가 포괄적으로 승계되어 종전의 근로조건이 그대로 유지된 채 이 사

건 방제조합에서 근무하게 된 근로자에게는 종전의 취업규칙이 그대로 적용되는지 여부

- 사용자(방제조합)가 각 부서별, 사업소·지부별로 설명회를 개최하여 사업의 포괄인수에 따른 근로조건의 변경 및 퇴직금지급률 변경 사항을 설명하고 근로자들의 동의를 받은 경우 근로자의 집단적 의사결정방법에 의한 동의가 있었다고 볼 수 있는지 여부

- 근로자의 집단적 동의 없이 불리하게 변경된 취업규칙(이 사건 정년단축의 개정 인사규정)도 사회통념상 합리성이 있다고 인정되는 경우에는 그 적용이 가능한지 여부

▌중요 사실관계

- i) 예선사업 포괄인수 당시 부두공단의 직원이었던 소외 1 과장과 소외 2 부장은 포괄인수에 따른 근로조건, 급여, 직급 변경을 설명하기 위하여 1998. 8. 11.부터 같은 달 14.까지 사이에 예선사업 각 사업소·지부를 방문하여 직원들에게 근로조건의 차이, 직급조정 등을 설명, ii) 그 후 예선사업 각 사업소·지부 직원 186명(원고 2 포함)이 '공단의 기존 제 규정을 대신하여 조합의 인사규정, 보수규정, 퇴직금규정 등 조합 소정의 규정에 의한 근로조건에 따르겠다'는 취지의 각서를 작성하여 방제조합에 제출 ⇒ **종전의 근로조건보다 불리한 방제조합 취업규칙의 적용에 대한 근로자들(부두공단에서 방제조합으로 근로관계가 포괄승계된 근로자들)의 이러한 동의가 적법한 방식의 동의인지 여부와 관련**

- 방제조합은 i) 해양수산부의 공공기관 퇴직금제도 개선방안에 따라 퇴직금제도를 누진제에서 단수제로 변경하는 내용의 보수규정 개정안을 마련, ii) 1999. 7.경 당시 방제조합 기획과장이던 소외 1 과장이 기중기 선단과 몇 개 지부를 방문하여 위 보수규정 개정에 관한 설명회를 개최하였으며 그 무렵 방제조합 각 부서·사업소·지부 단위로 직원 약 330명(원고 1, 2 포함)이 보수규정개정 관련 동의서(퇴직금제도의 변경사항 첨부)에 서명, iii) 1999. 12. 29. 방제조합 운영위원회에서 퇴직금 누진제를 단수제로 변경하는 보수규정 개정을 의결, iv) 1999. 12. 31. 본부 각 팀(실)과 10개 지부장에게 위 보수규정 개정에 관한 동의서 확보를 요청하는 공문을 발송, v) 이에 따라 본부 각 팀(실)별, 각 지부별로 "임·직원 보수규정 개정 및 퇴직금 일괄정산실시"라는 제목의 용지의 가부란에 소속 근로자들(원고 1, 2 포함)의 서명을 받는 방법으로 동의서를 받음(당시 직원 총 365명 중 361명이 '가'란에 서명, 4명이 '부'란에 서명) ⇒ **적법한 동의절차에 따라 취업규칙(퇴직금제)의 불리한 변경(누진제→단수제)이 이루어진 것인지 여부와 관련**

- 한편, i) 1998. 7. 31.자 예선사업 포괄인수 당시 부두공단의 취업규칙에는 직원의 정년에 관하여 일반직 2급 이상은 61세, 일반직 3급 이하 및 기능직은 59세로 규정, 방제조합의 인사규정에는 관리직(일반직) 2급 이상 직원의 정년은 61세, 그 외의 경우 58세로 규정, ii) 방제조합은 1998. 12. 31. 직원의 정년을 1년 씩 단축하여 관리직(일반직) 2급 이상은 60세, 그 외의 경우 57세로 하는 내용으로 인사규정을 개정·시행(방제조합이 인사규정을 개정하여 정년을 단축한 것은 정부투자기관의 인원감축, 인건비·경상비 축소라는 정부의 공공부분 구조조정 방침에 따라 예산삭감을 피하기 위하여 한 조치였음), iii) 방제조합은 1998. 12. 31. 정년을 단축하는 인사규정 개정 당시에 근로자의 과반수의 동의를 얻은 바가 없음, iv) 원고 2는 부두공단 소속 근로자였다가 예선사업이 방제조합으로 포괄승계됨에 따라 1998. 7. 31.자로 방제조합 소속 근로자가 되었고, 원고 1은 1998. 8. 1. 방제조합에 입사하였는데, 원고들은 방제조합 또는 부두공단의 관리직(일반직) 3급 이하 직원 ⇒ **취업규칙(인사규정)의 불이익한 변경(정년단축)이 사회통념상 합리성이 있는지 여부와 관련**

▌**기본법리**(판지)

1) ⑴ 사용자가 취업규칙의 변경에 의하여 기존의 근로조건을 근로자에게 불리하게 변경하려면 종전 근로조건 또는 취업규칙의 적용을 받고 있던 근로자의 집단적 의사결정방법에 의한 동의를 요하고, 이러한 동의를 얻지 못한 취업규칙의 변경은 효력이 없으며, 그 동의의 방법은 노동조합이 없는 경우에는 근로자들의 회의방식에 의한 과반수의 동의를 요하고, 회의방식에 의한 동의라 함은 사업 또는 한 사업장의 기구별 또는 단위 부서별로 사용자측의 개입이나 간섭이 배제된 상태에서 근로자 간에 의견을 교환하여 찬반을 집약한 후 이를 전체적으로 취합하는 방식도 허용된다고 할 것인데, ⇒ **[과반수 노조 부재시 집단적 동의 방법: 회의방식에 의한 근로자 과반수 동의(전체 또는 부분별 회의, 사용자의 개입·간섭 배제, 근로자 상호 의견교환 및 찬반의견 집약·취합)]** ⑵ 여기서 사용자측의 개입이나 간섭이라 함은 사용자측이 근로자들의 자율적이고 집단적인 의사결정을 저해할 정도로 명시 또는 묵시적인 방법으로 동의를 강요하는 경우를 의미하고 사용자측이 단지 변경될 취업규칙의 내용을 근로자들에게 설명하고 홍보하는 데 그친 경우에는 사용자측의 부당한 개입이나 간섭이 있었다고 볼 수 없다(대법원 2003. 11. 14. 선고 2001다18322 판결, 대법원 2004. 5. 14. 선고 2002다23185, 23192 판결, 대법원 2005. 3. 11. 선고 2004다54909 판결 등 참조). ⇒ **[사용자측 개입·간섭의 의미: 근로자들의 자율적·집단적 의사결정 저해하는 명시·묵시적인 동의 강요(설명·홍보는 미해당)]**

2) 근로관계가 포괄적으로 승계되는 경우에는 근로자는 승계한 법인에서도 종전의 근로관계와 동일한 근로관계를 유지하게 되고, 사용자가 일방적으로 취업규칙을 변경하거나 종전의 근로관계보다 불이익한 승계한 법인의 취업규칙을 적용하기 위해서는 종전의 근로계약상 지위를 유지하던 근로자 집단의 집단적 의사결정방법에 의한 동의 등의 사정이 있어야 하며, 이러한 동의 등이 없는 한 사용자가 일방적으로 종전의 근로조건을 근로자에게 불리하게 변경하거나 종전의 근로조건보다 불이익한 승계한 법인의 취업규칙을 적용할 수 없다. 이 경우 종전의 근로조건을 그대로 유지한 채 승계한 법인에서 근무하게 되는 근로자에 대하여는 종전의 취업규칙이 그대로 적용된다(대법원 1995. 12. 26. 선고 95다41659 판결 참조). ⇒ **[근로관계의 포괄 승계와 근로조건의 불리변경: 승계된 근로자 집단의 집단적 동의 없는 종전 근로조건의 불리변경이나 승계법인의 불리한 취업규칙 적용 불가(종전의 취업규칙 적용)]**

3) ⑴ 사용자가 일방적으로 새로운 취업규칙의 작성·변경을 통하여 근로자가 가지고 있는 기득의 권리나 이익을 박탈하여 불이익한 근로조건을 부과하는 것은 원칙적으로 허용되지 아니한다고 할 것이지만, 당해 취업규칙의 작성 또는 변경이 그 필요성 및 내용의 양면에서 보아 그에 의하여 근로자가 입게 될 불이익의 정도를 고려하더라도 여전히 당해 조항의 법적 규범성을 시인할 수 있을 정도로 사회통념상 합리성이 있다고 인정되는 경우에는 종전 근로조건 또는 취업규칙의 적용을 받고 있던 근로자의 집단적 의사결정방법에 의한 동의가 없다는 이유만으로 그의 적용을 부정할 수는 없다고 할 것이고, ⇒ **[사용자의 일방적인 취업규칙 불리변경 금지 원칙과 그 예외(사회통념상 합리성)]**

⑵ 한편 여기에서 말하는 사회통념상 합리성의 유무는 i) 취업규칙의 변경에 의하여 근로자가 입게 되는 불이익의 정도, ii) 사용자측의 변경 필요성의 내용과 정도, iii) 변경 후의 취업규칙 내용의 상당성, iv) 대상조치 등을 포함한 다른 근로조건의 개선 상황, v) 노동조합 등과의 교섭 경위 및 노동조합이나 다른 근로자의 대응, vi) 동종 사항에 관한 국내의 일반적인 상황 등을 종합적으로 고려하여 판단하여야 할 것이지만, 취업규칙을 근로자에게 불리하게 변경하는 경우에는 그 동의를 받도록 한 근로기준법을 사실상 배제하는 것이므로 제한적으로 엄격하게 해석하여야 할 것이다. ⇒ **[사회통념상 합리성 유무의 판단기준(판단 요소, 제한적 엄격해석의 필요성)]**

▮결론 및 이유 : 1998. 7. 31.자 포괄승계에 따른 근로조건의 변경 및 1999. 12. 31.자 퇴직금지급률 변경에 있어서 근로자의 집단적 의사결정방법에 의한 동의가 있었

다고 봄이 상당하다고 할 것이고(따라서 이와 견해를 달리한 원심의 판단은 위법), 1998. 12. 31.자 인사규정 개정(정년단축)이 사회통념상 합리성이 있다고 보기 어렵다(원심의 판단은 정당).

- 포괄승계에 따른 근로조건의 변경 및 퇴직금지급률 변경 관련 근로자의 집단적 동의 여부 : i) IMF 금융위기사태를 맞아 정부 주도로 공기업 구조조정이 진행되었는데, 관련 사업의 통폐합, 정년단축, 퇴직금지급률 조정은 공기업 구조조정의 핵심 사항이었으므로, 당시 예인사업 포괄승계 및 방제조합의 구조조정 사실이 원고들에게도 모두 알려졌을 것으로 보이는 점, ii) 예인사업이나 방제조합의 업무는 그 사업소 또는 지부가 전국 해안에 걸쳐 소규모로 산재해 있어 근로자 전체가 한자리에 모이는 것이 곤란하였던 점, iii) 그러자 각 부서별, 사업소·지부별로 설명회를 개최하여 1998. 7. 31.자 포괄승계에 따른 근로조건의 변경 및 1999. 12. 31.자 퇴직금지급률 변경 사항을 설명하였고 각 부서별, 사업소·지부별로 근로자 수가 많지 않아 설명회에 참석함으로써 근로자 상호간에 의견을 교환할 수 있는 기회가 되었을 것으로 생각되는 점, iv) 이러한 과정을 거쳐 원고들을 포함한 근로자들은 공기업 구조조정의 일환으로 진행된 정년단축 및 퇴직금지급률 변경의 필요성을 인식하고 이를 감수하는 입장에서 위 각서와 동의서에 서명하였고, 일부 근로자는 각서를 제출하지 않거나 반대의사를 명백히 표시한 점 등을 종합하면, 1998. 7. 31.자 포괄승계에 따른 근로조건의 변경 및 1999. 12. 31.자 퇴직금지급률 변경에 있어서 사용자측이 변경될 내용을 근로자들에게 설명하고 홍보하는 데에 지나쳐 사용자측의 부당한 개입이나 간섭이 있었던 것으로는 보이지 아니하므로, 예선사업 및 방제조합의 각 부서별, 사업소·지부별로 근로자들의 의견 집약과 취합 및 근로자들의 협의가 근로자들의 자유로운 의사에 따라 이루어진 것으로 볼 것이고, 따라서 근로자의 집단적 의사결정방법에 의한 동의가 있었다고 봄이 상당하다고 할 것임.

- 정년단축 인사규정 개정 관련 사회통념상 합리성 인정 여부 : 원심판결 이유를 위 법리에 비추어 살펴보면, 원심이 판시와 같은 이유로 1998. 12. 31.자 인사규정 개정이 사회통념상 합리성이 있다고 보기 어렵다고 판단한 것은 정당한 것으로 수긍이 감.

※ **근로자의 집단적 동의 관련 원심의 판단** : "피고는 부두공단의 예선사업을 포괄 승계할 당시 부두공단에서 승계된 근로자들로부터 집단적 의사결정방법에 의한 동의를 받았다고 주장한다. … (중략) … 그러나 위 인정사실만으로는 사용자측의 개입이나 간섭이 배제된 상태에서 근로자 상호간에 의견을 교환하여 찬반의견을 집약한 후 이를 전체적으로 취합하는 방식으로 동의가 이루어졌다고 인정하기에 부족하고, … (중략)

… 달리 이를 인정할 증거가 없고, 앞서 인정한 사정만으로는 부두공단에서 승계된 근로자에게 불이익한 방제조합의 인사규정을 적용하는 데 대하여 사회통념상의 합리성이 있다고 보기도 어려우므로, 피고의 위 주장은 이유 없다. … (중략) … 피고는 퇴직금제도 변경 당시 과반수의 직원들의 동의를 받았으므로 퇴직금제도의 변경은 유효하다고 주장한다. … (중략) … 그러나 위 인정사실만으로는 사용자측의 개입이나 간섭이 배제된 상태에서 근로자 상호간에 의견을 교환하여 찬반의견을 집약한 후 이를 전체적으로 취합하는 방식으로 동의가 이루어졌다고 인정하기에 부족하고, … (중략) … 달리 피고의 위 주장 사실을 인정할 증거가 없고, 앞서 인정한 사정만으로는 퇴직금 누진제를 단수제로 변경하는 내용의 보수규정 개정에 사회통념상의 합리성이 있다고 보기도 어려우므로, 피고의 위 주장은 이유 없다."

※ **사회통념상 합리성 관련 원심의 판단** : "피고는 이 사건 인사규정 변경은 정부의 지시에 따라 최소 필요한 범위에서 이루어졌고, 그에 대비한 근로자 보호책도 적절하게 마련하여 사회통념상 합리성이 인정되므로 근로자 과반수의 동의를 얻지 않아도 유효하다고 주장한다. … (중략) … 방제조합이 인사규정을 개정하여 정년을 단축한 것은 정부투자기관의 인원감축, 인건비·경상비 축소라는 정부의 공공부분 구조조정 방침에 따라 예산삭감을 피하기 위하여 한 조치였던 사실, 방제조합은 근로자 보호책으로서 정년퇴직한 직원들 일부를 비정규직으로 고용하고, 2002. 6. 30. 퇴직 예정자부터 퇴직예정일 전 3개월 동안 유급휴가를 부여하는 퇴직준비휴가제도를 실시하였으며, 2004. 12. 31. 퇴직 예정자부터 정년퇴직 전에 일반직 1, 2급의 경우 6개월, 일반직 3급 이하 및 기술직의 경우 3개월의 유급휴가를 부여함과 아울러 별도의 연수비용까지 지급하는 내용의 공로연수제도를 실시한 사실은 인정할 수 있으나, 위와 같은 정년 단축이 경영진단 등을 통한 경영상황에 대한 객관적인 분석·평가를 통해 경영효율화·혁신을 달성하기 위해서 반드시 필요 불가결한 것으로 판단되었다고 인정할 만한 증거가 부족한 점, 위 비정규직 고용 및 퇴직준비휴가제도·공로연수제도 실시 등은 정년 단축으로 인하여 조기에 퇴직하게 될 근로자들이 입게 될 불이익에 대한 충분한 대상조치라고 보기 어려운 점, 경제 상황이 어려울수록 조기 퇴직으로 인하여 근로자들이 입게 되는 불이익 역시 매우 큰 점에 비추어 보면, 앞서 인정한 정부의 공공부분 구조조정의 취지를 고려하더라도 위와 같은 인사규정 변경이 사회통념상 합리성이 있다고 보기 어렵다. 따라서 피고의 위 주장은 이유 없다."

▌**판결의 의의와 한계**

1) 취업규칙의 불리변경에 대한 근로자 과반수의 동의방식과 관련하여, 대상판결은 포괄승계에 따른 근로조건의 변경과 퇴직금지급률의 변경(누진제→단수제)에 대한 근로자들의 적법한 동의가 있었던 것으로 보았고, 이와 달리 판단한 원심판결을 파기한 사례이다.

2) 근기법 제94조 제1항 단서(취업규칙의 불리변경에 대한 근로자의 집단적 동의)의 내 용은 1989년 근기법 개정시에 판례의 법리(☞ 77다355 판결 참고)를 반영하여 입법화된 것이다. 77다355 판결에서 대법원은 취업규칙 불리변경에 대한 집단적 동의(과반수 노조 부재시 회의방식에 의한 근로자 과반수의 동의)의 필요성과 개별적 동의의 위법성을 논리적으로 명쾌하게 판시하였고, 그 판시의 핵심취지로서 i) 근기법의 보호법으로서의 정신, ii) 기득권 보호의 원칙, iii) 근로조건에 대한 노사대등결정의 원칙 등을 제시한 바 있다. 77다355 판결과 대상판결 사이에는 30년이 넘는 세월의 간격이 존재한다. 그럼에도 불구하고 위와 같은 정신과 원칙은 면면히 이어져 내려오고 있는 것일까? 이 사건과 같은 특수상황(즉 IMF 금융위기사태에 따른 공기업 구조조정)에선 때론 규범적 판단보다 상황적 판단이 더 절실한 것일까?

※ 대법원 1977. 7. 26. 선고 77다355 판결 【퇴직금】

- "취업규칙은 사용자가 기업경영권에 기하여 사업장에 있어서의 근로자의 복무규율이나 근로 조건의 기준을 획일적 통일적으로 정립하기 위하여 작성하는 것으로서 이는 근로기준법이 종속적 노동관계의 현실에 입각하여 실질적으로 불평등한 근로자의 입장을 보호 강화하여 그들의 기본적 생활을 보호 향상시키려는 목적의 일환으로 그 작성을 강제하고 이에 법규범성을 부여한 것이라고 볼 것이므로 원칙적으로 취업규칙의 작성변경권은 사용자에게 있다 할 것이나 취업규칙의 변경에 의하여 기존 근로조건의 내용을 일방적으로 근로자에게 불이익하게 변경하려면 종전 취업규칙의 적용을 받고 있던 **근로자 집단의 집단의사결정 방법에 의한 동의**를 요한다고 할 것이며 그 동의방법은 근로자 과반수로 조직된 노동조합이 있는 경우에는 그 조합의 그와 같은 조합이 없는 경우에는 근로자들의 회의방식에 의한 과반수의 동의가 없는 한 취업규칙의 변경으로서의 효력을 가질 수 없고 따라서 그러한 취업규칙 변경에 대하여 개인적으로 동의한 근로자에 대하여도 효력이 없는 것이라고 할 것이다. 왜냐하면 기존근로조건의 내용을 사용자가 일방적으로 근로자에게 불이익하게 변경하는 것은 위의 근로기준법의 보호법으로서의 정신과 기득권 보호의 원칙 및 근로조건은 근로자와 사용자가 동등한 지위에서 자유의사에 의하여 결정되어야 한다는 근로기준법 제3조(현행 제4조)의 규정상 허용될 수 없다 할 것이고, 그렇다고 하여 만약 취업규칙의 불이익한 변경에 개인적으로 동의한 근로자에 대하여는 그 변경의 효력이 있고 동의하지 아니한 근로자에 대하여는 효력이 없다고 한다면 근로자는 단체로써 행동할 때 실질적으로 사용자와 대등한 입장에 서게 된다는 것이 모든 노사관계법의 기본입장이므로 **사용자는 실질적으로 대등하지 아니한 우월한 지위에 서서 용이하게 취업규칙의 변경이란 형식으로 개별근로자에 대하여 기존 취업규칙에 미달되는 근로계약을 체결할 수 있게 되어** 취업규칙에 정한 기준에 미달되는 근로조건을 정한 근로계약은 그 부분에 한하여 무효로 하고 무효로 된 부분은 취업규칙에 정한 기준에 의한다 하여 취업규칙상의 기준을 최저기준으로 규정한 근로기준법 제98조(현행 제97조)를 사실상 무의미하게 만드는 결과가 되고 또한 한 개의

사업장에 다수의 취업규칙이 사실상 병존하는 것과 같은 결과가 되어 취업규칙의 규범으로서의 획일적, 통일적 적용의 필요성에도 위배된다 할 것이며 집단에 적용되는 법규범의 변경에는 집단적 의사에 의한 동의를 얻게 함으로서 집단 전체에 그 효력을 미치게 함은 일반법규범의 변경절차로서도 타당하기 때문이다."

3) 대상판결은 설명회의 개최, 각서나 동의서의 제출, 찬반 서명 서면의 회람 등 사용자측이 주도하는 것으로 볼 수 있는 동의절차에 따른 근로자 동의의 적법성을 인정하고 있다. 이러한 판례의 경향은 대상판결이 인용하고 있는 대법원 2003. 11. 14. 선고 2001다18322 판결에서 비롯된 것으로 보인다. 그런데 대상판결의 원심이 주목한 판지 1)의 (1) 법리(즉 회의방식에 의한 근로자 과반수 동의)의 관점에서 볼 때, 위와 같은 사용자측 주도의 동의절차는 근로자들의 자주적·자율적·집단적인 의사결정절차와는 다소 거리가 있어 보인다. 사용자측이 주도하는 동의절차에서는 근로자들이 주체가 된 충분하고도 진지한 토론(의견교환), 그에 따른 결과(찬반의사)의 집약·취합, 경우에 따라서는 찬반 의사표시의 익명성 보장 등이 미흡하거나 결여될 우려가 있기 때문이다. 이러한 우려에도 불구하고 대상판결이 이 사건 동의절차의 적법성을 인정한 것은 판지 1)의 (2) 법리, 즉 사용자측 개입·간섭의 의미(=자율적·집단적인 의사결정을 저해할 정도의 명시·묵시적인 동의의 강요, 설명·홍보는 이에 해당 없음)에 보다 주목한 결과라고 추측된다(이 법리는 2001다18322 판결에서 처음 제시된 것으로 보임). 판지 1)의 (2) 법리는 비록 근로자들의 자주적·자율적·집단적인 의사결정절차와는 다소 거리가 있는 사용자측 주도의 동의절차라고 할지라도 근로자의 동의가 강요된 것이 아니라면 적법한 동의로 볼 수 있는 여지를 주고 있기 때문이다. 그리고 이러한 법리는 동의의 강요라고 보기 어렵거나 그 입증이 곤란한 사용자측의 개입·간섭 혹은 동의의 강요라고 보기 애매한 개입·간섭(예, 설명·홍보를 넘어선 개별적인 설득·권유 등)에 대하여 부당하지 않다는 면죄부를 주는 것은 아닌지, 나아가 사용자측이 주도하는 동의절차를 정당화하는 논거로 활용될 가능성이 큰 것이 아닌가 하는 의구심을 들게 한다. 결국 대상판결을 비판적으로 보자면, 이 판결은 취업규칙 불리변경에 대한 근로자의 자율적·집단적 동의를 타율적·개별적 동의로 대체 내지 해체하고 동의의 의사표시가 강요·강박에 의한 것이 아닌 한 유효하다는 논리, 즉 노동법원리를 민법원리로 대체하는 논리를 취한 사례라는 비난을 면하기 어렵다.

4) 한편, 대상판결은 근로관계가 포괄적으로 승계되면 종전의 취업규칙이 그대로 적용되고, 종전보다 불이익한 사용자(승계인)의 취업규칙을 적용하기 위해서는 해당 근로자 집단의 집단적 의사결정방법에 의한 동의가 필요하다는 점을 밝히고 있다. 이는

선례(대법원 1995. 12. 26. 선고 95다41659 판결 ☞ 제13강 1. 영업양도와 근로관계의 승계, 심화학습 3. 참고1 판결)를 참조하여 정식화한 것이다. 다른 한편, 대상판결은 기존의 판례에 의해 확립된 사회통념상 합리성 판단의 법리에 근거하여 이 사건 인사규정 개정(정년단축)의 합리성을 인정하지 않았다. 대상판결 이전의 사례들 거의 대부분에서도 마찬가지였다. 그렇지만 대상판결은 사회통념상 합리성 법리가 내포하고 있는 위험성(즉 "취업규칙을 근로자에게 불리하게 변경하는 경우에는 그 동의를 받도록 한 근로기준법을 사실상 배제하는 것")을 지적하면서 사회통념상 합리성의 유무는 이를 제한적으로 엄격하게 해석하여야 함을 명시적으로 밝힌 점에서 의의가 있다(☞ 보다 자세한 내용은 심화학습 2. 참고).

■**기타 해설** : 대상판결과 같은 법리가 적용되어, 상여금을 삭감하는 급여규정 변경에 대한 근로자 과반수의 적법한 동의가 있었다고 판단된 다른 사례(대법원 2003. 11. 14. 선고 2001다18322 판결)를 보면 다음과 같다. 이 사례에서 피고 회사는 취업규칙에 따라 직원들에게 연 700%의 상여금을 지급하고 있었는데 IMF 금융위기 사태를 맞아 경영상태가 급격히 악화되자 경영위기를 극복하기 위한 자구노력의 일환으로 급여규정을 변경하여 1998. 1. 1.부터 6개월간 상여금을 지급하지 않기로 하는 내용의 조항을 신설하였다(1차 변경). 그 후 급여규정을 다시 변경하여 1998. 7. 1.부터 1년 6개월간 상여금을 지급하지 않기로 하되, 1998. 1. 1.부터 같은 해 6. 30.까지의 퇴직금 산정은 1차 변경 전 상여금 지급률에 따른 평균임금을 적용하여 산정한다는 내용의 조항을 신설하였다(2차 변경). 피고 회사는 1·2차 변경 당시 노동조합이 없어 서울 본사의 각 부서와 전국 각 영업소에 급여규정 변경에 이의 없이 동의한다는 내용의 문구가 기재된 서면을 보내 급여규정 변경의 취지와 필요성을 설명한 다음 부서별로 위 서면의 아랫부분에 직원들의 서명을 받아 전체적으로 취합하는 방식으로 직원 과반수 동의를 받았다. 이와 관련 대법원은 1·2차 변경 당시 피고 회사가 직원들의 서명을 받기 위하여 작성한 서면들의 내용과 형식 및 서명 당시 일부 부서장들이 서명 장소에 남아 있었던 점 등을 고려하더라도 피고 회사 측이 직원들을 상대로 급여규정 변경의 필요성에 대한 설명과 홍보를 하는 것을 넘어 명시 또는 묵시적인 방법으로 동의 서명을 강요하였다고 볼 수 없는 이상 피고 회사 직원들의 자율적이고 집단적인 의사결정을 부당하게 저해할 정도의 피고 회사 측의 개입이나 간섭이 있었다고 볼 수 없고, 1차 변경 때는 전원이, 2차 변경 때는 대부분이 동의 서명을 한 경위 등에 비추어 보면 피고 회사 직원들은 피고 회사의 상황을 인식하고 위

기의식에서 부득이 상여금 삭감을 감수하기로 하고 급여규정 변경에 과반수 이상 동의한 것으로 봄이 타당하다고 하였다.

◀ Q 풀이 ▶

Q 1. 대상판결에서 각 부서·사업소·지부별 근로자의 찬반 서명에 대한 사용자측의 개입이나 간섭이 없었다고 판단한 이유는?

[A]   사용자측이 각 부서별, 사업소·지부별로 설명회를 개최하여 변경될 내용을 근로자들에게 설명하고 홍보하는 데에 그쳤을 뿐이고 그 외에 부당한 개입이나 간섭이 있었던 것으로는 보이지 않기 때문에 근로자들의 의견 집약과 취합 및 근로자들의 협의가 근로자들의 자유로운 의사에 따라 이루어진 것으로 판단하였다.

Q 2. 근로자 상호간에 의견교환 없이 사전 인쇄된 문서를 회람시켜 개별적으로 동의 여부를 표시케 한 경우 과반수의 동의가 있었다면 유효한 동의인가?

[A] 1) 원칙적으로 근로자가 같은 장소에 집합한 회의에서 근로자 개개인의 의견표명을 자유롭게 할 수 있는 적절한 방법(무기명 투표 등)으로 의결한 결과 근로자의 과반수가 찬성하는 방식이어야 한다. 개별적 회람·서명을 통하여 근로자 과반수의 찬성을 받은 것만으로는 근로자 집단의 동의를 받은 것으로 볼 수 없다는 견해가 있다.[4]
2) 종래의 판례(대법원 1977. 7. 26. 선고 77다355 판결, 대법원 1991. 9. 24. 선고 91다17542 판결 등)에서는 "근로자 집단의 집단적 의사결정방법에 의한 동의를 요한다 할 것이고 그 동의방법은 근로자 과반수로 조직된 노동조합이 있는 경우에는 그 노동조합의, 그와 같은 노동조합이 없는 경우에는 근로자들의 회의방식에 의한 과반수의 동의가 있어야" 한다고 판시함으로써 근로자 상호간의 의견교환이 필요한 것으로 보았다.
3) 그러나 이후의 판례(대상판결, 대법원 2004. 5. 14. 선고 2002다23185,23192 판결 등)에서는 자율적·집단적 의사결정을 저해할 정도로 명시 또는 묵시의 방법으로 동의를 강요한 것으로 인정할 수 있는 사정이 없는 한 설명회 개최 방식이나 동의서 회람 방식에 의한 근로자 과반수의 개별적 동의도 집단적 동의로서 유효한 것으로 보는 경향이 있다. 다시 말해 엄격한 의미에서의 회의방식에 의한 동의, 즉 근로자 상호간 의견

---

4) 임종률, 「노동법」, 박영사, 2018, 367면.

교환과 찬반의사 집약·취합이라는 공식적인 절차를 거치지 않았더라도, 취업규칙 불리변경의 필요성에 대한 근로자 사이의 암묵적 공감대가 형성되었던 것으로 볼 수 있는 상황, 비공식적인 의견교환의 기회나 시간이 주어졌던 것으로 볼 수 있는 상황에서 동의서 회람 방식 등에 의한 근로자 과반수의 개별적 동의는 그것이 사용자측의 부당한 개입·간섭에 의한 것이 아닌 한 유효한 것으로 보고 있다.

> ※ **대법원 2004. 5. 14. 선고 2002다23185,23192 판결 【임금등】**
> - "위 인정 사실에 의하면, 비록 <u>피고 회사에서 먼저 위와 같은 상여금 삭감 동의각서라는 인쇄된 양식을 교부하여 그 근로자들로부터 서명에 의한 동의를 얻었다고 하더라도</u>, 그 근로자들은 상여금 삭감의 필요성을 수긍하고 이에 동의하였다고 할 것이고, 또한 상당한 교섭력을 가진 피고 회사의 <u>섬유사업부문 노동조합도</u> 뒤따라 스스로 건설사업부문 근로자들과 <u>같은 내용의 상여금 반납에 합의하고</u>, 회사의 경영진이나 주주들도 커다란 희생을 감수하고 있던 상황에 비추어 볼 때 <u>피고 회사의 전 직원 사이에 적어도 상여금 삭감을 통한 경영압박의 감소 필요성에 대하여 상당한 공감대가 형성되어 있었던 것으로 보이는바</u>, 여기에 <u>건설사업부문 근로자들 중 일부가</u> 기권하거나 위 삭감에 반대하여 동의각서에 <u>서명을 하지 않은 점까지 감안한다면 피고 회사가 근로자의 상여금 포기를 이끌어낼 의도로 상여금 삭감동의의 결의절차에 부당히 개입하여 강요한 것으로는 보이지 아니하므로</u>, <u>건설사업부문의 근로자들이 각 팀별 혹은 현장별로 의견의 집약을 한 후 **자유로운 의사에 따라 위 동의각서에 서명한 것으로 볼 것이고**</u>, 따라서 1998년도분 상여금을 지급하지 않는 것과 관련하여서는 피고 회사가 취업규칙 중 상여금 조항을 삭제한 것이 유효하다고 볼 여지가 많다고 할 것임에도(취업규칙의 변경 중 1999년도 이후분의 상여금을 지급하지 않도록 한 부분의 유효성에 대하여는 뒤에서 따로 살핀다.) 원심이 이와 견해를 달리하여, 피고 회사의 건설사업부문 근로자들의 이 사건 상여금 삭감 동의가 사용자측의 개입이나 간섭이 배제된 상태에서 근로자 상호간 의견을 교환하여 찬반의견을 집약한 후 이루어진 것으로 볼 증거가 없다고 하고 만 것은 채증법칙을 위반하여 사실을 잘못 인정하였거나 상여금 반납 결의의 효력을 오해함으로써 판결 결과에 영향을 미친 잘못이 있다 할 것이어서 이 부분 상고이유의 주장은 이유 있다."

Q. 3. 동의서 회람 방식에 의한 동의절차가 내포하는 문제점은?

[A] 의사표시자의 신원 노출(찬반의사 표시의 익명성 결여)에 따른 자유로운 의사표시 제약의 우려, 근로자들이 주체가 된 자주적이고 공식적인 상호 의견교환(토론)의 기회 제한의 우려 등과 같은 문제점을 내포한다.

Q 4. 대상판결에서는 사회통념상 합리성 유무 판단시의 종합적 고려사항과 관련하여

어떤 사정을 들면서 합리성이 없다고 판단하였는가?

[A] 대상판결의 원심에서는 이 사건의 경우 정부의 공공부분 구조조정의 취지를 고려하더라도 정년단축이 반드시 필요 불가결하지 않고, 충분한 대상조치가 없고, 경제상황이 어려울수록 조기퇴직의 불이익이 매우 크다는 점 등을 이유로 하여 사회통념상의 합리성을 부정하였다.

◀ 심화학습 ▶

1. 취업규칙의 불이익변경과 노사협의회 근로자위원들의 동의 (대법원 1994. 6. 24. 선고 92다28556 판결 참고)

▷ 노사협의회 근로자위원 과반수의 동의를 얻었더라도 이는 취업규칙의 불이익한 변경에 대한 적법한 동의에 해당하지 않는다(참고1 판결). 다만, 동의의 주체인 근로자 과반수로부터 동의권을 위임받았고 사용자측의 개입·간섭 없이 위임받은 동의권이 행사되었다고 볼 수 있는 특별한 사정이 존재하는 경우에는 예외적으로 그 유효성을 인정할 수 있다(참고2 판결).

> ※(참고1) 대법원 1994. 6. 24. 선고 92다28556 판결 【퇴직금】
> - "노사협의회는 근로자와 사용자 쌍방이 이해와 협조를 통하여 노사공동의 이익을 증진함으로써 산업평화를 도모할 것을 목적으로 하는 제도로서 노동조합과는 그 제도의 취지가 다르므로 비록 피고 회사가 근로조건에 관한 사항을 그 협의사항으로 규정하고 있다 하더라도 근로자들이 노사협의회를 구성하는 근로자위원들을 선출함에 있어 그들에게 근로조건을 불이익하게 변경함에 있어서 근로자들을 대신하여 동의를 할 권한까지 포괄적으로 위임한 것이라고 볼 수 없으며, 이 사건에 있어서 위 근로자위원들이 위 퇴직금규정의 개정에 동의를 함에 있어서 사전에 그들이 대표하는 각 부서별로 근로자들의 의견을 집약 및 취합하여 그들의 의사표시를 대리하여 동의권을 행사하였다고 볼 만한 자료도 없으므로 근로자위원들의 동의를 얻은 것을 근로자들 과반수의 동의를 얻은 것과 동일시할 수 없다."

> ※(참고2) 대법원 1992. 2. 25. 선고 91다25055 판결 【퇴직금】
> - "1987. 4. 1.자 취업규칙 변경에 있어서는 피고 회사의 각 기구별 또는 단위부서별로 근로자들이 위 취업규칙 변경에 동의하고 그 개정안에 대한 근로자들의 의견개진을 피고 회사 육원노사협의회 근로자위원인 소외 박○문, 김○중, 신○식, 김○진, 신○균등에게 일체 위임한다는 내용의 육원취업규칙 개정동의서를 작성하여 각자가 기명

날인하였고, 이에 따라 위 근로자들의 위임을 받은 위 근로자위원 박○문외 4명이
1987. 3. 30. 협의한 결과 위 취업규칙 개정안에 동의하기로 합의한 사실이 인정되는
바, 위와 같이 동의서에 날인한 근로자의 수가 과반수를 넘고(피고는 총근로자 411명
중 399명이라고 주장한다) 각 기구별 또는 부서별 의견의 집약과 취합 및 근로자
들의 위임을 받은 위 근로자위원들의 협의가 사용자측의 개입이나 간섭이 배제된 상
태에서 근로자들의 자유의 의사에 따라 이루어진 것이라면, 위에서 말한 회의 방
식에 의한 근로자 과반수의 동의가 있는 것으로 보지 못할 바 아니다.”

2. 사회통념상 합리성이라는 판례 이론에 대한 비판 및 사회통념상의 합리성을 인
정한 사례와 부정한 사례의 비교

▷ 사회통념상 합리성론 비판 학설 : i) “1989년(3월 29일)에 근로기준법이 개정되면서
신설된 현행 제94조 1항 단서 규정은 효력규정(강행규정)으로서 근로자들의 집단적 동
의를 얻지 않은 취업규칙의 불이익 변경은 효력이 없는 것으로 정하고 있다. 법원이
무효인 취업규칙의 변경을 사회통념상의 합리성이라는 근거를 내세워 유효한 것으로
판단하는 것은 법률의 규정에 반하는(contra legem) 것으로서 부당하다. … (중략) …
근로자들의 집단적 방식에 의한 동의 없이 근로자의 기득의 권리나 이익을 침해하는
불이익한 근로조건의 변경을 인정하지 않는 근로자보호 규정의 효력을 법원이 사회
통념상의 합리성이라는 추상적 기준을 근거로 부인하는 것은 법률의 규정을 무시하
는 것으로 법 적용의 한계를 벗어나는 것으로 생각된다.”[5] ii) “우리나라는 일본과 달
리 판례가 1970년대 후반부터 일관되게 근로자에게 불이익하게 변경된 취업규칙은
근로자집단의 동의가 없으면 무효라고 보아왔고, 근로기준법은 이 법리를 확인하는
의미의 명문규정을 두었다. 그런데 판례가 다른 한편에서 합리성 법리를 택하는 것은
근로자집단의 동의를 효력발생 요건으로 보아온 것과 모순일 뿐 아니라, 법률로 정한
취업규칙 불이익변경의 요건을 해석을 통하여 배제함으로써 사법권의 한계를 넘어서
는 것이라 생각한다.”[6]
▷ 사회통념상의 합리성 인정 사례와 부정 사례의 비교 : 참고1 판결(99다70846 판결)
은 기관통합 후 제정된 퇴직금지급규정상의 퇴직금지급률 불이익과 관련하여 사회통
념상 합리성이 있다고 본 사례이고, 참고2 판결(2005다21494 판결)과 참고3 판결(2002
다57362 판결)은 인사규정의 개정에 의한 정년단축에 대하여 사회통념상 합리성이 없
다고 본 사례이다. 참고1 판결(99다70846 판결)에서 대법원은 한국정밀기기센터가 한
국기계금속시험연구소에 1차 흡수통합되고 나서 불리하게 변경된 퇴직금규정이 근로

5) 김형배, 「노동법」, 박영사, 2015, 313-314면.
6) 임종률, 앞의 책, 369면.

자의 집단적 동의를 받지 않아도 될 만한 사회통념상의 합리성이 있다고 보아서 근로자(원고)의 청구를 기각한 원심판결을 유지하였다. 사회통념상의 합리성이 있다고 본 근거는 i) 통일적인 퇴직금규정 마련의 필요성, ii) 통합 후 정년 10년 연장, iii) 임금인상, 호봉조정 등 통합 후 다른 근로조건의 개선 및 그에 따른 퇴직금지급률 불이익의 상당 정도 완화, iv) 종전의 높은 퇴직금지급률에 의한 중간정산 퇴직금을 이의 없이 수령(따라서 불리한 퇴직금규정의 적용을 예상했을 것으로 추정됨) 등이다.

※(참고1) 대법원 2001. 1. 5. 선고 99다70846 판결 【퇴직금】
- "원심은 … (중략) … 재단법인 한국기계금속시험연구소(이하 '한국기계금속시험연구소'라고만 한다)의 1980. 3. 6. 퇴직금지급규정이 재단법인 한국정밀기기센터(이하 '한국정밀기기센터'라고만 한다)의 1970. 1. 1. 퇴직금지급규정에 비하여 그 지급률에 있어서 불이익한 것은 사실이나, 한국기계금속시험연구소의 1980. 3. 6. 퇴직금지급규정을 제정할 당시 한국정밀기기센터 출신 직원들과 기존의 한국기계금속시험연구소 직원들 사이에 서로 다른 퇴직금지급률을 조정하고, 통일적인 퇴직금지급규정을 마련할 필요성이 높았던 점, 한국정밀기기센터 출신 직원들의 정년이 통합 후 55세에서 65세로 10년이나 연장됨에 따라 연장된 기간만큼 더 근무하면서 이에 상응하는 임금을 지급받게 된 점, 통합을 전후하여 한국정밀기기센터 출신 직원들의 임금이 인상되고, 호봉이 조정됨에 따라 퇴직금 산정의 기초가 되는 임금이 인상되는 등 통합 후 다른 근로조건이 개선되었고, 이로써 퇴직금지급률의 저감에 따른 불이익이 상당 정도 완화된 점, 통합에 앞서 원고를 포함한 한국정밀기기센터 출신 직원들이 한국정밀기기센터를 형식적으로 퇴직하면서 인상된 임금을 기초로 종전의 높은 퇴직금지급률에 의한 퇴직금을 이의 없이 수령하였고, 따라서 통합 당시에는 원고를 포함한 한국정밀기기센터 출신 직원들도 향후 제정될 한국기계금속시험연구소의 퇴직금지급규정이 자신들에게 적용될 것으로 예상하고 있었다고 추정되는 점 등의 제반 사정에 비추어 볼 때, 한국기계금속시험연구소의 1980. 3. 6. 퇴직금지급규정은 한국정밀기기센터 출신 직원들의 집단적 의사결정방법에 의한 동의를 받지 않아도 될 만한 사회통념상의 합리성이 있었다고 봄이 상당하고, 따라서 이는 원고를 포함한 한국정밀기기센터 출신 직원들에게도 적용된다고 판단하고 있다. … (중략) … 원심의 위와 같은 판단은 수긍이 가고, 거기에 사회통념상의 합리성 유무에 관하여 법리를 오해하였거나 그에 관하여 심리를 다하지 아니한 위법이 있다고 할 수 없다."

※(참고2) 대법원 2005. 11. 10. 선고 2005다21494 판결 【종업원지위확인등】
- "이 사건 인사규정 개정 당시 사회 전반적으로 기업경쟁력 강화를 위한 구조조정의 필요성이 제기되었고, 대부분은 인원감축, 임금삭감 등의 방법을 통해 그와 같은 구조조정이 이루어진 사실, 피고는 정년을 단축하는 개정을 함에 있어 노사 간의 합의에 의해 일정 기간까지 명예퇴직신청을 할 경우에는 종전 정년규정을 적

용하기로 한 사실 및 개정 과정에서 자문회의 등을 통하여 근로자들의 의견을 듣고, 비록 과반수로 조직된 노동조합은 아니지만 노동조합의 동의를 얻은 사실을 인정할 수 있기는 하나, 피고의 정년단축 정도가 '공무원 수준의 정년단축'이라는 정부 방침보다도 지나쳤던 데다가 노동부 산하의 다른 사업장에 비하여서도 과도하였던 것으로 보이는 점, 55세 이상이 되면 30호봉으로 한계호봉이 되어 연령에 따른 호봉상승은 더 이상 없게 되어 인건비 상승이 연령상승에 비례하지는 않는 점, 이 사건 인사규정의 개정 결과 정년을 3년씩 일률적으로 단축한 때로부터 얼마 지나지 않아 정년에 도달하여 퇴직하게 될 원고들에 대한 관계에서 아무런 대상조치나 경과조치를 두지 않음으로써 원고들이 입게 되는 불이익이 컸던 것으로 보이는 점, 피고는 당초 정년단축에 따른 감축 목표 인원을 662명(조정 후 정원 1,508명)으로 예정하였는데, 1998. 12. 31. 당연 퇴직 및 희망퇴직 결과 현원이 1,380명이 되어 지나치게 많은 인원이 감축된 점 등에 비추어 보면, 앞서 인정한 사실만으로는 위 정년단축에 관한 인사규정 개정에 사회통념상의 합리성이 있다고 보기 어렵다고 할 것이다."

※(참고3) 대법원 2004. 7. 22. 선고 2002다57362 판결 【손해배상(기)】

- "당시 3개 기관의 통합이 요구되면서 사전에 각 기관별 구조조정에 따른 인력감축이 불가피하였을 뿐만 아니라, 3개 기관의 정년을 일치시킬 필요가 있었기에 인사규정의 변경이 요망되었던 점은 알 수 있지만, 그 변경의 결과 정년을 2년씩 일률적으로 단축한 때로부터 얼마 지나지 않아 정년에 도달하여 퇴직하게 될 원고들에 대한 관계에서는 아무런 대상조치나 경과조치를 두지 않음으로써 원고들이 입게 되는 불이익이 다대하였던 사정 또한 알 수 있으니, 이 사건에서 드러난 그 개정의 동기, 그 취업규칙의 작성 또는 변경의 필요성 및 내용 등을 고려하더라도 여전히 당해 조항의 법적 규범성을 시인할 수 있을 정도로 사회통념상 합리성이 있다고 보기는 어려우므로, 이 사건 인사규정의 개정에 근로자집단의 동의를 대신할 만한 사회통념상의 합리성이 있다고 한 원심의 판단에는 필요한 심리를 다하지 아니하였거나 취업규칙의 변경에 관한 법리를 오해한 위법이 있다고 할 것이다."

▷ 사회통념상 합리성 이론 관련 의문 : 대법원 판결례를 보면 대부분 사례에서 사회통념상 합리성이 없는 것으로 판단되었다. 이것은 사회통념상 합리성을 쉽사리 인정하지 않으려는 법원의 태도를 보여주는 것이고, 그 이유는 전술한 대상판결의 판지 3)의 (2)에 명시되고 있다. 그럼에도 불구하고 다음과 같은 의문은 여전히 남는다. i) 사회통념상 합리적인 근로자라면 해당 상황에서 취업규칙의 불리변경에 대하여 동의하였을 것이라는 전제가 깔려 있는 이론인가? ii) 취업규칙 불리변경 동의 여부에 대한 근로자들의 주관적 평가를 법원에 의한 객관적 평가로 대체하려는 이론인가? iii) 변경된 사항만을 놓고 볼 때는 불리한 변경

이지만 다른 제반 사정을 감안할 때 실질적으로 불리하다고 볼 수 없는 경우에 적용하려는 이론인가? 즉 실질적으로 불리한 변경이 아니라는 것을 말하기 위한 이론인가? ⅳ) 근로자의 집단적 동의를 법에서 명문으로 규정하고 있지 아니한 일본에서 채택된 판례 법리를 여과 없이 수용한 것이 아닌가? ⅴ) 집단적 동의를 명문으로 규정한 우리 법 하에서 취업규칙의 불리변경이 객관적으로 불가피하고 합리적인 것이어서 이를 수긍하여야 할 상황임에도 근로자들에 의해 거부되었다면 동의권 남용 이론의 관점에서 문제를 해결할 여지가 있지 않나? 그렇다면 사회통념상 합리성 이론은 집단적 동의절차를 아예 거치지 않은 취업규칙의 불리변경에 대해서도 그 유효성을 인정하는 결과를 초래하는 것이 아닌가?

▷ 이와 관련하여 대법원은 사회통념상 합리성에 관한 종래의 법리를 보완하는 판결을 내린 바 있다. 즉 취업규칙의 작성 또는 변경에 사회통념상 합리성이 있다고 인정되려면 실질적으로는 근로자에게 불리하지 아니하는 등 근로자를 보호하려는 근기법의 입법 취지에 어긋나지 않아야 하므로, 여기에서 말하는 사회통념상 합리성의 유무는 취업규칙의 변경 전후를 비교하여 취업규칙의 변경 내용 자체로 인하여 근로자가 입게 되는 불이익의 정도, 사용자 측의 변경 필요성의 내용과 정도, 변경 후의 취업규칙 내용의 상당성, 대상조치 등을 포함한 다른 근로조건의 개선상황, 취업규칙 변경에 따라 발생할 경쟁력 강화 등 사용자 측의 이익 증대 또는 손실 감소를 장기적으로 근로자들도 함께 향유할 수 있는지에 관한 해당 기업의 경영행태, 노동조합 등과의 교섭 경위 및 노동조합이나 다른 근로자의 대응, 동종 사항에 관한 국내의 일반적인 상황 등을 종합적으로 고려하여 판단하여야 하고, 다만, 취업규칙을 근로자에게 불리하게 변경하는 경우에 그 동의를 받도록 한 근기법 제94조 제1항 단서의 입법 취지를 고려할 때, <u>변경 전후의 문언을 기준으로 하여 취업규칙이 근로자에게 불이익하게 변경되었음이 명백하다면, 취업규칙의 내용 이외의 사정이나 상황을 근거로 하여 그 변경에 사회통념상 합리성이 있다고 보는 것은, 이를 제한적으로 엄격하게 해석·적용하여야 한다</u>는 것이다(대법원 2015. 8. 13. 선고 2012다43522 판결).

※(참고4) 대법원 2015. 8. 13. 선고 2012다43522 판결【보직변경발령무효확인등】
- "<u>원심은</u> 그 채택 증거를 종합하여 판시 사실을 인정한 다음, 간부사원이 팀원 직책을 부여받을 수도 있게 규정된 '보직 부여 기준안' 및 일부 간부사원에게는 상여금 중 일부가 감소되는 '간부사원 급여체계 변경안'이 간부사원에 대한 근로조건을 불이익하게 변경한 것이지만, ① 피고는 2007. 5.경 당시에 경영상 위기를 극복하고자 인력의 효율적인 배치와 근로자의 근무의욕 고양 등을 위하여 '보직 부여 기준안'과 '간부사원 급여체계 변경안'을 마련하였고, 이는 연차에 따른 직급

및 호봉 상승을 기본으로 하는 인사체계를 외부환경 변화에 보다 능동적으로 대처하고 업무성과를 극대화하는 데에 유리한 체계로의 전환을 의미하며, 일부 나태한 직원들에게는 경종을 울리고 성과가 좋은 직원들에게는 그에 상응한 보상을 하려는 목적을 지닌 점, ② 피고는 원고들을 포함한 간부사원들 및 일부 3급 사원들을 대상으로 설명회를 개최한 점, ③ '보직 부여 기준안' 및 '간부사원 급여체계 변경안'으로 인하여 직접적인 불이익을 받는 간부사원들의 대다수가 위 변경에 동의하였고, 그 과정에 피고가 동의를 강요하는 등 부당하게 개입하거나 간섭한 것으로 보이지 아니하는 점, ④ 간부사원들이 비록 팀장의 직책을 부여받지 못하더라도 그 경제적인 불이익은 수당의 일부를 지급받지 못하는 것에 그치는 점 등에 비추어 '보직 부여 기준안' 및 '간부사원 급여체계 변경안'은 사회통념상의 합리성이 있다고 판단하였다.

그러나 앞서 본 법리에 비추어 보면, 원심이 인정한 사용자 측의 변경 필요성의 내용과 정도, 변경 후의 취업규칙 내용의 상당성 등의 사정들을 감안하더라도, ① 피고의 변경된 '보직 부여 기준안'에 따라 1·2급 간부사원들이 종전에 3 내지 5급 직원들이 담당하던 업무를 맡을 수도 있게 되었으므로 실질적으로는 징계의 일종인 강등과 유사한 결과를 초래하여 그 적용을 받게 되는 근로자들의 불이익이 결코 작지 않은 점, ② 취업규칙 개정의 필요성과 정도가 긴박하거나 중대하였다고 인정할만한 객관적인 자료도 부족하다고 보이는 점, ③ 여러 근로자 집단이 하나의 근로조건 체계 내에 있어 비록 취업규칙의 불이익변경 시점에는 일부 근로자 집단만이 직접적인 불이익을 받더라도 그 나머지 다른 근로자 집단에게도 장차 직급의 승급 등으로 변경된 취업규칙의 적용이 예상되는 경우에는 일부 근로자 집단은 물론 장래 변경된 취업규칙 규정의 적용이 예상되는 근로자 집단을 포함한 전체 근로자 집단이 동의주체가 될 수 있는데도(대법원 2009. 11. 12. 선고 2009다49377 판결 참조), 피고는 간부사원들 및 일부 3급 사원들을 대상으로 설명회를 개최하고 일부 사원들로부터만 동의를 받은 점 등을 함께 고려할 때, 원고들에 대하여 아무런 대상조치나 경과조치를 두지 않은 채 일방적인 불이익만을 감수하도록 한 이 사건 취업규칙 개정에 사회통념상 합리성이 있다고 볼 수 없다."

제4강 취업규칙 (2)

1. 단체협약에 의한 소급적 동의

◀ 판례분석 ▶

▌**제 목** : 취업규칙에 따른다는 내용의 단체협약 체결이 불리하게 변경된 취업규칙에 대한 소급적 동의로서 유효한지 여부(Y) [디자인진흥원사건]

▌**대상판결** : 대법원 1997. 8. 22. 선고 96다6967 판결 【퇴직금】
【원고, 피상고인】 김○규 외 16인
【피고, 상고인】 한국산업디자인진흥원
【원심판결】 서울고법 1995. 12. 21. 선고 95나12578 판결
【주 문】 원심판결 중 피고 패소 부분을 파기하고 이 부분 사건을 서울고등법원에 환송한다.

▌**사건의 개요** : 피고는 1981. 1. 1. 일방적으로 보수규정을 개정하여 퇴직금 지급률을 인하하였고, 피고의 노조는 1991. 12. 2. 체결·시행된 단체협약에서 퇴직금 지급률은 피고의 규정에 따른다는 조항을 두었으며, 이후 퇴직한 원고들에 대해 피고가 개정된 보수규정에 따라 퇴직금을 지급하자 원고들은 퇴직금의 차액을 청구하는 소를 제기하였다.

▌**관련 법 규정**(현행법 기준)
- 근기법 제94조(규칙의 작성, 변경 절차) ① 사용자는 취업규칙의 작성 또는 변경에 관하여 해당 사업 또는 사업장에 근로자의 과반수로 조직된 노동조합이 있는 경우에는 그 노동조합, 근로자의 과반수로 조직된 노동조합이 없는 경우에는 근로자의 과반수의 의견을 들어야 한다. 다만, 취업규칙을 근로자에게 불리하게

변경하는 경우에는 그 동의를 받아야 한다.

▌판결의 성격 : 원심은 노동조합이 불리하게 개정된 퇴직금 지급률 조항이 무효임을 알면서 이 사건 단체협약을 체결한 것(즉 소급적 추인 내지 동의한 것)으로 볼 수 없다고 판단하여 원고들의 청구를 받아들였으나, 대법원은 위 개정 조항의 적용에 대하여 노동조합이 소급적으로 동의한 것으로 보아서 원심판결의 피고 패소 부분을 파기환송하였다.

> ※ **원심의 판단** : 개정 규정 중 퇴직금 지급률에 관한 조항은 근로자 집단의 집단적 의사결정 방법에 의한 동의 없이 근로자들에게 불이익하게 변경된 것이므로 개정 전에 입사한 기존의 근로자들에게는 효력이 없어 구 규정이 유효하고, <u>피고의 노동조합이 1991. 12. 2. 단체협약 체결 당시 개정 규정의 퇴직금 지급률에 관한 조항이 무효라는 점을 알면서 위와 같은 단체협약을 체결하였다고 인정할 증거가 없으므로</u>, 개정 규정 중 퇴직금 지급률에 관한 조항의 효력을 <u>소급적으로 추인하였다거나 개정 규정이 유·무효 간에 그 효력을 인정하기로 동의한 것으로 볼 수 없다</u>는 이유로, 피고는 원고들에게 구 규정에 의하여 산출한 퇴직금과 이미 지급한 퇴직금과의 차액을 지급할 의무가 있다고 판단.

▌쟁 점
- 이 사건 단체협약의 체결은 불리하게 변경된 취업규칙(퇴직금 지급률 인하)의 적용에 대한 노동조합의 소급적 동의인지 여부
- (따라서) 개정된 취업규칙이 원고들에게 적용되는지 여부

▌중요 사실관계
- 피고는 1969. 3. 6. 설립 이후 직원보수규정에서 퇴직하는 직원에게 평균임금에 근속연수에 따른 고율의 누진율에 의한 퇴직금 지급률을 곱하여 산출한 퇴직금을 지급하는 규정을 두었다가, 1981. 1. 1. <u>근로자 집단의 집단적 의사결정 방법에 의한 동의 없이 직원보수규정을 개정하여 퇴직금 지급률을 인하</u> ⇒ **이러한 보수규정 개정(퇴직금 지급률 인하)의 유효 여부와 관련**
- 피고의 노동조합은 피고와 사이에 1991. 단체협약을 체결함에 있어 미리 단체협약 중점안의 하나로 "<u>퇴직금 지급률은 개발원의 규정에 따른다.</u>"는 조항을 두고, 1991. 12. 2. 피고와 위와 같은 내용의 <u>단체협약을 체결하여 그 때부터 시행</u>(단체협약 당시 피고의 총 직원 273명 중 139명이 노동조합원) ⇒ **노동조합(근로자 과반수**

조직)의 이러한 협약 체결이 피고의 일방적인 퇴직금 지급률 인하에 대한 동의로 볼 수 있는 지 여부와 관련

- 원고들은 1970. 11. 14.부터 1980. 6. 1. 사이에 피고의 직원으로 입사하여 근무하다가 1992. 2. 10.부터 1994. 3. 31. 사이에 퇴직 ⇒ **피고의 일방적인 보수규정 개정(퇴직금 지급률 인하)에 동의한 바 없는 원고들이지만 위 단체협약 체결 후에 퇴직하였기 때문에 개정된 퇴직금 지급률이 원고들에게 적용되는지 여부와 관련**

▌기본법리(판지)

1) ⑴ 단체협약은 노동조합이 사용자 또는 사용자 단체와 근로조건 기타 노사관계에서 발생하는 사항에 관하여 체결하는 협정으로서, 노동조합이 사용자측과 기존의 임금, 근로시간, 퇴직금 등 근로조건을 결정하는 기준에 관하여 소급적으로 동의하거나 이를 승인하는 내용의 단체협약을 체결한 경우에 그 동의나 승인의 효력은 단체협약이 시행된 이후에 그 사업체에 종사하며 그 협약의 적용을 받게 될 노동조합원이나 근로자들에 대하여 생긴다고 할 것이므로(당원 1992. 7. 24. 선고 91다34073 판결 참조), ⇒ **[협약체결에 의한 소급적 동의의 효력(유효)]**

⑵ 취업규칙 중 퇴직금 지급률에 관한 규정의 변경이 근로자에게 불이익함에도 불구하고 사용자가 근로자의 집단적 의사결정 방법에 의한 동의를 얻지 아니한 채 변경을 함으로써 기득이익을 침해하게 되는 기존의 근로자에 대하여는 종전의 퇴직금 지급률이 적용되어야 하는 경우에도 노동조합이 사용자측과 사이에 변경된 퇴직금 지급률을 따르기로 하는 내용의 단체협약을 체결한 경우에는 기득이익을 침해하게 되는 **기존의 근로자에 대하여 종전의 퇴직금 지급률이 적용되어야 함을 알았는지 여부에 관계없이** 원칙적으로 그 협약의 적용을 받게 되는 기존의 근로자에 대하여도 변경된 퇴직금 지급률이 적용되어야 할 것이다. ⇒ **[퇴직금 지급률 불리변경에 대한 소급적 동의의 효과: 기존 근로자에게 적용(노조의 不知 불문)]**

2) 근로자 집단의 집단적 의사결정 방법에 의한 동의를 얻지 아니하고 취업규칙을 근로자에게 불이익하게 변경하였다고 하더라도 취업규칙의 변경은 유효하여 현행의 법규적 효력을 가진 취업규칙은 변경된 취업규칙이고, 다만 기득이익을 침해하게 되는 기존의 근로자에 대하여는 종전의 취업규칙이 적용될 뿐이라 할 것이다(당원 1992. 12. 22. 선고 91다45165 전원합의체 판결 참조). ⇒ [집단적 동의 없이 불리변경된 취업규칙의 효력] (☞ 자세한 내용은 제4강 2. 동의절차 위반의 효과 참고)

▌결론 및 이유 : 단체협약 체결 당시 기존의 근로자에 대하여 개정 규정의 퇴직

금 지급률이 적용되지 아니함을 알았는지 여부에 관계없이 위 <u>단체협약이 시행</u>
<u>된 이후에 퇴직하는 원고들에 대한 퇴직금을 산정함에 있어서는 개정 규정을 적</u>
<u>용하여야</u> 할 것이다.

- 피고의 노동조합이 "퇴직금 지급률은 개발원의 규정에 따른다."는 <u>내용의 단체</u>
<u>협약을 체결함으로써</u> 위 단체협약의 적용을 받게 되는 <u>취업규칙 변경 전의 기존</u>
<u>근로자에 대하여도</u> 단체협약 체결 당시의 법규적 효력을 가지는 <u>개정 규정의 퇴</u>
<u>직금 지급률을 적용하는 것에 대하여 소급적으로 동의한 것</u>이라고 보아야 할 것.

■ 판결의 의의와 한계

1) 대상판결은 집단적 동의(과반수 노조의 동의 또는 근로자 과반수의 동의) 없이 취업
규칙이 불이익하게 개정되었어도 그 후에 노동조합이 개정 취업규칙의 내용에
따른다는 단체협약을 체결(즉 소급적 동의)하면, 개정 취업규칙은 그 개정 이전의
기존 근로자들과의 관계에서도 적용되고, 이 경우 노동조합이 위 단체협약을 체
결할 당시에 기존의 근로자들에게는 개정 취업규칙이 적용되지 아니함을 알았는
지 여부는 문제되지 않는다고 본 사례이다.

2) 대상판결 이전의 판례에서는 불리하게 개정된 취업규칙의 내용이 무효라는 사실
을 모르고 노동조합이 그 내용을 받아들이는 단체협약을 체결한 경우 개정 취업규칙
의 내용에 대하여 추인한 것으로 볼 수 없다는 입장을 취하였다(☞ 91다46922 판결 참고).
즉 노동조합이 위와 같은 단체협약을 체결할 당시에 불리하게 개정된 취업규칙이 무
효인 사정을 알았는지 여부에 따라서 불리하게 변경된 취업규칙에 대한 노동조합의
추인 내지 소급적 동의가 있었는지 여부가 결정되었던 것이다. 이는 민법상의 추인
이론에 따른 것이라 할 수 있다.[1] 그런데 대상판결은 이와는 다른 입장을 취하고 있
다. 사실상 판례의 법리가 바뀐 셈이고, 이러한 변화는 집단적 동의 없이 불이익하게
변경된 취업규칙의 상대적 효력을 인정한 대법원 전원합의체 판결(1992. 12. 22. 선고
91다45165 판결 ☞ 제4강 2. 동의절차 위반의 효과 대상판결)에 기인한 것으로 보인다.[2]

---

1) 민법 제139조(무효행위의 추인)에 의하면, "무효인 법률행위는 추인하여도 그 효력이 생
기지 아니한다. 그러나 당사자가 그 무효임을 알고 추인한 때에는 새로운 법률행위로 본다."

2) 전원합의체 판결 이전의 판례 법리에 의하면 집단적 동의절차를 위반한 취업규칙의 불리
한 변경은 그 변경 전후의 근로자 모두에게 원칙적으로 무효이다. 따라서 변경된 취업규칙이 유효
하기 위해서는 민법상의 추인 이론에 따라 무효임을 알면서 추인하였음이 인정되어야 한다. 그런
데 위 전원합의체 판결에서는 집단적 동의 없이 취업규칙이 불이익하게 변경되었다고 하더라도 취
업규칙의 변경은 유효하여 현행의 법규적 효력을 가진 취업규칙은 변경된 취업규칙임을 분명히 하
였다. 따라서 더 이상 민법상의 무효인 법률행위 추인 이론에 입각하여 사안을 해결할 필요가 없게
된 것이다. 즉 위 전원합의체 판결에 따르면 집단적 동의절차를 위반한 취업규칙의 불이익한 변경

※ 대법원 1992. 9. 14. 선고 91다46922 판결 【퇴직금】

- "피고 공사나 노동조합 모두 <u>1988. 9. 14. 단체협약을 체결할 당시에는 위</u> <u>1981. 1. 27.자 보수규정의 개정이 무효라는 사실 자체를 모르고 있었기 때문에</u> <u>위 규정의 추인이 거론될 여지가 없다</u>가, 1980년대말에 한국도로공사나 대한주택 공사 등 정부 투자기관이 1981년경에 한 취업규칙의 개정이 무효라는 판결이 나 오자 비로소 피고 공사나 근로자들이 피고공사의 1981. 1. 27.자 보수규정이 <u>무효</u> <u>인 사실을 알게 되어 1989. 12.에 단체교섭을 하면서 이를 거론하게 된 사실</u>을 인 정할 수 있다. 또한 노동조합이나 근로자들이 <u>위 단체협약체결 당시 그때 시행중</u> <u>이던 보수규정이 유효하다고 여기고 있었던 사실만으로써 위 무효인 1981. 1. 27.자</u> <u>보수규정의 개정을 추인하였다고 볼 수는 없는 바이다</u>(당원 1992. 2. 25. 선고 91 다25055 판결 참조). 그럼에도 불구하고 <u>원심이, 노동조합은 1988. 9. 14. 단체협</u> <u>약을 체결할 당시 위 1981. 1. 27.자 보수규정의 개정이 무효라는 사실을 알고서</u> <u>도 이를 소급적으로 적용시키기로 추인하였다고 인정하였음은 단체협약에 대한</u> <u>해석을 잘못하고 채증법칙에 위배되어 사실을 오인함으로써 원심판결의 결과에</u> <u>영향을 미친 위법이 있다고 할 것이다.</u> 이를 지적하는 논지 역시 이유 있다."

◀ Q 풀이 ▶

Q 1. 대상판결에서 단체협약 체결을 통해 소급적으로 추인하는 동의도 인정되는 가에 대해 원심과 대법원은 어떤 차이를 보이고 있는가?

[A]   원심은 노동조합이 개정된 퇴직금 지급률 조항이 무효라는 점을 알면서 이 사건 단체협약을 체결하였다고 인정할 증거가 없기 때문에 위 조항의 효력을 소 급적으로 추인하였거나 그 효력을 인정하기로 동의한 것으로 볼 수 없다고 판단 하였다. 이는 민법상의 무효행위 추인 이론에 기초한 판단이라고 볼 수 있다. 반 면에 대법원은 노동조합이 이 사건 단체협약을 체결함으로써 취업규칙 변경 이 전의 기존 근로자에 대하여도 단체협약 체결 당시의 법규적 효력을 가지는 개정 규정의 퇴직금 지급률을 적용하는 것에 대해 소급적으로 동의한 것으로 보아야 하고, 따라서 위 단체협약 체결 당시 기존의 근로자에 대하여 개정 규정의 퇴직 금 지급률이 적용되지 아니함을 알았는지 여부에 관계없이 원고들에게는 개정

이후에 근로관계를 맺은 근로자에게는 당연히 변경된 취업규칙이 적용된다. 따라서 현행의 법규적 효력을 가지는 변경된 취업규칙에 대한 노동조합의 소급적 동의는 무효인 법률행위를 소급적으로 추인하는 것이 아니고, 단지 기득이익의 침해 때문에 변경된 취업규칙의 적용을 받지 않고 변경 이 전 취업규칙의 적용을 받는 기존의 근로자에 대하여 변경된 취업규칙(현행의 법규적 효력을 가지 는 취업규칙)을 소급적으로 적용하는 것에 대한 동의인 셈이다.

규정이 적용되어야 한다고 판단하였다. 이러한 판단은 근로자들의 집단적 동의 없는 취업규칙의 불리한 변경도 유효하고 현행의 법규적 효력을 가지는 취업규칙은 변경된 취업규칙이라고 본 대법원 전원합의체 판결에 기초한 것이라고 볼 수 있다(☞ 자세한 내용은 앞의 판결의 의의와 한계 참고).

Q 2. 근로자 과반수 노동조합의 동의를 받지 못했지만 개별적으로 동의한 일부 근로자에 대해서는 불이익하게 변경된 취업규칙의 내용이 적용되는가? (대법원 1992. 12. 8. 선고 91다38174 판결 참고)

[A] 근로자들의 집단적 동의(과반수 노조의 동의 또는 근로자 과반수의 동의) 없이 이루어진 취업규칙 불리변경은 이러한 변경 이전의 기존 근로자와의 관계에서 원칙적으로 무효이고, 설령 근로자가 위와 같은 불리변경에 대하여 개인적으로 동의하였다고 하더라도 그 불리변경이 무효인 것은 마찬가지이기 때문에 불리하게 변경된 취업규칙은 이에 개인적으로 동의한 근로자에게 적용되지 않는다(91다38174 판결 참조).

※ **대법원 1992. 12. 8. 선고 91다38174 판결【퇴직금】**
- "사용자가 취업규칙에 규정된 근로조건의 내용을 근로자에게 불이익하게 변경하는 경우에는 그 변경이 사회통념상 합리성이 있다고 인정되지 않는 한 그 취업규칙의 적용을 받고 있던 근로자들의 집단적 의사결정방법에 의한 동의를 얻어야 하고 그 동의는 근로자 과반수로 조직된 노동조합이 있는 경우에는 그 노동조합의, 노동조합이 없는 경우에는 근로자들의 자주적인 의견의 집약에 의한 과반수의 동의를 의미하는 것으로서 위와 같은 방법에 의한 동의가 없는 한 취업규칙 변경은 효력이 없다고 할 것이고(당원 1992.2.25. 선고 91다25055 판결 참조), 이는 그러한 취업규칙의 변경에 대하여 개인적으로 동의한 근로자에 대하여도 마찬가지라고 할 것이다(당원 1977. 7. 26. 선고 77다355 판결, 1991. 9. 24. 선고 91다17542 판결 참조). 그런데 이 사건 보수규정의 개정 당시 피고 회사에 노동조합이 조직되어 있지 않은 사실에 관하여는 당사자 사이에 다툼이 없으므로 피고 회사가 보수규정에 정한 퇴직금 지급률을 근로자들에게 불이익하게 개정하려면 근로자들 과반수의 동의를 얻어야만 효력이 인정될 수 있다고 할 것인 바, 원심은 그 인정사실에 의하여 원고가 개정된 보수규정상의 퇴직금 지급률에 묵시적으로 동의하였다고 판단하였으나 원심의 인정사실에 의하더라도 피고 회사가 위 보수규정의 개정에 관하여 위에서 본 바와 같은 근로자들의 자주적인 의견의 집약에 의한 동의를 얻지 않았음이 명백하고 원고와 근로자들이 위 보수규정 개정 당시나 그 이후에 이의하지 않았다는 사유만으로는 위 보수규정의 개정에 관하여 적법한 동의가 있었다고 볼 수 없으며 위 보수규정의 개정이 무효라면 원고가 개인적으로 이에 동의하였

더라도 원고에 대하여만 효력이 있다고도 할 수 없으므로 위 개정된 보수규정은 그 내용이 근로자에게 불이익하지 않거나 사회통념상 합리성이 있다고 인정되지 않는 한 원고에게 적용될 수 없을 것이다."

Q 3. 취업규칙의 불이익 변경에 대한 근로자 과반수 노동조합의 동의는 소속 조합원 과반수의 동의를 의미하는가? (대법원 1997. 5. 16. 선고 96다2507 판결 참고).

[A] 노동조합 대표자의 대표권이 제한되었다고 볼만한 특별한 사정이 없는 한 대표자의 동의로 족하고, 조합원 과반수의 동의를 얻어야 하는 것은 아니다. 참고판결(96다2507 판결)은, 사용자(버스회사)가 취업규칙에 55세 정년규정을 신설하면서 노사협의회 근로자위원 전원과 노동조합 분회장의 동의를 얻은 경우에 이를 노동조합의 동의를 얻은 것과 동일시할 수 없다고 보아서 그 정년규정의 신설을 무효라고 판단한 원심판결을 파기한 사례이다.

※ **대법원 1997. 5. 16. 선고 96다2507 판결【채무부존재확인】**
- "위와 같은 정년규정을 신설한 것은 취업규칙을 근로자에게 불이익하게 변경하는 경우에 해당한다고 할 것이고, 원고 회사의 경우에 있어서는 원심판시와 같이 근로자 과반수로 조직된 노동조합이 있으므로 이와 같은 경우에 있어서는 노동조합의 동의를 얻어야 한다고 할 것이다. 그러나 이러한 경우에 있어서도 노동조합의 동의는 법령이나, 단체협약 또는 노동조합의 규약 등에 의하여 조합장의 대표권이 제한되었다고 볼만한 특별한 사정이 없는 한 조합장이 노동조합을 대표하여 하면 되는 것이지 노동조합 소속 근로자의 과반수의 동의를 얻어서 하여야 하는 것은 아니다. 따라서 원심이 인정한 바와 같이 노동조합 분회장인 서○철이 위 정년규정의 신설에 이의가 없다는 취지의 의견을 제시하였다면, 근로자에게 불이익한 취업규칙의 신설 등에 대한 노동조합 분회장의 동의권이 제한되어 있다는 등 특별한 사정이 없는 한 그것은 적법한 노동조합의 동의라고 보아야 할 것인데도, 원심은 서○철이 근로자들을 대신하여 동의를 할 권한을 포괄적으로 위임받았다거나 사전에 근로자들의 의견을 집약 및 취합하여 그들의 의사표시를 대리하여 행사하였다고 볼 자료가 없다고 하여 노동조합의 동의가 없었다고 단정하고 말았으니, 원심판결에는 취업규칙 변경에 관한 노동조합의 동의에 관한 법리오해 및 심리미진의 위법을 저지른 것으로 보지 않을 수 없다."

2. 동의절차 위반의 효과

◀ 판례분석 ▶

▌**제 목** : 집단적 동의절차를 위반하여 불리하게 변경된 취업규칙의 상대적 효력(Y) [강원산업사건]

▌**대상판결** : 대법원 1992. 12. 22. 선고 91다45165 전원합의체 판결 【퇴직금청구】
【원고, 상고인】 이○호
【피고, 피상고인】 강원산업주식회사
【원심판결】 서울고등법원 1991.11.8. 선고 91나13757 판결
【주 문】 상고를 기각한다. 상고비용은 원고의 부담으로 한다.

▌**사건의 개요** : 피고 회사의 퇴직금규정은 그 제정 후 3차례에 걸쳐 근로자의 집단적 동의 없이 불리하게 개정되었는데, 3차 개정(1974. 8. 1.) 후인 1978. 9. 1. 입사하여 근무하다가 1988. 1. 31. 퇴직한 원고는 1차 개정(1964. 3. 1.) 이전의 최초 퇴직금규정에 따른 퇴직금의 지급을 주장하면서 이 사건 소를 제기하였다.

<그림> 취업규칙 불이익 변경— 동의절차 위반의 효과

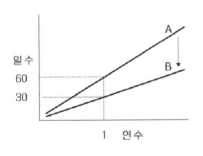

퇴직금제도
계속 근로기간 1년에 대하여
30일분의 이상의 평균임금을
퇴직금으로 지급하여야 함

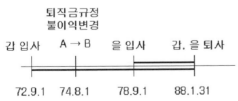

■관련 법 규정(현행법 기준)

- 근기법 제94조(규칙의 작성, 변경 절차) ① 사용자는 취업규칙의 작성 또는 변경에 관하여 해당 사업 또는 사업장에 근로자의 과반수로 조직된 노동조합이 있는 경우에는 그 노동조합, 근로자의 과반수로 조직된 노동조합이 없는 경우에는 근로자의 과반수의 의견을 들어야 한다. 다만, 취업규칙을 근로자에게 불리하게 변경하는 경우에는 그 동의를 받아야 한다.

- 근로자퇴직급여 보장법 제4조(퇴직급여제도의 설정) ① 사용자는 퇴직하는 근로자에게 급여를 지급하기 위하여 퇴직급여제도 중 하나 이상의 제도를 설정하여야 한다. 다만, 계속근로기간이 1년 미만인 근로자, 4주간을 평균하여 1주간의 소정근로시간이 15시간 미만인 근로자에 대하여는 그러하지 아니하다.

② 제1항에 따라 <u>퇴직급여제도를 설정하는 경우에 하나의 사업에서 급여 및 부담금 산정방법의 적용 등에 관하여 차등을 두어서는 아니 된다.</u>

■판결의 성격 : 원심은 피고 회사의 다수 근로자에게 적용되고 있던 단체협약상의 퇴직금규정(원고 취업 및 퇴직 당시 취업규칙상의 퇴직금보다 유리)이 원고에게 적용된다고 하여 그에 따라 원고의 퇴직금을 산정하였고, 대법원은 변경된 취업규칙의 유효 법리를 채택하여 원고의 상고를 기각하였다.

■쟁 점

- 근로자의 집단적 동의 없이 불리 변경된 이 사건 퇴직금규정이 그 변경 이후에 취업한 근로자(원고)에게 유효하게 적용되는지 여부

■중요 사실관계

- 피고 회사는 근로자의 집단적 동의 없이 취업규칙상의 퇴직금규정을 3차례 (1964. 3. 1, 1973. 1. 1, 1974. 8. 1)에 걸쳐 근로자에게 불이익하게 변경 ⇒ **이러한 퇴직금규정 자체가 무효인지 여부와 관련**

- <u>원고는 이 사건 퇴직금규정이 최종적으로 불리하게 변경된 이후인 1978. 9. 1. 입사하여 근무하다가 1988. 1. 31. 퇴직</u> ⇒ **최종적으로 불리하게 변경된 이 사건 퇴직금규정이 원고에게 적용되는지 여부와 관련**

- 3차례에 걸친 각 변경이 있기 전의 최초의 취업규칙상의 퇴직금지급규정의 내용은 피고 회사의 대다수 근로자에게 적용되는 1986. 10. 1. 발효된 단체협약상의 그것보다, 이 단체협약상의 퇴직금지급규정의 내용은 원고가 취업 당시 시행

되던 1974. 8. 1.자 변경된 취업규칙상의 그것보다 각각 근로자에게 유리하게 되어 있음 ⇒ **최초의 퇴직금규정, 단체협약상의 퇴직금규정, 이 사건 퇴직금규정(1974. 8. 1. 개정) 중 어느 것이 원고에게 적용되는지와 관련**

■ **기본법리**(판지)

1) 취업규칙의 작성·변경에 관한 권한은 원칙적으로 사용자에게 있으므로 사용자는 그 의사에 따라 취업규칙을 작성·변경할 수 있으나, 다만 근로기준법 제95조 (현행 제94조)의 규정에 의하여 노동조합 또는 근로자 과반수의 의견을 들어야 하고 특히 근로자에게 불이익하게 변경하는 경우에는 그 동의를 얻어야 하는 제약을 받는바, 기존의 근로조건을 근로자에게 불리하게 변경하는 경우에 필요한 근로자의 동의는 근로자의 집단적 의사결정방법에 의한 동의임을 요하고 이러한 동의를 얻지 못한 취업규칙의 변경은 효력이 없다는 것이 당원의 일관된 견해이다 (당원 1977. 7. 26. 선고 77다355 판결; 1988. 5. 10. 선고 87다카2578 판결; 1989. 5. 9. 선고 88다카4277 판결; 1991. 2. 12. 선고 90다15952,15969,15976 판결 등 참조). ⇒ **[집단적 동의 없는 취업규칙 불리변경의 효력: 원칙적으로 무효]**

2) ⑴ 그러므로 사용자가 취업규칙에서 정한 근로조건을 근로자에게 불리하게 변경함에 있어서 근로자의 동의를 얻지 않은 경우에 그 변경으로 기득이익이 침해되는 기존의 근로자에 대한 관계에서는 그 변경의 효력이 미치지 않게 되어 종전 취업규칙의 효력이 그대로 유지 되지만, ⇒ **[기득이익 침해되는 기존 근로자: 종전 취업규칙 효력 유지]**

⑵ 그 변경 후에 변경된 취업규칙에 따른 근로조건을 수용하고 근로관계를 갖게 된 근로자에 대한 관계에서는 당연히 변경된 취업규칙이 적용되어야 하고, 기득이익의 침해라는 효력배제사유가 없는 변경 후의 취업근로자에 대해서까지 그 변경의 효력을 부인하여 종전 취업규칙이 적용되어야 한다고 볼 근거가 없다. ⇒ **[기득이익 침해 없는 변경 후 취업 근로자: 변경된 취업규칙 적용]**

⑶ 위와 같은 경우에 취업규칙변경 후에 취업한 근로자에게 적용되는 취업규칙과 기존근로자에게 적용되는 취업규칙이 병존하는 것처럼 보이지만, **현행의 법규적 효력을 가진 취업규칙은 변경된 취업규칙**이고 다만 기존근로자에 대한 관계에서 기득이익 침해로 그 효력이 미치지 않는 범위 내에서 종전 취업규칙이 적용될 뿐이므로, 하나의 사업 내에 둘 이상의 취업규칙을 둔 것과 같이 볼 수는 없다. ⇒ **[현행의 법규적 효력 가진 취업규칙: 변경된 취업규칙(단 기득이익 침해라는 효력배제사유로 인해 그 효력이 제한될 뿐임)]**

3) 근로기준법 제28조 제2항(현행 근로자퇴직급여 보장법 제4조 제2항)은 하나의 사업 내에 차등 있는 퇴직금제도의 설정을 금하고 있으나, 변경된 취업규칙의 퇴직금 제도가 기존근로자의 기득이익을 침해하는 것이어서 이들에게는 그 효력이 미치지 않고 부득이 종전제도의 적용을 받게 됨으로써 이러한 <u>기득이익이 없는 취업규 칙변경 후의 취업근로자에게 적용되는 퇴직금제도와 별개의 퇴직금제도를 적용하 는 결과가 되었다고 하여도</u>, 이러한 경우까지 위 법조에서 금하는 <u>차등 있는 퇴직 금제도를 설정한 경우에 해당한다고 볼 수는 없는 것</u>이다. ⇒ **[위의 판지2)에 따른 별개의 퇴직금제 적용: 퇴직금차등제에 해당 않음]**

■ **결론 및 이유** : 원고의 상고논지(3차례에 걸친 피고 회사의 퇴직금규정의 불이익한 변 경은 모두 그 적용을 받고 있던 근로자들의 집단적 의사결정방법에 의한 동의 없이 이루어진 것이어서 취업규칙변경으로서의 효력이 없으므로 원고의 퇴직금을 산정하는 데 적용되어야 할 지급률은 1964. 2. 29. 이전까지 시행되던 최초의 취업규칙상의 지급률이어야 함 등)는 이유 없으므로 상고를 기각한다.
- <u>퇴직금에 관한 취업규칙의 규정이 그 적용을 받고 있던 근로자들의 집단적 의 사결정방법에 의한 동의 없이 불이익하게 변경된 경우 그 변경 후에 채용된 근 로자에 대하여서도 변경 전의 취업규칙이 적용되어야 한다는 견해를 밝힌 당원 의 종전 판례</u>(당원 1990. 4. 27. 선고 89다카7754 판결; 1990. 7. 10. 선고 89다카31443 판결; 1991. 12. 10. 선고 91다8777,8784 판결 등)는 이를 폐기하기로 함.
- 3차례에 걸친 피고 회사의 퇴직금규정의 변경은 모두 무효임을 전제로 원고의 퇴직금을 변경전인 최초의 퇴직금규정에 의하여 계산하지 아니한 원심의 조치가 잘못이라는 논지는 위에서 본 법리에 비추어 받아들일 수 없음.
- 위 단체협약상의 퇴직금 지급규정이 원고가 취업 당시 시행되던 1974. 8. 1.자 변경된 취업규칙상의 그것보다 근로자에게 유리한 것임은 위에서 본 바와 같은 이상 원고만이 상고한 이 사건에 있어서 단체협약상의 퇴직금규정에 의하여 원 고의 퇴직금을 산정한 원심의 조치가 정당한 것인지의 여부에 대하여는 판단할 필요도 없음.

■ **판결의 의의와 한계**
1) 대상판결은 근로자의 집단적 동의 없이 불이익하게 변경된 취업규칙의 효력 에 관한 종래의 견해(이른바 절대적 무효설, 즉 변경 후에 취업한 근로자와의 관계에서도 무효이므로 변경 전의 취업규칙이 적용된다는 견해)를 버리고 새로운 견해를 제시한 대

법원 전원합의체 판결이다. 새로운 견해(이른바 상대적 무효설)에 의하면, 불리하게 변경된 취업규칙은 현행의 법규적 효력을 가진 취업규칙으로서 변경 후에 취업한 근로자에게 적용되고, 다만 변경 이전의 기존 근로자에 대한 관계에서 기득이익 침해로 그 효력이 미치지 않는 범위 내에서 종전 취업규칙이 적용될 뿐이다. 따라서 이 사건에서 원고는 피고 회사의 퇴직금규정이 최종적으로 불리하게 변경된 이후에 취업하였기 때문에 가장 유리한 최초의 퇴직금규정을 적용받을 수 없게 된 것이다. 결국 대상판결은 사용자의 취업규칙 변경 권한을 강화한 판결이라고 볼 수 있다.

2) 대상판결은 취업규칙의 법적 성질을 '계약'이 아니라 '법규범'으로 보았던 기존 판례의 입장(이른바 수권설)과는 다소 모순되는 논리를 전개하고 있는 것으로 보인다. 취업규칙의 법적 성질을 법규범으로 보면, 그 수범자의 개인적 동의 여부에 따라 취업규칙의 효력이 좌우될 수 없고, 더구나 근로자의 집단적 동의라는 법적 요건을 충족하지 못한 불리한 변경의 취업규칙은 그 규범성을 갖는다고 보기 어려운데, 대상 판결은 변경 후 취업한 근로자는 변경된 취업규칙에 따른 근로조건을 수용하고 근로관계를 맺게 된 것이기 때문에 변경된 취업규칙이 적용된다는 논리(⇒ **취업규칙의 법적 성질을 계약으로 보는 듯한 논리**)를 취하고 있다. 반면에 취업규칙의 법적 성질을 계약으로 보면, 불리한 변경에 동의하지 않은 기존의 근로자에게는 변경 전의 취업규칙이, 불리하게 변경된 취업규칙에 동의하여 취업한 근로자에게는 변경된 취업규칙이 적용되어서 하나의 사업 내에 취업규칙이 둘 이상 존재하게 되는데, 대상판결은 현행의 법규적 효력을 가진 취업규칙은 변경된 취업규칙 하나이고 둘 이상의 취업규칙을 둔 것과 같이 볼 수 없다는 논리(⇒ **취업규칙의 법적 성질을 법규범으로 보는 듯한 논리**)를 취하고 있다.

◀ Q 풀이 ▶

Q 1. 대상판결에서의 다수의견과 소수의견(별개의견)의 논거를 비교·평가하면?

[A] 1) 다수의견 : ☞ 판결의 의의와 한계 2)의 내용 참고.

2) 소수의견(별개의견) : 원심의 판단에 위법이 없다는 결론에서는 다수의견과 뜻을 같이하고 있으나, <u>취업규칙의 법적 성질을 법규범으로 보는 기존 판례의 입장에 서서 다수의견을 비판하고 있다.</u> 그 주요 내용을 보면, i) 다수의견의 견해는 취업규칙에 법규범성을 부여한 것으로 보고 종전 취업규칙의 적용을 받고 있

던 근로자집단의 집단적 의사결정방법에 의한 동의를 얻지 않는 이상 취업규칙의 변경에 대하여 개인적으로 동의한 근로자에게 대하여도 변경의 효력이 발생하지 아니한다는 것 등 다수의견이 유지하는 법리나 정신에 어긋나는 것, ii) 취업규칙의 변경이 근로자에게 불이익한 것이고 이에 관하여 근로자집단의 동의를 받지 못하였다면 이 취업규칙의 변경은 효력이 없고, 따라서 종전의 취업규칙이 계속 유효하다고 볼 것이지, 그 변경으로 기득이익이 침해되는 기존의 근로자들에 대한 관계에서만 종전 취업규칙의 효력이 유지되고, 그 변경 후에 근로관계를 갖게 된 근로자에 대한 관계에서는 당연히 변경된 취업규칙이 적용되어야 한다고 할 수 없음, iii) 다수의견은 새로 입사한 근로자에게는 당연히 변경된 취업규칙이 적용되어야 하는 근거로 변경 후에 변경된 취업규칙에 따른 근로조건을 수용하고 근로관계를 갖게 되었음을 드는 것 같으나, 새로 입사한 근로자가 과연 기존 근로자에게 변경의 효력이 없는 취업규칙이라도 그에 따른 근로조건을 수용하는 의사를 가지고 근로관계를 맺었다고 볼 수 있을 것인지 의문이고, 또 이는 취업규칙의 법규성을 외면한 것으로서 찬성할 수 없음 등이다.

Q 2. 「근로자퇴직급여 보장법」(제4조 제2항)에서는 하나의 사업 내에서의 차등 있는 퇴직금제도의 설정을 금지하고 있다. 대상판결의 법리(상대적 무효설)는 이러한 금지와 조화될 수 있는 해석론인가?

[A] 1) 동의를 얻고자 하는 노력에도 불구하고 기존 근로자의 집단적 동의를 얻지 못함으로써 결과적으로 대상판결의 법리에 따라 별개의 퇴직금제도가 적용될 수밖에 없게 된 것이라면 의도적 차별로써 퇴직금차등제도를 설정한 것으로 보기 어렵기 때문에 퇴직급여보장법 위반으로 볼 수 없을 것이다.

2) 그러나 동의를 얻고자 하는 노력 없이 의도적·일방적으로 기존의 퇴직금제도를 불리하게 변경한 것이라면 이는 마치 근로자의 입사 일자에 따라 차등이 있는 퇴직금제도를 설정한 것으로서 퇴직급여보장법 위반으로 해석할 수 있을 것이라고 본다(사견).

※ **대법원 2002. 6. 28. 선고 2001다77970 판결 【임금】**
- "구 근로기준법(1980. 12. 31. 법률 제3349호로 개정되어 1997. 3. 13. 법률 제5309호로 제정되기 전의 것) 제28조 제2항은 퇴직금제도를 설정함에 있어서 하나의 사업 내에 차등제도를 두어서는 아니된다고 규정하고 있는바, 이는 <u>하나의 사업 내에서 직종, 직위, 업종별로 서로 다른 퇴직금제도를 두어 차별하는 것을 금지</u>

하고 하나의 퇴직금제도를 적용하게 하고자 함에 그 입법 취지가 있으므로(대법원 1999. 8. 20. 선고 98다765 판결 등 참조), **근로자의 입사일자에 따라 지급률에 차등이 있는 퇴직금제도를 설정하는 것도 금지된다**고 할 것이다. 원심은, 그 내세운 증거들에 의하여, 피고 회사는 다른 정부투자기관과의 형평을 기하고 미해결된 1980. 이전 입사자들에 의한 소송의 소지를 사전에 해결한다는 이유로 1980. 이전 입사자의 퇴직금 지급방안에 관한 안건을 이사회에 상정하여 1995. 11. 29. 개최된 이사회에서 (1) 1980. 12. 31. 이전 입사자(원고들을 포함하여 11인)로서 현재 재직중인 직원의 퇴직금은 1981. 2. 5. 개정되기 전의 직원보수및퇴직금지급규정(이하 '개정 전 지급규정'이라 한다)을 적용하여 지급하되 퇴직시의 규정이 유리한 경우에는 퇴직시의 규정을 적용하고, (2) 1980. 12. 31. 이전 입사자로서 근로기준법 제41조에 의한 임금소멸시효가 완성되지 아니한 퇴직자에 대하여는 당사자의 청구에 의하여 개정 전 지급규정을 적용하여 추가 지급하며, 이 경우 지연이자는 지급하지 아니한다는 내용의 퇴직금 지급규정(이하 '제2차 개정 지급규정'이라 한다)을 심의·통과시킨 사실 등을 인정한 다음, <u>1981. 1. 1. 이전 입사자들과 그 이후 입사자들에 대하여 퇴직금의 산출방법을 달리 규정하고 있는 이 사건 제2차 개정 지급규정은 구 근로기준법 제28조 제2항에 위배되어 무효</u>라고 판단하였는바, 원심의 판단은 앞서 본 법리에 따른 것으로서 정당하여 수긍되고, 거기에 구 근로기준법 제28조 제2항에 대한 법리오해의 위법이 없다."

3. 불리하게 변경된 취업규칙과 근로계약의 관계

◀ 판례분석 ▶

▌**제 목** : 집단적 동의를 받아 불리하게 변경된 취업규칙보다 유리한 근로계약의 우선 적용 여부(Y) [문경레저타운사건]

▌**대상판결** : 대법원 2019. 11. 14. 선고 2018다200709 판결 【임금및퇴직금청구】
【원고, 상고인】 원고
【피고, 피상고인】 주식회사 문경레저타운
【원심판결】 수원지법 2017. 12. 7. 선고 2017나68660 판결
【주 문】 원심판결을 파기하고, 사건을 수원지방법원 본원 합의부에 환송한다.

■**사건의 개요** : 근로자인 원고와 피고 회사가 기본연봉을 정한 연봉계약으로 근로계약을 체결한 후 피고 회사가 소속 근로자 과반수로 조직된 노동조합의 동의를 받아 취업규칙인 임금피크제 운용세칙을 제정·공고하였는데, 그에 따르면 정년이 2년 미만 남아 있는 근로자에게는 임금피크 기준연봉의 60%, 정년이 1년 미만 남아 있는 근로자에게는 임금피크 기준연봉의 40%를 지급하도록 규정되어 있고, 이에 대해 원고가 임금피크제의 적용에 동의하지 아니한다는 의사를 표시하였으나 피고 회사가 원고에게 취업규칙에 따라 삭감된 임금을 지급하자 원고는 연봉계약에 따른 미지급 임금 등의 지급을 구하는 소를 제기하였다.

■**관련 법 규정**(현행법 기준)
- 근기법 제4조(근로조건의 결정) 근로조건은 근로자와 사용자가 동등한 지위에서 자유의사에 따라 결정하여야 한다.
- 근기법 제94조(규칙의 작성, 변경 절차) ① 사용자는 취업규칙의 작성 또는 변경에 관하여 해당 사업 또는 사업장에 근로자의 과반수로 조직된 노동조합이 있는 경우에는 그 노동조합, 근로자의 과반수로 조직된 노동조합이 없는 경우에는 근로자의 과반수의 의견을 들어야 한다. 다만, 취업규칙을 근로자에게 불리하게 변경하는 경우에는 그 동의를 받아야 한다.
- 근기법 제97조(위반의 효력) 취업규칙에서 정한 기준에 미달하는 근로조건을 정한 근로계약은 그 부분에 관하여는 무효로 한다. 이 경우 무효로 된 부분은 취업규칙에 정한 기준에 따른다.

■**판결의 성격** : 원심은 피고 회사의 임금피크제 시행은 유효하고 원고에게도 적용된다고 판단하여 원고의 청구를 기각하였으나, 대법원은 이러한 원심판단에는 취업규칙과 근로계약의 관계 등에 관한 법리를 오해하여 판결에 영향을 미친 잘못이 있다고 보아서 원심판결을 파기환송하였다.

> ※ **원심의 판단** : 이 사건 임금피크제에 관한 노동조합의 동의는 적법·유효하다고 봄이 타당하고, 또한 이 사건 임금피크제에 불구하고 이와 다른 내용의 취업규칙상의 기존 연봉제가 그대로 적용된다면 이 사건 임금피크제는 그 목적을 달성할 수 없으므로 이 사건 임금피크제에는 당연히 기존 연봉제의 적용을 배제하고 이 사건 임금피크제가 우선적으로 적용된다는 내용의 합의가 포함된 것이라고 봄이 당사자의 의사에 합치된다고 할 것임

▌쟁 점

- 근로자의 집단적 동의를 받아 불리하게 변경된 취업규칙의 기준에 따라 그보다 유리한 근로조건을 정한 기존의 개별 근로계약의 내용이 변경되는지 여부
- (변경되지 않는다면) 근로자의 개별적 동의가 없는 한 취업규칙보다 유리한 근로계약의 내용이 우선 적용되는지 여부

▌중요 사실관계

- 1급 근로자인 원고와 사용자인 피고는 <u>2014. 3.경 기본연봉을 70,900,000원으로 정한 연봉계약</u>(이하 '이 사건 근로계약')을 체결, 위 기본연봉을 월로 환산하면 월 기본급은 5,908,330원 ⇒ **이 사건 근로계약의 내용 관련**
- 피고는 <u>2014. 6. 25. 피고 소속 근로자의 과반수로 조직된 노동조합의 동의를 받아 취업규칙인 임금피크제 운용세칙</u>(이하 '이 사건 취업규칙')을 제정·공고, 이 사건 취업규칙은 연봉계약이 정하는 기본연봉에 복리후생비를 더한 총연봉을 임금 피크 기준연봉으로 정하고, <u>정년이 2년 미만 남아 있는 근로자에게는 임금피크 기준연봉의 60%, 정년이 1년 미만 남아 있는 근로자에게는 임금피크 기준연봉의 40%를 지급</u>하도록 규정 ⇒ **이 사건 근로계약 체결 후 집단적 동의를 받아 불리하게 변경된 취업규칙의 내용 관련**
- <u>피고는 원고에게</u> 이 사건 취업규칙이 정하는 바에 따라(다만 임금피크 기준연봉이 아니라 연봉계약의 기본연봉을 기준으로 하였음), <u>2014. 10. 1.부터 2015. 6. 30.까지는 정년이 2년 미만 남아 있다는 이유로 월 기본급을 3,545,000원(= 5,908,330원 × 0.6)으로, 2015. 7. 1.부터 2016. 6. 30.(원고의 정년퇴직일)까지는 정년이 1년 미만 남아 있다는 이유로 월 기본급을 2,363,330원(= 5,908,330원 × 0.4)으로 계산하고,</u> 정직 처분에 따른 감액 등을 고려하여 임금을 지급 ⇒ **이 사건 취업규칙의 기준에 따라 그보다 유리한 근로조건을 정한 이 사건 근로계약의 내용이 변경되는지 여부와 관련**
- 피고가 2014. 9. 23. 임금피크제 적용에 따른 임금 내역을 통지하자, <u>원고는 피고에게 임금피크제의 적용에 동의하지 아니한다는 의사를 표시,</u> 한편 이 사건 취업규칙의 적용을 전후하여 원고의 업무내용이 변경된 것으로 보이지는 않음 ⇒ **이 사건 취업규칙에 대한 원고의 개별적 동의가 없는 한 취업규칙보다 유리한 이 사건 근로계약의 내용이 우선 적용되는지 여부와 관련**

▌기본법리(판지)

1) ⑴ <u>근로기준법 제97조</u>는 "취업규칙에서 정한 기준에 미달하는 근로조건을 정

한 근로계약은 그 부분에 관하여는 무효로 한다. 이 경우 무효로 된 부분은 취업
규칙에 정한 기준에 따른다."라고 정하고 있다. 위 규정은, 근로계약에서 정한
근로조건이 취업규칙에서 정한 기준에 미달하는 경우 취업규칙에 최저기준으로
서의 강행적·보충적 효력을 부여하여 근로계약 중 취업규칙에 미달하는 부분을
무효로 하고, 이 부분을 취업규칙에서 정한 기준에 따르게 함으로써, 개별적 노
사 간의 합의라는 형식을 빌려 근로자로 하여금 취업규칙이 정한 기준에 미달하
는 근로조건을 감수하도록 하는 것을 막아 종속적 지위에 있는 근로자를 보호하
기 위한 규정이다. ⇒ [취업규칙에 최저기준으로서의 강행적·보충적 효력을 부여하는 근기
법 제97조의 규정 취지]

(2) 이러한 규정 내용과 입법 취지를 고려하여 근로기준법 제97조를 반대해석하
면, 취업규칙에서 정한 기준보다 유리한 근로조건을 정한 개별 근로계약 부분은
유효하고 취업규칙에서 정한 기준에 우선하여 적용된다. ⇒ [근기법 제97조의 반대
해석(=유리한 근로계약의 유효 및 우선 적용)]

2) (1) 한편 근로기준법 제94조는 "사용자는 취업규칙의 작성 또는 변경에 관하
여 해당 사업 또는 사업장에 근로자의 과반수로 조직된 노동조합이 있는 경우에
는 노동조합, 근로자의 과반수로 조직된 노동조합이 없는 경우에는 근로자의 과
반수의 의견을 들어야 한다. 다만 취업규칙을 근로자에게 불리하게 변경하는 경
우에는 그 동의를 받아야 한다."라고 정하고 있다. 위 규정은 사용자가 일방적으
로 정하는 취업규칙을 근로자에게 불리하게 변경하려고 할 경우 근로자를 보호
하기 위하여 위와 같은 집단적 동의를 받을 것을 요건으로 정한 것이다. ⇒ [근기
법 제94조의 내용과 요건]

(2) 그리고 근로기준법 제4조는 "근로조건은 근로자와 사용자가 동등한 지위에서
자유의사에 따라 결정하여야 한다."라고 정하고 있다. 위 규정은 사용자가 일방
적으로 근로조건을 결정하여서는 아니 되고, 근로조건은 근로관계 당사자 사이
에서 자유로운 합의에 따라 정해져야 하는 사항임을 분명히 함으로써 근로자를
보호하고자 하는 것이 주된 취지이다. ⇒ [근기법 제4조의 규정 취지]

3) 이러한 각 규정 내용과 그 취지를 고려하면, 근로기준법 제94조가 정하는 집
단적 동의는 취업규칙의 유효한 변경을 위한 요건에 불과하므로, 취업규칙이 집
단적 동의를 받아 근로자에게 불리하게 변경된 경우에도 근로기준법 제4조가 정
하는 근로조건 자유결정의 원칙은 여전히 지켜져야 한다. 따라서 근로자에게 불
리한 내용으로 변경된 취업규칙은 집단적 동의를 받았다고 하더라도 그보다 유
리한 근로조건을 정한 기존의 개별 근로계약 부분에 우선하는 효력을 갖는다고

할 수 없다. 이 경우에도 <u>근로계약의 내용은 유효하게 존속하고, 변경된 취업규칙의 기준에 의하여 유리한 근로계약의 내용을 변경할 수 없으며, 근로자의 개별적 동의가 없는 한 취업규칙보다 유리한 근로계약의 내용이 우선하여 적용된다.</u> ⇒ **[집단적 동의를 받아 불리하게 변경된 취업규칙과 근로계약의 관계(=변경된 취업규칙보다 유리한 근로계약 내용의 유효·존속, 변경 불가 및 우선 적용)]**

▎**결론 및 이유** : 원심은 이 사건 취업규칙이 집단적 동의를 받아 유효하게 변경되었다는 등 판시와 같은 사정만을 들어 원고에게도 이 사건 근로계약이 아니라 그보다 불리하게 변경된 이 사건 취업규칙이 적용된다고 판단하였는데, 이러한 원심판단에는 취업규칙과 근로계약의 관계, 취업규칙 불이익변경에 관한 법리를 오해하여 판결에 영향을 미친 잘못이 있다.
- 이 사건 취업규칙은 임금피크제의 적용대상자가 된 근로자인 원고에 대하여 이 사건 근로계약에서 정한 연봉액을 60% 또는 40% 삭감하는 것을 내용으로 하고 있으므로, <u>연봉액에 관하여 이 사건 근로계약이 이 사건 취업규칙보다 유리한 근로조건을 정하고 있다고 할 것임.</u>
- 따라서 <u>원고가</u> 이 사건 취업규칙의 기준에 따라 이 사건 근로계약을 변경하는 것에 대하여 <u>동의하지 아니하였으므로 연봉액에 관하여 이 사건 취업규칙보다 유리한 근로조건을 정한 이 사건 근로계약이 우선하여 적용됨.</u>
- 결국 <u>이 사건 취업규칙에 대하여 과반수 노동조합의 동의를 받았다고 하더라도</u> 이 사건 근로계약은 유효하게 존속하고, <u>이 사건 취업규칙에 의하여 이 사건 근로계약에서 정한 연봉액을 삭감할 수 없음.</u>

▎**판결의 의의와 한계**
1) 대상판결은 대법원이 근기법 제4조에 따른 근로조건 자유결정 원칙의 적용 및 취업규칙에 최저기준으로의 강행적·보충적 효력을 부여하고 있는 근기법 제97조의 반대해석을 통해, 비록 취업규칙이 근로자의 집단적 동의를 받아 유효하게 불이익 변경되었더라도 그보다 유리한 기존의 개별 근로계약의 내용이 유효하게 존속하고 근로자의 개별적 동의가 없는 한 취업규칙보다 유리한 근로계약의 내용이 우선 적용된다는 이른바 '유리성의 원칙' 법리를 확립한 점에서 의의가 있다.
2) 근로자의 집단적 동의를 받아 유효하게 취업규칙상의 근로조건을 불이익하게 변경한 경우(정년퇴직 연령의 단축), 변경된 취업규칙은 기존 취업규칙의 적용을 받

앉던 근로자에게도 그 개별적 동의 여부와 관계없이 적용된다는 것이 판례의 태도이다(대법원 2008. 2. 29. 선고 2007다85997 판결 참조). 대상판결은 이러한 종래 대법원 판례에 부합한다고 볼 수 있는가? 위 종래 판례는 취업규칙보다 유리한 근로조건을 개별 근로계약에서 따로 정한 바가 없었던 사정 아래 집단적 동의를 받아 불이익하게 변경된 새로운 취업규칙이 기존의 취업규칙을 유효하게 대체한다는 신법 우선의 원칙 문제를 다룬 사안임에 반해 대상판결은 취업규칙보다 유리한 근로조건을 개별 근로계약에서 따로 정했던 사정 하에서 집단적 동의를 받아 불이익하게 변경된 취업규칙과 기존 개별 근로계약 간 유리성의 원칙 적용 문제를 다룬 사안이므로, 대상판결이 종래 대법원 판례의 입장과 어긋난다고 보기 어렵다.

3) 대상판결 이후 대법원은 대상판결에서 제시한 유리성의 원칙 법리가 적용되는 경우를 명확하게 밝혔다. 즉 대상판결의 법리는 "근로자와 사용자가 취업규칙에서 정한 기준을 상회하는 근로조건을 개별 근로계약에서 따로 정한 경우에 한하여 적용될 수 있는 것이고, 개별 근로계약에서 근로조건에 관하여 구체적으로 정하지 않고 있는 경우에는 취업규칙 등에서 정하는 근로조건이 근로자에게 적용된다고 보아야 한다."라고 판시했다(대법원 2022. 1. 13. 선고 2020다232136 판결 : 근로자인 원고가 피고 학교법인이 설치·운영하는 대학교의 조교수로 신규 임용된 후 계속 재임용되다가 교수로 승진임용되었는데, 피고 학교법인이 교원의 급여체계에 관하여 기존의 호봉제를 연봉제로 변경하는 내용의 급여지급규정을 제정하여 시행하다가 뒤늦게 전임교원 과반수의 동의를 받은 사안에서, 원고와 피고 학교법인은 급여규정 등이 규정한 바에 따라 급여를 지급받기로 하는 외에 별도로 임용계약서를 작성하거나 임금 등 근로조건에 관하여 약정을 체결하지 않았으므로, 적어도 연봉제 임금체계에 대하여 근로자 과반수의 동의를 얻은 후에는 원고에게 취업규칙상 변경된 연봉제 규정이 적용된다고 한 사례). 대상판결에서는 근로자와 사용자가 취업규칙(임금피크제)에서 정한 기준을 상회하는 근로조건(기본연봉)을 개별 근로계약(연봉계약)에 따로 정했던 경우라서 유리성의 원칙이 적용되었으나, 위 2022년 판결에서는 유효하게 변경된 취업규칙(호봉제를 연봉제로 변경하는 급여지급규정)에서 정한 기준을 상회하는 임금 등 근로조건을 개별 근로계약에 따로 정한 바가 없었으므로 유리성의 원칙이 적용되지 않았다.

4) 결론적으로 대상판결과 위 2022년 판결에 비추어 보면, 취업규칙과 근로계약의 관계에서 유리성의 원칙은 취업규칙에서 정한 기준을 상회하는 근로조건을 개별 근로계약에서 따로 정한 경우에 국한하여 적용 가능하며, 개별 근로계약에서 근로조건에 관해 구체적으로 정하지 않거나 근로조건에 대하여는 취업규칙에

정한 바에 따른다고 규정하여 취업규칙과 개별 근로계약 간 유불리의 상충 문제가 발생하지 않는 경우엔 유리성의 원칙이 적용되지 않으므로 근로자의 개별적 동의 여부와 관계없이 유효하게 변경된 취업규칙에서 정하는 근로조건이 근로자에게 적용된다고 보아야 할 것이다.

◀ Q 풀이 ▶

Q 1. 대상판결에서 이 사건 취업규칙(임금피크제 운용세칙)과 이 사건 근로계약(기본연봉을 정한 연봉계약) 중 어느 것이 원고에게 우선 적용되는지와 관련하여 원심과 대법원 간에 어떤 차이를 보이고 있는가?

[A] 원심은 이 사건 취업규칙이 집단적 동의를 받아 유효하게 변경되었으며 이 사건 취업규칙에는 당연히 기존 연봉제의 적용을 배제하고 이 사건 취업규칙이 우선 적용된다는 내용의 합의가 포함된 것으로 봄이 당사자의 의사에 합치되므로 이 사건 취업규칙이 원고에게도 적용된다고 판단하였다. 반면에 대법원은 유리성의 원칙 법리에 근거하여, 기본연봉을 정한 이 사건 근로계약이 이 사건 취업규칙보다 유리한 근로조건을 정하고 있고, 원고가 이 사건 취업규칙의 기준에 따라 이 사건 근로계약을 변경하는 것에 동의하지 아니하였으므로 연봉액에 관하여 이 사건 취업규칙보다 유리한 근로조건을 정한 이 사건 근로계약이 우선하여 적용되며, 따라서 이 사건 취업규칙에 대해 과반수 노동조합의 동의를 받았다고 하더라도 이 사건 근로계약은 유효하게 존속하고, 이 사건 취업규칙에 의하여 이 사건 근로계약에서 정한 연봉액을 삭감할 수 없다고 보았다.

제5강 임 금 (1)

1. 임금·평균임금

◀ 판례분석 ▶

┃제 목 : 중식대·가족수당 등의 평균임금 포함 여부(일부 Y, 일부 N) [현대차(임금)사건]

┃대상판결 : 대법원 2005. 9. 9. 선고 2004다41217 판결 【임금】
【원고, 상고인겸피상고인】 송○수 외 5인
【원고, 피상고인】 차○익 외 43인
【피고, 피상고인겸상고인】 현대자동차 주식회사
【원심판결】 서울고법 2004. 6. 3. 선고 2003나18854 판결
【주 문】 원심판결의 원고 이○희의 패소 부분 중 미지급 법정수당 및 퇴직금 청구
부분을 파기하고, 이 부분 사건을 서울고등법원에 환송한다. 원고 이○희의 나머지
상고와 원고 송○수, 차○진, 손○성, 안○환, 이○걸 및 피고의 상고를 모두 기각한다.

┃사건의 개요 : 피고 회사에 근무하다 퇴직한 원고들은 피고 회사가 법정수당
(연장근로수당 등)의 산정기초인 통상임금에서 산업안전보건비, 고열작업수당, 단체
개인연금 보험료를 제외하였고, 퇴직금의 산정기초인 평균임금에서 중식대, 성
과금, 단체개인연금 보험료, 가족수당, 휴가비, 선물비를 제외하였다고 주장하면
서 추가지급을 구하는 소를 제기하였다.

┃관련 법 규정(현행법 기준)
- 근기법 제2조(정의) ① 이 법에서 사용하는 용어의 뜻은 다음과 같다.
  5. "임금"이란 사용자가 근로의 대가로 근로자에게 임금, 봉급, 그 밖에 어떠한
     명칭으로든지 지급하는 모든 금품을 말한다.

6. "평균임금"이란 이를 산정하여야 할 사유가 발생한 날 이전 3개월 동안에 그 근로자에게 지급된 임금의 총액을 그 기간의 총일수로 나눈 금액을 말한다. 근로자가 취업한 후 3개월 미만인 경우도 이에 준한다.

▌**판결의 성격** : 원심은 고열작업수당은 통상임금이 아니며 중식대와 성과금은 임금이 아니기에 평균임금에 포함되지 않는다고 판단한 점을 제외하고는 원고들의 주장을 받아들였으나, 대법원은 고열작업수당의 통상임금 여부에 관해 원심과 견해를 달리하여 그 부분에 대해 원심판결을 파기하였고, 그 외는 원심의 판단이 정당하다고 보아서 원·피고의 상고를 기각하였다.

▌**쟁 점**
- 중식대, 1997년도 성과금, 단체개인연금 보험료, 가족수당, 휴가비, 선물비의 평균임금 포함 여부
- 고열작업수당, 산업안전보건비, 단체개인연금 보험료의 통상임금 해당 여부 : 이하 이 쟁점 관련 내용 제외

▌**중요 사실관계**
- 중식대 : 현물로 제공, 식사를 하지 않는 경우 현금으로 대체지급 않음 ⇒ **임금 여부와 관련**
- 성과금 : 매년 별개의 합의 형식으로 생산목표를 설정하여 달성률에 따라 지급, 1997년의 경우 생산실적이 저조하여 미지급 ⇒ **임금 여부와 관련**
- 단체개인연금 보험료 : 1997년 단체협약으로 전 직원을 대상으로 월 20,000원씩을 10년간 불입하여주기로 합의, 원고들 재직기간 동안 피고 회사가 이를 대납하고 급여명세서에 기재한 후 근로소득세를 원천징수 ⇒ **평균임금 포함 여부와 관련**
- 가족수당 : 1995. 8. 24. 노사합의에 의해 1995. 9. 1.부터 가족수당 본인분을 기본급으로 전환하고 그 이후 가족수당으로 배우자의 경우는 월 15,000원, 미혼 자녀의 경우 최다 2인에 한해 1인당 월 13,000원씩 지급 ⇒ **평균임금 포함 여부와 관련**
- 휴가비와 선물비 : 단체협약에 따라 피고 회사는 전 사원들에게 매년 설 휴가비, 추석휴가비 각 150,000원, 하기휴가비 250,000원을 지급, 노사합의에 따라 선물비를 연 200,000원 상당으로 책정한 후 그에 상응하는 선물을 현품으로 지급 ⇒ **평균임금 포함 여부와 관련**

▌기본법리(판지)

1) 상여금이 계속적·정기적으로 지급되고 그 지급액이 확정되어 있다면 이는 근로의 대가로 지급되는 임금의 성질을 가지나 그 지급사유의 발생이 불확정이고 일시적으로 지급되는 것은 임금이라고 볼 수 없다(대법원 2002. 6. 11. 선고 2001다16722 판결 참조). ⇒ **[상여금의 임금 여부 판단기준]**

2) 가족수당은 회사에게 그 지급의무가 있는 것이고 일정한 요건에 해당하는 근로자에게 일률적으로 지급되어 왔다면, 이는 임의적·은혜적인 급여가 아니라 근로에 대한 대가의 성질을 가지는 것으로서 임금에 해당한다(대법원 1995. 7. 11. 선고 93다26168 판결, 2002. 5. 31. 선고 2000다18127 판결 등 참조). ⇒ **[가족수당의 임금 여부 판단기준]**

3) 평균임금 산정의 기초가 되는 임금총액에는 사용자가 근로의 대상으로 근로자에게 지급하는 일체의 금품으로서, 근로자에게 계속적·정기적으로 지급되고 그 지급에 관하여 단체협약, 취업규칙 등에 의하여 사용자에게 지급의무가 지워져 있으면 그 명칭 여하를 불문하고 모두 포함되는 것이고, 비록 현물로 지급되었다 하더라도 근로의 대가로 지급하여 온 금품이라면 평균임금의 산정에 있어 포함되는 임금으로 봄이 상당하다(대법원 1990. 12. 7. 선고 90다카19647 판결). ⇒ **[평균임금 산정기초가 되는 임금의 범위]**

▌결론 및 이유

- **중식대**(평균임금에 포함되지 않음) : 현물로 제공된 중식대의 경우 피고 회사가 식사를 하지 않는 근로자에게 식비에 상응하는 현금이나 다른 물품을 지급하였다거나 지급할 의무가 있다는 점을 인정할 증거가 없기 때문에 이는 근로자의 후생복지를 위해 제공되는 것으로서 근로의 대가인 임금이라고 볼 수 없음.

- **성과금**(평균임금에 포함되지 않음) : 목표달성 성과금은 매년 노사간 합의로 그 구체적 지급조건이 정해지며 그 해의 생산실적에 따라 지급 여부나 지급률이 달라질 수 있는 것이지 생산실적과 무관하게 계속적·정기적으로 지급된 것이라고 볼 수 없어 피고 회사에 그 지급의무가 있는 것이 아님.

- **단체개인연금 보험료**(평균임금에 포함됨) : 비록 직접 근로자들에게 현실로 지급되는 것이 아니고 그 지급의 효과가 즉시 발생하는 것은 아니라 하더라도 사용자가 단체협약에 의하여 전 근로자를 피보험자로 하여 개인연금보험에 가입한 후 매월 그 보험료 전부를 대납하였고 근로소득세까지 원천징수하였다면, 이는 근로의 대상인 임금의 성질을 가진다고 할 것이고, 정기적·일률적·고정적 급부

라는 통상임금의 개념적 징표까지 모두 갖추고 있는 이상, 연금보험료도 통상임금에 포함되고, 나아가 단체개인연금 보험료를 통상임금에 포함시켜야 하는 이상 평균임금에도 당연히 포함됨.

- **가족수당**(평균임금에 포함됨) : 노사간 합의에 의하여 피고 회사에게 그 지급의무가 있고 일정한 요건에 해당하는 근로자에게 일률적으로 지급되어 왔으므로 근로에 대한 대가의 성질을 가지는 것으로서 퇴직금 산정의 기초가 되는 평균임금에 포함됨.

- **휴가비와 선물비**(평균임금에 포함됨) : 피고 회사는 단체협약에 따라 원고들을 포함한 전 사원들에게 매년 설 휴가비, 추석 휴가비 각 150,000원, 하기 휴가비 250,000원을 각 지급하여 왔고, 노사합의에 따라 선물비를 연 200,000원 상당으로 책정한 후 그에 상응하는 선물을 현품으로 지급하여 왔으므로 각 휴가비 및 선물비는 단체협약, 노사합의 및 관행에 따라 일률적·계속적·정기적으로 지급된 것으로서 그 월평균액이 퇴직금 산정의 기초가 되는 평균임금에 포함됨.

▮ 판결의 의의와 한계

1) 대상판결은 다양한 명칭의 수당, 금품 등이 평균임금에 해당하거나 포함되는지 여부가 쟁점이 된 사례로서 해당 법리와 그 적용의 예를 잘 보여주는 사례이다. 대상판결에서 개인연금 보험료, 가족수당, 휴가비 및 선물비는 평균임금에 포함되지만 중식대와 목표달성 성과금(1997년도 성과금)은 그렇지 않은 것으로 판단되었다.

2) 대상판결에 따르면, 근로의 대가로 근로자에게 계속적·정기적으로 지급되는 것으로 단체협약, 취업규칙 등에 의해 사용자에게 지급 의무가 있는 금품(현물 포함)이라면 그 명칭을 불문하고 임금에 해당한다. 한편, 어떤 금품이 근로의 대가로 지급된 것인지를 판단함에 있어서는 그 금품지급의무의 발생이 근로제공과 직접적으로 관련되거나 그것과 밀접하게 관련된 것으로 볼 수 있어야 하고, 이러한 관련 없이 그 지급의무의 발생이 개별 근로자의 특수하고 우연한 사정에 의하여 좌우되는 경우에는 그 금품의 지급이 단체협약·취업규칙·근로계약 등이나 사용자의 방침 등에 의하여 이루어진 것이라 하더라도 그러한 금품은 근로의 대가로 지급된 것으로 볼 수 없다는 것이 판례의 입장이다(대법원 2011. 3. 10. 선고 2010다77514 판결, 대법원 2011. 7. 14. 선고 2011다23149 판결 등).

※ 대법원 2011. 3. 10. 선고 2010다77514 판결 【퇴직금】

- "… (중략) … 원심판결 이유에 의하면, 원심은 채택 증거를 종합하여 피고(2010. 4. 28. 제1심의 피고였던 한국산재의료원을 합병하였다)가 그 소속 의사들에게 기본급과 제 수당 외에 '진료포상비 지급기준' 또는 '진료성과급 지급기준'에 따라 계속적·정기적으로 진료포상비를 지급하여 왔는데, 위 진료포상비에는 기본포상비와 특진포상비, 진료수익의 다과에 비례하는 성과포상비, 협진료 및 전과포상비 등이 포함되어 있었던 사실, 2009. 1. 31.까지 피고 산하 ○○병원에서 내과 전문의로 근무하다 퇴직한 원고 1의 경우 매월 230만 원의 기본포상비와 진료수익이나 실적에 따라 지급되는 위 나머지 각 포상비를 지급받아 왔고, 2009. 5. 14.까지 위 ○○병원에서 영상의학과 전문의로 근무하다 퇴직한 원고 2의 경우 위 성과포상비와 특진포상비 등을 지급받아 온 사실 등을 인정한 다음, 피고가 소속 의사의 실적을 판단하는 기준으로 삼은 진료와 특진, 협진 등의 업무는 매달 이를 수행하는 횟수에 차이는 있을지언정 그 자체는 의사 고유의 업무로서 병원을 운영하는 피고에게 제공된 근로의 일부이므로, 그에 대한 포상비는 근로의 대가로 지급된 것으로 보아야 할 것인 점 등 그 판시와 같은 사정들을 종합해 보면, 원고들에게 지급된 위와 같은 진료포상비는 모두 근로기준법상 평균임금 산정의 기초가 되는 임금총액에 포함되는 것으로 봄이 상당하다고 판단하였다. 앞서 본 법리와 기록에 비추어 살펴보면, 원심의 위와 같은 판단은 정당한 것으로 수긍할 수 있고, … (이하 생략) …"

※ 대법원 2011. 7. 14. 선고 2011다23149 판결 【임금등】

- "… (중략) … 원심은, 피고 회사가 인센티브(성과급) 지급규정이나 영업 프로모션 등으로 정한 지급기준과 지급시기에 따라 인센티브(성과급)를 지급하여 왔고, 차량판매는 피고 회사의 주업으로서 영업사원들이 차량판매를 위하여 하는 영업활동은 피고 회사에 대하여 제공하는 근로의 일부라 볼 수 있어 인센티브(성과급)는 근로의 대가로 지급되는 것이라고 보아야 하며, 매월 정기적, 계속적으로 이루어지는 인센티브의 지급이 개인근로자의 특수하고 우연한 사정에 의하여 좌우되는 우발적, 일시적 급여라고 할 수 없고, 지급기준 등의 요건에 맞는 실적을 달성하였다면 피고 회사로서는 그 실적에 따른 인센티브의 지급을 거절할 수 없을 것이므로 이를 은혜적인 급부라고 할 수도 없으며, 인센티브(성과급)를 일률적으로 임금으로 보지 않을 경우 인센티브(성과급)만으로 급여를 지급받기로 한 근로자는 근로를 제공하되 근로의 대상으로서의 임금은 없는 것이 되고 퇴직금도 전혀 받을 수 없게 되는 불합리한 결과가 초래될 것인 점 등에 비추어 보면, 이 사건 인센티브(성과급)는 퇴직금 산정의 기초가 되는 평균임금에 해당한다고 판단하였다. 앞서 본 법리와 기록에 비추어 살펴보면, 원심의 위와 같은 판단은 정당한 것으로 수긍할 수 있고, … (이하 생략) …"

◀ Q 풀이 ▶

Q 1. 대상판결에서 현물 금품의 종류와 그 임금 여부에 관한 판단의 결과와 이유는?

[A] 현물 금품에 해당하는 것은 '중식대'와 '선물비'이다. 비록 현물로 지급되었더라도 근로대가로 지급된 금품이면 임금이라는 것이 판례의 입장이다. 대상판결에 의하면 선물비는 노사합의에 따라 연 200,000원 상당으로 책정된 뒤 전 사원을 대상으로 일률적·계속적·정기적으로 지급된 것으로서 그 월평균액이 퇴직금 산정의 기초가 되는 평균임금에 포함된다. 반면에 중식대는 피고 회사가 식사를 하지 않는 근로자에게 식비에 상응하는 현금이나 다른 물품을 지급하였다거나 지급할 의무가 있지 않으므로 근로의 대가인 임금이라고 볼 수 없고, 단지 근로자의 후생복지를 위해 제공되는 것이므로 퇴직금 산정의 기초가 되는 평균임금에도 포함되지 않는다.

Q 2. 대상판결에서 97년 성과금에 대한 원고의 청구가 배척된 이유는?

[A] 대상판결에서 성과금은 매년 노사간 합의로 구체적 지급조건이 정해질 뿐만 아니라 그 해의 생산실적에 따라 지급 여부 및 지급률도 달라지는 것이고 생산실적과 무관하게 피고 회사에게 그 지급의무가 발생하는 것은 아니기 때문에 평균임금의 계산에 포함되는 임금에 해당하지 않는 것으로 판단되었고, 특히 97년도의 경우에는 성과금에 대한 노사합의 당시에 구체적 생산목표가 명시되지 않았지만 그 전까지의 목표달성 성과금 지급의 최저기준이었던 생산목표 90% 이상 달성이 전제되었던 것이고, 그 달성을 인정할 수 있는 증거가 부족하기에 97년도 성과금 청구를 배척하였다.

Q 3. 상여금으로 기본급의 100%씩 연 4회 특정 시기에 일률적으로 지급하는 경우 평균임금의 계산방식은? (대법원 1989. 4. 11. 선고 87다카2901 판결 참고).

[A] 상여금이 임금에 해당하는 경우 평균임금 산정사유 발생일 이전 3개월분에 상응하는 상여금액을 분자인 임금총액에 포함시키고 분모인 그 기간의 총일수로 나눈다. 즉 직전 3개월간 수령한 임금액이 각각 A, B, C원, 연 4회 수령한 상여금의 총액(기본급의 400%)이 D원이라고 하면, [(A+B+C)+(D×3/12)]/3개월의 총일수=평균임금이다.

※ **대법원 1989. 4. 11. 선고 87다카2901 판결 【손해배상(자)】**

- "원심은 이 사건 교통사고로 인한 원고의 재산상 손해액을 산정함에 있어 원고는 1984. 11. 1. 피혁제조업체인 주식회사 태선에 입사하여 가죽도장공으로 근무하던 중 1985. 8. 23. 경운기를 운전하고 가다가 피고 소유의 트럭에 들이받혀 상해를 입고 그 후유증으로 근무능력이 상실되어 1986. 4. 6. 퇴사하였는데 사고 직전인 1985. 5월에 금 308,760원, 6월에 금 243,410원, 7월에 금 244,440원, 8월에 금 259,590원의 급여를 지급받았으며 <u>매년 6월과 12월에 월 기본급 금 220,500원에 해당하는 상여금을 지급받은</u> 사실을 인정하고 월 평균수입을 금 288,060원으로 확정하여 일실 수입과 일실퇴직금 상당 손해의 기초로 삼고 있는바 그 산정내역에 관한 판시를 보면 $(308,760 \times 8/31 + 243,410 + 244,440 + 259,590 \times 23/31) \div 92 \times 365/12 + \underline{(220,500 \times 2 \div 12)}$ 라는 수식으로 하고 있다. 근로기준법 제19조 제1항 전단은 평균임금이라 함은 이를 산정하여야 할 사유가 발생한 날 이전 3월간에 그 근로자에 대하여 지급된 임금의 총액을 그 기간의 총일수로 제한 금액을 말한다 라고 규정하고 있는바 <u>위의 사유가 발생한 날 이전 3월간의 기산에 있어서 사유발생한 날인 초일은 산입하지 아니하여야 할 것이므로(민법 제157조) 이 사건에 있어서는 사유가 발생한 날의 전일 즉 1985. 8. 22부터 소급하여 역일에 의한 3개월을 계산하여야</u> 하는 것이다. 따라서 원심의 산정수식에 있어 5월의 8일과 8월의 23일은 각각 9일과 22일이어야 옳은 것이다. 그리고 원심은 평균임금 산정의 기초가 될 임금에 상여금이 있음을 인정하면서 임금의 총액속에 상여금은 넣지 않고 월 급여의 총액에 대하여서만 산정기간일수인 92로 나누어 1일 평균금액을 낸 다음 월급여액을 계산하고 상여금은 이와 달리 별도로 그 총액을 12로 월할하는 방식으로 1개월분 수액을 계산하여 월평균급여액에 보태는 계산방식을 취하였는바 이 부분 계산만으로는 원고에게 불리하나 상여금을 임금의 일종으로 보는 이상 근로기준법 제19조의 <u>사유가 발생한 날 이전 3개월분의 상여금을 미리 임금의 총액에 포함시킨 다음 그 총액을 그 기간의 총수로 나누는 것이 합리적인 계산방식</u>이라 할 것이다. 위에서 본 바와 같은 바른 산정방식 $[(308,760 \times 9/31 + 243,410 + 244,440 + 259,590 \times 22/31) + (220,500 \times 2 \times 3/12)] \div 92 \times 365/12$에 의하여 나온 금 288,258원은 원심이 인정한 산식에서 나온 원고의 월평균수입금 288,060원보다 금 198원이 많으므로 판결의 결과에 영향이 있는 것이고 이러한 이유로 논지는 이유 있다."

구 분	5.23-5.31	6.1-6.30	7.1-7.31	8.1-8.22
총일수 92일	9일	30일	31일	22일
월급여액	308,760	243,410	244,440	259,590
직전 3개월 급여액	위 액의 9/31	〃	〃	위 액의 22/31

◀ 심화학습 ▶

1. 공공기관 경영평가성과급의 임금성 (대법원 2018. 12. 28. 선고 2016다239680 판결 참고)

▷ 참고판결에서는 공기업이나 준정부기관이 공공기관의 운영에 관한 법률(이하 '공공기관운영법')에 근거하여 기획재정부장관의 경영실적 평가결과에 따라 직원들에게 지급하는 성과급(이하 '경영평가성과급')이 평균임금 산정의 기초가 되는 임금에 해당하는지가 쟁점이었다. 참고판결에 따르면, 경영평가성과급이 계속적·정기적으로 지급되고 지급대상, 지급조건 등이 확정되어 있어 사용자에게 지급의무가 있다면, 이는 근로의 대가로 지급되는 임금의 성질을 가지므로 평균임금 산정의 기초가 되는 임금에 포함된다고 보아야 하고, 경영실적 평가결과에 따라 그 지급 여부나 지급률이 달라질 수 있다고 하더라도 그러한 이유만으로 경영평가성과급이 근로의 대가로 지급된 것이 아니라고 볼 수 없다고 한다.

▷ 참고판결에서 대법원은 i) 피고(주택도시보증공사)가 2010년 이전부터 경영평가성과급을 지급하여 왔는데, 경영평가성과급은 근로자들의 전년도 근무성적을 평가하여 지급 당해 연도에 매년 2회 기본급 또는 기본연봉의 2011년까지는 500%, 2012년부터는 최대 250%까지 지급되어 왔던 점, ii) 피고의 보수규정 제30조의3은 '사장은 경영실적 평가결과에 따라 경영평가성과급을 지급하고, 그 차등지급 기준 등은 사장이 따로 정하는 바에 의한다'고 규정하고 있고, 연봉제규정 제23조는 '경영평가성과급은 종합근무평정규정 제14조에 의거 산출된 등급에 따라 차등지급하고, 차등지급 기준은 상임이사회에서 정한다'고 규정하고 있는 점, iii) 공공기관운영법 제48조 제1항은 기획재정부장관이 공기업·준정부기관의 경영실적을 평가하도록 정하였고, 정부는 '공기업·준정부기관 예산집행지침'으로 경영평가성과급의 지급횟수, 차등 등급 수, 등급별 인원 비율, 차등수준 등의 지급기준을 마련해 왔으며, 공공기관운영법에 의한 경영실적 평가결과에 따라 피고에 적용되는 성과급 지급률을 정하였던 점, iv) 피고는 위와 같이 매년 정부가 정한 성과급 지급률을 기초로 보수규정, 연봉제규정, 상임이사회에서 정한 기준과 계산방식에 따라 잔여 성과상여금을 산정하여 소속 직원들에게 지급하였던 점 등을 위 법리에 비추어 보면, 피고가 2011년 무렵부터 2015년 무렵까지 원고들에게 지급한 이 사건 경영평가성과급은 계속적·정기적으로 지급되고, 지급대상과 지급조건 등이 확정되어 있어 사용자에게 지급의무가 지워져 있으므로 근로의 대가로 지급되는 임금의 성질을 가진다고 보아야 한다고 판시하였다.

▷ 한편, 민간기업이 매년 임금협약에서 정한 바에 따라 산정하여 지급한 급 경영성과금이 평균임금의 산정의 기초가 되는 임금에 해당하는지가 쟁점이었던 사안에서, 대법원은 i) 피고 회사(현대미포조선)의 성과금은 급여규정이나 단체협약에 규정된 바 없이 매년 임금협약 시 노사 간 합의로 그 지급 여부나 구체적인 지급기준 등이 정해졌고, 1992년도부터 원고들이 모두 퇴직한 1998년도까지의 기간 동안 성과금의 지급기준이 거의 매년 틀려 그 지급액이 확정되어 있었다고 보기 어려운 점, ii) 1994년도까지는 비록 아무런 지급조건이 부가되지는 않았으나, 그 지급기준이 일정하지 않았고, 1995년도부터 원고들이 모두 퇴직한 1998년도까지는 1996년도 한 해를 제외하고 모두 무쟁의 내지 무분규 등의 지급조건이 부가된 점, iii) 피고 회사는 매년 노사합의에서 정한 바대로 빠짐없이 성과금을 지급하였는데, 이는 1996년도를 제외하고는 지급조건에서 정한 쟁의나 분규가 없었기 때문이었고, 1996년도에는 비록 분규가 있었지만 그 성과금 지급에 있어 '무분규' 등과 같은 지급조건이 부가되지 않았기 때문인 것으로 보일 뿐, 이로써 분규 발생에도 불구하고 피고 회사가 일정률의 성과금을 계속 지급할 의사가 있다거나 그와 같은 관행이 성립되었다고 보기는 어려운 점 등을 종합하면, 원고들이 평균임금 산정의 기초가 되는 임금총액에 산입되어야 한다고 주장하는 1997년 및 1998년도 경영성과금은 계속적·정기적으로 지급되어 온 것으로서 근로계약이나 노동관행 등에 의하여 피고 회사에게 그 지급의무가 지워져 있는 것으로 보기는 어려우므로, 평균임금 산정의 기초가 되는 임금에 해당하지 아니한다고 보았다(대법원 2006. 5. 26. 선고 2003다54322, 54339 판결).

2. 통상임금

◀ 판례분석 ▶

▌제 목 : 통상임금에 속하는지 여부의 판단 기준 [갑을오토텍사건]

▌대상판결(1) : 대법원 2013. 12. 18. 선고 2012다89399 전원합의체 판결【퇴직금】
【원고, 피상고인】 김○회

【피고, 상고인】 갑을오토텍 주식회사
【원심판결】 대전지방법원 2012. 8. 22. 선고 2012나4372 판결
【주 문】 원심판결을 파기하고, 사건을 대전지방법원 본원 합의부에 환송한다.

■ **대상판결(2)** : 대법원 2013. 12. 18. 선고 2012다94643 전원합의체 판결【임금】
【원고, 피상고인】 김○호 외 294명
【피고, 상고인】 갑을오토텍 주식회사
【원심판결】 대전고등법원 2012. 9. 21. 선고 2011나6388 판결
【주 문】 원심판결 중 피고 패소 부분을 파기하고, 이 부분 사건을 대전고등법원
에 환송한다.

■ **사건의 개요**
- 대상판결(1) : 피고 회사에 관리직으로 근무하다 퇴직한 원고는 상여금을 통상
임금에 포함하여 계산하였다면 받을 수 있었던 임금(미사용 연·월차수당 및 퇴직금)
과 실제 피고로부터 지급받은 임금의 차액의 지급을 청구하였다.
- 대상판결(2) : 피고 회사에 생산직으로 재직하고 있는 원고들은 설·추석 상여금
등을 포함하여 계산된 통상임금을 기초로 재산정한 연장근로수당 등 법정수당과
이미 지급한 법정수당의 차액의 지급을 청구하였다.

■ **관련 법 규정**(현행법 기준)
- 근기법 제56조(연장·야간 및 휴일 근로) ① 사용자는 연장근로(제53조 · 제59조
및 제69조 단서에 따라 연장된 시간의 근로를 말한다)에 대하여는 통상임금의 100분의
50 이상을 가산하여 근로자에게 지급하여야 한다.
② 제1항에도 불구하고 사용자는 휴일근로에 대하여는 다음 각 호의 기준에 따
른 금액 이상을 가산하여 근로자에게 지급하여야 한다.
  1. 8시간 이내의 휴일근로 : 통상임금의 100분의 50
  2. 8시간을 초과한 휴일근로 : 통상임금의 100분의 100
③ 사용자는 야간근로(오후 10시부터 다음 날 오전 6시 사이의 근로를 말한다)에 대하
여는 통상임금의 100분의 50 이상을 가산하여 근로자에게 지급하여야 한다.
- 근기법 시행령 제6조(통상임금) ① 법과 이 영에서 "통상임금"이란 근로자에
게 정기적이고 일률적으로 소정근로 또는 총 근로에 대하여 지급하기로 정한 시
간급 금액, 일급 금액, 주급 금액, 월급 금액 또는 도급 금액을 말한다.

▌판결의 성격
- 대상판결(1) : 원심은 이 사건 상여금이 통상임금에 해당한다고 판단하여 원고의 주장을 받아들였고, 대법원도 상여금이 통상임금에 해당한다고 보아서 상여금을 통상임금에서 제외하는 노사합의는 무효라고 판단하였다(다만, 대법원은 원고의 추가임금 청구가 신의칙에 위배되어 받아들여질 수 없다고 보아 원심판결을 파기하였다).
- 대상판결(2) : 원심은 이 사건 설·추석 상여금 등이 통상임금에 해당한다고 판단하여 원고의 주장을 받아들였으나, 대법원은 설·추석 상여금 등이 통상임금에 해당하지 않는다고 보아 원심판결을 파기하였다.

▌쟁 점
- 통상임금에 해당하는지 여부의 판단 기준
- 통상임금에 포함되는 임금을 제외하는 노사합의가 유효한지 여부

▌중요 사실관계 : 대상판결(1)
- 정기상여금 : 단체협약에 따라 짝수달에 통상임금의 100%씩 지급, 근속기간이 2개월을 초과한 근로자에게는 전액 지급, 신규입사자나 휴직자에 대해 일정 비율의 금액 지급, 퇴직자에게는 일할계산하여 지급 ⇒ **통상임금 여부와 관련**
- 단체협약에서 정기상여금을 통상임금 산입에서 제외 ⇒ **노사합의의 효력과 관련**

▌중요 사실관계 : 대상판결(2)
- 설·추석 상여금 : 단체협약에 따라 설·추석에 통상임금의 50%씩 지급, 설·추석 상여금 지급일 현재 재직 중인 근로자 전원에게 설·추석 상여금을 지급하되, 지급일 현재 6개월 이상 휴직 중인 자를 지급대상에서 제외 ⇒ **통상임금 여부와 관련**
- 하기휴가비 : 단체협약에 따라 500,000원 지급, 지급일 전일까지의 퇴사자, 지급일 현재 3개월 이상 휴직중인 자, 지급일 현재 1개월 이상 정직중인 자를 제외 ⇒ **통상임금 여부와 관련**
- 개인연금지원금 : 단체협약 세부지침에 따라 근속기간별로 월 15,000원 내지 30,000원을 노후생활 보장을 위한 개인연금 지원으로 회사가 대납 ⇒ **통상임금 여부와 관련**
- 단체협약에서 설·추석 상여금 등을 통상임금 산입에서 제외 ⇒ **노사합의의 효력과 관련**

■ **기본법리**(판지) : 대상판결(1)

1) 어떠한 임금이 <u>통상임금에 속하는지 여부</u>는 그 임금이 <u>소정근로의 대가로 근로자에게 지급되는 금품으로서 정기적·일률적·고정적으로 지급되는 것인지</u>를 기준으로 그 객관적인 성질에 따라 판단하여야 하고, <u>임금의 명칭이나 그 지급주기의 장단 등 형식적 기준에 의해 정할 것이 아니다.</u> ⇒ **[통상임금 여부 판단 기준]**

2) **[소정근로의 대가]** 여기서 소정근로의 대가라 함은 근로자가 <u>소정근로시간에 통상적으로 제공하기로 정한 근로에 관하여 사용자와 근로자가 지급하기로 약정한 금품</u>을 말한다. 근로자가 소정근로시간을 초과하여 근로를 제공하거나 근로계약에서 제공하기로 정한 근로 외의 근로를 특별히 제공함으로써 사용자로부터 추가로 지급받는 임금이나 소정근로시간의 근로와는 관련 없이 지급받는 임금은 소정근로의 대가라 할 수 없으므로 통상임금에 속하지 아니한다. ⇒ **[소정근로의 대가 의미]**

3) **[정기성]** ⑴ 어떤 임금이 통상임금에 속하기 위해서 <u>정기성을 갖추어야 한다</u>는 것은 그 임금이 <u>일정한 간격을 두고 계속적으로 지급</u>되어야 함을 의미한다. ⇒ **[정기성: 일정한 간격 두고 계속적 지급]**

⑵ 통상임금에 속하기 위한 성질을 갖춘 임금이 <u>1개월을 넘는 기간마다 정기적으로 지급</u>되는 경우, 이는 노사간의 합의 등에 따라 근로자가 소정근로시간에 통상적으로 제공하는 근로의 대가가 1개월을 넘는 기간마다 분할지급되고 있는 것일 뿐, 그러한 사정 때문에 갑자기 그 임금이 소정근로의 대가로서의 성질을 상실하거나 정기성을 상실하게 되는 것이 아님은 분명하다. 따라서 정기상여금과 같이 일정한 주기로 지급되는 임금의 경우 <u>단지 그 지급주기가 1개월을 넘는다는 사정만으로 그 임금이 통상임금에서 제외된다고 할 수는 없다.</u> ⇒ **[지급주기가 1개월 넘어도 통상임금 부정 안됨]**

4) **[일률성]** ⑴ 어떤 임금이 통상임금에 속하기 위해서는 그것이 <u>일률적으로 지급되는 성질</u>을 갖추어야 한다. '일률적'으로 지급되는 것에는 '<u>모든 근로자</u>'에게 지급되는 것뿐만 아니라 '<u>일정한 조건 또는 기준에 달한 모든 근로자</u>'에게 지급되는 것도 포함된다. 여기서 '<u>일정한 조건</u>'이란 고정적이고 평균적인 임금을 산출하려는 통상임금의 개념에 비추어 볼 때 <u>고정적인 조건이어야 한다</u>(대법원 1993. 5. 27. 선고 92다20316 판결, 대법원 2012. 7. 26. 선고 2011다6106 판결 등 참조). ⇒ **[일률성: 일정한 조건 또는 기준에 달한 모든 근로자에게 지급되는 것 포함, 일정한 조건이란 고정적인 조건]**

⑵ 단체협약이나 취업규칙 등에 <u>휴직자나 복직자 또는 징계대상자 등에 대하여 특정 임금에 대한 지급 제한사유를 규정</u>하고 있다 하더라도, 이는 해당 근로자

의 개인적인 특수성을 고려하여 그 임금 지급을 제한하고 있는 것에 불과하므로, 그러한 사정을 들어 정상적인 근로관계를 유지하는 근로자에 대하여 그 임금 지급의 일률성을 부정할 것은 아니다. ⇒ **[휴직자, 복직자, 징계대상자 지급 제한사유로 일률성 부정 안 됨]**

5) **[고정성]** (1) 어떤 임금이 통상임금에 속하기 위해서는 그것이 고정적으로 지급되어야 한다. '고정성'이라 함은 '근로자가 제공한 근로에 대하여 그 업적, 성과 기타의 추가적인 조건과 관계없이 당연히 지급될 것이 확정되어 있는 성질'을 말하고, '고정적인 임금'은 '임금의 명칭 여하를 불문하고 임의의 날에 소정근로시간을 근무한 근로자가 그 다음 날 퇴직한다 하더라도 그 하루의 근로에 대한 대가로 당연하고도 확정적으로 지급받게 되는 최소한의 임금'이라고 정의할 수 있다. 고정성을 갖춘 임금은 근로자가 임의의 날에 소정근로를 제공하면 추가적인 조건의 충족 여부와 관계없이 당연히 지급될 것이 예정된 임금이므로, 그 지급 여부나 지급액이 사전에 확정된 것이라 할 수 있다. ⇒ **[고정성: 업적, 성과 기타의 추가적인 조건과 관계없이 당연히 지급될 것이 확정, 지급 여부나 지급액이 사전에 확정]**

(2) 이와 달리 근로자가 소정근로를 제공하더라도 추가적인 조건을 충족하여야 지급되는 임금이나 그 조건 충족 여부에 따라 지급액이 변동되는 임금 부분은 고정성을 갖춘 것이라고 할 수 없다. ⇒ **[추가적인 조건의 충족 여부에 따라 지급액이 변동되는 임금은 고정성 부정]**

6) **[근속기간에 연동하는 임금]** 근속기간은 근로자의 숙련도와 밀접한 관계가 있으므로 소정근로의 가치 평가와 관련이 있는 '일정한 조건 또는 기준'으로 볼 수 있고, 일정한 근속기간 이상을 재직한 모든 근로자에게 그에 대응하는 임금을 지급한다는 점에서 일률성을 갖추고 있다고 할 수 있다. 또한 근속기간은 근로자가 임의의 날에 연장·야간·휴일 근로를 제공하는 시점에서는 그 성취 여부가 불확실한 조건이 아니라 그 근속기간이 얼마인지가 확정되어 있는 기왕의 사실이므로, 일정 근속기간에 이른 근로자는 임의의 날에 근로를 제공하면 다른 추가적인 조건의 성취 여부와 관계없이 근속기간에 연동하는 임금을 확정적으로 지급받을 수 있어 고정성이 인정된다. 따라서 임금의 지급 여부나 지급액이 근속기간에 연동한다는 사정은 그 임금이 통상임금에 속한다고 보는 데 장애가 되지 않는다. ⇒ **[지급 여부나 지급액이 근속기간에 연동하는 임금은 통상임금 부인 안됨]**

7) **[근무일수에 연동하는 임금]** (1) 매 근무일마다 일정액의 임금을 지급하기로 정함으로써 근무일수에 따라 일할계산하여 임금이 지급되는 경우에는 실제 근무일수에 따라 그 지급액이 달라지기는 하지만, 근로자가 임의의 날에 소정근로를 제공하기

만 하면 그에 대하여 일정액을 지급받을 것이 확정되어 있으므로, 이러한 임금은 고정적 임금에 해당한다. ⇒ **[근무일수에 따라 일할계산하는 임금은 통상임금 긍정]**

(2) 그러나 일정 근무일수를 충족하여야만 지급되는 임금은 소정근로를 제공하는 외에 일정 근무일수의 충족이라는 추가적인 조건을 성취하여야 비로소 지급되는 것이고, 이러한 조건의 성취 여부는 임의의 날에 연장·야간·휴일 근로를 제공하는 시점에서 확정할 수 없는 불확실한 조건이므로 고정성을 갖춘 것이라 할 수 없다. ⇒ **[일정 근무일수 충족하여야 지급하는 임금은 통상임금 부정]**

(3) 근로자가 특정 시점 전에 퇴직하더라도 그 근무일수에 비례한 만큼의 임금이 지급되는 경우에는 앞서 본 매 근무일마다 지급되는 임금과 실질적인 차이가 없으므로, 근무일수에 비례하여 지급되는 한도에서는 고정성이 부정되지 않는다. ⇒ **[퇴직시 근무일수에 비례하여 지급하면 통상임금 긍정]**

8) [근무실적에 연동하는 임금] (1) 지급 대상기간에 이루어진 근로자의 근무실적을 평가하여 이를 토대로 지급 여부나 지급액이 정해지는 임금은 일반적으로 고정성이 부정된다고 볼 수 있다. 그러나 근무실적에 관하여 최하 등급을 받더라도 일정액을 지급하는 경우와 같이 최소한도의 지급이 확정되어 있다면, 그 최소한도의 임금은 고정적 임금이라고 할 수 있다. ⇒ **[근무실적에 따라 변동하는 임금은 고정성 부정되나 최소한도의 지급이 확정된 임금은 고정적 임금 해당]**

(2) 근로자의 전년도 근무실적에 따라 당해 연도에 특정 임금의 지급 여부나 지급액을 정하는 경우, 당해 연도에는 그 임금의 지급 여부나 지급액이 확정적이므로 당해 연도에 있어 그 임금은 고정적인 임금에 해당하는 것으로 보아야 한다. 그러나 보통 전년도에 지급할 것을 그 지급 시기만 늦춘 것에 불과하다고 볼 만한 특별한 사정이 있는 경우에는 고정성을 인정할 수 없다. 다만 이러한 경우에도 근무실적에 관하여 최하 등급을 받더라도 일정액을 최소한도로 보장하여 지급하기로 한 경우에는 그 한도 내에서 고정적인 임금으로 볼 수 있다. ⇒ **[전년도 근무실적에 따라 확정된 당해 연도의 임금은 고정적 임금 해당]**

9) [통상임금에 관한 노사합의의 효력] (1) 근로기준법에서 정하는 근로조건은 최저기준이므로(근로기준법 제3조), 그 기준에 미치지 못하는 근로조건을 정한 근로계약은 그 부분에 한하여 무효로 되며, 이에 따라 무효로 된 부분은 근로기준법에서 정한 기준에 따른다(근로기준법 제15조). 통상임금은 위 근로조건의 기준을 마련하기 위하여 법이 정한 도구개념이므로, 사용자와 근로자가 통상임금의 의미나 범위 등에 관하여 단체협약 등에 의해 따로 합의할 수 있는 성질의 것이 아니다. 따라서 앞에서 밝힌 기준에 따라 성질상 근로기준법 상의 통상임금에 속하

는 임금을 통상임금에서 제외하기로 노사간에 합의하였다 하더라도 그 합의는 효력이 없다. ⇒ **[통상임금 제외 노사합의는 무효]**

⑵ 연장·야간·휴일 근로에 대하여 통상임금의 50% 이상을 가산하여 지급하도록 한 근로기준법의 규정은 각 해당 근로에 대한 임금산정의 최저기준을 정한 것이므로, 통상임금의 성질을 가지는 임금을 일부 제외한 채 연장·야간·휴일 근로에 대한 가산임금을 산정하도록 노사간에 합의한 경우 그 노사합의에 따라 계산한 금액이 근로기준법에서 정한 위 기준에 미달할 때에는 그 미달하는 범위 내에서 노사합의는 무효라 할 것이고(대법원 1993. 5. 11. 선고 93다4816 판결, 대법원 2009. 12. 10. 선고 2008다45101 판결 등 참조), 그 무효로 된 부분은 근로기준법이 정하는 기준에 따라야 할 것이다. ⇒ **[노사합의에 따라 계산한 가산임금 금액이 근기법상 기준에 미달하는 범위 내에서 무효]**

▌**기본법리**(판지) : 대상판결⑵

1) 근로기준법이 연장·야간·휴일 근로에 대한 가산임금, 해고예고수당, 연차휴가수당 등의 산정 기준 및 평균임금의 최저한으로 규정하고 있는 통상임금은 근로자가 소정근로시간에 통상적으로 제공하는 근로인 소정근로(도급근로자의 경우에는 총 근로)의 대가로 지급하기로 약정한 금품으로서 정기적·일률적·고정적으로 지급되는 임금을 말한다. 1개월을 초과하는 기간마다 지급되는 임금도 그것이 정기적·일률적·고정적으로 지급되는 것이면 통상임금에 포함될 수 있다. ⇒ **[통상임금 여부 판단 기준]**

2) 그리고 고정적인 임금이라 함은 '임금의 명칭 여하를 불문하고 임의의 날에 소정근로시간을 근무한 근로자가 그 다음 날 퇴직한다 하더라도 그 하루의 근로에 대한 대가로 당연하고도 확정적으로 지급받게 되는 최소한의 임금'을 말하므로, 근로자가 임의의 날에 소정근로를 제공하면 추가적인 조건의 충족 여부와 관계없이 당연히 지급될 것이 예정되어 지급 여부나 지급액이 사전에 확정된 임금은 고정성을 갖춘 것으로 볼 수 있다. ⇒ **[고정성 여부 판단 기준]**

3) 여기서 말하는 조건은 근로자가 임의의 날에 연장·야간·휴일 근로를 제공하는 시점에 그 성취 여부가 아직 확정되어 있지 않은 조건을 말하므로, 특정 경력을 구비하거나 일정 근속기간에 이를 것 등과 같이 위 시점에 그 성취 여부가 이미 확정되어 있는 기왕의 사실관계를 조건으로 부가하고 있는 경우에는 고정성 인정에 장애가 되지 않지만, 근로자가 소정근로를 했는지 여부와는 관계없이 지급일 기타 특정 시점에 재직 중인 근로자에게만 지급하기로 정해져 있는 임금

149

은 그 특정 시점에 재직 중일 것이 임금을 지급받을 수 있는 자격요건이 된다. 그러한 임금은 기왕에 근로를 제공했던 사람이라도 특정 시점에 재직하지 않는 사람에게는 지급하지 아니하는 반면, 그 특정 시점에 재직하는 사람에게는 기왕의 근로 제공 내용을 묻지 아니하고 모두 이를 지급하는 것이 일반적이다. 그와 같은 조건으로 지급되는 임금이라면, 그 임금은 이른바 '소정근로'에 대한 대가의 성질을 가지는 것이라고 보기 어려울 뿐 아니라 근로자가 임의의 날에 근로를 제공하더라도 그 특정 시점이 도래하기 전에 퇴직하면 당해 임금을 전혀 지급받지 못하여 근로자가 임의의 날에 연장·야간·휴일 근로를 제공하는 시점에서 그 지급조건이 성취될지 여부는 불확실하므로, 고정성도 결여한 것으로 보아야 한다. ⇒ [특정 시점에 재직 중일 것을 요건으로 하는 임금은 통상임금 부정]

▌**결론 및 이유**(대상판결⑴) : 이 사건 상여금은 근속기간에 따라 지급액이 달라지기는 하나 일정 근속기간에 이른 근로자에 대해서는 일정액의 상여금이 확정적으로 지급되는 것이므로, 이 사건 상여금은 소정근로를 제공하기만 하면 그 지급이 확정된 것이라고 볼 수 있어 정기적·일률적으로 지급되는 고정적인 임금인 통상임금에 해당한다.
- 피고는 상여금지급규칙에 따라 이 사건 상여금을 근속기간이 2개월을 초과한 근로자에게는 전액을, 근속기간이 2개월을 초과하지 않는 신규입사자나 2개월 이상 장기 휴직 후 복직한 자, 휴직자에 대하여는 상여금 지급 대상기간 중 해당 구간에 따라 미리 정해 놓은 비율을 적용하여 산정한 금액을 각 지급하였으며, 상여금 지급 대상기간 중에 퇴직한 근로자에 대해서는 근무일수에 따라 일할계산하여 지급함.

▌**결론 및 이유**(대상판결⑵) : 설·추석상여금 등이 통상임금에 포함된다는 원심의 판단에는 통상임금에 관한 법리를 오해하여 필요한 심리를 다하지 아니함으로써 판결에 영향을 미친 위법이 있다. 지급일에 재직 중일 것이 임금을 지급받을 수 있는 자격요건으로 부가하는 명시적 또는 묵시적 노사합의가 이루어졌는지 또는 그러한 관행이 확립되어 있는지를 살펴보았어야 할 것이다.
- **설·추석상여금** : 피고가 상당기간에 걸쳐 그 지급일 전에 퇴직한 근로자에게 이 사건 설·추석상여금을 지급하지 않았고 이에 대하여 노동조합이나 개별근로자가 이의를 제기하지 않았다면, 이 사건 설·추석상여금에 대해서는 지급일에 재직 중일 것이 임금을 지급받을 수 있는 자격요건으로 부가되어 기왕에 근로를 제공했던 사람이라도 지급일에 재직하지 않는 사람에게는 지급하지 않는 반면,

지급일에 재직하는 사람에게는 기왕의 근로 제공 내용을 묻지 아니하고 이를 모두 지급하기로 하는 명시적 또는 묵시적 노사합의가 이루어졌거나 그러한 관행이 확립된 것으로 볼 여지가 있음.

- 하기휴가비 등 : 피고가 하기휴가비를 일률적으로 지급하면서 각 지급일 전에 퇴사한 근로자에게는 이를 지급하지 아니함. 노사간에 지급일에 재직 중일 것이라는 조건을 임금을 지급받을 수 있는 자격요건으로 부가하는 명시적 또는 묵시적 합의가 이루어졌거나 그러한 관행이 확립된 것으로 볼 여지가 있음. 개인연금지원금도 그 지급 내용상 지급일 전에 퇴직한 근로자에 대해서는 지급되지 않았을 가능성을 배제할 수 없음.

▌판결의 의의와 한계

1) 대상판결은 그간에 통상임금의 기준과 범위에 관해 여러 논란이 있었던 점들에 대해 판단한 전원합의체 판결이다. 대상판결(1)(정기상여금 판결)은 통상임금에 관한 판례 법리를 총 집대성하여 설명하고 있다. 대상판결(2)(복리후생수당 판결)는 대상판결(1)이 제시한 판례 법리를 간단히 요약하고 실제 문제된 복리후생수당에 적용하고 있다.

2) 대상판결은 종전 판례와 마찬가지로 어떠한 임금이 통상임금에 속하는지 여부는 그 임금이 소정근로의 대가로 근로자에게 지급되는 금품으로서 정기적·일률적·고정적으로 지급되는 것인지를 기준으로 판단하여야 한다고 판시한다. '소정근로의 대가'라 함은 근로자가 소정근로시간에 통상적으로 제공하기로 정한 근로에 관하여 사용자와 근로자가 지급하기로 약정한 금품을 말한다고 해석한다.

3) 대상판결은 통상임금의 개념적 징표인 정기성, 일률성, 고정성의 의미를 설명하고, 아울러 다양한 유형의 임금이 통상임금에 속하는지에 관한 구체적 판단 기준을 제시한다. 정기성과 관련하여, 1개월을 넘는 기간마다 정기적으로 지급하는 것은 단지 분할지급하는 지급주기의 문제일 뿐이므로 통상임금에서 제외되는 사정이 아니라고 판단한다. 일률성과 관련하여, 휴직자, 복직자, 징계대상자 제한조건은, 해당 근로자의 개인적인 특수성을 고려하여 그 임금 지급을 제한하고 있는 것에 불과하므로, 정상적인 근로관계를 유지하는 근로자에 대해 일률성을 부정하는 사유가 되지 않는다는 판단을 명확히 하였다. 고정성과 관련하여, 연장근로 등을 제공할 시점에서 조건의 성취가 불확실한 추가적인 조건을 충족해야 지급받는 임금이라면 고정성을 부정한다. 그러한 '추가적인 조건'으로 재직자 조건 및 일정 근무일수 조건을 들고 있다. 한편 근무일에만 지급되거나 근무일수에 따라 일할계산하여 지급되는 임금은 확정적인 임금으로 고정성을 인정한다.

4) 대상판결은 통상임금을 소정근로의 대가로 '지급하기로 약정'되어 있는 '고정적'인 임금으로서, 이는 실제 연장근로를 하기 전에 지급 여부 및 지급액이 '사전에 확정'되어 있다는 의미로 해석한다. 그 결과 지급액이 절대적으로 고정되어야 하며 변동된다면 통상임금이 아니라는 종래의 논의를 극복하였다. 따라서 정기상여금 등 많은 임금항목들이 일반적으로 통상임금성이 인정된다.

5) 한편 '사전확정성' 기준에 의하면 연장근로 등을 제공할 시점에서 추가조건의 성취 여부가 불확실하면 고정성을 부정하게 된다. 즉 일정 근무일수를 지급 조건으로 하거나 재직을 지급 조건으로 하는 경우 통상임금임을 부정한다. 대상판결(2)는 명절상여금, 하기휴가비 등이 재직자에게만 지급되는 경우 통상임금임을 부정한 사례이다. 각종 복리후생수당에 재직자 조건이 부가된 경우(명시적·묵시적 합의 또는 관행)가 많다는 점에서 통상임금의 범위가 종전보다 축소되었다는 평가가 가능하다. 또한 재직자 조건에 관한 법리가 정기상여금 및 그 밖의 여러 임금항목에 일반적으로 적용되는 기준인지가 해석상 다시 문제된다. 주로 명절수당, 휴가수당과 같이 특정시점에 특별한 목적의 필요에 대응하여 지급되는 복리후생적 성격이 강한 수당들에 재직자 조건에 관한 법리가 적용된다는 제한해석도 유력하나, 수당의 성격에 관계없이 재직자 조건이 달린 임금의 고정성을 부정하는 경향도 있다. 그렇지만 기본급에 재직자 조건이 달렸다고 해서 통상임금성을 부정할 수 없듯이, 기본급에 준하는 성격의 수당(특히 임금액 비중이 높은 정기적 고정상여금 등)에 붙은 재직자 조건의 유효성을 인정하기 어렵다고 보아야 할 것이다. 그러한 재직자 조건은 이왕에 제공된 근로에 대해 당연히 지급되어야 할 임금의 일부를 사전에 포기하게 하는 것과 다를 바 없으며, 근기법상의 임금 보호(제17조 및 제43조 참조)와 강제근로 금지(제7조 참조)의 근본취지에 어긋나기 때문이다.

6) 노사합의에 따라 계산한 가산임금 금액이 근기법상 기준에 미달하는 범위 내에서만 무효이다. 노사합의로 계산된 금액(노사합의한 통상수당에 노사합의한 할증률을 곱한 금액)과 근기법상의 계산 금액(법상의 통상임금에 법상의 할증률을 곱한 금액)을 비교한다는 의미이다. i) 법상의 통상임금에 '노사합의한 할증률을 곱하여' 계산하는 금액, ii) '법상의 통상임금 항목과 노사합의한 통상임금 항목을 합쳐서' 법상의 할증률(또는 노사합의한 할증률)을 곱하여 계산한 금액 등과 비교한다는 의미가 아니다. 실제 노사합의한 할증률이 법상보다 높은 경우도 있으며, 비임금성 수당이나 법상 통상임금이 아닌 수당도 노사합의로 기준임금에 포함되는 경우도 있는데, 이런 경우는 비교차액이 적게 발생하거나 없을 수도 있음에 유의하여야 한다.

▌기타 해설

1) 대상판결(1)은 법상 통상임금에 속하는 임금을 통상임금에서 제외하는 노사합의를 무효로 보면서도, 노사합의와 달리 정기상여금을 통상임금에 포함하여 추가 법정수당의 지급을 청구하는 것은 신의칙(신의성실의 원칙)에 위배되어 부인되는 경우를 인정한다. 정기상여금이 통상임금에 포함되지 않는다고 오해하였던 시기의 노사합의를 고려한 판단이다. 어떤 경우에 신의칙이 적용되는지는 해석의 문제이므로 결국 법원의 판단에 맡길 수밖에 없다. 회사의 재정 및 경영상태를 보아 중대한 경영상의 어려움 등을 평가하는 것은 그 기준이 매우 모호하여 법원의 판단이 자의적일 수 있다는 우려도 제기된다. 이에 대법원은 2019. 2. 14. 선고 2015다217287 판결에서 근로자가 노사합의의 무효를 주장하며 정기상여금을 통상임금에 포함하여 산정한 추가 법정수당을 청구하는 것이 사용자에게 중대한 경영상의 어려움을 초래하거나 기업의 존립을 위태롭게 하여 신의성실의 원칙에 위반되는지는 신중하고 엄격하게 판단하여야 한다고 판시함으로써, 신의칙 위반 여부에 대한 신중하고 엄격한 판단을 요구하고 있다.

> ※ **대법원 2013. 12. 18. 선고 2012다89399 전원합의체 판결【퇴직금】**
> - "임금협상 과정을 거쳐 이루어진 노사합의에서 정기상여금은 그 자체로 통상임금에 해당하지 아니한다고 오인한 나머지 정기상여금을 통상임금 산정 기준에서 제외하기로 합의하고 이를 전제로 임금수준을 정한 경우, 근로자 측이 앞서 본 임금협상의 방법과 경위, 실질적인 목표와 결과 등은 도외시한 채 임금협상 당시 전혀 생각하지 못한 사유를 들어 정기상여금을 통상임금에 가산하고 이를 토대로 추가적인 법정수당의 지급을 구함으로써, 노사가 합의한 임금수준을 훨씬 초과하는 예상 외의 이익을 추구하고 그로 말미암아 사용자에게 예측하지 못한 새로운 재정적 부담을 지워 중대한 경영상의 어려움을 초래하거나 기업의 존립을 위태롭게 한다면, 이는 종국적으로 근로자 측에까지 그 피해가 미치게 되어 노사 어느 쪽에도 도움이 되지 않는 결과를 가져오므로 정의와 형평 관념에 비추어 신의에 현저히 반하고 도저히 용인될 수 없음이 분명하다. 그러므로 이와 같은 경우 근로자 측의 추가 법정수당 청구는 신의칙에 위배되어 받아들일 수 없다."

> ※ **대법원 2019. 2. 14. 선고 2015다217287 판결【임금】**
> - " … (중략) … 근로관계를 규율하는 강행규정보다 신의칙을 우선하여 적용할 것인지를 판단할 때에는 근로조건의 최저기준을 정하여 근로자의 기본적 생활을 보장·향상시키고자 하는 근로기준법 등의 입법 취지를 충분히 고려할 필요가 있다. 또한 기업을 경영하는 주체는 사용자이고, 기업의 경영 상황은 기업 내·외부의 여러 경제적·사회적 사정에 따라 수시로 변할 수 있으므로, 통상임금 재산정에 따른 근로자의 추가 법정수당 청구를 중대한 경영상의 어려움을 초래하거나 기업 존립

을 위태롭게 한다는 이유로 배척한다면, 기업 경영에 따른 위험을 사실상 근로자에게 전가하는 결과가 초래될 수 있다. 따라서 **근로자의 추가 법정수당 청구가 사용자에게 중대한 경영상의 어려움을 초래하거나 기업의 존립을 위태롭게 하여 신의칙에 위반되는지는 신중하고 엄격하게 판단하여야** 한다."

2) 통상임금에 속하는 임금을 통상임금에서 제외해온 노사합의나 취업규칙은 대상판결로 인해 무효임이 명백해졌다. 그러므로 노사는 i) 통상임금에서 제외해온 종래의 노사합의나 취업규칙을 통상임금에 포함되도록 고쳐야 할지, ii) 판례가 통상임금성을 부인하는 조건을 추가하여 통상임금에서 계속 제외하여야 할지, iii) 복잡한 수당이나 과도한 정기상여금을 재편하는 임금항목체계의 개선을 할지 등을 고민하여야 한다. 만약 취업규칙으로 통상임금 범위를 정하였다가 통상임금 근로조건을 불이익하게 변경하려는 경우라면 근로자 측의 집단적 동의가 있어야 한다.

◀ Q 풀이 ▶

Q 1. 대상판결에서 정기상여금이 통상임금에 포함되는지에 관한 판단은?

[A] 정기상여금은 짝수달에 기준임금의 100%씩 지급되는데, 단지 그 지급주기가 1개월을 넘는다는 사정만으로 정기성을 상실하지 않는다. 상여금을 근속기간이 2개월을 초과한 근로자에게는 전액을, 근속기간이 2개월을 초과하지 않는 신규입사자에 대해 일정 비율의 금액을 지급하는데, 그 근속기간이 얼마인지가 확정되어 있는 기왕의 사실이므로, 근속기간에 연동하는 임금을 확정적으로 지급받을 수 있어 고정성이 인정된다. 2개월 이상 장기 휴직 후 복직한 자, 휴직자에 대해 일정 비율의 금액을 지급하는데, 해당 근로자의 개인적인 특수성을 고려하여 그 임금 지급을 제한하고 있는 것에 불과하므로, 그러한 사정을 들어 정상적인 근로관계를 유지하는 근로자에 대하여 그 임금 지급의 일률성이 부정되지 않는다. 상여금 지급 대상기간 중에 퇴직한 근로자에 대해서는 근무일수에 따라 일할계산하여 지급하는데, 근무일수에 따라 일할계산하여 지급되는 임금은 고정적 임금에 해당된다. 따라서 이 사건 상여금은 소정근로를 제공하기만 하면 그 지급이 확정된 것이라고 볼 수 있어 정기적·일률적으로 지급되는 고정적인 임금인 통상임금에 해당한다.

Q 2. 대상판결에서 설·추석상여금이 통상임금에 포함되는지에 관한 판단은?

[A] 1) 지급일 기타 특정 시점에 재직 중인 근로자에게만 지급하기로 정해져 있는 임금은 이른바 '소정근로'에 대한 대가의 성질을 가지는 것이라고 보기 어려울 뿐 아니라 근로자가 임의의 날에 근로를 제공하더라도 그 특정 시점이 도래하기 전에 퇴직하면 당해 임금을 전혀 지급받지 못하여 근로자가 임의의 날에 연장·야간·휴일 근로를 제공하는 시점에서 그 지급조건이 성취될지 여부는 불확실하므로, 고정성도 결여한 것으로 보아야 한다.

2) 피고가 상당기간에 걸쳐 그 지급일 전에 퇴직한 근로자에게 이 사건 설·추석상여금을 지급하지 않았고 이에 대하여 노동조합이나 개별근로자가 이의를 제기하지 않았다면, 이 사건 설·추석상여금에 대해서는 지급일에 재직 중일 것이 임금을 지급받을 수 있는 자격요건으로 부가되어 기왕에 근로를 제공했던 사람이라도 지급일에 재직하지 않는 사람에게는 지급하지 않는 반면, 지급일에 재직하는 사람에게는 기왕의 근로 제공 내용을 묻지 아니하고 이를 모두 지급하기로 하는 명시적 또는 묵시적 노사합의가 이루어졌거나 그러한 관행이 확립된 것으로 볼 여지가 있다.

◀ 심화학습 ▶

1. 근무일수에 연동하는 임금이 통상임금에 해당하는지 여부 (대법원 2013. 12. 18. 선고 2012다89399 전원합의체 판결 참고)

▷ 근무일수에 연동하는 임금은 실제 근무일수에 따라 그 지급액이 달라지는데, 판례는 근로자가 임의의 날에 소정근로를 제공하기만 하면 그에 대하여 일정액을 지급받을 것이 확정되어 있는지를 기준으로 고정성을 판단한다. i) 매 근무일마다 일정액의 임금을 지급하기로 정한 경우나, 단순히 근무일수에 따라 일할계산하여 지급하는 경우는 고정적 임금에 해당한다. ii) 일정 근무일수를 충족하여야만 지급되는 임금은 고정성을 부정한다. iii) 일정 근무일수를 기준으로 계산방법 또는 지급액이 달라지는 경우에도 소정근로를 제공하면 적어도 일정액 이상의 임금이 지급될 것이 확정되어 있다면 그와 같이 최소한도로 확정되어 있는 범위에서는 고정성을 인정한다.

　　※ 대법원 2013. 12. 18. 선고 2012다89399 전원합의체 판결【퇴직금】
　　- "매 근무일마다 일정액의 임금을 지급하기로 정함으로써 근무일수에 따라 일할계산하여 임금이 지급되는 경우에는 실제 근무일수에 따라 그 지급액이 달라지기

는 하지만, 근로자가 임의의 날에 소정근로를 제공하기만 하면 그에 대하여 일정
액을 지급받을 것이 확정되어 있으므로, 이러한 임금은 <u>고정적 임금에 해당</u>한다.
그러나 일정 근무일수를 충족하여야만 지급되는 임금은 소정근로를 제공하는 외
에 일정 근무일수의 충족이라는 추가적인 조건을 성취하여야 비로소 지급되는 것
이고, <u>이러한 조건의 성취 여부는 임의의 날에 연장·야간·휴일 근로를 제공하는</u>
<u>시점에서 확정할 수 없는 불확실한 조건이므로 고정성을 갖춘 것이라 할 수 없다.</u>
한편 일정 근무일수를 기준으로 계산방법 또는 지급액이 달라지는 경우에도 <u>소정</u>
<u>근로를 제공하면 적어도 일정액 이상의 임금이 지급될 것이 확정되어 있다면 그와</u>
<u>같이 최소한도로 확정되어 있는 범위에서는 고정성을 인정할 수 있다.</u> 예를 들어
근무일수가 15일 이상이면 특정 명목의 급여를 전액 지급하고, 15일 미만이면 근
무일수에 따라 그 급여를 일할계산하여 지급하는 경우, 소정근로를 제공하기만 하
면 최소한 일할계산되는 금액의 지급은 확정적이므로, 그 한도에서 고정성이 인정
된다. 다른 한편, 근무일수를 기준으로 계산방법을 달리 정하지 않고, <u>단순히 근무</u>
<u>일수에 따라 일할계산하여 지급하는 경우도 앞서 본 매 근무일마다 지급하는 경우</u>
<u>와 실질적인 차이가 없어 고정성을 인정할 수 있다.</u>"

**2. 전년도 근무실적에 따라 당해 연도의 지급 금액이 달라지는 성과연봉이 통상
임금에 해당되는지 여부** (대법원 2016. 1. 14. 선고 2012다96885 판결 참고)

▷ 참고판결(2012다96885 판결)은 근무실적에 연동하는 임금의 통상임금 해당 여
부에 관한 대상판결(1)의 법리 일부를 재확인하고 있다. 즉 근로자의 전년도 근무
실적에 따라 해당 연도에 특정 임금의 지급 여부나 지급액을 정하는 경우 해당
연도에는 그 임금의 지급 여부나 지급액이 확정적이므로, 해당 연도에 있어 그
임금은 고정적인 임금에 해당하는 것으로 보아야 하고, 다만 보통 전년도에 지
급할 것을 그 지급 시기만 늦춘 것에 불과하다고 볼 만한 특별한 사정이 있는
경우에는 고정성을 인정할 수 없으나, 이러한 경우에도 근무실적에 관하여 최하
등급을 받더라도 일정액을 최소한도로 보장하여 지급하기로 한 경우에는 그 한
도 내에서 고정적인 임금으로 볼 수 있다는 것이다.

▷ 참고판결에서 대법원은 원심판결 이유와 기록에 의거하여 피고 교육원은 연
봉제가 적용되는 그 소속 직원에게 기본급의 600%에 해당하는 금액을 정기상여
금 명목으로 매월 분할하여 지급한 사실, 피고 교육원의 2006년도 연봉제 실시
계획에 의하면 정기상여금은 성과연봉에 포함되어 전년도 근무실적평가에 따라
그 지급액이 80%~120%로 달라진 사실을 알 수 있고, 이러한 사실관계를 위 법
리에 비추어 살펴보면, 위 정기상여금은 비록 전년도 인사평가 결과에 따라 그
지급액이 달라질 수 있지만, 일단 전년도 인사평가 결과를 바탕으로 지급비율이

정해지게 되면 그에 따른 금액이 해당 연도의 근무실적과는 관계없이 해당 연도 근로의 대가로 액수 변동 없이 지급되는 것으로서, 근로자가 소정근로를 제공하기만 하면 그 지급이 확정된 것이라고 볼 수 있어 정기적·일률적으로 지급되는 고정적인 임금인 통상임금에 해당한다고 판단하였다.

3. 단체협약이나 취업규칙 등에서 특정 시점에 재직 중인 근로자에 대하여만 정기상여금을 지급한다는 규정을 둔 경우 정기상여금이 통상임금에 해당하는지 여부 (대법원 2022. 4. 28. 선고 2019다238053 판결 참고)

▷ 참고판결(2019다238053 판결)은 특정 시점 전에 퇴직하더라도 이미 근무한 기간에 비례하는 만큼 정기상여금을 지급해야 하는지에 관한 판단기준을 제시하고 있고, 또한 특정 시점 전에 퇴직한 근로자에게 근무일수에 비례하여 지급되는 정기상여금은 통상임금에 해당한다고 판시하고 있다. 즉 "단체협약이나 취업규칙 등에 정기적·계속적으로 일정 지급률에 따라 정기상여금을 지급하기로 하되, 그 지급기일 전에 근로자가 퇴직한 경우에 관한 지급조건에 대해서는 특별히 정하지 않았다면, 이미 근무한 기간에 비례하는 만큼의 정기상여금에 대해서는 근로의 대가로서 청구할 수 있다. 단체협약 등에서 정기상여금을 특정 시점에 재직 중인 근로자에 한하여 지급한다는 규정을 둔 경우에도, 그 규정만을 근거로 이미 근로를 제공했더라도 특정 시점에 재직하지 않는 사람에게는 정기상여금을 전혀 지급하지 않는 취지라고 단정할 것은 아니다. 특정 시점 전에 퇴직하더라도 이미 근무한 기간에 비례하는 만큼 정기상여금을 지급해야 하는지는 단체협약 등에서 정기상여금을 근무기간에 비례하여 지급한다는 규정을 두고 있는지 여부뿐만 아니라, 정기상여금의 지급 실태나 관행, 노사의 인식, 정기상여금 그 밖의 임금 지급에 관한 규정 등을 종합하여 구체적인 사안에서 개별적으로 판단해야 한다. 근로자가 특정 시점 전에 퇴직하더라도 근무일수에 비례하여 정기상여금이 지급되는 경우 정기상여금은 매 근무일마다 지급되는 임금과 실질적인 차이가 없어 통상임금에 해당한다."

▷ 참고판결은 피고 회사의 단체협약에서 '약정 통상급의 600% 지급률에 따라 상여금을 지급하되, 상여금 지급일 이전에 입사, 복직, 휴직하는 사람의 상여금은 일할 계산한다.'고 정하는 한편 취업규칙에는 '상여금은 지급일 현재 재직 중인 자에 한하여 지급한다.'고 정하고 있고, 이에 따라 피고 회사가 정기상여금을 매 2개월마다 약정 통상급의 100%씩 정기적·계속적으로 지급한 사안에서, i) 단

체협약과 취업규칙에 근거하여 연 600%의 지급률에 따라 정기적·계속적으로 지급되는 정기상여금은 근로의 대가인 임금에 해당하며, 단체협약은 정기상여금이 임금에 해당한다는 노사의 공통된 인식으로 상여금 지급일 전에 입사, 복직, 휴직하는 사람에게도 근무한 기간에 비례하여 정기상여금을 일할 지급한다는 취지를 정한 것으로 이해되고, 퇴직의 경우를 휴직 등과 달리 취급하여 배제하는 규정을 두고 있지 않을 뿐만 아니라, 취업규칙에서 퇴직자에 대한 임금은 일할 지급하는 것이 원칙임을 분명히 하고 있는 점, ii) 취업규칙의 규정은 당기 정기상여금 '전액'은 지급일 현재 재직 중인 사람에게 지급한다는 의미에 지나지 않고, 이와 달리 지급일 전에 퇴직한 사람에게는 이미 근무한 기간에 해당하는 것도 지급하지 않는다는 의미라고 보기 어려운 점, iii) 피고 회사가 실제로 지급일 전에 퇴직한 근로자에게 정기상여금을 일할 지급하지 않았음을 확인할 수 있는 객관적 자료도 없는 점 등에 비추어, 피고 회사는 지급일 이전에 퇴직한 근로자에게도 이미 근무한 기간에 비례하는 만큼 정기상여금을 지급하기로 하였다고 볼 수 있고, 이는 통상임금에 해당한다고 봄이 타당하다고 한 사례이다.

제6강 임 금 (2)

1. 평균임금의 산정방법

◀ 판례분석 ▶

▌**제 목** : 무급휴직으로 인해 퇴직 전 3개월간의 평균임금이 통상임금보다 현저히 적은 경우 퇴직금 산정기초인 평균임금의 계산방법 [프랑스생보사건]

▌**대상판결** : 대법원 1999. 11. 12. 선고 98다49357 판결【임금】
【원고, 피상고인】 프랑스생명보험 주식회사
【피고, 상고인】 피고
【원심판결】 서울지법 1998. 9. 4. 선고 98나13968 판결
【주 문】 원심판결을 파기하고, 사건을 서울지방법원 합의부에 환송한다.

▌**사건의 개요** : 피고는 원고 회사에서 영업소장으로 근무 중 혼인빙자간음죄로 구속되어 약 5개월간 휴직(휴직기간중 무급)하였다가 퇴직했고, 원고 회사는 휴직 전 3개월간 임금을 기초로 계산한 퇴직금을 피고에게 지급하였는데 이는 산정방법에 착오가 있었다고 하여 소정 액의 부당이득을 반환할 것을 청구하는 소를 제기하였다.

▌**관련 법 규정**(현행법 기준)
- 근로자퇴직급여 보장법 제8조(퇴직금제도의 설정 등) ① 퇴직금제도를 설정하려는 사용자는 계속근로기간 1년에 대하여 30일분 이상의 평균임금을 퇴직금으로 퇴직 근로자에게 지급할 수 있는 제도를 설정하여야 한다.
- 근기법 제2조(정의) ① 이 법에서 사용하는 용어의 뜻은 다음과 같다.
  6. "평균임금"이란 이를 산정하여야 할 사유가 발생한 날 이전 3개월 동안에 그

근로자에게 지급된 임금의 총액을 그 기간의 총일수로 나눈 금액을 말한다. 근로자가 취업한 후 3개월 미만인 경우도 이에 준한다.

② 제1항 제6호에 따라 산출된 금액이 그 근로자의 통상임금보다 적으면 그 통상임금액을 평균임금으로 한다.

- 근기법 시행령 제4조(특별한 경우의 평균임금) 법 제2조 제1항 제6호, 이 영 제2조 및 제3조에 따라 평균임금을 산정할 수 없는 경우에는 노동부장관이 정하는 바에 따른다.

▌**판결의 성격** : 원심은 피고의 휴직기간이 평균임금 산정기간에서 제외되지 않고 퇴직 전 3개월간의 평균임금이 통상임금보다 저액이므로 통상임금을 평균임금으로 보아 계산한 퇴직금액을 기준으로 피고가 부당이득을 반환하여야 한다고 판단했으나, 대법원은 그러한 퇴직금 산정은 현저하게 부적당한 경우에 해당하므로 평균임금은 휴직 전 3개월간의 임금을 기준으로 산정해야 한다고 보아서 원심판결을 파기환송하였다.

▌**쟁 점**

- 근로자가 자신의 귀책사유로 3개월 이상을 무급으로 휴직하다가 퇴직한 경우 퇴직 전 3개월간의 평균임금이 통상임금보다 현저히 적어도 법에 따라 통상임금을 기준으로 퇴직금을 산정하는 것이 타당한지 여부

▌**중요 사실관계**

- 피고는 혼인빙자간음죄로 구속되어 퇴직 전 약 5개월간 무급 휴직 ⇒ **퇴직 직전 3개월간 평균임금액과 통상임금액의 비교 및 근기법 제2조 제2항의 적용 여부와 관련**

- 피고는 휴직 전 월급여로 450~500만원을 받았고, 이 중 정액급여는 약 150만원이고 능률급여는 약 300~350만원 ⇒ **통상적인 월급여의 수준 및 이것과 통상임금(정액급여)의 차이 정도와 관련**

▌**기본법리**(판지)

1) 근로기준법 시행령 제4조는 근로기준법과 그 시행령의 규정에 의하여 평균임금을 산정할 수 없는 경우에는 노동부장관이 정하는 바에 의한다고 규정하고 있는바, 여기서 평균임금을 산정할 수 없다는 것에는 문자 그대로 그 산정이 기술상 불가능한 경우에만 한정할 것이 아니라 근로기준법의 관계 규정에 의하여 그

평균임금을 산정하는 것이 현저하게 부적당한 경우까지도 포함하는 것이라고 보아야 할 것이다. ⇒ **[평균임금 산정 불가의 의미]**

2) 평균임금은 근로자의 통상의 생활임금을 사실대로 산정하는 것을 그 기본원리로 하는 것으로서 평균임금의 계산에 산입되는 '그 사유가 발생한 날 이전 3월간에 그 근로자에 대하여 지급된 임금의 총액'이 특별한 사유로 인하여 통상의 경우보다 현저하게 적거나 많을 경우에는 이를 그대로 평균임금 산정의 기초로 삼을 수 없고, 이러한 평균임금을 그 산정의 기초로 하는 퇴직금 제도는 직급, 호봉 등에 따른 근로자의 통상의 생활을 종전과 같이 보장하려는 데 그 취지가 있다고 할 것이므로, 퇴직급여가 특수하고 우연한 사정에 의하여 통상의 경우보다 현저하게 많거나 적은 금액으로 되는 것은 그 제도의 근본취지에 어긋난다 할 것이다. 따라서 퇴직금 산정의 기초인 평균임금이 특별한 사유로 인하여 통상의 경우보다 현저하게 적거나 많을 경우에는 근기법 시행령 제4조에 의하여 노동부장관이 정하는 바에 따라 평균임금을 산정하여야 할 것인데, 아직까지 그 기준이나 방법 등을 정한 바가 없으므로, 앞서 본 바와 같은 평균임금의 기본원리와 퇴직금 제도의 취지에 비추어 근로자의 통상의 생활임금을 사실대로 반영하는 방법으로 그 평균임금을 산정하여야 할 것이다. ⇒ **[평균임금의 기본원리와 퇴직금 제도의 취지에 부합하는 평균임금 산정의 원칙]**

■ **결론 및 이유** : 원심이 피고의 퇴직 전 3개월간(즉 휴직기간)에 지급된 임금을 기초로 하여 그 평균임금을 0원으로 산정하고, 그 결과 평균임금이 통상임금보다 저액임이 명백하다는 이유로 곧바로 위 기간 동안의 통상임금을 기준으로 하여 퇴직금을 산정한 것은 퇴직금의 기준이 되는 평균임금 산정방법에 관한 대법원 판례에 상반되는 판단을 하여 판결 결과에 영향을 미쳤다 할 것이다.

- 피고가 보험회사의 영업소장으로서 그 급여의 대부분이 실적급인 능률급여로 구성되어 있어 능률급여를 제외하고 산정한 통상임금이 월 약 150만 원이고, 이는 휴직 전의 평균임금인 월 약 500만 원의 3분의 1에도 미치지 못할 뿐만 아니라, 능률급여를 퇴직금 산정의 기초인 월평균 급여에 포함시키도록 한 원고 회사의 퇴직금규정의 취지에도 반하게 되는 점을 고려하여야 함.

- 피고의 퇴직 전 3개월간 지급된 임금을 기초로 산정한 평균임금(월평균 급여)과 퇴직금은 피고가 개인적 사정으로 퇴직 전 3개월 이상에 걸쳐 휴직하였다는 특수하고도 우연한 사정에 의하여 통상의 경우보다 현저하게 적은 금액이라 할 것이고, 이러한 결과는 평균임금과 퇴직금 제도의 근본취지에 어긋난다고 하지 않

을 수 없으므로, 이 사건의 경우도 위 <u>관계 규정에 의하여 평균임금을 산정하는 것이 현저하게 부적당한 경우에 해당함.</u>

- 나아가 그 평균임금의 산정방법에 관하여 보건대 퇴직금 산정기준으로서의 평균임금은 원칙적으로 근로자의 통상의 생활임금을 사실대로 반영하는 것을 그 기본원리로 하고, 이는 <u>장기간의 휴직 등과 같은 특수한 사정이 없었더라면 산정될 수 있는 평균임금 상당액이라 할 것인바,</u> 피고의 급여실태와 원고 회사의 퇴직금 규정, 근로자의 퇴직 직전의 기간이 그 통상의 생활임금을 가장 잘 반영하고 있다고 보아 그 퇴직 직전 기간의 임금을 기준으로 평균임금을 산정하는 것으로 규정하고 있는 근로기준법의 규정 취지에 비추어, <u>피고의 평균임금(월평균 급여)은 그 휴직 전 3개월간의 임금을 기준으로 하여 산정함이 상당함.</u>

▌판결의 의의와 한계

1) 대상판결은 법정사유(근기법 시행령 제2조 제1항에 따른 평균임금의 계산에서 제외되는 기간과 임금) 이외의 특별한 사유 때문에 퇴직 전 3개월간의 임금이 통상의 경우보다 현저하게 적은 경우 그 특별한 사유가 있는 기간을 제외하고 평균임금을 산정해야 한다고 본 사례이다. 즉 평균임금의 기본원리와 퇴직금 제도의 취지에 비추어 근로자의 통상의 생활임금을 사실대로 반영하는 방법으로 평균임금을 산정하여야 한다는 법리를 잘 반영하고 있는 사례이다.

2) 어느 정도의 차이가 '현저하게' 적거나 많은 경우에 해당하는지는 사안별로 판단하여 구체적인 타당성을 기할 수는 있으나, 반면에 그 불명확성 내지 법적 불안정성의 우려도 있다(☞ Q 2. 참고)

◀ Q 풀이 ▶

Q 1. 평균임금의 계산방법에서 대상판결과 원심판결 사이의 차이는?

[A] 1) 원심 : 피고의 귀책사유에 기인한 무급의 휴직기간을 평균임금 산정기간에서 제외하지 않았고, 결국 퇴직 전 3개월간의 평균임금이 통상임금보다 적었기 때문에 근기법에 따라 통상임금을 평균임금으로 보아서 퇴직금을 산정하였다.

2) 대법원 : 원심의 산정방법에 따른 평균임금과 퇴직금은 휴직이라는 특수하고도 우연한 사정에 의해 통상의 경우보다 현저하게 적은 금액으로 평균임금의 기본원리와 퇴직금제도의 취지에 어긋나는 현저하게 부적당한 경우에 해당하므로 휴

직 전 3개월간의 임금을 기준으로 평균임금을 산정하는 것이 타당하다고 보았다.

Q 2. 대상판결과 대법원 1994. 4. 12. 선고 92다20309 판결(불리한 기간을 그대로 산정)에서 판단의 차이가 난 이유는?

[A] 1) 두 판결에서 근로자가 개인적 범죄로 구속된 공통점이 있고(대상판결의 경우 혼인빙자간음죄, 참고판결의 경우 특정범죄가중처벌법 위반의 도주차량 및 도로교통법 위반), 다만 대상판결에서는 근로자가 구속으로 인한 휴직 중에 퇴직한 반면에 참고판결에서는 근로자가 구속기소되어 직위해제 중에 퇴직한 약간의 차이점이 있다. 2) 그러나 위와 같은 차이점만으로는 대상판결과 참고판결에서의 상반된 결론이 충분히 이해되지 않는 면이 있다. 대상판결에서는 퇴직 전 3개월의 임금(월 0원 또는 150만원)이 통상적인 경우의 임금(월 450~500만원)에 비해 현저히 차이가 있다는 판단을 하였지만, 참고판결에서는 그러한 판단을 하지 않고 근기법 소정의 규정에 따라 직위해제기간과 그 기간의 임금을 포함하여 평균임금을 계산하고 계산된 평균임금이 통상임금보다 적으면 통상임금을 평균임금으로 하여 퇴직금을 계산하여야 한다고 판시하고 있다. 두 판결례를 비교하여 보면 앞서 판결의 의의와 한계에서 지적한 우려를 이해할 수 있을 것이다.

> ※ **대법원 1994. 4. 12. 선고 92다20309 판결 【퇴직금】**
> - "원심판결 이유에 의하면, 원심은 근로기준법시행령 제2조가 업무수행으로 인한 부상 또는 질병의 요양을 위한 휴업기간, 사용자의 귀책사유로 인하여 휴업한 기간, 수습중의 기간의 일수와 그 기간중에 지불된 임금을 평균임금의 계산에서 공제한다고 규정한 것은 그렇게 하지 아니하면 정상적인 근로의 제공을 전제로 이에 대하여 지급된 실제임금의 평균치를 산정하는 평균임금제도의 취지에 맞지 아니하고 평균임금이 부당하게 낮아질 염려가 있기 때문이라고 전제한 뒤 원고와 같이 근로자가 직위해제를 당하여 정상적인 근로를 제공하지 못한 경우도 이와 동일하므로 위 근로기준법시행령 제2조가 유추적용되어 그 기간중에 지불된 임금도 그 일수와 함께 평균임금의 계산에서 제외되어야 한다며 직위해제 중에 있다가 퇴직한 원고의 퇴직금 계산을 위한 평균임금을 퇴직 전 3개월이 아닌 직위해제 전 3개월간의 임금을 기초로 계산하였다. 그러나 원고의 경우와 같이 개인적인 범죄로 구속기소되어 직위해제되었던 기간은 위 시행령 제2조 소정의 어느 기간에도 해당하지 않으므로 그 기간의 일수와 그 기간중에 지급받은 임금액은 근로기준법 제19조 제1항(현행 제2조 제6호) 본문에 따른 평균임금 산정기초에서 제외될 수 없고, 만일 그 기간과 임금을 포함시킴으로 인하여 평균임금액수가 낮아져 평균임금이 통상임금을 하회하게 되는 경우에는 근로기준법 제19조(현행 제2조) 제2항에 따라

통상임금을 평균임금으로 하여 퇴직금을 계산하였어야 할 것이다"

◀ 심화학습 ▶

1. 유리한 기간을 제외한 대법원 1995. 2. 8. 선고 94다8631 판결과 그대로 산정한 대법원 1998. 1. 20. 선고 97다18936 판결 비교

▷ <u>두 판결에서 적용된 법리는 동일하다.</u> 즉 퇴직금제도는 근로자의 통상의 생활을 종전과 같이 보장하기 위한 것이므로 퇴직금 지급 사유가 발생하였을 때 그 지급하여야 할 금액의 산출 기초가 되는 '그 사유가 발생한 날 이전 3개월간에 그 근로자에 대하여 지급된 임금'이 특별한 사유로 인하여 통상의 경우보다 현저하게 많을 경우에도 이를 그대로 평균임금 산정의 기초로 삼는다면 이는 근로자의 통상의 생활을 종전과 같이 보장하려는 제도의 근본 취지에 어긋난다고 하지 않을 수 없고, 이러한 경우 <u>평균임금은 근로자가 의도적으로 현저하게 평균임금을 높이기 위한 행위를 한 기간을 제외한 그 직전 3개월간의 임금을 기준으로 산정하여야 한다.</u>

▷ 참고1 판결(94다8631 판결)에서는, 평균임금을 높이기 위한 근로자의 의도적 행위로 인하여 퇴직 직전 3개월의 월 평균임금이 통상의 경우에 비해 약 73% 증가하였던 점에서 의도적 행위가 있었던 기간을 제외한 그 직전 3개월간의 임금을 기준으로 하여 평균임금을 산정하는 것이 타당하다고 보았다. 반면에 참고2 판결(97다18936 판결)에서는, 퇴직 전 3개월간 제 수당의 월 평균액이 그 전 6개월간에 비해 약 20% 증가하였고 그 차액이 월 평균임금에서 차지하는 비중으로 보아 퇴직 전 3개월의 평균임금이 통상의 경우에 비해 현저히 많다고 할 수 없고, 그 밖에 의도적으로 평균임금을 높이기 위한 행위를 하였다고 볼 증거도 없다고 하면서 이와 다른 피고의 주장을 배척한 원심의 판단이 정당하다고 보았다.

▷ 참고3 판결(2007다72519 판결)은 근로자에게 지급된 임금이 여러 항목으로 구성되어 있고 그 임금항목들 중 일부 항목이 근로자의 의도적인 행위로 퇴직에 즈음하여 통상의 경우보다 현저하게 많이 지급된 경우에 평균임금의 구체적인 산정 방법을 잘 보여주고 있다.

※**(참고1) 대법원 1995. 2. 28. 선고 94다8631 판결 【퇴직금】**
- "원심판결 이유에 의하면, 원심은 그 거시 증거에 의하여, 피고 회사의 택시운전사들에 대한 임금은 각 근무시간 및 근속년수에 따라 매월 일정액이 지급되는 기

본급, 근무수당, 근속수당 등 통상임금과 야간근로수당 등 기타수당과 택시운전사들의 운송수입금입금액에 따라 지급액이 결정되는 업적금으로 구성되어 있는 사실과 원고가 개인택시운송사업면허신청을 하여 그 면허를 취득하게 되면 1992. 8. 말경 퇴직하게 될 것을 예상하고 퇴직금 산정의 기초가 되는 평균임금을 높이기 위하여 의도적으로 퇴직전 3개월동안 평소에 비하여 월등히 많은 운송수입금을 피고 회사에 입금하여 그 결과 퇴직전 3개월인 1992. 6.부터 8.까지의 월 임금이 그 이전 5개월간의 월 평균임금에 비하여 약 73%가량 증가(업적금만 비교하면 4배정도 증가)하게 된 사실을 인정하고 있는바, … (중략) … 원심이 이 사건에 있어서 원고의 퇴직금 산정의 기초가 될 평균임금을 위에서 본 바와 같이 1992. 3.내지 5.의 3개월간을 기준으로 하여 산정한 것은 정당하다."

※(참고2) 대법원 1998. 1. 20. 선고 97다18936 판결 【퇴직금】

- "원고가 1994. 7.부터 같은 해 12.까지 지급받은 제 수당의 월 평균액은 금 870,553원인데, 퇴직 전 3개월간 지급받은 제 수당의 월 평균액은 금 1,047,520원이어서 그 차액이 금 176,967원인 사실을 알 수 있는바, 이 금액이 원고의 월 평균임금에서 차지하는 비중으로 보아 원고의 퇴직 전 3개월의 평균임금이 통상의 경우에 비하여 현저하게 많다고 할 수 없고, 그 밖에 원고가 의도적으로 평균임금을 높이기 위한 행위를 하였다고 볼 아무런 증거도 없다. 따라서 원심이 원고가 개인택시 면허를 받기 위하여 퇴직 전 3개월간 의도적으로 평균임금을 높였으므로 그 높아진 평균임금을 기준으로 퇴직금을 산정하는 것은 신의칙에 반한다는 피고의 주장을 물리친 조치는 정당하고 거기에 평균임금 산정에 있어서 신의칙에 관한 법리를 오해한 위법이 있다고 할 수 없다."

※(참고3) 대법원 2009. 10. 15. 선고 2007다72519 판결 【퇴직금】

- "근로자가 의도적으로 현저하게 평균임금을 높이기 위한 행위를 함으로써 근로기준법에 의하여 그 평균임금을 산정하는 것이 부적당한 경우에 해당하게 된 때에는 근로자가 그러한 의도적인 행위를 하지 않았더라면 산정될 수 있는 평균임금 상당액을 기준으로 하여 퇴직금을 산정하여야 할 것이고, 이러한 경우 평균임금은 특별한 사정이 없는 한 근로자가 의도적으로 평균임금을 높이기 위한 행위를 하기 직전 3개월 동안의 임금을 기준으로 하여 근로기준법 등이 정하는 방식에 따라 산정한 금액 상당이 된다 할 것이다(대법원 1995. 2. 28. 선고 94다8631 판결, 대법원 1998. 1. 20. 선고 97다18936 판결 등 참조).
그러나 이러한 산정방식은 어디까지나 근로자의 의도적인 행위로 인하여 현저하게 높아진 임금항목에 한하여 적용되어야 할 것이므로, 근로자에게 지급된 임금이 여러 항목으로 구성되어 있고 그러한 임금항목들 가운데 근로자의 의도적인 행위로 현저하게 많이 지급된 것과 그와 관계없이 지급된 임금항목이 혼재되어 있다면, 그 중 근로자의 의도적인 행위로 현저하게 많이 지급된 임금 항목에 대해서는 그러한 의도적인 행위를 하기 직전 3개월 동안의 임금을 기준으로 하여 근로기준법이 정하는 방식에 따라 평균임금을 산정하여야 할 것이지만, <u>그와 무관한 임금</u> <u>항목에 대해서는 근로기준법에 정한 원칙적인 산정방식에 따라 퇴직 이전 3개월</u> <u>동안의 임금을 기준으로 평균임금을 산정하여야 할 것이고</u>, 나아가 근로자의 의도적인 행위로 현저하게 많이 지급된 임금항목에 대하여 위와 같이 그러한 <u>의도적인</u> <u>행위를 하기 직전 3개월 동안의 임금을 기준으로 하더라도</u>, 만약 근로자가 이처럼 퇴직 직전까지 의도적인 행위를 한 기간 동안에 동일한 임금항목에 관하여 근로자가 소속한 사업 또는 사업장에서 동일한 직종의 근로자에게 지급된 임금수준이 변동되었다고 인정할 수 있는 경우에는 적어도 그러한 <u>임금항목의 평균적인 변동수준 정도</u> <u>는 근로자의 의도적인 행위와 무관하게 이루어진 것으로 봄이 상당하므로 특별한 사</u> <u>정이 없는 한 이를 평균임금의 산정에 반영하는 것</u>이 근로자의 퇴직 당시 통상의 생활임금을 사실대로 반영할 수 있는 보다 <u>합리적이고 타당한 방법</u>이 될 것이다."

2. 취업규칙상 월의 중도에 퇴직하더라도 당해 월의 보수 전액을 지급한다는 규정이 있는 경우 퇴직금을 산출하기 위한 평균임금의 산정방법 (대법원 1999. 5. 12. 선고 97다5015 전원합의체 판결 참고)

▷ 퇴직하는 월의 보수 전액을 퇴직 직전일로부터 최종 3개월간에 지급된 급여액에 산입하여 평균임금을 산정하고 이를 기초로 퇴직금을 산출하였던 것이 종전 판례의 입장이었으나, 이러한 입장은 참고판결(97다5015 전원합의체 판결)에 의해 변경되었기 때문에 퇴직하는 월의 실제 근무일수에 상응하는 보수액만큼만 산입하여 계산하여야 한다.

> ※ **대법원 1999. 5. 12. 선고 97다5015 전원합의체 판결 【퇴직금】**
> - "취업규칙은 사용자가 당해 사업의 근로자 전체에 통일적으로 적용될 근로자의 복무규율과 임금 등 근로조건에 관한 준칙을 규정한 것으로서 사용자 및 근로자 등 관계 당사자들에게 보편 타당하고 합리적인 해석을 하여야 하며, 근로자들의 공통적인 의사도 그 일반적인 해석기준의 하나로 된다고 할 것인데, 원심과 같이 취업규칙에 퇴직시 당월 보수 전액을 지급한다는 규정이 있는 이상 퇴직일이 언제이든 퇴직 당해 월의 보수 전액을 퇴직 직전일로부터 최종 3개월간에 지급된 급여액에 산입하여 평균임금을 산정하고 이를 기초로 퇴직금을 산출하여야 한다면, 동일한 사업체에서 동일한 월급을 받고 동일한 근속기간 동안 근무한 근로자들이 같은 달에 퇴직하더라도 단지 그 퇴직일자가 다르다는 사정만으로 그 퇴직금에 심한 차이가 생기는 불균형이 나타나고, 더군다나 퇴직월에 이르러 빨리 퇴직할수록 즉 퇴직월의 근무일수가 짧을수록 많은 퇴직금을 지급받을 수 있다는 기이한 현상까지 일어나는바, 이는 심히 불합리하고 근로자의 공통적인 의사에도 부합하지 않는 것으로서 취업규칙의 해석원리에도 어긋나는 것이다. 위에서 본 바와 같은 <u>평균임금의</u> <u>기본원리 및 퇴직금제도의 목적과 취업규칙에 관한 일반적 해석기준 등에 비추어</u>

보면, 월의 중도에 퇴직하더라도 당해 월의 보수 전액을 지급한다는 취업규칙상의 규정은 퇴직하는 근로자에 대한 임금 계산에 있어서의 정책적·은혜적 배려가 포함된 취지의 규정으로 보아야 할 것이지, 퇴직하는 근로자에게 실제 근무일수와 무관하게 퇴직 당해 월의 임금을 인상하여 전액 지급한다는 취지는 아니라고 할 것이다.”

2. 퇴직금 계산에서 계속근로기간

◀ 판례분석 ▶

▌**제 목** : 영업양도시 회사의 일방적 경영방침에 따라 중간퇴직(퇴직금 수령 퇴직 및 재입사)한 경우 계속근로관계의 단절 여부(N) [하이마트사건]

▌**대상판결** : 대법원 2001. 11. 13. 선고 2000다18608 판결 【퇴직금】
【원고, 상고인】 김○형
【피고, 피상고인】 주식회사 하이마트
【원심판결】 서울고법 2000. 3. 8. 선고 99나18413 판결
【주 문】 원심판결 중 원고 패소부분을 파기하고, 이 부분 사건을 서울고등법원에 환송한다.

▌**사건의 개요** : 원고는 대한전선에 입사·근무하다가 대우전자로, 대우전자에서 대우 및 이수화학으로, 이수화학에서 피고 회사로 이적·근무하다가 퇴직하였고, 대한 전선에 입사한 날로부터 피고 회사에서 퇴직한 날까지의 전 근무기간에 대하여 퇴직금의 지급을 구하는 소를 제기하였다(대한전선을 제외한 위 회사들은 모두 대우그룹의 계열사).

▌**관련 법 규정**(현행법 기준)
- 퇴직급여보장법 제8조(퇴직금제도의 설정 등) ① 퇴직금제도를 설정하려는 사용자는 계속근로기간 1년에 대하여 30일분 이상의 평균임금을 퇴직금으로 퇴직근로자에게 지급할 수 있는 제도를 설정하여야 한다.

▌판결의 성격 : 원심은 원고의 대한전선에서 대우전자로의 이적은 자발적 퇴직에 따른 근로관계의 단절, 피고 회사로의 이적은 유효한 전적에 따른 근로관계의 단절로 판단하여 원고의 청구를 기각하였으나, 대법원은 위 각 이적은 영업양도와 관련된 것으로 원고의 자발적 퇴직에 따른 것이라기보다는 회사의 일방적 경영방침에 따른 퇴직·재입사로 볼 수 있다는 이유로 원심판결을 파기환송하였다.

※ **원심의 판단** : i) 대한전선에서 퇴직 후 대우전자로의 입사시 근로관계 단절 여부와 관련하여, 영업양도의 경우에는 특단의 사정이 없는 한 근로자들의 근로관계 역시 양수인에 의하여 계속적으로 승계된다 할 것이나, 원고가 대한전선에서 퇴직하면서 소정의 퇴직금을 지급받았고 당시 퇴직금 지급제도가 단수제였으므로 중간에 퇴직금을 수령하여도 별로 불리하지 아니한 점, 원고가 대우전자, 대우로 전직한 후 이수화학에서 1987. 6. 30. 퇴직하면서 위 각 회사의 재직기간에 해당하는 퇴직금만을 수령하고서도 장기간 동안 퇴직금 수령액에 대하여 이의를 하지 아니한 점 등에 비추어 <u>원고는 그의 자발적인 의사에 기하여 대한전선을 퇴직하였다 할 것이므로 대한전선과의 근로관계는 단절</u>, ii) 대우에서 퇴직 후 피고 회사로의 입사시 근로관계 단절 여부와 관련하여, 대우와 피고 회사는 모두 대우그룹의 계열사들이고, 이수화학 가전제품 판매조직의 일부분인 대림지점의 지점장으로 근무하고 있던 원고를 퇴직하게 하고 바로 다음날 피고 회사에 입사하게 한 것은 <u>비록 형식상 영업양도양수의 형식을 갖추었지만 이른바 계열사간의 전적에 해당한다 할 것</u>인데, 그 판시 증거를 종합하면, 대우는 원고를 포함한 판매부 직원들 100여 명을 이수화학에 파견하여 지점장으로 보직하였다가 피고 회사를 새로 설립하여 그 중 일부는 대우로 복귀시키고, 나머지는 본인의 희망이나 회사의 지점장요원 충원 등 경영방침에 따라 계열회사인 피고 회사로 전적시키면서 원고는 대우전자와 대우에서의 계속근속년수에 따른 퇴직금을 지급받고 새로이 피고 회사와 근로계약을 체결한 사실을 인정할 수 있어 <u>원고가 대우를 사직한 것이 회사의 방침에 따른 것이라고 하더라도 원고가 이에 동의하고 퇴직금까지 수령한 이상, 원고의 이 사건 전적은 유효한 전적이므로 원고의 근로관계는 단절되었음.</u>

▌쟁 점
- 원고가 양수회사로 이적할 때 퇴직·재입사의 형식을 거쳐 퇴직금을 수령하였다면 계속근로관계가 단절되는지 여부

▌중요 사실관계
- 대우전자가 1983년 1월경 대한전선의 전자부문을 인수함에 따라 1977. 8. 3. 대한전선에 입사하여 전기영업부에서 애프터서비스 기사로 근무하던 원고는 1983.

2. 28.자로 대한전선을 사직하며 퇴직금을 정산받고, 다음날부터 대우전자의 애프터서비스 기사로 근무 ⇒ **원고의 자발적인 사직·재입사로 볼 수 있는지 여부와 관련**

- 원고는 대우전자에서 근무하던 중 1986. 4. 1. 대우의 판매관리2부로 부서를 옮겨 1986. 5. 28.부터 같은 대우그룹의 계열사인 이수화학의 가전제품 판매부문에 파견되어 서부지사의 대림동지점 지점장으로 근무 ⇒ **계열사간 전적인지 아니면 영업양도인지와 관련**

- 대우그룹의 계열사인 피고 회사와 이수화학간의 영업양도계약에 따라 이수화학과 대우전자의 가전제품 판매부문에 근무하던 근로자들은 모두 그 계약일인 1987. 6. 30.자로 이수화학 및 대우전자에서 퇴사하고 그 다음날 피고 회사에 입사(원고는 당시 소속인 대우를 퇴직하면서 퇴직금으로 금 2,026,930원을 수령하고 그 다음날짜로 피고 회사와 근로계약을 체결·입사하는 형식을 취하였으나 계속 위 대림동지점의 지점장으로 근무하다가 1996. 6. 30. 피고 회사에서 퇴직) ⇒ **이러한 일괄적인 퇴사 및 재입사에 의해 근로관계가 단절된 것으로 볼 수 있는지 여부와 관련**

▌기본법리(판지)
1) 영업양도의 경우에는 특단의 사정이 없는 한 근로자들의 근로관계 역시 양수인에 의하여 계속적으로 승계되는 것으로, 영업양도시 퇴직금을 수령하였다는 사실만으로 전 회사와의 근로관계가 종료되고 인수한 회사와 새로운 근로관계가 시작되었다고 볼 것은 아니다. ⇒ **[영업양도의 효과: 근로관계의 승계]**
2) 다만, 원고가 자의에 의하여 사직서를 제출하고 퇴직금을 지급받았다면 계속근로의 단절에 동의한 것으로 볼 여지가 있지만, 이와 달리 회사의 경영방침에 따른 일방적 결정으로 퇴직 및 재입사의 형식을 거친 것이라면 퇴직금을 지급받았더라도 계속근로관계는 단절되지 않는 것이라 할 것이다. ⇒ **[영업양도시 중간퇴직의 효력(계속근로관계의 단절 여부)]**

▌결론 및 이유 : 원심의 사실인정과 판단은 다음과 같은 이유로 수긍하기 어렵다(따라서 원심판결 중 원고 패소 부분을 파기하여 이 부분 사건을 원심법원에 환송함).
- **대한전선에서 대우로의 이적시 근로관계 단절 여부** : i) 원고가 <u>자의에 의하여 사직서를 제출하고 퇴직금을 지급받았다고 인정할 만한 자료를 찾아볼 수 없고</u>, 증인의 진술("일괄적으로 같은 직급, 직종으로 고용승계되어 직원들의 동요는 없었으며, 퇴직금을 정산하고 새로 입사하는 형식을 취하였다")만이 있어 원고는 <u>회사의 경영방침에 따른 일방적 결정으로 퇴직 및 재입사의 형식을 거친 것이라는 점이 엿보일 뿐임</u>,

ii) 원심으로서는 기왕에 한 대한전선에 대한 사실조회의 회신을 촉구하거나 그 밖의 증거방법에 의하여 위 증인의 진술의 취지를 명백히 하여 원고의 자의에 의한 퇴직여부를 판단하였어야 할 것임에도 그에 나아가지 아니하고 그 설시 사유만으로 자의에 의한 퇴직이라고 인정한 것은 판결에 영향을 미친 위법이 있다고 아니할 수 없음.

- 대우에서 피고 회사로의 이적시 근로관계 단절 여부 : i) 대우는 국내 전자판매대리점 영업을 이수화학에게 양도하면서 이수화학으로 하여금 위 사업부분에 종사하는 직원들의 근로관계도 파견 형식으로 포괄적으로 승계하도록 하였다가, 피고 회사를 설립한 후 피고 회사로 하여금 1987. 6. 30.자로 이수화학으로부터 다시 국내 전자판매대리점 영업을 양도받으면서 위 사업부문에 종사하는 근로자들의 소속도 일괄하여 변경시키기로 하였음, ii) 이에 따라 <u>원고도 1987. 6. 30.자로 대우를 퇴직하여 같은 해 7월 1일 피고 회사에 신규 입사하는 형식을 취하였으나 실질적으로는 같은 장소에서 같은 내용의 업무를 처리하였고, 연월차 수당 등 각종 수당도 계속근무한 것과 동일한 기준으로 지급받아 온 사실</u>을 인정할 수 있음, iii) 이러한 각 일부 영업의 양도를 전후하여 가전제품을 판매하던 국내 전자판매대리점 등이 그 동일성을 유지하면서 계속 운영되고 있었던 이상, 이는 <u>대우로부터 이수화학, 다시 이수화학으로부터 피고로의 각 경영주체의 변경에 불과하여 그 각 경영주체와 근로자들의 근로관계는 새로운 경영주에게 포괄승계되었다</u>고 보아야 하고, 원고가 영업양도시 퇴직금을 수령하였다 하여 그 사실만으로 전 회사와의 <u>근로관계가 종료되고 피고 회사와의 새로운 근로계약관계가 시작되었다고 볼 것이 아님</u>, iv) 위 영업양도시 파견된 대우소속 직원 중 일부가 대우로 복귀되었다거나 <u>원고가 그의 희망에 따라 피고 회사로 이적하였다고 볼 만한 자료가 없고</u>, 오히려 원고와 같이 대우에서 파견된 직원들은 대우의 <u>경영방침에 따른 일방적 결정으로 피고 회사로 소속이 변경된 점</u>이 엿보일 뿐임.

▌판결의 의의와 한계

1) 퇴직금의 산정기준이 되는 '계속근로기간' 관련 분쟁의 다수는 i) 임시적 근로관계(예, 일용근로계약, 기간제 근로계약)가 계약 갱신을 통해 1년 이상 지속된 경우, ii) 임시직에서 정규직으로 고용형태가 바뀐 경우 또는 iii) 기간의 정함이 없는 근로계약관계 도중에 근로관계의 변동(예, 영업양도, 합병, 전적)이 있었던 경우에 있어서 근로관계의 단절 내지 계속 여부 혹은 퇴직금 중간지급의 유효 여부와 관련하여 발생하였다. 대상판결은 위 iii)의 경우에 관한 것이다.

2) 대상판결은 영업양도에 따른 근로관계의 변동 시에 사용자의 일방적인 경영방침에 따라 중간퇴직(형식상의 퇴직과 재입사)이 이루어지고 그에 따라 근로자가 퇴직금을 수령한 경우라도 그로 인해 근로관계가 단절되지 않는다고 본 사례이다. 따라서 사용자의 위와 같은 중간퇴직처리와 그에 따른 퇴직금의 지급은 무효인 것으로 된다. 아래의 참고판결(2003다40798,40804 판결)은 대상판결 후의 사례로서 영업양도 관련 중간퇴직의 효력에 관한 법리의 내용을 보다 상세히 판시한 것이다.

> ※ 대법원 2005. 7. 8. 선고 2003다40798,40804 판결【퇴직금등·부당이득금】
> - "기업이 사업부문의 일부를 다른 기업에 양도하면서 그 물적 시설과 함께 양도하는 사업부문에 근무하는 근로자들의 소속도 변경시킨 경우에는 원칙적으로 해당 근로자들의 근로관계가 양수하는 기업에게 승계되어 그 근로의 계속성이 유지된다고 할 것이다. 한편, 이 경우에 근로자가 자의에 의하여 계속근로관계를 단절할 의사로써 사업을 양도하는 기업에 사직서를 제출하고 퇴직금을 지급받은 다음 사업을 양수하는 기업에 입사하였다면 전자와의 근로관계는 일단 단절되고, 근로자가 사업을 양수한 기업에서 근무하다가 퇴직하는 경우에 그 기업에서의 근속기간에 상응하는 퇴직금만을 지급받게 될 것이지만, 그것이 **근로자의 자의에 의한 것이 아니라 사업을 양도하는 기업의 퇴직금을 지급하기 위한 방편이나 사업을 양도·양수하는 기업들의 경영방침에 의한 일방적인 결정에 따라 퇴직과 재입사의 형식을 거친 것에 불과하다면** 이러한 형식을 거쳐서 퇴직금을 지급받았더라도 근로자에게 근로관계를 단절할 의사가 있었다고 할 수 없으므로 계속근로관계도 단절되지 않는다고 할 것이고, 따라서 이와 같은 경우에 근로자가 최종적으로 사업을 양수한 기업에서 퇴직하면 그 기업은 합산한 계속근로연수에 상응하는 퇴직금에서 이미 지급된 퇴직금을 공제한 나머지를 지급할 의무가 있다 할 것이다(대법원 1992. 7. 14. 선고 91다40276 판결, 2005. 3. 11. 선고 2003다44691 판결 등 참조)."

▌기타 해설

1) '계속근로기간'은 근로계약의 기간이 아니라 '근로관계가 계속되었다고 볼 수 있는 기간'을 뜻하는 것으로 이해하여야 한다. 따라서 그 중간에 근로관계가 단절된 것으로 보이는 외관(예, 공백기간)이 있다고 해서 근로관계의 계속성을 쉽사리 부정하여서는 아니 된다(☞ 심화학습 1. 참고).
2) 근속기간 중에 직종 등 근로제공의 형태가 변경된 경우와 마찬가지로, 시용기간 만료 후 본 근로계약을 체결하여 공백 기간 없이 계속 근무한 경우에도 시용기간과 본 근로계약기간을 통산한 기간을 퇴직금 산정의 기초가 되는 계속근로기간으로 보아야 한다(대법원 2022. 2. 17. 선고 2021다218083 판결).

3) 퇴직급여보장법 제8조 제2항에 의하면, 주택구입 등 법정사유로 근로자의 요구가 있는 경우 퇴직금 중간정산이 가능하고, 적법하게 중간정산이 이루어지면 그 후의 퇴직금 산정을 위한 계속근로기간은 중간정산 시점부터 새로 계산한다(☞ 중간정산 관련 문제에 대해서는 심화학습 2. 참고).

◀ Q 풀이 ▶

Q 1. 대상판결과 원심판결의 판단에서 차이가 있는 이유는?

[A] 1) 원심 : 단수제 퇴직금의 중간 수령에 따른 불이익 부재, 퇴직금 수령액 관련 장기간 이의 제기 않음에 근거하여 원고의 자발적 의사에 따른 대한전선 퇴직이라고 판단하였고, 대우 퇴직 및 피고 회사 입사는 원고의 동의에 기초한 계열사간 유효한 전적으로서 근로관계가 단절되었다고 판단하였다.

2) 대법원: 원고의 이적을 영업의 일부 양도에 따른 근로관계의 승계로 파악하였고, 원고의 자발적 중간퇴직에 따른 근로관계의 단절을 인정할 수 없다고 보았다.

Q 2. 동일 기업 내에서 근로자가 사직하고 퇴직금을 지급받은 후 재입사한 경우 근로관계의 단절 여부 및 계속근로기간의 산정 시점은? (대법원 2001. 9. 18. 선고 2000다60630 판결 참고)

[A] 동일한 기업 내에서 근로자가 스스로의 필요나 판단에 따라 자유로운 의사에 기하여 사용자에게 사직서 등을 제출하고 이에 따라 당해 기업으로부터 소정 퇴직금을 정산하여 지급받은 경우에는 사직서 등의 제출이 사용자의 일방적인 경영방침에 따라 어쩔 수 없이 이루어지거나 단지 형식적으로 이루어진 것으로 볼 수 없어 이로써 당해 기업과 근로자와의 근로관계는 일단 유효하게 단절되고, 이 경우 근로자가 당해 기업에 종전의 근무경력을 인정받고 곧바로 재입사하여 계속 근무하다가 퇴직하였다고 하더라도 퇴직금 산정의 기초가 되는 계속근로연수를 산정함에 있어서는 재입사한 때로부터 기산하여야 한다(2000다60630 판결).

※ **대법원 2001. 9. 18. 선고 2000다60630 판결 【임금】**
- "원심은, 원고 유○열이 1968년 4월경부터 동방청량음료 합명회사, 한미식품공업주식회사를 거쳐 피고 회사에서 근무하다가 1977. 4. 30. 퇴직하면서 퇴직금 950,000원을 수령한 후 같은 해 5월 1일 피고 회사에 재입사하여 근무하다가

1997. 12. 31. 퇴직한 사실, 위 원고가 중간퇴직할 당시인 1977년에는 피고 회사가 영업양도나 합병 등으로 인적·물적 조직이 흡수·통합되거나 조직 변경을 한 바가 없어 이에 따라 근로자를 퇴직시키고 다시 신규입사 절차를 밟게 하는 등의 경영방침을 정할 필요가 없었고, 장기근속자에 대한 퇴직금의 과다지출을 막기 위하여 근로자에게 중간퇴직을 하도록 종용한 바도 없었으며, 피고 회사에서는 <u>서울지역에 근무하던 장기근속자 중 모범사원으로 인정되는 소수의 일부 직원 중 원하는 자에 한하여 목돈(퇴직일시금)을 받아 이용할 수 있도록 중간퇴직을 인정하는 혜택을 줌에 따라 위 원고가 위와 같이 중간퇴직을 하고</u> 그 다음날 피고 회사에 서약서와 이력서 등을 제출하고 <u>재입사하면서</u> 사원번호를 새로 부여받았으며 <u>근속수당과 연가일수도 위 재입사일을 기준으로 하여 산정받아 왔음은</u> 물론 1997년 5월경 위 재입사일을 기준으로 20년 근속표창을 받기까지 한 사실 등을 인정한 다음, 위 원고가 자의에 의하여 중간퇴직을 한 것으로 판단하여 위 원고가 중간퇴직을 한 바 없고 중간퇴직을 하였더라도 피고 회사가 위 원고의 중간퇴직 전의 최초 입사일부터 근속기간을 산정하여 퇴직금을 지급하기로 약정하였거나 위 원고의 중간퇴직의 의사표시가 피고 회사의 경영방침 및 종용에 의한 비진의 의사표시로서 무효라는 위 원고의 주장을 모두 배척하였다. 기록과 위 법리에 비추어보면, 원심의 위와 같은 사실인정과 판단은 정당하고 거기에 상고이유에서 주장하는 것과 같은 채증법칙 위배로 인한 사실오인이나 법리오해의 위법이 없다."

◀ 심화학습 ▶

1. 근로계약이 공백기간을 두고 반복·갱신되는 경우 근로관계의 계속성 여부 (대법원 2002. 7. 26. 선고 2000다27671 판결; 대법원 2006. 12. 7. 선고 2004다29736 판결 참고)

▷ 계속된 일용근로관계의 중간에 또는 반복 갱신된 기간제근로관계의 중간에 현실적으로 근로제공이 이루어지지 않는 근로관계 단절의 공백 기간이 있더라도 그 기간이 길지 않고 업무의 성격에 기인한 것이거나 대기기간 내지 재충전 휴식기간으로 볼 수 있는 경우에는 근로관계의 계속성이 인정된다(참고1, 2 판결 참조).

▷ 같은 취지에서, 원고들과 피고 공단이 매년 경주개최기간 단위로 근로계약을 반복적으로 체결한 사안에서 원고들이 계절적 요인으로 경주개최기간 이외의 기간에 피고 공단에 현실적으로 근로를 제공하지 않았더라도 이는 휴업기간 또는 대기기간으로 볼 여지가 많으므로 원고들의 근무는 위 휴업기간을 포함한 전체 근로기간에 걸쳐 퇴직금 지급의 전제가 되는 근로자의 상근성·계속성·존속성의 요건을 충족한다고 본 원심판단을 수긍한 사례가 있다(대법원 2011. 4. 14. 선고 2009다35040 판결).

※(참고1) 대법원 2002. 7. 26. 선고 2000다27671 판결 【퇴직금등】
- "형식적으로 일용근로자라 하더라도 일용관계가 중단되지 않고 계속되어 온 경우
에는 상용근로자로 보아야 하고 사용자로서는 취업규칙 및 보수규정상의 직원에 준
하여 일용관계가 계속된 기간을 계속 근로년수로 계산하여 그에 상응하는 퇴직금을
지급하여야 하고(대법원 1986. 8. 19. 선고 83다카657 판결 참조), 반드시 월 평균
25일 이상 근무하여야만 근로자의 상근성, 계속성, 종속성을 인정할 수 있는 것은 아
니라 할 것이다(대법원 1995. 7. 11. 선고 93다26168 전원합의체 판결 참조). 기록
에 의하면, 원고들의 월 평균 근무일수가 25일 정도이고, 원고들이 참여하던 프로그
램을 마치고 다음 프로그램에 참여하기까지 공백기간을 갖기는 하였으나 그 기간이
15일을 넘지 않았으며, 위 기간을 다음 프로그램에 참여하기 위한 대기기간 또는 재
충전을 위한 휴식기간으로 인식하여 온 점을 알 수 있으므로 원고들이 개별 프로그램의
제작에 참여한 기간만이 아니라 피고 공사에서 근무를 시작하여 최종적으로 근무를 마친
전 기간에 대하여 근로의 계속성을 인정할 수 있다 할 것이므로 … (이하 생략) …"

※(참고2) 대법원 2006. 12. 7. 선고 2004다29736 판결 【퇴직금】
- "근로계약기간이 만료되면서 다시 근로계약을 맺어 그 근로계약기간을 갱신하거
나 동일한 조건의 근로계약을 반복하여 체결한 경우에는 갱신 또는 반복된 계약기
간을 합산하여 계속 근로 여부와 계속 근로 연수를 판단하여야 하고(대법원 1995.
7. 11. 선고 93다26168 전원합의체 판결 등 참조), 갱신되거나 반복 체결된 근로
계약 사이에 일부 공백 기간이 있다 하더라도 그 기간이 전체 근로계약기간에 비
하여 길지 아니하고, 계절적 요인이나 방학 기간 등 당해 업무의 성격에 기인하거
나 대기기간·재충전을 위한 휴식 기간 등의 사정이 있어 그 기간중 근로를 제공하
지 않거나 임금을 지급하지 않을 상당한 이유가 있다고 인정되는 경우에는, 근로
관계의 계속성은 그 기간중에도 유지된다고 봄이 상당하다. 이 사건에 관하여 보
건대, 이 사건 기록과 위에서 살펴본 바에 따르면 비록 원고들이 1987년 내지
1991년부터 강사로 근무하기 시작하면서 계약기간에 관하여는 그 기간을 정한 바
가 없다가 1994년 초부터 매년 2월 중순경 계약기간을 그 때부터 그 해 11월경까
지로 정한 근로계약을 맺고 그 기간이 끝난 후 다음해 2월에 다시 계약을 갱신하
고 반복·체결하여 오기는 하였으나, 계약기간이 아닌 기간에도 원고들은 수능시험
문제 풀이, 난이도 파악, 논술 강의, 수능 점수 파악·보고, 대학 지원자 파악·보고,
대학 합격자 파악·보고 등의 업무를 수행하였음을 알 수 있는바, 이러한 사정에
비추어 보면 11월 대학수학능력시험일 이후 다음해 2월 중순까지의 기간은 강의
외 부수 업무 수행과 다음 연도 강의를 위한 재충전과 강의 능력 제고를 위한 연
구를 위한 기간으로서 그 기간중에도 원·피고 사이에 근로관계는 계속되었다고
보기에 충분하다." (☞ 제2강 1. 근로자 대상판결)

2. 중간정산이 일부 기간만인 경우 효력 (대법원 2008. 2. 1. 선고 2006다20542 판결 참고)
▷ 퇴직금 중간정산은 퇴직급여보장법에 의해 허용된다(1997년 개정 근기법에 그

근거조항을 신설하였다가 퇴직급여보장법의 제정으로 동법 제8조 제2항에서 규정). 퇴직금 중간정산제도가 법률에 의해 명문으로 인정되기 이전에는 이른바 중간퇴직의 형식을 빌어서 중간정산이 이루어졌다. 이에 관해 판례는 중간퇴직과 그에 따른 퇴직금의 수령이 사용자의 일방적인 경영방침에 따라 어쩔 수 없이 이루어진 것이라면 무효이고, 반면에 근로자 스스로의 필요나 판단에 따라 자유로운 의사에 기하여 이루어진 것이라면 유효하다고 보았다.[1]

▷ 퇴직금 중간정산은 근로자가 기왕의 계속근로기간 전부 또는 일부에 대하여 퇴직금의 중간정산을 요구하고 사용자가 그 요구기간에 대한 중간정산을 승낙함으로써 성립하는 것이고, 이 경우 사용자는 근로자의 요구기간중 일부 기간에 대하여만 일방적으로 중간정산을 실행함으로써 그 합의를 확정지을 수 없으나, 사용자의 일부 기간에 대한 중간정산 실행이 민법 제534조[2]에 의한 변경을 가한 승낙으로서 새로운 청약에 해당하고 근로자가 그 중간정산 퇴직금을 아무런 이의 없이 수령함으로써 이에 동의한 것으로 볼 수 있는 경우에는 그 중간정산이 실행된 일부 기간의 범위 내에서 중간정산이 성립되었다고 보는 것이 판례의 입장이다(2006다20542 판결). 그러나 퇴직금 중간정산이 부적법한 경우 그 중간정산 해당 기간에 상응하는 퇴직금에 대한 근로자의 청구권은 최종 퇴직 시에 발생하고 소멸시효도 그 때부터 기산된다.

※ 대법원 2008. 2. 1. 선고 2006다20542 판결 【퇴직금】
- "이 사건 중간정산 당시 원고는 최초 입사일부터 1998. 12. 31.까지의 계속근로기간에 대하여 중간정산을 요구하였는데, 이러한 요구와 달리 피고는 제1, 2차 중

---

1) 근로자가 회사의 경영방침에 따라 사직원을 제출하고 회사가 이를 받아들여 퇴직처리를 하였다가 즉시 재입사하는 형식을 취함으로써 근로자의 그 퇴직전후에 걸쳐 실질적인 근로관계의 단절이 없이 계속 근무하였다면 그 사직원 제출은 근로자가 퇴직을 할 의사 없이 퇴직의사를 표시한 것으로서 비진의 표시에 해당하고 재입사를 전제로 사직원을 제출케 한 회사 또한 그와 같은 진의 아님을 알고 있었다고 봄이 상당하다 할 것이므로 위 사직원 제출과 퇴직처리에 따른 퇴직의 효과는 생기지 아니한다(대법원 1988. 5. 10. 선고 87다카2578 판결). 따라서 실제 퇴직일을 퇴직금 산정사유 발생일로 보아서 퇴직금을 계산하여야 한다(대법원 1990. 11. 27. 선고 89다카15939 판결 참조). 그러나 동일한 기업 내에서 근로자가 스스로의 필요나 판단에 따라 자유로운 의사에 기하여 사용자에게 사직서 등을 제출하고 이에 따라 당해 기업으로부터 소정 퇴직금을 정산하여 지급받은 경우에는 사직서 등의 제출이 사용자의 일방적인 경영방침에 따라 어쩔 수 없이 이루어지거나 단지 형식적으로 이루어진 것으로 볼 수 없어 이로써 당해 기업과 근로자와의 근로관계는 일단 유효하게 단절된다 할 것이고, 이 경우 근로자가 당해 기업에 종전의 근무경력을 인정받고 곧바로 재입사하여 계속 근무하다가 퇴직하였다고 하더라도 퇴직금 산정의 기초가 되는 계속근로연수를 산정함에 있어서는 재입사한 때로부터 기산하여야 할 것이지 종전의 근무기간을 통산할 것은 아니다(대법원 1996. 9. 6. 선고 95다29932 판결).
2) 민법 제534조(변경을 가한 승낙)에 의하면 승낙자가 청약에 대하여 조건을 붙이거나 변경을 가하여 승낙한 때에는 그 청약의 거절과 동시에 새로 청약한 것으로 본다.

간퇴직이 유효하다고 보고 제2차 중간퇴직 다음날부터 1998. 12. 31.까지의 기간에 대하여만 그 중간정산을 실행하였으며, 원고는 별 다른 이의 없이 그 중간정산 퇴직금을 수령하고, 이어 그 다음해에도 1999. 1. 1.부터 1999. 12. 31.까지의 근속기간에 대하여 한 차례 더 퇴직금을 중간정산받기까지 한 사실을 알 수 있다. 사정이 이러하다면, 원고가 당초 중간정산을 요구하였던 기간중 최초 입사일부터 제2차 중간퇴직일까지의 기간에 대하여는 중간정산의 합의가 성립되지 않았음이 분명하나, 제2차 중간퇴직 다음날부터 1998. 12. 31.까지의 기간에 대하여는 피고의 변경을 가한 승낙과 이에 대한 원고의 동의로써 그 중간정산의 합의가 성립되었다고 볼 것이다. 그렇다면 이와 같이 중간정산이 성립된 기간, 즉 제2차 중간퇴직 다음날부터 1998. 12. 31.까지의 기간에 대하여는 위 중간정산의 시점에 중간정산퇴직금청구권이 발생하고 그에 대한 3년의 소멸시효도 그때부터 기산되어 이 사건 소 제기 당시 그 시효가 완성되었다고 볼 수 있음은 원심이 판시한 바와 같고, …(중략) … 그러나 이 사건 중간정산 당시 중간정산의 합의가 없었던 기간, 즉 최초 입사일부터 제2차 중간퇴직일까지의 기간에 대하여는 중간정산퇴직금청구권이 발생할 여지가 없고 원고의 최종 퇴직시에 그 기간에 대한 퇴직금청구권이 발생할 뿐이며, 이에 대한 3년 소멸시효 또한 이 사건 중간정산 시점이 아닌 원고의 최종 퇴직 시점으로부터 진행되는 것 … (이하 생략) …"

3. 퇴직금 분할 약정

◀ 판례분석 ▶

▌**제 목** : 퇴직금 분할 약정의 유효 여부(N), 무효인 경우 이미 지급한 퇴직금 명목금원의 부당이득 해당 여부(Y) 및 퇴직금채권과의 상계 가능 여부(Y), 상계의 허용 범위 (1/2) [알티이솔루션사건]

▌**대상판결** : 대법원 2010. 5. 20. 선고 2007다90760 전원합의체 판결 【퇴직금】
【원고, 상고인】 원고 1외 25인
【피고, 피상고인】 피고 주식회사
【원심판결】 서울고법 2007. 11. 30. 선고 2006나86698 판결
【주 문】 원심판결 중 원고 6, 7, 17을 제외한 나머지 원고들의 패소 부분을 모두 파기하고, 이 부분 사건을 서울고등법원에 환송한다. 원고 6, 7, 17의 상고를 모두 기

각한다. 원고 6, 7, 17의 상고비용은 같은 원고들이 부담한다.

▌사건의 개요 : 원고들은 연봉액 중 퇴직금 명목으로 기재되어 매월 지급된 돈은 퇴직금이 아니며 그 돈은 통상임금의 일부에 해당하므로 그 돈을 포함하는 퇴직 전 3개월간 지급받은 연봉액 전부를 기준으로 평균임금을 산정하여 재직기간에 따른 퇴직금을 각각 다시 지급할 것을 청구하였다.

▌관련 법 규정(현행법 기준)
- 퇴직급여보장법 제8조(퇴직금제도의 설정 등) ① 퇴직금제도를 설정하려는 사용자는 계속근로기간 1년에 대하여 30일분 이상의 평균임금을 퇴직금으로 퇴직근로자에게 지급할 수 있는 제도를 설정하여야 한다.
② 제1항의 규정에 불구하고 사용자는 주택구입 등 대통령령으로 정하는 사유로 근로자의 요구가 있는 경우에는 근로자가 퇴직하기 전에 해당 근로자가 계속 근로한 기간에 대한 퇴직금을 미리 정산하여 지급할 수 있다. … (이하 생략) …
- 근기법 제43조(임금 지급) ① 임금은 통화로 직접 근로자에게 그 전액을 지급하여야 한다. 다만, 법령 또는 단체협약에 특별한 규정이 있는 경우에는 임금의 일부를 공제하거나 통화 이외의 것으로 지급할 수 있다.
- 민법 제741조(부당이득의 내용) : 법률상 원인없이 타인의 재산 또는 노무로 인하여 이익을 얻고 이로 인하여 타인에게 손해를 가한 자는 그 이익을 반환하여야 한다.
- 민법 제497조(압류금지채권을 수동채권으로 하는 상계의 금지) 채권이 압류하지 못할 것인 때에는 그 채무자는 상계로 채권자에게 대항하지 못한다.
- 민사집행법 제246조(압류금지채권) ① 다음 각호의 채권은 압류하지 못한다.
   5. 퇴직금 그 밖에 이와 비슷한 성질을 가진 급여채권의 2분의 1에 해당하는 금액

▌판결의 성격 : 원심은 퇴직금 분할 약정에 따른 지급은 퇴직금 지급으로서의 효력이 인정되지 않지만 퇴직금 명목 금원은 부당이득이고, 부당이득반환채권으로 원고들의 퇴직금채권과 상계한다는 피고의 상계항변을 전부 받아들여 그에 해당하는 원고들의 이 사건 청구 부분을 배척하였고, 대법원(다수의견)은 부당이득에 관한 원심의 판단은 정당하고 상계가 가능하지만 퇴직금채권의 1/2은 압류금지채권으로서 상계가 제한된다고 보아서 원고 일부(원고 6, 7, 17)를 제외한 나머지 원고들에 대하여도 피고의 상계항변을 전부 받아들인 원심판결의 부분을 파기하였다.

▌쟁 점

- 사용자와 근로자가 매월 지급하는 월급과 함께 퇴직금으로 일정한 금원을 미리 지급하기로 한 약정(퇴직금 분할 약정)의 유효성 여부
- (무효라면) 위 약정에 의하여 이미 지급된 퇴직금 명목의 금원이 부당이득에 해당하는지 여부
- (해당한다면) 그 부당이득반환채권을 자동채권으로 하여 근로자의 퇴직금채권과 상계할 수 있는지 여부 및 상계의 허용 범위

▌중요 사실관계

- 원고들의 연봉계약서에 연봉액의 내역으로 기본급에 해당하는 본봉, 시간외 근무수당 등 각종 수당 및 상여금과 함께 <u>1년에 1개월 평균임금 상당액인 퇴직금의 1년간 지급총액과 이를 각 12등분하여 매월 분할 지급되는 금액을 기재</u>하고 이에 따라 원고들은 <u>매월 분할된 퇴직금액을 지급받음</u> ⇒ **이러한 퇴직금 분할 약정의 유효성 여부와 관련**
- 소송에서 피고는 원고들에게 중간정산 퇴직금을 지급한 것이 퇴직금의 지급으로서 효력이 없다면 위 돈은 법률상 원인 없이 지급된 부당이득이 된다 할 것이므로, 원고들이 피고에게 반환하여야 할 위 돈 상당의 부당이득반환채권으로 피고의 원고들에 대한 퇴직금채권을 대등액에서 상계한다고 항변 ⇒ **부당이득의 인정 여부, 상계 허용 여부 및 허용 범위와 관련**

▌기본법리(판지)

1) ⑴ 퇴직금의 지급청구권은 퇴직금 중간정산이 유효하게 성립하는 경우가 아닌 한 근로계약이 존속하는 동안에는 발생할 여지가 없다. 따라서 사용자와 근로자가 매월 지급하는 월급이나 매일 지급하는 일당과 함께 퇴직금으로 일정한 금원을 미리 지급하기로 약정(이하 '퇴직금 분할 약정'이라 한다)하였다면, ⇒ **[퇴직금 분할 약정의 의의]**

⑵ 그 약정은 법 제34조 제3항(현행 퇴직급여보장법 제8조 제2항) 전문 소정의 <u>퇴직금 중간정산으로 인정되는 경우가 아닌 한 최종 퇴직 시 발생하는 퇴직금청구권을 근로자가 사전에 포기하는 것으로서 강행법규인 법 제34조에 위배되어 무효</u>이고(대법원 2002. 7. 26. 선고 2000다27671 판결, 대법원 2007. 8. 23. 선고 2007도4171 판결 등 참조), ⇒ **[퇴직금 분할 약정의 효력(무효)]**

⑶ 그 결과 <u>퇴직금 분할 약정에 따라 사용자가 근로자에게 퇴직금 명목의 금원</u>

을 지급하였다 하더라도 퇴직금 지급으로서의 효력이 없다고 할 것이다. ⇒ **[퇴직금 분할 약정 무효의 효과: 퇴직금 지급으로서의 효력 없음]**

2) 근로관계의 계속 중에 퇴직금 분할 약정에 의하여 월급이나 일당과는 별도로 실질적으로 퇴직금을 미리 지급하기로 한 경우 이는 어디까지나 위 약정이 유효함을 전제로 한 것인바, 그것이 위와 같은 이유로 퇴직금 지급으로서의 효력이 없다면, 사용자는 본래 퇴직금 명목에 해당하는 금원을 지급할 의무가 있었던 것이 아니므로, 위 약정에 의하여 이미 지급한 퇴직금 명목의 금원은 법 제18조(현행 근기법 제2조 제1항 제5호) 소정의 '근로의 대가로 지급하는 임금'에 해당한다고 할 수 없다. 이처럼 사용자가 근로자에게 퇴직금 명목의 금원을 실질적으로 지급하였음에도 불구하고 정작 퇴직금 지급으로서의 효력이 인정되지 아니할 뿐만 아니라 법 제18조 소정의 임금 지급으로서의 효력도 인정되지 않는다면, 사용자는 법률상 원인 없이 근로자에게 퇴직금 명목의 금원을 지급함으로써 위 금원 상당의 손해를 입은 반면 근로자는 같은 금액 상당의 이익을 얻은 셈이 되므로, 근로자는 수령한 퇴직금 명목의 금원을 부당이득으로 사용자에게 반환하여야 한다고 보는 것이 공평의 견지에서 합당하다. ⇒ **[(무효인 퇴직금 분할 약정에 따라 지급된) 퇴직금 명목 금원의 성격: 근로의 대가인 임금이 아니라 사용자에게 반환하여야 할 부당이득]**

3) ⑴ 법 제42조(현행 근기법 제43조) 제1항 본문에 의하면 임금은 통화로 직접 근로자에게 그 전액을 지급하여야 하므로 사용자가 근로자에 대하여 가지는 채권으로써 근로자의 임금채권과 상계를 하지 못하는 것이 원칙이고, 이는 경제적·사회적 종속관계에 있는 근로자를 보호하기 위한 것인바, 근로자가 받을 퇴직금도 임금의 성질을 가지므로 역시 마찬가지이다(대법원 1990. 5. 8. 선고 88다카26413 판결 등 참조). ⇒ **[상계금지의 원칙과 취지]**

⑵ 다만 계산의 착오 등으로 임금을 초과 지급한 경우에, 근로자가 퇴직 후 그 재직중 받지 못한 임금이나 퇴직금을 청구하거나, 근로자가 비록 재직중에 임금을 청구하더라도 위 초과 지급한 시기와 상계권 행사의 시기가 임금의 정산, 조정의 실질을 잃지 않을 만큼 근접하여 있고 나아가 사용자가 상계의 금액과 방법을 미리 예고하는 등으로 근로자의 경제생활의 안정을 해할 염려가 없는 때에는, 사용자는 위 초과 지급한 임금의 반환청구권을 자동채권으로 하여 근로자의 임금채권이나 퇴직금채권과 상계할 수 있다고 할 것이다(대법원 1993. 12. 28. 선고 93다38529 판결, 대법원 1995. 12. 21. 선고 94다26721 전원합의체 판결 등 참조). ⇒ **[상계금지 원칙의 예외: 조정적 상계 허용의 법리]**

⑶ 그리고 이러한 법리는 사용자가 근로자에게 이미 퇴직금 명목의 금원을 지급

하였으나 그것이 <u>퇴직금 지급으로서의 효력이 없어</u> 사용자가 같은 금원 상당의 <u>부당이득반환채권을 갖게 된 경우에 이를 자동채권으로 하여 근로자의 퇴직금채권과 상계하는 때에도 적용된다</u>고 할 것이다. 왜냐하면, i) 사용자가 이미 <u>퇴직금 명목으로 지급한 금원 상당의 부당이득반환채권과 근로자의 퇴직금채권은 모두</u> 어디까지나 후불적 임금인 퇴직금의 지급과 직접 관련된 것으로서, 그 금원의 지급 시기가 근로자의 퇴직 전이냐 후이냐의 점에서 다를 뿐 퇴직금의 지급이라는 본질에 있어서는 다를 바 없어 <u>양자는 서로 밀접 불가분의 관계에 있고</u>, ii) 나아가 <u>퇴직금 명목 금원의 부당이득반환채권에 기한 상계는</u> 사용자가 근로자에게 퇴직금을 아예 지급하지 않겠다는 것이 아니라 단지 근로자의 퇴직으로 지급하여야 할 퇴직금에서 기존에 이미 지급한 퇴직금 상당액을 공제하겠다는 것에 지나지 아니하므로 이는 공평의 견지에서도 당연한 조치이고, 이로써 <u>근로자가 특별히 불리하게 된다거나 임금전액불의 원칙에 반한다고 할 수도 없기 때문이다.</u> iii) 더구나 이 경우에는 당해 근로자가 이미 퇴직하여 더 이상 경제생활의 직접적 기반을 이루는 임금을 지급받는 근로계약관계에 있지 아니한 상황일 뿐만 아니라, 사용자가 기왕의 근로관계와는 전혀 무관한 채권으로 근로자의 퇴직금채권과 상계하겠다는 것이 아니기 때문에, <u>위와 같은 상계로 인하여 근로자의 경제생활의 안정을 해하는 결과를 초래하는 것도 아니다.</u> 결국 사용자가 근로자에게 이미 지급한 퇴직금 명목 금원의 반환채권으로 근로자의 <u>퇴직금채권과 상계하는 것은</u> 한 마디로 근로자의 퇴직으로 인하여 사용자가 지급할 <u>퇴직금액의 정산, 조정 방법의 하나에 지나지 아니하므로 이를 허용하지 아니할 아무런 이유가 없는 것이다.</u> ⇒ **[사용자 부당이득반환채권(자동채권)과 근로자 퇴직금채권(수동채권)의 상계 가능 법리: 조정적 상계 법리의 준용]**

4) <u>민사집행법 제246조 제1항 제5호</u>는 근로자인 채무자의 생활보장이라는 공익적, 사회 정책적 이유에서 '퇴직금 그 밖에 이와 비슷한 성질을 가진 급여채권의 2분의 1에 해당하는 금액'을 압류금지채권으로 규정하고 있고, <u>민법 제497조</u>는 압류금지채권의 채무자는 상계로 채권자에게 대항하지 못한다고 규정하고 있으므로, <u>사용자가 근로자에게 퇴직금 명목으로 지급한 금원 상당의 부당이득반환채권을 자동채권으로 하여 근로자의 퇴직금채권을 상계하는 것은 퇴직금채권의 2분의 1을 초과하는 부분에 해당하는 금액에 관하여만 허용된다</u>고 봄이 상당하다. ⇒ **[상계의 허용 범위: 퇴직금채권의 1/2 초과 부분 해당 금액]**

▌**결론 및 이유** : 원심이 원고 6, 7, 17에 대한 피고의 상계항변을 전부 받아들인 것

은 정당하나, 위 원고들을 제외한 나머지 원고들에 대하여도 피고의 상계항변을 전부 받아들인 것은 압류 금지 및 상계 제한에 관한 법리를 오해하여 잘못 판단한 것이라고 할 것이다.

- 원심은, 피고의 퇴직금 명목 금원 상당의 부당이득반환채권으로 원고들의 퇴직금채권과 상계한다는 피고의 상계항변을 전부 받아들여 그에 해당하는 원고들의 이 사건 청구 부분을 배척하였으나 피고의 위 상계항변은 근로자인 원고들의 퇴직금채권을 수동채권으로 하는 것이므로, 위 법리에 비추어 보면, 원심으로서는 상계가 제한되는 압류금지채권인 퇴직금채권의 2분의 1에 해당하는 금액을 특정한 후 이를 초과하는 범위 내에서만 상계를 허용하였어야 했음.

- 기록에 의하면, 원고 6, 7, 17은 피고로부터 이미 수령한 퇴직금 명목의 금원이 그들의 퇴직금채권액의 2분의 1에 미치지 못하는 반면, 위 원고들을 제외한 나머지 원고들은 피고로부터 이미 수령한 퇴직금 명목의 금원이 그들의 퇴직금채권액의 2분의 1을 초과함을 알 수 있음.

▌판결의 의의와 한계

1) 근로자가 아직 근로하지 않은 장래의 기간에 대하여 사용자가 연봉제나 포괄임금제를 이용하여 월 급여에 퇴직금 명목의 돈을 포함하여 지급하기로 약정하는 경우, 판례의 일관된 입장에 따르면 그러한 퇴직금 분할 약정은 무효이고, 구 근기법(제34조)과 현행 퇴직급여보장법(제8조) 상의 퇴직금 지급으로서의 효력이 없다. 그 결과 퇴직금지급 위반의 형사사건에서 유죄 취지의 판결이 있어 왔다(대법원 2007. 8. 23. 선고 2007도4171 판결 등). 그런데 대상판결이 나오기 이전까지는, 위와 같은 퇴직금 분할 약정이 무효인 경우 이미 지급된 퇴직금 명목의 금원이 i) 통상적인 근로의 대가인 임금인지, ii) 사용자에게 반환되어야 할 부당이득인지, iii) 반환이 부정되는 비채변제인지, iv) 부당이득이라면 근로자의 퇴직금채권은 사용자의 부당이득반환채권에 의해 상계될 수 있는지(양 채권이 상계적상에 있는지) 등이 쟁점이었는데, 대상판결은 이러한 쟁점을 해결한 대법원 전원합의체 판결이다. 대상판결의 다수의견에 따르면, 무효인 퇴직금 분할 약정에 따라 이미 지급된 퇴직금 명목의 금원은 임금이 아니라 부당이득이고, 사용자는 그 금원 상당의 부당이득반환채권을 자동채권으로 하여 근로자의 퇴직금채권의 2분의 1을 초과하는 부분에 해당하는 금액에 대하여 상계할 수 있다. 그러나 부당이득에 해당하지 않는다거나 해당하더라도 상계할 수 없다는 취지의 소수의견에 대해서도 주목할 필요가 있다(☞ Q 2. 참고).

2) 대상판결은 퇴직금 분할 약정에 따른 퇴직금 명목 금원의 지급에 대하여 퇴직금 지급으로서의 효력을 부인한 지금까지의 판례의 태도를 그대로 유지하고 있기 때문에, 향후 퇴직금 미지급 형사사건에서 퇴직급여보장법 위반의 유죄 여부가 계속 문제될 것이다. 따라서 퇴직금 분할 약정에 따른 지급이 있었더라도 사용자는 근로자의 퇴직 시점에서 상계가 가능한 금액(퇴직금채권의 2분의 1을 초과하는 부분에 해당하는 금액)을 제외한 나머지를 퇴직금으로 다시 지급해야 할 필요가 있고, 상계가 허용되지 않은 부분에 상응하는 금액의 반환은 별도로 부당이득 반환을 청구하여 해결하여야 할 것이다.

3) 대상판결 사안에서 문제된 퇴직금 분할 약정은 아직 근무하지 않은 기간에 대하여 퇴직금을 분할 지급하는 약정이었다. 이미 근무한 기간에 대하여 합법적으로 중간정산을 하고 분할 지급하는 것은 법 위반이 아니다. 그러나 근로계약 체결 시에 퇴직금 분할 약정과 더불어 사용자가 근로자로부터 월 단위 퇴직금 중간정산 신청서를 미리 제출받아서 그에 따라 분할 지급한 경우 퇴직금의 지급 내지 퇴직금 중산정산의 효력을 인정할 수 없다는 것이 판례의 입장이다(대법원 2007. 11. 16. 선고 2007도3725 판결 참조).

4) 한편, 대상판결이 판시한 부당이득의 법리는 실질적인 퇴직금 분할 약정이 존재함을 전제로 하여 비로소 적용할 수 있는 것이기 때문에 사용자와 근로자가 체결한 해당 약정이 그 실질은 임금을 정한 것에 불과함에도 사용자가 퇴직금 지급을 면탈하기 위하여 퇴직금 분할 약정의 형식만을 취한 것인 경우에는 부당이득의 법리를 적용할 수 없다는 것이 판례의 입장이다(2010다95147 판결 참조).

※ **대법원 2012. 10. 11. 선고 2010다95147 판결 【퇴직금등】**
- "… (중략) … 사용자는 법률상 원인 없이 근로자에게 퇴직금 명목의 금원을 지급함으로써 그 금액 상당의 손해를 입은 반면 근로자는 같은 금액 상당의 이익을 얻은 셈이 되므로, 근로자는 수령한 퇴직금 명목의 금원을 부당이득으로 사용자에게 반환하여야 한다고 보는 것이 공평의 견지에서 합당하다(대법원 2010. 5. 20. 선고 2007다90760 전원합의체 판결 참조).
다만 퇴직금 제도를 강행법규로 규정한 입법 취지를 감안할 때 <u>위와 같은 법리는 사용자와 근로자 사이에 실질적인 퇴직금 분할 약정이 존재함을 전제로 하여 비로소 적용할 것이어서, 사용자와 근로자가 체결한 당해 약정이 그 실질은 임금을 정한 것에 불과함에도 불구하고 사용자가 퇴직금의 지급을 면탈하기 위하여 퇴직금 분할 약정의 형식만을 취한 것인 경우에는 위와 같은 법리를 적용할 수 없다.</u> 즉 사용자와 근로자 사이에 월급이나 일당 등에 퇴직금을 포함시키고 퇴직 시 별도의 퇴직금을 지급하지 않는다는 취지의 합의가 존재할 뿐만 아니라, 임금과 구별되는 퇴직금 명목 금원의 액수가 특정되고, 위 퇴직금 명목 금원을 제외한 임금의 액수 등을 고려할 때 퇴직금 분할 약정을 포함하는 근로계약의 내용이 종전의 근로계약 이나 근로기준법 등에 비추어 근로자에게 불이익하지 아니하여야 하는 등, 사용자 와 근로자가 임금과 구별하여 추가로 퇴직금 명목으로 일정한 금원을 실질적으로 지급할 것을 약정한 경우에 한하여 위와 같은 법리가 적용된다 할 것이다(대법원 2010. 5. 27. 선고 2008다9150 판결 참조). … (중략) …

3. 그러나 기록에 의하여 인정되는 다음과 같은 사정들, 즉 (1) 피고가 매월 원고 들에게 지급할 퇴직금 명목의 금원을 산정함에 있어서 원고들의 평균임금을 고려 하지 않은 채 원고들의 연봉금액 및 월 급여액을 정한 다음 역산하여 그 금액에서 퇴직금 명목의 금원을 일률적으로 정한 점(피고가 임의로 연봉금액 중 12/13에 해 당하는 금액을 기본급으로, 1/13에 해당하는 금액을 퇴직금으로 항목을 구분하여 지급한 것이다), (2) 피고는 직원들에게 연월차수당 등을 지급하면서 그 산정의 기 초가 되는 임금을 정함에 있어 퇴직금 명목의 금원을 포함시킨 점, (3) 월급의 형 태로 임금을 지급받는 원고들의 처지에서 퇴직금으로 지급되는 부분과 그렇지 아니 한 부분을 명확히 구별하여 지급받았다고 단정하기 어려운 점, (4) 원고들의 2004년 및 2005년 연봉금액에서 퇴직금 명목 금액을 제외하면 오히려 2003년 연봉금액보 다 삭감되어 근로계약이 불리해진 결과가 되는데, 이는 2001년 이래 연봉금액의 증 가 추세에 비추어 납득하기 어려워서 2004년 이후의 실질 연봉은 퇴직금 명목 금액 을 포함한 금액으로 봄이 상당한 점 등에 비추어 볼 때, 원고들과 피고 사이의 2004 년 2월 이후 퇴직금 분할 약정은 그 실질이 임금을 정한 것이면서 퇴직금 지급을 회 피하기 위하여 퇴직금 분할 약정의 형식만을 취한 것으로서 원고들이 임금으로서 정당하게 수령할 금액에 포함된다고 볼 여지가 많다. … (이하 생략) …"

▌**기타 해설** : 공평의 관념에 위배되는 재산적 가치의 이동이 있는 경우 수익자 로부터 그 이득을 되돌려 받아 손실자와의 사이에 재산상태의 조정을 꾀하는 것 이 부당이득제도의 목적이다(73다29 판결).

※ **대법원 1975. 4. 8. 선고 73다29 판결【부당이득금】**
- "위 침몰사고로 인하여 원고는 그 근저당권을 상실하고 따라서 저당채권의 변제 를 못받게 된 손해를 보았는데 반하여 피고는 침몰선박의 대가로 금 39,000,000 원에 해당하는 금품을 받아 위와 같은 부담(근저당권)이 없었던거와 같은 대가를 취득하게 되었으니 피고가 취득한 금품중에서 적어도 원고의 손실에 해당하는 한도 에서는 이익을 얻었다 할 것이니 원고의 손실과 피고의 이득 사이에 인과관계가 있 고 피고의 이 이득은 법률상 원인없는 것이라 할 것이므로 여기에 부당이득이 있다 고 봄이 타당할 것이다. 그 이유로는 이렇게 보는 것이 공평 관념에 위배되는 재산 적 가치의 이동이 있는 경우 수익자로부터 그 이득을 되돌려 받아 손실자와의 사이 에 재산상태의 조정을 꾀하는 부당이득제도의 목적에 합당하다고 보기 때문이다."

◀ Q 풀이 ▶

Q 1. 대상판결에서 퇴직금 분할 약정이 무효라고 본 이유는?

[A] 퇴직금 분할 약정은 퇴직금 청구권의 성립요건(퇴직이라는 근로관계의 종료를 요건으로 하여 비로소 발생)이 결여된 것이므로, 퇴직금 중간정산으로 인정되는 경우가 아닌 한, 최종 퇴직 시 발생하는 퇴직금청구권의 사전 포기로서 강행법규(구 근기법 제34조, 현행 퇴직급여보장법 제8조)에 위배되어 무효이고, 따라서 퇴직금 지급으로서의 효력이 없다.

Q 2. 대상판결에서 퇴직금 분할 약정에 따라 지급된 금원의 법적 성격과 사용자의 상계 허용에 대해 다수의견과 소수의견의 판단이 차이가 있는 이유는?

[A] 1) 다수의견 : 퇴직금 지급으로서의 효력 부정 → 임금이 아니라 부당이득에 해당 → 사용자의 상계 가능 → 다만, 퇴직금채권의 2분의 1을 초과하는 부분에 해당하는 금액만 상계 허용.

2) 소수의견(김영란, 김능환) : 퇴직금 명목 금원을 임금의 일종이라고 보아서 근로자의 그 수령은 부당이득이 아니며, 따라서 상계가 허용되지 않는다는 견해를 취함. 즉 i) 퇴직금 분할 약정의 구성요소 중에서 법에 위반되어 무효로 되는 부분은 '퇴직금으로 지급'한다는 부분만이며, 사용자가 근로자에게 매월 또는 매일 일정한 금원을 지급한다는 부분은 유효, ii) 그 약정에 따라 근로자에게 매월 또는 매일 지급되는 금원은 근로의 대가로서 지급되는 것이고, 그 명칭에도 불구하고 이는 임금의 일종, iii) 다수의견은 결과적으로 퇴직금을 분할하여 미리 지급한 효력을 그대로 인정하는 것과 아무런 차이가 없고, 이는 당초에 다수의견이 퇴직금 분할 약정에 따라 지급된 금원에 퇴직금 지급으로서의 효력을 부정하려는 것과는 모순.

3) 소수의견(양승태, 이홍훈, 양창수) : 부당이득에 해당함을 전제하더라도 상계가 허용되지 않다는 견해를 취함. 즉 i) 임금이 초과 지급된 경우의 정산과 관련하여 예외적으로 상계가 허용되고 있는 주된 근거는 계산의 착오 등으로 발생하는 임금의 초과 지급인 데다가, 시기상, 절차상 일정한 제한을 가할 수 있어 근로자의 경제생활 안정을 해할 염려가 없다는 것임, ii) 이 사건처럼 퇴직금 지급으로서 효력을 인정할 수 없는 퇴직금 명목의 금전을 지급하여 그 금액 상당의 부당이득반환이 문제되는 때에는 계산의 착오 등으로 임금이나 퇴직금을 초과 지급한 경우에 해당한다고 볼 수 없을 뿐만 아니라, 그 수액이 정당하게 지급

해야 할 퇴직금 수액에 근접할 정도로 다액인 경우가 많아, 근로자의 경제생활 안정이 위협받을 가능성이 많음, iii) 또한 퇴직금 명목의 금전을 부당이득이라고 인정하는 것과 관련하여 당사자 사이에 다툼이 있을 수밖에 없는데, 이러한 경우에도 상계를 허용하여 사용자의 일방적 공제를 인정하게 되면 퇴직금 제도를 두고 있는 본래의 취지를 벗어나 근로자에게 부당하게 불리할 뿐만 아니라, 당초 임금의 지급과 관련하여 상계를 금지한 제도적 취지를 지나치게 형해화할 우려가 있음, iv) 그렇다면 사용자가 근로자에게 이미 퇴직금 명목의 금전을 지급하였으나 그것이 퇴직금 지급으로서 효력이 없어 사용자가 같은 금액 상당의 부당이득반환채권을 가지게 된 경우에는 이를 자동채권으로 하여 근로자의 퇴직금채권과 상계할 수 없다고 해석함이 여러 면에서 보다 합리적이라고 할 것.

◀ **심화학습** ▶

1. 임금의 지급 방법 (대법원 1988. 12. 13. 선고 87다카2803 전원합의체 판결; 대법원 1990. 5. 8. 선고 88다카26413 판결 참고)

▷ 참고1 판결(87다카2803 전원합의체 판결)은 근로자가 임금채권을 타인에게 양도한 경우에도 사용자는 임금을 양수인이 아니라 근로자에게 직접 지급하여야 한다는 점을 밝힌 것이다. 이 판결에 따르면, 근로자의 임금채권의 양도를 금지하는 법률의 규정이 없으므로 이를 양도할 수 있으나, 근기법에서 임금직접지급의 원칙을 규정하고 그에 위반하는 자는 처벌을 하도록 하는 규정을 두어 그 이행을 강제하고 있는 이유는 임금이 확실하게 근로자 본인의 수중에 들어가게 하여 그의 자유로운 처분에 맡기고 나아가 근로자의 생활을 보호하고자 하는 데 있는 것이므로 이와 같은 근기법의 규정의 취지에 비추어 보면 근로자가 그 임금채권을 양도한 경우라 할지라도 그 임금의 지급에 관하여는 같은 원칙이 적용되어 사용자는 직접 근로자에게 임금을 지급하지 아니하면 안되는 것이고 그 결과 비록 양수인이라고 할지라도 스스로 사용자에 대하여 임금의 지급을 청구할 수는 없다고 해석하여야 할 것이며, 그렇게 하지 아니하면 임금직접지급의 원칙을 정한 근기법의 규정은 그 실효를 거둘 수가 없게 될 것이라고 한다.

▷ 참고2 판결(88다카26413 판결)은 사용자가 근로자의 퇴직금채권에 대하여 사용자의 근로자에 대한 대출금채권으로 상계하여 충당할 수 있는지가 쟁점이었던

사례로서, 근로자가 받을 퇴직금은 임금의 성질을 가지는 것으로서 근기법에 의하여 사용자는 그 수령권자에게 직접 전액을 지급하여야 하므로 사용자가 자기 직원으로 근무하다가 사망한 근로자의 퇴직금에 대하여 사용자의 그 직원에 대한 대출금채권으로 상계충당할 수 없다고 하였다.

2. 사용자가 근로자의 동의를 얻어 상계하는 것이 허용될 수 있는 요건 (대법원 2001. 10. 23. 선고 2001다25184 판결 참고)

▷ 근기법에서 임금 전액지급의 원칙을 선언한 취지는 사용자가 일방적으로 임금을 공제하는 것을 금지하여 근로자에게 임금 전액을 확실하게 지급 받게 함으로써 근로자의 경제생활을 위협하는 일이 없도록 그 보호를 도모하려는 데 있으므로, 사용자가 근로자에 대하여 가지는 채권을 가지고 일방적으로 근로자의 임금채권을 상계하는 것은 금지된다고 할 것이지만, 사용자가 근로자의 동의를 얻어 근로자의 임금채권에 대하여 상계하는 경우에 그 동의가 근로자의 자유로운 의사에 터잡아 이루어진 것이라고 인정할 만한 합리적인 이유가 객관적으로 존재하는 때에는 근기법 제43조 제1항 본문에 위반하지 아니한다고 보아야 할 것이고, 다만 임금 전액지급의 원칙의 취지에 비추어 볼 때 그 동의가 근로자의 자유로운 의사에 기한 것이라는 판단은 엄격하고 신중하게 이루어져야 한다(2001다25184판결).

▷ 참고판결(2001다25184 판결)은 사용자가 근로자의 퇴직금채권에 대해 상계(근로자의 귀책사유로 발생한 대출금 등 손해액과의 상계)한 것이 적법한지 여부가 쟁점인 사례이다. 원심은 위 상계가 임금지급 원칙에 반하는 것으로 판단하였으나, 대법원은 상계에 대한 근로자의 유효한 동의 여부에 대한 심리미진 등의 이유로 원심판결을 파기하였다.

※ 대법원 2001. 10. 23. 선고 2001다25184 판결 【퇴직금】
- "원심은, 원고의 1997. 6. 30.자 퇴직으로 인한 퇴직금이 제세공과금을 제외하고 104,517,917원인 사실, 피고가 위 금원을 원고의 예금계좌에 입금한 사실을 인정한 다음, 위 입금으로써 퇴직금의 전액을 지급하였다는 피고의 항변에 대하여 판단함에 있어서, 원고가 1988년경부터 1991년경 사이에 피고 조합의 출장소장으로 근무하던 중, 1인당 300만 원까지의 대출한도를 정한 피고 조합의 업무규정을 위반하여 소외 양○출 등 5명에게 각 500만 원씩을 대출하였는데 소외인들이 이를 변제하지 아니하여 피고 조합에 위 대출원리금 등 합계 34,718,615원의 손해가 생기게 되자, 피고 조합은 1997. 7. 31. 10:30경 위 대출원리금이 모두 변제된

것으로 계좌정리를 한 후, 같은 날 18:00경 퇴직금으로 104,517,917원을 원고의
예금구좌에 일단 입금하였다가 원고로부터 교부받아 소지하고 있던 인장으로 그
예금을 인출하여 위 대출원리금 34,178,615원이 원고에 의하여 변제된 것으로 처
리한 사실을 그 거시 증거에 의하여 인정하고, 피고는 위 104,517,917원을 원고의
계좌에 입금해 준 후 원고가 스스로 이를 관리 처분할 수 있는 상태에 이르기 전
에 위 34,718,615원을 포함한 금원을 인출 사용하였다 할 것이므로 위 돈은 원고
에게 직접 지급되었다고 볼 수가 없다는 이유로 피고의 항변을 배척하고 위 돈을
지급하도록 명한 제1심판결을 유지하였다. … (중략) … 그런데 이 사건에서 원고
는 피고 조합의 직원이 인출전표를 위조하여 위 34,718,615원을 인출한 것이라고
주장하고 있고(원고는 피고 조합의 직원들을 사문서위조죄 등으로 고소하였는데
오히려 원고가 무고죄로 구속되어 공소제기되었다), 이에 반하여 피고는 원고의
동의를 받고 인출전표를 작성하여 위 34,718,615원을 포함한 금원을 인출한 것이라
고 다투고 있으므로 원심으로서는 피고 조합이 위의 돈을 인출함에 있어 원고의 동
의를 받은 사실이 있는지의 여부를 확정한 후, 원고의 동의를 받은 사실이 인정된
다면 원고의 그 동의가 유효한 것인지 즉 '원고의 자유로운 의사에 터잡아 이루어
진 것이라고 인정할 만한 합리적인 이유가 객관적으로 존재하는 때'에 해당하는지
여부를 심리하였어야 할 것인데도 불구하고, 원심은 그 점에 대한 심리나 고려를
하지 아니한 채 단순히 위 퇴직금이 원고의 계좌에 입금된 후 원고 스스로 관리
처분할 수 있는 상태에 이르기 전에 피고가 위 34,718,615원을 인출 사용하였다
고만 판단하여 이를 지급한 것으로 볼 수 없다는 이유로 피고의 항변을 배척하였
으니, 거기에는 필요한 심리를 다하지 아니하였거나 퇴직금에 대한 상계약정의 효
력에 관한 법리를 오해한 위법이 있다고 할 것이다."

3. 계산착오 등을 이유로 하는 조정적 상계 (대법원 1993. 12. 28. 선고 93다38529 판결
참고)

▷ 일반적으로 임금은 직접 근로자에게 전액을 지급하여야 하는 것이므로 사용
자가 근로자에 대하여 가지는 채권으로서 근로자의 임금채권과 상계를 하지 못
하는 것이 원칙이나, 계산의 착오 등으로 임금이 초과 지급되었을 때 i) 그 행사
의 시기가 초과 지급된 시기와 임금의 정산, 조정의 실질을 잃지 않을 만큼 합리
적으로 밀접되어 있고 금액과 방법이 미리 예고되는 등 근로자의 경제생활의 안
정을 해할 염려가 없는 경우나 ii) 근로자가 퇴직한 후에 그 재직중 지급되지 아
니한 임금이나 퇴직금을 청구할 경우에는 사용자가 초과 지급된 임금의 부당이
득반환청구권을 자동채권으로 하여 상계할 수 있다(93다38529 판결).

4. 임금체불 형사사건에서 책임 조각 또는 고의 부인 (대법원 2001. 2. 23. 선고

2001도204 판결; 대법원 2007. 6. 28. 선고 2007도1539 판결 등 참고)

▷ 임금체불 형사사건 판례를 보면, i) 적법행위를 기대할 수 없거나 불가피한 사정이 인정되는 경우 책임을 조각하거나(참고1 판결) 또는 ii) 지급의무의 존재에 관하여 다툴 만한 근거가 있으면 임금 등을 지급하지 아니한 데에 상당한 이유가 있다고 보아서 위반죄의 고의를 부인하여(참고2 판결), 그 처벌에서 제외한 사례가 있다. 그러나 단순히 사용자가 경영부진 등으로 자금압박을 받아 이를 지급할 수 없었다는 것만으로는 그 책임을 면할 수 없으며, 임금 등을 기일 안에 지급할 수 없었던 불가피한 사정이 있었는지 여부를 판단함에 있어서는 근로자의 입장에서 상당한 정도 수긍할 만한 수준이라고 객관적으로 평가받을 수 있는 조치들(임금 등을 조기 청산하기 위한 최대한의 변제노력, 변제계획의 제시 및 이에 관한 근로자 측과의 성실한 협의 등)이 행하여졌는지 여부도 하나의 구체적인 징표가 될 수 있다(참고3 판결).

※(참고1) 대법원 2001. 2. 23. 선고 2001도204 판결【근로기준법위반】

- "사용자가 기업이 불황이라는 사유만을 이유로 하여 임금이나 퇴직금을 지급하지 않거나 체불하는 것은 근로기준법이 허용하지 않는 바이나, 사용자가 모든 성의와 노력을 다했어도 임금의 체불이나 미불을 방지할 수 없었다는 것이 사회통념상 긍정할 정도가 되어 사용자에게 더 이상의 적법행위를 기대할 수 없다거나, 사용자가 퇴직금 지급을 위하여 최선의 노력을 다하였으나 경영부진으로 인한 자금사정 등으로 도저히 지급기일 내에 퇴직금을 지급할 수 없었다는 등의 불가피한 사정이 인정되는 경우에는 그러한 사유는 근로기준법 제36조, 제42조 각 위반범죄의 책임조각사유로 된다."

※(참고2) 대법원 2007. 6. 28. 선고 2007도1539 판결【근로기준법위반】

- "임금 등 지급의무의 존재에 관하여 다툴 만한 근거가 있는 것이라면 사용자가 그 임금 등을 지급하지 아니한 데에는 상당한 이유가 있다고 보아야 할 것이어서 사용자에게 구 근로기준법 제109조, 제36조 위반죄의 고의가 있었다고 인정하기 어렵고, 임금 등 지급의무의 존부 및 범위에 관하여 다툴 만한 근거가 있는지 여부는 사용자의 지급거절이유 및 그 지급의무의 근거, 그리고 사용자가 운영하는 회사의 조직과 규모, 사업 목적 등 제반 사항, 기타 임금 등 지급의무의 존부 및 범위에 관한 다툼 당시의 제반 정황에 비추어 판단하여야 할 것이며, 사후적으로 사용자의 민사상 지급책임이 인정된다고 하여 곧바로 사용자에 대한 같은 법 제109조, 제36조 위반죄의 고의가 인정된다고 단정해서는 안 된다."

※(참고3) 대법원 2006. 2. 9. 선고 2005도9230 판결 【근로기준법위반】

- "근로기준법 제112조, 제36조에서 정하는 임금 및 퇴직금 등의 기일 내 지급의무 위반죄는 사용자가 그 지급을 위하여 최선의 노력을 다하였으나, 경영부진으로 인한 자금사정 등으로 지급기일 내에 지급할 수 없었던 불가피한 사정이 사회통념에 비추어 인정되는 경우에만 면책되는 것이고, 단순히 사용자가 경영부진 등으로 자금압박을 받아 이를 지급할 수 없었다는 것만으로는 그 책임을 면할 수 없다(대법원 2002. 11. 26. 선고 2002도649 판결 등 참조).

이와 관련하여 근로기준법 제36조가 임금이나 퇴직금의 기일 내 지급의무를 정하고 위 법 제112조에서 이를 위반한 경우에는 형사처벌의 대상으로까지 삼고 있는 것은 근로자가 사망 또는 퇴직한 경우에 그러한 근로자 등의 생활안정을 도모하기 위한 안전판이 마련될 수 있도록 확실히 강제하려는 데 그 입법 취지가 있다 할 것이다. 그렇게 볼 때 위와 같이 '임금이나 퇴직금을 기일 안에 지급할 수 없었던 불가피한 사정'이 있었는지 여부를 판단함에 있어서는, 사용자가 퇴직 근로자 등의 생활안정을 도모하기 위하여 임금이나 퇴직금 등을 조기에 청산하기 위해 최대한 변제노력을 기울이거나 장래의 변제계획을 분명하게 제시하고 이에 관하여 근로자측과 성실한 협의를 하는 등, 퇴직 근로자 등의 입장에서 상당한 정도 수긍할 만한 수준이라고 객관적으로 평가받을 수 있는 조치들이 행하여졌는지 여부도 하나의 구체적인 징표가 될 수 있을 것이다."

5. 임금채권우선변제 (대법원 2008. 6. 26. 선고 2006다1930 판결 참고)

▷ 근기법 제38조 제2항 및 근로자퇴직급여 보장법 제12조는 근로자의 최저생활을 보장하고자 하는 공익적 요청에서 일반 담보물권의 효력을 일부 제한하고 임금채권과 퇴직급여 등의 우선변제권을 규정한 것으로서, 그 규정의 취지는 근로자가 최종 3개월분의 임금과 최종 3년간의 퇴직급여, 재해보상금에 관한 채권 등을 질권, 저당권에 의하여 담보된 채권, 조세공과금 및 다른 채권과 동시에 사용자의 동일재산으로부터 경합하여 변제받는 경우에 그 각 채권의 성립의 선후나 질권 또는 저당권의 설정 여부에 관계없이 그 임금, 퇴직금 등을 우선적으로 변제받을 수 있는 권리가 있음을 밝힌 것이다(대법원 2004. 5. 27. 선고 2002다65905 판결 참조).

▷ 근기법 등에 의하여 우선변제청구권을 갖는 임금채권자라고 하더라도 강제집행절차나 임의경매절차에서 배당요구의 종기까지 적법하게 배당요구를 하여야만 우선배당을 받을 수 있는 것이 원칙이다(대법원 2015. 8. 19. 선고 2015다204762 판결 참조).

▷ 우선변제특권의 보호를 받는 임금채권의 범위는 해당 임금채권에 대한 근로

자의 배당요구 당시 근로자와 사용자와의 근로계약관계가 이미 종료되었다면 그 종료 시부터 소급하여 3개월 사이에 지급사유가 발생한 임금 중 미지급분을 말한다(2006다1930 판결). 예컨대, 2003. 10.경 근로계약관계가 종료된 경우 우선변제의 대상이 되는 최종 3개월분의 임금은 근로계약관계 종료 시점으로부터 소급하여 3개월 이내인 2003. 8월분, 9월분 및 10월분 급여이고, 근로자가 2003. 8월분 급여를 사용자로부터 지급받았다고 하여 그 이전에 지급사유가 발생한 2003. 7월분 미지급 급여가 최종 3개월분의 임금에 포함되는 것은 아니다. 한편, 배당요구 당시에도 근로관계가 종료되지 않은 근로자의 경우에는 배당요구 시점부터 소급하여 3개월 사이에 지급사유가 발생한 임금 중 미지급분을 말하는 것이고, 최종 3년간의 퇴직금도 배당요구 종기일 이전에 퇴직금 지급사유가 발생하여야 한다(대법원 2015. 8. 19. 선고 2015다204762 판결). 근로자가 배당요구 종기일에 사용자와 근로관계를 유지하다가 그 이후에 퇴직한 경우 배당요구 종기일에는 근로자의 퇴직금채권이 발생하지 않았으므로 근로자에게 우선변제권이 인정되는 퇴직금채권은 존재하지 않는다.

▷ 임금채권의 우선변제권은 사용자의 특정재산에 대한 배타적 지배권을 본질로 하는 추급효까지 인정한 것은 아니므로, 사용자의 재산이 제3자에게 양도된 경우에는 양도인인 사용자에 대한 임금 등 채권의 우선권은 이 재산에 대하여는 더 이상 추구될 수 없고, 양수인의 양수재산에 대하여 우선권을 인정할 수는 없으며, 또 사용자가 취득하기 전에 설정된 담보권에 대해서까지 우선권을 인정할 수 없다(대법원 1994. 1. 11. 선고 93다30938 판결). 그러나 사업의 인적 조직과 물적 시설이 그 동일성을 유지하면서 일체로서 이전되어 구 사용자와 신 사용자 사이에 실질적 동일성이 인정되는 경우에는 신 사용자에게 고용이 승계된 근로자와 신 사용자가 신규로 채용한 근로자는 신 사용자가 구 사용자로부터 재산을 취득하기 전에 설정된 담보권에 대하여 임금 등의 우선변제권을 가진다(대법원 2004. 5. 27. 선고 2002다65905 판결 참조).

제7강 근로시간과 휴식

1. 연장근로 등과 가산임금

◀ 판례분석 ▶

▌제 목 : 근로시간 산정 곤란 등 특별한 사정이 없음에도 불구하고 포괄임금계약에 의거하여 근기법 소정의 법정수당에 미달되는 연장근로수당을 지급한 경우 그 효력(N) [해군복지근무지원단사건]

▌대상판결 : 대법원 2010. 5. 13. 선고 2008다6052 판결 【임금】
【원고, 피상고인】 원고 1외 4인
【피고, 상고인】 대한민국
【원심판결】 서울중앙지법 2007. 12. 13. 선고 2007나2861 판결
【주 문】 상고를 기각한다. 상고비용은 피고가 부담한다.

▌사건의 개요 : 피고 소속의 국방부 산하 해군복지근무지원단은 근무원인 원고들에게 근무원급여지침에 따라 결정된 등급을 기준으로 '시간외근무수당'이라는 명목으로 정액을 지급하는 한편, 봉사료의 일부를 시간외 근무자들에게 근무시간별로 분할지급(2004. 5. 1.자로 지급 중단)하였는데, 원고들은 위 '시간외근무수당' 명목의 지급 금원이 원고들이 실제로 연장근로한 시간을 기준으로 근기법상의 가산임금 규정에 기하여 계산한 금원에 미치지 못한다고 주장하면서 그 차액에 상당하는 금원의 지급을 구하는 소를 제기하였다.

▌관련 법 규정(현행법 기준)
- 근기법 제15조(이 법을 위반한 근로계약) ① 이 법에서 정하는 기준에 미치지 못하는 근로조건을 정한 근로계약은 그 부분에 한하여 무효로 한다.

② 제1항에 따라 무효로 된 부분은 이 법에서 정한 기준에 따른다.

- 근기법 제17조(근로조건의 명시) ① 사용자는 근로계약을 체결할 때에 근로자에게 다음 각 호의 사항을 명시하여야 한다. 근로계약 체결 후 다음 각 호의 사항을 변경하는 경우에도 또한 같다.

  1. 임금
  2. 소정근로시간
  … (이하 생략) …

- 근기법 제56조(연장·야간 및 휴일 근로) ① 사용자는 연장근로(제53조·제59조 및 제69조 단서에 따라 연장된 시간의 근로를 말한다)에 대하여는 통상임금의 100분의 50 이상을 가산하여 근로자에게 지급하여야 한다.

② 제1항에도 불구하고 사용자는 휴일근로에 대하여는 다음 각 호의 기준에 따른 금액 이상을 가산하여 근로자에게 지급하여야 한다.

  1. 8시간 이내의 휴일근로: 통상임금의 100분의 50
  2. 8시간을 초과한 휴일근로: 통상임금의 100분의 100

③ 사용자는 야간근로(오후 10시부터 다음 날 오전 6시 사이의 근로를 말한다)에 대하여는 통상임금의 100분의 50 이상을 가산하여 근로자에게 지급하여야 한다.

■ 판결의 성격 : 원심은 이 사건 포괄임금계약이 무효가 된 2004. 5. 1.경부터 피고는 원고들에게 근기법에서 정한 기준에 의하여 지급받을 수 있었던 시간외근로수당에서 이 사건 포괄임금계약에 따라 실제 지급받은 금액('시간외 근무수당')의 차액만큼을 지급하여야 한다고 판단하였고, 대법원은 원심의 판단이 정당하다고 보아서 피고의 상고를 기각하였다.

※ **원심의 판단** : "원고들의 근로내용, 근로형태 및 업무의 특수성, 이 사건 포괄임금계약이 체결된 경위, 앞서 본 근무원 급여지침이나 공무원보수규정, 봉사료 지급지침의 내용 등을 종합하여 보면, 적어도 위 '봉사료' 지급이 중단되기 전인 2004. 4. 30.까지 이 사건 포괄임금계약은 근로자인 원고들에게 불이익이 없고, 제반 사정에 비추어 정당한 것으로 인정되나, '봉사료' 지급이 중단된 2004. 5. 1.경 이후에는 근로기준법에서 정한 기준에 현저히 위반되어 근로자인 원고들에게 불이익이 된다고 할 것이어서 그때로부터 이 사건 포괄임금계약은 무효가 되었다고 봄이 상당하다. 이에 대하여 원고들은 … (중략) … 이 사건 포괄임금계약은 처음부터 무효라는 취지로 주장하나 … (중략) … '봉사료'는 시간외 근로수당 명목으로 지급된 것이라고 봄이 상당하고, 이를 감안하면 이 사건 포괄임금계약이 근로자들인 원

고들에게 불이익하다고 볼 수 없어, 이에 반하는 원고들의 위 주장은 이유 없다."

▮ 쟁 점

- 감시단속적 근로 등과 같이 근로시간의 산정이 어려운 경우가 아님에도 근로시간수와 상관없이 일정액을 법정수당으로 지급하는 포괄임금계약을 체결하는 것이 허용되는지 여부
- 위와 같은 포괄임금계약에 의해 지급된 수당(이 사건 '시간외근무수당')이 근기법에 따라 산정한 법정수당에 미달하는 경우 그 미달하는 부분의 효력 및 사용자는 그 미달하는 법정수당을 지급할 의무가 있는지 여부

▮ 중요 사실관계

- 원고들은 해군복지근무지원단이 운영하는 평택체력단련장 내 식당에서 봉사원(원고 1, 3), 조리사(원고 2, 5), 조리과장(원고 4)으로 근무한 근무원 ⇒ **근로형태, 업무성질 등에 비추어 감시단속적 근로처럼 근로시간의 산정이 어려운 경우에 해당하는지 여부와 관련**
- 해군복지근무지원단은 실제 근로한 연장근로시간을 산정함이 없이 근무원급여지침(매년 배정된 예산범위 내에서 작성된 지침)에 따라 결정된 등급을 기준으로 '시간외근무수당' 명목으로 정액을 지급 ⇒ **이러한 임금지급방식이 포괄임금제에 해당하는지 여부와 관련**
- 해군복지근무지원단의 '봉사료 지급지침'에 따르면, 체력단련장 내 운동시설이나 식당을 이용하는 고객들로부터 시설이용료 등에 정액의 봉사료(8%)를 가산하여 지급받은 후 '봉사료'라는 명목으로 그 중 40%는 체력단련장 내 식당에서 근무하는 모든 근무원들에게 균등 지급하고, 나머지 60%는 그 중 시간외 근무자들에게 근무시간별로 분할 지급하도록 되어 있는데, 위 봉사료는 2004. 5. 1.로 지급 중단됨 ⇒ **분할 지급된 봉사료를 시간외근로수당으로 볼 수 있는지 여부와 관련(즉 근기법 소정의 기준에 따라 산정한 법정수당에 미달하는지 여부 판단 시에 분할 지급된 봉사료도 포함하여 비교해야 하는지와 관련)**

▮ 기본법리(판지)

1) (1) 근로기준법 제24조(현행 제17조)는 … (중략) … 같은 법 제55조(현행 제56조)는 … (중략) … 규정하고 있는데, 이러한 규정들과 통상임금에 관하여 정하고 있는 근로기준법 시행령 제6조의 규정 등에 의하면, 사용자는 근로계약을 체결함에

있어서 기본임금을 결정하고 이를 기초로 하여 근로자가 실제로 근무한 근로시간에 따라 시간외근로·야간근로·휴일근로 등이 있으면 그에 상응하는 시간외근로수당·야간근로수당·휴일근로수당 등의 법정수당을 산정하여 지급함이 원칙이라 할 것이다. ⇒ [임금 산정·지급의 원칙: 기본임금+실근로시간에 상응하는 법정수당]

(2) 이러한 원칙적인 임금지급방법은 근로시간 수의 산정을 전제로 한 것인데, 예외적으로 감시단속적 근로 등과 같이 근로시간, 근로형태와 업무의 성질을 고려할 때 근로시간의 산정이 어려운 것으로 인정되는 경우가 있을 수 있고, 이러한 경우에는 사용자와 근로자 사이에 기본임금을 미리 산정하지 아니한 채 법정수당까지 포함된 금액을 월급여액이나 일당임금으로 정하거나 기본임금을 미리 산정하면서도 법정 제 수당을 구분하지 아니한 채 일정액을 법정 제 수당으로 정하여 이를 근로시간 수에 상관없이 지급하기로 약정하는 내용의 이른바 포괄임금제에 의한 임금 지급계약을 체결하더라도 그것이 달리 근로자에게 불이익이 없고 여러 사정에 비추어 정당하다고 인정될 때에는 유효하다 할 것이다(대법원 1997. 4. 25. 선고 95다4056 판결, 대법원 1997. 7. 22. 선고 96다38995 판결, 대법원 1999. 5. 28. 선고 99다2881 판결, 대법원 2002. 6. 14. 선고 2002다16958 판결, 대법원 2005. 8. 19. 선고 2003다66523 판결 등 참조). ⇒ [포괄임금제(내지 포괄임금계약)의 유효요건]

(3) 그러나 위와 같이 근로시간의 산정이 어려운 경우가 아니라면 달리 근로기준법상의 근로시간에 관한 규정을 그대로 적용할 수 없다고 볼 만한 특별한 사정이 없는 한 앞서 본 바와 같은 근로기준법상의 근로시간에 따른 임금지급의 원칙이 적용되어야 할 것이므로, 이러한 경우에도 근로시간 수에 상관없이 일정액을 법정수당으로 지급하는 내용의 포괄임금제 방식의 임금 지급계약을 체결하는 것은 그것이 근로기준법이 정한 근로시간에 관한 규제를 위반하는 이상 허용될 수 없다. ⇒ [포괄임금계약을 무효로 볼 수 있는 경우]

2) 한편 구 근로기준법 제22조(현행 제15조)에서는 근로기준법에 정한 기준에 미치지 못하는 근로조건을 정한 근로계약은 그 부분에 한하여 무효로 하면서(근로기준법의 강행성) 그 무효로 된 부분은 근로기준법이 정한 기준에 의하도록 정하고 있으므로(근로기준법의 보충성), 근로시간의 산정이 어려운 등의 사정이 없음에도 포괄임금제 방식으로 약정된 경우 그 포괄임금에 포함된 정액의 법정수당이 근로기준법이 정한 기준에 따라 산정된 법정수당에 미달하는 때에는 그에 해당하는 포괄임금제에 의한 임금지급계약 부분은 근로자에게 불이익하여 무효라 할 것이고, 사용자는 근로기준법의 강행성과 보충성 원칙에 의해 근로자에게 그 미달되는 법정수당을 지급할 의무가 있다. ⇒ [포괄임금계약 무효의 부분과 효과]

■**결론 및 이유** : 근로기준법의 기준에 의하여 계산한 시간외근로수당에 미달되는 부분의 포괄임금약정은 무효이며 피고는 원고들에게 그 부분 임금을 지급할 의무가 있다.

- 원고들의 근로형태와 내용 등에 비추어 이 사건은 근로시간의 산정이 어려운 경우 등이 아님.

- 원고들에 대한 임금체계가 일정 금액의 시간외근로수당을 지급하기로 하는 포괄임금제인데 '봉사료' 지급이 중단된 2004. 5. 1.경 이후에는 원고들이 지급받은 시간외근로수당이 근로기준법의 기준에 의하여 계산한 시간외근로수당에 현저하게 미치지 못함.

- 상고이유에서 들고 있는 대법원 1997. 4. 25. 선고 95다4056 판결, 대법원 2002. 6. 14. 선고 2002다16958 판결의 판시 각 사안은 모두 근로형태나 업무의 성질 등에 비추어 '근로시간의 산정이 어려운 경우'에 해당하는바, 위 대법원 판결들이 판시하는 법리는 위와 같이 '근로시간의 산정이 어려운 경우에 해당하는 사안에서 이와 달리 근로시간의 산정이 가능한 것을 전제로 하여 근로기준법상의 법정수당과의 차액을 청구하는 것은 받아들일 수 없다'는 취지라 할 것이고, 나아가 '근로시간의 산정이 어려운 경우 등이 아니라 하더라도 실근로시간과 무관하게 법정수당을 정액으로 정하는 포괄임금계약이 유효하게 성립될 수 있다'는 취지까지 포함하는 것은 아니라 할 것(따라서 위 대법원 판결들은 이 사건과 사안을 달리하는 것이어서 이 사건에 원용하기에 적절하지 아니함).

■**판결의 의의와 한계**

1) 근로자가 실제 근로한 시간에 따라 임금을 계산, 지급하는 것이 곤란하거나 적절하지 않은 특별한 사정이 있는 경우(예, 업무의 성격, 근로형태 등에 비추어 근로의 양보다는 질이 중요한 경우)에 포괄임금제는 근로 내용의 실체에 상응한 임금의 지급과 임금계산의 편의를 도모하는 실용적 수단이 될 수 있다. 그러나 위와 같은 특별한 사정이 없는 경우에도 포괄임금제가 허용된다면 임금과 근로시간에 대한 법률적 규제의 무력화, 저임금·장시간근로의 유발 등과 같은 부정적 결과가 초래될 수 있다.

2) 포괄임금제 내지 포괄임금계약에 관한 종래의 판례 법리는 어떤 요건하에서 그 유효성이 인정될 수 있는가에 초점을 둔 것이고, 포괄임금계약이 유효하면 근로자는 포괄임금에 포함되어 지급된 일정액의 제 수당과 근기법 소정의 기준에 따른 법정수당과의 차액을 청구할 수 없게 된다(☞ 기타 해설 참고). 대상판결 역시 이를 부정하고 있지는 않다.

3) 그럼에도 불구하고 대상판결이 종래의 판례와 다른 특징은 포괄임금계약의 무효를 인정할 수 있는 법리를 제시한 점이다. 그리고 이러한 법리에 입각하여 '봉사료' 지급이 중단된 시점 이후의 이 사건 포괄임금계약을 무효라고 보았다. 근무형태, 업무의 내용 등 사실관계에서 차이가 있기는 하지만 대상판결 이전의 판례는 다수의 사안에서 포괄임금계약의 유효성을 인정하였다(☞ 기타 해설 참고).

4) 근로시간의 산정이 어려운 경우가 아님에도 불구하고 체결된 포괄임금계약이 모두 무효로 되는 것은 아님에 유의할 필요가 있다. 대상판결에 따르면 그러한 계약이 근기법상의 근로시간에 관한 규제를 위반하는 것이라는 전제 하에서 무효로 인정된다. 그래서 이 사건에서 대법원은 '봉사료' 지급이 중단되기 전까지의 포괄임금계약은 유효하다는 원심의 판단을 수긍하였던 것이다.

▌기타 해설

1) 포괄임금계약의 유효성을 인정한 사례로서 참고1 판결(95다4056 판결)과 참고2 판결(2002다16958 판결) 등이 있다. 두 판결은 대상판결에서도 인용되고 있다.

> ※(참고1) 대법원 1997. 4. 25. 선고 95다4056 판결 【임금】
> - "근로시간, 근로형태와 업무의 성질 등을 참작하여 계산의 편의와 직원의 근무의욕을 고취하는 뜻에서 근로자의 승낙하에 기본임금을 미리 산정하지 아니한 채 시간외근로 등에 대한 제 수당을 합한 금액을 월급여액이나 일당임금으로 정하거나 매월 일정액을 제 수당으로 지급하는 내용의 이른바 포괄임금제에 의한 임금지급 계약을 체결하였다고 하더라도 단체협약이나 취업규칙에 비추어 근로자에게 불이익이 없고, 제반 사정에 비추어 정당하다고 인정될 때에는 그 계약은 유효하다 할 것이다(당원 1992. 2. 28. 선고 91다30828 판결, 1987. 8. 18. 선고 87다카474 판결 등 참조). 이 사건에서 보건대, 사실관계가 원심이 확정한 바와 같다면, 피고는 원고들과 같은 청원경찰의 주 업무가 지하철 역사 등의 시설에 대한 경비 및 순찰이라는 근로 형태의 특수성 때문에 근로기준법상의 기준 근로시간을 초과한 연장근로와 야간, 휴일근로가 당연히 예상되므로, 청원경찰운영규정에 원심판시와 같은 특수 근무자의 근무시간 및 근로기준법상의 기준 근로시간을 초과한 근로 등에 대하여 매월 일정액을 제 수당으로 지급할 것을 내용으로 하는 규정을 두고, 이에 따라 원고들도 1981. 6. 1.부터 1987. 2. 16. 사이에 피고의 청원경찰로 임용되어 1일 24시간 격일근무 또는 특수일근제로 근무하면서 이 사건 소를 제기할 무렵까지 위의 제 수당을 아무런 이의 없이 지급받았을 뿐만 아니라 이것이 취업규칙에 해당하는 청원경찰운영규정에 비추어 볼 때 원고들에게 불리하다거나 제반 사정에 비추어 보아 부당하다고 할 수도 없다 할 것이므로, 원고들과 피고 사이에는 기준 근로시간을 초과한 근로 등에 대하여 매월 일정액을 제 수당으로 지급하는 이른바 포괄

임금계약이 체결되었다 할 것이고 <u>위의 포괄임금계약을 무효라고 할 수도 없다.</u> 따라서 원고들이 포괄임금으로 지급받은 초과근무수당, 초과근무수당 가산금, 휴일근무수당에는 근로기준법의 규정에 의한 시간외근로수당, 야간근로수당, 휴일근로수당이 모두 포함되어 있다고 볼 것이어서, <u>원심이 그 판시와 같이 원고들의 구체적인 시간외근로시간 등을 인정하여 포괄임금으로 지급된 제 수당과 원심이 인정한 시간외근로 등에 대한 근로기준법의 규정에 의한 수당과의 차액의 지급을 명한 것에는 포괄임금제에 관한 법리오해의 위법이 있다고 할 것이므로, 이 점을 지적하는 피고의 이 부분 상고논지는 이유가 있다.</u>"

※(참고2) 대법원 2002. 6. 14. 선고 2002다16958 판결 【임금】

- "원심판결 이유에 의하면, 원심은 그 채용 증거들에 의하여 원고가 아파트입주자 대표회의인 피고와의 사이에 근로계약을 체결하고 <u>아파트 경비직으로 근무하면서 2인1조로 야간경비를 맡거나 원고를 포함한 2명이 24시간 격일제로 경비를</u> 하여 왔는데, 원고 등에 대하여는 채용 당시부터 야간수당, 시간외수당, 휴일수당에 관하여 기본급을 기준으로 한 시급에 추가 근로시간을 곱하여 나온 금원을 가산하여 지급하는 것으로 정하지 아니하고 <u>실제 근로시간과 무관하게 단순히 연장근로수당이라는 명목으로 매월 금 110,200원씩을 지급하기로 약정</u>되었고, 그러한 약정에 따라 원고는 별다른 이의 없이 매월 확정금 110,200원을 연장근로수당 명목으로 지급받아 왔던 사실을 인정하고, 이를 바탕으로 **원고가 제공한 근로는 신체 또는 정신적 긴장이 적은 감시적 업무로서 경비·순찰이라는 근로형태의 특수성으로 인하여** 근로기준법상의 기준 근로시간을 초과한 연장근로, 야간근로 및 휴일근로가 당연히 예상된다 할 것이어서, 원고와 피고 사이에는 기준 근로시간을 초과한 근로 등에 대하여 매월 일정액을 제 수당으로 지급한다는 내용의 포괄임금제에 의한 임금지급계약이 체결되었다고 판단하였다. 원심은 나아가, 다만 위와 같이 포괄임금제에 의한 임금지급계약이 체결되었다 하더라도 <u>이 사건에서와 같이 기본급은 정하되 이를 제외한 나머지 법정 제 수당에 대하여는 이를 포괄하여 일정액을 지급하기로 한 경우에는</u> 근로기준법의 산정기준에 의하여 정당하게 지급받을 수 있는 법정 제 수당액을 하회하는 액수를 지급받는 것은 허용될 수 없으므로, <u>피고는 원고에게 근로기준법의 규정에 의한 법정 제 수당액과 이 사건 임금지급계약에 의하여 지급된 법정 제 수당액의 차액을 지급할 의무가 있다고 하면서, 구체적인 시간외 근로시간 등을 인정하고 근로기준법의 규정에 의해 시간외, 야간, 휴일근무수당을 산정하여, 실제 지급된 수당과의 차액을 계산하고</u> 여기에서 피고가 공탁하고 원고가 수령한 미지급 시간외수당액을 공제한 후 피고에 대하여 2,978,393원 및 이에 대한 지연손해금의 지급을 명하고 있다. 기록에 비추어 살펴보면, 원심이 인정한 사실과, 이를 바탕으로 하여 원고와 피고 사이에는 기준 근로시간을 초과한 근로 등에 대하여 매월 일정액을 제 수당으로 지급한다는 내용의 포괄임금제에 의한 임금지급계약이 체결되었다는 판단은 수긍이 된다. 그러나 **포괄임금제에 의한 임금지급계약이 체결되었다면 원고가 포괄임금으로 지급받은 연장근로수당 또는 이에**

갈음한 시간외수당, 야간수당, 휴일수당 등에는 근로기준법의 규정에 의한 시간외근로수당, 야간근로수당, 휴일근로수당이 모두 포함되어 있다고 볼 것이어서, 원심이 그 판시와 같이 원고의 구체적인 시간외 근로시간 등을 인정하고 포괄임금으로 지급된 제 수당과 원심이 인정한 시간외 근로 등에 대한 근로기준법의 규정에 의한 수당과의 차액의 지급을 명한 것에는 포괄임금제에 관한 법리오해의 위법이 있다고 할 것이므로(대법원 1997. 4. 25. 선고 95다4056 판결 참조), 이 점을 지적하는 피고의 상고이유는 정당하다."

2) 한편 판례에 따르면, 포괄임금제에 관한 약정이 성립하였는지는 근로시간, 근로형태와 업무의 성질, 임금 산정의 단위, 단체협약과 취업규칙의 내용, 동종 사업장의 실태 등 여러 사정을 전체적·종합적으로 고려하여 구체적으로 판단하여야 하고, 비록 개별 사안에서 근로형태나 업무의 성격상 연장·야간·휴일근로가 당연히 예상된다고 하더라도 기본급과는 별도로 연장·야간·휴일근로수당 등을 세부항목으로 명백히 나누어 지급하도록 단체협약이나 취업규칙, 급여규정 등에 정하고 있는 경우는 포괄임금제에 해당하지 아니하며, 단체협약 등에 일정 근로시간을 초과한 연장근로시간에 대한 합의가 있다거나 기본급에 수당을 포함한 금액을 기준으로 임금인상률을 정하였다는 사정 등을 들어 바로 위와 같은 포괄임금제에 관한 합의가 있다고 섣불리 단정할 수는 없다고 한다(대법원 2012. 3. 29. 선고 2010다91046 판결). 단체협약이나 취업규칙 및 근로계약서에 포괄임금이라는 취지를 명시하지 않았음에도 묵시적 합의에 의한 포괄임금약정이 성립하였다고 인정하기 위해서는, 근로형태의 특수성으로 인하여 실제 근로시간을 정확하게 산정하는 것이 곤란하거나 일정한 연장·야간·휴일근로가 예상되는 경우 등 실질적인 필요성이 인정될 뿐 아니라, 근로시간, 정하여진 임금의 형태나 수준 등 제반 사정에 비추어 사용자와 근로자 사이에 그 정액의 월급여액이나 일당임금 외에 추가로 어떠한 수당도 지급하지 않기로 하거나 특정한 수당을 지급하지 않기로 하는 합의가 있었다고 객관적으로 인정되는 경우이어야 한다(대법원 2016. 10. 13. 선고 2016도1060 판결).

◀ Q 풀이 ▶

Q 1. 대상판결에 의하면 포괄임금제가 유효하기 위한 요건은?

[A] 1) 포괄임금제의 유효요건 : 감시단속적 근로 등과 같이 근로시간, 근로형태와 업무의 성질을 고려할 때 근로시간의 산정이 어려운 것으로 인정되는 경우에는 '포괄임금제에 의한 임금 지급계약'[1]을 체결하더라도 그것이 달리 근로자에게 불이익이 없고 여러 사정에 비추어 정당하다고 인정될 때에는 유효하다.
2) 포괄임금제를 무효로 볼 수 있는 경우 : 근로시간의 산정이 어려운 등의 특별한 사정이 없음에도 포괄임금제 방식의 임금 지급계약을 체결하는 것은 그것이 근기법이 정한 근로시간에 관한 규제를 위반하는 이상 허용될 수 없다. 즉 위와 같은 특별한 사정이 없음에도 포괄임금제 방식으로 약정된 경우 포괄임금에 포함된 정액의 법정수당이 근기법이 정한 기준에 따라 산정된 법정수당에 미달하는 때에는 그에 해당하는 포괄임금제에 의한 임금지급계약의 부분은 근로자에게 불이익하여 무효이다.

Q 2. 포괄임금제에 포함시킬 수 있는 수당과 그렇지 않은 수당은? (대법원 1992. 7. 14. 선고 91다37256 판결; 대법원 1998. 3. 24. 선고 96다24699 판결 참고)

[A] 1) 포괄임금에 연장근로수당, 주휴(근로)수당, 연차휴가수당 등을 포함시킬 수 있다(참고1, 2 판결). 다만, 단체협약 등에서 1일 연장근로시간 및 월 소정근로일수의 한도를 정하고 그 한도 내에서 연장근로수당 등이 포함된 포괄임금을 지급하는 취지로 규정되어 있으면 그러한 한도 내에서 포괄임금제가 유효한 것이고, 그러한 한도를 초과하는 연장근로수당 일체가 제한 없이 포괄임금에 포함되어 있는 것으로 볼 수 없다(참고1 판결).
2) 포괄임금에 퇴직금 명목의 일정 금원을 포함하여 지급하였다고 하더라도 그것은 퇴직금 지급으로서의 효력이 없다(참고2 판결 ☞ 보다 자세한 내용은 제6강 3. 퇴직금 분할 약정 참고).

---

1) 즉 사용자와 근로자 사이에 기본임금을 미리 산정하지 아니한 채 법정수당까지 포함된 금액을 월급여액이나 일당임금으로 정하거나 기본임금을 미리 산정하면서도 법정 제 수당을 구분하지 아니한 채 일정액을 법정 제 수당으로 정하여 이를 근로시간 수에 상관없이 지급하기로 약정하는 내용의 계약.

※(참고1) 대법원 1992. 7. 14. 선고 91다37256 판결 【임금】

- "이른바 포괄임금제의 임금체계에 의한 임금의 지급이 근로자에게 불이익이 없?
고 정당하다고 인정될 수 있는 것은 근무형태의 특성 그 자체 때문만은 아니고,
포괄임금제의 임금체계에 의하여 임금이 지급되었다고 하더라도 그 지급된 임금
에는 법정의 제수당이 미리 포함되어 있다는 사실에 기인하는 것이라고 볼 것이
다. 그러나 이 사건에서 보건대, 을 제1호증(임금협정서), 을 제2호증(단체협약서)
의 각 기재에 의하면 운전사, 안내원 등의 일당 중에는 기본급 및 연장근로수당과
월 25일 이내에 해당하는 주휴수당이 포함되어 있다는 것이고, 근로시간은 1일 8시
간으로 하되 노사간 합의에 따라 1일 2시간 이내에서 연장근로를 할 수도 있고, 근
로일수는 월 25일로 한다고 규정되어 있는 바이어서(임금협정서 중의 서문과 제4
항, 단체협약서 중 제31조, 제32조), 이러한 내용과 원심이 인정한 임금협정 및 단
체협약의 내용에 비추어 보면, 피고 회사가 위 임금협정이나 단체협약에 근거하여
원고와 선정자들에게 지급한 일당에는 근로기준법상 기준근로시간인 1일 8시간과
2시간의 연장근로를 합한 10시간씩 월 25일 근로할 것을 만근으로 삼아 그 한도
내에서의 **연장근로수당**과 **주휴근로수당**만이 포함되어 있다고 보는 것이 타당하고,
거기에 제한없는 연장근로수당 일체가 포함되어 있다고 보기는 어렵다.(당원
1982.12.28. 선고 80다3120 판결; 1991.4.23. 선고 89다카32118 판결 각 참조) 그
러므로 원심으로서는 원고와 선정자들의 실근로시간수를 살펴보아 그것이 1일 평
균 10시간씩 월 25일 만근한 한도를 초과하는 것인지 여부를 심리하여야 할 것인
데 원심이 여기에 이르지 아니한 것은 심리미진이나 이유불비의 위법이 있다고 아
니할 수 없고, 논지는 이 점을 지적하는 범위 안에서 이유 있다"

※(참고2) 대법원 1998. 3. 24. 선고 96다24699 판결 【임금등】

- "기록에 비추어 살펴보면 원심이 이 사건 근로계약의 내용과 근로제공의 형태
및 임금지급 방식 등을 두루 살펴본 끝에 원고가 구하는 주휴수당과 연월차휴가수
당이 원고가 지급받은 일당임금의 일부인 생산수당 속에 포함되어 있다고 인정·판
단한 것은 정당하다. 그리고 포괄임금제에 의한 임금지급계약이 근로자에게 불이
익이 없어야 한다는 것은 단체협약이나 취업규칙에 구체적인 임금지급 기준 등이
규정되어 있는 경우에 그러한 규정상의 기준에 비추어 보아 불이익하지 않아야 한
다는 것을 의미하는 것이고, … (중략) … 기록에 의하면 피고 회사의 취업규칙은
주로 일반 사원을 대상으로 한 것이고 원고와 같은 일용직 사원에 대하여는 별다
른 규정을 두고 있지 아니하는 한편, 피고 회사는 일용직 근로자들과 위에서 본 ①
내지 ④와 같은 내용의 근로계약서를 별도로 작성하여 50여 명에 이르는 일용직
근로자들에게 일률적으로 적용하고 있는 사실이 인정되므로 위 근로계약서는 일
용직 근로자들을 대상으로 한 임금 등 근로조건에 대한 준칙의 내용을 담고 있는
취업규칙이라 할 것이고, 따라서 이 사건에서 일용직 근로자들에게 지급된 임금이
취업규칙에 비추어 불이익한지의 여부는 그 임금액이 일용직 근로자들에게 적용
되는 위 근로계약서의 내용에 비추어 불이익한지의 여부에 의하여 판단하여야 하

고 일반 사원들의 임금과의 비교는 반드시 필요한 것이 아니라고 할 것이다. …
(중략) … 주휴수당이나 연월차휴가수당이 구 근로기준법에서 정한 기간을 근로하
였을 때 비로소 발생하는 것이라 할지라도 당사자 사이에 미리 그러한 소정기간의
근로를 전제로 하여 <u>주휴수당이나 **연월차휴가수당**을 일당임금이나 매월 일정액에
포함하여 지급하는 것이 불가능한 것이 아니며</u>(당원 1982. 3. 9. 선고 80다2384 판
결, 1987. 6. 9. 선고 85다카2473 판결, 1992. 2. 28. 선고 91다30828 판결 등 참
조), 포괄임금제란 각종 수당의 지급방법에 관한 것으로서 근로자의 <u>연월차휴가권
의 행사 여부와는 관계가 없으므로 포괄임금제가 근로자의 연월차휴가권을 박탈
하는 것이라고 할 수도 없다</u>(당원 1993. 5. 27. 선고 92다33398 판결 참조). 따라
서 <u>원고가 지급받은 생산수당 속에 주휴수당이나 연월차휴가수당이 포함되어 있
다고 본 원심판결에 구 근로기준법상의 주휴수당이나 연월차휴가수당에 관한 법
리를 오해한 위법이 있다고 할 수 없다.</u> 논지도 이유가 없다. 그러나 원심판결이
원고가 수령한 생산수당 속에 퇴직금까지 포함되어 있다고 본 것은 수긍할 수 없
다. 구 근로기준법 제28조 제1항은 사용자에 대하여 '퇴직하는' 근로자에게 반드
시 퇴직금을 지급할 수 있는 제도를 마련할 것을 규정하고 있고, 퇴직금이란 퇴직
이라는 근로관계의 종료를 요건으로 하여 비로소 발생하는 것으로 근로계약이 존
속하는 한 퇴직금 지급의무는 발생할 여지가 없는 것이다(당원 1973. 10. 10. 선고
73다278 판결, 1991. 6. 28. 선고 90다14560 판결, 1996. 5. 14. 선고 95다19256
판결 등 참조). <u>따라서 매일 지급받는 일당임금 속에 퇴직금이란 명목으로 일정한
금원을 지급하였다고 하여도 그것은 구 근로기준법 제28조에서 정하는 퇴직금 지
급으로서의 효력은 없다고 할 것이다.</u>"

◀ **심화학습** ▶

1. 휴일근로와 가산임금 (대법원 1991. 5. 14. 선고 90다14089 판결 ; 대법원 2008. 11.
13. 선고 2007다590 판결 참고)

▷ 근기법 제56조에 따라 휴일근로수당으로 통상임금의 50% 이상을 가산하여
지급하여야 하는 '휴일근로'에는 근기법 제55조 소정의 주휴일(법정휴일)의 근로
뿐만 아니라 단체협약이나 취업규칙 소정의 휴일(약정휴일)의 근로를 포함한다(참
고1 판결). 한편, 원래 정하여진 휴일에 근무하고 그 대신 다른 근로일에 휴무하기
로 하는 휴일대체가 적법한 요건을 갖춘 경우 원래의 휴일은 통상의 근로일이
되고 그 날의 근로는 휴일근로가 아닌 통상근로가 되므로 사용자는 휴일근로수
당을 지급할 의무가 없다(참고2 판결).

※(참고1) 대법원 1991. 5. 14. 선고 90다14089 판결【임금】

- "근로기준법 제46조(현행 제56조)는 … (중략) … 휴일근로에 대하여는 통상임금의 100분의 50 이상을 가산하여 지급하여야 한다"고 규정하고 있는바, "제45조의 규정에 의한 휴일근로"라고 규정하지 아니하고 "휴일근로"라고만 규정하고 있는 점, 연장시간근로 및 야간근로와 함께 휴일근로를 규정하고 있는 점 등의 <u>취지로 미루어 볼 때, 단순히</u> 제45조(현행 제55조) 소정의 주휴일제도의 원칙을 유지하기 위한 것만이 아니라, <u>주휴일이 아닌 법정공휴일이라도 단체협약이나 취업규칙에 의하여 휴일로 정하여져 있어서, 근로자가 근로할 의무가 없는 것으로 사용자와 근로자 모두에게 인식되어 있는 날에, 사용자의 필요에 따라 부득이 근로를 하게 된 경우에는, 근로자가 근로할 의무가 있는 날에 근로를 한 경우보다는 더 큰 댓가가 지급되어야 보상된다는 점을 고려한 것이라고 해석되므로, 근로기준법 제46조(현행 제56조)에 따라 휴일근로수당으로 통상임금의 100분의 50 이상을 가산하여 지급하여야 하는 "휴일근로"는 제45조(현행 제55조) 소정의 주휴일근로 뿐만 아니라 단체협약이나 취업규칙에 의하여 휴일로 정하여진 법정공휴일 등의 근로도 가리키는 것이라고 보는 것이 상당하다.</u>"

※(참고2) 대법원 2008. 11. 13. 선고 2007다590 판결【임금】

- "<u>단체협약 등에서 특정된 휴일을 근로일로 하고 대신 통상의 근로일을 휴일로 교체할 수 있도록 하는 규정을 두거나 그렇지 않더라도 근로자의 동의를 얻은 경우, 미리 근로자에게 교체할 휴일을 특정하여 고지하면, 다른 특별한 사정이 없는 한 이는 적법한 휴일대체가 되어, 원래의 휴일은 통상의 근로일이 되고 그 날의 근로는 휴일근로가 아닌 통상근로가 되므로 사용자는 근로자에게 휴일근로수당을 지급할 의무를 지지 않는다고 할 것이다</u>(대법원 2000. 9. 22. 선고 99다7367 판결 참조). … (중략) … 이 사건에 있어서 호암교수회관과 노동조합 사이에 체결된 <u>단체협약에 휴일대체에 관한 근거규정을 두고 있고, 교수회관 측에서 일방적으로 휴일 근무를 할 근로자 및 그 근무 공휴일을 대신할 통상의 근로일을 지정하는 대신, 근로자들이 자율적으로 그 다음 달 공휴일에 근로할 일정수의 근로자를 그 이전 달에 미리 정하고, 그 공휴일 대신 쉬는 날을 근로자 본인이 정하여 이를 스케줄 표에 표시하도록 하였다면, 휴일대체근무에 대한 근로자들의 동의를 받은 것으로 보아야 할 것이어서 결국 적법한 휴일대체로 인정할 수 있는 모든 요건을 갖추었다고 할 것이다.</u> … (이하 생략) …"

2. 근로시간, 휴게와 휴일 규정 적용제외 사업과 가산임금 (대법원 2009. 12. 10. 선고 2009다51158 판결 참고)

▷ 근기법 제63조는 근로시간, 휴게와 휴일에 관한 같은 법상의 규정이 적용되지 않는 사업의 종류와 근로자를 열거하고 있다. 근로시간 적용제외 사업의 사용자는 연장근로 등에 대하여 가산임금을 지급할 의무를 부담하지 않는다. 그러

나 근기법 제63조 제1호 및 제2호 소정의 사업에 종사하는 근로자의 초과근로에 대하여 취업규칙 등에서 통상임금 범위 내의 수당 등을 지급하기로 하는 취지의 규정을 둔 경우에는 근기법 제63조의 규정에도 불구하고 취업규칙 등에 정한 바에 따라 그 초과근로에 대한 수당 등을 지급하기로 한 것으로 보아야 한다는 것이 판례의 입장이다(2009다51158 판결 참조).

※ **근기법 제63조(적용의 제외)** 이 장과 제5장에서 정한 근로시간, 휴게와 휴일에 관한 규정은 다음 각호의 어느 하나에 해당하는 근로자에 대하여는 적용하지 아니한다.
　1. 토지의 경작·개간, 식물의 재식(栽植)·재배·채취 사업, 그 밖의 농림 사업
　2. 동물의 사육, 수산 동식물의 채포(採捕)·양식 사업, 그 밖의 축산, 양잠, 수산 사업
　3. 감시 또는 단속적으로 근로에 종사하는 자로서 사용자가 고용노동부장관의 승인을 받은 사람
　4. 대통령령으로 정하는 업무(⇒ 관리·감독 업무 또는 기밀을 취급하는 업무)에 종사하는 근로자

※ **대법원 2009. 12. 10. 선고 2009다51158 판결 【임금】**
- "<u>원심은</u>, 피고가 운영하는 화훼농장인 ○○농원에서 그 판시 기간중에 근로를 제공한 원고 및 나머지 선정자들(이하 '원고 등'이라고 한다)이 위 기간중에 연장 근로수당 및 휴일 근로수당을 지급받지 못하였다는 이유로 그 지급을 구하는 <u>이 사건 청구에 대하여</u>, 이 사건 근로관계는 근로기준법에서 정한 근로시간과 휴일 등에 관한 규제의 예외를 인정한 근로기준법 제63조 제1호의 식물 재배사업에 해당하는 이상 연장 및 휴일 근로수당의 지급의무가 없고, 그 경우 피고가 매월 지급한 임금에는 연장 및 휴일 근로를 포함한 총 근로에 대한 대가가 포함되어 있으므로 연장 및 휴일 근로부분에 대한 통상임금 상당 근무수당의 지급의무도 없으며, 원고 등과 피고 사이에 작성한 이 사건 표준근로계약서 임금란에 "연장, 야간, 휴일근로에 대해서는 시간외 근로수당 지급"이라고 명시되어 있는 사정만으로는 위 근로기준법의 적용을 배제하고 연장 및 휴일 근로에 대한 수당을 지급하기로 하는 합의가 있다고 보기 어렵다고 <u>판단하여</u>, … (중략) … <u>이 사건 청구를 기각하였다.</u> 그러나 <u>근로기준법 제63조 제2호의 사업에 종사하는 근로자에 대해서는</u> 근로시간과 휴일 등에 관한 근로기준법상의 규제가 적용되지 않도록 되어 있다 하여도 사용자의 취업규칙 등에 초과 근로에 관하여 통상임금 범위 내의 수당 등을 지급하기로 하는 취지의 규정을 둔 경우에는 근로기준법 제63조의 규정에도 불구하고 취업규칙 등에 정한 바에 따라 그 초과 근로에 대한 수당 등을 지급하기로 한 것으로 보아야 한다는 것이 대법원의 판례(대법원 1990. 11. 27. 선고 89다카15939 판결 참조)이고, **이러한 판례의 법리는 그 적용대상인 근로관계의 실질 및 규정의 취지가 같다고 볼 수 있는 근로기준법 제63조 제1호의 사업에도 마찬가지로 적용된다 할 것**

이다(반면 그 근로관계의 실질 등을 달리하는 근로기준법 제63조 제4호의 사업에 관한 대법원 1989. 2. 28. 선고 88다카2974 판결[2]은 그 사안을 달리 하여 이 사건에 적용되지 않는다).

<u>위와 같은 판례의 해석에 의하면</u>, 비록 이 사건 근로계약이 근로기준법 제63조 제1호의 사업에 관한 것으로서 <u>당사자 사이에 약정한 정규 근로시간을 초과하는 근로에 대해서 근로기준법에서 정한 할증된 수당을 지급할 의무는 없다 하더라도</u>, 원심이 확정한 사실관계와 기록에 의하면 이 사건 근로계약서에 근로기준법 제63조 제1, 2호에 관한 규정을 명시함과 아울러 근로시간을 매일 휴게시간 60분을 제외하고 07:30부터 16:30까지로 정하고 이러한 정규 근로에 따른 기본급으로 매월 786,480원을 지급하되, 위 정규 근로시간을 초과하여 매일 평균 2시간을 근무하여 이러한 초과 근로에 대해서는 시간외 근로 수당을 별도 지급하기로 명시하였음을 알 수 있는 이상, <u>위 초과 근로에 대해서는 정규 근로시간에 대한 통상임금 상당의 수당을 지급하기로 하는 근로계약이 당사자들 사이에 체결된 것으로 보아야 할 것임에도</u>, 이와 달리 근로기준법 제63조 제1호에 해당하는 사업이라는 이유만으로 이 부분 원고 등의 주장에 관하여 더 나아가 심리·판단하지 아니하고 이를 배척한 원심판결에는 대법원의 판례에 상반되는 판단을 하여 판결에 영향을 미친 소액사건심판법 제3조 제2호의 위반사유가 있다."

3. 근기법 제63조 제1호에서 정한 '그 밖의 농림 사업'의 의미와 그에 해당하는지 판단하는 기준 (대법원 2020. 2. 6. 선고 2018다241083 판결)

▷ 참고판결(2018다241083 판결)에 따르면, 근기법 제63조 제1호는 '토지의 경작·개간, 식물의 재식·재배·채취 사업, 그 밖의 농림 사업'에 종사하는 근로자에 대하여 근기법 제4장, 제5장에 정한 근로시간 및 휴게와 휴일에 관한 규정을 적용하지 않는다고 규정하고 있고, 위 규정의 취지는 사업의 성질 또는 업무의 특수성으로 인하여 근기법에서 정한 근로시간·휴게·휴일에 관한 규정을 적용하는 것이 오히려 불합리한 경우에 대비한 것이므로, 여기에서 말하는 '그 밖의 농림 사업'은 같은 호에 규정된 '토지의 경작·개간, 식물의 재식·재배·채취 사업'과 유사한 사업으로서 제1차 산업인 농업·임업 및 이와 직접 관련된 사업을 의미한다고 보아야 하며, 만약 사용자가 농업·임업을 주된 사업으로 영위하면서 이와 구별되는 다른 사업도 함께 영위하는 경우라면, 그 사업장소가 주된 사업장소와 분리되어 있는지, 근로자에 대한 지휘·감독이 주된 사업과 분리되어 이루어지는

---

2) 이 판결에서 대법원은 "원고들이 피고 회사의 감독이나 관리의 지위에 있는 자로서 기업경영자와 일체를 이루는 입장에 있고 자기의 근무시간에 대한 자유재량권을 가지고 있음으로써 근로기준법 제49조(현행 제63조)에서 정한 근로시간, 휴게와 휴일에 관한 규정이 적용되지 아니하는 것이라면 시간외 근무(평일의 법내잔업시간을 포함한다)나 휴일근무에 대하여 원판시와 같은 통상임금의 근무수당을 지급받을 수는 없다 할 것이다."라고 판시하였다.

지, 각각의 사업이 이루어지는 방식 등을 종합적으로 고려하여 그 사업이 '그 밖의 농림 사업'에 해당하는지 여부를 판단하여야 한다.

▷ 참고판결은 산림조합법에 따라 설립된 지역산림조합인 피고 산림조합과 일용직 근로계약을 체결하고 피고의 건설현장에서 산림피해지 복구공사 등에 종사한 원고들이 피고를 상대로 주휴수당 등의 지급을 구한 사안에서, 원고들이 제공한 근로의 내용은 일반적인 건설 근로자와 크게 차이가 없을 뿐만 아니라, 원고들은 피고의 주된 사업장인 영림 사업장이 아닌 건설현장에서 근무하면서 근로를 제공하였는데, 건설현장은 영림 사업장과 장소적으로 분리되어 있는 점, 피고는 건설현장에 연중 상시적으로 원고들과 같은 일용직 근로자를 투입한 반면, 영림 사업장에는 기후의 영향을 고려하여 특정 기간에만 근로자를 투입하였고, 이에 따라 건설현장과 영림 사업장에 투입된 인력을 별도로 관리하고 있는 점에 비추어 피고가 건설현장에서 영위하는 사업은 피고의 주된 사업인 임업과 구별되고, 그 사업은 근기법 제63조 제1호에서 규정한 '그 밖의 농림 사업'에 해당한다고 보기 어려운데도, 이와 달리 본 원심판단에 법리오해의 잘못이 있다고 한 사례이다.

2. 연차유급휴가

◀ 판례분석 ▶

▌제 목 : 업무상 재해로 1년 내내 출근하지 않는 경우 연차휴가수당 청구 가능 여부(Y) [항공우주산업사건]

▌대상판결 : 대법원 2017. 5. 17. 선고 2014다232296, 232302 판결 【임금】
【원고, 상고인】 원고
【피고, 피상고인】 한국항공우주산업 주식회사
【원심판결】 부산고법 2014. 10. 30. 선고 (창원)2013나21461, 2014나20274 판결
【주 문】 원심판결 중 연차휴가수당청구 부분을 파기하고, 이 부분 사건을 부산고등법원에 환송한다. 나머지 상고를 기각한다.

■ 사건의 개요 : 피고 회사는 단체협약 등에 근거하여 업무상 재해로 오랜 기간 휴업한 원고에게 연차휴가수당을 지급하지 않았고, 이에 원고는 근기법에 따른 연차휴가 사용권의 취득 및 실제 미사용을 이유로 하여, 피고 회사는 원고가 구하는 2009년부터 2011년까지의 기간 중 연차휴가일수에 상응하는 연차휴가수당을 지급할 의무가 있다고 주장하면서 그 지급을 구하는 소를 제기하였다.

■ 관련 법 규정(현행법 기준)
- 근기법 제60조(연차 유급휴가) ① 사용자는 <u>1년간 80퍼센트 이상 출근한 근로자에게 15일의 유급휴가</u>를 주어야 한다.
② 사용자는 계속하여 근로한 기간이 1년 미만인 근로자 또는 1년간 80퍼센트 미만 출근한 근로자에게 1개월 개근 시 1일의 유급휴가를 주어야 한다.
③ 삭제
④ 사용자는 <u>3년 이상 계속하여 근로한 근로자에게는</u> 제1항에 따른 휴가에 최초 1년을 초과하는 계속 근로 연수 매 2년에 대하여 1일을 <u>가산한 유급휴가를 주어야</u> 한다. 이 경우 가산휴가를 포함한 총 휴가 일수는 25일을 한도로 한다. ⇒ **25일≥15일+[(3년 이상 근속연수-1)÷2]**
⑤ 사용자는 제1항부터 제4항까지의 규정에 따른 <u>휴가를 근로자가 청구한 시기에 주어야</u> 하고, <u>그 기간에 대하여는 취업규칙 등에서 정하는 통상임금 또는 평균임금을 지급하여야</u> 한다. 다만, 근로자가 청구한 시기에 휴가를 주는 것이 사업 운영에 막대한 지장이 있는 경우에는 그 시기를 변경할 수 있다.
⑥ 제1항 및 제3항을 적용하는 경우 <u>다음 각 호의 어느 하나에 해당하는 기간은 출근한 것으로 본다.</u>
　1. 근로자가 업무상의 부상 또는 질병으로 휴업한 기간
　2. 임신 중의 여성이 제74조 제1항부터 제3항까지의 규정에 따른 휴가로 휴업한 기간
　3. 「남녀고용평등과 일·가정 양립 지원에 관한 법률」제19조 제1항에 따른 육아휴직으로 휴업한 기간
⑦ 제1항·제2항 및 제4항에 따른 휴가는 <u>1년간</u>(계속하여 근로한 기간이 1년 미만인 근로자의 제2항에 따른 유급휴가는 최초 1년의 근로가 끝날 때까지의 기간을 말한다) <u>행사하지 아니하면 소멸</u>된다. 다만, 사용자의 귀책사유로 사용하지 못한 경우에는 그러하지 아니하다.

▮판결의 성격 : 원심은 근로자가 연차휴가를 사용할 해당 연도에 전혀 출근하지 않은 경우 연차휴가수당을 지급하지 않기로 정한 단체협약이나 취업규칙의 내용이 유효하다는 취지로 판단하여 원고의 연차휴가수당 청구에 관한 주장을 배척하였으나, 대법원은 위 단체협약이나 취업규칙의 내용은 효력이 없다고 보아 원심판결 중 연차휴가수당 청구 부분을 파기환송하였다.

▮쟁 점
- 업무상 재해로 휴업한 기간 존재 시 그 장단 불문하고 연차휴가 관련 출근율을 계산하는 방법
- 업무상 재해 등으로 연차휴가를 사용할 해당 연도에 전혀 출근하지 못한 경우 부여받은 연차휴가의 미사용에 따른 연차휴가수당의 청구 가능 여부
- (가능하다면) 이러한 연차휴가수당의 청구를 제한하는 내용의 단체협약이나 취업규칙의 유효 여부

▮중요 사실관계
- 피고 회사 소속 근로자인 <u>원고는 2000. 12.경부터 2012. 7.경까지 업무상 재해로 전혀 출근하지 못함</u> ⇒ **업무상 재해로 휴업한 기간 관련**
- 피고 회사의 <u>단체협약과 취업규칙에 '근로자가 1년 전체 기간을 출근하지 않을 경우 연차휴가를 부여하지 않거나 연차휴가수당을 지급하지 않는다'는 내용의 규정을 둠</u> ⇒ **연차휴가수당의 청구를 제한하는 내용의 단체협약이나 취업규칙의 효력과 관련**

▮기본법리(판지)
1) 근로기준법 제60조 제1항이 규정한 유급 연차휴가는 1년간 80% 이상 출근한 근로자에게 부여된다. 이 경우 근로자가 1년간 80% 이상 출근하였는지 여부는, <u>1년간의 총 역일에서 법령·단체협약·취업규칙 등에 의하여 근로의무가 없는 것으로 정해진 날을 뺀 일수</u>(이하 '소정근로일수'라고 한다) 중 근로자가 현실적으로 근로를 제공한 출근일수의 비율, 즉 출근율을 기준으로 판단하여야 한다(대법원 2013. 12. 26. 선고 2011다4629 판결 등 참조). ⇒ **[1년간 80% 이상 출근 여부 판단기준(출근율=출근일수/소정근로일수)]**
2) ⑴ 한편 <u>근로기준법 제60조 제6항 제1호</u>(이하 '이 사건 조항'이라고 한다)는 위와 같이 출근율을 계산할 때 근로자가 업무상의 부상 또는 질병(이하 '업무상 재해'라

고 한다)으로 휴업한 기간은 출근한 것으로 간주하도록 규정하고 있다. 이는 근로자가 업무상 재해 때문에 근로를 제공할 수 없었음에도 업무상 재해가 없었을 경우보다 적은 연차휴가를 부여받는 불이익을 방지하려는 데에 그 취지가 있다. ⇒ [근기법 제60조 제6항 제1호의 내용과 그 취지]

⑵ 그러므로 근로자가 업무상 재해로 휴업한 기간은 장단을 불문하고 소정근로일수와 출근일수에 모두 포함시켜 출근율을 계산하여야 한다. 설령 그 기간이 1년 전체에 걸치거나 소정근로일수 전부를 차지한다고 하더라도, 이와 달리 볼 아무런 근거나 이유가 없다. ⇒ [업무상 재해로 휴업한 기간 존재 시 출근율 계산법(휴업기간의 장단 불문 소정근로일수와 출근일수에 모두 포함)]

3) ⑴ 근로자가 연차휴가에 관한 권리를 취득한 후 1년 이내에 연차휴가를 사용하지 아니하거나 1년이 지나기 전에 퇴직하는 등의 사유로 인하여 더 이상 연차휴가를 사용하지 못하게 될 경우에는 사용자에게 그 연차휴가일수에 상응하는 임금인 연차휴가수당을 청구할 수 있다(대법원 2000. 12. 22. 선고 99다10806 판결, 대법원 2005. 5. 27. 선고 2003다48549, 48556 판결 등 참조). ⇒ [연차휴가수당을 청구할 수 있는 사유]

⑵ 한편 연차휴가를 사용할 권리 혹은 연차휴가수당 청구권은 근로자가 전년도에 출근율을 충족하면서 근로를 제공하면 당연히 발생하는 것으로서, 연차휴가를 사용할 해당 연도가 아니라 그 전년도 1년간의 근로에 대한 대가에 해당한다(대법원 2011. 10. 13. 선고 2009다86246 판결, 대법원 2014. 3. 13. 선고 2011다95519 판결 등 참조). ⇒ [연차휴가 사용권 또는 연차휴가수당 청구권의 보상적 성격(=전년도 1년간 근로의 대가)]

⑶ 따라서 근로자가 업무상 재해 등의 사정으로 말미암아 연차휴가를 사용할 해당 연도에 전혀 출근하지 못한 경우라 하더라도, 이미 부여받은 연차휴가를 사용하지 않은 데 따른 연차휴가수당은 청구할 수 있다. 이러한 연차휴가수당의 청구를 제한하는 내용의 단체협약이나 취업규칙은 근로기준법에서 정하는 기준에 미치지 못하는 근로조건을 정한 것으로서, 효력이 없다고 보아야 한다(대법원 1993. 5. 27. 선고 92다24509 판결 등 참조). ⇒ [업무상 재해 등으로 연차휴가 미사용에 따른 연차휴가수당 청구 가능, 이러한 청구를 제한하는 단체협약이나 취업규칙의 효력(=무효)]

▌결론 및 이유 : 원심의 판단에는 연차휴가 내지 연차휴가수당에 관한 법리를 오해하여 판결에 영향을 미친 잘못이 있다.

- 원고가 업무상 재해로 휴업한 기간이 1년 전체일지라도 이 사건 조항을 적용

하여 출근율을 계산하여야 하는데, 그 경우 2008년부터 2010년까지의 기간 동안 매년 출근율을 충족하게 됨은 명백함.

- 이에 따라 연차휴가를 사용할 수 있게 된 2009년부터 2011년까지의 기간 중에 원고가 전혀 출근하지 않았다고 하여 연차휴가수당을 청구할 수 없게 되는 것도 아니므로, 그와 달리 정한 단체협약이나 취업규칙의 내용은 효력이 없다고 보아야 함.

▌판결의 의의와 한계

1) 연차유급휴가 청구권은 근로자가 근기법 제60조 제1항이나 제2항 소정의 출근 내지는 개근 요건을 충족한 경우에 인정된다(연차유급휴가=보상적 휴가). 이와 관련 같은 조 제6항에서는 근로자가 업무상 재해로 휴업한 기간, 임신 중의 여성이 출산전후휴가나 유산·사산 휴가로 휴업한 기간, 남녀고용평등법에 따른 육아휴직으로 휴업한 기간을 출근한 것으로 간주하고 있으나, 그 외의 경우에 대하여는 명문으로 정한 바가 없다(☞ 심화학습 1. 참고).

2) 대상판결은 15일의 연차유급휴가 취득 요건 관련 1년간 80% 이상 출근하였는지 판단하는 기준, 특히 업무상 재해로 휴업한 기간 존재 시 출근율을 계산하는 방법, 연차휴가수당을 청구할 수 있는 사유 및 연차휴가 사용권 내지는 연차휴가수당 청구권의 법적 성격, 업무상 재해 등으로 연차휴가를 사용할 해당 연도에 전혀 출근하지 못한 경우 연차휴가 미사용에 따른 연차휴가수당 청구 가능 여부 및 이러한 연차휴가수당의 청구를 제한하는 내용의 단체협약이나 취업규칙의 효력 등에 관한 법리를 종합적으로 판시하고 있는 점에서 의의가 있다.

▌기타 해설

1) 근기법 제60조 제1항이 규정한 유급 연차휴가는 1년간 80% 이상 출근한 근로자에게 부여되는 것으로 근로자가 연차휴가에 관한 권리를 취득한 후 1년 이내에 연차휴가를 사용하지 아니하거나 1년이 지나기 전에 퇴직하는 등의 사유로 인하여 더 이상 연차휴가를 사용하지 못하게 될 경우에는 사용자에게 그 연차휴가일수에 상응하는 임금인 연차휴가수당을 청구할 수 있고, 다만 연차휴가를 사용할 권리는 다른 특별한 정함이 없는 한 그 전년도 1년간의 근로를 마친 다음 날 발생한다고 보아야 하므로, 그 전에 퇴직 등으로 근로관계가 종료한 경우에는 연차휴가를 사용할 권리에 대한 보상으로서의 연차휴가수당도 청구할 수 없다(대법원 2018. 6. 28. 선고 2016다48297 판결 : 피고 공단의 상용직 고용내규는 가로환경미화원의

정년을 만 61세가 되는 해의 12월 말일로 정하고 있으므로, 다른 특별한 사정이 없는 한 원고 근로자들은 만 61세가 되는 12. 31. 정년에 도달하여 근로관계가 당연히 종료하고, 단체협약에서 정하고 있는 특별유급휴가는 정년퇴직하는 가로환경미화원에게 특별히 부여되는 유급휴가로서 만 61세가 되는 가로환경미화원이 그 해에 정년퇴직하는 것을 전제로 주어지는 것이므로, 원고 근로자들이 만 61세가 되는 해의 12. 31.까지 특별유급휴가를 사용하였다는 사정만으로 이들의 퇴직일이 다음 해 1. 1.로 미루어진다고 볼 수 없는바, 만 61세가 되는 해의 12. 31. 원고 근로자들의 근로관계는 당연히 종료하였다고 보아야 하므로, 원고 근로자들은 만 61세가 되는 해의 근로에 대한 대가로서의 연차휴가에 관한 권리를 취득할 수 없다고 한 사례).

2) 연차휴가를 사용할 권리 또는 연차휴가수당 청구권은 근로자가 전년도에 출근율을 충족하면서 근로를 제공하면 당연히 발생하는 것으로서, 연차휴가를 사용할 해당 연도가 아니라 그 전년도 1년간의 근로에 대한 대가에 해당하므로, 다른 특별한 정함이 없는 한 그 전년도 1년간의 근로를 마친 다음 날 발생한다(대법원 2018. 6. 28. 선고 2016다48297 판결 참조). 결국 <u>근로기준법 제60조 제1항은 최초 1년간 80% 이상 출근한 근로자가 그다음 해에도 근로관계를 유지하는 것을 전제로 하여 2년 차에 15일의 유급휴가를 부여하는 것이어서</u>, **1년 기간제 근로계약을 체결하여 1년의 근로계약기간이 만료됨과 동시에 근로계약관계가 더 이상 유지되지 아니하는 근로자에게는 근로기준법 제60조 제2항에 따라 최대 11일의 연차휴가만 부여될 수 있을 뿐** 근로기준법 제60조 제1항에서 정한 15일의 연차휴가가 부여될 수는 없다(대법원 2021. 10. 14. 선고 2021다227100 판결 참조). 그러나 **1년을 초과하되 2년 이하의 기간 동안 근로를 제공한 근로자에 대하여는** <u>최초 1년 동안의 근로제공에 관하여 근로기준법 제60조 제2항에 따른 11일의 연차휴가가 발생하고, 최초 1년의 근로를 마친 다음 날에 근로기준법 제60조 제1항에 따른 15일의 연차휴가까지 발생함으로써</u> **최대 연차휴가일수는 총 26일**이 된다(대법원 2022. 9. 7. 선고 2022다245419 판결).

3) 연차휴가 기간에 근로자가 근로를 제공하지 않더라도 근로를 제공한 것으로 보아 지급되어야 하는 연차휴가수당은 취업규칙 등에서 산정 기준을 정하지 않았다면, 그 성질상 통상임금을 기초로 하여 산정하여야 하고, 근로자가 연차휴가에 관한 권리를 취득한 후 1년 이내에 연차휴가를 사용하지 아니하거나 1년이 지나기 전에 퇴직하는 등의 사유로 인하여 더 이상 연차휴가를 사용하지 못하게 될 경우에 연차휴가일수에 상응하는 임금인 연차휴가수당을 청구할 수 있는데, 이러한 연차휴가수당 역시 취업규칙 등에 다른 정함이 없다면 마찬가지로 통상

임금을 기초로 하여 산정할 수당으로 보는 것이 타당하다(대법원 2019. 10. 18. 선고 2018다239110 판결).

◀ Q 풀이 ▶

Q 1. 날짜를 특정하지 아니한 휴가일의 지정은 효력이 있는가? (대법원 1997. 3. 28. 선고 96누4220 판결 참고)

[A]   연차휴가를 언제부터 언제까지 사용할 것인지를 특정하지 않은 휴가신청은 적법한 휴가시기의 지정이라고 할 수 없어서 그 효력이 발생할 수 없고, 따라서 부적법한 연차휴가신청을 한 다음 사용자의 승인 없이 출근하지 아니하는 것은 무단결근에 해당한다는 것이 판례의 입장이다(96누4220 판결).

Q 2. 근로자가 청구권이 발생한 연차휴가일을 모두 사용하지 않은 경우 어떤 법적 문제가 발생하는가? 근기법 제56조의 가산임금이 지급되어야 하는가? (대법원 1990. 12. 26. 선고 90다카13465 판결 참고)

[A]   연차유급휴가는 1년간 행사하지 않으면 소멸하지만(근기법 제60조 제7항), 근로자는 사용하지 않은 휴가일수에 해당하는 임금(연차휴가수당)을 청구할 수 있고, 다만 '휴일제도'와 '휴가제도'는 그 취지 등이 다르기 때문에 연차유급휴가를 사용하지 않고 근로한 경우에 지급하여야 하는 연차휴가근로수당에 대하여 사용자가 가산임금을 지급할 의무는 없다는 것이 구 근기법 하에서의 판례의 입장이다(90다카13465 판결). 그런데 현행 근기법 제61조에서는 사용자의 연차유급휴가 사용촉진 조치에도 불구하고 근로자가 휴가를 사용하지 않아서 소멸된 경우에 사용자는 그 사용하지 아니한 휴가에 대하여 보상할 의무가 없다고 규정하고 있다.

Q 3. 부당해고기간이 연간 총근로일수 전부를 차지하고 있는 경우 근로자가 부당해고로 지급받지 못한 연차휴가수당 산정 시 출근하지 못한 기간을 연간 소정근로일수 및 출근일수에 모두 산입하여야 하는지? (대법원 2014. 3. 13. 선고 2011다95519 판결 참고)

[A]   근로자가 부당해고로 인하여 지급받지 못한 임금이 연차휴가수당인 경우에도 해당 근로자의 연간 소정근로일수와 출근일수를 고려하여 근로기준법 제60

조 소정의 요건을 충족하면 연차유급휴가가 부여되는 것을 전제로 연차휴가수당을 지급하여야 하고, 이를 산정하기 위한 연간 소정근로일수와 출근일수를 계산함에 있어서 사용자의 부당해고로 인하여 근로자가 출근하지 못한 기간을 근로자에 대하여 불리하게 고려할 수는 없으므로 그 기간은 연간 소정근로일수 및 출근일수에 모두 산입되는 것으로 보는 것이 타당하며, 설령 부당해고기간이 연간 총 근로일수 전부를 차지하고 있는 경우에도 달리 볼 수는 없다는 것이 판례의 태도이다(2011다95519 판결).

◀ 심화학습 ▶

1. 쟁의행위기간이 있는 경우 연차휴가의 출근율 계산과 연차휴가일수 산정 (대법원 2013. 12. 26. 선고 2011다4629 판결 참고)

▷ 참고판결(2011다4629 판결)은 근로자가 정당한 쟁의행위를 하여 현실적으로 근로를 제공하지 아니한 경우 연차유급휴가일수의 산정 방식(이른바 '비례삭감설')을 제시한 사례다. 즉 연간 소정근로일수에서 쟁의행위기간이 차지하는 일수를 제외한 나머지 일수를 기준으로 근로자의 출근율을 산정하여 연차유급휴가 취득 요건의 충족 여부를 판단하되, 그 요건이 충족된 경우에는 본래 평상적인 근로관계에서 8할의 출근율을 충족할 경우 산출되었을 연차유급휴가일수에 대하여 '연간 소정근로일수에서 쟁의행위기간이 차지하는 일수를 제외한 나머지 일수'를 '연간 소정근로일수'로 나눈 비율을 곱하여 산출된 연차유급휴가일수를 근로자에게 부여함이 합리적이라고 하고 있다.

▷ 학설상으로는 연차유급휴가기간의 산정에서 근로자와 사용자 어느 일방에 대하여 유리 또는 불리한 판단을 하는 것은 옳지 않으므로 비례삭감이 타당하다는 견해,[3] 비례삭감은 근로제공 의무가 없는 기간 때문에 근로자에게 불이익을 주어 불합리하고 출산휴가 등을 출근으로 간주하는 규정의 취지를 고려하여 정당한 파업기간 등도 출근한 것으로 보아야 한다는 견해[4] 등이 있다.

▷ 참고판결이 제시하고 있는 비례삭감설은 근로자의 정당한 권리행사와 연차유급휴가의 근로 보상적 성격(8할 이상의 출근 또는 1개월 개근 요건) 사이에 나름의 균형을 취하려는 해석으로 일응 볼 수 있다. 그러나 이러한 해석에 의하면, 파업기간이 연간 소

---

3) 김형배, 「노동법」, 박영사, 2015, 481면.
4) 임종률, 「노동법」, 박영사, 2018, 465면 참조.

정근로일수의 2할을 초과하지 않는 경우(이러한 경우가 일반적이라 할 것이다), 불법파업에 참여한 근로자(이 경우 불법파업기간은 결근으로 처리되지만 출근율 8할 이상을 충족할 수 있음)가 합법파업에 참여한 근로자보다 연차휴가일수의 산정에서 유리하게 되는 불합리가 발생한다.[5] 따라서 쟁의행위 등 정당한 권리행사의 기간이 연간 소정근로일수의 2할 미만인 경우에는 출산전후휴가 등으로 휴업한 기간을 출근한 것으로 보는 근기법 제60조 제6항을 준용하여 출근한 것으로 간주하되, 정당한 권리행사의 기간이 연간 소정근로일수의 2할 이상인 경우에 대하여는 비례삭감의 방식을 적용하는 것(비례삭감의 제한적 적용)이 보다 균형적이고 합리적이라고 볼 수 있으나, 권리행사 기간의 장단에 따라 취급을 달리해야 할 근거가 불충분하기에 미봉책에 불과하고, 궁극적으로는 입법적 해결을 요한다.

▷ 한편, 참고판결은 남녀고용평등법에 따른 육아휴직으로 휴업한 기간에 대하여도 쟁의행위기간의 경우와 마찬가지로 비례삭감설이 적용된다고 판시하였으나, 2017년 11월 28일 개정 근기법은 육아 친화적인 환경을 보장하기 위하여 연차유급휴가일수 산정 시 육아휴직으로 휴업한 기간을 출근한 것으로 간주하는 규정(제60조 제6항 제3호)을 신설하여 입법적으로 해결하였다.

> ※ **대법원 2013. 12. 26. 선고 2011다4629 판결【임금】**
> - "근로기준법 제60조 제1항은 연차유급휴가에 관하여 … (중략) … 이러한 연차유급휴가는 근로자가 사용자에게 근로를 제공하는 관계에 있다는 사정만으로 당연히 보장받을 수 있는 것이 아니라, 1년간 8할 이상 출근하였을 때 비로소 부여받을 수 있는 것이므로 다른 특별한 정함이 없는 이상 이는 1년간의 근로에 대한 대가라고 볼 수 있고, 근로자가 연차유급휴가를 사용하지 못하게 됨에 따라 사용자에게 청구할 수 있는 연차휴가수당은 임금이라고 할 것이다(대법원 1991. 11. 12. 선고 91다14826 판결, 대법원 2000. 12. 22. 선고 99다10806 판결 등 참조).
> 여기서 근로자가 1년간 8할 이상 출근하였는지 여부는 1년간의 총 역일에서 법령, 단체협약, 취업규칙 등에 의하여 근로의무가 없는 날로 정하여진 날을 제외한 나머지 일수, 즉 연간 근로의무가 있는 일수(이하 '연간 소정근로일수'라고 한다)를 기준으로 그중 근로자가 현실적으로 근로를 제공한 날이 얼마인지를 비율적으로 따져 판단하여야 하고, 연간 소정근로일수는 본래 사용자와 근로자 사이에 평상적인 근로관계, 즉 근로자가 사용자에게 근로를 제공하여 왔고 또한 계속적인 근로제공이 예정되어 있는 상태를 전제로 한 것이다.
> 한편 근로자가 정당한 쟁의행위를 하거나 '남녀고용평등과 일·가정 양립 지원에

---

5) 강성태. "근로기준법상 휴일과 연차휴가에 관한 소고", 「사법」, 통권 34호, 사법연구지원재단, 2015, 34면 참조.

관한 법률'(이하 '남녀고용평등법'이라 한다)에 의한 육아휴직(이하 양자를 가리켜 '쟁의행위 등'이라 한다)을 하여 현실적으로 근로를 제공하지 아니한 경우, 쟁의행위 등은 헌법이나 법률에 의하여 보장된 근로자의 정당한 권리행사이고 그 권리행사에 의하여 쟁의행위 등 기간 동안 근로관계가 정지됨으로써 근로자는 근로의무가 없으며, 쟁의행위 등을 이유로 근로자를 부당하거나 불리하게 처우하는 것이 법률상 금지되어 있으므로(노동조합 및 노동관계조정법 제3조, 제4조, 제81조 제5호, 남녀고용평등법 제19조 제3항), 근로자가 본래 연간 소정근로일수에 포함되었던 쟁의행위 등 기간 동안 근로를 제공하지 아니하였다 하더라도 이를 두고 근로자가 결근한 것으로 볼 수는 없다. 그런데 다른 한편 그 기간 동안 근로자가 현실적으로 근로를 제공한 바가 없고, 근로기준법, 노동조합 및 노동관계조정법, 남녀고용평등법 등 관련 법령에서 그 기간 동안 근로자가 '출근한 것으로 본다'는 규정을 두고 있지도 아니하므로, 이를 두고 근로자가 출근한 것으로 의제할 수도 없다. 따라서 이러한 경우에는 헌법과 관련 법률에 따라 쟁의행위 등 근로자의 정당한 권리행사를 보장하고, 아울러 근로자에게 정신적·육체적 휴양의 기회를 제공하고 문화적 생활의 향상을 기하려는 연차유급휴가 제도의 취지를 살리는 한편, 연차유급휴가가 1년간의 근로에 대한 대가로서의 성질을 갖고 있고 현실적인 근로의 제공이 없었던 쟁의행위 등 기간에는 원칙적으로 근로에 대한 대가를 부여할 의무가 없는 점 등을 종합적으로 고려할 때, 연간 소정근로일수에서 쟁의행위 등 기간이 차지하는 일수를 제외한 나머지 일수를 기준으로 근로자의 출근율을 산정하여 연차유급휴가 취득 요건의 충족 여부를 판단하되, 그 요건이 충족된 경우에는 본래 평상적인 근로관계에서 8할의 출근율을 충족할 경우 산출되었을 연차유급휴가일수에 대하여 '연간 소정근로일수에서 쟁의행위 등 기간이 차지하는 일수를 제외한 나머지 일수'를 '연간 소정근로일수'로 나눈 비율을 곱하여 산출된 연차유급휴가일수를 근로자에게 부여함이 합리적이라 할 것이다."

제8강 인 사

1. 배치전환

◀ 판례분석 ▶

▎**제 목** : 춘천 공장의 변전실 근무자를 서울 본사의 서무주임으로 발령한 인사처분의 정당성(Y) [중화실업사건]

▎**대상판결** : 대법원 1995. 10. 13. 선고 94다52928 판결 【해고무효확인등】
【원고, 피상고인】 원고
【피고, 상고인】 중화실업주식회사
【원심판결】 서울고등법원 1994. 9. 30. 선고 94나5702 판결
【주 문】 원심판결을 파기하고, 사건을 서울고등법원에 환송한다.

▎**사건의 개요** : 피고 회사는 전기사업법의 준수(전기안전관리원 1명의 신규채용 필요성) 및 경영사정의 악화에 따른 잉여인력의 발생을 이유로 원고를 춘천 공장의 변전실 근무에서 서울 본사의 서무과 서무주임으로 승진·발령하였으나, 원고가 이러한 인사(전보)처분을 거부하자 무단결근을 이유로 해고하였고, 원고는 해고의 효력을 다투는 이 사건 소를 제기하였다.

▎**관련 법 규정**(현행법 기준)
- 근기법 제23조 (해고 등의 제한) ① 사용자는 근로자에게 정당한 이유 없이 해고, 휴직, 정직, 전직, 감봉, 그 밖의 징벌(이하 "부당해고 등"이라 한다)을 하지 못한다.

▎**판결의 성격** : 원심은 이 사건 전보처분이 인사권의 남용(생활상 불이익의 현저, 협의절차의 미준수)에 해당하여 무효이기 때문에 무단결근을 이유로 한 이 사건 해고

역시 무효라고 판단하였으나, 대법원은 원고의 불이익이 통상 감수해야 할 범위 내의 것이고 협의절차 미준수 사정만으로 인사권의 남용으로 볼 수 없다는 이유로 원심판결을 파기환송하였다.

▍쟁 점

- 주거이전(근로자 단독 또는 가족 동반)이 수반되는 배치전환의 정당성 여부(특히 근로자가 통상 감수하여야 할 생활상의 불이익에 해당하는지 여부)
- 배치전환 대상 근로자와의 사전 협의절차 불이행이 인사권 남용의 무효사유에 해당하는지 여부

▍중요 사실관계

- 전기사업법 시행규칙의 개정에 따른 유자격의 전기안전관리원 채용 필요성, 잉여인력 발생을 이유로 변전실 근무자인 원고와 소외 김○남(공고 전기과 졸업) 가운데 원고를 배치전환 대상자로 선택 ⇒ **배치전환의 업무상 필요성(대상자 선택의 합리성 포함) 여부와 관련**
- 가족과 함께 춘천에 정착·생활하고 있는 원고를 무연고지인 서울 본사로 배치전환, 그에 따른 새로운 숙소 내지 주택 마련의 필요성 ⇒ **배치전환에 따른 생활상의 불이익의 정도가 통상 감수해야 할 범위 내의 것인지 여부와 관련**
- 배치전환 관련 피고 회사가 원고와 사전 협의를 행하지 않음 ⇒ **인사권 남용의 무효사유에 해당하는지 여부와 관련**
- 근무장소의 변경(춘천에서 서울로)과 더불어 원고를 서무주임으로 승진발령 ⇒ **생활상의 불이익을 완화하는 대상조치 해당 여부 관련**
- 원고(변전실 전공)와 같은 생산직 근로자의 경우 본사와 지방 공장간 전근이나 사무직으로 전직된 전례 없음 ⇒ **배치전환의 업무상 필요성 여부 및 근로계약상 업무 내용·장소의 특정 여부와 관련**

▍기본법리(판지)

1) 근로자에 대한 전보나 전직은 <u>원칙적으로 인사권자인 사용자의 권한</u>에 속하므로 <u>업무상 필요한 범위 내에서는 사용자는 상당한 재량</u>을 가지며 그것이 근로기준법에 위반되거나 권리남용에 해당되는 등의 <u>특별한 사정이 없는 한 유효</u>하다 할 것이고(당원 1989. 2. 28. 선고 86다카2567 판결; 1991. 9. 24. 선고 90다12366 판결; 1991. 10. 25. 선고 90다20428 판결 등 참조), ⇒ **[배치전환에 관한 사용자의 재량권]**

2) 전보처분 등이 권리남용에 해당하는지 여부는 전보처분 등의 <u>업무상의 필요성</u>과 전보 등에 따른 근로자의 <u>생활상의 불이익을 비교·교량</u>하여 결정되어야 할 것이고, 업무상의 필요에 의한 전보 등에 따른 생활상의 불이익이 근로자가 통<u>상 감수하여야 할 정도를 현저하게 벗어난 것이 아니라면 이는 정당한 인사권의 범위 내에 속하는 것</u>으로서 권리남용에 해당하지 않는다 할 것이다(위 90다20428 판결 참조). ⇒ **[배치전환의 정당성 판단기준: 업무상 필요성과 생활상 불이익의 비교, 생활상 불이익의 정도(통상 감수해야 할 정도를 현저히 벗어난 것인지 여부)]**

3) 이 경우 전보처분 등을 함에 있어서 <u>근로자 본인과 성실한 협의절차를 거쳤는지 여부</u>는 정당한 인사권의 행사인지 여부를 판단하는 하나의 요소라고는 할 수 있으나 <u>그러한 절차를 거치지 아니하였다는 사정만으로 전보처분 등이 권리남용에 해당하여 당연히 무효가 된다고는 할 수 없다</u>(당원 1994. 5. 10.선고, 93다 47677 판결). ⇒ **[협의절차: 정당성 판단의 일 요소에 불과]**

▮**결론 및 이유** : 원심이 그 판시의 사정만으로 이 사건 전보처분이 원고에 대하여 근로자로서 통상 감수할 수 있는 정도를 현저히 초과하는 중대한 불이익을 주는 것이라고 판단하고 나아가 피고가 이 사건 전보처분 과정에서 춘천공장에서의 전직이나 기타 그의 생활상의 이익에 관한 적절한 배려를 위하여 신의칙상 요구되는 원고와의 진지한 대화를 거치지 아니하였다고 하여 이 사건 전보처분이 인사권의 남용에 해당하여 무효라는 주장을 내세워 이 사건 전보처분을 거부하면서 무단결근한 것을 이유로 한 원고에 대한 징계해고도 무효라고 판시한 것은 전보처분의 정당성에 관한 법리를 오해하였거나 그 점에 관한 심리를 다하지 아니한 위법이 있다.

- **업무상의 필요성 관련** : 원심의 사실 인정과 같이 원고에 대한 이 사건 전보처분이 <u>업무상의 필요성</u>에 의하여 인정되는 것.

- **생활상의 불이익 관련** : i) 원고의 노모와 처 및 초등학교 자녀 등 5명의 가족들이 구미에서 춘천으로 이사·정착(전세, 주택분양신청 준비)했으나 <u>춘천에 주택을 소유하고 있거나 근로자복지주택을 분양받은 것은 아닌 점</u>, ii) 피고의 서울 본사에 원거리 출퇴근 근로자를 위한 교통비 보조 등의 제도가 없으나 원고가 그 생활근거지인 춘천에서 서울 본사까지 원거리 출퇴근을 하는 것은 그 거리나 현재의 교통수단에 의한 소요시간 등에 비추어 현실적인 가능성이 거의 없다고 보이므로 <u>피고가 원거리 출퇴근자를 위한 교통비 보조 등의 제도를 마련하지 아니하였다 하여 이를 잘못이라 할 수는 없는 점</u>, iii) 피고의 서울 본사에 근로자를 위한

기숙사 등의 편의시설이 없으나 <u>전보된 근로자들을 위한 기숙사 시설이 일반적</u>
<u>으로 보편화되어 있는 것도 아닌 점</u>에서, 이 사건 전보에 따라 출퇴근과 숙식이
가능한 숙소나 주택을 새로이 마련하여 원고가 전보지인 <u>서울 본사에 단신 부임</u>
<u>하거나 가족을 대동하여 이사를 하여야 하는 생활상의 불이익이 있다고 하더라</u>
<u>도</u> **이러한 불이익은 전보나 전직에 따라 근로자가 통상 감수하여야 할 범위 내의**
불이익에 불과하고 그것이 현저하게 그러한 범위를 벗어난 생활상의 불이익이라
고는 할 수 없음(원심은 원고의 경제력으로는 서울에서 가족과 함께 적정한 수준의 생계를
유지하기 어렵다고 설시하고 있으나 현재의 교통수단을 고려하여 보면 원고가 서울이 아닌
출퇴근이 가능한 서울 외곽지역에서 주거를 마련할 수도 있는 것이며 서울에서의 주거비용을
포함한 생계비가 춘천에서의 그것보다는 다소 많이 소요된다고 하더라도 원고의 경제적 수준
으로 서울에서 가족과 함께 생활하는 것 자체가 불가능하거나 현저히 어렵다고 할 수도 없음).
- **생활상의 불이익 완화조치 관련** : 피고는 이 사건 전보처분을 함에 있어 원고
가 입게 될 생활상의 불이익을 해소하려고 정기적인 승진대상자가 아니었음에도 변
전실 전공에서 본사 관리부 서무과 용도계 서무주임으로 승진발령까지 하였던
것으로 보임.
- **사전 협의절차 관련** : 이 사건 전보처분의 업무상 필요성 및 원고가 입게 될
생활상의 불이익의 정도에 비추어 피고가 전보처분을 함에 있어서 <u>원고와 협의</u>
<u>하지 아니한 사실이 있다 하더라도 그러한 사정만으로 이 사건 전보처분이 인사</u>
<u>권의 남용이라고도 할 수 없음</u>(실제로 원고는 자신이 근무하던 춘천공장 변전실에서의
근무만을 고집하고 있는 터이므로 비록 사전에 협의절차를 거쳤다 하여도 그 사정이 달라졌
을 것이라고 보이지도 아니함).

▌판결의 의의와 한계
1) 근무장소 또는 업무내용을 변경하는 배치전환은 정기적 인사이동의 일환(노동력의
적정배치 등), 구조조정 내지 조직개편의 수단 등으로 활용된다. 대상판결은 선례에 의
해 확립된 배치전환의 정당성 판단기준에 입각하여 직종전환(생산직→사무직) 및 주거이전
이 수반되는 근무지변경(춘천→서울)의 이 사건 인사조치가 유효하다고 보아서, 이와 달
리 판단한 원심판결을 파기한 사례이다(☞ Q 2. 참고).
2) 인력의 적정배치, 업무의 능률증진, 근로자의 능력제고, 사업의 원활한 운영 등 기업
의 합리적 경영에 기여하는 배치전환은 그 업무상 필요성이 인정된다. 대상판결은, 배
치전환의 업무상 필요성이 크다고 인정되는 경우 근무지변경에 따른 주거이전이나 가
족과의 별거 등과 같은 생활상의 불이익은 근로자가 통상 감수하여야 할 범위 내의 것

이기 때문에 그러한 정도의 불이익을 이유로 인사명령의 정당성이 부정되지 않다는 점을 시사하고 있는 사례이다. 그러나 주거이전 또는 가족과의 별거가 수반되는 배치전환은 그렇지 않은 배치전환에 비해 근로자의 생활에 훨씬 큰 영향을 미치기 때문에 그 정당성을 보다 엄격히 판단할 필요가 있다.

3) 이 사건 인사명령은 직종변경(생산직→사무직)까지 초래하는 것이었지만 근로계약상 업무내용이 생산직으로 특정되었다고 볼 수 있는지 여부가 쟁점으로 다투어지지는 않았다(☞ 업무내용이나 근무장소의 특정에 관해서는 심화학습 3 참고).

▌기타 해설

1) 사용자가 전직처분 등을 함에 있어서 요구되는 업무상의 필요란 인원 배치를 변경할 필요성이 있고 그 변경에 어떠한 근로자를 포함시키는 것이 적절할 것인가 하는 인원선택의 합리성을 의미하는데, 여기에는 업무능률의 증진, 직장질서의 유지나 회복, 근로자 간의 인화 등의 사정도 포함된다는 것이 판례의 입장이다(대법원 2013. 2. 28. 선고 2010다52041 판결).

◀ Q 풀이 ▶

Q 1. 대상판결에 의하면 배치전환의 정당성 판단기준은?

[A] 배치전환의 업무상 필요성(대상자 선정의 합리성 포함)과 배치전환에 따른 근로자의 생활상의 불이익을 비교하여 후자가 통상 감수하여야 할 정도를 현저하게 벗어난 것이 아니라면 정당한 인사권의 행사로 판단된다. 배치전환 관련 근로자 본인과의 사전 협의절차 이행 여부는 정당성 판단의 일 요소에 불과하고, 그 불이행만으로 인사권의 남용 및 그에 따른 무효가 인정되는 것은 아니다.

Q 2. 대상판결에서 원심과 달리 배치전환이 정당한 것으로 판단된 이유는?

[A] 배치전환의 업무상 필요성 및 그 대상자 선정의 합리성에 관해서는 원심과 대법원이 견해를 달리하고 있지 않다. 그러나 다음 두 가지 사항에 관해서는 원심과 대법원 사이에 판단의 차이를 보이고 있다. 즉 i) 생활상 불이익의 정도에 관해서 원심은 통상 감수할 수 있는 정도를 현저히 초과한 중대한 불이익으로 본 반면에 대법원은 통상 감수하여야 할 범위 내의 불이익으로 보았고, ii) 사전 협의절차에 관해서 원심은 춘천 공장 내에서의 타 부서 근무의사 타진 등 생활상 불

이익 관련 적절한 배려 부재의 절차적 하자를 인사권 남용의 근거로 보았으나, 대법원은 협의하지 않은 사정만으로 인사권의 남용이라고 할 수 없다고 보았다.

◀ **심화학습** ▶

1. 현장직 3교대에서 현장직 상주 형태로 전환 배치하는 인사발령의 정당성 (대법원 2018. 10. 25. 선고 2016두44162 판결 참고)

▷ 참고판결(2016두44162 판결)은 대상판결(94다52928 판결)의 법리와 기타 해설에서 언급한 판결(2010다52041 판결)의 법리를 종합하고 있다. 즉 i) 전직이나 전보처분 등이 근기법 위반이나 권리남용에 해당하는 등의 특별한 사정이 없는 한 유효(원칙적으로 인사권자인 사용자의 권한에 속하므로 업무상 필요한 범위 내에서는 상당한 재량 인정), ii) 전직처분 등이 정당한 인사권의 범위 내에 속하는지 결정하는 기준(업무상 필요성과 생활상의 불이익 비교·교량, 생활상 불이익이 근로자가 통상 감수해야 할 정도를 현저하게 벗어나지 않으면 정당한 인사권의 범위 내에 속함), iii) 근로자 본인과 성실한 협의절차를 거치지 않았다는 사정만으로 전직처분 등이 무효로 되지 않음, iv) 전직처분 등을 할 때 요구되는 업무상 필요의 의미(인원 배치의 변경 필요성 및 인원 선택의 합리성) 등이다.

▷ 참고판결에서 원심은 피고 보조참가인 회사(이하 '참가인 회사')가 근로자인 원고에 대하여 '검사진행 속도가 느리고 물성검사 결과를 현장에 늦게 전달하여 현장에서 불만을 제기한다'는 등의 이유를 들어 원고로 하여금 상주근무자(08:00부터 17:00까지 근무)인 소외 1과 맞교환하여 현장직 3교대 형태에서 현장직 상주 형태로 근무하도록 하는 전환배치의 인사발령(이하 '이 사건 전환배치')을 한 것은 그 업무상의 필요성이 인정되지 않고 이로 인하여 원고가 입는 생활상의 불이익이 통상 감수하여야 할 정도를 현저하게 벗어나며 원고와 성실한 협의절차도 없이 이루어진 것으로서 인사권의 남용에 해당한다고 판단하였다.

▷ 그러나 대법원은 ① 이 사건 전환배치의 사유가 징계처분의 사유와는 다르므로 징계처분의 사유가 인정되지 않는다고 하더라도 그러한 사정만으로 이 사건 전환배치의 사유가 인정되지 않는다고 볼 수는 없는 점, ② 원고 스스로 고형분 측정이 늦었다는 점을 인정한 사실을 고려하면, 이 사건 전환배치를 할 업무상의 필요성이 없었다고 단정하기 어려운 점, ③ 이 사건 전환배치 후 원고가 근무부서의 변경 없이 계속 품질검사원의 업무를 수행하되, 다만 현장직 3교대 근무

에서 현장직 상주 근무로 그 근무형태가 변경되었는데, 원고가 이 사건 전환배치로 인하여 겪는 어려움과 불편의 정도가 근로자가 전환배치 후 통상적으로 겪게 되는 업무 적응과정에서의 어려움과 불편의 정도를 현저하게 벗어난 것이라고 단정하기 어려운 점, ④ 전환배치 후 원고가 실제 지급받는 급여가 감소하였다고 하더라도, 만약 그 급여 감소가 원고가 자발적으로 야간·휴일 근무 등을 하지 않기로 선택한 것에 따른 결과라면, 그 급여 감소를 이유로 이 사건 전환배치가 권리남용에 해당한다고 보기는 어려운 점, ⑤ 참가인 회사의 작업 공정상 품질검사원 중 3교대 근무를 하는 근로자와 상주 근무를 하는 근로자가 모두 필요한 상황이라면, 근무시간이 08:00부터 17:00까지인 상주 근무의 성격상 해당 근로자의 급여가 3교대 근무 근로자의 급여보다 상대적으로 적을 수밖에 없다고 하더라도, 그러한 급여 차이의 정도가 근로자가 통상 감수하여야 할 정도를 현저하게 벗어나고 대상 근로자 선택에 합리성이 없는 등의 특별한 사정이 없는 한, 위와 같은 급여 차이만으로 3교대 근무와 상주 근무 사이의 전환배치가 정당한 인사권의 범위를 벗어난 것이라고 단정하기 어려운 점, ⑥ 참가인 회사가 이 사건 전환배치 전 원고와 3차례에 걸쳐 면담을 실시하였으므로 참가인이 원고와 협의절차를 거쳤다고 볼 수 있을 뿐만 아니라, 설령 참가인이 형식적으로만 협의절차를 거친 데 불과하다고 보더라도 그러한 사정만으로 당연히 이 사건 전환배치가 권리남용에 해당한다고 보기는 어려운 점 등을 이유로 들어 원심판결을 파기환송하였다.

※ 대법원 2018. 10. 25. 선고 2016두44162 판결 【부당징계및부당전환배치구제재심판정취소】
- "근로자에 대한 전직이나 전보처분은 근로자가 제공하여야 할 근로의 종류·내용·장소 등에 변경을 가져온다는 점에서 근로자에게 불이익한 처분이 될 수 있으나 원칙적으로 인사권자인 사용자의 권한에 속하므로 업무상 필요한 범위 내에서는 상당한 재량을 인정하여야 하는 것으로서, 그것이 근로기준법에 위반되거나 권리남용에 해당하는 등의 특별한 사정이 없는 한 무효라고 할 수 없다. 전직처분 등이 정당한 인사권의 범위 내에 속하는지는 당해 전직처분 등의 업무상의 필요성과 전직 등에 따른 근로자의 생활상의 불이익을 비교·교량하고, 근로자가 속하는 노동조합(노동조합이 없으면 근로자 본인)과의 협의 등 그 전직처분 등을 하는 과정에서 신의칙상 요구되는 절차를 거쳤는지에 따라 결정하여야 한다. 업무상 필요에 의한 전직 등에 따른 생활상의 불이익이 근로자가 통상 감수하여야 할 정도를 현저하게 벗어나지 않으면 이는 정당한 인사권의 범위 내에 속하므로 권리남용에 해당하지 않는다. 전직처분 등을 할 때 근로자 본인과 성실한 협의절차를 거쳤는

지는 정당한 인사권의 행사인지를 판단하는 하나의 요소라고 할 수 있으나, 그러한 절차를 거치지 아니하였다는 사정만으로 전직처분 등이 권리남용에 해당하여 당연히 무효가 된다고 볼 수 없다. 그리고 사용자가 전직처분 등을 할 때 요구되는 업무상의 필요란 인원 배치를 변경할 필요성이 있고 그 변경에 어떠한 근로자를 포함시키는 것이 적절할 것인가 하는 인원선택의 합리성을 의미하는데, 여기에는 업무능률의 증진, 직장질서의 유지나 회복, 근로자 간의 인화 등의 사정도 포함된다. … (이하 생략) …"

2. 징계적 성격을 갖는 배치전환의 정당성 (대법원 1994. 5. 10. 선고 93다47677 판결과 대법원 1997. 12. 12. 선고 97다36316 판결의 비교)

▷ 참고1 판결(93다47677 판결)에서는 업무상 필요성(위계질서 저해 행위, 불량한 근무태도·성적 등)이 큰데 비해 생활상의 불이익이 거의 없다고 보아서(근거리 배치전환으로 출퇴근·주거상 불편 가중 없음, 배치전환 전후의 업무가 단순업무로 유사), 배치전환 인사처분의 유효성을 인정하였다(나아가 그 인사처분에 불응한 무단결근에 대한 징계해고의 정당성 인정).

▷ 반면에 참고2 판결(97다36316 판결)에서는 생활상의 불이익(서울→제주 근무지 변경에 따른 주거, 교통, 자녀교육, 부부생활 등에서의 불이익)이 상당한데 비해 업무상 필요성이 크지 않다고 보아서(합리적인 이어폰 착용 거부에 대한 보복의 수단으로서 실질적으로는 징계처분의 일환으로 이루어진 전보명령), 배치전환 인사처분의 무효를 인정하였다(나아가 무효인 인사처분에 불응한 것을 이유로 한 파면처분의 징계권 남용을 인정).

※(참고1) 대법원 1994. 5. 10. 선고 93다47677 판결 【해고무효확인】
- "원고는 1989. 8. 22. 피고 회사에 입사하여 제2공장에 있는 생산부 인발반에서 근무하던 중 1991. 3. 20. 아침안전조회시간에 반장이 잡담을 하는 근로자를 나무랐다는 이유로 반장에게 삿대질을 하면서 항의하여 조회가 수라장이 되고, 1991. 3. 23.에는 생산회의 중 과장이 원고의 질문에 부정적인 답변을 한다는 이유로 여러 차례 말꼬리를 물고 늘어지면서 회의분위기를 산만하게 유도하여 회의가 중단되는 등 여러 차례 회사 내의 위계질서를 어지럽히는 행동을 하고, 평소의 근무태도도 어려운 일은 의도적으로 기피하고 동료들 간에도 불화가 잦는 등 근무성적이 매우 불량하여 같은 해 3. 30. 감봉 3월의 징계를 받고, 4. 2.에는 제1공장에 있는 압출 1반으로 전직발령되자 이에 불만을 품고 같은 해 4. 18.부터 4. 25.까지 8일간 소속부서에 출근하지 않아 같은 해 5. 1. 무단결근을 사유로 징계해고를 당하였으며, 압출 1반 작업장이 있는 제1공장은 인발반이 있는 제2공장과 불과 2킬로미터밖에 떨어져 있지 않아 위 전직발령으로 원고가 주거지를 옮겨야 하거나 출퇴근에 많은 지장을 초래하는 등 생활상의 불편이 가중되는 것은 아니고, 압출 1반

에서의 업무도 종전의 업무와 마찬가지로 단순작업에 불과하다는 것이다. 사실관
계가 이러하다면 원고를 전직시켜야 할 업무상의 필요성은 큰데 비해 그로 인해
원고가 입은 생활상의 불이익은 거의 없다 할 것이고, 징계처분 직후에 원고와 사
전협의없이 전직처분을 한 절차상의 흠은 있으나 전직처분으로 원고가 입은 생활
상의 불이익이 거의 없는 점에 비추어 볼 때 그러한 사정만으로 이 사건 전직처분
이 권리남용에 해당하여 무효라고 볼 수는 없다."

※(참고2) 대법원 1997. 12. 12. 선고 97다36316 판결 【파면등무효확인】

- "피고는 비행기를 이용하는 승객에 대한 서비스의 질을 향상시킬 목적으로 램프
(RAMP) 버스 운전원들에게 운행시 비행 행선지 안내방송을 할 것과 내부 교신을
위한 워키토키의 소음 방지를 위한 방안으로 이어폰을 착용하여 내부 교신을 들을
것을 교육·계도하였으나 원고는 그 지시를 따르지 아니하였고, 1995. 6. 7. 15:20
경에는 피고의 장비지원과장인 소외 김○관이 원고 및 소외 1, 2에게 행선지 안내
방송 및 이어폰 착용을 철저히 할 것을 지시하자 원고 등은 안전운전을 이유로 이
어폰 착용을 거부하면서 다른 부서로 보내 달라고 반발하였는바, 운전자의 이어폰
착용은 안전운전에 방해가 된다는 것이 관할 관청의 견해인 사실, … (중략) … 원
고의 이어폰 착용 거부는 상당한 합리성이 있다고 보여짐에도 불구하고, 피고는
1995. 6. 12. 및 같은 달 14. 인사위원회에서 원고의 이어폰 착용 거부를 인사위
원회 회부 안건으로 하여 견책 및 타부서 전출을 결정하고 이에 따라 1995. 8.
23. 원고에 대하여 아무런 사전 협의를 거치지 아니하고 제주지점으로 전보발령을
하였는바, 원고가 근무지를 서울에서 제주로 변경하게 되면 주거나 교통, 자녀 교
육, 부부생활 등의 점에서 상당한 생활상의 불이익을 입을 것으로 보여지고, 더구
나 기록에 의하면 피고는 제주지점에서 운전원을 필요로 하는 구체적 사정을 주
장·입증하지 아니할 뿐만 아니라 제주지점의 운전원은 현지 채용이 원칙으로서
제주지점에서도 마지못해 원고를 받아들였다는 것인바, 이에 비추어 보면 원고에
대한 이 사건 전보명령은 원고의 위와 같은 상당한 합리성이 있는 이어폰 착용 거
부에 대한 보복의 수단으로서 실질적으로는 징계처분의 일환으로 이루어진 것으
로 보이고 이 사건 전보로 인하여 원고가 입는 생활상의 불이익의 정도보다 이 사
건 전보에 대한 업무상의 필요성이 크다고 볼 수 없어 무효라고 할 것이고, 따라
서 이에 응하지 아니한 원고의 행위를 징계사유로 삼을 수는 없다고 할 것이다."

3. 업무내용 또는 근무장소의 특정 (대법원 1992. 1. 21. 선고 91누5204 판결; 대법원
1993. 9. 28. 선고 93누3837 판결; 1994. 2. 8. 선고 92다893 판결 등 참고)

▷ 근로계약에서 근로의 내용이나 근로의 장소를 특별히 한정한 경우 사용자가
이를 변경하는 인사명령을 하려면 근로자의 동의가 있어야 한다(참고1, 2 판결 참
조). 근로자와 사용자가 근로의 내용 또는 장소를 합의하여 특정하면 그것은 근
로계약의 내용이 되고, 그 변경은 계약의 변경에 해당하기 때문에 사용자는 근

로자의 동의 없이 일방적으로 근로의 내용 또는 장소를 변경할 수 없다.

▷ 특별한 기술이나 전문적 지식이 요구되는 직종에 사용자가 해당 자격을 갖춘 자를 채용하여 종사케 한 경우에는, 근로계약상 업무의 종류·내용이 명시되지 않았더라도 그 묵시적 특정을 인정할 수 있고, 해당 근로자의 동의 없이 사용자가 다른 직종이나 업무로 근로자를 배치하는 인사명령은 무효라고 볼 수 있다(참고 3, 4, 5 판결 참조). 다만, 인사명령으로 인해 업무의 종류·내용이 다소 달라지더라도 해당 기술이나 지식 등이 활용되고 임금 등 대우의 정도가 동등하다면 묵시적으로 특정된 범위 내의 배치전환으로서 근로자의 동의를 필요로 하지 않는다고 보아야 할 것이다(물론 그 배치전환의 정당성 여부에 관한 별도의 판단 필요).

▷ 도서, 벽지 등 지리적 특성이나 파트타임(아르바이트 학생·주부) 등 고용형태의 특성 때문에 현지 채용이 원칙으로 되어 있는 경우에는 비록 근로계약상 근무의 장소에 관한 명시적인 특정이 없었더라도 현지 근무에 관한 묵시적인 약정이 있었던 것으로 해석할 수 있을 것이다. 그러나 위와 같은 특별한 사정이 없는 경우에는 같은 지역이나 장소에서 장기간 근무한 사정만으로 근무의 장소가 묵시적으로 특정되었다고 보기는 어렵다(참고2 판결 참조).

▷ 참고1 판결(91누5204 판결)은 근로계약상 근무의 장소가 명시적으로 특정되어 있는 근로자를 그의 의사에 반하여 다른 곳으로 배치한 인사명령이 비록 승진이기는 하나 인사권의 남용에 해당한다고 본 사례이고, 반면 참고2 판결(97다 18165,18172 판결)은 근로계약상 근로의 장소가 특정되었다고 볼 자료가 없는 상황에서 근로자가 한 장소에서 장기간 근무한 사실만으로 근로의 장소가 그곳으로 한정되었다고 볼 수 없다고 한 사례이다. 한편, 참고3 판결(93누3837 판결), 참고4 판결(92다893 판결), 참고5 판결(99두2963 판결)은 모두 직종을 변경하는 사용자의 인사명령이 무효라고 판단한 사례들이다. 참고3 판결과 참고4 판결은 직종의 명시적 내지 묵시적 특정을 인정한 사례로 볼 수 있다. 참고5 판결은 업무상의 필요성과 생활상의 불이익을 비교하는 판단방식을 채택하고 있으나, 직종(기자직)의 묵시적 특정을 인정하는 취지 역시 포함되어 있는 것으로 평가할 수 있다.

※(참고1) 대법원 1992. 1. 21. 선고 91누5204 판결 【부당노동행위구제재심판정취소】
- "근로계약상 근로의 장소가 특정되어 있는 경우에 이를 변경하는 전직이나 전보명령을 하려면 근로자의 동의가 있어야 할 것인데, 이 사건에서 원고 회사가 근로계약상 근무장소가 국회현장으로 되어 있는 참가인 박○만을 다른 곳으로 전직명령한 것은 이것이 승진이기는 하나 그의 의사에 반하여 이루어진 것으로서 인사권

의 남용에 해당된다고 할 것이고, … (이하 생략) …"

※(참고2) 대법원 1997. 7. 22. 선고 97다18165,18172 판결【전직무효확인등·해고무효확인】
- "서울에서 호텔 영업을 하는 피고는 부산에다가 별도 법인으로 주식회사 부산호텔롯데를 설립하여 운영할 계획을 세우고 … (중략) … 3년 가까이 서울 본사의 일식당 '모모야마'에서 근무한 경력이 있고, 또 서울올림픽사업단의 일원으로 기자촌에 파견되어 식당 개설에 참가하여 이를 운영한 경력과 전략판촉활성화계획에 따라 연회판촉부 연회관판촉팀에서 일한 경력이 있는 원고가 그 적임자라고 판단하여 1995. 10. 2. 원고를 부산사업팀 소속 일식당 '모모야마'의 지배인으로 전보발령한 사실 … (중략) … **근로계약에서 근로내용이나 근무장소를 특별히 한정한 경우에 사용자가 근로자에 대하여 전보나 전직처분을 하려면 원칙적으로 근로자의 동의가 있어야 한다**고 할 것이지만(당원 1992. 1. 21. 선고 91누5204 판결, 1994. 2. 8. 선고 92다893판결 등 참조), <u>이 사건에서 원고와 피고 사이에 원고의 근로 장소를 서울로 한정하기로 하는 근로계약이 체결되었다고 볼 자료가 없고, 원고가 서울에서 17년간 근무하여 왔다는 사실만으로 원고의 근로 제공의 장소가 서울로 한정되었다고도 볼 수 없으므로</u>, 이와 반대되는 취지의 논지도 이유가 없다."

※(참고3) 대법원 1993. 9. 28. 선고 93누3837 판결【부당해고구제재심판정취소】
- "원심판결은 그 이유에서 그 증거에 의하여 판시와 같은 사실을 인정한 다음 <u>호텔의 전화교환원은 외국어 구사 능력과 전화교환기 조작 기능이 요구되는 특수전문직종이고, 참가인도 원고를 전화교환원으로서 직무내용을 특정하여 채용하였고 그간 8년 동안 계속 교환원으로 근무시켜 오고 있으므로 원고가 교환주임인 위 정○경의 지시를 위반하고 모욕적인 발언을 하였다는 이유로 원고와의 사전 협의 또는 동의 없이 원고를 전화교환원이라는 자격, 근무내용, 보수가 다른 객실부 하우스키핑 내 오더테이커로 전보한 피고(⇒ 참가인의 오기)의 인사명령은 위법하여 무효이므로 참가인으로서는 원고의 위 인사명령 거부행위를 해고사유로 삼을 수 없다</u>고 판단하였는바, 기록에 비추어 원심의 사실인정과 판단은 정당하고 … (이하 생략) …"

※(참고4) 대법원 1994. 2. 8. 선고 92다893 판결【손해배상(기)】
- "원심이 피고가 구미시에 있는 피고 회사 <u>생산부 보일러공으로 종사하여 온 원고에 대하여 서울 출장소의 영업부에서 근무하도록 한 조치는 중대한 근로조건의 변경으로서 원고의 사전 동의가 없는 한 무효</u>라고 하여 원고가 개인적인 사정을 이유로 이를 거절하였다고 하더라도 근로제공의 거부라고 볼 수 없다고 판단하였음은 정당하고 … (이하 생략) …"

※(참고5) 대법원 2000. 4. 11. 선고 99두2963 판결【부당해고구제재심판정취소】
- "이 사건 전직발령 당시 원고 회사 내에서는 기자들의 능력을 평가하는 객관적인

근무평정제도가 없었고, 피고 보조참가인(이하 '참가인'이라고만 한다) 등 이 사건 전직 대상자들은 원고 회사에서 유능하다고 평가되는 기자들을 포함하여 상당수가 원고 회사 경영진에 대하여 비판적인 입장을 취하였던 기자들이며, 또한 이 사건 전직발령 직전에 신규기자모집공고를 하여 9명의 기자를 포함한 11명의 신규직원을 채용하고 간부급사원 7명까지 외부에서 영입하여 채용한 점 등에 비추어 보면 원고의 주장과 같이 회사의 적자운영을 더 이상 방치할 수 없는 상태에 이르러 감량경영의 일환으로 이 사건 전직발령을 하였다고 할 수 없고, 더구나 원고 회사가 전직 대상자들의 선정에 있어서의 구체적인 기준에 관하여 별다른 주장, 입증을 못하고 있으며, 한편 언론사에 있어서 기자의 신분과 업무직원의 신분은 일반적으로 상당한 차이가 있는 것으로 받아들여지고 있고, 그 업무의 내용도 상이하며, 참가인들은 원고 회사에 입사할 때 처음부터 기자직으로 입사하여 상당 기간 편집국에서 근무하여 오면서 장래에도 같은 직종에서 근무하리라고 생각하였고, 이 사건 전직발령으로 참가인들의 급여 또한 종전보다 73만 원에서 110만 원까지 감액되는데도 원고 회사가 이 사건 전직발령을 함에 있어서 참가인들과 사전협의를 거치지 않고, 참가인들의 동의를 구한 바도 없었음을 알 수 있다. 그렇다면 참가인들에 대한 이 사건 전직발령은 그 업무상 필요성이 그다지 크지 않은데 반하여 참가인들에게는 큰 생활상의 불이익을 주는데다 원고 회사가 이 사건 전직발령을 하는 과정에서 신의칙상 요구되는 절차도 거치지 아니하였다고 할 것인바, 결국 원고 회사의 참가인들에 대한 이 사건 전직발령은 정당한 이유가 없는 것으로 무효라고 할 것이다."

4. 육아휴직 종료 후 복직 관련 인사발령의 정당성 (대법원 2022. 6. 30. 선고 2017두76005 판결 참고)

▷ 남녀고용평등법은 제19조 제1항은 임신 중인 여성 근로자가 모성을 보호하거나 근로자가 만 8세 이하 또는 초등학교 2학년 이하의 자녀를 양육하기 위하여 육아휴직을 신청하는 경우에 특별한 사정이 없는 한 반드시 이를 허용하여야 할 의무를 사용자에게 부과하고 있고, 같은 조 제3항은 '사업주는 육아휴직을 이유로 해고나 그 밖의 불리한 처우를 하여서는 아니 된다.'고 규정하는 한편, 같은 조 제4항은 "사업주는 육아휴직을 마친 후에는 휴직 전과 같은 업무 또는 같은 수준의 임금을 지급하는 직무에 복귀시켜야 한다."라고 규정하고 있다. 참고판결(2017두76005 판결)에서 원고 회사(롯데쇼핑)가 육아휴직을 사용한 근로자(피고보조참가인, 이하 '참가인 근로자')를 복직시키면서 기존의 '발탁매니저'가 아닌 '영업담당'으로 인사발령한 것이 남녀고용평등법 제19조 제4항의 '휴직 전과 같은 업무 또는 같은 수준의 임금을 지급하는 직무'에 복귀시킬 의무 위반에 해당하는지가 쟁점이 되었다.

▷ 참고판결은 남녀고용평등법 제19조 제3항의 '불리한 처우'의 의미, 사업주가

남녀고용평등법 제19조 제4항에 따라 육아휴직을 마친 근로자를 복귀시키면서
부여한 업무가 휴직 전과 '같은 업무'에 해당하는지 판단하는 기준, 휴직기간 중
발생한 조직체계나 근로환경의 변화 등을 이유로 사업주가 '같은 업무'로 복귀시
키는 대신 '같은 수준의 임금을 지급하는 다른 직무'로 복귀시키는 경우 사업주
가 복귀하는 근로자에게 실질적인 불이익을 주지 않기 위한 책무를 다하였는지
판단하는 방법을 제시하고 있다(☞ 아래 참고판결 본문 참조).

▷ 참고판결의 원심은 ① 이 사건 사업본부의 매니저 직책은 원칙적으로 과장 이
상 직원만이 담당할 수 있고 발탁매니저 운영세칙에서도 발탁매니저가 임시직책
임을 명시적으로 규정한 점, 실제로 발탁매니저로 인사발령을 받았다가 다시 담
당으로 인사발령을 받은 사례가 다수 존재하는 점 등에 비추어 발탁매니저는 대
리 직급의 직원이 일반적으로 수행할 수 있는 직책이 아닌 원고 회사의 필요에
따라 부여되는 임시직책에 불과하므로 원고 회사가 참가인 근로자를 다른 업무
에 복귀시킨 것이라고 볼 수 없고, ② 업무추진비와 사택수당의 성격 및 액수에
비추어 볼 때 원고 회사가 참가인 근로자를 육아휴직 전과 다른 수준의 임금을
받는 직무로 복귀시켰다고 볼 수도 없다고 판단하였다.

▷ 그러나 대법원은 i) 참가인 근로자의 육아휴직 후 복귀 업무가 휴직 전 업무
와 '같은 업무'에 해당하기 위해서는 휴직 전 담당 업무와 복귀 후 담당 업무가
그 업무의 성격과 내용·범위 및 권한·책임 등에서 사회통념상 차이가 없어야 하
는데, 참가인 근로자가 휴직 전 맡았던 생활문화매니저 업무와 복귀 후 맡게 된
냉동냉장영업담당 업무는 그 성격과 내용·범위 및 권한·책임 등에 상당한 차이
가 있어 같은 업무에 해당한다고 보기 어려운 점, ii) 사업주가 육아휴직을 마친
근로자에게 휴직 전과 같은 업무가 아니라도 '같은 수준의 임금을 지급하는 직
무'를 대신 부여할 수 있으나, 그 경우에도 그 직무가 육아휴직 전 업무보다 불
리한 직무가 아니어야 하는 등 사업주가 필요한 조치를 다하였는지를 판단하여
야 하고, 따라서 원심으로서는 단순히 육아휴직 전후의 임금 수준만을 비교하여
서는 아니 되고, 육아휴직 전 업무에 대신하여 원고 회사가 참가인 근로자에게
부여한 냉장냉동영업담당의 직무가 육아휴직 전에 담당했던 생활문화매니저 업
무와 비교할 때 임금을 포함한 근로조건, 업무의 성격·내용·범위 및 권한·책임
등에서의 불이익 유무 및 정도, 참가인 근로자에게 냉장냉동영업담당의 직무를
부여할 필요성 여부 및 정도, 그로 인하여 기존에 누리던 업무상·생활상 이익이
박탈되었는지 여부, 원고 회사가 참가인 근로자에게 동등하거나 더 유사한 직무
를 부여하기 위하여 휴직 또는 복직 이전에 협의 기타 필요한 노력을 하였는지

여부 등을 종합적으로 고려하여 이 사건 인사발령이 참가인 근로자에게 실질적으로 불리한 직무를 부여한 것인지를 판단하였어야 함에도, 원심은 원고 회사가 참가인 근로자를 육아휴직 전과 같은 업무에 복귀시킨 것으로 볼 수 있다거나, 육아휴직 사용 근로자가 복귀 후 받는 임금이 휴직 전과 같은 수준이기만 하면 사업주가 남녀고용평등법 제19조 제4항에 따른 의무를 다한 것으로 볼 수 있다는 잘못된 전제 아래, 이 사건 인사발령이 참가인 근로자에게 실질적으로 불리한 직무를 부여하는 것인지 여부에 관하여 나아가 심리·판단하지 아니한 점을 이유로 원심판결을 파기환송하였다.

※ 대법원 2022. 6. 30. 선고 2017두76005 판결 【부당전직구제재심판정취소청구의소】
- "남녀고용평등법 제19조 제3항의 '불리한 처우'란 육아휴직 중 또는 육아휴직을 전후하여 임금 그 밖의 근로조건 등에서 육아휴직으로 말미암아 육아휴직 사용 근로자에게 발생하는 불이익 전반을 의미하므로, 사업주는 육아휴직 사용 근로자에게 육아휴직을 이유로 업무상 또는 경제상의 불이익을 주지 않아야 하고, 복귀 후 맡게 될 업무나 직무가 육아휴직 이전과 현저히 달라짐에 따른 생경함, 두려움 등으로 육아휴직의 신청이나 종료 후 복귀 그 자체를 꺼리게 만드는 등 근로자로 하여금 심리적으로 안정된 상태에서 육아휴직을 신청·사용함에 지장을 초래하지 않아야 한다.
이러한 남녀고용평등법 관련 규정의 문언, 체계 및 취지 등에 비추어 보면, 사업주가 남녀고용평등법 제19조 제4항에 따라 육아휴직을 마친 근로자를 복귀시키면서 부여한 업무가 휴직 전과 '같은 업무'에 해당한다고 보려면, 취업규칙이나 근로계약 등에 명시된 업무내용뿐만 아니라 실제 수행하여 온 업무도 아울러 고려하여, 휴직 전 담당 업무와 복귀 후의 담당 업무를 비교할 때 그 직책이나 직위의 성격과 내용·범위 및 권한·책임 등에서 사회통념상 차이가 없어야 한다.
만약 휴직기간 중 발생한 조직체계나 근로환경의 변화 등을 이유로 사업주가 '같은 업무'로 복귀시키는 대신 '같은 수준의 임금을 지급하는 다른 직무'로 복귀시키는 경우에도 복귀하는 근로자에게 실질적인 불이익이 있어서는 아니 된다. 사업주가 위와 같은 책무를 다하였는지 여부는 근로환경의 변화나 조직의 재편 등으로 인하여 다른 직무를 부여해야 할 필요성 여부 및 정도, 임금을 포함한 근로조건이 전체적으로 낮은 수준인지, 업무의 성격과 내용·범위 및 권한·책임 등에 불이익이 있는지 여부 및 정도, 대체 직무를 수행하게 됨에 따라 기존에 누리던 업무상·생활상 이익이 박탈되는지 여부 및 정도, 동등하거나 더 유사한 직무를 부여하기 위하여 휴직 또는 복직 전에 사전 협의 기타 필요한 노력을 하였는지 여부 등을 종합적으로 고려하여 판단하여야 한다."

2. 전   적

◀ 판례분석 ▶

■**제 목** : 근로자의 동의가 없는 그룹계열사간 전적명령의 유효성(N) [대우캐리어사건]

■**대상판결** : 대법원 1993. 1. 26. 선고 92다11695 판결【해고무효확인등】
【원고, 피상고인】 김○섭
【피고, 상고인】 대우캐리어주식회사
【원심판결】 서울고등법원 1992. 2. 19. 선고 91나13436 판결
【주 문】 상고를 기각한다. 상고비용은 피고의 부담으로 한다.

■**사건의 개요** : 그룹 차원의 대졸 관리직사원 공채로 채용되어서 피고 회사에 배치되어 인천공장에서 근무하던 원고(전기직)는 대우그룹의 계열사인 대우조선으로의 전출명령을 거부하였다는 등의 이유로 해고되어서 그 효력을 다투는 이 사건 소를 제기하였다.

■**관련 법 규정**(현행법 기준)
- 근기법 제23조(해고 등의 제한) ① 사용자는 근로자에게 정당한 이유 없이 해고, 휴직, 정직, 전직, 감봉, 그 밖의 징벌(이하 "부당해고 등"이라 한다)을 하지 못한다.
- 민법 제657조(권리의무의 전속성) ① 사용자는 <u>노무자의 동의 없이 그 권리를 제삼자에게 양도하지 못한다</u>.

■**판결의 성격** : 원심은 이 사건 전적에 대한 원고의 포괄적 사전 동의가 있었다는 피고의 주장을 배척하였고 이 사건 해고는 그 정당성을 결하여 무효라고 판단하였으며, 대법원은 원심의 판단이 정당하다고 보아서 피고의 상고를 기각하였다.

■**쟁 점**
- 근로자의 동의 없이 이루어진 이 사건 전적명령의 유효성 여부
- 전적명령의 거부 및 이를 이유로 한 징계위원회의 소집에 항의하는 유인물의 무단배포를 징계사유로 삼은 이 사건 해고의 정당성 여부

■ **중요 사실관계**

- 원칙적으로 그룹차원에서의 인사관리(일괄채용 후 각 계열회사에 배정, 계열회사 간의 전출입 관리), 계열회사 사이의 전적 20여 년간 계속 시행, 현존 관리직사원의 30% 이상이 전적된 경력 있음 ⟹ **근로자의 개별·구체적 동의를 필요로 하지 않는 유효한 전적관행의 성립 여부와 관련**

- 원고가 피고 회사에 입사할 때 제출한 서약서의 내용 중에 "전근, 출장 기타 귀사의 명령에 대해서는 불평없이 절대 복종하겠습니다"라고 기재 ⟹ **전적에 대한 근로자의 사전 동의 해당 여부와 관련**

- 상여금·수당 등의 수령액이 각 계열회사마다 다르기 때문에 관리직사원을 다른 계열회사로 전출함에 있어서는 당해 사원의 명시적·묵시적 동의를 받고 시행했으나, 원고와는 아무런 상의 없이 이 사건 전적명령이 이루어짐 ⟹ **근로자의 동의가 없는 이 사건 전적의 유효성 여부와 관련**

■ **기본법리**(판지)

1) ⑴ 근로자를 그가 고용된 기업으로부터 다른 기업으로 적을 옮겨 그 다른 기업의 업무에 종사하게 하는 이른바 전적은 종래에 종사하던 기업과의 근로계약을 합의해지하고 이적하게 될 기업과 새로운 근로계약을 체결하는 것이거나, 근로계약상의 사용자의 지위를 양도하는 것이므로, ⟹ **[전적의 의의]**

⑵ 동일 기업 내의 인사이동인 전근이나 전보와 달라, 특별한 사정이 없는 한 근로자의 동의를 얻어야 효력이 생기는 것인바, ⟹ **[전적의 유효요건: 근로자의 동의)]**

⑶ 사용자가 근로자의 동의를 얻지 아니하고 기업그룹 내의 다른 계열회사로 근로자를 전적시키는 관행이 있어서 그 관행이 근로계약의 내용을 이루고 있다고 인정하기 위하여는, 그와 같은 관행이 기업사회에서 일반적으로 근로관계를 규율하는 규범적인 사실로서 명확히 승인되거나, 기업의 구성원이 일반적으로 아무런 이의도 제기하지 아니한 채 당연한 것으로 받아들여 기업 내에서 사실상의 제도로서 확립되어 있지 않으면 안 된다. ⟹ **[일방적인 전적관행의 유효요건: 규범적 사실로서 승인 또는 사실상 제도로서 확립]**

2) ⑴ 근로자의 동의를 전적의 요건으로 하는 이유는, 근로관계에 있어서 업무지휘권의 주체가 변경됨으로 인하여 근로자가 받을 불이익을 방지하려는 데에 있다고 할 것인바, 다양한 업종과 업태를 가진 계열기업들이 기업그룹을 형성하여 자본·임원의 구성·근로조건 및 영업 등에 관하여 일체성을 가지고 경제활동을 전개하고, 그 그룹 내부에서 계열기업간의 인사교류가 동일기업 내의 인사이동

인 전보나 전근 등과 다름없이 일상적·관행적으로 빈번하게 행하여져 온 경우, 그 그룹 내의 기업에 고용된 근로자를 다른 계열기업으로 전적시키는 것은, 비록 형식적으로는 사용자의 법인격이 달라지게 된다고 하더라도, 실질적으로 업무지휘권의 주체가 변동된 것으로 보기 어려운 면이 있으므로, 사용자가 기업그룹 내부의 이와 같은 전적에 관하여 미리(근로자가 입사할 때 또는 근무하는 동안에) 근로자의 포괄적인 동의를 얻어 두면, 그때마다 근로자의 동의를 얻지 아니하더라도 근로자를 다른 계열기업으로 유효하게 전적시킬 수 있다고 보아야 할 것이다. ⇒ [그룹계열사간 전적의 경우 근로자의 포괄적인 사전 동의의 유효성]

(2) 그러나 근로기준법 제22조(현행 제17조)와 같은 법 시행령 제7조(현행 제8조) 제1호에 의하면 사용자는 근로계약 체결 시에 근로자에 대하여 임금·근로시간·취업의 장소와 종사하여야 할 업무에 관한 사항 등의 근로조건을 명시하여야 되도록 규정되어 있는바, 근로자의 특정기업에의 종속성을 배려하여 근로자의 보호를 도모하고 있는 위 규정의 취지에 비추어 볼 때, 사용자가 기업그룹 내의 전적에 관하여 근로자의 포괄적인 사전 동의를 받는 경우에는 전적할 기업을 특정하고(복수기업이라도 좋다) 그 기업에서 종사하여야 할 업무에 관한 사항 등의 기본적인 근로조건을 명시하여 근로자의 동의를 얻어야 된다고 해석하여야 할 것이다. ⇒ [포괄적인 사전 동의의 대상과 방법: 전적기업의 특정 및 기본적 근로조건의 명시 통한 동의 취득]

■**결론 및 이유** : 이 사건 전적의 경우 동의 없는 전적관행의 유효요건에 해당하거나 포괄적인 사전 동의가 있었던 것으로 볼 수 없고, 또한 원고에 대한 이 사건 징계해고는 정당성이 인정될 수 없다.

- **전적관행 관련** : 대우그룹 내 계열회사간의 전적이 20여 년간 계속 시행되어 왔고 현존 관리직사원의 30% 이상이 위와 같이 전적된 경력을 가지고 있다고 하더라도, 사용자가 당해 사원의 동의를 얻지 아니하고 일방적으로 다른 계열회사로 전적시키는 관행이 규범적인 사실로서 명확히 승인되었거나 사실상의 제도로서 확립되어 있다고 단정하기 어려움.

- **포괄적인 사전 동의 관련** : i) 피고 회사가 속한 대우그룹의 인사관리방식 및 실태와 원고가 피고 회사의 사원으로 채용된 경위 등이 소론과 같다고 하더라도, 그와 같은 사정만으로는 원고가 피고 회사의 사원으로 입사함에 있어서 소론과 같이 대우그룹 내의 다른 계열회사로의 전적명령에 승복하겠다는 포괄적인 사전 동의를 한 것으로 보기 어렵고, 또한 ii) 원고가 피고 회사에 입사할 때 제출한

<u>서약서</u>로서 그 내용 중에 "전근, 출장 기타 귀사의 명령에 대해서는 불평없이 절대 복종하겠읍니다"라고 <u>기재된 부분</u>이 있기는 하지만, 이는 원고가 피고 회사와의 근로계약관계가 존속하는 것을 전제로 피고 회사의 업무지휘권에 따르겠다는 의사를 표시한 것에 지나지 아니할 뿐 피고 회사와의 근로계약을 종료시키는 <u>전적에 관하여도 포괄적으로 동의를 한 것으로 볼 수는 없음</u>.

- 징계해고 관련 : 원고의 유인물 배포행위가 독립된 징계사유에 해당한다고 하더라도, 그 행위의 동기나 경위에 비추어 사회통념상 근로계약을 지속시킬 수 없을 정도로 근로자에게 책임 있는 사유에 해당한다고 볼 수 없어, 이를 이유로 한 이 사건 징계해고는 정당성이 인정될 수 없는 것.

▌판결의 의의와 한계

1) 대상판결은 전적에 관한 법리를 확립한 사례로서 유의미하다. 대상판결은 전적의 의의에 비추어 그 유효요건으로 근로자의 동의가 필요함을 분명히 하면서도, 다만 그룹의 경제활동과 인사운영의 특성을 고려하여 '포괄적인 사전 동의'의 유효성을 인정하고 있고, 나아가 포괄적인 사전 동의의 대상과 방법을 구체적으로 제시하고 있다. 그리고 이 사건 전적에 대한 원고의 포괄적인 사전 동의가 있었던 것으로 보지 않았다.

2) 다른 한편, 대상판결은 근로자의 동의를 얻지 않고 사용자가 일방적으로 행하는 전적관행의 유효요건을 비교적 엄격하게 제시하고 있고, 이 사건에서의 전적관행은 그 유효요건을 충족하지 못한 것으로 판단하였다.

▌기타 해설

1) 취업규칙이나 단체협약에서 사용자의 일방적 전적명령에 관한 근거 규정을 두고 있더라도 그러한 사유만으로는 전적에 대한 근로자의 포괄적인 사전 동의가 있었던 것으로 인정되지 않는다.

> ※ **대법원 1993. 1. 26. 선고 92누8200 판결【부당해고구제재심판정취소】**
> - "원고 회사가 소속되어 있는 현대그룹이 계열회사간의 원활한 인력수급조정과 효율적인 인사정책의 수행 등을 위하여 종합기획실을 설치하여 <u>그룹차원의 인원수급업무</u>를 관장하면서, <u>사원을 일괄 채용</u>하여 신입사원 연수를 마친 뒤 각 계열회사의 인원수급사정과 본인의 희망을 고려하여 <u>각 계열회사로 배정</u>하고 있고, 피고보조참가인(이 뒤에는 "참가인"이라고 약칭한다)도 원고 회사에 채용되기 전에 <u>계열회사간의 인사이동에 대한 설명을 들어서 이를 알고 입사</u>하였으며, 원고 회사

가 취업규칙과 단체협약에서 근로자를 계열회사에 인사이동시킬 수 있는 규정을 두고 있음이 소론과 같다고 하더라도, 그와 같은 사유만으로는 원고 회사가 전적에 관한 사항을 명시하여 참가인의 포괄적인 사전동의를 얻은 것이라고 보기 어렵다."

※ 대법원 1994. 6. 28. 선고 93누22463 판결【부당해고구제재심판정취소】
- "원고들을 포함한 참가인 회사의 운전기사들 전원이 입사시 단체협약 및 취업규칙을 준수할 것을 서약하였고, 단체협약에 의하면 조합원의 제반 인사문제는 참가인 회사의 전권사항으로 되어 있고, 취업규칙에 의하면 참가인 회사는 업무상 필요에 따라 사원에게 이동보직을 명할 수 있고 담당직무를 변경할 수 있으며, 위 명을 받은 자는 지체 없이 이를 이행하도록 되어 있다고 하더라도 그와 같은 사정만으로는 원고들이 이 사건과 같은 전적처분에 관하여 포괄적으로 동의를 한 것으로 볼 수는 없다."

2) 일방적인 전적관행의 유효성을 엄격하게 판단하고 있는 것이 판례의 경향이다. 그 유효성을 인정한 사례는 아직 없는 것으로 보인다.

※ 대법원 2006. 1. 12. 선고 2005두9873 판결【부당해고구제재심판정취소】
- "피고 보조참가인 조합 및 금산군산림조합을 비롯하여 전국에 별도의 법인으로 설립·운영되고 있는 144개 회원조합을 두고 있는 산림조합중앙회가 그 조정에 따라 소속 조합의 직원을 다른 조합으로 전적시키는 관행이 있었던 것은 분명해 보이지만, 더 나아가 직원의 동의를 얻지 아니하고 일방적으로 다른 조합으로 전적시키는 관행이 있었다거나 그러한 일방적인 전적의 관행이 산림조합중앙회 산하 지역조합들 내에서 일반적으로 근로관계를 규율하는 규범적 사실로서 명확히 승인되었거나 그 직원들이 일반적으로 아무런 이의도 제기하지 아니한 채 당연한 것으로 받아들여 사실상의 제도로 확립되어 있었다고 볼 만한 자료는 찾아보기 어렵다. 한편, 피고 보조참가인이 산림조합중앙회의 조정에 따라 인사교류를 한다는 인사규정을 두고 있었다는 사정만으로 직원의 동의 없는 일방적인 전적의 관행이 규범적인 사실로서 명확히 승인되었거나 사실상의 제도로서 확립되어 있었다고 볼 수도 없다."

◀ Q 풀이 ▶

Q 1. 대상판결에 의하면 전적에 대한 근로자의 포괄적인 사전 동의의 유효 요건은?
[A] 전적할 기업을 특정하고(복수의 기업 특정 가능), 그 기업에서의 기본적 근로조건(업무사항 등)을 명시하여 근로자의 동의를 얻어야 한다.

Q 2. 대상판결에서 사용자의 일방적인 전적관행의 유효성과 근로자의 포괄적인 사전동의의 존재가 부정된 이유는?

[A] 1) 일방적 전적관행의 유효성이 부정된 이유 : 계열사 간의 전적이 20여 년간 계속 시행되어 왔고 현존 관리직사원의 30% 이상이 전적된 경력을 갖고 있더라도 이에 근거하여 사용자의 일방적인 전적관행이 근로계약의 내용을 이루고 있다고 인정할 수 없기 때문이다(즉 일방적인 전적관행이 규범적인 사실로서 명확히 승인되었거나 사실상의 제도로서 확립되어 있다고 단정하기 어렵기 때문임).

2) 포괄적인 사전 동의의 존재가 부정된 이유 : 피고 회사가 속한 대우그룹의 인사관리방식 및 실태와 원고가 피고 회사의 사원으로 채용된 경위 등의 사정만으로는 포괄적인 사전 동의를 한 것으로 보기 어렵고, 원고가 피고 회사에 입사할 때 제출한 서약서에 기재된 회사의 명령에 대한 절대 복종은 피고 회사와의 근로계약을 종료시키는 전적에 관하여 포괄적으로 동의를 한 것으로 볼 수 없기 때문이다.

Q 3. 배치전환과 전적의 차이는?

[A] 배치전환은 근로계약관계의 유지를 전제로 하는 인사처분이기 때문에 근로계약의 상대방인 사업주가 변경되지 않는다. 그러나 전적은 종전 기업과의 근로계약을 합의해지하고 이적하게 될 기업과 새로운 근로계약을 체결하는 것이기 때문에 근로계약의 상대방인 사업주가 달라진다.

◀ **심화학습** ▶

1. 근로자가 마지못해 전적명령에 따르기로 하여 퇴직과 입사절차를 밟아 일정기간 근무한 경우 전적의 유효성 (대법원 1993. 1. 26. 선고 92누8200 판결 참고)

▷ 전적에 대한 동의를 보류하는 의사표시를 하였거나 징계 등의 위협 하에 부득이 전적한 것이라는 등의 특별한 사정이 없는 한, 퇴직·입사 절차를 밟아 일정기간 동안 근무하였다면 전적에 대하여 동의한 것으로 봄이 상당하고, 전적 거부가 징계 등 제재사유가 되는 것에 대한 단순한 우려는 위의 특별한 사정에 해당하지 않는다는 것이 판례의 입장이다.

※ **대법원 1993. 1. 26. 선고 92누8200 판결 【부당해고구제재심판정취소】**

- "원심이 인정한 사실관계 자체에 의하더라도, 참가인은 원고 회사로부터 금강개발로의 전적에 따르기로 하여 1990. 3. 6. 원고 회사로부터 <u>퇴직하는 절차를 마치고</u> 금강개발에 <u>취업하는 서류를 작성·제출</u>하고는, 그 후 3. 12.부터 5. 11.경까지 2개월 동안이나 금강개발에서 <u>정상적으로 근무</u>하였다는 것이므로, 참가인이 그와 같은 과정에서 위 전적에 대하여 동의를 보류하는 의사를 표시하거나, 참가인이 전적을 거부하는 경우에는 징계 등의 제재를 받게 될 것이라는 위협을 받아 부득이 전적한 것이라는 등의 <u>특별한 사정이 없는 한, 참가인의 위와 같은 행동은 전적에 대한 동의를 전제로 행하여진 것</u>이라고 봄이 논리와 경험의 법칙에 합치된다고 할 것이다. 원심이 설시한 바와 같이, 원고 회사가 참가인에게 아무런 업무도 부여하지 아니하였고 참가인이 <u>전적을 거부함으로 인하여 징계 등의 제재사유가 되는 것을 단순히 염려하였다는 사정만으로는</u>, 참가인이 일시적인 현상유지의 방편으로 <u>전적절차를 밟았을 뿐 전적에 동의한 것이 아니라고 보기는 어렵다.</u>"

2. 유효한 전적의 경우 종전 근로조건의 승계 여부 (대법원 1996. 12. 23. 선고 95다29970 판결 참고)

▷ 유효한 전적이 이루어진 경우에는 특별한 사정(근로관계를 승계하기로 하는 특약 또는 취약규칙상 종전 기업에서의 근속기간을 통산하는 규정 등)이 없는 한 종전의 근로조건이 이적하게 되는 기업으로 승계되지 않는다. 근로자는 이적하게 될 기업과 새로운 근로계약을 체결하는 것이기 때문이다.

※ **대법원 1996. 12. 23. 선고 95다29970 판결 【퇴직금】**

- "전적은 종전 기업과의 근로관계를 합의해지하고, 이적하게 될 기업과 사이에 새로운 근로계약을 체결하는 것이므로 <u>유효한 전적이 이루어진 경우</u>에 있어서는 당사자 사이에 종전 기업과의 근로관계를 승계하기로 하는 특약이 있거나 이적하게 될 기업의 취업규칙 등에 종전 기업에서의 근속기간을 통산하도록 하는 규정이 있는 등의 특별한 사정이 없는 한 당해 근로자의 <u>종전 기업과의 근로관계는 단절되는 것</u>이고, 이적하게 될 기업이 당해 근로자의 종전 기업과의 근로관계를 승계하는 것은 아니라 할 것이다(위 95다42270 판결 및 당원 1993. 6. 11. 선고 92다19316 판결, 1995. 7. 14. 선고 94다20198 판결 등 참조). … (중략) … 소외 회사를 퇴직하고 피고 회사로 재입사할 당시에는 소외 회사에서의 근속연수만을 기초로 하여 산정한 퇴직금을 수령할 것인지 또는 그 퇴직금을 피고 회사로 이체, 적립하여 근속기간의 통산을 받을 것인지를 원고에게 선택하도록 하였는데 <u>원고가 자의에 의하여 퇴직금을 수령하는 쪽을 선택</u>하였으므로 … (중략) … 사실관계가 위와 같다면, 원고의 소외 회사에서의 퇴직은 원고의 자유로운 의사에 의하여 결정된 것으로서 <u>소외 회사에서의 근로관계는 위 퇴직금 수령으로 종결</u>되고 달리 특별

한 사정이 없는 한 피고 회사로 승계되어 계속된다고 보기는 어렵다 할 것이다."

3. 대기발령·직위해제

◀ 판례분석 ▶

▌**제 목** : 정당한 이유 없이 장기간 대기발령을 유지하는 조치의 효력(N) [지엠대우오토사건]

▌**대상판결** : 대법원 2007. 2. 23. 선고 2005다3991 판결 【부당전보무효확인등】
【원고, 상고인】 원고
【피고, 피상고인】 지엠대우오토앤테크놀로지 주식회사
【피고 보조참가인】 정리회사 대우자동차 주식회사의 관리인 김○식
【원심판결】 서울고법 2004. 12. 1. 선고 2004나15500 판결
【주 문】 원심판결 중 예비적 청구에 관한 부분을 파기하여, 이 부분 사건을 서울고등법원에 환송한다. 원고의 나머지 상고를 기각한다. 상고기각 부분의 상고비용은 원고의 부담으로 한다.

▌**사건의 개요** : 소외 회사는 회사의 경영이 어려워지자 1998. 10. 14. 원고에 대한 전보처분을 한 후 2000. 12. 1. 경영상 과원을 이유로 원고에 대하여 대기발령처분을 하였고, 2002. 10. 소외 회사의 공장을 자산양수도 방식으로 인수한 피고 회사는 소외 회사 퇴사 및 피고 회사 재입사의 형식으로 소외 회사와 원고 간의 고용관계를 승계하였으나 고용승계 후에도 원고에 대한 대기발령을 그대로 유지하였으며(원고에게 보직을 부여하지 않고 기본급만을 지급), 원고는 피고 회사를 상대로 대기발령 등의 효력을 다투는 소를 제기하였다.

▌**관련 법 규정**(현행법 기준)
- 근기법 제23조(해고 등의 제한) ① 사용자는 근로자에게 정당한 이유 없이 해고, 휴직, 정직, 전직, 감봉, 그 밖의 징벌(이하 "부당해고 등"이라 한다)을 하지 못한다.

▌**판결의 성격** : 원심은 원고의 주위적 청구(소외 회사의 1998. 10. 14.자 전보처분 및 2000. 12. 1.자 인사대기처분의 각 무효와 임금 및 위자료의 지급을 구함)가 원고와 피고 회사 간의 부제소합의에 반하여 이루어진 것이어서 부적법하다는 등의 이유로 각하하였고, 원고의 예비적 청구(피고회사의 2003. 10. 11.자 인사대기처분의 무효확인 및 그 인사대기처분으로 감액된 임금의 추가지급을 구함)에 대하여는 피고 회사가 인사 대기처분을 하였음을 인정할 증거가 없다는 등의 이유로 기각하였으나, 대법원은 피고 회사가 고용관계를 승계한 2002. 10. 이후에도 원고에 대한 대기발령을 그대로 유지한 조치는 무효라는 취지로 원심판결 중 예비적 청구에 관한 부분을 파기환송하였다.

▌**쟁 점**

- 경영상 과원을 이유로 한 대기발령의 인사처분(이 사건 인사대기처분)이 정당한지 여부
- (정당하더라도) 대기발령의 사유(필요성)가 해소되었다고 볼 수 있는 상황에서 대기발령을 장기간 유지하는 조치가 정당한지 여부

▌**중요 사실관계**

- 원고는 1986. 1. 소외 회사에 입사하여 1989.경부터 같은 회사의 기술연구소 내 차량실험실에서 근무하고 있었고, <u>소외 회사는 회사의 경영이 어려워지자</u> 1998. 10. 14. <u>원고를</u> 영업팀인 필드서베이팀으로 <u>전보하는 처분을 하였다가</u> <u>2000. 12. 1. 경영상 과원을 이유로 대기발령</u>(이 사건 인사대기처분)을 하였음 ⇒ **경영상 과원을 이유로 한 소외 회사의 대기발령처분이 정당한지 여부와 관련**

- i) 2002. 8. 7. 설립된 <u>피고 회사는</u> 2002. 10.경 <u>소외 회사의 부평공장 일부, 창원공장, 군산공장을 자산양수도 방식으로 인수하였고, 그 소속의 근로자들에 대하여는 소외 회사를 퇴사하고, 피고 회사에 재입사하는 형식을 취하여 고용관계를 그대로 승계</u>하기로 함, ii) <u>피고 회사는 2002. 10. 11. 원고에게 고용제안서</u>('소외 회사와 동일한 근로조건(급여와 후생 등) 하에 소외 회사에서 근무하던 부서에서 동일한 직무를 수행하는 조건으로 근로자들을 신규로 고용하되 피고 회사는 소외 회사의 퇴직금 지급의무만을 승계하고, 근로자들은 피고 회사를 상대로는 소외 회사와의 고용관계 및 소외 회사로부터의 퇴사와 관련하여 발생하는 어떠한 권리주장이나 청구를 하지 않을 것에 동의한다.'는 취지의 내용의 담긴 고용제안서)를 <u>제시했고</u>, 이에 <u>원고는 장기간 대기발령 관련 정당한 권리주장을 할 것이라는 취지의 문구를 추가 기재하여 제출했다가</u> 같

은 달 21. 무렵 피고 회사가 원고가 작성한 고용제안서를 되돌려주면서 새로운 고용제안서 제출을 요구하자 <u>이의유보하는 내용의 문구가 없는 고용제안서에 서</u> <u>명한 후 이를 피고 회사에 제출함</u>, iii) <u>원고는 2000. 12. 1. 소외 회사로부터 대</u> <u>기발령을 받은 이래 피고 회사가 고용승계를 한 2002. 10. 이후에도 보직을 부여</u> <u>받지 못한 채 기본급만 지급받아 옴</u> ⇒ **피고회사가 고용승계 후에도 원고에 대한 소외** **회사의 대기발령처분을 그대로 유지한 조치의 정당성 여부와 관련**

- <u>피고 회사의 취업규칙 제53조 제1호는 경영형평상 과원으로 인정된 자에 대하</u> <u>여는 대기발령을 할 수 있고, 제53조 제2호는 대기발령된 직원에 대하여는 출근을</u> <u>금할 수 있으며, 회사의 명에 의하여 출근하는 경우에는 기본급 또는 그에 준하는</u> <u>임금만을 지급하고 기타의 급여는 지급하지 아니한다고 되어 있으며, 소외 회사에</u> <u>도 동일한 내용이 취업규칙에 정해져 있음</u> ⇒ **소외 회사의 대기발령처분 및 피고 회사** **의 대기발령 유지 조치가 각 회사 취업규칙상의 대기발령사유에 해당하는지 여부와 관련**

▌기본법리(판지)

1) 기업이 그 활동을 계속적으로 유지하기 위하여는 노동력을 재배치하거나 그 수급을 조절하는 것이 필요불가결하므로, <u>대기발령을 포함한 인사명령은 원칙적</u> <u>으로 인사권자인 사용자의 고유권한에 속한다</u> 할 것이고, 따라서 이러한 인사명 령에 대하여는 <u>업무상 필요한 범위 안에서 사용자에게 상당한 재량을 인정하여</u> <u>야</u> 하지만(대법원 2005. 2. 18. 선고 2003다63029 판결 참조), ⇒ **[대기발령 등 인사명령은** **사용자(인사권자)의 고유권한, 업무상 필요 범위 내 상당한 재량 인정]**

2) <u>대기발령이 일시적으로 당해 근로자에게 직위를 부여하지 아니함으로써 직무</u> <u>에 종사하지 못하도록 하는 잠정적인 조치이고, 근로기준법 제30조</u>(현행법 제23 조) <u>제1항에서 사용자는 근로자에 대하여 정당한 이유 없이 전직, 휴직, 기타 징</u> <u>벌을 하지 못한다고 제한하고 있는 취지에 비추어 볼 때,</u> ⇒ **[대기발령의 성격(잠정** **적인 조치) 및 부당한 인사권의 행사를 제한하는 근기법의 취지]**

3) 사용자가 대기발령 근거규정에 의하여 일정한 대기발령 사유의 발생에 따라 근로자에게 <u>대기발령을 한 것이 정당한 경우라고 하더라도</u> 당해 <u>대기발령 규정</u> <u>의 설정 목적과 그 실제 기능, 대기발령 유지의 합리성 여부 및 그로 인하여 근</u> <u>로자가 받게 될 신분상·경제상의 불이익 등 구체적인 사정을 모두 참작하여 그</u> <u>기간은 합리적인 범위 내에서 이루어져야 하는 것이고,</u> ⇒ **[대기발령 기간의 합리성** **판단요소]**

4) 만일 <u>대기발령을 받은 근로자가 상당한 기간에 걸쳐 근로의 제공을 할 수 없</u>

다거나 근로제공을 함이 매우 부적당한 경우가 아닌데도 사회통념상 합리성이 없을 정도로 부당하게 장기간 동안 대기발령 조치를 유지하는 것은 특별한 사정이 없는 한 정당한 이유가 있다고 보기 어려우므로 그와 같은 조치는 무효라고 보아야 할 것이다. ⇒ [대기발령을 사회통념상 합리성이 없을 정도로 부당하게 장기간 유지하는 조치의 효력(무효)]

▌**결론 및 이유** : 이 사건 예비적 청구 중에 피고 회사가 대기발령을 그대로 유지한 조치의 무효를 주장하는지에 관하여 보다 세밀히 심리하여 보아야 함에도 불구하고 이에 이르지 아니한 채 예비적 청구를 기각한 원심판결에는 대기발령의 효력에 관한 법리를 오해하였거나 심리를 다하지 못함으로써 판결 결과에 영향을 미친 위법이 있다고 할 것이다.
- 소외 회사가 경영형편상 과원을 이유로 이 사건 인사대기처분을 한 것 자체는 업무상 필요한 범위 안에서 이루어진 것으로서 정당한 이유가 있었다고 보더라도 그 이후 장기간에 걸쳐 인사대기처분을 그대로 유지하고 있다가 피고 회사가 2002. 10. 11.경 사실상 소외 회사와 원고 사이의 고용관계를 그대로 승계하면서 원고와 명시적으로 고용계약까지 체결한 이상 경영형편상 과원이라고 보기도 어려우므로 원고에 대한 대기발령 사유는 일응 해소되었다고 볼 것인데, 그 이후에도 원고에게 아무런 직무도 부여하지 않은 채 기본급 정도만을 수령하도록 하면서 장기간 대기발령 조치를 그대로 유지한 것은 특별한 사정이 없는 한 정당한 사유가 있다고 보기 어렵다 할 것임.
- 그렇다면 피고 회사가 2002. 10. 11.경 이후에도 원고에 대한 대기발령을 그대로 유지한 조치는 특별한 사정이 없는 한 무효라고 볼 것이고, 원고가 구하는 바에 따라 원고는 2003. 2. 1.부터 피고의 귀책사유로 인하여 자신의 근로계약상의 의무인 근로제공을 하지 못하게 된 것이라고 볼 수밖에 없으므로, 위 날짜 이후 계속 근로하였을 경우에 받을 수 있는 임금과 실제 지급받은 돈의 차액의 지급을 청구할 수 있다고 할 것임.

▌**판결의 의의와 한계**
1) 대상판결이 판시하고 있듯이 대기발령은 일시적으로 당해 근로자에게 직위를 부여하지 아니함으로써 직무에 종사하지 못하도록 하는 잠정적인 조치이다. 즉 근로자로 하여금 현재의 직위나 직무를 그대로 수행하게 하는 것이 적절하지 않다고 볼 수 있는 사유가 발생했을 때부터 그 사유가 해소될 때까지 잠정적으로

근로자를 현재의 직위나 직무에서 배제하는 조치이다. 한편, 직위해제는 일반적으로 근로자가 직무수행능력이 부족하거나 근무성적 또는 근무태도 등이 불량한 경우, 근로자에 대한 징계절차가 진행 중인 경우, 근로자가 형사사건으로 기소된 경우 등에 있어서 당해 근로자가 장래에 있어서 계속 직무를 담당하게 될 경우 예상되는 업무상의 장애 등을 예방하기 위하여 일시적으로 당해 근로자에게 직위를 부여하지 아니함으로써 직무에 종사하지 못하도록 하는 잠정적인 조치로서의 보직의 해제를 의미한다(대법원 2006. 8. 25. 선고 2006두5151 판결). 대기발령과 직위해제 모두 근로자의 종전 직위를 박탈하고 직무를 부여하지 않다는 점에서 같고, 다만 직위의 박탈을 강조한 표현이 직위해제이고 직무를 부여하지 않고 대기 상태로 둠을 강조한 표현이 대기발령이다. 기업의 인사실무에서는 근로자의 직위를 해제하고 대기발령의 상태로 두는 조치를 일체로서 행한다. 단지 그러한 조치를 직위해제 또는 대기발령 어느 하나로 칭하고 있을 뿐이다. 판례에서도 두 용어를 엄격하게 구별하여 사용하고 있지는 않는 것으로 보인다(이하에서는 대기발령이라는 용어를 사용한다).

2) 대기발령은 통상 불이익(임금의 일부 지급, 승급·승진의 보류 등)을 수반한다. 경우에 따라서는 대기발령에 이은 해고가 이루어지기도 한다(대기발령 후 일정 기간이 경과하도록 복직발령을 받지 못하거나 직위를 부여받지 못하는 경우에 당연퇴직된다는 인사규정을 두는 경우가 그러하다. ☞ 이에 관해서는 심화학습 1. 참고). 그러나 취업규칙이나 인사규정 등에 징계처분의 하나로 규정되어 있지 않는 한, 대기발령은 근로자의 과거 비행에 대한 징벌적 제재로서의 징계와는 그 성질이 다르고, 원칙적으로 인사권자인 사용자의 고유권한에 속하므로 이러한 인사명령에 대하여는 업무상 필요한 범위 안에서 사용자에게 상당한 재량을 인정하여야 하며, 이것이 근기법 등에 위반되거나 권리남용에 해당하는 등의 특별한 사정이 없는 한 위법하다고 할 수 없다는 것이 판례의 입장이다(대법원 2006. 8. 25. 선고 2006두5151 판결 등 참조). 대상판결도 이에 따르고 있다.

3) 대기발령이 근로자에게 불이익한 처분인 이상 정당한 이유가 있어야 유효하다. 판례를 보면, i) 근로자에 대한 대기발령의 정당성은 근로자에게 당해 대기발령사유가 존재하는지 여부나 대기발령에 관한 절차규정의 위반 여부 및 그 정도에 의하여 판단할 것이라고 한 사례(대법원 2011. 10. 13. 선고 2009다86246 판결), ii) 대기발령이 정당한 인사권의 범위 내에 속하는지 여부는 대기발령의 업무상의 필요성과 그에 따른 근로자의 생활상의 불이익과의 비교교량, 근로자와의 협의 등 대기발령을 하는 과정에서 신의칙상 요구되는 절차를 거쳤는지의 여부 등에 의하여

결정되어야 하며, 근로자 본인과 성실한 협의절차를 거쳤는지의 여부는 정당한 인사권의 행사인지의 여부를 판단하는 하나의 요소라고는 할 수 있으나 그러한 절차를 거치지 아니하였다는 사정만으로 대기발령이 권리남용에 해당되어 당연히 무효가 된다고는 볼 수 없다고 한 사례(대법원 2005. 2. 18. 선고 2003다63029 판결)가 있다. 판례는 일반적으로 대기발령의 정당성을 넓게 인정하는 경향을 보이고 있다. 그런데 대상판결은 대기발령이 그 명령 당시에는 정당한 경우라고 하더라도 대기발령의 기간은 합리적인 범위 내로 제한되어야 하고, 대기발령의 필요성(사유)이 일응 해소된 이후에도 부당하게 장기간 동안 대기발령 조치를 유지하는 것은 정당한 이유가 없기 때문에 그와 같은 조치는 무효임을 밝히고 있는 점에서 의미가 있다. 대상판결은 근로자에게 불이익을 주는 사용자의 부당한 인사권의 행사로부터 근로자를 보호하고자 하는 근기법 제23조 제1항의 취지에 부합하는 것이라 하겠다.

▌기타 해설

1) 취업규칙 등에 대기발령이 징계처분의 하나로 규정되어 있지 아니한 이상 대기발령처분을 함에 있어서 해당 근로자에게 변명의 기회를 부여하는 등의 징계절차를 거칠 필요는 없다는 것이 판례의 태도이다(대법원 2000. 6. 23. 선고 98다54960 판결). 그러나 취업규칙 등에 징계절차와는 구분되는 대기발령에 관한 특별한 절차규정이 있는 경우에는 그에 따라야 한다(대법원 1996. 10. 29. 선고 95누15926 판결 참조). 특별한 절차규정이 없더라도 대기발령을 하는 과정에서 신의칙상 요구되는 근로자와의 협의절차를 거쳤는지의 여부는 대기발령의 정당성 여부를 판단하는 하나의 요소가 될 수 있다(대법원 2005. 2. 18. 선고 2003다63029 판결 참조).

2) 근로자를 대기발령한 후 대기발령 사유와 동일한 사유를 이유로 징계처분을 하였다면 뒤에 이루어진 징계처분에 의해 그 전에 있었던 대기발령처분은 그 효력을 상실하지만, 대기발령처분에 기하여 발생한 효과는 당해 대기발령처분이 실효되더라도 소급하여 소멸하는 것이 아니므로, 인사규정 등에서 대기발령처분에 따른 효과로 승진·승급에 제한을 가하는 등의 법률상 불이익을 규정하고 있는 경우에는 대기발령처분을 받은 근로자는 이러한 법률상 불이익을 제거하기 위하여 그 실효된 대기발령처분에 대한 구제를 신청할 이익이 있다는 것이 판례의 입장이다(대법원 2010. 7. 29. 선고 2007두18406 판결).

◀ Q 풀이 ▶

Q 1. 대상판결에 의하면 대기발령의 법적 성격은 무엇인가?

[A] 대기발령은 원칙적으로 인사권자인 사용자의 고유권한에 속하는 것으로서 업무상 필요한 범위 안에서 사용자에게 상당한 재량이 인정되는 인사명령이다. 대기발령은 징계와는 그 성질을 달리하는 것이다.

Q 2. 대상판결에 의하면 어떤 경우에 대기발령에도 근기법 제23조 제1항의 규제가 미치는가?

[A] 사용자가 대기발령 근거규정에 의하여 일정한 대기발령 사유의 발생에 따라 근로자에게 대기발령을 한 것이 정당한 경우라고 하더라도 그 기간은 합리적인 범위 내에서 이루어져야 하는 것이고, 만일 대기발령을 받은 근로자가 상당한 기간에 걸쳐 근로의 제공을 할 수 없다거나 근로제공을 함이 매우 부적당한 경우가 아닌데도 사회통념상 합리성이 없을 정도로 부당하게 장기간 동안 대기발령 조치를 유지하는 것은 특별한 사정이 없는 한 정당한 이유가 있다고 보기 어려우므로 그와 같은 조치는 무효라고 보아야 한다.

Q 3. 일반적으로 사용자의 대기발령에 관한 권한을 제한하는 법적 근거는 무엇인가?

[A] 근기법 제23조 제1항은 근로자에 대한 사용자의 정당한 이유 없는 불이익한 인사처분으로부터 근로자를 보호하기 위한 일반조항이다. 대기발령이 인사권자인 사용자의 고유권한에 속하는 사항이라고 할지라도 근로자에게 불이익을 주는 대기발령은 근기법 제23조 제1항에 따른 제한을 받는다.

◀ 심화학습 ▶

1. 대기발령에 이은 당연퇴직처리의 정당성 (대법원 2007. 5. 31. 선고 2007두1460 판결 참고)

▷ 판례에 의하면, 사용자가 어떤 사유의 발생을 당연퇴직사유로 규정하고 그 절차를 통상의 해고나 징계해고와 달리 한 경우에 그 당연퇴직사유가 근로자의 사

망이나 정년, 근로계약기간의 만료 등 근로관계의 자동소멸사유로 보여지는 경우를 제외하고는 이에 따른 당연퇴직처분은 근기법 제23조 소정의 제한을 받는 해고에 해당한다(대법원 1998. 12. 8. 선고 98다31172 판결 참조).[1] 대기발령에 이은 당연퇴직처리의 정당성 판단기준에 관하여, 기존의 판례는 일단 대기발령처분이 정당하게 내려진 경우라면 대기발령 기간 동안 직무수행능력의 회복이나 근무태도 개선 등 대기발령사유가 소멸되어 마땅히 직위를 부여하여야 할 사정이 있음에도 합리적인 이유 없이 직위를 부여하지 아니하는 등의 경우가 아닌 한 당연퇴직처리 그 자체가 인사권 내지 징계권의 남용에 해당한다고 볼 수는 없다고 하여 그 정당성을 넓게 인정하는 경향이었다(대법원 1995. 12. 5. 선고 94다43351 판결 등 참조). 그러나 참고판결(2007두1460 판결)에서는 대기발령이 정당하게 내려진 경우라도 일정한 기간이 경과한 후의 당연퇴직처리 그 자체가 인사권 내지 징계권의 남용에 해당하지 않는 정당한 처분이 되기 위해서는 대기발령 당시에 이미 사회통념상 당해 근로자와의 고용관계를 계속할 수 없을 정도의 사유가 존재하였거나 대기발령 기간 중 그와 같은 해고사유가 확정되어야 한다고 판시함으로써 기존의 판례에 비해 대기발령에 이은 당연퇴직처리의 정당성을 좁게 인정하는 입장을 취하였다(참고판결은 대기발령의 정당성을 인정하면서도 그에 이은 당연퇴직처분에 대해서는 그 정당성을 부정하여 원심판결을 파기한 사례라는 점에서 의미가 있다). 판례가 대기발령의 법적 성질을 징계와는 다른 것으로 보면서 그 정당성을 넓게 인정하고 있는 상황에서, 대기발령에 이은 당연퇴직처리의 정당성을 원칙적으로 인정한 기존 판례의 입장은 부당해고를 금지하는 근기법의 취지를 몰각케 할 우려가 있는데, 참고판결은 이러한 우려를 상당 부분 해소할 수 있게 한 사례라고 평가할 수 있다.

---

1) 그러나 사용자가 취업규칙 등에 어떤 사유의 발생을 당연퇴직 또는 면직사유로 규정하고 그 절차를 통상의 해고나 징계해고와 달리하였는데 그 당연퇴직사유가 근로자의 사망이나 정년, 근로계약기간의 만료 등 근로관계의 자동소멸사유로 보이는 경우, 위와 같은 당연퇴직사유를 규정한 취업규칙이 유효한 이상 그러한 사유의 발생만으로 그 사유발생일 또는 소정의 일자에 당연히 근로관계가 종료하는 것으로 보아야 하고, 정년 등과 같은 근로관계의 자동소멸사유로 인한 퇴직처리는 법률상 당연히 발생한 퇴직의 사유 및 시기를 공적으로 확인하여 알려주는 '관념의 통지'에 불과할 뿐 근로자의 신분을 상실시키는 '해고처분'과 같은 새로운 형성적 행위가 아니다(대법원 2008. 2. 29. 선고 2007다85997 판결).

※ 대법원 2007. 5. 31. 선고 2007두1460 판결 【부당해고·부당대기발령등구제재심판정취소】

- "1. 대기발령의 정당성에 관하여

근로자에 대한 직위해제는 일반적으로 근로자가 직무수행능력이 부족하거나 근무성적 또는 근무태도 등이 불량한 경우, 근로자에 대한 징계절차가 진행중인 경우, 근로자가 형사사건으로 기소된 경우 등에 있어서 당해 근로자가 장래에 있어서 계속 직무를 담당하게 될 경우 예상되는 업무상의 장애 등을 예방하기 위하여 일시적으로 당해 근로자에게 직위를 부여하지 아니함으로써 직무에 종사하지 못하도록 하는 잠정적인 조치로서의 보직의 해제를 의미하므로, 과거의 근로자의 비위행위에 대하여 기업질서 유지를 목적으로 행하여지는 징벌적 제재로서의 징계와는 그 성질이 다르다. 또 기업이 그 활동을 계속적으로 유지하기 위해서는 노동력을 재배치하거나 그 수급을 조절하는 것이 필요 불가결하므로, 대기발령을 포함한 인사명령은 원칙적으로 인사권자인 사용자의 고유권한에 속한다 할 것이고, 따라서 이러한 인사명령에 대하여는 업무상 필요한 범위 안에서 사용자에게 상당한 재량을 인정하여야 하며, 이것이 근로기준법 등에 위반되거나 권리남용에 해당하는 등의 특별한 사정이 없는 한 위법하다고 할 수 없다(대법원 2006. 8. 25. 선고 2006두5151 판결 등 참조). … (중략) …

원고의 이사회 결의에 따라 설치된 비상대책위원회의 위원장으로 발령받아 근무하던 참가인이 위 위원회 해체 후에도 원직 복귀명령 및 업무인계 지시에 응하지 않으면서 노동조합의 집회에 참석한 행위 등이 원고의 인사규정 제94조의4 제1항 제1호 소정의 대기발령 사유인 '직장의 내외를 불문하고 회사의 명예나 신용을 손상케 하였을 때'에 해당한다고 판단한 조치는 충분히 수긍할 수 있고, … (중략) …

2. 당연퇴직 처분의 정당성에 관하여

인사규정 등에 대기발령 후 일정 기간이 경과하도록 복직발령을 받지 못하거나 직위를 부여받지 못하는 경우에는 당연퇴직된다는 규정을 두는 경우, 대기발령에 이은 당연퇴직 처리를 일체로서 관찰하면 이는 근로자의 의사에 반하여 사용자의 일방적 의사에 따라 근로계약 관계를 종료시키는 것으로서 실질상 해고에 해당하므로, 사용자가 그 처분을 함에 있어서는 구 근로기준법(2007. 1. 26. 법률 제8293호로 개정되기 전의 것) 제30조(현행 제23조) 제1항 소정의 정당한 이유가 필요하다고 할 것이다. 따라서 일단 대기발령이 인사규정 등에 의하여 정당하게 내려진 경우라도 일정한 기간이 경과한 후의 당연퇴직 처리 그 자체가 인사권 내지 징계권의 남용에 해당하지 아니하는 정당한 처분이 되기 위해서는 대기발령 당시에 이미 사회통념상 당해 근로자와의 고용관계를 계속할 수 없을 정도의 사유가 존재하였거나 대기발령 기간중 그와 같은 해고사유가 확정되어야 할 것이며(대법원 1995. 12. 5. 선고 94다43351 판결, 2002. 8. 23. 선고 2000두9113 판결, 2004. 10. 28. 선고 2003두6665 판결 등 참조), 사회통념상 당해 근로자와의 고용관계를 계속할 수 없을 정도인지의 여부는 … (중략) … 등 여러 가지 사정을 종합적으로 검토하여 판단하여야 한다(대법원 2003. 7. 8. 선고 2001두8018 판결, 2006. 11.

23. 선고 2006다48069 판결 등 참조).

위 법리에 비추어 기록을 살펴보면, 참가인에 대한 이 사건 당연퇴직 처분은 '대기발령 후 3개월 이내에 재발령을 받지 못하였을 때에는 그 사유 발생일에 당연퇴직된 것으로 간주한다.'는 원고의 취업규칙 제29조 제1항 제9호에 근거하여 이루어진 것으로서 실질상 해고에 해당하므로, 이러한 경우 원심으로서는 원칙적으로 사용자의 고유권한에 속하는 인사명령인 대기발령 자체의 정당성뿐만 아니라 그 대기발령 당시에 이미 사회통념상 원고와 참가인 사이의 고용관계를 계속할 수 없을 정도의 사유가 존재하였거나 대기발령 기간중 그와 같은 정당한 해고사유가 확정되었는지 여부에 관하여 더 나아가 살펴본 후 이 사건 당연퇴직 처분이 원고의 인사권 내지 징계권의 남용에 해당하는지를 판단하였어야 할 것이다. 그런데도 원심은 이 점에 관한 참가인의 주장에 대하여 아무런 판단을 하지 아니한 채 '원고가 원심 피고 보조참가인 2와 달리 참가인에 대하여만 당연퇴직 처분을 한 것이 형평에 반한다고 할 수 없으며, 그 처분은 원고의 취업규칙에 근거한 것이어서 유효하다.'라고만 판단하고 말았으니, 이 부분 원심판결에는 … (중략) … 위법이 있다. 나아가 이 사건에서 참가인을 해고할 만한 정당한 사유가 존재하는지에 관하여 보건대, … (중략) … 등의 여러 사정을 종합해 보면, 참가인에 대한 원고의 대기발령 당시에 이미 그 대기발령 사유가 중하여 사회통념상 원고와 참가인 사이의 고용관계를 계속할 수 없을 정도였다거나 또는 대기발령 기간중 그와 같은 정당한 해고사유가 확정된 것으로 보기는 어렵다고 하지 않을 수 없고, 따라서 원고의 이 사건 당연퇴직 처분은 인사권 내지 징계권의 남용에 해당하는 것으로 봄이 상당하다. … (이하 생략) …"

2. 경영상 필요에 따른 대기발령과 휴업수당 지급의무 (대법원 2013. 10. 11. 선고 2012다12870 판결 참고)

▷ 참고판결(2012다12870 판결)에 의하면, 근기법 제46조 제1항에서 정하는 '휴업'에는 개개의 근로자가 근로계약에 따라 근로를 제공할 의사가 있는데도 그 의사에 반하여 취업이 거부되거나 불가능하게 된 경우도 포함되므로, 이는 '휴직'을 포함하는 광의의 개념인데, 근기법 제23조 제1항에서 정하는 '휴직'은 어떤 근로자를 그 직무에 종사하게 하는 것이 불가능하거나 적당하지 아니한 사유가 발생한 때에 그 근로자의 지위를 그대로 두면서 일정한 기간 그 직무에 종사하는 것을 금지시키는 사용자의 처분을 말하는 것이고, '대기발령'은 근로자가 현재의 직위 또는 직무를 장래에 계속 담당하게 되면 업무상 장애 등이 예상되는 경우에 이를 예방하기 위하여 일시적으로 당해 근로자에게 직위를 부여하지 아니함으로써 직무에 종사하지 못하도록 하는 잠정적인 조치를 의미하므로, 대기발령은 근기법 제23조 제1항에서 정한 '휴직'에 해당한다고 볼 수 있으므로 사용자가

자신의 귀책사유에 해당하는 경영상의 필요에 따라 개별 근로자들에 대하여 대기발령을 하였다면 이는 근기법 제46조 제1항에서 정한 휴업을 실시한 경우에 해당하므로 사용자는 그 근로자들에게 휴업수당을 지급할 의무가 있다고 한다.

3. 형사사건 기소를 이유로 하는 휴직명령의 정당성 (대법원 2005. 2. 18. 선고 2003다63029 판결 참고)

▷ 휴직이란 어떤 근로자를 그 직무에 종사하게 하는 것이 불능이거나 또는 적당하지 아니한 사유가 발생한 때에 그 근로자의 지위를 그대로 두면서, 일정한 기간 그 직무에 종사하는 것을 금지시키는 사용자의 처분을 말하며, 통례적으로 이러한 휴직제도는 사용자의 취업규칙이나 단체협약 등에 의하여 규정되고 있다. 그런데 근기법 제23조 제1항에서 사용자는 근로자에 대하여 정당한 이유 없이 휴직하지 못한다고 제한하고 있는 취지에 비추어 볼 때, 위와 같은 휴직근거 규정에 의하여 사용자에게 일정한 휴직사유의 발생에 따른 휴직명령권을 부여하고 있다 하더라도 그 정해진 사유가 있는 경우, 당해 휴직규정의 설정 목적과 그 실제 기능, 휴직명령권 발동의 합리성 여부 및 그로 인하여 근로자가 받게 될 신분상·경제상의 불이익 등 구체적인 사정을 모두 참작하여 근로자가 상당한 기간에 걸쳐 근로의 제공을 할 수 없다거나 근로제공을 함이 매우 부적당하다고 인정되는 경우에만 정당한 이유가 있다고 보는 것이 판례의 입장이다(2003다63029 판결). 참고판결은 근로자가 형사사건으로 구속되었다가 불구속 기소된 이상 사용자의 인사규정에서 정한 명령휴직의 사유 그 자체는 발생하였다고 할 것이고, 근로자가 석방되기 전까지는 상당한 기간에 걸쳐 근로의 제공을 할 수 없는 경우에 해당하므로 근로자에 대한 사용자의 명령휴직처분에는 정당한 이유가 있다고 볼 수 있으나, 구속취소로 석방된 후에는 근로자가 상당한 기간에 걸쳐 근로의 제공을 할 수 없는 경우에 해당한다고 할 수 없고 명령휴직규정의 설정 목적 등 제반 사정에 비추어 볼 때 근로자가 근로를 제공함이 매우 부적당한 경우라고도 볼 수 없어 명령휴직처분을 계속 유지하는 것에 정당한 이유가 없다고 한 사례이다.

제9강 징 계

1. 징계절차의 정당성

◀ 판례분석 ▶

▌제 목 : 징계위원회의 구성 및 징계대상자에 대한 소명의 기회 부여 관련 징계 절차를 위반한 징계해고의 효력(N) [징계위개최(30분전)통보사건]

▌대상판결 : 대법원 1991. 7. 9. 선고 90다8077 판결【해고무효확인】
【원고, 상고인】원고 1 외 6인 원고들
【피고, 피상고인겸 상고인】피고 주식회사
【원심판결】부산고등법원 1990. 9. 7. 선고 89나7627 판결
【주 문】원심판결을 파기하고 사건을 부산고등법원에 환송한다.

▌사건의 개요 : 피고 회사의 단체협약 내지 징계규정에는 노동조합의 대표자를 징계위원회에 참여시키고 징계대상자에게 징계위원회에 출석하여 변명과 소명 자료를 제출할 기회를 부여하도록 되어 있다. 원고들은 이 사건 각 징계위원회 개최 당시 그 개회 30분 전에 징계위원회의 개최 일시와 장소를 피고 회사로부 터 통보받고서 징계위원회에 출석하여 각 징계혐의사실을 들은 후 일부(원고 2, 3, 4)는 진술거부·퇴장했고, 일부(원고 1, 5, 6, 7)는 진술 내지 변명하였다(한편, 피고 회사는 원고 1과 2에 대한 징계위원회 개최 당시 노동조합 집행부를 구성하는 노동조합의 위원장 등이 모두 구속되어 있어 수습대책위원회의 1인인 소외인에게 노동조합측 징계위원으로 참석할 것을 통보했으나, 소외인은 참석을 거부하였다). 피고 회사는 각 징계위원회가 개최된 같은 날에 징계위원회의 의결에 따라 원고들을 각 징계해고하였고, 원고들은 해고의 효력을 다투는 이 사건 소를 제기하였다.

▌관련 법 규정(현행법 기준)
- 근기법 제23조(해고 등의 제한) ① 사용자는 근로자에게 정당한 이유 없이 해고, 휴직, 정직, 전직, 감봉, 그 밖의 징벌(이하 "부당해고 등"이라 한다)을 하지 못한다.
- 근기법 제93조(취업규칙의 작성·신고) 상시 10명 이상의 근로자를 사용하는 사용자는 다음 각 호의 사항에 관한 취업규칙을 작성하여 고용노동부장관에게 신고하여야 한다. 이를 변경하는 경우에도 또한 같다.
  12. 표창과 제재에 관한 사항

▌판결의 성격 : 원심은 원고들에 대한 각 징계해고처분이 그 절차적 유효요건이 흠결된 것으로 보기 어렵다고 판단했으나, 대법원은 징계절차의 위반을 인정하여 원심판결을 파기환송하였다.

　　※ **원심의 판단** : 각 징계위원회가 징계대상자인 원고들에게 충분한 시간적 여유 없이 그 개최일시 및 장소가 통보되었고, 특히 원고 1, 2의 경우에는 노동조합위원장 및 그 직무대행자까지 구금되어 있던 관계로 노동조합측 징계위원의 출석 없이 개최된 절차상의 흠이 있다고 하겠으나, 취업규칙과 징계규정에서 노동조합측 징계위원의 지위, 징계위원회의 개최 일시와 장소를 통보하는 시기 및 방법 등에 관하여 명시한 바 없고 더욱이 원고들이 직접 각 징계위원회에 출석하여 진술과 변명을 하였거나 또는 그러할 기회가 주어졌던 이상, 위와 같은 절차상의 흠으로 인하여 취업규칙과 징계규정에서 요구하는 절차적 정의가 본질적으로 침해된 것은 아니므로 원고들에 대한 각 징계해고처분이 그 절차적 유효요건이 흠결된 것으로 보기는 어렵다고 판단하였음.

▌쟁 점
- 징계규정에 징계대상자에게 징계위원회에 출석하여 소명할 기회를 부여하도록 되어 있는 경우 이러한 징계절차를 위반한 징계해고의 효력 유무
- 징계대상자에게 징계위원회 출석·소명의 기회를 부여하는 징계규정에 징계위원회 개최 사전 통보의 시기와 방법에 관한 규정이 없는 경우 충분한 시간적 여유를 주지 않고 촉박하게 이루어진 통보(30분 전 통보)의 적법 여부
- 나아가 징계대상자가 위와 같은 촉박한 통보를 받고 징계위원회에 출석하여 진술한 경우 그 징계위원회의 의결에 따라 행한 징계해고의 효력 유무
- 징계위원회의 구성에 관해 단체협약 등에 노동조합의 대표자를 징계위원으로 참여시키도록 되어 있는 경우 이러한 징계절차를 위반한 징계해고의 효력 유무

▌중요 사실관계

- 피고 회사의 징계규정 제17조 및 제20조의 내용(징계위원장은 징계위원회의 개최 일시와 장소를 징계대상자에게 통보하여야 함, 징계대상자는 징계사유에 대해 징계위원회에서 진술해야 함 등), 취업규칙 제74조의 내용(징계사유에 대한 소명의 기회를 주어야 함) ⇒ **징계위원회 출석·소명의 기회 부여 관련 근거규정**

- i) <u>원고들은 각 징계위원회 개최 당시 그 개회 30분 전에야 비로소 징계위원회의 개최 일시 및 장소를 통보받음,</u> ii) 원고들은 모두 징계위원회에 출석하여 간사로부터 각 징계혐의사실에 대한 설명을 들었으나, <u>원고 2, 3, 4는 그 직후 진술을 거부하고 일방적으로 퇴장했고, 원고 1, 5, 6, 7은 자리에 남아 징계사유에 대해 진술하거나 변명함</u> ⇒ **소명의 기회 실질적 보장 여부와 관련**

- 단체협약 제23조의 내용(조합원 징계시 노동조합의 위원장은 징계위원이 됨), 노동조합 규약 제31조의 내용(위원장 유고시 부위원장이 위원장을 대리) ⇒ **노동조합측 징계위원의 징계위원회 참여 관련 근거규정**

- i) <u>원고 1, 2에 대한 징계위원회 개최 당시</u> 피고 회사는 <u>소외 진○찬</u>(노동조합 집행부를 이루고 있는 위원장 소외 1, 부위원장 소외 2, 사무장 원고 2 등이 모두 구속되어 있어 수습대책위원회의 1인인 소외 진○찬이 노동조합의 업무를 사실상 집행하고 있었음)에 <u>게 노동조합측 징계위원으로 참석할 것을 통보했으나 그의 참석거부로 노동조합측 징계위원의 출석 없이 원고 1, 2에 대한 징계위원회 개최,</u> ii) 나머지 원고들의 경우에는 노동조합 대의원대회에서 부위원장으로 선출된 소외 안○락이 위원장 권한대행의 자격을 가지고 노동조합측 징계위원으로 출석하여 징계위원회가 개최됨 ⇒ **소외 진○찬의 노동조합측 징계위원 자격 유무와 관련**

▌기본법리(판지)

1) ⑴ 단체협약이나 취업규칙 또는 이에 근거를 둔 징계규정에서 징계절차를 규정한 것은 <u>징계권의 공정한 행사를 확보하고 징계제도의 합리적인 운영을 도모하기 위한 것</u>으로서 중요한 의미를 갖는 것인 바, ⇒ **[징계절차 규정의 취지]**

⑵ 징계규정에서 징계위원회의 구성에 노동조합의 대표자를 참여시키도록 되어 있고 또 징계대상자에게 징계위원회에 출석하여 변명과 소명자료를 제출할 기회를 부여하도록 되어 있음에도 불구하고 이러한 <u>징계절차를 위배하여 징계해고를 하였다면 이러한 징계권의 행사는 징계사유가 인정되는 여부에 관계없이 절차에 있어서의 정의에 반하는 처사로서 무효라고 보아야 할 것이다.</u> ⇒ **[징계절차(징계위 구성 및 징계위 출석·소명)를 위반한 징계해고의 효력(무효)]**

2) 징계규정에 징계위원회의 개최일시와 장소를 징계대상자에게 통보하고 징계대상자는 징계사유에 대하여 징계위원회에서 진술하도록 규정되어 있다면, 이는 징계대상자에게 징계위원회에 출석하여 변명과 소명자료를 제출할 수 있는 기회를 부여한 것이므로 그 통보의 시기와 방법에 관하여 특별히 규정한 바가 없다고 하여도 변명과 소명자료를 준비할 만한 상당한 기간을 두고 개최일시와 장소를 통보하여야 하며, 이러한 변명과 소명자료를 준비할 만한 시간적 여유를 주지 않고 촉박하게 이루어진 통보는 실질적으로 변명과 소명자료제출의 기회를 박탈하는 것과 다를 바 없어 징계규정이 규정한 사전 통보의 취지를 몰각한 것으로서 부적법하다고 보아야 할 것이다. ⇒ **[소명기회를 박탈하는 촉박한 징계위 개최 사전 통보의 위법성]**

■ **결론 및 이유** : 원심판결(원고들에 대한 각 징계해고처분이 그 절차적 유효요건이 흠결된 것으로 보기는 어렵다고 판단)에는 징계절차의 위배 여부와 그 효력에 관하여 심리미진과 법리오해로 판결에 영향을 미친 위법이 있다.

- **원고들에 대한 징계위원회 개최 사전 통보 관련** : 이 사건 징계위원회의 개최일시 및 장소가 원고들에게 통보된 것은 징계위원회가 개회되기 불과 30분 전이었다는 것이므로 이러한 촉박한 통보는 징계대상자로 하여금 사실상 변명과 소명자료를 준비할 수 없게 만드는 것이어서 적법한 통보라고 볼 수 없으며, 설사 원고들 중 일부가 징계위원회에 출석하여 진술을 하였다고 하여도 스스로 징계에 순응하는 경우가 아닌 한 그 징계위원회의 의결에 터잡은 징계해고는 징계절차에 위배한 부적법한 징계권의 행사임에 틀림없음.

- **징계위원회의 구성 및 노조측 징계위원에 대한 징계위원회 개최 사전 통보 관련** : 피고 회사의 단체협약에 의하여 노동조합의 위원장이 조합원의 징계시 징계위원이 되도록 되어 있다면 징계위원회를 개최함에 있어서는 노동조합의 위원장에게 그 개최사실을 통보하여 참석의 기회를 부여하여야 할 것인바, 원심은 위원장, 부위원장, 사무장 등이 모두 구속 중이어서 수습대책위원회의 1인으로서 사실상 노동조합업무를 집행하던 진○찬에게 노동조합측 징계위원으로 참석할 것을 통보하였다고 설시하고 있으나, 위 진○찬이 단체협약상 징계위원이 되도록 규정된 위원장을 대리할 지위에 있는 자인지의 여부가 기록상 분명하지 않을 뿐 아니라, 노동조합측에서 위원장을 대리하여 징계위원회에 출석할 수 있는 자를 선정할 만한 시간적 여유를 두고 통보를 하였는지조차도 분명하지 않음.

▌판결의 의의와 한계

1) 징계의 절차적 정당성에 관한 여러 쟁점들 중에서 특히 중요한 쟁점으로서 징계위
원회 개최 사전 통지의 적법 여부와 관련하여, 대상판결은 피고 회사의 원고들에 대
한 징계위원회의 일시·장소에 관한 사전 통보(30분 전 통보)가 징계대상자에게 소명의
기회를 보장하고 있는 피고 회사의 징계규정에 위배되어 부적법하다고 본 사례이다.
대상판결은 단체협약, 취업규칙 등에 보장된 소명의 기회를 징계대상 근로자에게 부
여하지 않고 행한 징계(해고)처분은 징계사유의 인정 여부와 관계없이 무효임을 분명
히 한 점에서 의의가 있다(그러나 소명의 기회 부여가 모든 징계절차에서 항상 요구되는
것은 아니다 ☞ Q 3. 참고). 대상판결과 유사한 사례로 다음의 판결(91다13731 판결 및
2003두15317 판결)이 있다.

> ※ **대법원 1991. 7. 23. 선고 91다13731 판결 【해고무효확인등】**
> - "원심이 적법하게 확정한 사실에 의하면 피고 회사의 <u>취업규칙에 의하면</u> 인사위
> 원회에서 징계의결을 함에 있어서는 <u>징계대상자에게 인사위원회에 출석하여 변명
> 할 기회를 부여하도록 규정</u>되어 있는데도 피고 회사의 인사위원회는 인천지점에
> 근무하는 원고들에게 1988. 10. 26. 10:20 피고 회사 안양 본사에서 원고들에 대
> 한 징계의결을 위한 인사위원회를 개최하니 출석하라는 내용의 출석통지서를 같
> 은 달 24. 우편으로 발송하여 같은 달 26. 08:30경에야 원고들에게 도달되었다는
> 것인바, 이에 의하면 <u>원고들은 인사위원회가 개최되기 불과 1시간 50분 전에 출석
> 통지를 수령한 것이 되어 인천에서 안양까지 가서 개최시간에 맞추어 인사위원회
> 에 출석한다는 것이 사실상 어려웠다고 보여질 뿐 아니라,</u> 가사 출석이 가능하였
> 다고 하더라도 징계대상자에게 인사위원회에 출석하여 <u>변명할 기회를 부여한 위
> 취업규칙의 규정취지에 비추어 인사위원회의 개최통지는 징계대상자에게 변명과
> 소명자료의 준비를 할 수 있을 정도의 시간적 여유를 두고 고지되어야 하고 이러
> 한 시간적 여유를 둠이 없이 촉박하게 고지된 경우에는 실질적으로 변명의 기회를
> 부여하지 않은 것과 같아서 부적법하다고 보아야</u> 할 것이다. 원심이 같은 취지에
> 서 원고들에 대한 이 사건 징계해고처분은 징계절차에서 정한 변명의 기회를 주지
> 아니한 채 이루어진 것으로서 무효라고 판단하였음은 정당하고 … (이하 생략) …"

> ※ **대법원 2004. 6. 25. 선고 2003두15317 판결 【부당해고구제재심판정취소】**
> - "단체협약, 취업규칙 또는 징계규정에서 징계대상자에게 징계위원회에 출석하여
> 변명과 소명자료를 제출할 수 있는 기회를 부여한 경우 그 통보의 시기와 방법에
> 관하여 특별히 규정한 바가 없다고 하여도 변명과 소명자료를 준비할 만한 상당한
> 기간을 두고 개최일시와 장소를 통보하여야 하며, 이러한 변명과 소명자료를 준비
> 할 만한 시간적 여유를 주지 않고 촉박하게 이루어진 통보는 실질적으로 변명과
> 소명자료제출의 기회를 박탈하는 것과 다를 바 없어 부적법하다고 보아야 할 것이

고, 설사 징계대상자가 그 징계위원회에 출석하여 진술을 하였다 하여도 스스로 징계에 순응하는 것이 아닌 한 그 징계위원회의 의결에 터잡은 징계해고는 징계절차에 위배한 부적법한 징계권의 행사라 할 것이다(대법원 1991. 7. 9. 선고 90다8077 판결 참조).

원심은, 그 채용 증거들을 종합하여 판시와 같은 사실을 인정한 다음, 노원자동차운전전문학원의 취업규칙은 징계 결정에서 징계대상자에게 소명의 기회를 부여하여야 한다고 규정하고 있는바, 이는 징계대상자에게 징계위원회에 출석하여 변명과 소명자료를 제출할 수 있는 기회를 부여한 것이라 할 것이므로, <u>피고보조참가인은 원고에게 변명과 소명자료를 준비할 만한 상당한 기간을 두고 개최일시와 장소를 통보하여야 할 것인데, 2001. 1. 26. 14:00에 개최되어 징계해고가 의결된 징계위원회의 개최통보서가 원고의 집으로 송달된 것은 징계위원회 개최 당일로서 위 통보가 징계위원회 개최 전에 이루어진 것인지 여부조차 확정되지 아니할 뿐만 아니라, 가사 개최 전에 이루어진 것이라고 하더라도 이는 원고에게 징계위원회에 참석할 시간적 여유 또는 변명과 소명자료를 준비할 만한 시간적 여유를 주지 않고 촉박하게 이루어진 통보로서 부적법하다 할 것이고,</u> 따라서 위 징계위원회 의결에 터잡은 이 사건 징계해고 및 이 사건 재심판정은 위법하다고 판단하였는바, 위 법리와 기록에 비추어 살펴보면, 이와 같은 원심의 사실인정과 판단은 옳고 … (이하 생략) …"

2) 징계위원회의 구성과 관련하여 대상판결은, 단체협약이나 취업규칙 등에서 징계위원회의 구성에 노동조합의 대표자를 참여시키도록 되어 있음에도 불구하고 이러한 징계절차를 위반한 징계(해고)처분은 징계사유의 인정 여부와 관계없이 무효라고 밝힌 점에서 의의가 있다. 같은 취지를 밝힌 사례로 다음의 판결(2008두2088 판결)이 있다.

※ **대법원 2009. 3. 12. 선고 2008두2088 판결【부당해고및부당노동행위구제재심판정취소】**
- "<u>단체협약에서 징계위원회의 구성에 근로자 측의 대표자를 참여시키도록 되어 있음에도 불구하고 이러한 징계절차를 위배하여 징계해고를 하였다면 그 징계권의 행사는, 근로자 측에 징계위원 선정권을 행사할 기회를 부여하였는데도 근로자 측이 스스로 징계위원 선정을 포기 또는 거부하였다는 등의 사정이 없는 한, 징계사유가 인정되는지 여부에 관계없이 절차에 관한 정의에 반하는 처사로서 무효라고 보아야 할 것이다</u>(대법원 1994. 6. 14. 선고 93다29167 판결, 대법원 1999. 3. 26. 선고 98두4672 판결 등 참조). … (중략) …
위 <u>단체협약에서 조합원에 대한 징계를 위한 인사위원회에 위원장을 제외한 위원을 노사 동수로 구성하고 노측 인사위원은 ○○노동조합에서 추천하도록 한 취지는 징계에 대한 ○○노동조합 및 조합원의 참여권을 보장하기 위한 것으로 보아야</u>

할 것인바, 비록 징계대상자에 다수의 조합원이 포함되어 있다고 하더라도 당해 징계대상자를 제외한 나머지 조합원 중에서 인사위원을 선정하는 것이 가능한 이상 참가인이 ○○노동조합의 위원장, 집행간부 및 조합원 다수가 징계대상자로 되었다는 이유만으로 조합원을 제외한 직원 중 인사위원을 추천하도록 ○○노동조합에 요구한 것은 위 단체협약을 위반한 것이고, 이에 대하여 ○○노동조합이 인사위원을 추천하지 않았다고 하여 곧바로 ○○노동조합이 참가인으로부터 인사위원 선정권 등을 부여받았음에도 명시적으로 인사위원 선정권을 포기 또는 거부하였다고 볼 수는 없으며 … (이하 생략) …"

3) 한편, 징계절차 위반의 하자가 있더라도 그 하자가 치유된 경우에는 그 하자를 징계처분의 무효사유로 삼을 수 없다(☞ 심화학습 2. 참고). 이와 관련하여 대상판결 사건에서 원고들이 모두 징계위원회에 출석한 점(따라서 사실상 소명할 기회가 주어졌던 것으로 볼 여지가 있는 점), 그 중 일부는 징계사유에 대해 진술한 점 때문에 이 사건 징계절차상의 하자(징계대상자로 하여금 사실상 변명과 소명자료를 준비할 수 없게 만드는 촉박한 사전 통보 등)에도 불구하고 원고들에 대한 각 징계해고처분의 효력을 인정할 수 있는지가 문제된다. 이에 대해 원심의 판단과 달리 대법원은 원고들 중 일부가 징계위원회에 출석하여 진술을 했다고 하여도 '스스로 징계에 순응하는 경우'(징계절차상의 하자를 문제 삼지 않고 징계처분의 결과에 따르겠다는 취지의 의사 내지 태도를 보인 경우를 의미하는 것으로 풀이할 수 있음)가 아닌 한 그 징계위원회의 의결에 따른 징계해고는 징계절차에 위배되는 부적법한 징계권의 행사라고 보았다.

■**기타 해설** : 징계위원회 개최의 사전 통지, 징계대상 근로자에 대한 소명기회의 부여, 징계위원회의 구성, 징계사유 관련 이해관계자[1]의 징계위원회 참석 등에 관한 사례로 다음과 같은 판결들이 있다(☞ 징계재심절차 관련 사례는 심화학습 참고). 참고1, 2, 3 판결은 징계절차 위반으로 판단한 사례이고, 참고4, 5 판결은 적법한 징계절차에 관한 사례이다.

　※(참고1)　대법원 1992. 7. 28. 선고 92다14786 판결 【해고무효확인등】
　- "단체협약 등에서 조합원의 징계시에 사전통지와 진술권부여를 의무조항으로 규정하고 있다면 이는 징계의 객관성과 공정성을 확보하기 위한 것으로서 징계의 유효요건이라고 할 것이므로, 그 징계사유의 내용이 객관적으로 명확하다거나 징계

---

1) 대법원 1995. 4. 28. 선고 94다59882 판결에 의하면 '징계사유와 관계있는 자'는 징계권을 행사하려는 사용자측과 관련이 있는 모든 자를 가리키는 것이 아니라 구체적인 징계사유에 해당하는 행위의 직접적인 피해자를 의미한다.

대상자가 다른 절차에서 자신의 행위의 정당성을 이미 주장한바 있다고 하여도 사전통지를 결한 이상 그 징계는 무효라고 할 것이고, 또 징계대상자가 구속중이라고 하여도 서면 또는 대리인을 통하여 징계절차에서 변명을 하고 소명자료를 제출할 이익이 있는 것이므로 사전 통지를 하지 아니함으로써 이러한 기회가 박탈되었다면 그 해고는 효력이 없다고 볼 수밖에 없다."

※(참고2) 대법원 1996. 6. 28. 선고 94다53716 판결 【해고무효확인】
- "피고 회사의 단체협약상의 징계규정에는 노동조합원을 징계하려면 상벌위원회의 심의를 거쳐야 하고 그 상벌위원회의 구성은 노사 각 4인씩으로 하여 노동조합원들을 참여시키도록 되어 있는데도 불구하고, 이러한 징계절차규정을 위배하여 노동조합측의 위원 2명만 참석시키고 자격이 없는 상조회 소속 근로자 2명을 포함하여 위 상벌위원회를 구성한 다음 그 상벌위원회의 결의를 거쳐 원고들을 징계해고하였다면, 이러한 징계권의 행사는 징계사유가 인정되는 여부에 관계없이 절차에 있어서의 정의에 반하는 처사로서 무효라고 보아야 할 것이고, 이는 소론이 지적하는 바와 같이 자격이 없는 위원을 제외하고서도 의결정족수가 충족된다 하더라도 위 상벌위원회의 구성 자체에 위법이 있는 이상 마찬가지로 보아야 할 것이다."

※(참고3) 대법원 2006. 11. 23. 선고 2006다48069 판결 【해고무효확인및임금】
- "원심이 노측 및 사측 징계위원 각 2명으로 하여 징계위원회를 구성한 것에 징계위원회의 구성에 관한 피고의 취업규칙을 위반한 절차적 하자가 없다고 판단한 것은 그대로 수긍하기 어렵다. 기록에 의하면, 피고의 취업규칙에는 "징계위원회는 노·사 각 2명으로 구성한다."고 규정되어 있고, 피고 대표이사는 피고의 실질적 사주이면서 사업장이 피고와 동일한 삼우택시 주식회사 대표이사인 이○원과 그 처인 김○자를 사측 징계위원으로, 피고 근로자인 정○만, 이○주를 노측 징계위원으로 각 위촉하였음을 알 수 있는바, … (중략) … 나아가 취업규칙 등에서 노·사 동수로 징계위원회를 구성하도록 하고 있다면 이는 근로자들 중에서 징계위원을 위촉하여 징계위원회에 대한 근로자들의 참여권을 보장함으로써 절차적 공정성을 확보함과 아울러 사측의 징계권 남용을 견제하기 위한 것이라고 할 것이므로, 피고의 취업규칙에 직접적으로 징계위원의 자격과 선임절차에 관해서 규정하고 있지는 않지만, 노측 징계위원들이 이전부터 근로자들을 대표하거나 근로자들의 의견을 대변해왔다는 등의 특별한 사정이 없는 한 근로자들의 의견을 반영하는 과정 없이 임의로 노측 징계위원을 위촉할 수 있는 것으로까지 해석할 수는 없다고 할 것이다.
따라서 원심으로서는 노측 징계위원으로 위촉된 정○만, 이○주가 이전부터 근로자들을 대표하거나 근로자들의 의견을 대변해온 사정이 있는지 여부나 피고 대표이사가 노측 징계위원을 위촉함에 있어 근로자들의 의견을 반영하는 절차를 거친 사실이 있는지 여부 … (중략) …에 관하여 좀 더 심리하여 이 사건 징계위원회 구성에 절차적 하자가 있는지 여부를 판단하였어야 함에도 불구하고, 징계위원의 자격이나 선임절차에 대하여는 문제 삼을 수 없다고 하면서 노측 징계위원 2명이 피고 대표이사에 의하여 위촉되었다는 사실만으로 징계위원회 구성에 어떠한 절차적 하자가 있다고 보기는 어렵다고 판단하였으니, 원심판결에는 필요한 심리를 다하지 아니하고 취업규칙상 징계절차규정의 해석에 관한 법리를 오해한 위법이 있고, … (이하 생략) …"(☞ 제10강 4. 징계권의 남용 대상판결의 일부 내용)

※(참고4) 대법원 1993. 5. 25. 선고 92누8699 판결【해임,파면처분취소】
- "징계혐의자에 대한 출석통지는 징계혐의자로 하여금 자기에게 이익되는 사실을 진술하거나 증거자료를 제출할 수 있는 기회를 부여하는 데에 목적이 있으므로 징계위원회가 진술의 기회를 부여하였음에도 징계혐의자가 진술권을 포기하거나 출석통지서의 수령을 거부하여 진술권을 포기한 것으로 간주되는 경우 징계위원회는 차후 그 징계혐의자에 대하여 징계위원회 출석통지를 할 필요 없이 서면심사만으로 징계의결을 할 수 있다고 보아야 할 것이다."

※(참고5) 대법원 1995. 5. 23. 선고 94다24763 판결【해고무효확인】
- "취업규칙 등의 징계에 관한 규정에 피징계자의 출석 및 진술의 기회부여 등에 관한 절차가 규정되어 있는 경우에는 그러한 절차는 징계처분의 유효요건이라 할 것이지만, 그 규정의 취지는 피징계자에게 징계혐의사실에 관하여 자신에게 이익되는 소명의 기회를 부여하여야 한다는 데 있고 소명 자체가 반드시 있어야 하는 것은 아니므로 그 기회를 부여하였는데도 소명하지 아니하고 연기요청을 하는 경우에는 연기요청에 불구하고 피징계자의 참석과 의견개진 없이 징계위원회를 예정대로 개최할 수 있는 것이다(대법원 1993. 5. 25.선고 92누8699 판결; 1993. 9. 28. 선고 91다30620 판결 등 참조). … (중략) … 취업규칙 등에 징계사유에 관하여 이해관계가 있는 징계위원은 징계위원회에 참석할 수 없다는 규정이 있는 경우에 그러한 이해관계 있는 자가 징계위원으로 징계위원회에 참석하였다면 그 징계는 절차상 중대한 하자가 있어 무효라 할 것이나(대법원 1994. 8. 23.선고 94다7553 판결 참조), 그러한 규정이 없는 경우에는 이해관계 있는 자가 징계위원으로 징계위원회에 참석하였다 하더라도 그 징계가 무효라고 할 수 없다."

◀ Q 풀이 ▶

Q 1. 대상판결에서 징계절차와 관련하여 어떤 쟁점들이 제기되고 있는가?
[A] 앞의 '쟁점' 부분에 언급된 내용 참고.

Q 2. 대상판결에서 대법원이 원심판결을 파기한 이유는?

[A] 1) 징계대상자에 대한 징계위원회 개최 일시·장소의 사전 통보 관련 : 피고 회사의 징계규정은 징계대상자에게 징계위원회에 출석하여 변명과 소명자료를 제출할 수 있는 기회를 부여하는 취지의 것인데, 피고 회사가 이 사건 각 징계위원회의 개최 일시와 장소를 징계위원회 개회 30분 전에 원고들에게 촉박하게 통보한 것은 사실상 변명과 소명자료를 준비할 수 없게 만드는 것이어서 적법한 통보라고 볼 수 없고, 설사 원고들 중 일부가 징계위원회에 출석하여 진술을 했다고 하여도 스스로 징계에 순응하는 경우가 아닌 한 그 징계위원회의 의결에 따른 징계해고는 징계절차를 위반한 부적법한 징계권의 행사로서 무효라고 보아야 할 것이기 때문이다.

2) 징계위원회의 구성에 노동조합의 대표자 참여 관련 : 생략(☞ 앞의 결론과 이유 참고)

Q 3. 취업규칙 등에 징계대상 근로자에게 소명의 기회를 부여할 것을 요구하는 취지의 규정이 없는 경우에도 사용자는 소명의 기회를 부여하여야 하는가? (대법원 1992. 4. 14. 선고 91다4775 판결 참고)

[A] 단체협약이나 취업규칙 등에서 징계대상 근로자에게 소명의 기회를 부여하도록 절차를 규정하고 있다면 그 절차는 징계의 유효요건이고, 이 경우 소명의 기회를 주지 않고 행한 징계처분은 징계절차(징계의 유효요건)를 위반한 부적법한 징계권의 행사로서 무효이다. 그러나 취업규칙 등에 위와 같은 규정이 없는 경우에는 사용자가 징계절차에서 소명의 기회를 부여하지 않고 징계처분을 하였다고 하더라도 그 징계처분을 무효라고 볼 수 없다는 것이 판례의 입장이다.

> ※ **대법원 1992. 4. 14. 선고 91다4775 판결 【해고무효확인등】**
> – "기록에 의하면 1989. 6. 9. 개최된 피고 회사의 징계위원회에서 징계위원들이 이 사건 사고의 경위와 피해자측의 과실정도, 피해자의 아버지의 신분, 피해 정도와 징계의 필요성 등에 관하여 논의한 끝에 비밀투표로 원고의 징계 여부를 결정한 사실이 인정되므로 소론과 같이 실질적인 징계절차가 이루어지지 않은 채 사고의 결과만에 의하여 원고를 징계하였다고 할 수 없고, 또 피고 회사의 단체협약이나 취업규칙 등에 징계절차에서 피징계자에게 사전에 통고하거나 변명의 기회를 부여할 것을 명한 규정이 없는 이상, 피고가 원고에 대한 징계절차에서 그와 같은 절차를 거치지 않았다고 하더라도 징계처분을 무효라고 할 수 없다(당원 1979. 12. 26. 선고 79누306 판결, 1991. 4. 9. 선고 90다카27042 판결 각 참조)."

※ 대법원 1986. 7. 8. 선고 85다375, 85다카1591 판결 【해고무효등】
- "일반적으로 근로자를 징계해고함에 있어 취업규칙 등에 징계에 관한 절차가 정하여져 있으면 반증이 없는 한 그 절차는 정의가 요구하는 것으로서 징계의 유효조건이라고 할 것이나, 취업규칙 등의 징계에 관한 규정에 징계혐의자의 출석 및 진술의 기회부여 등에 관한 절차가 규정되어 있지 아니하다면 그와 같은 절차를 밟지 아니하고 해고하였다고 하여 이를 들어 그 징계를 무효라고는 할 수 없는 것인바(당원 1979. 1. 30 선고 78다304 판결; 1979. 12. 26 선고 79누306 판결 참조), 원심판결이 피고회사의 취업규칙(을 제4호증)과 인사복무규정 및 급여규정(을 제3호증)에 징계를 위한 인사위원회의 결의시에 필요적으로 징계대상자를 출석시켜 진술할 기회를 주어야 한다는 규정이 없으므로 징계절차에 있어서 원고에게 변명할 기회를 주지 아니한 까닭에 징계가 무효라고 원고의 주장을 배척한 조치는 정당하고 … (이하 생략) …"

◀ 심화학습 ▶

1. 징계위원회에서 새로운 징계사유의 추가와 소명의 기회 (대법원 2012. 1. 27. 선고 2010다100919 판결 참고)

▷ 근로자의 어떤 비위행위가 징계사유로 되어 있느냐 여부는 구체적인 자료들을 통하여 징계위원회 등에서 그것을 징계사유로 삼았는가 여부에 의하여 결정되어야 하는 것이지 반드시 징계결의서나 징계처분서에 기재된 취업규칙이나 징계규정 소정의 징계근거 사유만으로 징계사유가 한정되는 것은 아닐 뿐만 아니라, 징계처분에서 징계사유로 삼지 아니한 비위행위라고 하더라도 징계종류 선택의 자료로서 피징계자의 평소의 소행과 근무성적, 당해 징계처분 사유 전후에 저지른 비위행위 사실 등은 징계양정에 있어서의 참작자료로 삼을 수 있다는 것이 판례의 입장이다(대법원 2002. 5. 28. 선고 2001두10455 판결 등).

▷ 그러나 참고1 판결(2010다100919)에 따르면, 취업규칙 등 징계규정에서 근로자에게 일정한 징계사유가 있을 때 징계의결 요구권자가 먼저 징계사유를 들어 징계위원회에 징계의결 요구를 하고 그 징계의결 결과에 따라 징계처분을 하되 징계의결을 하는 경우에는 징계의 원인이 된 사실 등을 명시한 징계의결서에 의하도록 규정하고 있을 경우, 징계위원회는 어디까지나 징계의결 요구권자에 의하여 징계의결이 요구된 징계사유를 심리대상으로 하여 그에 대하여만 심리·판단하여야 하고 징계의결이 요구된 징계사유를 근본적으로 수정하거나 징계의결 이후에 발생한 사정 등 그 밖의 징계사유를 추가하여 징계의결을 할 수는 없다

고 판시하고 있다.

▷ 참고1 판결(2010다100919) 사건에서 징계의결 요구권자는 징계위원회에 원고의 '2009. 7. 17.자 게시글' 게시행위 및 '2009. 7. 21.자 게시글' 게시행위만을 징계사유로 삼아 경징계 요구했는데, 징계위원회는 원고가 징계위원회에 음주상태로 출석하여 한 진술에 대해 품위유지의무 위반을 추가하여 중징계인 해임처분을 의결하였다. 원심은 위 진술이 정식징계사유의 하나로 추가된 것이라기보다는 징계양정자료의 하나로 참작된 것으로 봄이 상당하고, 정식징계사유의 하나로 추가된 것으로 보더라도 원고가 음주상태로 징계위원회에 참석한 이유(친척장례)에 대해 설명했으므로 충분히 진술과 반박의 기회를 가졌다고 할 것이어서 징계절차에서 원고의 소명권이 침해되었다고 보기 어렵다고 판단했다. 그러나 대법원은 징계위원회가 징계의결 요구권자에 의해 징계의결이 요구되지 않은 '이 사건 진술 시 품위손상'을 새로운 징계사유로 추가하여 징계의결한 잘못이 있고, '이 사건 진술 시 품위손상'이 징계사유로 된다는 점을 징계위원회 개최 중에 전혀 고지하지 않았으므로 원고가 음주상태로 징계위원회에 출석하게 된 경위에 대해 답변했다고 하여 이로써 원고가 징계사유에 대한 변명과 소명자료를 제출할 기회를 부여받았다고 할 수 없다고 보았다.

▷ 한편, 참고2 판결(84누299 판결) 사건에서 징계의결 요구권자가 원고들의 6일간의 무단결근으로 인한 직장이탈을 징계사유로 하여 징계위원회에 징계의결을 요구하였는데도 불구하고 징계위원회는 위 요구된 징계사유에 덧붙여 그 징계의결 요구 이후 징계의결시까지 사이에 발생한 무단결근도 추가하여 원고들이 42일간 무단결근하여 직장을 이탈하였다고 인정하고 이를 징계사유로 하여 가장 무거운 파면징계의결을 하고 피고는 이 의결에 따라 원고들에 대해 파면처분을 한 것에 대하여, 대법원은 징계위원회가 최초에 요구된 일수보다 많은 무단결근 일수를 징계의결 사항으로 하였다 하여도 이는 무단결근이란 기초사실의 동일성에는 변함이 없고 또 그것이 원고들의 방어권행사에 무슨 지장이 있는 것도 아니므로 징계심의중 계속 연장된 무단근무일수를 합하여 징계사유로 삼은 이 사건 징계의결이 징계요구 없는 사항에 대한 것이라 할 수 없다고 보았다.

※(참고1) 대법원 2012. 1. 27. 선고 2010다100919 판결 【해고무효확인등】
 - "취업규칙 등의 징계규정에서, 근로자에게 일정한 징계사유가 있을 때 징계의결 요구권자가 먼저 징계사유를 들어 징계위원회에 징계의결 요구를 하고 그 징계의결 결과에 따라 징계처분을 하되 징계위원회는 징계대상자에게 진술의 기회를 부

여하고 이익되는 사실을 증명할 수 있도록 하며 징계의결을 하는 경우에는 징계의 원인이 된 사실 등을 명시한 징계의결서에 의하도록 규정하고 있을 경우, 징계위원회는 어디까지나 징계의결 요구권자에 의하여 징계의결이 요구된 징계사유를 심리대상으로 하여 그에 대하여만 심리·판단하여야 하고 징계의결이 요구된 징계사유를 근본적으로 수정하거나 징계의결 이후에 발생한 사정 등 그 밖의 징계사유를 추가하여 징계의결을 할 수는 없다(대법원 1984. 9. 25. 선고 84누299 판결 참조). 또한 징계대상자에게 징계위원회에 출석하여 변명과 소명자료를 제출할 기회를 부여하도록 되어 있음에도 이러한 징계절차를 위반하여 징계해고하였다면 이러한 징계권의 행사는 징계사유가 인정되는 여부와 관계없이 절차에 있어서의 정의에 반하여 무효라고 보아야 한다(대법원 1991. 7. 9. 선고 90다8077 판결 참조). 원심은, 이 사건 해임처분 및 징계절차의 경위, 징계절차 과정에서 원고의 진술 내용 등을 종합하여 보면, 원고가 2009. 9. 30. 징계위원회에 음주상태로 출석하여서 한 진술(이하 '이 사건 진술'이라 한다)은 정식징계사유로 판단된 것이라기보다는 징계양정자료의 하나로서 참작된 것으로 봄이 상당하고, 이 사건 진술이 이 사건 해임처분에 있어서 정식징계사유의 하나가 되었다고 보더라도 원고 스스로 '음주상태에서 징계위원회에 참석한 점에 대하여 위 위원회에서 친척장례문제 등이 있었기 때문이라고 설명하였음'을 인정하고 있으므로, 원고도 이 점에 관하여는 충분히 진술과 반박의 기회를 가졌다고 할 것이어서 징계절차에 있어서 원고의 소명권이 침해되었다고 보기도 어렵다고 판단하였다.

그러나 위와 같은 원심의 판단은 수긍하기 어렵다.

원심이 적법하게 채택하여 조사한 갑 제2호증(징계처분사유설명서)의 기재에 의하면 피고로부터 징계의결 요구를 받은 징계위원회가 원고에 대한 구체적인 징계사유를 설명하면서 '품위유지의무 위반'을 이유로 한 징계사유의 하나로 '이 사건 진술 시 품위손상'을 명시하고 있으므로, 위 징계위원회는 원고에 대한 징계의결 시 '이 사건 진술 시 품위손상'을 별도의 독립한 징계사유로 삼았다고 보아야 할 것이다.

그런데 원심이 적법하게 채택하여 조사한 갑 제16호증(인사규정 시행세칙), 을 제12호증(인사규정), 을 제6호증의 2(징계처분요구), 을 제6호증의 3(징계처분요구사항)의 각 기재에 의하면 … (중략) … 규정하고 있고, 징계의결 요구권자는 피고의 징계위원회에 원고의 '2009. 7. 17.자 게시글' 게시행위 및 '2009. 7. 21.자 게시글' 게시행위만을 징계사유로 삼아 경징계 요구하였음을 알 수 있는바, 앞서 본 법리에 비추어 보면, 위와 같은 규정의 취지상 피고의 징계위원회는 징계의결 요구권자로부터 징계의결 요구된 징계사유를 심리대상으로 하여 그에 대하여만 심리·판단하여야 하고, 그 밖의 징계사유를 추가하여 징계의결할 수 없는데도 **징계의결 요구되지 않은 '이 사건 진술 시 품위손상'을 새로운 징계사유로 추가하여 징계의결한 잘못**이 있다.

또한 위 증거에 의하면, 피고의 인사규정은 징계위원회가 징계대상자에게 진술의 기회를 부여하기 위하여 징계위원회 개최사실을 통지하도록 하여(인사규정 제78

259

조 제1항), 징계대상자에게 징계위원회에 출석하여 변명과 소명자료를 제출할 기회를 부여하도록 규정하고 있으나, 피고의 징계위원회는 원고에게 '이 사건 진술 시 품위손상'이 징계사유로 된다는 점을 징계위원회 개최 중에라도 전혀 고지하지 않았으므로 원고가 음주상태로 징계위원회에 출석하게 된 경위에 대하여 답변하였다고 하여 이로써 원고가 징계사유에 대한 변명과 소명자료를 제출할 기회를 부여받았다고 할 수 없다. 이러한 징계절차를 위반하여 이루어진 이 사건 해임처분은 징계사유가 인정되는 여부와 관계없이 무효라고 보아야 할 것이다.

그런데도 원심이 이 사건 징계절차에 있어서 원고의 소명권이 침해되었다고 보기 어렵다고 판단한 것은 징계위원회의 의결권한의 범위와 징계대상자에 대한 사전통지 및 소명기회 부여 절차에 관한 법리를 오해하여 판결에 영향을 미친 잘못이 있고, 이 점을 지적하는 상고이유는 이유 있다." (☞ 제9강 2. 징계사유의 정당성 대상판결의 일부 내용)

※(참고2) 대법원 1984. 9. 25. 선고 84누299 판결 【파면처분취소】

- "원심판결은 … (중략) … 위 규정들의 취지에 비추어 보아 징계위원회는 어디까지나 징계의결 요구권자에 의하여 징계의결이 요구된 징계사유를 심리대상으로 하여 그에 대하여만 심리, 판단하여야 하고 징계의결이 요구된 징계사유를 근본적으로 수정하거나 징계의결 이후에 발생한 사정 등 그 밖의 징계사유를 추가하여 징계의결을 할 수는 없다고 해석하여야 할 것인데 앞서 인정한 바와 같이 징계의결 요구권자인 피고는 위 징계위원회에 원고들의 1983.2.7부터 83.2.12까지 6일 간의 무단결근으로 인한 직장이탈을 징계사유로 하여 징계위원회에 징계의결을 요구하였는데도 불구하고 징계위원회는 위 요구된 징계사유에 덧붙여 그 징계의결 요구이후 징계의결시까지 사이에 발생한 무단결근도 추가하여 원고들이 1983.2.7부터 1983.3.24까지 42일간 무단결근하여 직장을 이탈하였다고 인정하고 이를 징계사유로 하여 가장 무거운 파면징계의결을 하고 피고는 위 의결대로 원고들에게 본건 파면처분을 하였으므로 본건 파면처분은 그 징계의결 절차에 있어서 징계의결 요구권자에 의한 징계의결이 요구되지도 아니한 1983.2.13부터 1983.3.24까지 결근을 추가하여 징계사유로 삼아 징계의결을 한 것이고 6일간의 결근을 징계사유로 하는 경우와 42일간의 결근을 징계사유로 하는 경우는 징계양정에 있어서 현저한 차이가 있음이 명백하므로 위 징계의결절차는 앞서본 국가공무원법 및 공무원징계령의 관계규정에 위배하였다고 볼 것이니 본건 파면처분은 징계절차에서도 위법하다고 설시하였다.

국가공무원 징계위원회는 징계의결 요구권자에 의하여 징계의결이 요구된 징계사유 아닌 사유를 들어 징계의결을 할 수 없다고 함은 원판결 설시와 같다. 그러나 기록에 의하면 이 사건의 경우 징계의결의 요구는 원고들이 1983.2.7부터 징계의결을 요구한 날인 1983.2.12까지 무단결근하였다는 점을 징계사유로 한 것이나 그 무단결근은 징계의결을 할 때까지 계속되고 있었음이 기록상 명백한 바이므로 소관 징계위원회가 최초에 요구된 일수보다 많은 무단결근일수를 징계의결 사

항으로 하였다 하여도 그는 **무단결근이란 기초사실의 동일성에는 변함이 없고 또 그것**
이 원고들의 방어권행사에 무슨 지장이 있는 것도 아니므로 징계심의중 계속연장된 무
단근무일수를 합하여 징계사유로 삼은 이 사건 징계의결이 징계요구없는 사항에 대한
것이라 할 수 없다고 할 것이니 이를 위법시 한 원심의 판단은 징계요구사실에 대한
법리를 오해한데서 나온 잘못된 조치라고 아니할 수 없다.”

2. 징계절차상의 하자와 그 치유 (대법원 1991. 2. 8. 선고 90다15884 판결; 대법원 2009.
2. 12. 선고 2008다70336 판결 참고)

▷ 단체협약이나 취업규칙에서 징계위원회의 개최에 대한 사전 통지의 기간을
구체적으로 정하고 있다면 원칙적으로 이를 준수하여야 징계절차의 정당성이 인정
된다. 그러나 소정의 사전 통지기간이 엄격하게 준수되지 않은 절차적 흠이 있었
더라도 실질적으로 피징계자의 변명(소명)권이 보장되었던 경우에는 위와 같은
절차적 흠을 이유로 징계처분의 효력을 부정할 수 없다(참고1 판결 참조).
▷ 징계처분에 대한 재심절차(징계재심절차)는 징계처분에 대한 구제 내지 확정절
차로서 원래의 징계절차와 함께 전부가 하나의 징계처분절차를 이루는 것으로서
그 절차의 정당성도 징계과정 전부에 관하여 판단되어야 하므로, 원래의 징계과
정에서 절차 위반의 하자가 있더라도 재심과정에서 보완되었다면 그 절차 위반의
하자는 치유된다(참고2 판결 참조).

> ※**(참고1) 대법원 1991. 2. 8. 선고 90다15884 판결 【해고무효확인】**
> - “피고의 단체협약 제49조에는 피고 소속 노동조합원을 징계해고하기 위하여 징
> 계에 회부하고자 할 경우에는 3일전까지 본인과 조합측에 통보해야 한다고 되어
> 있는데도 피고가 그 소속 노동조합원인 원고를 징계회부함에 있어 그 사실을 징계
> 위원회 개최 2일전에야 본인과 노동조합측에 통보한 절차상의 하자가 있기는 하
> 나 피고의 위 단체협약의 규정상 징계절차에 있어 본인 등에게 징계회부내용을 사
> 전통보하도록 강제하고 있는 취지가 피징계자로 하여금 징계혐의사실에 대한 변
> 명을 위하여 자신에게 이익되는 소명자료를 준비제출할 수 있는 기회를 보장하려
> 는데 있는 것으로 해석됨에 비추어 볼 때 원고 스스로 징계위원회 개최 2일전에
> 미리 이 사건에서 문제가 된 결근으로 인하여 징계회부된 내용을 통지받고 직접
> 징계위원회에 출석하여 변명의 기회까지 부여받아 자신의 의사를 개진한 이 사건
> 에 있어 위와 같은 통지기간의 불준수의 점을 들어 징계결의의 무효사유로 삼을
> 수는 없다.”

※(참고2) 대법원 2009. 2. 12. 선고 2008다70336 판결 【해고무효확인등】

- "원심은, 비록 원고들의 요구에 의하여 개최된 2007. 2. 28.자 징계재심위원회에서 원고들에 대한 징계를 확정하는 재심결의가 이루어진 바 있으나, 원고들에 대한 당초의 징계위원회는 구 단체협약 제111조(⇒ 쟁의기간중의 징계 등 금지 조항) 위반과 노동조합 측 징계위원의 불참으로 인한 의사정족수 미달이라는 중대한 하자가 있었고(⇒ 구 단체협약에 의하면 징계위원 2/3 출석, 출석위원 과반수 찬성 요함), 징계재심위원회에서도 노동조합 측 징계재심위원의 참여 없이 단 1회의 재심절차에서 징계해고가 확정되었으므로, 위 징계재심위원회의 의결만으로는 당초 징계위원회의 하자가 치유되었다고 볼 수 없다고 판단하고 있다.

그러나 징계처분에 대한 재심절차는 원래의 징계절차와 함께 전부가 하나의 징계처분 절차를 이루는 것으로서 그 절차의 정당성도 징계 과정 전부에 관하여 판단되어야 할 것이므로, 원래의 징계 과정에 절차 위반의 하자가 있더라도 재심 과정에서 보완되었다면 그 절차 위반의 하자는 치유된다고 할 것인데(대법원 1993. 10. 26. 선고 93다29358 판결, 대법원 2005. 11. 25. 선고 2003두8210 판결 등 참조), 원심판결 이유에 의하더라도 원고들의 요구에 의하여 징계재심위원회가 개최될 당시에는 쟁의행위가 실질적으로 종료된 상태였다는 것이므로 원고들에 대한 징계재심위원회의 개최에 구 단체협약 제111조 위반과 같은 하자가 있다고 볼 수는 없고, 한편 위 징계재심위원회가 노동조합 측 위원의 불참으로 대학 측 위원 5인만이 참석한 상태에서 진행되었기는 하나, 2007. 1. 1.부터 효력이 발생한 신 단체협약에 의하면 징계재심위원회는 총장이 임명하는 대학 측 5인과 노동조합 측 4인의 위원으로 구성하며 재적위원 과반수의 출석에 출석위원 과반수의 찬성으로 결의하게 되어 있었기에 노동조합 측 재심위원이 불참하였다고 하여 위 징계재심위원회의 개최나 진행에 어떠한 하자가 있다고 할 수 없으므로, 원심이 지적한 사정만으로는 위 징계재심위원회의 개최와 재심결의에 의하여 원래의 징계절차상의 하자가 치유되지 않는다고 볼 수는 없다 할 것이다. 그러므로 이에 관한 원심의 앞서 본 판단에는 징계절차상의 하자의 치유에 관한 법리를 오해한 위법이 있다고 할 것이다."

(☞ 제19강 3. 단체협약 종료 후의 근로관계 대상판결의 일부 내용)

3. 징계재심절차에서의 징계사유 추가와 그 절차적 정당성 (대법원 1996. 6. 14. 선고 95누6410 판결 참고)

▷ 징계처분에 대한 재심절차는 징계처분에 대한 구제 내지 확정절차로서 원래의 징계절차와 함께 전부가 하나의 징계처분절차를 이루는 것으로서 그 절차의 정당성도 징계과정 전부에 관하여 판단되어야 하므로, 원래의 징계처분이 그 요건을 모두 갖추었다 하더라도 재심절차를 전혀 이행하지 않거나 재심절차에 중대한 하자가 있어 재심의 효력을 인정할 수 없는 경우에는 그 징계처분은 무효가 된다(대법원 1995. 1. 24. 선고 93다29662 판결).

▷ 원래의 징계처분에서 징계사유로 삼지 않은 징계사유를 재심절차에서 추가하는 것은 추가된 징계사유에 대한 재심의 기회를 박탈하는 것이 되기 때문에 원칙적으로 허용되지 않는다(95누6410 판결).

> ※ **대법원 1996. 6. 14. 선고 95누6410 판결 【부당해고구제재심판정취소】**
> - "징계처분을 받은 근로자가 재심을 청구할 수 있는 경우 그 <u>재심절차는 징계처분에 대한 구제절차에 해당하고</u>(대법원 1993. 5. 11. 선고 91누11698 판결 참조), 징계처분이 그 요건을 모두 갖추었다 하더라도 재심절차를 전혀 이행하지 않거나 재심절차에 중대한 하자가 있어 재심의 효력을 인정할 수 없는 경우에는 그 징계처분은 무효로 되므로(대법원 1996. 2. 23. 선고 95다13708 판결 참조), <u>원래의 징계처분에서 징계사유로 삼지 아니한 징계사유를 재심절차에서 추가하는 것은 추가된 징계사유에 대한 재심의 기회를 박탈하는 것으로 되어 특별한 사정이 없는 한 허용되지 아니한다</u> 할 것이다."

4. 단체협약상 쟁의기간 중의 징계금지와 징계위원회의 개최시한 (대법원 2013. 2. 15. 선고 2010두20362 판결 참고)

▷ 참고판결(2010두20362 판결)에 따르면, 단체협약에서 쟁의기간 중에 징계나 인사 조치를 금지하고 있는 경우에는 정당하게 개시된 쟁의행위 과정에서 발생한 징계사유를 들어 쟁의기간 중에 징계 등을 할 수 없으며, 한편 단체협약에서 징계위원회 개최시한을 정하고 있는 경우에 이 규정을 위반하여 개최된 징계위원회에서 행한 징계결의는 무효이지만 쟁의기간 중의 징계금지와 같이 징계가 불가능한 사유가 있으면 징계위원회 개최시한의 기산점은 쟁의행위가 종료된 때이다.

> ※ **대법원 2013. 2. 15. 선고 2010두20362 판결 【해고무효및부당정직구제재심판정취소】**
> - "<u>단체협약에서 '쟁의기간 중에는 징계나 전출 등의 인사 조치를 아니 한다'고 정하고 있는 경우</u>, 이는 쟁의기간 중에 쟁의행위에 참가한 조합원에 대한 징계 등 인사 조치 등에 의하여 노동조합의 활동이 위축되는 것을 방지함으로써 노동조합의 단체행동권을 실질적으로 보장하기 위한 것이라 할 것이므로, <u>쟁의행위가</u> 그 목적에 있어 정당하고 절차적으로 노동조합 및 노동관계조정법의 제반 규정을 준수함으로써 <u>정당하게 개시된 경우라면, 비록 그 쟁의 과정에서 징계 사유가 발생하였다고 하더라도 쟁의가 계속되고 있는 한 그러한 사유를 들어 쟁의기간 중에 징계위원회의 개최 등 조합원에 대한 징계절차의 진행을 포함한 일체의 징계 등 인사 조치를 할 수 없다</u>(대법원 2009. 2. 12. 선고 2008다70336 판결 참조).
> 그리고 단체협약에서 '<u>징계위원회는 징계사유 발생일로부터 15일 이내에 개최되어야 하고, 이를 따르지 않는 징계는 무효로 한다</u>'고 정하고 있는 경우, 징계대상

자 및 징계사유의 조사 및 확정에 상당한 기간이 소요되어 위 규정을 준수하기 어렵다는 등의 부득이한 사정이 없는 한, <u>위 규정을 위반하여 개최된 징계위원회에서 한 징계 결의는 무효라고 할 것이다.</u> 한편 <u>징계위원회 개최시한의 기산점은 원칙적으로 징계사유가 발생한 때라고 할 것이나, 쟁의기간 중에 쟁의 과정에서 발생한 징계사유를 들어 징계를 함에 있어서 앞서 본 '쟁의기간 중의 징계금지'와 같이 징계가 불가능한 사유가 있는 경우에는 쟁의행위가 종료된 때로부터 위 기간이 기산된다고 할 것이다.</u>"

2. 징계사유의 정당성

◀ 판례분석 ▶

▌**제 목** : 사용자의 정책 및 타인의 명예와 관련된 비난의 글을 사내 전자게시판에 게시한 행위의 징계사유 해당 여부(일부 Y, 일부 N) [건강보험공단사건]

▌**대상판결** : 대법원 2012. 1. 27. 선고 2010다100919 판결 【해고무효확인등】
【원고, 상고인】 원고
【피고, 피상고인】 국민건강보험공단
【원심판결】 서울고법 2010. 11. 5. 선고 2010나56168 판결
【주 문】 원심판결을 파기하고, 사건을 서울고등법원으로 환송한다.

▌**사건의 개요** : 피고 공단의 행정직 3직급으로 근무하던 원고는 2009. 7. 17.과 같은 해 7. 21. 2회에 걸쳐 피고 공단의 전 직원이 볼 수 있는 내부통신망의 자유게시판에 피고 공단의 특근수당 관련 시간외·휴일 근무실태 점검계획 방침과 인력관리실장 전보인사 등을 비난하는 글을 게시하여 인력관리실장 소외 1의 명예를 훼손하고 시간외·휴일 근무실태 점검계획 통보 문서를 생산한 소외 2와 3을 모욕하였으며, 음주상태로 징계위원회에 출석하여 불량한 진술 태도를 보이는 등 직원으로서의 품위유지의무를 위반하였다는 이유로 2009. 10. 29. 피고 공단으로부터 해임처분을 받아 해고의 효력을 다투는 이 사건 소를 제기하였다.

█ 관련 법 규정(현행법 기준)
- 근기법 제23조(해고 등의 제한) ① 사용자는 근로자에게 정당한 이유 없이 해고, 휴직, 정직, 전직, 감봉, 그 밖의 징벌(이하 "부당해고 등"이라 한다)을 하지 못한다.

█ 판결의 성격 : 원심은 원고가 이 사건 각 게시글을 작성한 것이 징계사유에 해당한다고 판단했으나, 대법원은 2009. 7. 21자 게시글 게시행위에 관하여 원심의 판단과 달리 근로자의 정당한 활동범위에 속하여 징계사유에 해당하지 않는 것으로 보았다.

> ※ **원심의 판단** : (원고가 징계위원회에 음주상태로 출석하여 진술한 것과 관련한 판단은 생략함 ☞ 제10강 2. 징계절차의 정당성, 심화학습 1. 참고) ① 원고는 직원으로서 피고 공단의 방침에 불만이 있을 경우 피고 공단이 정한 정당한 절차에 따라 이의를 제기해야 함에도 2009. 7. 17.자 게시글에서 "문서 생산자가 현상을 모른 저능아들인지", "사려깊은 고민도 없이 임금보수의 역사적 고찰과 임금론의 기초도 없는 놈들이 누워서 침을 뱉고 있구나, 에라이 테"라는 저속한 표현을 쓰면서 근거 없이 피고 공단의 방침을 비판한 점, ② 원고는 2009. 7. 21.자 게시글에서 피고 공단의 인사원칙에 따라 전보된 인력관리실장 소외 1을 특정할 수 있는 표현을 하면서 소외 1이 정당하지 못한 방법으로 인사상 특혜를 입었다는 취지의 글로 소외 1의 명예를 훼손하고, 피고 공단의 인사정책을 왜곡한 점 등 제반사정을 종합하면, 원고가 이 사건 각 게시글을 작성하여 피고 공단의 인사규정 제38조 제4항을 위반한 사실이 충분히 인정되므로 이 부분 원고의 주장은 이유 없다.

█ 쟁 점
- 원고의 이 사건 각 게시글의 작성이 피고 공단의 인사규정에 직원의 의무로 규정된 품위유지의무를 위반하여 징계사유에 해당하는지 여부
- 징계위원회가 징계의결 요구권자(이사장)에 의해 징계의결이 요구되지 않은 새로운 징계사유(음주상태에서 징계위원회에 출석하여 진술한 것)를 추가하여 징계의결한 것이 원고의 소명권을 침해하는 징계절차 위반에 해당하는지 여부 : 이하에서 이 쟁점 관련 내용 제외 (☞ 제10강 1. 징계절차의 정당성, 심화학습 1. 참고)

█ 중요 사실관계
- 인사규정 제38조(직원의 의무) 제4항의 내용("직원은 직무내외를 불문하고 그 품위를 손상하는 행위를 하여서는 아니 된다")과 제73조(징계의 사유)의 내용("직원이 다음 각호의 1에 해당할 때에는 징계의결을 요구하여야 하고, 동 징계의결 결과에 따라 징계처분을 하여야 한다. 1. 이 규정에서 정하고 있는 직원의 의무를 위반했을 때 … (이하 생략) …") ⇒ **인사규**

정상의 징계사유

- <u>2009. 7. 17.자 게시글</u>의 내용("시간외, 휴일근무 실태 점검계획 통보를 공람하면서 : … (중략) … 현 공단의 임금 보전적 기능의 수당에서 출발한 특근수당은 계층적 분리로 3급 이하에서만 적용된지도 6-7년 되지 않나 싶다. 그러니 특근수당이 현재 보전수당인지 기본급 보완 수당인지는 1-6직급간 100만원 넘는 격차의 보수체계를 보면 알 수 있다. 2-3년 전부터 언론 등에서 주목되는 특근수당으로 일부 공직자의 부당수령 사례 운운하면서 3급이하 전직원을 예비 도둑으로 가정한다는 문서로 치부하고자 한다. 이러한 문서 생산자가 현상을 모른 저능아들인지 아니면 도둑질도 눈치껏 알아서 하라는 온정적 신호인지 나는 알쏭달쏭하다. 한 때 1-2급도 받던 특근수당이 '관리수당'으로 변경된 이후 그들은 그렇게 '관리'를 잘해서 준다는 얘기인지도 묻고 싶다. 사려깊은 고민도 없이 임금보수의 역사적 고찰과 임금론의 기초도 없는 놈들이 누워서 침을 뱉고 있구나 에라이 테") ⇒ **피고 공단의 인사규정 제38조(직원의 의무) 제4항 위반 여부와 관련**

- <u>2009. 7. 21자 게시글</u>의 내용("제목 : 어떤 전보 이야기 : … (중략) … 후임 인력관리실장도 지사장에서 4개월 만에 발탁(?)하였다. 내가 아는 그는 2007년인가 지역본부에서 승진 후, 같은 동네 지사장을 몇 개월 하다가 본부 부서장을 또 몇 개월 하다가 평택지사거쳐서 서울 강남모지사에서 4개월만에 인력관리실장으로 부임하였다. 부서장 평균 재임기간이 1년에 턱없이 모자랄 뿐만 아니라 4개월 재직도 한 번이 아닌 것 같다. 이를 어떻게 이해하여야 할지 난감하다. 대한민국 유수의 공기업인 건강보험공단의 지분을 가진 자의 자제도 아닐꺼고 그렇다고, 공단발전에 현저히 공헌하였다는 얘기도 과문한 탓인지는 모르지만 들은 바 없고, 2000. 7. 통합 후 자유자재로 움직여 다니면서 공단이 주는 특전도 누리고(해외연수 등) 누구보다도 과실을 잘 따는 데에는 무슨 특별한 사연이나 스킬이 있나 무척 궁금하기도 하다. 이는 개인적 불만이나 배가 아파서 그러는 것이 아님이 분명하고, 더더욱 인신을 공격하고자함이 아니고 이 공단의 1만 1천여 종사자의 상대적 박탈감을 짓밟는 뚝심인지, 현란한 처신인지, 아니면 잦은 전보인사는 직무수행에 문제가 있었다던가 하는 등 검증하기가 난해하다. … (이하 생략) …") ⇒ **피고 공단의 인사규정 제38조(직원의 의무) 제4항 위반 여부와 관련**

■ **기본법리**(판지) : 사내 전자게시판에 게시된 문서에 기재되어 있는 문언에 의하여 타인의 인격, 신용, 명예 등이 훼손 또는 실추되거나 그렇게 될 염려가 있고, 또 문서에 기재되어 있는 사실관계의 일부가 허위이거나 표현에 다소 과장되거나 왜곡된 점이 있다고 하더라도, <u>그 문서를 배포한 목적이 타인의 권리나 이익을 침해하려는 것이 아니라 근로조건의 유지·개선과 근로자의 복지증진 기타 경제적·사회적 지위의 향상을 도모하기 위한 것으로서 문서의 내용</u>이 전체적으로

보아 진실한 것이라면 이는 <u>근로자의 정당한 활동범위</u>에 속한다. ⇒ **[징계사유에 해당하지 않는 근로자의 정당한 행위]**

▌**결론 및 이유** : 2009. 7. 21.자 게시글 게시행위가 징계사유에 해당한다고 본 원심의 판단에는 근로자의 정당한 활동범위에 관한 법리를 오해하여 판결에 영향을 미친 잘못이 있다.

- **2009. 7. 17.자 게시글 게시행위 관련** : 원고가 직원으로서 피고의 방침에 불만이 있을 경우 피고가 정한 정당한 절차에 따라 이의를 제기해야 함에도 <u>저속한 표현을 쓰면서 근거 없이 피고의 방침을 비판하는 내용</u>의 2009. 7. 17.자 게시글을 피고의 사내 전자게시판에 게시하였으므로 <u>피고의 인사규정 제38조 제4항을 위반한 사실이 충분히 인정됨.</u>

- **2009. 7. 21.자 게시글 게시행위 관련** : 게시글에는 <u>소외인의 개인적인 명예를 훼손시킬 수 있는 표현들이 있으나 전체적인 글의 취지는 피고의 이사장에게 전보 인사의 원칙인 1년 근무 규정을 지켜 자의적 인사의 폐해를 방지해 달라고 건의하는 것</u>으로 <u>위 게시글을 게시한 목적</u>이 타인의 권리나 이익을 침해하려는 것이 아니라 근로조건의 유지·개선과 근로자의 복지증진 기타 경제적·사회적 지위의 향상을 도모하기 위한 것으로 볼 수 있고, <u>문서의 내용도</u> 전체적으로 보아 진실한 것으로 보임. 그렇다면 위 게시글에 기재되어 있는 문언에 의하여 소외인의 인격, 신용, 명예 등이 훼손 또는 실추되거나 그렇게 될 염려가 있고 또 문서에 기재되어 있는 사실관계의 일부가 허위이거나 표현에 다소 과장되거나 왜곡된 점이 있다고 하더라도, <u>위 글의 게시행위는 근로자의 정당한 활동범위에 속하여 징계사유에 해당하지 않는다고 보아야 할 것.</u>

▌**판결의 의의와 한계**

1) 근기법 제23조 제1항은 정당한 이유 없는 해고를 금지하고 있다. 이는 부당해고의 금지에 관한 일반적 규정이다. 그 외에도 현행 노동법은 성별·국적·신앙 또는 사회적 신분을 이유로 한 해고(근기법 제6조, 남녀고용평등법 제11조 제1항 참조), 감독기관에 근기법 위반 사실의 신고를 이유로 한 해고(근기법 제104조), 성희롱 피해 발생 주장 또는 육아휴직 등을 이유로 한 해고(남녀고용평등법 제14조 제2항, 제14조의2 제2항, 제19조 제3항), 비정규직 근로자의 차별적 처우의 시정신청 등을 이유로 한 해고(기간제법 제16조, 파견법 제21조), 노동조합 조직·가입이나 노동조합의 업무를 위한 정당한 행위 또는 정당한 단체행위에의 참가를 이유로 한 해고(노조법 제

81조 제1항 제1호 및 제5호) 등을 금지하고 있다.

2) 대상판결은 근로자가 사용자의 업무방침에 대해 비판하고 특정인의 전보인사와 관련하여 타인의 명예를 훼손할 수 있는 글을 사내 전자게시판에 게시한 행위가 취업규칙상의 징계사유(품위유지의무의 위반)에 해당하는지 여부가 다투어진 사례로서, 문서의 게시 목적과 문서의 내용에 비추어 볼 때 문서게시행위가 근로자의 정당한 활동범위에 속하여 징계사유에 해당하지 않는 것으로 볼 수 있는 판단기준을 밝힌 판결이라는 점에서 의미가 있다. 다만, 이러한 판단기준은 근로자의 유인물 배포행위가 근로자 내지 노동조합의 정당한 활동범위에 속하는지 여부가 문제된 사안들에서 판시되었던 바에 따른 것이다(☞ 제25강 1. 조합원의 자발적 활동, 심화학습 1. 참고).

3) 한편, 판례에 따르면 근기법 소정의 '정당한 이유'란 징계해고의 경우에는 사회통념상 고용관계를 계속할 수 없을 정도로 근로자에게 책임 있는 사유가 있는 것을 말하므로 취업규칙이나 단체협약 등의 징계해고규정에 해당하는 사유가 있다는 점만으로 당연히 그 징계해고처분이 정당한 이유가 있다고 볼 수는 없고 구체적인 사정을 참작하여 위와 같은 의미의 정당한 이유가 있다고 인정되는 경우에야 비로소 그 징계해고처분에 정당한 이유가 있다고 할 수 있다(대법원 1992. 5. 12. 선고 91다27518 판결 참조 ☞ 징계해고의 정당성 판단에 관한 보다 자세한 내용은 제9강 3. 징계권의 남용 및 제10강 2. 직장 내 성희롱 참고).

■ **기타 해설** : 근로자가 사용자를 수사기관에 고소·고발하거나 직장의 내부사실을 외부에 공표하는 행위(관계기관에의 진정, 언론에의 제보 등)가 정당한 징계사유에 해당하는 것인지 문제된다. 참고1 판결(94누11767 판결)은, 뚜렷한 근거 없이 사용자를 수사기관에 고소·고발하거나 공개석상에서 진실과 다른 내용이나 과장된 내용을 가지고 회사를 비방하는 행위는 정당한 징계사유가 되지만, 고소·고발하거나 언론에 제보한 내용이 진실한 것이거나 상당한 근거가 있는 경우에는 이를 (징계사유로 삼을 수 없거나) 징계사유에 해당한다고 보더라도 이를 이유로 근로자를 징계해고까지 하는 것은 징계권의 남용(징계재량권의 일탈)임을 밝히고 있는 사례이다(공공적 성격이 강한 사업장의 경우에는 더욱 그러함을 아울러 판시하고 있음). 참고 2 판결(97누2528,2535 판결)은 공법인인 공단의 직원이 감사원에 심사청구의 형식을 빌어 다른 직원에 대한 전보인사의 인사규정 위반 사실을 제보한 것은 제반 사정에 비추어 볼 때 개인적 불만을 이유로 공단의 경미한 규정 위반 사실을 대외적으로 부각시켜 공단의 명예나 신용을 훼손하려는 의도에서 나온 공표행위로서 인사규정상의 징계사유(품위손상행위 등)에 해당한다고 본 사례이다. 반면에 참

고3 판결(98두7787 판결)은 공법인인 지방공사 의료원의 직원이 그 의료원의 비정상적인 약품 구입절차에 대하여 조사·시정하여 달라는 내용의 진정을 도지사에게 한 것 등은 보호되어야 할 내부자 고발로서 복무규정(담당 직무의 비밀 및 업무상 지득한 병원의 기밀 누설 금지 등) 위배 내지 인사규정 소정의 징계사유(병원의 명예와 위신 손상행위)에 해당하지 않는다고 본 사례이다.

※(참고1) 대법원 1995. 3. 3. 선고 94누11767 판결 【부당해고구제재심판정취소】

- "… (중략) … 뚜렷한 자료도 없이 사용자를 수사기관에 고소, 고발하거나 그에 대한 인격을 비난하는 내용까지 담긴 진정서 등을 타 기관에 제출하는 행위는 징계사유가 된다고 할 것이고(대법원 1992. 6. 26. 선고 91다42982 판결 참조), 공개 석상에서 진실과 다른 내용이나 과장된 내용을 가지고 회사를 비방하는 행위도 정당한 징계사유가 된다고 할 것이므로, 위 원고가 뚜렷한 자료도 없이 진실과 다른 내용이나 과장된 내용을 가지고 병원의 경영자에 대한 형사처벌을 관철하려고 노력하였거나 언론에 제보하여 대한병원이 나쁘다는 것을 대외적으로 알렸다면 이는 정당한 징계사유가 된다고 할 것이다. 그러나 고소, 고발하거나 언론에 제보한 내용이 진실한 것이거나 상당한 근거가 있는 경우에는 이를 징계사유에 해당한다고 보더라도 이를 이유로 근로자를 징계해고까지 하는 것은 재량권을 일탈한 것이라고 할 것이며, 특히 이 사건과 같이 공공적 성격이 강한 병원과 같은 경우에는 더욱 그러하다고 할 것이다.

원심이 인정한 바와 같이 위 원고가 고소, 진정을 하거나 언론에 제보한 내용은 임금체불, 무면허의료행위, 간호사 부족, 시설부족, 위생불량 등으로서 공익과 밀접한 사항이고, 기록(갑 제6호증의 3, 갑 제12호증, 갑 제13호증 등)에 의하면 위 원고가 진정, 고소한 내용중 상당부분이 사실로 밝혀졌으며, 이에 따라 미지급된 야간근로수당도 지급된 것으로 보이는바, 이에 비추어 보면 위 원고의 진정, 고소 내용은 진실한 것이거나 적어도 상당한 근거가 있는 것이라고 할 것이다. 따라서 원심으로서는 위 원고의 진정, 고소내용이 진실한 것인지 또는 상당한 근거가 있는 것인지 여부에 관하여 더 나아가 심리를 한 후 위 원고에 대한 징계해고가 정당한지 여부를 판단하였어야 함에도 불구하고, 원심판시와 같은 이유로 위 원고에 대한 징계해고가 재량권 일탈에 해당한다고 할 수 없다고 판시하였음은 심리를 미진하고 재량권의 범위에 관한 법리오해의 위법이 있다고 할 것이다."

※(참고2) 대법원 1999. 9. 3. 선고 97누2528,2535 판결 【부당정직구제재심판정취소·부당전보구제재심판정취소】

- "원심판결 이유에 의하면 원심은, 원고가 공단이 1994. 11. 9.자로 한 3급 이상 간부직원에 대한 전보인사 가운데 특1급인 기획조정실장 김○주를 1급직으로 보하게 되어 있는 대전직할시 지부장으로, 1급인 서울특별시지부 북부출장소장 김○희를 특1급으로 보하게 되어 있는 기획조정실장으로 각 전보한 것은 인사규정

등에 위반한 것이라고 주장하며 1994. 11. 30. 감사원에 위 전보인사의 시정을 구하는 심사청구를 하였고, … (중략) … 감사원은 1995. 1. 13. 원고는 직접 당사자가 아니라는 이유로 위 심사청구를 각하한 사실 등을 적법하게 인정하고, 원고의 이러한 행위는 인사규정상의 징계사유인 품위손상행위와 고의에 의한 손실초래행위에 해당한다고 판단하였다.

근로자는 사용자의 이익을 배려해야 할 근로계약상의 성실의무를 지고 있으므로 근로자가 직장의 내부사실을 외부에 공표하여 사용자의 비밀, 명예, 신용 등을 훼손하는 것은 징계사유가 되고, 구체적인 경우에 있어서 그 해당 여부는 공표된 내용과 그 진위, 그 행위에 이르게 된 경위와 목적, 공표방법 등에 비추어 판단할 것이다. 그런데 공무원, 사립학교교직원 및 그 가족을 대상으로 하는 의료보험사업에서 보험자의 업무를 담당케 하기 위하여 설립된 공단과 같이 고도의 공공성을 갖는 법인인 경우에는 그 업무수행에 있어서 무엇보다도 우선적으로 관련 법령 및 제규정을 준수할 것이 요구되고, 공단의 업무수행상의 위법행위는 널리 공단의 내·외부로부터 감시, 견제되어야 할 필요가 있으므로, 공단의 직원에 의한 공단업무에 관련한 사실의 공표행위는 일반 사기업의 경우와 동일하게 평가하여서는 아니되지만, 공단의 업무수행상의 적법성이 강조되는 것은 공단의 목적사업인 의료보험업무 자체의 공익성 때문인 것이고, 공단은 사업의 원활한 수행을 위하여 스스로 규율과 질서를 유지하여야 할 필요가 있으므로 그 내용이 의료보험업무의 공익성에는 영향을 미치지 아니하는 경미한 사항으로서 주로 사익적인 목적이나 동기에서 행하여진 공표행위까지 허용된다고 볼 것은 아니다.

기록과 원심이 확정한 사실에 의하면 위와 같은 내용의 전보인사는 인사규정에 위반되었으나, 이는 위 김○주와 차하위직급자 간 2명에만 해당되는 사항으로 그 위반의 정도나 범위는 비교적 경미하고, 그 인사과정에 부정이 개입된 것은 아니라 건강상 문제가 있는 위 김○주를 전보하여야 했으나 정원에 관한 직제규정과 폐직 또는 과원이 되었을 때 강임할 수 있도록 한 인사규정의 제한을 받아 위 김○주의 직급을 조정(강임)할 수 없었기 때문에 생긴 결과인 점 등에 비추어 위와 같은 위법사항은 의료보험업무의 공익성에 영향을 미치는 것으로 보기에는 힘들고, 기록에 나타난 심사청구를 한 시점과 당시 원고와 공단 간의 갈등관계, 심사청구서의 내용(여기에는 위 전보인사는 '특정인에 대한 특혜인사'이고 '반대로 청구인 같이 막대한 보복인사를 당하고 있는 직원이 있다'는 뚜렷한 근거가 없는 내용과 과거에 있었던 공단의 인사부정사건을 언급하고 관련 신문기사를 첨부함으로써 감사원으로 하여금 위 전보인사 등 공단이 행한 인사는 부정이 개입되는 등 공정치 못한 인사조치였다고 오해할 수 있는 부분을 포함하고 있다.) 등 제반 사정을 종합하면, 원고는 공단의 직원이라고 하더라도 위 전보인사의 시정 등을 구할 직접적인 이익이 있는 것은 아니므로, 감사원에 심사의 청구를 할 수 있는 감사원법 제43조 제1항에 정한 '이해관계 있는 자'가 될 수 없음에도 공단으로부터 인사상 불이익을 받고 있다고 느끼고 있던 터에 공단이 원고에게 소송비용의 상환을 독촉하고 이어 강제집행절차에 돌입하자 인사규정 위반의 점을 대외적인 문제로 공론화시킴으로써 공단에 대응하기 위하여 감사원에 심사청구의 형식을 빌어 규정위반 사실을 제보하기에 이르렀고, 심사청구서에 의하여 뚜렷한 근거없이 자신에 대한 과거의 인사조치 등 공단이 행하는 인사는 부정 내지 불공정하다는 주장까지 하고 있음을 알 수 있다.

이러한 사정이라면 **공단의 공공적 성격을 감안하더라도 원고의 심사청구는 위법처분의 시정을 위한 것이 아니라 개인적인 불만을 이유로 공단의 경미한 규정위반 사실을 대외적으로 부각시켜 공단의 명예나 신용을 훼손하려는 의도에서 나온 공표행위**라고 할 것이다. 따라서 원심이 위 각 점을 **징계사유에 해당**한다고 본 것은 정당하고, … (이하 생략) …"

※(참고3) 대법원 1999. 12. 21. 선고 98두7787 판결 【부당해고구제재심판정취소】

- "근로자가 직장의 내부사실을 외부에 공표하는 것은 공표된 내용과 그 진위, 그 행위에 이르게 된 경위와 목적, 공표방법 등에 따라서는 사용자의 비밀, 명예, 신용 등을 훼손하는 행위로서 징계사유가 될 수 있지만, 고도의 공공성을 갖는 공법인에 있어서는 그 업무가 무엇보다도 먼저 관련 법령 및 제규정에 따라 적법하게 수행되어야 하고, 그 업무수행에 있어서의 위법행위는 널리 공법인의 내·외부로터 감시, 견제되어야 할 필요가 있으므로 소속 직원에 의한 업무관련사실의 공표행위는 일반 사기업의 경우와 동일하게 평가되어서는 아니된다(대법원 1999. 9. 3. 선고 97누2528, 2535 판결 참조).

원심은, 원고 의료원은 지방공기업법 제49조에 따라 주민의 보건향상과 지역의료 발전을 목적으로 설립된 지방공사로, 그 직원인 참가인이 1994. 4. 11. 충청남도지사에게 원고 의료원은 입찰 등을 통하여 약품 구입을 하여야 함에도 이른바 '선납품 후계약'이라는 비정상적인 절차를 취하고 있으며 이에 따라 약품수불부 등 장부상의 기재와 실제 재고현황이 일치하지 않으니 이를 조사·시정하여 달라는 내용으로 진정한 사실, 이에 따라 충청남도는 조사를 실시하여 위 '선납품 후계약' 및 장부상의 기재와 실제 재고현황이 일치하지 않음을 밝혀냈고 이로 인하여 원고 의료원의 관리부장 소외 2가 견책처분을 받은 사실 등을 인정한 다음, '직원은 재직중 또는 퇴직 후에 자기가 담당한 직무의 비밀과 업무상 지득한 병원의 기밀을 누설하여서는 아니되고, 직원이 병원의 사업 또는 업무와 관련된 내용을 대외에 발표할 경우에는 원장의 승인을 받아야 한다'고 규정한 원고 의료원 복무규정 제7조는 정당한 내부자 고발을 해치지 않는 범위 내에서만 유효하다고 전제하고, 참가인의 진정내용은 어느 정도 사실로 밝혀졌고 그에 따른 담당자의 징계처분도 있었으며 참가인이 실명으로 진정을 한 점 등에 비추어 참가인의 진정은 상당한 근거를 갖고 원고 의료원의 비리 고발이라는 목적 아래 행하여진 것으로서 **보호되어야 할 내부자 고발**에 해당하므로 위 **복무규정에 위배되는 행위라거나** 인사규정 제51조 제1호에 정한 **법령 및 제규정의 위반행위라고 할 수 없고**, 또 위 진정으로 인하여 원고 의료원의 명예 등이 손상되었다고 하더라도 이는 불가피한 것이거나 참가인에게 그 책임을 돌릴 수 없는 것이어서 인사규정 제51조 제2호가 정하고 있는 **병**

원의 명예와 위신손상 행위에 해당한다고도 볼 수 없다고 판단하였다. 살펴보니 원심의 사실인정과 판단은 옳고 … (이하 생략) …"

◀ Q 풀이 ▶

Q 1. 대상판결에서 2009. 7. 17.자 게시글 게시행위가 징계사유에 해당한다고 본 이유는?

[A] 피고의 인사규정은 직원의 품위유지의무 위반 행위(품위손상행위)를 징계사유로 규정하고 있는데, 원고가 직원으로서 피고의 방침에 불만이 있을 경우 피고가 정한 정당한 절차에 따라 이의를 제기해야 함에도 저속한 표현을 쓰면서 근거 없이 피고의 방침을 비판하는 내용의 게시글을 피고의 사내 전자게시판에 게시하였기 때문에 위 징계사유에 해당하는 것으로 판단되었다.

Q 2. 대상판결에서 2009. 7. 21.자 게시글 게시행위의 징계사유 해당 여부에 관하여 원심법원과 대법원 사이에 어떤 판단의 차이를 보이고 있는가?

[A] 1) 원심 : 원고가 위 게시글에서 피고의 인사원칙에 따라 전보된 인력관리실장 소외인을 특정할 수 있는 표현을 하면서 소외인이 정당하지 못한 방법으로 인사상 특혜를 입었다는 취지의 글로 소외인의 명예를 훼손하고, 피고의 인사정책을 왜곡하여 피고의 인사규정을 위반했기 때문에 징계사유(품위손상행위)에 해당한다고 판단하였다.

2) 대법원 : 위 게시글에는 소외인의 개인적인 명예를 훼손시킬 수 있는 표현들이 있으나 전체적인 글의 취지는 피고의 이사장에게 전보인사의 원칙인 1년 근무 규정을 지켜 자의적 인사의 폐해를 방지해 달라고 건의하는 것으로 위 게시글을 게시한 목적이 타인의 권리나 이익을 침해하려는 것이 아니라 근로조건의 유지·개선과 근로자의 복지증진 기타 경제적·사회적 지위의 향상을 도모하기 위한 것으로 볼 수 있고, 문서의 내용도 전체적으로 보아 진실한 것으로 보이기 때문에 위 게시글에 기재되어 있는 문언에 의하여 소외인의 인격, 신용, 명예 등이 훼손 또는 실추되거나 그렇게 될 염려가 있고 또 문서에 기재되어 있는 사실관계의 일부가 허위이거나 표현에 다소 과장되거나 왜곡된 점이 있다고 하더라도, 위 글의 게시행위는 근로자의 정당한 활동범위에 속하여 징계사유에 해당하지 않는다고 판단하였다.

◀ 심화학습 ▶

1. 시말서 제출명령 불이행의 징계사유 해당 여부 (대법원 1991. 12. 24. 선고 90다 12991 판결; 대법원 2010. 1. 14. 선고 2009두6605 판결 참고)

▷ 근로자가 사용자의 '정당한' 업무명령을 거부한 행위는 징계사유에 해당한다. 그러나 사용자의 업무명령이 '부당한' 경우에는 근로자가 그러한 업무명령을 이행하지 않더라도 이를 징계사유로 삼을 수 없다. 따라서 근로자가 사용자의 업무명령을 거부하여 해고된 경우 그 정당성 여부를 판단할 때에는 선결문제로서 사용자의 업무명령이 정당한 것인지 여부를 판단하여야 한다.

▷ 기존 판례의 경향을 보면, 취업규칙 등에 징계처분을 당한 근로자는 시말서를 제출하도록 규정되어 있는 경우 징계처분에 따른 시말서의 불제출은 사용자의 업무상 정당한 명령을 거부한 것으로서 새로운 징계사유가 될 수 있고, 다만 이러한 징계사유는 종전 징계처분에 뒤따르는 시말서 불제출이라는 가벼운 비위로서 특단의 사정이 없는 한 이에 대하여 징계종류 중 가장 중한 해고를 선택하는 것은 징계권의 범위를 일탈하여 부당하다고 판단하였다(참고1 판결 참조).

▷ 그런데 참고2 판결(2009두6605 판결)은, 시말서의 성격이 단순히 사건의 경위를 보고하는 데 그치지 않고 잘못을 반성하고 사죄한다는 내용이 포함된 사죄문 또는 반성문을 의미하는 것이라면 그러한 시말서를 제출하도록 명령할 수 있다고 정한 취업규칙의 규정은 헌법이 보장하는 양심의 자유를 침해하는 것이기 때문에 헌법에 위반되어 근기법 제96조 제1항("취업규칙은 법령이나 해당 사업 또는 사업장에 적용되는 단체협약과 어긋나서는 아니 된다")에 따라 효력이 없고, 그에 근거한 사용자의 시말서 제출명령은 업무상 정당한 명령으로 볼 수 없으므로 근로자가 그와 같은 시말서의 제출명령을 이행하지 않았더라도 이를 징계사유 내지 징계 양정의 가중사유로 삼을 수 없다고 판시하고 있다.

▷ 참고2 판결(2009두6605 판결)은 헌법이 보장하는 양심의 자유를 침해하는 내용이 포함된 시말서의 제출을 근로자에게 강제하는 사용자의 명령은 비록 그것이 취업규칙에 근거한 것이라 하더라도 (그러한 취업규칙상의 규정은 무효이므로) 정당한 업무명령으로 볼 수 없고, 위와 같은 시말서의 제출명령을 거부한 근로자의 행위에 대해 이를 징계사유로 삼을 수 없음을 분명히 한 사례로서 의미가 있다. 한편, 참고2 판결에서는 참고1 판결(90다12991 판결)이 사죄문 또는 반성문을 의미하는 시말서에 관한 것이라고 할 수 없어 사안이 달라 이 사건에 적용하기에 적절한 것이 아니라고 판시하고 있다. 그러나 참고1 판결에서 확인할 수 있는 제

반의 사정(인사관리규정의 내용, 경위서의 성격을 가지는 시말서의 제출과 반려, 반성의 내용이 담긴 시말서의 재제출 요구와 제출기한 도과를 이유로 한 재반려 등)을 고려해 보면, 대법원은 반성의 내용이 포함된 시말서 제출명령의 불이행을 정당한 징계사유로 보았던 입장에서 참고2 판결을 통해 그 입장을 사실상 변경한 것으로 보인다.

※(참고1) 대법원 1991. 12. 24. 선고 90다12991 판결 【파면처분무효확인】

- "원심판결 이유에 의하면 원심은, … (중략) … 피고 연구소 소장의 업무지시에 위반하였음을 사유로 하여(원고 1은 위 업무지시위반 외에도 허위보고한 것을 사유로 하여) 피고 연구소가 1988. 8. 24. 원고 1에 대하여는 3개월간 봉급 5퍼센트의 감봉 및 견책, 원고 2에 대하여는 견책의 각 징계처분을 하고, 아울러 견책처분을 한 경우 피징계자로 하여금 시말서를 제출케 함으로써 전과에 대하여 훈계하고 회개하도록 규정되어 있는 피고 연구소의 인사관리규정에 따라 위 견책처분에 따른 시말서를 같은 달 26. 12:00까지 작성, 제출할 것을 통고한 사실, 원고들이 시말서를 같은 달 26. 11:00경에 각 제출하였으나 그 내용이 사안의 전말을 설명한 내용에 그치자 피고 연구소 소장은 이를 위 견책처분에 따른 시말서 제출로 볼 수 없다고 하면서 시말서를 반려한 후 같은 달 27. 12:00까지 회개하는 내용을 담은 시말서를 다시 작성하여 제출할 것을 원고들에게 통보한 사실, 원고들이 위 지정된 기한까지 위와 같은 내용의 시말서를 제출하지 않고 있다가 피고로부터 같은 달 30. 11:00에 개최되는 인사위원회에 출석하라는 통보를 받자 같은 달 29. 18:30경에 이르러 비로소 반성의 내용이 담긴 시말서를 제출하였으나 피고 연구소 소장은 그 제출기한이 지났다는 이유로 이를 반려한 후 같은 달 31. 시말서불제출을 사유로 하여 원고들에 대하여 이 건 징계파면처분을 한 사실을 인정한 다음, 위 징계파면처분의 당부를 판단함에 있어 종전 징계처분에 따른 시말서 제출지시의 거부를 가지고 또다시 징계사유로 삼을 수 있는가는 별론으로 하더라도 단지 그 사유만으로 원고들에 대하여 징계파면에까지 이른 것은 원고들의 피고 연구소에서의 직위, 근무형태, 근무기간 등에 비추어 보아 정당한 징계권의 범위를 일탈하여 징계권을 남용한 것에 해당되므로 이 건 징계파면처분은 무효라고 판시하였다.

살피건대 취업규칙 등에 징계처분을 당한 근로자는 시말서를 제출하도록 규정되어 있는 경우 징계처분에 따른 시말서의 불제출은 그 자체가 사용자의 업무상 정당한 명령을 거부한 것으로서 징계사유가 될 수 있으므로(대법원 1991. 8. 13. 선고 91다12745 판결 참조) 이 사건에 있어서도 원고들이 위와 같이 기한 내에 시말서를 제출하지 아니한 것은 징계사유가 된다 할 것이다.

이 사건 징계사유는 종전 징계처분에 뒤따르는 시말서 불제출이라는 가벼운 비위인 데다가 원고들이 시말서를 기한 후에라도 제출하려 하였고, 또 그 제출하기까지의 경위가 판시와 같은 사정이었음을 이유로 징계종류 중 가장 무거운 파면을 선택한 이 사건 징계처분은 그 징계권의 범위를 일탈한 것이라고 본 원심의 판단은 기록에 비추어 정당한 것으로 수긍할 수 있고, … (이하 생략) …"

※(참고2) 대법원 2010. 1. 14. 선고 2009두6605 판결【부당해고및부당노동행위구제재심판정취소】

- "취업규칙에서 사용자가 사고나 비위행위 등을 저지른 근로자에게 시말서를 제출하도록 명령할 수 있다고 규정하는 경우, 그 시말서가 단순히 사건의 경위를 보고하는 데 그치지 않고 더 나아가 근로관계에서 발생한 사고 등에 관하여 자신의 잘못을 반성하고 사죄한다는 내용이 포함된 사죄문 또는 반성문을 의미하는 것이라면, 이는 헌법이 보장하는 내심의 윤리적 판단에 대한 강제로서 양심의 자유를 침해하는 것이므로, 그러한 취업규칙 규정은 헌법에 위반되어 근로기준법 제96조 제1항에 따라 효력이 없고, 그에 근거한 사용자의 시말서 제출명령은 업무상 정당한 명령으로 볼 수 없다.
원심은 제1심판결 이유를 인용하여 그 판시와 같은 사실을 인정한 다음, 사회복지법인 대한불교조계종 사회복지재단이 운영하는 ○○시장애인복지관(이하 '이 사건 복지관'이라 한다)의 인사규정 제47조 제1항은 "직원이 행한 행위가 징계사유에 미치지 아니하고 조직의 질서유지에 위배될 수 있는 경미한 행위를 한 경우 부서장은 해당 직원에게 지적사항을 시정하고 반성의 계기가 되도록 시말서와 함께 주의를 줄 수 있다"고 규정하고 있는바, 그 규정 내용에 비추어 위 규정상의 시말서는 단순히 사건의 경위를 보고하는 데 그치지 않고 더 나아가 근로관계에서 발생한 사고 등에 관하여 자신의 잘못을 반성하고 사죄한다는 내용을 포함하고 있다고 할 것이므로 사죄문 또는 반성문을 의미하는 것으로 봄이 상당하고, 따라서 이에 근거한 시말서 제출명령은 사용자의 업무상 정당한 명령으로 볼 수 없으므로 근로자가 그와 같은 시말서의 제출명령을 이행하지 않았더라도 이를 징계사유나 징계양정의 가중사유로 삼을 수는 없다고 판단하였다. 앞서 본 법리와 기록에 비추어 살펴보면, 원심의 판단은 정당하다. 상고이유에서 들고 있는 대법원 1991. 12. 24. 선고 90다12991 판결 등은 사죄문 또는 반성문을 의미하는 시말서에 관한 것이라고 할 수 없어 사안이 달라 이 사건에 적용하기에 적절한 것이 아니다. … (이하 생략) …"

2. 사생활에서의 비행의 징계사유 해당 여부 (대법원 1994. 12. 13. 선고 93누23275 판결 참고)

▷ 기업질서의 유지 내지 근로제공의무의 이행과 무관한 근로자의 사생활은 보호되어야 하기 때문에 근로자의 사생활에서의 비행은 원칙적으로 정당한 징계사유가 될 수 없다. 그러나 참고판결(93누23275 판결)에 따르면, 사업활동에 직접 관련이 있거나 기업의 사회적 평가를 훼손할 염려가 있는 사생활에서의 비행은 정당한 징계사유가 될 수 있다. 참고판결은 근로자의 부동산투기행위가 사용자인 공기업(서울특별시 도시

개발공사)의 사회적 평가에 심히 중대한 악영향을 미치는 것으로 평가될 수 있는 경우
이므로 인사규정 소정의 징계사유("공익을 저해하는 중대한 행위를 하였을 때")에 해당한
다고 본 사례이다. 한편, 근로자가 업무 외의 사건으로 형사상 유죄판결을 받은 것이
정당한 징계해고사유에 해당하는지가 또한 문제된다(☞ 제10강 2. 직장 내 성희롱, 심화
학습 4. 참고).

※ 대법원 1994. 12. 13. 선고 93누23275 판결【부당해고구제재심판정취소】

- "사용자가 근로자에 대하여 징계권을 행사할 수 있는 것은 사업활동을 원활하게
수행하는 데 필요한 범위 내에서 규율과 질서를 유지하기 위한 데에 그 근거가 있
다고 할 것이므로, 근로자의 사생활에서의 비행은 사업활동에 직접 관련이 있거나
기업의 사회적 평가를 훼손할 염려가 있는 것에 한하여 정당한 징계사유가 될 수
있다고 할 것인바, 원심이 인정하고 있는 원고에 대한 징계사유인 부동산투기행위
가 원고의 사생활에서의 비행에 불과하다고 볼 여지가 없지 아니하다 하더라도,
택지의 개발과 공급, 주택의 건설, 개량, 공급 및 관리 등을 통하여 시민의 주거생
활의 안정과 복지향상에 이바지함을 목적으로 지방공기업법 제49조에 의하여 서
울특별시가 전액 출자하여 설립할 피고보조참가인공사의 설립목적, 그 업무의 종
류와 태양, 부동산보상 관련 업무를 담당하는 원고의 업무내용 등의 여러 사정을
종합적으로 고려하면, 원고의 위 비행행위는 객관적으로 피고보조참가인 공사의
사회적 평가에 심히 중대한 악영향을 미치는 것으로 평가될 수 있는 경우라고 할
것이므로, 원심이 원고의 비위를 들어 이는 피고보조참가인 공사의 인사규정 제43
조 제5호 소정의 "공익을 저해하는 중대한 행위를 하였을 때"에 해당한다고 본 것
은 정당한 것으로 수긍할 수 있으며, 또한 위 인사규정이 근로기준법 제27조(현행
제23조)에 위반되는 무효의 것이라 할 수도 없으므로, 거기에 위 인사규정을 오해
하거나 징계권의 법리를 오해한 위법 등이 있다고 할 수 없다."

3. 위반행위시와 징계처분시의 징계(사유)규정이 다른 경우 적용되는 징계(사유)
규정 (대법원 1994. 12. 13. 선고 94다27960 판결 참고)

▷ 위반행위시와 징계처분시의 취업규칙 내지 단체협약상의 징계규정이 서로 다
른 경우 원칙적으로 징계절차는 징계처분시의 징계규정에 따라, 징계사유의 유
무에 관한 결정은 위반행위시의 징계규정에 따라 이루어져야 하고, 다만 신·구 징계
규정상의 징계사유가 실질적으로 같다면(즉 신 징계규정 소정의 징계사유가 구 징계규정
상의 징계사유 이상으로 부가 확대한 것이 아니라 이와 동일하거나 이를 유형화·세분화한 것
에 불과하다면) 사용자가 근로자를 징계함에 있어서 구 징계규정 외에 신 징계규정을
추가로 적용했다고 하더라도 근로자에게 특별히 불이익한 것이 아니므로 근로자는

이를 이유로 그 징계가 위법하여 무효라고 주장할 수는 없다는 것이 판례의 입장이다 (94다27960 판결 참조).

> ※ 대법원 1994. 12. 13. 선고 94다27960 판결 【해고무효확인등】
> - "취업규칙 위반행위시와 징계처분시에 있어서 서로 다른 내용의 취업규칙이 있는 경우 다른 특별한 사정이 없는 한 해고 등의 의사표시는 의사표시의 시점에 시행되고 있는 신 취업규칙 소정의 절차에 따라 행하면 족하지만 징계권(징계사유)의 유무에 관한 결정은 징계가 근로자에게 있어서 불이익한 처분이므로, 문제로 되어 있는 행위시에 시행되고 있던 구 취업규칙에 따라 행하여야 할 것이다. 그러나 이 경우 사용자가 징계권(징계사유)의 유무를 결정함에 있어 구 취업규칙을 적용하면서 신 취업규칙을 함께 적용하였다 하더라도 그 적용된 신 취업규칙 소정의 징계사유가 구 취업규칙상의 징계사유 이상으로 부가 확대한 것이 아니라 이와 동일하거나 이를 유형화, 세분화한 것에 불과하다면 근로자에게 있어서 특별히 불이익한 것이 아니므로, 근로자는 이를 이유로 그 징계가 위법하여 무효라고 주장할 수는 없다고 할 것이다.
> 그런데 원심이 적법히 인정한 사실에 의하면 사용자인 피고 회사가 원고를 징계해고함에 있어 판시 각 비위행위를 행할 당시 시행되고 있던 구 취업규칙에 따라 징계권(징계사유)의 유무를 결정하면서 징계시 시행되고 있는 신 취업규칙도 함께 적용하였지만 원고에게 추가로 적용된 신 취업규칙상의 징계사유는 구 취업규칙상의 징계사유 이상으로 부가, 확대한 것이 아니라 이와 동일하거나 이를 유형화, 세분화한 것에 불과함이 명백한바, 사정이 이와 같다면 피고 회사가 원고를 징계해고함에 있어 구 취업규칙외에 신 취업규칙을 추가로 적용하였다 하더라도 원고에게 있어서 특별히 불이익한 것이 아니므로, 원고로서는 이를 이유로 이 사건 해고가 위법하여 무효라고 주장할 수는 없다고 할 것이다. 같은 취지의 원심판단은 정당하고, … (이하 생략) …"

3. 징계권의 남용

◀ 판례분석 ▶

∎제 목 : 택시 운송수입금 미납을 이유로 한 해고의 정당성(N) [콜택시사건]

∎대상판결 : 대법원 2006. 11. 23. 선고 2006다48069 판결 【해고무효확인및임금】

【원고, 상고인】원고
【피고, 피상고인】유한회사 철원콜택시
【원심판결】서울고법 2006. 6. 23. 선고 2005나100627 판결
【주 문】원심판결을 파기하고, 사건을 서울고등법에 환송한다.

■ **사건의 개요** : 원고는 피고의 택시 운전기사로 근무하던 중 매일 납입하여야 하는 사납금(운송수입금 중 일정 금액: 원고의 경우 1일 사납금은 76,000원) 13일치에 해당하는 988,000원을 피고에게 납입하지 않다가 징계위원회 개최 직전에 모두 납입했으나, 피고는 원고의 이러한 행위가 취업규칙상의 징계해고사유(운송수입금의 유용·횡령 내지 3일 이상 입금 미납)에 해당하다고 보아서 원고를 징계해고하였고, 원고는 해고무효확인 등을 구하는 이 사건 소를 제기하였다.

■ **관련 법 규정**(현행법 기준)
- 근기법 제23조(해고 등의 제한) ① 사용자는 근로자에게 정당한 이유 없이 해고, 휴직, 정직, 전직, 감봉, 그 밖의 징벌(이하 "부당해고 등"이라 한다)을 하지 못한다.

■ **판결의 성격** : 원심은 이 사건 해고가 징계양정이 적정하여 징계재량권을 일탈하거나 남용한 것이라고 볼 수 없다고 판단하였으나, 대법원은 이 사건 해고가 지나치게 가혹하여 그 재량권의 범위를 일탈한 것으로 볼 수 있다고 하여 원심판결을 파기환송하였다.

> ※ **원심의 판단** : 원심은, 운송수입금 미납은 해고사유에 해당하지 않고, 그렇지 않더라도 이 사건 해고는 그 사유에 비해 지나치게 중하여 징계재량권을 일탈하였다는 원고의 주장에 대하여, 원고가 택시운행을 하고도 이 사건 사납금을 납입하지 않다가 2003. 4. 10. 이를 한꺼번에 납입한 것은 운송수입금을 유용한 행위이거나 3일 이상 운송수입금을 납입하지 않은 경우로서 피고의 취업규칙 제36조 제6호에서 정하고 있는 해고사유에 해당한다고 하면서, ① 원고가 이 사건 사납금을 미납한 이유라는 것은 2003. 3. 15. 일으킨 교통사고로 인한 손해를 보상하는 데 따른 어려움 때문이라고 하지만, 원고가 이 사건 사납금을 미납하기 시작한 것은 위 교통사고가 발생하기 이전인 2003. 3. 13.경부터이고, 이는 원고가 피고의 고정승무 기사로 근무하기 시작한 지 3개월 남짓 밖에 지나지 아니한 시점인 점, ② 피고가 위 교통사고로 인하여 발생한 손해 중 대인·대물 손해를 처리하여 주었을 뿐 아니라, 위 교통사고는 원고의 중대한 과실로 발생한 사고이므로 그로 인하여 발생한 손해를 근로자에게 부담시킨다는 것이 피고의 부당한 책임전가라고 보기는 어려

운 점, ③ 원고가 비록 이 사건 사납금을 완납하였으나, 피고로부터 수차례 독촉을 받고 징계위원회 통지까지 받았음에도 불구하고 납입하지 아니하다가 징계위원회 개최 당일 비로소 납부한 것이므로 완납하였다는 사실만으로 앞으로 동일한 미납 행위가 반복되지 않으리라고 기대하기는 어렵다고 보이는 점, ④ 원고의 미납액이 큰 편이 아니거나 통상적인 수준이라고 인정할 만한 뚜렷한 자료가 없을 뿐 아니라, 원고가 형평성을 내세우는 소외인의 경우 피고로부터 징계해고를 당한 사실에 비추어 이 사건 해고가 사유에 비하여 지나치게 중하여 형평성이 없다고 보기 어려운 점 등의 사정과 택시운송사업을 영위하는 회사로서는 운영자금을 소속 운전기사들이 매일 택시를 운행하여 회사에 납입하는 운송수입금으로 충당하는 것이 보통이고 이와 같은 영업구조에서 운전기사들이 임금협정 등에서 정한 바에 따라 성실하고 규칙적으로 운송수입금을 회사에 납입하여야 하는 것은 택시회사 운전기사로서의 기본적 의무이므로, 운전기사가 특별한 사정이 없는데도 임금협정 등에서 정한 운송수입금의 납입의무를 제대로 이행하지 아니하는 것은 근로계약에 따른 근로자의 본질적이고 기본적인 의무를 이행하지 아니하는 것으로서 이는 채무불이행이 될 뿐 아니라 일반적으로 해고사유가 된다고 보아야 하는 점을 종합하여 보면, 피고와 원고 사이의 근로관계는 사회통념상 원고의 귀책사유로 더 이상 그 계속을 기대하기 어려울 정도에 이르게 되었다고 보는 것이 상당하므로, 이 사건 해고가 징계재량권을 일탈하거나 남용한 것이라고 볼 수는 없다고 판단하여 원고의 위 주장을 배척하였다.

▌쟁 점

- 원고가 이 사건 사납금을 미납하다가 일괄 납입한 행위가 취업규칙상의 징계해고사유에 해당하는지 여부
- (해당한다면) 징계양정 관련 이 사건 해고의 정당성(즉 이 사건 해고가 근로자의 비행의 정도에 비해 과중한 징계로서 징계권의 일탈·남용에 해당하는지 여부)

▌중요 사실관계

- 취업규칙 제17조(운송수입금 입금)의 내용("1. 종업원은 1일 영업 후에는 당일 운송수입금 전액을 회사에 입금하여야 한다(정액제)." 등) 및 제36조(해고)의 내용("종업원이 다음 각호에 저촉될 때에는 징계위원회에 회부하여 해고한다. … (중략) … 6. 운송수입금 유용 및 횡령하거나 회사 자산을 절취한 자 및 3일 이상 입금 미납자") ⇒ **취업규칙에 규정된 근로자의 의무와 징계해고사유**
- 원고(월급 310,000원, 1일 사납금 76,000원)는 2003. 3. 중순경부터 2003. 3. 30.경까지의 운송수입금 중 13일치에 해당하는 사납금 988,000원을 피고에게 납입하지 않다가 2003. 4. 10.자 징계위원회 개최 사실을 통지받고 그 개최 당일 개최

직전에 모두 납입 ⇒ **취업규칙상의 징계해고사유 해당 여부와 관련**

- i) 원고는 2003. 3. 15. 택시운행중 본인의 과실로 교통사고를 일으켜 차량 수리비 1,400,000원 및 수리기간 동안의 사납금 228,000원 합계 1,628,000원을 피고에게 보상할 채무를 부담, ii) 사납금은 1일 단위로 매일 납입하는 것이 원칙이나 장거리 운행 등 예외적인 경우에 납입유예를 허용하고 있고, 일부 기사들이 2-3일 또는 1주일 단위 등으로 사납금을 납입하는 경우가 종종 있었음, iii) 피고 소속 소외인은 2003. 4. 11. 사납금 2,862,000원을 연체하였다는 사유로 해고되었다가 사납금의 변제를 약속한 후 2003. 6. 2. 재입사 형식으로 복직 ⇒ **이 사건 해고가 과중한 징계에 해당하는지(징계양정의 적정성) 여부와 관련**

▌**기본법리**(판지) : 해고는 사회통념상 고용관계를 계속할 수 없을 정도로 근로자에게 책임 있는 사유가 있는 경우에 행하여져야 그 정당성이 인정되는 것이고, 사회통념상 당해 근로자와의 고용관계를 계속할 수 없을 정도인지의 여부는 당해 사용자의 사업의 목적과 성격, 사업장의 여건, 당해 근로자의 지위 및 담당직무의 내용, 비위행위의 동기와 경위, 이로 인하여 기업의 위계질서가 문란하게 될 위험성 등 기업질서에 미칠 영향, 과거의 근무태도 등 여러 가지 사정을 종합적으로 검토하여 판단하여야 한다(대법원 2002. 5. 28. 선고 2001두10455 판결 등 참조). ⇒ **[(징계)해고의 정당성 판단기준]**

▌**결론 및 이유** : 피고와 원고 사이의 근로관계가 사회통념상 원고의 귀책사유로 더 이상 그 계속을 기대하기 어려울 정도에 이르게 되었다고 볼 수는 없고, 따라서 이 사건 해고는 지나치게 가혹하여 그 재량권의 범위를 일탈한 것으로 볼 수 있다고 할 것이다.

- 원고가 이 사건 사납금을 연체하기 시작한 것이 2003. 3. 15.자 교통사고 전인 2003. 3. 13.부터임을 인정할 증거가 없고, 오히려 연체액과 연체일수를 비교해 보면 위 교통사고 이후부터 연체하기 시작하였을 가능성이 큼.
- 피고 회사 2002년도 일일입금장부내역서에 의하면, 원고가 2002. 6.경부터 피고 회사에 사납금을 납입한 것이 확인되는데, 시용기간 3개월을 참작하더라도 원고는 2002. 9.경부터는 고정승무기사로 근무하였던 것으로 보이는 점.
- 피고는 100만 원 이상의 사납금 미납자들에게 성실납입 독촉장을 발송하였고, 그 독촉장에는 납입기일이 2003. 4. 10.로 기재되어 있는데, 원고는 미납된 사납금이 100만 원에 미달해 피고로부터 위와 같은 독촉장을 받은 사실이 없고, 독

촉장 납입기일인 2003. 4. 10.에는 <u>미납된 이 사건 사납금을 모두 납부한 점</u>.
- 피고 소속 <u>운전기사들은 사납금을 일일납입하지 않고 2-3일분을 일괄납입하</u>
<u>는 것이 통상이었고, 일주일분, 심지어 100만 원 이상을 일괄납입하는 경우도 있</u>
<u>었는데, 피고가 종전에 이를 이유로 징계한 사례가 없고</u>, 일일납입 여부와 상관
없이 말일까지의 사납금이 모두 입금되기만 하면 성실수당을 지급해온 점.
- 원고가 <u>이 사건 사납금을 연체한 것이 2003. 3. 15.자 교통사고의 손해배상을</u>
<u>위해 빌린 일수사채를 변제하는 데 따른 어려움 때문이라는 점</u>과 원고가 징계위
원회 개최 직전 이 사건 사납금을 모두 납입한 점.

▌판결의 의의와 한계

1) 여객자동차를 운전하는 택시기사나 버스기사가 운송수입금의 일부를 유용하거나
정액의 사납금을 입금하지 않는 경우가 발생하곤 하였다. 운수종사자가 정해진 운송
수입금을 납입하지 않은 행위에 대해 법원은 비록 그 금액이 소액이더라도 중한 징계
사유에 해당한다고 보고, 다만 사안별로 미납의 동기와 경위(미납의 횟수와 기간 포함),
미납액의 정도, 미납에 따른 회사의 손해, 미납에 대한 징계의 전례, 미납행위를 전후
한 근로자의 태도 등 제반 사정을 종합적으로 고려하여 징계양정의 적정성을 판단하
였던 것이 일반적 경향이다.

2) 대상판결은 선례에 의해 확립된 해고의 정당성 판단기준에 입각하여 이 사건
사납금 미납행위(취업규칙상의 징계해고사유에 해당하는 행위)를 이유로 한 징계해고
가 사회통념상 고용관계를 계속할 수 없을 정도로 근로자에게 귀책사유가 있는
경우에 해당하는 것으로 볼 수 없고, 따라서 이 사건 해고는 지나치게 가혹하여
징계재량권의 범위를 일탈한 것이라고 하여 원심판결을 파기한 사례이다. 대상
판결에서 대법원은 해당 사업장에서 사납금 일일납입의 원칙이 그간 제대로 준
수되지 않은 점, 원고가 이 사건 사납금을 미납·연체한 동기에 있어서 정상참작
의 사정이 있는 점, 원고가 연체된 이 사건 사납금을 모두 납입한 점(따라서 회사
의 손실이 크다고 보기 어려울 것임), 사납금 미납을 이유로 징계한 전례가 없는 점(원
고에 비해 훨씬 많은 사납금을 미납한 소외인의 경우에도 해고 직후 복직된 사정이 있음) 등
에 특히 주목하여 원심과는 다른 판단을 하고 있음을 확인할 수 있다(☞ Q 2. 참고).

◀ Q 풀이 ▶

Q 1. 대상판결에 따르면 해고의 정당성 판단기준은?

[A] 해고는 사회통념상 고용관계를 계속할 수 없을 정도로 근로자에게 책임 있는 사유가 있는 경우에 행하여져야 그 정당성이 인정된다. 사회통념상 당해 근로자와의 고용관계를 계속할 수 없을 정도인지의 여부는 i) 당해 사용자의 사업의 목적과 성격, ii) 사업장의 여건, iii) 당해 근로자의 지위 및 담당직무의 내용, iv) 비위행위의 동기와 경위, v) 이로 인하여 기업의 위계질서가 문란하게 될 위험성 등 기업질서에 미칠 영향, vi) 과거의 근무태도 등 여러 가지 사정을 종합적으로 검토하여 판단하여야 한다.

Q 2. 대상판결에서 원심법원과 대법원 사이에 어떤 판단의 차이를 보이고 있는가?

[A] 1) <u>사용자의 사업의 목적과 성격 및 사업장의 여건</u> : 택시운송사업을 영위하는 회사로서는 운영자금을 소속 운전기사들이 매일 택시를 운행하여 회사에 납입하는 운송수입금으로 충당하는 것이 보통인 영업구조를 가지고 있는 점(원심).
2) <u>근로자의 지위 및 담당직무의 내용</u> : 위와 같은 영업구조에서 운전기사들이 임금협정 등에서 정한 바에 따라 성실하고 규칙적으로 운송수입금을 회사에 납입하여야 하는 것은 택시회사 운전기사로서의 기본적 의무인 점(원심).
3) <u>비위행위의 동기와 경위</u> : i) 원고가 이 사건 사납금을 미납한 이유라는 것은 2003. 3. 15. 일으킨 교통사고로 인한 손해를 보상하는 데 따른 어려움 때문이라고 하지만, 원고가 이 사건 사납금을 미납하기 시작한 것은 위 교통사고가 발생하기 이전인 2003. 3. 13.경부터이고, 이는 원고가 피고의 고정승무기사로 근무하기 시작한 지 3개월 남짓 밖에 지나지 아니한 시점인 점, ii) 피고가 위 교통사고로 인하여 발생한 손해 중 대인·대물 손해를 처리하여 주었을 뿐 아니라, 위 교통사고는 원고의 중대한 과실로 발생한 사고이므로 그로 인하여 발생한 손해를 근로자에게 부담시킨다는 것이 피고의 부당한 책임전가라고 보기는 어려운 점, iii) 원고가 비록 이 사건 사납금을 완납하였으나, 피고로부터 수차례 독촉을 받고 징계위원회 통지까지 받았음에도 불구하고 납입하지 아니하다가 징계위원회 개최 당일 비로소 납부한 것이므로 완납하였다는 사실만으로 앞으로 동일한 미납행위가 반복되지 않으리라고 기대하기는 어렵다고 보이는 점(원심) ⇔ i) 원고가 이 사건 사납금을 연체하기 시작한 것이 2003. 3. 15.자 교통사고 전인

2003. 3. 13.부터임을 인정할 증거가 없고, 오히려 연체액과 연체일수를 비교해 보면 위 교통사고 이후부터 연체하기 시작하였을 가능성이 크며, 피고 회사 2002년도 일일입금장부내역서에 의하면, 원고가 2002. 6.경부터 피고 회사에 사납금을 납입한 것이 확인되는데, 시용기간 3개월을 참작하더라도 원고는 2002. 9.경부터는 고정승무기사로 근무하였던 것으로 보이는 점, ii) 피고는 100만 원 이상의 사납금 미납자들에게 성실납입 독촉장을 발송하였고, 그 독촉장에는 납입기일이 2003. 4. 10.로 기재되어 있는데, 원고는 미납된 사납금이 100만 원에 미달해 피고로부터 위와 같은 독촉장을 받은 사실이 없고, 독촉장 납입기일인 2003. 4. 10.에는 미납된 이 사건 사납금을 모두 납부한 점, iii) 원고가 이 사건 사납금을 연체한 것이 2003. 3. 15.자 교통사고의 손해배상을 위해 빌린 일수사채를 변제하는 데 따른 어려움 때문이라는 점과 원고가 징계위원회 개최 직전 이 사건 사납금을 모두 납입한 점(대법원).

4) 비위행위로 인해 기업의 위계질서가 문란하게 될 위험성 등 기업질서에 미칠 영향 및 기타의 사정 : i) 원고의 미납액이 큰 편이 아니거나 통상적인 수준이라고 인정할 만한 뚜렷한 자료가 없을 뿐 아니라, 원고가 형평성을 내세우는 소외인의 경우 피고로부터 징계해고를 당한 사실에 비추어 이 사건 해고가 사유에 비하여 지나치게 중하여 형평성이 없다고 보기 어려운 점, ii) 운전기사가 특별한 사정이 없는데도 임금협정 등에서 정한 운송수입금의 납입의무를 제대로 이행하지 아니하는 것은 근로계약에 따른 근로자의 본질적이고 기본적인 의무를 이행하지 아니하는 것으로서 이는 채무불이행이 될 뿐 아니라 일반적으로 해고사유가 된다고 보아야 하는 점(원심) ↔ 피고 소속 운전기사들은 사납금을 일일납입하지 않고 2-3일분을 일괄납입하는 것이 통상이었고, 일주일분, 심지어 100만 원이상을 일괄납입하는 경우도 있었는데, 피고가 종전에 이를 이유로 징계한 사례가 없고, 일일납입 여부와 상관없이 말일까지의 사납금이 모두 입금되기만 하면 성실수당을 지급해온 점(대법원).

◀ 심화학습 ▶

1. 징계양정의 적정성 관련 징계재량권의 일탈 내지 남용을 인정한 사례(대법원 1991. 10. 25. 선고 90다20428 판결 참고)와 부정한 사례(대법원 2011. 3. 24. 선고 2010다 21962 판결 참고)

▷ 참고1 판결(90다20428 판결)은, 취업규칙 등에서 동일한 징계사유에 대하여 여러 종류의 징계가 가능한 것으로 규정한 경우 어떤 징계처분을 선택할 것인지는 징계권자의 재량이나 이러한 재량은 자의적이고 편의적인 것이 아니기 때문에 징계사유와 징계처분간에 사회통념상 상당하다고 인정되는 균형의 존재가 요구되고 경미한 징계사유에 대하여 가혹한 제재를 과하는 것은 징계권의 남용으로서 무효라는 법리에 근거하여, 16년 이상 성실히 근무한 근로자가 공장의 신정연휴기간에 감시근무자로 자원하여 임무를 수행하다가 교대시간을 얼마 남겨두지 않은 상황에서 공장 밖에서 음주하고 들어와 잠든 행위에 대해 가장 무거운 징계벌인 면직처분을 한 것은 제반 사정에 비추어 징계권의 일탈이라고 본 사례이다.

▷ 참고2 판결(2010다21962 판결)은, 해고의 정당성 판단기준에 관한 법리 및 징계처분에서 징계사유로 삼지 아니한 비위행위라도 징계종류 선택의 자료로서 피징계자의 평소 소행과 근무성적, 당해 징계처분 사유 전후에 저지른 비위행위 사실 등은 징계양정을 하면서 참작자료로 삼을 수 있다는 법리에 근거하여, 근로자가 승진 탈락과 관련하여 상급자들에게 부당한 압력을 행사하고 상당 기간 동안 동료직원이나 상사와의 대화 내용을 몰래 녹음하였으며 책상서랍을 던져 상사에게 신체적 위협을 가하는 등 회사 내 복무질서를 문란케 하고 회사 및 직원들과의 신뢰관계를 파괴한 행위와 해고 이후의 행위(상사와 동료직원들 고소, 임시주주총회 방해 및 질서유지인들 폭행, 인터넷 사이트에 사용자를 비방하는 내용의 글 게시) 등 제반 사정에 비추어 근로자의 책임 있는 사유로 사회통념상 고용관계를 계속할 수 없는 상황에 이르게 되었다고 봄이 상당하다고 한 사례(징계양정이 과다하여 이 사건 해고를 무효라고 판단한 원심판결을 파기한 사례)이다.

※(참고1) 대법원 1991. 10. 25. 선고 90다20428 판결【해고무효확인】

- "… (중략) … 원심은 그 거시의 증거에 의하여 피고 회사의 취업규칙 제53조에서 직원의 징계에 관하여 규정하면서 그 제1항 에이호에서는 직원의 본분에 배치되는 행위를 한 때, 비이호에서는 직무상 의무를 이행하지 아니하거나 직무를 태만히 한 때를 각 징계사유로 규정하고 있고, 징계의 종류로서 견책, 감봉, 정직, 권고해직, 징계면직의 5종을 규정하고 있으며, 그 절차는 따로 정해져 있는 인사규정에 의하도록 되어 있는 사실, 원고 1은 1988. 1. 2. 07:50경 연휴기간중의 감시근무자로 자원 출근하여 도난, 화재예방, 출입통제 및 냉각수 자동교환장치 점검 등의 임무를 수행하다가 같은 날 오후에 위 제강소 후문을 통하여 밖으로 나가 인근 가계에서 4홉들이 정종 1병을 마시고 상당히 취한 상태에서 소외 정○근의 부축을 받아 다시 후문을 통하여 위 제강소 안으로 들어온 다음 자신의 근무지가 아

닌 토의정비실 세멘트바닥에서 잠든 사실, 피고 회사는 위 원고의 위와 같은 근무지 이탈, 음주 및 근무태만의 비위사실이 위 취업규칙 제53조 제1항 에이호 및 비이호에 각 해당된다고 하여 인사규정에 정한 절차에 따라 인사위원회를 개최하여 위 원고를 징계면직한 사실 및 위 원고가 근무한 1988. 1. 2.은 신정연휴 기간으로 위 제강소 내 대부분의 기계가 가동하지 아니하는 상태에서 대부분의 직원이 휴무 중이었고 자원 출근한 위 원고의 감시근무자로서의 실질적인 임무는 특별한 업무수행 없이 앉아 있는 자리에서 도난방지, 출입통제 등을 하는 것에 불과하였는데, 당시 위 원고의 근무지 이탈시간 중 위 제강소 내에서 기계고장이나 도난 등의 사고는 발생하지 아니한 사실, 위 원고는 입사시부터 위 면직시까지 약 16년 동안 성실히 근무하면서 아무런 징계처분을 받지 아니한 사실을 각 인정한 다음, 사용자가 근로자에 대하여 징계해고처분을 함에 있어서는 사회통념상 당해 근로자와 근로계약을 계속함이 현저히 부당, 불공평하다고 인정될 정도의 비위사실이 당해 근로자에게 존재하여야 할 것인데, 위 인정사실에 의하면 위 원고의 비위행위가 추상적으로는 피고 회사 재산이나 기밀 등이 침해될 위험성을 초래하였다고 하나 구체적 손해는 발생하지 아니하였고, 연휴기간의 근무를 자원하여 임무를 수행하다가 교대시간을 얼마 남겨두지 아니한 상황에서 음주한 행위 등을 가지고 16년 이상 아무런 사고없이 성실하게 근무한 위 원고를 가장 무거운 징계벌인 면직에 처한 피고 회사의 조치는 그 정도가 지나쳐 재량권의 범위를 벗어난 것이라고 판단하였다.

사용자가 근로자에 대하여 징계해고처분을 함에 있어서의 정당한 이유라 함은 사회통념상 고용관계를 계속시킬 수 없을 정도로 근로자에게 책임이 있는 사유가 있는 경우를 말하고, 한편 취업규칙 등에서 징계사유를 규정하면서 동일한 사유에 대하여 여러 등급의 징계가 가능한 것으로 규정한 경우에 그 중 어떤 징계처분을 선택할 것인지는 징계권자의 재량에 속한다고 할 것이지만 이러한 재량은 징계권자의 자의적이고 편의적인 것에 맡겨져 있는 것이 아니며, 징계사유와 징계처분과의 사이에 사회통념상 상당하다고 인정되는 균형의 존재가 요구되고, 경미한 징계사유에 대하여 가혹한 제재를 과하는 것은 징계권 남용으로서 무효라고 하여야 할 것이다. 원심이 확정한 위 사실에 의하면, 원고 1의 행위가 피고 회사 취업규칙에 정한 징계사유에는 해당된다고 할 것이지만, 위 취업규칙이 징계의 종류로서 견책, 감봉, 정직, 권고해직, 징계면직의 5가지를 규정하고 있는 점과 위 원고가 휴무 중에 근무하게 된 경위, 휴무 중 근무자의 근무내용, 위 원고의 근무이탈 중 아무런 사고가 발생하지 아니한 점 및 위 원고의 근무경력 등에 비추어 볼 때, 원고에 대한 징계면직은 징계권의 범위를 일탈한 것으로서 정당한 이유가 없다고 할 것이므로 이와 같은 취지로 판단한 원심판결은 정당하고 … (이하 생략) …"

※(참고2) 대법원 2011. 3. 24. 선고 2010다21962 판결 【해고등무효확인】
- "… (중략) … 사회통념상 당해 근로자와 고용관계를 계속할 수 없을 정도에 이르렀는지 여부는 … (중략) … 여러 가지 사정을 종합적으로 검토하되, 근로자에게

여러 가지 징계혐의 사실이 있는 경우에는 그 징계사유 하나씩 또는 그 중 일부의 사유만을 가지고 판단할 것이 아니고 전체의 사유에 비추어 판단하여야 하며, **징계처분에서 징계사유로 삼지 아니한 비위행위라도 징계종류 선택의 자료로서 피징계자의 평소 소행과 근무성적, 당해 징계처분 사유 전후에 저지른 비위행위 사실 등은 징계양정을 하면서 참작자료로 삼을 수 있다**(대법원 1996. 9. 20. 선고 95누15742 판결, 대법원 2002. 5. 28. 선고 2001두10455 판결, 대법원 2003. 7. 8. 선고 2001두8018 판결 등 참조).

원심판결 이유에 의하면, 원심은 그 판시와 같은 사정들을 종합하여 볼 때, 비록 원고가 이 사건 대기발령과 해고 및 그 과정에서 이루어진 상사들과 동료 직원들의 대우에 대해 일반인에 비하여 다소 무리하고 부적절하게 대응하였고 현재 원고와 피고 사이의 신뢰관계가 상당히 손상된 것은 분명하나, 그렇다고 하여 사회통념상 피고와의 근로관계를 계속할 수 없을 정도로 원고에게 책임 있는 사유가 있었다고 인정하기에 부족하다는 이유로, 피고가 앞서 인정한 징계사유만으로 원고를 해고한 것은 그 징계양정이 과다하므로 결국 이 사건 해고는 무효라고 판단하였다.

그러나 원심이 인정한 사실관계에 의하더라도, 이 사건의 발단은 원고가 승진에서 탈락하자 사회적으로 상당한 수준의 항의를 넘어 소외 1, 2 등 상급자들에게 자신을 진급시켜 주지 아니할 경우 비리제보로 인한 인사상 불이익 등에 관하여 대표이사에게 투서하겠다고 압력을 행사하는 등 회사 내 복무질서를 문란하게 한 것으로부터 비롯되었다. 또한, 원고는 이 사건 대기발령 후 해고를 당하기까지 십여 개월 동안 많게는 하루 녹음테이프 3개 이상의 분량으로 동료직원이나 상사와의 대화내용을 몰래 녹음해 왔는데 이러한 행위는 사생활의 비밀과 자유를 침해하고 직원 상호간에 불신을 야기하여 직장 내 화합을 해치는 것으로서, 비록 원고가 대기발령 후 회사 내에서 부당한 대우를 받아 왔고 그에 관한 증거를 확보하려 했다는 동기를 참작한다 하더라도, 그 비위행위의 내용, 비위행위를 저지른 기간과 횟수 등에 비추어 보면, 회사 내 부당한 대우에 대한 항의를 넘어 스스로 회사 및 동료 직원들과의 신뢰관계를 파괴하는 것이었다고 봄이 상당하다. 원심은, 원고가 책상서랍을 던져 상사인 소외 2에게 신체적 위협을 가한 행위에 관하여 그로 인한 피해가 적었고, 원고도 비교적 가벼운 형사처벌을 받았을 뿐이라고 판단하였으나, 그 행위 태양이나 경위를 살펴보면, 이는 사무실 내에서 분실한 디스켓을 찾으려고 시도해 보지도 않은 채 바로 도난신고를 하여 경찰관들을 회사로 출동시키고 소외 2를 절도범으로 지목하여 소란을 피우다 책상서랍을 들어 소외 2를 향해 집어던질 듯한 태도를 취하며 위협하다가 이를 바닥에 던지는 등 위력으로 상사의 업무를 방해한 것으로서 결코 가벼이 볼 수 없다. 나아가 원심이 인정한 사실관계에 의하면, 원고는 이 사건 해고 이후에도 대표이사와 소외 2 등 15명의 상사와 동료직원들을 폭행이나 무고, 위증 등의 혐의로 고소하였으며, 집회금지가처분결정을 통지받았음에도 불구하고 2000년 7월에 열렸던 피고의 임시 주주총회 회의장에 피켓을 들고 나타나 주주총회의 개최를 방해하였고, 그 과정에서 이를 저지하는 질서유지인들에게 폭행을 가하여 각 전치 2주의 상해를 입히기도 하였으며, 원고가 개설한 인터넷 사이트에 피고를 비방하는 내용의 글들이 게시되어 있음을 알 수 있다.

앞서 본 법리에 비추어, 위와 같은 원고가 비위행위에 이르게 된 동기와 경위, 비위행위의 내용, 비위행위를 저지른 기간과 횟수, 그로 인하여 회사의 복무질서가 문란해진 정도, 해고 이후의 정황 등 여러 사정들을 종합하여 보면, 원고의 책임 있는 사유로 말미암아 원고와 피고는 사회통념상 더 이상 고용관계를 계속할 수 없는 상황에 이르게 되었다고 봄이 상당하다. 그럼에도 불구하고, 원심은 이 사건 해고가 징계재량권의 범위를 일탈하여 정당한 이유 없이 이루어진 것으로서 무효라고 판단하였으니, 원심판결에는 해고의 징계양정에 관한 법리를 오해하여 판결에 영향을 미친 위법이 있다."

제10강 해고의 제한 (1)

1. 근무성적 불량

◀ 판례분석 ▶

■**제 목** : 근무성적(능력) 불량을 이유로 한 해고의 정당성(Y) [현대중공업(통상해고)사건]

■**대상판결** : 대법원 2021. 2. 25. 선고 2018다253680 판결 【해고무효확인】
【원고, 상고인】 원고 1 외 1인
【피고, 피상고인】 한국조선해양 주식회사의 소송수계인 현대중공업 주식회사
【원심판결】 부산고법 2018. 7. 4. 선고 2017나59164 판결
【주 문】 상고를 모두 기각한다. 상고비용은 원고들이 부담한다.

■**사건의 개요** : 원고 1은 1999. 3. 1. 피고 회사(선박건조와 수리판매업 등을 영위하는 회사)에 입사하여 건설장비생산관리부 과장으로 근무하던 중 2016. 9. 1. 피고 회사로부터 근무성적 또는 능력이 현저하게 불량하여 직무를 수행할 수 없다는 사유로 해고처분을 받았고, 원고 2는 1988. 1. 7. 피고 회사에 입사하여 조선생산품질지원부에서 과장으로 근무하던 중 2016. 8. 27. 피고 회사로부터 근무성적 또는 능력이 현저하게 불량하여 직무를 수행할 수 없다는 사유로 해고처분을 받았으며, 이에 원고들은 위 각 해고처분의 무효확인을 구하는 소를 제기하였다.

■**관련 법 규정**(현행법 기준)
- 근기법 제23조(해고 등의 제한) ① 사용자는 근로자에게 정당한 이유 없이 해고, 휴직, 정직, 전직, 감봉, 그 밖의 징벌(이하 "부당해고 등"이라 한다)을 하지 못한다.

▎**판결의 성격** : 원심은 피고 회사가 원고들에 대하여 실시한 인사평가의 기준이 불공정하다거나 그 결과가 신빙성이 낮다고 보기 어려우며 해고에 정당한 이유가 있다고 판단하였고, 대법원은 원심의 판단이 정당하다고 보아서 원고들의 상고를 기각하였다.

▎**쟁 점**

- 취업규칙에서 정한 해고사유에 해당한다는 이유만으로 해고의 정당성이 인정되는지 여부
- 취업규칙상 근무성적(능력) 불량에 따른 직무수행 불가를 이유로 한 피고 회사의 원고들에 대한 해고가 사회통념상 고용관계를 계속할 수 없을 정도에 해당하여 그 정당성이 인정되는지 여부

▎**중요 사실관계**

- 피고 취업규칙은 '근무성적 또는 능력이 현저하게 불량하여 직무를 수행할 수 없다고 인정되었을 때'를 해고사유로 규정 ⇒ **취업규칙상 해고사유(근무성적 불량 등) 관련**
- i) 원고 1은 1999. 3. 1., 원고 2는 1988. 1. 7. 피고에 입사하여 근무, ii) 피고는 2012년부터 2014년까지 3년 동안 종합인사평가와 성과평가 결과를 기준으로 하위 2% 이내에 해당하는 저조한 직무역량을 보인 과장급 이상 직원 65명을 대상으로 2015. 2. 25.부터 2015. 12. 31.까지 직무역량 향상과 직무재배치를 위한 직무교육(이하 '이 사건 직무재배치 교육')을 실시(원고들도 대상자에 포함), iii) 피고는 이 사건 직무재배치 교육을 실시한 다음 2016. 1. 18.경 원고 1을 생산기획부서에, 원고 2를 생산품질지원부서에 재배치 ⇒ **근무성적 부진 정도와 기간 및 개선 기회 부여 여부와 관련**
- 원고들은 재배치 이후 실시된 2016년 상반기 성과평가에서 최저 등급인 D등급을 받았음 ⇒ **개선 기회 부여 이후 근무성적(능력) 개선 여부와 관련**
- 피고는 원고들이 근무성적 또는 능력이 현저하게 불량하여 직무를 수행할 수 없다는 이유로 2016. 8. 27. 원고 2를, 2016. 9. 1. 원고 1을 해고(이하 '이 사건 해고') ⇒ **근무성적 불량 등을 이유로 한 해고의 정당성 여부와 관련**

▎**기본법리**(판지)

1) 근로기준법 제23조 제1항은 사용자는 근로자에게 정당한 이유 없이 해고하지

못한다고 하여 해고를 제한하고 있다. 사용자가 <u>취업규칙에서 정한 해고사유에 해당한다는 이유로 근로자를 해고할 때에도 정당한 이유가 있어야</u> 한다. ⇒ **[취업규칙상 해고사유에 근거한 해고 시에도 정당한 이유 필요]**

2) (1) 일반적으로 사용자가 근무성적이나 근무능력이 불량하여 직무를 수행할 수 없는 경우에 해고할 수 있다고 정한 취업규칙 등에 따라 근로자를 해고한 경우, 사용자가 근로자의 <u>근무성적이나 근무능력이 불량하다고 판단한 근거가 되는 평가가 공정하고 객관적인 기준에 따라 이루어진 것이어야</u> 할 뿐 아니라, 근로자의 <u>근무성적이나 근무능력이</u> 다른 근로자에 비하여 <u>상대적으로 낮은 정도를 넘어 상당한 기간 동안 일반적으로 기대되는 최소한에도 미치지 못하고 향후에도 개선될 가능성을 인정하기 어렵다는 등 **사회통념상 고용관계를 계속할 수 없을 정도인 경우에 한하여** 해고의 정당성이 인정</u>된다. ⇒ **[취업규칙에 따른 근무성적(능력) 불량 해고의 정당성 요건(=공정하고 객관적인 기준에 따른 평가, 상대적 불량을 넘어 상당 기간 일반적으로 기대되는 최소한도 미달 및 향후 개선 가능성 인정 곤란)]**

(2) 이때 <u>사회통념상 고용관계를 계속할 수 없을 정도인지는 근로자의 지위와 담당 업무의 내용</u>, 그에 따라 요구되는 성과나 전문성의 정도, 근로자의 <u>근무성적이나 근무능력이 부진한 정도와 기간</u>, 사용자가 <u>교육과 전환배치 등</u> 근무성적이나 근무능력 <u>개선을 위한 기회를 부여하였는지 여부</u>, <u>개선의 기회가 부여된 이후 근로자의 근무성적이나 근무능력의 <u>개선 여부</u>, 근로자의 태도, 사업장의 여건 등 여러 사정을 종합적으로 고려하여 합리적으로 판단하여야</u> 한다. ⇒ **[근무성적(능력) 불량 해고가 사회통념상 고용관계를 계속할 수 없을 정도인지 판단하는 기준]**

▌결론 및 이유 : 원고들에 대한 인사평가가 불공정하지 않으며, 이 사건 해고에 정당한 이유가 있다.

- **평가의 공정·객관성 관련** : i) 피고는 2012년 이후 이루어진 <u>인사평가의 기준이나 항목을 소속 근로자들에게 공개</u>하였고, 2014년 이후 <u>성과평가 결과에 대한 이의제기절차를 체계적으로 정비</u>하여 원고들을 포함한 근로자들에게 이의제기절차를 안내하였음. ii) 피고는 <u>상대평가 방식을 채택하면서도 그로 인한 불합리성을 보완하고자 인사평가자가</u> 평가를 받는 사람의 자질 등을 감안하여 <u>최저 등급에 해당하는 C, D등급을 부여하지 않을 수 있는 재량을 부여</u>했던 것으로 보임. iii) 인사평가권자들이 평가를 받는 사람의 본인평가 내용과 1차 평가자(팀장)의 평가내용을 토대로 2차 평가(부서장)와 최종평가(담당 임원)를 하여 평가등급을 산정하고 있으므로 특정 인사평가권자 1명의 판단에 따라 원고들의 인사평가 결

과가 정해지는 것이 아니라 복수(3명)의 판단에 따라 원고들의 인사평가 결과가 정해지는 것이어서 그 인사평가 결과가 자의적이라고 단정하기 어려움.

- **근무성적 부진 정도와 기간 관련** : 피고가 실시한 2010년부터 2016년 상반기까지 기간의 인사평가 결과 전체 사무연구직 과장 이상 직원 3,859명 중 원고 1의 경우 3,857위에 해당하고, 원고 2의 경우 3,859위에 해당하는 저조한 업무수행실적을 보였고, 피고로부터 원고 1은 2014년부터 2016년까지 3회, 원고 2는 2013년부터 2016년까지 4회의 직무경고를 받는 등 장기간 실적이 상당한 정도로 부진하였음.

- **교육과 전환배치 등 개선 기회 부여 여부 관련** : 피고는 원고들에게 10개월 동안 이 사건 직무재배치 교육을 실시하고 교육을 마친 다음 원고들을 직무재배치하였음.

- **개선 기회 부여된 이후 근무성적(능력) 개선 여부 관련** : 직무재배치 이후에 실시된 2016년 상반기 다면평가에서 원고들의 업무역량이 부족하고, 원고들의 업무상 잘못으로 여러 차례 문제점이 발생하였다는 점이 지적되었음.

- **상대적 불량을 넘어 상당 기간 일반적으로 기대되는 최소한도 미달 관련** : 이러한 사정에 비추어 보면 원고들의 직무역량이 상대적으로 저조하였던 것이 아니라 피고가 부여하는 직무를 수행하기에 실질적으로 부족하였던 것으로 보임.

- **근로자의 태도 관련** : 원고 1은 직무재배치 이후에도 부서 공동업무에 대한 관심이 부족하고 업무능력을 습득하려는 의지가 부족하다는 평가를 받았음. 원고 2는 직무재배치 교육 이전에도 여러 차례 업무향상계획서의 제출을 거부하기까지 하는 등 업무능력 향상에 대한 열의가 없었으며, 직무재배치 이후에도 능력부족과 개선의지 부족이라는 평가를 받는 등 원고들에게 업무능력 향상의지가 있다고 보기 어려움.

▌판결의 의의와 한계

1) 대상판결은 근무성적(능력) 불량에 따른 통상해고의 정당성이 다투어진 사례로서, 사용자가 근무성적이나 근무능력이 불량하여 직무를 수행할 수 없는 경우에 해고할 수 있다고 정한 취업규칙 등에 따라 근로자를 해고한 경우 해고의 정당성이 인정되기 위한 요건 및 이때 사회통념상 고용관계를 계속할 수 없을 정도인지 판단하는 기준을 구체적으로 제시한 점에서 그 의의가 있다.

2) 대상판결에서 i) 피고 회사가 원고들에 대해 실시한 인사평가의 기준 및 결과가 불공정하다거나 자의적이라고 보기 어려운 점(인사평가의 기준·항목 공개, 성과평

가 결과에 대한 이의제기절차의 체계적 정비·안내, 상대평가 방식의 불합리성을 보완하기 위한 인사평가자의 최저 등급 미부여 재량권 인정, 인사평가자 3명의 순차적 판단에 따른 평가 결과 도출), ii) 원고들의 근무성적이 장기간(약 6년)에 걸쳐 최하위에 해당할 정도로 상당히 부진했던 점(전체 사무연구직 과장 이상 직원 3,859명 중 원고 1은 3,857위, 원고 2는 3,859위 해당, 원고 1은 3회의 직무경고, 원고 2는 4회의 직무경고를 받음), iii) 피고 회사가 원고들에게 직무역량 개선을 위한 충분한 기회를 부여한 것으로 볼 수 있는 점(10개월의 직무재배치 교육 실시 및 교육 후 직무재배치), iv) 직무재배치 이후 원고들의 근무성적이나 근무능력이 개선되었다고 볼 수 없는 점(다면평가에서 원고들의 업무역량 부족 및 업무상 문제점 지적, 기타 원고들의 태도에 업무능력 향상 의지가 있다고 보기 어려움), v) 궁극적으로 원고들의 직무역량이 상대적으로 저조했던 것이 아니라 직무를 수행하기에 실질적으로 부족하였던 것으로 보이는 점 등에 근거하여, 원고들에 대한 해고의 정당성이 인정되었다. 따라서 대상판결이 단순 저성과자에 대한 통상해고의 정당성을 인정한 사례라고 오해해서는 안 될 것이다.

▌기타 해설 : 통상해고는 일신상의 사유(상병, 장애 등)에 의한 해고이고, 징계해고는 행태상의 사유(비위행위 등)에 의한 해고이다. 징계해고의 경우 취업규칙이나 단체협약에 규정된 징계절차에 따라서 해고가 이루어져야 하지만, 통상해고의 경우에는 그렇지 않다. 그러나 특정 사유가 일신상의 사유인지 행태상의 사유인지 분간하기 어려울 수 있다. 예컨대, 근무성적 불량은 업무능력 부족 내지는 결여(일신상의 사유)에 기인한 것일 수도 있고 불성실한 근무태도(행태상의 사유)에 기인한 것일 수도 있다. 일반적으로 실무에서는 특정 사유에 대하여 취업규칙 등에서 정한 징계절차를 거쳐 해고하도록 규정되어 있으면 징계해고로, 그렇지 않으면 통상해고로 취급한다.

◀ Q 풀이 ▶

Q 1. 근무성적 불량이 불성실한 근무태도에 기인한 경우 해고의 정당한 사유로 고려될 수 있는가? (대법원 1987. 4. 14. 선고 86다카1875 판결 참고)

[A] 참고판결(86다카1875 판결)에서는 2년에 걸친 근로자의 현저한 근무성적 불량이 취업규칙(복무규정)상 요구되는 성실복무책임을 다하지 않은 것으로 판단되었고, 그 외의 징계사유가 함께 고려되어 해고가 정당한 것으로 인정되었다. 근무

성적 불량과 관련된 내용은 다음과 같다. 거래선 개척 사전품의, 계약서관리, 거래중지자 미수금관리 등을 임무로 하는 신문사 판매관리부 차장이 그 임무 중 하나인 미수금회수실적과 관련하여 1년간 실적이 전혀 없었고 그 다음 해에도 같은 업무에 종사하는 다른 사원의 실적 대비 8%에 불과하여 그 금액에서 현격한 차이가 나는 것은, 비록 내부적 사무분장 및 미수금회수대상 거래선의 분담 관계가 위 다른 사원보다 불리한 상황임을 감안하더라도, 성실히 복무하여야 할 책임을 다하지 아니한 잘못이 있는 것으로 판단되었다

※ **대법원 1987. 4. 14. 선고 86다카1875 판결 【면직처분무효확인】**
- "성립에 다툼이 없는 갑 제1호증의 1, 2(복무규정)에 의하면, 직원은 회사의 제 규정을 준수하며 부하된 직무를 완수하여야 하며, 직원이 질병 기타 사유로 출근하지 못할 경우에는 익일 오전까지 결근계를 제출하여야 하고, 부득이한 사유로 퇴근시간 전에 퇴근할 때에는 제출하여야 하고, 근무시간 중 사용 또는 공용으로 외출할 때에는 소속부장의 허가를 받아야 하는 등 성실근무에 관한 복무규정을 두고 있으며, 역시 성립에 다툼이 없는 갑 제1호증의 3(인사규정)에 의하면 해임에 관하여 무계출 결근이 계속 1주일 이상 있을 때, 대기발령을 받고 1개월 내에 보직을 받지 못했을 때, 해임할 수 있도록 규정되어 있고, 원고는 피고(신문사)의 판매국 판매관리부 차장으로서 거래선 개척 사전품의 및 계약서관리, 거래중지자 미수금관리 및 소송업무정리, 중지자 최고장발송 등을 그 임무로 하고 있는데 원고의 임무중의 하나인 미수금회수실적에 관하여 1983년도에는 실적이 전혀 없었고, 1984년도에는 같은 업무에 종사하는 소외 최○열이가 금 41,524,880원이었음에 반하여 원고는 불과 3,300,000원이어서 비록 원고의 내부적 사무분장 및 미수금 회수대상 거래선의 분담관계가 위 최○열보다는 불리한 상황이더라도 그 금액에 있어서 현격한 차이가 나는 것은 원고에게도 성실히 복무하여야 할 책임을 다하지 아니한 잘못이 있었다 할 것이고, 더구나 피고의 판매국 기구개편이 피고의 경영상 부득이한 필요에서 단행된 것이라면 판매국의 인원감축이 불가피하고 이에 따라 원고를 관리국으로 전보하여 대기발령한 것이 수긍이 되는 인사조치였다고 보여지는데도 원고는 상사로부터 3차에 걸쳐 경고까지 받고도 원심이 적법히 인정한 바와 같이 1985. 1. 30 위와 같이 대기발령받은 이후 처음 5일간은 사무실에 출근만 한 뒤 돌아갔고 그 후 3, 4일간은 원고의 처가 병원에 입원하여 출근할 수 없다는 내용의 전화연락만 하고 출근하지 아니하다가 그 후부터는 아무 연락 없이 출근하지 아니하였다면 이는 피고의 인사규정에서 정한 해임사유에 해당되고 인사규정이 근로기준법에 위반되어 무효라고 볼 근거도 없다."

◀ 심화학습 ▶

1. 신체장애에 따른 해고의 정당성 (대법원 1996. 12. 6. 선고 95다45934 판결 참고)

▷ 근로자가 신체적 장애로 인하여 직무를 감당할 수 없는 경우에 이를 이유로 하는 해고의 정당성은 i) 근로자가 신체장애를 입게 된 경위 및 그 사고가 사용자의 귀책사유 또는 업무상 부상으로 인한 것인지의 여부, ii) 근로자의 치료기간 및 치료 종결 후 노동능력 상실의 정도, iii) 근로자가 사고를 당할 당시 담당하고 있던 업무의 성격과 내용, iv) 근로자가 그 잔존노동능력으로 감당할 수 있는 업무의 존부 및 그 내용, v) 사용자로서도 신체장애를 입은 근로자의 순조로운 직장 복귀를 위하여 담당업무를 조정하는 등의 배려를 하였는지 여부, vi) 사용자의 배려에 의하여 새로운 업무를 담당하게 된 근로자의 적응노력 등 제반 사정을 종합적으로 고려하여 합리적으로 판단하여야 한다(참고1 판결).

▷ 참고1 판결(95다45934 판결)에서는 해고의 정당성 판단의 고려요소로서 사용자의 업무조정 등 배려조치 여부와 새로운 업무에 대한 근로자의 적응노력 등을 제시하고 있다. 반면에 참고2 판결(95누15728 판결)에서는 신체장애가 있어 종전의 담당업무를 수행할 수 없거나 부적합하게 되었음을 이유로 한 해고는 정당하고, 해고를 하기에 앞서 반드시 장애근로자에 대하여 일정기간 유예기간을 두고 배치전환 등을 하여 근무하도록 하면서 관찰하여야 하는 것은 아니라고 판시하고 있다. 참고1 판결은 참고2 판결의 후속 판결일 뿐만 아니라 신체장애 관련 해고의 정당성 판단의 일반적 기준을 제시하고 있다는 점에서 판례의 원칙적 입장을 확인할 수 있는 판결로 보아야 할 것이다. 한편, 현행 '장애인차별금지 및 권리구제 등에 관한 법률'(2007년 제정, 이하 '장애인차별금지법'이라고 함)에서는 해고 등에서의 장애인차별을 금지하고 있고, 장애인이 비장애인과 동등한 근로조건에 일할 수 있도록 시설·장비의 설치 또는 개조 등 정당한 편의를 제공할 의무를 사용자에게 부과하고 있기 때문에 사용자가 이러한 의무를 이행하지 않고 장애근로자를 해고하면 동법이 금지하는 차별행위에 해당할 수 있다.

※(참고1) 대법원 1996. 12. 6. 선고 95다45934 판결 【퇴직무효등】
- "이 사건과 같이 종업원이 취업규칙에서 정한 '신체 장해로 인하여 직무를 감당할 수 없을 때'에 해당한다고 보아 퇴직처분을 함에 있어서 그 정당성은 종업원의 신체 장해를 입게 된 경위 및 그 사고가 사용자의 귀책사유 또는 업무상 부상으로 인한 것인지의 여부, 종업원의 치료기간 및 치료 종결 후 노동능력 상실의 정도, 종업원이 사고를 당할 당시 담당하고 있던 업무의 성격과 내용, 종업원이 그 잔존

노동능력으로 감당할 수 있는 업무의 존부 및 그 내용, 사용자로서도 신체 장해를 입은 종업원의 순조로운 직장 복귀를 위하여 담당 업무를 조정하는 등의 배려를 하였는지 여부, 사용자의 배려에 의하여 새로운 업무를 담당하게 된 종업원의 적응노력 등 제반 사정을 종합적으로 고려하여 합리적으로 판단하여야 할 것이다(대법원 1992. 11. 13. 선고 92누6082 판결, 1993. 7. 13. 선고 93다3721 판결, 1995. 7. 14. 선고 95다1767 판결 등 참조). 원심판결 이유에 의하면, 원심은 그 판결에서 채용하고 있는 증거들을 종합하여 인정하고 있는 그 판시와 같은 사실에 바탕을 두고 피고 회사는 원고가 업무상의 재해를 당하여 종전에 담당하여 오던 생산부 업무를 더 이상 감당할 능력이 없어서 임시적 방편으로 공정점검 업무에 종사케 하였으나 원고는 그 업무조차 원활히 수행하지 못하였고, 전신 육체노동을 요하는 원고 생산부 업무의 특성상 원고의 신체조건에 맞는 경미한 직종을 찾기가 힘들었고, 더구나 피고 회사가 연차적으로 인력감량계획을 시행하여 인력의 효율적 합리적 운영을 기하고 있는 상태에서 원고의 급여수준에 맞는 적정한 직종으로 전환배치할 방법도 없어 원고를 퇴직처분하기에 이른 것이며, 피고는 원고의 업무상재해로 인한 노동능력 상실에 따른 정년에 이르기까지의 손해를 이미 배상한 바 있으므로 이러한 사정 등을 종합하여 보면 피고 회사가 취업규칙 제10조에 따라 원고를 '신체 장해로 인하여 직무를 감당 할 수 없을 때'에 해당한다고 보아 퇴직케 한 것은 정당한 것이라고 판단하였는바 … (중략) … 거기에 퇴직처분의 정당성에 관한 법리오해 등의 위법이 있다고 할 수 없다."

※(참고2) 대법원 1996. 11. 12. 선고 95누15728 판결【부당해고구제재심판정취소】

- "원고의 업무상 부상에 관한 요양종결에 따라 그와 같은 신체장해가 남아 있는 상태에서는 원고가 그와 같은 작업강도를 지닌 갱내 기계수리공의 업무를 수행할 수 없다고 보아야 할 뿐만 아니라, 원고의 경우 신체장해가 남아 있는 부분은 허리(요추) 부분으로 그 부분은 신체부위 중 운동량이 많고 중량의 부하를 특히 많이 받는 부분이어서 원고가 종전과 같이 갱내 굴진·채탄작업 등에 사용되는 기계 등의 중량물을 취급하는 업무를 계속 담당할 경우에 장해부위가 악화될 가능성도 배제할 수 없는 사정이고 보면, 원고에게 이와 같은 신체장해가 있어 종전의 담당업무를 수행할 수 없거나 부적합하게 되었음을 이유로 한 참가인의 원고에 대한 이 사건 장해해고는 정당하다 할 것이고, 이러한 경우 해고시기가 근로기준법 제27조(현행 제23조) 제2항 소정의 해고금지기간에 해당하지 않는 한 해고를 하기에 앞서 반드시 장해근로자에 대하여 일정기간 유예기간을 두고 배치전환 등을 하여 근무하도록 하면서 관찰하여야 하는 것은 아니라 할 것이다."

2. 직장 내 성희롱

◀ 판례분석 ▶

∎**제 목** : 성희롱을 이유로 한 해고의 징계권 남용 여부(N) [지점장성희롱사건]

∎**대상판결** : 대법원 2008. 7. 10. 선고 2007두22498 판결【부당해고구제재심판정취소】
【원고, 피상고인】 원고
【피고, 상고인】 중앙노동위원회 위원장
【피고 보조참가인, 상고인】 참가인 주식회사
【원심판결】 서울고법 2007. 10. 10. 선고 2006누9285 판결
【주 문】 원심판결을 파기하고, 사건을 서울고등법원에 환송한다.

∎**사건의 개요** : 원고는 참가인 회사의 지점장으로서 자신의 지휘감독 하에 있는
여직원 8명에 대해 1년여 기간 동안 14회에 걸쳐 회사 내외에서 반복적으로 성
희롱 행위를 하여서 해고되었고, 관할 지방노동위원회에 부당해고 구제신청을
하였다.

∎**관련 법 규정**(현행법 기준)
- 근기법 제23조(해고 등의 제한) ① 사용자는 근로자에게 정당한 이유 없이 해
고, 휴직, 정직, 전직, 감봉, 그 밖의 징벌(이하 "부당해고 등"이라 한다)을 하지 못한다.
- 남녀고용평등법 제2조 제2호 : "직장 내 성희롱"이란 사업주·상급자 또는 근로자
가 직장 내의 지위를 이용하거나 업무와 관련하여 다른 근로자에게 성적 언동 등으
로 성적 굴욕감 또는 혐오감을 느끼게 하거나 성적 언동 또는 그 밖의 요구 등에
따르지 아니하였다는 이유로 근로조건 및 고용에서 불이익을 주는 것을 말한다.
- 남녀고용평등법 제12조(직장 내 성희롱의 금지) 사업주, 상급자 또는 근로자
는 직장 내 성희롱을 하여서는 아니 된다.

∎**판결의 성격** : 원심은 한편으로는 여직원들에 대한 원고의 언동이 성희롱 및
징계사유에 해당함을 인정하면서도 다른 한편으로는 이 사건 징계해고가 징계권
을 남용한 경우에 해당한다고 판단하였지만, 대법원은 징계권의 남용에 해당하

지 않는다고 보아서 원심판결을 파기환송하였다.

> ※ **원심의 판단** : i) 노골적인 성적 의도에 기인한 것으로 단정하기 어려운 측면(직원에 대한 애정표현, 직장 내 일체감과 단결 도모 의도), ii) 단기간에 전국최우수지점이라는 실적 올림, iii) 성희롱 행위 상당 부분의 우발적 발생(전국최우수지점 선정축하 회식에서 비롯된 것) 등에 비추어 참가인 회사의 상벌규정상 해직요건인 '고의성이 현저한 경우'에 해당한다고 보기 어렵다는 점 등을 이유로 하여, 원심은 참가인 회사가 원고에 대해 가장 무거운 해고처분을 한 것은 지나치게 가혹하여 징계권을 남용한 경우에 해당한다고 판단하였다.

▌쟁 점
- 지휘감독 하에 있는 여직원들에 대한 원고(지점장)의 성희롱을 이유로 한 참가인 회사의 징계해고(해직)처분이 제반 사정에 비추어 징계권을 남용한 것인지 여부

▌중요 사실관계
- 성희롱 가해자인 원고의 직장 내에서의 지위(지점장) ⇒ **행위자의 지위 측면에서 책임성 내지 비난가능성의 정도와 관련**(즉 성희롱을 방지하여야 할 지위에 있다고 볼 수 있는 자가 행한 성희롱에 대해서는 보다 엄중한 책임을 물을 수 있는지 여부와 관련)
- 성희롱 피해자의 수(부하 여직원 8명), 성희롱의 횟수(14회), 성희롱이 행해진 기간(1년여에 걸친 기간) ⇒ **행위의 태양 측면에서 책임성 내지 비난가능성의 정도와 관련**(즉 행위의 반복성 등에 비추어 징계가중사유에 해당하는 것으로 볼 수 있는지 여부와 관련)
- 원고의 성희롱 행위의 다수가 전국최우수지점 선정 축하 회식에서 발생 ⇒ **행위의 동기·의도 측면에서 책임성 내지 비난가능성의 정도와 관련**(즉 우발적인 행위로서 징계감경사유에 해당하는 것으로 볼 수 있는지 여부와 관련)
- 인사규정(징계사유로 성적인 언어나 행동 등으로 또는 이를 조건으로 고용상의 불이익을 주거나 성적 굴욕감을 유발하게 하여 고용환경을 악화시키는 경우 등을 규정) 및 상벌규정 별지상의 징계조치 결정기준(9종류의 비위 유형별로 '위반의 범위가 크고 중하며 고의성이 현저한 경우'에는 징계해직에, '위반의 범위가 중하며 중과실이거나, 위반의 범위가 작고 경하며 고의가 개재된 경우'에는 정직·강격(다만, 공금 횡령 등 일부 사유에 대해서는 징계해직)에, '위반의 범위가 크고 중하며 경과실이거나, 위반의 범위가 작고 경하며 중과실인 경우'에는 감봉·감급에 각 처하도록 규정하여 징계사유 및 정도에 따라 징계종류를 구분지어 규정) ⇒ **징계양정의 적정성과 관련**

▌기본법리(판지)

1) (1) <u>해고는 사회통념상 고용관계를 계속할 수 없을 정도로 근로자에게 책임 있는 사유가 있는 경우에 행하여져야 그 정당성이 인정되는 것</u>이고, <u>사회통념상 당해 근로자와의 고용관계를 계속할 수 없을 정도인지의 여부</u>는 당해 사용자의 사업의 목적과 성격, 사업장의 여건, 당해 근로자의 지위 및 담당직무의 내용, 비위행위의 동기와 경위, 이로 인하여 기업의 위계질서가 문란하게 될 위험성 등 기업질서에 미칠 영향, 과거의 근무태도 등 <u>여러 가지 사정을 종합적으로 검토하여 판단하여야 하며</u>(대법원 2003. 7. 8. 선고 2001두8018 판결 참조), ⇒ **[해고의 정당성 판단기준]**

(2) 근로자에게 징계사유가 있어 징계처분을 하는 경우 어떠한 처분을 할 것인가는 원칙적으로 징계권자의 재량에 맡겨져 있는 것이므로, <u>그 징계처분이 위법하다고 하기 위하여서는 징계권자가 재량권을 행사하여 한 징계처분이 사회통념상 현저하게 타당성을 잃어 징계권자에게 맡겨진 재량권을 남용한 것이라고 인정되는 경우</u>에 한하고, 그 징계처분이 사회통념상 현저하게 타당성을 잃은 처분이라고 하려면 구체적인 사례에 따라 직무의 특성, 징계의 사유가 된 비위사실의 내용과 성질 및 징계에 의하여 달하려는 목적과 그에 수반되는 제반 사정을 참작하여 <u>객관적으로 명백히 부당하다고 인정되는 경우라야 한다</u>(대법원 2000. 10. 13. 선고 98두8858 판결, 대법원 2002. 9. 24. 선고 2002두4860 판결 참조). ⇒ **[징계권의 남용 (징계처분의 위법성) 판단기준]**

2) (1) 구 남녀고용평등법(2005. 5. 31. 법률 제7564호로 개정되기 전의 것) 제2조 제2항에서 규정한 '직장 내 성희롱'이라 함은 사업주, 상급자 또는 근로자가 직장 내의 지위를 이용하거나 업무와 관련하여 다른 근로자에게 성적인 언동 등으로 성적 굴욕감 또는 혐오감을 느끼게 하거나 성적 언동 그 밖의 요구 등에 대한 불응을 이유로 고용상의 불이익을 주는 것을 말하고, 그 전제요건인 '<u>성적인 언동 등</u>'이란 남녀 간의 육체적 관계나 남성 또는 여성의 신체적 특징과 관련된 육체적, 언어적, 시각적 행위로서 사회공동체의 건전한 상식과 관행에 비추어 볼 때 <u>객관적으로 상대방과 같은 처지에 있는 일반적이고도 평균적인 사람으로 하여금 성적 굴욕감이나 혐오감을 느끼게 할 수 있는 행위</u>를 의미하며, ⇒ **[남녀고용평등법상 성희롱 성립요건인 '성적인 언동 등'의 의미]**

(2) 위 규정상의 <u>성희롱이 성립하기 위해서는</u> 행위자에게 <u>반드시 성적 동기나 의도가 있어야 하는 것은 아니지만</u>, 당사자의 관계, 행위가 행해진 장소 및 상황, 행위에 대한 상대방의 명시적 또는 추정적인 반응의 내용, 행위의 내용 및 정도,

행위가 일회적 또는 단기간의 것인지 아니면 계속적인 것인지 여부 등의 구체적 사정을 참작하여 볼 때, 객관적으로 상대방과 같은 처지에 있는 일반적이고도 평균적인 사람으로 하여금 성적 굴욕감이나 혐오감을 느낄 수 있게 하는 행위가 있고, 그로 인하여 행위의 상대방이 성적 굴욕감이나 혐오감을 느꼈음이 인정되어야 할 것이고(대법원 2007. 6. 14. 선고 2005두6461 판결 참조), ⇒ **[성희롱 성립 판단기준: 객관적(평균인) 관점 + 주관적 (피해자) 관점]**

(3) 한편 객관적으로 상대방과 같은 처지에 있는 일반적이고도 평균적인 사람의 입장에서 보아 어떠한 성희롱 행위가 고용환경을 악화시킬 정도로 매우 심하거나 또는 반복적으로 행해지는 경우 사업주가 사용자책임으로서 피해근로자에 대해 손해배상책임을 지게 될 수도 있을 뿐 아니라 성희롱 행위자가 징계해고되지 않고 같은 직장에서 계속 근무하는 것이 성희롱 피해근로자들의 고용환경을 감내할 수 없을 정도로 악화시키는 결과를 가져 올 수도 있으므로, 근로관계를 계속할 수 없을 정도로 근로자에게 책임이 있다고 보아 내린 징계해고처분은 객관적으로 명백히 부당하다고 인정되는 경우가 아닌 한 쉽게 징계권을 남용하였다고 보아서는 아니된다. ⇒ **[객관적 관점에서의 '적대적(고용환경악화형) 성희롱' 내지 '반복적 성희롱'을 이유로 한 징계해고의 정당성: 원칙적으로 징계권의 남용에 해당하지 않음]**

3) (1) 성희롱이 그 횟수가 1회에 그치는 경우에는 우발적인 것이라고 볼 여지가 있으나, 성희롱이 일정한 기간에 걸쳐 반복적으로 이루어지고 피해자도 다수라면 이를 우발적이라고 평가할 수는 없을 것이고, ⇒ **[우발적 성희롱 여부의 판단기준]**

(2) 직장 내 성희롱이 사회문제화된 후 1999. 2. 8. 개정된 남녀고용평등법에서 성희롱 행위를 금지하고 성희롱 예방교육, 성희롱 행위자에 대한 징계 등을 규정하게 된 이상, 그 이후에 발생한 성희롱은 그동안의 왜곡된 사회적 인습이나 직장문화 등에 의하여 형성된 평소의 생활태도에서 비롯된 것으로서 특별한 문제의식 없이 이루어진 것이라는 이유로 그 행위의 정도를 가볍게 평가할 수 없으며, ⇒ **[성희롱금지 입법화에 따른 엄격평가의 필요성]**

(3) 특히 직장 내 성희롱을 방지하여야 할 지위에 있는 사업주나 사업주를 대신할 지위에 있는 자가 오히려 자신의 우월한 지위를 이용하여 성희롱을 하였다면 그 피해자로서는 성희롱을 거부하거나 외부에 알릴 경우 자신에게 가해질 명시적·묵시적 고용상의 불이익을 두려워하여 성희롱을 감내할 가능성이 크다는 점을 감안할 때 이들의 성희롱은 더욱 엄격하게 취급되어야 한다. ⇒ **[성희롱 방지의 지위에 있는 자의 성희롱에 대한 보다 엄격한 취급의 필요성]**

■결론 및 이유 : 참가인 회사의 원고에 대한 이 사건 징계해직처분은 객관적으로 명백히 부당하다고 인정되지 않는다.

- 이 사건 원고의 행위는 여직원들을 껴안거나 볼에 입을 맞추거나 엉덩이를 치는 등 강제추행 또는 업무상 위력에 의한 추행으로 인정될 정도의 성적 언동도 포함된 성희롱 행위로서, 객관적으로 상대방과 같은 처지에 있는 일반적이고도 평균적인 사람의 입장에서 보아 고용환경을 악화시킬 정도로 그 정도가 매우 심하다고 볼 수 있음.

- 한 지점을 책임지고 있는 지점장으로서 솔선하여 성희롱을 하지 말아야 함은 물론, 같은 지점에서 일하는 근로자 상호간의 성희롱 행위도 방지해야 할 지위에 있음에도, 오히려 자신의 우월한 지위를 이용하여 자신의 지휘·감독을 받는 여직원 중 8명을 상대로 과감하게 14회에 걸쳐 반복적으로 행한 직장 내 성희롱이라고 할 것이므로, 이러한 원고의 성희롱 행위가 우발적이라거나 직장 내 일체감과 단결을 이끌어낸다는 의도에서 비롯된 것이라고 평가할 수 없음.

- 이 사건 성희롱 행위가 남녀고용평등법이 성희롱 행위를 금지하고 성희롱 예방교육, 성희롱 행위자에 대한 징계 등을 규정하게 된 이후인 2002. 7.경부터 2003. 7. 11.까지 반복적으로 행해 진 점에 비추어 설사 원고의 성희롱 행위가 그동안의 왜곡된 사회적 인습이나 직장문화 등에 의하여 형성된 평소의 생활태도에서 비롯된 것으로서 특별한 문제의식 없이 이루어졌다고 하더라도 그러한 이유로 그 행위의 정도를 가볍게 평가할 수 없음.

- 결국 원고의 성희롱 행위는 참가인 규정상 징계해직 사유인 '위반의 범위가 크고 중하며 고의성이 현저한 경우'로 보아야 하고, 원고가 징계해고되지 않고 같은 직장에서 계속 근무하는 것이 성희롱 피해자들의 고용환경을 감내할 수 없을 정도로 악화시키는 결과를 가져 올 수도 있다는 점과 사업주가 성희롱 피해자들에 대해 손해배상책임을 부담할 수도 있다는 점 등을 감안할 때, 참가인의 원고에 대한 이 사건 징계해직처분은 객관적으로 명백히 부당하다고 인정되지 않음.

■판결의 의의와 한계

1) 대상판결은 성희롱을 이유로 한 징계해고의 정당성 여부를 판단한 첫 대법원 판결이다. 대상판결은 이 사건 징계해직(해고)처분의 당부를 판단하는 데에 그치지 않고 성희롱을 이유로 하는 징계처분의 정당성 판단에 관한 일반원칙까지 제시하고 있어서 매우 유의미하다.

2) 대상판결은 객관적 관점에서의 '적대적(고용환경악화형) 성희롱' 또는 '반복적 성

희롱'에 해당하는 행위를 이유로 한 징계해고처분은 원칙적으로 징계권의 남용에 해당하지 않는다는 점을 밝히고 있을 뿐만 아니라 성희롱을 방지하여야 할 지위에 있는 자의 성희롱 행위에 대한 징계해고처분의 불가피성을 시사하고 있다.

▌기타 해설

1) 대상판결이 인용하고 있는 법리에 의하면 징계처분이 '객관적으로 명백히 부당하다고 인정되는 경우'에는 징계권의 남용으로 판단된다. 징계권의 행사가 공익의 원칙에 반하거나 비례의 원칙에 위반하는 경우 또는 평등의 원칙에 위반한 경우 징계처분은 '객관적으로 명백히 부당하다고 인정되는 경우'에 해당하는 것으로 볼 수 있고, 따라서 징계권자의 재량권의 한계를 벗어난 처분으로서 위법한 것이 된다(2002다51555판결 참조).

> ※ **대법원 2004. 6. 25. 선고 2002다51555 판결【징계해고무효확인청구등】**
> - "교직원인 피징계자에게 사립학교법상의 징계사유가 있어 징계처분을 하는 경우, 어떠한 처분을 할 것인가는 징계권자의 재량에 맡겨진 것이고, 다만 징계권자가 재량권의 행사로서 한 징계처분이 사회통념상 현저하게 타당성을 잃어 징계권자에게 맡겨진 재량권을 남용한 것이라고 인정되는 경우에 한하여 그 처분을 위법하다고 할 수 있고, 교직원에 대한 징계처분이 사회통념상 현저하게 타당성을 잃었다고 하려면 구체적인 사례에 따라 징계의 원인이 된 비위사실의 내용과 성질, 징계에 의하여 달성하려고 하는 목적, 징계 양정의 기준 등 여러 요소를 종합하여 판단할 때에 그 징계 내용이 객관적으로 명백히 부당하다고 인정할 수 있는 경우라야 하고, 징계권의 행사가 임용권자의 재량에 맡겨진 것이라고 하여도 공익적 목적을 위하여 징계권을 행사하여야 할 공익의 **원칙에 반하거나** 일반적으로 징계사유로 삼은 비행의 정도에 비하여 균형을 잃은 과중한 징계처분을 선택함으로써 **비례의 원칙에 위반하거나** 또는 합리적인 사유 없이 같은 정도의 비행에 대하여 일반적으로 적용하여 온 기준과 어긋나게 공평을 잃은 징계처분을 선택함으로써 **평등의 원칙에 위반한 경우**에 이러한 징계처분은 **재량권의 한계를 벗어난 처분으로서 위법한 것**이고(대법원 2003. 1. 24. 선고 2002두9179 판결 등 참조), 그러한 판단을 함에 있어서는 피징계자의 평소의 소행, 근무성적, 징계처분 전력 이외에도 당해 징계처분사유 전후에 저지른 징계사유로 되지 아니한 비위사실도 징계양정에 있어서의 참고자료가 될 수 있는 것이며(대법원 1998. 5. 22. 선고 98다2365 판결 등 참조), 수 개의 징계사유 중 일부가 인정되지 않으나 인정되는 다른 일부 징계사유만으로도 당해 징계처분의 타당성을 인정하기에 충분한 경우에는 그 징계처분을 그대로 유지하여도 위법하지 아니하다 할 것이다(대법원 2002. 9. 24. 선고 2002두6620 판결 등 참조)."

2) 대상판결에 의하면 성희롱의 성립 여부는 주관적(피해자인 상대방) 관점으로만 판단하여서는 아니 된다. 객관적(평균인) 관점에서 보았을 때에도 성희롱으로 인정되어야 한다. 이 경우 '평균인'은 "객관적으로 상대방과 같은 처지에 있는 일반적이고도 평균적인 사람"을 뜻한다. 이와 관련하여 다음의 판결(2005두6461 판결)을 참고하기 바란다. 이 판결은 초등학교 교사들의 회식 자리에서 교감이 여자교사들에 대하여 교장에게 술을 따라 줄 것을 두 차례 권한 언행이 그 경위나 정황, 발언자의 의도 등에 비추어 여자교사들로 하여금 성적 굴욕감 또는 혐오감을 느끼게 하는 성적 언동에 해당하지 않는다고 본 사례이다.

※ 대법원 2007. 6. 14. 선고 2005두6461 판결 【성희롱결정처분취소】

- "구 남녀차별금지 및 구제에 관한 법률(2003. 5. 29. 법률 제6915호로 개정되기 전의 것, 이하 '법'이라고 한다) 제2조 제2호에서는 "성희롱이라 함은 업무, 고용 기타 관계에서 공공기관의 종사자, 사용자 또는 근로자가 그 지위를 이용하거나 업무 등과 관련하여 성적 언동 등으로 성적 굴욕감 또는 혐오감을 느끼게 하거나 성적 언동 기타 요구 등에 대한 불응을 이유로 고용상의 불이익을 주는 것을 말한다"고 규정하고 있다. 여기서 성희롱의 전제요건인 '성적 언동 등'이란 남녀 간의 육체적 관계나 남성 또는 여성의 신체적 특징과 관련된 육체적, 언어적, 시각적 행위로서 사회공동체의 건전한 상식과 관행에 비추어 볼 때 객관적으로 상대방과 같은 처지에 있는 일반적이고도 평균적인 사람으로 하여금 성적 굴욕감이나 혐오감을 느끼게 하는 행위가 아닌 이상 상대방이 성적 굴욕감이나 혐오감을 느꼈다는 이유만으로 성희롱이 성립될 수는 없다고 할 것이다. 원심은, (명칭 생략)초등학교 3학년 담임교사들의 회식 자리에서 교감인 원고가 교장인 소외 1, 교무부장인 소외 2와 함께 참석하여 학생지도, 전국 초등학교 3학년 기초학력평가 및 1학기 영어 선도수업 등 학습에 관한 대화를 하던 중 소외 1이 3학년 담임교사 중 여자교사 3명에게는 소주잔에 맥주를 따라 주었고, 남자교사 3명에게는 소주잔에 소주를 따라 주었는데, 남자교사 3명만 소외 1에게 답례로 술을 권하고, 여자교사 3명은 술을 권하지 않자 두 차례에 걸쳐 여자교사들에게 교장선생님께 술 한 잔씩 따라 줄 것을 권유한 사실을 인정한 다음, 위 회식 장소에서의 대화 내용, 원고가 위와 같은 말을 하게 된 정황 등에 비추어 원고가 성적 의도를 가지고 위와 같은 언행을 하였다기보다 직장 상사인 교장으로부터 술을 받았으면 답례로 술을 권하여야 한다는 차원에서 한 것으로 보여지는 점, 회식에 참석한 여자교사 3명 중 2명이 원고의 언행으로 인하여 성적인 굴욕감 또는 혐오감을 느끼지 않았다고 진술하고 있는 점 등에 비추어 이 사건 회식의 성격, 참석자들의 관계, 장소 및 원고가 이 사건 언행을 할 당시의 상황, 성적 동기 또는 의도의 구체적인 사정을 종합하여 보면, 원고의 이 사건 언행이 우리 사회공동체의 건전한 상식과 관행에 비추어 볼 때 용인될 수 없는 선량한 풍속 또는 사회질서에 위반되는 것이라고 보기 어렵다

고 판단하였다. 위 법리와 기록에 비추어 볼 때, <u>원고가 단지 여자교사들에 대하여</u>
<u>교장인 소외 1에게 술을 따라 줄 것을 두 차례 권한 이 사건 언행은 여자교사들로</u>
<u>하여금 성적 굴욕감 또는 혐오감을 느끼게 하는 성적 언동에 해당하지 않는다고</u>
<u>할 것이므로</u> 이를 성희롱이라고 한 이 사건 결정이 위법하다고 한 <u>원심의 판단은</u>
<u>정당하고</u> … (이하 생략) …"

◀ Q 풀이 ▶

Q 1. 대상판결에서 직장 내 성희롱의 가해자에 대한 사용자의 징계권 행사를 폭
넓게 인정한 이유는?

[A] 대상판결의 법리에서는 '적대적(고용환경악화형) 성희롱'이나 '반복적 성희롱'
을 이유로 한 징계해고의 정당성(원칙적으로 징계권의 남용에 해당하지 않음), 성희롱
금지 입법화 이후의 성희롱 행위에 대한 엄격평가의 필요성, 성희롱을 방지하여
야 할 지위에 있는 자의 성희롱에 대한 보다 엄격한 취급의 필요성 등을 강조하
고 있다. 이 사건의 원고는 지점장으로서 성희롱을 하지 않을 의무를 부담할 뿐
만 아니라 그것을 방지하여야 할 지위에 있는 자임에도 불구하고 위의 적대적
성희롱 내지 반복적 성희롱에 해당하는 행위를 하였기 때문에 이러한 행위를 이
유로 한 참가인 회사의 징계해직처분은 징계권의 남용(즉 객관적으로 명백히 부당하
다고 인정되는 징계처분)이 아닌 것으로 판단되었다.

Q 2. 직장 내 성희롱과 관련하여 사업주가 부담하는 남녀고용평등법상의 의무는? (남
녀고용평등법 제12조 이하 참고)

[A] 성희롱을 하지 않을 의무(제12조), 성희롱 예방교육 실시 및 수강 의무(제13
조), 성희롱 발생 시 조치 의무(제14조), 고객 등에 의한 성희롱 방지 의무(제14조의
2) 등이다.

◀ 심화학습 ▶

1. 취업규칙상의 징계사유와 단체협약상의 징계사유의 관계 (대법원 1995. 2. 14.
선고 94누5069 판결; 대법원 1994. 6. 14. 선고 93다26151 판결 참고)

▷ 징계사유나 징계절차에 관하여 단체협약에서 취업규칙의 적용을 완전히 배제

하고 있거나 양자의 규정이 상호 저촉하는 경우 단체협약이 우선 적용되지만, 그러한 경우에 해당하지 않으면 사용자는 취업규칙에 새로운 징계사유를 정하여 그에 따라 해고할 수 있고, 이것이 단체협약 위반에 해당하는 것은 아니다(참고1, 2 판결).

※(참고1) 대법원 1995. 2. 14. 선고 94누5069 판결 【부당해고구제재심판정취소】
- "단체협약에서 "해고에 관하여는 단체협약에 의하여야 하고 취업규칙에 의하여 해고할 수 없다"는 취지로 규정하거나 "단체협약에 정한 사유 외의 사유로는 근로자를 해고할 수 없다"고 규정하는 등 근로자를 해고함에 있어, 해고사유 등을 단체협약에 의하도록 명시적으로 규정하고 있거나 동일한 징계사유에 관하여 단체협약상의 규정과 취업규칙 등의 규정이 상호 저촉되는 경우에는, 사용자는 단체협약 소정의 징계사유에 의하여만 근로자를 징계할 수 있다 할 것이다(당원 1994. 6. 14. 선고 93다26151 판결; 1994. 6. 14. 선고 93다62126 판결; 1993. 4. 27. 선고 92다48697 판결, 1993. 1. 15. 선고 92누13035 판결 등 참조)."

※(참고2) 대법원 1994. 6. 14. 선고 93다26151 판결 【해고무효확인등】
- "기업질서는 기업의 존립과 사업의 원활한 운영을 위하여 필요불가결한 것이고 따라서 사용자는 이러한 기업질서를 확립하고 유지하는 데 필요하고도 합리적인 것으로 인정되는 한 근로자의 기업질서위반행위에 대하여 근로기준법 등의 관련 법령에 반하지 않는 범위 내에서 이를 규율하는 취업규칙을 제정할 수 있다고 할 것이고 단체협약에서 규율하고 있는 기업질서위반행위 외의 근로자의 기업질서에 관련한 비위행위에 대하여 이를 취업규칙(취업규칙의 성질을 지니는 징계규정, 인사규정, 복무규정 등을 포함한다)에서 해고 등의 징계사유로 규정하는 것은 원래 사용자의 권한에 속하는 것이라 할 것이므로 단체협약에서 "해고에 관하여는 단체협약에 의하여야 하고 취업규칙에 의하여 해고할 수 없다"는 취지로 규정하거나 "단체협약에 정한 사유 외의 사유로는 근로자를 해고할 수 없다"고 규정하는 등 근로자를 해고함에 있어서 해고사유 및 해고절차를 단체협약에 의하도록 명시적으로 규정하고 있거나 동일한 징계사유나 징계절차에 관하여 단체협약상의 규정과 취업규칙 등의 규정이 상호 저촉되는 경우가 아닌 한 사용자는 취업규칙에서 새로운 해고사유를 정할 수 있고 그 해고사유에 터잡아 근로자를 해고할 수 있다 할 것이며 (당원 1993. 1. 15. 선고 92누13035 판결, 1993. 4. 27. 선고 92다48697 판결 등 참조) 비록 단체협약에서 해고사유와 해고 이외의 징계사유를 나누어 구체적으로 열거하고 있다 하더라도 취업규칙에서 이와 다른 사유를 해고사유로 규정하는 것이 단체협약에 반하는 것이라고 할 수 없다."

2. 1회의 무단결근과 해고의 정당성 (대법원 1994. 9. 13. 선고 94누576 판결 참고)
▷ 참고판결(94누576 판결) 사건은 고속버스회사의 부산사무소에서 근무하는 원고(운전기사)가 대구에서 열리는 입사동기생 모임에 참석키 위해 당일 휴무 요청, 대

리운전자 물색 등의 노력을 했으나 근무일자 조정이 불가하여 지소장이 당일 근무를 지시했음에도 결근하여서 예정노선(부산-진주) 1회 결행, 2회 대리운행이 초래되었고, 이에 회사가 원고에 대하여 징계면직처분을 한 사안이다. 이 사건의 원심법원은 원고의 행위가 취업규칙 소정의 징계사유에 해당한다고 보기 어렵고 제반 사정에 비추어 가장 중한 징계인 면직처분은 부당하다고 판단했으나, 대법원은 원고의 행위(단 1회의 배차지시 거부행위)가 중대한 근로계약 위반행위로 취업규칙 소정의 배차거부로 인한 승객운송중단·운송질서문란에 해당한다고 보아 원심판결을 파기하였다. 참고판결은 정기노선 고속버스 운행이라는 사업 및 근로자 담당직무의 특성(일반 공중을 상대로 여객운송 서비스의 제공), 비위행위(근무지시에 불응하여 1일 결근)가 사업운영에 미친 악영향 등에 초점을 두어 징계해고의 정당성을 인정한 사례로 볼 수 있다.

> ※ **대법원 1994. 9. 13. 선고 94누576 판결 【부당해고구제재심판정취소】**
> - "여객자동차운송사업을 영위하는 참가인회사(고속버스회사)에 있어서 사용자가 승무직 근로자(운전수)에 대하여 행하는 배차행위 또는 배차지시는 사용자가 기업의 목적수행을 위하여 근로계약이나 취업규칙 또는 단체협약을 기초하여 근로자에 대하여 내리는 통상적인 업무수행명령에 속한다 할 것이고, 이와 같은 배차지시는 곧 승무직 근로자에 대한 승무지시라고 할 수 있으므로, 승무직 근로자인 운전수는 원칙적으로 사용자의 배차지시에 따라 지정된 차량을 운행하여야 할 것이고 그것은 또한 여객자동차운송사업을 영위하는 사용자가 운전수를 채용함에 있어 체결하는 근로계약에 따른 기본적 의무라 할 것이다. (⇒ **여객자동차운송업에서 배차지시의 성질 및 근로계약의 내용**) 따라서 운전수가 질병 등으로 승무를 할 수 없는 사정이 있다거나 운행할 차량이 아주 노후되어 승무업무수행이 운전수의 안전을 해할 우려가 있다는 등의 특별한 사정이 없는 한 근로자인 운전수는 사용자의 배차지시에 따라야 할 것이고, 운전수가 이러한 특별한 사정이 없음에도 사용자의 배차지시 곧 승무지시를 거부하는 것은 근로계약에 따른 근로자의 본질적이고 기본적인 의무인 근로제공의무를 이행하지 않는 것으로서, 이는 채무불이행이 될 뿐 아니라 일반적으로 해고사유가 된다고 할 것이다(당원 1989. 9. 26. 선고 89다카5475 판결; 1991. 3. 22. 선고 90다18944 판결; 1992. 2. 11. 선고 91다5976 판결 각 참조). (⇒ **배차(승무)지시의 거부=채무불이행=일반적 해고사유**) 더욱이 정기적이고 계속적인 여객운송계획이 확정되어 있어야 하고, 정해진 시각에 예정된 차량운행이 순조롭게 운행되도록 하여야 하는 고속여객자동차운송업무의 특수성 및 공익성을 고려하면 승무직 근로자인 운전수가 회사의 배차지시(승무지시)를 받았음에도 불구하고 정당한 이유 없이 이를 거부함으로써 여객운송이 중단되는 사태가 초래되거나 운송질서가 문란케 된 경우에는 그것이 배차지시를 받고 무단결근을 해 버린 경우이던지 아니면 출근을 하였으면서도 이를 거부하던지 구별할 것 없이

이는 중대한 근로계약 위반행위라 할 것이고, 이와 같은 경우에는 사용자가 근로자를 면직할 수 있는 징계규정을 둘 수 있다 할 것인바, 참가인회사의 징계규정 제4조 제2항 제6호가 "배차를 거부하여 승객운송이 중단되는 사태를 유발하거나 운송질서를 문란케 한때"를 면직사유로 규정한 것도 이와 같은 취지에 기인한다 할 것이다. (⇒ 배차(승무)지시의 거부에 따른 여객운송 중단 내지 운송질서 문란=중대한 근로계약 위반행위=징계면직사유) 따라서 이와 같은 **배차지시를 받고도 무단결근을 함으로써 배차지시를 거부하게 되고 그로 인해 운송질서를 문란케 하는 행위**는 같은 면직사유인 징계규정 제4조 제2항 제8호에서 "월 무단결근 일수가 5일 이상인 때"라는 경우의 단순한 무단결근과는 그 성질을 달리하는 것이라고 보아야 할 것이고, 따라서 **단 1회의 무단결근이었다 하더라도 그것이 배차지시를 거부하는 것이라면 위 징계규정 제4조 제2항 제6호 소정의 면직사유에 해당**한다고 보아야 할 것이다. … (중략) … 고속여객자동차운송업무의 특수성 및 공익성 등을 함께 고려하여 보면 원고의 위와 같은 배차지시 거부행위는 그것이 비록 1회에 그쳤고, 원고가 입사 이래 이 사건 징계해고시까지 한번도 징계를 받은 적이 없으며 이 사건 징계해고 후 배차지시 거부사유에 대하여 해명하고, 입사동기생 전원과 연명으로 자신의 잘못을 시인하면서 구제를 탄원한 사정(원고는 이 사건 징계 당시에는 회사측에서 요구하는 시말서 제출도 거부하였고, 자신의 잘못을 시인하는 태도를 보이지도 아니하였다) 등을 감안하더라도 사회통념상 고용계약을 계속시킬 수 없는 정도로 근로자에게 책임 있는 사유가 있는 경우라 할 것이고, 따라서 위 징계규정에 따른 이 사건 징계해고가 징계권을 남용하거나 징계재량의 범위를 벗어난 것으로서, 정당한 이유 없이 이루어진 것이라고 할 수도 없다."

3. 이력서 허위기재와 해고의 정당성 (대법원 2012. 7. 5. 선고 2009두16763 판결 참고)
▷ 이력서 허위기재를 이유로 한 징계해고의 정당성에 관하여 기존의 판례는, 채용 당시 회사가 허위기재 사실을 알았더라면 근로자를 고용하지 않았을 것으로 보여지는 한 이를 해고사유로 들어 해고하는 것이 부당하다고 할 수 없고, 근로자의 채용시의 허위경력기재행위 내지 경력은폐행위를 징계해고사유로 규정하는 취업규칙 등은 허위사항의 기재가 작성자의 착오로 인한 것이거나 그 내용이 극히 사소하여 그것을 징계해고사유로 삼는 것이 사회통념상 타당하지 않다는 등의 특별한 사정이 있는 경우까지에도 적용되지 않는 한, 정당한 해고사유를 규정한 것으로 유효하고 이에 따른 징계해고는 정당하다는 입장을 취하였다(대법원 2000. 6. 23. 선고 98다54960 판결 참조). 참고판결(2009두16763 판결)의 원심도 이러한 입장에서 원고들이 모두 4년제 대학졸업자임에도 입사 당시 이력서에 대학졸업 사실을 기재하지 않은 것은 정당한 해고사유에 해당한다고 보아 학력 허위기재행위를 이유로 한 이 사건 해고가 부당하다는 원고들의 주장을 배척했다.

▷ 그러나 참고판결(2009두16763 판결)에서 대법원은 이력서 허위기재를 이유로 한 징계해고의 정당성 여부는 고용 당시의 사정(기존의 판례에서 판시하였던 사정, 즉 사용자가 사전에 허위기재 사실을 알았더라면 근로계약을 체결하지 아니하였거나 적어도 동일 조건으로는 계약을 체결하지 않았으리라고 여겨지는 사정)뿐만 아니라 고용 이후 해고에 이르기까지의 제반 사정(참고판결에서 새롭게 추가된 사정, 즉 근로자가 종사한 근로의 내용과 기간, 허위기재를 한 학력 등이 종사한 근로의 정상적인 제공에 지장을 초래하는지 여부 등)을 종합적으로 고려하여 판단할 것을 요구하면서 원심판결을 파기하였다. 참고판결에서 대법원이 제시한 위와 같은 판단기준은 기존의 것보다 엄격한 판단기준으로서 이력서 허위기재를 이유로 한 징계해고가 정당하지 않은 것으로 판단될 여지를 넓힌 점에서 의미가 있다. 즉 해고의 정당성에 관한 판단의 시점이 고용 당시에서 해고시까지로 확장되었고, 판단의 요소에서 주관적 사정(고용 당시 사용자의 의사를 추단하는 가정적 인관관계의 요소)뿐만 아니라 객관적 사정(고용 이후 해고 시까지의 제반 사정)까지 포함된 점에서 심사기준이 기존보다 강화되었다고 할 수 있다.

※ **대법원 2012. 7. 5. 선고 2009두16763 판결【부당해고및부당노동행위구제재심판정취소】**
- "근로기준법 제23조 제1항은 사용자는 근로자에게 정당한 이유 없이 해고하지 못한다고 하여 해고를 제한하고 있으므로, <u>징계해고사유가 인정된다 하더라도 사회통념상 고용관계를 계속할 수 없을 정도로 근로자에게 책임 있는 사유가 있는 경우에 한하여 해고의 정당성이 인정된다</u>(대법원 1998. 11. 10. 선고 97누18189 판결 등 참조). 이는 근로자가 입사 당시 제출한 이력서 등에 학력 등을 허위로 기재한 행위를 이유로 징계해고를 하는 경우에도 마찬가지이고, 그 경우 <u>사회통념상 고용관계를 계속할 수 없을 정도인지는 사용자가 사전에 그 허위 기재 사실을 알았더라면 근로계약을 체결하지 아니하였거나 적어도 동일 조건으로는 계약을 체결하지 않았으리라는 등 고용 당시의 사정뿐 아니라, 고용 이후 해고에 이르기까지</u> 그 근로자가 종사한 근로의 내용과 기간, 허위기재를 한 학력 등이 종사한 근로의 정상적인 제공에 지장을 초래하는지 여부, 사용자가 학력 등의 허위 기재 사실을 알게 된 경위, 알고 난 이후 당해 근로자의 태도 및 사용자의 조치 내용, 학력 등이 종전에 알고 있던 것과 다르다는 사정이 드러남으로써 노사간 및 근로자 상호간 신뢰관계의 유지와 안정적인 기업경영과 질서유지에 미치는 영향 기타 여러 사정을 종합적으로 고려하여 판단할 것이다. 다만 <u>사용자가 이력서에 근로자의 학력 등의 기재를 요구하는 것은</u> 근로능력의 평가 외에 근로자의 진정성과 정직성, 당해 기업의 근로환경에 대한 적응성 등을 판단하기 위한 자료를 확보하고 나아가 노사간 신뢰관계의 형성과 안정적인 경영환경의 유지 등을 도모하고자 하는 데에도 <u>그 목적이 있는 것으로, 이는 고용계약의 체결뿐 아니라 고용관계의 유지</u>

에 있어서도 중요한 고려요소가 된다고 볼 수 있다. 따라서 취업규칙에서 근로자가 고용 당시 제출한 이력서 등에 학력 등을 허위로 기재한 행위를 징계해고사유로 특히 명시하고 있는 경우에는 이를 이유로 해고하는 것은, 고용 당시 및 그 이후의 제반 사정에 비추어 보더라도 사회통념상 현저히 부당하지 않다면 그 정당성이 인정된다 할 것이다.

원심판결에 의하면, 원심은 제1심판결을 인용하여 그 판시와 같은 사실을 인정한 다음, 이 사건에서 해고된 원고들(원고 전국금속노동조합을 제외한 나머지 원고들 전원, 이하에서는 '위 원고들'이라 한다)이 모두 4년제 대학졸업자임에도 피고 보조참가인 회사들 및 스피드파워월드 주식회사(이하 위 회사들을 통틀어 '참가인 회사 등'이라고 한다)에 생산직 사원으로 입사할 당시 이력서에 대학졸업 사실을 기재하지 않은 것은 그 자체로 위 원고들의 정직성에 대한 중요한 부정적인 요소가 될 뿐만 아니라 참가인 회사 등의 위 원고들에 대한 전인격적인 판단을 그르치게 하는 행위에 해당하는 점, 참가인 회사 등의 각 취업규칙은 모두 경력 또는 학력의 허위 기재행위를 해고사유로 규정하고 있는 점, 참가인 회사 등은 4년제 대학졸업자를 생산직 사원으로 고용하지 않아 왔기 때문에 참가인 회사 등이 고용 당시 위 원고들의 4년제 대학졸업 사실을 알았더라면 이들을 고용하지 않았을 것으로 보이는 점 등을 종합하여 볼 때, 위 원고들이 입사 당시 이력서에 대학졸업 사실을 기재하지 아니한 것은 정당한 해고사유에 해당한다는 이유로 학력 허위 기재행위를 이유로 한 이 사건 해고가 부당하다는 위 원고들의 주장을 배척하였다.

위와 같은 원심의 판단은 참가인 회사 등이 위 원고들을 채용할 당시에 학력의 허위기재 사실을 알았더라면 채용하지 않았을 것이라고 인정되면 해고에 정당한 이유가 있다고 보는 전제에 서 있는 것으로 보인다. 그러나 앞서 본 법리에 비추어 보면, 학력 등의 허위기재를 징계해고사유로 규정한 취업규칙에 근거하여 근로자를 해고하는 경우에도, 고용 당시에 사용자가 근로자의 실제 학력 등을 알았더라면 어떻게 하였을지에 대하여 추단하는 이른바 가정적 인과관계의 요소뿐 아니라 고용 이후 해고 시점까지의 제반 사정을 보태어 보더라도 그 해고가 사회통념상 현저히 부당한 것은 아니라고 인정이 되어야만 정당성이 인정될 수 있다고 할 것이다.

따라서 원심으로서는 그 판시한 사정 이외에 참가인 회사 등이 그 취업규칙에서 학력 등의 허위 기재행위를 해고사유로 명시한 취지, 4년제 대학졸업자는 생산직 사원으로 고용하지 않는다는 방침이라면서 채용 당시 그러한 조건을 명시적으로 요구하지 아니한 이유, 위 원고들이 학력을 허위기재하여 취업한 경위 및 그 목적과 의도, 고용 이후 해고에 이르기까지 위 원고들 각자가 종사한 근로의 내용과 기간, 학력이 당해 근로의 정상적인 제공 등과 관련이 있는지 여부, 학력 허위 기재가 드러나게 된 경위와 그 이후 위 원고들의 태도 및 참가인 회사 등의 조치, 학력 허위 기재가 드러남으로써 노사간 또는 근로자 상호간의 관계나 기업경영 환경 및 사업장 질서유지에 어떠한 영향을 미쳤는지 등 여러 사정을 두루 심리해 본 다음, 이를 토대로 해서 보더라도 학력 허위기재를 이유로 해고를 하는 것이 사회통념상 현저히 부당하다고 인정될 정도는 아니어서 그 정당성이 있다고 할 수 있는지 원고들 각자의 사정을 개별적으로 살펴서 판단하였어야 할 것이다. 그럼에도 위와 같은 사정들을 제대로 살피지 아니한 채 그 판시의 사정만으로 이 사건 해고에 정당한 이유가 있다고 단정하여 이를 다투는 위 원고들의 주장을 배척한 원심판결에는 해고에 관한 법리를 오해하여 심리를 다하지 아니함으로써 판결 결과에 영향을 미친 위법이 있다."

4. 형사상 유죄판결과 해고의 정당성 (대법원 1997. 7. 25. 선고 97다7066 판결; 대법원 1997. 9. 26. 선고 97누1600 판결 참고)

▷ 단체협약이나 취업규칙에서 형사상 유죄판결을 징계해고사유로 규정하고 있는 경우 그 취지를 일률적으로 해석하여서는 아니 되고, 다른 징계사유나 당연퇴직사유의 내용 등도 함께 고려하여 그 취지를 사안별로 구체적으로 판단하여야 한다는 것이 판례의 기본적인 입장이라고 할 수 있다.

▷ 판례가 일반적으로 제시하고 있는 취지(유죄판결을 징계해고사유로 규정한 취지)는 다음과 같다. 즉 유죄판결로 인하여, i) 근로계약의 목적이 달성될 수 없게 되었기 때문이거나(근로제공의무의 불이행 상태의 장기화), ii) 당해 근로자의 지위나 범죄행위의 내용에 따라서는 사용자의 명예나 신용이 심히 실추되거나 거래관계에 악영향을 미치게 되기 때문이거나, 또는 iii) 사용자와 근로자의 신뢰관계가 상실됨으로써 근로관계의 유지가 기대될 수 없게 되었거나 기업 내의 다른 종업원과의 신뢰관계나 인간관계가 손상되어 직장질서의 유지를 저해하게 되었기 때문이다(참고1, 2 판결). 그리고 이 경우 유죄판결은 특별한 사정이 없는 한 유죄의 '확정판결'을 의미하지만, 반드시 확정된 '실형판결'만을 의미하는 것은 아니라는 것이 판례의 입장이다(참고1, 2 판결).

※(참고1) 대법원 1997. 7. 25. 선고 97다7066 판결 【부당해고무효확인청구】
- "단체협약에 해고사유로서 '업무 외의 사건으로 형사상 유죄판결을 받은 자'라는 규정을 두고 있을 때 그와 같은 해고규정을 두게 된 취지는 그 유죄판결로 인하여 근로자의 기본적인 의무인 근로제공의무를 이행할 수 없는 상태가 장기화되어 근로계약의 목적이 달성될 수 없게 되었거나 사용자인 회사의 명예나 신용이 심히 실추되거나 거래관계에 악영향을 끼친 경우 또는 사용자와 근로자의 신뢰관계가 상실됨으로써 근로관계의 유지가 기대될 수 없게 되었기 때문일 것이며(당원 1997. 5. 23. 선고 97다9239 판결 참조), 여기서의 유죄판결이란 단체협약의 규정상 미확정 유죄판결도 해고사유로 삼고 있음이 분명한 경우를 제외하고는 '유죄의 확정판결을 받은 자'만을 의미하는 것으로 해석하여야 할 것이다(당원 1994. 6. 24. 선고 93다28584 판결 참조). 원심이 확정한 사실관계에 의하면, 원고는 그 판

시와 같은 동료기사 등에 대한 상해 및 폭행 등으로 불구속 기소되어 1993. 8. 10. 1심법원에서 징역 8월에 2년간 집행유예의 판결을 선고받고 이에 불복 항소하였는데 피고는 위 판결이 확정되기 이전인 같은 해 10. 16. 원고가 위 집행유예의 판결을 선고받은 것이 단체협약 제35조 제4호에 정한 해고사유인 '업무 외의 사건으로 형사상 유죄판결을 받은 자'에 해당한다고 보아 원고를 징계해고하였다는 것인바, 단체협약상의 유죄판결이 미확정 판결도 포함하는 것으로 볼 다른 특별한 사정이 없는 이 사건에 있어서 아직 확정되지 아니한 유죄판결을 근거로 원고를 징계해고한 것은 위법하다고 하지 않을 수 없다. 또한 동일한 징계사유에 관하여 취업규칙은 단체협약에 저촉될 수 없는 것이므로(당원 1995. 4. 7. 선고 94다30249 판결 참조), 소론 주장과 같이 피고의 취업규칙에 '형사사건으로 기소되어 형의 선고를 받았을 때'와 '범법행위를 하여 형사상 소추를 받은 자'를 해고사유로 규정하고 있다고 할지라도 위와 같은 취업규칙상의 규정을 근거로 단체협약상의 '유죄판결'을 미확정 유죄판결도 포함하는 것으로 해석할 수는 없다고 할 것이다."

※(참고2) 대법원 1997. 9. 26. 선고 97누1600 판결 【부당해고구제재심판정취소】

- "단체협약에 해고사유로서 "형사사건으로 기소된 자가 금고 이상의 형의 판결을 받았을 때"라는 규정을 두고 있는 취지는 통상 그러한 유죄판결로 인하여 i) 근로자의 기본적인 의무인 근로제공의무를 이행할 수 없는 상태가 장기화되어 근로계약의 목적을 달성할 수 없게 되었기 때문일 뿐만 아니라, ii) 기업 내의 다른 종업원과의 신뢰관계나 인간관계가 손상되어 직장질서의 유지를 저해하거나, iii) 당해 근로자의 지위나 범죄행위의 내용 여하에 따라서는 회사의 명예와 신용을 심히 훼손하거나 거래관계에까지 악영향을 미치게 되기 때문이라고 할 것이므로 여기서의 '금고 이상의 형의 판결'이 반드시 실형판결만을 의미한다고 단정하여서는 아니 될 것이다(대법원 1997. 5. 23. 선고 97다9239 판결, 1997. 7. 25. 선고 97다7066 판결 참조). 더욱이 이 사건에 있어서는 단체협약 제35조 제2항에서 공단의 이익을 위한 부득이한 형사사건과 교통사고로 인하여 금고 이상의 형의 판결을 받은 경우에는 징계위원회 또는 인사위원회에서 심의 의결하여야 한다고 규정하고 있기 때문에 인사규정에 따라 '금고이상의 형의 판결'을 받은 것을 이유로 직권면직을 하는 경우에는 당연히 이 단체협약의 제한을 받게 되는 점이나, 참가인 공단의 인사규정 제20조 제4호, 제41조 등의 집행유예를 선고받고 2년이 경과하지 아니한 자는 임용 결격자로서 당연퇴직 사유에 해당하는 것으로 규정하고 있는 점과의 균형 등을 고려하여 보더라도 단체협약상의 해고 사유인 유죄판결이 실형판결만을 의미한다고 볼 수는 없을 뿐만 아니라 인사규정 제42조의 직권면직 사유인 유죄판결이 실형판결만을 의미한다고 볼 수 없다. 기록에 의하면 이 사건에 있어서 원고가 유죄판결을 받게 된 행위는 원심판시와 같이 법률이 금지하는 중재시의 쟁의행위인 파업을 주도하여 공익사업인 참가인 공단의 업무를 방해한 것이고, 공공성이 강한 지하철 운송업을 운영하는 참가인 공단으로서는 원고가 위와 같은 행위로 징역 10월에 2년간 집행유예의 유죄판결을 받고도 계속 근무하게 된다면 참가

인 공단 내의 질서유지에 악영향을 미칠 것이 명백하다고 할 것이므로 원고가 위와 같은 판결을 받은 것은 단체협약 제35조 제1항 제1호 인사규정 제42조 제5호 소정의 직권면직 사유에 해당한다고 할 것이다."

3. 경영상 이유에 의한 해고

◀ 판례분석 ▶

▌**제 목** : 일부 사업 부문 폐지에 따른 해고의 정당성(N) [일진전기사건]

▌**대상판결** : 대법원 2021. 7. 29. 선고 2016두64876 판결 【부당해고구제재심판정취소】
【원고, 피상고인】 일진전기 주식회사
【피고, 상고인】 중앙노동위원회위원장
【피고보조참가인, 상고인】 피고보조참가인 1 외 5인
【원심판결】 서울고법 2016. 12. 1. 선고 2016누50367 판결
【주 문】 원심판결을 파기하고, 사건을 서울고등법원에 환송한다.

▌**사건의 개요** : 원고는 2008. 7. 1. 설립되어 상시 근로자 약 945명을 고용하여 전기기기 및 부품, 변압기, 케이블 및 케이블 접속재 등을 제조하는 회사로 안산(반월)공장, 수원공장, 홍성공장 등을 운영하고 있고, 원고가 2014. 12. 29. 안산(반월)공장 통신사업부에서 근무하던 피고보조참가인 근로자들(이하 '참가인들')에게 '취업규칙 제31조 제1항에 의거 사업부 폐지에 따라 경영상 해고한다.'라는 내용의 해고통지를 하였으며(이하 '이 사건 해고'), 이에 참가인들은 이 사건 해고가 부당해고 등에 해당한다고 주장하면서 관할 지방노동위원회에 구제신청을 하였다.

▌**관련 법 규정**(현행법 기준)
- 근기법 제24조(경영상 이유에 의한 해고의 제한) ① 사용자가 경영상 이유에 의하여 근로자를 해고하려면 긴박한 경영상의 필요가 있어야 한다. 이 경우 경영 악화를 방지하기 위한 사업의 양도·인수·합병은 긴박한 경영상의 필요가 있는 것

으로 본다.

② 제1항의 경우에 사용자는 <u>해고를 피하기 위한 노력</u>을 다하여야 하며, <u>합리적이고 공정한 해고의 기준</u>을 정하고 이에 따라 그 대상자를 선정하여야 한다. 이 경우 남녀의 성을 이유로 차별하여서는 아니 된다.

③ 사용자는 제2항에 따른 해고를 피하기 위한 방법과 해고의 기준 등에 관하여 그 사업 또는 사업장에 근로자의 과반수로 조직된 노동조합이 있는 경우에는 그 노동조합(근로자의 과반수로 조직된 노동조합이 없는 경우에는 근로자의 과반수를 대표하는 자를 말한다. 이하 "근로자대표"라 한다)에 해고를 하려는 날의 50일 전까지 통보하고 <u>성실하게 협의</u>하여야 한다.

④ 사용자는 제1항에 따라 대통령령으로 정하는 일정한 규모 이상의 인원을 해고하려면 대통령령으로 정하는 바에 따라 고용노동부장관에게 신고하여야 한다.

⑤ 사용자가 <u>제1항부터 제3항까지의 규정에 따른 요건을 갖추어 근로자를 해고한 경우에는 제23조 제1항에 따른 정당한 이유가 있는 해고를 한 것으로 본다.</u>

▌**판결의 성격** : 원심은 이 사건 해고가 통상해고로서 정당하고, 설령 이 사건 해고가 통상해고로서의 요건을 갖추지 못하였다고 하더라도 이 사건 해고는 근기법이 정한 경영상 해고의 요건을 모두 충족하여 정당하다고 판단했으나, 대법원은 원심의 판단에 일부 사업 부문의 폐지에 따른 해고의 정당성에 관한 법리 오해 및 경영상 해고에 관한 법리 오해 등 있다는 이유로 원심판결을 파기환송하였다.

▌**쟁 점**
- 이 사건 해고가 통상해고로서 정당한 것인지 여부
- (통상해고로서의 요건을 갖추지 못하였다면) 이 사건 해고가 정당한 경영상 해고로 볼 수 있는지 여부

▌**중요 사실관계**
- i) <u>원고는 일진전선 등 3개 회사를 순차적으로 합병</u>하여, 합병 이전의 사업장과 생산 품목 등을 그대로 유지하면서 <u>전선사업, 통신사업, 재료사업, 중전기사업을 영위</u>, ii) 원고의 전선사업부는 전력선(초고압케이블)을, 통신사업부는 통신선(광케이블과 F/S케이블)을, 재료사업부는 기초 소재를, 중전기사업부는 차단기와 변압기를 생산, iii) 이 사건 해고 무렵 원고는 그 산하에 전선사업본부, 중전기사업

본부, 경영지원실 등을 두고, 전선사업본부 산하에 전력선사업부, 재료사업부, 통신사업부 등을, 중전기사업본부 산하에 변압기사업부, 차단기사업부 등을 편제하여 두고 있었으며, 각 본부 산하에 국내영업담당 및 해외영업담당 조직을 둠, iv) 전력선사업부는 수원의 전선공장에, 통신사업부와 재료사업부는 안산(반월)공장에 있었음, v) 원고의 재무제표는 원고 법인을 기준으로 단일하게 작성·공시, vi) 원고는 전선사업본부장 등의 전결에 따라 각 공장에서 근무할 직원의 모집공고 등을 거쳐 직원을 채용한 후 원고 대표이사를 사용자로 기재한 근로계약서를 작성(원고 소속 근로자들은 근로계약서에 기재된 근무 장소 및 사업부에서 근무하다가 원고의 필요에 따라 다른 업무를 수행하거나 다른 사업부로 전환배치 되기도 하였음), vii) 원고의 각 사업부에서 생산하는 제품은 모두 전기 관련 제품(전선사업부에서 생산하는 전력선과 통신사업부에서 생산하는 통신케이블은 그 제조 공정에 유사성 있음) ⇒ **원고의 통신사업부를 다른 사업부와 독립한 별개의 사업체로 볼 수 있는지 여부와 관련**

- i) 원고의 통신사업부는 다른 사업 부문과 인적·물적·장소적으로 분리·독립되어 있지 않고, 재무 및 회계가 분리되어 있지도 않음, ii) 2010년부터 2014년까지 원고 전체 영업이익과 당기순이익은 감소하였다가 증가세로 돌아서서 2014년 이 사건 해고 당시 영업이익은 약 351.9억 원, 2014년 당기순이익은 약 176.1억 원, iii) 같은 기간 원고의 매출은 전체적으로 감소 추세였으나, 통신사업부의 매출이 원고 전체의 매출에서 차지하는 비중은 5% 미만(2014년 원고의 전체 매출액은 7,856억 원이고 통신사업부의 매출액은 그중 약 2.4%인 194.4억 원), iv) 같은 기간 통신사업부의 영업이익은 적자 추세(2014년 당시 마이너스 31.3억)이나 원고 전체의 영업이익 및 그 증감분에서 차지하는 비중은 크지 않음, v) 원고는 2013년을 제외하고 2010년부터 2014년까지 직원들의 기본급 인상(2014년 인상률 9.5%) ⇒ **긴박한 경영상의 필요 판단의 단위(원고의 통신사업부만인지, 원고 법인 전체인지) 및 긴박한 경영상의 필요 유무 관련**

- i) 원고는 통신사업부 소속 근로자를 정리해고하기로 결정하고 그들을 상대로 퇴직위로금(3개월분 임금) 지급하는 조건으로 희망퇴직 실시, ii) 원고는 희망퇴직을 신청하지 않은 생산직 근로자 중 7명을 원고의 수원전선공장 및 안산(반월)공장의 재료사업부 등으로 전환배치 ⇒ **해고를 피하기 위한 노력을 다했는지 여부와 관련**

- 원고는 희망퇴직을 신청하지 않은 통신사업부 생산직 근로자들을 업무적합성 (40%), 임금(30%), 근태(20%), 회사공헌도(근속연수, 10%)에 따라 평가한 후 그 중 7명의 근로자를 원고의 수원전선공장 및 안산(반월)공장의 재료사업부 등으로 전환배치, 전환배치대상자로 선정되지 않은 참가인들 6명 최종 해고 ⇒ **해고대상자**

및 전환배치대상자 선정기준의 합리성·공정성 여부와 관련

■ **기본법리**(판지)

1) ⑴ 어떤 기업이 경영상 이유로 사업을 여러 개의 부문으로 나누어 경영하다가 그중 일부를 폐지하기로 하였다 하더라도 이는 원칙적으로 사업 축소에 해당할 뿐 사업 전체의 폐지라고 할 수 없으므로(대법원 1992. 5. 12. 선고 90누9421 판결 참조), 사용자가 <u>일부 사업을 폐지하면서 그 사업 부문에 속한 근로자를 해고하려면</u> 근로기준법 제24조에서 정한 경영상 이유에 의한 해고 요건을 갖추어야 하고, 그 요건을 갖추지 못한 해고는 정당한 이유가 없어 무효이다. ⇒ **[일부 사업 폐지에 따른 해고의 효과(경영상 해고의 요건 충족 시 유효, 미충족 시 무효)]**

⑵ 한편 <u>사용자가 사업체를 폐업하고 이에 따라 소속 근로자를 해고하는 것은</u> 그것이 노동조합의 단결권 등을 방해하기 위한 <u>위장 폐업이 아닌 한</u> 원칙적으로 기업 경영의 자유에 속하는 것으로서 <u>유효</u>하고, 유효한 폐업에 따라 사용자와 근로자 사이의 <u>근로관계도 종료</u>한다(대법원 1995. 10. 12. 선고 94다52768 판결 등 참조). ⇒ **[사업체 전부 폐업에 따른 해고의 효과(위장 폐업이 아닌 한 유효 및 근로관계 종료)]**

⑶ 따라서 사용자가 <u>일부 사업 부문을 폐지하고 그 사업 부문에 속한 근로자를 해고하였는데</u> 그와 같은 해고가 경영상 이유에 의한 해고로서의 요건을 갖추지 못하였지만 <u>폐업으로 인한 통상해고로서 예외적으로 정당하기 위해서는,</u> 일부 사업의 폐지·축소가 사업 전체의 폐지와 같다고 볼 만한 특별한 사정이 인정되어야 한다. ⇒ **[일부 사업 폐지에 따른 해고가 폐업으로 인한 통상해고로서 예외적으로 정당화될 수 있는 특별한 사정(일부 사업의 폐지·축소=사업 전체의 폐지)]**

⑷ 이때 <u>일부 사업의 폐지가 폐업과 같다고 인정할 수 있는지는</u> 해당 사업 부문이 인적·물적 조직 및 운영상 독립되어 있는지, 재무 및 회계의 명백한 독립성이 갖추어져 별도의 사업체로 취급할 수 있는지, 폐지되는 사업 부문이 존속하는 다른 사업 부문과 취급하는 업무의 성질이 전혀 달라 다른 사업 부문으로의 전환배치가 사실상 불가능할 정도로 업무 종사의 호환성이 없는지 등 <u>여러 사정을 구체적으로 살펴 종합적으로 판단</u>하여야 한다. ⇒ **[일부 사업 폐지가 폐업과 같다고 인정할 수 있는지 판단하는 방법]**

⑸ 근로기준법 제31조에 의하여 부당해고구제 재심판정을 다투는 소송에서 해고의 정당성에 관한 증명책임은 이를 주장하는 사용자가 부담하므로(대법원 1999. 4. 27. 선고 99두202 판결 참조), <u>사업 부문의 일부 폐지를 이유로 한 해고가 통상해고로서 정당성을 갖추었는지에 관한 증명책임 역시 이를 주장하는 사용자가 부</u>

답한다. ⇒ [사업 부문 일부 폐지를 이유로 한 해고가 통상해고로서의 정당성에 관한 증명책임의 소재(=사용자)]

2) ⑴ 근로기준법 제24조에서 정한 경영상 이유에 의한 해고의 요건 중 <u>긴박한 경영상의 필요란 반드시 기업의 도산을 회피하기 위한 경우에 한정되지 아니하고, 인원감축이 객관적으로 보아 합리성이 있는 경우도 포함되지만</u>(대법원 1991. 12. 10. 선고 91다8647 판결, 대법원 1999. 5. 11. 선고 99두1809 판결 등 참조), ⇒ **[긴박한 경영상의 필요 요건의 의미(감원의 객관적 합리성 포함)]**

⑵ <u>긴박한 경영상의 필요가 있는지 여부는 법인의 어느 사업 부문이 다른 사업 부문과 인적·물적·장소적으로 분리·독립되어 있고 재무 및 회계가 분리되어 있으며 경영여건도 서로 달리하는 예외적인 경우가 아니라면 법인의 일부 사업 부문의 수지만을 기준으로 할 것이 아니라 법인 전체의 경영사정을 종합적으로 검토하여 판단하여야</u> 한다(대법원 2006. 9. 22. 선고 2005다30580 판결, 대법원 2015. 5. 28. 선고 2012두25873 판결 등 참조). ⇒ **[긴박한 경영상의 필요가 있는지 판단하는 방법(사업 부문의 독립성 등이 인정되는 예외적인 경우를 제외하고 원칙적으로 법인 전체의 경영사정 기준 종합적 검토·판단)]**

3) ⑴ 근로기준법 제24조에서 정한 경영상 이유에 의한 해고의 요건 중 <u>해고를 피하기 위한 노력을 다하여야 한다는 것은 경영방침이나 작업방식의 합리화, 신규 채용의 금지, 일시휴직 및 희망퇴직의 활용, 전근 등 사용자가 해고 범위를 최소화하기 위하여 가능한 모든 조치를 취하는 것을 의미하고</u>(대법원 1992. 12. 22. 선고 92다14779 판결, 대법원 1999. 4. 27. 선고 99두202 판결 참조), ⇒ **[해고회피노력 요건의 의미(해고 범위의 최소화를 위한 가능한 모든 조치)]**

⑵ <u>그 방법과 정도는 확정적·고정적인 것이 아니라</u> 당해 사용자의 경영위기의 정도, 해고를 실시하여야 하는 경영상의 이유, 사업의 내용과 규모, 직급별 인원 상황 등에 따라 달라지는 것이다(대법원 2004. 1. 15. 선고 2003두11339 판결 참조). 한편 경영상 이유에 의한 해고가 정당하기 위한 요건은 사용자가 모두 증명해야 하므로(대법원 2019. 11. 28. 선고 2018두44647 판결 참조), <u>해고 회피 노력을 다하였는지에 관한 증명책임은 이를 주장하는 사용자가 부담한다.</u> ⇒ **[해고회피노력의 방법과 정도(확정적·고정적인 게 아니라 해당 기업의 사정에 따라 상이) 및 그 증명책임의 소재 (=사용자)]**

4) ⑴ 근로기준법 제24조의 경영상 이유에 의한 해고 요건 중 <u>합리적이고 공정한 해고의 기준은 확정적·고정적인 것은 아니고</u> 당해 사용자가 직면한 경영위기의 강도와 해고를 실시하여야 하는 경영상의 이유, 해고를 실시한 사업 부문

의 내용과 근로자의 구성, 해고 실시 당시의 사회경제적 상황 등에 따라 달라지는 것이지만, 객관적 합리성과 사회적 상당성을 가진 구체적인 기준을 실질적으로 공정하게 적용하여 정당한 해고대상자의 선정이 이루어져야 한다(대법원 2014. 7. 10. 선고 2014다1843 판결 참조). ⇒ **[합리적이고 공정한 해고기준의 의미(확정적·고정적인 게 아니라 해당 기업의 사정에 따라 상이) 및 해고대상자 선정 원칙(객관적 합리성과 사회적 상당성을 가진 구체적 기준의 공정한 적용에 따른 해고대상자 선정)]**

⑵ 따라서 해고대상자 선정기준은 단체협약이나 취업규칙 등에 정해져 있는 경우라면 특별한 사정이 없는 한 그에 따라야 하고, 만약 그러한 기준이 사전에 정해져 있지 않다면 근로자의 건강상태, 부양의무의 유무, 재취업 가능성 등 근로자 각자의 주관적 사정과 업무능력, 근무성적, 징계 전력, 임금 수준 등 사용자의 이익 측면을 적절히 조화시키되, 근로자에게 귀책사유가 없는 해고임을 감안하여 사회적·경제적 보호의 필요성이 높은 근로자들을 배려할 수 있는 합리적이고 공정한 기준을 설정하여야 한다. ⇒ **[합리적이고 공정한 해고기준의 구체적 내용과 그 설정 방법(근로자의 주관적 사정과 사용자 이익의 적절한 조화, 단 사회·경제적 보호 필요성이 큰 근로자 배려 기준 설정]**

⑶ 경영상 이유에 의한 해고에 앞서 전환배치를 실시하는 경우 전환배치대상자 선정기준은 최종적으로 이루어지는 해고대상자 선정에도 영향을 미치게 되므로, 전환배치 기준은 해고대상자 선정기준에 준하여 합리성과 공정성을 갖추어야 하고, 이에 관한 증명책임 역시 이를 주장하는 사용자가 부담한다. ⇒ **[전환배치대상자 선정기준의 합리성·공정성 및 그 증명책임의 소재(=사용자)]**

■**결론 및 이유** : (이 사건 해고가 통상해고로서 정당한 것인지에 대하여) 원고의 통신사업부는 독립한 별개의 사업체라고 볼 수 있다는 전제하에 통신사업부의 폐지를 이유로 한 이 사건 해고는 통상해고로서 정당하다는 원심의 판단에는 일부 사업 부문의 폐지에 따른 해고의 정당성에 관한 법리를 오해한 잘못이 있고, (설령 이 사건 해고가 통상해고로서의 요건을 갖추지 못하였다고 하더라도 정당한 경영상 해고로 볼 수 있는지에 대하여) 이 사건 해고는 근로기준법 제24조의 요건을 모두 갖추어 정당하다는 원심의 판단에는 경영상 이유에 의한 해고에 관한 법리를 오해하거나 논리와 경험의 법칙에 반하여 자유심증주의의 한계를 벗어남으로써 판결에 영향을 미친 잘못이 있다.

- **일부 사업 부문 폐지 관련** : 다음과 같은 사정들을 앞에서 본 법리에 비추어 살펴보면, 원고의 통신사업부는 존속하는 다른 사업부와 독립한 별개의 사업체

로 보기 어렵다. i) 원고의 각 사업부는 생산하는 제품이 다르기는 하나 본사가 경영을 총괄하여 경영주체가 동일하고, 독립된 별도의 영업조직을 갖추고 있지 않음. 각 사업부는 수원공장, 안산(반월)공장, 홍성공장 등으로 사업장이 분산되어 있으나 이는 합병 이전에 영위하던 생산 업무를 그대로 유지하려는 원고의 경영상 필요에 따른 것으로 보임. ii) 재무와 회계가 독립되어 있는지 여부는 원칙적으로 재무 및 회계에 관한 객관적인 자료를 바탕으로 판단하여야 함. 그런데 원고가 제출한 재무제표상 통신사업부, 전선사업부, 재료사업부, 중전기사업부를 각각 재무와 회계가 구분된 독립된 사업 부문으로 운영하고 있는 것으로는 보이지 아니함. 원고가 제출한 ERP(Enterprise Resource Planning, 기업자원관리 시스템)상으로는 사업부별 영업이익과 매출액이 구별되나, 이는 회계의 편의를 위하여 내부적으로 작성한 자료에 불과함. 그 밖에 원고의 위 각 사업부가 재무·회계상 명백히 독립되어 있는 것으로 볼 만한 자료는 찾기 어려움. iii) 원고가 재무를 담당하는 조직을 위 각 사업부 단위로 별도로 두고 있거나 원고의 각 사업부가 독립적인 인사권을 보유 및 행사하고 있는 것으로 보이지 아니함. iv) 원고의 각 사업부 사이에 업무종사의 호환성이 없다고 단정할 수 없음. 특히 전력선과 통신선의 제조 공정이 유사하여 통신사업부에 종사한 근로자는 비교적 단기간의 직무교육을 거쳐 전선사업부에 편입될 수 있다고 보임. v) 그 밖에 원고의 통신사업부가 다른 사업부와 인적·물적 조직으로 분리되어 있고, 재무·회계가 독립되어 있으며, 각 사업부 사이에 업무종사의 호환성이 없다고 볼 만한 사정을 기록상 찾기 어려움.

※ **원심의 판단** : 사용자가 사업 중 일부만 폐지하였더라도 폐지한 사업과 존속하는 사업을 별개의 독립한 사업체로 볼 수 있어 폐업한 사업장의 근로자들을 다른 사업장으로 전환배치하는 것이 사실상 어려운 경우 이는 단순한 사업축소가 아니라 독자적 사업부문 전체의 폐지에 해당하므로 사업체 전부 폐업과 마찬가지로 사용자와 근로자 사이의 근로계약관계가 종료된다고 봄이 타당함. 원고의 통신사업부, 전선사업부, 재료사업부, 중전기사업부는 각각 독립한 별개의 사업체로서 원고가 이 중 통신사업부를 폐지한 것은 독자적 사업부문 전체를 폐지한 것에 해당한다고 봄이 상당하므로, 통신사업부의 폐지를 이유로 한 이 사건 해고는 통상해고의 요건을 갖추고 그 해고에 정당한 사유가 있다고 할 것이어서 적법함(이하 구체적인 판단이유 생략).

- **긴박한 경영상의 필요 관련** : 다음과 같은 사정들을 위 법리에 비추어 살펴보면,

이 사건 해고 당시 긴박한 경영상의 필요가 있다고 보기 어렵다. i) 원고의 통신사업부는 다른 사업 부문과 인적·물적·장소적으로 분리·독립되어 있지 않고, 재무 및 회계가 분리되어 있지도 않음. 원고의 통신사업부만을 분리하여 긴박한 경영상의 필요 여부를 판단할 수 있는 예외적인 경우에 해당한다고 보기 어려움. ii) 이 사건 해고 당시 원고 법인의 전체 영업이익과 당기순이익 규모 등에 비추어 보면, 원고의 전반적인 경영상태는 양호하였던 것으로 보임(① 원고는 2010년부터 2012년까지 매출, 영업이익, 당기순이익이 전체적으로 감소하였으나, 2013년과 2014년에는 영업이익과 당기순이익이 흑자를 기록하였음. ② 2010년부터 2014년까지 원고 전체 영업이익과 당기순이익은 감소하였다가 증가세로 돌아서서 2014년 영업이익은 약 351.9억 원, 2014년 당기순이익은 약 176.1억 원에 이르렀음. ③ 원고의 내부 관리 및 분석 자료에 의하더라도, 통신사업부의 영업이익은 적자 추세이지만 원고 전체의 영업이익 및 그 증감분에서 차지하는 비중은 크지 않은 것으로 보임). iii) 같은 기간 원고의 매출은 전체적으로 감소세에 있었으나, 원고의 내부 관리 및 분석 자료상 통신사업부의 매출이 원고 전체의 매출에서 차지하는 비중은 5% 미만에 불과함. 2014년 원고의 전체 매출액은 7,856억 원이고 통신사업부의 매출액은 그중 약 2.4%인 194.4억 원으로, 통신사업부의 부진이 기업 전체의 존립에 미치는 영향은 미미해 보임. iv) 원고는 2013년을 제외하고 2010년부터 2014년까지 직원들의 기본급을 인상하였고, 2014년의 경우 인상률이 9.5%에 이름. v) 이 사건 해고 무렵 원고의 매출액, 영업이익, 당기순이익 등 경영실적과 원고의 전체 인건비 규모에서 이 사건 해고 근로자 6명이 차지하는 인건비 비중은 극히 미미한 수준에 불과함. vi) 설령 통신사업부의 매출 부진 등이 쉽게 개선되기 어려운 구조적인 문제로서 이 사건 해고 당시 원고의 통신사업부를 폐지할 필요성이 있었다고 하더라도, 그것만으로 원고 전체의 경영악화를 방지하기 위하여 인원을 감축하여야 할 불가피한 사정이 있었던 것이라고 볼 수는 없음.

※ **원심의 판단** : 원고가 통신사업부를 그대로 유지할 경우 원고 회사 전체의 경영상황까지 악화될 상당한 개연성이 있었던 것으로 보이므로, 원고에게 통신사업부를 축소 내지 폐지할 긴박한 경영상 필요가 있었다고 봄이 상당함(☞ 구체적인 판단의 이유는 Q 1. 참고).

- **해고회피노력 관련** : 다음과 같은 사정들을 위 법리에 비추어 살펴보면, 원고가 해고를 피하기 위한 노력을 다하였다고 보기 어렵다. i) 원고는 이 사건 해고 무

렵인 2014년에 직원들의 기본급을 9.5% 인상하였음. 이러한 기본급 인상이 노사 간 임금협상에 따른 것임을 고려하더라도, 상대적으로 높은 임금인상 조치를 한 것은 정리해고를 피하여 고용을 유지할 수 있는 여력이 있었음을 추단케 함. ii) 원고는 이 사건 노동조합과 원고의 비상경영안 수용 여부에 대해 협의하면서 이 사건 노동조합으로부터 교대조 편성 등에 관한 다양한 방법 및 현재 근무형태를 유지하면서 임금을 자진 반납하는 방안을 제시받았음에도, 비상경영안을 관철하려고만 하였음. iii) <u>원고는 통신사업부 소속 근로자를 정리해고하기로 결정하고, 그들을 상대로 3개월분 임금을 퇴직위로금으로 지급하는 조건으로 희망퇴직을 실시하였음.</u> 이 사건 노동조합은 장기 근속한 근로자들에 대한 보상으로 최소한 1년분 임금을 퇴직위로금으로 지급해 줄 것을 요청하였으나 원고는 이에 응하지 않았음. <u>희망퇴직은 그 자체만으로 주된 해고 회피 조치가 된다고 보기 어렵고 퇴직에 따르는 적절한 보상이 수반되어야 하며 이에 관한 성실한 노사협의가 이루어져야 할 필요가 있다는 점에서 위와 같은 원고의 조치만으로 해고 회피 노력을 다하였다고 평가하기는 어려움.</u> iv) 원고는 희망퇴직을 신청하지 않은 생산직 근로자들 중 7명을 원고의 수원전선공장 및 안산(반월)공장의 재료사업부 등으로 전환배치하고, 나머지 인원인 6명의 참가인들을 해고하였음. 원고는 위와 같은 전환배치가 수용 가능한 최대한이었다고 주장하나, 원고의 각 사업부 사이에 업무 호환과 전환배치가 어려운지 등 원고의 전환배치 노력이 충분한 것이었는지에 관한 별다른 객관적인 자료를 찾기 어려움. 오히려 사업부 간 인력 교류에 관한 기존 사례, 이 사건 해고 무렵 이루어진 전선사업부와 재료사업부 전환배치 내역, 이 사건 해고 후 얼마 지나지 않아 이루어진 전선사업부와 중전기사업부 직원 채용공고 등의 사정에 비추어 보면, <u>원고가 이 사건 해고에 앞서 통신사업부 근로자들에 대한 전환배치 노력을 다하지 않은 것으로 볼 여지가 많음.</u> v) 원고의 전체 사업 규모, 영위하는 사업의 내용과 성격, 근로자의 총인원 및 이 사건 해고 당시 원고의 전체적인 경영실적 등에 비추어 <u>원고는 참가인들에 대한 직무교육이나 전환배치 등을 통해 고용을 유지하고 해고의 규모를 최소화할 수 있는 여력이 있었을 것으로 보임.</u>

　　※ **원심의 판단** : 원고가 참가인들에 대한 해고를 피하기 위하여 충분한 노력을 다하였다고 볼 수 있음(이하 구체적인 판단이유 생략).

- 해고대상자 및 전환배치대상자 선정기준의 합리성·공정성 관련 : 다음과 같은 사정들

을 위 법리에 비추어 살펴보면, 원고가 합리적이고 공정하게 전환배치대상자나 해고대상자를 선정하였다고 보기 어렵다. i) 원고는 이 사건 해고에 앞서 통신사업부 생산직 근로자 7명을 다른 사업부로 전환배치하였고, 그때까지 희망퇴직을 신청하지 않고 전환배치대상자로 선정되지도 않은 참가인들을 최종 해고하였음. 원고의 전환배치대상자 선정기준은 실질적으로 해고대상자 선정기준으로 기능하였다고 볼 수 있음. ii) 원고는 통신사업부 근로자 전환배치 기준에 관하여 이 사건 노동조합과 사전 협의를 통해 합의에 도달하였다고 보이지 아니함. 원고와 이 사건 노동조합의 노사협의회 회의록 등에서는 당초 원고가 일방적으로 정한 전환배치 기준에 포함되어 있는 항목 중 연령 기준에 대하여 이 사건 노동조합이 이의제기를 하였다는 사정을 엿볼 수 있을 뿐, 노사 간 협의 내지 합의를 거쳐 전환배치 기준을 정한 것으로 볼 만한 객관적인 자료를 찾기 어려움. iii) 원고가 정한 전환배치자 선정기준은 업무적합성, 임금, 근태, 회사공헌도(근속연수)를 평가항목으로 하고, 전체 평가점수에서 차지하는 비중을 각각 40%, 30%, 20%, 10%로 하여, 회사공헌도(근속연수)를 제외하고는 원고의 이해관계를 반영하는 요소가 90%를 차지하고 있음. 원고가 이 사건 노동조합의 이의제기에 따라 당초 연령 기준을 삭제하고 회사공헌도(근속연수) 기준을 추가한 것이라는 사정을 감안하더라도, 위와 같은 원고의 선정기준은 장기 근속자들로서 연령대와 임금수준이 대체로 높은 반면 타 부서 업무경험이 없는 근로자들을 전환배치대상자에 포함하기 어려운 구조임. iv) 원고는 전환배치자 선정기준에 근로자의 건강상태, 부양가족의 유무, 재취업 가능성, 생계유지능력 등 근로자 개인의 주관적 사정을 반영하지 않았음. 이에 따라 업무상 재해를 입은 근로자나 재취업 가능성이 상대적으로 낮고 상당기간 가족을 부양해야 할 사정이 있어 사회적·경제적 보호의 필요성이 있는 근로자마저 일률적으로 해고대상자에 포함하는 결과를 초래하였음. v) 결국 원고의 전환배치대상자 선정기준은 객관적 합리성과 사회적 상당성을 가진 기준이라고 평가하기 어렵고, 그러한 기준을 적용한 결과 참가인들이 해고대상자에 선정된 것이 실질적으로 공정하였다고 보기도 어려움.

※ **원심의 판단** : 원고는 합리적이고 공정한 기준에 따라 전환배치대상자를 선정하였다고 봄이 상당함(☞ 구체적인 판단의 이유는 Q 2. 참고).

▌판결의 의의와 한계

1) 대상판결은 전술한 2가지 쟁점에 관한 종래의 판례법리를 총괄하고 있고, 더 나아가 일부 사업 부문의 폐지에 따른 해고가 폐업으로 인한 통상해고로서 예외적으로 정당화될 수 있는 특별한 사정 및 일부 사업 부문의 폐지가 폐업과 같다고 인정할 수 있는 판단의 방법을 밝히고 있는 점, 또한 종래의 판례와는 달리 해고대상자 선정을 위한 합리적이고 공정한 해고기준의 구체적 내용과 그 설정방법에 관한 주목할만한 새로운 법리를 제시하고 점에서 그 의의가 있다.

2) 사용자가 사업을 폐지하면서 근로자 전원을 해고하는 것은 기업 경영의 자유에 속하는 것으로서 경영상 해고에 해당하지 않고 그 해고에 정당한 이유가 있는 한 유효하다는 것이 기존 판례의 입장이다(대법원 2011. 3. 24. 선고 2010다 92148 판결). 대상판결은 기존의 판례를 따르면서도, 위에서 언급한 바와 같이 해당 법리의 구체화·명확화를 도모한 측면에서 유의미하나, 폐업에 따른 근로자 전체의 해고도 그 법적 성격상 근로자 측과는 무관한 경영상의 사유를 이유로 하는 해고임을 고려할 때, 과연 통상해고로 취급할 수 있는 것인지 의문이다. 그렇지만 대상판결에서 제시된 법리가 종래와 달리 엄격한 기준에 해당하고, 또한 대상판결에서 이 사건 해고가 통상해고로서 정당하다고 본 원심의 판단을 대법원이 받아들이지 않은 점에 비추어 볼 때, 향후 유사한 사안에서 일부 사업 부문의 폐지가 폐업과 같다고 인정되어서 그에 따른 해고가 통상해고로서 정당화될 가능성은 크지 않을 것으로 보인다.

3) 대상판결에서 대법원은 '긴박한 경영상의 필요' 및 '해고를 피하기 위한 노력' 요건과 관련하여 종래의 판례와 다른 새로운 법리를 제시하고 있지는 않지만, 원고 법인 전체를 단위로 하여 긴박한 경영상의 필요 유무를 판단하여야 한다는 원칙에 따라 이 사건 해고 당시 긴박한 경영상의 필요 요건을 갖추지 못한 것으로 보았고, 특히 해고를 피하기 위한 수단으로 흔히 이용되는 희망퇴직의 실시와 관련하여 종래와 달리 "희망퇴직은 그 자체만으로 주된 해고 회피 조치가 된다고 보기 어렵고 퇴직에 따르는 적절한 보상이 수반되어야" 함을 판단의 이유로 들고 있는 점에서 진일보한 판결로 평가할 수 있다.

4) 대상판결은 합리적이고 공정한 해고의 기준에 따른 해고대상자 선정 요건과 관련하여 종래의 대법원 판결례에서 밝힌 바 없었던 새로운 내용의 법리(☞ 앞의 기본법리 4)의 ⑵⑶ 참고)를 추가하고 있고, 특히 사회적·경제적 보호의 필요성이 높은 근로자들을 배려할 수 있는 합리적이고 공정한 기준 설정을 전제로 근로자의 주관적 사정과 사용자의 이익 간 적절한 조화를 명시한 점에서 매우 큰 의미

가 있다. 그 외에도 사용자가 경영상 해고에 앞서 근로자의 전환배치를 실시하는 경우 그 기준은 해고대상자 선정기준에 준하여 합리성과 공정성을 갖추어야 함을 밝힘으로써, 해고기준에 관한 법리가 해고를 피하기 위한 노력 내지는 조치에도 준용될 수 있는 길을 마련한 측면에서 높이 평가되어야 할 것이다.

▮ 기타 해설

1) 근기법 제24조 제3항이 사용자는 해고를 피하기 위한 방법과 해고의 기준 등에 관하여 그 사업 또는 사업장에 근로자의 과반수로 조직된 노동조합이 있는 경우에는 그 노동조합, 근로자의 과반수로 조직된 노동조합이 없는 경우에는 근로자의 과반수를 대표하는 자에 미리 통보하고 성실하게 협의하여야 한다고 하여 경영상 해고의 절차적 요건을 규정한 것은 같은 조 제1, 2항이 규정하고 있는 경영상 해고의 실질적 요건의 충족을 담보함과 아울러 비록 불가피한 경영상 해고라 하더라도 협의 과정을 통한 쌍방의 이해 속에서 실시되는 것이 바람직하다는 이유에서 그러하다(대법원 2002. 7. 9. 선고 2001다29452 판결 참조).

2) 경영상 해고의 절차적 요건과 관련하여, 근로자의 과반수로 조직된 노동조합이 없는 경우에 그 협의의 상대방이 형식적으로는 근로자 과반수 대표로서의 자격을 명확히 갖추지 못하였더라도 실질적으로 근로자의 의사를 반영할 수 있는 대표자라고 볼 수 있는 사정이 있다면 절차적 요건을 충족하는 것으로 보아야 한다고 판시한 사례가 있다(2003다69393 판결).

※ 대법원 2006. 1. 26. 선고 2003다69393 판결 【해고무효확인】
- "… (중략) … 기록에 의하면, 피고 회사 건설부문의 노동조합이 근로자들의 과반수로 조직되지는 아니하였지만, 1987년 노동조합 설립 이후 피고 회사와 노동조합 사이에 체결된 단체협약이 노동조합에 가입하지 아니한 피고 회사의 다른 모든 근로자들에게도 적용되었고 그 단체협약 제26조에 회사 경영상 종업원의 감원이 불가피할 시 조합과 협의하여 인원을 정리한다고 규정되어 있는 사실, 피고 회사가 이 사건 정리해고를 위하여 노동조합과 9회에 걸쳐 협의하는 동안 노동조합은 근로자들의 의견을 수렴하여 정리해고에 반대하고 수정안을 제시하면서 정리해고 대상자 수를 250명에서 127명으로 절반 가까이 줄이는 등 실질적으로 근로자 전체를 위한 협상이 이루어진 사실, 그 과정에서 노동조합에 가입하지 아니한 근로자들이 노동조합의 대표성을 문제 삼은 흔적이 전혀 보이지 아니하고 오히려 정리해고 대상자로 선정된 127명 중 원고를 제외한 126명은 대부분 노동조합원이 아님에도 불구하고 모두 노사협의 결과를 수용하여 희망퇴직에 응한 사실을 인정할 수 있는바, 그렇다면 피고 회사의 근로자들은 피고 회사와 정리해고에 관한 협의

를 함에 있어서 노동조합이 근로자들을 대표하는 것을 인정하였다고 할 것이므로, 위 노동조합은 실질적으로 근로자의 의사를 반영할 수 있는 대표자라고 인정할 수 있다고 판단된다. … (이하 생략) …"

3) 한편, 경영상 해고를 제한하기로 하는 내용의 단체협약을 체결한 경우에 그에 반하여 이루어지는 해고는 원칙적으로 정당한 해고라고 볼 수 없고, 다만 단체협약을 체결할 당시의 사정이 현저하게 변경되어 사용자에게 단체협약의 이행을 강요한다면 객관적으로 명백하게 부당한 결과에 이르는 경우에는 사용자가 단체협약에 의한 제한에서 벗어나 경영상 해고를 할 수 있다는 것이 판례의 입장이다(대법원 2014. 3. 27. 선고 2011두20406 판결 ☞ 보다 자세한 내용은 제20강 2. 경영상 해고를 제한하는 단체협약의 효력 참고).

◀ Q 풀이 ▶

Q 1. 대상판결 사건에서 원심이 대법원과 달리 통신사업부를 축소 내지 폐지할 긴박한 경영상의 필요가 있었다고 판단한 이유는?

[A] 1) 기존의 판결례를 보면, "기업의 전체 경영실적이 흑자를 기록하고 있더라도 일부 사업부문이 경영악화를 겪고 있으며, 그러한 경영악화가 구조적인 문제 등에 기인한 것으로 쉽게 개선될 가능성이 없고 해당 사업부문을 그대로 유지할 경우 결국 기업 전체의 경영상황이 악화될 우려가 있는 등 장래 위기에 대처할 필요가 있다면, 해당 사업부문을 축소 또는 폐지하고 이로 인하여 발생하는 잉여인력을 감축하는 것이 객관적으로 보아 불합리한 것이라고 볼 수 없다."고 한다(대법원 2012. 2. 23. 선고 2010다3735 판결).

2) 대상판결의 원심은 위 법리에 근거하여 다음과 같은 사정들을 이유로 원고가 통신사업부를 그대로 유지할 경우 원고 회사 전체의 경영상황까지 악화될 상당한 개연성이 있었던 것으로 보이므로, 원고에게 통신사업부를 축소 내지 폐지할 긴박한 경영상 필요가 있었다고 봄이 상당하다고 판단했다. i) 원고는 통신사업부의 경영정상화를 위해 고정비 절감 등의 노력을 하였던 것으로 보이나, 그럼에도 원고의 통신사업부는 2011년부터 2014년까지 적자를 기록하여 누적 적자액이 104억 원에 달하였는데, 이는 국내 유선통신망 기반구축이 거의 완료되고 무선통신기술이 발전하는 상황에서 유선 케이블 수요의 급감과 생산설비의 과잉

이 맞물려 상품가격이 하락하는 등의 구조적인 문제에 기인한 것으로 보이고, 향후 시장상황이 좋아지리라고 예측할 만한 사정도 찾기 어려움. ii) 원고 회사 전체로 보더라도 2010년부터 2014년까지 전체 매출액이 지속적으로 감소하여 2014년도 매출액은 2010년도 대비 약 25% 정도 줄어들었고, 2011년과 2012년은 당기순이익 적자액이 100억 원을 넘었으며, 2012년부터 2014년까지 원고의 재무제표상 차입금 규모도 2,700억 원을 상회하였는바, 원고 회사 전체의 경영실적도 양호하다고 볼 수 없는 상황이었음. iii) 2012년의 경우 통신사업부의 영업이익 적자 32억 8,000만 원은 원고의 전체 영업이익 적자액인 59억 8,000만 원의 절반을 상회하는 금액이고, 다른 연도에도 통신사업부의 적자가 원고 전체의 실적 부진에 상당한 비중을 차지하였던 것으로 보임.

Q 2. 대상판결 사건에서 원심이 대법원과 달리 합리적이고 공정한 기준에 따라 해고대상자와 전환배치대상자를 선정하였다고 판단한 이유는?

[A] 1) 기존 판례에 따르면, "합리적이고 공정한 해고의 기준 역시 확정적·고정적인 것은 아니고 당해 사용자가 직면한 경영위기의 강도와 정리해고를 실시하여야 하는 경영상의 이유, 정리해고를 실시한 사업 부문의 내용과 근로자의 구성, 정리해고 실시 당시의 사회경제상황 등에 따라 달라지는 것이고, 사용자가 해고의 기준에 관하여 노동조합 또는 근로자대표와 성실하게 협의하여 해고의 기준에 관한 합의에 도달하였다면 이러한 사정도 해고의 기준이 합리적이고 공정한 기준인지의 판단에 참작되어야 한다."는 것이다(대법원 2002. 7. 9. 선고 2001다29452 판결).

2) 대상판결의 원심은 위 법리에 근거하여 다음과 같은 사정들을 이유로 원고가 합리적이고 공정한 기준에 따라 전환배치대상자를 선정하였다고 봄이 상당하다고 판단했다. i) 원고는 희망퇴직을 신청하지 않고 남아 있는 근로자들을 대상으로 전환배치를 실시함에 앞서 2014. 10. 30. 노사협의회에서 업무적합도, 근태, 연령 등을 기준으로 전환배치대상자를 선정할 것임을 밝혔고, 이에 이 사건 노동조합이 연령을 전환배치대상자 선정기준으로 삼는 것은 부당하다는 의견을 제시하자, 원고는 이를 받아들여 '연령'을 제외하는 대신에 '회사공헌도(근속연수)'를 새로운 기준으로 추가하였음. 그 결과 원고의 전환배치대상자 선정기준은 업무적합성(40%), 임금(30%), 근태(20%), 회사공헌도(근속연수, 10%)로 구성되었고, 원고는 위 평가항목들에서 상대적으로 높은 점수를 받은 7명에 대하여 전환배치를

실시하였음. ii) 이 사건 노동조합이 이후의 협의과정에서 원고에게 참가인들에 대한 전환배치를 추가적으로 요구한 사실은 인정되나, 원고가 제시한 전환배치 대상자 선정기준에 대하여 이의를 제기하였다는 사정은 전혀 찾아볼 수 없음. iii) 위 선정기준에는 근속연수로 평가한 회사공헌도 외에는 근로자의 재산이나 보유 기술 등 생계유지능력, 부양가족에 관한 상황 등 근로자 개인의 주관적 사정이 전혀 반영되지 않은 측면이 있지만, 남아 있는 근로자가 19명에 불과하여 근로자 개인의 주관적 사정을 반영한 선정기준을 마련하는 것이 오히려 특정인을 대상으로 한 정리해고가 될 우려가 컸던 점, 위 선정기준은 여러 차례에 걸친 노사 간 협의를 통하여 확정된 것으로 보이는 점, 사업부 간의 인적교류가 구조적으로 어려운 상황에서 전환배치를 실시한 원고로서는 그 선정기준을 정함에 있어 업무적합성에 가장 큰 비중을 둘 수밖에 없었을 것으로 보이는 점 등을 고려하면, 이러한 선정기준이 현저히 부당하거나 불합리한 것이라고 보이지 않음.

◀ 심화학습 ▶

1. 경영상 이유로 해고된 근로자의 우선 재고용 의무 (대법원 2020. 11. 26. 선고 2016다13437 판결 참고)

▷ 근기법 제25조 제1항은 "제24조에 따라 근로자를 해고한 사용자는 근로자를 해고한 날부터 3년 이내에 해고된 근로자가 해고 당시 담당하였던 업무와 같은 업무를 할 근로자를 채용하려고 할 경우 제24조에 따라 해고된 근로자가 원하면 그 근로자를 우선적으로 고용하여야 한다."라고 규정하고 있다. 참고판결(2016다 13437 판결)에 따르면, "이러한 근로기준법의 규정 내용과 자신에게 귀책사유가 없음에도 경영상 이유에 의하여 직장을 잃은 근로자로 하여금 이전 직장으로 복귀할 수 있는 기회를 보장하여 해고 근로자를 보호하려는 입법 취지 등을 고려하면, 사용자는 제24조에 따라 근로자를 해고한 날부터 3년 이내의 기간 중에 해고 근로자가 해고 당시에 담당하였던 업무와 같은 업무를 할 근로자를 채용하려고 한다면, 해고 근로자가 반대하는 의사를 표시하거나 고용계약을 체결할 것을 기대하기 어려운 객관적인 사유가 있는 등의 특별한 사정이 있는 경우가 아닌 한 해고 근로자를 우선 재고용할 의무가 있다. 이때 사용자가 해고 근로자에게 고용계약을 체결할 의사가 있는지 확인하지 않은 채 제3자를 채용하였다면, 마찬가지로 해고 근로자가 고용계약 체결을 원하지 않았을 것이라거나 고용계약

을 체결할 것을 기대하기 어려운 객관적인 사유가 있었다는 등의 특별한 사정이 없는 한 근로기준법 제25조 제1항이 정한 우선 재고용의무를 위반한 것으로 볼 수 있다." 또한 "근로기준법 제25조 제1항에 따라 사용자는 해고 근로자를 우선 재고용할 의무가 있으므로 해고 근로자는 사용자가 위와 같은 우선 재고용의무를 이행하지 아니하는 경우 사용자를 상대로 고용의 의사표시를 갈음하는 판결을 구할 사법상의 권리가 있고, 판결이 확정되면 사용자와 해고 근로자 사이에 고용관계가 성립한다. 또한 해고 근로자는 사용자가 위 규정을 위반하여 우선 재고용의무를 이행하지 않은 데 대하여, 우선 재고용의무가 발생한 때부터 고용관계가 성립할 때까지의 임금 상당 손해배상금을 청구할 수 있다."

▷ 참고판결은 근로자인 원고가 피고 재단법인이 운영하는 장애인 복지시설에서 생활부업무 담당 생활재활교사로 근무하다가 경영상 이유에 의하여 해고된 후 3년 이내의 기간 중에 피고 재단법인이 여러 차례 생활재활교사를 채용하면서 원고에게 채용 사실을 고지하거나 고용계약을 체결할 의사가 있는지 확인하지 아니하여 피고 재단법인이 근기법 제25조 제1항에서 정한 우선 재고용의무를 위반한 시점이 문제 된 사안에서, 늦어도 원고가 해고 당시 담당하였던 생활부업무 담당 생활재활교사 업무에 근로자를 2명째 채용한 무렵에는 피고 재단법인의 우선 재고용의무가 발생하였다고 한 사례이다.

제11강 해고의 제한 (2)

1. 해고합의조항

◀ 판례분석 ▶

▌**제 목** : 단체협약상의 해고합의조항 관련 노동조합의 동의권 남용 여부(N) [데이콤사건]

▌**대상판결** : 대법원 2007. 9. 6. 선고 2005두8788 판결 【부당해고구제재심판정취소】
【원고, 피상고인】 원고 주식회사
【피고】 중앙노동위원회 위원장
【피고 보조참가인, 상고인】 참가인
【원심판결】 서울고법 2005. 6. 22. 선고 2004누21762 판결
【주 문】 원심판결을 파기하고, 사건을 서울고등법원에 환송한다.

▌**사건의 개요** : 원고 회사는 참가인(원고 회사의 노동조합 위원장)이 소외인들(노동조합 간부)과 공모 공동하여 2000. 11. 8.부터 2001. 1. 26.까지 파업기간 동안 업무방해, 회사기물 손괴 등을 했다는 이유로 2002. 8. 1. 징계해고하였으나 관할 지방노동위원회가 단체협약상의 노동조합과의 해고합의절차 미준수를 이유로 부당해고를 인정함에 따라 2003. 2. 5. 참가인을 원직복직시켰다가 노동조합의 반대에도 불구하고 다시 참가인에 대해 당초 징계해고사유와 동일한 사유로 2003. 4. 14. 징계해고하였고, 참가인은 관할 지방노동위원회에 부당해고 등 구제신청을 하였다.

▌관련 법 규정(현행법 기준)

- 근기법 제23조(해고 등의 제한) ① 사용자는 근로자에게 정당한 이유 없이 해고, 휴직, 정직, 전직, 감봉, 그 밖의 징벌(이하 "부당해고 등"이라 한다)을 하지 못한다.

▌판결의 성격 : 원심은 참가인의 행위가 징계해고사유에 해당하고 노동조합이 합리적 이유 없이 징계에 반대하여 단체협약상의 사전동의권을 남용하였다는 등의 이유로 참가인에 대한 이 사건 징계해고는 정당하다고 판단하였으나, 대법원은 노동조합이 단체협약상의 사전동의권을 남용하였다고 단정할 수 없다는 이유로 원심판결을 파기환송하였다.

> ※ **원심의 판단** : 참가인의 이 사건 파업기간중의 행위는 고의 또는 중대한 과실로 원고의 기물을 파손하거나 또는 원고의 재산에 손해를 끼친 것에 해당함은 앞서 판단한 바와 같고, 원고는 참가인에 대하여 이 사건 징계해고를 함에 있어 5차례에 걸쳐 노사협의를 하는 등 합의를 위한 노력을 하였음에도 불구하고 노동조합은 일부 해고사유를 인정할 수 없으며 참가인에 대하여 징계해고만 아니라면 다른 비위자들에 대한 징계를 수용하겠다고 주장하면서 징계에 반대하고 전혀 입장변화를 보이지 아니함에 따라 원고는 이 사건 징계해고를 실시한 사실은 앞서 인정한 바와 같으므로, 이러한 상황하에서 노동조합은 참가인의 행위가 징계사유에 해당함이 분명한데도 불구하고 합리적인 이유 없이 징계를 반대한 것으로서 사전합의권을 남용한 것이라고 봄이 상당하다 할 것이다.

▌쟁 점

- 단체협약에 해고합의조항을 둔 경우 그 절차를 거치지 않은 해고의 효력 유무
- 노동조합이 단체협약상의 해고합의조항에 근거한 해고 동의권을 남용한 경우 사용자가 노동조합의 동의 없이 해고권을 행사할 수 있는지 여부
- 이 사건 노동조합이 참가인의 징계해고 관련 동의권을 남용하였다고 볼 수 있는지 여부

▌중요 사실관계

- 단체협약 제35조 제2항의 내용("회사는 조합 임원에 대한 해고, 징계, 이동에 대하여는 사전에 조합과 합의한다") ⇒ **사용자의 인사·징계권에 대한 단체협약상의 제한**
- 해고사유에 관한 단체협약 제40조의 내용("회사는 다음의 각호의 1에 해당하는 경우이외에는 해고를 명할 수 없다. … (중략) … 라. 고의 또는 중대한 과실로 기물을 파손하거나

또는 재산에 손해를 끼쳤을 때 … (이하 생략) …") ⇒ **단체협약상의 해고사유 제한**

- 원고 회사는 2003. 3. 3. "참가인은 원고 회사 노동조합 위원장으로서 2000. 11. 8.부터 2001. 1. 26.까지 파업기간 동안 소외인 등과 공모 공동하여 업무방해, 임직원 폭행·협박·감금·명예훼손, 성희롱, 회사기물 손괴, 업무방해로 인한 매출 손실, 회사 명예 실추, 기타 불법집단 행위 등을 자행하였다."는 것을 징계사유로 삼아 참가인을 포함하여 노동조합 임원 4명을 징계위원회에 회부 ⇒ **원고 회사가 참가인을 징계위원회에 회부한 징계사유**

- 원고 회사는 2003. 2. 17.부터 2003. 4. 10.까지 5차례에 걸쳐 당시 노동조합 위원장이던 소외인 등과 사이에 참가인에 대한 징계에 관하여 노사협의를 벌였는데, 그 때 노동조합측은 원고 회사 담당자에게 "이미 파업이 끝난 지 2년이 지난 일이다. 징계양정이 고려되어야 한다. 2002년 7월 1차 징계로 일정 부분 징계의 효과를 보았다. 해고만 아니면 타협의 여지가 있다. 참가인에 대한 1심 재판에서 징역형이 아닌 벌금형이 나왔기 때문에 해고를 받아들이기 어렵다. 사측의 기물파손, 재산상 손실이라는 해고사유는 수용하기 어렵다. 실제 파업기간 동안 기물파손이라 할 만한 것이 없었고, 재산상 손실이라고 제시된 텔레센터 관련 손실액 4억여 원도 판결이 났으면 모르겠으나 그것도 아니었다. 참가인에 대한 징계양정이 해고만 아니면 징계에 회부된 다른 임원들에 대하여는 지난번 징계의 양정을 수용할 수 있다." 등의 이유를 들어 참가인에 대한 징계해고를 반대하여 결국 노사간에 참가인에 대한 징계해고에 관하여 합의에 이르지 못함 ⇒ **노동조합의 동의권 남용 여부와 관련(사용자의 사전합의 노력, 노동조합의 징계해고 반대 이유 등)**

▐ 기본법리(판지)

1) 구 근로기준법(2007. 4. 11. 법률 제8372호로 전문 개정되기 전의 것) 제30조(현행 제23조 참조) 제1항은 "사용자는 근로자에 대하여 정당한 이유 없이 해고를 하지 못한다"고 규정하여 원칙적으로 해고를 금지하면서, 다만 예외적으로 정당한 이유가 있는 경우에 한하여 해고를 허용하여 제한된 범위 안에서만 사용자의 해고 권한을 인정하고 있는데, 노사간의 협상을 통해 사용자가 그 해고 권한을 제한하기로 합의하고 노동조합이 동의할 경우에 한하여 해고권을 행사하겠다는 의미로 해고의 사전 합의 조항을 단체협약에 두었다면, 그러한 절차를 거치지 아니한 해고처분은 원칙적으로 무효로 보아야 할 것이다(대법원 1993. 7. 13. 선고 92다50263 판결, 1994. 9. 13. 선고 93다50017 판결 등 참조). ⇒ **[단체협약에 해고합의 조항을 둔 경우 그 절차를 거치지 않은 해고의 효력(무효)]**

2) ⑴ 다만, 이처럼 <u>해고의 사전 합의 조항을 두고 있다고 하더라도</u> 사용자의 해고 권한이 어떠한 경우를 불문하고 노동조합의 동의가 있어야만 행사할 수 있다는 것은 아니고 <u>노동조합이 사전동의권을 남용하거나 스스로 사전동의권을 포기한 것으로</u> 인정되는 경우에는 노동조합의 동의가 없더라도 사용자의 해고권 행사가 가능하다 할 것이나, ⇒ **[노동조합의 동의권 남용·포기 인정 시의 효과(노동조합의 동의 없더라도 해고권 행사 가능)]**

⑵ 여기서 <u>노동조합이 사전동의권을 남용한 경우라 함은</u> i) 노동조합측에 중대한 배신행위가 있고 이로 인하여 사용자측의 절차의 흠결이 초래되었다거나, ii) 피징계자가 사용자인 회사에 대하여 중대한 위법행위를 하여 직접적으로 막대한 손해를 입히고 비위사실이 징계사유에 해당함이 객관적으로 명백하며 회사가 노동조합측과 사전 합의를 위하여 성실하고 진지한 노력을 다하였음에도 불구하고 노동조합측이 합리적 근거나 이유 제시도 없이 무작정 반대함으로써 사전 합의에 이르지 못하였다는 등의 <u>사정이 있는 경우에 인정된다</u> 할 것이므로(대법원 1993. 7. 13. 선고 92다50263 판결, 2003. 6. 10. 선고 2001두3136 판결 등 참조), ⇒ **[노동조합의 동의권 남용 해당 요건]**

⑶ 이러한 경우에 이르지 아니하고 <u>단순히 해고사유에 해당한다거나 실체적으로 정당성 있는 해고로 보인다는 이유만으로는</u> 노동조합이 사전동의권을 남용하여 해고를 반대하고 있다고 단정하여서는 아니 될 것이다. ⇒ **[노동조합의 동의권 남용 법리의 제한적 적용]**

■ **결론 및 이유** : (앞의 중요 사실관계에 언급된 사정과 아래의 사정에 비추어) 이 사건 쟁의행위의 본질적 내용과 그 과정 중에 빚어진 일탈행위의 경위와 그 정도, 쟁의행위 종료 후 노사가 서로에게 보인 대타협 정신, 이 사건 쟁의행위 종료 때부터 이 사건 징계회부 시점까지 경과된 적지 않은 기간, 노동조합이 나름대로 든 이 사건 해고 반대의 이유 <u>등을 종합하면</u>, 이 사건 참가인의 경우에 있어서는 그에 대한 <u>해고사유가 중대하여 참가인을 해고하여야 함이 명백한 때에 해당한다고 보기 어렵고</u>, <u>노동조합 또한</u> 단체협약의 사전합의 조항만을 내세워 참가인에 대한 <u>해고를 무작정 반대하였다고 볼 수도 없어</u>, <u>노동조합이 이 사건 단체협약상의 사전동의권을 남용하였다고 단정할 수는 없다</u>(따라서 이와 달리 판단한 원심판결은 위법하다).

- <u>이 사건 징계해고사유들 중 업무방해의 점</u>에 대하여는 파업 종료 후 노사 합의에 따라 원고가 형사고소를 취하하였으나, 참가인은 업무방해죄로 기소되어 형

사재판절차에서 벌금형을 선고받고 확정되었는데, 그 밖에 이를 제외한 나머지 징계해고사유들은 모두 노동조합의 파업 과정에서 벌어진 임직원 폭행·협박·감금·명예훼손, 전화상담 근무자에 대한 조합원들의 성희롱 발언, 기물손괴·매출손실·회사명예실추, 기타 불법행위 등으로서, 그 정도가 법이 허용하는 한도를 일정 정도 넘어서기는 하였으나, 이에 대하여는 따로 형사처벌을 받지 않은 점.
- 원고회사가 입었다고 주장하는 손해는 거의 대부분 단체교섭 결렬에 따른 집단적 노무제공 거부 자체로 인한 손해로서 노동조합측에만 그 책임을 물을 수 있는 손해로는 보이지 않고, 쟁의행위에서 벗어난 위와 같은 일탈행위로 인하여 발생한 직접 손해와 기물 파손으로 인한 손해는 이 사건 쟁의행위의 규모와 양상, 발단과 종료 과정에 비추어 볼 때 그 자체만으로는 회사 경영에 타격을 가져올 정도의 손해로 보이지 않는 점.
- 일부 일탈행위의 경우 조합원 개인의 일탈행위로 보일 뿐 참가인이 직접 공모하였다거나 지시, 방조하였다고 보기 어려운 점.
- 파업 종료 후 원고 회사 노사는 대타협 정신에 따르겠다면서 서로에 대하여 제기한 일체의 고소·고발·소송을 취하하고, 쟁의행위 관련자에 대한 징계조치를 사면하겠다고 발표하는 등의 조치가 이루어졌고, 그 후 참가인이 노동조합 위원장으로 재직하는 동안에도 노사는 2001. 7. 28. 2003년 1월까지 노사평화기간을 설정하여 회사의 경영권과 노동조합 활동을 서로 존중하기로 하는 이른바 '노사평화 대선언'을 발표하고, 2001년, 2002년도 임금 동결과 일정 수당의 반납 등을 합의하였다는 점.

▌판결의 의의와 한계
1) 판례의 확립된 입장에 따르면, 단체협약에 해고합의조항이 있더라도 이는 사용자의 부당한 인사(징계)권의 행사를 제한하려는 것이지 사용자의 인사(징계)권을 근본적으로 부정하는 것은 아니기 때문에 노동조합이 동의권을 남용한 것으로 인정되는 경우에는 비록 사용자가 노동조합과의 합의 없이 한 해고도 유효하다고 본다(대법원 1993. 7. 13. 선고 92다50263 판결, 대법원 1993. 7. 13. 선고 92다45735 판결 등 참조).
2) 대상판결은 단체협약상의 해고합의조항에 따른 절차를 거치지 아니한 해고처분의 효력 및 노동조합의 동의권 남용 해당 요건에 관한 종래의 판례법리를 재확인하는데 그치지 않고, 이러한 동의권 남용의 법리가 제한적으로 적용되어야 한다는 취지의 판단기준(☞ 앞의 기본법리 2)의 (3) 참고)를 추가하였고, 이에 근거해

이 사건 노동조합의 동의권 남용을 인정한 원심판결을 파기한 사례라는 점에서 의미가 있다.

3) 대상판결의 시사점은 다음과 같다. 첫째, 해고합의조항에 따른 절차를 거치지 않은 해고의 효력은 원칙적으로 무효이기 때문에 사전 합의 내지 동의 없는 해고처분에 대해 노동조합의 동의권 남용의 법리를 적용하여 해고의 효력을 인정하는데 신중하여야 한다. 즉 동의권 남용의 법리가 '남용'되어서는 아니 된다. 둘째, 해고사유에 해당함에도 불구하고 노동조합이 해고에 반대한 사실에만 주목하여 노동조합의 동의권 남용을 쉽사리 인정하여서는 아니 되고, 해고사유의 중대성 및 해고의 객관적 필요성·합리성, 노동조합 측의 해고 반대의 경위와 이유, 노동조합과의 사전합의 실패의 주된 원인 등 제반 사정을 종합적으로 고려해서 노동조합의 동의권 남용 여부를 판단해야 한다.

▌기타 해설

1) 대상판결 이후 선고된 주요 사례로 다음의 두 가지 대법원 판결이 있다. 참고1 판결(2007두15797 판결)은 노동조합의 동의권 남용을 부정한 사례이고, 참고2 판결(2010다38007 판결)은 긍정한 사례이다.

> ※(참고1) 대법원 2010. 7. 15. 선고 2007두15797 판결 【부당해고구제재심판정취소】
> - "원심이 인용한 제1심판결의 이유에 의하면, 제1심은 그 판시와 같은 사실을 인정한 다음, 피고 보조참가인(주식회사 풀무원제일두부공장은 2007. 8. 2. 피고 보조참가인으로 상호를 변경하였고, 주식회사 풀무원제이생면공장은 같은 날 피고 보조참가인에 흡수합병되었다. 이하에서는 이들을 '참가인들'이라고 총칭한다)과 풀무원춘천지역노동조합(이하 '노동조합'이라고만 한다)이 이 사건 단체협약에서 노동조합 임원의 인사에 대하여는 노동조합의 사전 합의를 얻도록 정하였음에도, 참가인들이 노동조합과의 사전 합의 없이 노동조합 임원인 원고들에 대하여 이 사건 인사명령을 하였으나, 이 사건 인사명령의 업무상 필요성과 합리성이 인정되는 점, 참가인들이 이 사건 인사명령 이전인 2005. 2. 28. 노동조합에 이 사건 인사명령의 내용이 포함된 조직개편안을 전달하면서 의견을 제시하여 줄 것을 요구하였으나 노동조합은 이를 거부하면서도 합당한 이유를 제시하지 아니한 점, 이에 참가인들이 2005. 3. 4. 이 사건 인사명령을 하는 한편 그 이후에 수차례에 걸쳐 노동조합 측을 설득하려 하였으나 노동조합 측은 합리적인 이유의 제시 없이 이 사건 인사명령을 거부한 점 등에 비추어 보면, 노동조합의 이 사건 인사명령에 대한 합의 거부는 신의성실의 원칙에 반하는 것으로서 사전합의권의 포기 내지 남용에 해당하고, 따라서 노동조합의 사전 합의 없이 한 이 사건 인사명령은 유효하며 나아가 이 사건 인사명령에의 불응을 징계사유로 한 이 사건 징계처분도 유효하다고

판단하였다.

그러나 원심이 이 사건 단체협약상 사전합의조항이 이 사건 인사명령에 적용되어 노동조합과의 사전 합의가 필요하다고 보았음에도 노동조합이 사전합의권을 포기 내지 남용하였다고 판단한 것은 <u>다음과 같은 이유로 이를 수긍할 수 없다.</u>

원심이 제1심판결을 인용하여 적법하게 인정한 사실관계 및 원심이 배척하지 아니한 증거에 의하면, <u>참가인들과 노동조합은 이 사건 단체협약과 별도로 이 사건 기타협약을</u> 체결하여 파업 종료 이후의 업무 복귀 및 참가인들 간 전면적인 인력 재배치에 관한 사항을 정하였는데, 이 사건 기타협약에 의하면 "회사는 업무 복귀 이후 효율적인 경영활동과 업무수행을 위하여 공장 간 부서 및 인원의 재배치를 시행한다. 단, 회사는 본인의 의견을 최대한 존중하며 사전에 조합과 협의한다"고 정하여져 있는 사실, <u>참가인들은 이 사건 기타협약의 체결로써 노동조합 임원에 대한 인사도 '사전 협의'만 거치면 되는 것으로 보고, 이 사건 인사명령을 발하기 전인 2005. 2. 28. 노동조합에 그 내용을 통지하고 의견 제시를 요구한 사실, 그런 데 노동조합이 이 사건 단체협약상 사전합의조항을 들어 절차상 문제점을 지적하자 참가인들은 의견 제시만 요구한 후 이 사건 인사명령을 한 사실,</u> 이후 참가인들은 수회에 걸쳐 노동조합에 협조를 요구하는 공문을 보냈으나, <u>이 사건 인사명령에 대해서는 노동조합과의 합의가 필요 없다는 입장을 견지하여 노동조합 측과 대립한 사실,</u> 한편 노동조합은 원고 3에 대한 인사명령에 대해서는 이를 동의하여 원고 3이 2005. 3. 30. 업무에 복귀한 사실을 알 수 있다. 사실관계가 이와 같다면, <u>참가인들은 이 사건 인사명령에는 이 사건 단체협약상의 사전합의조항의 적용이 배제되는 것으로 보고 사전 합의 절차 자체를 거치지 않았다고 할 수 있는바, 그렇다면 노동조합과의 사전 합의가 이루어지지 못한 주된 이유는 참가인들에게 있다고 할 것이고, 노동조합이 이 사건 단체협약상의 사전합의조항을 들어 이 사건 인사명령을 거부하였다고 하여 곧바로 노동조합이 사전합의권을 포기 또는 남용하였다고 할 수 없다.</u> 이와 달리 판단한 원심에는 사전합의권의 포기 내지 남용에 관한 법리를 오해한 나머지 판결에 영향을 미친 위법이 있다."

※(참고2) 대법원 2012. 6. 28. 선고 2010다38007 판결 【근로자지위확인등】

- "… (중략) … <u>이 사건 단체협약 제26조는 노동조합의 간부에 대한 인사 중 임면, 이동, 교육에 관한 사항을 특정하여 이에 관하여는 특별히 피고의 자의적인 인사권 행사로 노동조합의 정상적인 활동이 저해되는 것을 방지하기 위하여 노동조합과 사전에 합의하여야 한다는 취지를 규정한 것으로 해석되고,</u> 여기서 말하는 '임면'에는 '면직'이 포함된다고 볼 수 있는데, 이 사건 단체협약이나 취업규칙 등에서 '면직'의 의미에 관하여 별도의 정의 규정을 두고 있다고 볼만한 자료가 없는 이상, <u>이는 단체협약 제26조의 규정 취지와 통상적인 용어의 의미에 따라 통상해고, 징계해고, 정리해고 등 피고가 조합간부와의 근로계약을 종료시키는 인사처분을 의미한다고 해석함이</u> 상당하다.

이러한 해석에 터 잡아 살펴보면, <u>피고가 2007. 7. 12. 원고 1을 정리해고하면서</u>

이 사건 단체협약 제26조를 위반하여 노동조합과 사전 합의를 하지 아니한 것은 적법한 해고절차를 갖추었다고 볼 수 없지만, 피고가 그 당시 인원삭감 조치를 취할 필요성이 객관적으로 분명하였고 정리해고를 하기 전에 가능한 해고회피노력을 다하였던 점, 원심이 설시한 바와 같이 피고가 2007. 3. 초순경부터 같은 해 7월 초순경까지 노동조합 및 피고 소속 기계·전기직 근로자 대표와 기계·전기직 근로자들에 대한 인력조정 문제에 관하여 26회에 걸쳐 협의를 하고, 9회에 걸쳐 노동조합에 대하여 해고를 피하기 위한 방법 및 해고의 기준 등에 관하여 협의를 요청하면서 여러 가지 해고 회피 방안을 제시하였던 점, 원고 1 스스로도 피고가 제시한 전환배치 방안에 따라 전환배치를 신청하여 놓고도 피고가 이를 승인하자 그 신청을 철회해버린 후, 피고 소속 기계·전기직 근로자들과 함께 정리해고 철회를 위하여 본사에서 피켓을 들고 구호를 제창하고 8회에 걸쳐 본사 1층 로비와 인적자원실, 임원실의 복도 등을 점거하고, 약 10여 일간 회사 관계자 및 고객 등이 출입하는 본사 1층 로비에 천막을 치고 집단농성을 하는 등 정리해고 자체를 무산시키는 데 주력한 점, 피고가 실시하려 한 정리해고는 피고 소유의 건물과 자회사인 제일빌딩관리를 매각하면서 그에 따라 담당 업무가 폐지될 기계·전기직 근로자들 전원을 대상으로 한 것이어서 노동조합으로서는 원고 1이 노동조합의 정책부장이라는 이유만으로 이 사건 단체협약 제26조를 내세워 정리해고를 거절할 만한 합리적 근거나 이유가 있다고 보기 어려운 점 등 여러 사정을 종합·참작하면, 이 사건 정리해고는 그 필요성과 합리성이 객관적으로 명백하고 피고가 노동조합 측과 정리해고에 관한 합의 도출을 위하여 성실하고 진지한 노력을 다하였는데도 노동조합 측이 합리적 근거나 이유제시 없이 정리해고 자체를 반대하고 불법적인 쟁의행위에 나아감으로써 합의에 이르지 못하였다고 할 것이므로, 이는 노동조합이 사전합의권을 남용하거나 스스로 사전합의권의 행사를 포기한 경우에 해당한다고 봄이 상당하다. 따라서 피고의 원고 1에 대한 이 사건 정리해고가 노동조합과 사전 합의를 거치지 아니하였다는 사정만으로 무효라고 볼 수 없다. …
(이하 생략) …"

2) 단체협약에 사전 해고합의의 구체적 절차나 방식에 관한 규정이 없고 단지 노동조합 측 징계위원이 징계위원회의 구성원으로 되어 있는 경우, 동의의 절차·방식 및 동의권 남용으로 볼 수 있는 구체적 사정을 판시한 사례로 다음의 판결(92다45735 판결)이 있다.

※ **대법원 1993. 7. 13. 선고 92다45735 판결 【해고무효확인등】**
- "… (중략) … 이 사건의 경우처럼 단체협약에서 노동조합 간부에 대한 징계해고에 노동조합의 사전합의를 받도록 규정을 하면서도 단체협약이나 기타 인사관계 규정에 그 사전합의의 구체적 절차나 방식에 관하여 아무런 규정도 없고, 단지 징계위원회(혹은 상벌위원회) 구성에 있어 노동조합측 징계위원이 필수구성원으로

되어 있는 경우에는 징계위원회의 심의절차에서 노사간 의견교환을 하는 것이 보통일 것이고, 또 여기에서 노동조합측 징계위원의 의사는 바로 노동조합의 의사를 갈음하는 것이므로 그 심의절차에서 노동조합측 징계위원의 징계동의(사전합의)를 받으면 이것이 노동조합의 사전합의를 받은 것에 해당하고, 이 절차에서 노동조합측 징계위원이 합리적인 이유를 내세워 합의를 거부하면 사용자의 징계권 행사는 이로써 제한을 받을 수밖에 없으나, 만약 노동조합측 징계위원이 징계위원회의 개최나 심의를 방해하거나 그 방해를 위하여 징계위원회 출석 자체를 거부하고, 또는 출석하더라도 징계사유에 대한 정당한 의견제시를 하지 아니하고 명백하고도 중대한 징계사유가 있음에도 불구하고 피징계자가 노동조합 간부라는 이유만으로 무작정 징계를 거부하는 등의 행위를 한다면 이는 이른바 합의거부권의 포기나 남용에 해당되어 이러한 경우에는 사전합의를 받지 아니하였다 하여 그 징계처분을 무효로 볼 수는 없다고 하여야 할 것이다."

◀ Q 풀이 ▶

Q 1. 대상판결에서 어떤 사정이 있는 경우 노동조합이 동의권을 남용하였다고 인정되는가?

[A] 대상판결이 판시하고 있는 법리에 따르면, i) 노동조합측에 중대한 배신행위가 있고 이로 인하여 사용자측의 절차의 흠결이 초래되었던 경우, ii) 피징계자가 사용자인 회사에 대하여 중대한 위법행위를 하여 직접적으로 막대한 손해를 입히고 비위사실이 징계사유에 해당함이 객관적으로 명백하며 회사가 노동조합측과 사전 합의를 위하여 성실하고 진지한 노력을 다하였음에도 불구하고 노동조합측이 합리적 근거나 이유 제시도 없이 무작정 반대함으로써 사전 합의에 이르지 못한 경우 등이다. 그러나 이러한 경우에 이르지 아니하고 단순히 해고사유에 해당한다거나 실체적으로 정당성 있는 해고로 보인다는 이유만으로는 노동조합이 사전동의권을 남용하여 해고를 반대하고 있다고 단정하여서는 아니 된다는 점을 대상판결은 지적하고 있다.

Q 2. 대상판결에서 노동조합의 사전동의를 받지 않은 해고의 효력에 관해 원심법원과 대법원 사이에 어떤 판단의 차이를 보이고 있는가?

[A] 원심은 참가인의 행위가 징계사유에 해당함이 분명한데도 불구하고 노동조합이 합리적인 이유 없이 징계를 반대하여 사전동의권을 남용한 경우에 해

당하는 것으로 판단했다. 반면에 대법원은 해고사유가 중대하여 참가인을 해고하여야 함이 명백한 때에 해당한다고 보기 어렵고, 또한 노동조합이 사전합의 조항만을 내세워 참가인에 대한 해고를 무작정 반대하였다고 볼 수도 없어서 노동조합이 단체협약상의 사전동의권을 남용하였다고 단정할 수 없다고 판단하였다.

2. 해고사유의 서면통지

◀ 판례분석 ▶

▋**제 목** : 사전 면담 시 해고사유를 설명했으나 해고통지서에 해고사유를 전혀 기재하지 않고 행한 해고의 효력(N) [현대중공업(해고서면통지)사건]

▋**대상판결** : 대법원 2021. 2. 25. 선고 2017다226605 판결 【해고무효확인】
【원고, 상고인】 원고
【피고, 피상고인】 현대중공업 주식회사
【원심판결】 부산고법 2017. 4. 19. 선고 2016나54360 판결
【주 문】 원심판결을 파기하고, 사건을 부산고등법원에 환송한다.

▋**사건의 개요** : 원고(미국 뉴욕주 변호사 자격이 있는 사람)는 2009. 11. 30. 피고 회사와 계약기간 1년의 고용계약을 체결하고 피고 회사의 국제법무팀에서 근무하였다가 2011. 3. 8. 피고 회사와 2010. 11. 30.부터 유효한 고용계약을 새로이 체결하면서 근로계약기간의 종기를 따로 정하지 않았는데, 피고 회사가 2015. 1. 19. 계약종료의 사유나 별도의 근거 규정을 기재하지 않은 계약종료통지서(이하 '이 사건 계약종료통지서')를 원고에게 교부하여 2015. 1. 23.부로 해고하자, 원고는 해고의 효력을 다투는 소를 제기하였다.

▋**관련 법 규정**(현행법 기준)
- 근기법 제27조(해고사유 등의 서면통지) ① 사용자는 근로자를 해고하려면 해

고사유와 해고시기를 서면으로 통지하여야 한다.
② 근로자에 대한 해고는 제1항에 따라 서면으로 통지하여야 효력이 있다.
③ 사용자가 제26조에 따른 해고의 예고를 해고사유와 해고시기를 명시하여 서면으로 한 경우에는 제1항에 따른 통지를 한 것으로 본다.

▌판결의 성격 : 원심은 원고가 자신에 대한 해고사유가 무엇인지를 구체적으로 알고 있었고 그에 대하여 적절하게 대응할 수 있었던 것으로 보았고, 이 사건 계약종료통지서에 구체적인 해고사유가 기재되어 있지 않다는 사정만을 들어 이 사건 해고가 근기법 제27조에 위반하는 것이라고 볼 수 없다고 판단하였으나, 대법원은 이 사건 계약종료통지서에 해고사유가 전혀 기재되어 있지 않아 근기법 제27조를 위반한 통지에 해당한다는 이유로 원심판결을 파기환송하였다.

▌쟁 점
- (해고 대상자가 사전에 해고사유를 인지하여 그에 대해 대응할 수 있었던 상황에서) 사용자가 해고를 서면으로 통지하면서 해고사유를 전혀 기재하지 않은 경우 근기법 제27조를 위반한 해고통지에 해당하는지 여부

▌중요 사실관계
- i) 원고가 2013년 및 2014년에도 계약해지 대상에 해당하는 근무평점을 받게 되자, 피고 회사의 소외 4 상무가 2014. 12.경 원고와의 면담을 통해 6개월분 급여를 지급받는 조건으로 사직 권고, ii) 원고가 "6개월분 급여를 보상으로 주는 것은 매력적인 제안이지만 이렇게 나가고 싶지는 않고, 나가더라도 공식적으로 해고 절차를 밟고 나가겠다."라고 하면서 사직을 거부하자, 피고 회사의 소외 5 부장은 원고에게 조만간 회사의 조치사항이 통보될 것임을 고지, iii) 피고 회사의 인력개발부는 원고에 대한 근무평가와 평판조사 결과를 참작하여 이 사건 계약종료통지서를 작성한 후 2015. 1. 19. 이를 원고에게 전달하였고, 2015. 1. 22. 원고를 면담하는 과정에서 회사의 방침 및 계약해지 근거에 대하여 설명 ⇒ 원고가 자신에 대한 해고사유가 무엇인지를 구체적으로 알고 있었고 그에 대하여 적절하게 대응할 수 있었던 것으로 볼 수 있는지 여부와 관련
- 이 사건 계약종료통지서의 기재 내용 : "2011. 3. 8. 상호 체결한 고용계약 제2항의 규정에 의거 당사는 귀하와의 고용계약을 2015. 1. 23.부로 종료함을 통지합니다." ⇒ 해고사유의 미기재 여부와 관련

- 고용계약 제2항의 내용 : "계약 기간: 2009. 11. 30.부터 2010. 11. 29.까지 1년 (상호 서면 동의에 의하여 연장될 수 있고, 2개월 이상의 사전 통보에 의해 해지될 수 있으며, 다만 피고 회사는 사전 통보 대신에 이에 해당되는 급여를 지급할 수 있는 선택권이 있다)"
⇒ 계약종료의 사유 내지는 그 근거 규정에 해당한다고 볼 수 있는지와 관련

▌**기본법리**(판지)

1) 근로기준법 제27조는 사용자가 근로자를 해고하려면 해고사유와 해고시기를 서면으로 통지하여야 그 효력이 있다고 규정하고 있다. 이러한 규정은 해고사유 등의 서면통지를 통해 사용자로 하여금 근로자를 <u>해고하는 데 신중을 기하게 함</u>과 아울러, 해고의 존부 및 시기와 그 사유를 명확하게 하여 사후에 이를 둘러싼 <u>분쟁이 적정하고 용이하게 해결될 수 있도록 하고</u>, 근로자에게도 <u>해고에 적절히 대응할 수 있게 하기 위한 취지이므로</u>, 사용자가 <u>해고사유 등을 서면으로 통지</u>할 때는 근로자의 처지에서 해고사유가 무엇인지를 구체적으로 알 수 있도록 해<u>야 한다</u>(대법원 2011. 10. 27. 선고 2011다42324 판결 등 참조). ⇒ [**해고사유 등의 서면통지를 해고의 효력발생요건으로 규정한 취지 및 해고통지서상 해고사유의 기재 방법**]

2) ⑴ 다만 해고 대상자가 이미 해고사유가 무엇인지 구체적으로 알고 있고 그에 <u>대해 충분히 대응할 수 있는 상황</u>이었다면 해고통지서에 **해고사유를 상세하게 기재하지 않았더라도** <u>위 조항을 위반한 것이라고 볼 수 없다</u>(대법원 2014. 12. 24. 선고 2012다81609 판결 참조). ⇒ [**해고사유의 축약 기재가 위법하지 않은 경우**]

⑵ <u>그러나</u> 근로기준법 제27조의 규정 내용과 취지를 고려할 때, 해고 대상자가 해고사유가 무엇인지 알고 있고 그에 대해 대응할 수 있는 상황이었다고 하더라도, 사용자가 해고를 서면으로 통지하면서 **해고사유를 전혀 기재하지 않았다면** <u>이는 근로기준법 제27조를 위반한 해고통지에 해당한다고 보아야 한다</u>. ⇒ [**(해고 대상자가 이미 해고사유를 알고 있어 그에 대응할 수 있더라도) 해고통지서상 해고사유를 전혀 기재하지 아니한 경우 해고의 효력(=무효)**]

▌**결론 및 이유** : 원심은 원고가 해고사유가 무엇인지 구체적으로 알고 있고 그에 대해 적절하게 대응할 수 있는 상황이었다는 등의 이유만으로 이 사건 계약종료통지서에 의한 해고통지가 근기법 제27조를 위반한 것이 아니라고 판단하였는데, 이러한 원심판결에는 근기법 제27조가 정한 해고통지의 방식에 관한 법리를 오해하여 판결에 영향을 미친 잘못이 있다.
- <u>이 사건 계약종료통지서에는</u> "2011. 3. 8. 상호 체결한 고용계약 제2항의 규정

에 의거 당사는 귀하와의 고용계약을 2015. 1. 23.부로 종료함을 통지합니다."라는 내용만이 기재되어 있을 뿐 계약종료의 사유나 별도의 근거규정이 기재되어 있지 않음.

- 고용계약 제2항의 내용은 '원고의 근로계약은 기간의 정함이 없고, 피고 회사가 원고를 해고하려면 2개월 전에 통보하거나 2개월분의 임금을 지급해야 한다.'라는 취지임.

- 원고에 대한 해고통지서에 해당하는 이 사건 계약종료통지서에는 해고사유가 전혀 기재되어 있지 않으므로 근로기준법 제27조를 위반한 통지에 해당함.

▌판결의 의의와 한계

1) 2007년 1월 26일 개정 근기법에 의해 해고의 사유와 시기를 서면으로 통지하도록 하는 제도가 신설되었다(시행일: 2007. 7. 1). 이 제도에 의하면 사용자가 해고의 사유와 시기를 적은 서면으로 해고를 통지하여야 해고의 효력이 인정된다. 즉 실체적 정당성이 있는 해고라도 해고사유 등을 서면으로 통지하지 아니한 해고는 절차적 정당성이 없는 것으로서 근기법 제27조 제2항에 따라 그 효력이 부정된다.

2) 대상판결은 해고사유 서면통지에 관한 법리의 완결판이라고 할 수 있다. 대상판결 선고 전에는 근로자가 징계절차에서 징계해고의 사유를 알고 그에 대하여 소명했다거나 해고 이전 사용자와 면담하는 과정에서 해고사유에 대해 인지하고 충분히 대응할 수 있었던 경우라면 단지 해고통지서에 해고사유가 기재되지 않았다는 사정만으로 근기법 제27조 규정 위반에 해당한다고 볼 수 없다는 취지의 하급심 판결례가 있었고, 대상판결의 원심도 그러한 입장에서 판결하였다. 그러나 대상판결에서 대법원은 해고 대상자가 해고사유가 무엇인지 알고 있고 그에 대해 대응할 수 있는 상황이었다고 하더라도 사용자가 해고를 서면으로 통지하면서 해고사유를 전혀 기재하지 않았다면 근기법 제27조를 위반한 해고통지에 해당한다는 점을 분명히 밝힘으로써, 해고사유 서면통지제도의 취지에 충실한 해석의 법리를 제시하고 있다.

▌기타 해설

1) 사용자가 해고사유 등을 서면으로 통지할 때는 근로자의 처지에서 해고사유가 무엇인지를 구체적으로 알 수 있도록 해야 하고, 특히 징계해고의 경우에는 해고의 실질적 사유가 되는 구체적 사실 또는 비위내용을 기재하여야 하지만,

해고 대상자가 이미 해고사유가 무엇인지 구체적으로 알고 있고 그에 대해 충분히 대응할 수 있는 상황이었다고 하면 해고통지서에 징계사유를 축약해 기재하는 등 징계사유를 상세하게 기재하지 않았더라도 근기법 제27조 규정을 위반한 해고통지라고 할 수는 없다(대법원 2011. 10. 27. 선고 2011다42324 판결, 대법원 2014. 12. 24. 선고 2012다81609 판결 등 참조). 징계해고의 경우 근기법 제27조에 따라 서면으로 통지된 해고사유가 축약되거나 다소 불분명하더라도 징계절차의 소명 과정이나 해고의 정당성을 다투는 국면을 통해 구체화하여 확정되는 것이 일반적이라고 할 것이므로 해고사유의 서면 통지 과정에서까지 그와 같은 수준의 특정을 요구할 것은 아니고, 성비위행위의 경우 각 행위가 이루어진 상황에 따라 그 행위의 의미 및 피해자가 느끼는 수치심 등이 달라질 수 있으므로, 원칙적으로는 해고 대상자의 방어권을 보장하기 위해서는 각 행위의 일시, 장소, 상대방, 행위 유형 및 구체적 상황이 다른 행위들과 구별될 수 있을 정도로는 특정되어야 하지만, 불특정 다수를 상대로 하여 복수의 행위가 존재하고 해고 대상자가 그와 같은 행위 자체가 있었다는 점을 인정하는 경우에도 해고사유의 서면 통지 과정에서 개개의 행위를 모두 구체적으로 특정하여야 하는 것은 아니다(대법원 2022. 1. 14. 선고 2021두50642 판결 참조).

2) 기간제 근로계약의 종료에 따른 사용자의 갱신 거절은 근로자의 의사와 관계 없이 사용자가 일방적으로 근로관계를 종료시키는 해고와는 구별되는 것이고, 근로관계의 지속에 대한 근로자의 신뢰나 기대 역시 동일하다고 평가할 수는 없다. 기간제 근로계약은 그 기간이 만료됨으로써 당연히 종료하는 것이므로 갱신 거절의 존부 및 시기와 그 사유를 명확하게 하여야 할 필요성이 해고의 경우에 견주어 크지 않고, 근기법 제27조의 내용과 취지에 비추어 볼 때 기간제 근로계약이 종료된 후 갱신 거절의 통보를 하는 경우에까지 근로기준법 제27조를 준수하도록 예정하였다고 보기 어렵다. 따라서 <u>기간제 근로계약이 종료된 후 사용자가 갱신 거절의 통보를 하는 경우에는 근기법 제27조가 적용되지 않는다</u>고 봄이 타당하다(대법원 2021. 10. 28. 선고 2021두45114 판결 참조).

◀ Q 풀이 ▶

Q 1. 문자 메시지 또는 이메일에 의한 해고통지가 유효한가? (대법원 2015. 9. 10. 선고 2015두41401 판결 참고)

[A] 1) 해고의 서면통지에서 '서면'이란 '종이로 된 문서'를 의미한다. 따라서 휴대폰 문자, 이메일 등을 이용한 해고통지는 원칙적으로 근기법 제27조에 따른 해고의 서면통지로 볼 수 없다.

2) 참고판결(2015두41401 판결)에 의하면, '서면'이란 일정한 내용을 적은 문서를 의미하고 이메일 등 전자문서와는 구별되지만, ① 전자문서 및 전자거래 기본법(이하 '전자문서법'이라고 한다) 제3조는 '이 법은 다른 법률에 특별한 규정이 있는 경우를 제외하고 모든 전자문서 및 전자거래에 적용한다'고 규정하고 있고, 같은 법 제4조 제1항은 '전자문서는 다른 법률에 특별한 규정이 있는 경우를 제외하고는 전자적 형태로 되어 있다는 이유로 문서로서의 효력이 부인되지 아니한다'고 규정하고 있는 점, ② 출력이 즉시 가능한 상태의 전자문서는 사실상 종이 형태의 서면과 다를 바 없고 저장과 보관에 있어서 지속성이나 정확성이 더 보장될 수도 있는 점, ③ 이메일(e-mail)의 형식과 작성 경위 등에 비추어 사용자의 해고 의사를 명확하게 확인할 수 있고, 이메일에 해고사유와 해고시기에 관한 내용이 구체적으로 기재되어 있으며, 해고에 적절히 대응하는 데에 아무런 지장이 없는 등 서면에 의한 해고통지의 역할과 기능을 충분히 수행하고 있다면, 단지 이메일 등 전자문서에 의한 통지라는 이유만으로 서면에 의한 통지가 아니라고 볼 것은 아닌 점 등을 고려하면, 근로자가 이메일을 수신하는 등으로 그 내용을 알고 있는 이상, 이메일에 의한 해고통지도 해고사유 등을 서면 통지하도록 규정한 근기법 제27조의 입법취지를 해치지 아니하는 범위 내에서 구체적 사안에 따라 서면에 의한 해고통지로서 유효하다고 보아야 할 경우가 있다고 한다.

3) 하급심 판결례를 보면, 해외연수 중인 근로자에게 이메일로 해고를 통보한 사안에서 근로자와 사용자는 해외연수기간 동안 이메일로 교신하여 온 점, 사용자는 근로자에게 해고사실을 기재한 이메일만 발송한 것이 아니라 해고의 사유가 담긴 '인사위원회 의결통보서'를 첨부하여 발송하였으며 원고는 종전과 같이 이를 정상적으로 수신하여 확인한 점을 종합하면, 이 사건에서 이메일은 근로자와 사용자 사이의 의사연락 수단이자 사용자의 해고의 의사가 담긴 문서인 '인사위원회 의결통보서'를 근로자에게 전달하기 위한 방법이므로, 이 사건 이메일에 의한 해고통지는 '서면'에 의한 통지라고 본 사례가 있다(서울중앙지법 2009. 9. 11. 선고 2008가합42794 판결). 한편, 전자문서는 회사가 전자결재체계를 완비하여 전자문서로 모든 업무의 기안·결재·시행 과정을 관리하는 등의 특별한 사정이 있는 경우 이외에는 근기법상의 서면에 해당되지 않는다는 전제 하에, 이 사건

의 경우 이메일은 전자결재체계가 완비된 회사의 전자문서에 준하는 것으로 취급하기 어려운 점, 근로자와 사용자가 업무연락 수단으로 이메일을 사용하였다거나 장소적·기술적 이유 등으로 이메일 외의 의사연락 수단이 마땅히 없는 등의 특별한 사정도 없는 점에 비추어 보면, 이 사건 이메일 통지를 근기법 제27조에서 규정하는 서면통지가 이루어진 것으로 볼 수 없다고 한 사례도 있다(서울행정법원 2010. 6. 18. 선고 2010구합11269 판결).

◀ 심화학습 ▶

1. 해고의 유효 여부와 해고예고수당 지급의무의 성립 (대법원 2018. 9. 13. 선고 2017다16778 판결 참고)

▷ 참고판결(2017다16778 판결) 사건에서는 근기법 제26조 본문에 따라 사용자가 근로자를 해고하면서 30일 전에 예고를 하지 아니하여 30일분 이상의 통상임금을 해고예고수당으로 지급하였는데, 그 해고가 부당해고에 해당하여 효력이 없는 경우 근로자가 해고예고수당 상당액을 부당이득으로 반환하여야 하는지가 쟁점이었다.

▷ 참고판결에 따르면, 근기법 제26조 본문에 따라 사용자가 근로자를 해고하면서 30일 전에 예고를 하지 아니하였을 때 근로자에게 지급하는 해고예고수당은 해고가 유효한지 여부와 관계없이 지급되어야 하는 돈이고, 그 해고가 부당해고에 해당하여 효력이 없다고 하더라도 근로자가 해고예고수당을 지급받을 법률상 원인이 없다고 볼 수 없으므로, 근로자가 해고예고수당 상당액을 부당이득으로 반환할 의무가 없다고 한다. 그 이유로 다음을 들고 있다.

▷ i) 근기법 제26조 본문은 "사용자는 근로자를 해고(경영상 이유에 의한 해고를 포함한다)하려면 적어도 30일 전에 예고를 하여야 하고, 30일 전에 예고를 하지 아니하였을 때에는 30일분 이상의 통상임금을 지급하여야 한다."라고 규정하고 있을 뿐이고, 위 규정상 해고가 유효한 경우에만 해고예고 의무나 해고예고수당 지급 의무가 성립한다고 해석할 근거가 없다.

ii) 근기법 제26조에서 규정하는 해고예고제도는 근로자로 하여금 해고에 대비하여 새로운 직장을 구할 수 있는 시간적·경제적 여유를 주려는 것으로(대법원 2010. 4. 15. 선고 2009도13833 판결 참조), 해고의 효력 자체와는 관계가 없는 제도이다. 해고가 무효인 경우에도 해고가 유효한 경우에 비해 해고예고제도를 통해 근로자에게 위와 같은 시간적·경제적 여유를 보장할 필요성이 작다고 할 수 없다. iii) 사용자가 근로자를 해고하면서 해고예고를 하지 않고 해고예고수당도 지급하지 않은 경우, 그 후 해고가 무효로 판정되어 근로자가 복직을 하고 미지급 임금을 지급받더라도 그것만으로는 해고예고제도를 통하여 해고 과정에서 근로자를 보호하고자 하는 근로기준법 제26조의 입법 목적이 충분히 달성된다고 보기 어렵다. 해고예고 여부나 해고예고수당 지급 여부가 해고의 사법상효력에 영향을 미치지 않는다는 점(대법원 1994. 3. 22. 선고 93다28553 판결 참조)을 고려하면, 해고예고제도 자체를 통해 근로자를 보호할 필요성은 더욱 커진다.

3. 부당해고와 중간수입

◀ 판례분석 ▶

■**제 목** : 부당해고기간의 임금상당액에서 그 기간 중 발생한 중간수입의 공제 가능 여부 및 공제의 한도 유무(Y) [아주대사건]

■**대상판결** : 대법원 1991. 6. 28. 선고 90다카25277 판결【손해배상(기)】
【원고, 상고인 겸 피상고인】원고
【피고, 피상고인 겸 상고인】학교법인 대우학원
【원심판결】서울고등법원 1990. 6. 20. 선고 89나47085 판결
【주 문】원심판결을 파기하고 사건을 서울고등법원에 환송한다.

■**사건의 개요** : 미국시민권자인 원고는 피고가 경영하는 아주대의 교수로 근무하던 중 아주대가 원고 담당 과목은 국내인 교수로 대체 가능하다고 회신함에 따라 출입국사무소에 의해 국내체류기간이 1984. 2. 28.로 제한되어 1984. 3. 1. 부터는 교수 목적으로는 더 이상 국내에 체류할 수 없게 되자 1983. 12. 4. 출국한 뒤 입국하지 않았고, 아주대 총장은 원고에 대해 1984. 3. 1.부터 소급하여 1학기 휴직 발령 및 같은 해 10.31.까지 휴직기간 연장 발령하였다가 1984. 10. 31.자로 직권면직 발령을 했으며, 이에 원고는 휴직처분 및 면직처분의 무효를

주장하면서 피고를 상대로 1984. 3. 1.부터 사실심 변론 종결일까지의 보수를 청구하는 소를 제기하였다(면직처분기간 중 원고는 소외 협회에 13개월간 근무하면서 임금을 받았고, 미국시민으로서 1984. 3. 1.부터 아주대 교수로 종사하지 못하고 다른 직업에 종사하여 지급받게 되는 미국법상의 최저임금액에 상당하는 금액의 공제를 자인했음).

■ **관련 법 규정**(현행법 기준)
- 근기법 제23조(해고 등의 제한) ① 사용자는 근로자에게 정당한 이유 없이 해고, 휴직, 정직, 전직, 감봉, 그 밖의 징벌(이하 "부당해고 등"이라 한다)을 하지 못한다.
- 근기법 제46조(휴업수당) ① 사용자의 귀책사유로 휴업하는 경우에 사용자는 휴업기간 동안 그 근로자에게 평균임금의 100분의 70 이상의 수당을 지급하여야 한다. 다만, 평균임금의 100분의 70에 해당하는 금액이 통상임금을 초과하는 경우에는 통상임금을 휴업수당으로 지급할 수 있다.
② 제1항에도 불구하고 부득이한 사유로 사업을 계속하는 것이 불가능하여 노동위원회의 승인을 받은 경우에는 제1항의 기준에 못 미치는 휴업수당을 지급할 수 있다.
- 민법 제538조(채권자귀책사유로 인한 이행불능) ① 쌍무계약의 당사자 일방의 채무가 채권자의 책임있는 사유로 이행할 수 없게 된 때에는 채무자는 상대방의 이행을 청구할 수 있다. 채권자의 수령지체 중에 당사자쌍방의 책임없는 사유로 이행할 수 없게 된 때에도 같다.
② 전항의 경우에 채무자는 자기의 채무를 면함으로써 이익을 얻은 때에는 이를 채권자에게 상환하여야 한다.

■ **판결의 성격** : 원심은 원고에 대한 휴직처분 및 면직처분은 무효이고 피고가 원고에게 해고기간 동안에 지급해야 할 임금 총액(137,618,129원)에서 해고기간 중의 중간수입(13개월간 소외 한국공업표준협회에 근무하면서 받은 임금 30,795,000원에다가 원고가 공제를 자인하는 미국 근로기준법 소정의 최저임금을 원화로 환산한 금 25,142,733원을 가산한 합계액 55,937,733원)이 위 137,618,129원 중 중간수입 공제 한도인 4할을 초과한다고 보고 그 6할인 82,570,877원을 지급해야 한다고 판단했으나, 대법원은 원고가 소외 협회에 근무하면서 얻게 된 중간수입금 30,795,000원에 대하여서는 원고가 피고로부터 받게 될 봉급 중 그 중간수입의 대상으로 된 기간과 시기적으로 대응하는 기간에 해당하는 봉급을 기준으로 구 근기법 제38조 소정의 휴업수당인 평균임금의 60퍼센트를 제한 나머지금액을

초과하는지 여부를 결정해야 한다 등의 이유로 원심판결을 파기환송하였다.

■ 쟁 점

- 부당해고기간 중 발생한 근로자의 중간수입을 사용자가 지급할 임금상당액에서 공제할 수 있는지 여부
- (공제할 수 있다면) 중간수입 전액을 공제할 수 있는지 여부
- (전액 공제 불가하다면) 어떤 한도 내에서 어떻게 중간수입을 공제할 수 있는지

■ 중요 사실관계

- i) 1983. 6. 20. 교육부로부터 외국인 교수 중 국내인으로 대체할 수 없는 외국어 담당 이외의 인문사회계열 과목에 대하여는 점차 국내인으로 대체하고 외국인 교수의 채용을 억제하라는 내용의 외국인 교수 관리방안이 시달되고, 이에 따라 출입국관리사무소가 같은 해 11. 4. 아주대학교에 대하여 원고를 계속 교수로 채용할 필요성과 한국인 교수로의 대체 가능성에 대하여 조회하여오자, 아주대학교 총장은 11. 14 출입국사무소에 원고는 경영학과교수로서 경영문헌원강, 경영영어, 조직행위론 등을 담당하고 있으며, 교육부에 1983. 3. 1.부터 1993. 2. 28.까지의 기간으로 임용보고가 수리되어 있고, 원고의 담당과목은 국내인 교수로 대체가능한 것으로 판단된다고 회신함, ii) 출입국사무소는 위 회신에 따라 1983. 11. 18. 원고의 국내체류기간을 1984. 2. 29.까지 금회에 한하여 연장한다는 체류기간제한 결정을 함, iii) 그 후 원고는 아주대학교 총장으로부터 1983. 12. 16.부터 1984. 2. 16.까지의 해외여행 허가를 받고 1983. 12. 4. 출국한 뒤, 아주대학교에 대하여 위 회신의 취소와 원고의 국내체류자격의 보장을 요구하였으나 아주대학교가 이를 이행하지 아니하였고, 원고는 교수목적의 국내체류가 불가능한 상황에서는 입국이 무의미하다고 판단하고, 1984. 2. 29.이 지나도록 입국하지 아니함, iv) 이에 아주대학교 총장은 원고에 대하여 같은 해 5. 4.자로 그 때까지 입국하지 아니하여 강의를 할 수 없다는 이유로 1984. 3. 1.부터 소급하여 같은 해 8. 31.까지 1학기 동안 휴직 발령하고, 2학기가 시작되어도 원고의 입국 및 국내체류 문제가 해결되지 아니하자 같은 해 9. 3.자로 같은 해 10. 31.까지 휴직기간을 연장 발령하였다가 1984. 10. 31.자로 직권면직 발령을 함 ⇒ 휴직처분 및 면직처분의 정당성 여부와 관련

- i) 원고가 면직처분기간 중인 1988. 1. 1.부터 1989. 1. 31.까지 13개월간 소외 한국공업표준협회에 책임전문위원으로 근무하면서 월급여 및 상여금으로 합계

금 30,795,000원을 지급받음, ii) 원고가 공제를 자인하는 미국시민으로서 1984. 3. 1.부터 아주대학교의 교수로 종사하지 못하고 다른 직업에 종사하여 지급받게 되는 금액은 55,937,733원(미국 근로기준법 소정의 최저임금인 시간당 3.35달러씩 매월 580.67달러를 1달러당 833원 20전으로 환산한 금액) ⇒ **공제 대상이 되는 부당해고 기간 중의 중간수입과 관련**

■ **기본법리**(판지)

1) 사용자의 귀책사유로 인하여 해고된 근로자가 해고기간 중에 다른 직장에 종사하여 이익을 얻은 때에는 사용자는 위 근로자에게 해고기간 중의 임금을 지급함에 있어 위의 이익(이른바 중간수입)의 금액을 임금액에서 공제할 수 있다. 위의 중간수입은 민법 제538조 제2항에서 말하는 채무를 면함으로써 얻은 이익에 해당하기 때문이다. ⇒ **[부당해고 기간 중의 중간수입 공제의 근거(민법 제538조 제2항)]**

2) 그런데 근로기준법 제38조(현행 제46조)는 근로자의 최저생활을 보장하려는 취지에서 사용자의 귀책사유로 인하여 휴업하는 경우에는 사용자는 휴업기간 중 당해 근로자에게 그 평균임금의 100분의 70(1989. 3. 29. 법률 제4099호로 개정되기 전에는 100분의 60) 이상의 수당을 지급하여야 한다고 규정하고 있고, 여기서의 휴업이란 개개의 근로자가 근로계약에 따라 근로를 제공할 의사가 있음에도 불구하고 그 의사에 반하여 취업이 거부되거나 또는 불가능하게 된 경우도 포함된다고 할 것이므로 근로자가 지급받을 수 있는 임금액 중 근로기준법 제38조 소정의 휴업수당의 한도에서는 이를 이익공제의 대상으로 삼을 수 없고, 그 휴업수당을 초과하는 금액에서 중간수입을 공제하여야 할 것이다. ⇒ **[휴업수당제도의 취지 및 중간수입 공제의 한도(휴업수당 초과금액에서만 공제 가능)]**

3) 그리고 위 휴업수당을 초과하는 금액을 한도로 중간수입을 공제할 경우에도 중간수입이 발생한 기간이 임금지급의 대상으로 되는 기간과 시기적으로 대응하여야 하고 그것과는 시기적으로 다른 기간에 얻은 이익을 공제하여서는 안 된다. ⇒ **[공제 대상 중간수입(임금지급 대상 기간과 시기적으로 대응하는 기간에 발생한 중간수입)]**

■ **결론 및 이유** : 원심이 1989. 3. 29. 이후에도 구 근로기준법 제38조를 적용한 것은 잘못이나 이 날짜 이후에는 원고가 그 공제를 자인하는 미국 근로기준법상의 최저임금액을 공제한 것이고, 이 금액이 개정된 위 법률 소정의 휴업수당 70퍼센트를 공제한 나머지 금액을 초과하지 아니하므로 판결 결과에 영향이 없다. 원고의 논지는 봉급의 총액에서 중간수입의 총액을 공제한 부분에 한하여 이유

있고 나머지 주장은 이유 없다.

- 원고가 1984. 3. 1.이후부터는 교수목적으로는 더 이상 국내에 체류할 수 없게 되었고, 그에 따라 교수임용계약에 따른 교수의무를 이행할 수 없게 된 것은 오로지 피고의 귀책사유로 인한 것이므로 위 <u>휴직처분 및 면직처분은 무효</u>이고, 따라서 <u>피고와 원고 사이의 교수임용관계는 유효하게 존속하고, 피고는 민법 제538조 제1항의 규정에 따라 원고에게 임금을 지급할 의무가 있음.</u>

- 근로기준법 제38조는 1989. 3. 29. 개정 공포되어 종전 평균임금의 60퍼센트이던 휴업수당이 70퍼센트로 변경되었으므로 이 사건의 경우 1984. 3. 1.부터 <u>1989. 3. 28.까지는 구법 소정의 휴업수당인 평균임금의 60퍼센트를, 그 이후부</u>터는 개정된 법에 따라 70퍼센트를 각 초과하는 금액을 한도로 하여 중간수입을 공제하여야 할 것임.

- <u>원심은 피고가 원고에게 1984. 3. 1.부터 1990. 5. 30.까지의 기간 동안에 지급</u>하여야 할 봉급의 총액을 금 137,618,129원을 산출한 다음, 그 증거에 의하여 <u>원고가 면직처분기간 중인 1988. 1. 1.부터 1989. 1. 31.까지 13개월간 소외 한국공업표준협회에 책임전문위원으로 근무하면서 월급여 및 상여금으로 합계금 30,795,000원을 지급받은 사실을 인정하여 그 수입금액에다가 원고가 공제를 자인하는 미국시민으로서 1984. 3. 1.부터 아주대학교의 교수로 종사하지 못하고 다른 직업에 종사하여 지급받게 되는 미국 근로기준법 소정의 최저임금인 시간당 3.35달러씩 매월 580.67달러를 1달러당 833원 20전으로 환산한 금 25,142,733원을 가산한 합계 금 55,937,733원을 산출하여 이 금액이 위 금 137,618,129원 중 중간수입 공제한도인 4할을 초과한다고 보고 그 6할인 금 82,570,877원을 지급하여야</u>한다고 판시하였음.

- 그러나 <u>원고가 소외 한국공업표준협회에 근무하면서 얻게 된 중간수입금 30,795,000원에 대하여서는 원고가 피고로부터 받게 될 봉급 중 위 중간수입의 대상으로 된 기간과 시기적으로 대응하는 기간에 해당하는 봉급을 기준으로 구 근로기준법 제38조 소정의 휴업수당인 평균임금의 60퍼센트를 제한 나머지금액을 초과하는지 여부를 결정할 필요가 있음.</u> 다만 그 외의 기간에 대한 중간수입의 공제는 원고가 그 공제를 스스로 자인하고 있어 휴업수당을 초과하는 금액을 한도로 하지 아니하고 이를 공제하여도 무방할 것임.

■ **판결의 의의와 한계** : 부당해고는 무효이므로 해고된 근로자는 해고기간 동안 정상적으로 근로하였다면 받을 수 있었던 임금상당액(이른바 소급임금)을 사용자

에게 청구할 수 있다(☞ 임금상당액의 범위에 관해서는 Q 1. 참고). 이 경우 해고된 근로자가 해고기간에 다른 사업장에 취업하는 등으로 인해 발생한 수입(이른바 중간수입)이 있었던 경우 사용자가 이를 해고기간 중의 임금상당액에서 공제할 수 있는지가 문제된다. 대상판결은 중간수입 공제의 근거(제538조 제2항)와 한도(근로자가 지급받을 수 있는 임금상당액 중 근기법 소정의 휴업수당을 초과하는 금액에서 중간수입 공제 가능), 공제의 방법(중간수입 발생 기간에 대응하는 기간의 임금지급액에서 중간수입을 공제해야 함)에 관한 기본적 법리를 제시한 사례로서 의미가 있다.[1]

■ 기타 해설 : 부당해고로 인하여 근로를 제공하지 못한 근로자는 사용자에 대하여 임금을 청구할 수 있고 이 경우 근로자가 자기 채무를 면함으로써 이익을 얻은 때에는 이를 사용자에게 상환하여야 하는데, 그 상환하여야 할 이익은 채무를 면한 것과 상당인과관계에 있는 것에 한한다는 것이 판례의 입장이다(대법원 1991. 5. 14. 선고 91다2656 판결, 대법원 1993. 5. 25. 선고 92다31125 판결 등). 따라서 근로자들이 해고기간 중에 월 금 70,000원 내지 금 325,000원 상당의 금원을 노동조합기금으로부터 지급받은 경우 그 금원은 근로자들이 근로제공을 면한 것과 상당인과관계에 있는 이익이라고는 볼 수 없다(91다2656 판결). 또한 근로자가 해고처분 이전부터 자신이 거주하던 곳으로부터 버스로 20분 정도 걸리는 장소에 있는 과수원을 그 처의 주도로 경영하면서 부업으로 다소간 수입을 얻어 왔던 경우, 해고기간 동안의 수입은 일종의 부업적 수입으로서 해고를 당하지 아니하였더라도 당연히 취득할 수 있었던 것으로 보이므로 이는 상환하여야 할 이익에 해당하지 아니하여 이를 해고기간 동안의 임금상당액에서 공제할 수 없다(92다31125 판결).

◀ Q 풀이 ▶

Q 1. 부당해고기간 중에 '받을 수 있었던 임금상당액'의 범위는? (대법원 1995. 11. 21. 선고 94다45753 판결; 대법원 2012. 2. 9. 선고 2011다20034 판결 등 참고)
[A] 1) 사용자의 부당한 해고처분이 무효이거나 취소된 때에는 그동안 피해고자

---

1) 그러나 해고된 근로자가 별도의 직업활동을 통해 얻은 중간수입은 사용자의 부당해고에 의해 직접적으로 얻은 이익이라고 보기 어렵다는 점에서 민법 제538조 제2항 소정의 "채무자가 채무를 면함으로써 얻은 이익"에 해당한다고 볼 수 있는지(부당해고와 중간수입 간에 상당인과관계가 있다고 볼 수 있는지) 등에 관한 의문을 제기하는 견해가 있다. 강희원, "부당해고와 중간수입", 「노동판례백선」, 박영사, 2015, 171-172면 참조.

의 근로자로서의 지위는 계속되고 있었던 것이 되고, 근로자가 그간 근로의 제공을 하지 못한 것은 사용자의 귀책사유로 인한 것이라 할 것이니 근로자는 민법 제538조 제1항에 의하여 계속 근로하였을 경우에 받을 수 있는 임금 전부의 지급을 청구할 수 있는바(94다45753 판결 및 2011다20034 판결), 여기에서 근로자가 지급을 청구할 수 있는 임금은 근로기준법 제2조에서 규정하는 임금을 의미하므로, 사용자가 근로의 대가로 근로자에게 지급하는 일체의 금원으로서, 근로자에게 계속적·정기적으로 지급되고 그 지급에 관하여 단체협약, 취업규칙, 급여규정, 근로계약, 노동관행 등에 의하여 사용자에게 지급의무가 지워져 있다면 그 명칭 여하를 불문하고 모두 이에 포함되며, 반드시 통상임금으로 국한되는 것은 아니다(2011다20034 판결). 단체협약에 조합원이 1년간 개근할 경우 연말에 금 1돈(3.75g)을, 정근(지각 3회 이하)할 경우 연말에 금 반 돈을 교부하여 표창하도록 규정되어 있다면, 위와 같은 표창 역시 특별한 사정이 없는 한 임금에 포함된다고 보아야 한다(2011다20034 판결). 근로자가 연차유급휴가를 사용하지 못하게 됨에 따라 사용자에게 청구할 수 있는 연차휴가수당도 임금에 해당한다(대법원 2014. 3. 13. 선고 2011다95519 판결).
2) 그러나 판례는 해고가 없었다고 하더라도 취업이 사실상 불가능한 상태가 발생한 경우라든가 사용자가 정당한 사유에 의하여 사업을 폐지한 경우에는 사용자의 귀책사유로 인하여 근로제공을 하지 못한 것이 아니므로 그 기간 중에는 임금을 청구할 수 없다고 한다(대법원 1994. 9. 13. 선고 93다50017 판결 : 해고기간 중 근로자가 구속되어 있었던 경우 해고가 무효라도 구속기간 동안의 임금을 청구할 수 없다고 한 사례).

Q 2. 대상판결에 의하면 부당해고기간 중에 중간수입이 있었던 경우에 사용자의 경제적 손해배상액은 어떻게 계산하는가?

[A] 대상판결에 의하면, 사용자가 부당해고기간의 임금을 지급함에 있어 해고된 근로자가 해고기간 중에 다른 직장에 종사하여 얻은 이익이 있는 경우, 사용자는 근로자가 지급받을 수 있는 임금액 중 근기법 제46조 소정의 휴업수당(평균임금의 100분의 70 이상의 수당)의 한도에서는 이를 이익공제의 대상으로 삼을 수 없고, 그 휴업수당을 초과하는 금액 범위 내에서만 중간수입을 공제하여야 하며, 이 경우에도 중간수입이 발생한 기간이 임금지급의 대상으로 되는 기간과 시기적으로 대응하여야 하고 그것과는 시기적으로 다른 기간에 얻은 이익을 공제하여서는 아니 된다.

4. 부당해고와 위자료

◀ 판례분석 ▶

∎제 목 : 복직 근로자의 퇴직금 반환 불응을 이유로 한 해고의 불법행위 여부 (Y) [대상택시사건]

∎대상판결 : 대법원 1999. 2. 23. 선고 98다12157 판결 【해고무효확인및임금청구】
【원고, 피상고인】 원고
【피고, 상고인】 대상자동차 주식회사 (변경 전 상호 : 성원콜택시 주식회사)
【원심판결】 서울고법 1998. 2. 4. 선고 97나35308 판결
【주 문】 상고를 기각한다. 상고비용은 피고의 부담으로 한다.

∎사건의 개요 : 피고 회사(택시운수업 회사)는 관할 지방노동위원회의 부당해고 구제명령에 따라서 원고를 복직시킨 후 원고에게 이미 수령한 퇴직금의 반환을 3회에 걸쳐 요구하였으나 원고가 해고기간 임금·위자료의 계산공제 및 경제적 여건상 분할납부 등을 이유로 불응하자 택시 승무 중지조치를 하였고, 곧이어 원고의 위와 같은 불응이 취업규칙 등 소정의 해고사유인 회사재산횡령에 해당한다고 보아서 복직 후 불과 2개월 만에 원고를 다시 해고하였으며, 원고는 해고무효의 확인 및 임금 등 청구의 소를 제기하였다.

∎관련 법 규정(현행법 기준)
- 근기법 제23조(해고 등의 제한) ① 사용자는 근로자에게 정당한 이유 없이 해고, 휴직, 정직, 전직, 감봉, 그 밖의 징벌(이하 "부당해고 등"이라 한다)을 하지 못한다.
- 민법 제750조(불법행위의 내용) 고의 또는 과실로 인한 위법행위로 타인에게 손해를 가한 자는 그 손해를 배상할 책임이 있다.
- 민법 제751조(재산이외의 손해의 배상) ① 타인의 신체, 자유 또는 명예를 해하거나 기타 정신상고통을 가한 자는 재산이외의 손해에 대하여도 배상할 책임이 있다.

∎판결의 성격 : 원심은 이 사건 해고가 부당해고에 해당할 뿐만 아니라 불법행

위를 구성한다고 판단하여서 해고기간의 임금과 더불어 판시 소정의 위자료의 지급을 명하였고, 대법원은 원심의 판단과 조치가 옳다고 보아서 피고 회사의 상고를 기각하였다.

▌쟁 점
- 퇴직금반환 요구에 응하지 않는다는 것을 이유로 한 피고 회사의 원고에 대한 징계해고가 위자료 지급책임을 발생하게 하는 불법행위에 해당하는지 여부

▌중요 사실관계
- 피고 회사의 퇴직금 반환 요구에 대한 원고의 불응(원고는 해고기간의 임금·위자료 계산공제 및 경제적 여건상 분할납부 등을 피고 회사에 요청) ⇒ **피고 회사의 취업규칙 등에서 정한 징계해고사유(회사재산횡령) 해당 여부 및 원고의 퇴직금 반환의사 유무와 관련**
- 원고의 위와 같은 불응을 이유로 하여 원고가 복직한 후 불과 2개월 만에 피고 회사는 재차 원고를 징계해고 ⇒ **사용자의 귀책사유가 있는 불법행위 해당 여부와 관련**

▌기본법리(판지) : i) 사용자가 근로자를 징계해고할 만한 사유가 전혀 없는데도 오로지 근로자를 사업장에서 몰아내려는 의도 하에 <u>고의로 어떤 명목상의 해고사유를 만들거나 내세워 징계라는 수단을 동원하여 해고한 경우</u>나(⇒ **고의요건 해당 유형의 부당해고**), ii) 해고의 이유로 된 어느 사실이 취업규칙 등 소정의 해고사유에 해당되지 아니하거나 해고사유로 삼을 수 없는 것임이 객관적으로 명백하고 또 조금만 주의를 기울이면 <u>이와 같은 사정을 쉽게 알아볼 수 있는데도 그것을 이유로 징계해고에 나아간 경우</u> 등(⇒ **과실요건 해당 유형의 부당해고**) <u>징계권의 남용이 우리의 건전한 사회통념이나 사회상규상 용인될 수 없음이 분명한 경우</u>에 있어서는 그 해고가 구 근로기준법 제27조(현행 제23조) 제1항에서 말하는 정당성을 갖지 못하여 효력이 부정되는 데 그치는 것이 아니라, <u>위법하게 상대방에게 정신적 고통을 가하는 것이 되어 근로자에 대한 관계에서 불법행위를 구성</u>할 수 있다 할 것이다(대법원 1993. 10. 12. 선고 92다43586 판결, 1997. 1. 21. 선고 95다24821 판결, 1997. 9. 26. 선고 97다18974 판결 등 참조). ⇒ **[부당해고의 불법행위 구성 요건]**

▌결론 및 이유 : 이 사건 해고는 위법하게 상대방에게 정신적 고통을 가하는 것이 되어 원고에 대한 관계에서 불법행위를 구성한다.

- 피고 회사가 원고를 부당해고한 후 노동위원회의 부당해고판정을 받아 원고를 복직시켰으면서도 그가 수령한 퇴직금을 반환하지 않는다는 이유만으로 승무정지 및 재차 해고조치를 하고 그 기간중의 임금을 지급하지 아니한 일련의 행위는 <u>취업규칙 소정의 해고사유에 해당하지 아니하는 것이 객관적으로 명백한 사유로 해고를 한 것이어서 사회통념이나 사회상규상으로도 용인될 수 없고, 또한 피고 로서도 조금만 주의를 기울이면 이와 같은 사정을 쉽게 알 수 있었다고 보임.</u>

▌판결의 의의와 한계

1) 부당해고의 경우 사용자는 그에 따른 채무불이행책임(소급임금지급)을 진다(☞ Q 2. 참고). 그러나 모든 부당해고가 곧바로 민법상의 불법행위에 해당하는 것은 아니고, 불법행위가 성립하려면 사용자에게 불법행위책임을 물을만한 고의·과실이 있어야 한다(☞ 심화학습 1. 참고). 대상판결은 부당해고의 불법행위 구성요건에 관한 종래의 판례법리를 재확인하면서 이 사건 해고가 원고에 대한 관계에서 불법행위를 구성하는 것으로 본 사례이다.

2) 대상판결에 의하면 불법행위가 인정될 수 있는 부당해고의 유형은 크게 두 가지, 즉 고의요건 해당 유형의 부당해고와 과실요건 해당 유형의 부당해고로 구분되는데, 이 사건 해고는 후자에 속하는 것으로 판시되고 있다. 어느 쪽에 속하는가에 따라 불법행위의 법률효과가 달라지지는 않지만, 전자가 후자에 비해 근로자에게 가하는 정신적 고통의 정도가 더 큰 것으로 평가될 가능성이 높다. 그러나 고의나 과실에 대한 증명책임은 그 주장자에게 있기 때문에 근로자가 사용자의 고의를 입증하기란 현실적으로 용이하지 않을 것이다. 그렇지만 경우에 따라서는 사용자의 고의가 추정될 수 있다(☞ 심화학습 1. 참고1 판결 참조).

◀ Q 풀이 ▶

Q 1. 대상판결의 법리에 따르면 어떤 경우가 사용자에게 불법행위책임을 물을 수 있는 고의 또는 과실에 해당하는가?

[A] 1) 고의요건 해당 유형의 부당해고 : 사용자가 근로자를 징계해고할 만한 사유가 전혀 없는데도 오로지 근로자를 사업장에서 몰아내려는 의도 하에 고의로 어떤 명목상의 해고사유를 만들거나 내세워 징계라는 수단을 동원하여 해고한 경우이다.

2) 과실요건 해당 유형의 부당해고 : 해고의 이유로 된 어느 사실이 취업규칙 등 소정의 해고사유에 해당되지 아니하거나 해고사유로 삼을 수 없는 것임이 객관적으로 명백하고 또 조금만 주의를 기울이면 이와 같은 사정을 쉽게 알아볼 수 있는데도 그것을 이유로 징계해고에 나아간 경우이다.

Q 2. 부당해고의 경우에 일반적으로 인정되는 구제의 내용은?

[A] 1) 부당해고의 구제에는 노동위원회에 의한 행정적 구제와 법원에 의한 사법적 구제가 있다. 노동위원회의 행정적 구제절차는 민사소송을 통한 통상적인 권리 구제방법에 따른 소송절차의 번잡성, 절차의 지연, 과다한 비용부담 등의 폐해를 지양하고 신속·간이하며 경제적이고 탄력적인 권리구제를 도모하기 위한 것이고, 이처럼 신속·간이한 행정적 구제절차로서의 기능을 확보할 목적으로 근기법 제28조 제2항에서는 부당해고가 있었던 날로부터 3월 이내에 노동위원회에 구제신청을 하도록 규정하고 있는바, 이와 같은 권리구제신청기간은 제척기간이므로 그 기간이 경과하면 행정적 권리구제를 신청할 권리는 소멸한다(대법원 1997. 2. 14. 선고 96누5926 판결 참조).
2) 행정적 구제의 경우 노동위원회는 부당해고에 대하여 일반적으로 원직복직 및 소급임금지급(해고기간 동안 정상적으로 근로하였다면 받을 수 있었던 임금 상당액의 지급)의 구제명령을 발한다. 다만, 소급임금지급 명령 시에 중간수입(해고기간중 다른 직장에 취업하는 등으로 인한 수입)의 공제 여부에 관해서는 언급하지 않는 것이 실무관행이다. 근로자가 원직복직을 원하지 않는 경우 노동위원회는 원직복직 대신에 금전보상 명령을 할 수 있다(근기법 제30조 제3항).
3) 사법적 구제의 경우 근로자는 통상적으로 본안소송을 통해 해고무효의 확인 및 소급임금의 지급을 구하게 되는데,2) 해고무효가 확인되면 법원은 소급임금의 지급을 명한다. 다만, 해고가 없었다고 하더라도 취업이 사실상 불가능한 상태가 발생한 경우에는 근로자는 그 기간 중의 임금을 청구할 수 없고, 해고기간 중 근로자에게 중간수입이 있으면 일정한 범위 내에서 그 공제를 허용한다(☞ 제11강 3. 부당해고와 중간수입 참고). 근로자가 소급임금의 지급과 더불어 위자료를 청구하는 경우 대상판결과 같이 부당해고가 불법행위를 구성하는 것으로 인정되면 법원은 제반 사정을 감안하여 위자료의 액을 정하여 사용자에게 그 지급을 명한다.

---

2) 해고된 근로자는 해고의 효력을 다투는 본안소송뿐만 아니라 종업원지위보전의 가처분 신청을 할 수도 있다.

Q 3. 근기법 제33조에 규정된 이행강제금제도의 취지와 내용은?

[A] 2007. 1. 26. 개정 근기법 이전 구법에는 사용자의 부당해고에 대한 벌칙 규정이 있었다. 이에 대해 민사분쟁의 형사화라는 비판이 있었고, 다른 한편 노동위원회의 부당해고 구제명령을 이행하지 않은 행위에 대한 제재가 없어서 그 실효성에 의문이 제기되었었다. 그리하여 위 근기법 개정 시에 부당해고에 대한 벌칙 규정을 삭제하는 대신에 노동위원회 부당해고 구제명령의 실효성을 확보하기 위하여 구제명령을 이행하지 아니한 사용자에 대하여 2천만원 이하의 이행강제금을 1년에 2회의 범위 안에서 최대 2년까지 부과할 수 있도록 하였다. 한편, 2021. 5. 18. 개정 근기법은 부당해고 구제의 실효성을 제고하기 위하여 이행강제금의 한도를 2천만원에서 3천만원으로 인상하였다.

◀ **심화학습** ▶

1. 부당해고의 불법행위 성립 여부 관련 대법원 1993. 12. 21. 선고 93다11463 판결과 대법원 1996. 4. 23. 선고 95다6823 판결의 비교

▷ 일반적으로 사용자의 근로자에 대한 해고처분이 부당하여 무효로 판단되는 경우에 그러한 사유만으로 곧바로 그 해고처분이 불법행위를 구성하게 된다고 할 수는 없지만, 사용자에게 부당해고에 대한 고의·과실이 인정되는 경우에는 불법행위가 성립되어 그에 따라 입게 된 근로자의 정신적 고통에 대하여도 이를 배상할 의무가 있게 된다(참고1, 2 판결).

▷ 참고1 판결(93다11463 판결)에 의하면, 근로자가 정당한 노동조합활동을 한 것을 이유로 근로자를 사업장에서 배제하려는 의도 하에 일부러 어떤 표면상의 해고 사유를 내세워 징계라는 수단을 동원하여 해고의 불이익처분이 이루어진 경우에는 해고처분의 효력이 부정되는데 그치지 않고 불법행위를 구성할 수 있다. 반면에 참고2 판결(95다6823 판결)에 의하면, 사용자가 징계의 경중에 관한 관계법령의 해석을 잘못한 데 불과하거나 해고처분을 함에 있어서 기울여야 할 주의의무를 다한 것으로 보아야 할 경우에는 사용자에게 불법행위책임을 물을만한 고의·과실이 있다고 볼 수 없다.

※**(참고1) 대법원 1993. 12. 21. 선고 93다11463 판결【임금지급등】**

- "일반적으로 사용자의 근로자에 대한 해고 등의 불이익처분이 무효로 판단되는 경우에 그러한 사유만에 의하여 곧바로 그 해고 등 불이익처분이 불법행위를 구성하게 된다고 할 수는 없다 할 것이나 … (중략) … 사용자가 강행규정인 노동조합법 제39조(현행 제81조) 소정의 불이익취급금지규정을 위반하여 근로자를 부당하게 해고하거나 불이익처분을 함으로써 당해 해고 등이 무효인 경우에 있어서 사용자가 그러한 불이익처분을 함에 있어서 내세우는 사유가 표면상의 사유에 불과하고 실질적으로는 근로자가 정당한 노동조합활동을 한 것을 이유로 근로자를 사업장에서 배제하려는 의도 하에 일부러 어떤 표면상의 해고사유 등을 내세워 징계라는 수단을 동원하여 해고 등의 불이익처분이 이루어진 경우처럼 그러한 징계권의 남용이 우리의 건전한 사회통념이나 사회상규상 도저히 용인될 수 없음이 분명한 경우에 있어서는 그 해고 등 불이익처분의 효력이 부정되는데 그치는 것이 아니라 위법하게 상대방에게 정신적 고통을 가하는 것이 되어 근로자에 대한 관계에서 불법행위를 구성할 수 있다 할 것이고(당원 1993.10.12. 선고 92다43586 판결 참조) 이와 같은 경우 이는 단순히 임금지급채무를 이행하지 아니한 것에 불과하다고 할 수 없어 근로자가 임금채무나 그에 대한 지연손해금을 지급받게 된다고 하여 이로써 사용자의 이러한 부당한 해고행위 등으로 말미암아 근로자가 입게 된 정신적 고통의 손해가 완전히 치유된다고는 할 수 없는 것이고 사용자의 귀책사유는 부당노동행위로 인정되는 이상 사실상 추정된다 할 것이다. 원심이 적법하게 채택한 증거에 의하면 피고가 원고에 대하여 한 위 대기발령 및 해고처분은 모두 실질적으로는 원고의 정당한 노조활동을 혐오하여 **원고를 피고의 사업장에서 배제하려는 의도로 징계라는 수단을 동원하여 이루어진 불이익처분**임을 인정할 수 있는바 이는 우리의 건전한 사회통념이나 사회상규상 용인될 수 없음이 분명하고 **위 불이익처분이 부당노동행위로 인정되는 이상 피고의 귀책사유는 추정된다** 할 것이어서 원심이 피고의 원고에 대한 위 대기발령 및 해고처분이 불법행위를 구성함을 전제로 원고가 이로 인하여 상당한 정신적 고통을 받았을 것이라는 사실을 경험칙에 의하여 인정한 후 그 판시의 여러 사정을 참작하여 위자료의 지급을 명한 것은 정당하고 … (이하 생략) …"

※**(참고2) 대법원 1996. 4. 23. 선고 95다6823 판결【손해배상(기)】**

- "일반적으로 사용자의 근로자에 대한 해고 등의 불이익처분이 정당하지 못하여 무효로 판단되는 경우에 그러한 사유만에 의하여 곧바로 그 해고 등의 불이익처분이 불법행위를 구성하게 된다고 할 수는 없다고 할 것이나, … (중략) … 사용자에게 부당해고 등에 대한 고의·과실이 인정되는 경우에 있어서는 불법행위가 성립되어 그에 따라 입게 된 근로자의 정신적 고통에 대하여도 이를 배상할 의무가 있다고 할 것이다. 그러나 근로자에 대한 징계의 양정이 결과적으로 재량권을 일탈, 남용한 것이라고 인정되어 징계처분이 징계권의 남용 등으로 무효라고 판단된다 하더라도 그것이 법률전문가가 아닌 징계위원들이 징계의 경중에 관한 관련 법령의 해석을 잘못한 데 불과한 경우에는 그 징계의 양정을 잘못한 징계위원들에게 불법

행위책임을 물을 수 있는 과실이 있다고 할 수는 없다(당원 1995. 2. 14. 선고 94 다22125 판결 참조). 또한 마찬가지로 근로자에 대한 해고 등의 불이익처분을 할 당시의 객관적인 사정이나 근로자의 비위행위 등의 정도, 근로자에 대하여 불이익 처분을 하게 된 경위 등에 비추어 사용자가 근로자의 비위행위 등이 취업규칙이나 단체협약 소정의 근로자에 대한 해고 등의 불이익처분 사유에 해당한다고 판단한 것이 무리가 아니었다고 인정되고, 아울러 소정의 적법한 절차 등을 거쳐서 당해 불이익처분을 한 것이라면 사용자로서는 근로자에 대하여 해고 등의 불이익처분 을 함에 있어서 기울여야 할 주의의무를 다한 것으로 보아야 할 것이므로 비록 당 해 해고 등의 불이익처분이 사후에 법원에 의하여 무효라고 판단되었다 하더라도 거기에 불법행위책임을 물을 만한 고의·과실이 있다고 할 수는 없을 것이다(위 1996. 2. 27. 선고 95다11696 판결 참조). … (중략) … 따라서 이에 의하면 원고 들에 대한 징계해고는 원래 정당한 사유가 있었고 그 절차도 단체협약의 규정 등 에 따라 적법하게 이루어진 것이라 할 것이고, 다만 징계위원들이 원고들에 대한 징계의 양정을 함에 있어서 최대한 관용을 베풀기로 한 약속의 의미를 잘못 해석 하여 결과적으로 징계의 양정이 잘못되어 무효라고 판단된 것에 불과할 뿐 징계의 양정을 잘못한 징계위원이나 그 결정에 따른 피고에게 불법행위책임을 물을 수 있 는 고의·과실이 있다고 할 수는 없다.”

2. 사용자의 복직거부와 불법행위 (대법원 1996. 4. 23. 선고 95다6823 판결 참고)

▷ 사용자가 근로자의 의사에 반하여 정당한 이유 없이 근로자의 근로제공을 계 속적으로 거부하는 것(예, 확정된 해고무효판결에도 불구하고 사용자가 근로자의 복직요 구를 거부하는 것)은 근로자의 인격적 법익을 침해하는 것이 되어 사용자는 이로 인하여 근로자가 입게 되는 정신적 고통에 대하여 배상할 의무가 있다는 것이 판례의 입장이다.

※ **대법원 1996. 4. 23. 선고 95다6823 판결 【손해배상(기)】**
- “근로계약에 따라 계속적으로 근로를 제공하는 근로자는 인간으로서의 존엄과 가치를 지닌 인격체이고 근로자는 자신의 전인격을 사용자의 사업장에 투입하고 있는 점에서 근로관계에 있어서 근로자의 근로제공은 자신의 인격과 분리될 수 없 는 것이고 한편 근로계약에 따른 근로자의 근로제공은 단순히 임금획득만을 목적 으로 하는 것은 아니고 근로자는 근로를 통하여 자아를 실현하고 나아가 기술을 습득하고 능력을 유지·향상시키며 원만한 인간관계를 형성하는 등으로 참다운 인 격의 발전을 도모함으로써 자신의 인격을 실현시키고 있다는 점도 부인할 수 없다 (위 1993. 12. 21. 선고 93다11463 판결 참조). 그러므로 사용자는 특별한 사정이 없는 한 근로자와 사이에 근로계약의 체결을 통하여 자신의 업무지휘권·업무명령 권의 행사와 조화를 이루는 범위 내에서 근로자가 근로제공을 통하여 이와 같이

참다운 인격의 발전을 도모함으로써 자신의 인격을 실현시킬 수 있도록 배려하여야 할 신의칙상의 의무를 부담한다고 할 것이다. 따라서 **사용자가 근로자의 의사에 반하여 정당한 이유 없이 근로자의 근로제공을 계속적으로 거부하는 것은 이와 같은 근로자의 인격적 법익을 침해하는 것**이 되어 사용자는 이로 인하여 근로자가 입게 되는 정신적 고통에 대하여 배상할 의무가 있다고 할 것이다(당원 1980. 1. 15. 선고 79다1883 판결, 1994. 2. 8. 선고 92다893 판결 참조). 기록에 의하면 원심이 인정한 바와 같이 피고의 원고들에 대한 해고처분이 무효라는 판결이 선고되어 확정되었음에도 피고는 원고들에게 그 판결에서 지급을 명한 금원만을 지급하고 있을 뿐 원고들의 복직요구에도 불구하고 원고들을 복직시키지 아니한 채 원고들의 근로제공을 계속 거부하고 있음을 알 수 있는바, 피고가 원고들의 근로제공을 거부할 만한 특별한 사정이 있다는 점에 대한 아무런 입증이 없는 이 사건에 있어서 피고가 이와 같이 원고들의 복직요구에도 불구하고 계속 원고들의 근로제공을 거부하면서 현실의 업무에 종사시키지 아니하는 것은 원고들의 위에서 본 바와 같은 인격적 법익을 침해하는 것이 되어, 이로 인하여 원고들이 상당한 정신적 고통을 받았을 것임은 경험칙에 비추어 명백하다고 할 것이다.”

3. 위장폐업에 의한 부당해고와 불법행위 (대법원 2011. 3. 10. 선고 2010다13282 판결 참고)

▷ 부당노동행위가 되는 위장폐업은 우리의 건전한 사회통념이나 사회상규상 용인될 수 없는 행위이므로 이러한 위장폐업에 의한 부당해고는 근로자에 대한 관계에서 불법행위를 구성하고, 근로자들은 위장폐업에 의한 부당해고가 무효임을 이유로 민법 제538조 제1항에 따라 계속 근로하였을 경우 그 반대급부로 받을 수 있는 임금의 지급을 구할 수 있음은 물론이고, 아울러 위장폐업에 의한 부당해고가 불법행위에 해당함을 이유로 손해배상을 구할 수 있으며, 그 중 어느 쪽의 청구권이라도 선택적으로 행사할 수 있다(2010다13282 판결 참조).

※ **대법원 2011. 3. 10. 선고 2010다13282 판결【손해배상(기)】**
- “부당노동행위가 되는 위장폐업이란 기업이 진실한 기업폐지의 의사가 없이, 다만 노동조합의 결성 또는 조합활동을 혐오하고 노동조합을 와해시키기 위한 수단으로서 기업을 해산하고 조합원을 전원 해고한 다음 새로운 기업을 설립하는 등의 방법으로 기업의 실체가 존속하면서 조합원을 배제한 채 기업활동을 계속하는 경우를 말한다(대법원 1991. 12. 24. 선고 91누2762 판결 등 참조). … (중략) … 사용자가 근로자들에게 어떠한 해고사유도 존재하지 아니함에도 노동조합활동을 혐오한 나머지, 경영상 어려움 등 명목상 이유를 내세워 사업 자체를 폐지하고 근로자들을 해고함으로써 일거에 노동조합을 와해시키고 조합원 전원을 사업장에서 몰아내고는 다시 기업재개, 개인기업으로의 이행, 신설회사 설립 등 다양한 방법

으로 종전 회사와 다를 바 없는 회사를 통하여 여전히 예전의 기업 활동을 계속하는 것은 우리의 건전한 사회통념이나 사회상규상 용인될 수 없는 행위이므로, 이러한 위장폐업에 의한 부당해고는 근로자에 대한 관계에서 불법행위를 구성한다. 따라서 근로자들로서는 위장폐업에 의한 부당해고가 무효임을 이유로 민법 제538조 제1항에 따라 구회사 내지는 그와 실질적으로 동일성을 유지하고 있는 신설회사에 대하여 계속 근로하였을 경우 그 반대급부로 받을 수 있는 임금의 지급을 구할 수 있음은 물론이고(대법원 1981. 12. 22. 선고 81다626 판결 등 참조), 아울러 위장폐업에 의한 부당해고가 불법행위에 해당함을 이유로 손해배상을 구할 수 있고, 그 중 어느 쪽의 청구권이라도 선택적으로 행사할 수 있다.

원심판결 이유에 의하면, 원심은 … (중략) … 이러한 위장폐업에 따른 부당해고는 그 효력이 부정되어 원고들과 소외 1 주식회사(또는 그와 동일한 실체를 가진 소외 2 주식회사) 사이에 여전히 근로관계가 존속되고 있기 때문에 원고들로서는 특별한 사정이 없는 한 사용자인 위 회사에 대하여 부당해고기간중의 임금을 청구할 수 있으므로 임금 상당의 손해가 발생하였다고 볼 수 없다는 이유로 원고들의 손해배상청구를 기각한 제1심판결의 판단을 그대로 유지하였다. 그러나 앞서 본 법리에 비추어 볼 때, 원심의 위와 같은 판단은 수긍하기 어렵다. 즉, 부당해고된 근로자가 해고 무효를 주장하면서 사용자에 대하여 민법 제538조 제1항에 의하여 해고 기간중의 임금 지급을 청구하는 소는 사용자와 사이의 근로계약에 바탕을 둔 청구로서 그 실체는 근로계약에 따른 임금청구권의 행사인 반면, 위 부당해고가 불법행위를 구성한다 하여 임금 상당의 손해배상을 청구하는 것은 그 자체로는 근로계약과는 무관한 청구로서 양자는 그 법적 근거와 성질을 달리 한다. 또한, 부당해고가 불법행위를 구성하는 경우 그 부당해고로 인하여 근로자에게 손해가 발생하였는지 여부는 부당해고의 피해자인 근로자가 부당해고가 없었더라면 향유하거나 취득할 수 있었던 이익이 부당해고로 말미암아 현실적으로 상실되거나 취득할 수 없게 된 것에 따른 불이익이 발생하였는지 여부에 의하여 판단할 것이지, 부당해고가 존재하지 아니하였을 경우에 취득할 수 있는 법률상 권리인 임금청구권을 유효하게 가지고 있느냐 여부에 따라 그 손해의 발생 여부가 좌우되는 것은 아니다. … (이하 생략) …"

제12강 기타 근로관계 종료의 제한

1. 사직의 의사표시

◀ 판례분석 ▶

■**제 목** : 징계면직처분을 대체한 의원면직처분의 해고 여부 및 상당 기간 경과 후 그 처분의 효력을 다투는 소송의 허용 여부(N) [증권거래소사건]

■**대상판결** : 대법원 2000. 4. 25. 선고 99다34475 판결 【징계면직처분무효확인등】
【원고, 피상고인】 원고
【피고, 상고인】 한국증권거래소
【원심판결】 서울고법 1999. 5. 27. 선고 98나44460 판결
【주 문】 원심판결을 파기하고 사건을 서울고등법원에 환송한다.

■**사건의 개요** : 피고는 업무내용 일부의 외부 누설을 이유로 원고를 징계면직처분했다가 원고의 원에 따라 재심의절차를 거쳐 위 처분을 취소하고 그 대신 의원면직처분을 하였고, 원고는 의원면직처분 후 12년이 지나 그 처분의 효력을 다투는 소를 제기하였다.

■**관련 법 규정**(현행법 기준)
- 근기법 제23조(해고 등의 제한) ① 사용자는 근로자에게 정당한 이유 없이 해고, 휴직, 정직, 전직, 감봉, 그 밖의 징벌(이하 "부당해고 등"이라 한다)을 하지 못한다.
- 민법 제107조(진의 아닌 의사표시) ① 의사표시는 표의자가 진의 아님을 알고 한 것이라도 그 효력이 있다. 그러나 상대방이 표의자의 진의 아님을 알았거나 이를 알 수 있었을 경우에는 무효로 한다.
- 민법 제2조(신의성실) ① 권리의 행사와 의무의 이행은 신의에 좇아 성실히

하여야 한다.

▌판결의 성격 : 원심은 이 사건 의원면직이 비진의 의사표시에 따른 부당해고이고 원고가 피고 처분의 효력에 대해 다툰 사정이 있기에 이 사건 소의 제기는 신의칙 위반이 아니라고 판단했으나, 대법원은 진의의 의사표시, 신의칙 위반을 인정하여 원심판결을 파기환송하였다.

▌쟁 점
- 이 사건 의원면직처분은 원고의 진의의 사직 의사표시에 따른 근로관계의 합의해지인지 아니면 비진의 의사표시에 따른 해고(부당해고)인지 여부
- 이 사건 의원면직처분의 효력을 다투는 소의 제기가 신의칙 위반(실효원칙)으로 허용될 수 없는 것인지 여부

▌중요 사실관계
- 원고가 징계면직처분의 무효를 다투어 복직하기는 어렵다고 판단해 퇴직금이라도 수령할 생각으로 징계면직 발령일자와 같은 날인 1985. 12. 5.자로 된 사직원을 작성 제출함과 동시에 종전의 징계면직처분을 취소하고 의원면직처리를 하여 달라는 취지의 재심청구 ⇒ **사직원의 제출이 비진의 의사표시 해당 여부와 관련**
- 징계면직 의결을 받은 직후 피고에게 그 부당함 호소, 원고가 1988. 8. 31.과 1995. 1. 3. 이 사건 징계면직처분(1985. 12. 5) 및 의원면직처분(1986. 2. 3)의 부당성을 다투면서 피고에게 복직청원 ⇒ **피고 처분의 효력에 대한 원고의 이의제기 해당 여부와 관련**
- 의원면직처분 후 12년 지나 그 효력을 다투는 소 제기(1998. 2. 17) ⇒ **권리(소권) 불행사 기간의 상당성 여부 내지 권리 불행사에 대한 피고의 신뢰형성 여부와 관련**

▌기본법리(판지)
1) ⑴ 사용자가 사직의 의사 없는 근로자로 하여금 어쩔 수 없이 사직서를 작성·제출하게 한 후 이를 수리하는 이른바 의원면직의 형식을 취하여 근로계약관계를 종료시키는 경우처럼 근로자 <u>사직서 제출이 진의 아닌 의사표시에 해당하는 등으로 무효이어서</u> 사용자의 <u>그 수리행위를</u> 실질적으로 사용자의 일방적 의사에 의하여 근로계약관계를 종료시키는 <u>해고라고 볼 수 있는 경우</u>가 아닌 한,

⇒ **[예외: 의원면직=해고(사직의 의사표시가 비진의 의사표시인 경우)]**

(2) 사용자가 사직서 제출에 따른 사직의 의사표시를 수락함으로써 사용자와 근로자 사이의 근로계약관계는 합의해지에 의하여 종료되는 것이므로 사용자의 의원면직처분을 해고라고 볼 수 없고(대법원 1996. 7. 30. 선고 95누7765 판결, 1997. 8. 29. 선고 97다12006 판결 등 참조), ⇒ **[원칙: 의원면직처분=근로관계의 합의해지]**

(3) 여기서 말하는 진의 아닌 의사표시에 있어서의 <u>진의란 특정한 내용의 의사표시를 하고자 하는 표의자의 생각</u>을 말하는 것이지 표의자가 진정으로 마음속에서 바라는 사항을 뜻하는 것은 아니므로, 표의자가 의사표시의 내용을 <u>진정으로 마음속에서 바라지는 아니하였다고 하더라도 당시의 상황에서는 그것을 최선이라고 판단하여 그 의사표시를 하였을 경우</u>에는 이를 내심의 효과의사가 결여된 진의 아닌 의사표시라고 할 수 없다(대법원 1996. 12. 20. 선고 95누16059 판결 참조).
⇒ **[비진의 의사표시에서 진의의 의미]**

2) 사용자로부터 i) <u>해고된 근로자가 퇴직금 등을 수령하면서 아무런 이의의 유보나 조건을 제기하지 않았다면</u> ii) 해고의 효력을 인정하지 아니하고 이를 다투고 있었다고 볼 수 있는 <u>객관적인 사정</u>이 있다거나 그 외에 상당한 이유가 있는 상황 하에서 이를 수령하는 등의 <u>특별한 사정이 없는 한</u> 그 해고의 효력을 인정하였다고 할 것이고, 따라서 iii) 그로부터 <u>오랜 기간이 지난 후</u>에 그 해고의 효력을 다투는 <u>소를 제기하는 것은 신의칙</u>이나 금반언의 원칙에 <u>위배</u>되어 허용될 수 없다(대법원 1992. 4. 14. 선고 92다1728 판결, 1996. 3. 8. 선고 95다51847 판결 등 참조).
⇒ **[해고소송에서의 실효원칙 적용 요건]**

■**결론 및 이유** : 원고에게 그 표시의사에 상응하는 사직의 효과의사가 있었다고 봄이 상당하므로 이를 사직의 의사가 결여된 진의 아닌 의사표시라고 할 수 없다. 또한 이 사건 소의 제기는 노동분쟁의 신속한 해결이라는 요청과 신의칙이나 금반언의 원칙에 위반되는 것으로 허용되지 아니한다.

- **사직원 제출 관련** : 원고가 사직원 제출 당시 사직의 의사표시를 진정으로 마음속에서 바라지는 아니하였다고 하더라도 당시의 상황에서는 징계면직처분의 효력을 다투는 것보다는 퇴직금 수령 및 장래를 위하여 재심을 통한 징계면직처분의 취소와 의원면직처분을 받는 것이 최선이라고 판단하여 그 의사표시를 한 것.

- **소 제기 관련** : i) 원고는 자신이 작성, 제출한 사직원에 기하여 의원면직통보를 받고 퇴직금 등을 수령하면서 아무런 이의의 유보를 하지 않았음, ii) 법리에서

본 특별한 사정(선행처분인 징계면직처분에 대하여 그 처분 당시 이를 다투었다는 점은 이 사건 의원면직처분에 있어 특별한 사정으로 볼 수 없음)의 존재를 찾아볼 수 없음, iii) 원고가 피고에게 복직신청을 하였다가 거부통보를 받은 1988년 9월경부터 6년 4개월이 경과한 1995. 1. 3.(원고의 2차 복직청원일)까지 사이에 어떠한 조치를 취하였다고 볼 자료가 없음, iv) 원고가 이제 더 이상 이 사건 의원면직처분의 효력을 다투지 않을 것이라는 피고의 신뢰가 형성되었다고 봄이 상당함.

▌판결의 의의와 한계

1) 의원면직처분의 유효성 여부와 관련하여 사직서의 제출이 진의의 의사표시에 의한 것인지 여부가 이 사건에서 쟁점으로 되고 있고, 대상판결은 종래의 판례법리에 기초하여 그 의사표시의 진의를 인정한 사례이다(☞ 원심판단과의 차이는 Q 1. 참고).

2) 대상판결은 선례에 의해 확립된 실효의 원칙(신의칙으로부터 파생된 원칙)을 적용하여 원고의 이 사건 소의 제기가 허용되지 않는 것으로 보았다(☞ 원심판단과의 차이는 Q 2. 참고).

▌기타 해설 : 실효의 원칙을 인정하고 있는 이유, 실효의 원칙을 적용하기 위한 요건 및 그 충족 여부의 판단 기준은 참고1 판결(2005다45827 판결)에 제시되어 있다. 특히 참고2 판결(91다30118 판결)은 해고분쟁에서 실효의 원칙이 다른 법률관계에서보다 더욱 적극적으로 적용되어야 할 필요성을 강조하고 있다.

※(참고1) 대법원 2005. 10. 28. 선고 2005다45827 판결 【면직해임무효확인등】
- "일반적으로 권리의 행사는 신의에 좇아 성실히 하여야 하고 권리는 남용하지 못하는 것이므로 권리자가 실제로 권리를 행사할 수 있는 기회가 있었음에도 불구하고 상당한 기간이 경과하도록 권리를 행사하지 아니하여 의무자인 상대방으로서도 이제는 권리자가 권리를 행사하지 아니할 것으로 신뢰할 만한 정당한 기대를 가지게 된 다음에 새삼스럽게 그 권리를 행사하는 것이 법질서 전체를 지배하는 신의성실의 원칙에 위반하는 것으로 인정되는 결과가 될 때에는 이른바 **실효의 원칙**에 따라 그 권리의 행사가 허용되지 않는다고 보아야 할 것이다. 또한, 실효의 원칙이 적용되기 위하여 필요한 요건으로서의 실효기간(권리를 행사하지 아니한 기간)의 길이와 의무자인 상대방이 권리가 행사되지 아니하리라고 신뢰할 만한 정당한 사유가 있었는지의 여부는 일률적으로 판단할 수 있는 것이 아니라 구체적인 경우마다 권리를 행사하지 아니한 기간의 장단과 함께 권리자측과 상대방측 쌍방의 사정 및 객관적으로 존재한 사정 등을 모두 고려하여 사회통념에 따라 합리적

으로 판단하여야 할 것이다(대법원 1992. 5. 26. 선고 92다3670 판결 참조)."

※(참고2) 대법원 1992. 1. 21. 선고 91다30118 판결 【사원확인】
- "사용자와 근로자 사이의 고용관계(근로자의 지위)의 존부를 둘러싼 노동분쟁은, 그 당시의 경제적 정세에 대처하여 최선의 설비와 조직으로 기업활동을 전개하여야 하는 사용자의 입장에서는 물론, 근로자로서의 임금수입에 의하여 자신과 가족의 생계를 유지하고 있는 근로자의 입장에서도 신속히 해결되는 것이 바람직한 것이므로, 위와 같은 실효의 원칙이 다른 법률관계에 있어서보다 더욱 적극적으로 적용되어야 할 필요가 있다고 볼 수 있다. 더군다나 사용자에 의하여 해고된 근로자가 해고의 효력을 다투는 경우, 해고가 부당노동행위라고 주장하여 노동위원회에 부당노동행위 구제신청을 하는 경우에 관하여는 노동조합법 제40조 제2항에 그 구제신청을 하여야 할 기간이 부당노동행위가 있은 날로부터 3월 이내로 규정되어 있으나, 해고가 무효라고 주장하여 법원에 해고무효확인의 소 등을 제기하는 경우의 제소기간에 관하여는 우리 법에 아무것도 규정되어 있지 않기 때문에, 위와 같은 필요성은 더 절실하다."

◀ Q 풀이 ▶

Q 1. 대상판결의 원심에서 사직의 의사표시가 진의가 아니고 의원면직처분을 부당해고로 판단한 이유와 논리는 무엇인가? 이에 대해 원심을 파기한 대법원의 논리는?

[A] 1) 원심 : 원고가 사직의 의사 없이 사직원을 제출하였고 피고도 그러한 사정을 알면서 수리한 것으로 원고의 사직의 의사표시는 비진의 의사표시에 해당하여 무효이고, 무효인 사직의 의사표시에 기한 의원면직 형식의 근로계약관계 종료로서 해고(부당해고)로 판단하였다.

2) 대법원 : 원고가 사직원 제출 당시 징계면직처분의 효력을 다투는 것보다는 퇴직금 수령 및 장래를 위해 재심을 통한 징계면직처분의 취소와 의원면직처분을 받는 것이 최선이라고 판단하여 그 의사표시를 한 것으로서 사직의 의사가 결여된 비진의 의사표시로 볼 수 없다고 하였다.

Q 2. 해고소송에서의 신의칙 적용 여부와 관련하여 대상판결의 원심과 대법원 사이에는 어떤 차이를 보이고 있는가?

[A] 1) 원심 : 2차례에 걸친 원고의 피고에 대한 복직청원, 이 사건 처분 관련

피고에 대한 원고의 자료 요청 및 정부기관에 대한 탄원서 제출 등의 사실에 근거해 비록 원고가 명시적인 이의 제기 없이 퇴직금을 수령하였으나 피고의 의원면직처분 등에 대해 다투었다고 볼 수 있는 객관적 내지 특별한 사정이 있다고 보아서 이 사건 소의 제기는 신의칙 위반이 아니라고 판단하였다(즉 실효원칙의 적용 부인).

2) 대법원 : 원고의 1차 복직신청에 대한 피고의 그 거부 후부터 원고의 2차 복직신청이 있기까지의 6년 4개월 기간 동안 원고는 어떤 조치를 취하지 않았기 때문에 원고가 더 이상 의원면직처분의 효력을 다투지 않을 것이라는 점에 대한 피고의 신뢰가 형성되었다고 보아서 이 사건 소의 제기에 대하여 실효의 원칙을 적용하였다.

◀ 심화학습 ▶

1. 사용자의 퇴직 권유, 종용에 따른 사직서 제출의 법적 효력 (대법원 2002. 6. 14. 선고 2001두11076 판결; 대법원 2001. 1. 19. 선고 2000다51919,51926 판결 등 참고)

▷ 사용자의 기망 내지 강박 행위로 인하여 근로자가 사직의 의사 없이 사직서를 제출한 경우 그 수리에 따른 퇴직처리는 실질적으로 해고에 해당하지만(참고 1, 2 판결), 기망·강박행위가 없었고 진의의 의사표시로 볼 수 있는 사직서의 제출과 그 수리에 의한 퇴직처리는 근로계약의 합의해지에 해당한다(참고3 판결).

※(참고1) 대법원 2002. 6. 14. 선고 2001두11076 판결 【부당해고구제재심판정취소】
- "노사간 합의 및 인사위원회의 의결에 따라 구조조정대상자로 선정되는 문제직원들에 대하여 스스로 사직원을 제출하지 아니할 경우 총무관리처로의 대기발령, 직위해제 및 해고예고절차를 거쳐 직권면직시킨다는 인사방침이 확정, 공고되었고, 원고가 문제직원으로 선정된 후 이에 불복하여 사직원을 제출하지 아니하였다는 이유로 총무관리처로 무보직 대기발령을 받고 위 공사의 거듭된 종용에 따라 사직서를 작성, 제출한 점 등 그 판시와 같은 사정에 비추어 보면, 원고는 원래 사직의 의사가 없었음에도 위 공사가 자신을 문제직원으로 확정하여 무보직 대기발령을 내리고 명예퇴직신청을 하지 아니할 경우 직권면직하겠다는 의사를 거듭 표시하면서 사직원의 제출을 종용함에 따라 어쩔 수 없이 사직원을 작성, 제출하였다고 보여지고, 농어촌진흥공사가 이를 수리하여 퇴직처리한 것은 실질적으로 사용자의 일방적 의사에 의하여 근로계약관계를 종료시키는 것이어서 해고에 해당 … (이하 생략) …"

※(참고2) 대법원 2005. 11. 25. 선고 2005다38270 판결 【해고무효확인】

- "피고는 기업구조개선작업약정의 연장이 절실히 필요한 상황에서 위 약정의 연장을 위한 가시적인 조치로 과장급 이상 직원의 10%를 감원하기로 하여 <u>원고들을 포함한 58명(이하 '원고 등'이라 한다)을 감축대상자로 일방적으로 선정한 점, 그 후 그들만을 대상으로 하여 퇴직설명회를 개최하는 등 사직서 제출을 종용한 점, 피고는 사직서제출기한을 연장하면서까지 거듭하여 원고 등의 사직서 제출을 종용하고 이에 응하지 않은 사람에 대하여는 보직해임 및 대기발령을 하였으며 끝까지 사직서를 제출하지 않은 사람들을 모두 해고한 점, 사직서를 제출한 감축대상자들의 사직서 제출시점이 각자 상이함에도 불구하고 피고가 일률적으로 2000. 12. 31.자로 사직처리를 한 점</u> 등 그 판시와 같은 사정에 비추어 보면, <u>원고들은 특정 사원에 대한 위법한 해고를 회피하기 위한 피고의 사직서 제출요구를 견디지 못하고 사직 이외에는 다른 선택의 여지가 없는 상황에서 사직서를 제출하였다고 볼 것이고 따라서 원고들의 퇴직은 자발적인 사직의 의사에 따른 것이 아니라 피고가 일방적인 의사표시에 의하여 근로계약관계를 종료시킨 것으로서 사실상 해고에 해당…</u> (이하 생략) …"

※(참고3) 대법원 2001. 1. 19. 선고 2000다51919,51926 판결 【해고무효확인】

- "피고 회사가 희망퇴직제를 시행할 당시 우리나라의 경제상황과 피고 회사 및 보험업계 일반의 경영상태와 이로 인한 피고 회사의 구조조정과 인력감축의 필요성 등이 원심이 인정한 바와 같은 이상, <u>피고 회사가 희망퇴직제를 실시하는 과정에서 당시 또는 앞으로 다가올 피고 회사의 어려운 상황을 다소 과장하거나 위 퇴직권유에 응하지 않을 경우 어떤 불이익을 입을 수도 있다는 취지의 설명을 하였다는 사정만으로는 피고 회사가 위 원고들에게 기망행위나 강박행위를 하였다고 보기 어렵고, 위 원고들이 이로 인하여 사직의 의사표시를 하였다고 볼 수도 없다고 할 것이다.</u> … (중략) … 원고들이 <u>피고 회사의 기망, 협박, 강요로 인하여 어쩔 수 없이 이 사건 사직원을 제출하였다고 볼 수 없으므로</u>, 위 원고들과 피고 회사 사이의 근로계약관계는 위 원고들의 사직원 제출과 이에 따른 <u>피고 회사의 수리로써 합의해지에 의하여 종료되었다고 할 것이고 … (이하 생략) …</u>"

2. '사직'과 '근로계약의 합의해지' 양자의 개념과 법적 효과 (대법원 2000. 9. 5. 선고 99두8657 판결 참고)

▷ 사 직 : 근로계약관계의 종료를 위한 근로자의 일방적인 의사표시(해약고지)로서 사용자의 승낙을 요하지 않고, 민법 소정의 기간(제660조 제2항, 제3항)이 경과함으로써 해지의 효력이 발생한다. 사직의 의사표시가 사용자에게 도달하면 그 철회가 불가하다. 사직의 의사표시(사직서의 제출)는 근로계약의 합의해지를 위한 청약의 의사표시로 볼 수 있는 특별한 사정이 없는 한 근로관계종료 취지의 해

약고지로 보는 것이 판례의 입장이다(99두8657 판결).

▷ 근로계약의 합의해지 : 근로계약의 당사자인 근로자와 사용자의 의사합치에 의한 근로계약관계의 종료로서 사용자의 승낙을 요하고, 사용자의 승낙이 근로자에게 도달한 때에 근로계약 종료의 효력이 발생한다. 다만, 신의칙에 반하지 않는 한 사용자의 승낙이 형성·도달 이전에 근로자는 사직의 의사표시를 철회할 수 있다(99두8657 판결).

※ **대법원 2000. 9. 5. 선고 99두8657 판결 【부당해고구제재심판정취소】**
- "근로자가 사직원을 제출하여 근로계약관계의 해지를 청약하는 경우 그에 대한 사용자의 승낙의사가 형성되어 그 승낙의 의사표시가 근로자에게 도달하기 이전에는 그 의사표시를 철회할 수 있고, 다만 근로자의 사직 의사표시 철회가 사용자에게 예측할 수 없는 손해를 주는 등 신의칙에 반한다고 인정되는 특별한 사정이 있는 경우에 한하여 그 철회가 허용되지 않는다 할 것이다(대법원 1992. 4. 10. 선고 91다43138 판결, 1994. 8. 9. 선고 94다14629 판결 참조). … (중략) … 그러나 **사직의 의사표시는 특별한 사정이 없는 한 당해 근로계약을 종료시키는 취지의 해약고지로 볼 것**인바, 원심이 확정한 사실관계 및 기록상 나타난 바와 같은 사직서의 기재내용, 사직서 작성·제출의 동기 및 경위, 사직 의사표시 철회의 동기 기타 여러 사정을 참작하면 원고의 위 사직서 제출은 위에서 본 원칙적 형태로서의 근로계약의 해지를 통고한 것이라고 볼 것이지, 근로계약의 합의해지를 청약한 것으로 볼 것은 아니며, 이와 같은 경우 사직의 의사표시가 참가인에게 도달한 이상 원고로서는 참가인의 동의 없이는 비록 민법 제660조 제3항 소정의 기간이 경과하기 전이라 하여도 사직의 의사표시를 철회할 수 없다 할 것이므로, 원고의 사직 의사표시 철회로써 참가인과의 근로계약이 여전히 존속중이라는 원고의 주장을 배척한 원심의 판단은 결과적으로 정당하다 할 것이다."

※ **민법 제660조**(기간의 약정이 없는 고용의 해지통고) ① 고용기간의 약정이 없는 때에는 당사자는 언제든지 계약해지의 통고를 할 수 있다.
② 전항의 경우에는 상대방이 해지의 통고를 받은 날로부터 1월이 경과하면 해지의 효력이 생긴다.
③ 기간으로 보수를 정한 때에는 상대방이 해지의 통고를 받은 당기후의 일기를 경과함으로써 해지의 효력이 생긴다.

※ **민법 제527조**(계약의 청약의 구속력) 계약의 청약은 이를 철회하지 못한다.
[⇒ 민법상 청약의 구속력 규정에도 불구하고 판례가 근로계약의 합의해지에서 근로자의 청약 철회를 인정하고 있는 이유에 관해서, i) 계약의 성립이 아닌 계약해소의 경우 청약구속력규정이 적용되지 않는 것으로 보는 견해(이른바 이원설), ii) 사정변경이 있는 경우 신의칙상 청약의 철회가 인정될 수 있다는 견해(사

정변경론 원용설), iii) 근기법상의 해고제한규정의 취지에 비추어 합의해지의 경우에도 근로자보호 내지 근로관계의 존속보장을 위해 민법상의 청약구속력규정에도 불구하고 그 예외로서 청약철회를 인정할 수 있다는 견해(근로자보호설)가 있다.]

3. 근로자가 해고효력을 다투고 있었다고 볼 수 있는 객관적 사정 또는 해고소송의 상당한 지체가 정당화될 수 있는 상당한 이유 내지 사정 (대법원 1991. 5. 14. 선고 91다2663 판결; 대법원 1992. 4. 14. 선고 92다1728 판결 참고)

▷ 사용자의 해고처분에 대하여 그 처분 당시에 명시적으로 이의제기를 한 경우, 해고자 문제 관련 노조와 사용자간의 교섭 등을 통한 해결 또는 사용자의 복직약속을 믿고 기다리다가 소의 제기가 지체된 경우, 다른 구제절차(노동위원회에의 구제신청 등)를 거치느라 소의 제기가 지체된 경우 등이 그 예이다(참고1, 2 판결).

※(참고1) 대법원 1991. 5. 14. 선고 91다2663 판결 【해고무효확인】

- "원고는 징계위원회 개최 통보를 받을 때부터 징계에 대하여는 절대 승복할 수 없고 그 징계에 대하여 투쟁할 것임을 명백히 하였고 징계해고된 후에도 피고 회사 노동조합장으로 계속 재직하면서 피고 회사에 출근하여 위 징계해고의 철회를 요구하는 일방 피고 회사 노동조합의 정기총회 및 각종행사에 참석하여 조합활동을 하다가 변호사의 조언에 따라 1986. 5. 2. 피고 회사가 공탁한 공탁물을 출급, 수령한 사실, 피고 회사 노동조합 조합장직무대리들은 1988. 4. 이전까지는 피고 회사와 단체교섭을 함에 있어 원고 등 해고자복직문제도 교섭내용에 포함시켜 해결을 시도하다가 1988. 4.에 이르러 노동조합측의 단체협약안을 만들면서 해고자 문제는 법원의 판단에 따르기로 한다는 안을 만들었으며 원고는 1988. 5. 2. 이 사건 소를 제기하였고 그 후 위 노동조합측의 단체협약안은 1988. 10. 25. 그대로 단체협약으로 성립된 사실을 확정한 다음, 원고는 위 징계해고 이후부터 이 사건 소제기시까지 계속하여 위 징계해고의 효력을 다투어 왔고 피고 회사도 이러한 사정을 알고 있었다고 봄이 상당하므로 원고가 위 공탁물을 수령함에 있어 명시적인 이의를 유보하지 아니하였다 하더라도 그 수령 전후의 위와 같은 사정들을 비추어 볼 때 묵시적으로 이의를 유보하였다고 봄이 상당하다 할 것이니 원고가 위 공탁물을 수령한 행위만으로 위 징계해고를 유효한 것으로 승인하였다고는 할 수 없고, 또 원고가 위 공탁물을 수령하고 나아가 2년이 경과한 후에 비로서 이 사건 소를 제기하였다는 사정만으로는 피고 회사에 대하여 위 징계해고를 유효한 것으로 승인하였다는 신뢰의 기반을 제공하였다고 단정할 수도 없다 … (이하 생략) …"

※(참고2) 대법원 1992. 4. 14. 선고 92다1728 판결 【해고무효확인등】
- "해고무효의 확인청구소송의 제기가 늦어진 경우에도 먼저 부당노동행위구제신
청을 하느라고 늦어졌다거나 사용자와의 복귀교섭 결과를 기다리거나 사용자의
복귀 약속을 믿고 기다리다가 늦어졌다는 등 상당한 이유가 있어서 그렇게 된 경우
에는 신의성실의 원칙에 어긋나지 않는다고 보아야 할 것이다."

2. 시용과 본채용의 거부

◀ 판례분석 ▶

▌**제 목** : 시용기간의 근무성적 불량을 이유로 한 계약해지의 정당성(N) [씨티은
행사건]

▌**대상판결** : 대법원 2006. 2. 24. 선고 2002다62432 판결 【해고무효확인】
【원고, 피상고인】 원고 1외 9인
【피고, 상고인】 주식회사 한국씨티은행 (변경전 상호 : 주식회사 한미은행)
【원심판결】 서울고법 2002. 10. 9. 선고 2000나49130 판결
【주 문】 상고를 기각한다. 상고비용은 피고가 부담한다.

▌**사건의 개요** : 원고들과 피고 은행은 시용기간(6개월, 일부는 3개월)을 정한 근로
계약을 체결하였고, 피고 은행이 시용기간의 근무성적을 평가하여 낮은 등급(C
또는 D)을 받은 원고들의 근로계약을 해지하자 원고들은 해고무효확인의 소를 제
기하였다.

▌**관련 법 규정**(현행법 기준)
- 근기법 제23조(해고 등의 제한) ① 사용자는 근로자에게 정당한 이유 없이 해고,
휴직, 정직, 전직, 감봉, 그 밖의 징벌(이하 "부당해고 등"이라 한다)을 하지 못한다.

▌**판결의 성격** : 원심은 피고 은행의 이 사건 시용조건부 근로계약의 해지가 정
당한 이유 없이 이루어진 해고로서 무효라고 판단하였고, 대법원은 원심의 판단이

유 중 일부가 부적절하지만 그 외의 사유만으로도 이 사건 근로계약의 해지는 정당하지 않다고 보아서 피고의 상고를 기각하였다.

▌쟁 점
- 시용기간의 근무성적을 평가하여 낮은 평가등급(C 또는 D)을 받은 원고들에 대한 근로계약의 해지(내지 본채용의 거부)가 정당한지 여부

▌중요 사실관계
- 피고 은행은 각 지점별로 C 또는 D 평정등급 해당자 수를 할당 ⇒ **시용제도의 목적에 비추어 계약해지의 합리적 사유에 해당하는지 여부와 관련**
- 피고 은행은 평정표가 작성·제출된 후 일부 지점장들에게 재작성을 요구, 이에 따라 일부 지점장들이 평정자 및 확인자를 달리하도록 정한 근무성적평정요령에 어긋나게 혼자서 평정표를 재작성 ⇒ **소정의 평가절차를 위반한 평정인지 여부와 관련**

▌기본법리(판지)
1) 시용기간중에 있는 근로자를 해고하거나 시용기간 만료시 본계약의 체결을 거부하는 것은 <u>사용자에게 유보된 해약권의 행사</u>로서, ⇒ **[시용계약 해지의 성격]**
2) 당해 근로자의 업무능력, 자질, 인품, 성실성 등 <u>업무적격성을 관찰·판단하려는 시용제도의 취지·목적</u>에 비추어 볼 때 <u>보통의 해고보다는 넓게</u> 인정되나, 이 경우에도 <u>객관적으로 합리적인 이유</u>가 존재하여 사회통념상 상당하다고 인정되어야 할 것이다(대법원 2003. 7. 22. 선고 2003다5955 판결 등 참조) ⇒ **[시용제도의 취지 및 시용계약 해지의 정당성 판단기준]**

▌결론 및 이유 : 이 사건 근로계약의 해지는 정당하지 않다.
- i) 피고 은행이 <u>각 지점별로 C 또는 D의 평정등급 해당자 수를 할당</u>한 점, ii) 피고 은행이 근무성적평정표가 작성·제출된 후 일부 지점장들에게 재작성을 요구하였고, 이에 따라 <u>일부 지점장들이</u> 평정자 및 확인자를 달리하도록 정한 피고 은행의 <u>근무성적평정요령에 어긋나게 혼자서 근무성적평정표를 재작성</u>하기도 한 점, iii) 원고들에 대한 <u>근무성적평정표 및 평정의견서만으로 원고들의 업무수행능력이 어느 정도, 어떻게 부족하였는지 또 그로 인하여 업무수행에 어떠한 차질이 있었는지를 알 수 없는 점.</u>

- 다만, 원심이 이 사건 근로계약의 해지가 정당하지 않은 이유로서, 평정대상자마다 평정자가 상이한 점이나, 상당수의 평정자가 다른 직원들과의 비교를 통하여 평가한 것을 상대적인 평가로 보고 이 점을 열거한 점은 부적절하다고 할 것(시용계약에서 평정대상자를 평가함에 있어 평정자가 모두 동일하여야만 하는 것은 아닐 것이고, 더구나 이 사건과 같이 평정대상자가 730여 명에 이르는 경우에 이를 모두 동일한 평정자가 평정을 하는 것은 사실상 매우 곤란할 것이라는 점, 또한 평가대상자의 근무태도, 업무능력 등을 평가함에 있어 통상의 평균적인 직원의 그것을 기준으로 하여 이와 비교하여 평가하는 것은 가능하다고 할 것인 점에서 그러함).

▋판결의 의의와 한계

1) 대상판결은 시용계약(시용조건부 근로계약) 해지의 정당성 판단기준에 관한 종래의 판례법리를 적용하여 이 사건 계약의 해지가 무효임을 인정한 사례이다.

2) 대상판결에서 언급되고 있듯이 시용제도의 취지 내지 목적은 근로자의 업무적격성을 판단하는 데에 있다. 이 사건에서 원고들에 대한 계약해지가 무효라고 판단된 이유 중 하나는 피고 은행이 각 지점별로 계약해지의 대상이 되는 C등급과 D등급의 인원을 사전에 할당한 점이다. 객관적으로 보아서 업무적격성이 있는 자라고 할지라도 위와 같은 할당제 때문에 근로계약이 해지될 수 있고, 이는 당연히 부당한 것으로 평가되지 않을 수 없다(☞ 그 외의 판단이유는 Q 1. 참고).

3) 대상판결에 의하면 시용계약의 해지 내지 본채용의 거부는 보통의 해고에 비해 그 정당성이 넓게 인정된다. 이에 따르면 시용근로자의 지위는 일반근로자의 그것에 비해 불안정할 수밖에 없다. 그럼에도 불구하고 판례가 위와 같이 정당성을 넓게 인정하고 있는 것은, 시용제도의 목적인 업무적격성 판단과 관련한 사용자의 재량권을 존중하되, 다만 그 남용(객관적으로 합리적 이유가 없는 해약권의 행사)에 대해서는 제한하겠다는 입장을 취하고 있는 것으로 풀이할 수 있다.

▋기타 해설

1) 시용근로자에게는 일반근로자에게 적용되는 취업규칙상의 징계절차규정이 적용되지 않는다는 것이 판례의 입장이다. 즉 시용기간중에 있는 근로자를 해고하거나 시용기간 만료 시 본계약의 체결을 거부하는 것은 사용자에게 유보된 해약권의 행사로서 일반적인 징계절차와는 그 성질을 달리하므로 사용자가 시

용근로자에 대하여 채용거절을 하면서 위와 같은 징계절차를 거치지 않았다고 하여 이를 위법한 것으로 볼 수 없다고 한다(대법원 2006. 8. 25. 자 2006두6956 판결: 심리불속행기각).

2) 시용기간의 설정 여부뿐만 아니라 합리적인 시용기간 등에 대하여 근기법에서 규정하고 있는 바가 전혀 없다. 그러나 시용기간은 근로자의 적격성 판단에 필요한 최소한의 기간으로 정하여야 하고, 당사자 간의 합의에 따라 합리적인 기간의 범위 내에서 결정되어야 하며, 그 목적이나 취지에 비추어 그 기간을 지나치게 장기간으로 정하는 것은 근로자의 지위를 불안정하게 할 우려가 있기 때문에 1차 수습기간이 종료된 이후 다시 3개월의 수습기간을 두었다는 사용자의 주장은 부당하므로 근로자의 수습기간은 이미 경과되었다고 할 것이어서, 결국 해고 당시 근로자가 수습기간중의 근로자였다고 볼 수 없다고 판단한 하급심 판결이 있다(서울행정법원 2007. 3. 8. 선고 2006구합2466 판결). 반면에 사업의 성격이나 업무의 내용, 그와 같이 시용기간을 정할 필요성, 시용기간중의 근로조건 등에 비추어 사회통념상 합리성이 있는 경우에는 비교적 장기(6개월)의 시용기간을 약정하였더라도 이를 무효라고 볼 수 없다고 한 판결도 있다(대법원 2007. 3. 29. 자 2007두2234 판결: 심리불속행기각).

3) 시용근로자의 본채용을 거부하는 경우 사용자는 근기법 제27조에 따라 거부사유를 서면으로 통지하여야 한다(대법원 2015. 11. 27. 선고 2015두48136 판결).

※ **대법원 2015. 11. 27. 선고 2015두48136 판결 【부당해고구제재심판정취소】**
- "근로기준법 제27조 규정의 내용과 취지, 시용기간 만료 시 본 근로계약 체결 거부의 정당성 요건 등을 종합하여 보면, 시용근로관계에서 사용자가 본 근로계약 체결을 거부하는 경우에는 해당 근로자로 하여금 그 거부사유를 파악하여 대처할 수 있도록 구체적·실질적인 거부사유를 서면으로 통지하여야 한다고 봄이 타당하다."

◀ **Q 풀이** ▶

Q 1. 대상판결에서 원고들에 대한 근로계약의 해지가 부당하다고 판단한 이유는?

[A] 대상판결에서는 i) 계약해지의 대상이 되는 평정등급(C 또는 D) 인원의 사전 할당, ii) 근무성적평정요령 소정의 평정절차를 위반한 평정, iii) 근무성적평정표 및 평정의견서만으로는 업무적격성 여부의 확인 불가를 이유로 하여 부당하다고 판단하였다.

Q 2. 시용계약의 법적 성질과 사용자가 본채용을 거부할 수 있는 사유는?

[A] 1) 시용계약의 법적 성질 : 시용기간중에 또는 시용기간 종료 시에 합리적 사유에 근거하여 해약(본채용의 거부)할 수 있는 권리가 사용자에게 유보되어 있는 근로계약이다.

2) 본채용 거부 사유 : 시용제도의 취지 내지 목적은 근로자의 업무적격성을 관찰·판단하는데 있기 때문에 업무적격성 부재의 합리적 사유(예, 불성실한 근무태도, 안전운전의무 위반의 중대한 사고 등)가 있으면 사용자는 본채용을 거부할 수 있다(참고1, 2 판결).

> ※(참고1) 대법원 1994. 1. 11. 선고 92다44695 판결【해고무효확인】
> - "시용제도의 목적에 비추어 볼 때 정식채용 여부는 통상의 근로자에 대한 해고와 동일한 기준에 따라야 한다고 볼 수는 없는 것이어서 합리적인 이유가 존재하면 피고 회사는 정식채용을 거절할 수 있다고 해석할 것인바, 피고가 앞서 본 원고의 불성실한 근무태도와 피고 회사에 택시기사로 채용되기 위하여 법령상 요구되는 취업전 교육을 받지 아니한 사유로 원고를 근무부적격자로 보아 원고에 대하여 한 취업거절은 합리적인 이유가 있고 사회통념상 상당한 것으로 보여지며 … (이하 생략) …"

> ※(참고2) 대법원 1987. 9. 8. 선고 87다카555 판결【임금등】
> - "피고가 원고를 1984. 11. 22. 시내버스 운전사로 고용함에 있어 그 업무에 대한 적격 여부를 판단하기 위하여 3개월간의 시용기간을 두었고, 그 기간중인 같은 달 27. 원고가 피고 소유의 시내버스를 운전하다가 앞차를 충돌하여 승객들이 부상하고 앞차에게 금 1,500,000원 상당의 수리비를 요하는 차량이 파손되는 사고가 발생하였고, 당시 경찰에서 위 사고는 원고의 안전운전의무 위반으로 발생한 것으로 조사되어 원고는 안전운전의무 위반으로 즉심에 회부되고(벌금 20,000원) 75일 간의 운전면허정지 처분까지 받게 되었다면, 이는 시용제도의 목적에 비추어 피고가 원고를 운전사로서의 적격이 없다고 판단하여 원고를 해고할 수 있는 정당한 사유에 해당한다 할 것이고 … (이하 생략) …"

Q 3. 시용과 해고제한 규정의 관계는?

[A] 시용계약은 그 법적 성질이 근로계약이다. 따라서 정당한 이유 없는 해고를 금지하는 근기법상의 해고제한규정은 시용계약관계에 적용된다. 다만, 시용계약 관계는 시용제도의 취지상 통상적인 근로계약관계와는 다른 특수성이 있기 때문에 통상적인 해고에 비하여 그 계약해지의 정당성이 인정되는 범위가 더 넓다.

Q 4. 신규 채용하는 근로자에 대한 시용기간의 적용을 선택적 사항으로 취업규칙에 규정하고 있는데 어떤 근로자와의 채용계약에서 시용기간의 적용 여부를 명시하지 않았다면 이 근로자는 시용 근로자로 채용되었나, 정식 사원으로 채용되었나?

[A] 취업규칙에 신규 채용하는 근로자에 대한 시용기간의 적용을 선택적 사항으로 규정하고 있는 경우에는 그 근로자에 대하여 시용기간을 적용할 것인가의 여부를 근로계약에 명시하여야 하고, 만약 근로계약에 시용기간이 적용된다고 명시하지 아니한 경우에는 시용근로자가 아닌 정식사원으로 채용되었다고 보아야 한다는 것이 판례의 입장이다(대법원 1999. 11. 12. 선고 99다30473 판결).

◀ 심화학습 ▶

1. 채용내정의 법적 성질 및 사용자가 본채용을 거부할 수 있는 사유 (서울지법 남부지원 1999. 4. 30. 선고 98가합20043 판결 참고)

▷ 채용내정은 본채용(정식채용) 이전에 채용할 자를 미리 결정하는 것이다. 사용자의 채용내정 통지에 의해 근로계약관계가 성립한다(근로자의 모집=청약유인, 근로자의 응모=근로계약의 청약, 채용내정의 통지=청약에 대한 승낙). 다만, 채용내정은 계약의 목적을 달성할 수 없는 일정한 사유(예, 졸업예정자의 미졸업, 업무수행이 불가하거나 곤란한 질병·부상 등)가 발생하면 본채용 이전이라도 채용내정을 취소할 수 있는 해약권이 사용자에게 유보되어 있는 근로계약관계이다.

> ※ 서울지법 남부지원 1999. 4. 30. 선고 98가합20043 판결 : 항소심 조정성립【종업원 지위확인등 】
> - "위 인정 사실에 의하면, 피고 회사가 1997. 11.말경 원고들에 대하여 최종합격 통지를 하고 같은 해 12.경 서약서 등 입사관계 서류 제출을 요구하여 교부받음으로써 원고들과 피고 회사 사이에는 원고들이 1998. 2.까지 대학을 졸업하지 못할 것 등을 해약사유로 유보하고, 취업할 시기를 1998. 3. 1.로 하는 내용의 근로계약이 성립되었다고 할 것이고, 따라서 피고 회사가 1998. 8. 18. 원고들에 대하여 한 채용내정 취소통지는, 그 실질내용에 비추어 해고에 해당한다고 할 것이므로, 위 채용내정 취소에 정당한 이유가 없는 한 피고 회사가 원고들에 대하여 한 위 채용내정 취소는 무효라고 할 것이다."

2. 시용과 채용내정의 차이점

▷ 시용과 채용내정은 둘 다 사용자에게 해약권이 유보된 근로계약관계라는 점에서 공통적이다. 그러나 근로제공 및 임금지급과 관련하여 양자 사이에 차이가 있다. 시용의 경우 근로자는 근로를 제공하여야 하고 그에 따른 임금을 사용자는 지급하여야 한다. 반면에 채용내정의 경우 본채용 예정일 이전의 채용내정기간 동안에 채용내정자는 근로제공의무가 없고 사용자도 임금지급의무를 부담하지 않는다.

3. 기간제 근로계약과 갱신기대권

◀ 판례분석 ▶

▌**제 목** : 기간제 근로계약에서 갱신기대권에 반하는 부당한 갱신거절의 효력(N)
[장애인콜택시사건]

▌**대상판결** : 대법원 2011. 4. 14. 선고 2007두1729 판결【부당해고및부당노동행위구제재심판정취소】
【원고, 상고인】 원고 1 외 6인
【피고, 피상고인】 중앙노동위원회위원장
【피고보조참가인】 서울특별시시설관리공단
【원심판결】 서울고법 2006. 12. 19. 선고 2005누17722 판결
【주 문】 원심판결 중 부당해고에 관한 재심판정 부분을 파기하고, 이 부분 사건을 서울고등법원에 환송한다. 나머지 상고를 기각한다.

▌**사건의 개요** : 원고들은 2002. 12.초경 참가인과 장애인콜택시 운행에 관한 위·수탁계약(이하 '이 사건 계약')을 체결하고 장애인콜택시의 운영업무를 수행하여 왔는데, 참가인은 2003. 11. 29. 원고들에게 2003. 12. 31.자로 이 사건 계약에서 정한 위탁기간(2002. 12. 9.~2003. 12. 31.)이 만료되어 이 사건 계약이 종료되고 갱신계약 체결 대상자 선정을 위한 심사에서 탈락하였다는 취지의 통지(이

하 '이 사건 갱신거절')를 했고, 원고들은 이 사건 갱신거절은 부당해고 및 부당노동
행위라고 주장하면서 관할 노동위원회에 그 구제신청을 하였다.

▌관련 법 규정(현행법 기준)
- 근기법 제23조(해고 등의 제한) ① 사용자는 근로자에게 정당한 이유 없이
해고, 휴직, 정직, 전직, 감봉, 그 밖의 징벌(이하 "부당해고 등"이라 한다)을 하지 못
한다.

▌판결의 성격 : 원심은 참가인의 이 사건 갱신거절을 부당해고로 볼 수 없다고
판단하였으나, 대법원은 원고들에게 정당한 갱신기대권이 인정되고 이 사건 갱
신거절은 정당성을 결하여 그 효력을 인정할 수 없다고 보아서 원심판결 중 부
당해고에 관한 재심판정 부분을 파기환송하였다.

> ※ **원심의 판단** : i) **갱신기대권 관련** : ① 이 사건 계약서 및 관련 법령 등에서 참가
> 인에게 계약기간이 만료된 원고들 등에 대하여 재계약을 체결할 의무를 지우거나
> 구체적인 재계약절차 및 요건 등에 관하여 아무런 규정을 두고 있지 아니한 사정,
> ② 위 조례에 의하면 서울특별시는 장애인콜택시의 관리 등에 관하여 참가인 이외
> 에 법인 또는 단체에 위탁할 수 있고, 수탁기관이 제3자에게 재위탁하는 경우 계
> 약기간은 1년 단위로 하도록 규정하고 있으며, 이 사건 계약서는 참가인과 서울특
> 별시와의 사이에 체결된 위탁계약이 중도해지 등의 사유로 종료되는 경우 이 사건
> 계약 역시 중도해지 할 수 있도록 규정하고 있는 점 등에 비추어 이 사건 계약의
> 계속적 유지가 보장되어 있는 것으로 단정하기 어려운 사정, ③ 원고들의 경우에
> 는 계약갱신이 단 한 차례도 이루진 바 없는 사정 등에 비추어, <u>원고들에 대하여
> 이 사건 계약의 만료시점에 이 사건 계약이 갱신될 수 있으리라는 정당한 기대권
> 이 인정된다고 볼 수 없다.</u>
> ii) **갱신거절의 합리성 관련** : 이 사건 심사기준표상 심사항목의 배점간격에 다소 불
> 균형적인 차이가 있고 심사항목 중 민원유발 항목에서 전화로 접수된 민원을 충분
> 한 검토 없이 심사대상에서 제외하였다 하더라도 이러한 사유 및 원고들이 제출한
> 증거만으로 이 사건 심사기준표상 심사항목이 사회통념상 상당하다고 인정될 수
> 없을 정도의 합리성 및 명확성을 갖추지 못하였다고 인정하기에 부족하고, 참가인
> 이 이 사건 심사항목을 운전자들에게 적용함에 있어 신의칙상 허용될 수 없을 정
> 도의 위반이 있었다는 점도 인정할 증거가 없기에, <u>참가인이 이 사건 심사기준표
> 에 따라 심사한 결과 갱신기준 점수인 총점 70점을 취득하지 못한 원고들에 대하
> 여 계약의 갱신을 거절한 것은 합리적인 이유가 있고, 따라서 이 사건 갱신거절을
> 부당한 해고로 볼 수 없다.</u>

▌쟁 점

- 이 사건 계약에서 기간을 정한 것이 단지 형식에 불과하여 이 사건 계약은 사실상 기간의 정함이 없는 근로계약과 다를 바가 없는 것인지 여부
- (그렇게 않다면) 이 사건 계약의 만료 시점에 근로자(원고들)에게 이 사건 계약이 갱신될 수 있으리라는 정당한 기대권이 인정되는지 여부
- (그렇다면) 이 사건 갱신거절은 정당성을 결하여 부당해고와 마찬가지로 무효인지 여부

▌중요 사실관계

- i) 서울시는 2002. 12. 26. 장애인콜택시사업의 근거가 되는 '서울특별시 장애인콜택시 관리 및 운행에 관한 조례'를 제정하고, 이 조례에 기하여 참가인과의 사이에 장애인콜택시 운행 위·수탁계약을 체결, ii) 위 조례는 서울시로부터 장애인콜택시의 관리 등을 위탁받은 수탁자가 다시 이를 제3자에게 재위탁하는 경우 그 계약기간을 1년 단위로 하도록 규정, iii) 서울시의 장애인콜택시사업을 위탁받은 참가인은 공모절차를 거쳐 100명의 장애인콜택시 운전자를 선정하였고, 2002. 12. 원고들과 이 사건 계약을 체결 ⇒ **이 사건 계약 체결의 동기·경위 및 계약기간을 정한 이유와 관련**
- i) 참가인이 2003. 11.경 6인의 심사위원회를 구성하고, 같은 달 20. 심사기준기간(2003. 1. 1.부터 - 심사일 3일전까지) 동안 5개의 심사항목을 적용하여 총점 70점 미만자에 대하여는 이 사건 계약을 종료시키기로 하는 내용의 '2004년 운행수탁자 심사기준표'를 마련하여 심사함, ii) 참가인은 심사결과 총점이 70점에 미달하는 원고들을 비롯한 운전자 11명(노조간부 6명 전원과 조합원 1명 포함한 11명)에 대해 2003. 12. 31.자로 계약이 종료됨을 통보하여 이 사건 갱신거절을 하였고, 나머지 운전자 89명과는 연장계약을 체결하는 형식으로 이 사건 계약을 갱신함 ⇒ **이 사건 갱신거절의 경위 및 이유와 관련**

▌기본법리(판지)

1) <u>기간을 정한 근로계약서를 작성한 경우에도</u> 예컨대 단기의 근로계약이 장기간에 걸쳐서 반복하여 갱신됨으로써 그 정한 기간이 단지 형식에 불과하게 된 경우 등 계약서의 내용과 근로계약이 이루어지게 된 동기 및 경위, 기간을 정한 목적과 당사자의 진정한 의사, 동종의 근로계약 체결방식에 관한 관행 그리고 근로자보호법규 등을 종합적으로 고려하여 <u>그 기간의 정함이 단지 형식에 불과</u>

하다는 사정이 인정되는 경우에는 계약서의 문언에도 불구하고 그 경우에 사용자가 정당한 사유 없이 갱신계약의 체결을 거절하는 것은 해고와 마찬가지로 무효로 된다. 그러나 근로계약기간의 정함이 위와 같이 단지 형식에 불과하다고 볼 만한 특별한 사정이 없다면 근로계약 당사자 사이의 근로관계는 그 기간이 만료함에 따라 사용자의 해고 등 별도의 조처를 기다릴 것 없이 당연히 종료된다(대법원 2006. 2. 24. 선고 2005두5673 판결 등 참조). ⇒ [기간 정함의 형식성 법리(또는 무기근로계약간주 법리): 기간의 정함이 형식에 불과한 경우 부당한 갱신거절의 효력(무효)]

2) (1) 기간을 정하여 근로계약을 체결한 근로자의 경우 그 기간이 만료됨으로써 근로자로서의 신분관계는 당연히 종료되고 근로계약을 갱신하지 못하면 갱신거절의 의사표시가 없어도 그 근로자는 당연 퇴직되는 것이 원칙이다. ⇒ [계약기간 만료에 따른 원칙(근로관계의 자동소멸)]

(2) 그러나 i) 근로계약, 취업규칙, 단체협약 등에서 기간만료에도 불구하고 일정한 요건이 충족되면 당해 근로계약이 갱신된다는 취지의 규정을 두고 있거나, ii) 그러한 규정이 없더라도 근로계약의 내용과 근로계약이 이루어지게 된 동기 및 경위, 계약 갱신의 기준 등 갱신에 관한 요건이나 절차의 설정 여부 및 그 실태, 근로자가 수행하는 업무의 내용 등 당해 근로관계를 둘러싼 여러 사정을 종합하여 볼 때 근로계약 당사자 사이에 일정한 요건이 충족되면 근로계약이 갱신된다는 신뢰관계가 형성되어 있어 근로자에게 그에 따라 **근로계약이 갱신될 수 있으리라는 정당한 기대권이 인정되는 경우**에는 사용자가 이에 위반하여 부당하게 근로계약의 갱신을 거절하는 것은 부당해고와 마찬가지로 아무런 효력이 없고, 이 경우 기간만료 후의 근로관계는 종전의 근로계약이 갱신된 것과 동일하다고 할 것이다. ⇒ [갱신기대권 법리: 갱신기대권의 인정 기준과 갱신기대권에 반하는 부당한 갱신거절의 효력(무효 및 종전 계약의 갱신)]

■**결론 및 이유** : 이 사건 계약에서 기간을 정한 것이 단지 형식에 불과하다고 볼 수 없다고 한 원심의 판단은 정당한 것으로 수긍할 수 있으나, 이 사건 갱신거절이 부당해고로 볼 수 없어 유효하다는 취지로 판단한 원심판결에는 기간을 정한 근로계약 및 부당해고에 관한 법리를 오해하여 판결에 영향을 미친 위법이 있다.

- **이 사건 계약의 기간 정함이 단지 형식에 불과한 것인지 여부와 관련** : i) 참가인이 2002년 10월 말경 일간지에 위탁기간을 2002년 12월부터 2003년 12월까지 1년간으로 정하여 수탁자 공모를 하였고, 공모에 응모한 자 중에서 선정된 운전자

100명과의 사이에 위탁기간을 2002. 12. 9.부터 2003. 12. 31.까지로 정하여 위·수탁 계약서를 작성한 점, ii) 장애인콜택시 제도는 서울특별시의 예산 등으로 충당되는 재정지원 하에 시행 중인 공익적 특수목적을 가진 사업으로서, 그 사업의 계속 여부 및 사업의 운영형태와 수탁자의 선정 등이 정책적 고려에 의하여 이루어지는 사업인 점, iii) '서울특별시 장애인콜택시 관리 및 운행에 관한 조례(이하 '조례'라고만 한다)'에 의하면 서울특별시가 장애인콜택시의 관리 및 운행과 콜센터의 운영에 관하여 참가인 이외에 법인 또는 단체에 위탁할 수 있도록 규정되어 있고, 수탁기관이 제3자에게 재위탁하는 경우 계약기간은 1년 단위로 하도록 규정하고 있는 점, iv) 이 사건 계약서에 의하면 계약기간을 2002. 12. 9.부터 2003. 12. 31.까지로 정하면서, 이 사건 계약의 유효기간중에 양 당사자 중 일방에게 계약을 유지할 수 없는 사정이 있는 경우 30일 전까지 서면으로 상대방에게 통지만 하면 중도 해지할 수 있도록 규정하고 있고, 위탁기간이 만료되거나 계약이 중도 해지되는 경우에는 계약이 종료되는 것으로 규정하고 있는 점 등에 비추어 보면, 이 사건 계약에서 기간을 정한 것이 단지 형식에 불과하다고 볼 수 없음.

- **갱신기대권 관련** : i) 위 조례는 서울특별시로부터 장애인콜택시의 관리 등을 위탁받은 수탁자가 다시 이를 제3자에게 재위탁하는 경우 그 계약기간을 1년 단위로 하도록 규정하고 있고 이에 따라 이 사건 계약도 그 기간을 1년으로 정하였으나, 서울특별시의 장애인콜택시 운영계획에는 계약기간을 1년 단위로 갱신하도록 하면서 그 취지가 부적격자의 교체에 있음을 명시하고 있는 점, ii) 이 사건 장애인콜택시 사업은 중증장애인의 이동수단 확보를 위해 지속적으로 운영될 필요가 있어 위 사업을 한시적·일시적 사업이라고 볼 수 없으며, 서울특별시 역시 위 운영계획에서 사업의 확대운영을 검토하고 있음을 알 수 있는 점, iii) 참가인은 이 사건 계약을 포함한 운전자들과의 위·수탁계약에서 계약기간 동안 운전자들의 운행실적 등을 감안하여 필요하다고 인정할 때에는 위탁기간을 연장할 수 있고, 계약기간 만료 30일 전까지 상호 서면으로 이의가 없을 때에는 계약은 동일한 조건으로 자동 연장된다는 규정을 둔 점, iv) 참가인은 이에 따라 그 소속 운전자들에 대한 위탁기간이 만료될 무렵인 2003년 11월경 심사항목 및 배점, 갱신기준 점수 등 이 사건 심사기준표를 정하여 운전자들을 심사하여 갱신기준 점수인 총점 70점 이상인 자들에 대해서 전원 계약기간을 연장하였는데, 참가인이 정한 심사기준은 1일 콜 횟수, 교통법규 위반 등 평가자의 주관적인 판단이 개입될 여지가 없는 내용으로 이루어져 있어 참가인 소속 운전자들 사이에 위

심사기준에 따른 심사결과 갱신기준 점수 이상의 점수를 얻게 되는 경우에는 특별한 사정이 없는 이상 계약이 갱신된다는 신뢰관계가 형성되어 있다고 볼 수 있는 점 등을 종합하면, 참가인과 그 소속 운전자들 사이에는 소정의 심사절차를 거쳐 일정 기준 이상의 성적을 얻게 되면 계약이 갱신되는 것으로 하기로 하는 약정이 성립하였거나, 적어도 원고들을 비롯한 참가인 소속 운전자들에게 기간제 근로계약이 갱신되리라는 정당한 기대권이 인정된다고 봄이 상당함.

- **갱신거절의 정당성 관련** : i) 참가인이 원고들을 포함한 운전자들에 대하여 갱신 여부를 심사하기 위하여 심사 자료로 활용한 '장애인콜택시 상황일지'는 운전자들의 운행실적 및 콜 중계 위반행위, 민원제기사항 등 운행현황 전반에 관한 내용을 기재한 것인데, 위 상황일지 중 상당 기간의 기록이 누락되어 있고 참가인은 이와 같이 누락된 상황일지를 토대로 심사를 한 점, ii) 이 사건 심사항목 중 콜 중계 위반 항목에 대하여 참가인은 임의운행을 위하여 고의로 콜을 거부하는 행위만을 콜 중계 위반행위에 포함시켰고 단순 콜 거부는 이를 제외하였다고 주장하나, 위 상황일지 등의 기재만으로는 단순 콜 거부와 고의적인 콜 거부를 구분하는 것이 현실적으로 곤란하고 경우에 따라서는 위 상황일지의 기재 내용을 자의적으로 해석할 수 있는 여지를 제공할 수 있을 뿐만 아니라, 참가인이 작성한 것으로 보이는 갑 제44호증에는 소외인이 콜 거부와 운행 정지 등 2건의 콜 중계 위반행위를 한 것으로 되어 있는 반면, '03. 콜택시 개인 운행수탁자 배점 채점표(을 제12호증)'에는 소외인이 1건의 콜 중계 위반행위를 한 것으로 되어 있는 등 콜 중계 위반행위에 관한 참가인의 심사 과정을 전적으로 신뢰하기 어려운 측면이 있는 점, iii) 참가인은 이 사건 심사항목 중 민원유발과 관련하여 위 상황일지에 기재된 민원은 그 증빙이 곤란하다는 이유로 일률적으로 심사대상으로 삼지 않고 인터넷으로 접수된 민원만을 심사대상으로 삼았다고 주장하나, 위 상황일지에는 승객으로부터 제기된 민원 내용과 운전자의 변명, 그 당시의 주변 상황이 구체적으로 기재되어 있는 등 인터넷으로 접수된 민원의 처리와 크게 다르지 않은 것으로 보여, 양자를 다르게 취급하여야 할 합리적인 이유가 있다고 볼 수 없는 점, iv) 참가인은 이 사건 심사항목 중 '교통법규 위반 및 본인귀책 차량 사고'와 '콜택시 운행 및 관리 태만' 항목을 적용함에 있어 일부 운전자들에 대하여 그 위반사실을 누락한 점 등을 알 수 있는바, 이러한 사정에 비추어 볼 때 이 사건 심사가 객관적이고 정확한 자료를 토대로 이루어졌는지 의문이고, 이 사건 심사항목 중 일부는 평가자의 자의적 평가가 개입될 여지가 있어 그 객관성 및 공정성이 결여되었다고 볼 수 있으며, 일부 심사항목은 심사 대상자 전

원에 대하여 <u>일률적으로 적용되지 아니하여 불공평한 결과가 초래되었다고 할 것임. 이와 같이 공정성 및 객관성이 결여된 심사 과정을 거쳐 원고들에 대하여 갱신기준 점수 미만이라는 점을 들어 이 사건 갱신거절을 한 것은 정당성을 결여하였다고 할 것</u>이므로, 이 사건 갱신거절은 그 효력을 인정할 수 없음.

▌판결의 의의와 한계

1) 기간을 정한 근로계약의 경우 그 기간이 만료됨으로써 근로관계는 당연히 종료되고 사용자의 갱신거절을 해고로 볼 수 없는 것이 원칙이다. 이러한 원칙에 대한 예외로서 두 가지 판례법리, 이른바 '기간 정함의 형식성 법리(또는 무기근로계약간주 법리)'와 '정당한 갱신기대권 법리'(이하 '갱신기대권 법리'라고 약칭함)가 기간제법 시행(2007. 7. 1.) 전부터 점진적으로 형성되어 왔다. 두 법리는 사용자의 부당한 갱신거절을 부당해고와 마찬가지로 보아서 그 효력을 부정함으로써 근로자를 보호하고자 하는데 그 취지가 있다.

2) '기간 정함의 형식성 법리(또는 무기근로계약간주 법리)'는 연세대어학당사건(대법원 1994. 1. 11. 선고 93다17843 판결 ☞ 참고1 판결)에서 그 첫 판시가 있은 이후 신한생명보험사건(대법원 1998. 5. 29. 선고 98두625 판결 ☞ 참고2 판결)을 거쳐 한국시각장애인연합회사건(대법원 2006. 2. 24. 선고 2005두5673 판결 ☞ 참고3 판결)에 이르러 완결된 모습을 갖추게 된 것으로 보인다. 이 법리는 근로계약의 당사자가 계약기간을 정했어도 그 기간의 정함이 단지 형식에 불과하다고 인정되는 특별한 사정이 경우에는 계약의 실질적 성격을 기간의 정함이 없는 근로계약으로 보아서(즉 사실상 기간의 정함이 없는 근로자의 경우와 다를 바가 없다고 보아서 또는 실질적으로 기간의 정함이 없는 근로자의 지위에 있었다고 보아서) 사용자의 정당한 이유 없는 갱신거절을 부당해고와 마찬가지로 무효로 판단할 수 있게 하는 이론이다. 초기의 판례는 '장기간에 걸친 단기계약의 반복 갱신'이라는 사실에 특히 주목하여 기간의 정함이 단지 형식에 불과하다고 판단하는 경향을 보였으나(☞ 참고1 판결 참고), 이후에는 반복 갱신이 없었더라도 계약서의 내용과 근로계약 체결의 동기 및 경위, 기간을 정한 목적과 당사자의 진정한 의사 등 제반 사정을 종합적으로 고려하는 계약해석을 통해 기간의 정함이 형식에 불과한 것으로 볼 수 있는 법리가 형성되었다(☞ 참고2 판결 참고. 다만 이 판결은 기간 정함의 형식성이 인정되지 않은 사례이다). 대상판결에서 대법원은 위 선례들에 의해 확립된 법리를 전제로 하여 이 사건 계약(원고들의 경우 단 한 차례의 계약갱신도 없었음)에서 기간을 정한 것이 단지 형식에 불과하다고 볼 수 없다고 한 원심의 판단을 옳다고 보았다. 한편, 대상판결은 기간제법 시행 이전의 사안인데, 동법의 적용을

받은 근로관계에 대해서도 '기간 정함의 형식성 법리(또는 무기근로계약간주 법리)'가 유효하게 적용될 수 있을지 문제된다. 기간제법 하에서도 기간의 정함을 형식적인 것으로 볼 수 있는 특별한 사정이 존재할 수 있기 때문에 판례법리의 적용을 부정할 수는 없을 것이다. 그러나 기간제법은 사용자가 기간제근로자를 사용할 수 있는 총 사용기간을 원칙적으로 2년으로 제한하고 있고, 2년을 초과하여 사용하는 경우에는 무기근로계약 근로자로 간주하는 규정을 두고 있기 때문에, 기간제법 시행 후 동법의 적용을 받는 신규 기간제 근로계약관계(기간제법 시행 이전부터 근로계약관계가 존속하여 왔던 경우를 제외함)에서 기간의 정함이 단지 형식에 불과한 것으로 인정될 가능성은 기간제법 시행 이전에 비해 훨씬 더 낮을 것으로 예상된다(기간제법 시행 이전 사안들에서도 그 인정률이 낮았다).

※(참고1) 대법원 1994. 1. 11. 선고 93다17843 판결 【근로자지위확인】
- "기간을 정하여 채용된 근로자라고 할지라도 장기간에 걸쳐서 그 기간의 갱신이 반복되어 그 정한 기간이 단지 형식에 불과하게 된 경우에는 사실상 기간의 정함이 없는 근로자의 경우와 다를 바가 없게 되는 것이고, 그 경우에 사용자가 정당한 사유없이 갱신계약의 체결을 거절하는 것은 해고와 마찬가지로 무효라고 할 것이므로, 원심이 같은 취지에서, 당시 원장 손 ○ 등의 앞에서 본 바와 같은 다짐 아래 그 연단위계약의 갱신이 관례화됨으로써 별다른 하자가 없는 이상 계속 근무할 수 있다는 기대관계가 원고들과 피고 사이에 존속되어 왔고, 계약만료 1월 전에 서면으로 갱신신청을 하여야 한다는 시행세칙상의 규정은 단지 계약갱신관계를 명확하게 하기 위한 편의규정일 뿐 계약갱신의 효력규정은 아니라고 봄이 상당하다는 이유로, 원고들과의 계약기간만료 후 계약갱신을 거부할 만한 정당한 사유에 대한 입증이 없는 한, 피고가 원고들과의 시간강사 임용계약 갱신을 거절한 것은 정당한 사유 없는 해고와 다름이 없어 무효라고 판시한 것은 정당하고 … (이하 생략) …"

※(참고2) 대법원 1998. 5. 29. 선고 98두625 판결 【부당해고구제재심판정취소】
- "이 사건과 같이 처음으로 근로계약을 체결하면서 기간을 정한 근로계약서를 작성한 경우 그 근로계약이 계약서의 문언에 반하여 기간의 정함이 없는 근로계약이라고 하기 위해서는 계약서의 내용과 근로계약이 이루어지게 된 동기 및 경위, 기간을 정한 목적과 당사자의 진정한 의사, 동종의 근로계약 체결방식에 관한 관행 그리고 근로자보호법규 등을 종합적으로 고려하여 그 기간의 정함이 단지 형식에 불과하다는 사정이 인정되어야 할 것인바, 원심이 적법하게 인정한 바와 같은 원고 회사의 촉탁사원제도의 운용경위, 촉탁사원의 활용분야, 인원수, 채용대상 및 촉탁사원에 대한 대우, 종전에 원고 회사가 계약갱신을 위하여 취하여 온 절차와 계약갱신에 관한 이 사건 근로계약서의 내용 등을 종합하여 보면, 참가인보다 먼저 채용된 촉탁사원들은 계약기간이 만료되고서 모두 원고 회사와 계약을 갱신한

사실이 있다고 하여 원고 회사와 처음 이 사건 근로계약을 체결한 참가인도 계약이 갱신되어 계속 근무할 수 있다는 기대관계가 형성되어 있다거나 원고 회사에 의한 계약갱신거절로 근로계약이 종료되지 않는다는 관행이 성립되어 있다고 볼 수 없고, 원고 회사에게 참가인에 대한 계약갱신의 의무가 있다고 단정할 수도 없으므로, 이 사건 근로계약에서 고용기간의 정함이 형식에 불과하다고 할 수 없다."

※(참고3) 대법원 2006. 2. 24. 선고 2005두5673 판결【부당해고및부당노동행위구제재심판정취소】

- "기간을 정한 근로계약서를 작성한 경우에도 … (중략) … 종합적으로 고려하여 그 기간의 정함이 단지 형식에 불과하다는 사정이 인정되는 경우에는 계약서의 문언에도 불구하고 그 경우에 사용자가 정당한 사유 없이 갱신계약의 체결을 거절하는 것은 해고와 마찬가지로 무효로 된다고 보아야 한다(대법원 1998. 1. 23. 선고 97다42489 판결, 1998. 5. 29. 선고 98두625 판결 등 참조).

이러한 법리와 기록에 비추어 살펴보면, 원심이 제1심판결의 이유를 인용하여 그 판시와 같은 사실을 인정한 뒤, i) 원고 법인이 영위하는 사업은 시각장애인들의 재활훈련과 복지혜택을 목적으로 하는 공익적인 사업으로서, 원고 법인은 위 사업과 관련하여 장애인 직업재활기금사업 수행기관으로 지정받아 그 운영비와 인건비 전액을 국가로부터 장애인직업재활기금 명목으로 지원받는 점, ii) 보건복지부장관은 연말 공문을 통하여 원고들에게 이 사건 사업과 관련한 계약직 직원들에 대하여 인력의 전문성을 제고하는 차원에서 특별한 사정이 없는 한 재계약을 체결하여 계속 고용관계를 유지하도록 협조 요청해온 점, iii) 보건복지부장관은 원고들의 사업반납요청에 대하여도 이 사건 사업의 공익성과 특수성을 고려하여 처음에는 이를 반려하는 등 계속 사업의 필요성이 있는 것으로 보았고 그에 따라 국가로부터의 재정적인 지원도 계속될 수 있었던 점, iv) 2002년 이전에 고용된 참가인들을 비롯한 근로자들은 해마다 별다른 문제 없이 근로계약 갱신을 하여 왔고, 원고들의 위 사업반납신청만 없었다면 참가인들은 고용관계를 계속 유지할 수 있었던 것으로 보이는 점, v) 정부예산으로 적립하기로 한 퇴직금이 원고들이 주장하는 근로계약기간 종료시마다 정산되어 지급되지는 아니한 점, vi) 위와 같은 여러 사정에 비추어 피고 보조참가인 등(이하 피고 보조참가인을 '참가인', 피고 보조참가인 외에 원심에서의 피고 보조참가인을 포함하여 '참가인 등'이라고 한다)은 계약기간으로 명시된 1년이 지나더라도 당연히 원고들과의 고용관계가 지속될 것이라는 기대를 가지고 있었던 점 등의 제반 사정을 종합하여 보면, 비록 참가인 등은 1년이라는 계약기간을 정하여 채용된 근로자들이라 할지라도 사실상 그 기간의 정함이 형식에 불과하여 실질적으로 기간의 정함이 없는 근로자의 지위에 있었다고 보이고, 따라서 원고들이 참가인 등에게 근로계약기간만료를 통지한 행위는 실질적으로 해고에 해당하고, 그에 대하여 근로기준법 소정의 정당한 이유가 없는 이상 부당해고로서 무효라고 판단한 것은 정당하고, … (이하 생략) …"

3) 기간의 정함이 단지 형식에 불과하다고 볼만한 특별한 사정이 없더라도 근로자에게 정당한 갱신기대권이 인정되는 경우에는 그에 반하는 부당한 갱신거절은 부당해고와 마찬가지로 무효라고 보는 것이 '갱신기대권 법리'이다. 이러한 법리의 기원은 한국문화정책개발원사건(대법원 2005. 7. 8. 선고 2002두8640 판결)에서 찾아 볼 수 있다. 이 사건에서 대법원은 근로계약, 취업규칙 등에 계약갱신의 절차와 요건에 관한 근거규정이 있는 경우에 한하여 갱신기대권이 인정될 수 있다는 취지로 판시하였다. 그런데 대상판결은 그러한 근거규정이 없더라도 갱신기대권이 인정될 수 있음을 대법원이 명시적으로 밝힌 최초의 사례라는 점에서 첫 번째 의미가 있다. 둘째로, 대상판결 사건에서 원고들을 비롯한 운전자들 모두 그 전에 계약이 갱신된 적이 없었지만 원고들의 갱신기대권이 인정되었다는 점에서 의미가 있다. 그 시사점은 다음과 같다. 계약의 반복 갱신이라는 사정이 갱신기대권의 인정 여부 판단에서 유리하게 작용하는 요소이기는 하지만 그러한 사정이 없더라도 갱신기대권을 인정할 수 있고, 나아가 그러한 사정이 없다고 해서 갱신기대권을 쉽사리 부정하여서는 안 된다는 것이다. 셋째, 대상판결이 이 사건 갱신거절의 정당성을 부정한 이유를 살펴보면 다음과 같은 유의미한 시사점을 찾을 수 있다. 즉 사용자가 일정한 심사기준과 절차에 따른 심사결과에 근거해 계약의 갱신을 거절한 경우, 그 갱신거절이 유효하려면 심사기준의 객관성과 공정성, 심사자료의 신뢰성과 정확성, 심사과정의 공정성이 담보되어야 한다는 점이다(이 점에 대한 증명책임은 사용자에게 있다). 넷째, 대상판결은 사용자의 갱신거절이 부당하여 무효인 경우 기간만료 후의 근로관계는 종전의 근로계약이 갱신된 것과 동일함을 밝힌 점에서 의의가 있다. 한편, 갱신기대권 법리가 기간제법 시행 후에도 계속 적용될 수 있는 것인지에 관한 논란이 있었으나 대법원이 그 적용을 인정함으로써 해결되었다(☞ 심화학습 1. 참고).

> ※ **대법원 2005. 7. 8. 선고 2002두8640 판결【부당해고구제재심판정취소】**
> - "계약기간을 정하여 임용된 근로자의 경우 그 기간이 만료됨으로써 근로자로서의 신분관계는 당연히 종료되고 재임용계약을 체결하지 못하면 재임용거부결정 등 특별한 절차를 거치지 않아도 당연퇴직되는 것이며, 근로자가 부당해고구제신청을 하여 해고의 효력을 다투던 중 계약기간의 만료로 근로관계가 종료되었다면 더 이상 구제절차를 유지할 필요가 없게 되어 구제이익이 소멸하는 것이 원칙이기는 하나, <u>임용의 근거가 된 법령 등의 규정이나 계약 등에서 임용권자에게 임용기간이 만료된 근로자를 재임용할 의무를 지우거나 재임용절차 및 요건 등에 관한 근거규정을 두고 있어 근로자에게 소정의 절차에 따라 재임용될 수 있으리라는 정</u>

당한 기대권이 인정되는 경우에는 사용자가 그 절차에 위반하여 부당하게 근로자를 재임용에서 제외하는 것은 실질적으로 부당해고와 동일시할 수 있는 것이므로 근로자로서는 임용기간이 만료된 후에도 재임용에서 제외한 조치의 유효 여부를 다툴 법률상 이익을 가진다고 할 것이다."

■ **기타 해설** : 1) 근로자에게 이미 형성된 갱신에 대한 정당한 기대권이 있음에도 불구하고 사용자가 이를 배제하고 근로계약의 갱신을 거절한 데에 합리적 이유가 있는지가 문제 될 때에는 사용자의 사업 목적과 성격, 사업장 여건, 근로자의 지위 및 담당 직무의 내용, 근로계약 체결 경위, 근로계약의 갱신에 관한 요건이나 절차의 설정 여부와 그 운용 실태, 근로자에게 책임 있는 사유가 있는지 여부 등 당해 근로관계를 둘러싼 여러 사정을 종합하여 갱신 거부의 사유와 그 절차가 사회통념에 비추어 볼 때 객관적이고 합리적이며 공정한지를 기준으로 판단하여야 하고, 그러한 사정에 대한 증명책임은 사용자가 부담한다(대법원 2017. 10. 12. 선고 2015두44493 판결).

2) 기간제법 제4조 제1항 단서는 2년을 초과하여 기간제근로자를 사용할 수 있는 예외 사유를 규정하고 있다. 판례는 이러한 예외 사유에 해당한다는 이유만으로 갱신기대권에 관한 법리의 적용이 배제된다고 볼 수 없다고 한다. 즉 기간제법 제4조 제1항 단서 제4호(「고령자고용촉진법」 제2조 제1호의 고령자와 근로계약을 체결하는 경우)는 고령자에 대하여도 일반 근로자와 마찬가지로 2년을 초과하여 기간제근로자로 사용하면 기간의 정함이 없는 근로계약을 체결한 것으로 간주할 경우 고령자에 대한 채용 자체가 기피되어 고령자에 대한 고용이 위축될 수 있다는 점을 고려한 것인데, 정년을 이미 경과한 상태에서 기간제 근로계약을 체결한 경우에는 갱신기대권 법리와 기간제법 및 고령자고용촉진법의 입법 취지, 사업장 내에서 정한 정년의 의미 및 정년 이후에 기간제 근로계약을 체결하는 근로계약 당사자의 일반적인 의사 외에도 해당 직무의 성격에 의하여 요구되는 직무수행 능력과 당해 근로자의 업무수행 적격성, 연령에 따른 작업능률 저하나 위험성 증대의 정도, 해당 사업장에서 정년을 경과한 고령자가 근무하는 실태 및 계약이 갱신되어 온 사례 등을 종합적으로 고려하여 근로계약 갱신에 관한 정당한 기대권이 인정되는지 여부를 판단하여야 한다(대법원 2017. 2. 3. 선고 2016두50563 판결 참조).

3) 판례는 정규직 전환기대권도 인정한다. 정당한 인사평가를 거쳐 정규직 근로자로 전환될 수 있으리라는 기대권이 인정되는 비정규직 근로자에게 합리적 이유 없이 전환을 거절하여 근로계약 종료를 통보한 것은 부당해고와 마찬가지로 효력이

없다(대법원 2016. 10. 13. 선고 2016도1060 판결).

> ※ 대법원 2016. 10. 13. 선고 2016도1060 판결【근로기준법위반·근로자퇴직급여보장
> 법위반】
> - "기간제법은 제5조에서 "사용자는 기간의 정함이 없는 근로계약을 체결하고자
> 하는 경우에는 당해 사업 또는 사업장의 동종 또는 유사한 업무에 종사하는 기간
> 제근로자를 우선적으로 고용하도록 노력하여야 한다"고 규정하고, 제8조 제1항에
> 서 "사용자는 기간제근로자임을 이유로 당해 사업 또는 사업장에서 동종 또는 유
> 사한 업무에 종사하는 기간의 정함이 없는 근로계약을 체결한 근로자에 비하여 차
> 별적 처우를 하여서는 아니 된다."라고 규정하고, 제9조 제1항에서 "기간제근로자
> 또는 단시간근로자는 차별적 처우를 받은 경우 노동위원회법 제1조의 규정에 따
> 른 노동위원회에 그 시정을 신청할 수 있다"고 규정하고 있다.
> 위 각 규정의 내용 및 입법 취지에 앞서 본 기간제근로자의 기대권에 관한 법리를
> 더하여 살펴보면, 근로계약, 취업규칙, 단체협약 등에서 기간제근로자의 계약기간
> 이 만료될 무렵 인사평가 등을 거쳐 일정한 요건이 충족되면 기간의 정함이 없는
> 근로자로 전환된다는 취지의 규정을 두고 있거나, 그러한 규정이 없더라도 근로계
> 약의 내용과 근로계약이 이루어지게 된 동기와 경위, 기간의 정함이 없는 근로자
> 로의 전환에 관한 기준 등 그에 관한 요건이나 절차의 설정 여부 및 그 실태, 근로
> 자가 수행하는 업무의 내용 등 당해 근로관계를 둘러싼 여러 사정을 종합하여 볼
> 때, 근로계약 당사자 사이에 일정한 요건이 충족되면 기간의 정함이 없는 근로자
> 로 전환된다는 신뢰관계가 형성되어 있어 근로자에게 기간의 정함이 없는 근로자
> 로 전환될 수 있으리라는 정당한 기대권이 인정되는 경우에는 사용자가 이를 위반
> 하여 합리적 이유 없이 기간의 정함이 없는 근로자로의 전환을 거절하며 근로계약
> 의 종료를 통보하더라도 부당해고와 마찬가지로 효력이 없고, 그 이후의 근로관계
> 는 기간의 정함이 없는 근로자로 전환된 것과 동일하다고 보아야 한다."

4) 기간제 근로계약이 반복하여 체결되거나 갱신되어 일정한 공백기 없이 기간
제근로자가 계속적으로 근로한 경우라면, 특별한 사정이 없는 한 최초 기간제
근로계약에서부터 최종 기간제 근로계약에 이르기까지 기간 전체가 기간제법 제
4조에서 말하는 기간제근로자의 사용기간으로서 '계속 근로한 총기간'에 포함되
어야 하고, 다만 기간제 근로계약의 대상이 되는 업무의 성격, 기간제 근로계약
의 반복 또는 갱신과 관련한 당사자들의 의사, 반복 또는 갱신된 기간제 근로계
약을 전후한 기간제근로자의 업무 내용·장소와 근로조건의 유사성, 기간제 근로
계약의 종료와 반복 또는 갱신 과정에서 이루어진 절차나 그 경위 등을 종합적
으로 고려할 때 당사자 사이에 기존 기간제 근로계약의 단순한 반복 또는 갱신
이 아닌 새로운 근로관계가 형성되었다고 평가할 수 있는 특별한 사정이 있는

경우에는 기간제근로자의 계속된 근로에도 불구하고 그 시점에 근로관계가 단절되었다고 보아야 하며, 그 결과 기간제법 제4조에서 말하는 '계속 근로한 총기간'을 산정할 때 그 시점을 전후한 기간제 근로계약기간을 합산할 수 없다(대법원 2020. 8. 27. 선고 2017두61874 판결 : 피고보조참가인 대학교 예비군연대 참모가 갑작스럽게 사직함에 따라 대학교가 긴급히 원고와 계약기간을 1개월로 정하고 계약기간 중이라도 정규직이 선발되는 경우 자동 종료한다는 내용의 제1계약을 체결한 후, 공개채용 절차를 거쳐 최종합격자인 원고와 계약기간을 1년으로 정하여 제2계약을, 다시 계약기간을 1년 연장하는 제3계약을 각각 체결하였고, 계약종료를 앞두고 원고에게 계약기간 만료를 통보하고 다시 공개채용 절차를 진행하였는데, 원고가 위 절차에 응시하였다가 최종합격자로 선발되지 못하자 위 통보가 부당해고에 해당한다며 구제신청을 한 사안에서, 공개채용 절차를 거쳐 제2계약이 체결됨으로써 원고와 대학교 사이에 기존 기간제 근로계약의 단순한 반복 또는 갱신이 아닌 새로운 근로관계가 형성되었다고 평가할 수 있어 그 시점에 근로관계가 단절되었고, 기간제법 제4조에서 말하는 계속 근로한 총기간을 산정할 때 제2계약 체결 시점을 전후한 기간제 근로계약기간을 합산할 수 없어 원고의 계속 근로한 총기간이 2년을 초과하지 않았으므로 원고를 기간제법 제4조 제2항에 따라 기간의 정함이 없는 근로계약을 체결한 근로자라고 할 수 없다고 한 사례).

5) 한편, 기간제법의 기간제근로자 보호 취지, 사용자의 부당한 갱신거절로 인한 효과 등을 고려하면, 사용자의 부당한 갱신거절로 인해 근로자가 실제로 근로를 제공하지 못한 기간도 계약갱신에 대한 정당한 기대권이 존속하는 범위에서는 기간제법 제4조 제2항에서 정한 2년의 사용제한기간에 포함된다고 보아야 한다(대법원 2018. 6. 19. 선고 2013다85523 판결 : 피고의 1차 갱신거절은 부당해고와 마찬가지로 효력이 없고, 원고의 계약갱신에 대한 기대권이 1차 갱신거절 이후까지 존속하지 않는다고 볼 만한 사정도 없으므로, 1차 갱신거절로 인해 원고가 실제로 근로를 제공하지 못한 기간도 기간제법 제4조 제2항의 사용제한기간 2년에 포함된다고 보아야 하며, 그렇다면 피고는 기간제법 시행 이후 최초 계약일인 2007. 7. 1.부터 2년을 초과하여 원고를 사용하였다고 할 것이므로, 이 사건 갱신거절 당시 원고는 기간제법 제4조 제2항에 따라 기간의 정함이 없는 근로계약을 체결한 근로자로 보아야 하고, 따라서 피고가 계약기간 만료를 이유로 근로계약의 종료를 통보한 이 사건 갱신거절은 효력이 없다고 한 사례).

◀ Q 풀이 ▶

Q 1. 대상판결에 따르면 사용자의 기간제 근로계약 갱신거절을 부당해고로 볼 수 있는 두 가지 법리는?

[A] 기간을 정한 근로계약을 체결하였으나 '그 기간의 정함이 형식에 불과한 경우'(이른바 '계약기간 형식성 법리' 내지 '무기근로계약간주 법리') 또는 '근로자에게 계약갱신에 대한 정당한 기대권이 인정되는 경우'(이른바 '갱신기대권 법리')에 사용자가 정당한 사유 없이 계약기간의 만료를 이유로 계약의 갱신을 거절하여 근로관계를 종료시키는 것은 부당해고와 마찬가지로 무효이다(☞ 보다 자세한 내용은 앞의 '기본법리(판지)' 및 '판결의 의의와 한계' 부분 참조).

Q 2. 대상판결에서 대법원이 원심판결을 파기한 이유는?

[A] 1) 원심은 i) 이 사건 계약서 등에 참가인의 재계약 체결 의무나 재계약 절차 및 요건에 관한 규정이 없는 점, ii) 서울시의 관련 조례에서 장애인콜택시사업의 재위탁 시 계약기간을 1년 단위로 하도록 규정하고 있는 점, iii) 원고들의 경우 계약갱신이 단 한 차례도 없었던 점 등에 근거해 원고들에게 정당한 갱신기대권이 인정된다고 볼 수 없고, 나아가 참가인이 심사기준표에 따른 심사결과 갱신기준 점수인 총점 70점에 미달한 원고들에 대해 계약갱신을 거부한 것은 합리적 이유가 있기 때문에 이 사건 갱신거절을 부당해고로 볼 수 없다고 판단하였다. 2) 그러나 대법원은 원고들에게 정당한 갱신기대권이 인정된다고 봄이 상당하고 이 사건 갱신거절은 정당성을 결하여 그 효력을 인정할 수 없다고 보아서 이와 달리 판단한 원심판결의 부분을 파기하였다. 대법원이 정당한 갱신기대권을 인정한 이유는, i) 서울시의 장애인콜택시 운영계획에서 부적격자가 아니면 1년 단위로 갱신하도록 하고 있는 점, ii) 장애인콜택시사업을 한시적·일시적 사업으로 볼 수 없는 점, iii) 이 사건 계약을 포함한 위·수탁계약에서 운행실적 등에 따라 위탁기간 연장이 가능하도록 규정하고 있는 점, iv) 위탁기간 만료 무렵 참가인은 심사기준표를 정하여 총점 70점(갱신기준 점수) 이상인 자들에 대해 전원 계약을 연장하였는데 심사기준이 객관적인 내용으로 이루어져 있어 심사결과 갱신기준 점수 이상의 점수를 얻게 되면 계약이 갱신된다는 신뢰관계가 형성되어 있다고 볼 수 있는 점 등이다. 그리고 대법원이 이 사건 갱신거절의 정당성을 부정한 이유는 i) 이 사건 심사가 객관적이고 정확한 자료를 토대로 이루어졌는지 의문인 점, ii) 이 사건 심사항목 중 일부는 평가자의 자의적 평가가 개입될 여지가

있어 그 객관성 및 공정성이 결여되었다고 볼 수 있는 점, iii) 일부 심사항목은 심사 대상자 전원에 대하여 일률적으로 적용되지 아니하여 불공평한 결과가 초래된 점 등 공정성 및 객관성이 결여된 심사 과정을 거쳐 원고들에 대해 갱신기준 점수 미만이라는 점을 들어 갱신을 거절하였기 때문이다.

◀ 심화학습 ▶

1. 기간제 근로계약이 기간제법 시행 후 체결된 경우 갱신기대권 법리의 적용 여부 (대법원 2017. 10. 12. 선고 2015두59907 판결 참고)

▷ 기간제법 제4조에 의하면 사용자가 기간제근로자를 사용할 수 있는 총 사용기간은 원칙적으로 2년으로 제한된다(같은 조 제1항 본문 참조). 사용자가 2년을 초과하여 기간제근로자를 사용하면 해당 근로자는 기간의 정함이 없는 근로계약을 체결한 근로자로 간주된다(같은 조 제2항 참조). 그리고 기간제법 제4조의 규정은 동법 시행(2007. 7. 1.) 후 근로계약이 체결·갱신되거나 기존의 근로계약기간을 연장하는 경우부터 적용된다(제정 기간제법 부칙 제2항). 이와 관련하여 기간제법 시행 이후 동법의 적용을 받은 기간제 근로계약관계에도 갱신기대권(또는 재계약 체결 기대권)에 관한 기존의 판례법리가 계속 적용될 수 있는지 문제된다. 그 핵심은 갱신기대권과 기간제법 제4조 제2항(무기계약근로자 간주 규정)의 관계를 어떻게 볼 것인가 하는 점이다. 다시 말해, 기간제법 제4조 제2항에 의해 갱신기대권이 배제 또는 제한되는 것으로 해석하여야 하는지가 쟁점이다.

▷ 참고판결(2015두59907 판결) 전 사례에서 대법원은 기간제법의 시행만으로 그 시행 전에 이미 형성된 기간제근로자의 갱신에 대한 정당한 기대권이 배제 또는 제한되지 않는다는 입장을 취하였다(대법원 2014. 2. 13. 선고 2011두12528 판결, 대법원 2016. 11. 10. 선고 2014두45765 판결). 참고판결은 기간제 근로계약이 기간제법 시행 후에 체결되었더라도 총 사용기간이 2년을 넘게 되는 갱신기대권이 인정될 수 있고, 그 경우 2년이 경과되었다는 이유만으로 갱신거절의 효력을 다투는 소의 이익이 부정되지 않음을 명확하게 밝힌 판결이다. 즉 "기간제법 제4조가 사용자는 2년의 기간 내에서 기간제 근로자를 사용할 수 있음이 원칙이고, 기간제 근로자의 총 사용기간이 2년을 초과할 경우 기간제 근로자는 기간의 정함이 없는 근로자로 본다고 규정하고 있더라도, 그 입법 취지가 기본적으로 기간제 근로계약의 남용을 방지함으로써 근로자의 지위를 보장하려는 데에 있음을 고려하면, 위 규정에 의하

여 기간제 근로자의 갱신에 대한 정당한 기대권 형성이 제한되는 것은 아니다(대법원 2016. 11. 10. 선고 2014두45765 판결 참조). 따라서 기간제 근로계약이 기간제법의 시행 후에 체결되었다고 하더라도, 그에 기한 근로관계가 반드시 2년 내에 종료된다거나 총 사용기간이 2년을 넘게 되는 갱신기대권이 인정될 수 없다고 볼 것은 아니다. 기간제 근로자에게 정당한 갱신기대권이 인정될 수 있는 경우에는 최초 계약의 근로관계 개시일부터 2년이 지난 시점에 당연히 근로관계가 종료될 것이라고 가정하여 그 시점이 경과되었다는 이유만으로 갱신 거절의 효력을 다투는 소의 이익을 부정할 것은 아니다."

2. 근로계약기간 만료 등에 따른 부당해고 구제이익의 소멸 여부 (대법원 2020. 2. 20. 선고 2019두52386 전원합의체 판결; 대법원 2022. 7. 14. 선고 2020두54852 판결 참고)

▷ 종래의 판례는 근로자가 부당해고 구제신청을 하여 해고의 효력을 다투던 중 근로계약기간의 만료로 근로관계가 종료하였다면 근로자로서는 비록 이미 지급받은 해고기간 중의 임금을 부당이득으로 반환하여야 하는 의무를 면하기 위한 필요가 있거나 퇴직금 산정시 재직기간에 해고기간을 합산할 실익이 있다고 하여도, 그러한 이익은 민사소송절차를 통하여 해결될 수 있어 더 이상 구제절차를 유지할 필요가 없게 되었으므로 구제이익은 소멸한다고 보았다(대법원 2009. 12. 10. 선고 2008두22136 판결).

▷ 그러나 **2020년 2019두52386 전원합의체 판결**에서 대법원은 부당해고 구제명령제도에 관한 근기법의 규정 내용과 목적 및 취지, 임금 상당액 구제명령의 의의 및 법적 효과 등을 종합적으로 고려하면, 근로자가 부당해고 구제신청을 하여 해고의 효력을 다투던 중 정년에 이르거나 근로계약기간이 만료하는 등의 사유로 원직에 복직하는 것이 불가능하게 된 경우에도 해고기간 중의 임금 상당액을 지급받을 필요가 있다면 임금 상당액 지급의 구제명령을 받을 이익이 유지되므로 구제신청을 기각한 중앙노동위원회의 재심판정을 다툴 소의 이익이 있고, 이러한 법리는 근로자가 근기법 제30조 제3항에 따라 금품지급명령(노동위원회가 부당해고에 대한 구제명령을 할 때 근로자가 원직복직을 원하지 아니하면 원직복직을 명하는 대신 근로자가 해고기간 동안 근로를 제공하였더라면 받을 수 있었던 임금 상당액 이상의 금품을 근로자에게 지급하도록 명할 수 있음)을 신청한 경우에도 마찬가지로 적용된다고 함으로써, **종래의 입장을 변경**하였다. 그 이유는 다음과 같다. i) 부당해고 구제명령제도는 부당한 해고를 당한 근로자에 대한 원상회복, 즉 근로자가 부당해고를 당하지 않았다면 향유할 법적 지위와 이익의 회복을 위해 도입된 제도로서, 근

로자 지위의 회복만을 목적으로 하는 것이 아니다. 해고를 당한 근로자가 원직에 복직하는 것이 불가능하더라도, 부당한 해고라는 사실을 확인하여 해고기간 중의 임금 상당액을 지급받도록 하는 것도 부당해고 구제명령제도의 목적에 포함된다. ii) 부당한 해고를 당한 근로자를 원직에 복직하도록 하는 것과, 해고기간 중의 임금 상당액을 지급받도록 하는 것 중 어느 것이 더 우월한 구제방법이라고 말할 수 없다. 근로자를 원직에 복직하도록 하는 것은 장래의 근로관계에 대한 조치이고, 해고기간 중의 임금 상당액을 지급받도록 하는 것은 근로자가 부당한 해고의 효력을 다투고 있던 기간 중의 근로관계의 불확실성에 따른 법률관계를 정리하기 위한 것으로 서로 목적과 효과가 다르기 때문에 원직복직이 가능한 근로자에 한정하여 임금 상당액을 지급받도록 할 것은 아니다. iii) 근로자가 구제명령을 통해 유효한 집행권원을 획득하는 것은 아니지만, 해고기간 중의 미지급 임금과 관련하여 강제력 있는 구제명령을 얻을 이익이 있으므로 이를 위해 재심판정의 취소를 구할 이익도 인정된다고 봄이 타당하다. iv) 해고기간 중의 임금 상당액을 지급받기 위하여 민사소송을 제기할 수 있다는 사정이 소의 이익을 부정할 이유가 되지는 않는다. v) 종래 대법원이 근로자가 구제명령을 얻는다고 하더라도 객관적으로 보아 원직에 복직하는 것이 불가능하고, 해고기간에 지급받지 못한 임금을 지급받기 위한 필요가 있더라도 민사소송절차를 통하여 해결할 수 있다는 등의 이유를 들어 소의 이익을 부정하여 왔던 판결들은 금품지급명령을 도입한 근로기준법 개정 취지에 맞지 않고, 기간제근로자의 실효적이고 직접적인 권리구제를 사실상 부정하는 결과가 되어 부당하다.

▷ 한편, **2022년 2020두54852 판결**에서 대법원은 <u>근로자가 부당해고 구제신청을 할 당시 이미 정년에 이르거나 근로계약기간 만료, 폐업 등의 사유로 근로계약관계가 종료하여 근로자의 지위에서 벗어난 경우에는 노동위원회의 구제명령을 받을 이익이 소멸하였다고 봄이 타당하다</u>고 하였다. <u>그 이유는 다음과 같다.</u> i) 근기법 제28조 이하에서 정한 부당해고 등 구제명령제도는 해고, 휴직, 정직, 전직, 감봉, 그 밖의 징벌 등과 같이 사용자의 징계권 내지 인사권의 행사로 인해 근로자에게 발생한 신분상·경제적 불이익에 대하여, 민사소송을 통한 통상적인 권리구제방법보다 좀 더 신속·간이하고 경제적이며 탄력적인 권리구제수단을 마련하는 데에 그 제도적 취지가 있다. 따라서 부당해고 등 구제신청을 할 당시 이미 근로자의 지위에서 벗어난 경우라면, 과거의 부당해고 등으로 인한 손해를 보상받을 목적으로 행정적 구제절차를 이용하는 것은 부당해고 등 구제명령제도 본래의 보호범위를 벗어난 것으로 보아야 한다. ii) 근기법 제28조 제1항은 "사용

자가 근로자에게 부당해고 등을 하면 근로자는 노동위원회에 구제를 신청할 수 있다."라고 규정하여 '근로자'에게 구제신청권을 부여하고 있다. 근로자란 직업의 종류와 관계없이 임금을 목적으로 사업이나 사업장에 근로를 제공하는 사람을 말하므로(근기법 제2조 제1항 제1호), 부당해고 등 구제신청을 할 당시 이미 다른 사유로 근로계약관계가 종료한 경우에는 더 이상 근기법에서 정한 근로자의 지위에 있다고 볼 수 없고, 부당해고 등 구제신청을 하기 전에 그 사용자와 사이에 근로계약관계가 있었다는 사정만으로 근로자의 범위에 포함된다고 해석하기는 어렵다. iii) 노동위원회는 부당해고 등 구제신청에 따른 심문을 끝내고 부당해고 등이 성립한다고 판정하면 사용자에게 구제명령을 하여야 한다(근기법 제30조 제1항). 구제명령이 내려지면 사용자는 이를 이행하여야 할 공법상의 의무를 부담하고, 이행하지 아니할 경우에는 3천만 원 이하의 이행강제금이 부과되며(근기법 제33조), 확정된 구제명령을 이행하지 아니한 사용자는 형사처벌의 대상이 된다(근기법 제111조). 침익적 행정처분은 상대방의 권익을 제한하거나 상대방에게 의무를 부과하는 것이므로 헌법상 요구되는 명확성의 원칙에 따라 그 근거가 되는 행정법규를 더욱 엄격하게 해석·적용해야 하고, 행정처분의 상대방에게 지나치게 불리한 방향으로 확대해석이나 유추해석을 할 수 없으므로(대법원 2021. 11. 11. 선고 2021두43491 판결 등 참조), 부당해고 등 구제신청을 할 당시 이미 근로계약관계가 종료한 경우에도 근로자의 구제이익을 인정하여 사용자에게 공법상 의무의 부과 또는 형사처벌의 범위를 확대하는 것은 위와 같은 행정법규 해석 원칙 등에 반할 우려가 있다. iv) 대법원 2020. 2. 20. 선고 2019두52386 전원합의체 판결은 근로자가 부당해고 구제신청을 기각한 재심판정에 대해 소를 제기하여 해고의 효력을 다투던 중 정년에 이르거나 근로계약기간이 만료하는 등의 사유로 원직에 복직하는 것이 불가능하게 된 경우에도 해고기간 중의 임금 상당액을 지급받을 필요가 있다면 임금 상당액 지급의 구제명령을 받을 소의 이익이 유지된다는 취지이다. 따라서 근로자가 부당해고 등 구제신청을 하기 전에 이미 근로자의 지위에서 벗어난 경우까지 위와 같은 법리가 그대로 적용된다고 할 수 없다. v) 근로자의 보호나 절차경제적 측면에서 보더라도, 근로자가 신속한 구제를 받기 위해 행정적 구제절차를 이용했는데 중간에 근로계약관계가 종료되었다는 이유로 그 신청인을 구제절차에서 배제하거나 그동안 노동위원회가 진행한 조사나 그 조사결과를 토대로 내린 판정을 모두 무위로 돌리는 것은 바람직하지 않을 것이나, 구제신청 당시 이미 근로계약관계가 종료된 경우에는 그러한 고려를 할 필요성이 크지 않다. 근로계약관계가 종료된 시점을 구제신청 이전과 이후로 구분하여 구제명령을 구할 이익의 판단을 달리 하는 것은 충분히 합리적이다. vi) 근기법(2021. 5. 18. 법률 제18176호로 개정된 것)은 제30조 제4항으로 "노동위원회는 근로계약기간의 만료, 정년의 도래 등으로 근로자가 원직복직(해고 이외의 경우는 원상회복을 말한다)이 불가능한 경우에도 제1항에 따른 구제명령이나 기각결정을 하여야 한다. 이 경우 노동위원회는 부당해고 등이 성립한다고 판정하면 근로자가 해고기간 동안 근로를 제공하였더라면 받을 수 있었던 임금 상당액에 해당하는 금품(해고 이외의 경우에는 원상회복에 준하는 금품을 말한다)을 사업주가 근로자에게 지급하도록 명할 수 있다."라는 조항을 신설하였다. 위 조항은 부당해고 등 구제절차 도중 근로계약기간의 만료, 정년의 도래 등으로 근로자의 원직복직이 불가능한 경우에도 근로자에게 임금 상당액 지급의 구제명령을 받을 이익을 인정해야 한다는 취지이고, 구제신청 당시 이미 근로계약관계가 소멸하여 근로자의 지위에서 벗어난 경우에까지 구제이익을 인정해야 한다는 의미로는 해석되지 않는다.

제13강 기업변동과 근로관계

1. 영업양도와 근로관계의 승계

◀ 판례분석 ▶

▌제 목 : 형식적인 자산매매계약의 실질적인 영업양도 해당 여부(Y), 마감기한을 넘긴 재취업신청서 제출을 이유로 한 고용승계 거부의 정당성(N), 사직서 제출의 고용승계 거부 의사표시 해당 여부(Y) [동해영업양도사건]

▌대상판결 : 대법원 2002. 3. 29. 선고 2000두8455 판결【부당해고구제재심판정취소】
【원고, 피상고인】심○화 외 2인
【피고】중앙노동위원회위원장
【피고보조참가인, 상고인】한국오므론전장 주식회사
【원심판결】서울고법 2000. 9. 28. 선고 99누13170 판결
【주 문】원심판결을 파기하고, 사건을 서울고등법원에 환송한다.

▌사건의 개요 : 원고들 소속 회사인 '동해'와 참가인 회사 사이에 자산매매계약이 체결되고, 동해 소속 근로자 대다수가 개별적인 재취업신청서(동해 사직, 참가인 회사로의 취업 신청 등의 내용) 제출을 통해 참가인 회사에 신규채용 되었으나, 원고들은 노동조합의 방침에 따라 일괄 고용승계 등을 주장하며 재취업신청서 제출을 거부하다 마감기한을 경과하여 제출·반려되어 참가인 회사에 입사할 수 없었고, 그 후 참가인 회사의 권유 등에 따라 동해에 사직서를 제출하였으나, 원고들에 대한 참가인 회사의 고용승계 거부는 부당해고 등에 해당한다고 주장하면서 관할 노동위원회에 그 구제를 신청하였다.

▌관련 법 규정(현행법 기준)
- 근기법 제23조(해고 등의 제한) ① 사용자는 근로자에게 정당한 이유 없이 해고, 휴직, 정직, 전직, 감봉, 그 밖의 징벌(이하 "부당해고 등"이라 한다)을 하지 못한다.

▌판결의 성격 : 원심은 i) 이 사건 자산매매계약은 영업양도에 해당하고, ii) 원고들의 마감기한을 경과한 재취업신청서의 제출을 이유로 고용승계를 거부한 것은 부당하며, iii) 원고들의 사직서 제출은 재취업신청의 포기로 볼 수 없다고 판단하였으나, 대법원은 원심의 위 i)과 ii)의 판단을 수긍하면서도 iii)과 관련 사직서의 제출은 동해 사직 및 참가인 회사에 대한 재취업신청의 철회·포기로 보아서 원심판결을 파기환송하였다.

▌쟁 점
- 이 사건 자산매매계약은 그 계약의 형식·내용, 특히 근로관계의 승계 배제에 관한 계약 당사자간의 특약에도 불구하고 그 승계의 효과가 발생하는 영업양도계약인지 여부
- 영업양도에 해당한다면 마감기한 경과한 원고들의 재취업신청서 제출을 이유로 고용관계의 승계를 거부할 수 있는지 여부
- 원고들의 사직서 제출을 소속 회사인 동해(양도회사)의 퇴직 및 참가인 회사(양수회사)에 대한 고용승계 거부의 의사표시로 볼 수 있는지 여부

▌중요 사실관계
- 1998. 3. 20. 참가인 회사는 동해의 전장사업부문과 관련된 일체의 자산을 271억원에 매수하는 내용의 자산매매계약을 체결(참가인 회사는 동해의 종업원을 인수할 의무를 부담하지 않는 것으로 명시) ⇒ **물적 조직의 동일성 여부, 나아가 고용승계가 부인되는 영업재산의 매매계약인지 아니면 고용승계가 인정되는 영업양도계약인지 여부와 관련**
- i) 동해의 근로자들이 사직서를 제출하고 참가인 회사에 새로 입사하는 형식을 취하였지만 자산매매계약의 내용과 달리 실질적인 입사절차를 거치지 않은 채 소정의 기한 내에 입사의사를 표시한 동해의 근로자 전부를 채용(신규채용의 형태로 다시 고용한 동해의 근로자는 199명 중 176명), ii) 참가인 회사는 동해 소속 근로자 이외의 근로자를 신규채용하지는 않음, iii) 동해 소속 근로자들이 동해에서의 직급에 상응하는 직급을 참가인 회사에서 부여받아 그 이전에 수행하던 업무를 그대로 수행 ⇒ **자산매매계약 전후 인적 조직의 동일성 여부와 관련**

- 원고들은 마감기한을 경과하여 1998. 4. 4. 재취업신청서를 제출한 뒤에 1998. 4. 6. 이후로 참가인 회사의 권유 등에 따라 각각 동해에 사직서를 제출 ⇒ **참가인 회사에 대한 취업의사의 철회·포기 내지 고용승계 거부의 의사표시 해당 여부와 관련**

▌기본법리(판지)

1) ⑴ 영업의 양도라 함은 일정한 영업목적에 의하여 조직화된 업체 즉 <u>인적·물적 조직을 그 동일성은 유지하면서 일체로서 이전하는 것</u>으로서 영업의 일부만의 양도도 가능하고, 이러한 영업양도가 이루어진 경우에는 <u>원칙적으로</u> 해당 근로자들의 <u>근로관계가 양수하는 기업에 포괄적으로 승계</u>되는바, ⇒ **[영업양도의 의의와 효과]**

⑵ 여기서 <u>영업의 동일성 여부</u>는 일반 사회관념에 의하여 결정되어져야 할 사실인정의 문제이기는 하지만, 문제의 행위(양도계약관계)가 영업의 양도로 인정되느냐 안 되느냐는 <u>단지 어떠한 영업재산이 어느 정도로 이전되어 있는가에 의하여 결정되어져야 하는 것이 아니고 거기에 종래의 영업조직이 유지되어 그 조직이 전부 또는 중요한 일부로서 기능할 수 있는가에 의하여 결정되어져야 하는 것</u>이므로, 예컨대 영업재산의 전부를 양도했어도 그 조직을 해체하여 양도했다면 영업의 양도는 되지 않는 반면에 그 일부를 유보한 채 영업시설을 양도했어도 그 양도한 부분만으로도 종래의 조직이 유지되어 있다고 사회관념상 인정되면 그것을 영업의 양도라 볼 것이다(대법원 2001. 7. 27. 선고 99두2680 판결 참조). ⇒ **[영업의 동일성 판단기준: 영업재산의 이전 정도가 아닌 영업조직의 유지·기능 여부]**

2) 영업이 양도되면 반대의 특약이 없는 한 양도인과 근로자 사이의 근로관계는 원칙적으로 양수인에게 포괄적으로 승계되고, <u>영업양도 당사자 사이에 근로관계의 일부를 승계의 대상에서 제외하기로 하는 특약</u>이 있는 경우에는 그에 따라 근로관계의 승계가 이루어지지 않을 수 있으나, 그러한 특약은 <u>실질적으로 해고나 다름이 없으므로</u> 근로기준법 제30조(현행 제23조) 제1항 소정의 <u>정당한 이유가 있어야 유효</u>하며, 영업양도 그 자체만을 사유로 삼아 근로자를 해고하는 것은 정당한 이유가 있는 경우에 해당한다고 볼 수 없다(대법원 1994. 6. 28. 선고 93다33173 판결 등 참조). ⇒ **[근로관계의 일부 승계배제특약의 효력: 특약=해고, 영업양도 ≠ 정당한 해고사유]**

3) 영업양도에 의하여 양도인과 근로자 사이의 근로관계는 원칙적으로 양수인에게 포괄승계되는 것이지만 <u>근로자가 반대의 의사를 표시함으로써 양수기업에 승계되는 대신 양도기업에 잔류하거나 양도기업과 양수기업 모두에서 퇴직할 수도</u>

있는 것이고, 영업이 양도되는 과정에서 근로자가 일단 양수기업에의 취업을 희망하는 의사를 표시하였다고 하더라도 그 승계취업이 확정되기 전이라면 취업희망 의사표시를 철회하는 방법으로 위와 같은 반대의사를 표시할 수 있는 것으로 보아야 할 것이다. ⇒ [근로자의 승계거부권: 양도기업에 잔류, 양수기업에 대한 취업희망 의사표시 철회 등]

■**결론 및 이유** : 이 사건 자산매매계약의 실질이 영업양도에 해당하고 지정 기일을 초과한 재취업신청서의 제출을 이유로 한 원고들에 대한 고용승계의 거부는 부당하다는 원심의 판단은 정당하지만, 원고들의 사직서가 참가인 회사에 대한 재취업을 포기하는 의사를 담고 있는 것으로 볼 수 없다는 원심의 판단은 수긍하기 어렵다.

- **영업양도 해당 여부 관련** : 참가인 회사는 동해로부터 전장사업부문을 영업목적으로 하여 일체화된 물적·인적 조직을 그 동일성을 유지한 채 포괄적으로 이전받음으로써 영업을 양수하였다. 그 이유를 요약하면, i) 참가인 회사는 동해로부터 전장사업부 영업에 필요한 일체의 유형·무형 재산 모두 양수(거래처에 대한 계약자로서의 지위까지 양수), ii) 동해 전장사업부문의 인적조직도 그 동일성을 유지한 채 참가인 회사에 승계되었다고 봄이 상당(왜냐하면, 자산매매계약상의 내용과 달리 실질적인 신규 채용절차 없이 소정 기한 내 입사의사를 표시한 동해의 근로자 전부 채용, 채용된 동해 소속 근로자는 199명 중 176명으로 대부분 차지, 동해 소속 외의 근로자 신규채용하지 않음, 종전 직급 상응하는 직급 부여 및 종전 업무 수행 등), iii) 참가인 회사가 동해로부터 승계한 물적·인적 조직을 이용하여 동해가 영위하던 전장사업부문의 기본 골격을 그대로 유지한 채 이를 토대로 그 사업을 수행, iv) 영업양도의 성립에 영향을 미치지 않는 사실(매매계약상 인적 조직 불승계 명시, 사직과 신규채용의 절차 경유, 채권 전부 및 채무 일부 불인수, 영업양도 후 조직의 일부 변경) 등이다.
- **고용승계 거부의 정당한 이유 유무 관련** : 지정된 기일로부터 4일이 지난 뒤에 재취업신청서를 제출하였다는 이유만으로 원고들에 대한 고용승계를 거부한 것은 부당하고, 원고들이 지정된 기일 내에 재취업신청서를 제출하지 아니하였다고 하여 이를 두고 원고들이 참가인 회사에로의 근로관계 승계를 거부하였거나 또는 근로관계 해지의 의사표시를 하였다고 볼 수 없다. 그 이유를 요약하면, i) 재취업의사 없었다고 보기 어려움(노동조합의 일괄 고용승계 요구가 관철되지 않자 제출기한이 지난 후 제출한 것에 불과), ii) 일괄 고용승계의 주장이 부당하다고 할 수 없음, iii) 재취업신청과 연계한 상여금삭감에 항의하는 뜻에서의 재취업신청서 미제출

을 원고들의 귀책사유로 볼 수 없음, iv) 재취업신청서 제출은 형식적 절차에 불과(재취업신청서 제출한 전원 다시 채용됨) 등이다.

- **사직서 제출의 고용승계 거부 의사표시 해당 여부 관련** : 원고들이 제출한 사직서는 비록 형식적으로는 동해를 사직하는 내용으로 되어 있더라도 실질적으로는 참가인 회사에 대한 재취업 신청을 철회 또는 포기함과 아울러 동해를 사직하는 의사를 담고 있는 것이라고 봄이 상당하다. 그 이유를 요약하면, i) 원고들은 1998. 4. 4. 재취업신청서를 제출했으나 제출기한 도과 이유로 반려되어 참가인 회사로부터 채용 승낙을 받지 못하고 있던 중 1998. 4. 6. 이후에 각자 사직서를 제출, ii) 사직서를 받은 직원들은 동해에서 근무하다 참가인 회사에 취업하여 인사업무를 담당하던 사람들, iii) 사직서 제출에 따라 동해로부터 퇴직위로금(2개월분 급여 해당액) 추가 수령, iv) 참가인 회사로의 고용승계를 주장하며 재취업신청서 제출, 사직서 제출 후 얼마 지나지 않아 참가인 회사를 상대로 고용승계를 주장하며 부당해고 구제신청 등의 사정이 있다고 하여 달리 볼 수 없음 등이다.

▌판결의 의의와 한계

1) 사업주의 변경을 초래하는 기업변동에는 영업양도, 합병, 회사분할 등이 있으나, 특히 영업양도의 경우 종전 근로관계의 승계 여부와 관련하여 민법, 상법 또는 노동법 어디에서도 특별히 규정하고 있는 바가 없다. 그러나 영업양도가 있으면 근로관계가 원칙적으로 승계된다는 것이 판례의 일관된 입장이고(다만, 일부의 승계를 배제하는 정당한 이유가 있는 특약의 유효성 인정), 이러한 입장은 대상판결을 통해서도 확인할 수 있다.

2) 대상판결은 근로관계의 승계를 부정하는 이 사건 자산매매계약 당사자의 명시적 의사에도 불구하고 규범적 관점에서 '물적 조직의 동일성 판단' → '인적 조직의 동일성 판단' → '종전 영업조직의 유지·기능 종합판단'을 거쳐서 영업양도에 해당함을 인정한 판결로서 의미가 있다(☞ Q 1. 참고). 대상판결 이전의 유사 사례에서 대법원은 영업양도라고 본 원심판결을 파기한 바 있다(삼미특수강사건: 대법원 2001. 7. 27. 선고 99두2680 판결 ☞ Q 2. 참고).

3) 대상판결은 근로자의 고용승계 거부 관련 법리를 제시하고 있고, 이에 근거하여 이 사건 원고들의 자발적 사직서 제출을 승계거부 의사표시의 일환으로 해석하여 결과적으로 근로관계의 승계를 부정한 사례이다(☞ Q 3. 참고). 고용승계에 반대하는 근로자의 의사표시에 관한 보다 구체적 법리는 대법원 2012. 5. 10. 선고 2011다45217 판결에서 확인할 수 있다(☞ 심화학습 2. 참고).

■ **기타 해설** : 법률의 제정이나 개정 등으로 새로운 특수법인이 설립되어 종전에 동일한 기능을 수행하던 법인 등 단체의 기능을 흡수하는 경우에 있어서, 해산되는 종전 단체에 소속된 직원들과의 근로관계가 승계되는지의 여부에 관하여 별도의 규정을 두지 아니한 채 단순히 새로 설립되는 특수법인이 종전 단체에 속하였던 모든 재산과 권리·의무를 승계한다는 경과규정만 두고 있다면 해산되는 종전 단체의 직원들의 근로관계가 신설 특수법인에 당연 승계된다고 볼 수 없다는 것이 판례의 입장이다 (2001두6579 판결 참조).

※ **대법원 2002. 5. 14. 선고 2001두6579 판결 【부당해고구제재심판정취소】**
- "법률의 제정이나 개정 등으로 새로운 특수법인이 설립되어 종전에 동일한 기능을 수행하던 법인 등 단체의 기능을 흡수하면서 그 권리의무를 승계하도록 하는 경우에 있어서, 해산되는 종전 단체에 소속된 직원들과의 근로관계가 승계되는지의 여부에 관하여 별도의 규정을 두지 아니한 채, 단순히 새로 설립되는 법인이 종전 단체에 속하였던 모든 재산과 권리·의무를 승계한다는 경과규정만 두고 있다면, 이러한 경과규정은 해산되는 단체의 재산상 권리의무를 새로 설립되는 법인이 승계하도록 하여 그 해산에 따른 절차를 용이하게 함으로써 해산되는 종전 단체의 해산 및 청산절차를 특별히 규율할 목적으로 규정된 것일 뿐이고 해산되는 단체의 직원들의 근로관계를 당연히 새로 설립되는 법인에 승계하도록 하기 위한 것은 아니므로, 위 경과규정의 문언만으로는 당해 법률에 따라 종전 단체에 소속된 직원들의 근로관계가 새로 설립되는 법인에 당연히 승계된다고 볼 수는 없다 (대법원 1998. 10. 23. 선고 98다33932 판결 참조).
원심이 이러한 법리를 전제로, 1999. 1. 21. 제정된 한국보건산업진흥원법 부칙 제3조에 따라 한국식품위생연구원과 재단법인 한국보건의료관리연구원이 해산되고 그 재산과 권리·의무를 원고가 승계하였으나, 그 직원들과의 근로관계도 원고가 승계하는지 여부에 관하여는 위 법률이나 원고의 정관 등에 아무런 규정을 두고 있지 아니할 뿐만 아니라, 원고가 한국식품위생연구원 등의 업무를 인수할 때 그 직원들 중 65명을 계약을 통하여 임시근무요원으로 고용하였던 점 등에 비추어 볼 때, 원고가 한국식품위생연구원과 피고 보조참가인들 사이의 근로관계를 승계하였다고 볼 수 없고, 한국식품위생연구원이 피고 보조참가인들을 포함한 직원들과의 근로관계를 청산하지 아니하였다고 하여 원고와 한국식품위생연구원의 직원들 사이에 새로운 근로관계가 형성되었다고 볼 수도 없으며, 또 원고가 한국식품위생연구원의 권리와 의무를 승계하면서 업무 인수인계와 행정처리상의 편의 등을 위하여 그 직원들에게 원고 명의로 의료보험자격증을 발급하는 등 근로관계가 단절되지 아니한 듯한 태도를 보였다는 사정만으로는 원고가 피고 보조참가인들과 묵시적으로 고용계약을 체결한 것으로 볼 수도 없다고 판단한 것은 옳고, … (중략) … 한편 원심이, 이와 같이 원고와 피고 보조참가인들 사이에 고용계약관계가 존재하지 아니하는 이상, 원고가 피고 보조참가인들을 채용대상에서 제외한 것은 피고 보조참가인들을 새로 채용하지 아니하겠다는 의사를 표시한 것에 불과하고 피고 보조참가인들을 해고한 것이 아니므로, 원고가 피고 보조참가인들을 해고하였음을 전제로 한 피고의 이 사건 재심판정이 위법하다고 판단한 것도 옳고, … (이하 생략) …"

※ **1991. 1. 21. 제정 한국보건산업진흥원법 부칙 제3조**(권리·의무의 승계) ① 이 법 시행 당시의 각 연구원은 그 이사회의 의결에 의하여 그 재산과 권리·의무를 이 법에 의하여 설립될 진흥원이 승계하도록 보건복지부장관에게 신청할 수 있다.
② 각 연구원은 보건복지부장관의 승인을 얻은 때에는 <u>이 법에 의한 진흥원의 설립과 동시에 민법 중 법인의 해산 및 청산에 관한 규정에 불구하고 해산된 것으로 보며, 각 연구원에 속하였던 재산과 권리·의무는 진흥원이 이를 승계한다.</u>

※ **문화산업진흥 기본법**(법률 제6635호, 2002. 1. 26) **부칙 제3조**(한국문화콘텐츠진흥원에 관한 경과조치) ④ 이 법에 의한 진흥원은 설립등기일에 재단법인 한국문화콘텐츠진흥원의 모든 권리·의무 및 재산을 승계한다.
⑤ <u>이 법 시행 당시의 재단법인 한국문화콘텐츠진흥원의 임·직원은 이 법에 의한 진흥원의 임·직원으로 보며,</u> 임원의 임기는 종전의 임명일부터 기산한다.

◀ Q 풀이 ▶

Q 1. 대상판결에서는 영업의 동일성 여부 판단기준이 어떻게 적용되고 있나?

[A] 1) 영업의 동일성 인정 판단 : i) 동해로부터 전장사업부 영업에 필요한 물적 조직(일체의 유·무형의 재산)이 그대로 참가인 회사에게 이전되었고(⇒ **물적 조직의 동일성 판단**), ii) 위 영업에 필요한 인적 조직의 경우에도 사직·신규채용의 형식을 거치긴 했으나 실질적인 선별절차 없이 동해의 대다수 근로자들(소정 기한 내 입사를 희망한 자 모두)이 채용되어 종전의 직급으로 종전의 업무를 수행하는 등(⇒ **인적 조직의 동일성 판단**)의 점에 비추어, iii) 참가인 회사는 동해로부터 전장사업부문을 영업목적으로 하여 일체화된 물적·인적 조직을 그 동일성을 유지한 채 포괄적으로 이전받음으로써 영업을 양수한 것으로 판단되었다.
2) 영업의 동일성 인정 판단에 영향을 미치지 않은 요소 : i) 이 사건 계약 체결 시 동해로부터 자산만을 인수할 뿐 인적 조직을 인수하지 아니할 것을 명시한 점, ii) 사직 및 신규채용의 절차를 밟아서 동해의 직원을 채용한 점, iii) 채권의 전부와 채무의 일부를 인수하지 않은 점, iv) 조직의 일부가 영업양도 이후에 달

라진 점 등.

Q 2. 대상판결과 대법원 2001. 7. 27. 선고 99두2680 판결은 영업(사업)양도인지 여부에 대해 다른 결론을 내리고 있는데 두 판결의 유사점과 차이점은?

[A] 1) 유사점 : i) 계약의 형식(자산매매계약), ii) 계약상 종업원 인수의무 없음 명시, iii) 채권·채무의 불인수, iv) 신규채용절차에 따른 기존 종업원의 과반수 채용, v) 계약 전후 조직체계 변경과 생산품목 변화 등.

2) 차이점 : i) 재취업을 희망한 종전 종업원 모두를 신규채용(대상판결) ⇔ 종전 종업원 고용이 불가결하지 않았으나 구제 차원에서 기준인원 범위 내에서 신규채용(참고 판결), ii) 조직체계의 일부가 변경되었으나 기본적으로 종전 부서·직급·업무 유지(대상판결) ⇔ 종전 인적 조직의 해체 및 재구성, 즉 3개월 수습 후 고유의 직급·급여체계 등에 따라 재배치(참고판결), iii) 생산품목 일부 추가 생산(대상판결) ⇔ 봉강 생산량 대폭 축소 등 생산전략의 대폭 변경 및 새로운 기술 도입과 품질 향상(참고판결), iv) 거래처에 대한 계약자의 지위 양수(대상판결) ⇔ 거래선 등과의 계약책임 부담 없이 대부분의 거래처 새로이 개척(참고판결) 등.

※ **대법원 2001. 7. 27. 선고 99두2680 판결【부당해고구제재심판정취소】**
- "원심은 앞서 본 사실관계에 터잡아 i) 원고와 삼미의 사업목적이 다르다고 볼 수 없는 점, ii) 원고가 삼미로부터 인수한 자산은 부동산 및 동산뿐만 아니라 산업재산권과 제품매뉴얼까지 포함하여 거기에 인적 자산만 결합하면 곧바로 삼미와 동일한 제품을 생산할 수 있는 점, iii) 원고에 의하여 채용된 인원은 삼미 요청 인원의 75.6%, 원고가 직무조사 결과 산정한 인원의 89.5%에 해당하는 점, iv) 원고에 채용된 삼미 직원들은 삼미를 퇴직하고 나서 원고에 의하여 신규채용된 것이 아니라 신규채용되고 나서 삼미를 퇴직한 것인 점, v) 원고 채용 직원 중 관리직은 471명 중 254명이, 기능직은 1,871명 중 1,516명이 채용되어 공장을 운영하기 위한 기능직의 비율이 월등히 높으며, 특히 기술직 관리사원 64명 중 고령 및 투병 중인 2명을 제외한 62명 전원을 채용한 점, vi) 영업인원 총 48명 중 44명이 삼미출신이며 봉강 부문의 경우 삼미의 기존 34개 유통점에 신규 유통점 4개를 더해 38개의 유통점과 거래를 하는 등 기존 거래선을 대체로 유지하고 있는 점, vii) 삼미출신 이외의 직원은 포항종합제철 등 재직경력을 가진 53명에 불과하고 그들은 임직원 또는 노무관리직을 맡고 있을 뿐인 점, viii) 원고는 삼미출신 직원들에 대하여 3개월의 수습기간을 둔다고 하였으나, 위 수습기간에도 인사, 급여 및 후생제도에서 정규직원과 동일하고, 급여도 총액을 기준으로 할 때 삼미보다 약간 상회하는 수준으로 정하여 지급한 점, ix) 한편 원고에 의하여 채용되지 아니한 삼미 직원들은 원고가 봉강 및 강관 부문을 인수함에 따라 정리해고될 운명인데 만일

근로관계가 승계되지 않는다고 한다면 사업을 폐지하면서 자산양도방식을 취하기만 하면 사업폐지의 경우 노동조합과 합의하여야 한다는 단체협약상의 노동조합의 권리 및 회사 재산에 의하여 담보되는 퇴직금 등 임금채권의 우선변제권을 해하게 되는 점, x) 원고는 이 사건 매매계약 후 얼마 지나지 않은 1997. 4. 1.부터 물적 자산에 삼미로부터 채용한 인적 자산을 투입하여 삼미와 동일한 생산방식으로 특수강을 생산하고 있는 점 등을 종합하여 보면, 비록 원고가 삼미로부터 이 사건 자산매매 계약을 체결함에 있어서 자산만을 인수할 뿐 인적 조직을 인수하지 아니할 것을 명시적으로 밝혔으며, 직원을 채용함에 있어서 신규채용 및 퇴직의 절차를 밟았고, 채권의 일부 및 채무 전부를 인수하지 않았다든지 조직이나 제도가 일부 달라졌으며 일부 기술을 개선하였다고 하더라도, **원고는 실질적으로 삼미로부터 봉강 및 강관 부문에 관한 영업상의 물적·인적 조직을 그 동일성을 유지하면서 일체로서 포괄적으로 이전받음으로써 영업을 양도받았다고 판단**하였다. 그러나 원고가 삼미의 봉강 및 강관 사업부문의 영업을 양도받았다는 원심의 사실인정과 판단은 다음과 같은 이유에서 수긍하기 어렵다. … (중략) … i) 삼미의 창원 공장의 봉강·강관부문의 종업원은 삼미 전체 종업원의 72%에 해당함에도 매출액 비율은 삼미 전체의 47%에 불과하여 생산성이 저조했을 뿐 아니라 여러 해에 걸쳐 계속된 적자의 누적으로 자본이 크게 잠식된 상태였고, 따라서 그 상태대로 계속사업을 유지할 경우 흑자로 전환될 가능성은 커녕 도산할 수밖에 없으므로 삼미는 이 부문 사업을 정리하기로 방침을 정하였으나 이 사건 공장의 자산과 함께 인적 조직인 종업원들을 포괄하여 양도하는 방식으로는 양수희망자가 없어 봉강·강관 부문의 사업정리가 불가능하였으므로 결국 이 사건 공장의 자산만을 양도하기로 하고, 그에 따라 이 사건 자산매매계약의 체결에 이르게 된 사실, ii) 이에 따라 삼미는 이 사건 자산매매계약체결 전 노동조합과의 단체 교섭과정에서 노동조합측에게 이 사건 공장의 자산을 매각하지 않을 수 없는 불가피한 사정을 설명하면서 이 사건 자산매매계약이 이행되더라도 고용승계는 이루어지지 않는 점을 알리고 다만 포항제철과 협의하여 최대한 고용이 보장되도록 노력하겠다는 취지로 설명한 사실, iii) 한편 포항제철 역시 삼미로부터 이 사건 공장의 자산 이외에 인적 조직인 종업원들의 대부분을 함께 인수하는 영업양수의 방식으로는 아무리 생산기술을 향상시키고 경영환경을 개선하더라도 건전한 기업으로 육성시킬 가능성이 없다는 판단 아래 이 사건 자산매매계약을 체결함에 있어 매매목적물은 봉강·강관 부문의 생산시설과 그에 관련된 자산만이고, 종업원들에 대한 고용은 이를 승계하지 않음을 명백히 하면서 이 사건 자산매매계약상의 어떠한 조항도 삼미의 종업원을 인수할 의무를 원고에게 부담시키는 것으로 해석될 수 없고 삼미는 이러한 취지를 종업원들에게 주지시키고 원고에 입사하지 못한 종업원들을 포함한 삼미의 종업원들이 어떠한 이유로든 원고에게 근로관계의 승계를 주장함으로써 원고에게 손해를 입히는 행위를 하지 않도록 최선을 다하도록 하며 다만 원고는 이 사건 공장 운영에 필요한 기준인원의 범위 내에서 소요인력을 충원함에 있어서 공정하고 합리적인 공개채용 절차에 의거 신규 채용하되 원고로의 입사를 희망하는 삼미의 종업원들을 우선적으로 고려하기로 한 사실, iv) 이에 따라 삼미는 원고의 신규 공개 채용에 필요한 삼미종업원에 대한 자료를 원고에게 제공하고, 삼미의 종업원 중 원고의 채용전형에 합격한 자에 대하여 삼미는 자신의 비용부담 및 책임하에 삼미와의 근로관계를 종료시키며 퇴직금 등 종업원에 관련된 모든 금전사항을 정산하기로 하였고, 원고가 종업원을 신규 공개 채용하는 과정에서 원고로의 입사를 원하는 삼미의 종업원이 채용되지 않는 경우에는 삼미와 그 종업원과의 근로관계는 단절되지 않도록 함으로써 원고나 포항제철 계열사로 신규 채용되지 아니한 삼미의 종업원들은 삼미에 그대로 잔류한 사실, v) 또한 원고는 삼미 소속 종업원들의 60.6%정도를 신규입사의 형식으로 새로이 채용하면서(앞서 본 바와 같이 나머지 15% 정도는 종업원 구제차원에서 포항제철 관련 계열사에 입사시켰다) 종전 삼미에서의 근로조건이나 직급상태를 그대로 유지하지 않고 3개월간의 수습기간을 거쳐 원고 고유의 직급 및 급여체계, 근무시간 등에 따라 재배치함으로써 <u>종전 삼미의 인적 조직을 해체하여 포항제철 계열사의 기준 및 인사 관리 방법에 따라 재구성하여 조직화한 사실</u>, vi) 특수강 산업은 그 특성상 종업원들의 숙련된 기술과 경험이 제품생산에 있어서 큰 역할을 하는 것이기는 하나 또한 장치산업으로서의 특성에 의하여 업무에 필요한 지식과 기술이 정형화·규격화되어 있어 단기간의 훈련을 거치면 일반직원들도 매뉴얼에 따라 생산활동을 할 수 있고, 특히 원고의 모회사인 포항제철에는 특수강 생산에 필요한 기술인력이 많이 있었기 때문에 <u>원고로서는 삼미의 종업원을 반드시 고용하여야 할 필요가 있었던 것은 아니지만 이 사건 공장 자산의 매각 후 실직할 삼미 종업원들을 가능한 한 구제하려는 차원에서 기준인원 범위 내에서 삼미의 종업원들을 신규채용하였을 뿐인 사실</u>, vii) 또한 사업목적(생산품목)에 있어서도 원고는 삼미로부터 인수한 자산을 그대로 사용하여 특수강을 생산하고 있지만, 원고는 봉강사업부문에 대하여는 공급과잉으로 인한 수익성 감소로 장기적으로는 폐업하고 나머지 품목인 선재 및 빌레트(billet) 사업 부문을 주력사업으로 하기로 방침을 정하여 1996년말 기준으로 전체의 59.8%이던 봉강 생산량을 1998년 9월말 기준으로는 11.3%로 대폭 축소하는 등 <u>생산전략을 크게 바꾸었고, 이에 따라 변화된 생산 패턴에 맞추어 포항제철과의 기술교류를 통하여 새로운 기술을 도입 품질을 향상시킨 사실</u>, viii) 원고는 삼미의 외상매출금·받을 어음·미수금 등 <u>채권은 물론 1조원이 넘는 부채도 인수하지 않았고</u> 다만 매매목적물에 대한 금융기관의 근저당권 및 공장저당 등 담보권의 해제 말소와 리스자산에 대한 리스료 지급 등을 위하여 매매대금의 대부분을 사용한 사실, ix) 원고는 <u>삼미가 그 거래선 등과 체결한 어떠한 계약에 대하여도 책임을 부담하지 않고 삼미의 거래선 중 원자재 구입처의 약 29%, 판매처의 약 10%를 유지하였을 뿐 대부분의 거래처를 새로이 개척한 사실</u>, x) 원고는 삼미라는 상호의 성가는 물론 삼미가 영업상 확보한 주문관계나 영업상 비밀 등의 재산가치를 인수하지 아니한 사실을 알 수 있는바, <u>이러한 사실관계를 위 법리에 비추어 검토하여 보면 원심이 설시한 사정을 고려하더라도 **원고가 실질적으로 삼미로부터 봉강·강관 사업부문의 영업상 인적·물적 조직을 그 동일성을 유지하면서 일체로서 포괄적으로 이전 받**</u>

음으로써 **영업을 양도받은 것으로 보기에는 부족하다 할 것**이고 앞서 본 바와 같이 원고가 삼미 종업원의 고용보장차원에서 삼미의 종업원 60.6%를 신규채용 형식으로 고용하였다 하여 달리 볼 수는 없다고 할 것이다."

Q 3. 대상판결에서 원고들이 제출한 사직서에 대해 원심법원과 대법원 사이에 어떤 판단의 차이를 보이고 있나?

[A] 1) 원심 : 영업양도일부로 원고들의 양도회사(동해)와의 근로관계가 양수회사(참가인 회사)로 승계되어 양수회사의 근로자의 지위를 취득했고(따라서 영업양도일 이후의 동해에 대한 사직서 제출은 근로관계의 승계에 영향을 미치지 않는 것으로 봄), 사직서 제출 전후의 제반 사정(권유에 의한 사직서 제출, 사직서 제출 전까지 고용승계 일관된 주장, 사직서 제출 직후 구제신청 등)에 비추어 사직서 제출을 양수회사에 대한 재취업신청 포기의 의사로 볼 수 없다고 판단하였다.

2) 대법원 : 양수회사의 채용승낙 이전에 양수회사 인사담당자들에게 사직서 제출, 동해로부터 퇴직위로금 추가 수령 등에 비추어 원고들의 사직서 제출은 형식적으로는 동해 사직이나 실질적으로는 양수회사에 대한 재취업신청의 철회·포기 및 동해 사직에 해당하는 것으로 판단하였다.

◀ **심화학습** ▶

1. 영업양도 계약체결일 이전에 해고되어 해고의 효력을 다투는 자가 영업양도에 따른 근로관계의 포괄적 승계의 대상이 되는지 여부 (대법원 1993. 5. 25. 선고 91다41750 판결 참고)

▷ 영업양도에 의하여 근로관계가 양수인에 포괄적으로 승계되는 경우 승계의 대상이 되는 근로관계는 영업양도계약 체결일(계약 당사자는 승계 기준일을 계약 체결일과 다른 일자로 정할 수 있음) 현재 실제로 그 영업부문에서 근무하고 있는 근로자와의 근로관계만을 의미하고, 그 계약 체결일 이전에 해당 영업부문에서 근무하다가 해고된 자로서 그 해고의 효력을 다투는 근로자와의 근로관계까지 승계되는 것은 아니다(참고1, 2 판결 참조).

▷ 그러나 영업양도계약 체결 전에 해고무효판결이 확정된 경우에는 비록 현실적인 복직조치가 없었다고 하더라도 근로자는 영업양도 당시 양도인과 유효한 근로관계에 있었다고 보아야 하므로 그 근로자와 양도인의 근로관계는 양수인에

게 승계된다(참고3 판결 참조).

※(참고1) 대법원 1993. 5. 25. 선고 91다41750 판결 【해고무효확인】

- "다른 기업의 사업부문의 일부를 양수하는 계약을 체결하면서 그 물적 시설과 함께 그 사업부문에 근무하는 근로자들에 대한 권리의무도 함께 포괄승계받기로 약정한 경우에는 원칙적으로 해당 근로자와의 근로관계는 영업양수인에게 승계되는 것이지만(당원 1992. 7. 14. 선고 91다40276 판결 참조) 이때 승계되는 근로관계는 그 계약체결일 현재 실제로 그 영업부문에서 근무하고 있는 근로자와의 근로관계만을 의미한다고 할 것이고, 계약체결일 이전에 해당 영업부문에서 근무하다가 해고 또는 면직된 근로자로서 그 해고 및 면직처분의 효력을 다투는 근로자와의 근로관계까지 승계하는 것은 아니라고 할 것인바, 따라서 을 제1호증의 기재에 의하면 위 경향신문사가 1981. 3. 30. 피고 회사와 신문발행사업에 관한 영업양도계약을 체결하면서 피고 회사의 피용자 중 신문부문에 종사하는 인원을 포괄승계받고, 승계한 피용자의 신분과 처우에 관한 사용자로서의 권리와 의무 일체를 포괄승계한다고(제1조) 약정한 사실은 인정되지만, 위 약정에 의하여 위 경향신문사가 포괄승계하는 근로관계는 위 계약체결 당시 피고 회사의 신문발행부문에서 실제로 근무하고 있던 근로자와의 근로관계뿐이고, 그 당시 이미 피고 회사에 의하여 해고되어 근무하고 있지 않던 원고들과의 근로관계는 승계되지 않는다고 할 것이다."

※(참고2) 대법원 1995. 9. 29. 선고 94다54245 판결 【해고무효확인등】

- "… (중략) … 승계되는 근로관계는 계약 체결일 현재 실제로 그 영업 부문에서 근무하고 있는 근로자와의 근로관계만을 의미하고 계약 체결일 이전에 해당 영업 부문에서 근무하다가 해고된 근로자로서 해고의 효력을 다투는 근로자와의 근로관계까지 승계되는 것은 아니며(당원 1993. 5. 25. 선고 91다41750 판결 참조), 사업양도 계약의 당사자는 양도 과정에 소요되는 기간 등을 고려하여 그 승계 기준일을 계약 체결일과 다른 일자로 정할 수 있다고 할 것이다. 기록에 의하면, 피고 회사는 1992. 9. 21. 소외 목산관광개발주식회사(이하 소외 회사라 한다)로부터 소외 회사의 사업 부문 중 일부인 호텔 목산의 영업권을 양수하는 계약을 체결하면서 계약일 이후인 1992. 10. 1. 현재 재직중인 호텔종업원 전원을 인수하기로 약정하였는데, 소외 회사는 위 근로관계 승계 기준일 전에 위 호텔의 조리사인 원고를 징계해고한 사실을 인정할 수 있는바, 사실관계가 이러하다면 원고가 그 해고의 효력에 대하여 다투고 있더라도 근로관계 승계 기준일 이전에 해고된 이상, 특별한 사정이 없는 한, 원고와 소외 회사와의 근로관계는 피고 회사에게 승계되지 아니한다고 할 것이다. … (중략) …

영업양도 당사자 사이에 근로관계의 일부를 승계의 대상에서 제외하기로 하는 특약이 있는 경우에는 그에 따라 근로관계의 승계가 이루어지지 아니할 수 있으나, 그러한 특약은 실질적으로 해고와 다름이 없으므로 근로기준법 제27조(현행 제23

조) 제1항 소정의 <u>정당한 이유가 있어야 유효하다</u>(당원 1994.6.28. 선고 93다 33173 판결 참조). 그러나, 이 사건의 경우에 기록을 살펴보아도 원고가 주장하는 바와 같이 <u>피고 회사가 소외 회사와 실질적으로 동일한 법인으로서 소외 회사의 노동조합 조합장인 원고의 조합활동을 혐오하여 원고에 대한 근로관계를 승계하지 아니할 목적으로 소외 회사와 통정하여 소외 회사로 하여금 원고를 근로관계 승계 기준일 이전에 해고시킨 것이라고 인정할 만한 아무런 증거가 없다.</u> … (이하 생략) …"

※(참고3) 대법원 1994. 6. 28. 선고 93다33173 판결 【임금】

- "… (중략) … 노동조합법 제42조(현행 제84조) 소정의 노동위원회의 사용자에 대한 구제명령은 사용자에게 이에 복종하여야 할 공법상의 의무를 부담시킬 뿐 직접 노사간의 사법상의 법률관계를 발생 또는 변경시키는 것은 아니므로(당원 1976. 2. 11. 고지 75마496 결정 참조), 구제명령이 확정되었다는 사정만으로 원고가 근로자의 지위를 회복하는 것은 아니지만, 갑 제2호증의 1.2.3(각 판결, 기록 37면 이하)의 각 기재에 의하면, <u>원고는 소외 회사가 구제명령이 확정된 후에도 복직을 시키지 않음은 물론 임금도 지급하지 않기 때문에 별도로 임금청구소송을 제기하여 1988. 12. 1. 승소판결을 받았고</u>, 소외 회사의 항소와 상고가 모두 기각됨으로써 <u>위 승소판결은 영업양도계약 체결 전인 1990. 8. 24. 확정되었으며, 위 판결은 원고에 대한 해고는 무효여서 원고는 여전히 소외 회사의 근로자로서의 지위를 가지고 있음을 전제로 해고 이후 복직시까지의 임금의 지급을 명하고 있는 사실을 인정할 수 있는바, 사실관계가 이러하다면 비록 현실적인 복직조치가 없었다 하더라도 원고는 영업양도 당시 소외 회사와 적법 유효한 근로관계에 있었다고 보아야 할 것이므로 원고의 소외 회사와의 근로관계는 피고에게 승계되었다고 할 것이다.</u>"

2. 영업양도로 근로관계가 승계되는 경우 근로자의 승계거부권 (대법원 2012. 5. 10. 선고 2011다45217 판결 참고)[1]

▷ 영업양도가 이루어진 경우에는 원칙적으로 양도기업의 근로자들의 근로관계가 양수기업에 포괄적으로 승계된다는 것이 판례법리다. 근로관계의 승계 법리는 승계가 거부된 근로자들이 양수기업의 근로자임을 주장할 때 활용되는 법리이다. 영업양도로 근로자의 소속이 양도기업에서부터 양수기업으로 바뀌는 것은 근로관계가 승계된 결과이지만, 사용자의 변경은 근로자가 원한 것이 아니라 사용자가 결정한 영업양도로 초래된 것이다. 합병처럼 종전 기업이 소멸하면서 모

---

1) 이하 내용은 김홍영, "영업양도에서 퇴직금을 지급받기 위한 근로자의 승계거부권", 「노동판례리뷰 2012-2013」, 한국노동연구원, 2014, 173면 이하의 글을 토대로 재작성한 것이다.

든 근로관계가 승계된다면 근로자가 승계를 거부하는 것은 단순한 사직에 불과하겠지만, 일부 영업양도처럼 양도기업의 일부 근로관계만 승계된다면 양도되는 영업부분에 근무하고 있었다는 사실 때문에 근로자가 승계를 당연히 받아들여야 한다고 볼 수는 없다. 그러므로 판례법리는 근로자가 근로관계의 승계를 반대하는 경우 승계되지 않음을 인정한다. 즉 근로자의 승계거부권을 인정한다.

▷ 승계거부는 세 가지 유형이 있다. i) 양도기업 잔류 : 근로자가 승계를 거부하고 양도기업에 잔류하는 것이 인정된다(참고1 판결 참조). 양도기업보다 양수기업의 근로조건이 못하다거나 경영전망이 어렵다고 예측되어 근로자가 승계를 거부하는 경우가 있을 수 있다. 다만 양도기업은 영업 일부의 양도로 인한 경영상의 필요에 따라 감원이 불가피하게 되는 사정이 있어 경영해고로서의 정당한 요건이 갖추어져 있다면 그 절차에 따라 승계를 거부한 근로자를 해고할 수 있다. 어디까지나 근로기준법 제24조에 규정된 경영해고의 요건을 갖추어야 한다. 승계를 거부했다고 당연히 해고대상자가 되는 것이 아니며, 합리적인 기준에 따라 해고대상자를 선정하여야 한다.

ii) 양도기업, 양수기업 모두 퇴직 : 근로자가 양도기업 및 양수기업 모두로부터 퇴직하는 것이 인정된다(대법원 2002. 3. 29. 선고 2000두8455 판결). 근로자에게 사직의 자유가 인정된다는 측면에서도 당연하다.

iii) 양도기업 퇴직, 양수기업 신규 입사 : 근로자가 승계를 거부하고 양도기업에서 퇴직하면서 양수기업에 새로이 입사하는 것이 인정된다(참고2 판결 참조). 근로관계의 단절을 위함이다. 근로관계가 승계되면 퇴직금지급을 청구할 수 없고 나중에 양수기업에서 퇴직할 때 양도기업에서의 계속근로기간도 합산하여 퇴직금을 지급받게 된다. 그러나 장차 양수기업에서 경영난으로 퇴직금을 제대로 지급하지 못할지 우려된다면 근로자로서는 양도기업에서의 계속근로기간에 해당하는 퇴직금을 미리 받고 싶어진다. 참고2 판결은 퇴직금채권을 보호하기 위한 근로자의 승계거부권을 인정하였다는 점에서 의의를 갖는다.

▷ 근로관계 승계에 반대하는 의사는 근로자가 영업양도가 이루어진 사실을 안 날로부터 상당한 기간 내에 양도기업 또는 양수기업에게 표시하여야 한다. 근로자가 사실을 알 수 있어야 반대할 수 있으며, 승계 거부는 근로자에게 불이익도 발생할 수 있어 자신의 의사를 결정하는 데 시간이 필요하기 때문이다(참고2 판결의 사안에서는 영업양도가 있었음을 2개월 후에야 근로자들이 알게 되었고 그로부터 2개월이 경과하여 승계를 반대한 것이 상당한 기간 내라고 판단했다).

▷ 근로자가 승계를 거부한 경우 양수기업은 그 근로자를 새로이 입사시킬 의무

가 없다. 즉 계속고용이 보장되지 않는다. 만약 양수기업이 새로이 입사시켰더라도 근로관계는 단절되므로 종전의 근로조건이 보장되거나 계속근로연수의 합산 등이 보장되지 않는다. 양수기업에서의 취업규칙, 근로계약 등에 따라 정한 바대로 적용될 뿐이다.

※(참고1) 대법원 2010. 9. 30. 선고 2010다41089 판결【해고무효확인등】
- "영업이 양도된 경우에 근로관계의 승계를 거부하는 근로자에 대하여는 그 근로관계가 양수하는 기업에 승계되지 아니하고 여전히 양도하는 기업과 사이에 존속되는 것이며, 이러한 경우 원래의 사용자는 영업 일부의 양도로 인한 경영상의 필요에 따라 감원이 불가피하게 되는 사정이 있어 정리해고로서의 정당한 요건이 갖추어져 있다면 그 절차에 따라 승계를 거부한 근로자를 해고할 수 있다고 할 것이다(대법원 2000. 10. 13. 선고 98다11437 판결)."

※(참고2) 대법원 2012. 5. 10. 선고 2011다45217 판결【퇴직금】
- "영업의 양도라 함은 일정한 영업목적에 의하여 조직화된 업체 즉, 인적·물적 조직을 그 동일성은 유지하면서 일체로서 이전하는 것으로서 영업의 일부만의 양도도 가능하고, 이러한 영업양도가 이루어진 경우에는 원칙적으로 해당 근로자들의 근로관계가 양수하는 기업에 포괄적으로 승계되는 것이지만 근로자가 반대의 의사를 표시함으로써 양수기업에 승계되는 대신 양도기업에 잔류하거나 양도기업과 양수기업 모두에서 퇴직할 수도 있다(대법원 2002. 3. 29. 선고 2000두8455 판결, 대법원 2010. 9. 30. 선고 2010다41089 판결 등 참조). 또한 이와 같은 경우 근로자가 자의에 의하여 계속근로관계를 단절할 의사로 양도기업에서 퇴직하고 양수기업에 새로이 입사할 수도 있다(대법원 2005. 2. 25. 선고 2004다34790 판결). 이때 근로관계 승계에 반대하는 의사는 근로자가 영업양도가 이루어진 사실을 안 날로부터 상당한 기간 내에 양도기업 또는 양수기업에게 표시하여야 하고, 상당한 기간 내에 표시하였는지 여부는 양도기업 또는 양수기업이 근로자에게 영업양도 사실, 양도이유, 양도가 근로자에게 미치는 법적·경제적·사회적 영향, 근로자와 관련하여 예상되는 조치 등을 고지하였는지 여부, 그와 같은 고지가 없었다면 근로자가 그러한 정보를 알았거나 알 수 있었던 시점, 통상적인 근로자라면 그와 같은 정보를 바탕으로 근로관계 승계에 대한 자신의 의사를 결정하는 데 필요한 시간 등 제반 사정을 고려하여 판단하여야 한다."

3. 회사합병과 근로조건 (대법원 1995. 12. 26. 선고 95다41659 판결; 대법원 2001. 10. 30. 선고 2001다24051 판결 참고)

▷ 참고1 판결(95다41659 판결)은 근로관계 승계 후의 취업규칙상 퇴직금규정이 승계 전의 취업규칙상 퇴직금규정보다 근로자에게 불리한 경우 해당 근로자집단

의 집단적 동의가 없다면 승계 전의 유리한 퇴직금규정이 그대로 적용되고, 이는 퇴직금차등제도 설정 금지의 원칙에 위배되지 않는다는 점을 밝히고 있고, 이에 근거하여 원고의 퇴직금 차액지급의 청구를 받아들인 사례다. 한편, 승계 후의 퇴직금규정이 승계 전의 퇴직금규정보다 근로자에게 유리한 사례에서도 승계 전의 불리한 퇴직금규정이 그대로 적용된다는 것이 판례의 입장이다(대법원 1994. 3 8. 선고 93다1589 판결). 즉 취업규칙의 개정이나 단체협약의 체결 등을 통해 승계 후 근로조건을 단일화하기로 변경 조정하는 새로운 합의가 없는 한 퇴직금 등 종전의 근로조건은 그 유·불리에 관계없이 종전과 같은 내용으로 승계된다. ▷ 회사합병의 경우 합병회사는 합병으로 인해 소멸된 회사의 권리의무를 승계한다(상법 제235조). 따라서 합병에 의해 종전의 근로관계는 합병회사로 승계되어 종전의 취업규칙이나 단체협약 등이 그대로 적용된다. 그러나 합병 후 노동조합과의 단체협약 체결 등을 통하여 근로자들의 근로관계 내용을 단일화하기로 변경·조정하는 새로운 합의가 있으면 그 새로운 단체협약 등이 유효하게 적용된다는 것이 판례의 입장이다(참고2 판결).

※(참고1) 대법원 1995. 12. 26. 선고 95다41659 판결 【퇴직금】
- "영업양도나 기업합병 등에 의하여 근로계약 관계가 포괄적으로 승계된 경우에 근로자의 종전 근로계약상의 지위도 그대로 승계되는 것이므로, 승계 후의 퇴직금규정이 승계 전의 퇴직금규정보다 근로자에게 불리하다면 근로기준법 제95조 제1항 소정의 당해 근로자집단의 집단적인 의사결정 방법에 의한 동의 없이는 승계 후의 퇴직금규정을 적용할 수 없는 것인바(위 93다1589 판결, 1991. 9. 24. 선고 91다17542 판결, 1994. 8. 26. 선고 93다58714 판결 등 참조), 근로기준법 제28조 제2항, 부칙(1980. 12. 31. 법률 제3349호) 제2항이 하나의 사업 내에 차등 있는 퇴직금제도의 설정을 금하고 있지만, 이는 하나의 사업 내에서 직종, 직위, 업종별로 퇴직금에 관하여 차별하는 것을 금하고자 하는 데 그 목적이 있는 것이므로, 위와 같이 근로관계가 포괄적으로 승계된 후의 새로운 퇴직금제도가 기존 근로자의 기득이익을 침해하는 것이어서 그들에게는 그 효력이 미치지 않고 부득이 종전의 퇴직금규정을 적용하지 않을 수 없어서 결과적으로 하나의 사업 내에 별개의 퇴직금제도를 운용하는 것으로 되었다고 하더라도, 이러한 경우까지 위 제28조 제2항, 부칙 제2항이 금하는 차등 있는 퇴직금제도를 설정한 경우에 해당한다고는 볼 수 없다 할 것이다(당원 1992. 12. 22. 선고 91다45165 전원합의체 판결 참조)."

※(참고2) 대법원 2001. 10. 30. 선고 2001다24051 판결 【임금】
- "회사의 합병에 의하여 근로관계가 승계되어 종전 취업규칙 등이 그대로 적용되더라도 합병 후 노동조합과의 사이에 단체협약의 체결 등을 통하여 합병 후 근로

자들의 근로관계 내용을 단일화하기로 변경·조정하는 새로운 합의가 있으면 그 새로운 단체협약 등이 유효하게 적용되는바(대법원 2001. 4. 24. 선고 99다9370 판결 참조), 이러한 법리 및 위와 같은 사실관계에 비추어 살펴보면, 1974년도 단체협약의 규정에 의하여, 칠성음료에서 근로관계가 승계된 근로자들을 포함하여 칠성한미음료의 노동조합원의 자격이 있는 모든 근로자들에게는 단체협약의 일반적 구속력에 의하여 기존의 퇴직금제도에 대신하여 그 단체협약상의 퇴직금에 관한 규정이 새로이 적용되는 것이므로, 칠성음료에 입사하였다가 합병으로 칠성한미음료에 근로관계가 승계된 원고 이○우는 물론 1974년도 단체협약 체결 후 그 유효기간 내에 피고 회사에 입사한 원고 나○도, 이○필, 민○복, 박○홍의 경우에도 합병으로 인하여 모든 근로자들의 퇴직금제도를 단일화하기로 변경·조정하는 내용의 새로운 합의인 1974년도 단체협약이 적용된다고 보아야 할 것이다."

4. 용역업체 변경 시 고용승계기대권 (대법원 2021. 4. 29. 선고 2016두57045 판결 참고)

▷ 참고판결(2016두57045 판결 참고)에 따르면, 도급업체가 사업장 내 업무의 일부를 기간을 정하여 다른 업체(이하 '용역업체')에 위탁하고, 용역업체가 위탁받은 용역업무 수행을 위하여 해당 용역계약의 종료 시점까지 기간제근로자를 사용해 왔는데, 해당 용역업체의 계약기간이 만료되고 새로운 용역업체가 해당 업무를 위탁받아 도급업체와 용역계약을 체결한 경우, 새로운 용역업체가 종전 용역업체 소속 근로자에 대한 고용을 승계하여 새로운 근로관계가 성립될 것이라는 신뢰관계가 형성되었다면, 특별한 사정이 없는 한 근로자에게는 그에 따라 새로운 용역업체로 고용이 승계되리라는 기대권이 인정되고, 이와 같이 근로자에게 고용승계에 대한 기대권이 인정되는 경우 근로자가 고용승계를 원하였는데도 새로운 용역업체가 합리적 이유 없이 고용승계를 거절하는 것은 부당해고와 마찬가지로 근로자에게 효력이 없으며, 이때 근로자에게 고용승계에 대한 기대권이 인정되는지는 새로운 용역업체가 종전 용역업체 소속 근로자에 대한 고용을 승계하기로 하는 조항을 포함하고 있는지 여부를 포함한 구체적인 계약 내용, 해당 용역계약의 체결 동기와 경위, 도급업체 사업장에서의 용역업체 변경에 따른 고용승계 관련 기존 관행, 위탁의 대상으로서 근로자가 수행하는 업무의 내용, 새로운 용역업체와 근로자들의 인식 등 근로관계 및 해당 용역계약을 둘러싼 여러 사정을 종합적으로 고려하여 판단하여야 한다.

2. 회사분할과 근로관계의 승계

◀ 판례분석 ▶

■**제 목** : 근로자가 회사분할에 따른 근로관계의 승계를 거부할 수 있는지 여부 (N) [현대그린푸드사건]

■**대상판결** : 대법원 2013. 12. 12. 선고 2011두4282 판결【부당전적구제재심판정취소】
【원고, 상고인】주식회사 현대그린푸드
【피고, 피상고인】중앙노동위원회위원장
【피고보조참가인】김○필
【원심판결】서울고법 2011. 1. 19. 선고 2010누21732 판결
【주 문】원심판결을 파기하고, 사건을 서울고등법원에 환송한다.

■**사건의 개요** : 원고 회사(현대에이치앤에스 → 현대그린푸드)가 법인사업 부문을 분할하여 현대비앤피를 설립하고 그 신설회사로 법인사업 부문 근로자들의 근로관계를 승계시키자 소속이 변경된 참가인 근로자가 지방노동위원회에 부당전적의 구제를 신청하였고, 중앙노동위원회가 참가인의 동의 없는 부당전적이라고 재심 판정하자 원고 회사가 그 취소를 구하는 이 사건 소를 제기하였다.

■**관련 법 규정**(현행법 기준)
- 상법 제530조의10(분할 또는 분할합병의 효과) 단순분할신설회사, 분할승계회사 또는 분할합병신설회사는 분할회사의 권리와 의무를 분할계획서 또는 분할합병계약서에서 정하는 바에 따라 승계한다.
- 근기법 제23조(해고 등의 제한) ① 사용자는 근로자에게 정당한 이유 없이 해고, 휴직, 정직, 전직, 감봉, 그 밖의 징벌(이하 "부당해고 등"이라 한다)을 하지 못한다.
- 근기법 제24조(경영상 이유에 의한 해고의 제한) ① 사용자가 경영상 이유에 의하여 근로자를 해고하려면 긴박한 경영상의 필요가 있어야 한다. 이 경우 경영 악화를 방지하기 위한 사업의 양도·인수·합병은 긴박한 경영상의 필요가 있는 것으로 본다. … (이하 생략) …

▌판결의 성격 : 원심은 회사분할 시 분할대상 사업에 종사하던 근로자들의 근로관계는 신설회사에 포괄적으로 승계되나 예외적으로 근로자가 거부권을 행사하는 경우 그 근로자의 근로관계는 승계대상에서 제외되므로 거부권을 행사한 참가인의 근로관계는 현대비앤피로 승계되지 않는다고 판단하였으나, 대법원은 회사분할과 관련하여 근로자들의 이해와 협력을 구하는 절차를 거쳤으므로 근로계약의 승계에 대하여 이의를 제기하였는지 여부와 상관없이 참가인의 근로관계는 승계된다고 보아야 한다는 이유로 원심판결을 파기환송하였다.

> ※ **원심의 판단** : i) 회사 분할시 분할대상이 되는 사업에 종사하던 근로자들에 관한 근로관계는 원칙적으로 신설회사에 포괄적으로 승계된다. 그런데 회사분할로 인하여 신설되는 회사에 포괄승계되면, 근로자는 기존 근로계약 상대방과 다른 사용자와 근로관계를 형성하게 된다. 이는 당사자가 하는 자유로운 의사결정으로 법률관계를 형성한다는 계약자유 원칙에서 볼 때 근로자 스스로가 자유롭게 선택하지 않은 사용자와 근로관계를 맺도록 강제하는 결과를 초래하여 자기결정 원리에 반한다. 더군다나 회사가 경영 효율성 제고 등 경영 목적이나 경영상 위기를 극복하기 위하여 구조조정 일환으로 특정 사업부분을 분할하는 경우, 신설회사가 경영상 위기를 극복하지 못하고 도산하게 되면 결국 신설회사에 근로관계가 승계되는 근로자는 근로기준법에 규정된 경영상 이유에 의한 해고를 제한하는 규정을 적용받지 아니한 채 사실상 해고되는 것과 같은 결과가 되고, 회사로서는 경영상 이유에 의한 해고 제한을 피하면서 특정 사업 부문을 폐지하는 효과를 거둘 수 있게 된다. 위와 같은 사정들을 종합하면, 회사 분할시 분할대상이 되는 사업에 종사하던 근로자들에 대한 근로관계는 원칙적으로 신설회사에 포괄적으로 승계되나, 예외적으로 근로자가 거부권을 행사하는 경우 그 근로자에 대한 근로관계는 근로관계 승계대상에서 제외된다고 보는 것이 옳다. ii) 사용자는 근로자가 거부권을 행사하는 것을 보장하기 위하여, 회사분할시 원칙적으로 포괄승계 대상이 되는 근로자에게 사회통념상 거부권 행사에 필요한 상당한 기간을 부여하여야 한다.

▌쟁 점
- 회사분할에 따라 일부 사업 부문이 신설회사에 승계되는 경우 승계되는 사업에 관한 근로관계가 신설회사에 승계되는지 여부
- 해당 근로자가 회사분할에 따른 근로관계의 승계를 거부할 수 있는지 여부

▌중요 사실관계
- i) 원고 회사는 법인사업, 식품사업 및 IT사업 등을 운영해 오다가 2009. 4. 1. 법인사업 부문을 분할하여 주식회사 현대비앤피 설립, ii) 참가인은 원고 회사에

입사한 후 법인사업 부문에 속하는 패션유니폼팀에서 재고관리업무 담당, iii) 원고 회사는 분할되는 사업부문에 근무하는 모든 종업원에 대한 고용 및 관련 법률관계(퇴직금, 대여금 등 포함)는 2009. 4. 1. 이후 현대비앤피가 승계하는 것으로 정함, iv) 현대비앤피는 2009. 4. 23. 고용보험 피보험자격 취득신고, 2009. 4. 24.부터 참가인 등 분할대상 사업 부문 소속 근로자들에게 4월분 임금 지급, 2009. 5. 1. 참가인을 법인영업2팀 일반사업영업파트 부서로 전보 ⇒ **회사분할 및 그에 따른 근로관계 승계 경위 관련**

- i) 원고 회사는 2008. 10. 23.경부터 노동조합에 이 사건 회사 분할과 관련한 노사협의를 요구했으나 노동조합이 현대비앤피로 근로관계가 승계되는 조합원들의 근로조건을 단체협약으로 정할 것을 주장하여 협의가 제대로 진행되지 못함, ii) 원고 회사는 2008. 10.경부터 2009. 3.경까지 약 5개월의 기간에 걸쳐 경인지역 직원, 영남지역 직원, 노조전임자들을 상대로 회사 분할과 관련한 설명회를 개최하여 회사 분할의 필요성과 방법, 해당 사업 부문 근로자 전원에 대한 고용승계 및 고용조건 유지, 현대비앤피의 조직, 인원계획 및 사업목표 등에 관해 설명 ⇒ **회사분할 관련 근로자들의 이해와 협력을 구하는 절차를 거쳤는지 여부와 관련**

- i) 원고 회사는 2009. 3. 27. 회사분할 주주총회를 거쳐 같은 달 31. 전 직원을 상대로 조직변경 사항을 공지(다만 소속이 변경되는 근로자들에 대한 인사명령을 하거나 개별 통지를 하지 않음), ii) 참가인은 2009. 5. 초순경 서울지방노동청으로부터 고용보험 피보험자격 신고사실 통지를 받고 본인의 소속이 현대비앤피로 변경되었음을 인지, iii) 2009. 5. 14. 원고 회사에 '이와 같이 아무런 협의절차를 거치지 않은 채 소속이 변경된 것은 부당하다'는 취지의 이의신청서 제출 ⇒ **근로자의 승계 거부권 행사 관련**

▌**기본법리**(판지)

1) ⑴ <u>상법 제530조의10</u>은 분할로 인하여 설립되는 회사(이하 '신설회사'라고 한다)는 분할하는 회사의 권리와 의무를 분할계획서가 정하는 바에 따라서 승계한다고 규정하고 있으므로, <u>분할하는 회사의 근로관계도 위 규정에 따른 승계의 대상에 포함될 수 있다.</u> ⇒ **[회사분할에 따른 근로관계 승계의 근거 규정(상법 제530조의10)]**

⑵ 그런데 헌법이 직업선택의 자유를 보장하고 있고 근로기준법이 근로자의 보호를 도모하기 위하여 근로조건에 관한 근로자의 자기결정권(제4조), 강제근로의 금지(제7조), 사용자의 근로조건 명시의무(제17조), 부당해고 등의 금지(제23조) 또는 경영상 이유에 의한 해고의 제한(제24조) 등을 규정한 취지에 비추어 볼 때,

회사 분할에 따른 근로관계의 승계는 근로자의 이해와 협력을 구하는 절차를 거치는 등 절차적 정당성을 갖춘 경우에 한하여 허용되고, 해고의 제한 등 근로자 보호를 위한 법령 규정을 잠탈하기 위한 방편으로 이용되는 경우라면 그 효력이 부정될 수 있어야 한다. ⇒ **[회사분할에 따른 근로관계 승계의 적극적 요건(절차적 정당성)과 소극적 요건(회사분할이 해고제한 등 근로자보호 법규 잠탈 방편으로 이용되는 경우)]**

2) 따라서 둘 이상의 사업을 영위하던 회사의 분할에 따라 일부 사업 부문이 신설회사에 승계되는 경우 분할하는 회사가 분할계획서에 대한 주주총회의 승인을 얻기 전에 미리 노동조합과 근로자들에게 회사 분할의 배경, 목적 및 시기, 승계되는 근로관계의 범위와 내용, 신설회사의 개요 및 업무 내용 등을 설명하고 이해와 협력을 구하는 절차를 거쳤다면 그 승계되는 사업에 관한 근로관계는 해당 근로자의 동의를 받지 못한 경우라도 신설회사에 승계되는 것이 원칙이다. ⇒ **[적극적 요건(회사분할 관련 사전 설명 등 절차적 정당성) 충족 시 근로관계의 원칙적 승계(근로자의 동의 불요)]**

3) 다만 회사의 분할이 근로기준법상 해고의 제한을 회피하면서 해당 근로자를 해고하기 위한 방편으로 이용되는 등의 특별한 사정이 있는 경우에는, 해당 근로자는 근로관계의 승계를 통지받거나 이를 알게 된 때부터 사회통념상 상당한 기간 내에 반대 의사를 표시함으로써 근로관계의 승계를 거부하고 분할하는 회사에 잔류할 수 있다. ⇒ **[소극적 요건(해고제한 회피 방편의 회사분할) 해당 시 근로자의 승계 거부 가능]**

▌결론 및 이유 : 참가인이 이 사건 회사 분할에 따른 근로관계의 승계에 대하여 거부권을 행사한 이상 참가인의 근로관계가 현대비앤피로 승계되지 아니한다고 본 원심의 판단에는 회사 분할에 따른 근로관계의 승계에 관한 법리를 오해한 위법이 있다.

- 원고 회사는 이 사건 회사 분할과 관련하여 노동조합에 협의를 요구하고 약 5개월의 기간에 걸쳐 근로자들을 상대로 회사 분할에 관한 설명회를 개최하는 등 근로자들의 이해와 협력을 구하는 절차를 거쳤음.

- 이 사건 회사 분할이 근로기준법상 해고의 제한을 회피하기 위한 것이라는 등의 특별한 사정이 없는 한 참가인이 이 사건 회사 분할에 따른 근로계약의 승계에 대하여 이의를 제기하였는지 여부와 상관없이 참가인의 근로관계는 현대비앤피에 승계된다고 보아야 함.

▌판결의 의의와 한계

1) 대상판결은 회사분할에 따라 일부 사업 부문이 신설회사에 승계되는 때 승계되는 사업에 관한 근로관계가 신설회사에 승계되기 위한 요건 및 해당 근로자가 근로관계의 승계를 거부할 수 있는 경우에 대하여 밝힌 사례다. 즉 회사분할에 따른 근로관계의 승계는 절차적 정당성(회사분할 관련 사항에 관하여 사전에 근로자들에게 설명하고 이해와 협력을 구하는 절차를 거칠 것)을 갖춘 경우에 한하여 허용되고, 다만 회사분할이 해고제한의 회피 및 해고하기 위한 방편으로 이용되는 등 특별한 사정이 있으면 해당 근로자는 근로관계의 승계를 통지받거나 알게 된 때부터 상당한 기간 내에 반대의 의사를 표시하여 근로관계의 승계를 거부할 수 있다.

2) 일부 사업 부문이 회사분할로 신설회사에 승계되는 경우 근로자가 근로관계의 승계를 거부하고 원래의 회사에 잔류할 수 있는가라는 승계거부권의 문제와 관련하여 대상판결은 영업양도의 법리와 비교해 보거나(☞ Q.2. 참고) 또는 전적의 법리와 비교해 볼 때(☞ Q.3. 참고), 근로자의 거부권을 매우 협소하게 인정하고 있다. 즉 근로자들의 이해와 협력을 구하는 절차를 거쳤고, 해고제한을 회피하려는 특별한 사정이 없다면(그러한 특별한 사정은 승계거부를 주장하는 측이 증명책임을 부담하여 사실상 인정이 어려울 것으로 예측됨), 근로자의 동의 없이 근로관계가 승계되고 그 거부가 인정되지 않는다.

◀ Q 풀이 ▶

Q 1. 대상판결에서 회사가 분할할 때 어떠한 절차를 거쳤기에 승계되는 사업부문의 근로관계가 신설회사에 승계된다고 인정하였는가?

[A] i) 원고 회사는 회사분할과 관련하여 노동조합에 협의를 요구하였고(2008. 10. 23.경부터 노동조합에 이 사건 회사 분할과 관련한 노사협의를 요구하였으나 노동조합이 현대비앤피로 근로관계가 승계되는 조합원들의 근로조건을 단체협약으로 정할 것을 주장하여 협의가 제대로 진행되지 못함), ii) 약 5개월의 기간에 걸쳐 근로자들을 상대로 회사분할에 관한 설명회(2008. 10.경부터 2009. 3.경까지 약 5개월의 기간에 걸쳐 경인지역 직원, 영남지역 직원, 노조전임자들을 상대로 회사 분할과 관련한 설명회를 개최하여 회사 분할의 필요성과 방법, 해당 사업 부문 근로자 전원에 대한 고용승계 및 고용조건 유지, 현대비앤피의 조직, 인원계획 및 사업목표 등에 관하여 설명함)를 개최하는 등 근로자들의 이해와 협력을 구하는 절차를 거쳤다고 보았다.

Q 2. 회사의 분할로 고용이 승계될 때 근로자가 거부할 수 있는 경우는 영업양도의 법리와 어떠한 차이가 있는가?

[A] 일부 사업 부문이 회사분할로 신설회사에 승계되거나 일부 사업 부문이 영업양도로 양수회사로 승계되는 경우에 승계되는 근로자가 근로관계의 승계를 거부하고 원래의 회사에 잔류할 수 있는지가 근로자의 승계거부권 문제이다. 회사분할의 경우 근로자들의 이해와 협력을 구하는 절차를 거쳤다면 승계되는 근로자가 승계를 거부할 수 없고, 다만 예외적으로 승계를 거부할 수 있는 경우로 회사분할이 근기법상 해고의 제한을 회피하면서 해당 근로자를 해고하기 위한 방편으로 이용되는 등의 특별한 사정이 있는 경우만을 인정한다(대상판결). 반면 영업양도의 경우 승계의 절차적 정당성 요건으로 근로자들의 이해와 협력을 구하는 절차를 거칠 것을 요구하지 않고 영업양도에 따라 승계되나, 근로자가 승계를 거부할 수 있어 승계거부권이 원칙적으로 인정된다(☞ 제13강 1. 영업양도와 근로관계의 승계, 심화학습 2. 참고).

Q 3. 전적과 회사분할 시 고용승계의 같은 점과 다른 점은?

[A] 1) 전적의 경우와 회사분할 시 고용승계된 경우는 회사가 근로자의 소속 회사를 변경하였다는 점에서 같으나, 그 정당성 요건이 다르다. 전적의 경우 새로운 근로계약의 체결이므로 근로자의 동의가 있어야 하거나 계열회사로 근로자의 동의 없이 전적시키는 관행이 규범적 사실로 명확히 승인되거나 기업 내의 당연한 것으로 받아들여 기업 내의 사실상 제도로 확립되어 있어야 한다(☞ 제8강 2. 전적 대상판결 참고). 반면 회사분할 시 고용승계의 경우 근로자의 동의나 관행 없이도 고용승계가 이루어지는데, 절차적 정당성 요건으로 근로자들의 이해와 협력을 구하는 절차를 거칠 것을 요구하며, 근로자의 거부권은 회사분할이 근기법상 해고의 제한을 회피하면서 해당 근로자를 해고하기 위한 방편으로 이용되는 등의 특별한 사정이 있는 경우만 예외적으로 인정된다.

2) 대상판결에서 원심은 회사분할의 법리에서 근로자의 거부권을 인정하고 참가인(근로자)의 거부가 있어 승계되지 않으며, 전적으로 보아도 해당 참가인(근로자)의 동의나 관행이 없어 부당한 전적이라고 판단하였다. 그러나 대법원은 회사분할의 법리에서 해당 근로자의 동의 없이 승계되며 근로자의 거부권은 특별한 사정이 있는 경우만 예외적으로 인정되므로 참가인(근로자)의 근로관계는 승계된다고 판단했다.

제14강 업무상 재해

1. 업무상 사고

◀ 판례분석 ▶

■ **제 목** : 1차 회식 후 2차 회식 장소 계단에서 추락한 사고로 인한 상병의 업무상 재해 해당 여부(Y) [송년회식사건]

■ **대상판결** : 대법원 2017. 5. 30. 선고 2016두54589 판결 【요양급여불승인처분취소】
【원고, 상고인】 원고
【피고, 피상고인】 근로복지공단
【원심판결】 서울고법 2016. 9. 27. 선고 2016누39223 판결
【주 문】 원심판결을 파기하고, 사건을 서울고등법원에 환송한다.

■ **사건의 개요** : 원고는 회사 직원들과 함께 1차 회식 후 2차로 단란주점에 갔다가 단란주점 건물 계단에서 추락하는 사고(이하 '이 사건 사고')로 '뇌경막외출혈, 두개골골절, 뇌좌상, 뇌지주막하출혈' 진단을 받고 피고에게 요양급여를 신청하였으나, 피고는 이 사건 사고가 사업주가 주관하거나 사업주의 지시에 따라 참여한 '행사 중 사고'로 보기 어렵다는 이유로 요양불승인처분을 하였고, 원고는 이러한 처분의 취소를 구하는 소를 제기하였다.

■ **관련 법 규정**(현행법 기준)
- 산업재해보상보험법 제5조(정의) 제1호 : "업무상의 재해"란 업무상의 사유에 따른 근로자의 부상·질병·장해 또는 사망을 말한다.
- 같은 법 제37조(업무상의 재해의 인정 기준) ① 근로자가 다음 각 호의 어느

하나에 해당하는 사유로 부상·질병 또는 장해가 발생하거나 사망하면 업무상의 재해로 본다. 다만, 업무와 재해 사이에 상당인과관계가 없는 경우에는 그러하지 아니하다.

　1. 업무상 사고
　　라. 사업주가 주관하거나 사업주의 지시에 따라 참여한 행사나 행사준비 중에 발생한 사고

- 같은 법 시행령 제30조(행사 중의 사고) 운동경기·야유회·등산대회 등 각종 행사(이하 "행사"라 한다)에 근로자가 참가하는 것이 사회통념상 노무관리 또는 사업운영상 필요하다고 인정되는 경우로서 다음 각 호의 어느 하나에 해당하는 경우에 근로자가 그 행사에 참가(행사 참가를 위한 준비·연습을 포함한다)하여 발생한 사고는 법 제37조 제1항 제1호 라목에 따른 업무상 사고로 본다.

　　1. 사업주가 행사에 참가한 근로자에 대하여 행사에 참가한 시간을 근무한 시간으로 인정하는 경우
　　2. 사업주가 그 근로자에게 행사에 참가하도록 지시한 경우
　　3. 사전에 사업주의 승인을 받아 행사에 참가한 경우
　　4. 그 밖에 제1호부터 제3호까지의 규정에 준하는 경우로서 사업주가 그 근로자의 행사 참가를 통상적·관례적으로 인정한 경우

▌**판결의 성격** : 원심은 업무와 이 사건 사고 사이의 상당인과관계가 인정되지 않는다고 판단하였으나, 대법원은 업무와 관련된 회식자리의 음주로 인한 주취상태가 직접적인 원인이 되어 원고가 이 사건 사고를 당하였다고 볼 수 있다는 이유로 원심판결을 파기환송하였다.

▌**쟁 점**
- 이 사건 사고 당일 원고가 참여한 1차 및 2차 회식이 사업주의 지배나 관리를 받는 상태에 있었다고 볼 수 있는지 여부
- 원고가 회식 당시 과음행위의 만류 내지 제지에도 불구하고 자발적으로 과음을 한 것인지 여부
- 이 사건 사고가 업무와 관련된 회식 과정에서 통상 수반되는 위험 범위 내의 것인지 여부

■ 중요 사실관계

- i) 소외 1 회사의 ○○공사현장에는 사업주 소외 3의 친동생인 소외 2 부장, 소외 4 반장과 원고 3명이 근무, ii) 이 사건 사고 당일 1차 및 2차 회식은 위 공사현장의 직원 3명이 모두 참석한 송년회식(소외 2 부장이 1차 회식 중 2차를 갈 것을 제의), iii) 원고는 회사 숙소에서 함께 생활하는 직원 3명 가운데 가장 어리고 직위가 낮음, iv) 1, 2차 회식비용 모두 소외 1 회사의 법인카드로 계산 ⇒ **사업주의 지배나 관리를 받은 상태에 있는 회식인지 여부와 관련**

- 1차 회식에서 체질적으로 술을 잘 마시지 못하는 소외 2 부장을 제외하고 원고와 소외 4가 소주 5병을 나누어 마셨고(원고의 평소 주량은 소주 3병), 원고는 2차 회식 장소인 단란주점에 오자마자 전화를 받으러 나가 추가로 술을 마시지 않았음 ⇒ **원고가 만류나 제지에도 불구하고 자발적으로 과음한 것인지 여부와 관련**

- 원고는 전화 통화하기 위해 단란주점 밖으로 나갔다가 이 사건 사고를 당하여 단란주점 건물 1층 계단 앞에서 의식을 잃고 쓰러진 채 발견 ⇒ **이 사건 사고가 업무 관련 회식 과정에서 통상 수반되는 위험에 해당하는지 여부와 관련**

■ 기본법리(판지)

1) 근로자가 <u>회사 밖의 행사나 모임에 참가하던 중 재해를 입은 경우</u>에 그 행사나 모임의 주최자, 목적, 내용, 참가인원과 그 강제성 여부, 운영 방법, 비용부담 등의 사정에 비추어, <u>사회통념상 그 행사나 모임의 전반적인 과정이 사용자의 지배나 관리를 받는 상태</u>에 있고 또한 <u>근로자가 그와 같은 행사나 모임의 순리적인 경로를 벗어나지 않은 상태</u>에 있다고 인정되면 산업재해보상보험법에서 정한 업무상 재해로 인정할 수 있다(대법원 2007. 11. 15. 선고 2007두6717 판결 등 참조). ⇒ **[사업장 밖 행사나 모임 중 사고의 업무상 재해 인정에 관한 일반기준]**

2) (1) 사업주의 지배나 관리를 받는 상태에 있는 회식 과정에서 근로자가 주량을 초과하여 음주를 한 것이 주된 원인이 되어 부상·질병·신체장해 또는 사망 등의 재해를 입은 경우, 이러한 재해는 상당인과관계가 인정되는 한 업무상 재해로 볼 수 있다(대법원 2008. 10. 9. 선고 2008두9812 판결, 대법원 2015. 11. 12. 선고 2013두25276 판결 등 참조). ⇒ **[업무와 과음 및 재해 간 상당인과관계 인정되면 업무상 재해 해당]**

(2) 이때 <u>업무·과음·재해 사이의 상당인과관계</u>는 사업주가 과음행위를 만류하거나 제지하였는데도 근로자 스스로 독자적이고 <u>자발적으로 과음을 한 것인지</u>, 재해를 입은 근로자 외에 다른 근로자들이 <u>마신 술의 양은 어느 정도인지</u>, 업무와 관련된 회식 과정에서 통상적으로 따르는 <u>위험의 범위 내에서 재해가</u>

발생하였다고 볼 수 있는지, 과음으로 인한 심신장애와 무관한 다른 비정상적인 경로를 거쳐 재해가 발생하였는지 등 여러 사정을 고려하여 판단하여야 한다(위 대법원 2013두25276 판결 참조). ⇒ **[업무·과음·재해 사이의 상당인과관계 유무 판단방법]**

■ **결론 및 이유** : 업무와 관련된 회식자리의 음주로 인한 주취상태가 직접적인 원인이 되어 원고가 단란주점 계단에서 실족하여 이 사건 사고를 당하였다고 볼 수 있으므로 이 사건 사고는 업무상 재해에 해당한다고 봄이 타당하다.

- 소외 1 회사의 ○○공사현장에는 사업주 소외 3의 친동생인 소외 2 부장, 소외 4 반장과 원고 3명이 근무하고 있었는데, 1, 2차 회식은 ○○공사현장의 직원 3명이 모두 참석한 송년회식이었고, 소외 1 회사에서는 매년 송년회식의 일환으로 저녁식사 후 노래방에 가곤 하였음.

- 1차 회식에서는 술을 체질적으로 잘 마시지 못하는 소외 2를 제외하고 원고와 소외 4는 서로 비슷한 양의 술을 마셨고, 2차 회식은 회사 숙소 근처의 단란주점에서 이루어졌으며, 원고는 단란주점에 오자마자 전화를 받으러 나가 추가로 술을 마시지 않았음.

- 1, 2차 회식비용 모두 소외 1 회사의 법인카드로 계산하였음.

- ○○공사현장의 직원 3명이 회사 숙소에서 함께 생활하는 상황에서 가장 어리고 직위가 낮은 원고가 자신의 의사에 따라 2차 회식에 참석하지 않기는 어려워 보임.

- 이러한 사정을 앞에서 본 법리에 비추어 살펴보면, 1차 회식과 마찬가지로 2차 회식 역시 사용자의 지배나 관리를 받는 상태에 있었다고 볼 수 있음.

- 나아가 원고가 소외 2 등의 만류나 제지에도 불구하고 과음을 한 것으로 보이지 않고, 회식 장소에서 전화를 받으러 나간다거나 화장실에 다녀오는 등의 행위는 회식 과정에서 있을 수 있는 것으로서 순리적인 경로를 벗어났다고 단정할 수도 없음.

■ **판결의 의의와 한계**

1) 대상판결은 직원회식 과정에서 과음으로 인하여 발생한 사고가 업무상 재해에 해당하는지 여부에 관한 판단의 방법을 선례에 따라 재확인하면서 원심의 판단과 달리 이 사건 사고가 업무상 재해에 해당한다고 본 점에서 의미가 있다.

2) 대상판결이 판시하고 있는 법리에 따르면, 업무와 과음 및 재해 사이의 상당

인과관계가 인정되어야 이른바 '회식음주사고'가 업무상 재해에 해당한다고 볼 수 있다. 첫째, 근로자가 참석한 회식자리가 사업주의 지배나 관리를 받는 상태에 있어야 업무관련성이 인정된다. 둘째, 근로자가 과음하게 된 경위에 있어서 상당인과관계가 부정될만한 특별한 사정이 없어야 한다. 사업주 등이 과음행위를 만류하거나 제지했음에도 불구하고 근로자가 자발적으로 과음하여 그것이 주된 원인이 되어 사고가 발생한 경우에는 상당인과관계가 인정되기 어렵다. 셋째, 과음으로 인하여 발생한 사고가 업무관련성이 있는 회식 과정에서 통상 수반되는 위험으로 볼 수 있어야 한다. 과음으로 인한 심신장애와 무관한 다른 비정상적인 경로를 거쳐 재해가 발생한 경우에는 상당인과관계가 부정되기 쉽다 (☞ Q 2. 참고).

◀ Q 풀이 ▶

Q 1. 대상판결에서 대법원이 원심의 판단과 달리 이 사건 사고가 업무상 재해에 해당한다고 본 이유는?

[A] 원심은 원고가 1차 회식 당시 음주 권유나 강요가 없었는데도 자발적 의사로 과음을 하고 2층에 위치한 단란주점 건물 계단에서 추락한 이 사건 사고는 1차 회식의 순리적인 경로를 벗어난 상태에서 과음이 주된 원인이 되어 발생한 것으로서 업무와 관련된 회식 과정에 통상 수반되는 위험이라고 보기 어려우므로 업무와 이 사건 사고 사이의 상당인과관계가 인정되지 않는다고 판단하였다. 그 근거로 i) 원고가 1차 회식 주관자인 소외 2 부장이 술을 마시지 않았는데도 회식 분위기에 편승하여 자발적 의사로 소주 2병 반 정도를 마셨던 점, ii) 2차 회식은 1차 회식 중 소외 2 부장의 제의로 즉석에서 결정된 것으로서 참석이 강제되지 않았던 점, iii) 소외 1 회사가 원고 등 직원의 아침, 저녁 식사비를 지원해 주고 있어 소외 2 부장이 소외 1 회사의 사업주인 소외 3으로부터 법인카드를 교부받아 1, 2차 회식비용을 결제하였다고 하더라도 단란주점에서 이루어진 2차 회식을 공식적인 회식으로 볼 수 없는 점 등을 들고 있다. 그러나 대법원은 앞의 '결론 및 이유'에서 들고 있는 사정 등에 비추어 볼 때, 2차 회식 역시 사용자의 지배나 관리를 받는 상태에 있었다고 볼 수 있는 점, 원고가 소외 2 등의 만류나 제지에도 불구하고 과음을 한 것으로 보이지 않은 점, 회식 장소에서 전화를 받으러 나간다거나 화장실에 다녀오는 등의 행위는 회식 과정에서 있을 수

있는 것으로서 순리적인 경로를 벗어났다고 단정할 수 없는 점 등에 근거하여 이 사건 사고는 업무와 과음 및 재해 사이의 상당인과관계가 인정되는 업무상 재해에 해당한다고 보았다.

Q 2. 대상판결과 달리 대법원 2015. 11. 12. 선고 2013두25276 판결에서 회사 회식 과정에서 과음으로 인해 발생한 사고가 업무상 재해에 해당하지 않는다고 본 이유는?

[A] 참고판결(2013두25276 판결)에서 ① 원고는 소외 회사의 아이비알(IBR) 팀에 소속된 상담원으로서 2012. 7. 6. 18:20경부터 같은 날 21:15경까지 음식점에서 아이비알 팀 책임자인 실장 소외 1을 포함하여 30명의 직원과 함께 아이비알 팀의 1차 회식을 한 다음, 같은 날 21:43경 소외 1을 포함하여 12명의 직원과 함께 바로 옆 건물 4층에 있는 노래연습장으로 자리를 옮겨 2차 회식을 한 사실, ② 원고는 위 노래연습장으로 옮기고 얼마 지나지 않아 화장실을 찾기 위해 노래연습장에서 나와 같은 층에 있는 비상구 문을 열고 들어갔는데, 그 안쪽에 있던 밖으로 나 있는 커다란 창문을 화장실 문으로 오인하여 밑에 놓여 있던 발판을 밟고 올라가 그 창문을 열고 나갔다가 건물 밖으로 추락하여 '골반골절, 천추골절 등'의 부상을 입은 사실, ③ 원고는 1차 회식자리에서 술을 많이 마셔 만취한 상태였으나, 소외 1이 원고 등 참석 직원들에게 술잔을 돌리거나 술을 마시지 않는 직원에게 술 마시기를 권하지는 않은 사실, ④ 소외 1은 주량이 소주 반병 정도이나 당시 맥주 한 잔 정도를 마셨고, 화장실에 간다고 나간 원고가 돌아오지 않자 다른 직원인 소외 2에게 원고를 찾아보라고 지시하기도 한 사실이 있었고, 대법원은 비록 원고가 참여한 회식이 사업주 측의 주최로 이루어진 것이라고 하더라도 원고는 사업주의 강요 등이 없었음에도 자발적 의사로 자신의 주량을 초과하여 소외 1이나 소외 2 등 회식을 함께 하였던 다른 사람들의 음주량을 훨씬 넘는 과음을 하였고, 그것이 주된 원인이 되어 업무와 관련된 회식 과정에 통상 수반되는 위험이라고 보기 어려운 위와 같은 사고를 당하게 된 것이므로, 업무와 원고가 입은 재해 사이에 상당인과관계가 있다고 보기는 어렵다고 판단하였다.

◀ 심화학습 ▶

1. 작업시간 전 업무의 준비행위 또는 사회통념상 그에 수반되는 합리적·필요적 행위 중 발생한 사고와 업무상 재해 (대법원 2009. 10. 15. 선고 2009두10246 판결 참고)

▷ 참고판결(2009두10246 판결)에 따르면, <u>근로자가 어떠한 행위를 하다가 사망한 경우에</u> 당해 근로자가 그 행위에 이르게 된 동기나 이유, 전후 과정 등을 종합적으로 고려하여 <u>그 행위가 당해 근로자의 본래의 업무행위 또는 그 업무의 준비행위, 사회통념상 그에 수반되는 생리적 행위 또는 합리적·필요적 행위로서 그 전반적인 과정이 사용자의 지배·관리 하에 있다고 볼 수 있는 경우에는 업무상 재해로 인한 사망으로 인정될 수 있다.</u> 참고판결은 근로자가 작업시간 전 회사 체력단련실에서 역기에 목이 눌린 상태로 발견되어 병원으로 후송되어 요양하던 중 사망한 사안에서 망인의 사망은 업무와 상당인과관계가 있어 업무상 재해에 해당한다고 한 사례이다.

> **※ 대법원 2009. 10. 15. 선고 2009두10246 판결 【요양불승인처분취소】**
> - "원심판결 이유에 의하면, <u>원심은</u>, 망인이 작업시간 전에 소외 1 주식회사 체력단련실에서 역기대에 누워 역기에 목이 눌린 상태로 발견되어 병원으로 후송되어 요양하던 중 상세불명의 뇌병증(저산소성 뇌병증) 등으로 사망한 이 사건 사고에 대하여, 그 채용증거에 의하여 인정되는 판시사실에 비추어, 체력단련실은 소외 1 주식회사의 근로자들이 요구하여 설치한 시설로서 근무시간을 제외하고는 마음대로 이용할 수 있었고, 사업주나 관리자가 근로자들의 체력단련실 이용에 전혀 관여하지 아니한 점, 체력단련실은 망인과 동료근로자인 소외 2가 열쇠를 소지하고 주로 관리를 한 점, 소외 1 주식회사의 상시근로자수 70여 명 중 체력단련실을 이용하는 직원은 그다지 많지 않았던 것으로 보이는 점, 같은 생산부에 근무하는 직원 중에도 체력단련실을 이용하지 않는 직원이 다수 있었던 점 등에 비추어 보면, <u>체력단련행위는 업무의 준비행위이거나 사회통념상 그에 수반되는 것으로 인정되는 합리적·필요적 행위라고는 보기 어려우므로, 이 사건 사고는 업무상 재해에 해당하지 않는다고 판단하였다.</u>
> 그러나 원심의 이러한 판단은 위 법리에 비추어 이를 그대로 수긍하기 어렵다.
> 기록에 의하면, 소외 1 주식회사에서는 망인의 사망 약 1년 전 근로자들의 요구로 근골격계질환 예방 차원으로 회의실용도의 장소에 체력단련실을 설치해 주면서 사고가 난 벤치프레스를 새로 구입하여 주기도 한 사실, 체력단련실은 근무시간을 제외하고는 마음대로 이용할 수 있었는데, 주로 점심시간에 이용하였고, 망인, 소외 2 및 소외 3 등 3인이 가장 많이 이용한 사실, 망인은 2001. 10. 29. 소외 1

주식회사에 입사하여 주물을 용해하는 생산직사원으로 근무하였는데, 망인의 업무는 판시와 같이 도가니를 가열하여 재료를 용해시킨 다음 한손으로 도가니를 매달고 있는 호이스트 크레인을 조정하고 다른 한손으로 도가니(140kg~160kg)를 앞쪽으로 기울여 주물을 금형 틀에 부어 20kg 내지 30kg의 제품을 생산하는 것인 사실, 망인은 평소 07:50경에 출근하여 소외 1 주식회사의 체력단련실에서 역기운동을 해 왔으며, 08:55경 조회와 동시에 작업을 시작하여 17:57경(야근시 22:00)에 퇴근한 사실, 망인의 업무와 같은 고된 작업으로 발생할 수 있는 근골격계질병을 예방하고 업무를 원활하게 수행하기 위해서는 근육의 힘을 강화시킬 수 있는 운동이 필요한 사실을 알 수 있다. 이러한 사실을 위 법리에 비추어 보면, 비록 체력단련실의 열쇠는 주로 망인과 동료근로자 소외 2 2명이 관리를 하였고, 사업주나 관리자는 근로자들의 체력단련실 이용에 관여를 하지 않은 것이 사실이라고 하더라도 위 체력단련실은 소외 1 주식회사가 근로자들의 요구로 작업 중 발생할 수 있는 근골격계질환 등의 예방을 위하여 소외 1 주식회사 내에 설치한 시설인 점에서 사업주의 지배·관리하에 있는 복리후생시설이라고 할 것이고, 망인이 담당한 작업은 근골격계 질병을 유발할 수 있는 작업으로서 망인이 위 체력단련실에서 평소 역기 운동을 한 것은 강한 근력 및 지속적인 육체적 활동을 요구하는 업무의 특성상 업무의 원만한 수행을 위한 체력유지보강활동의 일환으로 필요하여 한 것으로 볼 수 있어 **업무의 준비행위이거나 사회통념상 그에 수반되는 것으로 인정되는 합리적·필요적 행위로 봄이 상당하다 할 것**이므로, 결국 이 사건 사고로 인한 망인의 사망은 업무와 상당인과관계가 있어 업무상 재해에 해당한다고 보아야 할 것이다. … (이하 생략) …"

2. 휴게시간 중 사업장 밖에서 발생한 사고와 업무상 재해 (대법원 2004. 12. 24. 선고 2004두6549 판결 참고)

▷ 휴게시간은 근로자가 사업주의 구속으로부터 벗어나 자유롭게 이용할 수 있는 시간이다. 그러나 휴게시간 중 근로자의 행위가 당해 근로자 본래의 업무행위 또는 그 업무의 준비행위 내지는 정리행위, 사회통념상 그에 수반되는 것으로 인정되는 생리적 행위 또는 합리적·필요적 행위라는 등 그 행위 과정이 사업주의 지배·관리하에 있다고 볼 수 있는 경우에는 업무상 재해로 인정할 수 있고, 휴게시간 중의 행위로 근로자가 사망한 경우 그 사망이 업무상 재해로 인정되기 위하여는 사업장 내외를 불문하고 그 행위 과정이 사업주의 지배·관리 하에 있다고 볼 수 있는가에 달려 있다(2004두6549 판결).

※ 대법원 2004. 12. 24. 선고 2004두6549 판결【유족급여등부지급처분취소】

- "휴게시간 중의 재해가 업무상 재해에 해당하는가에 대하여 보건대, 휴게시간 중에는 근로자에게 자유행동이 허용되고 있으므로 통상 근로자는 사업주의 지배·관리하에 있다고 할 수 없으나, 휴게시간 중의 근로자의 행위는 휴게시간 종료 후의 노무제공과 관련되어 있으므로, 그 행위가 당해 근로자의 본래의 업무행위 또는 그 업무의 준비행위 내지는 정리행위, 사회통념상 그에 수반되는 것으로 인정되는 생리적 행위 또는 합리적·필요적 행위라는 등 그 행위 과정이 사업주의 지배·관리하에 있다고 볼 수 있는 경우에는 업무상 재해로 인정할 수 있다고 할 것이고(대법원 1999. 4. 9. 선고 99두189 판결 참조), (산재보험법) 시행규칙 제35조의2는 업무상 재해의 요건으로 사업장 내에서 발생한 사고일 것을 요구하고 있으나, 위 규정은 그 성질과 내용에 비추어 행정기관 내부의 사무처리준칙을 규정한 것에 불과한 것이므로 결국 휴게시간 중의 행위로 근로자가 사망한 경우 그 사망이 업무상 재해로 인정되기 위하여는, 사업장 내외를 불문하고 그 행위 과정이 사업주의 지배·관리하에 있다고 볼 수 있는가에 달려 있다고 할 것이다. … (중략) … 망인이 근무하던 '동광'은 그 직원이 약 17명으로 그 중 남자 직원은 약 5명이고 여자 직원은 약 12명이며, 사업장 내에 구내식당이 없어 회사에서는 점심식사를 위하여 외부 식당에서 주문하여 사업장 내에 배달되어 오는 음식을 직원들에게 제공하거나 1일 식대로 2,500원씩 계산하여 이를 급여지급시 함께 지급한 후 직원들 스스로 점심식사를 해결하도록 하고 있는 사실, 남자 직원들은 대부분 타 지역에서 거주할 뿐만 아니라 자택에 가서 점심식사를 하는 것을 싫어하여 회사가 외부 식당을 통하여 제공하여 주는 점심을 사업장 내에서 먹고, 여자 직원들 중 자택이 회사 근처에 있지 않은 일부 여직원들은 집에서 도시락을 싸 가지고 와 사업장 내에서 먹었으며, 망인과 같이 자택이 회사 근처에 있는 여직원들은 사업주의 승낙하에 자택에 가서 점심식사를 하였고, 사업주는 도시락을 싸와서 점심식사를 하든지 자택에 가서 점심식사를 하고 오든지 직원들로 하여금 알아서 해결하도록 하고 있는 사실, 망인은 사업주의 허락 하에 평소 점심식사시간(12:00 - 13:00)에 자기 집에 가서 점심식사를 하고 사업장에 복귀하였고, 이 사건 사고 당일에도 오전근무를 마친 후 평소와 같이 사업장에서 약 250m 떨어져 있는 자택에 가서 점심식사를 한 후, 바로 사업장으로 복귀하던 중 사업장 밖에서 이 사건 사고가 발생한 사실을 알 수 있다. 그렇다면 망인이 1시간의 휴게시간 동안에 자택에서 점심식사를 하는 행위는 근로자의 본래의 업무행위 또는 그 업무의 준비행위 내지는 정리행위, 사회통념상 그에 수반되는 것으로 인정되는 생리적 또는 합리적 행위로서 사업주의 지배를 벗어나지 아니한 행위라고 할 것이므로 그 과정에서 발생한 이 사건 사고는 업무상 재해에 해당한다고 보아야 할 것이다."

2. 직 업 병

◀ 판례분석 ▶

■**제 목** : LCD공장에서 근무한 근로자에게 발병한 다발성 경화증의 업무상 재해 해당 여부(Y) [삼성전자사건]

■**대상판결** : 대법원 2017. 8. 29. 선고 2015두3867 판결 [요양불승인처분취소]
【원고, 상고인】 이○진
【피고, 피상고인】 근로복지공단
【원심판결】 서울고법 2015. 10. 21. 선고 2014누7123 판결
【주 문】 원심판결을 파기하고, 사건을 서울고등법원에 환송한다.

■**사건의 개요** : 원고는 2002. 11. 18.경 삼성전자 주식회사에 입사하여 LCD 사업부 천안사업장에서 LCD 판넬 화질검사 업무를 하다가 2007. 2. 15.경 퇴사한 후 2008. 6. 30.경 '다발성 경화증' 진단을 받고 피고에게 요양급여를 신청하였으나, 피고가 업무상 재해에 해당하지 않는다는 이유로 그 지급을 거부하는 처분을 하자 원고는 이러한 처분의 취소를 구하는 소를 제기하였다.

■**관련 법 규정**(현행법 기준)
- 산업재해보상보험법 제5조(정의) 제1호 : "업무상의 재해"란 업무상의 사유에 따른 근로자의 부상·질병·장해 또는 사망을 말한다.
- 같은 법 제37조(업무상의 재해의 인정 기준) ① 근로자가 다음 각 호의 어느 하나에 해당하는 사유로 부상·질병 또는 장해가 발생하거나 사망하면 업무상의 재해로 본다. 다만, 업무와 재해 사이에 상당인과관계가 없는 경우에는 그러하지 아니하다.
  2. 업무상 질병
     가. 업무수행 과정에서 물리적 인자, 화학물질, 분진, 병원체, 신체에 부담을 주는 업무 등 근로자의 건강에 장해를 일으킬 수 있는 요인을 취급하거나 그에 노출되어 발생한 질병
     나. 업무상 부상이 원인이 되어 발생한 질병

다. 「근로기준법」 제76조의2에 따른 직장 내 괴롭힘, 고객의 폭언 등으로 인한 업무상 정신적 스트레스가 원인이 되어 발생한 질병

라. 그 밖에 업무와 관련하여 발생한 질병

▌판결의 성격 : 원심은 원고의 업무와 다발성 경화증 발병·악화 사이에 상당인 과관계를 인정하기 어렵다고 판단하였으나, 대법원은 원심의 판단에는 업무상 재해의 상당인과관계에 관한 법리를 오해하고 필요한 심리를 다하지 않음으로써 판결에 영향을 미친 잘못이 있다고 보아서 원심판결을 파기환송하였다.

※ **원심의 판단** : i) 원고는 근무기간 중 업무방식이나 환경이 크게 바뀐 사실이 없고, 통상적인 근로자가 감내할 수 있는 수준을 넘어서 생리적 변화를 초래할 수 있을 정도의 만성적인 과로나 스트레스에 시달렸다고 인정되지 않으며, ii) 원고는 작업과정에서 전자파와 이소프로필알코올 등의 화학물질에 일부 노출되었을 것으로 보이나, 위 노출 정도가 이 사건 상병을 유발 또는 자연경과적 진행 속도 이상으로 악화시킬 정도의 수준에 이른다고 볼 만한 자료가 없고, iii) 원고와 유사한 환경에서 유사한 종류의 업무를 취급하는 사람들에게서 다발성 경화증이 발병한 사례에 대한 자료가 제시되고 있지 않으며, iv) 원고가 어떠한 유해물질에 어느 정도로 노출되었는지를 전혀 알 수 없는 이 사건에서 유해물질 노출이 이 사건 발병의 한 원인이 되었다고 단정할 수는 없고, v) 이 사건 상병은 그 발병 원인이 명확하게 밝혀지지 않은 희귀 질환이며, 한국산업안전공단 산업안전보건연구원에서는 다각도로 역학조사를 실시했으나 상당인과관계의 존부에 관하여 평가위원들의 의견이 팽팽하게 나뉘어 결국 '판정 불가'의 결론에 이르렀고, vi) 이 사건 상병은 청소년기부터 35세에 이를 때까지 사이에 가장 빈번하게 발병하는데, 이 사건 상병이 발병할 당시 원고는 그 연령에 속했고, 여기에다가 원고는 하루에 반 갑 정도 흡연하였는데, 흡연자의 경우 이 사건 상병의 발병률이 증가한다는 의학적 연구결과가 있는 점을 더하여 볼 때, 이 사건 상병은 업무와 무관한 원고의 개인적 요인으로 말미암아 발병하였을 개연성을 배제할 수 없다.

▌쟁 점

- 희귀질환 또는 첨단산업현장에서 새롭게 발생하는 유형의 질환이 발병한 근로자에게 업무와 질병 사이의 인과관계가 인정되는지 여부

▌중요 사실관계

- i) 원고는 2002. 11. 18. 삼성전자 주식회사에 입사하여 2007. 2. 15. 퇴사할 때까지 천안 LCD 공장에서 LCD 패널 검사작업을 하였고, 이소프로필알코올을 사

용해서 이물질을 닦음, ii) 사업장은 모듈공정에서 유해화학물질이 발생하더라도 여과되거나 배출되지 않고 작업장 내에 계속 머무르는 구조였는데, 부품조립 과정에서 납땜이 이루어졌고, 에이징 공정 과정에서 화학물질의 열분해산물이 발생할 수 있으며, 원고의 검사작업은 에이징 공정 바로 다음에 하는 작업, iii) 원고는 3조 2교대(1일 12시간 근무) 또는 4조 3교대(1일 8시간 근무 및 1~2시간의 연장근무)의 주·야간 교대근무를 하면서 상시적으로 초과근무를 함 ⇒ **작업환경에 여러 유해물질이나 유해요소가 존재하여 복합적·누적적으로 작용할 가능성 여부와 관련**

- i) 원고는 입사 전 건강에 별다른 이상이 없었고 신경질환이나 자가면역질환으로 치료를 받은 적이 없음, ii) 원고가 입사하여 약 1년 정도 근무하여 오른쪽 눈의 시각과 팔다리 신경기능에 이상증상이 발생했고 병이 악화되어 퇴직, iii) 원고는 다발성 경화증과 관련된 유전적 소인이 없고, 가족 중 신경질환이나 자가면역질환 병력이 있는 사람이 없음 ⇒ **발병이 업무상인지 유전적인지 관련**

- i) 산업안전보건연구원의 역학조사는 스트레스와 다발성 경화증에 대한 업무관련성을 판단할 만한 충분한 의학적 검토가 이루어지지 않은 상황에서 업무관련성이 높다고 단언하기에는 무리가 있다고 했는데, 역학조사에서는 이소프로필알코올 및 그 밖에 인접한 세부공정에서 발생하여 전파·확산되는 유해화학물질에 대한 노출 정도를 측정·조사하지는 않음, ii) 한국산업안전공단 역학조사평가위원회에서 평가위원의 의견이 나뉨(기왕증으로 내재하고 있던 상병이 업무에 의하여 초기에 발현하도록 촉발시키는 방아쇠 역할을 하거나 악화시켰다는 의견, 업무와 직접적인 연관성이 높다고 보기는 어렵다는 의견 등) ⇒ **희귀질환의 인과관계를 명확하게 규명하는 것이 현재의 의학과 자연과학 수준에서 곤란한 경우 인과관계의 판단 방법과 관련**

- i) 원고가 근무하던 사업장과 전체 LCD 사업장이나 삼성전자 전체 사업장에서 다발성 경화증 발병 건수, 동종 사업장에 근무하는 근로자 대비 다발성 경화증의 발병 비율, 발병 근로자의 연령대 등에 관해 원심까지 법원에서 심리하지 않음, ii) 대전지방고용노동청 천안지청은 대한산업보건협회가 삼성디스플레이 아산공장에 대해 산업안전·보건진단을 실시하여 작성한 결과보고서를 법원에 제출했으나, 회사가 유해화학물질의 현황 및 개선방안 등의 정보가 영업비밀에 해당하여 외부공개해서는 안 된다고 하여 그에 관한 정보는 삭제됨 ⇒ **근로자에게 유리한 간접사실로 고려할 수 있는 특별한 사정이 있는지 여부 관련**

■ **기본법리**(판지)

1) ⑴ 산업재해보상보험법 제5조 제1호가 정하는 업무상의 사유에 따른 질병으

로 인정하려면 업무와 질병 사이에 인과관계가 있어야 하고 그 증명책임은 원칙적으로 근로자 측에 있다. 여기에서 말하는 인과관계는 반드시 의학적·자연과학적으로 명백히 증명되어야 하는 것은 아니고 법적·규범적 관점에서 상당인과관계가 인정되면 그 증명이 있다고 보아야 한다. ⇒ **[업무와 질병 간 인과관계에 관한 증명책임의 소재(근로자 측) 및 증명의 정도(법적·규범적 관점에서의 상당인과관계 인정=증명)]**

⑵ 산업재해의 발생원인에 관한 직접적인 증거가 없더라도 근로자의 취업 당시 건강상태, 질병의 원인, 작업장에 발병원인이 될 만한 물질이 있었는지 여부, 발병원인물질이 있는 작업장에서 근무한 기간 등의 여러 사정을 고려하여 경험칙과 사회통념에 따라 합리적인 추론을 통하여 인과관계를 인정할 수 있다. 이때 업무와 질병 사이의 인과관계는 사회 평균인이 아니라 질병이 생긴 근로자의 건강과 신체조건을 기준으로 판단하여야 한다. ⇒ **[업무와 질병 간 인과관계 판단 방법(제반 사정 고려 경험칙과 사회통념에 따른 합리적 추론 통한 인관관계 인정 가능) 및 판단기준(질병이 생긴 근로자의 건강과 신체조건)]**

2) ⑴ 첨단산업분야에서 유해화학물질로 인한 질병에 대해 산업재해보상보험으로 근로자를 보호할 현실적·규범적 이유가 있는 점, 산업재해보상보험제도의 목적과 기능 등을 종합적으로 고려할 때, 근로자에게 발병한 질병이 이른바 '희귀질환' 또는 첨단산업현장에서 새롭게 발생하는 유형의 질환에 해당하고 그에 관한 연구결과가 충분하지 않아 발병원인으로 의심되는 요소들과 근로자의 질병 사이에 인과관계를 명확하게 규명하는 것이 현재의 의학과 자연과학 수준에서 곤란하더라도 그것만으로 인과관계를 쉽사리 부정할 수 없다. ⇒ **[희귀질환 또는 첨단산업현장의 신유형 질환 발병 근로자의 업무와 질병 간 인관관계 판단 시 유의사항 : 의학적·자연과학적 인과관계 규명 곤란만으로 인과관계 쉽사리 부정할 수 없음]**

⑵ 특히, 희귀질환의 평균 유병률이나 연령별 평균 유병률에 비해 특정 산업 종사자 군이나 특정 사업장에서 그 질환의 발병률 또는 일정 연령대의 발병률이 높거나, 사업주의 협조 거부 또는 관련 행정청의 조사 거부나 지연 등으로 그 질환에 영향을 미칠 수 있는 작업환경상 유해요소들의 종류와 노출 정도를 구체적으로 특정할 수 없었다는 등의 특별한 사정이 인정된다면, 이는 상당인과관계를 인정하는 단계에서 근로자에게 유리한 간접사실로 고려할 수 있다. ⇒ **[희귀질환 등 발병 근로자의 업무와 질병 간 인관관계 판단 시 고려사항 ① : 근로자에게 유리한 간접사실 해당 특별한 사정(희귀질환의 전체 또는 연령별 평균 유병률 < 특정 산업·사업장 또는 연령대의 발병률 / 사업주의 협조 거부나 행정청의 조사 거부·지연 등으로 인한 작업환경 유해요소 특정 불가)]**

⑶ 나아가 작업환경에 여러 유해물질이나 유해요소가 존재하는 경우 개별 유해요인들이 특정 질환의 발병이나 악화에 복합적·누적적으로 작용할 가능성을 간과해서는 안 된다. ⇒ [고려사항 ② : 여러 유해물질·요소가 특정 질환의 발병 또는 악화에 복합적·누적적 작용 가능성]

■ **결론 및 이유** : 원고의 업무와 다발성 경화증의 발병·악화 사이에 상당인과관계를 긍정할 여지가 있다.

- 원고는 이소프로필알코올이라는 유기용제 취급이 원고의 전체 업무 중 차지하는 비중은 작았지만, 약 4년 3개월 근무하는 동안 누적된 노출 정도가 낮다고 단정하기 어려움. 작업장 자체의 구조로 말미암아 인접한 납땜 작업이나 에이징 공정에서 발생하는 유해화학물질이 전파·확산되어 원고도 이에 노출된 것으로 보임.

- 원고가 근무한 때부터 이미 여러 해가 지나 역학조사를 하여 원고가 근무하였을 당시의 작업환경을 제대로 파악하는 데 일정한 한계가 있었음. 역학조사에서는 이소프로필알코올이나 그 밖의 유해화학물질에 노출된 수준을 객관적으로 확인·측정하려는 노력조차 하지 않았음.

- 사업주와 대전지방고용노동청 천안지청이 LCD 모듈공정에서 취급하는 유해화학물질 등에 관한 정보가 영업비밀이라면서 공개를 거부하였음. 이에 따라 원고가 자신에게 해악을 끼친 유기용제 또는 유해화학물질의 구체적 종류나 그에 대한 노출 정도를 증명하는 것이 곤란해졌음.

- 다발성 경화증의 직접 발병을 촉발하는 요인으로 유기용제 노출, 주·야간 교대근무, 업무상 스트레스, 햇빛노출 부족에 따른 비타민D 결핍 등이 거론되고 있으므로, 이러한 사정이 다수 중첩될 경우 다발성 경화증의 발병 또는 악화에 복합적으로 기여할 가능성이 있음. 원고는 약 4년 3개월 근무하는 동안 계속 주·야간 교대근무를 하였음. 1일 근무시간은 9시간에서 12시간에 이르렀으며, 중간에 쉬거나 작업량을 조절할 수 있는 재량이 전혀 없이 컨베이어벨트로 이동되는 LCD 패널을 고도의 집중력을 발휘하여 1시간당 70~80개가량 검사를 해야 했음. 따라서 원고의 노동 강도는 높았고, 그로 인한 업무상 과로와 스트레스도 컸다고 볼 수 있음. 또한 원고가 실내 작업장에서 장기간 주·야간 교대근무를 하였으므로, 햇빛노출이 부족하여 비타민D 결핍도 있었을 것으로 보임.

- 원고는 입사 전에는 건강에 별다른 이상이 없었고, 다발성 경화증과 관련된 유전적 소인, 병력이나 가족력이 없는데, 이 사건 사업장에서 상당 기간 근무하던 도중에 우리나라의 평균 발병연령보다 훨씬 이른 시점인 만 21세 무렵에 다발성 경화

증이 발병하였음.

- 삼성전자 LCD 사업장과 이와 근무환경이 유사한 반도체 사업장에서의 다발성 경화증 발병률이 한국인 전체 평균 발병률이나 원고와 유사한 연령대의 평균 발병률과 비교하여 유달리 높다면, 이러한 사정 역시 원고의 업무와 질병 사이의 상당인과관계를 인정하는 데에 유리한 사정으로 작용할 수 있음.

▌판결의 의의와 한계

1) 대상판결은 업무와 질병 사이의 인과관계에 관한 증명책임의 소재, 증명의 정도, 판단 방법과 판단 기준인 자 등에 관해서는 기존의 판례 법리에 따르고 있다. 다만 증명의 정도에 관해 이전 판례에서는 "제반 사정을 고려하여 상당인과관계가 있다고 추단되는 경우에도 인과관계가 증명된다"고 판시하였는데, 대상판결에서는 "여러 사정을 고려하여 경험칙과 사회통념에 따라 합리적인 추론을 통하여 인과관계를 인정할 수 있다"고 판시하여, 경험칙, 사회통념, 합리적 추론 등을 추가하였다는 점에서 진일보하였다.

2) 대상판결은 희귀질환 또는 첨단산업현장에서 새롭게 발생하는 유형의 질환이 발병한 근로자의 업무와 질병 사이의 인과관계 유무를 판단할 때 고려할 사항을 판시하고 있다. LCD공장에서 근무한 근로자에게 다발성 경화증이 발병하여 업무상 재해인지가 다투어진 사례에서 업무상 재해로 인정하였다. 상당인과관계를 간접사실로 인정하여 증명책임을 완화한 판결이라고 평가된다. 반도체 조립라인 공장에서 근무한 근로자에게 업무와 뇌종양 발병 사이에 상당인과관계를 인정한 대법원 판결도 대상판결의 법리를 따르고 있다(대법원 2017. 11. 14. 선고 2016두 1066 판결 ☞ 심화학습 1. 참고).

3) 희귀질환 또는 첨단산업현장의 새로운 질환은 현재의 의학·자연과학 수준에서 인과관계를 명확히 규명하기 곤란하다. 이 때문에 업무상 질병이 부정된 경우가 많았는데, 대상판결은 오히려 희귀질환이나 첨단산업현장의 새로운 질환의 경우에 법적·규범적인 상당인과관계를 쉽사리 부정해서는 안된다고 판시한다. 첨단산업은 불확실한 위험을 감수해야 하는 상황에 부딪힐 수도 있는데, 그러한 위험에 대비하는 산재보험이 근로자의 희생을 보상하면서도 첨단산업의 발전을 장려하는 기능을 갖고 있기 때문에 위와 같은 판시는 타당하다.

4) 대상판결이 희귀질환 또는 첨단산업현장의 새로운 질환에서 업무와 질병 사이의 인과관계 유무를 판단할 때 고려할 사항으로 제시하는 내용은 i) 근로자에게 유리한 간접사실에 해당하는 특별한 사정이 있는지(☞ Q 2. 참고), ii) 여러 유

해물질 내지 유해요소가 특정 질환의 발병 또는 악화에 복합적·누적적 작용할 가능성이 있는지 등이다.

◀ Q 풀이 ▶

Q 1. 업무상 질병에 해당한다는 인과관계는 누가 증명책임을 지는가?

[A] 업무상의 사유에 따른 질병으로 인정하려면 업무와 질병 사이에 인과관계가 있어야 하고 그 증명책임은 원칙적으로 근로자 측에 있다. 판례는 산업재해의 발생원인에 관한 직접적인 증거가 없더라도 근로자의 취업 당시 건강상태, 질병의 원인, 작업장에 발병원인이 될 만한 물질이 있었는지 여부, 발병원인물질이 있는 작업장에서 근무한 기간 등의 여러 사정을 고려하여 경험칙과 사회통념에 따라 합리적인 추론을 통하여 인과관계를 인정할 수 있다고 한다. 그런데 희귀질환이나 첨단산업현장의 새로운 질환의 경우 연구결과가 충분하지 않아 발병원인으로 의심되는 요소들과 근로자의 질병 사이에 인과관계를 명확하게 규명하는 것이 현재의 의학과 자연과학 수준에서 곤란하다. 또한 첨단산업은 발전 속도가 매우 빨라 작업장에서 사용되는 화학물질이 빈번히 바뀌고 화학물질 그 자체나 작업방식이 영업비밀에 해당하는 경우도 많아, 근로자가 작업장에 발병원인이 될 만한 물질이 있었는지를 증명하기 어렵다. 이러한 점에서 근로자가 부담하는 증명책임을 완화할 필요가 존재한다.

Q 2. 대상판결에서 업무와 질병 사이의 인과관계의 유무를 고려할 때 어떠한 사항들을 간접사실로 인정하여 증명책임을 완화하였는가?

[A] 대상판결에서는 i) 입사 전에는 건강에 별다른 이상이 없었고, 다발성 경화증과 관련된 유전적 소인, 병력이나 가족력이 없는데, 상당 기간 근무하던 도중에 우리나라의 평균 발병연령보다 훨씬 이른 시점인 만 21세 무렵에 다발성 경화증이 발병한 점(아울러 삼성전자 LCD 사업장, 유사 근무환경의 반도체 사업장에서의 다발성 경화증 발병률이 한국인 전체 평균 발병률이나 원고와 유사한 연령대의 평균 발병률과 비교하여 유달리 높은지 추가적인 검토가 필요하다고 판시), ii) 사업주와 대전지방고용노동청 천안지청이 LCD 모듈공정에서 취급하는 유해화학물질 등에 관한 정보가 영업비밀이라면서 공개를 거부하여 원고인 근로자가 유해화학물질의 구체적 종류나 노출 정

도를 증명하는 것이 곤란해졌다는 점 등을 고려했다.

◀ **심화학습** ▶

1. 첨단산업현장에서 새롭게 발생하는 유형의 질환에 대해 업무상 질병을 인정한 사례 (대법원 2017. 11. 14. 선고 2016두1066 판결 참고)

▷ 참고판결(2016두1066 판결)은 삼성전자 주식회사에 입사하여 '반도체 조립라인'의 검사공정에서 생산직 근로자로 근무하다가 퇴사한 근로자가 뇌종양 진단을 받고 뇌종양 제거수술을 받은 후 항암치료를 받다가 사망한 사안에서, i) 당해 근로자가 사업장에서 6년 2개월 동안 근무하면서 여러 가지 발암물질에 지속적으로 노출된 점, ii) 역학조사의 한계, 입사 전 건강했고 뇌종양과 관련된 유전적 소인, 병력, 가족력이 전혀 없는데도 우리나라 평균 발병연령보다 훨씬 이른 만 30세 무렵에 발병한 점, iii) 퇴직 후 7년이 지난 다음 뇌종양 진단을 받았다고 하여 업무와 뇌종양 발병 사이에 관련성이 없다고 단정할 수 없는 점 등에 비추어, 근로자의 업무와 뇌종양 발병 사이에 상당인과관계를 긍정할 여지가 크다고 판단한 사례이다.

> ※ **대법원 2017. 11. 14. 선고 2016두1066 판결 【요양불승인처분취소】**
> - "망인의 업무와 뇌종양 발병 사이에 상당인과관계를 긍정할 여지가 크다. i) 망인은 이 사건 사업장에서 <u>약 6년 2개월 동안 근무하면서 여러 가지 발암물질에 지속적으로 노출</u>되었다. 비록 이 사건 사업장에서 측정된 발암물질의 측정수치가 노출기준 범위 안에 있다고 할지라도 근로자가 장기간 노출될 경우에는 건강상 장애를 초래할 가능성이 있다. 또한, 유해인자 노출기준은 해당 유해인자가 단독으로 존재하는 경우를 전제로 하는 것인데, 여러 유해인자에 복합적으로 노출되거나 평균근로시간 이상으로 장시간 근무하는 경우나, 작업강도가 높거나 주·야간 교대근무를 하는 등 작업환경의 유해요소까지 복합적으로 작용하는 경우 등에는 유해요소들이 서로 상승작용을 일으켜 질병 발생의 위험이 커질 수 있다. <u>망인은 주로 4조 3교대 또는 3조 3교대 근무를 하면서 인력이 부족하거나 생산물량이 증가하는 경우 1일 12시간까지 연장근무를 하여 신체의 밤낮 주기가 매우 불규칙</u>하였으므로, 이러한 경우에 해당할 수 있다. ii) 산업안전보건연구원이 이 사건 역학조사를 하였을 당시에는 망인이 근무한 때부터 <u>이미 여러 해가 지난 시점</u>이었고 그 사이에 반도체칩 검사작업을 하는 근로자의 작업환경이 달라졌을 가능성이 있다. 이 사건 역학조사는 조사 당시의 상황을 기초로 한 것이기 때문에 망인이 근무하였을 당시의 작업환경을 제대로 파악하는 데 일정한 한계가 있었다. 그리고 이 사건 <u>역학조사에서는 발암물질로 알려진 포름알데히드 등에 대한 노출수준이 측정되지 않았고,</u> 역학조

사 과정에서 망인과 동료 근로자로부터 고온테스트를 마친 후 검댕이 많이 날렸고 고무가 탄 듯한 냄새가 났으며 그 과정에서 <u>유해한 연기와 화학물질에 노출되었다</u><u>는 진술이 있었음에도, 그 원인물질과 노출수준에 관하여 조사가 이루어지지 않았</u>다. 망인의 업무와 질병 사이의 상당인과관계를 판단할 때에는 위와 같이 역학조사 자체의 한계도 고려하여야 한다. iii) 망인은 <u>입사 전에는 건강에 별다른 이상이 없</u><u>었고, 뇌종양과 관련된 유전적 소인, 병력이나 가족력이 전혀 없는데</u>, 이 사건 사업장에서 상당 기간 근무하고 퇴직한 이후에 <u>우리나라의 평균 발병연령보다 훨씬</u><u>이른 시점인 만 30세 무렵에 뇌종양이 발병하였다</u>. iv) 이 사건 사업장과 이와 근무환경이 유사한 반도체사업장에서의 뇌종양 발병률이 한국인 전체 평균발병률이나 망인과 유사한 연령대의 평균발병률과 비교하여 유달리 높다면, 이러한 사정역시 망인의 업무와 질병 사이의 상당인과관계를 인정하는 데에 유리한 사정으로 작용할 수 있다. v) 교모세포종은 가장 빠른 성장을 보이고 예후가 좋지 않은 것으로 알려졌지만, 악성도가 낮은 신경교종이 발생하였다가 그것이 수년의 시간을 거치면서 악성도가 높은 교모세포종으로 변화하는 사례가 보고된 적이 있다. 그뿐만 아니라, 성장속도가 빠르다는 것은 종양이 빠른 속도로 성장·악화된다는 것을 의미할 뿐, 발암물질에 노출된 후 뇌종양 발병에까지 이르는 속도 역시 빠르다는 것을 의미한다고 보기는 어렵다. 따라서 망인이 퇴직 후 7년이 지난 다음 뇌종양 진단을 받았다는 점만으로 업무와 뇌종양 발병 사이에 관련성이 없다고 단정할 수 없다."

3. 과 로 사

◀ 판례분석 ▶

▋**제 목** : 평소 고혈압이 있던 중년 여성근로자의 퇴근 도중 사망의 업무상 재해 (과로사) 해당 여부(Y) [코리아화인사건]

▋**대상판결** : 대법원 2004. 9. 3. 선고 2003두12912 판결 【유족급여및장의비부지급처분취소】
【원고, 상고인】 김○천
【피고, 피상고인】 근로복지공단
【원심판결】 대전고법 2003. 10. 16. 선고 2003누566 판결

【주 문】원심판결을 파기하고, 사건을 대전고등법원에 환송한다.

■**사건의 개요** : 원고의 처인 망인(생산직 근로자)은 만 46세의 중년으로 평소 고혈압이 있었는데 퇴근하는 통근버스 안에서 의식을 잃고 쓰러져 병원으로 후송되던 중 사망하였고(사인은 급성심근경색에 의한 심장마비나 뇌혈관질환으로 추정), 원고는 망인의 사망이 업무상 재해에 해당한다고 주장하면서 피고에게 유족급여 및 장의비의 지급을 신청하였으나, 피고가 업무상 재해에 해당하지 않는다는 이유로 그 지급을 거부하는 처분을 하자 원고는 이러한 처분의 취소를 구하는 소를 제기하였다.

■**관련 법 규정**(현행법 기준)
- 산업재해보상보험법 제5조(정의) 제1호 : "업무상의 재해"란 업무상의 사유에 따른 근로자의 부상·질병·장해 또는 사망을 말한다.
- 같은 법 제37조(<u>업무상의 재해의 인정 기준</u>) ① 근로자가 다음 각호의 어느 하나에 해당하는 사유로 부상·질병 또는 장해가 발생하거나 사망하면 업무상의 재해로 본다. 다만, 업무와 재해 사이에 상당인과관계가 없는 경우에는 그러하지 아니하다.
  2. 업무상 질병
     가. 업무수행 과정에서 물리적 인자, 화학물질, 분진, 병원체, 신체에 부담을 주는 업무 등 근로자의 건강에 장해를 일으킬 수 있는 요인을 취급하거나 그에 노출되어 발생한 질병
     나. 업무상 부상이 원인이 되어 발생한 질병
     다. 「근로기준법」 제76조의2에 따른 직장 내 괴롭힘, 고객의 폭언 등으로 인한 업무상 정신적 스트레스가 원인이 되어 발생한 질병
     라. 그 밖에 업무와 관련하여 발생한 질병

■**판결의 성격** : 원심은 이 사건 망인의 사망이 과중한 근로 내지 스트레스에 기인한 것으로 볼 수 없다는 이유로 업무상 재해에 해당하지 않는다고 판단하였으나, 대법원은 사망과 업무 사이의 상당인과관계가 추단된다고 보아서 원심판결을 파기환송하였다.

  ※ **원심의 판단** : i) 망인이 1주일에 4일간 2시간씩 연장근무를 하고, 매월 2일간 휴일 근무를 하여 온 사정만으로는 망인이 심장 질환을 일으킬 정도의 과중한 근로를 하였다고 보기 어렵고, ii) 오히려 망인의 <u>사망 이전 1개월간 권선반의 작업</u>

량이 평소보다 줄었으며, 망인은 <u>사망하기 직전 주말 2일간 쉬고, 사망하기 이전</u> <u>3일간 정시 퇴근한 점</u> 등에 비추어 보면, 망인은 심장 질환을 일으킬 정도의 과중한 근로를 하였다고 보기 어렵고, iii) 또 <u>망인의 업무는 어느 정도의 정신 집중을 요하는 작업이나 특별히 과도한 정신 집중을 요하는 작업으로 보여지지 않으며,</u> iv) 코리아화인이 생산직 근로자에 대하여 <u>잡담 금지, 라디오 청취 금지, 화장실 출입 통제 등의 조치를 취하고 생산계장이 생산직 근로자에 대하여 불량률 증가에 따른 질책을 한 점은 통상의 직장에서 있을 수 있는 사정으로,</u> 이러한 사정만으로 망인이 심장 질환을 일으킬 정도로 과중한 스트레스를 받아 왔다고 보기 어렵다.

▌쟁 점

- 중년 여성으로서 고혈압(기존 질환)이 있었던 망인이 과중한 업무에 따른 과로 내지 스트레스에 의한 심장마비로 사망한 것으로 볼 수 있는지 여부

▌중요 사실관계

- i) 원고의 처 망인(1955. 4. 10. 생)은 1993. 1. 27. 코리아화인 주식회사에 입사하여 트랜스사업부 권선반 생산직 근로자로 근무하여 왔는데, 2001. 6. 8. 17:40 경 퇴근하는 통근버스 안에서 언쟁을 하던 다른 근로자들에게 "조용히 하라!"고 외친 뒤 의식을 잃고 쓰러져 현대외과의원으로 후송되던 중 사망, ii) 망인의 사체에 대한 부검이 실시되지 아니하였으나, 망인의 사체를 검안한 현대외과의원 소속 의사 김○집은 직장 동료들의 진술과 당시의 정황에 비추어 망인의 사인을 급성 심근 경색에 의한 심장마비 또는 뇌혈관 질환으로 추정, iii) 망인은 2000년 건강검진에서 고혈압으로 내과 치료를 요한다는 판정을 받았으나 치료를 받은 적은 없음 ⇒ **망인의 나이, 건강상태 내지 신체조건, 사망의 추정 원인 등에 비추어 볼 때 업무와 사망 사이의 인과관계를 인정할 수 있는지 여부와 관련**

- i) 망인의 업무 내용은 권선기를 사용하여 0.3~0.5㎜의 동선을 감는 작업으로 비교적 단순한 노무작업, ii) 망인의 근무시간은 08:30~17:20(휴식시간 70분 포함), iii) 망인은 1주일에 4일간 2시간씩 연장 근무 하여 왔음, iv) 매월 2일간 휴일 근무함, v) 망인이 사망하기 이전 1개월간 권선반의 작업량은 그 이전에 비하여 감소하였고, 망인이 사망하기 이전 1주일간 중 2001. 6. 1.에는 08:30~17:23 근무, 6. 2.에는 토요 격주휴무로 휴무, 6. 3.에는 일요일로 휴무, 6. 4.과 6. 5.에는 08:30~19:20 근무, 6. 6.과 6. 7.에는 08:30~17:20 근무, 사망한 날인 6. 8.에는 08:30~17:23 근무, vi) 코리아화인에서는 2000.경부터 작업시간 중 잡담 및 라디오 청취 금지 등의 조치를 시행하였고, 허락 없이 화장실을 가지 못하도록 통제

하였으며, 생산계장 김○희는 2001. 4.경 망인을 포함한 생산직 근로자들에게 불량품이 발생하면 적자가 발생하여 인원 감축 요인이 발생할 수 있으므로 생산성을 높이라는 취지의 발언을 한 적이 있었음 ⇒ **업무의 내용, 평상시의 근무시간과 연장·휴일근로 실태, 사망 직전 기간의 작업량과 근무상황, 사용자의 작업통제 내용 등의 사정에 비추어 업무상의 과로 내지 스트레스가 누적되었던 것으로 볼 수 있는지 여부와 관련**

▌기본법리(판지)

1) 산업재해보상보험법 제4조(현행 제5조) 제1호 소정의 업무상 재해라고 함은 근로자의 업무수행 중 그 업무에 기인하여 발생한 질병을 의미하는 것이므로 업무와 사망의 원인이 된 질병 사이에 인과관계가 있어야 하지만, 질병의 주된 발생 원인이 업무수행과 직접적인 관계가 없더라도 적어도 업무상의 과로나 스트레스가 질병의 주된 발생 원인에 겹쳐서 질병을 유발 또는 악화시켰다면 그 사이에 인과관계가 있다고 보아야 할 것이고, ⇒ **[업무와 질병(사망) 사이의 인과관계 인정 기준: 상당인과관계]**

2) 그 인과관계는 반드시 의학적·자연과학적으로 명백히 입증하여야 하는 것은 아니고 제반 사정을 고려할 때 업무와 질병 사이에 상당인과관계가 있다고 추단되는 경우에도 그 입증이 있다고 보아야 하며, 또한 평소에 정상적인 근무가 가능한 기초 질병이나 기존 질병이 직무의 과중 등이 원인이 되어 자연적인 진행 속도 이상으로 급격하게 악화된 때에도 그 입증이 있는 경우에 포함되는 것이며, ⇒ **[업무와 질병(사망) 사이의 상당인과관계 입증의 정도: 상당인과관계의 추단 또는 과로 등에 의한 기존 질병의 급격한 악화]**

3) 업무와 사망과의 인과관계의 유무는 보통평균인이 아니라 당해 근로자의 건강과 신체조건을 기준으로 판단하여야 한다(대법원 1999. 1. 26. 선고 98두10103 판결, 2001. 7. 27. 선고 2000두4538 판결 등 참조). ⇒ **[당해 근로자의 건강·신체조건을 기준으로 한 인과관계 유무의 판단]**

▌결론 및 이유 : 망인의 고혈압은 업무와 관련이 없다 하더라도 업무의 과중으로 인한 과로와 감원 등으로 인한 스트레스가 고혈압을 자연적인 진행 속도 이상으로 악화시켜 급성 심근 경색증을 유발하거나 기존 질환인 고혈압에 겹쳐 급성 심근 경색증을 유발하여 심장마비로 사망에 이르게 한 것으로 추단된다고 할 것이다.

- 망인은 입사시부터 재해 발생 전일까지 약 8년 4개월 동안 매월 46시간 남짓 연장근로를 하였고, 매월 2일씩 휴일 근무를 하여 온 사실에 비추어 장기간 육체적

피로가 누적되어 왔을 것으로 보이는 점.

- 당시 회사가 생산직 근로자에 대하여 잡담 금지, 라디오 청취 금지, 화장실 출입통제 등의 조치를 취하고 생산계장이 생산직 근로자에 대하여 불량률 증가에 따른 질책을 하였을 뿐 아니라 비록 회사의 공식적인 입장은 아니었다고 하더라도 본사 상무이사의 보령 공장 방문과 관련하여 근로자들은 장기간 적자가 발생하고 있는 보령 공장의 경우 생산성이 낮거나 불량률이 높은 근로자들부터 점차 감원을 당할지도 모른다는 불안감을 가지고 있었는데, 망인이 속한 생산라인의 경우 생산성이 낮은데다가 불량률마저 높아 다른 근로자들보다 감원이 있게 되면 우선 순위가 될 가능성이 있었던 점.

- 그럼에도 망인은 장애자인 남편과 자녀들을 부양하여야 할 입장이었으므로 감원에 대한 불안감이 상당했으리라 보이는 점

- 망인의 업무 내용이 고도의 기술을 요하는 것은 아니지만 장시간 상당한 집중력이 요구되는 것으로 보이는 점.

- 망인은 당시 만 46세 2월의 중년 여성으로서 고도 고혈압(170120mmHg) 등의 기존 질환을 가지고 있었음에도 이에 대한 적절한 치료를 받지 못하고 있었던 점.

- 망인의 건강과 신체조건에 비추어 볼 때 과중한 업무로 과로하거나 감원 등에 대한 불안감으로 인하여 스트레스를 받았다고 볼 여지가 있고, 한편 과로와 스트레스가 일시적으로 혈압을 상승시켜 급성 심근 경색의 원인이 될 수 있다는 것이 의학적인 소견인 점.

▎판결의 의의와 한계

1) 업무와 직접적인 관련성이 없는 기존의 질병을 갖고 있던 근로자가 과중한 업무 때문에 과로하거나 스트레스를 받은 경우에 어떤 기준으로 업무상 재해 해당 여부를 판단하여야 하는지가 문제된다(☞ Q 1. 참고). 대상판결은 업무상 과로 내지 스트레스와 관련하여 업무와 사망(질병)간의 인과관계 인정 기준에 관한 기존의 판례 법리를 재확인하면서, 원고의 처인 망인의 사망이 업무상 재해에 해당하지 않는다고 판단한 원심판결을 파기한 사례이다(☞ 다른 사례는 심화학습 1. 참고).

2) 대상판결의 법리에서 언급되고 있듯이 누구를 기준으로 하여 업무와 사망간의 상당인과관계의 존부를 판단하는가에 따라 업무상 재해 인정 여부의 결과가 달라질 수 있다. 원심과 대법원간에 결론을 달리한 이유를 살펴보면 이러한 점을 확인할 수 있고(☞ Q 2. 참고), 여기에서 대상판결의 의의를 찾을 수 있다.

3) 과로의 내용이 통상인이 감내하기 곤란한 정도이고 본인에게 그로 인하여 사

망에 이를 위험이 있는 질병이나 체질적 요인이 있었던 것으로 밝혀진 경우에는 과로 이외에 달리 사망의 원인이 되었다고 볼 특별한 사정이 드러나지 아니하는 한 업무상 과로와 신체적 요인으로 사망한 것으로 추정함이 경험칙과 논리칙에 부합한다는 것이 판례의 입장이다(대법원 2009. 3. 26. 선고 2009두164 판결, 대법원 2010. 1. 28. 선고 2009두5794 판결).

◀ Q 풀이 ▶

Q 1. 대상판결에 의하면 업무상 과로와 사망의 원인된 질병간의 인과관계와 관련하여 누구를 기준으로 무엇을 어느 정도로 입증해야 업무상 재해로 인정되나?

[A] 보통평균인이 아니라 당해 근로자(즉 이 사건 망인)의 건강과 신체조건을 기준으로 인과관계의 유무를 판단하되, 그 인과관계는 반드시 의학적·자연과학적으로 명백히 입증하여야 하는 것은 아니고, 기존 질병(이 사건의 경우 고혈압)이 업무와 직접적인 관련이 없다고 하더라도 업무상의 과로나 스트레스가 기존 질병을 자연적인 진행속도 이상으로 급격하게 악화시켜 사망의 직접적 원인인 질환(이 사건의 경우 급성 심근경색증)을 유발하거나 기존 질병에 겹쳐서 사망의 직접적 원인인 질환을 유발하여 사망에 이르게 한 것으로 추단되면, 업무(업무상 과로)와 사망 사이의 상당인과관계에 대한 입증이 이루어진 것으로 보고, 따라서 업무상 재해에 해당하는 것으로 인정된다.

Q 2. 대상판결에서 업무상 재해 인정 여부와 관련하여 원심법원과 대법원간에 어떤 판단의 차이를 보이고 있는가?

[A] 원심법원과 대법원간 판단의 차이를 비교하면 아래의 표와 같다. 원심은 작업의 성격, 근무시간, 작업량, 작업감독의 정도 등에 비추어 과중한 근로 내지 스트레스가 있었다고 추정하기 곤란한 것으로 판단한 반면에, 대법원은 작업의 성격이나 근무시간뿐만 아니라 망인의 나이, 건강과 신체조건, 가정상황, 감원 가능성 등에 비추어 장기간 육체적 피로의 누적 내지 감원 등 불안감으로 인한 스트레스가 있었을 것으로 추정하였고, 이것과 사망 사이의 상당인과관계 역시 추단된다고 판단하였다.

구 분	원심법원	대법원
결론	업무와 사망 간의 상당인과관계 부정	업무와 사망 간의 상당인과관계 인정
이유	특별히 과도한 정신 집중 요하는 작업 아님	장시간 상당한 집중력 요구되는 작업
	과중한 근로 추정 곤란(1주 4일간 2H 연장근로, 매월 2일간 휴일근로, 사망 이전 1개월간 작업량 감소, 사망 직전 3일간 정상 퇴근 등)	장기간 육체적 피로 누적 추정(8년 이상 매월 46H 정도 연장근로, 2일씩 휴일근로)
	과중한 스트레스 추정 곤란(잡담금지 등 작업통제조치와 불량률 증가 질책은 통상의 직장에서 있을 수 있는 사정)	감원 불안감 상당성 추정(망인 소속 생산라인 감원 우선순위 가능성, 장애인 남편과 자녀들 부양해야 할 입장)
		중년 여성(만 46세), 고도 고혈압 등 기존 질환 존재 했으나 적절한 치료 받지 못함
		망인의 건강과 신체조건에 비추어 과로 내지 감원 불안감으로 인한 스트레스 추정 가능 (과로와 스트레스는 급성 심근경색의 원인될 수 있다는 의학적 소견)

◀ 심화학습 ▶

1. 업무상 과로와 사망간의 상당인과관계 관련 대법원 2004. 3. 26. 선고 2003두 12844 판결과 대법원 1998. 12. 8. 선고 98두13287 판결의 비교

▷ 참고1 판결(2003두12844 판결)은 업무상 과로·스트레스와 사망 사이에 상당인과관계가 있다고 보아서 업무상 재해를 인정한 사례이고, 참고2 판결(98두13287 판결)은 그 상당인과관계가 부정된 사례이다.

▷ 두 판결은 망인의 사망 원인이 불분명하다는 공통점을 갖고 있다. 그러나 참고 1 판결과 참고2 판결간에는 다음과 같은 차이점이 있다. 즉 i) 고혈압, 심근경색이 의심되는 기존 질환이 있었던 상태(참고1 판결) ⟺ 평소 건강하고 별다른 지병이 없었던 상태(참고2 판결), ii) 사망 이전 업무의 현저한 증가로 인한 과로와 스트레스 누적 상태(참고1 판결) ⟺ 업무의 과중으로 인한 과로나 스트레스 누적 상태에 관한 증거 부재(참고2 판결), iii) 업무상 과로·스트레스 누적으로 기존 질환이 급격히 악화되어 심근경색 또는 심장마비가 유발되었다고 추단 가능(참고1 판결) ⟺ 업무상 과로·스트레스가 누적되어 갑작스러운 심장마비를 일으켰다고 보기 어려움(참고2 판결) 등이다.

※(참고1) 대법원 2004. 3. 26. 선고 2003두12844 판결【유족보상및장의비부지급 처분취소】

- "원심은 그 채택 증거들에 의하여 판시와 같은 사실을 인정한 다음, 망인이 야간 및 휴일근무가 적지 않았고, 2001. 3.경부터는 작업량이 늘어났을 뿐 아니라 다른 직원의 퇴사와 사업주의 부상으로 인하여 망인 혼자 영업과 노무작업 등을 처리하였으며, 특히 업무부담이 큰 도색작업이 갑자기 늘어남으로써 <u>사망에 즈음하여 정신적·육체적으로 피로가 누적된 점, 고혈압과 심근경색 의증의 지병이 있었음에도 쉬지 못하고 계속 근무를 한 점, 과로나 스트레스는 돌연사를 유발하는 주요 인자로 알려져 있는</u>데, '변사사실 확인원'에 의하면 망인은 심장질환 등 지병에 의하여 사망한 것으로 추정되는 점 등을 종합하여, 비록 망인의 사체검안서에 사인이 미상으로 기재되어 있고 부검도 시행되지 아니하여 <u>사인이 밝혀지지 않은 상태라 하더라도, 망인은 고혈압, 심근경색 의증 등의 기존 질환을 가진 상태에서 사망 이전 3, 4개월부터 업무의 현저한 증가로 인하여 지속적인 육체적 과로 및 정신적 스트레스가 누적되었고, 이로 인하여 기존의 질환이 통상의 자연적 경과 이상으로 급격히 악화되면서 심근경색 또는 심장마비가 유발되었다고 추단할 수 있으므로</u>, **망인의 과로나 스트레스와 이 사건 사망 사이에는 상당인과관계가 있다고 할 것이고,** 따라서 망인의 사망이 업무상 재해에 해당한다고 봄이 상당하다고 판단하였는바, 앞서 본 법리와 기록에 비추어 살펴보면, 이러한 원심의 사실인정과 판단은 옳은 것으로 수긍이 가고 … (이하 생략) …"

※(참고2) 대법원 1998. 12. 8. 선고 98두13287 판결【유족급여및장의비부지급처분취소】

- "기록에 의하여 살펴보면, 망인이 평소에 건강하고 별다른 지병이 없었으며 가족이나 동료들에게 육체적인 피로나 정신적인 스트레스 등을 호소한 사실도 없어, 단지 망인의 전신이 극도로 쇠약한 상태였다는 이유로 망인이 과로로 인한 심장마비로 사망한 것으로 추정한 사체검안의의 견해는 선뜻 믿기 어렵고, 달리 <u>망인이 과로로 인한 심장마비로 사망한 것이라는 증거가 없어 그 사망원인이 분명하지 않다</u>할 것이며, 가사 망인이 갑작스러운 심장마비를 일으켜 사망하였다고 하더라도, 망인의 업무가 비교적 단순하고 가벼운 육체노동에 해당하는 경비업무이고, 비록 격일제로 24시간 근무하는 것이 다소 생체리듬을 역행하는 면이 있다고 하지만, 근무일 다음 날은 하루 종일 휴식을 취할 수 있고, 근무일이라도 야간에는 수시로 의자에 앉거나 누워서 쉴 수도 있었으며, 망인이 동일한 근무형태의 업무를 계속해오는 동안 자연스럽게 그에 적응할 수 있었으리라고 보이는 점 등에 비추어, 달리 <u>망인이 업무의 과중 등으로 인한 과로나 스트레스가 지속되는 상태였다고 볼 만한 아무런 증거가 없는</u> 이 사건에 있어, **망인이 업무상의 과로 및 스트레스가 누적되어 갑작스러운 심장마비를 일으켰다고 보기도 어렵다고 할 것이다.** 그럼에도 불구하고, 원심은 망인의 사망원인을 심장마비라고 인정하고, 위 심장마비가 망인의 업무상의 과로와 스트레스 누적으로 인하여 발생하였다 하여 망인의 사망을 업무상 재해로 인정하였으니, 원심판결에는 채증법칙 위반으로 인한 사실오인의 위법 내지는 업무상 재해의 인과관계에 대한 법리오해 등의 위법이 있다고 할 것이다."

제15강 노조법상 근로자와 노동조합의 요건

◀ 판례분석 ▶

■**제 목** : 학습지교사의 노조법상 근로자 해당성(Y) [재능교육사건]

■**대상판결** : 대법원 2018. 6. 15. 선고 2014두12598, 12604 판결【부당해고및부당노동행위구제재심판정취소】
【원고, 상고인】 전국학습지산업노동조합 외 8인
【피고, 피상고인】 중앙노동위원회위원장
【피고보조참가인】 주식회사 재능교육
【원심판결】 서울고법 2014. 8. 20. 선고 2012누37274, 37281 판결
【주 문】 원심판결 중 원고 5, 원고 6, 원고 7, 원고 8, 원고 9, 원고 전국학습지산업노동조합의 2011. 7. 19. 부당노동행위에 관한 재심판정 취소 청구 부분을 파기하고, 이 부분 사건을 서울고등법원에 환송한다. 원고 2, 원고 3, 원고 4의 상고와 원고 5, 원고 6, 원고 7, 원고 8, 원고 9, 원고 전국학습지산업노동조합의 나머지 상고를 모두 기각한다. 원고 2, 원고 3, 원고 4의 상고로 인한 상고비용은 보조참가로 인한 부분을 포함하여 위 원고들이 부담한다.

■**사건의 개요** : 원고 학습지교사들과 원고 조합은 참가인 회사가 원고 학습지교사들에 대해 위탁계약을 해지하거나 재계약을 체결하지 않은 것이 부당해고 및 부당노동행위에 해당한다며 관할 지방노동위원회에 구제신청을 하였으나, 근로자에 해당하지 않는다는 이유로 각하되었고 중앙노동위원회도 같은 이유로 원고들의 재심신청을 기각하여 그 재심판정의 취소를 구하는 소를 제기하였다.

▌관련 법 규정(현행법 기준)
- 노조법 제2조(정의) 제1호 : "근로자"라 함은 직업의 종류를 불문하고 임금·급료 기타 이에 준하는 수입에 의하여 생활하는 자를 말한다.

▌판결의 성격 : 원심은 원고 학습지교사들이 근기법상 근로자 및 노조법상 근로자에 해당하지 않는다고 판단하였으나, 대법원은 노조법상 근로자성을 인정하여 원심판결의 일부를 파기환송하였다.

▌쟁 점
- 원고 학습지교사들이 노조법상 근로자에 해당하는지 여부

▌중요 사실관계
- 원고 학습지교사들이 제공한 노무의 내용(학습지회원에 대한 관리·교육, 기존 회원의 유지, 회원모집 등)과 그에 대한 대가(수수료) ⇒ **참가인 회사의 학습지사업에 필수적인 노무제공 여부 및 수수료의 노무제공 대가성 관련**
- 업무의 내용과 준비 및 업무 수행에 필요한 시간 등에 비추어 겸업이 현실적으로 곤란 ⇒ **참가인 회사에의 소득의존성 관련**
- 참가인 회사는 불특정 다수의 학습지교사들과 정형화된 형식의 위탁사업계약 체결 ⇒ **참가인 회사의 계약 주요 내용 일방 결정 관련**
- 1년 단위 위탁사업계약 체결 및 계약기간의 자동연장 ⇒ **계약관계의 지속·전속성 관련**
- i) 신규 학습지교사들 상대 입사실무교육 실시, 특정 단위조직에 배치한 후 관리회원 배정, ii) 업무처리지침 등 존재, 학습지도서의 제작·배부 및 표준필수업무 시달, iii) 학습지교사들은 매월 말일 지국장에게 회원 리스트와 회비 납부 여부 등 확인한 자료 제출, 정기적으로 참가인의 홈페이지에 로그인해 회원들의 진도상황과 진단평가결과 및 회비수납 상황 등 입력, 2~3달에 1회 정도 집필시험 봄, iv) 참가인은 회원관리카드 및 관리현황을 보유하면서 때때로 원고 학습지교사들에게 일정한 지시, 주 3회 오전에 원고 학습지교사들을 참여시켜 지국장 주재 조회와 능력향상과정 진행 ⇒ **참가인 회사의 원고 학습지교사들에 대한 지휘·감독성 관련**

▌기본법리(판지)
1) (1) <u>노동조합법상 근로자는 타인과의 사용종속관계하에서 노무에 종사하고 대</u>

가로 임금 기타 수입을 받아 생활하는 자를 말한다. ⇒ **[노조법상 근로자의 의미]**

⑵ 구체적으로 <u>노동조합법상 근로자에 해당하는지는,</u> 노무제공자의 소득이 특정 사업자에게 주로 의존하고 있는지, 노무를 제공 받는 특정 사업자가 보수를 비롯하여 노무제공자와 체결하는 계약 내용을 일방적으로 결정하는지, 노무제공자가 특정 사업자의 사업 수행에 필수적인 노무를 제공함으로써 특정 사업자의 사업을 통해서 시장에 접근하는지, 노무제공자와 특정 사업자의 법률관계가 상당한 정도로 지속적·전속적인지, 사용자와 노무제공자 사이에 어느 정도 지휘·감독관계가 존재하는지, 노무제공자가 특정 사업자로부터 받는 임금·급료 등 수입이 노무 제공의 대가인지 <u>등을 종합적으로 고려하여 판단하여야</u> 한다(대법원 1993. 5. 25. 선고 90누1731 판결, 대법원 2006. 5. 11. 선고 2005다20910 판결 참조). ⇒ **[노조법상 근로자성 판단기준(주된 소득 의존성, 계약내용 일방 결정성, 필수적 노무제공 및 시장접근성, 계약관계의 지속·전속성, 지휘·감독관계성, 노무제공 대가성 등)]**

2) ⑴ <u>노동조합법은</u> 개별적 근로관계를 규율하기 위해 제정된 <u>근로기준법과 달리,</u> 헌법에 의한 근로자의 <u>노동3권 보장을 통해 근로조건의 유지·개선과 근로자의 경제적·사회적 지위 향상 등을 목적으로 제정</u>되었다. ⇒ **[근기법과 구별되는 노조법의 입법 목적]**

⑵ 이러한 노동조합법의 입법 목적과 근로자에 대한 정의 규정 등을 고려하면, <u>노동조합법상 근로자에 해당하는지는 노무제공관계의 실질에 비추어 노동3권을 보장할 필요성이 있는지의 관점에서 판단하여야</u> 하고, <u>반드시 근로기준법상 근로자에 한정된다고 할 것은 아니다</u>(대법원 2011. 3. 24. 선고 2007두4483 판결, 대법원 2014. 2. 13. 선고 2011다78804 판결, 대법원 2015. 6. 26. 선고 2007두4995 전원합의체 판결 참조). ⇒ **[노동3권 보장 필요성에 따른 근로자성 판단(노조법상 근로자 ≠ 근기법상 근로자)]**

■**결론 및 이유** : 원고 학습지교사들은 노동조합법상 근로자에 해당한다고 봄이 타당하다.

- **주된 소득 의존성** : 업무 내용, 업무 준비 및 업무 수행에 필요한 시간 등에 비추어 볼 때 원고 학습지교사들이 겸업을 하는 것은 현실적으로 어려워 보여, 참가인으로부터 받는 수수료가 원고 학습지교사들의 주된 소득원이었을 것으로 보임

- **계약내용 일방 결정성** : 참가인은 불특정다수의 학습지교사들을 상대로 미리 마련한 정형화된 형식으로 위탁사업계약을 체결하였으므로, 보수를 비롯하여 위탁사업계약의 주요 내용이 참가인에 의하여 일방적으로 결정되었다고 볼 수 있음.

- **필수적 노무제공 및 시정접근성** : 원고 학습지교사들이 제공한 노무는 참가인의

학습지 관련 사업 수행에 필수적인 것이었고, 원고 학습지교사들은 참가인의 사업을 통해 학습지 개발 및 학습지회원에 대한 관리·교육 등에 관한 시장에 접근하였음.

- **계약관계의 지속·전속성** : 원고 학습지교사들은 참가인과 일반적으로 1년 단위로 위탁사업계약을 체결하고 계약기간을 자동연장하여 왔으므로 그 위탁사업계약관계는 지속적이었고, 참가인에게 상당한 정도로 전속되어 있었던 것으로 보인다.

- **지휘·감독관계성** : i) 참가인은 신규 학습지교사들을 상대로 입사실무교육을 실시하고, 사무국장 및 단위조직장을 통하여 신규 학습지교사들을 특정 단위조직에 배정한 후 관리회원을 배정하였음. ii) 일반 직원에게 적용되는 취업규칙과는 구별되지만 원고 학습지교사들에게 적용되는 업무처리지침 등이 존재하였고, 참가인은 원고 학습지교사들에게 학습지도서를 제작, 배부하고 표준필수업무를 시달하였음. iii) 학습지교사들은 매월 말일 지국장에게 회원 리스트와 회비 납부 여부 등을 확인한 자료를 제출하고 정기적으로 참가인의 홈페이지에 로그인하여 회원들의 진도상황과 진단평가결과 및 회비수납 상황 등을 입력하며, 2~3달에 1회 정도 집필시험을 치렀음. iv) 또한 참가인은 회원관리카드 및 관리현황을 보유하면서 때때로 원고 학습지교사들에게 일정한 지시를 하고, 주 3회 오전에 원고 학습지교사들을 참여시켜 지국장 주재 조회와 능력향상과정을 진행하기도 하였음. v) 이러한 사정에 비추어 보면 원고 학습지교사들은 비록 근로기준법상 근로자에 해당한다고 볼 정도는 아니지만 어느 정도 참가인의 지휘·감독을 받았던 것으로 볼 수 있음.

- **노무제공 대가성** : 원고 학습지교사들은 참가인으로부터 학습지회원에 대한 관리·교육, 기존 회원의 유지, 회원모집 등 자신이 제공한 노무에 대한 대가 명목으로 수수료를 지급받았음.

- **노동3권 보장 필요성** : i) 비록 근로기준법이 정하는 근로자로 인정되지 않는다 하더라도, 특정 사업자에 대한 소속을 전제로 하지 아니할 뿐만 아니라 '고용 이외의 계약 유형'에 의한 노무제공자까지도 포함할 수 있도록 규정한 노동조합법의 근로자 정의 규정과 대등한 교섭력의 확보를 통해 근로자를 보호하고자 하는 노동조합법의 입법 취지를 고려할 때, 참가인의 사업에 필수적인 노무를 제공함으로써 참가인과 경제적·조직적 종속관계를 이루고 있는 원고 학습지교사들을 노동조합법상 근로자로 인정할 필요성이 있음. ii) 또한 경제적 약자의 지위에서 참가인에게 노무를 제공하는 원고 학습지교사들에게 일정한 경우 집단적으로 단

결함으로써 노무를 제공받는 특정 사업자인 참가인과 대등한 위치에서 노무제공 조건 등을 교섭할 수 있는 권리 등 <u>노동3권을 보장하는 것이 헌법 제33조의 취지에도 부합함.</u>

▌판결의 의의와 한계

1) 대상판결에서 대법원은 일반적으로 근기법상의 근로자성이 부정되는 특수형태 근로종사자에 속하는 학습지교사가 노조법상 근로자에 해당한다고 판단하였다.

2) 입법의 목적과 근로자의 정의 규정 관련 근기법과 노조법의 차이에도 불구하고 대상판결 이전에 대법원은 근기법과 노조법상 근로자 여부의 판단 기준과 방법이 어떻게 다른지에 대하여 명확한 입장을 밝히지 않았는데, 대상판결을 통해 노조법상 근로자 해당 여부에 관한 판단기준과 방법을 구체적으로 밝혀 근기법과 노조법의 차이를 분명히 한 점에서 의미가 있다.

3) 대상판결은 근기법상 '인적 종속관계'와 구별되는 노조법상 '경제적·조직적 종속관계' 판단의 제요소를 구체화하고 있을 뿐만 아니라 노조법상 근로자성 판단의 기본 관점으로 노동3권 보장의 필요성을 제시하면서 노조법상 근로자가 반드시 근기법상 근로자에 한정되지 않음을 명확히 한 점에서 유의미하다(☞ Q 2. 참고).

◀ Q 풀이 ▶

Q 1. 대상판결이 학습지교사를 노조법상 근로자라고 판단한 이유는 무엇인가?

[A] i) 참가인으로부터 받는 수수료가 원고 학습지교사들의 주된 소득원이었을 것으로 보이는 점(주된 소득 의존), ii) 참가인이 보수를 비롯하여 위탁사업계약의 주요 내용을 일방적으로 결정하였다고 볼 수 있는 점(계약내용 일방 결정), iii) 원고 학습지교사들은 참가인의 사업 수행에 필수적인 노무를 제공하면서 참가인의 사업을 통해 학습지시장에 접근하였던 점(필수적 노무제공 및 시정접근), iv) 위탁사업 계약관계가 지속적이었고 참가인에게 상당한 정도로 전속되어 있었던 것으로 보이는 점(계약관계의 지속 및 상당한 전속), v) 원고 학습지교사들은 비록 근기법상 근로자에 해당한다고 볼 정도는 아니지만 어느 정도 참가인의 지휘·감독을 받았던 것으로 볼 수 있는 점(어느 정도의 지휘·감독), vi) 원고 학습지교사들은 참가인으로부터 자신이 제공한 노무에 대한 대가 명목으로 수수료를 지급받았던 점(수수료의 노무제공 대가성), vii) 비록 근기법이 정하는 근로자로 인정되지 않는다 하더라

도, 참가인의 사업에 필수적인 노무를 제공함으로써 참가인과 경제적·조직적 종속관계를 이루고 있는 원고 학습지교사들을 노조법상 근로자로 인정할 필요성이 있고, 그들의 노동3권을 보장하는 것이 헌법 제33조의 취지에도 부합하는 점(경제적·조직적 종속관계 및 노동3권 보장 필요성) 등을 이유로 하여 노조법상 근로자에 해당한다고 판단하였다(☞ 자세한 내용은 앞의 '결론과 이유' 참고).

Q 2. 취업자 중에서 근로자를 판단하는 기준은 근기법과 노조법에서 어떻게 다른가? 또 그 이유는 무엇인가?

[A] 1) 근기법상 근로자와 노조법상 근로자는 사용종속관계 아래에서 타인에게 근로 내지 노무를 제공하고 그 대가로 보수를 받는다는 점에서 공통적이나, 근기법에서는 이른바 '인적 종속성'을 중심으로 종속관계 여부를 판단하는 반면에 노조법에서는 '인적 종속성'보다는 '경제적·조직적 종속성'에 더 중점을 두어 종속관계 여부를 판단한다는 점에서 차이가 있다(☞ 인적 종속성에 관해서는 제2강 1. 근로자 대상판결 참고). 이러한 차이 때문에 구체적인 판단요소가 상이하다(임금 목적의 근로제공과 근로대가성 ⇔ 주된 소득의 의존성과 노무제공 대가성 / 근로의 내용·시간·장소 지정과 이에 구속 ⇔ 계약 내용 일방 결정성 / 이윤창출과 손실초래 등 위험 부담 부재 ⇔ 필수적 노무제공에 따른 시정접근 / 구체적 내지 상당한 지휘·감독 ⇔ 어느 정도의 지휘·감독 / 근로제공관계의 계속성과 사용자에 대한 전속성 ⇔ 계약관계의 상당한 정도 지속·전속성 / 근로조건 보호 필요성 ⇔ 노동3권 보장 필요성 등).

2) 대상판결에서 대법원은 2006. 12. 7. 선고 2004다29736 판결(☞ 제2강 1. 근로자 대상판결)에서 밝힌 근기법상 근로자성 판단기준에 입각하여, 원고 학습지교사들이 근기법상 근로자에 해당하지 아니한다는 원심의 판단을 정당한 것으로 보았으나, 노조법상 근로자에 대한 정의 규정(특정 사업자에 대한 소속을 전제로 하지 아니할 뿐만 아니라 '고용 이외의 계약 유형'에 의한 노무제공자까지도 포함할 수 있도록 규정) 및 노조법의 입법 취지(대등한 교섭력의 확보를 통한 근로자 보호)가 근기법과 다르기 때문에, 비록 근기법상의 근로자로 인정되지 않더라도 경제적·조직적 종속관계 아래에서 참가인 회사의 사업에 필수적인 노무를 제공한 원고 학습지교사들을 노조법상 근로자로 인정할 필요성이 있고, 그들의 노동3권을 보장하는 것이 헌법 제33조의 취지에도 부합한다는 점을 들고 있다.

◀ 심화학습 ▶

1. 특정 사업주에 대한 전속성이 없으면 노조법상 근로자로 인정될 수 없는가?
(대법원 2018. 10. 12. 선고 2015두38092 판결 참고)

▷ 참고판결(2015두38092 판결)은 방송연기자를 조직대상으로 하는 노동조합(한국방송연기자노동조합)이 한국방송공사(피고보조참가인)와의 단체교섭에서 노동조합 소속 조합원들인 방송연기자들과 한국방송공사 소속의 다른 근로자들을 각각의 교섭단위로 분리하여 줄 것을 신청한 사안에서, 대상판결이 밝힌 노조법상 근로자 판단기준에 근거하여 노동조합 소속 조합원인 방송연기자가 노조법상 근로자에 해당한다고 본 사례이다(☞ 교섭단위 분리 관련 제17강 3. 공정대표의무, 심화학습 1. 참고).

▷ 참고판결에서 대법원은 비록 방송연기자 중에는 한국방송공사에 전속된 것으로 보기 어렵거나 그 소득이 한국방송공사로부터 받는 출연료에 주로 의존하고 있다고 단정하기 어려운 경우도 있을 수 있으나, 방송연기자와 한국방송공사 사이의 노무제공관계의 실질에 비추어 볼 때, 방송연기자로 하여금 노동조합을 통해 방송사업자와 대등한 위치에서 노무제공조건 등을 교섭할 수 있도록 할 필요성이 크므로, 전속성과 소득 의존성이 강하지 아니한 측면이 있다 하더라도 이를 들어 방송연기자가 노동조합법상 근로자임을 부정할 것은 아니라고 판시하였다.

> ※ 대법원 2018. 10. 12. 선고 2015두38092 판결 【교섭단위분리재심결정취소】
> - "… (중략) … 2. 원심판결 이유와 적법하게 채택한 증거에 의하여 알 수 있는 다음 사실 또는 사정을 앞서 본 법리에 따라 살펴보면, 원고 소속 조합원인 방송연기자(이하 '방송연기자'라고 한다)는 노동조합법상 근로자에 해당한다고 봄이 타당하다.
> (1) 피고보조참가인(이하 '참가인'이라고 한다)은 방송제작비지급규정으로 제작비 최고 한도를 정하고 출장제작비의 가산 지급률을 규정하는 등으로 방송연기자의 출연료 등을 규율하고 있다. 등급을 적용받는 방송연기자의 경우에는 별도의 출연계약서 없이 참가인이 마련한 출연료지급기준표에 따라 출연료를 지급받는다. 자유계약 연기자의 경우에도 대부분의 경우 참가인이 사전에 부동문자로 내용을 기재한 출연계약서를 이용하여 출연계약을 체결한다. 이러한 출연계약서는 주로 방송연기자의 의무 사항을 규정하면서 참가인에게 관련 프로그램에 관한 일방적인 변경, 폐지권을 부여하고 있고, 그에 따라 출연료도 조정하도록 규정하고 있다. 이러한 사정을 고려하면 참가인이 보수를 비롯하여 방송연기자와 체결하는 계약 내용을 일방적으로 결정하고 있다고 평가할 수 있다.

(2) 방송연기자가 제공하는 노무인 방송연기는 참가인의 방송사업 수행을 위한 필수적 요소 중 하나이다. 또한 방송연기자는 참가인 등 방송사업자의 방송사업을 통해서만 방송연기시장에 접근할 수 있다.

(3) 방송연기자 업무의 기본적인 내용은 참가인이 지정하는 역할과 대본 등으로 결정된다. 방송연기자의 연기는 참가인이 결정한 시간과 장소에서 이루어지고 연출감독이나 현장진행자의 개별적이고 직접적인 지시를 받으며 진행된다. 연출감독은 대본연습 단계부터 연기자의 연기에 관여하고, 최종적으로 연기의 적합성이나 완성도 등을 판단하여 이에 적합하지 않을 경우 연기의 수정을 요구할 수도 있다. 이와 같은 점을 종합하면 참가인은 방송연기자들의 업무 수행과정에서 구체적이고 개별적인 지휘·감독을 하는 것으로 볼 수 있다.

(4) 방송연기자가 참가인으로부터 받는 출연료는 실연료 등 저작인접권의 대가가 일부 포함되어 있기는 하나 기본적으로는 방송연기라는 노무 제공의 대가에 해당한다.

(5) 그동안 참가인은 방송연기자가 노동조합법상 근로자이고 원고가 노동조합법상 노동조합에 해당함을 전제로 단체교섭을 통해 단체협약을 체결하여 왔다. 원고도 참가인과 원활하게 단체교섭이 이루어지지 아니하였을 때에는 노동위원회에 노동쟁의조정을 신청함으로써 분쟁을 해결해 왔다.

(6) 방송연기자 중에는 참가인에게 전속된 것으로 보기 어렵거나 그 소득이 참가인으로부터 받는 출연료에 주로 의존하고 있다고 단정하기 어려운 경우도 있을 수 있다. 그러나 앞서 든 사정을 통해 알 수 있는 방송연기자와 참가인 사이의 노무 제공관계의 실질에 비추어 보면, 방송연기자로 하여금 노동조합을 통해 방송사업자와 대등한 위치에서 노무제공조건 등을 교섭할 수 있도록 할 필요성이 크므로, 전속성과 소득 의존성이 강하지 아니한 측면이 있다 하더라도 이를 들어 방송연기자가 노동조합법상 근로자임을 부정할 것은 아니다."

2. 불법체류 외국인 근로자

◀ 판례분석 ▶

▌**제 목** : 취업자격 없는 외국인 근로자의 노조법상 근로자성(Y) [이주노동자노조사건]

▌**대상판결** : 대법원 2015. 6. 25. 선고 2007두4995 전원합의체 판결 【노동조합

설립신고반려처분취소】
【원고, 피상고인】서울경기인천이주노동자노동조합
【피고, 상고인】서울지방노동청장
【원심판결】서울고법 2007. 2. 1. 선고 2006누6774 판결
【주 문】상고를 기각한다. 상고비용은 피고가 부담한다.

■ **사건의 개요** : 원고는 피고에게 노조설립신고를 하였으나, 피고는 보완서류 미제출 및 주된 조합원이 취업자격 없는 외국인이라는 이유로 설립신고를 반려하였고, 원고는 그 반려처분의 취소를 구하는 소를 제기하였다.

■ **관련 법 규정**(현행법 기준)
- 노조법 제2조(정의) 제1호 : "근로자"라 함은 직업의 종류를 불문하고 임금·급료 기타 이에 준하는 수입에 의하여 생활하는 자를 말한다.
- 노조법 제9조(차별대우의 금지) : 노동조합의 조합원은 어떠한 경우에도 인종, 종교, 성별, 연령, 신체적 조건, 고용형태, 정당 또는 신분에 의하여 차별대우를 받지 아니한다.
- 노조법 제10조(설립의 신고) ① 노동조합을 설립하고자 하는 자는 다음 각호의 사항을 기재한 신고서에 제11조의 규정에 의한 규약을 첨부하여 … (중략) … 2 이상의 특별시·광역시·특별자치시·도·특별자치도에 걸치는 단위노동조합은 고용노동부장관에게 … (중략) … 에게 제출하여야 한다.
    1. 명칭
    2. 주된 사무소의 소재지
    3. 조합원수
    4. 임원의 성명과 주소
    5. 소속된 연합단체가 있는 경우에는 그 명칭
    6. 연합단체인 노동조합에 있어서는 그 구성노동단체의 명칭, 조합원수, 주된 사무소의 소재지 및 임원의 성명·주소
- 노조법 제12조(신고증의 교부) ② 행정관청은 설립신고서 또는 규약이 기재사항의 누락등으로 보완이 필요한 경우에는 대통령령이 정하는 바에 따라 20일 이내의 기간을 정하여 보완을 요구하여야 한다. 이 경우 보완된 설립신고서 또는 규약을 접수한 때에는 3일 이내에 신고증을 교부하여야 한다.
③ 행정관청은 설립하고자 하는 노동조합이 다음 각호의 1에 해당하는 경우에는

설립신고서를 반려하여야 한다.

  2. 제2항의 규정에 의하여 보완을 요구하였음에도 불구하고 그 기간내에 보완
    을 하지 아니하는 경우
- 출입국관리법 제18조(외국인 고용의 제한) ① 외국인이 대한민국에서 취업하려면
대통령령으로 정하는 바에 따라 취업활동을 할 수 있는 체류자격을 받아야 한다.

▌**판결의 성격** : 원심은 취업자격 없는 외국인도 노조법상의 근로자에 해당한다는
이유 등으로 원고의 설립신고서반려처분이 위법하다고 판단하였고, 대법원은 원심
의 판단이 정당하다고 보아서 피고의 상고를 기각하였다.

▌**쟁 점**
- 출입국관리법상 취업자격이 없는 외국인 근로자가 노조법상의 근로자에 해당
하는지 여부
- 노조법 및 같은 법 시행령의 위임 없이 규정된 구 노조법 시행규칙 소정 규정
에 근거한 노조설립신고반려처분이 적법한지 여부

▌**중요 사실관계**
- 2005. 5. 3. 원고 노조의 설립신고서 제출, 같은 달 9. 피고의 보완 요구(조합원
소속 사업장별 명칭과 조합원 수 및 대표자의 성명 제출, 소속 조합원의 취업자격 유무 확인
을 위한 조합원명부 제출 등), 같은 달 31. 원고 노조의 보완서류 일부 제출 및 조합
원명부 등 제출 거부 ⇒ **상위 법령의 위임 없이 규정된 구 노조법 시행규칙에 따른 보완
요구의 불이행이 설립신고서 반려사유 해당 여부와 관련**
- 2005. 6. 3. 원고의 설립신고서 반려(반려사유: 보완서류 미제출, 노조의 주된 구성원
이 노조가입자격 없는 불법체류 외국인) ⇒ **취업자격 없는 외국인 등을 이유로 한 노조설립신
고서반려처분의 적법성 여부와 관련**

▌**기본법리**(판지)
1) 노동조합법상 근로자란 타인과의 사용종속관계하에서 근로를 제공하고 그 대
가로 임금 등을 받아 생활하는 사람을 의미하며, 특정한 사용자에게 고용되어
현실적으로 취업하고 있는 사람뿐만 아니라 일시적으로 실업 상태에 있는 사람
이나 구직 중인 사람을 포함하여 노동3권을 보장할 필요성이 있는 사람도 여기
에 포함되는 것으로 보아야 한다(대법원 2004. 2. 27. 선고 2001두8568 판결, 대법원

2014. 2. 13. 선고 2011다78804 판결, 대법원 2015. 1. 29. 선고 2012두28247 판결 등 참조). ⇒ **[노조법상의 근로자]**

2) 출입국관리 법령에서 외국인고용제한규정을 두고 있는 것은 취업자격 없는 외국인의 고용이라는 사실적 행위 자체를 금지하고자 하는 것뿐이지, 나아가 취업자격 없는 외국인이 사실상 제공한 근로에 따른 권리나 이미 형성된 근로관계에 있어서 근로자로서의 신분에 따른 노동관계법상의 제반 권리 등의 법률효과까지 금지하려는 것으로 보기는 어렵다(대법원 1995. 9. 15. 선고 94누12067 판결 등 참조). ⇒ **[출입국관리법령상 외국인고용제한규정의 취지와 성격]**

3) 따라서 타인과의 사용종속관계하에서 근로를 제공하고 그 대가로 임금 등을 받아 생활하는 사람은 노동조합법상 근로자에 해당하고, 노동조합법상의 근로자성이 인정되는 한, 그러한 근로자가 외국인인지 여부나 취업자격의 유무에 따라 노동조합법상 근로자의 범위에 포함되지 아니한다고 볼 수는 없다. ⇒ **[근로삼권의 주체(노조법상 근로자성 인정되는 한 국적·취업자격과 관계없이 권리 향유)]**

4) 취업자격 없는 외국인이 노동조합법상 근로자의 개념에 포함된다고 하여 노동조합의 조합원 지위에 있는 외국인이 출입국관리 법령상 취업자격을 취득하게 된다든가 또는 그 체류가 합법화되는 효과가 발생하는 것은 아니다. 취업자격 없는 외국인근로자들이 조직하려는 단체가 '주로 정치운동을 목적으로 하는 경우'와 같이 노동조합법 제2조 제4호 각 목의 해당 여부가 문제 된다고 볼 만한 객관적인 사정이 있는 경우에는 행정관청은 실질적인 심사를 거쳐 노동조합법 제12조 제3항 제1호 규정에 의하여 설립신고서를 반려할 수 있을 뿐만 아니라(대법원 2014. 4. 10. 선고 2011두6998 판결 참조), 설령 노동조합의 설립신고를 마치고 신고증을 교부받았다고 하더라도, 그러한 단체는 적법한 노동조합으로 인정받지 못할 수 있음은 물론이다. ⇒ **[취업자격 없는 외국인의 노조법상 근로자성 인정의 법적 한계]**

5) 구 노동조합법 시행규칙이 제2조 제4호(2010. 8. 9. 고용노동부령 제2호로 삭제되었다)에서 설립신고의 대상이 되는 노동조합이 '2 이상의 사업 또는 사업장의 근로자로 구성된 단위노동조합인 경우 사업 또는 사업장별 명칭, 조합원 수, 대표자의 성명'에 관한 서류를 설립신고서에 첨부하여 제출하도록 규정한 것은 상위 법령의 위임 없이 규정한 것이어서, 일반 국민에 대하여 구속력을 가지는 법규명령으로서의 효력은 없다고 보아야 한다(대법원 2013. 9. 12. 선고 2011두10584 판결 등 참조). ⇒ **[상위 법령의 위임 없이 규정된 (구)노조법 시행규칙의 효력(무효)]**

※ **반대의견**: 임금 등의 금전적 청산, 업무상 재해에 대한 보상 등 위법한 고용의 결과이긴 하지만 되돌릴 수 없는 기왕의 근로 제공이라는 측면에서 취업자격 없는 외국인을 보호하는 것은 별론으로 하더라도, 취업자격 없는 외국인은 애당초 '정상적으로 취업하려는 근로자'에 해당할 수 없고 이미 취업한 사람조차도 근로계약의 존속을 보장받지 못할 뿐만 아니라, 노동조합법상의 근로자 개념에 포함된다 하여 취업자격을 자동으로 취득하거나 그의 국내 체류가 합법화되는 것도 아니다. 이런 마당에 장차 근로관계가 성립 혹은 계속될 것을 전제로 사용자와의 단체교섭이나 단체협약의 체결을 통하여 근로조건을 유지·개선하려 하는 것 자체가 가능한 일인지 의문이다. 결국 취업자격 없는 외국인에 대하여는 근로조건의 유지·개선과 지위 향상을 기대할 만한 법률상 이익을 인정하기 어렵고, 취업자격 없는 외국인은 노동조합법상 근로자의 개념에 포함되지 않는다.

▌**결론 및 이유** : 원심의 판단은 정당하고, 거기에 상고이유 주장과 같이 구 노동조합법 시행규칙 제2조 제4호의 해석 등에 관한 법리를 오해한 잘못이 없으며, 취업자격 없는 외국인의 노동조합법상 근로자 지위 인정 여부에 관한 법리를 오해하는 등의 잘못이 없다.
- 행정관청은 구 노동조합법 시행규칙 제2조 제4호가 정한 사항에 관한 보완이 이루어지지 아니하였다는 사유를 들어 그 설립신고서를 반려할 수는 없음. 같은 취지에서 원심이 구 노동조합법 시행규칙 제2조 제4호 규정 사항의 보완이 없었다는 점을 반려처분의 사유 중 하나로 삼은 피고의 조치가 위법하다고 판단한 것은 정당함.
- 취업자격 없는 외국인도 노동조합 결성 및 가입이 허용되는 근로자에 해당한다고 보고, 피고가 이와 다른 전제에서 단지 외국인근로자의 취업자격 유무만을 확인할 목적으로 조합원 명부의 제출을 요구하고 이에 대하여 원고가 그 보완 요구를 거절하였다는 이유로 원고의 설립신고서를 반려한 이 사건 처분은 위법하다고 본 원심의 판단은 정당함.

▌**판결의 의의와 한계**
1) 취업자격 없는 외국인 근로자의 근기법상 지위는 대법원 1995. 9. 15. 선고 94누12067 판결을 통해 인정되었다(☞ 심화학습 1. 참고). 대상판결 사안은 취업자격 없는 외국인 근로자의 노조법상 지위 인정 여부가 쟁점이 된 것이다. 이 사건 설립신고서반려처분의 적법성에 관한 1심(원고 패소 판결)과 원심(원고 승소 판결)의 판단이 달랐기 때문에 대법원이 내릴 결론에 대한 사회적 관심이 지대했었다. 대상판결은 원심판결 후 8년이 지나 선고된 만시지탄의 사례지만, 출입국관리법

령에 따라 취업활동을 할 수 있는 체류자격을 받지 않은 외국인 근로자도 노조법상의 근로자에 포함되어 근로삼권의 주체가 된다는 점을 확인한 판결로서 그 의의가 크다.

2) 대상판결은 노조법상의 근로자 해당 여부에 관한 판단기준을 제시한 판례(2001두8568 판결 등)와 출입국관리법령상의 외국인고용제한규정의 취지와 성격을 제한적으로 해석한 판례(94누12067 판결) 등에 근거하여, 노조법상의 근로자성이 인정되는 한, 취업자격 없는 외국인도 노조법상 근로자의 범위에 포함됨을 밝히고 있다. 따라서 노조설립신고업무를 담당하는 관할 행정관청은 외국인 근로자의 취업자격 유무를 확인하기 위한 서류의 제출을 요구할 수 없고, 취업자격 없음을 이유로 노조설립신고서를 반려할 수도 없게 되었다. 하지만 대상판결이 지적하고 있듯이, 취업자격 없는 외국인 근로자의 노조법상 지위가 인정된다고 해서 그 사람의 출입국관리상 지위가 합법화되는 것은 아니다.

◀ Q 풀이 ▶

Q 1. 대상판결에 의하면 노조법상 근로자인가를 판단하는 원칙은?

[A] 타인과의 사용종속관계 아래에서 근로를 제공하고 그 대가로 임금 등을 받아 생활하는 사람이라면 노조법상의 근로자에 해당하고, 여기에는 특정한 사용자에게 고용되어 현실적으로 취업하고 있는 사람뿐만 아니라 일시적으로 실업상태에 있는 사람이나 구직 중인 사람 등 노동3권을 보장할 필요성이 있는 사람도 포함된다. 또한 노조법상의 근로자성이 인정되는 한, 그러한 근로자가 외국인인지 여부나 취업자격의 유무에 따라 노조법상 근로자의 범위에 포함되지 아니한다고 볼 수는 없다.

Q 2. 대상판결에 의하면 불법체류 외국인 근로자들이 결성한 '단결체'의 법적 지위는?

[A] 노조법상의 근로자에 해당하는 사람은 국적이나 취업자격의 유무에 관계없이 근로삼권의 주체가 되므로, 출입국관리법령상 취업활동을 할 수 있는 체류자격이 없는 외국인 근로자들로 구성된 단결체도 노조설립신고를 통해 노조법상 노조(법내노조)로서의 권리와 이익을 향유할 수 있고(☞ 15강 3. 노동조합의 실질적 요건, Q 2. 참고), 설령 노조설립신고를 하지 않았더라도 노동조합으로서의 실질적 요건을 갖춘 이상, 헌법상 단체결(법외노조)로서의 지위와 권리를 보장받는다(☞

제15강 3. 노동조합의 실질적 요건, Q 1. 참고).

◀ 심화학습 ▶

1. 불법체류 외국인 근로자의 개별적 근로관계법상 지위 (대법원 1995. 9. 15. 선고 94누12067 판결 참고)

▷ 외국인 근로자(대한민국의 국적을 가지지 아니한 사람으로서 국내에 소재하고 있는 사업 또는 사업장에서 임금을 목적으로 근로를 제공하고 있거나 제공하려는 사람)의 고용에 관해서는 '외국인근로자의 고용 등에 관한 법률'이 적용된다. 같은 법은 외국인 근로자의 고용절차(제2장: 사용자의 내국인 구인 노력, 고용노동부장관의 외국인구직자 명부 작성, 직업안정기관장의 외국인근로자 고용허가서 발급, 표준근로계약서에 의한 근로계약의 체결 등), 외국인근로자의 고용관리(제3장: 퇴직금 지급을 위한 보험 또는 신탁에의 사용자 가입, 건강보험, 귀국 전 임금 등 금품관계 청산, 취업활동 기간의 제한, 외국인근로자 고용의 제한 등), 외국인근로자의 보호(제4장: 차별금지, 보증보험·상해보험에의 가입, 외국인근로자 관련 단체에 대한 지원 등)에 관해 규정하고 있다.

▷ 출입국관리법상 국내에서 취업활동을 할 수 있는 체류자격이 없는 외국인의 고용은 금지되나(제18조 참조), 취업자격이 없는 외국인이 근기법상의 근로자에 해당하면 같은 법의 적용을 받는다. 참고판결(94누12067 판결)은 이러한 점을 분명히 밝힌 사례로서, 취업자격이 아닌 산업연수 체류자격으로 입국하여 소외 회사에서 근로를 제공하다가 부상을 당한 원고가 근기법상의 근로자이고, 따라서 산재보험법상의 요양급여를 받을 수 있는 것으로 판단되었다.

> ※ **대법원 1995. 9. 15. 선고 94누12067 판결 【요양불승인처분취소】**
> - "<u>구 출입국관리법 제15조(현행 제18조)</u> ··· (중략) ··· 외국인 고용제한을 규정하고 있는 바, <u>그 입법취지가</u> 단순히 <u>외국인의 불법체류만을 단속할 목적으로 한 것</u>이라고는 할 수 없고, 위 규정들은 취업자격 없는 외국인의 유입으로 인한 국내 고용시장의 불안정을 해소하고 노동인력의 효율적 관리, 국내 근로자의 근로조건의 유지 등의 목적을 효율적으로 달성하기 위하여 외국인의 취업자격에 관하여 규율하면서 <u>취업자격 없는 외국인의 고용을 금지시키기 위한 입법목적도 아울러 갖고 있다</u> 할 것이다. <u>다만 외국인고용제한 규정이</u> 이와 같은 입법목적을 지닌 것이라고 하더라도 이는 <u>취업자격 없는 외국인의 고용이라는 사실적 행위 자체를 금지하고자 하는 것뿐이지</u> 나아가 <u>취업자격 없는 외국인이 사실상 제공한 근로에 따른</u>

권리나 이미 형성된 근로관계에 있어서의 근로자로서의 신분에 따른 노동관계법상
의 제반 권리 등의 법률효과까지 금지하려는 규정으로는 보기 어렵다 할 것이다.
따라서 취업자격 없는 외국인이 위 출입국관리법상의 고용제한 규정을 위반하여 근
로계약을 체결하였다 하더라도 그것만으로 그 근로계약이 당연히 무효라고는 할 수
없다 할 것이다."

▷ 중국인 근로자들이 국내 회사의 중국 현지법인과 출국연수약정 명목의 계약을
체결하고 해외투자법인 산업연수생의 신분으로 입국하여 국내 회사에서 근로를
제공한 사안에서, 국내 회사가 중국 현지법인에 전액 출자하였고, 출국연수계약
의 내용이 단순히 기술 연수에 그치지 않고 국내 회사가 지시하는 바에 따라 1일
최소한 8시간 동안 근로를 제공하고 그 대가로 임금을 받기로 되어 있으며, 이에
따라 중국인 근로자들이 기술 연수는 거의 받지 못한 채 약 1년 6개월 동안 국내
회사의 공장에서 국내 근로자들과 마찬가지로 회사의 지시·감독하에 근로를 제
공하였고, 상시로 연장근로와 야간근로까지 하고 그에 대한 수당을 받아온 점 등
에 비추어 볼 때 중국인 근로자들이 근기법 및 최저임금법상의 근로자에 해당한
다고 본 사례도 있다(대법원 2006. 12. 7. 선고 2006다53627 판결).

3. 노동조합의 실질적 요건

◀ 판례분석 ▶

■**제 목** : 노조설립 신고가 행정관청에 의해 형식상 수리되었으나 노조법상 실질
적 요건(자주성)을 갖추지 못한 경우 설립무효로 노동조합으로서의 법적 지위가
부정되는지 여부(Y) [유성기업노조사건]

■**대상판결** : 대법원 2021. 2. 25. 선고 2017다51610 판결【노동조합설립무효확인】
【원고, 피상고인】 전국금속노동조합
【피고, 상고인】 유성기업 주식회사 노동조합
【피고보조참가인, 상고인】 유성기업 주식회사
【원심판결】 서울고법 2017. 10. 27. 선고 2016나6950 판결

【주 문】 상고를 모두 기각한다. 상고비용 중 보조참가로 인한 부분은 피고보조참가인이, 나머지는 피고가 각 부담한다.

▎사건의 개요 : 원고는 피고보조참가인 회사의 생산직 근로자들을 조직한 회사 내 유일한 노동조합(전국단위의 산업별 노동조합)이었으나, 노조법 개정으로 2011. 7. 1.부터 복수노조설립이 허용되자 회사 소속 소외인 등이 2011. 7. 15. 행정관청에 노조 설립신고서를 제출하여 같은 달 21. 설립신고증을 교부받아 피고 노조(기업별 노동조합)가 설립되었고, 이후 피고 노조가 교섭대표노동조합의 지위를 획득하여 활동하자 원고 노조는 피고 노조가 그 설립 등에 있어 노동조합으로서의 자주성과 독립성을 갖추지 못하였다고 주장하면서 피고 노조를 상대로 그 설립무효의 확인을 구하는 소를 제기하였다.

▎관련 법 규정(현행법 기준)
- 노조법 제2조(정의) 제4호 : "노동조합"이라 함은 <u>근로자가 주체가 되어 자주적으로 단결</u>하여 근로조건의 유지 · 개선 기타 근로자의 경제적 · 사회적 지위의 향상을 도모함을 목적으로 조직하는 단체 또는 그 연합단체를 말한다. 다만, <u>다음 각목의 1에 해당하는 경우에는 노동조합으로 보지 아니한다</u>.
  가. 사용자 또는 항상 그의 이익을 대표하여 행동하는 자의 참가를 허용하는 경우
  나. 경비의 주된 부분을 사용자로부터 원조받는 경우
  다. 공제 · 수양 기타 복리사업만을 목적으로 하는 경우
  라. 근로자가 아닌 자의 가입을 허용하는 경우
  마. 주로 정치운동을 목적으로 하는 경우

▎판결의 성격 : 원심은 피고가 노동조합으로서의 자주성 등을 갖추지 못하여 그 설립이 무효일 뿐 아니라 피고가 설립 이후 특정 시점부터 피고보조참가인 회사의 개입으로부터 완전히 벗어나 설립의 하자가 치유되었다는 피고 및 피고보조참가인 회사의 예비적 주장 역시 받아들일 수 없다고 판단하였고, 대법원은 원심의 판단이 정당하다고 보아서 피고 및 피고보조참가인의 상고를 기각하였다.

▎쟁 점
- 설립신고증을 교부받은 피고 노조가 그 설립 등에 있어 노동조합으로서의 자

주성(실질적 요건)을 갖추지 못하여 피고 노조의 설립이 무효인지 여부
- 피고 노조가 그 설립에서 자주성을 갖추지 못했더라도 설립 후 특정 시점부터
는 자주성을 갖추어 설립의 하자가 치유되었다고 볼 수 있는지 여부
- 원고 노조가 피고 노조를 상대로 자주성 등 노동조합의 실질적 요건 흠결을
이유로 그 설립무효의 확인 등을 구하는 소를 제기할 수 있는지 여부

■ **중요 사실관계**
- i) <u>회사는 원고와 '주간 연속 2교대제 도입' 관련 노사분규가 발생하자 2011.
4.경부터 노무법인 ○○컨설팅의 자문 등을 통해 새로운 노조를 설립하기 위한
계획을 세우고 피고의 설립 과정 전반에 관한 사항을 구체적으로 논의</u>(특히 피고
의 설립신고서, 규약, 회의록 등 노동조합의 설립 취지 등이 담긴 핵심 요소에도 개입), ii)
<u>실제로 피고는 회사의 사전 계획에 따라 2011. 7.경부터 설립·운영</u> ⇒ **노동조합이
사용자의 부당노동행위로 설립된 것에 불과해 노조법상 그 실질적 요건 결여에 따른 설립의
무효 여부와 관련**
- i) <u>회사와 ○○컨설팅은 피고 설립 후에도 피고를 과반수 노동조합으로 만들기
위한 방안 지속 논의</u>, ii) <u>실제로 회사의 계획대로 피고의 상집간부 회의 개최,
노보 창간, 홈페이지 오픈, 노동조합 현판식 개최, 간부 교육, 조합원 체육대회
등이 순차 진행</u>, ii) <u>회사의 임직원들은 원고 조합원 일부에게 피고에 가입</u>하라고
<u>종용</u> ⇒ **노동조합으로서의 실질적 요건이 흠결된 하자가 노조설립 이후 해소 내지는 치유되
는 등의 특별한 사정이 있는지와 관련**

■ **기본법리**(판지)
1) ⑴ 헌법 제33조 제1항이 근로자에게 <u>노동3권을 기본권으로 보장하는 뜻은 근
로자가 사용자와 대등한 지위에서 단체교섭을 통하여 자율적으로 임금 등 근로
조건에 관한 단체협약을 체결할 수 있도록 하기 위한 것이고, 이러한 노사 간 실
질적 자치라는 목적을 달성하기 위해서는 무엇보다도 노동조합의 주체성과 자주
성이라는 전제가 필요하고 또 중요하다.</u> 즉 노동조합은 근로자들이 스스로 '근로
조건의 유지·개선 기타 근로자의 경제적·사회적 지위 향상'을 위하여 국가와
사용자에 대항하여 자주적으로 단결한 조직이므로, <u>노동조합은 근로자들 스스로
가 주체가 되어야 하고 국가나 사용자 등으로부터 자주성을 확보하여야만 한다</u>
(헌법재판소 2015. 5. 28. 선고 2013헌마671 등 전원재판부 결정 참조). ⇒ **[노동3권에 기초
한 노사자치 실현을 위한 노동조합의 주체성과 자주성 확보 필요·중요성]**

(2) 이러한 헌법적 요청을 이어받아 <u>노동조합법 제2조 제4호</u>는, 헌법 제33조 제1항에 근거하여 그 집단적 단결권이 보장되는 근로자단체의 본질적 성질을 구체화하면서 노동조합법에 의한 보호를 받을 수 있는 근로자단체인 <u>노동조합을 정의함으로써 그 실질적 요건을 규정한 것</u>이다. 즉 노동조합법 제2조 제4호는 그 본문에서 <u>노동조합이 갖추어야 할 적극적 요건</u>의 하나로서 근로자가 주체가 되어 자주적으로 단결할 것을 규정하고 있고, 나아가 그 <u>단서 (가)목, (나)목, (라)목</u>을 통하여 근로자단체가 위 <u>주체성, 자주성</u>을 결여한 것으로 판단될 수 있는 대표적인 경우를 들고 있으며, ⇒ **[노조법상 노동조합의 실질적 요건 : 제2조 제4호 본문에 따른 주체성·자주성 등 적극적 요건 및 제2조 제4호 단서에 따른 소극적(결격) 요건]**

(3) 노동조합법은 이러한 정의규정에서 정한 <u>주체성과 자주성 등의 실질적 요건</u>이 충족될 것을 기본적인 전제로 삼아 앞서 본 입법 목적에 따라 <u>노동조합의 설립신고의 수리와 반려</u>, 규약의 시정명령 등에 관하여 규정하는 체계를 취하고 있다. 관련하여 <u>노동조합의 주체성과 자주성을 침해하는 행위를 배제·시정</u>함으로써 정상적인 노사관계를 회복하고 궁극적으로 <u>노동3권의 실질적인 행사를 보장</u>하려는 취지에 따라 노동조합법은 그 <u>제81조 제1항 제4호</u>에서 근로자가 노동조합을 조직 또는 운영하는 것을 <u>지배하거나 이에 개입하는 행위</u> 등을 사용자의 <u>부당노동행위</u>의 한 유형으로 규정하고 있기도 하다. ⇒ **[노동조합의 실질적 요건 충족을 기본 전제로 한 노조법상의 노조설립신고제 등과 노동조합의 주체성·자주성을 침해하는 사용자의 행위를 배제·시정하기 위한 지배개입의 부당노동행위 금지제도]**

2) 위와 같은 규정들의 내용 및 그 취지를 종합하면, 노동조합의 조직이나 운영을 지배하거나 개입하려는 <u>사용자의 부당노동행위에 의해 노동조합이 설립된 것에 불과</u>하거나, 노동조합이 설립될 당시부터 사용자가 위와 같은 부당노동행위를 저지르려는 것에 관하여 노동조합 측과 적극적인 통모·합의가 이루어진 경우 등과 같이 해당 노동조합이 헌법 제33조 제1항 및 그 헌법적 요청에 바탕을 둔 <u>노동조합법 제2조 제4호가 규정한 **실질적 요건을 갖추지 못하였다면**</u>, 설령 그 <u>설립신고가 행정관청에 의하여 형식상 수리</u>되었더라도 실질적 요건이 흠결된 하자가 해소되거나 치유되는 등의 <u>특별한 사정이 없는 한</u> 이러한 노동조합은 노동조합법상 그 **설립**이 **무효**로서 노동3권을 향유할 수 있는 주체인 **노동조합으로서의 지위를 가지지 않는다**고 보아야 한다. ⇒ **[형식적 요건(노조설립신고 수리)을 갖추었으나 실질적 요건(자주성 등)을 갖추지 못한 경우 원칙적으로 노조설립 무효 및 노동조합의 법적 지위 부정]**

3) (1) 복수 노동조합의 설립이 현재 전면적으로 허용되고 있을 뿐 아니라 교섭창

구 단일화 제도가 적용되고 있는 현행 노동조합법하에서 복수 노동조합 중의 어느 한 노동조합은 원칙적으로 스스로 교섭대표노동조합이 되지 않는 한 독자적으로 단체교섭권을 행사할 수 없고(제29조의2, 제29조 제2항 등), 교섭대표노동조합이 결정된 경우 그 절차에 참여한 노동조합의 전체 조합원의 과반수 찬성 결정이 없으면 쟁의행위를 할 수 없게 되며(제41조 제1항), 쟁위행위는 교섭대표노동조합에 의해 주도되어야 하는(제29조의5, 제37조 제2항) 등 법적인 제약을 받게 된다. ⇒ [복수노조의 허용과 교섭창구 단일화 제도에 따른 소수노조의 교섭권·쟁의권 제약)]

(2) 그러므로 단체교섭의 주체가 되고자 하는 노동조합으로서는 위와 같은 제약에 따르는 현재의 권리 또는 법률상 지위에 대한 위험이나 불안을 제거하기 위하여 다른 노동조합을 상대로 해당 노동조합이 설립될 당시부터 앞서 본 노동조합법 제2조 제4호가 규정한 주체성과 자주성 등의 실질적 요건을 흠결하였음을 들어 그 설립무효의 확인을 구하거나 노동조합으로서의 법적 지위가 부존재한다는 확인을 구하는 소를 제기할 수 있다고 보는 것이 타당하다. ⇒ [소수노조가 교섭권 제약에 따른 현재의 권리나 법적 지위에 대한 위험이나 불안을 제거하기 위해 다른 노조(교섭대표노조)를 상대로 자주성 등 실질적 요건 흠결을 들어 그 설립의 무효확인 등을 구하는 소 제기 가능]

(3) 아울러 이러한 확인청구소송의 인용판결은 사실심 변론종결 시를 기준으로 노동조합의 설립이 무효인 하자가 해소되거나 치유되지 아니한 채 남아 있음으로써 해당 노동조합이 노동조합으로서의 법적 지위를 갖지 아니한다는 점을 확인하는 것일 뿐 이러한 판결의 효력에 따라 노동조합의 지위가 비로소 박탈되는 것이 아니다. 그러므로 노동조합의 설립이 무효인 하자가 해소되거나 치유되지 아니한 채 존재하는지에 관한 증명은 판단의 기준 시점인 사실심 변론종결 당시까지 할 수 있고, 법원은 해당 노동조합의 설립 시점부터 사실심 변론종결 당시까지 사이에 발생한 여러 가지 사정들을 종합적으로 고려하여 노동조합이 설립 과정에서 노동조합법 제2조 제4호가 규정한 주체성과 자주성 등의 실질적 요건을 흠결한 하자가 여전히 남아 있는지, 이에 따라 현재의 권리 또는 법률관계인 그 노동조합이 노동조합으로서의 법적 지위를 갖는지 여부를 판단하여야 한다. ⇒ [해당 노동조합의 설립이 무효인 하자가 해소되거나 치유되지 아니한 채 존재하는지를 판단하는 기준 시점(=사실심 변론종결 시)]

■**결론 및 이유** : 원심은 아래와 같은 이유로, 피고는 노동조합으로서의 자주성 등을 갖추지 못하여 그 설립이 무효일 뿐 아니라 피고가 설립 이후 특정 시점부

터 피고보조참가인의 개입으로부터 완전히 벗어나 설립의 하자가 치유되었다는 피고 및 피고보조참가인의 예비적 주장 역시 받아들일 수 없다고 판단하였다. 비록 원심이 피고가 설립된 이후에 생긴 사정들까지 언급하면서 이를 피고의 설립 자체를 무효로 만드는 적극적인 사유로 삼은 것은 잘못이지만, 피고가 특정 시점부터 스스로 자주성 등을 갖추어 설립 당시의 하자가 치유되었다는 주장을 배척함으로써 원심 변론종결 시를 기준으로는 피고의 설립이 무효인 하자가 여전히 해소되거나 치유되지 아니한 채 남아 있다는 취지로 판단한 것은 결론에 있어서 정당하다.

- 노동조합법의 취지에 따르면 노동조합은 근로자가 주체가 되어 자주적으로 조직한 단체임을 요하고 그 목적은 근로자의 경제적·사회적 지위의 향상을 도모함에 있어야 함.

- 그런데 피고보조참가인은 원고와 심한 갈등을 겪는 과정에서 노무법인 ○○컨설팅(이하 '○○컨설팅'이라고 한다)의 자문 등을 통하여 새로운 노동조합을 설립하기 위한 계획을 세우게 되었음.

- 피고보조참가인과 ○○컨설팅은 피고의 설립 과정 전반에 관한 사항을 구체적으로 논의하였고 특히 피고의 설립신고서, 규약, 회의록 등 노동조합의 설립 취지 등이 담긴 핵심 요소에도 개입하였으며, 실제로 피고는 피고보조참가인의 사전 계획에 따라 설립되고 운영되었음.

- 따라서 원고의 세력을 약화시키고 새로운 노동조합을 설립하여 교섭대표노동조합의 지위를 확보하게 할 목적으로 피고보조참가인의 치밀한 기획하에 설립·운영된 피고는 노동조합으로서의 자주성 및 독립성을 갖추지 못하였다고 보아야 함.

- 한편 피고보조참가인과 ○○컨설팅은 피고가 설립된 이후에도 직원들에게 피고 조합원으로의 가입을 독려하며 피고를 과반수 노동조합으로 만들기 위한 방안을 지속적으로 논의하였음. 피고의 세력을 확대하기 위한 이러한 논의는 매우 구체적으로 이루어졌고 실제로 피고보조참가인의 계획대로 상집간부 회의, 노보 창간, 홈페이지 오픈, 노동조합 현판식, 간부 교육, 조합원 체육대회 등이 순차 진행되었음. 피고보조참가인의 임직원들은 원고 조합원 일부에게 피고에 가입하라고 종용하기도 하였음.

▌판결의 의의와 한계

1) 대상판결은 헌법이 근로자의 기본권으로 보장한 노동3권 실현을 위한 근로자의 단결체인 노동조합이 헌법적 요청에 부합하는 목적을 달성하기 위해서는 무

엇보다도 사용자로부터의 자주성이 확보되어야 함을 분명히 하고 있다.

2) 구 노조법상 복수노조의 설립이 금지되었던 당시 대법원은 1996. 6. 28. 선고 93도855 판결에서 노조법상 노동조합이 설립되려면 실질적 요건 이외에 노조설립 신고를 마치는 등의 형식적인 요건을 갖추어야 한다는 전제 아래, 해당 사건에서 행정관청에 설립신고가 되어 있는 노동조합은 형식적 요건을 갖추었으나 노동조합으로서의 실질을 갖추지 못하였다고 판단한 바 있다(행정관청에 설립신고가 되어 있는 노동조합은 회사에서 유일하게 형식적 요건을 갖추기는 하였지만, 이는 법외노조가 당국에 설립신고를 하려고 하자 그 전에 급히 노동조합 설립신고를 하고 신고증을 교부받아 형식적 요건을 갖춘 것으로서 그 조합원의 숫자조차 불분명하여 실체가 확실하지 아니하고, 그 설립 이래 조합비의 징수, 총회의 개최, 단체교섭 등의 노조활동을 한 실적이 없는 반면, 실제로는 그 회사의 노동자협의회가 사용자를 상대로 단체교섭, 쟁의행위를 하여 왔으며, 가입대상 근로자들이 우편으로 노조 가입 신청을 하면 이를 수취하지 아니하고, 근로자들이 사무실로 직접 방문하여 동 노조에 가입하려고 하는 것까지 사실상 막는 등 근로자들의 자유로운 가입 시도까지 방해하고 있는 사정이 있다면 위 노동조합은 단순히 노동조합 설립 후 노동조합으로서의 활동을 하지 않고 있는 경우라고 보기보다는 노동조합으로서의 실질을 갖추지 못하였다고 본 사례). 그러나 위 사례는 구 노조법 등 위반이 문제된 형사사건이었고, 대법원은 대상판결 이전에 어떤 노동조합이 다른 노동조합의 실질적 요건 흠결을 이유로 그 노동조합의 법적 지위에 대하여 민사적으로 다툴 수 있는지 등에 관해 판단한 적이 없었다. 대상판결은 노조설립의 신고가 행정관청에 의해 형식상 수리되었더라도 노동조합으로서의 실질적 요건(자주성 등)을 갖추지 못한 경우에는 설립무효로서 노동조합으로서의 법적 지위가 인정되지 않으며, 기업 내 복수노조 가운데 어느 한 노동조합(특히 소수노조)은 다른 노동조합(특히 교섭대표노조)을 상대로 노조법상 자주성 등 실질적 요건의 흠결을 이유로 설립무효의 확인 등을 구하는 소를 제기할 수 있음을 확인한 최초의 대법원 판례라는 점에서 그 의의가 있다.

3) 대상판결은 노동조합으로서의 실질적 요건을 갖추지 못한 경우로 볼 수 있는 대표적인 예로, "노동조합의 조직이나 운영을 지배하거나 개입하려는 사용자의 부당노동행위에 의해 노동조합이 설립된 것에 불과하거나, 노동조합이 설립될 당시부터 사용자가 위와 같은 부당노동행위를 저지르려는 것에 관하여 노동조합 측과 적극적인 통모·합의가 이루어진 경우"를 들고 있고, 대상판결 사건에서 피고는 사용자의 부당노동행위로 기획 설립·운영된 노동조합으로서 대상판결에 제시된 노조설립 무효의 법리에 따라 노동조합으로서의 법적 지위를 갖지 않는

것으로 확인되었다. 그렇지만 대상판결에서 대법원이 밝힌 노조설립 무효의 법리는 위의 경우뿐만 아니라 그밖에 노동조합의 자주성, 근로자 주체성 및 근로조건 유지·개선 목적성과 관련하여 실질적 요건의 흠결에 해당하는 경우에까지 확장 적용될 수 있다고 보아야 할 것이다.

4) 한편, 다른 노동조합이 그 설립 당시부터 노동조합으로서의 실질적 요건을 갖추지 못한 사정이 있다는 이유만으로 그 노동조합을 상대로 어느 한 노동조합이 제기한 노조설립 무효 등의 확인청구소송이 인용되는 것은 아님에 주의할 필요가 있다. 대상판결에 따르면 과거의 법률관계는 예외적으로 그 확인의 이익이 인정되는 경우에만 확인의 소의 대상이 될 수 있으므로(대법원 1995. 3. 28. 선고 94므1447 판결, 대법원 1995. 11. 14. 선고 95므694 판결 등 참조 : "일반적으로 과거의 법률관계는 확인의 소의 대상이 될 수 없지만, 그것이 이해관계인들 사이에 현재적 또는 잠재적 분쟁의 전제가 되어 과거의 법률관계 자체의 확인을 구하는 것이 관련된 분쟁을 일거에 해결하는 유효·적절한 수단이 될 수 있는 경우에는 예외적으로 확인의 이익이 인정된다."), 단체교섭의 주체가 되고자 하는 노동조합이 노조법상 복수노조 교섭창구 단일화 제도로 인한 교섭권 등의 제약에 따른 현재의 권리 또는 법률상 지위에 대한 위험이나 불안을 제거하기 위하여 다른 노동조합을 상대로 해당 노동조합이 설립될 당시부터 자주성 등의 실질적 요건을 흠결하였음을 들어 설립무효 등의 확인을 구하는 소를 제기한 경우일 것, 또한 이러한 확인청구소송의 사실심 변론종결 시까지 해당 노동조합의 설립이 무효인 하자가 해소되거나 치유되지 아니한 채 여전히 남아 있을 것을 전제로, 해당 노동조합의 설립무효에 따른 노동조합으로서의 법적 지위 부존재가 법원에 의해 확인되는 것이다.

◀ Q 풀이 ▶

Q 1. 노조법이 노동조합의 설립에 관해 신고주의를 택한 취지 및 노동조합의 실질적 요건을 갖춘 근로자단체가 노조설립 신고증을 교부받지 아니한 경우 그 법적 지위는? (대법원 2016. 12. 27. 선고 2011두921 판결 참고)

[A] 참고판결(2011두921 판결)에 따르면, 노조법이 노동조합의 자유 설립을 원칙으로 하면서도 설립에 관하여 <u>신고주의를 택한 취지</u>는 노동조합의 조직체계에 대한 행정관청의 효율적인 정비·관리를 통하여 노동조합이 자주성과 민주성을 갖춘 조직으로 존속할 수 있도록 보호·육성하려는 데에 있으며, 신고증을 교부

받은 노동조합에 한하여 노동기본권의 향유 주체로 인정하려는 것은 아니므로, 노조법 제2조 제4호에서 정한 <u>노동조합의 실질적 요건을 갖춘 근로자단체가 신고증을 교부받지 아니한 경우에도</u> 노조법상 부당노동행위의 구제신청 등 일정한 보호의 대상에서 제외될 뿐, <u>노동기본권의 향유 주체에게 인정되어야 하는 일반적인 권리까지 보장받을 수 없게 되는 것은 아니다.</u>

Q 2. 노조법에 따라 설립된 노동조합(적극적 요건과 형식적 요건 모두를 갖춘 이른바 법내노조)에만 인정되는 법적 보호와 이익에는 어떤 것이 있는가?

[A] 1) 노동조합 명칭 사용, 노동쟁의의 조정신청, 부당노동행위의 구제신청, 법인격의 취득, 조세의 면제 등 노조법 소정(제6조~제8조)의 특별한 보호를 받을 수 있다는 것이 판례(헌재 1993. 3. 11. 92헌바33 등 참고)와 학설의 일반적 입장이다. 2) 노조법 외의 법률과 관련하여 법내노조만이 국내 근로자공급 사업의 허가를 받을 수 있다(직업안정법 제33조 제3항 제1호), 노동위원회의 위원을 추천할 자격을 갖는다(노동위원회법 제6조 참조).

◀ 심화학습 ▶

1. 노조설립 신고를 한 단체가 노조법 제2조 제4호 각목(노동조합의 소극적 요건)에 해당하는지에 대한 행정관청의 실질적 심사 가능 여부 및 실질적 심사의 기준 (대법원 2014. 4. 10. 선고 2011두6998 판결 참고)

▷ 참고판결(2011두6998 판결)에 따르면, 노조법이 행정관청으로 하여금 설립신고를 한 단체에 대하여 같은 법 제2조 제4호 각 목에 해당하는지를 심사하도록 한 취지가 노동조합으로서의 실질적 요건을 갖추지 못한 노동조합의 난립을 방지함으로써 근로자의 자주적이고 민주적인 단결권 행사를 보장하려는 데 있는 점을 고려하면, <u>행정관청은 해당 단체가 노조법 제2조 제4호 각목에 해당하는지 여부를 실질적으로 심사할 수 있고</u>, <u>다만</u> 행정관청에 광범위한 심사권한을 인정할 경우 행정관청의 심사가 자의적으로 이루어져 신고제가 사실상 허가제로 변질될 우려가 있는 점, 노조법은 설립신고 당시 제출하여야 할 서류로 설립신고서와 규약만을 정하고 있고(제10조 제1항), 행정관청으로 하여금 보완사유나 반려사유가 있는 경우를 제외하고는 설립신고서를 접수받은 때로부터 3일 이내에 신고증

을 교부하도록 정한 점(제12조 제1항) 등을 고려하면, 행정관청은 일단 제출된 설립신고서와 규약의 내용을 기준으로 노조법 제2조 제4호 각목의 해당 여부를 심사하되, 설립신고서를 접수할 당시 그 해당 여부가 문제된다고 볼 만한 객관적인 사정이 있는 경우에 한하여 설립신고서와 규약 내용 외의 사항에 대하여 실질적인 심사를 거쳐 반려 여부를 결정할 수 있다.

2. 사용자가 행정관청의 노동조합 설립신고증 교부처분에 대하여 다툴 수 있는지 여부 (대법원 1997. 10. 14. 선고 96누9829 판결 참고)

▷ 그 처분의 취소를 구할 법률상 이익이 없으므로 당사자(원고)적격이 인정되지 않는다.

> ※ **대법원 1997. 10. 14. 선고 96누9829 판결 【노동조합설립신고증교부(수리)처분취소】**
> - "행정처분의 직접 상대방이 아닌 제3자라도 당해 행정처분의 취소를 구할 법률상의 이익이 있는 경우에는 원고적격이 인정된다 할 것이나, 여기서 말하는 법률상의 이익은 당해 처분의 근거 법률에 의하여 보호되는 직접적이고 구체적인 이익이 있는 경우를 말하고 다만 간접적이거나 사실적·경제적 이해관계를 가지는데 불과한 경우는 여기에 포함되지 아니한다. … (중략) … 노동조합법이 노동조합의 설립에 관하여 위와 같은 신고주의를 택하고 있는 취지는 소관 행정당국으로 하여금 노동조합에 대한 효율적인 조직체계의 정비·관리를 통하여 노동조합이 자주성과 민주성을 갖춘 조직으로 존속할 수 있도록 노동조합을 보호·육성하고 그 지도·감독에 철저를 기하게 하기 위한 노동정책적인 고려에서 마련된 것(대법원 1993. 2. 12. 선고 91누12028 판결 참조)이라 할 것인데, 노동조합의 설립에 관한 법의 규정이 기본적으로 노동조합의 설립의 자유를 보장하면서 위와 같은 노동정책적 목적을 달성하기 위해 설립신고주의를 택하여 조합이 자주성과 민주성을 갖추도록 행정관청으로 하여금 지도·감독하도록 하게 함으로써, 사용자는 무자격조합이 생기지 않는다는 이익을 받고 있다고 볼 수 있을지라도 그러한 이익이 노동조합의 설립에 관한 법 규정에 의하여 직접적이고 구체적으로 보호되는 이익이라고 볼 수는 없고, 노동조합 설립신고의 수리 그 자체에 의하여 사용자에게 어떤 공적 의무가 부과되는 것도 아니라고 할 것이다. 따라서 이 사건에서 **피고가 노동조합의 설립신고를 수리한 것만으로는 원고의 어떤 법률상의 이익이 침해되었다고 할 수 없으므로** 원고는 신고증을 교부받은 노동조합이 부당노동행위구제신청을 하는 등으로 법이 허용하는 절차에 구체적으로 참가한 경우에 그 절차에서 노동조합의 무자격을 주장하여 다툴 수 있을 뿐 노동조합 설립신고의 수리처분 그 자체만을 다툴 당사자적격은 없다고 할 것이다." (이 사건에서 원고는 건설기계대여업을 하는 회사로서 원고와 건설기계대여업관리계약을 체결한 중기의 차주들이 원고와 함께 사업자등록을 하고 직접 중기대여를 하고 있고, 이 사건 노동조합 설립신고를 한 노동조합의 구

성원들인 중기의 조종사 17명 중 15명이 차주가 직접 고용한 조종사들로서 원고와는 사용종속관계가 없음에도 위 조종사들이 원고 회사의 노동조합이란 이름으로 한 노동조합 설립신고를 수리한 피고의 처분은 위법하다고 하여 노동조합설립신고 증교부(수리)처분취소의 소를 제기)

4. 사용자 또는 사용자이익대표자의 참여 배제

◀ 판례분석 ▶

▌**제 목** : 노동조합 가입이 제한되는 사용자 또는 사용자이익대표자의 범위 [외대(단결권)사건]

▌**대상판결** : 대법원 2011. 9. 8. 선고 2008두13873 판결 【부당노동행위구제재심판정취소】

【원고, 상고인】 전국대학노동조합

【피고, 피상고인】 중앙노동위원회위원장

【피고보조참가인】 학교법인 동원육영회

【원심판결】 서울고법 2008. 7. 23. 선고 2007누32794 판결

【주 문】 원심판결을 파기하고, 사건을 서울고등법원에 환송한다.

▌**사건의 개요** : 참가인이 설치·운영하는 대학교는 참가인으로부터 교섭권을 위임받아 원고와 단체교섭을 하던 중에 원고의 산하조직인 노조지부의 조합원들 가운데 그 직책상 사용자 지위에 있다고 판단한 48명의 직원들(이하 '이 사건 직원들')과 관련하여 노조지부에게 그 시정을 요구하며 교섭을 중단했고, 이 사건 직원들에게 노조에서 탈퇴하지 않을 경우 인사조치하겠다는 내용 등의 문서를 수차례 발송하였다. 원고는 이러한 발송행위가 노동조합의 조직·운영에 대한 지배개입의 부당노동행위라고 주장하면서 관할 지방노동위원회에 구제신청을 하였다.

▌**관련 법 규정**(현행법 기준)

- 노조법 제2조(정의) 제2호 : "사용자"라 함은 사업주, 사업의 경영담당자 또는

그 사업의 근로자에 관한 사항에 대하여 사업주를 위하여 행동하는 자를 말한다.
- 노조법 제2조(정의) 제4호 단서 : 다만, 다음 각목의 1에 해당하는 경우에는 노동조합으로 보지 아니한다.
　가. 사용자 또는 항상 그의 이익을 대표하여 행동하는 자의 참가를 허용하는 경우
- 노조법 제81조(부당노동행위)　① 사용자는 다음 각호의 어느 하나에 해당하는 행위(이하 "부당노동행위"라 한다)를 할 수 없다.
　4. 근로자가 노동조합을 조직 또는 운영하는 것을 지배하거나 이에 개입하는
　　행위 … (이하 생략) …

▌판결의 성격 : 원심은 이 사건 직원들 대부분이 조합원자격을 가지지 아니하기 때문에 이들에게 노조탈퇴를 요구한 참가인의 행위는 지배개입의 부당노동행위에 해당하지 않는다는 취지로 판단하였으나, 대법원은 이 사건 직원들 중 주임급 이하의 직원들과 관련하여 사용자이익대표자에 관한 법리오해 등을 이유로 원심판결을 파기환송하였다.

　　※ **원심의 판단** : 참가인이 노동조합원 자격에 의문을 제기하여 원고 산하 한국외국어대학교지부(이하 '이 사건 노조지부') 탈퇴를 요구한 이 사건 직원들 중 과장급 이상의 직원들은 소속 직원의 업무분장·근태관리 등에 관하여 전결권을 부여받은 자들로서 '근로자에 관한 사항에 대하여 사업주를 위하여 행동하는 자'에 해당하고, 주임급 이하의 직원들은 인사, 노무, 예산, 경리 또는 기획조정 업무를 담당하는 사무직 직원이거나 총장의 비서 내지 전속 운전기사, 수위 등으로서 그 전부 또는 대부분이 직무상 '항상 사용자의 이익을 대표하여 행동하는 자'에 해당하여, 이 사건 직원들 대부분이 조합원의 자격을 가지지 아니한다. 참가인은 이 사건 직원들이 조합원 자격이 없음에도 이 사건 노조지부에 가입되어 있는 데서 비롯된 위법상태를 시정함으로써 자신의 교섭력 저하를 방지할 의사로 이 사건 직원들에게 노동조합 탈퇴를 요구하는 행위를 한 것일 뿐이고, 노동조합의 조직·운영에 지배·개입할 의사로 위 행위를 한 것이 아니다.

▌쟁 점
- 이 사건 직원들이 노조법상 노조가입 자격이 없는 사용자(사업주를 위하여 행동하는 자) 또는 사용자이익대표자에 해당하는지 여부
- 이 사건 직원들에 대한 참가인의 노조탈퇴 요구 행위가 지배개입의 부당노동행위에 해당하는지 여부

■ 중요 사실관계

- 대학교의 사무직 직원들은 처장, 부처장, 과장, 주임, 담당 등으로 구분, 과장급 이상 직원은 일반사무 및 소속 직원의 업무분장·근태관리 등에 관한 전결권 부여 받은 자(당초 노조지부 조합원 중 과장급 이상 직원 33명) ⇒ **노조법상 노조가입이 제한되는 사용자(사업주를 위하여 행동하는 자) 해당 여부와 관련**

- 이 사건 직원들 중 주임급 이하의 직원들은 인사·노무·예산·경리 또는 기획조정 업무를 담당하는 사무직 직원, 총장의 비서 내지 전속운전기사, 수위 등 ⇒ **노조법상 노조가입이 제한되는 사용자이익대표자 해당 여부와 관련**

■ 기본법리(판지)

1) 노동조합 및 노동관계조정법(이하 '노동조합법'이라고 한다) 제2조 제2호, 제4호 단서 (가)목에 의하면, 노동조합법상 사용자에 해당하는 사업주, 사업의 경영담당자 또는 그 사업의 근로자에 관한 사항에 대하여 사업주를 위하여 행동하는 자와 항상 사용자의 이익을 대표하여 행동하는 자는 노동조합에의 참가가 금지되는데, 그 취지는 <u>노동조합의 자주성을 확보</u>하려는 데 있다. ⇒ **[사용자 내지 사용자이익대표자 노조참가금지 규정의 취지]**

2) ⑴ 여기서 '그 사업의 근로자에 관한 사항에 대하여 사업주를 위하여 행동하는 자'라 함은 근로자의 인사, 급여, 후생, 노무관리 등 <u>근로조건의 결정</u> 또는 <u>업무상의 명령이나 지휘감독을 하는 등의 사항에 대하여 사업주로부터 일정한 권한과 책임을 부여받은 자</u>를 말하고(대법원 1989. 11. 14. 선고 88누6924 판결 등 참조), ⇒ **[사업주를 위하여 행동하는 자(사업주이익대표자)의 의미]**

⑵ '항상 사용자의 이익을 대표하여 행동하는 자'라 함은 근로자에 대한 인사, 급여, 징계, 감사, 노무관리 등 <u>근로관계 결정에 직접 참여</u>하거나 사용자의 <u>근로관계에 대한 계획과 방침에 관한 기밀사항 업무를 취급할 권한이 있는 등과 같이 그 직무상의 의무와 책임이 조합원으로서의 의무와 책임에 직접적으로 저촉되는 위치에 있는 자</u>를 의미하므로, ⇒ **[사용자이익대표자의 의미]**

⑶ 이러한 자에 해당하는지 여부는 일정한 직급이나 직책 등에 의하여 일률적으로 결정되어서는 아니 되며, 그 업무의 내용이 단순히 보조적·조언적인 것에 불과하여 그 업무의 수행과 조합원으로서의 활동 사이에 실질적인 충돌이 발생할 여지가 없는 자도 이에 해당하지 않는다고 할 것이다. ⇒ **[사업주이익대표자 내지 사용자이익대표자 해당 여부 판단기준]**

▌결론 및 이유 : 원심판결에는 노동조합법 제2조 제4호 단서 (가)목의 '항상 사용자의 이익을 대표하여 행동하는 자'의 해석 및 적용에 관한 법리를 오해한 나머지 필요한 심리를 다하지 아니한 위법이 있다.

- 원심이 과장급 이상의 직원들에 대하여 소속 직원의 업무분장·근태관리 등에 관하여 전결권을 부여받은 자들로서 '근로자에 관한 사항에 대하여 사업주를 위하여 행동하는 자'에 해당한다고 본 것은 정당한 판단으로 수긍할 수 있음

- 그러나 주임급 이하의 직원들의 경우 그들이 인사, 노무, 예산, 경리 등의 업무를 담당한다거나 총장의 비서 내지 전속 운전기사, 수위 등으로 근무한다는 사정만으로 그들이 곧바로 '항상 사용자의 이익을 대표하여 행동하는 자'에 해당한다고 할 수 없고, 실질적인 담당 업무의 내용 및 직무권한 등에 비추어 볼 때 그 직무상의 의무와 책임이 노동조합원으로서의 의무와 책임에 저촉되는 것으로 평가할 수 있을 때에만 '항상 사용자의 이익을 대표하여 행동하는 자'에 해당한다고 할 수 있음.

- 그렇다면 원심으로서는 이 사건 직원들 중 주임급 직원들이 실제 담당하는 업무의 내용 및 직무권한 등을 확인하여 이들이 '항상 사용자의 이익을 대표하여 행동하는 자'에 해당하는지 여부를 심리하여야 하고, 나아가 조합원 가입 자격 유무에 관한 사정만으로 부동노동행위의사의 유무를 단정할 것이 아니라 그 밖에 부당노동행위의사의 존재를 추정할 수 있는 사정이 있는지에 관하여 더 심리한 후 부당노동행위 해당 여부를 판단하였어야 할 것임.

▌판결의 의의와 한계

1) 노조법은 노동조합의 자주성을 확보하기 위해 '근로자에 관한 사항에 대하여 사업주를 위하여 행동하는 자'(이하 '사업주이익대표자')와 '사용자의 이익을 대표하여 행동하는 자'(이하 '사용자이익대표자')의 노동조합 참가를 금지하고 있다(제2조 제2호 및 제4호 단서 (가)목 참조).

2) 노동조합 가입의 제한은 근로자의 단결권을 제한하는 것이기 때문에 사업주이익대표자 또는 사용자이익대표자의 범위가 부당하게 확대되지 않도록 해석할 필요가 있다. 대상판결은 사업주이익대표자와 구분되는 사용자이익대표자의 의미와 판단기준을 명백히 한 첫 대법원 판결로서 단결권의 실질적 보장에 기여한 사례로 평가할 수 있다.

3) 한편, 대상판결 사건에서 참가인은 이 사건 직원들이 조합원 자격을 가지지 않는다고 보아서 원고 노동조합에 그 시정을 요구하며 단체교섭을 중단하였을 뿐만 아

니라 이 사건 직원들에게 노동조합 탈퇴를 요구하였다. 이러한 행위가 교섭거부 및 지배개입의 부당노동행위에 해당하는지가 문제된다(다만, 이 사건에서 원고 노동조합은 지배개입의 부당노동행위 문제만을 다투었다). 교섭거부의 부당노동행위에 관해서는 제18강 2. 단체교섭 거부의 행정적 구제 부분을, 지배개입의 부당노동행위에 관해서는 제25강 4. 지배개입 부분을 참고하기 바란다.

<표> 사용자, 사용자의 이익대표자

사용자	사업주		
	경영담당자		
	근로자에 관한 사항에 대하여 사업주를 위하여 행동하는 자		
	- 근로자의 인사, 급여, 후생, 노무관리 등 근로조건의 결정	⇒ 사업주로부터 일정한 권한과 책임을 부여받은 자	
	- 또는 업무상의 명령이나 지휘감독을 하는 등의 사항에 대하여		
사용자의 이익대표자	항상 사용자의 이익을 대표하여 행동하는 자		
	- 근로자에 대한 인사, 급여, 징계, 감사, 노무관리 등 근로관계 결정에 직접 참여하거나	⇒ 그 직무상의 의무와 책임이 조합원으로서의 의무와 책임에 직접적으로 저촉되는 위치에 있는 자	
	- 사용자의 근로관계에 대한 계획과 방침에 관한 기밀사항 업무를 취급할 권한이 있는 등과 같이		

(우측) 사용자로서의 의무, 책임 -부당노동행위금지

(우측) 노동조합참여배제

◀ Q 풀이 ▶

Q 1. 대상판결이 사업주를 위하여 행동하는 자에 해당하는지를 판단하는 기준은 어떠한가?

[A] 기존의 판례(대법원 1989. 11. 14. 선고 88누6924 판결 등) 및 대상판결에 의하면, '근로자와 관한 사항에 대하여 사업주를 위하여 행동하는 자'(사업주이익대표자)란 근로자의 인사, 급여, 후생, 노무관리 등 근로조건의 결정 또는 업무상의 명령이나 지휘감독을 하는 등의 사항에 대하여 사업주로부터 일정한 권한과 책임을 부여받은 자를 말한다. 이러한 자에 해당하는지 여부는 특정 직급이나 직책 등을 기준으로 하여 형식적으로 판단하여서는 아니 되고 업무내용 및 권한에 비추어 실질적으로 판단하여야 한다.

Q 2. 대상판결에서 사용자의 이익대표자에 관해 원심법원과 대법원 사이에는 어떤 판단의 차이를 보이고 있는가?

[A]　원심은 사용자의 인사·경리·회계 등을 전담하는 부서의 직원, 사용자의 지시를 받아 근로자에 관한 감시·감독적 지위에 있는 감사담당 부서의 직원, 통상적으로 사용자에게 전속되어 사용자의 업무를 보조하는 비서나 전용운전수, 사용자의 재산보호와 출입자의 감시 및 감시·순찰과 같은 경찰적 업무를 담당하는 직원 등은 사용자의 이익대표자에 포함된다는 것을 전제로 하여 이 사건 직원들 중 주임급 이하 직원들 전부 또는 대부분이 사용자의 이익대표자에 해당한다고 판단하였다. 그러나 대법원은 주임급 이하의 직원들이 인사, 노무, 예산, 경리 등의 업무를 담당한다거나 총장의 비서 내지 전속 운전기사, 수위 등으로 근무한다는 사정만으로 그들이 곧바로 사용자의 이익대표자에 해당한다고 할 수 없고, 그들이 실제 담당하는 업무의 내용 및 직무권한 등을 확인하여 그 직무상의 의무와 책임이 노동조합원으로서의 의무와 책임에 저촉되는 것으로 평가할 수 있을 때에만 사용자의 이익대표자에 해당하는 것으로 볼 수 있다는 취지로 판단하였다.

제16강 노동조합의 조직과 운영

1. 조합원 자격의 취득과 상실

◀ 판례분석 ▶

▌제 목 : union shop 협정 하에서 노조가입의 거부·제한의 신의칙 위반 여부(Y) [한창여객사건]

▌대상판결 : 대법원 1996. 10. 29. 선고 96다28899 판결【노동조합원확인】
【원고,피상고인】 변○열 외 8인
【피고,상고인】 전국자동차노동조합연맹 부산버스지부 한창여객분회
【원심판결】 부산고법 1996. 6. 7. 선고 95나7352 판결
【주 문】 상고를 기각한다. 상고비용은 피고의 부담으로 한다.

▌사건의 개요 : 피고와 소외 회사(버스회사)간에 union shop 협정이 체결되었고, 피고의 조합원인 원고들은 분회장 선거결과에 불만을 품고 노조를 탈퇴하였다가 재가입을 신청하였으나, 피고는 이를 거부하였고, 원고들은 조합원 지위의 확인을 구하는 소를 제기하였다.

▌관련 법 규정(현행법 기준)
- 노조법 제5조(노동조합의 조직·가입) ① 근로자는 자유로이 노동조합을 조직하거나 이에 가입할 수 있다. … (이하 생략) …
- 노조법 제81조(부당노동행위) ① 사용자는 다음 각 호의 어느 하나에 해당하는 행위(이하 "부당노동행위"라 한다)를 할 수 없다.
  2. 근로자가 어느 노동조합에 가입하지 아니할 것 또는 탈퇴할 것을 고용조건으로 하거나 특정한 노동조합의 조합원이 될 것을 고용조건으로 하는 행위. 다

만, 노동조합이 당해 사업장에 종사하는 근로자의 3분의 2 이상을 대표하고 있을 때에는 근로자가 그 노동조합의 조합원이 될 것을 고용조건으로 하는 단체협약의 체결은 예외로 하며, 이 경우 사용자는 근로자가 그 노동조합에서 제명된 것 또는 그 노동조합을 탈퇴하여 새로 노동조합을 조직하거나 다른 노동조합에 가입한 것을 이유로 근로자에게 신분상 불이익한 행위를 할 수 없다.

■ **판결의 성격** : 원심은 원고들에 대한 피고의 가입 거부 행위를 신의칙 위반으로 판단하였고, 대법원은 원심의 판단이 정당하다고 보아서 피고의 상고를 기각하였다.

■ **쟁 점**
- union shop 협정이 있는 경우 노동조합이 탈퇴한 조합원의 재가입을 거부하거나 제한할 수 있는지 여부

■ **중요 사실관계**
- 원고들을 비롯한 피고의 조합원 36명은 선거에서 자신들이 지지한 후보가 낙선된 것에 불만을 품고 조합탈퇴서를 제출했으나, 탈퇴의사를 번복하고 다시 조합가입원을 제출 ⇒ 재가입 거부의 정당한 내지 합리적인 사유 해당 여부 관련
- 피고는 36명의 탈퇴서 제출 조합원들 중 8명만을 조합원으로 재가입시키고 원고들을 포함한 나머지 조합원들에 대하여는 가입을 거부 ⇒ **노동조합의 목적 내지 형평에 반하는 권리남용 내지 신의칙 위반 여부 관련**

■ **기본법리**(판지)
1) 근로자가 노동조합에 가입하는 행위는 그 성질상 근로자의 가입 청약과 조합의 승낙에 의하여 이루어지는 것이다. ⇒ **[노조 가입의 법적 성격(계약)]**
2) 노동조합이 조합원의 자격을 갖추고 있는 근로자의 조합 가입을 함부로 거부하는 것은 허용되지 아니하고, 특히 유니언 숍 협정에 의한 가입강제가 있는 경우에는 단체협약에 명문 규정이 없더라도 노동조합의 요구가 있으면 사용자는 노동조합에서 탈퇴한 근로자를 해고할 수 있기 때문에 조합측에서 근로자의 조합 가입을 거부하게 되면 이는 곧바로 해고로 직결될 수 있으므로 조합은 노조 가입 신청인에게 제명에 해당하는 사유가 있다는 등의 특단의 사정이 없는 한 그 가입에 대하여 승인을 거부할 수 없고, 따라서 조합 가입에 조합원의 사전 동의를 받아야 한다거나 탈퇴 조합원이 재가입하려면 대의원대회와 조합원총회에서

각 3분의 2 이상의 찬성을 얻어야만 된다는 <u>조합 가입에 관한 제약은</u> 그 자체가 위법 부당하고, 또한 특별한 사정이 없는 경우에까지 위와 같은 제약을 가하는 것은 기존 조합원으로서의 <u>권리남용 내지 신의칙 위반에 해당된다.</u> ⇒ **[특별한 사정 없는 한 union shop 협정 하에서 조합 가입의 거부·제한은 신의칙 위반]**

■**결론 및 이유** : 원고들에 대한 피고의 가입 승인 거부행위는 권리남용 내지 신의칙 위반에 해당한다.
- 원고들은 피고 조합을 무력화시키려고 하는 탈퇴 당시의 기도를 포기하고 피고 조합에 굴복하여 조합원 지위의 회복을 갈망하고 있다고 보이는 반면에,
- 피고측에서 원고들의 가입 승인을 거부할 특별한 사정이 있다고 인정할 만한 자료가 없으며,
- 더욱이 피고가 총 36명의 탈퇴자 가운데 8명만을 선별하여 조합원으로 받아들이고 원고들을 비롯한 나머지 탈퇴자들에 대하여는 가입 승인을 끝까지 거부하는 것은 형평에도 반하는 처사임.

■**판결의 의의와 한계**
1) 대상판결은 조합원 자격이 있는 근로자의 노조 가입을 합리적 이유 없이 거부하는 노동조합의 행위는 허용되지 않는다는 점을 전제로 하여, union shop 협정을 체결한 노조가 임의 탈퇴한 조합원의 재가입을 거부하거나 가입제한을 두는 것은 제명에 해당하는 사유 등과 같은 특별한 사정이 없는 한 신의칙 위반(권리남용)에 해당한다고 본 사례이다.
2) 대상판결은 유사 사례의 선례(대법원 1995. 2. 28. 선고 94다15363 판결)에서 판시된 법리의 연장선상에 있으나, 선례의 경우 해고의 효력이 다투어졌던 사안에서 해고권 남용의 논거로서 해당 법리(노조법 제81조 제2호 단서 위반, union shop 협정에 기한 해고의 목적 범위 일탈, 형평에 반함)를 전개한 반면에, 대상판결은 조합원지위의 확인을 구하는 사안에서 노동조합의 권리남용이라는 관점에서 법리를 전개한 점이 특징이다.

> ※ **대법원 1995. 2. 28. 선고 94다15363 판결 【해고무효확인】**
> - "피고 회사 노조는 원고가 노조탈퇴의사를 철회하고 노조에 다시 가입하기 위한 노력을 하였음에도 불구하고 노조를 탈퇴한 11명 중 위 8명에 대하여는 노조탈퇴 의사철회를 받아들여 노조원의 자격을 유지하게 하고도 원고를 포함한 3명에 대하여서만 이를 받아들이지 않고 피고 회사에 대하여 해고를 요구하여 결국 피고 회사

가 이들을 해고한 것으로서, 이와 같이 <u>노조탈퇴의사를 철회하고 노조에 다시 가입하려는 근로자에 대하여 이를 거부하고 해고되게 한 것</u>은 노조 자체가 단결권의 정신을 저버리고 <u>실질상 제명과 같은 효과를 발생시킨 것</u>으로서, 노동조합법 제39조(현행 제81조 제1항) 제2호 단서에 위반될 뿐만 아니라 <u>유니언숍 협정에 기한 해고의 목적범위를 일탈한 것</u>이라 할 것이고, 또한 11명의 탈퇴자 중 원고 등 3명에 대하여서만 탈퇴의사철회를 거부하고 해고되게 한 것은 다른 탈퇴근로자들과의 <u>형평에도 반한다 할 것</u>이므로, 위 해고는 어느 모로 보나 정당한 이유 없는 해고권의 남용에 해당하여 무효"

▌기타 해설 : 복수의 회사가 합병되더라도 피합병회사와 그 근로자 사이의 집단적인 근로관계나 근로조건 등은 합병회사와 합병 후 전체 근로자들을 대표하는 노동조합과 사이에 단체협약의 체결 등을 통하여 합병 후 근로자들의 근로관계 내용을 단일화하기로 변경·조정하는 새로운 합의가 있을 때까지는 피합병회사의 근로자들과 합병회사 사이에 그대로 승계되는 것이고, 합병회사의 노동조합이 유니언 숍의 조직형태를 취하고 있었다고 하더라도 위에서 본 바와 같은 피합병회사의 근로자들까지 아우른 노동조합과 합병회사 사이의 새로운 합의나 단체협약이 있을 때까지는 피합병회사의 근로자들이 자동적으로 합병회사의 노동조합의 조합원으로 되는 것은 아니다(대법원 2004. 5. 14. 선고 2002다23185,23192 판결).

◀ Q 풀이 ▶

Q 1. 대상판결에서 원고들에 대한 피고 노동조합의 재가입 승인거부가 권리남용 내지 신의칙 위반이라고 판단한 이유는?

[A] i) 원고들의 조합 탈퇴 의사의 철회 및 재가입 신청, ii) 피고 조합이 원고들의 재가입을 거부할 특별한 사정(예, 제명사유)의 부재, iii) 형평에 반하는 선별적인 재가입 승인 내지 거부.

Q 2. 유효하게 체결된 유니언 숍 협정이 있는데 사용자가 노동조합에서 임의로 탈퇴한 근로자를 해고하지 않은 경우 사용자의 법적 책임은? (☞ 제25강 부당노동행위(2) 2. 반조합계약: 대법원 1998. 3. 24. 선고 96누16070 판결 참고)

[A] union shop 협정이 있는 경우 사용자는 조합을 임의 탈퇴한 근로자를 해고할 의무를 부담하나 이러한 의무의 불이행(단체협약상의 채무불이행) 자체는 지배개입의

부당노동행위에 해당하지 않는다(그러나 지배개입의 의사를 갖고 해고의무를 불이행한 경우에는 부당노동행위 성립).

> ※ **대법원 1998. 3. 24. 선고 96누16070 판결【부당노동행위구제재심판정취소】**
> - "유니언 숍(Union Shop) 협정은 노동조합의 단결력을 강화하기 위한 강제의 한 수단으로서 근로자가 대표성을 갖춘 노동조합의 조합원이 될 것을 '고용조건'으로 하고 있는 것이므로 단체협약에 유니언 숍 협정에 따라 근로자는 노동조합의 조합원이어야만 된다는 규정이 있는 경우에는 다른 명문의 규정이 없더라도 사용자는 노동조합에서 탈퇴한 근로자를 해고할 의무가 있다(대법원 1996. 10. 29. 선고 96다28899 판결 참조). … (중략) … 그러나 단체협약상의 유니언 숍 협정에 의하여 사용자가 노동조합을 탈퇴한 근로자를 해고할 의무는 단체협약상의 채무일 뿐이고, 이러한 채무의 불이행 자체가 바로 같은 법 제39조(현행 제81조 제1항) 제4호 소정 노동조합에 대한 지배·개입의 부당노동행위에 해당한다고 단정할 수는 없다. 이 부당노동행위가 성립하려면 사용자에게 근로자가 노동조합을 조직 또는 운영하는 것을 지배하거나 개입할 의사가 있어야 하는 것인바, 뒤에서 보는 바와 같은 이 사건 경위에 비추어 볼 때 그 해고조치를 취하지 아니함에 있어 사용자인 참가인에게 그러한 의사가 있었던 것으로 볼 수가 없다."

◀ 심화학습 ▶

1. 유니언 숍을 인정하는 노조법 제81조 제1항 제2호 단서의 합헌성 (헌재 2005. 11. 24. 2002헌바95.96, 2003헌바9(병합) 참고)

▷ 참고판결은 근로자의 단결하지 않을 자유(이른바 소극적 단결권) 및 단결선택권과 충돌하는 노조의 단결강제권(제한적 단결강제로서의 union shop)을 허용한 노조법 조항의 합헌 논거를 잘 보여주고 있는 사례로서, 단결하지 않을 자유에 비해 적극적 단결권이 더 중시되는 특별한 가치를 갖는 권리라는 점을 명시적으로 승인하고 있는 점에서 유의미하다. 다만, 제한적 단결강제는 근로자의 근로권, 직업선택의 자유 등과도 충돌하는데 이러한 측면에서의 검토까지 이루어지고 있지는 않다.
▷ 참고판결 사건의 사실관계에서 보듯이, 근로자가 union shop 협정을 체결한 노동조합에서 탈퇴와 동시에 다른 노조에 가입하는 경우에도 동 협정이 적용된다면, 이는 단결선택권에 대한 본질적 침해가 아닌가 하는 의문이 제기될 수 있다(2011. 7. 1. 시행된 개정 노조법은 이러한 점을 고려하여 해고 등 불이익 취급을 할 수 없도록 함).

※ 헌재 2005. 11. 24. 2002헌바95.96, 2003헌바9(병합)

- "1. 가. 이 사건 법률조항은 노동조합의 조직유지·강화를 위하여 당해 사업장에 종사하는 근로자의 3분의 2 이상을 대표하는 노동조합(이하 '지배적 노동조합'이라 한다)의 경우 단체협약을 매개로 한 조직강제[이른바 유니언 샵(Union Shop) 협정의 체결]를 용인하고 있다. 이 경우 근로자의 단결하지 아니할 자유와 노동조합의 적극적 단결권(조직강제권)이 충돌하게 되나, 근로자에게 보장되는 적극적 단결권이 단결하지 아니할 자유보다 특별한 의미를 갖고 있고, 노동조합의 조직강제권도 이른바 자유권을 수정하는 의미의 생존권(사회권)적 성격을 함께 가지는 만큼 근로자 개인의 자유권에 비하여 보다 특별한 가치로 보장되는 점 등을 고려하면, 노동조합의 적극적 단결권은 근로자 개인의 단결하지 않을 자유보다 중시된다고 할 것이고, 또 노동조합에 위와 같은 조직강제권을 부여한다고 하여 이를 근로자의 단결하지 아니할 자유의 본질적인 내용을 침해하는 것으로 단정할 수는 없다.

나. 이 사건 법률조항은 단체협약을 매개로 하여 특정 노동조합에의 가입을 강제함으로써 근로자의 단결선택권과 노동조합의 집단적 단결권(조직강제권)이 충돌하는 측면이 있으나, 이러한 조직강제를 적법·유효하게 할 수 있는 노동조합의 범위를 엄격하게 제한하고 지배적 노동조합의 권한남용으로부터 개별근로자를 보호하기 위한 규정을 두고 있는 등 전체적으로 상충되는 두 기본권 사이에 합리적인 조화를 이루고 있고 그 제한에 있어서도 적정한 비례관계를 유지하고 있으며, 또 근로자의 단결선택권의 본질적인 내용을 침해하는 것으로도 볼 수 없으므로, 근로자의 단결권을 보장한 헌법 제33조 제1항에 위반되지 않는다.

2. 노동조합의 조직강제는 조직의 유지·강화를 통하여 단일하고 결집된 교섭능력을 증진시킴으로써 궁극적으로는 근로자 전체의 지위향상에 기여하고, 특히 이 사건 법률조항은 일정한 지배적 노동조합에만 단체협약을 매개로 한 조직강제를 제한적으로 허용하고 있는데다가 소수노조에까지 이를 허용할 경우 자칫 반조합의 사를 가진 사용자에 의하여 다수 근로자의 단결권을 탄압하는 도구로 악용될 우려가 있는 점 등을 고려할 때, 이 사건 법률조항이 지배적 노동조합 및 그 조합원에 비하여 소수노조 및 그에 가입하였거나 가입하려고 하는 근로자에 대하여 한 차별적 취급은 합리적인 이유가 있으므로 평등권을 침해하지 않는다."

2. 조직형태의 변경

◀ 판례분석 ▶

▌제 목 : 산업별 노조의 지회가 조직형태변경 결의를 통하여 기업별 노조로 전환할 수 있는지 여부(Y) [발레오만도지회사건]

▌대상판결 : 대법원 2016. 2. 19. 선고 2012다96120 전원합의체 판결【총회결의무효등】
【원고, 피상고인】 정○재 외 3인
【피고, 상고인】 발레오전장노동조합
【피고보조참가인】 발레오전장시스템스코리아 주식회사
【원심판결】 서울고법 2012. 9. 21. 선고 2011나79540 판결
【주 문】 원심판결 중 피고 패소 부분을 파기하고, 이 부분 사건을 서울고등법원에 환송한다.

▌사건의 개요 : 2001. 2.경 발레오만도노동조합(기업별 노조)이 금속노조의 발레오만도지회로 조직형태를 변경하였다가 2010. 5. 19. 및 2010. 6. 7. 발레오만도지회 총회에서 기업별 노조인 발레오전장노동조합(피고 노조)으로 조직형태를 다시 변경하자, 발레오만도지회의 임원이었던 원고들이 조직형태변경(지회→기업별노조) 결의가 무효라는 이 사건 소를 제기하였다.

▌관련 법 규정(현행법 기준)
- 노조법 제16조(총회의 의결사항) ① 다음 각호의 사항은 총회의 의결을 거쳐야 한다.
   8. 조직형태의 변경에 관한 사항
② 총회는 재적조합원 과반수의 출석과 출석조합원 과반수의 찬성으로 의결한다. 다만, 규약의 제정·변경, 임원의 해임, 합병·분할·해산 및 조직형태의 변경에 관한 사항은 재적조합원 과반수의 출석과 출석조합원 3분의 2 이상의 찬성이 있어야 한다.

▌**판결의 성격** : 원심은 산별노조의 지회 등은 독자적인 단체교섭 및 협약체결 능력이 있어 독립된 노동조합이라고 할 수 있는 경우에만 조직형태변경이 가능하다고 판단했으나, 대법원은 단체협약체결 능력이 없어도 노동조합과 유사한 독립한 근로자단체로서 법인 아닌 사단에 해당하면 조직형태변경이 가능하다고 보아 원심판결 중 피고 패소 부분을 파기환송하였다.

※ **원심의 판단** : 발레오만도지회가 독자적인 규약 및 집행기관을 가지고 독립한 단체로서 활동을 하면서 그 조직이나 조합원에 고유한 사항에 대하여는 독자적인 단체교섭 및 단체협약체결 능력을 가지고 있는 독립된 노동조합이라고 할 수 없으므로, 결국 발레오만도지회는 조직변경의 주체가 될 수 없다.

▌**쟁 점**
- 산업별 노동조합의 지회 등이 독자적인 노동조합 또는 노동조합 유사의 독립한 근로자단체로서 법인 아닌 사단에 해당하는 경우 조직형태변경 결의를 통해 기업별 노동조합으로 전환할 수 있는지 여부

▌**중요 사실관계**
- 2001. 2.경 기업별 노조(발레오만도노동조합) → 산별노조의 지회(금속노조 경주지부 발레오만도지회)로 조직형태변경, 2010. 5. 19. 및 2010. 6. 7. 발레오만도지회 총회에서 지회 → 기업별 노조(발레오전장노동조합)로 조직형태 재변경 결의 ⇒ **지회에서 기업별 노조로 조직형태 변경된 경위 관련**
- 발레오만도지회는 전국금속노동조합의 모범 지회 규칙을 바탕으로 제정된 규칙과 총회·지회장 등의 기관을 갖추고 활동 ⇒ **노동조합 유사의 독립한 근로자단체로서 법인 아닌 사단의 실질 구비 여부와 관련**
- 발레오만도지회는 단체교섭 및 단체협약체결 능력을 가지고 있지 않음(지부 단위 집단교섭의 경우 경주지부 지부장이 금속노조의 위원장으로부터 위임을 받아 교섭, 금속노조의 위원장 명의로 단체협약 체결, 지회 단위 보충교섭의 경우 경주지부장의 주관 하에 교섭, 지회장 등이 실무적인 교섭위원으로 참여, 보충협약의 체결권자는 금속노조의 위원장 또는 위임 받은 경주지부장) ⇒ **독자적인 노동조합으로서의 실질(기업별 노조에 준하는 실질) 구비 여부와 관련**

▌**기본법리**(판지)

1) <u>노조법 제16조 제1항 제8호 및 제2항</u>(이하 '이 사건 규정'이라 한다)은 노동조합이 설립되어 존속하고 있는 도중에, 재적조합원 과반수의 출석과 출석조합원 2/3 이상의 찬성에 의한 총회의 의결을 거쳐 노동조합의 조직형태를 변경하는 것을 허용하고 있다. 이 사건 규정은 <u>노동조합의 해산·청산 및 신설 절차를 거치지 아니하고 조직형태의 변경이 가능하도록 함</u>으로써 노동조합을 둘러싼 <u>종전의 재산상 권리·의무나 단체협약의 효력 등의 법률관계가 새로운 조직형태의 노동조합에 그대로 유지·승계될 수 있도록</u> 한 것으로서, 근로자의 <u>노동조합의 설립 내지 노동조합 조직형태 선택의 자유를 실질적으로 뒷받침</u>하기 위한 것이다. ⇒ **[조직 형태변경제도의 취지 : 종전 법률관계 유지·승계+조직형태 선택의 자유 보장]**

2) ⑴ 노동조합의 설립 및 조직형태의 변경에 관한 노조법의 관련 규정들(제2조 제4호 본문, 제5조, 제10조, 제16조 제1항 제8호, 제2항)과 재산상 권리·의무나 단체협약의 효력 등의 법률관계를 유지하기 위한 조직형태의 변경 제도의 취지와 아울러 개별적 내지 집단적 단결권의 보장 필요성, 산업별 노동조합의 지부·분회·지회 등의 하부조직(이하 '지회 등'이라 한다)의 독립한 단체성 및 독자적인 노동조합으로서의 실질에 관한 사정 등을 종합하여 보면, 이 사건 규정은 노조법에 의하여 설립된 노동조합을 그 대상으로 삼고 있어 노동조합의 단순한 내부적인 조직이나 기구에 대하여는 적용되지 아니하지만, 산업별 노동조합의 <u>지회 등이라 하더라도, 실질적으로 하나의 기업 소속 근로자를 조직대상으로 하여 구성되어 독자적인 규약과 집행기관을 가지고 독립한 단체로서 활동하면서 해당 조직이나 그 조합원에 고유한 사항에 관하여 독자적인 단체교섭 및 단체협약체결 능력이 있어 기업별 노동조합에 준하는 실질을 가지고 있는 경우</u>에는, 산업별 연합단체에 속한 기업별 노동조합의 경우와 실질적인 차이가 없으므로, 이 사건 규정에서 정한 결의 요건을 갖춘 소속 조합원의 의사 결정을 통하여 산업별 노동조합에 속한 지회 등의 지위에서 벗어나 <u>독립한 기업별 노동조합으로 전환함으로써 그 조직형태를 변경할 수 있다</u>고 보아야 한다. ⇒ **[지회 등의 기업별 노조로 조직형태변경① : 기업별 조직대상+독자적 규약·집행기관 및 독립한 단체로서 활동+독자적 교섭·협약 체결 능력=기업별 노조 준하는 실질 구비(독자적인 노조)]**

⑵ 또한 산업별 노동조합의 지회 등이 <u>독자적으로 단체교섭을 진행하고 단체협약을 체결하지는 못하더라도</u>, 법인 아닌 사단의 실질을 가지고 있어 기업별 노동조합과 유사한 근로자단체로서 독립성이 인정되는 경우에, 그 지회 등은 스스로 고유한 사항에 관하여 산업별 노동조합과 독립하여 의사를 결정할 수 있는

능력을 가지고 있다. 이러한 의사 결정 능력을 갖춘 이상, 그 지회 등은 소속 근로자로 구성된 총회에 의한 자주적·민주적인 결의를 거쳐 그 지회 등의 목적 및 조직을 선택하고 변경할 수 있으며, 나아가 단결권의 행사 차원에서 정관이나 규약 개정 등을 통하여 단체의 목적에 근로조건의 유지·개선 기타 근로자의 경제적·사회적 지위의 향상을 추가함으로써 노동조합의 실체를 갖추고 활동할 수 있다. 그리고 그 지회 등이 기업별 노동조합과 유사한 독립한 근로자단체로서의 실체를 유지하면서 산업별 노동조합에 소속된 지회 등의 지위에서 이탈하여 기업별 노동조합으로 전환할 필요성이 있다는 측면에서는, 단체교섭 및 단체협약 체결 능력을 갖추고 있어 기업별 노동조합에 준하는 실질을 가지고 있는 산업별 노동조합의 지회 등의 경우와 차이가 없다. 이와 같은 법리와 사정들에 비추어 보면, 기업별 노동조합과 유사한 근로자단체로서 법인 아닌 사단의 실질을 가지고 있는 지회 등의 경우에도 위에서 본 기업별 노동조합에 준하는 실질을 가지고 있는 경우와 마찬가지로 이 사건 규정에서 정한 결의 요건을 갖춘 소속 근로자의 의사 결정을 통하여 종전의 산업별 노동조합의 지회 등이라는 외형에서 벗어나 독립한 기업별 노동조합으로 전환할 수 있다고 봄이 타당하다. ⇒ [지회 등의 기업별 노조로 조직형태변경② : 독자적 교섭·협약체결 능력 부재 but 법인 아닌 사단의 실질 구비=기업별 노조 유사의 독립한 근로자단체]

3) ⑴ 결론적으로 산업별 노동조합의 지회 등이라 하더라도, i) 그 외형과 달리 독자적인 노동조합 또는 ii) 노동조합 유사의 독립한 근로자단체로서 법인 아닌 사단에 해당하는 경우에는, 자주적·민주적인 총회의 결의를 통하여 그 소속을 변경하고 독립한 기업별 노동조합으로 전환할 수 있다고 보아야 하고, 이와 같이 노동조합 또는 법인 아닌 사단으로서의 실질을 반영한 이 사건 규정에 관한 해석이 근로자들에게 결사의 자유 및 노동조합 설립의 자유를 보장한 헌법 및 노조법의 정신에 부합한다. ⇒ [위 2가지 조직형태변경 해석의 의의(결사의 자유 및 노조 설립자유 보장한 법정신에 부합)]

⑵ 다만 이와 같은 견해가 산업별 노동조합의 지회 등에 대하여 그 실질을 명확히 가리지 아니하고 폭넓게 법인 아닌 사단으로서 처우하여 이 사건 규정에서 정한 조직형태 변경 결의를 허용하여야 한다는 취지는 아니다. 산업별 노동조합의 지회 등이 산업별 노동조합의 활동을 위한 내부적인 조직에 그친다면 그와 같은 결의를 허용할 수 없을 것이므로, 먼저 독자적인 노동조합 또는 노동조합 유사의 독립한 근로자단체로서의 실질을 갖추고 있는지에 관하여 신중하게 심리·판단하여야 한다. ⇒ [지회 등의 실질에 관한 신중한 판단 필요(단순 내부조직에 불과하면 조직형태변경 불가)]

※ **반대의견**: 1) 산업별 노동조합에서 조직형태의 변경을 결의할 수 있는 주체는 단위노동조합인 산업별 노동조합일 뿐이고, 하부조직에 불과한 산업별 노동조합의 지회 등이 산업별 노동조합의 통제를 무시한 채 독자적으로 조직형태의 변경을 결의하는 것은 원칙적으로 불가능하다. 그러한 결의는 개별 조합원들의 산업별 노동조합 탈퇴의 의사표시에 불과하거나 새로운 노동조합의 설립 결의일 뿐이어서, 여기에 노동조합의 조직형태의 변경이나 그에 준하는 법적 효과를 부여할 수는 없다.

2) 다만 산업별 노동조합의 지회 등이 산업별 노동조합과는 별도로 근로자와 조합원 관계를 형성하고 산업별 노동조합이나 다른 하부조직과 구별되는 독자적인 규약 및 의사결정기관과 집행기관을 갖춘 독립된 조직체로 활동하면서 지회 등이나 조합원의 고유한 사항에 관하여 독자적으로 단체교섭을 진행하고 단체협약을 체결할 능력을 보유하여 노동조합으로서의 실질이 있는 경우에는, 산업별 노동조합은 외형과 달리 개별 노동조합과 다름없는 지회 등의 연합단체로서의 성격이 혼합되어 있다고 할 수 있는 만큼, 산업별 노동조합의 지회 등은 자체 결의를 통하여 연합단체에서 탈퇴할 수 있고, 그것이 조직형태의 변경 결의 형식으로 이루어졌더라도 탈퇴의 효과가 발생한다고 해석할 여지는 있다.

3) 근로자와 조합원관계를 형성하고 지회 등이나 조합원의 고유한 사항에 관하여 독자적으로 단체교섭을 진행하여 단체협약을 체결할 능력이 있다는 점이 증명되지 아니하는 산업별 노동조합의 지회 등은 조직형태의 변경 주체가 될 수 없다.

▌**결론 및 이유** : 원심의 판단에는 산업별 노동조합 지회 등의 조직형태 변경에 관한 법리를 오해하여 필요한 심리를 다하지 아니함으로써 판결에 영향을 미친 위법이 있다.

- 발레오만도지회가 산업별 노동조합인 전국금속노동조합의 지회이지만 원래 기업별 노동조합이었다가 전국금속노동조합의 지회로 편입되었고 그 후에도 총회·지회장 등의 기관을 갖추고 활동해 왔으므로, 비록 단체교섭 및 단체협약체결 능력을 가지고 있지 않더라도 그 설치 경위, 정관·규약 내용, 관리·운영 실태 및 구체적인 활동 내용에 비추어 기업별 노동조합과 유사한 근로자단체로서 법인 아닌 사단으로서의 실질을 가지고 있어 독립성이 있었다고 인정되는 경우에는, 이 사건 규정에서 정한 조직형태의 변경 결의에 의하여 전국금속노동조합에 속한 지회 등의 지위에서 벗어나 독립한 기업별 노동조합의 조직을 갖출 수 있고, 따라서 그와 같은 조직형태의 변경 결의라는 이유만으로 이 사건 각 결의가 무효라고 할 수 없음.

- 원심은, 산업별 노동조합의 지회 등은 독자적인 단체교섭 및 단체협약체결 능력이 있어 독립된 노동조합이라고 할 수 있는 경우에만 이 사건 규정에 의한 조직형태의 변경 주체가 될 수 있다는 잘못된 전제에서, 발레오만도지회가 법인

아닌 사단의 실질을 갖추고 있어 독립성이 있었는지 등에 관한 사정을 제대로 살피지 아니한 채, 발레오만도지회가 독자적인 단체교섭 및 단체협약체결 능력이 있는 독립한 노동조합이라고 할 수 없어 조직변경의 주체가 될 수 없으므로 이 사건 각 결의가 무효라고 단정하고 말았음.

▌판결의 의의와 한계
1) 대상판결은 기업별 노동조합이 산업별 노동조합의 지부·지회로 조직형태를 변경하였다가 다시 지부·지회가 기업별 노동조합으로 조직형태를 변경하려는 경우를 다루고 있다. 노조법의 조직형태 변경 관련 조항들은 노동조합 총회의 의결을 얻어야 조직형태 변경이 가능하도록 하고 있다. 지부·지회는 노동조합이 아니라 그 하부조직이기 때문에 조직형태 변경을 결의할 수 있는지가 문제된다. 대상판결은 지회 등이라 하더라도, i) 그 외형과 달리 독자적인 노동조합 또는 ii) 노동조합 유사의 독립한 근로자단체로서 법인 아닌 사단에 해당하는 경우에는 자주적·민주적인 총회의 결의를 통하여 독립한 기업별 노동조합으로 전환할 수 있다고 보았다.
2) 종래의 판례에 의하면 초기업적인 단위노동조합(산별노조, 직종별노조, 지역별노조 등)의 하부조직인 지부·지회도 일정한 요건 아래 단체교섭의 당사자로 인정되며(대법원 2001. 2. 23. 선고 2000도4299 판결 ☞ Q 3. 참고), 쟁의행위의 적법한 주체로도 인정된다(대법원 2008. 1. 18. 선고 2007도1557 판결 ☞ 제21강 1. 쟁의행위의 주체·절차, 심화학습 2. 참고). 그 외형과 달리 독자적인 노동조합으로서의 실질이 인정된다고 보기 때문이다. 대상판결이 그러한 경우 지부·지회의 총회에서 조직형태 변경을 결의할 수 있다고 본 것은 종래 판례의 흐름을 따른 것이다(대상판결의 반대의견도 마찬가지로 판시함).
3) 나아가 대상판결은 노동조합 유사의 독립한 근로자단체로서 법인 아닌 사단에 해당하는 경우에도 자주적·민주적인 총회의 결의를 통하여 그 소속을 변경하고 독립한 기업별 노동조합으로 전환할 수 있다고 본다(반면 대상판결의 반대의견은 불가하다고 봄). 대상판결은 결사의 자유 및 노동조합 설립의 자유 보장에 부합하는 면이 있으나, 한편으로는 초기업적인 단위노동조합의 연대를 약화시킨다는 비판도 있다.

▌기타 해설 : 산업별 노동조합의 지회 등이 기업별 노동조합에 준하는 실질이나 기업별 노동조합과 유사한 근로자단체로서 법인 아닌 사단의 실질을 갖추지 못

하여 조직형태를 변경할 수 없는 경우에 결의를 통해 산업별 노동조합을 탈퇴하고 조합비 등 기존 재산 전부를 새로 설립한 기업별 노동조합에 포괄적으로 이전하는 것을 허용한다면, 조직형태 변경의 주체가 될 수 없는 지회 등이 우회적인 방법으로 사실상 조직형태를 변경하는 것과 마찬가지의 결과에 이를 수 있게 되어 조직형태 변경 제도의 취지가 잠탈될 수 있으므로, 이러한 산업별 노동조합의 지회 등이 총회 등을 통해 기업별 노동조합으로 조직형태를 변경하면서 이를 전제로 조합비 등 기존 재산 전부를 새로운 기업별 노동조합에 포괄적으로 이전하는 결의를 하더라도 그러한 결의는 조직형태 변경 결의로서뿐만 아니라 재산을 이전하는 결의로서도 효력이 없다(대법원 2018. 1. 24. 선고 2014다203045 판결).

◀ Q 풀이 ▶

Q 1. 집단적인 탈퇴·가입 대신에 조직형태 변경을 하는 효과 내지 실익은 무엇인가?

[A] 1) 종전의 노조로부터 집단적으로 탈퇴하고 새로운 노조에 가입하는 경우 종전의 노조는 존속하며 종전 노조와 관련된 재산상의 권리·의무나 단체협약의 효력 등 법률관계가 새로운 노조나 그 조합원에게 유지 내지 승계되지 않는다. 반면 노조법상 노조 총회 결의를 요건으로 하는 조직형태변경은 노동조합의 해산·청산 및 신설 절차를 거치지 아니하고 조직형태의 변경이 가능하도록 함으로써 노동조합을 둘러싼 종전의 재산상 권리·의무나 단체협약의 효력 등의 법률관계가 새로운 조직형태의 노동조합에 그대로 유지·승계될 수 있게 한다.

2) 집단적인 탈퇴의 경우 이를 반대하는 조합원은 기존 노조의 조합원으로서 남게 되나, 조직형태변경의 경우 이를 반대한 조합원도 변경된 노조의 소속 조합원으로 된다. 대상판결 사안처럼 지회가 기업별 노조로 조직형태를 변경한 경우 반대한 조합원이 종전 산별 노조의 조합원이기 위해서는 기업별 노조로부터 탈퇴하여 종전 산별 노조에 다시 가입하여야 한다.

Q 2. 대상판결에서 지회 등이 어떠한 법적 지위에 있을 때 조직형태 변경 결의가 가능한가?

[A] 대상판결에서는 지회 등이 기업별 노조로 조직형태변경이 가능하려면 그 지회 등이 i) 그 외형과 달리 독자적인 노동조합에 해당하거나 또는 ii) 노동조합

유사의 독립한 근로자단체로서 법인 아닌 사단에 해당하여야 한다고 본다. 지회 등이 산업별 노동조합의 활동을 위한 내부적인 조직에 그친다면 조직형태변경 결의는 허용되지 않는다.

Q 3. 지회 등은 스스로 단체교섭하고 단체협약을 체결할 법적 지위가 인정되는 가? (대법원 2001. 2. 23. 선고 2000도4299 판결 참고)

[A] 참고판결에 따르면 노동조합의 하부단체인 지부·분회가 i) 독자적인 규약 및 집행기관을 가지고 독립된 조직체로서 활동을 하는 경우에는 ii) 당해 조직이 나 그 조합원에 고유한 사항에 대하여는 독자적으로 단체교섭하고 단체협약을 체결할 수 있는 당사자로 인정된다. 그러나 지부·분회가 설립신고를 하였는지 여부는 단체교섭의 당사자 인정 요건이 아니다.

참고판결이 제시한 지부·분회의 교섭·협약체결 능력 판단기준은 해당 조직의 독립적 실체성과 활동성에 초점을 둔 것이다. 그러나 초기업 단위노조와 지부·분회 사이의 상대적·실질적 관계(예, 단위노조의 규약이나 지부의 규약에서 교섭에 관해 정하고 있는 내용, 지부는 단위노조의 위임에 의해서만 교섭이 가능한지, 단위노조의 규약에서 지부의 교섭·협약체결 능력이 부정되고 있음에도 불구하고 관행상 지부가 교섭·협약체결을 행하여 왔는지 등)에 대한 고려가 없다는 점에서 아쉽다.[1] 나아가 지부·분회의 교섭·협약체결 능력 판단기준과 법외노조(노조로서의 실질적 요건을 충족하고 있지만 설립신고라는 형식적 요건을 갖추고 있지 않은 근로자단체) 판단기준 간에는 어떠한 관계가 있는 것인지 분명치 않다(교섭·협약체결 능력이 있는 지부는 법외노조인가? 아니면 법내노조와 법외노조 사이의 어딘가에 위치하는 제3의 유형의 단결체인가?).

> **※ 대법원 2001. 2. 23. 선고 2000도4299 판결【근로기준법위반】**
> "노동조합의 하부단체인 분회나 지부가 독자적인 규약 및 집행기관을 가지고 독립된 조직체로서 활동을 하는 경우 당해 조직이나 그 조합원에 고유한 사항에 대하여는 독자적으로 단체교섭하고 단체협약을 체결할 수 있고, 이는 그 분회나 지부가 노조법시행령 제7조의 규정에 따라 그 설립신고를 하였는지 여부에 영향받지 아니한다."

---

1) 대상판결 사건의 지부는 단체교섭 당사자로서의 지위를 갖지 않는다는 점에서 대상판결을 비판적으로 평가한 글로서 김기덕, "초기업단위노조 하부조직의 단체교섭 당사자 지위의 판단기준", 「2001 노동판례비평」, 민주사회를 위한 변호사모임, 2002, 206면 이하 참고 바람.

3. 조합활동의 정당성

◀ 판례분석 ▶

▌제 목 : 취업시간중 쟁의행위 찬반투표 실시를 위한 임시총회 개최의 정당성 (Y) [취업시간임시총회사건]

▌대상판결 : 대법원 1994. 2. 22. 선고 93도613 판결【업무방해】
【피고인】 피고인 1 외 2인
【상고인】 검사
【원심판결】 창원지방법원 1993. 2. 5. 선고 92노823 판결
【주 문】 상고를 기각한다.

▌사건의 개요 : 공소외 회사 노동조합의 간부인 피고인들은 쟁의행위 찬반투표의 실시를 위한 조합원 임시총회를 회사의 승인을 받지 않고 토요일 오전 8시에서 12시까지 취업시간중에 회사 본관 앞 광장에서 개최(조합원 390명 정도 참가)하였을 뿐만 아니라 임시총회 종료 예정시간 전에 찬반투표가 완료되었음에도 1시간의 여흥행사를 갖는 등 집단적으로 작업을 거부하여 회사의 생산 업무를 저해하였다는 이유로 업무방해죄로 공소제기되었다.

▌관련 법 규정(현행법 기준)
- 노조법 제4조(정당행위) 형법 제20조의 규정은 노동조합이 단체교섭·쟁의행위 기타의 행위로서 제1조의 목적을 달성하기 위하여 한 정당한 행위에 대하여 적용된다. 다만, 어떠한 경우에도 폭력이나 파괴행위는 정당한 행위로 해석되어서는 아니 된다.
- 형법 제314조(업무방해) ① 제313조의 방법 또는 위력으로써 사람의 업무를 방해한 자는 5년 이하의 징역 또는 1천 500만원 이하의 벌금에 처한다.

▌판결의 성격 : 원심은 피고인들의 이 사건 조합활동을 정당한 것으로 보아 무죄를 선고한 제1심 판결을 유지하였고, 대법원은 같은 취지에서 원심의 조치가 옳다고 보아서 검사의 상고를 기각하였다.

▌쟁 점

- 사용자의 승낙 없이 취업시간중에 쟁의행위 찬반투표를 위한 조합원 임시총회를 실시한 행위가 정당한 행위(위법성조각사유인 정당한 조합활동)에 해당하는지 여부
- 임시총회 본래의 목적에서 벗어난 1시간의 여흥을 정당한 것으로 볼 수 있는지 여부

▌중요 사실관계

- 임시총회의 목적(쟁의행위 찬반투표), 임시총회의 시기와 장소(근무일인 토요일 오전 4시간, 본관 앞 광장), 회사의 근무형태(주야간 교대제) ⇒ **목적·시기·수단·방법의 측면에서 조합활동의 필요성 및 상당성과 관련**
- 찬반투표(3시간) 외의 여흥활동(1시간) ⇒ **예정된 임시총회의 시간, 여흥시간의 비중 등에 비추어 조합활동 본래의 목적 범주 내의 것으로 볼 수 있는지와 관련**
- 사용자에 대한 노조의 2회 사전 서면통보(임시총회 개최의 목적과 일시를 통지하고 협조를 구하는 내용) ⇒ **사용자의 노무지휘권과의 조화 여부와 관련**

▌기본법리(판지)

1) 노동조합의 활동은 그것이 정당하다고 인정되는 경우에는 노동조합법 제2조 (현행 제4조), 형법 제20조에 의하여 그 위법성이 부인되는 것인바, ⇒ **[정당한 조합활동의 효과(위법성 조각에 따른 형사면책)]**

2) 노동조합의 활동이 정당하다고 하기 위하여는 i) 행위의 성질상 노동조합의 활동으로 볼 수 있거나 노동조합의 묵시적인 수권 또는 승인을 받았다고 볼 수 있는 것으로서, ii) 근로조건의 유지 개선과 근로자의 경제적 지위의 향상을 도모하기 위하여 필요하고 근로자들의 단결강화에 도움이 되는 행위이어야 하며, iii) 취업규칙이나 단체협약에 <u>별도의 허용규정</u>이 있거나 관행 또는 <u>사용자의 승낙</u>이 있는 경우 <u>외에는 취업시간 외에 행하여져야</u> 하고, iv) 사업장내의 조합활동에 있어서는 사용자의 시설관리권에 바탕을 둔 합리적인 규율이나 제약에 따라야 하며, v) 폭력과 파괴행위 등의 방법에 의하지 않는 것이어야 할 것이다(당원 1992. 4. 10. 선고 91도3044 판결 참조). ⇒ **[조합활동의 정당성 판단기준(주체·목적·시기·수단 및 방법에서의 정당성 기준)]**

▌결론 및 이유

: 여흥활동을 포함한 임시총회 개최행위는 전체적으로 노동조합의 정당한 행위에 해당한다고 보는 것이 상당할 것이고, 따라서 원심이 업무방해의 점에 관하여 무죄를 선고한 제1심판결을 유지한 조처는 옳다.

- 비록 노동조합 임시총회가 근무시간 중에 열렸고 4시간의 전체 총회시간 중 찬반투표를 실시하고 남은 1시간을 여흥에 사용하기는 하였으나, 위 임시총회가 노동쟁의조정법(현행 노조법)상 쟁의행위를 하기 위한 필수적요건인 조합원의 투표를 위한 것으로서 2회에 걸친 서면통보를 거쳐 개최되어 회사가 이에 대비할 여유가 충분히 있었음.
- 일부 조합원들이 야간근무를 하는 회사의 근무형태 때문에 전체 조합원이 총회에 참석할 수 있게 하려면 비록 근무시간 중이기는 하지만 야간근무가 끝나고 주간근무가 시작되는 교대시간에 총회를 소집하는 것이 필요하였음.
- 쟁의행위에 들어갈 것인지 여부를 결정하기 위하여는 의견교환 등도 필요하였을 것이라는 사정 등과 위 조합원의 수 등에 비추어 보면 위 총회가 근무시간 중에 열렸다는 사정만으로 위법하다고 할 수 없고, 4시간의 시간이 필요 이상의 시간이었다고 보기도 어려움.
- 위와 같은 여흥은 임시총회 중 찬반투표를 실시하고 남는 시간에 부수적으로 치러진 행사로서 전체 예정시간 중의 일부 시간 안에 치러진 데 불과하고 전체 행사가 예정된 시간 안에 끝마쳐진 점 등에 비추어 보면 여흥활동만을 따로 떼어 위법하다고 볼 것은 아님.

■ **판결의 의의와 한계**

1) 대상판결이 인용하고 있는 조합활동의 정당성에 관한 선례의 법리에 따르면, 별도의 허용규정(단체협약·취업규칙)이나 관행 또는 사용자의 승낙이 없는 한 조합활동은 취업시간 외에 행하여져야 정당한 행위로 인정된다. 이는 근로자의 조합활동권과 사용자의 노무지휘권 양자의 충돌을 해결하기 위한 판단기준이다. 대상판결은 별도의 허용규정이나 사용자의 승낙 등이 없었음에도 취업시간중에 이루어진 조합활동의 정당성을 인정한 사례로서 유의미하다.

2) 대상판결은 조합활동의 목적, 시기, 수단과 방법이라는 측면에서 그 정당성 여부를 판단하고 있는데(☞ Q 1. 참고), 특히 주야간교대제라는 근무형태의 특성, 쟁의행위 실시 여부 결정을 위한 의견교환의 필요성 등에 근거해 취업시간중 조합활동의 불가피성을 인정한 점에서 의의가 있다. 또한 여흥활동의 성격을 부수적인 것으로 파악하여 그것 때문에 이 사건 조합활동의 정당성이 부정되거나 그것만을 따로 떼어 위법하다고 볼 것은 아니라고 판단한 점에 대해서도 주목할 필요가 있다.

▌기타 해설

1) 단체협약에서 일반조합원의 취업시간중의 조합활동을 '부득이한 사유' 발생으로 인한 경우로 한정하여 허용하고 있는 경우 위 부득이한 사유는 매우 제한적으로 해석하여야 한다는 입장에서, 정당하지 아니한 쟁의행위 개시 여부를 결정하기 위한 취업시간중의 임시총회 개최는 '부득이한 사유'에 해당하지 않는다고 본 사례(94다4042 판결 ☞ 제21강 3. 쟁의행위의 목적(2) 대상판결)가 있다.

※ 대법원 1994. 9. 30. 선고 94다4042 판결 【해고무효확인】
- "단체협약 제12조에서 "전임이 아닌 조합원의 조합활동은 취업시간 외에 행함을 원칙으로 하나 부득이한 사유발생으로 취업시간중에 조합활동을 하고자 할 경우에는 사전에 회사에 통보하여야 하며 특별한 사유가 없는 한 허용하여야 한다"고 규정하고 있음은 소론과 같으나 전임이 아닌 조합원의 취업시간중의 조합활동은 그것이 정당한 조합활동을 목적으로 행하여질 경우로 제한하는 것이 그 규정을 둔 취지에 부합한다 할 것이고, 또한 이는 위 단체협약 규정 자체에 의하여 예외적으로 허용되는 것일 뿐 아니라 더욱이 회사는 노동조합측에서 전임이 아닌 조합원의 취업시간중의 조합활동을 통보한 경우 특별한 사유가 없는 한 허용하도록 규정되어 있으므로 이러한 점 등에 비추어 위 규정 소정의 "부득이한 사유"는 매우 제한적으로 해석하여야 할 것이다. 따라서 이러한 사정에다가 조합원총회의 의결사항을 구체적으로 규정하고 있는 노조규약 제18조나 대의원회에서는 임원의 선출, 임금 및 협약체결에 관한 찬반투표, 조합의 합병·분할·해산, 노동쟁의 돌입여부에 대한 의결에 관한 사항을 제외한 나머지 총회의결사항을 심의의결할 수 있도록 하고 있는 노조규약 제22조 규정들을 종합하여 보면 전임이 아닌 조합원의 취업시간중의 조합활동으로서 임시총회를 개최하기 위하여는 예컨대 노조임원의 대부분이 궐석되어 노조의 정상적인 활동을 수행하기 어려운 급박한 사정이 있어 임시총회를 개최하여 궐석임원을 선출할 필요가 있다든가 노조의 합병 등 노조의 존속여부 및 조직변경에 관한 중대한 결정을 할 필요가 있는 경우, 또는 정당한 쟁의 행위를 결행할 것인가를 의결하기 위하여 임시총회를 개최할 필요가 있는 경우 등으로 국한시켜야 할 것이다. 그러므로 정당하지 아니한 쟁의행위를 결행할 것인가 여부를 결정하기 위하여 취업시간중에 임시총회를 개최하는 것은 위 단체협약 제12조에서 전임이 아닌 조합원의 취업시간중의 조합활동을 허용하도록 규정한 취지에 어긋날 뿐 아니라 위 단체협약 제12조 소정의 "부득이한 사유"에도 해당하지 않는다 할 것이다. 이 사건에 있어서 피고 회사 노동조합이 1989. 10. 6. 임시총회를 개최한 목적은 위에서 본 바와 같이 단체교섭사항이 아니고 노사협의를 통하여 결정하여야 하는 인센티브의 지급액을 노조 주장대로 관철하기 위한 쟁의를 할 것인가 여부를 의결하기 위한 것이므로 이는 위 단체협약 제12조 소정의 "부득이한 사유"에 해당한다고 할 수 없다. 따라서 피고가 위 일자에 취업시간중의 임시총회의 개최를 허용하지 아니한 것은 정당하고 피고의 사업장이 24시간 교대근무가 이루

어지는 곳이라 하더라도 달리 해석할 것은 아니므로 거기에 단체협약 제12조 소 정의 "특별한 사유"의 해석을 잘못한 위법이 있다고 할 수 없다. 그리고 위 노동조 합이 1990. 1. 23. 개최하기로 한 임시총회의 목적도 당시 위원장이던 원고 1의 구속에 대한 경과보고 등을 위한 것이므로 이 또한 전임이 아닌 조합원의 취업시 간중의 조합활동으로 허용되어야 하는 부득이한 사유에 해당한다 할 수 없고 따라 서 피고가 그 임시총회를 허가하지 아니한 것도 정당하다 할 것이다."

2) 노동조합이 업무시간중에 정기총회를 개최하면서 통상적인 노조활동 외에 체육행 사 및 풍물놀이 등을 내용으로 하는 대동제를 실행하였지만 다른 노동조합의 경우에 도 정기총회 시에 문화체육행사를 갖는 경우가 많을 뿐만 아니라 사용자측이 정기총 회 개최 전일 업무종료 직전까지 아무런 반대의사를 표시하지 않았고, 노동조합측에 서 일부 인원을 사무실에 잔류케 하여 업무가 마비되지 않도록 조치를 강구한 점 등 제반 경위에 비추어 정기총회의 개최를 불법쟁의 등의 불순한 의도에 의한 것이라고 볼 수 없다고 한 사례(대법원 1995. 2. 17. 선고 94다44422 판결)가 있다. 그리고 자동차 회사에 조직된 노조지회가 회사의 반대를 무릅쓰고 평일에 노조체육대회를 실시하여 조합원들이 집단적으로 노무제공을 거부한 것에 대해 지회장이 업무방해죄로 기소된 사안에서, 업무방해죄상의 '위력'을 제한 해석한 대법원 전원합의체 판결(2007도482 전원합의체 판결 ☞ 제22강 1. 쟁의행위와 형사책임 대상판결)의 법리를 적용하여, 노조가 체육대회의 실시 시기의 문제를 사측과 수차례 협의한 점, 실시 일시를 사측에 미리 전달한 점, 1일 그것도 10시부터 4시까지만 행사가 진행된 점, 체육대회 개최 당일 회 사가 차동차판매계약을 체결한 차량 대수 내지 출고된 차량 대수가 오히려 전날에 비 해 더 증가한 점 등에 비추어 위력에 의한 업무방해죄의 성립을 부정한 사례가 있다 (대법원 2011. 7. 14. 선고 2009도11102 판결).[1]

◀ Q 풀이 ▶

Q 1. 대상판결에서 취업시간중의 임시총회를 정당한 행위로 판단한 이유는?

[A] 1) 목 적 : i) 법상 쟁의행위의 필수요건인 조합원 찬반투표를 실시하기 위한 것(⇒ **임시총회 개최 목적이 정당한 이유**), ii) 여흥은 찬반투표 실시 후 남는 일부 시간 에 부수적으로 치러진 행사(⇒ **여흥 때문에 임시총회를 부당한 것으로 볼 수 없는 이유**)

---

1) 김홍영, "평일에 실시한 노조체육대회와 업무방해죄", 「노동판례리뷰 2010-2011」, 한국노동법 학회, 2012, 241-243면 참조.

2) 시 기 : i) 주야간 교대근무형태로 인해 근무시간인 교대시간에 임시총회를 소집할 필요성(⇒ **취업시간중 개최가 필요한 이유**), ii) 쟁의행위 실시 여부 결정 위한 의견 교환의 필요성(⇒ **근무시간 외에 조합원의 개별적 투표가 아니라 전체 조합원이 모이는 임시총회가 필요한 이유**)

3) 수단·방법 : i) 4시간의 시간이 필요 이상의 시간이었다고 보기 어려움(⇒ **조합원 찬반투표라는 임시총회의 목적, 조합원의 수 등을 고려할 때 임시총회의 시간이 적정하다고 볼 수 있는 이유**), ii) 노조의 2회 서면통보를 거친 임시총회의 개최로 회사가 이에 대비 가능, 일부 여흥시간 있었으나 전체 행사가 예정된 시간 안에 종료(⇒ **사용자의 권리 내지 업무에 대한 침해의 정도가 크다고 보기 어려운 이유**)

Q 2. 취업시간중의 총회 개최와 관련하여 대상판결과 대법원 1995. 3. 14. 선고 94누5496 판결의 공통점과 차이점은?

[A] 1) 공통점 : 근무형태의 특성(대상판결의 경우 주야간 교대제근무) 내지 업무의 특수성(참고판결의 경우 사업장 밖의 근로, 일률적이지 않은 작업종료시간)에 비추어 전체 내지 다수의 조합원들이 총회에 참석할 수 있으려면 취업시간중의 개최가 필요하거나 불가피하다는 점을 인정하고 있다.

2) 차이점 : 대상판결과 달리 참고판결 사건의 경우 단체협약에서 취업시간중의 조합활동을 허용하고 있었다.

> **※ 대법원 1995. 3. 14. 선고 94누5496 판결 【부당노동행위구제재심판정취소】**
> - "피고보조참가인회사(이하 참가인이라 한다) 노동조합원들은 <u>레미콘차량 운전기사로서 대부분의 시간을 회사 밖의 공사현장에서 보내고 있어</u> 공사현장의 작업상황에 따라 회사의 규정근무시간 이후라도 임의로 작업을 종료할 수 없을 뿐 아니라 <u>작업종료시간을 일률적으로 맞출 수 없는 업무의 특수성 등으로 인하여 취업시간중의 조합활동이 불가피하고</u>, 참가인회사의 <u>단체협약도 취업시간중의 조합활동을 허용하고 있는 것</u>이라면, 노동조합총회 등이 취업시간중에 개최되었다는 사유만으로 위 총회 등의 개최가 정당한 노동조합의 활동범위를 벗어났다고 할 수는 없다."

◀ 심화학습 ▶

1. 산업별 노동조합 간부의 지회 사업장 출입·활동의 정당성 (대법원 2020. 7. 29. 선고 2017도2478 판결 참고)

▷ 참고판결(2017도2478 판결)은 산업별 노동조합의 간부들(피고인들)이 노조 산하 지회 사업장의 산업안전보건법 위반 사실의 증거수집 등을 할 목적으로 해당 사업장 내 공장에 무단출입하여 현장순회를 한 행위가 정당한 조합활동에 해당하여 형사책임(공동주거침입죄)을 물을 수 없는지가 쟁점이었던 사례이다.

▷ 참고판결은 선례를 참조하여 노동조합 활동의 정당성 요건 가운데 특히 시기 및 수단·방법의 요건을 갖추었는지 판단할 때 고려할 사항들을 정리하여 제시하고 있다. 즉 "시기·수단·방법 등에 관한 요건은 조합활동과 사용자의 노무지휘권·시설관리권 등이 충돌할 경우에 그 정당성을 어떠한 기준으로 정할 것인지 하는 문제이므로, 위 요건을 갖추었는지 여부를 판단할 때에는 조합활동의 필요성과 긴급성, 조합활동으로 행해진 개별 행위의 경위와 구체적 태양, 사용자의 노무지휘권·시설관리권 등의 침해 여부와 정도, 그 밖에 근로관계의 여러 사정을 종합하여 충돌되는 가치를 객관적으로 비교·형량하여 실질적인 관점에서 판단하여야 한다."는 것이다.

▷ 참고판결에서 원심은 피고인들의 행위는 근로조건의 유지·개선을 위한 조합활동으로서의 필요성이 인정되고, 그러한 활동으로 인하여 공소외 회사 측의 시설관리권의 본질적인 부분을 침해하였다고 볼 수 없다는 이유로 무죄를 선고한 제1심판결을 유지하였고, 대법원은 원심의 판단이 정당하다고 보았다(☞ 판단이유는 아래의 판결 내용 참고).

> ※ **대법원 2020. 7. 29. 선고 2017도2478 판결【폭력행위등처벌에관한법률위반(공동주거침입)】**
> - "1. 노동조합의 조합활동은 근로자가 가지는 결사의 자유 내지 노동3권에 바탕을 둔 것으로서 노동조합 및 노동관계조정법(이하 '노동조합법'이라고 한다) 제1조의 목적을 달성하기 위하여 정당한 행위에 대하여는 민형사상 면책이 된다(노동조합법 제4조, 형법 제20조). 노동조합의 활동이 정당하다고 하려면, 첫째 주체의 측면에서 행위의 성질상 노동조합의 활동으로 볼 수 있거나 노동조합의 묵시적인 수권 혹은 승인을 받았다고 볼 수 있는 것이어야 하고, 둘째 목적의 측면에서 근로조건의 유지·개선과 근로자의 경제적 지위의 향상을 도모하기 위하여 필요하고 근로자들의 단결 강화에 도움이 되는 행위이어야 하며, 셋째 시기의 측면에서 취업

규칙이나 단체협약에 별도의 허용규정이 있거나 관행이나 사용자의 승낙이 있는 경우 외에는 원칙적으로 근무시간 외에 행하여져야 하고, 넷째 수단·방법의 측면에서 사업장 내 조합활동에서는 사용자의 시설관리권에 바탕을 둔 합리적인 규율이나 제약에 따라야 하며 폭력과 파괴행위 등의 방법에 의하지 않는 것이어야 한다(대법원 1992. 4. 10. 선고 91도3044 판결 등 참조).

이 중에서 시기·수단·방법 등에 관한 요건은 조합활동과 사용자의 노무지휘권·시설관리권 등이 충돌할 경우에 그 정당성을 어떠한 기준으로 정할 것인지 하는 문제이므로, 위 요건을 갖추었는지 여부를 판단할 때에는 조합활동의 필요성과 긴급성, 조합활동으로 행해진 개별 행위의 경위와 구체적 태양, 사용자의 노무지휘권·시설관리권 등의 침해 여부와 정도, 그 밖에 근로관계의 여러 사정을 종합하여 충돌되는 가치를 객관적으로 비교·형량하여 실질적인 관점에서 판단하여야 한다(대법원 1994. 2. 22. 선고 93도613 판결, 대법원 1995. 2. 17. 선고 94다44422 판결, 대법원 1995. 3. 14. 선고 94누5496 판결 등 참조).

2. 원심은 제1심판결 이유를 인용하여, 피고인들은 공소외 1 노동조합(이하 '공소외 1 노조'라고 한다) 소속 간부들로서 공소외 2 주식회사 (이하 '공소외 2 회사'라고 한다)의 산업안전보건법 위반 사실의 증거수집 등을 할 목적으로 ○○공장 내 생산1공장(이하 '이 사건 공장'이라고 한다)에 들어간 것이고 그 이전에도 공소외 1 노조 △△△△지부 소속 간부들이 같은 목적으로 이 사건 공장을 방문하여 관리자 측의 별다른 제지 없이 현장순회를 해왔던 점, 피고인들은 이 사건 공장의 시설이나 설비를 작동시키지 않은 채 단지 그 상태를 눈으로 살펴보았을 뿐으로 그 시간도 30분 내지 40분 정도에 그친 점, 피고인들이 이러한 현장순회 과정에서 공소외 2 회사 측을 폭행·협박하거나 강제적인 물리력을 행사한 바 없고, 근무 중인 근로자들의 업무를 방해하거나 소란을 피운 사실도 없었던 점 등에 비추어 볼 때, 피고인들의 행위는 근로조건의 유지·개선을 위한 조합활동으로서의 필요성이 인정되고, 그러한 활동으로 인하여 공소외 2 회사 측의 시설관리권의 본질적인 부분을 침해하였다고 볼 수 없다는 이유로 무죄를 선고한 제1심판결을 유지하였다.

원심판결 이유를 앞에서 본 법리에 비추어 기록과 대조하여 살펴보면, 원심이 위와 같이 피고인들의 조합활동으로 말미암아 기업운영이나 업무수행, 시설관리 등에 실질적으로 지장이 초래되었다고 볼 수 없다는 취지에서 피고인들에 대한 공소사실 기재 행위를 정당행위로 보아 무죄로 판단한 데에 상고이유 주장과 같이 산업별 노동조합 조합활동의 정당성, 형법 제20조의 정당행위에 관한 법리 등을 오해하여 판결에 영향을 미친 잘못이 없다."

2. 선전방송 및 유인물 게시 행위가 노동조합의 정당한 활동 범위에 속하는지를 판단하는 기준 (대법원 2017. 8. 18. 선고 2017다227325 판결)

▷ 참고판결(2017다227325 판결)에 따르면, 노동조합 활동으로 이루어진 선전방송이나 배포된 문서에 기재되어 있는 문언에 의하여 타인의 인격·신용·명예 등이

훼손 또는 실추되거나 그렇게 될 염려가 있고, 또 그 선전방송이나 문서에 기재되어 있는 사실관계의 일부가 허위이거나 그 표현에 다소 과장되거나 왜곡된 점이 있다고 하더라도, 그 선전방송이나 문서를 배포한 목적이 타인의 권리나 이익을 침해하려는 것이 아니라 노동조합원들의 단결이나 근로조건의 유지 개선과 근로자의 복지증진 기타 경제적, 사회적 지위의 향상을 도모하기 위한 것이고, 또 그 선전방송이나 문서의 내용이 전체적으로 보아 진실한 것이라면, 그와 같은 행위는 노동조합의 정당한 활동범위에 속하는 것으로 보아야 하고, 이러한 법리는 사용자가 징계사유로 삼은 근로자의 행위가 선전방송이나 유인물의 배포인 경우 그 행위의 정당성 여부를 판단함에 있어서도 마찬가지로 적용된다.

▷ 참고판결에서 <u>원심</u>은 근로자인 원고가 피고 회사의 허가 없이 12회 선전방송을 하고 1회 유인물을 게시하였으며, 그 내용이 피고 회사가 근로자들과 협의 없이 일방적으로 구조조정을 단행하고 경영진의 책임을 노동자들에게 전가한다는 취지 등이어서 일부 내용이 사실과 다르거나 과장되어 있고 또한 피고 회사의 경영진을 모욕하는 것이라고 판단하여, 위와 같은 선전방송 및 유인물 게시 행위가 노동조합의 정당한 업무를 위한 행위에 해당하여 징계사유가 될 수 없다는 원고의 주장을 배척하였다. 그러나 <u>대법원</u>은 비록 원고가 취업규칙에서 정한 허가를 받지 않은 채 선전방송과 유인물 게시 행위를 하였고, 그 내용에 있어 사실관계 일부가 허위이거나 타인의 인격·명예 등을 훼손하는 표현 등이 포함되어 있다고 하더라도, 원고의 선전방송이나 유인물 게시 행위는 노동조합의 정당한 업무를 위한 행위에 해당된다고 볼 여지가 크고, 따라서 이를 이유로 한 징계는 허용되지 않는다고 보아 원심판결을 파기환송하였다(☞ 판단이유는 아래의 판결 내용 참고).

> ※ **대법원 2017. 8. 18. 선고 2017다227325 판결【징계처분무효확인】**
> – "1. … (중략) … <u>노동조합활동으로 이루어진 선전방송이나 배포된 문서에 기재되어 있는 문언에 의하여 타인의 인격·신용·명예 등이 훼손 또는 실추되거나 그렇게 될 염려가 있고, 또 그 선전방송이나 문서에 기재되어 있는 사실관계의 일부가 허위이거나 그 표현에 다소 과장되거나 왜곡된 점이 있다고 하더라도, 그 선전방송이나 문서를 배포한 목적이 타인의 권리나 이익을 침해하려는 것이 아니라 노동조합원들의 단결이나 근로조건의 유지 개선과 근로자의 복지증진 기타 경제적, 사회적 지위의 향상을 도모하기 위한 것이고, 또 그 선전방송이나 문서의 내용이 전체적으로 보아 진실한 것이라면, 그와 같은 행위는 노동조합의 정당한 활동범위에 속하는 것으로 보아야 한다</u>(대법원 2011. 2. 24. 선고 2008다29123 판결 등 참조).

그리고 <u>이러한 법리는 사용자가 징계사유로 삼은 근로자의 행위가 선전방송이나 유인물의 배포인 경우 그 행위의 정당성 여부를 판단함에 있어서도 마찬가지로 적용된다.</u> … (중략) …

나. 위와 같은 사실관계와 이를 통해 알 수 있는 다음과 같은 사정을 앞서 본 법리에 비추어 살펴보면, **비록 원고가 취업규칙에서 정한 허가를 받지 않은 채 선전방송과 유인물 게시 행위를 하였고, 그 내용에 있어 사실관계 일부가 허위이거나 타인의 인격·명예 등을 훼손하는 표현 등이 포함되어 있다고 하더라도, 원고의 선전방송이나 유인물 게시 행위는 노동조합의 정당한 업무를 위한 행위에 해당된다고 볼 여지가 크고, 따라서 이를 이유로 한 징계는 허용되지 않는다고 봄이 상당**하다.

① 원고의 행위는 노동조합의 대응지침에 따라 노동조합 활동의 일환으로, 피고 회사의 구조조정이 노동조합과 충분한 협의 없이 일방적으로 진행되는 데 대한 부당함을 호소하고 근로조건의 개선 및 근로자의 경제적 지위 향상을 도모하기 위한 <u>목적</u>에서 이루어진 것으로 보인다.

② 원고의 <u>선전방송과 유인물의 주된 내용</u> 역시 피고 회사가 진행하는 구조조정이 사실상 정리해고에 해당함을 지적하고 단체협약을 위반하여 전환배치가 강제로 이루어졌음을 비판하는 것으로, 실제 피고 회사가 진행한 구조조정이나 전환배치 등의 사실을 근거로 한 의견이나 비판으로 보인다. 따라서 비록 그 내용 중 일부가 허위이거나 왜곡되어 있고, 타인의 인격·명예 등이 훼손될 염려가 있는 표현 등이 포함되어 있기는 하지만, 전체적으로 볼 때 그 내용에 허위성이 있다고 단정할 수는 없다.

③ 원고는 근무시간이 시작되기 이전에 길가에 노동조합 방송차량을 세우고, 옆에 다른 노조원들 몇 명이 현수막을 들고 서 있는 상태에서 위 차량을 이용하여 출근하는 근로자들을 대상으로 선전방송을 하였던 것으로 보인다. 이러한 원고의 <u>선전방송은 근무시간 외에</u> 2개월 동안 12회에 걸쳐 이루어진 것이고, 유인물 게시는 1회에 불과하며, 위법한 행동을 야기하거나 선동하는 내용은 포함되어 있지 않다. 이러한 원고의 행동이 <u>폭력적이라거나 폭력성을 띄게 될 위험</u>이 있다고 보이지 않고, 한편 이로 인해 실제로 피고 회사의 정상적인 업무수행이 방해되었다거나 피고 회사 내 근무 질서가 문란해졌다고 볼 뚜렷한 증거나 자료도 없다."

3. 노동조합의 통제권 행사의 근거와 한계 (대법원 2005. 1. 28. 선고 2004도227 판결 참고)

▷ 참고판결은 조합원에 대한 노동조합의 통제권 행사의 범위와 내재적 한계를 밝히고 있다(☞ 아래의 판결 내용 참고).

▷ 참고판결은 울산 소재의 노동조합이 지방선거에서 특정 정당 후보를 지지하기로 결정한 후 다른 당 후보 선거운동을 하는 조합원 및 가족에 대해 불이익을 가하겠다는 속보를 제작·배포한 것과 관련된 사례로서, 노동조합이 그 조합원에 대하여 특정 정당이나 후보자를 지지·반대하거나 지지·반대할 것을 권유하거나

설득하는 정도를 넘어서 노동조합 총회의 결의 내용을 따르지 아니하는 조합원에 대하여는 노동조합의 내부적인 통제권에 기초하여 여러 가지 불이익을 가하는 등 강력하게 대처하겠다는 내용의 속보를 제작·배포한 행위가 조합원인 근로자 각자의 공직선거에 관한 의사결정을 방해하는 정도의 강요행위에 해당한다고 본 판결이다.

> ※ 대법원 2005. 1. 28. 선고 2004도227 판결 【공직선거및선거부정방지법위반】
> - "헌법 제33조 제1항에 의하여 단결권을 보장받고 있는 노동조합은 그 조직을 유지하고 목적을 달성하기 위하여는 조합의 내부질서가 확립되고 강고한 단결력이 유지되지 않으면 안되고 따라서 노동조합은 단결권을 확보하기 위하여 필요하고도 합리적인 범위 내에서 조합원에 대하여 일정한 규제와 강제를 행사하는 내부통제권을 가진다고 해석하는 것이 상당하다. … (중략) … 그러나 다른 한편, 노동조합이 그 내부통제권을 행사함에 있어서는 구성원인 조합원이 일반 국민으로서 가지는 헌법상의 기본적 권리의 본질적인 내용이나 다른 헌법적 가치를 침해하지 않아야 할 내재적 한계가 존재하는 것이고, 특히 대의민주주의를 기본으로 하는 현대의 자유민주주의 정치체제 아래에서 선거는 주권자인 국민의 민주적 정치참여를 위한 가장 기본적이고도 본질적인 수단이므로 국민의 주권행사를 의미하는 선거과정에의 참여행위, 그 중에서도 어느 정당이나 후보자를 지지할 것인지에 관한 정치적 의사의 결정은 다른 어떠한 이유에 의해서도 방해받거나 제한될 수 없는 선거권의 본질적 내용이라고 할 수 있으므로, 정치활동을 고유의 목적으로 삼는 정치적 결사체도 아닌 노동조합이 비록 공직선거법 제87조에 의하여 총회의 결의 등을 거쳐 지지하거나 반대하는 정당이나 후보자를 결정하고 그 명의로 선거운동을 할 수 있다고 하더라도 그 구성원인 조합원 개개인에 대하여 노동조합의 결의 내용에 따르도록 권고하거나 설득하는 정도를 넘어서 이를 강제하는 것은 허용되지 아니한다고 보아야 할 것이다."

제17강 단체교섭 (1)

1. 단체교섭의 담당자

◀ 판례분석 ▶

▌**제 목** : 노조대표자의 협약체결권한을 조합원 총회의 결의로써 제한할 수 있는지 여부(N) [쌍용중공업사건]

▌**대상판결** : 대법원 1993. 4. 27. 선고 91누12257 전원합의체 판결【단체협약변경명령취소】
【원고, 피상고인】 쌍용중공업 노동조합
【피고, 상고인】 창원시장
【원심판결】 부산고등법원 1991. 10. 16. 선고 91구1332 판결
【주 문】 원심판결을 파기하고 사건을 부산고등법원에 환송한다.

▌**사건의 개요** : 원고 조합과 소외 회사(쌍용중공업)간에 체결된 단체협약에 조합원총회의 결과에 따른 교섭위원 전원의 연명 서명이 규정된 것에 대하여 피고는 (구) 노조법 위반을 이유로 변경 보완하라는 시정명령을 하였고, 원고는 그 취소를 구하는 소를 제기하였다.

▌**관련 법 규정**(현행법 기준)
- 노조법 제29조(교섭 및 체결권한) ① <u>노동조합의 대표자는</u> 그 노동조합 또는 조합원을 위하여 사용자나 사용자단체와 <u>교섭하고 단체협약을 체결할 권한</u>을 가진다.
② 제29조의2에 따라 결정된 교섭대표노동조합(이하 "교섭대표노동조합"이라 한다)의 대표자는 교섭을 요구한 모든 노동조합 또는 조합원을 위하여 사용자와 교섭하고 단체협약을 체결할 권한을 가진다.

③ 노동조합과 사용자 또는 사용자단체로부터 <u>교섭 또는 단체협약의 체결에 관한 권한을 위임받은 자</u>는 그 노동조합과 사용자 또는 사용자단체를 위하여 위임받은 범위 안에서 그 권한을 행사할 수 있다.

> ※ **구 노조법 제33조**(교섭권한) ① 노동조합의 대표자 또는 노동조합으로부터 위임을 받은 자는 그 노동조합 또는 조합원을 위하여 사용자나 사용자단체와 단체협약의 체결 기타의 사항에 관하여 <u>교섭할 권한이 있다</u>. 다만, 사용자단체와의 교섭에 있어서는 단위노동조합의 대표자중에서 그 대표자를 선정하거나 연명으로 교섭할 수 있다.

> ※ **민법 제41조**(이사의 대표권에 대한 제한) : 이사의 대표권에 대한 제한은 이를 정관에 기재하지 아니하면 그 효력이 없다.

- 노조법 제16조(총회의 의결사항) ① 다음 각호의 사항은 총회의 의결을 거쳐야 한다.
  3. 단체협약에 관한 사항
- 노조법 제31조(단체협약의 작성) ③ 행정관청은 단체협약중 위법한 내용이 있는 경우에는 노동위원회의 의결을 얻어 그 시정을 명할 수 있다.

▌**판결의 성격** : 원심은 구 노조법 소정 조항이 노조대표자에게 총회의 결의에 의해서도 제한될 수 없는 독립된 단체협약체결권을 인정하고 있는 것은 아니라는 취지 등을 이유로 피고의 시정명령이 위법하다고 판단하였으나, 대법원은 원심판결을 파기환송하였다.

> ※ **원심의 판단** : "<u>법 제33조 제1항</u>은 노동조합의 대표자 또는 노동조합으로부터 위임을 받은 자는 단체협약의 체결을 목표로 하는 <u>단체교섭의 권한을 가진다는 것일 뿐 노동조합의 단체협약체결권에 관한 규정으로 볼 수 없고</u>, 더욱이 <u>노동조합 대표자에게</u> 조합원 총회의 결의에 의하여서도 제한을 할 수 없는 <u>독립된 단체협약 체결권을 인정함으로써</u> 노동조합 <u>대표자가 사용자와 단체협약을 체결한 경우에는 조합원 총회의 결의에 불구하고 당연히 효력이 발생한다는 의미를 가진 규정으로 해석되지 아니하며</u>, 법 제34조 제1항도 단체협약의 체결에 있어서 그 체결방식을 서면으로 하고 당사자 쌍방이 서명날인하라는 것에 불과할 뿐 단체협약의 체결권자, 단체협약체결권의 범위 또는 그 효력 등에 관한 규정으로 볼 수 없으므로, 노동조합의 자주성에 비추어 볼 때 노사간에 체결된 이 사건 단체협약이 법 제33조 제1항, 제34조 제1항에 위반된다고 할 수 없고, 따라서 피고의 이 사건 변경, 보완지시처분은 위법한 것"

▌쟁 점

- 노조대표자 등의 단체교섭 권한에는 단체협약 체결권한이 당연히 포함되는지 여부
- 조합원 총회의 결의를 거쳐 단체협약을 체결하도록 제한하는 것이 허용되는지 여부
- 조합규약상의 협약체결권 제한과 단체협약상의 협약체결권 제한은 그 유효성의 측면에서 달리 평가될 수 있는지 여부

▌중요 사실관계

- 단체협약 규정의 내용("단체교섭에서 합의된 모든 사항은 문서로 작성하며 단체협약의 체결권한은 교섭대표자에게 있고 조합원총회의 결과에 따라 교섭위원 전원이 연명으로 서명한다. 단 본 조항은 노동조합 규약이 정하는 바에 따른다.") ⇒ **노조대표자의 협약체결권을 부정하는 것으로 볼 수 있는지와 관련**
- 단체협약의 체결 방법 내지 절차에 관한 노사의 합의(단체협약의 내용으로 규정) ⇒ **협약체결권에 대한 노조의 일방적 제한이 아닌 사용자와의 합의에 의한 제한과 관련**

▌기본법리(판지)

1) 법(구 노조법) 제33조 제1항 본문은 "노동조합의 대표자 또는 노동조합으로부터 위임을 받은 자는 그 노동조합 또는 조합원을 위하여 사용자나 사용자 단체와 단체협약의 체결 기타의 사항에 관하여 교섭할 권한이 있다"고 규정하고 있는 바, 여기에서 "교섭할 권한"이라고 함은 <u>사실행위로서의 단체교섭의 권한 외에 교섭한 결과에 따라 단체협약을 체결할 권한도 포함하는 것</u>으로 해석하여야 한다. ⇒ [교섭권한에 협약체결권한 포함]

2) 단체교섭의 권한이 있는 자에게 <u>단체협약을 체결할 권한이 없다고 한다면</u>, 사용자를 상대방으로 하는 <u>단체교섭이 원활하게 진행될 수 없으며</u>, 결과적으로 단체교섭의 권한이라는 것 자체가 무의미한 것으로 되고 말 가능성이 있다. 쌍방간의 타협과 양보의 결과로 임금이나 그 밖의 근로조건 등에 대하여 <u>합의를 도출하더라도 다른 결정절차</u>(노동조합의 총회의 결의)를 거쳐야만 그 합의가 효력을 발생할 수 있다는 상황에서라면, 사용자측으로서는 <u>결정의 권한 없는 교섭대표와의 교섭 내지 협상을 회피하든가 설령 교섭에 임한다 하더라도 성실한 자세로 최후의 양보안을 제출하는 것은 꺼리게 될 것이고, 그와 같은 <u>사용자측의 교섭 회피 또는 해태를 정당한 이유 없는 것이라고 비난하기도 어렵다</u>할 것이다. ⇒

[협약체결권한 없는 교섭권한의 무의미]

3) 대표자 또는 수임자가 단체교섭의 결과에 따라 사용자와 단체협약의 내용을 합의한 후에 다시 그 협약안의 가부에 관하여 조합원 총회의 결의를 거쳐야만 한다는 것은 대표자 또는 수임자의 단체협약체결권한을 전면적, 포괄적으로 제한함으로써 사실상 단체협약체결권한을 형해화하여 명목에 불과한 것으로 만드는 것이어서 조합 대표자 또는 수임자의 단체협약체결권한을 규정한 법 제33조 제1항의 취지에 위반되는 것이라고 아니할 수 없다. ⇒ **[조합원 총회의 협약인준제는 협약체결권한에 대한 전면적·포괄적 제한으로 위법]**

※ **반대의견 1** : 근로자의 권익을 보장하려는 헌법규정과 노동조합법이 지향하는 노동조합의 자주성, 민주성 및 특수성을 고려하고 (구) 노동조합법 제33조 제1항이 대표자 등에게 사실행위로서의 단체교섭권만 주고 있는 점과 같은 법 제19조 (현행 제16조) 제1항 제3호가 총회의 의결사항으로 단체협약에 관한 사항을 두고 있는 점, 같은 법 제22조가 노동조합의 조합원은 균등하게 노동조합의 모든 문제에 참여할 권리와 의무가 있다고 규정하고 있는 점, 그 밖에 노사간의 원만한 관계 유지를 통한 국민경제의 발전이라는 측면을 함께 보면 노동조합은 총회의 결의로 단체협약을 체결할 권한을 가진 자를 정하고 그들로 하여금 단체협약을 체결하기 전후에 노동조합 총회의 결의에 따르도록 하는 것이 옳다. ⇒ **[헌법 및 노조법 소정 규정, 노조의 자주·민주·특수성 등에 비추어 총회의 결의로 협약체결권한 제한 가능]**

※ **반대의견 2** : 1) (구) 노동조합법 제33조 제1항이 단체협약의 교섭권한을 규정한 것은 노동조합의 대표자 등에게 일반적 추상적으로 단체협약의 교섭 체결권한이 있음을 규정한 것 뿐이고, 그들이 어떠한 절차와 방법으로 단체교섭을 하고 단체협약을 체결하며, 노동조합의 규약이나 총회의 결정에 의하여 노동조합 대표자 등의 권한을 제한할 수 있는 것인지, 어느 범위까지 그 제한이 가능한지 이 제한으로써 사용자나 사용자단체에 대항할 수 있는 것인지, 이 제한에 위반하여 체결된 단체협약의 효력은 어떻게 되는 것인지, 단체협약으로 노동조합의 대표자 등의 권한을 제한하는 협약을 체결할 수 있는 것인지 여부는 별도로 따져 보아야 할 문제인 것이지, 위의 규정이 노동조합의 대표자 등에게 어떠한 형태의 단체협약체결권한을 제한하는 것도 금지하는 강행규정이라고 생각하지는 아니한다. ⇒ **[협약체결권에 대한 일체의 제한을 금지하는 강행규정으로 보기 어려움]**
2) 노동조합측이 노동조합의 대표자나 노동조합으로부터 위임을 받은 자의 단체협약 교섭 체결권한을 일방적으로 제한하거나 전면적이고 포괄적으로 제한하는 것은 원칙적으로 허용될 수 없다고 볼 것이나 그렇지 아니한 경우에는 노동조합 대표자 등의 단체협약체결 절차나 권한을 위 1)의 규정 취지에 어긋나지 않는 범위 안에서 제한

할 수 있다. ⇒ [협약체결권에 대한 일방적 제한, 전면적·포괄적 제한이 아닌 한 제한 가능]

▌결론 및 이유 : 교섭대표자가 사용자와 합의하여 단체협약안을 마련한 후에 조합원 총회의 결의를 거치도록 한 이 사건 단체협약은 법에 위반되는 것이고, 따라서 그 단체협약의 변경, 보완을 지시한 피고의 이 사건 처분은 적법한 것이다.
- ☞ 그 이유는 전술한 기본법리(판지)와 후술하는 Q 1.의 내용 참고

▌판결의 의의와 한계

1) 대상판결은 구 노조법 하의 전원합의체 판결로서 비교적 오래된 것이기는 하지만 노조법의 개정(즉 노조대표자의 협약체결권한 명시)과 헌법재판소의 합헌판결(헌재 1998. 2. 27. 94헌바13.26, 95헌바44)에 영향을 미쳤고, 대상판결을 계기로 하여 노조대표자가 갖는 협약체결권에 대한 전면적·포괄적 제한 금지의 판례법리가 확립되어 현재까지 적용되고 있다.

2) 대상판결은 협약체결권한의 제한에 관한 단체협약 규정(및 그 시정명령)의 위법 여부가 다투어진 사례이지만, 이 판결에서의 다수의견은 이후의 사례에서 노조대표자의 협약체결권한에 대한 제한을 문제 삼아 사용자가 교섭을 회피하는 행위를 정당화하는 논거로서(즉 부당노동행위에 해당하지 않음), 나아가 위와 같은 교섭회피로 인한 교섭결렬에 따른 쟁의행위의 정당성을 부정하는 논거로서 인용되고 있다.

3) 대상판결의 다수의견에 따른 노조법의 개정에도 불구하고 판례에 대한 비판은 계속적으로 제기되고 있고,[1] 이러한 점에서 대상판결에 제시된 반대의견(☞ Q 1.의 내용 참고)은 현행법 하에서도 재음미할 충분한 가치를 갖는다고 평가할 수 있다.

> ※ **판례에 대한 비판** - "노동조합 대표자의 단체협약체결권을 절대시하여 이에 대한 총회인준 등을 통한 노동조합의 제한을 불가능하게 하고 나아가 노동조합 대표자가 스스로 조합원의 의사를 수렴하는 것조차 막는 것은 헌법이 보장하고 있는 근로3권의 근본취지를 무시하는 것으로서 노사자치의 대원칙을 무너뜨리는 것이다. 노동조합의 대표자가 단체협약안을 마련하고 이를 조합원에게 설명하고 설득하는 과정을 통하여 총회의 인준을 얻은 후 정식의 단체협약을 체결하도록 하는 등의 절차적제한은 단체협약의 체결과정에 있어서의 투명성을 보장하고 노동조합 대표자에 대한 조합원의 신뢰를 확보하기 위한 것으로서 노동조합의 자주성과 단

---

1) 임종률, 「노동법」, 박영사, 2018, 131-132면 참고.

결자치의 영역에 속하는 문제이며, 이러한 규약에 의한 노동조합 대표자의 단체협약체결권에 대한 제한을 빌미로 사용자가 단체교섭을 거부하는 것은 정당한 이유가 없는 단체교섭거부로서 부당노동행위에 해당하고, 따라서 이를 이유로 한 쟁의행위는 그 목적에 있어서 정당성이 인정되어야 한다."[2]

4) 우리의 구 노조법과 동일한 내용을 규정하고 있는 일본의 경우 교섭권과 협약체결권을 구별하고 있는 것이 통설 및 판례의 입장이고, 그 외 국가의 경우에도 조합원 총회나 대의원회 또는 기타 기구에 의한 승인 등 일정한 제한 절차를 전제로 하여 협약체결권한을 부여하고 있는 것이 일반적이며, 우리의 경우처럼 협약체결권한에 대한 조합 내부의 제한 자체를 위법으로 간주하는 예를 찾기 어렵다.

> ※ **일본의 경우** : "타결권한 및 협약체결권한은 규약 등에서 교섭권한과 명확하게 구별되고 있는 것이 통례이며, 이들은 위원장·부위원장이라 해도 당연히 행사할 수는 없고 일정한 절차를 거칠 필요가 있다. 특히 교섭타결시에는 잠정협약이 체결되며, 조합집행부는 이 잠정협약에 대해 조합총회에서 승인을 받은 후 정식협약을 조인하는 것이 통상적인 과정이다. 이러한 타결권한과 협약체결권한의 구별은 판례에서도 명확하게 나타나고 있다."[3]

◀ Q 풀이 ▶

Q 1. 대상판결에서 조합 대표자의 협약체결권한에 대한 전면적·포괄적 제한이 위법하다고 본 논거와 그에 대한 반대의견의 비판은 무엇인가?

[A] 1) 〈다수의견 : 노동조합도 하나의 사단이므로 조합의 대표자가 조합을 대표하여 단체협약을 체결할 권한을 가진다는 것은 단체대표의 법리에 비추어 당연한 것(단체대표법리)〉 ⇔ 〈반대의견1 : 노동3권을 근로자의 생존권적 기본권으로 이해하는 한 일반적인 재산거래 관계에 있어서의 단체대표의 이론을 노동조합대표의 경우에까지 끌어들일 수 없고, 단체협약은 조합원의 근로조건 등 생존권과 직결되는 것이므로 협약체결과정에 조합원의 민주적 절차에 따른 집단적의사가 특별히 반영되어야 함〉

2) 〈다수의견 : 헌법 제33조 제1항 상의 단체교섭권은 사실행위로서의 단체교섭의

---

2) 정진경, "노조대표자의 단체협약체결권과 쟁의행위의 정당성 여부", .2000 노동판례비평., 민주사회를 위한 변호사모임, 2001, 215-216면.
3) 官野和夫 저 / 이정 역, 「일본노동법」, 법문사, 2007, 518면.

권리만이 아니라 단체교섭의 결과로 타결된 내용을 단체협약으로써 체결할 수 있는 권리도 포함하는 것으로 해석됨(헌법해석)〉 ⇔ 〈반대의견1 : 헌법 제33조 제1항은 근로자가 노동3권을 갖는다는 보장규정이지, 교섭의 당사자나 담당자가 누가 되어야 하는가를 규정한 것이 아님, 교섭이란 사실행위인 교섭행위 그 자체만을 가리키는 것이고 교섭의 내용이 바로 협약의 내용으로 되는 것도 아니므로 교섭담당자라 하여 당연히 법률행위적 성격을 지닌 협약체결의 당사자로 될 수 없는 것〉

3) 〈다수의견 : 노조법상의 성실교섭의무 규정과 정당한 이유 없는 교섭 거부·해태의 부당노동행위 규정에 의하면 노조법은 조합대표자 또는 수임자에게 협약체결권한이 있음을 당연한 전제로 하고 있음(노조법상 관계규정의 해석)〉 ⇔ 〈반대의견1 : 사용자측의 성실한 단체교섭응낙 및 단체협약체결의무를 규정한 것에 불과하고 조합대표 등과의 교섭 또는 협약에 관하여 사용자측에 그와 같은 의무를 부과하였다 하여 결론을 달리할 수 없음〉

4) 〈다수의견 : 교섭권한 있는 자에게 협약체결권한이 없다면 사용자를 상대방으로 하는 교섭이 원활하게 진행될 수 없으며, 결과적으로 교섭권한이라는 것 자체가 무의미한 것으로 되고 말 가능성이 있음(교섭 현실상 교섭권한 무의미)〉 ⇔ 〈반대의견1 : 조합으로부터 협약체결권도 위임받지 않은 조합대표자가 조합의 의사에는 아랑곳없이 마음대로, 심지어는 사업자와 결탁하여 근로자에게 불리한 협약을 체결하고 근로자로 하여금 어쩔 수 없이 그 협약을 지키도록 한 것이 바로 근로자와 조합대표자 그리고 사용자간에 쓸데없는 불화와 투쟁을 반복하게 하는 불씨가 되고 있음을 결코 간과해서는 안 될 것임〉

5) 〈다수의견 : 조합규약이 정한 바에 따라 대표자를 선출하였거나 교섭권한을 위임한 때에는 그것으로써 이미 조합의 자주적·민주적 운영은 실현된 것이며, 협약체결이 조합원의 권리의무에 지대한 영향을 미치는 것이라고 하여 반드시 조합원 총회의 결의를 거쳐 그 체결여부를 최종적으로 결정하는 것만이 그와 같은 요청에 부합하는 것이라고 할 수는 없음(조합의 자주적·민주적 운영과 부합)〉 ⇔ 〈반대의견1 : 조합의 자주성과 민주성을 규정한 노조법의 규정에 배치될 뿐만 아니라 오히려 "단체협약이 조합원의 관여하에 형성된 조합의사에 기하여 체결되는 것이 집단적 자치를 뒷받침하는 기본적 요청이며, 또 조합의 대표자 등에게 단체협약체결권까지 부여하게 되면 집행부의 어용이나 배임행위를 견제할 수 없고 그 결과 노동조합의 자주성과 민주성을 해하게 된다"는 다수의견의 우려가 더욱 설득력이 있는 것〉

6) 〈다수의견 : 이 사건 단체협약에서와 같이 대표자 또는 수임자가 단체교섭의

결과에 따라 사용자와 단체협약의 내용을 합의한 후에 다시 <u>그 협약안의 가부에 관하여 조합원 총회의 결의를 거쳐야만 한다는 것은 대표자 또는 수임자의 협약체결권한을 전면적, 포괄적으로 제한함으로써 사실상 협약체결권한을 형해화하여 명목에 불과한 것</u>으로 만드는 것(전면적·포괄적 제한에 따른 협약체결권한의 형해화)〉 ⇔ 〈반대의견2 : 이 사건 단체협약의 내용은 교섭에서 합의된 사항은 조합원총회의 결과에 따라 교섭위원 전원이 연명으로 서명한다고 규정함으로써 교섭에서 합의된 사항은 조합원총회의 승인이나 결의를 거쳐 협약을 체결하도록 하여 협약의 체결절차에서 교섭대표자의 협약체결권한을 제한하였다고 볼 수 있을 것이나, <u>이는 노동조합측이 일방적으로 제한한 것이 아니고 사용자와 그렇게 하기로 합의를 한 것</u>이며, 이 사건 단체협약 조항도 이 단체협약이 유효한 동안에 체결하는 단체협약에 대하여서만 <u>한시적으로 적용될 수 있는 것</u>인바, <u>사용자가 스스로 동의한 이상 단체협약체결절차에 있어서의 이 정도의 제한을 가리켜 법 조항의 규정취지에 어긋나 위법하다고 할 수 없고</u>, 법 조항이 이러한 내용의 단체협약의 체결도 금지하는 것이라고 생각하지 아니함〉

Q 2. 대상판결과 유사한 사례인 대법원 1993. 5. 11. 선고 91누10787 판결은 어떤 소송유형인가? 무엇이 문제된 사건인가? 결론은?

[A] 1) 소송유형 : 노동조합규약변경보완시정명령취소(연합철강사건).

2) 쟁 점 : 단체협약안 총회 인준투표제를 둔 규약에 대해 변경보완시정명령을 내린 사건으로 인준투표제가 노조법에 위반하는지 여부.

3) 결 론 : 해당 규약 규정은 노조법 위반(판지 : 노동조합의 단체협약 및 제 협정의 체결동의에 총회가 표결권을 가지도록 하고 노동조합의 대표자가 단체교섭 결과에 대하여 확대간부회의의 심의 및 조합원의 찬반투표를 거쳐서 단체협약을 체결하도록 한 노동조합규약은 대표자 또는 수임자의 단체협약체결권한을 전면적, 포괄적으로 제한함으로써 사실상 단체협약체결권한을 형해화하여 명목에 불과한 것으로 만드는 것이어서 조합 대표자 또는 수임자의 단체협약체결권한을 규정한 구 노조법 제33조 제1항의 취지에 위반됨).

Q 3. 조합 대표자에게 협약체결권한을 부여한 노조법규정은 근로3권의 본질적인 내용을 침해하는 것인가? (☞ 헌재 1998. 2. 27. 94헌바13.26, 95헌바44(병합) 참고)

[A] 헌법재판소는 근로3권이 일차적으로는 자유권적 성격을 갖지만, 근로3권의 보다 큰 헌법적 의미는 근로조건에 관한 노사간의 실질적인 자치를 보장하려는

데 있다는 점에서 사회권적 성격을 아울러 갖고 있으며, 특히 근로3권의 사회권적 성격은 입법자가 근로자단체의 조직, 단체교섭, 단체협약, 노동쟁의 등에 관한 노동조합관련법의 제정을 통하여 노사간의 세력균형이 이루어지고 근로자의 근로3권이 실질적으로 기능할 수 있도록 하기 위하여 필요한 법적 제도와 법규범을 마련하여야 할 의무가 있다는 것을 의미하고, 따라서 조합대표자 등에게 교섭권과 함께 협약체결권을 부여한 이 사건 법률조항은 입법자가 근로자에게 근로3권을 실질적으로 보장하기 위한 법적 제도와 법규범을 형성함에 있어서 단체협약제도의 기능 확보라는 중요한 공공복리를 위하여 노동조합의 활동의 자유를 제한한 것이고, 그 제한의 내용 또한 근로3권의 본질적인 내용을 침해한 것으로 볼 수 없다고 판단하였다.

◀ **심화학습** ▶

1. 조합 대표자에게 단체협약 체결 관련 최종적인 결정권한이 없음을 이유로 하는 사용자의 교섭거부의 정당성 (대법원 1998. 1. 20. 선고 97도588 판결 참고)

▷ 참고판결은 대상판결의 판지 2)의 내용을 인용하면서 사용자의 교섭 회피가 정당한 이유가 있는 것으로 부당노동행위에 해당하지 않으며 위의 교섭회피로 인한 교섭 결렬에 따른 노동조합의 쟁의행위는 정당하지 않다고 판단한 사례이다. 그러나 단체교섭은 동태적인 과정이므로 최종적인 결정 권한이 없더라도 실질적인 교섭을 진행할 수 있으며, 노동조합 대표자는 노조법상 체결권한이 인정되는데도 불구하고 사용자가 노조 내부의 의사결정절차에까지 관여하는 것은 부당하며, 이 사안의 쟁의행위는 사용자의 교섭회피로 인한 교섭결렬에 따른 것으로서 정당할 수도 있다는 점에서 참고판결을 비판하는 것 또한 가능하다.

※ **대법원 1998. 1. 20. 선고 97도588 판결 【폭력행위등처벌에관한법률위반·업무방해· 공무상표시무효】**

- "노동조합의 대표자 또는 수임자가 단체교섭의 결과에 따라 사용자와 단체협약의 내용을 합의한 후 다시 협약안의 가부에 관하여 조합원 총회의 의결을 거친 후에만 단체협약을 체결할 것임을 명백히 하였다면 노사 쌍방간의 타협과 양보의 결과로 임금이나 그 밖의 근로조건 등에 대하여 합의를 도출하더라도 노동조합의 조합원총회에서 그 단체협약안을 받아들이기를 거부하여 단체교섭의 성과를 무로 돌릴 위험성이 있으므로 사용자측으로서는 최종적인 결정 권한이 없는 교섭대표와의 교섭 내지

협상을 회피하거나 설령 교섭에 임한다 하더라도 성실한 자세로 최후의 양보안을 제출하는 것을 꺼리게 될 것이고, 그와 같은 사용자측의 단체교섭 회피 또는 해태를 정당한 이유가 없는 것이라고 비난하기도 어렵다 할 것이다(당원 1993. 4. 27. 선고 91누12257 전원합의체 판결 참조). 그러므로 공소외 주식회사측의 위와 같은 단체교섭 회피가 위 법 제39조(현행 제81조 제1항) 제3호가 정하는 부당노동행위에 해당한다고 보기도 어렵고, 그에 대항하여 단행된 이 사건 쟁의행위는 그 목적에 있어서 정당한 쟁의행위라고 볼 수 없다." (이 사건에서 피고인 1은 "단체협약 체결 및 협상 내용에 대하여 공개하고 조합원들의 과반수가 찬성하면 단체협약을 체결하겠다"는 것을 공약으로 내세워 노동조합 위원장 선거에서 당선되었고, 이후 교섭과정에서 사용자측은 노동조합 위원장인 피고인 1에게 단체협약체결권이 있다는 각서를 요구하였으나, 노동조합측에서는 사용자측의 요구는 노동조합의 내부 문제에 간섭하는 것임을 내세워 단체교섭을 하여 노사의 교섭위원 사이에 단체협약안이 합의되더라도 조합원 총회의 찬반투표를 거친 후 피고인 1이 단체협약을 체결할 것임을 명백히 하였고, 사용자측은 이것을 이유로 노동조합과의 단체교섭을 회피하여 단체교섭이 결렬되었으며, 결국 노동조합은 쟁의행위에 돌입하였던 사례)

2. 규약 등에 의한 노조 대표자의 협약체결권한의 절차적 제한 (대법원 2014. 4. 24. 선고 2010다24534 판결; 대법원 2018. 7. 26. 선고 2016다205908 판결 참고)

▷ 참고1 판결(2010다24534 판결)은 대상판결과 마찬가지로 노동조합 대표자가 가지는 협약체결권한을 전면적·포괄적으로 제한하는 것은 허용되지 않는다는 점을 전제하고 있지만, 조합원 총의의 반영 및 노조 대표자의 교섭·협약 업무 수행에 대한 적절한 통제를 위해 규약 등에서 내부 절차를 거치도록 하는 등 대표자의 협약체결권한의 행사에 대한 절차적 제한은 그것이 대표자의 협약체결권한을 전면적·포괄적으로 제한하는 것이 아닌 이상 허용됨을 명시적으로 밝힌 사례로서 의미가 있다.

※(참고1) 대법원 2014. 4. 24. 선고 2010다24534 판결 【손해배상(기)】
- "단체협약은 노동조합의 개개 조합원의 근로조건 기타 근로자의 대우에 관한 기준을 직접 결정하는 규범적 효력을 가지는 것이므로 단체협약의 실질적인 귀속주체는 근로자이고, 따라서 단체협약은 조합원들이 관여하여 형성한 노동조합의 의사에 기초하여 체결되어야 하는 것이 단체교섭의 기본적 요청인 점, 노동조합법 제16조 제1항 제3호는 단체협약에 관한 사항을 총회의 의결사항으로 정하여 노동조합 대표자가 단체교섭 개시 전에 총회를 통하여 교섭안을 마련하거나 단체교섭 과정에서 조합원의 총의를 계속 수렴할 수 있도록 규정하고 있는 점 등에 비추어 보면, 노동조합이 조합원들의 의사를 반영하고 대표자의 단체교섭 및 단체협약 체결 업무 수행에 대한 적절한 통제를 위하여 규약 등에서 내부 절차를 거치도록 하

는 등 대표자의 단체협약체결권한의 행사를 절차적으로 제한하는 것은, 그것이 단체협약체결권한을 전면적·포괄적으로 제한하는 것이 아닌 이상 허용된다고 보아야 한다."

▷ 참고2 판결(2016다205908 판결)은 참고1 판결이 판시한 법리, 즉 노동조합이 규약 등을 통하여 노동조합 대표자의 단체협약 체결권한의 행사를 절차적으로 제한하는 것이 원칙적으로 허용된다는 법리를 재확인하고 있을 뿐만 아니라 노동조합의 대표자가 조합원들의 의사를 결집·반영하기 위하여 마련한 내부 절차를 전혀 거치지 아니한 채 조합원의 중요한 근로조건에 영향을 미치는 사항 등에 관하여 사용자와 단체협약을 체결한 경우 이러한 행위는 특별한 사정이 없는 한 헌법과 법률에 의하여 보호되는 조합원의 단결권 또는 노동조합의 의사 형성 과정에 참여할 수 있는 권리를 침해하는 불법행위에 해당한다는 점을 분명히 하고 있는 사례이다.

※(참고2) 대법원 2018. 7. 26. 선고 2016다205908 판결 【손해배상등】
- "… (중략) … 그리하여 노동조합이 조합원들의 의사를 반영하고 대표자의 단체교섭 및 단체협약 체결 업무 수행에 대한 적절한 통제를 위하여 규약 등에서 내부 절차를 거치도록 하는 등 대표자의 단체협약체결권한의 행사를 절차적으로 제한하는 것은, 그것이 단체협약체결권한을 전면적·포괄적으로 제한하는 것이 아닌 이상 허용된다(대법원 2014. 4. 24. 선고 2010다24534 판결 참조).
이러한 헌법과 법률의 규정, 취지와 내용 및 법리에 비추어 보면, 노동조합의 대표자가 위와 같이 조합원들의 의사를 결집·반영하기 위하여 마련한 내부 절차를 전혀 거치지 아니한 채 조합원의 중요한 근로조건에 영향을 미치는 사항 등에 관하여 만연히 사용자와 단체협약을 체결하였고, 그 단체협약의 효력이 조합원들에게 미치게 되면, 이러한 행위는 특별한 사정이 없는 한 헌법과 법률에 의하여 보호되는 조합원의 단결권 또는 노동조합의 의사 형성 과정에 참여할 수 있는 권리를 침해하는 불법행위에 해당한다고 보아야 한다.
나. 원심은 이 사건 규약이 단체협약 체결에 관한 사항을 조합원 총회의 의결사항으로 정하고 있고, 대표자로 하여금 조합원 총회의 의결을 거친 후 단체협약을 체결하도록 정하고 있다고 전제하였다. 이후 피고 노동조합의 대표자인 피고 2 등이 총회의 의결을 통해 조합원들의 의견을 수렴하는 절차를 전혀 거치지 않은 채 특별명예퇴직 및 임금피크제 시행, 복지제도변경 등을 내용으로 하는 이 사건 각 노사합의를 체결한 것은 이 사건 규약을 위반하여 노동조합의 의사 형성 과정에 참여할 수 있는 조합원들의 절차적 권리를 침해한 불법행위에 해당한다고 판단하였다.
다. 앞에서 본 법리와 기록에 비추어 보면, 원심의 위와 같은 판단은 정당하고, 거기에 상고이유 주장과 같이 불법행위의 성립요건에 관한 법리를 오해하거나 필요한 심리를 다하지 아니한 잘못이 없다."

3. 단체교섭권한의 위임에 따른 위임자와 수임자 사이의 단체교섭권한의 중복(대법원 1998. 11. 13. 선고 98다20790 판결 참고)

▷ 노동조합이 제3자(예, 상부단체인 연합단체)에게 단체교섭권한을 위임한 경우에도 노동조합의 단체교섭권한은 수임자의 단체교섭권한과 중복하여 경합적으로 남아 있다는 것이 판례의 입장이다. 따라서 수임자와 사용자 사이에 단체협약이 체결·적용되는 기간중에 그 내용의 일부를 개정하는 위임자인 노동조합과 사용자간의 합의 역시 단체협약으로서 유효하다.

※ 대법원 1998. 11. 13. 선고 98다20790 판결【부당이득금반환】
- "구 노동조합법(1996. 12. 31. 법률 제5244호로 폐지되기 전의 것, 이하 법이라고 한다) 제33조 제1항 본문은 "노동조합의 대표자 또는 노동조합으로부터 위임을 받은 자는 그 노동조합 또는 조합원을 위하여 사용자나 사용자단체와 단체협약의 체결 기타의 사항에 관하여 교섭할 권한이 있다", 제2항은 "단위노동조합은 총회 또는 대의원회의 의결을 거쳐 당해 노동조합이 가입한 연합단체인 노동조합에 교섭을 위임할 수 있다"고 규정하고 있는바, 법 제33조 제1항에서 규정하고 있는 단체교섭권한의 '위임'이라고 함은 노동조합이 그 조직상의 대표자 이외의 자에게 그 조합 또는 조합원을 위하여, 그 조합의 입장에서 사용자 측과 사이에 단체교섭을 하는 사무처리를 맡기는 것을 뜻하고, <u>그 위임 후 이를 해지하는 등의 별개의 의사표시가 없더라도 그 노동조합의 단체교섭권한은 여전히 그 수임자의 단체교섭권한과 중복하여 경합적으로 남아 있다</u>고 할 것이며, 같은 법조 제2항의 규정에 따라 단위노동조합이, <u>당해 노동조합이 가입한 상부단체인 연합단체에 그러한 권한을 위임한 경우에 있어서도 달리 볼 것은 아니다.</u>" (한국원자력연구소 부설 원자력병원노동조합으로부터 단체교섭권을 위임받은 전국병원노동조합연맹이 원자력병원장과 체결한 1995. 7. 4.자 단체협약의 유효기간중 원자력병원노동조합의 대표자와 원자력병원장은 1995. 11. 9. 위 단체협약의 일부를 개정하여 원자력병원의 근로자들에게 적용될 퇴직금 규정을 변경하기로 합의하였는데, 1995. 7. 4.자 단체협약은 같은 해 11. 9.자 합의에 의하여 그 개정된 범위 내에서 유효하게 변경되었으므로 1995. 7. 4.자 단체협약과 같은 해 11. 9.자 합의에 따라 산정되어 피고들에게 지급된 퇴직금은 정당하게 산출된 금액이라고 판단한 사례)

4. 사업주를 구성원으로 하는 단체가 노조법상 단체교섭의 당사자인 사용자단체에 해당하는지 여부 (대법원 1992. 2. 25. 선고 90누9049 판결; 대법원 1999. 6. 22. 선고 98두137 판결 참고)

▷ 사업주들로 구성된 단체가 원래 노동조합에 대응하는 단체가 아닌 경우 판례는 사용자단체 해당 여부 판단기준으로 i) 교섭·협약체결의 목적성(정관의 규정이나 관행, 구성원들의 위임 등), ii) 구성원 통제력(다수결원리에 따른 구성원 통제, 정관상 구성원의 제명 규정 등)을 제시하고 있다(참고1 판결은 사용자단체성을 부정한 사례, 참고2 판결은 인정한 사례).

▷ 참고2 판결(90누9049 판결)은 "원고조합(사용자측 단체)은 피고보조참가인이 1981.에 설립되기 전의 20여년 간은 피고보조참가인의 전신인 전국해상노동조합 및 전국해원노동조합과 그 후부터 1988.까지는 피고보조참가인과 단체교섭 및 단체협약을 체결하여 오면서 일방당사자로서 그 조합원 중에서 교섭담당자를 임명하여 그들로 하여금 단체교섭을 하게 하여 협약안이 작성되면 원고의 조합장이 날인하여 단체협약을 체결하여 온 사실"을 언급하고 있다(⇒ **이러한 사실에 근거하여 단체교섭 및 단체협약 당사자의 지위 인정**). 반면에 참고1 판결(98두137 판결)은 "1988. 이전에 참가인 여수시지부의 전신인 구 여수시조합측과 노동조합 사이에 단체교섭이 이루어지고 단체협약이 체결된 적도 있으나, 위 단체협약은 구 여수시조합의 임원이 단체교섭 담당자로서 위임을 받아 요식업체의 대표로서 체결한 것으로서 그 당사자가 사용자단체인 구 여수시조합이라기보다는 개개의 사용자라고 봄이 상당"하다고 언급하고 있다(⇒ **개별 사용자가 그 소속 단체의 임원에게 교섭권과 협약체결권을 위임한 것에 불과하기 때문에 해당 단체를 교섭의 당사자인 사용자단체로 볼 수 없다는 논리**).

※(참고1) 대법원 1999. 6. 22. 선고 98두137 판결 【부당노동행위구제재심판정취소】
"(현행 노조법 제2조 제3호에 의하면) 노동조합과 단체교섭을 할 상대방인 사용자단체는 노동관계에 관하여 그 구성원인 사용자에 대하여 조정 또는 규제할 수 있는 권한을 가진 자이어야 하는데, 사용자단체가 이러한 권한을 갖기 위하여는 <u>노동조합과의 단체교섭 및 단체협약을 체결하는 것을 그 목적으로 하고 또 그 구성원인 각 사용자에 대하여 통제력을 가지고 있어야 한다.</u>" (한국음식업중앙회 여수시지부 교섭 거부 사건 : 여수시지부는 구성원들의 경제적 지위의 향상 등을 목적으로 하는 경제단체이지 노동조합에 대응하는 단체가 아니고, 그 정관 및 관행상으로 노동조합과 사이에 단체교섭 및 단체협약을 체결한 권한이 있다거나 이러한 권한을 구성원들로부터 위임받았다고 볼 수 없으므로 노동조합의 단체교섭요구에 응하여야 할 사용자단체에 해당하지 않는다고 판단한 사례)

※(참고2) 대법원 1992. 2. 25. 선고 90누9049 판결 【부당노동행위구제재심판정취소】
"<u>협동조합은 다수결 원리에 의하여 그 조합원을 통제할 수 있고 임금 기타 근로조</u>

건의 표준화를 통하여 조합원 사이의 부당한 경쟁을 방지함으로서 조합원의 이익을 도모할 수 있으므로 협동조합도 일정한 요건하에서는 그 조합원들이 고용하고 있는 근로자들로 구성된 노동조합과 단체교섭 및 단체협약체결을 할 수 있다고 할 것인데 원래 협동조합은 조합원들의 경제적 지위의 향상을 위하여 설립된 경제단체로서 노동조합에 대응하는 단체가 아니라는 본질에 비추어 보면 그 정관에서 정하고 있는 경우나 조합원들의 위임이 있는 경우 등에 한하여 노동조합과의 단체교섭 및 단체협약체결을 할 수 있다고 할 것이다." (대형기선저인망수산업협동조합 교섭거부사건 : 수산업협동조합인 원고 조합이 그 정관상 조합사업의 하나로 규정한 "조합원의 경제적 이익을 도모하기 위한 단체협약의 체결"에는 노동조합법상의 단체협약이 포함된다고 보아야 할 것이어서 단체교섭 기타의 단체협약의 체결을 그 목적으로 한다고 할 것이고, 한편 그 구성원에 대하여 다수결 원리를 통한 통제력을 가지고 있는데다가 정관에 조합원의 제명에 관하여 규정하고 있는 점 등에 비추어 보면 노동관계에 관하여도 그 조합원을 조정 또는 규제할 권한이 있다고 보이므로 결국 노조법 소정의 사용자단체에 해당된다고 한 사례)

2. 성실교섭의무

◀ 판례분석 ▶

▌제 목 : 쟁의상황, 교섭주체, 교섭준비를 이유로 한 교섭거부의 정당성(N) [서울마주협회사건]

▌대상판결 : 대법원 2006. 2. 24. 선고 2005도8606 판결【근로기준법위반·노동조합및노동관계조정법위반】
【피고인】피고인
【상고인】피고인
【원심판결】수원지법 2005. 10. 20. 선고 2005노3111 판결
【주 문】상고를 기각한다.

▌사건의 개요 : 피고인은 서울마주협회(이하 협회)의 회장으로서 협회노동조합으로부터 교섭권한을 위임받은 전국공공운수사회서비스노동조합연맹(이하 '연맹')이 2004. 3. 12.부터 같은 해 6. 19.까지 4차에 걸쳐 교섭일시를 정하여 교섭을 요구

하였으나 쟁의상황, 교섭주체, 교섭준비 등을 이유로 응하지 않아서 노조법 위반 (부당노동행위) 등으로 공소제기되었다.

▌관련 법 규정(현행법 기준)
- 노조법 제30조(교섭 등의 원칙) ① 노동조합과 사용자 또는 사용자단체는 신의에 따라 성실히 교섭하고 단체협약을 체결하여야 하며 그 권한을 남용하여서는 아니 된다.
② 노동조합과 사용자 또는 사용자단체는 정당한 이유 없이 교섭 또는 단체협약의 체결을 거부하거나 해태하여서는 아니 된다.
- 노조법 제81조(부당노동행위) ① 사용자는 다음 각 호의 어느 하나에 해당하는 행위(이하 "부당노동행위"라 한다)를 할 수 없다.
　3. 노동조합의 대표자 또는 노동조합으로부터 위임을 받은 자와의 <u>단체협약체결 기타의 단체교섭을 정당한 이유없이 거부하거나 해태하는 행위</u>
- 노조법 제90조(벌칙) 제44조 제2항, 제69조 제4항, 제77조 또는 <u>제81조 제1항의 규정에 위반한 자</u>는 2년 이하의 징역 또는 2천만원 이하의 벌금에 처한다.

▌판결의 성격 : 원심은 피고인이 연맹의 단체교섭 요구를 정당한 이유 없이 거부하였다고 보아 유죄를 인정하였고, 대법원은 원심의 판단에 위법이 없다고 보아 피고인의 상고를 기각하였다.

▌쟁 점
- 기업별노조인 협회노동조합으로부터 교섭권한을 위임받은 연합단체인 연맹의 단체교섭 요구에 대해 피고인(사용자)이 쟁의상황, 교섭주체, 교섭준비 등을 이유로 교섭에 응하지 않은 행위가 정당한지 여부

▌중요 사실관계
- 협회노동조합과 협회간의 교섭결렬에 따른 파업과 직장폐쇄의 상태에서 협회노동조합으로부터 교섭권을 위임받은 연맹의 1차 교섭요구(2004. 3. 12.)와 2차 교섭요구(2004. 6. 2.)에 대해 피고인은 쟁의기간중임을 이유로 불응 ⇒ **교섭결렬에 따른 노사의 쟁의상황이 교섭재개 거부의 정당한 사유에 해당하는지 여부와 관련**
- 협회노동조합 위원장이 피고인에 대해 교섭을 촉구하는 서면을 보낸 다음 날 연맹의 3차 교섭요구(2004. 6. 14.)에 대해 피고인은 상대방 교섭주체의 불명확을

이유로 불응하였다고 주장 ⇒ **교섭촉구 서면의 성격(성실교섭의 촉구인지 아니면 교섭위임의 철회인지 등)**

- 연맹의 4차 교섭요구(2004. 6. 19.)에 대해 피고인은 교섭준비가 필요하다는 이유로 불응 ⇒ **3차에 걸친 교섭불응에도 불구하고 이런 이유의 교섭거부가 정당한지 여부와 관련**

▌기본법리(판지)

1) 노조법 제81조 제3호는 사용자가 노동조합의 대표자 또는 노동조합으로부터 위임을 받은 자와의 단체협약 체결 기타의 단체교섭을 정당한 이유 없이 거부하거나 해태할 수 없다고 규정하고 있는바, <u>단체교섭에 대한 사용자의 거부나 해태에 정당한 이유가 있는지 여부</u>는 노동조합측의 교섭권자, 노동조합측이 요구하는 교섭시간, 교섭장소, 교섭사항 및 그의 교섭태도 등을 종합하여 <u>사회통념상 사용자에게 단체교섭의무의 이행을 기대하는 것이 어렵다고 인정되는지 여부</u>에 따라 판단하여야 할 것이다(대법원 1998. 5. 22. 선고 97누8076 판결 참조). ⇒ **[교섭거부·해태의 정당한 이유 판단기준]**

2) ⑴ <u>쟁의행위는 단체교섭을 촉진하기 위한 수단</u>으로서의 성질을 가지므로 쟁의기간중이라는 사정이 사용자가 단체교섭을 거부할 만한 정당한 이유가 될 수 없고, ⇒ **[쟁의상황을 이유로 한 교섭거부의 부당성]**

⑵ 한편 당사자가 성의 있는 교섭을 계속하였음에도 단체교섭이 교착상태에 빠져 교섭의 진전이 더 이상 기대될 수 없는 상황이라면 사용자가 단체교섭을 거부하더라도 그 거부에 정당한 이유가 있다고 할 것이지만, ⇒ **[교섭의 교착·결렬에 따른 교섭거부의 정당성]**

⑶ 위와 같은 경우에도 노동조합측으로부터 새로운 타협안이 제시되는 등 <u>교섭재개가 의미 있을 것으로 기대할 만한 사정변경이 생긴 경우</u>에는 사용자로서는 다시 단체교섭에 응하여야 하므로, 위와 같은 사정변경에도 불구하고 사용자가 단체교섭을 거부하는 경우에는 그 거부에 정당한 이유가 있다고 할 수 없다. ⇒ **[교섭재개 기대 가능한 사정변경과 교섭거부의 부당성]**

3) ⑴ 단체교섭의 일시를 정하는 데에 관하여 노사간에 합의된 절차나 관행이 있는 경우에는 그에 따라 단체교섭 일시를 정하여야 할 것이나, ⇒ **[합의된 절차·관행에 따른 교섭일시의 결정]**

⑵ <u>그와 같은 절차나 관행이 없는 경우,</u> i) 노동조합측이 어느 일시(이하 '노조제안 일시'라 한다)를 특정하여 사용자에게 단체교섭을 요구하더라도 사용자가 <u>교섭사항 등의 검토와 준비를 위하여 필요하다는 등 합리적 이유</u>가 있는 때에는 노동조합측

에 교섭일시의 변경을 구할 수 있고, 이와 같은 경우에는 노동조합측이 사용자의 교섭 일시 변경요구를 수용하였는지 여부에 관계없이 사용자가 <u>노조제안 일시에 단체교섭에 응하지 아니하였다 하더라도 사용자의 단체교섭 거부에 정당한 이유가 있다고 할 것이나,</u> ⇒ **[합의된 절차·관행 부재시 합리적 교섭일시 변경과 교섭거부의 정당성]** ii) 사용자가 <u>합리적인 이유 없이 노조제안 일시의 변경을 구하다가 노동조합측이 이를 수용하지 아니하였음에도 노조제안 일시에 단체교섭에 응하지 아니하였거나 사용자가 위 일시에 이르기까지 노조제안 일시에 대하여 노동조합측에 아무런 의사표명도 하지 아니한 채</u> 노조제안 일시에 단체교섭에 응하지 아니한 경우에는 사용자가 신의에 따라 성실하게 교섭에 응한 것으로 볼 수 없으므로, 사용자의 단체교섭 거부에 정당한 이유가 있다고 할 수 없다. ⇒ **[합의된 절차·관행 부재시 노조 제안 일시 교섭 거부의 부당성]**

■**결론 및 이유** : 연맹의 단체교섭 요구에 대한 피고인의 거부에는 정당한 이유가 없다.
- **쟁의상황 관련** : 파업과 직장폐쇄의 상태에서 협회노동조합으로부터 단체교섭권을 위임받은 연맹이 협회에 대하여 2004. 3. 12.자로 같은 달 18.에 단체교섭을 하자고 요구한 것은, <u>노사간에 쟁의를 거치면서 상호 양보의 가능성이 고려되고 있는 상황에서의 교섭요구라고 할 것이어서 교섭재개가 의미 있을 것으로 기대할 만한 사정변경이 생겼다고 볼 수 있으므로,</u> 단체교섭이 교착상태에 빠졌음을 전제로 피고인이 연맹의 2004. 3. 12.자 단체교섭 요구를 거부한 것은 정당한 이유가 있다고 할 수 없고, 또한 파업과 직장폐쇄가 진행되고 있다는 사정 역시 피고인이 위 단체교섭 요구를 거부할 만한 정당한 이유가 될 수 없음. 또한 피고인이 정당한 이유 없이 연맹의 2004. 6. 2.자 단체교섭 요구에 불응한 사실을 충분히 인정할 수 있고, 상고이유에서 내세우는 사정만으로는 정당하게 연기 협의를 요청한 것으로 보이지 아니함.
- **교섭주체 관련** : <u>협회노동조합 위원장 공소외인이 2004. 6. 13. 피고인에게 단체교섭을 촉구하는 서면을 보낸 사실을 인정할 수는 있으나, 그 내용은 피고인의 단체교섭 회피에 대한 항의로서 연맹과의 성실한 단체교섭을 촉구하는 것일 뿐 자기를 교섭주체로 인정하여 달라는 것이 아니며 연맹에 위임한 단체교섭 권한과 관련하여서는 아무런 언급이 없는 점, 연맹의 단체교섭 요구 문건에 공소외인이 교섭위원으로 포함되어 있는 점</u> 등에 비추어 보면, <u>교섭주체가 연맹인지 위 노동조합인지 여부가 명확하지 아니한 것으로 볼 수 없으므로,</u> 피고인이 연맹의 2004. 6. 14.자 단체교섭 요구에 대하여 교섭주체가 명확하지 아니하다는 이유

를 들어 거부한 것은 정당한 이유가 있다고 할 수 없음.

- **교섭준비 관련** : 연맹이 협회에 2004. 3. 12.부터 2004. 6. 14.까지 3회에 걸쳐 단체교섭을 요구한 데 대하여 협회의 대표자인 피고인이 계속하여 단체교섭을 거부하여 왔던 사실에 비추어 보면, 연맹이 다시 2004. 6. 19.에 같은 달 24.을 교섭일시로 정하여 단체교섭을 요구한 시점에서는 피고인으로서는 이미 교섭사항 등의 검토와 준비를 위한 충분한 시간을 가지고 있었다고 할 것이므로, 피고인이 연맹에 위 교섭일시의 변경을 구할 만한 합리적 이유가 있었다고 보이지 아니할 뿐 아니라, 피고인은 위 교섭일시 전에 노동조합측에 교섭일시의 변경을 구하는 등 교섭일시에 관한 어떠한 의사도 표명한 적이 없는 사실을 인정할 수 있으므로, 피고인이 연맹이 정한 위 일시에 단체교섭에 응하지 아니한 데에는 정당한 이유가 있다고 할 수 없음.

▋판결의 의의와 한계

1) 노조법에서는 교섭 당사자의 성실교섭의무(제30조), 부당노동행위로서 사용자의 정당한 이유 없는 교섭 거부·해태의 금지(제81조 제3호) 및 벌칙(제90조)을 규정하고 있으나, 교섭의 일시, 기간, 장소 등 교섭절차에 관해서 규정하고 있는 바가 없다.
2) 대상판결은 선례(대법원 1998. 5. 22. 선고 97누8076 판결 ☞ 제18강 2. 단체교섭 거부의 행정적 구제 참고)에서 제시된 교섭 거부·해태 정당성 판단의 일반적 기준(전술한 판지 1)의 내용)을 재확인하는 데에 그치지 않고, 교섭결렬단계 및 쟁의상황 각각에서의 교섭거부 정당성 판단의 구체적 기준, 교섭일시의 결정과 관련하여 특히 노사간 합의된 절차와 관행이 부재하는 경우 노조가 제안한 교섭일시에 사용자가 교섭에 응하지 않은 행위의 정당성 판단의 구체적 기준을 확립·적용하여, 이 사건 사용자의 교섭거부 행위에 대해 노조법 위반의 유죄(부당노동행위)를 인정하였다는 점에서 의의가 있다.

◀ Q 풀이 ▶

Q1. 대상판결에서 사용자의 교섭거부가 정당하지 않은 것으로 판단된 이유는?

[A] 1) 1차 및 2차 교섭요구에 대해 쟁의상황을 이유로 한 교섭거부의 부당성 : i) 교섭 재개가 의미 있을 것으로 기대할 만한 사정변경의 발생(노사 양측의 쟁의상황에서 연맹의 1차 교섭요구는 쟁의를 거치면서 상호 양보의 가능성이 고려되고 있는 상황에서의 교섭요구)에도 불구하고 교섭거부, ii) 파업과 직장폐쇄 진행중인 사정은 교섭거부의 정당한 이유가

될 수 없음, iii) 정당한 교섭연기의 협의를 요청한 것으로 보이지 않음.

2) 3차 교섭요구에 대해 교섭주체의 불명확을 이유로 한 교섭거부의 부당성 : 교섭주체(연맹인지 협회노조인지)가 불명확한 것으로 볼 수 없음(협회노조 위원장의 교섭촉구 서면은 피고인의 교섭회피에 대한 항의로서 연맹과의 성실교섭을 촉구한 것이고 연맹에 위임한 교섭권한 관련 언급 부재, 연맹의 교섭요구 문건에 위의 위원장이 교섭위원으로 포함).

3) 4차 교섭요구에 대해 교섭준비를 이유로 한 교섭거부의 부당성 : i) 3회에 걸친 교섭요구의 거부 사실에 비추어 4차 교섭요구 시점에서는 교섭사항 등의 검토와 준비를 위한 충분한 시간 있었음, ii) 교섭일시 변경을 구할 합리적 이유가 있었다고 보이지 않음, iii) 교섭일시의 변경을 구하는 등 교섭일시에 관한 의사표명 부재.

Q 2. 대상판결에 의하면 노동조합이 제안하는 교섭일시에 따른 단체교섭에 응하지 않는 사용자의 행위가 정당화되는 경우와 그렇지 않는 경우는?

[A] ☞ 전술한 판지 3)의 ⑵에 언급된 내용 및 아래의 그림 참고.

<그림> 단체교섭의 일시

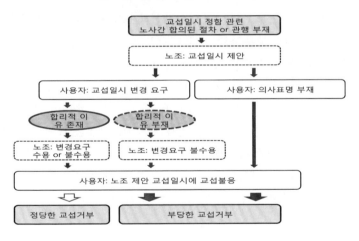

◀ **심화학습** ▶

1. 헌법상 단체교섭권과 교섭창구단일화 (헌재 2012. 4. 24. 2011헌마338 참고)

▷ 참고판결(2011헌마338)은 하나의 사업 또는 사업장에 두개 이상의 노동조합이 있는 경우 단체교섭에 있어 그 창구를 단일화하도록 하고, 교섭대표가 된 노

동조합에만 단체교섭권을 부여하고 있는 노조법 제29조 제2항, 제29조의2 제1항이 단체교섭권을 침해한다고 볼 수 없다고 판단한 것이다. 그 이유는 다음과 같다.

▷ 노조법상의 교섭창구단일화제도는 근로조건의 결정권이 있는 사업 또는 사업장 단위에서 복수 노동조합과 사용자 사이의 교섭절차를 일원화하여 <u>효율적이고 안정적인 교섭체계를 구축</u>하고, 소속 노동조합과 관계없이 <u>조합원들의 근로조건을 통일하기 위한 것</u>으로, 교섭대표노동조합이 되지 못한 소수 노동조합의 단체교섭권을 제한하고 있지만, 소수 노동조합도 교섭대표노동조합을 정하는 절차에 참여하게 하여 교섭대표노동조합이 사용자와 대등한 입장에 설 수 있는 기반이 되도록 하고 있으며, 그러한 실질적 대등성의 토대 위에서 이뤄낸 결과를 함께 향유하는 주체가 될 수 있도록 하고 있으므로 <u>노사대등의 원리 하에 적정한 근로조건의 구현</u>이라는 단체교섭권의 실질적인 보장을 위한 불가피한 제도라고 볼 수 있다. 더욱이 노조법은 위와 같은 교섭창구단일화제도를 원칙으로 하되, <u>사용자의 동의가 있는 경우에는 자율교섭도 가능</u>하도록 하고 있고, 노동조합 사이에 현격한 근로조건 등의 차이로 교섭단위를 분리할 필요가 있는 경우에는 <u>교섭단위를 분리할 수 있도록</u> 하는 한편, 교섭대표노동조합이 되지 못한 소수 노동조합을 보호하기 위해 <u>사용자와 교섭대표노동조합에 공정대표의무를 부과</u>하여 교섭창구단일화를 일률적으로 강제할 경우 발생하는 문제점을 보완하고 있다. 한편, 청구인들은 소수 노동조합에 교섭권을 인정하는 자율교섭제도 채택을 주장하고 있으나, 이 경우 하나의 사업장에 둘 이상의 협약이 체결·적용됨으로써 동일한 직업적 이해관계를 갖는 근로자 사이에 근로조건의 차이가 발생될 수 있음은 물론, 복수의 노동조합이 유리한 단체협약 체결을 위해 서로 경쟁하는 경우 그 세력다툼이나 분열로 교섭력을 현저히 약화시킬 우려도 있으므로 <u>자율교섭제도가 교섭창구단일화제도보다 단체교섭권을 덜 침해하는 제도라고 단언할 수 없다</u>.

3. 공정대표의무

◀ 판례분석 ▶

■**제 목** : 노조사무실 제공 및 근로시간 면제 관련 공정대표의무 위반 여부(Y) [전국공공운수사회서비스노조사건]

■**대상판결** : 대법원 2018. 8. 30. 선고 2017다218642 판결 【노동조합사무실제공등】
【원고, 피상고인】 전국공공운수사회서비스노동조합
【피고, 상고인】 금남교통운수 주식회사 외 6인
【원심판결】 대전고법 2017. 2. 16. 선고 2016나16038 판결
【주 문】 상고를 모두 기각한다. 상고비용은 피고들이 부담한다.

■**사건의 개요** : 원고 노조는 피고 회사들이 피고들 각 사업장에 설립된 교섭대표노조 지부(이 사건 지부)와의 합의로 이 사건 지부에만 노조사무실 및 근로시간 면제를 제공한 것이 공정대표의무 위반이라고 주장하면서 피고들을 상대로 이 사건 소(노조사무실 등 제공 청구 및 손해배상청구)를 제기하였다.

■**관련 법 규정**(현행법 기준)
- 노조법 제29조의4(공정대표의무 등) ① 교섭대표노동조합과 사용자는 교섭창구 단일화 절차에 참여한 노동조합 또는 그 조합원 간에 합리적 이유 없이 차별을 하여서는 아니 된다.

■**판결의 성격** : 원심은 피고들의 공정대표의무 위반에 따른 불법행위 손해배상책임(무형의 손해에 대한 위자료 지급)을 인정하였고, 대법원은 원심의 판단이 정당하다고 보아서 피고들의 상고를 기각하였다.

■**쟁 점**
- 사용자인 피고들이 교섭대표노조와의 합의로 교섭대표노조에만 노조사무실과 근로시간 면제를 제공한 행위가 원고 노조에 대한 불합리한 차별로서 공정대표의무 위반에 해당하는지 여부

▌중요 사실관계

- 피고 회사들과 교섭대표노조(이 사건 지부)는 2013. 12. 23.자 합의와 2014. 6. 24.자 합의를 통해 교섭대표노조에만 노조사무실을 제공하기로 합의 ⇒ **원고 노조 (분회)에 대한 불합리한 차별로서 공정대표의무 위반 여부와 관련**

- i) 피고 회사들과 교섭대표노조(이 사건 지부) 간 원고 노조의 분회 대표자들을 근로시간 면제 대상에 포함시키는 내용의 2014. 5. 30.자 합의서 작성(적용시점 2014. 6. 1.부터), ii) 원고 노조는 2014. 5. 30.자 합의 이전부터 근로시간 면제를 요구했으나, 피고 회사들은 교섭대표노조(이 사건 지부)와의 합의에 따라 교섭대표노조(이 사건 지부)에만 근로시간 면제 제공, iii) 2014. 5. 30.자 합의 내용에 원고 노조에 대한 보상 등 대상조치 부재 ⇒ **원고 노조(분회)에 대한 불합리한 차별로서 공정대표의무 위반 여부와 관련**

▌기본법리(판지)

1) 노동조합법이 복수 노동조합에 대한 교섭창구 단일화 제도를 도입하여 단체 교섭 절차를 일원화하도록 한 것은, 복수 노동조합이 독자적인 단체교섭권을 행사할 경우 발생할 수도 있는 노동조합 간 혹은 노동조합과 사용자 간 반목·갈등, 단체교섭의 효율성 저하 및 비용 증가 등의 문제점을 효과적으로 해결함으로써, 효율적이고 안정적인 단체교섭 체계를 구축하는 데에 그 주된 취지 내지 목적이 있다(대법원 2017. 10. 31. 선고 2016두36956 판결). ⇒ **[교섭창구단일화제도의 취지]**

2) 교섭창구 단일화 제도하에서 교섭대표노동조합이 되지 못한 노동조합은 독자적으로 단체교섭권을 행사할 수 없으므로, 노동조합법은 교섭대표노동조합이 되지 못한 노동조합을 보호하기 위해 사용자와 교섭대표노동조합에 교섭창구 단일화 절차에 참여한 노동조합 또는 그 조합원을 합리적 이유 없이 차별하지 못하도록 공정대표의무를 부과하고 있다(제29조의4 제1항). 공정대표의무는 헌법이 보장하는 단체교섭권의 본질적 내용이 침해되지 않도록 하기 위한 제도적 장치로 기능하고, 교섭대표노동조합과 사용자가 체결한 단체협약의 효력이 교섭창구 단일화 절차에 참여한 다른 노동조합에도 미치는 것을 정당화하는 근거가 된다. ⇒ **[공정대표의무의 취지와 기능]**

3) 공정대표의무는 단체교섭의 과정이나 그 결과물인 단체협약의 내용뿐만 아니라 단체협약의 이행과정에서도 준수되어야 한다고 봄이 타당하다. 또한 교섭대표노동조합이나 사용자가 교섭창구 단일화 절차에 참여한 다른 노동조합 또는 그 조합원을 차별한 것으로 인정되는 경우, 그와 같은 차별에 합리적인 이유가

있다는 점은 교섭대표노동조합이나 사용자에게 그 주장·증명책임이 있다. ⇒ [공정대표의무의 적용범위(교섭과정+협약내용+협약이행과정) 및 차별의 합리성에 주장·증명책임의 소재(교섭대표노조 또는 사용자)]

4) ⑴ 노동조합의 존립과 발전에 필요한 일상적인 업무가 이루어지는 공간으로서 노동조합 사무실이 가지는 중요성을 고려하면, 사용자가 단체협약 등에 따라 교섭대표노동조합에 상시적으로 사용할 수 있는 노동조합 사무실을 제공한 이상, 특별한 사정이 없는 한 교섭창구 단일화 절차에 참여한 다른 노동조합에도 반드시 일률적이거나 비례적이지는 않더라도 상시적으로 사용할 수 있는 일정한 공간을 노동조합 사무실로 제공하여야 한다고 봄이 타당하다. ⇒ [사용자의 공정대표의무상 소수노조에 대한 노조사무실 제공의무]

⑵ 이와 달리 교섭대표노동조합에는 노동조합 사무실을 제공하면서 교섭창구 단일화 절차에 참여한 다른 노동조합에는 물리적 한계나 비용 부담 등을 이유로 노동조합 사무실을 전혀 제공하지 않거나 일시적으로 회사 시설을 사용할 수 있는 기회를 부여하였다고 하여 차별에 합리적인 이유가 있다고 볼 수 없다. ⇒ [소수노조에 대한 노조사무실 미제공 내지 회사시설 일시적 사용 기회 부여=불합리한 차별(공정대표의무 위반)]

■**결론 및 이유** : 피고들의 공정대표의무 위반 행위로 인해 원고가 무형의 손해를 입었으므로, 피고들은 원고에게 불법행위에 기한 손해배상으로서 판시 위자료를 지급할 의무가 있다.

- **노동조합 사무실 제공 관련** : 교섭대표노동조합과 사용자인 피고들이 2013. 12. 23.자 합의와 2014. 6. 24.자 합의를 통해 교섭대표노동조합에만 노동조합 사무실을 제공하기로 합의한 것은 합리적 이유 없이 교섭대표노동조합과 다른 노동조합을 차별한 것으로서 공정대표의무 위반에 해당.

- **근로시간 면제 관련** : 피고들이 교섭창구 단일화가 이루어진 이후에도 교섭대표노동조합에만 근로시간 면제를 인정하면서 원고에게는 이를 인정하지 않았고, 원고가 2014. 5. 30.자 합의 이전부터 근로시간 면제를 인정해 줄 것을 요구하였음에도 피고들이 2014. 5. 30.자 합의를 체결하면서 원고의 근로시간 면제에 관하여 아무런 조치를 취하지 않은 것은 합리적인 이유 없이 원고를 차별한 것이어서 공정대표의무 위반에 해당.

▌판결의 의의와 한계

1) 대상판결은 공정대표의무의 취지(교섭대표노조와 소수노조 간 불합리한 차별금지)와 기능(소수노조 관련 단체교섭권의 본질적 내용 침해 방지의 제도적 장치, 소수노조에 대한 협약 적용의 정당화 근거) 및 공정대표의무의 적용범위(교섭과정, 협약내용 및 그 이행과정 전반)를 밝힌 첫 대법원 판결이라는 점에 그 의의가 있다. 또한 대상판결은 노조사무실 및 근로시간 면제의 제공과 관련하여 사용자인 피고들이 소수노조인 원고를 합리적인 이유 없이 차별하여 공정대표의무를 위반하였고, 그로 인해 원고가 입은 무형의 손해에 대한 피고들의 불법행위 손해배상책임을 인정한 사례라는 점에서 의미가 있다.

2) 대상판결은 노동조합에 대한 편의제공의 일환으로 이루어지는 노조사무실의 제공과 관련하여, 특히 사용자가 교섭대표노조와 소수노조를 달리 대우하는 경우에 합리적인 이유가 없는 차별로서 공정대표의무 위반에 해당하는 것으로 판단할 수 있는 기준을 제시한 사례라는 점에서도 유의미하다.

3) 대상판결이 제시하고 있는 법리에 따르면, 공정대표의무는 단체협약의 내용이나 그 이행과정뿐만 아니라 교섭과정에서도 준수되어야 한다. 복수노조가 존재하는 사업장에서 교섭대표노조가 사용자와 교섭을 할 때, 교섭요구안의 준비와 확정 등과 관련하여 소수노조에 대하여 어떤 조치(의견수렴, 협의, 이유 설명 등)를 어느 정도 취하여야 절차적 합리성이 있어서 공정대표의무를 이행한 것으로 판단할 수 있는지가 문제된다(☞ 심화학습 1. 참고).

◀ Q 풀이 ▶

Q 1. 대상판결이 제시하고 있는 공정대표의무 법리에 따르면, 예컨대 사용자가 교섭대표노조에만 별도의 노조 사무실을 제공하면서 소수노조에는 그 소속 조합원 수가 절대적으로 적다는 이유로 노조 사무실을 제공하지 아니하고 필요시 회사의 회의실을 이용하도록 한 행위는 합리적인 이유가 있는 차별인가?

[A] 대상판결은 사용자가 교섭대표노조에 상시 사용 가능한 노조사무실을 제공한 경우 특별한 사정이 없는 한 소수노조에도 상시 사용 가능한 일정한 공간의 노조사무실을 제공하여야 하고, 물리적 한계나 비용 부담 등을 이유로 노조사무실을 제공하지 않거나 일시적으로 회사 시설을 사용할 수 있는 기회를 부여하더라도 합리적인 이유가 차별로서 공정대표의무 위반에 해당한다는 점을 분명히

하고 있다. 노조사무실은 노동조합의 일상적 업무가 이루어지는 중요한 공간이기 때문에, 노조의 규모(조합원 수)가 작아도 상시 사용 가능한 일정한 공간의 노조사무실이 제공되어야 하고, 필요할 때마다 회사의 회의실을 이용할 기회가 주어졌다고 하더라도 그것은 차별의 합리적인 사유가 될 수 없다. 다만, 사용자가 소수노조에 제공할 의무가 있는 상시 사용 가능한 노조사무실의 공간은 교섭대표노조에 제공된 노조사무실의 공간과 반드시 같거나 두 노조의 규모에 비례하는 공간이어야 하는 것은 아니다.

Q 2. 대상판결에서 사용자인 피고들과 교섭대표노조가 원고 노동조합 분회의 대표자들도 근로시간 면제 대상에 포함시키는 2014. 5. 30.자 합의를 하였음에도 불구하고 공정대표의무 위반에 해당하는 것으로 판단된 이유는?

[A] 원고가 2014. 5. 30.자 합의 이전부터 근로시간 면제를 인정해 줄 것을 요구하였음에도 피고들이 교섭대표노조에만 근로시간 면제를 제공하였고, 2014. 5. 30.자 합의를 하면서 원고가 그 동안 근로시간 면제를 부여받지 못한 사정을 고려하여 이를 보상할 수 있는 조치를 취할 여지가 있었음에도 그에 관한 아무런 대상조치를 취하지 않은 것에 합리적인 이유가 있다고 볼 수 없기 때문이다.

◀ 심화학습 ▶

1. 절차적 공정대표의무 (대법원 2020. 10. 29. 선고 2017다263192 판결 참고)

▷ 참고판결(2017다263192 판결)은 노조법이 교섭창구 단일화 제도를 도입하여 교섭절차를 일원화하도록 한 취지 및 단체교섭 과정에서의 공정대표의무 준수에 관한 선례의 법리를 인용하는 데 그치지 않고, 절차적 공정대표의무의 내용과 그 위반 여부에 관한 구체적인 판단기준을 제시하고 있는 점에서 의미가 있다. 참고판결의 주요 내용은 아래와 같다.

▷ 노조법이 복수 노동조합에 대한 교섭창구 단일화 제도를 도입하여 단체교섭 절차를 일원화하도록 한 것은, 복수 노동조합이 독자적인 단체교섭권을 행사할 경우 발생할 수도 있는 노동조합 간 혹은 노동조합과 사용자 간 반목·갈등, 단체교섭의 효율성 저하 및 비용 증가 등의 문제점을 효과적으로 해결함으로써, 효율적이고 안정적인 단체교섭 체계를 구축하는 데에 그 주된 취지 내지 목적이 있다.

▷ 교섭창구 단일화 제도하에서 교섭대표노동조합이 되지 못한 노동조합은 독자적으로 단체교섭권을 행사할 수 없으므로, 노조법은 교섭대표노동조합이 되지 못한 노동조합을 보호하기 위하여 사용자와 교섭대표노동조합에 교섭창구 단일화 절차에 참여한 노동조합 또는 그 조합원을 합리적 이유 없이 차별하지 못하도록 공정대표의무를 부과하고 있다(제29조의4 제1항). 공정대표의무는 헌법이 보장하는 단체교섭권의 본질적 내용이 침해되지 않도록 하기 위한 제도적 장치로 기능하고, 교섭대표노동조합과 사용자가 체결한 단체협약의 효력이 교섭창구 단일화 절차에 참여한 다른 노동조합(이하 '소수노동조합')에도 미치는 것을 정당화하는 근거가 된다. 이러한 공정대표의무의 취지와 기능 등에 비추어 보면, 공정대표의무는 단체교섭의 결과물인 단체협약의 내용뿐만 아니라 단체교섭의 과정에서도 준수되어야 하고, 교섭대표노동조합으로서는 단체협약 체결에 이르기까지의 단체교섭 과정에서도 소수노동조합을 절차 면에서 합리적인 이유 없이 차별하지 않아야 할 공정대표의무를 부담한다. 이에 따라 교섭대표노동조합이 단체교섭 과정에서 소수노동조합을 동등하게 취급하고 **공정대표의무를 절차적으로 적정하게 이행하기 위해서는 기본적으로 단체교섭 및 단체협약 체결에 관한 정보를 소수노동조합에 적절히 제공하고 그 의견을 수렴하여야** 한다. 다만 단체교섭 과정의 동적인 성격 및 실제 현실 속에서 구현되는 모습, 노동조합법에 따라 인정되는 대표권에 기초하여 교섭대표노동조합 대표자가 단체교섭 과정에서 어느 정도의 재량권 등을 가지는 점 등을 고려하면, 교섭대표노동조합의 소수노동조합에 대한 이러한 정보제공 및 의견수렴의무는 일정한 한계가 있을 수밖에 없다. 그러므로 교섭대표노동조합이 단체교섭 과정의 모든 단계에 있어서 소수노동조합에 일체의 정보를 제공하거나 그 의견을 수렴하는 절차를 완벽하게 거치지 아니하였다고 하여 곧바로 공정대표의무를 위반하였다고 단정할 것은 아니고, 이때 절차적 **공정대표의무를 위반한 것으로 보기 위해서는** 단체교섭의 전 과정을 전체적·종합적으로 고찰하여 **기본적이고 중요한 사항에 관한 정보제공 및 의견수렴 절차를 누락하거나 충분히 거치지 아니한 경우 등과 같이** 교섭대표노동조합이 가지는 재량권을 일탈·남용함으로써 소수노동조합을 합리적 이유 없이 차별하였다고 평가할 수 있는 정도에 이르러야 한다.

▷ 한편, **교섭대표노동조합이** 사용자와 단체교섭 과정에서 마련한 **단체협약 잠정합의안**(이하 '잠정합의안')**에 대하여 자신의 조합원 총회 또는 총회에 갈음할 대의원회의 찬반투표 절차를 거치는 경우,** 소수노동조합의 조합원들에게 동등하게 그 절차에 참여할 기회를 부여하지 않거나 잠정합의안에 대한 가결 여부를 정하는 과정에서

그들의 찬반의사를 고려 또는 채택하지 않았더라도 그것만으로는 절차적 공정대표의무를 위반하였다고 단정할 수 없다. 그 이유는 다음과 같다. i) 교섭창구 단일화 제도의 취지나 목적, 노조법 제29조 제2항의 규정 내용과 취지 등을 고려하면, 교섭대표노동조합의 대표자는 교섭창구 단일화 절차에 참여한 노동조합 및 조합원 전체를 대표하여 독자적인 단체협약체결권을 가지므로, 단체협약 체결 여부에 대하여 원칙적으로 소수노동조합이나 그 조합원의 의사에 기속된다고 볼 수 없다. ii) 교섭대표노동조합의 규약에서 잠정합의안에 대하여 조합원의 찬반투표를 거치도록 규정하고 있더라도, 이는 해당 교섭대표노동조합 소속 조합원들의 의사결정을 위하여 마련된 내부적인 절차일 뿐이지, 법률상 요구되는 절차는 아니다. iii) 노조법 제29조의2는 교섭창구 단일화 절차를 규정하고 있고, 그 위임에 따른 노조법 시행령 제14조의7에서는 교섭대표노동조합 확정에 필요한 조합원 수 산정 기준 등에 관한 상세한 규정을 두고 있다. 그리고 노조법 제41조 제1항 후문은 교섭창구 단일화 절차에 참여한 노동조합의 전체 조합원의 찬반투표 절차를 거친 경우에만 쟁의행위를 할 수 있다고 정하고 있다. 그러나 잠정합의안에 대한 찬반투표와 관련해서는 이러한 찬반투표를 거칠 것인지 여부는 물론이고, 교섭창구 단일화 절차에 참여한 노동조합별로 찬반투표 실시 여부, 실시기관, 실시방법 및 정족수 등에 관하여 각기 다른 규약상 규정을 두고 있는 경우 이를 어떻게 조율할 것인지 등에 관하여 노조법 및 같은 법 시행령에서 아무런 규정을 두고 있지 않다.

▷ 참고판결은 위와 같은 절차적 공정대표의무에 관한 법리에 근거하여 이 사건에서 교섭창구 단일화 절차를 통해 각 사업장의 **교섭대표노동조합이 된 피고 A노조, B노조, C노조 및 D노조**가 단체협약 체결을 위한 교섭 과정에서 소수노동조합인 원고(전국금속노조) 지회를 상대로 기본적이고 중요한 사항에 관한 정보제공 및 의견수렴 절차를 누락하거나 충분히 거치지 않는 등으로 재량권을 일탈·남용함으로써 원고 지회를 합리적 이유 없이 차별하였다고 평가하기 어렵고, 피고 노조들이 잠정합의안에 대한 조합원 찬반투표와 관련하여 원고 지회 조합원들에게 동등하게 해당 절차에 참여할 기회를 부여하지 않았다거나 그들의 찬반의사까지 동등하게 고려하여 잠정합의안에 대한 가결 여부를 결정하지 않았더라도, 절차적 공정대표의무를 위반하는 정도에 이르렀다고 볼 수 없다고 하여 위 피고 노조들의 공정대표의무 위반으로 인한 불법행위책임을 인정하지 않았다. 그러나 **교섭대표노동조합인 피고 E노조**가 합리적 이유 없이 원고 지회를 차별하는 내용의 2014년 단체협약 제103조 및 단체협약 세부지침 제48조를 추가한 것, 그리고 이

에 관하여 원고 지회에 대한 정보제공 및 의견수렴 절차를 제대로 거치지 않은 것은 **공정대표의무 위반으로 인한 불법행위를 구성한**다고 판단하였고, 또한 **교섭대표노동조합인 피고 F노조가** 2014년 임금협약을 체결하는 과정에서 교섭창구 단일화 절차에 참여한 원고 지회에 대해서 단체협약과 관련한 정보제공이나 의견수렴 절차를 전혀 이행하지 아니한 것은 **공정대표의무 위반으로 인한 불법행위를 구성한**다고 판단하였다.

2. 하나의 사업 또는 사업장 내 교섭단위의 분리 (대법원 2018. 9. 13. 선고 2015두 39361 판결 참고)

▷ 노조법은 제29조의2에서 하나의 사업 또는 사업장에서 조직형태에 관계없이 근로자가 설립하거나 가입한 노동조합이 2개 이상인 경우 교섭대표노동조합을 정하여 교섭을 요구하도록 하는 교섭창구 단일화 절차를 규정하고, 제29조의3 제1항에서 "제29조의2에 따라 교섭대표노동조합을 결정하여야 하는 단위(이하 '교섭단위'라 한다)는 하나의 사업 또는 사업장으로 한다"고 규정하면서, 같은 조 제2항에서 "제1항에도 불구하고 하나의 사업 또는 사업장에서 현격한 근로조건 의 차이, 고용형태, 교섭 관행 등을 고려하여 교섭단위를 분리하거나 분리된 교 섭단위를 통합할 필요가 있다고 인정되는 경우에 노동위원회는 노동관계 당사자 의 양쪽 또는 어느 한쪽의 신청을 받아 교섭단위를 분리하거나 분리된 교섭단위 를 통합하는 결정을 할 수 있다"고 규정하고 있다. 구 노조법은 교섭단위 분리제 도만 허용하였으나, 2021. 1. 5. 개정 노조법은 분리된 교섭단위의 통합제도를 추가 도입하였다.

▷ <u>참고판결</u>(2015두39361 판결)<u>은 노조법 제29조의3 제2항에서 규정하고 있는 '교 섭단위를 분리할 필요가 있다고 인정되는 경우'의 의미와 교섭단위 분리 신청에 대한 노동위원회의 결정에 관하여 단순히 어느 일방에게 불리한 내용이라는 사 유만으로 불복이 허용되는지 여부 및 불복이 허용되는 경우에 관하여 판시한 사 례이다.</u> 참고판결에 따르면, **'교섭단위를 분리할 필요가 있다고 인정되는 경우'**란 하 나의 사업 또는 사업장에서 별도로 분리된 교섭단위에 의하여 단체교섭을 진행 하는 것을 정당화할 만한 현격한 근로조건의 차이, 고용형태, 교섭 관행 등의 사 정이 있고, 이로 인하여 교섭대표노동조합을 통하여 교섭창구를 단일화하는 것 이 오히려 근로조건의 통일적 형성을 통해 안정적인 교섭체계를 구축하고자 하 는 교섭창구 단일화 제도의 취지에도 부합하지 않는 결과를 발생시킬 수 있는

예외적인 경우를 의미한다. 그리고 교섭단위 분리 신청에 대한 노동위원회의 결정에 관하여는 단순히 어느 일방에게 불리한 내용이라는 사유만으로는 불복이 허용되지 않고, 그 절차가 위법하거나, 노조법 제29조의3 제2항이 정한 교섭단위 분리결정의 요건에 관한 법리를 오해하여 교섭단위를 분리할 필요가 있다고 인정되는 경우인데도 그 신청을 기각하는 등 내용이 위법한 경우, 그 밖에 월권에 의한 것인 경우에 한하여 불복할 수 있다고 하고 있다. 참고판결에서 대법원은 원고(고양도시관리공사) 사업 내 상용직 근로자들에 대하여는 교섭단위를 분리할 필요성이 인정되고, 따라서 교섭단위 분리 신청을 기각한 이 사건 초심결정(지방노동위원회)을 위법하다고 보아 이를 취소하고 교섭단위를 분리한 이 사건 재심결정(중앙노동위원회)은 적법하다고 판단하였다.

※ 대법원 2018. 9. 13. 선고 2015두39361 판결 【교섭단위분리결정재심결정취소】

- "… (중략) … 그리하여 이러한 노동조합법 규정의 내용과 형식, 교섭창구 단일화를 원칙으로 하면서도 일정한 경우 교섭단위의 분리를 인정하고 있는 노동조합법의 입법 취지 등을 고려하면, 노동조합법 제29조의3 제2항에서 규정하고 있는 '교섭단위를 분리할 필요가 있다고 인정되는 경우'란 하나의 사업 또는 사업장에서 별도로 분리된 교섭단위에 의하여 단체교섭을 진행하는 것을 정당화할 만한 현격한 근로조건의 차이, 고용형태, 교섭 관행 등의 사정이 있고, 이로 인하여 교섭대표노동조합을 통하여 교섭창구를 단일화하는 것이 오히려 근로조건의 통일적 형성을 통해 안정적인 교섭체계를 구축하고자 하는 교섭창구 단일화 제도의 취지에도 부합하지 않는 결과를 발생시킬 수 있는 예외적인 경우를 의미한다.
(2) 한편 노동조합법 제29조의3 제3항은 교섭단위 분리 신청에 대한 노동위원회의 결정에 불복할 경우 같은 법 제69조를 준용하도록 하고 있고, 같은 법 제69조 제1항, 제2항은 노동위원회의 중재재정 등에 대한 불복의 사유를 '위법이거나 월권에 의한 것'인 경우로 한정하고 있다. 따라서 교섭단위 분리 신청에 대한 노동위원회의 결정에 관하여는 단순히 어느 일방에게 불리한 내용이라는 사유만으로는 불복이 허용되지 않고, 그 절차가 위법하거나, 노동조합법 제29조의3 제2항이 정한 교섭단위 분리결정의 요건에 관한 법리를 오해하여 교섭단위를 분리할 필요가 있다고 인정되는 경우인데도 그 신청을 기각하는 등 내용이 위법한 경우, 그 밖에 월권에 의한 것인 경우에 한하여 불복할 수 있다.
2. 원심판결 이유 및 기록에 의하면 다음과 같은 사실을 알 수 있다.
(1) 원고의 상용직 근로자들은 기본적으로 그 외 직종과 달리 상용직 관리규정의 별도 규율을 받는다. 특히 원고의 일반직·기능직 등 직종이 공무원 보수규정을 적용받아 호봉제를 원칙으로 하는 것과는 달리, 상용직은 상용직 관리규정의 적용을 받아 직종별로 단일화된 기본급과 제 수당을 지급받는 구조로 이루어져 임금체계가 근본적으로 다르다.

(2) 원고의 상용직 근로자들은 직제규정상 정원에 포함되지 않고, 시설물관리원, 주차원, 상담원 등의 직역으로 구성되어 그 외 직종과 업무내용이 명확히 구분되며, 다른 직종과 사이에 인사교류가 허용되지 않는다.

(3) 원고의 상용직 근로자들은 그 외 직종 근로자들과 별도의 협의체 또는 노동조합을 조직·구성해 왔고, 원고가 출범하기 전 고양시 시설관리공단 소속 당시부터 그 외 직종과는 별도로 임금협약을 체결하여 왔다.

(4) 반면 고양도시관리공사 노동조합이 원고와 체결한 2013년 단체협약은 상용직 근로자들에게 적용되지 않고, 고양도시관리공사 노동조합은 교섭대표노동조합으로 결정된 후에도 상용직 근로자들에 대한 부분을 포함하여 단체교섭을 진행한 바도 없다.

(5) 이 사건 노동조합에는 원고의 상용직 근로자만 가입되어 있고, 고양도시관리공사 노동조합에는 그 외 직종 근로자만이 가입되어 있는 등 조합별로 소속 직종이 명확히 구분되어 있다.

3. 이러한 사실관계를 앞에서 본 규정 및 법리에 따라 살펴본다.

(1) 상용직 근로자들과 그 외 직종 근로자들 사이의 근로조건 및 고용형태상 차이와 그 정도, 기존 분리 교섭 관행 등에 비추어 보면, 이 사건 노동조합이 별도로 분리된 교섭단위에 의하여 단체교섭권을 행사하는 것을 정당화할 만한 사정이 존재하고, 이로 인하여 고양도시관리공사 노동조합이 교섭대표노동조합으로서 상용직 근로자들을 계속 대표하도록 하는 것이 오히려 노동조합 사이의 갈등을 유발하는 등 근로조건의 통일적인 형성을 통해 안정적인 교섭체계를 구축하고자 하는 교섭창구 단일화 제도의 취지에도 부합하지 않는 결과를 발생시킬 수 있는 경우로 판단된다. 따라서 원고 사업 내 상용직 근로자들에 대하여는 노동조합법 제29조의3 제2항에서 규정하고 있는 교섭단위를 분리할 필요성이 인정된다.

(2) 그런데도 이 사건 초심결정은 상용직과 그 외 직종을 비교하면서 임금항목에서 동일한 기본급 체계로 이루어진 것으로 인정할 뿐 상용직 근로자들에 대한 임금체계가 상이함을 고려하지 않았고, 오히려 임금체계에 본질적 차이가 없다는 등의 이유로 교섭단위 분리의 필요성을 부정하였다. 이러한 이 사건 초심결정은 노동조합법에서 정한 교섭단위 분리와 관련한 법리를 오해하여 이 사건 노동조합의 교섭단위 분리 신청을 기각한 잘못이 있다.

(3) 따라서 교섭단위 분리 신청을 기각한 이 사건 초심결정을 위법하다고 보아 이를 취소하고 교섭단위를 분리한 이 사건 재심결정은 적법하다."

제18강 단체교섭 (2)

1. 단체교섭의 사항

◀ 판례분석 ▶

▌**제 목** : 사업 일부 폐지의 단체교섭 대상성(N) [한일개발사건]

▌**대상판결** : 대법원 1994. 3. 25. 선고 93다30242 판결 【해고무효확인등】
【원고, 상고인】 원고 1 외 3인
【피고, 피상고인】 한일개발 주식회사
【원심판결】 서울고등법원 1993. 5. 11. 선고 93나1604 판결
【주 문】 상고를 모두 기각한다. 상고비용은 원고들의 부담으로 한다.

▌**사건의 개요** : 피고 회사는 3년간의 적자누적 등을 이유로 사업의 일부인 '시설관리사업부'의 폐지 및 근로자의 전환배치를 결정하였으나, 피고 회사의 노동조합은 근로자의 전환배치에 관한 사측과의 협의를 거부하고 위 사업부 폐지의 백지화를 주장하면서 쟁의행위(직장점거, 타 직원 출입통제, 그림파손, 낙서 등)를 하였고, 피고 회사는 쟁의행위를 주도한 노조간부인 원고들을 해고하였으며, 원고들은 해고의 효력을 다투는 소를 제기하였다.

▌**관련 법 규정**(현행법 기준)
- 노조법 제2조 제4호 : "노동조합"이라 함은 근로자가 주체가 되어 자주적으로 단결하여 <u>근로조건의 유지·개선</u> 기타 <u>근로자의 경제적·사회적 지위의 향상을</u> 도모함을 목적으로 조직하는 단체 또는 그 연합단체를 말한다.
- 노조법 제29조 (교섭 및 체결권한) ① 노동조합의 대표자는 그 노동조합 또는 <u>조합원을 위하여</u> 사용자나 사용자단체와 교섭하고 단체협약을 체결할 권한을 가진다.

- 노조법 제37조(쟁의행위의 기본원칙) ① 쟁의행위는 그 목적·방법 및 절차에 있어서 법령 기타 사회질서에 위반되어서는 아니 된다.

▮**판결의 성격** : 원심은 이 사건 사업부 폐지의 백지화는 교섭대상이 아니고 쟁의행위의 목적이 될 수 없으며 불법파업의 주도 등을 이유로 한 이 사건 해고는 정당하다고 판단하였고, 대법원은 원심의 판단이 정당하다고 보아 원고들의 상고를 기각하였다.

▮**쟁 점**
- 피고 회사의 시설관리사업부 폐지 결정은 단체교섭의 대상사항이 될 수 있는지 여부
- 시설관리사업부 폐지의 백지화를 목적으로 하는 쟁의행위가 정당한 것인지 여부
- 불법쟁의행위 등을 이유로 하는 징계해고의 정당성 여부

▮**중요 사실관계**
- 1989년부터 3년간 피고 회사의 시설관리사업의 순수 누적적자 30억, 1991년의 순수적자 3억 초과, 소외 항공사들과의 시설관리용역 재계약 체결의 결렬 및 시설관리용역계약의 해지 ⇒ **이 사건 사업부 폐지 결정의 원인 및 그 결정의 불가피성과 관련**
- 피고 회사의 단체협약 제55조의 내용("회사는 휴폐업(폐쇄), 분할, 합병, 양도, 이전, 업종전환 등으로 조합원의 신분변동(인원감축, 직종변경, 전환배치)이 불가피할 경우 사전에 노동조합과 협의하여 사후대책을 마련한다.") ⇒ **이러한 단체협약 규정에 근거하여 이 사건 사업부의 폐지가 단체교섭의 대상사항이 된다고 해석할 수 있는지와 관련**
- 노동조합은 시설관리사업부 폐지의 백지화를 주장하며 그 폐지에 따른 근로자의 전환배치에 관한 사용자와의 협의를 거부하여 노사간 협의가 결렬되고, 노동조합은 쟁의행위에 돌입 ⇒ **이 사건 사업부 폐지의 백지화가 교섭 및 쟁의행위의 대상사항이 되는지와 관련**

▮**기본법리**(판지)
1) 회사가 그 산하 <u>시설관리사업부를 폐지시키기로 결정한 것</u>은 적자가 누적되고 시설관리계약이 감소할 뿐 아니라 계열사와의 재계약조차 인건비 상승으로 인한 경쟁력 약화로 불가능해짐에 따라 불가피하게 취해진 조치로서 이는 <u>경영주체의 경영의사 결정에 의한 경영조직의 변경에 해당하여 그 폐지 결정 자체는 단체교섭사항이 될 수 없다.</u> ⇒ **[교섭사항 측면에서의 단체교섭의 한계]**

2) (원고들의 주도하에) 노동조합이 시설관리사업부 폐지 자체의 백지화만을 고집하면서 그 폐지에 따를 근로자의 배치전환 등 근로조건의 변경에 관하여 교섭하자는 회사의 요청을 전적으로 거부하고 <u>폐지 백지화 주장을 관철시킬 목적으로 행한 쟁의행위는 그 목적에 있어 정당하지 않다.</u> ⇒ **[교섭대상이 아닌 사항과 쟁의행위 목적의 정당성과의 관계]**

※ 쟁의행위의 정당성 판단기준 : 대법원 2008. 9. 11. 선고 2004도746 판결
"근로자의 <u>쟁의행위가 형법상 정당행위가 되기 위해서는</u> 우선 그 주체가 단체교섭의 주체로 될 수 있는 자이어야 하고, 그 <u>목적이 근로조건의 향상을 위한 노사간의 자치적 교섭을 조성하는 데에 있어야</u> 하며, 사용자가 근로자의 근로조건 개선에 관한 구체적인 요구에 대하여 단체교섭을 거부하였을 때 개시하되 특별한 사정이 없는 한 조합원의 찬성결정 등 법령이 규정한 <u>절차</u>를 거쳐야 하고, 그 <u>수단과 방법</u>이 사용자의 재산권과 조화를 이루어야 함은 물론, 폭력의 행사에 해당되지 아니하여야 한다는 여러 조건을 모두 구비하여야 하며(대법원 2001. 10. 25. 선고 99도4837 판결 등 참조), 쟁의행위에서 추구되는 목적이 여러 가지이고 그 중 일부가 정당하지 못한 경우에는 <u>주된 목적 내지 진정한 목적의 당부에 의하여 그 쟁의 목적의 당부를 판단하여야</u> 한다(대법원 2003. 12. 26. 선고 2001도1863 판결, 2004. 4. 9. 선고 2002도7368 판결 등 참조)."

■**결론 및 이유** : 피고 회사가 원고들을 징계해고한 데에는 정당한 이유가 있다 (원고들의 행위는 고의 또는 과실로 피고 회사에 막대한 재산상의 손해를 끼치고 기타 피고 회사의 제규정과 실정법을 위반한 때에 해당하여 원고들과 피고 회사간의 기본적인 신뢰관계를 무너뜨리는 것으로서 그 근로계약관계를 지속하게 하는 것이 현저히 부당하다고 인정될 정도의 비위행위에 해당).

- 피고 회사의 단체협약 제55조에 "회사는 휴폐업(폐쇄), 분할, 합병, 양도, 이전, 업종전환 등으로 조합원의 신분변동(인원감축, 직종변경, 전환배치)이 불가피할 경우 사전에 노동조합과 협의하여 사후대책을 마련한다."고 하는 규정은 <u>불가피한 휴폐업 등의 경우 그 사후대책에 관하여 노동조합과 협의할 것을 정한 것에 불과한 것이고 휴폐업 등을 할 것인지 여부 자체에 관하여 노동조합과 협의할 것을 정한 것은 아니라고 보이므로</u> 위 조항에 의하여 시설관리사업부의 폐지문제가 단체교섭의 대상이 된다고 할 수는 없고, 또 위 문제와 관련해서 피고 회사가 노동조합과 수차례 만나 상호간의 상반된 입장을 확인한 적이 있었다 하더라도(원고들 주장과 같이 직접 위 문제에 관하여 단체교섭을 벌인 적은 없었다) 그러한 사실만으로 당연히 위 문제가 단체교섭사항으로 되는 것도 아니라 할 것.

- 쟁의행위 과정에 있어서도 그 방법과 태양이 폭력과 파괴행위를 수반한 것으로 사회적 상당성을 갖추었다고는 도저히 볼 수 없어 이 점에 있어서도 이 사건 쟁의행위는 부당하다고 할 것.

■ **판결의 의의와 한계** : 사용자는 단체교섭의 대상이 될 수 없는 사항에 대한 노동조합의 단체교섭 요구를 거부할 수 있고, 이러한 교섭거부는 정당한 이유가 있는 것이기 때문에 부당노동행위에 해당하지 않으며, 교섭대상이 될 수 없는 사항을 관철하기 위한 노동조합의 쟁의행위는 그 목적의 면에서 정당성이 인정되지 않는다. 대상판결은 사업의 일부 폐지 그 자체는 교섭사항이 될 수 없다고 판단한 사례로서 이후 비교섭사항에 관한 판례 확립의 토대가 된 판결이다.

■ **기타 해설**

1) 정리해고나 사업조직의 통폐합, 공기업의 민영화 등 기업의 구조조정의 실시 여부는 경영주체에 의한 고도의 경영상 결단에 속하는 사항으로서 이는 원칙적으로 단체교섭의 대상이 될 수 없다는 것이 판례의 일관된 입장(대법원 2002. 2. 26. 선고 99도5380 판결 ; 대법원 2006. 5.12. 선고 2002도3450 판결 등)이고, 판례가 이러한 입장을 취하고 있는 이유가 잘 나타난 사례로서 대법원 2003. 7. 22. 선고 2002도7225 판결이 있다(이 판결에서는 사업주의 경영권과 근로자의 노동3권이 충돌하는 경우 기업의 경쟁력을 강화하는 방향으로 해결책을 찾아야 하고, 기업의 경쟁력을 강화하기 위한 경영주체의 경영상 조치에 대하여는 원칙적으로 노동쟁의의 대상이 될 수 없다고 해석하여 기업의 경쟁력 강화를 촉진시키는 것이 옳다고 판시하고 있음).

　　※ **대법원 2003. 7. 22. 선고 2002도7225 판결 【업무방해】**
　　- "헌법 제23조 제1항 전문은 '모든 국민의 재산권은 보장된다.'라고 규정하고 있고, 제119조 제1항은 '대한민국의 경제질서는 개인과 기업의 경제상의 자유와 창의를 존중함을 기본으로 한다.'라고 규정함으로써, 우리 헌법이 사유재산제도와 경제활동에 관한 사적자치의 원칙을 기초로 하는 자본주의 시장경제질서를 기본으로 하고 있음을 선언하고 있다. 헌법 제23조의 재산권에는 개인의 재산권뿐만 아니라 기업의 재산권도 포함되고, 기업의 재산권의 범위에는 투하된 자본이 화체된 물적 생산시설뿐만 아니라 여기에 인적조직 등이 유기적으로 결합된 종합체로서의 '사업' 내지 '영업'도 포함된다. 그리고 이러한 재산권을 보장하기 위하여는 그 재산의 자유로운 이용·수익뿐만 아니라 그 처분·상속도 보장되어야 한다. 한편, 헌법 제15조는 '모든 국민은 직업선택의 자유를 가진다.'라고 규정하고 있는바, 여기에는 기업의 설립과 경영의 자유를 의미하는 기업의 자유를 포함하고 있다.

이러한 규정들의 취지를 기업활동의 측면에서 보면, <u>모든 기업은 그가 선택한 사업 또는 영업을 자유롭게 경영하고 이를 위한 의사결정의 자유를 가지며, 사업 또는 영업을 변경(확장·축소·전환)하거나 처분(폐지·양도)할 수 있는 자유를 가지고 있고 이는 헌법에 의하여 보장되고 있는 것이다.</u> 이를 통틀어 경영권이라고 부르기도 한다. 그러나 물론 기업의 이러한 권리도 신성불가침의 절대적 권리일 수는 없다. 모든 자유와 권리에는 그 내재적 한계가 있을 뿐만 아니라, 헌법 제23조 제2항이 '재산권의 행사는 공공복리에 적합하도록 하여야 한다.'라고 규정하고 있고, <u>기업의 이러한 권리의 행사는 경우에 따라 기업에 소속된 근로자의 지위나 근로조건에 영향을 줄 수 있어 근로자의 노동3권과 충돌이 일어날 수 있기 때문이다.</u> 경영권과 노동3권 이 서로 충돌하는 경우 이를 조화시키는 한계를 설정함에 있어서는 기업의 경제상의 창의와 투자의욕을 훼손시키지 않고 오히려 이를 증진시키며 기업의 경쟁력을 강화하는 방향으로 해결책을 찾아야 함을 유의하여야 한다. 왜냐하면 기업이 쇠퇴하고 투자가 줄어들면 근로의 기회가 감소되고 실업이 증가하게 되는 반면, 기업이 잘 되고 새로운 투자가 일어나면 근로자의 지위도 향상되고 새로운 고용도 창출되어 결과적으로 기업과 근로자가 다 함께 승자가 될 수 있기 때문이다. 그리고 이러한 문제의 해결을 위해서는 추상적인 이론에만 의존하여서는 아니 되고 시대의 현실을 잘 살펴 그 <u>현실에 적합한 해결책이 모색되어야</u> 한다. 이러한 관점에 서서 <u>오늘의 우리 나라가 처하고 있는 경제현실과 오늘의 우리 나라 노동쟁의의 현장에서 드러나는 여러 가지 문제점 등을 참작하면, 구조조정이나 합병 등 기업의 경쟁력을 강화하기 위한 경영주체의 경영상 조치에 대하여는 원칙적으로 노동쟁의의 대상이 될 수 없다고 해석하여 기업의 경쟁력 강화를 촉진시키는 것이 옳다.</u>"

2) 특히 경영결정사항(사업주의 고유한 결정·책임권한 사항에 가까워서 일응 단체교섭과 친하다고 보기 어려운 사항)의 교섭사항 해당 여부와 관련하여 판결례에 나타난 판단의 중요 요소로는 근로조건과의 밀접한 관련성, 근로조건에 미치는 영향, 경영권에 대한 본질적 제약 여부, 경영권의 일부 포기 내지 중대한 제한에 대한 사용자의 동의 여부 등이 있다.

3) 무엇이 교섭사항에 해당하는지에 관련하여 대법원 2003. 12. 26. 선고 2003두 8906 판결에서는 근로조건 및 기타 근로자의 대우에 관한 사항(징계·해고 등 인사의 기준이나 절차, 근로조건), 단체적 노사관계의 운영에 관한 사항(노동조합의 활동, 노동조합에 대한 편의제공, 단체교섭의 절차와 쟁의행위에 관한 절차 등)으로 사용자가 처분할 수 있는 사항이 교섭사항에 해당한다고 판시하고 있다.

※ 대법원 2003. 12. 26. 선고 2003두8906 판결【부당해고등구제재심판정취소】
- "단체교섭의 대상이 되는 단체교섭사항에 해당하는지 여부는 <u>헌법 제33조 제1항과 노동조합법 제29조에서 근로자에게 단체교섭권을 보장한 취지에 비추어 판</u>

단하여야 하므로 일반적으로 구성원인 근로자의 노동조건 기타 근로자의 대우 또는 당해 단체적 노사관계의 운영에 관한 사항으로 사용자가 처분할 수 있는 사항은 단체교섭의 대상인 단체교섭사항에 해당한다고 봄이 상당하다. 같은 취지에서 원심이, 전국새마을금고노동조합(이하 '노동조합'이라고 한다.)의 부천시지부가 원고에게 단체교섭을 요구한 사항들은 대부분 징계·해고 등 인사의 기준이나 절차, 근로조건, 노동조합의 활동, 노동조합에 대한 편의제공, 단체교섭의 절차와 쟁의행위에 관한 절차 등에 관한 사항인 사실을 인정하고, 그와 같은 사항들은 단체교섭의 대상인 단체교섭사항에 해당한다고 판단한 것은 옳고, 거기에 상고이유로 주장하는 바와 같은 채증법칙 위반의 위법이 없다." (전국새마을금고노동조합의 부천시지부가 원고 사용자에게 단체교섭을 요구한 사항들은 대부분 징계·해고 등 인사의 기준이나 절차, 근로조건, 노동조합의 활동, 노동조합에 대한 편의제공, 단체교섭의 절차와 쟁의행위에 관한 절차 등에 관한 사항이며, 그와 같은 사항들은 단체교섭의 대상인 단체교섭사항에 해당한다고 판단한 사례)

4) 단체교섭 대상 사항과 중재재정 대상 사항 양자가 반드시 일치하는 것은 아니라는 점에 주의할 필요가 있다(전자의 범위는 후자의 범위보다 더 넓음). 단체적 노사관계의 운영에 관한 사항은 교섭사항에 해당하지만, 노동쟁의의 정의에 관한 현행 노조법의 규정상 근로조건 이외의 사항은 특별한 사정("노사관계 당사자 쌍방이 합의하여 단체협약의 대상이 될 수 있는 사항에 대하여 중재를 해 줄 것을 신청한 경우이거나 이와 동일시할 수 있는 사정이 있는 경우")이 없는 한 중재재정의 대상이 될 수 없다는 것이 판례의 입장이다.

※ **대법원 2003. 7. 25. 선고 2001두4818 판결 【중재재심결정취소】**
- "중재절차는 원칙적으로 노동쟁의가 발생한 경우에 노동쟁의의 대상이 된 사항에 대하여 행하여지는 것이고, 노동조합및노동관계조정법 제2조 제5호에서는 노동쟁의를 '노동조합과 사용자 또는 사용자 단체 간에 임금·근로시간·복지·해고 기타 대우 등 근로조건의 결정에 관한 주장의 불일치로 인하여 발생한 분쟁상태'라고 규정하고 있으므로 근로조건 이외의 사항에 관한 노동관계 당사자 사이의 주장의 불일치로 인한 분쟁상태는 근로조건의 결정에 관한 분쟁이 아니어서 현행법상의 노동쟁의라고 할 수 없고, 특별한 사정이 없는 한 이러한 사항은 중재재정의 대상으로 할 수 없다 할 것이다(대법원 1996. 2. 23. 선고 94누9177 판결 참조). 이 사건 중재재심결정 중 단체협약 제15조(근무시간 중 조합활동), 제16조(조합전임자), 제18조(시설 편의제공) 제2항, 제22조(출장취급)에 관한 부분은 근로조건 이외의 사항으로서 이에 관한 노동관계 당사자 사이의 주장의 불일치는 노동쟁의라고 할 수 없고, 따라서 특별한 사정이 없는 한 이를 중재재정의 대상으로 할 수 없다 할 것이다. 한편, 중재절차는 노동쟁의의 자주적 해결과 신속한 처리를 위한

광의의 노동쟁의조정절차의 일부분이므로 노사관계 당사자 쌍방이 합의하여 단체협약의 대상이 될 수 있는 사항에 대하여 중재를 해 줄 것을 신청한 경우이거나 이와 동일시할 수 있는 사정이 있는 경우에는 근로조건 이외의 사항에 대하여도 중재재정을 할 수 있다고 봄이 상당하다 할 것인데, 원심이 인정한 사실에 의하면 원고와 피고보조참가인 사이의 기존의 단체협약에는 원고가 이 사건에서 그 효력에 관하여 다투고 있는 위 조항 이외에 조합활동에 관한 조항이 포함되어 있었고, 원고는 임금 등 근로조건에 관한 사항과 함께 조합활동에 관한 사항을 포함하여 교섭을 진행하여 왔을 뿐 아니라, 이 사건 중재절차에서 조합활동에 관한 사항이 중재의 대상에서 제외되어야 한다는 의사를 밝힌 적이 없고, 오히려 조합활동 중 일부 조항의 개정에 관하여 적극적으로 의사를 밝혔으며, 조합활동에 관한 중재조항 중 원고의 의사대로 기존의 단체협약의 내용이 유지된 부분에 대하여는 중재의 대상이 되지 않음을 들어 문제를 삼지 않고 있는바, 이는 직권으로 이루어진 이 사건 중재절차에서 있어서 노사관계 당사자 쌍방이 조합활동에 관한 사항에 대하여 중재를 해 줄 것을 신청한 경우와 동일시할 수 있는 사정이 있는 경우에 해당된다고 할 것이므로 원고가 이 사건에서 그 효력에 관하여 다투고 있는 위 조항들에 대하여 중재의 대상으로 할 수 있는 특별한 사정이 있다고 보아야 할 것이다."

※ **대법원 1996. 2. 23. 선고 94누9177 판결 【중재재심결정취소】**

- "일반적으로 사용자에 대하여 근로계약에 따른 근로제공의무를 면제받고 오직 노동조합의 업무만을 담당하는 노조전임제는 노동조합에 대한 편의제공의 한 형태로서 사용자가 단체협약 등을 통하여 승인하는 경우에 인정되는 것일 뿐 사용자와 근로자 사이의 근로계약관계에 있어서 근로자의 대우에 관하여 정한 근로조건이라고 할 수 없는 것이고, 단순히 임의적 교섭사항에 불과하여 이에 관한 분쟁 역시 노동쟁의라 할 수 없으므로 특별한 사정이 없는 한 중재재정의 대상으로 할 수 없다."[1]

<표> 집단적 노사관계 운영에 관한 사항의 단체교섭 대상 등 여부

	단체교섭 대상	쟁의행위 대상	노동쟁의 대상
집단적 노사관계 운영에 관한 사항 (일반론)	2003두8906 긍정	2003두8906 긍정	2001두4818 부정 (단 예외 인정)
노조전임자	94누9177 부정 (임의적 교섭사항)	(판시한 바 없으나, 94누9177과 유사 예상)	94누9177 부정 (단 위 예외 해당 여부로 해결)

---

1) 이 판결에서는 노조전임제를 임의적 교섭사항으로 보고 있으나 앞에서 언급한 대법원 2003. 12. 26. 선고 2003두8906 판결에서는 노동조합에 대한 편의제공을 (의무적) 교섭사항으로 보고 있어서 상호 모순되는 면이 있음. 노조전임제를 제외한 노동조합에 대한 편의제공이 (의무적) 교섭사항에 해당한다고 해석하면 양 판결의 상충이 해결될 수 있지만, 2003두8906 판결에 의해 94누9177 판결상의 견해가 사실상 변경된 것으로 볼 수도 있을 것이다.

◀ Q 풀이 ▶

Q 1. 대상판결에 의하면 단체교섭의 대상성과 쟁의행위의 정당성간의 관계는?

[A] 단체교섭의 대상이 될 수 없는 사항을 관철시킬 목적으로 행하는 쟁의행위는 그 목적에서 정당하지 않다. 즉 단체교섭의 대상이 아니면 쟁의행위 목적의 정당성이 부정된다.

Q 2. 경영사항일지라도 의무적 교섭사항으로 판단할 수 있는 경우는? (대법원 1994. 8. 26. 선고 93누8993 판결 참고)

[A] 참고판결에 의하면 사용자의 경영권에 속하는 사항이라도 근로자들의 근로조건과도 밀접한 관련이 있는 부분으로서 사용자의 경영권을 근본적으로 제약하는 것이 아니라면 단체협약의 대상이 될 수 있다. 다만, 참고판결은 교섭사항 해당 여부가 직접 다투어졌던 사례가 아니라 경영권 관련 사항이 단체협약의 조항으로 규정되어 있어서 관할 행정관청이 그에 대한 시정명령을 내린 것에 대한 적법 여부가 다투어진 사례이다.

> ※ **대법원 1994. 8. 26. 선고 93누8993 판결 【단체협약취소변경명령】**
> - "이 사건 단체협약 중 조합원의 차량별 고정승무발령, 배차시간, 대기기사 배차 순서 및 일당기사 배차에 관하여 노조와 사전합의를 하도록 한 제18조의 내용이 한편으로는 사용자의 경영권에 속하는 사항이지만, 또 한편으로는 근로자들의 근로조건과도 밀접한 관련이 있는 부분으로서 사용자의 경영권을 근본적으로 제약하는 것도 아니라고 보여지므로 단체협약의 대상이 될 수 있고, 그 내용 역시 헌법이나 노동조합법 기타 노동관계법규에 어긋나지 아니하므로 정당하다." (관할 행정관청의 이 사건 단체협약 시정명령이 위법하다고 판단한 사례)

◀ 심화학습 ▶

1. 정리해고 등 기업의 구조조정 실시 여부의 단체교섭 대상성 (대법원 2002. 2. 26. 선고 99도5380 판결 참고)

▷ 참고판결(99도5380 판결)은 대상판결과 마찬가지로 정리해고나 사업조직의 통폐합 등 기업의 구조조정의 실시 여부는 경영주체에 의한 고도의 경영상 결단에 속하는 사항으로서 원칙적으로 단체교섭의 대상이 될 수 없고, 실질적으로 기업구조조정의 실

시 자체를 반대하기 위한 노동조합의 쟁의행위는 그 목적의 정당성을 인정할 수 없다는 전제 하에, 단체협약상의 정리해고 사전 '합의' 조항을 '협의'의 취지로 해석하여 구조조정에 반대하는 쟁의행위의 정당성을 부정하였다(☞ 정리해고 사전 합의를 규정한 단체협약의 해석에 관해서는 제20강 2. 경영해고를 제한하는 단체협약의 효력, 심화학습 1. 참고).

> ※ 대법원 2002. 2. 26. 선고 99도5380 판결【특수공무집행방해·폭력행위등처벌에관한법률위반·업무방해·집회및시위에관한법률위반】
> - "정리해고나 사업조직의 통폐합 등 기업의 구조조정의 실시 여부는 경영주체에 의한 고도의 경영상 결단에 속하는 사항으로서 이는 원칙적으로 단체교섭의 대상이 될 수 없고, 그것이 긴박한 경영상의 필요나 합리적인 이유 없이 불순한 의도로 추진되는 등의 특별한 사정이 없는 한, 노동조합이 실질적으로 그 실시 자체를 반대하기 위하여 쟁의행위에 나아간다면, 비록 그 실시로 인하여 근로자들의 지위나 근로조건의 변경이 필연적으로 수반된다 하더라도 그 쟁의행위는 목적의 정당성을 인정할 수 없다. … (중략) … 사용자가 경영권의 본질에 속하여 단체교섭의 대상이 될 수 없는 사항에 관하여 노동조합과 '합의'하여 결정 혹은 시행하기로 하는 단체협약의 일부 조항이 있는 경우, 그 조항 하나만을 주목하여 쉽게 사용자의 경영권의 일부포기나 중대한 제한을 인정하여서는 아니되고, … (이하 생략) …"

2. 권리분쟁사항의 의무적 교섭사항 해당 여부

▷ '권리분쟁'(법률분쟁)은 기존의 법령·단체협약·취업규칙 등 규범의 해석·적용·이행에 관한 당사자 사이의 분쟁을 말하고, 단체협약의 체결·갱신을 둘러싸고 발생하는 '이익분쟁'(의사결정분쟁)과 구별된다. 예컨대, 노동조합이 부당노동행위의 철회나 단체협약의 이행 또는 체불임금의 청산 등을 요구하는 분쟁이 권리분쟁에 해당한다. 권리분쟁의 특징은 민사소송의 대상이 된다는 데 있다. 권리분쟁사항은 조합원을 위한 것이든, 노동조합을 위한 것이든, 원칙적으로 단체교섭의 대상에 포함되지 않으며 임의적 교섭사항이 될 뿐이라는 견해가 있다. 그러나 실제에 있어 권리분쟁과 이익분쟁의 구별이 용이하지 않거나 양자의 성격이 혼합되어 있다고 볼 수 있는 경우도 있을 수 있다(☞ 권리분쟁사항의 쟁의행위 대상성에 관해서는 제21강 2. 쟁의행위의 목적 (1), 심화학습 3. 참고).

2. 단체교섭 거부의 행정적 구제

◀ 판례분석 ▶

█제 목 : 조합대표자의 조합원·교섭위원 자격, 사용자측 내부사정, 조합해산을 이유로 한 사용자의 교섭거부의 정당성(N) [전쟁기념사업회사건]

█대상판결 : 대법원 1998. 5. 22. 선고 97누8076 판결【부당노동행위구제재심판정취소】
【원고, 상고인】 전쟁기념사업회
【피고, 피상고인】 중앙노동위원회 위원장
【원심판결】 서울고법 1997. 4. 25. 선고 96구31842 판결
【주 문】 상고를 기각한다. 상고비용은 원고의 부담으로 한다.

█사건의 개요 : 원고는 조합설립신고가 된 원고 노동조합(이하 '조합')의 교섭요구에 대해 조합대표자인 소외인(홍○표)의 조합원자격을 문제 삼아 불응하였고, 조합으로부터 교섭권한을 위임받은 상급 연합단체인 전국전문기술노동조합연맹(이하 '연맹')이 요구한 일련의 교섭요구에 대해 소외인의 교섭위원 무자격, 신임 사무총장의 업무파악 미완료, 조합의 자진 해산결의 등을 이유로 하여 계속하여 불응하였으며, 이에 조합은 노동위원회에 부당노동행위 등의 구제신청을 하였다.

█관련 법 규정(현행법 기준)
- 노조법 제81조(부당노동행위) 제1항 제3호 : 노동조합의 대표자 또는 <u>노동조합</u>
<u>으로부터 위임을 받은 자와의 단체협약체결 기타의 단체교섭을 정당한 이유없이</u>
<u>거부하거나 해태하는 행위</u>
- 노조법 제82조(구제신청) ① 사용자의 부당노동행위로 인하여 그 권리를 침해당한 근로자 또는 노동조합은 노동위원회에 그 구제를 신청할 수 있다.
- 노조법 제2조 제4호 단서 : 다만, 다음 각목의 1에 해당하는 경우에는 노동조합으로 보지 아니한다.
　　가. 사용자 또는 항상 그의 이익을 대표하여 행동하는 자의 참가를 허용하는
　　　　경우
- 노조법 제18조(임시총회등의 소집) ① 노동조합의 대표자는 필요하다고 인정

할 때에는 임시총회 또는 임시대의원회를 소집할 수 있다.

② 노동조합의 대표자는 조합원 또는 대의원의 3분의 1 이상(연합단체인 노동조합에 있어서는 그 구성단체의 3분의 1 이상)이 회의에 부의할 사항을 제시하고 회의의 소집을 요구한 때에는 지체없이 임시총회 또는 임시대의원회를 소집하여야 한다.

■ **판결의 성격** : 원심은 원고가 정당한 이유 없이 단체교섭을 거부 또는 해태하였기 때문에 이 사건 재심판정은 적법하다고 판결하였고, 대법원도 같은 취지로 원심의 판단이 옳다고 보아서 원고의 상고를 기각하였다.

■ **쟁 점**

- 원고가 관리직인 소외인(홍○표)의 조합원 및 교섭위원 자격(사용자 또는 사용자의 이익대표자 해당)을 문제 삼아서 조합과 연맹의 계속된 교섭요구에 응하지 않은 행위가 정당한 이유 있는 교섭거부인지 여부
- 원고가 신임 사무총장의 업무파악 미완료, 조합의 자진 해산결의 등을 이유로 연맹의 일련의 교섭요구에 응하지 않은 행위가 정당한 이유 있는 교섭거부인지 여부

■ **중요 사실관계**

- 조합의 조합장인 소외인(홍○표)은 학예부장의 차하위자인 3급직 학예담당관으로서 그 부하직원을 지휘하고 그 휘하의 6급 이하 직원에 대한 1차적 평가를 수행 ⇒ **노조법상 노동조합 결격사유인 사용자 또는 사용자이익대표자 해당 여부와 관련**
- 원고는 조합으로부터 교섭을 위임받은 연맹이 1996. 1. 31.에 같은 해 2. 5.로 일자를 지정하여 한 교섭요구에 대하여 신임 사무총장이 업무파악을 다하지 못하였다는 이유로 같은 달 말로 연기하자고 통보 ⇒ **교섭사항의 검토나 기타 교섭준비 등과 같이 단체교섭을 행하기 어려운 합리적이고 객관적 사유에 해당하는지와 관련**
- 1996. 2.말 무렵에 이르러서는 조합이 같은 달 23. 스스로 해산결의를 하였다는 이유로 다시 교섭에 불응(위 해산결의는 이미 그 전인 같은 해 2. 4. 조합을 탈퇴한 부조합장이던 소외 조○곤이 같은 달 17.자로 소집공고를 하여 개최한 같은 달 22.의 임시총회가 정족수 미달로 무산되고, 다음 날 오전으로 연기된 임시총회 역시 정족수가 미달되어, 같은 날 오후 원고의 총무부장 등의 조합원 참석독려 등 도움을 받아 근무시간 중에 개최된 임시총회에서 이루어졌고, 그 뒤 같은 달 27. ○○구청장에게 제출된 조합해산신고서는 같은 해 3. 5. 위 임시총회가 정당하게 소집되지 아니하였다는 사유로 반려됨) ⇒ **교섭거부의 이유로 삼은 임시총회 조합해산결의의 유효 여부 및 무효인 이유와 관련**

▌**기본법리**(판지)

1) 구 노동조합법 제39조(현행 제81조 제1항) 제3호가 정하는 부당노동행위는 사용자가 아무런 이유 없이 단체교섭을 거부 또는 해태하는 경우는 물론이고, <u>사용자가 단체교섭을 거부할 정당한 이유가 있다거나 단체교섭에 성실히 응하였다고 믿었더라도 객관적으로 정당한 이유가 없고 불성실한 단체교섭으로 판정되는 경우에도 성립한다고 할 것이고</u>, ⇒ **[교섭거부·해태 부당노동행위 성립의 객관적 판단]**

2) 한편 <u>정당한 이유인지의 여부는 노동조합측의 교섭권자, 노동조합측이 요구하는 교섭시간, 교섭장소, 교섭사항 및 그의 교섭태도 등을 종합하여 사회통념상 사용자에게 단체교섭의무의 이행을 기대하는 것이 어렵다고 인정되는지 여부에 따라 판단할 것이다.</u> ⇒ **[교섭거부·해태의 정당한 이유 여부에 관한 구체적 판단기준]**

▌**결론 및 이유** : 모두 객관적으로 정당한 이유가 없는 사유들을 내세워, 이 사건 조합의 최초 단체교섭 요구시부터 계속된 일련의 원고의 단체교섭거부 또는 지연행위는 법 제39조(현행 제81조 제1항) 제3호에 정한 부당노동행위에 해당한다.

- 이 사건 조합의 조합장인 소외인(홍○표)은 그 부하직원을 지휘하고 그 휘하의 6급 이하 직원에 대한 1차적 평가를 하지만, 부장이 2차 평정권자로서 그 평정의 권한 및 책임은 궁극적으로 부장에게 귀속되고, 부하직원의 지휘도 부장을 보조하는데 지나지 아니하며, 인사, 급여, 후생, 노무관리 등 근로조건의 결정에 관한 권한과 책임을 원고로부터 위임받은 사실이 없다면, 위 소외인은 법 제3조(현행 제2조 제4호) 단서 제1호에 정한 <u>사용자 또는 항상 그의 이익을 대표하여 행동하는 자에 해당하지 아니하므로, 원고가 위 소외인은 노동조합원이 될 수 있는 자격이 없다는 이유로 이 사건 조합의 단체교섭요구에 응하지 아니한 것은 정당하다고 볼 수 없음.</u>

- 원고 <u>사무총장의 업무파악이 끝나지 않았다는 사유는 원고의 내부 사정에 불과한 것으로 사회통념상 단체교섭을 행하기 어려운 사유라고 할 수 없고, 조합해산결의는 정당한 소집권한이 없는 자에 의하여 소집된 임시총회에서의 결의로서 무효라고 할 것이므로 조합이 해산되었다는 이유로 원고가 단체교섭에 불응한 것도 역시 정당하다고 볼 수 없음.</u>

▌**판결의 의의와 한계**

1) 사용자의 교섭거부·해태 행위에 대해서는 노동위원회의 행정적 구제, 손해배상·가처분과 같은 법원의 사법적 구제(☞ 제18강 3. 단체교섭 거부와 손해배상 참고), 형사처

벌 등으로 그 책임을 물을 수 있는데, 대상판결은 행정적 구제에 관한 사례이다.

2) 대상판결은 i) 교섭 거부·해태의 부당노동행위 성립과 관련하여 '정당한 이유' 및 '성실교섭' 여부는 사용자의 주관적 해석·믿음에 좌우되는 것이 아니라 객관적으로 판단해야 함을 분명히 한 점(사용자의 오신에 따른 위험부담은 본인에게 귀착), ii) '정당한 이유'(사회통념상 사용자 교섭의무이행 기대곤란성) 여부의 판단에서 고려되어야 할 구체적인 제반의 요소를 제시한 점, iii) 나아가 부하직원을 지휘하고 평가하는 자라 할지라도 그러한 업무가 사용자를 보조하기 위한 것에 불과하고 근로조건의 결정에 관한 권한과 책임을 사업주로부터 위임받은 사실이 없다면 사용자 또는 사용자의 이익대표자에 해당하지 않기 때문에 위와 같은 자의 조합원자격 없음을 이유로 한 사용자의 교섭거부는 정당하지 않음을 밝힌 점에서 의의가 있다(☞ 사업주를 위하여 행동하는 자 및 사용자이익대표자의 의미와 판단기준에 관해서는 제15강 4. 사용자 또는 사용자이익대표자의 참여 배제 참고).

3) 한편, 대상판결에서는 원고의 대표자가 종무식상에서 전체 직원을 상대로 노동조합을 부인하는 취지의 발언을 한 것이 지배개입의 부당노동행위에 해당하는지 여부가 또한 쟁점으로 되고 있다(☞ 이에 관해서는 제25강 4. 지배개입, 심화학습 2. 사용자의 언론의 자유와 부당노동행위의 관계 참고).

◀ Q 풀이 ▶

Q 1. 대상판결에서 사용자가 교섭 거부 등의 이유로 제시한 것은 무엇이고, 그 이유는 왜 정당하지 않다고 판단되었나?

[A] 1) 노동조합측 교섭담당자 관련 교섭거부 이유는 소외인(홍○표)이 조합원이 될 수 있는 자격이 없다는 것이고, 이에 대해 소외인은 노조법상의 사용자 또는 항상 그의 이익을 대표하여 행동하는 자에 해당하지 않는다고 판단되었다.

2) 교섭준비 관련 교섭거부 이유는 신임 사무총장이 업무파악을 다하지 못했다는 것이고, 이에 대해 그러한 이유는 사측의 내부 사정에 불과한 것으로서 사회통념상 단체교섭을 행하기 어려운 사유로 볼 수 없다고 판단되었다.

3) 교섭당사자 관련 교섭거부 이유는 조합이 스스로 해산결의를 하였다는 것이고, 이에 대해 조합해산결의는 정당한 소집권한이 없는 자에 의하여 소집된 임시총회에서의 결의로서 무효라고 판단되었다.

Q 2. 대상판결에서 조합해산결의가 무효라고 본 이유는?

[A] 노조법 제18조에 의하면 임시총회의 소집권자는 노동조합의 대표자이고, 다만 그 예외는 행정관청에 의해 지명된 자인데, 이 사건 임시총회는 두 가지 어디에도 해당되지 않으며, 이미 조합을 탈퇴한 자에 의해 소집된 것이었기 때문이다.

Q 3. 교섭의 거부·해태에 대한 노동위원회의 구제명령을 사용자가 이행하지 않는 경우 노조법상 어떤 제재가 가해질 수 있나?

[A] 1) 확정된 구제명령의 불이행 : 벌칙이 적용된다(노조법 제89조 제2호).
2) 미확정 구제명령에 대한 긴급이행명령의 불이행 : 사용자가 제기한 재심판정 취소행정소송에서 관할 법원이 명한 긴급이행명령(노조법 제85조 제5항)을 위반하면 과태료가 적용된다(노조법 제95조).

3. 단체교섭 거부와 손해배상

◀ 판례분석 ▶

∎제 목 : 교섭거부의 민법상 불법행위 해당성(Y) [신선대사건]

∎대상판결 : 대법원 2006. 10. 26. 선고 2004다11070 판결【손해배상(기)등】
【원고, 상고인】전국운송하역노동조합
【피고, 피상고인】주식회사 신선대컨테이너터미날
【원심판결】부산고법 2004. 1. 14. 선고 2003나8886 판결
【주 문】원심판결을 파기하고, 사건을 부산고등법원으로 환송한다.

∎사건의 개요 : 피고 회사 소속의 근로자들이 소외 부산항운노조(지역·직종별 단위노조)를 탈퇴하여 원고 조합(전국 규모의 직종별 단위노조)에 가입하였고, 원고 조합의 계속된 교섭요구와 법원의 교섭거부금지가처분 인용결정에도 불구하고 피고 회사는 복수노조, 교섭창구단일화 등을 이유로 교섭에 응하지 않았으며(이에 대응

한 원고 조합의 2개월여 파업 실시, 파업 종료 후 피고 회사 소속 조합원의 탈퇴 등의 결과발생), 원고조합은 피고 회사를 상대로 교섭거부의 불법행위에 따른 손해배상(위자료) 청구의 소를 제기하였다.

▌관련 법 규정(현행법 기준)
- 노조법 제30조(교섭등의 원칙) ① 노동조합과 사용자 또는 사용자단체는 신의에 따라 성실히 교섭하고 단체협약을 체결하여야 하며 그 권한을 남용하여서는 아니 된다.
② 노동조합과 사용자 또는 사용자단체는 정당한 이유 없이 교섭 또는 단체협약의 체결을 거부하거나 해태하여서는 아니 된다.
- 민법 제750조(불법행위의 내용) 고의 또는 과실로 인한 위법행위로 타인에게 손해를 가한 자는 그 손해를 배상할 책임이 있다.
- 민사집행법 제300조(가처분의 목적) ② 가처분은 다툼이 있는 권리관계에 대하여 임시의 지위를 정하기 위하여도 할 수 있다. 이 경우 가처분은 특히 계속하는 권리관계에 끼칠 현저한 손해를 피하거나 급박한 위험을 막기 위하여, 또는 그 밖의 필요한 이유가 있을 경우에 하여야 한다.

▌판결의 성격 : 원심은 피고의 단체교섭 거부행위가 불법행위를 구성하지 않는다고 판단하였으나, 대법원은 가처분결정 이후의 교섭거부행위는 불법행위를 구성한다고 보아서 원심판결을 파기환송하였다.

▌쟁 점
- 복수노조에 해당 등을 이유로 한 사용자의 교섭거부행위가 정당한 이유가 없는 경우에 그러한 행위가 바로 민법상의 불법행위를 구성하는지 여부
- 법원의 교섭거부금지가처분 결정을 위반한 사용자의 교섭거부행위는 민법상의 불법행위에 해당하는지 여부

▌중요 사실관계
- 원고는 피고 회사 소속 근로자들이 소외 부산항운노조(동 노조는 피고 회사에 연락소를 설치·운영)를 탈퇴하여 원고 조합에 가입하자 피고 회사에 지부설치를 통보한 후 1999. 12. 13.부터 2000. 1. 7.경까지 수차례에 걸쳐 피고에게 교섭에 응할 것을 **요구 ⇒ 원고 조합이 금지되는 복수노조에 해당하는지 여부와 관련**

- 피고는 1999. 12. 29. 노동부의 질의회시(원고는 금지되는 복수노조에 해당)에 근거하여 원고와의 교섭을 거부 ⇒ **교섭거부의 정당한 이유 및 불법행위 해당 여부와 관련**
- 피고를 상대로 한 원고의 교섭거부금지가처분 신청에 대해 부산지법은 2000. 2. 11. 원고는 설립이 금지된 복수노동조합에 해당하지 않으므로 피고는 구 노조법 부칙상의 단체교섭창구단일화 조항을 근거로 원고와의 교섭을 거부하여서는 아니된다는 취지의 가처분결정을 하였으나 피고는 이러한 가처분결정에 위반하여 원고와의 단체교섭을 거부 ⇒ **교섭권 침해의 불법행위를 구성하는 교섭거부 해당 여부와 관련**

▌기본법리(판지)
1) 사용자가 노동조합과의 단체교섭을 정당한 이유 없이 거부하였다고 하여 그 단체교섭 거부행위가 바로 위법한 행위로 평가되어 불법행위의 요건을 충족하게 되는 것은 아니지만, 그 <u>단체교섭 거부행위가</u> 그 원인과 목적, 그 과정과 행위태양, 그로 인한 결과 등에 비추어 <u>건전한 사회통념이나 사회상규상 용인될 수 없는 정도에 이른 것으로 인정되는 경우에는</u> 그 단체교섭 거부행위는 부당노동행위로서 단체교섭권을 침해하는 위법한 행위로 평가되어 불법행위의 요건을 충족하게 되는바, ⇒ **[교섭거부행위의 불법행위 구성 판단기준]**
2) 사용자가 노동조합과의 단체교섭을 정당한 이유 없이 거부하다가 <u>법원으로부터 노동조합과의 단체교섭을 거부하여서는 아니 된다는 취지의 집행력 있는 판결이나 가처분결정을 받고서도 이를 위반하여 노동조합과의 단체교섭을 거부하였다면</u>, 그 단체교섭 거부행위는 건전한 사회통념이나 사회상규상 용인될 수 없는 정도에 이른 행위로서 헌법이 보장하고 있는 노동조합의 <u>단체교섭권을 침해하는 위법한 행위</u>라고 할 것이므로, 그 단체교섭 거부행위는 노동조합에 대하여 <u>불법행위를 구성</u>한다. ⇒ **[교섭거부금지가처분결정 위반의 교섭거부(불법행위 구성)]**

▌결론 및 이유 : 피고가 가처분결정 이후에 원고와의 단체교섭을 거부한 행위는 원고에 대한 불법행위를 구성한다.
- 원고는 구 노조법 부칙 제5조 제1항에 의하여 설립이 금지된 복수노동조합에 해당하지 않아서 피고에 대하여 단체교섭권을 가지고 있었던 것으로 보임.
- 가처분결정에서 원고가 설립이 금지된 복수노동조합에 해당하지 않으므로 피고가 이를 이유로 원고와의 단체교섭을 거부할 수 없다는 취지로 판단되어 있음.
- 피고가 가처분결정에 대하여 집행정지신청을 하여 법원으로부터 집행정지결

정을 받지 않았음.

▌판결의 의의와 한계

1) 사용자가 정당한 이유 없이 교섭에 응하지 않는 경우 노동조합은 법원을 통해서 그 구제를 받을 수 있다. 즉 민사집행법상 임시의 지위를 정하는 가처분으로서 교섭응낙(내지 교섭거부금지) 가처분을 신청하거나 민사 본안소송으로서 교섭지위확인이나 교섭의무이행청구 또는 손해배상청구(교섭의무 위반에 따른 채무불이행 또는 고의·과실에 의한 불법행위를 이유로 하는 손해배상청구)의 소를 제기할 수 있고, 경우에 따라서는 간접강제에 의한 강제집행도 가능하다.

2) 대상판결은 교섭거부의 부당노동행위에 대해 불법행위책임(위자료지급)을 인정한 최초의 대법원 판결이라는 점에서 의의가 있다. 대상판결은 정당한 이유가 없는 교섭거부행위가 곧바로 민법상의 불법행위를 구성하는 것은 아니고, 불법행위의 요건(위법성, 책임성 등)이 충족되어야 함을 분명히 하고 있다. 이와 관련하여 대상판결에서는 가처분결정 이전의 교섭거부행위가 불법행위를 구성하지 않는 반면에 가처분결정 이후의 교섭거부행위는 불법행위를 구성한다고 판단하였고, 이러한 점에서 대상판결은 부당노동행위이론과 구별되는 불법행위이론을 이해하는데 유익한 사례라고 평할 수 있다.

◀ Q 풀이 ▶

Q 1. 대상판결에 의하면 어떤 요건 하에서 사용자의 단체교섭 거부행위가 부당노동행위의 성립 외에 별개의 불법행위를 구성하는가?

[A] 교섭거부행위가 부당노동행위로서 단체교섭권을 침해하는 위법한 행위로 평가되어야 불법행위를 구성한다. 교섭거부행위가 제반 사정에 비추어 건전한 사회통념이나 사회상규상 용인될 수 없는 정도에 이른 것으로 인정되는 경우에는 위와 같은 위법행위로 평가된다.

Q 2. 대상판결에서 가처분결정 이전의 교섭거부행위와 그 이후의 교섭거부행위를 구분하여 후자에 대해서만 불법행위의 성립을 인정한 이유는?

[A] 1) 가처분결정 이전의 교섭거부행위 : 비록 정당한 이유가 있는 행위로 볼 수는 없으나, 건전한 사회통념이나 사회상규상 용인될 수 없는 정도에 이른 위

법한 행위로서 원고에 대하여 불법행위를 구성한다고 볼 수는 없다고 판시하고 있다. 이 사건에서 노동부의 회신(원고 조합은 설립 금지된 복수노조에 해당), 복수노조 해당 여부에 관한 학설·판례 등에서의 견해 대립, 가처분결정에 대한 사용자의 이의신청 등의 사정은 교섭거부를 (객관적으로) 정당화하는 이유에 해당하지는 않지만, 그러한 사정에 비추어 볼 때 사용자의 교섭거부행위가 교섭권을 침해하는 불법행위에 해당하지 않는 것으로 판단되었다.

2) 가처분결정 이후의 교섭거부행위 : 가처분결정 이후에 그 결정에 위반하여 단체교섭을 거부한 행위는 정당한 이유 없이 단체교섭을 거부한 행위에 해당할 뿐 아니라 건전한 사회통념이나 사회상규상 용인될 수 없는 정도에 이른 행위로서 단체교섭권을 침해한 위법한 행위에 해당한다고 판시하고 있다. 즉 교섭을 거부하여서는 아니 된다는 가처분결정을 위반한 교섭거부행위는 교섭권을 침해하는 불법행위를 구성하는 것으로 판단되었다.

제19강 단체협약 (1)

1. 단체협약의 성립

◀ 판례분석 ▶

▌**제 목** : 협약체결권이 없는 자와의 합의 내지 당사자 일방의 서명·날인이 없는 서면의 단체협약으로서의 유효성(N) [기아차사건]

▌**대상판결** : 대법원 2001. 1. 19. 선고 99다72422 판결【손해배상(기)】
【원고,상고인겸피상고인】 허○구
【피고,피상고인겸상고인】 정리회사 기아자동차 주식회사의 관리인 김○중
【원심판결】 서울고법 1999. 11. 24. 선고 99나32624 판결
【주문】 원심판결 중 피고 패소 부분을 파기하고, 이 부분 사건을 서울고등법원에 환송한다. 원고의 상고를 기각한다.

▌**사건의 개요** : 부도위기를 맞아 피고 회사와 소외 노조는 1997. 7. 29. 상여금 등의 반납에 관한 노사공동결의(A합의)를 하였고, 같은 달 31. 소외 노조는 이러한 반납의 무효화 조건(제3자의 인수 또는 최고경영진의 변경)을 기재한 자구계획동의서(B동의서)를 제출했으며, 회사정리절차개시결정이 있은 후인 1998. 6. 17. 소외 노조와 피고 회사의 대표이사 사이에 소정 기간의 상여금 처리(근로자 개인의 서명을 받아 상여금 50%를 회사재건기금으로 사용 등)에 관한 별도의 약정(C합의)이 이루어진 상황에서 피고 회사를 퇴직한 원고가 지급되지 않은 상여금 등의 지급을 구하는 소를 제기하였다.

▌**관련 법 규정**(현행법 기준)
- 노조법 제31조(단체협약의 작성) ① 단체협약은 서면으로 작성하여 당사자 쌍

방이 서명 또는 날인하여야 한다.

> ※ **채무자 회생 및 파산에 관한 법률 제56조**(회생절차개시 후의 업무와 재산의 관리) ① 회생절차개시결정이 있는 때에는 채무자의 업무의 수행과 재산의 관리 및 처분을 하는 권한은 관리인에게 전속한다.
> ② 개인인 채무자 또는 개인이 아닌 채무자의 이사는 제1항에 규정에 의한 관리인의 권한을 침해하거나 부당하게 그 행사에 관여할 수 없다.

▋**판결의 성격** : 원심은 B동의서상의 무효화 조건의 성취에 따른 A합의의 효력 상실 및 원고의 동의 부재에 따른 상여금 50%의 청구 가능을 인정하였으나, 대법원은 B동의서와 C합의가 유효한 단체협약이 아니라고 판단하여 피고 패소 부분의 원심판결을 파기환송하였다.

> ※ **원심의 판단** : 회사정리절차개시로 인하여 상여금 등 약정 당시의 피고 회사 최고경영진이 변경되었으므로 휴가비 및 상여금채권의 포기 약정은 효력을 상실하였고 원고가 소정기간 동안의 상여금 중 50%를 회사재건기금으로 사용하는 것에 대하여 동의하지 않았으므로, 원고는 피고 회사에 대하여 위 기간 동안의 상여금 중 50%의 지급을 청구할 수 있으나, 나머지 50%는 회사정리절차에 따라서만 지급받을 수 있을 뿐 이 사건 소로써 그 지급을 구할 수는 없다.

▋**쟁 점**
- A합의의 무효조건이 기재된 B동의서를 유효한 단체협약으로 볼 수 있는지 여부
- 회사정리절차(현행법상 회생절차) 개시결정 이후 피고 회사의 대표이사는 단체협약을 체결할 정당한 권한을 갖는지 여부

▋**중요 사실관계**
- 1997. 7. 29. 노사공동결의문(A합의) 관련 : 피고 회사가 사실상 부도상태에 빠지게 되자, 소외 노조가 대의원 대회를 열어 상여금, 휴가비, 월차수당 등을 반납하기로 결의한 후 같은 해 7. 23. 그 사실을 피고 회사에게 서면으로 통지하고, 피고 회사 대표이사와 소외 노조 위원장은 같은 달 29일 그 내용을 포함한 노사공동결의문을 채택하여 대표이사와 위원장이 서명 ⇒ **상여금 등의 반납에 관한 단체협약의 체결·성립 여부와 관련**
- 1997. 7. 31. 소외 노조의 자구계획 동의서(B동의서) 관련 : 피고 회사를 제3자가 인수하거나 당시의 피고 회사 최고경영진이 변경되는 경우에는 상여금 반납

등 자구계획에 대한 동의를 무효로 한다고 기재(소외 노조 위원장만의 기명날인) ⇒ **이러한 내용을 전제조건으로 하여 위의 A합의가 성립된 것으로 볼 수 있는지와 관련**

- 1998. 6. 17. 약정(C합의) 관련 : 1998. 4. 15. 서울지방법원의 회사정리절차개시 결정이 있은 후에 소외 노조와 피고 회사 대표이사는 1997. 7.부터 1998. 3. 31.까지의 상여금 중 50%는 근로자 개개인의 서명을 받아 회사재건기금으로 사용하고, 나머지 50%는 회사측이 정리계획안에 반영하여 지급하도록 노력하기로 약정 ⇒ **피고 회사의 대표이사가 이러한 약정을 할 수 있는 정당한 권한을 갖고 있는지 여부와 관련**

■ **기본법리**(판지)

1) 노동조합과 사이에 체결한 단체협약이 유효하게 성립하려면 <u>단체협약을 체결할 능력이 있는 사용자가 그 상대방 당사자로서 체결</u>하여야 하고 나아가 <u>서면으로 작성하여 당사자 쌍방이 서명날인</u>함으로써 노동조합 및 노동관계조정법 제31조 제1항 소정의 방식을 갖추어야 하고 이러한 요건을 갖추지 못한 단체협약은 조합원 등에 대하여 그 규범적 효력이 미치지 아니한다. ⇒ **[단체협약의 성립요건과 그 요건 결여의 효력]**

2) <u>회사정리개시결정이 있는 경우</u> 회사정리법 제53조(현행 채무자 회생 및 파산에 관한 법률 제56조) 제1항에 따라 회사사업의 경영과 재산의 관리 및 처분을 하는 권한이 관리인에게 전속되므로 <u>정리회사의 대표이사가 아니라 관리인이 근로관계상 사용자의 지위</u>에 있게 되고 따라서 단체협약의 사용자측 체결권자는 대표이사가 아니라 관리인이다. ⇒ **[회생절차개시결정 이후의 사용자측 단체협약 체결권자]**

■ **결론 및 이유** : 원심이 무효화 조항(B동의서)이 단체협약의 내용에 포함되고 1998. 6. 17.자 약정(C합의)의 효력이 원고에게 직접 미친다고 판단한 것은 채증 법칙을 위배하거나 단체협약의 성립요건 및 효력에 관한 법리를 오해하여 판결 결과에 영향을 미친 위법이 있다 할 것이다.

- A합의 관련 : 피고 회사와 소외 조합 사이에 상여금 등을 반납하는 내용의 합의가 이루어졌고 피고 회사 대표이사와 소외 조합 위원장이 1997. 7. 23.자 소외 노조의 통보내용을 확인하는 의미에서 같은 달 29일자 결의문에 서명함으로써 당사자 간의 위 합의를 문서화하였다 할 것이므로 <u>상여금 등 반납에 관한 단체 협약은 같은 달 29일에 최종적으로 이루어진 것</u>으로 보아야 할 것.

- B동의서 관련 : 1997. 7. 31. 작성된 자구계획에 대한 동의서에 피고 회사를 제3자가 인수하거나 당시의 피고 회사 최고경영진이 변경되는 경우에는 상여금반

납 등 자구계획에 대한 동의를 무효로 한다고 기재되어 있으나, 위 문서에는 소외 노조 위원장의 기명날인만 있고 피고 회사 대표이사의 기명날인 등이 되어 있지 아니한데다가, 기록상 피고 회사가 다른 문서로라도 위 무효화 조항을 확인하였다는 점에 관한 자료도 없고, 오히려 위 문서는 소외 노조가 피고 회사의 채권단에게 피고 회사의 자구계획에 동의한다는 의사를 표시하기 위하여 피고 회사를 통하여 제출한 것임을 알 수 있으므로 위 무효화 조항이 단체협약의 내용으로 포함되었다고 보기는 어렵다 할 것.

- C합의 관련 : 회사정리개시결정이 있는 경우 단체협약의 사용자측 체결권자는 대표이사가 아니라 관리인이므로, 피고 회사에 대한 회사정리절차가 진행중 소외 노조와 피고 회사 대표이사 사이에 이루어진 1998. 6. 17.자 약정은 단체협약에 해당하지 아니하며, 위 약정의 효력이 원고에게 미칠 수 없다 할 것.

▌ 판결의 의의와 한계

1) 대상판결은 단체협약이 노조법 제31조 제1항이 규정하고 있는 형식적 요건(서면작성+당사자 쌍방의 서명 또는 날인)을 갖추지 않은 경우 효력(규범적 효력)이 없음을 분명히 한 사례이다. 또한 후속 판결에서 대법원은 위 조항이 강행규정이라고 판시하였다(대법원 2001. 5. 29. 선고 2001다15422,15439 판결). 이러한 판례의 입장에 따르면 단체교섭 당사자 사이에 내용의 진정성이 있는 실질적인 합의가 있었더라도 노조법 소정의 형식적 요건을 결한 경우에는 무효이다.

> ※ 대법원 2001. 5. 29. 선고 2001다15422,15439 판결 【임금·손해배상(기)】
> - "노동조합 및 노동관계조정법 제31조 제1항이 단체협약은 서면으로 작성하여 당사자 쌍방이 서명날인 하여야 한다고 규정하고 있는 취지는 단체협약의 내용을 명확히 함으로써 장래 그 내용을 둘러싼 분쟁을 방지하고 아울러 체결당사자 및 그의 최종적 의사를 확인함으로써 단체협약의 진정성을 확보하기 위한 것이므로(대법원 1995. 3. 10.자 94마605 결정 참조), 그 방식을 갖추지 아니하는 경우 단체협약은 효력을 가질 수 없다고 할 것인바(대법원 2001. 1. 19. 선고 99다72422 판결 참조), 강행규정인 위 규정에 위반된 단체협약의 무효를 주장하는 것이 신의칙에 위배되는 권리의 행사라는 이유로 이를 배척한다면 위와 같은 입법 취지를 완전히 몰각시키는 결과가 될 것이므로 특별한 사정이 없는 한 그러한 주장이 신의칙에 위반된다고 볼 수 없다고 보아야 할 것이다(대법원 2000. 6. 23. 선고 2000다12761, 12778 판결 참조)."

2) 구 회사정리법상의 회사정리개시결정(현행 '채무자 회생 및 파산에 관한 법률'상의

회생절차개시결정)이 있게 되면 관리인이 사용자의 지위를 갖기 때문에 단체협약을 체결할 권한은 회사의 대표이사가 아닌 관리인에게 있다. 대상판결은 협약체결권한이 있는 사용자에 의한 체결을 단체협약의 성립요건으로 제시하면서 이 사건 피고 회사의 대표이사가 관리인으로부터 아무런 위임을 받지 않은 상황에서 노동조합과 행한 상여금 관련 약정(C합의)은 단체협약으로서의 효력을 갖지 않는다는 점을 밝힌 사례이다.

◀ Q 풀이 ▶

Q 1. 대상판결에서 원고의 청구가 받아들여지지 않은 이유는?

[A] 상여금 등을 반납하는 A합의는 협약 당사자 사이의 합의를 문서화한 것으로 단체협약으로서의 효력이 인정되었고, B동의서는 노조위원장만 기명날인했으므로 단체협약으로서의 효력이 부정되었으며, C합의는 사용자측 협약체결권자인 관리인이 체결한 것이 아니어서 단체협약으로서의 효력이 부정되었기 때문이다.

Q 2. 단체협약이 정식의 단체교섭절차가 아닌 노사협의회의 협의를 거쳐 성립되었다고 하더라도 단체협약으로서의 효력이 인정되는가? (대법원 2005. 3. 11. 선고 2003다 27429 판결 참고).

[A] 노사의 합의가 정식의 단체교섭 절차가 아닌 노사협의회 협의를 거쳐 성립되었다고 하더라도 단체협약의 실질적 요건(협약 당사자 쌍방의 합의)과 형식적 요건(서면작성 및 당사자 쌍방 대표자의 서명날인)을 충족한 것이라면 단체협약으로서의 효력이 인정된다.

> ※ 대법원 2005. 3. 11. 선고 2003다27429 판결 【퇴직금】
> - "단체협약은 노동조합이 사용자 또는 사용자단체와 근로조건 기타 노사관계에서 발생하는 사항에 관한 협정(합의)을 문서로 작성하여 당사자 쌍방이 서명날인함으로써 성립하는 것이고, 그 협정(합의)이 반드시 정식의 단체교섭절차를 거쳐서 이루어져야만 하는 것은 아니라고 할 것이다. 따라서 노동조합과 사용자 사이에 근로조건 기타 노사관계에 관한 합의가 노사협의회의 협의를 거쳐서 성립되었더라도, 당사자 쌍방이 이를 단체협약으로 할 의사로 문서로 작성하여 당사자 쌍방의 대표자가 각 노동조합과 사용자를 대표하여 서명날인하는 등으로 단체협약의 실질적·형식적 요건을 갖추었다면 이는 단체협약이라고 보아야 할 것이다."

2. 단체협약의 해석

◀ 판례분석 ▶

▌**제 목** : 단체협약상의 부당해고 가산보상금(평균임금의 100%) 규정의 해석 [현대미포조선(협약)사건]

▌**대상판결** : 대법원 2011. 10. 13. 선고 2009다102452 판결 【임금등】
【원고, 상고인】원고
【피고, 피상고인】주식회사 현대미포조선
【원심판결】부산고법 2009. 11. 18. 선고 2009나1313 판결
【주 문】원심판결 중 가산보상금 청구에 관한 원고 패소 부분을 파기하고, 이 부분 사건을 부산고등법원에 환송한다. 나머지 상고를 기각한다.

▌**사건의 개요** : 피고는 상사의 명령 불복종, 하극상 및 피고의 명예훼손 등의 사유로 1997. 4. 26. 원고를 징계해고하였고, 이를 다투는 원고의 소송에서 관할 지방법원은 피고의 원고에 대한 해고처분이 무효임을 확인함과 아울러 피고는 원고에게 미지급 임금 상당액을 지급하라고 판결하였고, 이 판결은 대법원을 거쳐 확정되었다. 피고는 해고기간 8년 3월 12일 후인 2005. 8. 9. 원고를 피고에 복직시키고, 2005. 8. 30. 확정판결에 따라 원고에게 미지급 임금 상당액을 지급하였다. 그러나 원고는 부당해고 판명 시 지급토록 되어 있는 단체협약상의 가산보상금 등을 청구하는 이 사건 소를 제기하였다.

▌**관련 법 규정**(현행법 기준)
- 노조법 제2조 제4호 : "노동조합"이라 함은 근로자가 주체가 되어 자주적으로 단결하여 근로조건의 유지·개선 기타 근로자의 경제적·사회적 지위의 향상을 도모함을 목적으로 조직하는 단체 또는 그 연합단체를 말한다.
- 민법 제105조(임의규정) 법률행위의 당사자가 법령중의 선량한 풍속 기타 사회질서에 관계없는 규정과 다른 의사를 표시한 때에는 그 의사에 의한다.

▌**판결의 성격** : 원심은 원고의 가산보상금 청구 부분에 대해 미지급 임금 지급

시 가산되는 단체협약 규정의 '평균임금의 100%'는 단지 1개월분의 평균임금만을 의미한다고 판단하였으나, 대법원은 위 '평균임금의 100%'는 해고 당시부터 원직복직에 이르기까지의 전 기간에 걸친 미지급 임금을 의미한다고 보아서 원심판결을 파기환송하였다.

▌쟁 점
- 단체협약 해석의 원칙 및 이에 따른 이 사건 단체협약상의 가산보상금의 범위

▌중요 사실관계
- 이 사건 단체협약 제46조(부당징계)의 내용("징계처분을 받은 조합원이 노동위원회 또는 법원에 의해 부당징계로 판명되었을 시 회사는 즉시 다음의 조치를 취하여야 한다. 1. 판정서 혹은 결정서 접수 당일로 징계무효처분과 출근조치, 2. 임금 미지급분에 대해서는 출근시 당연히 받아야 할 임금은 물론 평균임금의 100%를 가산 지급한다. 단, 부당징계로 판명될 때까지 본인이 부담한 관련 실제비용은 회사가 추가 지급한다") ⇒ **단체협약상의 가산보상금 '평균임금의 100%'의 해석과 관련**

▌기본법리(판지)
1) 처분문서는 그 진정성립이 인정되면 특별한 사정이 없는 한 그 처분문서에 기재되어 있는 문언의 내용에 따라 당사자의 의사표시가 있었던 것으로 객관적으로 해석하여야 하나, 당사자 사이에 계약의 해석을 둘러싸고 이견이 있어 처분문서에 나타난 당사자의 의사해석이 문제되는 경우에는 문언의 내용, 그와 같은 약정이 이루어진 동기와 경위, 약정에 의하여 달성하려는 목적, 당사자의 진정한 의사 등을 종합적으로 고찰하여 논리와 경험칙에 따라 합리적으로 해석하여야 한다. ⇒ **[처분문서의 일반적 해석 원칙]**
2) 한편 단체협약과 같은 처분문서를 해석함에 있어서는, 단체협약이 근로자의 근로조건을 유지·개선하고 복지를 증진하여 그 경제적·사회적 지위를 향상시킬 목적으로 근로자의 자주적 단체인 노동조합과 사용자 사이에 단체교섭을 통하여 이루어지는 것이므로, 그 명문의 규정을 근로자에게 불리하게 변형 해석할 수 없다(대법원 2007. 5. 10. 선고 2005다72249 판결 참조). ⇒ **[단체협약의 해석 원칙(단체협약의 목적·특성상 근로자에게 불리한 변형해석 금지)]**

▌결론 및 이유 : 이 사건 단체협약 제46조 제2호 본문의 '평균임금의 100%'를

단지 1개월분의 평균임금만을 의미한다고 판단하여 원고의 가산보상금 청구를 기각한 원심의 조치에는 이 사건 단체협약 규정의 해석에 관한 법리를 오해하여 판결에 영향을 미친 위법이 있다.

- 피고와 그 노동조합 사이에 체결된 이 사건 단체협약 제46조 제2호 본문은 "임금 미지급분에 대해서는 출근 시 당연히 받아야 할 임금은 물론 평균임금의 100%를 가산 지급한다"고 규정하고 있는데, 위 가산보상금 규정의 내용과 형식, 그 도입 경위와 개정 과정, 위 규정에 의하여 피고의 노·사 양측이 달성하려는 목적, 특히 위 가산보상금 규정이 피고의 부당징계를 억제함과 아울러 징계가 부당하다고 판명되었을 때 근로자를 신속히 원직 복귀시키도록 간접적으로 강제하기 위한 것인 점 등에 비추어 보면,

- 미지급 임금 지급 시 가산 지급되는 위 '평균임금의 100%'는 근로자가 위와 같은 부당해고 등 부당징계로 인하여 해고 등 당시부터 원직복직에 이르기까지의 전 기간에 걸쳐 지급받지 못한 임금을 의미한다고 보아야 할 것(대법원 2007. 5. 10. 선고 2005다72249 판결 참조).

▌판결의 의의와 한계

1) 단체협약은 노동조합과 사용자가 단체교섭(때로는 쟁의행위)을 통해 합의한 산물이다. 단체협약의 해석을 둘러싼 분쟁이 발생한 경우 단체협약에 기재된 문언의 의미를 어떤 원칙 하에서 해석할 것인지가 문제된다. 이에 대한 기존 판례의 입장은 대상판결에서 인용되고 있듯이 처분문서의 일반적 해석 원칙에 따라 해석하되 통상적인 처분문서와는 다른 단체협약의 목적과 특성을 고려하여 그 명문의 규정을 근로자에게 불리하게 해석하여서는 아니 된다는 것이다.

2) 대상판결은 단체협약의 해석에 관한 기존 판례의 입장을 재확인하면서 단체협약 명문의 규정을 근로자에게 불리하게 변형 해석하지 말 것을 재차 강조한 사례라는 점에서 의의가 있다. 또한 대상판결은 부당해고 시에 지급되는 단체협약상의 가산보상금 규정의 취지를 근로자의 신속한 원직복직의 간접강제에 있다고 보면서 이 사건 단체협약에 규정된 '평균임금 100%'의 의미를 해고기간 전체에 걸쳐 지급받지 못한 임금으로 해석하여 이와 달리 본 원심판결을 파기한 사례라는 점에서 의미가 있다.

▌기타 해설

1) 단체협약서와 같은 처분문서는 특별한 사정이 없는 한 그 기재 내용에 의하

여 그 문서에 표시된 의사표시의 존재 및 내용을 인정하여야 하고(대법원 2014. 2. 13. 선고 2011다86287 판결), 다만 단체협약 문언의 객관적인 의미가 명확하게 드러나지 않고 문언 해석을 둘러싼 이견이 있는 경우에는 해당 문언 내용, 단체협약이 체결된 동기 및 경위, 노동조합과 사용자가 단체협약에 의하여 달성하려는 목적과 그 진정한 의사 등을 종합적으로 고려하여, 논리와 경험의 법칙에 따라 합리적으로 해석하여야 한다(대법원 2022. 3. 11. 선고 2021두31832 판결).

2) 단체협약의 해석이 문제된 사례들을 보면, i) 피고 회사가 노동조합과 체결한 단체협약에서 '지급기준일 현재 재직 중인 근로자에 한하여 하기휴가비를 지급하되, 지급기준일 현재 휴직 중인 근로자에게는 하기휴가비를 지급하지 않는다'라고 정하고 있는데, 근로자인 원고가 하기휴가비 지급기준일에 파업에 참가한 사안에서, 원고는 파업으로 말미암아 피고 회사와 근로관계가 일시 정지되었을 뿐 근로관계 자체가 종료되었다고 할 수는 없으므로 단체협약에서 하기휴가비의 지급 대상으로 정한 '지급기준일 현재 재직 중인 근로자'에 해당하고, 원고가 하기휴가비의 지급기준일에 파업에 참가하였다고 하여 단체협약상 하기휴가비의 지급 대상에서 제외되는 '지급기준일 현재 휴직 중인 근로자'에 해당한다고 볼 수 없다고 한 사례(대법원 2014. 2. 13. 선고 2011다86287 판결), ii) 단체협약에서 '쟁의기간 중에는 징계나 전출 등의 인사조치를 아니 한다'고 정하고 있는 경우 이는 쟁의기간 중에 쟁의행위에 참가한 조합원에 대한 징계 등 인사조치 등에 의하여 노동조합의 활동이 위축되는 것을 방지함으로써 노동조합의 단체행동권을 실질적으로 보장하기 위한 것이므로, 쟁의행위가 그 목적이 정당하고 절차적으로 노조법의 제반 규정을 준수함으로써 정당하게 개시된 경우라면, 비록 쟁의 과정에서 징계사유가 발생하였다고 하더라도 쟁의가 계속되고 있는 한 그러한 사유를 들어 쟁의기간 중에 징계위원회의 개최 등 조합원에 대한 징계절차의 진행을 포함한 일체의 징계 등 인사조치를 할 수 없고, 또한 단체협약의 '쟁의 중 신분보장' 규정이 '회사는 정당한 노동쟁의 행위에 대하여 간섭방해, 이간행위 및 쟁의기간 중 여하한 징계나 전출 등 인사조치를 할 수 없으며 쟁의에 참가한 것을 이유로 불이익 처분할 수 없다'라고 정하고 있는 경우 이러한 문언 자체로 징계사유의 발생시기나 그 내용에 관하여 특별한 제한을 두고 있지 않음이 분명하므로 위 규정은 그 문언과 같이 정당한 쟁의행위 기간 중에는 사유를 불문하고 회사가 조합원에 대하여 징계권을 행사할 수 없다는 의미로 해석함이 타당하며 만일 이와 달리 비위사실이 쟁의행위와 관련이 없는 개인적 일탈에 해당하거나 노동조합의 활동이 저해될 우려가 없는 경우에는 정당한 쟁의행위 기간 중에

도 회사가 징계권을 행사할 수 있다는 식으로 '쟁의 중 신분보장' 규정의 적용 범위를 축소하여 해석하게 되면, 위 규정의 문언 및 그 객관적인 의미보다 근로자에게 불리하게 되어 허용되지 않는다고 보아야 한다고 한 사례(대법원 2019. 11. 28. 선고 2017다257869 판결), iii) 원심은 이 사건 단체협약 규정이 '만 56세부터' 임금피크제를 적용하는 규정이라고 해석되고, 그와 달리 '만 55세(생일이 상반기에 있는 근로자는 당해 연도 7. 1., 생일이 하반기에 있는 근로자는 다음 연도 1. 1.)'부터 임금피크제가 적용된다고 해석하는 것은 단체협약의 명문 규정을 근로자들에게 불리하게 변형 해석하는 것으로 허용될 수 없다고 판단하였으나, 대법원은 이 사건 단체협약 규정의 내용 및 체계, 원고 사업장의 정년 및 임금피크제 연혁과 이에 따른 단체협약의 체결 및 시행 경과, 임금피크제 도입과 적용을 둘러싼 노동조합과 사용자의 태도 및 그로부터 추단되는 단체협약 당사자의 진정한 의사 등 여러 사정을 종합하여 보면, 이 사건 단체협약 규정은 근로자의 정년이 만 55세에서 만 56세로, 다시 만 60세로 순차 연장됨에 따라 그에 맞추어 '만 55세(생일이 상반기에 있는 근로자는 당해 연도 7. 1., 생일이 하반기에 있는 근로자는 다음 연도 1. 1.)'를 기준으로 그때부터 1년 단위로 임금피크율이 적용되는 것을 전제로 하여 만 60세 정년까지 총 5년간 임금피크제를 시행하는 규정이라고 해석함이 타당하고, 이 사건 단체협약 규정에 따른 임금피크제 적용 시점을 위와 같이 '만 55세(생일이 상반기에 있는 근로자는 당해 연도 7. 1., 생일이 하반기에 있는 근로자는 다음 연도 1. 1.)'로 본다고 하여 이를 두고 단체협약의 명문 규정을 근로자에게 불리하게 변형 해석하는 경우에 해당한다고 할 수 없다고 한 사례(대법원 2022. 3. 11. 선고 2021두31832 판결) 등이 있다.

◀ Q 풀이 ▶

Q 1. 대상판결에서 '평균임금의 100%'의 해석에 대해 원심판결과 대법원 사이에는 어떤 판단의 차이를 보이는가?

[A] 1) 대상판결 사건의 원심은 단체협약 해석의 원칙에 관한 기존의 판례 법리를 인용하면서도 이러한 법리가 단체협약의 문언과 관련하여 당사자의 의사를 해석함에 있어서 어떠한 경우이든지 근로자에게 불리한 해석을 금지하는 취지라고는 할 수 없다고 전제한 다음에 세 가지 단체협약 해석기준을 제시하였고, 제반 사정에 비추어 볼 때 '평균임금의 100%'라는 문언을 통하여 당사자들이 표시

하고자 하였던 의사는 해고(또는 징계)기간 동안의 임금 전액이 아니라 '1개월분 평균임금'을 의미한다고 해석함이 위 단체협약 해석기준 중 첫 번째 해석기준 ("단체협약 또한 처분문서이므로 단체협약 조항의 문언 자체가 불분명한 경우에는 문언의 내용, 그와 같은 약정이 이루어진 동기와 경위, 약정에 의하여 달성하려는 목적, 당사자의 진정한 의사 등을 종합적으로 고찰하여 논리와 경험칙에 따라 합리적으로 해석하여야 함이 원칙이다")에 부합하고 단체협약의 적용을 받는 근로자 일반에게 불리한 변형해석이라고 할 수도 없다고 판시하였다.

2) 반면 대법원은 이 사건 단체협약 제46조 제2호 본문상의 가산보상금 규정의 내용과 형식, 그 도입 경위와 개정 과정, 위 규정에 의하여 피고의 노·사 양측이 달성하려는 목적, 특히 위 가산보상금 규정이 피고의 부당징계를 억제함과 아울러 징계가 부당하다고 판명되었을 때 근로자를 신속히 원직 복귀시키도록 간접적으로 강제하기 위한 것인 점 등에 비추어 보면, 미지급 임금 지급 시 가산 지급되는 '평균임금의 100%'는 근로자가 위와 같은 부당해고 등 부당징계로 인하여 해고 등 당시부터 원직복직에 이르기까지의 전 기간에 걸쳐 지급받지 못한 임금을 의미한다고 보아야 할 것이라고 판단하였다.

Q 2. 단체협약의 해석에서 교섭·합의과정 등을 고려할 필요가 있는가? (대법원 1996. 9. 20. 선고 95다20454 판결 참고)

[A] 참고판결은 정년퇴직 후 본인의 요청에 의하여 1년간 촉탁으로 근무할 수 있다는 단체협약 제31조 제1항 단서규정의 해석이 문제된 사안이다. 원심은 이 단서규정을 사용자가 촉탁직 채용 여부를 결정할 수 있는 재량조항으로 해석하였다. 반면에 대법원은 위 단서규정이 재량조항인지 아니면 의무조항인지의 여부가 반드시 명확한 것은 아니라고 전제한 다음에, 위 단서조항이 제정되기까지의 경위나 그 변천 과정, 특히 교섭 당시 노사실무위에서 오고간 노사 쌍방 간의 대화 내용이나 그 합의 과정 등에 비추어 볼 때 위 단서규정은 정년퇴직한 근로자가 회사에 대하여 촉탁근무를 요청하여 오면 회사는 재량의 여지없이 그 근로자를 촉탁근무의 형식으로 1년간 더 근무하게 할 의무를 부담하는 의무규정이라고 해석할 여지가 있다고 보았다. 그리고 위 단서규정의 해석을 둘러싸고 발생한 이 사건 분쟁에 있어서 단체협약서 제126조에 따라 교섭 당시의 노사실무위의 견해가 최우선적인 기준이 되어야 함에도 불구하고 교섭 당시의 노사실무위의 교섭과정과 그 내용을 도외시한 채 인사규정상의 '촉탁직원'의 정의나 그 동안 사용자(피고)의 일방적인 해석에

근거한 위 단서규정의 운영상황 등만으로 위 단서규정을 근로자(원고)에게 불리하게 해석하여 이를 사용자의 재량규정으로 판단한 원심의 판결을 파기환송하였다.

※ **대법원 1996. 9. 20. 선고 95다20454 판결 【해고무효확인등】**
- "피고의 단체협약서 제31조 제1항 본문에는 조합원의 정년은 만 55세로 하고, 정년퇴직일자는 생년월일을 기준으로 계산하여 해당 월의 말일로 하며, 본인의 요청이 있을 때에는 1년 연장할 수 있다고 규정되어 있으며, 위 같은 항 단서에는 정년퇴직 후 본인의 요청에 의하여 1년간 촉탁으로 근무할 수 있고, 이 경우 임금은 퇴직 전 1년간의 평균임금의 90%를 지급하도록 규정되어 있는 사실 … (중략) … 살피건대, 우선 위 단체협약서 제31조 제1항 단서의 규정을 해석함에 있어 그 문면만으로는 위 단서에 규정된 "본인의 요청에 의하여 1년간 촉탁으로 근무할 수 있다"는 의미가 본인이 촉탁근무를 요청하면 피고는 회사의 사정 등을 고려하여 이를 받아들이거나, 거절할 수도 있는 것으로서 회사에게 그 재량권이 부여된 재량조항인지, 아니면 근로자가 촉탁근무를 요청하면 피고로서는 이를 거부할 수 없고, 반드시 이를 승인하여야 할 의무만을 부담하는 의무조항인지의 여부가 반드시 명확한 것은 아니라고 보여진다. 그러나 위 단체협약서의 … (중략) … 제126조에는 "본 협약의 해석은 일방이 임의로 해석할 수 없으며, 노사 쌍방의 견해가 다를 경우에는 교섭 당시 노사실무위의 해석에 따른다"고 규정되어 있으므로, 이 사건과 같이 위 단서 조항의 문면만으로 그 뜻이 명확하지 아니하여, 원·피고 사이에 분쟁이 발생한 경우에는, 단체협약서 제126조의 규정에 따라 먼저 교섭 당시의 노사실무위의 해석에 따라야 할 것이지만, 기록에 의하면, 현재 위 단서 조항의 해석을 둘러싸고 교섭 당시의 노사실무위원들 간에 의견이 분분하여 교섭 당시의 노사실무위의 통일된 해석을 기대할 수 없는 형편이므로, 이와 같은 경우에는 위 단서 조항이 단체협약서의 내용에 포함되게 된 경위와 당시의 노사실무위의 합의과정 등을 참작하여 법원이 이를 합리적으로 해석할 수밖에 없다고 할 것이다.
기록에 의하면, 위 단서규정은 1988. 11. 4.자로 체결된 단체협약에는 그 내용이 규정된 바가 없었다가 1991. 2. 20.자로 체결된 단체협약서에서 비로소 그 내용이 포함되어 1992. 8. 8.자로 체결된 단체협약에서도 같은 내용으로 유지되었고, 갑제8호증의 7 내지 10(각 '90 단체협약갱신을 위한 단체교섭)의 기재 내용에 의하면, 1990. 12. 3. 열린 **1990년도 단체협약 갱신을 위한 단체교섭**에서 노동조합측이 처음으로 정년퇴직 후 촉탁근무 형식으로 2년간 근무기간을 연장하여 58세까지 근무하게 하여 줄 것을 요구하자, 1991. 1. 9. 회사측은 촉탁근무를 받아들이되 그 기간을 1년으로 하자고 수정제의하여, 결국 같은 달 30. 이 사건 단체협약서 제31조 제1항 단서와 같은 내용에 합의하기에 이르렀고, 위 1991. 1. **30.자 단체교섭시** 피고는 별도의 정년 연장 없이 정년 자체를 56세로 재조정하고 1년간은 촉탁근무토록 하자고 주장하는 노동조합측을 설득하는 과정에서 피고의 대표이사인 소외 박○규는 "형식은 55세로 놔두고 실질적으로는 57세까지 근무한다는 뜻만 받아들이면 된다"는 취지로 노동조합 측을 설득한 사실이 인정되고, 여기에다가 원심이 확정한 바와 같이 피고와 노동조합 간에 위 단체협약서 제31조 제1항 단서의 해석을 둘러싸고 분쟁이 이어져 오다가 1994년 단체협약 체결시에는 아예 정년 자체가 57세로 변경된 사실 등 위 단서 조항이 제정되기까지의 경위나 그 변천 과정, 특히 교섭 당시 노사실무위에서 오고간 노사 쌍방간의 대화 내용이나 그 합의 과정 등에 비추어 볼 때, "퇴직 후 본인의 요청에 의하여 1년간 촉탁으로 근무할 수 있으며, 임금은 퇴직 전 1년간의 평균임금의 90%를 지급한다"는 이 사건 단체협약서 제31조 제1항 단서의 규정은 정년퇴직한 근로자가 회사에 대하여 촉탁근무를 요청하여 오면, 회사는 재량의 여지없이 그 근로자를 촉탁근무의 형식으로 1년간 더 근무하게 할 의무를 부담하는 피고에 대한 의무규정이라고 해석할 여지가 있다고 봄이 상당하다.

따라서, 위 제31조 제1항 단서규정의 해석을 둘러싸고 발생한 이 사건 분쟁에 있어서 위 단체협약서 제126조에 따라 교섭 당시의 노사실무위의 견해가 최우선적인 기준이 되어야 함에도 불구하고, 교섭 당시의 노사실무위의 교섭과정과 그 내용을 도외시한 채, 피고의 인사규정상의 '촉탁직원'의 정의나 그 동안 피고의 일방적인 해석에 근거한 위 단서규정의 운영상황 등만으로 위 단서의 규정을 원고에게 불리하게 해석하여, 이를 피고의 재량규정으로 판단한 원심은 … (중략) … 위법을 저지른 것이라고 아니할 수 없으니 … (이하 생략) …"

3. 단체협약 종료 후의 근로관계

◀ 판례분석 ▶

▌**제 목** : 새로운 단체협약의 체결 이전에 실효된 구 단체협약상의 징계절차를 위반한 해고의 효력(N) [외대사건]

▌**대상판결** : 대법원 2009. 2. 12. 선고 2008다70336 판결【해고무효확인등】
【원고, 피상고인】 원고 1외 3인
【피고, 상고인】 피고 학교법인
【원심판결】 서울고법 2008. 8. 22. 선고 2007나116763 판결
【주 문】 상고를 모두 기각한다. 상고비용은 피고가 부담한다.

■ 사건의 개요 : 피고(학교법인)는 전국대학노동조합 외대지부의 간부인 원고들이 구 협약 만료(2006. 2. 28.) 후 신 협약 체결을 위한 파업기간(2006. 4. 6.~2007. 1. 22.) 중 불법행위를 주도하였다는 이유로 2006. 10. 10.과 2006. 12. 7. 개최된 각 징계위원회에서 파면을 결의하였고(구 협약상 쟁의기간중의 징계를 금지), 신 협약이 체결된 후인 2007. 2. 28. 징계재심위원회에서 징계수위를 한 단계 경감한 해임을 결의하였으며(신 협약상 파업 관련 징계면책 합의), 원고들은 이러한 징계의 효력을 다투는 소를 제기하였다.

■ 관련 법 규정(현행법 기준)
- 노조법 제32조(단체협약 유효기간의 상한) ① 단체협약의 유효기간은 3년을 초과하지 않는 범위에서 노사가 합의하여 정할 수 있다.
② 단체협약에 그 유효기간을 정하지 아니한 경우 또는 제1항의 기간을 초과하는 유효기간을 정한 경우에 그 유효기간은 3년으로 한다.
③ 단체협약의 유효기간이 만료되는 때를 전후하여 당사자 쌍방이 새로운 단체협약을 체결하고자 단체교섭을 계속하였음에도 불구하고 새로운 단체협약이 체결되지 아니한 경우에는 별도의 약정이 있는 경우를 제외하고는 종전의 단체협약은 그 효력 만료일부터 3월까지 계속 효력을 갖는다. 다만, 단체협약에 그 유효기간이 경과한 후에도 새로운 단체협약이 체결되지 아니한 때에는 새로운 단체협약이 체결될 때까지 종전 단체협약의 효력을 존속시킨다는 취지의 별도의 약정이 있는 경우에는 그에 따르되, 당사자 일방은 해지하고자 하는 날의 6월전까지 상대방에게 통고함으로써 종전의 단체협약을 해지할 수 있다.

■ 판결의 성격 : 원심은 이 사건 징계해고가 징계절차상 중대한 하자가 있어서 무효라고 판단하였고, 대법원은 협약 실효에 따른 법리에 근거하여 원심의 판단이 정당하다고 보아서 피고의 상고를 기각하였다.

■ 쟁 점
- 사용자의 징계권한·절차를 제한하는 구 단체협약(쟁의기간중의 징계금지)이 실효된 후에 그러한 제한에 반하여 이루어진 징계해고(파면)의 정당성 여부
- 새로운 단체협약상의 징계면책합의에 반하여 이루어진 징계해고(해임)의 정당성 여부
- 기타 구 협약 및 신 협약상의 징계절차(징계위원회 및 징계재심위원회의 구성, 조합간부의 징계 등에 관한 노동조합의 동의권 등) 위반 여부 : 이하 이 쟁점 관련 내용 생략

▌중요 사실관계

- 파업기간중에 징계파면 결의가 이루어진 것과 그 이전에 실효된 구 단체협약
(2004년 단체협약) 제111조의 내용("쟁의기간중에는 조합원에 대하여 어떠한 사유에 의해
서도 징계, 부서이동 등 제반 인사조치를 할 수 없다") ⇒ **협약상의 징계제한이 그 협약이 실
효된 이후에도 사용자와 근로자의 개별적 근로관계를 규율하는지 여부와 관련**

- 피고와 외대지부 사이에 2007. 1. 22. 체결된 새로운 단체협약(2007년 단체협약)
중 부속서 형식의 기타 합의사항의 내용("학교는 파업사태와 관련하여 추가로 징계하
지 않는다"), 위 신 협약 체결 이후 피고 이사장의 원고들에 대한 징계경감처분(파
면→해임)과 이러한 처분을 확정한 징계재심위원회의 재심결의 ⇒ **이러한 징계해고
가 신 협약을 위반한 것인지 여부와 관련**

▌기본법리(판지)

1) 단체협약이 실효되었다고 하더라도 임금, 퇴직금이나 노동시간, 그 밖에 <u>개별
적인 노동조건에 관한 부분</u>은 그 단체협약의 적용을 받고 있던 근로자의 <u>근로계
약의 내용이 되어</u> 그것을 변경하는 새로운 단체협약, 취업규칙이 체결·작성되거
나 또는 개별적인 근로자의 동의를 얻지 아니하는 한 개별적인 근로자의 <u>근로계
약의 내용으로서 여전히 남아 있어</u> 사용자와 근로자를 규율하게 되고, ⇒ **[협약실
효 후 무협약 하에서의 근로관계 규율(협약상의 근로조건은 근로계약의 내용으로 전환·존속,
단 개별적 동의 등을 통해 그 변경 가능)]**

2) 단체협약 중 <u>해고사유 및 해고의 절차에 관한 부분에 대하여도 이와 같은 법리
가 그대로 적용</u>된다(대법원 2000. 6. 9. 선고 98다13747 판결, 대법원 2007. 12. 27. 선고
2007다51758 판결 등 참조). ⇒ **[단체협약상의 해고사유 및 해고절차에도 같은 법리 적용]**

▌결론 및 이유 : 파업기간중에 파면을 결의한 것은 징계절차상 중대한 하자가
있으므로 이에 따른 징계해고는 무효이고, 징계재심위원회의 재심결의(징계해임)
역시 신 단체협약상의 면책합의에 반하는 것으로 무효이다.

- 구 단체협약 제111조(쟁의기간중의 징계 등 금지 조항)는 <u>개별적인 노동조건에 관
한 부분이므로</u> <u>구 단체협약이</u> 대학교 측의 단체협약 해지통보 및 소정 기간의 경과
로 <u>실효되었다고 하더라도</u> 2007년도 단체협약(이하 신 단체협약)이 체결되기까지
는 <u>여전히 원고들과 피고 사이의 근로계약의 내용으로서 유효하게 존속</u>.

- 2007. 1. 1.부터 효력이 발생한 신 단체협약에 의하면 징계재심위원회는 총장
이 임명하는 대학 측 5인과 노동조합 측 4인의 위원으로 구성하며 재적위원 과

반수의 출석에 출석위원 과반수의 찬성으로 결의하게 되어 있었기에 노동조합 측 재심위원이 불참하였다고 하여 위 징계재심위원회의 개최나 진행에 어떠한 하자가 있다고 할 수 없지만,

- 신 단체협약 중 부속서 형식의 기타 합의사항에 학교는 파업사태와 관련하여 추가로 징계하지 않는다는 취지의 면책합의가 포함되어 있는 사실에 비추어 <u>위 면책합의 이후 원고들에 대하여는 파업사태와 관련하여 더 이상 징계할 수 없고 이는 징계재심위원회의 재심결의 형식으로 이루어진 경우라 하더라도 마찬가지이므로 이에 반하여 이루어진 원고들에 대한 징계재심위원회의 재심결의는 무효.</u>

▌판결의 의의와 한계

1) 대상판결은 선례(대법원 2007. 12. 27. 선고 2007다51758 판결 등)의 법리를 재확인한 사례이다. 즉 기간 만료 등으로 단체협약이 실효되어 무협약상태가 발생하여도 종전 단체협약상의 근로조건(규범적 부분)은 그것의 적법한 변경(새로운 협약 또는 취업규칙의 체결 내지 작성, 근로자의 개별적 동의)이 없는 한 개별 근로계약의 내용으로 존속하면서 근로관계를 규율한다. 그러나 단체협약의 채무적 부분(단체협약의 내용 중 협약 당사자의 권리의무에 관하여 정한 부분, 예컨대 노조전임자 인정·조합비일괄공제·조합사무소 제공 등과 같은 사용자의 편의제공, 교섭의 인원·일시·장소 등 교섭절차에 관한 사항 등)에는 위 법리(이른바 '화체설')가 적용되지 않는다.

2) 대상판결 등 판례에 따르면 위와 같은 법리는 협약 중 해고사유나 해고절차에 관한 부분에도 적용된다. 협약상의 해고협의 내지 동의조항은 설령 규범적 효력을 갖는다고 하더라도 협약 소멸 후에는 해고의 정당한 이유가 존재하는 한 협의를 거치지 않거나 동의를 얻지 않았다고 하여도 해고의 효력에는 아무 영향을 미칠 수 없다는 견해[1]가 있지만, 이러한 견해는 위와 같은 판례의 입장에 반한다.

3) 대상판결 등 판례에 의하면 근로자의 개별적 동의 등이 있으면 근로계약의 내용으로 존속하는 종전 협약상의 근로조건에 대한 변경이 가능하다.

4) 한편, 대상판결 등 판례에서는 협약의 실효에도 불구하고 그 규범적 부분이 근로계약의 내용으로 존속하는 근거·이유를 밝히고 있지 않다. 독일의 경우에는 종전 협약의 계속적 효력에 관한 입법적 근거조항이 있다.[2] 그러나 우리나라의 경우에는 그렇지 않기 때문에 판례에서는, 그 이유가 분명치는 않으나 아마도

---

1) 김형배, 「노동법」, 박영사, 2015, 993면.
2) 독일 단체협약법 제4조 제5항에 의하면 단체협약의 효력 만료 이후에는 협약의 규범은 다른 합의로 대체될 때까지 계속 효력을 가진다.

협약 규율의 공백을 메우고 기존의 근로조건을 보장하기 위한 차원에서, 실효된 협약상의 근로조건이 근로계약의 내용으로 되어 계속적으로 유지된다는 해석을 도출하고 있는 것으로 보인다.

▌기타 해설

1) 노조법 제32조 제1항 및 제2항에서 단체협약 유효기간의 상한(구법상 2년, 현행 법상 3년)에 관한 규정을 둔 것은 단체협약의 유효기간을 너무 길게 하면 사회적·경제적 여건의 변화에 적응하지 못하여 당사자를 부당하게 구속하는 결과에 이를 수 있어 단체협약을 통하여 적절한 근로조건을 유지하고 노사관계의 안정을 도모하려는 목적에 어긋나게 되므로, 유효기간을 일정한 범위로 제한함으로써 단체협약의 내용을 시의에 맞고 구체적인 타당성이 있게 조정해 나가도록 하자는 데에 그 뜻이 있다(대법원 1993. 2. 9. 선고 92다27102 판결 등 참조).

2) 노조법 제35조 제3항의 규정은 종전의 단체협약에 유효기간 만료 이후 협약 갱신을 위한 단체교섭이 진행 중일 때에는 종전의 단체협약이 계속 효력을 갖는 다는 규정이 없는 경우에 대비하여 둔 규정이므로, 종전의 단체협약에 자동연장 협정의 규정이 있다면 위 법조항은 적용되지 아니하고, 당초의 유효기간이 만료 된 후 위 법조항에 규정된 3월까지에 한하여 유효하다고 볼 것은 아니며, 한편 당사자가 단체협약 만료 시에 협약의 연장이나 갱신협정을 체결하는 것은 종전 단체협약과 같은 내용의 단체협약을 다시 체결하는 것과 같은 것으로서 당연히 유효하고, 단체협약의 만료 시 일정한 기간 내에 협약의 개정이나 폐기의 통고 가 없으면 자동갱신되는 것으로 미리 규정하는 것도 당사자의 유효기간 만료 후 의 단체협약체결권을 미리 제한하거나 박탈하는 것이 아니므로 유효하고, 다만 그 새로운 유효기간은 노조법 제35조 제1, 2항의 제한을 받는다(대법원 1993. 2. 9. 선고 92다27102 판결 참조).

3) 노조법 제32조 제3항 단서는 같은 조 제1항 및 제2항에도 불구하고 단체협약 자치의 원칙을 어느 정도 존중하면서 단체협약 공백 상태의 발생을 가급적 피하 려는 목적에서, 사전에 불확정기한부 자동연장조항에 의하여 일정한 기한 제한 을 두지 아니하고 유효기간이 경과한 단체협약의 효력을 새로운 단체협약 체결 시까지 연장하기로 약정하는 것을 허용하되, 위와 같이 단체협약 유효기간의 상 한을 둔 입법 취지가 훼손됨을 방지하고 당사자로 하여금 장기간의 구속에서 벗 어날 수 있도록 하고 아울러 새로운 단체협약의 체결을 촉진하기 위하여, 6개월 의 기간을 둔 해지권의 행사로 언제든지 불확정기한부 자동연장조항에 따라 효

력이 연장된 단체협약을 실효시킬 수 있게 한 것이다(대법원 2015. 10. 29. 선고 2012다71138 판결 참조). 단체협약의 해지권을 정한 노조법 제32조 제3항 단서는 성질상 강행규정이어서, 당사자 사이의 합의에 의하더라도 단체협약의 해지권을 행사하지 못하도록 하는 등 적용을 배제하는 것은 허용되지 않는다(대법원 2016. 3. 10. 선고 2013두3160 판결 참조).

◀ Q 풀이 ▶

Q 1. 대상판결의 법리에 의하면 징계해고와 관련하여 2004년 단체협약상의 어떤 내용이 언제까지 근로계약의 내용으로 존속하는가?

[A] 쟁의기간중 조합원에 대한 징계 등을 금지하고 있는 2004년 단체협약 제111조의 내용은 규범적 부분에 해당하기 때문에 이를 변경하는 새로운 단체협약이나 취업규칙 또는 개별 근로자의 동의가 없는 한 근로계약의 내용으로 존속하게 된다.

Q 2. 대상판결에서 원고들에 대한 2006년 10월과 12월, 2007년 2월의 징계해고는 어떤 점에서 징계절차를 위반한 것인가?

[A] 2006년 10월과 12월에 있었던 파면은 2004년 단체협약의 실효 후 근로계약의 내용으로 전환·존속된 쟁의기간중의 징계금지에 위반한 것이고, 2007년 2월에 있었던 해임은 파업사태 관련 징계면책을 규정한 2007년 단체협약의 내용에 위반한 것이다.

제20강 단체협약 (2)

1. 단체협약에 의한 근로조건의 불이익한 변경

◀ 판례분석 ▶

▌**제 목** : 기존의 근로조건을 불리하게 변경하는 단체협약의 유효성(Y) [동부고속사건]

▌**대상판결** : 대법원 2000. 9. 29. 선고 99다67536 판결【상여금】
【원고, 상고인겸피상고인】 김○명 외 4인
【원고, 피상고인】 황○진 외 1인
【피고, 피상고인겸상고인】 주식회사 동부고속
【원심판결】 서울고법 1999. 10. 29. 선고 98나65719 판결
【주 문】 상고를 모두 기각한다. 상고비용은 각자의 부담으로 한다.

▌**사건의 개요** : 피고 회사와 그 노조 사이에 체결된 1996년도 단체협약에는 상여금으로 연 7회에 걸쳐 650%를 지급하도록 되어 있었으나, 위 단체협약의 유효기간 중에 피고 회사와 노조는 소정기간(1997. 12.~1998. 6.) 동안 지급예정인 상여금(450%)의 지급을 유보하는 특별노사합의를 하였고, 1998년도 임금단체협약에서는 경영성과와 향후 경영 전망에 따라 상여금의 지급 여부를 결정하는 것으로 합의하였으며, 원고들은 피고 회사가 지급하지 않은 상여금의 지급을 구하는 소를 제기하였다.

▌**관련 법 규정**(현행법 기준)
- 노조법 제33조(기준의 효력) ① 단체협약에 정한 근로조건 기타 근로자의 대우에 관한 기준에 위반하는 취업규칙 또는 근로계약의 부분은 무효로 한다.
② 근로계약에 규정되지 아니한 사항 또는 제1항의 규정에 의하여 무효로 된 부분은 단체협약에 정한 기준에 의한다.

■**판결의 성격** : 원심은 상여금의 지급유보 등에 관한 노사합의는 이 사건 상여금 가운데 특별노사합의 당시 이미 그 지급청구권이 발생한 1997. 12. 25. 지급분을 제외한 나머지 부분에 관하여는 그 조합원인 원고들에게도 효력이 있다고 판단하였고, 대법원은 원심의 판단이 정당하다고 보아서 원고들과 피고의 각 상고를 기각하였다.

■**쟁 점**
- 단체협약만으로 이미 지급청구권이 발생한 근로자 개개인의 임금(상여금)에 대한 포기나 지급유예와 같은 처분행위를 할 수 있는지 여부
- 종전 단체협약상의 근로조건(상여금)을 불리하게 변경하는 내용의 새로운 단체협약이 유효한지 여부

■**중요 사실관계**
- 1996년도 단체협약 제44조의 내용(상여금으로 연 7회에 걸쳐 650%를 지급하되 설날에 50%, 2월 25일, 4월 25일, 6월 25일, 8월 25일, 10월 25일 및 12월 25일에 100%씩을 지급) ⇒ **종전 단체협약상의 상여금 지급 관련 내용**
- 위 단체협약의 유효기간중인 1997. 12. 30. '특별노사합의'의 내용("피고 회사의 노사 양측은 최근의 경제위기로 인한 경영난 타개를 위하여 1997년 12월부터 1998년 6월까지 지급예정인 이 사건 상여금(450%)은 그 지급을 유보한다.") ⇒ **새로운 단체협약에 의해 상여금이 불리하게 변경된 내용**
- 1998. 8. 13. 임금단체협약상의 합의 내용(1998년도 임금협정은 현행으로 동결, 단체협약은 기존의 단체협약을 유지, 상여금에 관한 기존 단체협약 제44조의 이행에 대하여는 회사가 경영 성과와 향후 경영 전망에 따라 상여금의 지급 여부를 결정, 1997. 12. 30.자 특별노사합의의 내용 중 본 합의의 효력과 상충되는 부분은 본 합의의 효력을 따르되 그렇지 아니한 부분의 효력은 지속) ⇒ **상여금 지급 관련 1997년 12월 특별노사합의와의 관계**

■**기본법리**(판지)
1) 이미 <u>구체적으로 그 지급청구권이 발생한 임금</u>(상여금 포함)<u>이나 퇴직금</u>은 근로자의 사적 재산영역으로 옮겨져 <u>근로자의 처분에 맡겨진 것</u>이기 때문에 노동조합이 근로자들로부터 개별적인 동의나 수권을 받지 않는 이상, <u>사용자와 사이의 단체협약만으로 이에 대한 포기나 지급유예와 같은 처분행위를 할 수는 없다.</u> ⇒
[협약자치의 한계: 개별 근로자에게 귀속된 권리의 처분 불가]

2) ⑴ 한편 협약자치의 원칙상 노동조합은 사용자와 사이에 근로조건을 유리하게 변경하는 내용의 단체협약뿐만 아니라 <u>근로조건을 불리하게 변경하는 내용의 단체협약을 체결할 수 있으므로</u>, 근로조건을 불리하게 변경하는 내용의 단체협약이 현저히 합리성을 결하여 노동조합의 목적을 벗어난 것으로 볼 수 있는 경우와 같은 <u>특별한 사정이 없는 한</u> 그러한 노사간의 합의를 <u>무효라고 볼 수는 없고</u>, 노동조합으로서는 그러한 합의를 위하여 <u>사전에 근로자들로부터 개별적인 동의나 수권을 받을 필요가 없으며</u>, ⇒ **[협약자치원칙상 근로조건 불리변경 단체협약의 유효성(근로자의 사전 개별적 동의나 수권 불요)]**

⑵ 단체협약이 <u>현저히 합리성을 결하였는지 여부</u>는 단체협약의 내용과 그 체결 경위, 당시 사용자측의 경영상태 등 여러 사정에 비추어 판단해야 할 것이다(대법원 1999. 11. 23. 선고 99다7572 판결 참조). ⇒ **[불리변경 단체협약의 현저한 불합리성 판단요소]**

▌결론 및 이유 : 특별노사합의가 원고들에게 효력이 미친다고 한 원심의 판단은 정당하다.

- 특별노사합의상 이 사건 상여금에 대한 향후의 지급시기가 정해져 있지 않은 점, 합의 당시 우리나라의 전반적인 경제상황 및 피고 회사의 경영상태, 노동조합과 피고가 그와 같은 합의를 한 동기 및 경위에 비추어 보면, 그 합의 당시 노사 양측의 의사는 근로자가 이미 일정기간 동안 실제 근로를 제공함으로써 구체적으로 그 지급청구권이 발생한 상여금에 대하여는 그 지급청구권을 포기하고 향후에는 근로자가 일정기간 동안 실제로 근로를 제공하더라도 회사로서는 그에 따른 상여금을 지급하지 않기로 하는 것이었다고 봄이 상당.

- 이 사건 상여금 중 특별노사합의 당시 이미 구체적으로 그 지급청구권이 발생한 1997. 12. 25. 지급분 상여금에 관한 한 그 합의의 효력이 원고들에게 미치지 않고, 그 나머지 상여금에 관하여는 앞서 본 바와 같이 이를 지급하지 않기로 한 것으로 보더라도, 역시 위와 같은 법리에 비추어 그 합의 내용이 단체협약의 한계를 벗어났다고 볼 것은 아님.

▌판결의 의의와 한계

1) 기존의 근로조건을 불이익하게 변경하는 방법으로는 취업규칙의 불이익한 변경(근로자의 집단적 사전 동의 또는 과반수 노동조합의 사후적 동의를 통한 변경)과 단체협약의 불이익한 변경(협약 유효기간중 그 내용의 불리한 개정 또는 구 협약의 만료에 따른 불

리한 내용의 새로운 협약의 체결) 등이 있는데, 대상판결은 후자에 관한 사례이다.
2) 노조법 제33조는 단체협약의 규범적 효력을 규정하고 있다. 근로조건을 불리하게 변경하는 내용의 단체협약도 근로자들에게 유효한지가 문제된다. 대상판결은 노동조합이 근로자들로부터 개별적인 동의나 수권을 받지 않은 이상 사용자와의 사이의 단체협약만으로 개별 근로자에게 귀속된 권리("이미 구체적으로 그 지급청구권이 발생한 임금이나 퇴직금")에 대한 포기 등과 같은 처분행위를 할 수 없다는 협약자치의 한계(또는 규범적 효력의 한계)를 밝힌 첫 대법원 판결이다. 그리고 대상판결은 협약자치원칙상 근로조건을 불리하게 변경하는 내용의 단체협약도 원칙적으로 유효하고, 다만 특별한 사정이 있는 경우("현저히 합리성을 결하여 노동조합의 목적을 벗어난 것으로 볼 수 있는 경우")에 한하여 그 효력이 부정된다고 하는 기존 판례의 입장을 재확인할 수 있는 사례이다(☞ 불리변경 협약의 효력을 부정한 사례 Q 3. 참고).
3) 대상판결 사건에서 '특별노사합의'상의 상여금 지급 유보의 의미가 그 지급기한을 늦추는 것인지 아니면 그 지급청구권의 포기인지 해석상 논란이 되었는데, 원심과 달리 대법원은 후자로 보았다. 그러나 이 사건 상여금 중 1997년 12월 상여금의 경우 그 지급일이 1997년 12월 25일로 특별노사합의(1997. 12. 30.) 당시 이미 구체적으로 그 지급청구권이 발생하였고, 원고들이 그 포기에 대해 개별적인 동의 내지 수권을 한 바가 없기 때문에 1997년 12월 상여금에 관한 위 노사합의는 원고들에게 효력이 없는 것으로 판단되었다. 반면에 1998년 상반기 상여금은 특별노사합의 당시 이미 구체적으로 그 지급청구권이 발생한 것이 아니고, 그 포기에 관한 노사합의는 제반 사정에 비추어 현저히 합리성을 결한 것으로 보기도 어렵기 때문에 비록 원고들이 개별적인 동의나 수권을 한 바가 없었다고 하더라도 1998년 상반기 상여금에 관한 위 노사합의의 효력은 원고들에게 미치는 것으로 판단되었다.

■ 기타 해설
1) 상여금의 구체적인 지급청구권이 언제 발생하는가에 관한 사례로 다음의 판결을 참고하기 바란다.

※ 대법원 2002. 4. 12. 선고 2001다41384 판결 【임금】
- "단체협약 등에 의하여 근로자에게 지급되는 상여금이 구체적인 지급청구권으로 되는 시기가 언제인가에 대하여 보면, 근로기준법 제42조 제2항은 "임금은 매월 1회 이상 일정한 기일을 정하여 지급하여야 한다"고 규정하면서도 그 단서에서 "다

만 임시로 지급하는 임금, 수당 기타 이에 준하는 것 또는 대통령령이 정하는 임금에 대하여는 그러하지 아니하다"고 규정하고, 같은 법 시행령 제18조는 "법 제42조 제2항 단서에서 '임시로 지급하는 임금, 수당 기타 이에 준하는 것 또는 대통령령이 정하는 임금'이라 함은 다음 각호의 것을 말한다"고 하면서 제3호에 "1월을 초과하는 기간에 걸친 사유에 의하여 산정되는 장려금, 능률수당 또는 상여금"을 규정하고 있으므로, 사용자가 근로의 대상으로 근로자에게 지급하는 상여금 중 1월을 초과하는 기간에 의하여 산정되는 것은 반드시 일정한 기일을 정하여 지급하지 않아도 되는 것이어서 원칙적으로는 그 상여금 지급기간의 말일까지 지급하면 된다고 할 것이나, 다만 위와 같은 상여금을 해당 월의 일정한 기일에 지급하는 것이 노사관행으로 확립된 경우에는 그 관행에 따라 지급하여야 하는 것으로 볼 것이다. 이 사건에서 보건대, 기록에 의하면 피고 회사와 노동조합 사이의 1998년도 단체협약뿐만 아니라 종전의 단체협약에도 2월, 4월, 6월, 8월, 10월, 12월, 추석에 상여금 100%씩을 지급하도록 규정되어 있었고, … (중략) … 위에서 본 사정에 비추어 보면 피고 회사에 상여금을 기본급 및 제수당과 함께 해당 월의 21.에 지급하는 관행이 지속되었다고 보기 어렵다고 할 것이므로, 결국 피고 회사에 있어서 매 2개월마다 지급되는 상여금의 지급기일은 해당 월의 말일로 봄이 상당하다 할 것이다. … (중략) … 1998. 4.의 상여금에 대하여 보면, 피고 회사와 노동조합 사이에 1998. 4. 상여금의 구체적인 지급청구권이 발생하는 4. 말일 전인 1998. 4. 29. 1998. 4. 상여금의 지급을 임금협약이 성립할 때까지 연기하기로 하는 유효한 합의를 하였음이 위에서 본 바와 같은 이상, 1998. 4. 상여금을 지급하지 않기로 하는 임금협약이 체결된 1998. 5. 7.까지 1998. 4. 상여금에 관한 근로자들의 구체적인 지급청구권이 발생하였다고 할 수 없고, 따라서 1998. 4. 상여금을 지급하지 않기로 하는 1998. 5. 7.의 임금협약이 원고 등에게 이미 발생한 구체적인 임금청구권을 포기하거나 지급유예한 것이라고 할 수는 없다. … (이하 생략) …"

2) 단체협약이 현저히 합리성을 결하였는지 여부에 관한 판단의 법리는 근로조건을 불리하게 변경하는 내용의 단체협약이 무효인지 여부를 판단하는 데에 적용되는 것이지 그에 해당하지 아니함이 명백한 노사합의(예, 사용자에게는 불리하나 근로자들에게 불리한 내용을 포함하지 않은 단체협약)에는 적용될 수 없다는 것이 판례의 입장이다(대법원 2007. 12. 14. 선고 2007다18584 판결 참조).

◀ Q 풀이 ▶

Q 1. 대상판결에 의하면 협약자치의 한계는 무엇인가?

[A] 1) 개별 근로자에게 그 처분권이 귀속된 권리(이미 구체적으로 그 지급청구권이

발생한 임금이나 퇴직금)의 포기 등 그 처분을 내용으로 하는 단체협약은 해당 근로자들로부터 개별적인 동의나 수권을 받지 않은 이상 무효이다.

2) 협약자치의 원칙상 근로조건을 불리하게 변경하는 내용의 단체협약도 유효하고 사전에 근로자들로부터 개별적인 동의나 수권을 받을 필요가 없지만, 이러한 단체협약이 현저히 합리성을 결하여 노동조합의 목적을 벗어난 것으로 볼 수 있는 특별한 사정이 있는 경우에는 그 효력이 인정되지 않는다.

Q 2. 무단결근 면직기준일수를 취업규칙상의 그것보다 단축하는 개정 단체협약의 효력은? (대법원 2002. 12. 27. 선고 2002두9063 참고)

[A] 참고판결은 무단결근 면직기준에 관한 단체협약의 내용이 취업규칙의 내용보다 불리하게 개정된 경우 개정된 후의 단체협약에 의해 취업규칙상의 유리한 면직기준에 관한 규정의 적용은 배제된다고 보았다. 그렇게 보는 것이 단체협약 당사자의 의사에 합치하는 해석이라고 판시하고 있다.

> ※ **대법원 2002. 12. 27. 선고 2002두9063 판결 【부당해고구제재심판정취소】**
> - "협약자치의 원칙상 노동조합은 … (중략) … 근로조건을 불리하게 변경하는 내용의 단체협약도 체결할 수 있으므로, … (중략) … 한편 위와 같은 단체협약의 개정 경위와 그 취지에 비추어 볼 때, 단체협약의 개정에도 불구하고 종전의 단체협약과 동일한 내용의 취업규칙이 그대로 적용된다면 단체협약의 개정은 그 목적을 달성할 수 없으므로 개정된 단체협약에는 당연히 취업규칙상의 유리한 조건의 적용을 배제하고 개정된 단체협약이 우선적으로 적용된다는 내용의 합의가 포함된 것이라고 봄이 당사자의 의사에 합치한다고 할 것이고, 따라서 개정된 후의 단체협약에 의하여 취업규칙상의 면직기준에 관한 규정의 적용은 배제된다고 보아야 할 것이다(대법원 2001. 1. 19. 선고 2000다30516, 30523, 30530, 30547(병합) 판결 등 참조)." (택시회사의 취업규칙과 단체협약에서 무단결근 면직기준이 동일하게 '월 7일 이상'으로 규정되어 있었는데 단체협약의 개정으로 면직기준일수가 '월 5일 이상'으로 단축되었고, 이러한 개정 단체협약에 근거하여 회사가 상습적으로 무단결근한 원고에 대해 징계해고한 것이 정당하다고 본 사례)

◀ 심화학습 ▶

1. 단체협약으로 정년을 단축하는 불리한 변경이 현저히 합리성을 결하여 무효가 되는 사정 (대법원 2011. 7. 28. 선고 2009두7790 판결 참고)

▷ 협약자치의 원칙상 근로조건을 불리하게 변경하는 단체협약의 규범적 효력이 일반적으로 인정되기 때문에 단체협약 당사자의 의사를 존중하는 방향으로 사법심사가 이루어질 가능성이 크다. 그렇다면 근로조건을 불리하게 변경하는 단체협약이 현저히 합리성을 결하여 무효라고 볼 수 있는 특별한 사정이란 무엇인가? 이에 관한 사례가 참고판결(2009두7790 판결)이다. 이 사건에서 노사는 경영위기의 타개책으로 정년을 단축(만 60세→54세)하는 특별협약을 체결했지만, 그 체결 당시 한시적 적용이 예정되어 있었던 점, 불과 2년여 만에 단계적 정년 연장·환원을 위한 새로운 단체협약이 체결된 점 등에 비추어 특별협약상의 정년단축은 사실상 정리해고의 효과를 도모하기 위해 마련된 것이자 합리적 근거 없이 연령을 이유로 한 조합원 차별이어서 현저히 합리성을 결하여 무효라고 판단되었다.

※ 대법원 2011. 7. 28. 선고 2009두7790 판결 【부당해고구제재심판정취소】

- "원심판결과 제1심판결 이유에 의하면, 피고보조참가인(이하 '참가인'이라고 한다)은 2006. 5. 22.에 참가인이 운영하는 ○○병원 소속 근로자들로 구성된 전국보건의료산업노동조합 △△대학교 ○○병원지부(이하 '이 사건 노조'라고 한다)와 '2005년·2006년 임·단협 특별협약'(이하 '이 사건 특별협약'이라고 한다)을 체결하면서 근로자들의 정년을 60세에서 54세로 단축하기로 합의한 후 취업규칙의 정년 규정도 같은 내용으로 변경한 사실, 참가인은 2006. 6. 30. 이 사건 특별협약 및 개정 취업규칙의 정년규정에 따라 당시 54세 이상인 원고(선정당사자)와 선정자들[이하 원고(선정당사자)와 선정자들을 통틀어 '원고 등'이라고 한다]을 포함한 일반직원 22명을 정년퇴직으로 처리한 사실, 참가인과 이 사건 노조는 당시 ○○병원이 처해 있던 경영위기를 타개하기 위하여 위와 같이 정년을 단축하기로 합의하였는데, 이 사건 특별협약에 의하면 "위 협약대로 변경된 내용은 특별 한시적으로 적용하며 나머지 단체협약은 원안대로 수용한다"고 되어 있고, 이후 참가인과 이 사건 노조가 2008년 단체협약을 체결하면서 정년을 매년 1년씩 단계적으로 연장하여 종전 만 60세 정년으로 환원하기로 합의함에 따라 2007년 당시 54세에 달하지 아니하였던 근로자들은 실질적으로 정년이 단축되지 아니한 사실, 한편 이 사건 특별협약에는 정년 단축과 별도로 30명 이내에서 구조조정하는 내용이 포함되어 있었으나, 이 사건 특별협약이 시행된 이후 단축된 정년규정에 따라 대상 근로자가 퇴직 처리된 이외에는 별도의 정리해고 등 구조조정이 없었던 사실을 알 수 있다.

위 사실관계에 의하면, 이 사건 특별협약에 의한 정년 단축은 참가인이 운영하는 ○○병원의 경영위기를 극복하기 위한 자구대책으로 이루어졌다고는 하나, 그 체결 당시 한시적 적용이 예정되어 있어 일정 연령 이상의 근로자들을 정년 단축의

<u>방법으로 일시에 조기 퇴직시킴으로써 사실상 정리해고의 효과를 도모하기 위하</u>
<u>여 마련된 것으로 보이고</u>, 이와 같이 <u>이 사건 정년 단축이 모든 근로자들을 대상</u>
<u>으로 하는 객관적·일반적 기준의 설정이 아닌 일정 연령 이상의 근로자들을 조기</u>
<u>퇴직시키기 위한 방편으로 강구된 이상</u> 참가인의 경영상태 및 경영개선을 위해
노사가 취하였던 노력 등을 고려하더라도 이러한 <u>일정 연령 이상의 근로자들을</u>
<u>정년 단축의 방법으로 조기 퇴직시킨 조치는 연령만으로 조합원을 차별하는 것</u>
<u>이어서 합리적 근거가 있다고 보기 어려우므로</u>, **이 사건 특별협약 중 정년에 관한**
부분은 현저히 합리성을 결여하였다고 볼 것이다. 그렇다면 <u>이 사건 특별협약 중 정년</u>
<u>에 관한 부분 및 이에 근거하여 개정된 취업규칙은 근로조건 불이익변경의 한계</u>
<u>를 벗어난 것으로서 무효</u>이고, 이 사건 특별협약 및 취업규칙에 따라 이루어진
원고 등에 대한 퇴직처리는 사실상 해고에 해당한다고 할 것이다. … (이하 생략)
…"

2. 단체협약의 규범적 효력 관련 유리한 조건 우선의 원칙(유리원칙)

▷ 유리원칙 긍정설 : 단체협약상의 근로조건을 최저기준으로 이해하고, 이러한
기준보다 유리한 내용을 근로계약이나 취업규칙으로 정하는 것은 사적 자치의
원리상 유효하다고 보는 견해이다(따라서 유리한 내용을 정한 근로계약 등에는 노조법
제33조의 효력이 미치지 않는다고 봄).[1]

▷ 유리원칙 부정설 : 우리나라에서 지배적인 기업별협약상의 근로조건을 표준
적·정형적인 기준으로 이해하고, 이러한 기준보다 유리한 내용을 근로계약이나
취업규칙으로 정하는 것은 부당노동행위 성립의 여지가 있기 때문에 원칙적으로 무
효라고 보는 견해이다(따라서 유리한 내용을 정한 근로계약 등에도 노조법 제33조의 효력
이 미친다고 봄).[2]

▷ 단체협약의 효력확장과 유리원칙 : 노조법 제35조(일반적 구속력) 등에 의해 단
체협약이 비조합원들에게 적용되는 경우에도 유리원칙의 적용 여부에 관한 견해
의 대립이 있다. 이러한 견해의 대립은 단체협약 효력확장제도의 취지가 무엇인
가(예컨대, 비조합원인 소수근로자의 보호인가 아니면 협약 당사자인 노동조합 및 그 조합원
의 보호인가 등) 하는 문제와도 관련이 있다.

3. 단체협약에 반하는 내용의 취업규칙이 조합원 및 비조합원과의 관계에서 갖는
효력 (대법원 1992. 12. 22. 선고 92누13189 판결 참고)

---

1) 김형배, 「노동법」, 박영사, 2015, 943면 참조.
2) 임종률, 「노동법」, 박영사, 2018, 159-160면 참조.

▷ 조합원과의 관계에서 단체협약에 반하는 내용의 취업규칙은 노조법 제33조가 정한 바에 따라 무효이지만, 단체협약의 적용을 받지 않는 비조합원과의 관계에서 위와 같은 취업규칙은 유효하다. 다만, 노조법 제35조상의 일반적 구속력(사업장단위 단체협약 효력확장)이 인정되는 경우에는 비조합원에게도 단체협약이 적용된다(☞ 제20강 3. 단체협약의 일반적 구속력 참고).

> ※ 대법원 1992. 12. 22. 선고 92누13189 판결【부당해고구제재심판정취소】
> - "원심은, … (중략) … 참가인회사의 단체협약은 노동조합법 제37조(현행 제35조) 소정의 일반적 구속력을 가지지 아니하고 조합원에게만 적용되며, 이 경우 단체협약에 반하는 내용의 취업규칙 등은 단체협약의 적용대상자에 대하여는 효력이 없으나 협약의 적용을 받지 아니하는 근로자에 대하여 적용되므로 원고에게는 징계규정 제18조 제3호가 적용되고, 따라서 원고에 대한 무기정직은 위 징계규정에 따른 것으로서 유효하다는 취지로 판단하였는바, 기록에 비추어 보면 원심의 위와 같은 사실인정은 정당한 것으로 수긍되고 … (이하 생략) …"

2. 경영상 해고를 제한하는 단체협약의 효력

◀ 판례분석 ▶

■제 목 : 정리해고를 제한하는 고용안정협약의 규범적 효력(Y)과 이러한 협약에 반하는 정리해고의 정당성(N) [포레시아사건]

■대상판결 : 대법원 2014. 3. 27. 선고 2011두20406 판결【부당해고구제재심판정취소】
【원고, 피상고인】 별지 원고 명단 기재와 같다.
【피 고】 중앙노동위원회위원장
【피고보조참가인, 상고인】 포레시아배기컨트롤시스템코리아 주식회사의 소송수계인 포레시아배기컨트롤시스템코리아 유한회사
【원심판결】 서울고법 2011. 7. 21. 선고 2010누19647 판결
【주 문】 상고를 모두 기각한다. 상고비용은 피고보조참가인이 부담한다.

■사건의 개요 : 참가인 회사에 흡수합병되기 이전 법인인 포레시아배기시스템코리아 주식회사(이하 '이 사건 회사')는 2008. 7. 5. 전국금속노조 경기지부 포레시아배기시스템코리아 지회(이하 '이 사건 지회')와 사이에 근로자들의 고용보장을 확약하는 특별교섭 합의서를 체결했으나, 2009. 5. 26. 경영상의 이유로 원고들을 해고하였으며, 이에 원고들은 관할 노동위원회에 부당해고의 구제를 신청하였다.

■관련 법 규정(현행법 기준)
- 근기법 제24조(경영상 이유에 의한 해고의 제한) ① 사용자가 경영상 이유에 의하여 근로자를 해고하려면 긴박한 경영상의 필요가 있어야 한다. 이 경우 경영 악화를 방지하기 위한 사업의 양도·인수·합병은 긴박한 경영상의 필요가 있는 것으로 본다. … (중략) …
⑤ 사용자가 제1항부터 제3항까지의 규정에 따른 요건을 갖추어 근로자를 해고한 경우에는 제23조제1항에 따른 정당한 이유가 있는 해고를 한 것으로 본다.
- 노조법 제33조(기준의 효력) ① 단체협약에 정한 근로조건 기타 근로자의 대우에 관한 기준에 위반하는 취업규칙 또는 근로계약의 부분은 무효로 한다.
② 근로계약에 규정되지 아니한 사항 또는 제1항의 규정에 의하여 무효로 된 부분은 단체협약에 정한 기준에 의한다.

■판결의 성격 : 원심은 이 사건 특별교섭 합의서에 정한 고용보장에 관한 확약은 단체협약의 규범적 부분에 해당하고, 그 체결 당시 예상하지 못했던 심각한 재정적 위기에 처하여 고용보장 확약의 효력 유지가 객관적으로 부당한 상황에 이르렀다고 보기 어려우므로 고용보장 확약에 반하여 단행된 이 사건 정리해고는 부당하다고 판단하였고, 대법원은 원심의 판단이 정당하다고 보아 참가인 회사의 상고를 기각하였다.

■쟁 점
- 정리해고의 실시 여부 등 원칙적으로 교섭 대상이 될 수 없는 사항에 관해 노사가 임의로 교섭하여 정리해고를 제한하는 내용의 단체협약(이른바 고용안정협약)을 체결한 경우 그 단체협약의 규범적 효력이 인정되는지 여부
- 고용안정협약 체결 당시 예상하지 못했던 사정변경이 있는 경우 고용안정협약의 규범적 효력이 부정될 수 있는지 여부

▌중요 사실관계

- 2003. 2. 설립 이래 자동차 배기관을 생산·납품해 온 이 사건 회사는 2008. 7.
5. 기존의 시흥시 시화공단에 위치한 사업장을 화성시 장안산업단지로 이전하며
이 사건 지회와 사이에 "현 시화공장 재직인원(2008. 7.말 현재)에 대하여 고용보
장을 확약한다."라는 내용이 포함된 특별교섭 합의서를 작성 ⇒ **고용안정협약의 체**
결 경위 및 그 내용(단체협약의 유효성)과 관련

- i) 이 사건 회사의 매출실적은 특히 2008. 9.경 미국에서 시작된 금융위기의 여
파 등으로 급감, ii) 2008. 9.경부터 2009. 2.경까지 사무직 근로자 대상 희망퇴직
의 실시·처리, 울산 소재 공장을 장안공장으로 통폐합, 미사용 연차수당 지급연
기, 학자금 지급유보 등의 조치 단행, iii) 이 사건 지회와 협의해 2008. 12.부터
2009. 4.경까지 매달 60 내지 70여 명 규모의 순환휴직 실시, 2009. 1. 6. 이 사
건 지회에 대해 "회사는 향후 인위적인 구조조정을 실시하지 않고 고용을 보장
하기 위해 최선의 노력을 다할 것을 확약한다."라는 내용의 고용보장확약서를
작성해 줌 ⇒ **고용안정협약 체결 이후 매출실적 악화 및 그에 따른 사용자의 조치와 관련**

- i) 이 사건 회사는 2009. 2. 25.부터 두 달간 이 사건 지회에 수차례 공문을 발
송하면서 정리해고 관련 노사협의회에서의 논의를 요청했으나 노사협의가 이루
어지지 않음, ii) 2009. 4. 17. 이후 3차례에 걸쳐 희망퇴직과 관련된 공고 등으로
34명의 근로자를 전직지원금 지급 조건으로 희망퇴직케 하고 2009. 4. 24. 경인
지방노동청 수원지청에 경영상 해고 계획 신고서 제출, iii) 2009. 5. 6. 해고대상
자 선정에 관한 노사합의가 이루어지지 않자 "단체협약 제30조에 따라 해고대상
자를 선정하되 이번의 경우에는 근속기간이 짧은 인원부터 정리한다. 다만 입사
일이 동일한 경우 근로자 개개인의 생활보호측면을 고려하여 부양가족이 적은
순으로 해고한다. 해고예상 대상자는 1997. 8. 15. 이후 입사자 전원으로 한다."
라는 내용으로 해고기준 마련 후 그 내용 등이 포함된 공문을 이 사건 지회에
발송, iv) 원고들은 모두 이 사건 지회의 조합원이었는데, 2009. 5. 26. 경영상 이
유로 해고됨 ⇒ **고용안정협약에 반하여 이루어진 이 사건 정리해고의 경위 및 효력과 관련**

- i) 2008. 9. 미국발 금융위기 등에 따른 이 사건 회사의 매출 급감현상은 2009.
1. 내지 3.경 경기침체의 저점을 지나며 자동차 생산량이 증가하기 시작했고,
2009. 5.경 이후 자동차 내수시장은 세제감면 등으로 급속히 회복되는 추세를
보이기 시작했으며, 이 사건 회사의 주된 납품처인 기아자동차의 생산실적도
2009. 1.~3.에 비해 2009. 4.~6. 급증했고 이에 따라 이 사건 회사의 월별 판매목
표, 실적, 달성비율도 2009. 1.경 36%로 최저점에서 이 사건 정리해고가 있었던

2009. 5.경 이미 79%에 도달했으며, 2009. 9.경 168%에 이르는 등 급속한 실적 개선현상을 보였음, ii) 이 사건 회사는 이 사건 정리해고 후에도 계속하여 초과 근로수당을 지급했고, 2009. 1.경 생산직 근로자 101명에게 지급한 급여 총액이 158,947,857원인데 비하여 2009. 9.경 47명에 대한 급여 총액은 166,530,438원 으로 이 사건 회사의 생산직 인원이 절반 이상 감소한 것에 비하여 오히려 급여 지급 총액이 증가함, iii) 이 사건 회사는 2009. 5. 11. 소외 1 등 12명과 사이에 전적합의서를 작성했으나, 이 사건 정리해고 이후인 2009. 10. 28.경에도 소외 1 등 전적대상 근로자들은 여전히 이 사건 회사에 근무하고 있었고, 그 중 8명의 근로자는 2010. 2. 18.경 이 사건 회사로 재입사하였음 ⇒ **이 사건 정리해고를 전후한 경영실적 및 급여지급 등의 변화 추이(고용안정협약 체결 당시 예상하지 못했던 현저한 사정의 변경이 있었는지)와 관련**

▌기본법리(판지)

1) 정리해고나 사업조직의 통폐합 등 기업의 구조조정의 실시 여부는 경영주체에 의한 고도의 경영상 결단에 속하는 사항으로서 이는 원칙적으로 단체교섭의 대상이 될 수 없으나(대법원 2002. 2. 26. 선고 99도5380 판결 등 참조), 사용자의 경영권에 속하는 사항이라 하더라도 그에 관하여 노사는 임의로 단체교섭을 진행하여 단체협약을 체결할 수 있고, 그 내용이 강행법규나 사회질서에 위배되지 아니하는 이상 단체협약으로서의 효력이 인정된다. ⇒ **[구조조정의 실시 여부 등 임의적 교섭사항에 대한 단체협약의 효력(유효)]**

2) 따라서 사용자가 노동조합과의 협상에 따라 정리해고를 제한하기로 하는 내용의 단체협약을 체결하였다면 특별한 사정이 없는 한 그 단체협약이 강행법규나 사회질서에 위배된다고 볼 수 없고, 나아가 이는 근로조건 기타 근로자에 대한 대우에 관하여 정한 것으로서 그에 반하여 이루어지는 정리해고는 원칙적으로 정당한 해고라고 볼 수 없다. ⇒ **[고용안정협약에 반하는 정리해고의 효력(원칙적 무효)]**

3) 다만 이처럼 정리해고의 실시를 제한하는 단체협약을 두고 있더라도, 그 단체협약을 체결할 당시의 사정이 현저하게 변경되어 사용자에게 그와 같은 단체협약의 이행을 강요한다면 객관적으로 명백하게 부당한 결과에 이르는 경우에는 사용자가 단체협약에 의한 제한에서 벗어나 정리해고를 할 수 있을 것이다. ⇒ **[고용안정협약에도 불구하고 예외적으로 정리해고가 가능한 경우(사정변경원칙)]**

▌결론 및 이유 : 이 사건 정리해고는 부당하다는 아래와 같은 원심의 판단은 정

당하다.

- 이 사건 특별교섭 합의서에서 정한 고용보장에 관한 확약은 포레시아배기시스템코리아 주식회사(이하 '이 사건 회사'라 한다)가 공장 이전을 계기로 근로자의 고용불안과 근로조건의 변화에 대처하기 위하여 이루어진 것으로서 이 사건 회사 스스로 인위적인 구조조정으로 근로관계를 종료하지 아니하겠다는 내용의 고용보장을 확약한 것으로 보아야 하고, 그 내용상 단순히 공장 이전에만 국한하여 적용할 사항이 아니라 그 이후의 제반 근로조건에 관한 사항을 정한 것으로 보아야 하며, 이러한 고용보장에 관한 확약은 단체협약의 규범적 부분에 해당함.

- 이 사건 회사가 이 사건 특별교섭 합의서 체결 당시 예상하지 못하였던 심각한 재정적 위기에 처하여 고용보장에 관한 확약의 효력을 유지하는 것이 객관적으로 부당한 상황에 이르렀다고 보기는 어렵고, 고용보장에 관한 확약에 반하여 단행된 이 사건 정리해고는 부당함.

▋ 판결의 의의와 한계

1) 판례에 따르면, 정리해고 등 기업의 구조조정의 실시 여부는 원칙적으로 단체교섭의 대상이 될 수 없다. 대상판결은 의무적 교섭사항에 해당하지 않는 임의적 교섭사항이더라도 노사가 교섭하여 정리해고를 제한하는 내용의 단체협약을 체결하였다면, 그러한 고용안정협약의 규범적 효력이 인정되어야 함을 밝힌 사례로서 의미가 있다. 고용안정협약은 사용자의 경영권에 대한 중대한 제한을 초래하지만, 이러한 제한은 사용자가 노동조합과의 임의 교섭을 통해 수락한 것으로서 협약자치의 원칙에 따라 그 유효성이 인정되어야 한다. 판례는 정리해고의 실시 여부는 경영주체에 의한 고도의 경영상 결단에 속하는 사항이라고 보고 있는데, 여기에는 정리해고의 실시뿐만 아니라 그 제한도 포함되므로, 고용안정협약은 노사 간 교섭에 따른 사용자의 경영상 결단의 산물로서 그 효력이 인정되어야 한다. 이러한 점에서 위와 같은 대상판결의 판지는 타당하다고 하겠다.

2) 한편, 대상판결은 사정변경의 원칙에 따라 고용안정협약의 규범적 효력이 배제될 수 있다고 본다. 즉 고용안정협약을 체결할 당시의 사정이 현저하게 변경되어 사용자에게 단체협약의 이행을 강요한다면 객관적으로 명백하게 부당한 결과에 이르는 경우에는 사용자가 단체협약에 의한 제한에서 벗어나 정리해고를 할 수 있다고 한다. 사정변경의 원칙은 계약 체결 당시에 예상하지 못하였던 사정의 변화 때문에 계약 준수를 요구하는 것이 정당하지 않게 된 경우에 계약의 내용을 수정하거나 계약의 해소를 허용하는 법리로서 극히 예외적으로 적용되어

야 하는 것이다. 그런데 대상판결에서 대법원은 고용안정협약의 효력이 배제될 수 있는 사정변경과 관련하여, 고용안정협약 체결 당시의 사정의 현저한 변경이 구체적으로 무엇을 말하는 것인지에 관해 판시하고 있지는 않다. 단지 "이 사건 회사가 이 사건 특별교섭 합의서 체결 당시 예상하지 못하였던 심각한 재정적 위기에 처하여 고용보장에 관한 확약의 효력을 유지하는 것이 객관적으로 부당한 상황에 이르렀다고 보기는 어렵다"는 원심의 판단을 수긍하고 있을 뿐이다. 대법원의 다른 판결(대법원 2011. 5. 26. 자 2011두7526 판결: 심리불속행으로 상고기각한 진방스틸코리아사건으로 원심판결은 서울고법 2011. 2. 9. 선고 2010누18552 판결)을 보면,[3] 고용안정협약 체결 당시 예상하지 못하였던 사정변경의 예로서 "기업 자체가 존폐 위기에 처할 심각한 재정적 위기가 도래하였다거나 예상하지 못했던 급격한 경영상 변화가 있는 경우 등"을 제시하고 있다. 협약자치의 원칙은 노조법의 기본원리에 해당한다는 점, 사정변경의 원칙은 극히 예외적으로 적용되어야 한다는 점, 나아가 고용안정협약이 있는 때에는 그것이 없는 경우에 비해 정리해고의 요건인 '긴박한 경영상의 필요' 요건을 보다 엄격하게 해석할 필요가 있다는 점을 고려할 때, 고용안정협약의 규범적 효력이 배제되어 정리해고가 정당화될 수 있는 경영사정의 변화는 기업의 존폐에 영향을 미치는 급박하고도 심각한 경영위기에 해당해야 것으로 엄격하게 제한하여 해석하여야 한다.

◀ Q 풀이 ▶

Q 1. 대상판결에 의하면 경영해고를 제한하는 단체협약의 효력이 예외적으로 부정될 수 있는 특별한 사정이란?

[A] 정리해고의 실시를 제한하는 단체협약을 두고 있더라도, 그 단체협약을 체결할 당시의 사정이 현저하게 변경되어 사용자에게 그와 같은 단체협약의 이행을 강요한다면 객관적으로 명백하게 부당한 결과에 이르는 경우에는 사용자가 단체협약에 의한 제한에서 벗어나 정리해고를 할 수 있을 수 있다고 한다.

Q 2. 대상판결에서 이 사건 경영해고가 부당하다고 판단한 이유는?

[A] 이 사건 특별교섭 합의서에서 정한 고용보장에 관한 확약은 이 사건 회사가

---

3) 이에 대한 평석으로 조용만, "고용안정협약을 위반한 정리해고의 효력", 「노동법학」 제38호, 한국노동법학회, 2011, 245면 이하 참고.

공장 이전을 계기로 근로자의 고용불안과 근로조건의 변화에 대처하기 위하여 이 사건 회사 스스로 인위적인 구조조정으로 근로관계를 종료하지 아니하겠다는 내용의 고용보장을 확약한 것으로서 제반 근로조건에 관한 사항을 정한 단체협약의 규범적 부분에 해당하고, 이 사건 회사가 위 특별교섭 합의서 체결 당시 예상하지 못하였던 심각한 재정적 위기에 처하여 고용보장에 관한 확약의 효력을 유지하는 것이 객관적으로 부당한 상황에 이르렀다고 보기는 어려우므로 고용보장 확약에 반하여 단행된 이 사건 정리해고는 부당하다는 것이다.

◀ 심화학습 ▶

1. 경영해고 관련 노사 간 사전 '합의'를 규정한 단체협약의 해석과 효력 (대법원 2002. 2. 26. 선고 99도5380 판결; 대법원 2012. 6. 28. 선고 2010다38007 판결 참고)

▷ 판례 중에는 단체협약상 정리해고의 실시에 관한 노동조합과의 사전 '합의'조항의 취지를 '협의'로 해석한 판결이 있다. 그 대표적 사례가 참고1 판결(99도5380 판결: 조폐공사사건)이다. 이 판결에서 대법원은 경영권의 본질에 속하여 단체교섭의 대상이 될 수 없는 사항에 관해 노동조합과 '합의'하여 결정 혹은 시행하기로 하는 단체협약의 일부 조항(즉 정리해고에 관한 단체협약상의 사전 '합의'조항)이 있는 경우 그 조항 하나만을 주목하여 쉽게 사용자의 경영권의 일부포기나 중대한 제한을 인정하여서는 아니 되고, 그러한 단체협약의 체결 경위와 당시의 상황, 단체협약의 다른 조항과의 관계 등을 종합적으로 검토하여 합의의 의미를 해석해야 한다고 하면서, 이 사건 합의조항을 '협의'의 취지로 해석함이 상당하기 때문에 노동조합이 창통폐합의 백지화만 고집하면서 행한 이 사건 쟁의행위는 그 목적의 정당성을 인정받을 수 없다고 판단하였다.

▷ 그러나 참고1 판결에서 대법원이 취한 입장이 단체협약 해석의 일반원칙에 부합하는 것인지에 관한 의문이 제기된다(☞ 단체협약의 해석에 관해서는 제19강 2. 참고). 참고2 판결(2010다38007 판결: 알리안츠생보사건)에서 대법원은 단체협약에서 노조간부 인사에 대하여는 사전 '합의'를, 조합원 인사에 대하여는 사전 '협의'를 하도록 규정한 경우 노조간부에 대한 인사권은 노사 간 '의견의 합치'를 보아 행사하여야 한다는 뜻에서 사전 '합의'를 하도록 규정한 것이라고 해석하는 것이 타당하다고 본 다음, 정리해고는 근로자에게 귀책사유가 없는데도 사용자의 경영상의 필요에 의하여 단행되는 것으로서 정리해고의 대상과 범위, 해고회피방안 등에 관하여 노동조합의 합리적인

의사를 적절히 반영할 필요가 있고, 노사 쌍방 간의 협상에 의한 최종 합의 결과 단체
협약에 정리해고에 관하여 사전 '협의'와 의도적으로 구분되는 용어를 사용하여 노사
간 사전 '합의'를 요하도록 규정하였다면, 이는 노사 간에 사전 '합의'를 하도록 규정
한 것이라고 해석함이 상당하고, 다른 특별한 사정없이 단지 정리해고의 실시 여부가
경영주체에 의한 고도의 경영상 결단에 속하는 사항이라는 사정을 들어 이를 사전
'협의'를 하도록 규정한 것이라고 해석할 수는 없다고 판시하였다(다만 이 사건 정리해
고의 경우 사용자가 단체협약을 위반하여 노동조합과 사전 합의를 하지 아니한 것은 적법한
해고절차를 갖추었다고 볼 수 없지만, 노동조합이 사전합의권을 남용하거나 스스로 사전합의
권의 행사를 포기한 경우에 해당한다고 봄이 상당하므로 이 사건 정리해고가 노동조합과 사
전 합의를 거치지 아니하였다는 사정만으로 무효라고 볼 수 없다고 판단하였다. ☞ 노동조합
의 사전합의권 남용에 관해서는 제11강 1. 해고합의조항 참고).

※(참고1) 대법원 2002. 2. 26. 선고 99도5380 판결【특수공무집행방해·폭력행위등처
벌에관한법률위반·업무방해·집회및시위에관한법률위반】
- "… (중략) … 원심은 위 쟁의행위 당시 유효하던 단체협약에 의하면 공사는 정
리해고를 하는 경우에도 사전에 노조와 '합의'할 의무를 부담하도록 되어 있어 이
사건 쟁의행위는 그러한 합의를 할 수 없다는 주장을 하기 위한 것으로서 그 목적
의 정당성을 인정할 수 있다고 판단하고 있으나, <u>사용자가 경영권의 본질에 속하
여 단체교섭의 대상이 될 수 없는 사항에 관하여 노동조합과 '합의'하여 결정 혹은
시행하기로 하는 단체협약의 일부 조항이 있는 경우</u>, <u>그 조항 하나만을 주목하여
쉽게 사용자의 경영권의 일부포기나 중대한 제한을 인정하여서는 아니되고</u>, 그와
같은 단체협약을 체결하게 된 경위와 당시의 상황, 단체협약의 다른 조항과의 관
계, 권한에는 책임이 따른다는 원칙에 입각하여 노동조합이 경영에 대한 책임까지
도 분담하고 있는지 여부 <u>등을 종합적으로 검토하여 그 조항에 기재된 '합의'의 의
미를 해석하여야 할 것인바</u>, 기록에 의하면, 공사와 노조가 체결하여 위 각 쟁의행
위 당시 시행되던 단체협약 제28조 제3호에는 "정리해고나 사업장조직 통폐합에
따른 직원의 해고시 노조와 사전에 합의한다"고 규정되어 있음을 알 수 있으나, 한
편 위 단체협약 제21조에는 "공사의 조직개편 및 정원 변경시 조합과 사전에 성실
히 협의한다"고, 제22조 제1항에는 "공사는 합리적이며 공정한 인사제도를 확립·
운영함으로써 직원의 인사관리에 공정성이 보장되도록 하여야 한다. 다만, 인사결
과에 대하여 조합이 이의가 있을 때에는 의견을 제출할 수 있다"고 각 규정되어
있는 점, 위 단체협약 체결 당시 공사는 정부가 100% 출자한 공기업으로서 노동
조합에 경영에 대한 책임까지도 분담시켜 노·사가 공사를 공동경영하기로 방침을
정할 상황이 아니었던 점 등 <u>위 단체협약의 체결 경위와 당시의 상황, 단체협약의
전체적인 체계 및 내용 등에 비추어 보면, 위 단체협약 제28조 제3호는 공사가 정
리해고 등 경영상 결단을 하기 위하여는 반드시 노조의 사전동의를 요건으로 한다</u>

는 취지가 아니라 사전에 노조에 해고의 기준 등에 관하여 필요한 의견을 제시할 기회를 주고 공사는 노조의 의견을 성실히 참고하게 함으로써 구조조정의 합리성과 공정성을 담보하고자 하는 '협의'의 취지로 해석함이 상당하다 할 것이므로, 앞에서 본 사실관계와 같이 공사가 수차 노조에 창통폐합의 불가피성을 설득하며 그에 따른 해고문제를 협의하려고 노력하였음에도 노조는 창통폐합의 백지화만 고집하면서 쟁의행위에 나아간 이 사건에서 위 단체협약 제28조 제3호의 규정에 의하여 이 사건 쟁의행위가 그 목적의 정당성을 부여받을 수도 없다 할 것이다."

※(참고2) 대법원 2012. 6. 28. 선고 2010다38007 판결 【근로자지위확인등】

- "단체협약의 인사협의(합의)조항에 노동조합간부의 인사에 대하여는 사전 '합의'를, 조합원의 인사에 대하여는 사전 '협의'를 하도록 용어를 구분하여 사용하고 있다면, 교섭 당시 사용자의 인사권에 대하여 노동조합간부와 조합원을 구분하여 제한의 정도를 달리 정한 것으로 보아야 하고, 그 정도는 노동조합간부에 대하여는 조합원에 대한 사전 협의의 경우보다 더 신중하게 노동조합 측의 의견을 참작하여야 한다는 정도의 차이만 있는 것으로 볼 수는 없는 것이므로, 조합원에 대한 인사권의 신중한 행사를 위하여 단순히 의견수렴절차를 거치라는 뜻의 사전 '협의'와는 달리, 노동조합간부의 인사에 대하여는 노동조합과 의견을 성실하게 교환하여 노사간에 '의견의 합치'를 보아 인사권을 행사하여야 한다는 뜻에서 사전 '합의'를 하도록 규정한 것이라고 해석하는 것이 타당하다(대법원 1993. 7. 13. 선고 92다50263 판결 등 참조). 그리고 정리해고는 근로자에게 귀책사유가 없는데도 사용자의 경영상의 필요에 의하여 단행되는 것으로서, 정리해고의 대상과 범위, 해고 회피 방안 등에 관하여 노동조합의 합리적인 의사를 적절히 반영할 필요가 있고, 노사 쌍방 간의 협상에 의한 최종 합의 결과 단체협약에 정리해고에 관하여 사전 '협의'와 의도적으로 구분되는 용어를 사용하여 노사간 사전 '합의'를 요하도록 규정하였다면, 이는 노사간에 사전 '합의'를 하도록 규정한 것이라고 해석함이 상당하고, 다른 특별한 사정없이 단지 정리해고의 실시 여부가 경영주체에 의한 고도의 경영상 결단에 속하는 사항이라는 사정을 들어 이를 사전 '협의'를 하도록 규정한 것이라고 해석할 수는 없다. … (중략) …

이 사건 단체협약 제26조는 노동조합의 간부에 대한 인사 중 임면, 이동, 교육에 관한 사항을 특정하여 이에 관하여는 특별히 피고의 자의적인 인사권 행사로 노동조합의 정상적인 활동이 저해되는 것을 방지하기 위하여 노동조합과 사전에 합의하여야 한다는 취지를 규정한 것으로 해석되고, 여기서 말하는 '임면'에는 '면직'이 포함된다고 볼 수 있는데, 이 사건 단체협약이나 취업규칙 등에서 '면직'의 의미에 관하여 별도의 정의 규정을 두고 있다고 볼만한 자료가 없는 이상, 이는 단체협약 제26조의 규정 취지와 통상적인 용어의 의미에 따라 통상해고, 징계해고, 정리해고 등 피고가 조합간부와의 근로계약을 종료시키는 인사처분을 의미한다고 해석함이 상당하다.

이러한 해석에 터 잡아 살펴보면, 피고가 2007. 7. 12. 원고 1을 정리해고하면서 이 사건 단체협약 제26조를 위반하여 노동조합과 사전 합의를 하지 아니한 것은 적법한 해고절차를 갖추었다고 볼 수 없지만, … (중략) … 여러 사정을 종합·참작하면, 이 사건 정리해고는 그 필요성과 합리성이 객관적으로 명백하고 피고가 노동조합 측과 정리해고에 관한 합의 도출을 위하여 성실하고 진지한 노력을 다하였는데도 노동조합 측이 합리적 근거나 이유제시 없이 정리해고 자체를 반대하고 불법적인 쟁의행위에 나아감으로써 합의에 이르지 못하였다고 할 것이므로, 이는 노동조합이 사전합의권을 남용하거나 스스로 사전합의권의 행사를 포기한 경우에 해당한다고 봄이 상당하다. … (이하 생략) …"

3. 단체협약의 일반적 구속력

◀ 판례분석 ▶

▌**제 목** : 단체협약상 징계재심조항의 비조합원에 대한 적용 여부(Y) [엘지전선 사건]

▌**대상판결** : 대법원 1999. 12. 10. 선고 99두6927 판결【부당해고구제재심판정취소】
【원고, 피상고인】 배○렬
【피고, 상고인】 중앙노동위원회위원장
【피고보조참가인, 상고인】 엘지전선 주식회사
【원심판결】 서울고법 1999. 5. 27. 선고 98누14183 판결
【주 문】 각 상고를 기각한다. 상고비용을 상고인 각자의 부담으로 한다.

▌**사건의 개요** : 참가인 회사는 무단결근, 공금유용 등의 징계사유로 원고(전력시설부문의 사원, 비조합원)에 대한 권고사직을 결정·지시했고, 징계재심을 위한 원고의 이의신청을 기각했으며(단체협약에서는 재심청구에 따른 회사의 재심 의무를 규정), 원고가 사직서를 제출하지 않자 회사는 징계조치사항의 불이행을 이유로 징계해고를 하였고, 원고는 관할 노동위원회에 부당해고의 구제를 신청하였다.

▌관련 법 규정(현행법 기준)

- 노조법 제35조(일반적 구속력) 하나의 사업 또는 사업장에 상시 사용되는 동종의 근로자 반수 이상이 하나의 단체협약의 적용을 받게 된 때에는 당해 사업 또는 사업장에 사용되는 다른 동종의 근로자에 대하여도 당해 단체협약이 적용된다.

▌판결의 성격 : 원심은 단체협약상의 재심절차 불이행에 따른 징계절차상의 하자를 이유로 참가인 회사의 권고사직처분과 이를 전제로 한 징계해고처분은 각각 무효라고 판단하였고, 대법원은 원심의 판단이 정당하다고 보아 피고와 참가인 회사의 상고를 기각하였다.

▌쟁 점

- 피징계자의 재심청구에 따른 재심의 의무를 규정한 단체협약이 비조합원인 원고에 대한 징계에도 적용되는지 여부

▌중요 사실관계

- 재심 관련 단체협약의 내용("징계사항에 대하여 이의가 있는 당해 조합원은 5일 이내에 재심을 청구할 수 있고, 회사는 지체 없이 재심에 응하여야 한다")과 사원징계규정의 내용("징계사항에 대하여 이의가 있는 사원은 통고받은 날로부터 3일 이내에 서면으로 이유를 명시하여 인사담당부서에 이의신청을 할 수 있고, 이의신청의 사유가 정당하다고 인정할 수 없을 때에는 이를 기각하고, 이의신청을 승인한 때에는 재심을 한다") ⇒ **의무적 재심을 규정한 협약과 임의적 재심을 규정한 취업규칙 중 어느 것이 원고에게 적용되는지와 관련**
- 단체협약 소정 조합원의 범위("회사의 종업원은 노조법상의 사용자에 해당하지 않는 자로서 가입원서를 제출한 날로부터 조합원이 된다) ⇒ **원고가 노조에 가입할 수 있는 자격을 갖는지와 관련**
- 이 사건 징계해고 당시에 원고는 비조합원이고 조합원의 수는 전체 근로자의 과반수 ⇒ **비조합원인 원고에게 단체협약이 적용될 수 있는지와 관련**

▌기본법리(판지)

1) 노동조합 및 노동관계조정법 제35조의 규정에 따라 단체협약의 적용을 받게 되는 '동종의 근로자'라 함은 당해 단체협약의 규정에 의하여 그 협약의 적용이 예상되는 자를 가리키는바, ⇒ **[일반적 구속력에서 동종 근로자의 의미]**

2) 사업장 단위로 체결되는 <u>단체협약의 적용 범위가 특정되지 않았거나 협약 조항이 모든 직종에 걸쳐서 공통적으로 적용되는 경우에는 직종의 구분 없이 사업장 내의 모든 근로자가 동종의 근로자</u>에 해당된다(대법원 1992. 12. 22. 선고 92누13189 판결, 1997. 4. 25. 선고 95다4056 판결 등 참조). ⇒ **[협약 적용범위의 불특정 또는 모든 직종에 협약의 공통 적용(사업장내 모든 근로자=동종 근로자)]**

▌결론 및 이유 : 조합원수가 상시 사용되는 근로자 과반수에 해당하였던 이상 노동조합에 가입한 여부에 관계없이 원고에 대하여도 단체협약의 해고절차에 관한 조항이 적용된다.

- 이 사건 <u>단체협약 규정상</u> 사용자에 해당하지 않는 한 기능직·일반직 등 <u>직종의 구분 없이 사업장 내의 모든 근로자가 노동조합의 조합원으로 가입하여 단체협약의 적용을 받을 수 있도록 되어 있으므로,</u> 원고와 같은 일반직 근로자도 기능직 근로자와 함께 노조법조항에서 말하는 <u>동종의 근로자에 해당.</u>

- 참가인 회사의 <u>단체협약</u> 제31조 단서 제2항은 <u>징계사항에 대하여 이의가 있는 당해 조합원은</u> 5일 이내에 <u>재심을 청구할 수 있고,</u> 회사는 지체 없이 재심에 응<u>하여야 한다고 규정</u>하고 있으며, 징계절차의 일반에 관하여는 사원징계규정 제22조 및 제23조에서 징계사항에 대하여 이의가 있는 사원은 서면으로 명시하여 이의신청을 함으로써 재심청구를 하도록 규정하고 있음을 알 수 있으니, <u>원고가</u> 1998. 2. 3. <u>권고사직의 징계처분을 받고 이에 대한 이의신청서를 같은 달 6. 제출한 것은</u> 그 사원징계규정에 따른 <u>적법한 재심청구</u>라고 보아야 할 것.

▌판결의 의의와 한계

1) 대상판결은 선례에 입각하여 일반적 구속력의 적용대상인 '동종의 근로자'의 의미와 직종 구분 없이 사업장내 모든 근로자가 동종 근로자에 해당하는 경우(협약 적용 범위의 불특정 또는 모든 직종에 협약의 공통적 적용)에 관한 법리를 밝힌 사례이다. 이 사례에서 조합규약과 단체협약상 조합원자격에 대한 특별한 제한이 없지만(단, 사용자에 해당하는 자는 제외), 기능직 근로자들만이 노조에 가입되어 있는 상황에서 일반직 근로자인 원고도 일반적 구속력에 따라 협약상의 재심절차조항의 적용을 받는 '동종의 근로자'에 해당하는 것으로 판단되었다.

2) 판례에 의하면 일반적 구속력의 적용대상인 '동종의 근로자'는 협약의 규정에 의하여 그 협약의 적용이 예상되는 자이기 때문에 협약의 규정에 의하여 조합원의 자격이 없는 자는 협약의 적용이 예상된다고 할 수 없어 협약의 적용을 받지 않는다(대법

원 2004. 1. 29. 선고 2001다6800 판결 ☞ 심화학습 1. 참고).

◀ Q 풀이 ▶

Q 1. 대상판결에서 원고에 대한 해고가 부당해고로 판단된 이유는?

[A] 이 사건에서 협약 규정상 사용자에 해당하지 않는 한 직종의 구분 없이 사업장 내의 모든 근로자가 노동조합에 가입하여 협약의 적용을 받을 수 있다. 따라서 비조합원인 원고는 조합가입자격을 갖기 때문에 징계재심절차(재심청구에 따른 재심의무)를 규정한 단체협약의 적용을 받을 수 있는 노조법 소정의 일반적 구속력제도상의 '동종의 근로자'에 해당한다. 참가인 회사는 권고사직의 징계조치에 대한 원고의 재심청구(이의신청)를 거부하여 재심절차를 이행하지 않았고, 따라서 이러한 절차상의 하자가 있는 권고사직의 징계조치는 무효이고, 무효인 징계조치의 불이행(사직서 미제출)을 이유로 한 징계해고 역시 효력이 없다.

Q 2. 일반적 구속력제도의 취지는?

[A] 일반적 구속력 제도의 입법취지에 관해서는 노동조합보호설(고비용의 조합원을 저비용의 비조합원으로 대체하려는 사용자의 노력·시도 방지), 비조합원보호설,[4] 절충설(주로 비조합원보호, 부수적으로 노동조합보호)[5] 등 학설상 견해의 대립이 있다. 입법취지를 어떻게 볼 것인가는 일반적 구속력의 적용요건에 관한 해석에 영향을 미치지 않을 수 없다. 그럼에도 입법취지를 명확히 밝히고 있는 판결례는 아직까지 없는 것으로 보인다.

◀ 심화학습 ▶

1. 노조법 제35조의 규정에 따라 단체협약의 일반적 구속력으로서 그 적용을 받게 되는 '동종의 근로자'의 의미 (대법원 2003. 12. 26. 선고 2001두10264 판결; 대법원 2004. 1. 29. 선고 2001다6800 판결 참고)

▷ 참고1 판결(2001두10264 판결)과 참고2 판결(2001다6800 판결)에 따르면, 노조법

---

4) 김유성, 「노동법Ⅱ」, 법문사, 1999, 194-195면.
5) 임종률, 「노동법」, 박영사, 2018, 177면.

제35조의 규정에 따라 단체협약의 일반적 구속력으로서 그 적용을 받게 되는 '동종의 근로자'라 함은 해당 단체협약의 규정에 의하여 그 협약의 적용이 예상되는 자를 가리키며, 단체협약의 규정에 의하여 조합원의 자격이 없는 자는 단체협약의 적용이 예상된다고 할 수 없어 단체협약의 적용을 받지 아니한다.

▷ 한편, 참고1, 2 판결을 비롯한 판례는 단체협약에서 노동조합의 조합원이 될 수 없는 자를 특별히 규정하여 일정 범위의 근로자들에 대하여 단체협약의 적용을 배제하는 경우 그 규정이 노동조합 규약에 정해진 조합원의 범위에 관한 규정과 배치된다고 하여 무효라고 볼 수 없다고 한다. 즉 노조법 제5조와 제11조 각 규정에 따라 근로자는 자유로이 노동조합을 조직하거나 이에 가입할 수 있고, 구체적으로 노동조합의 조합원의 범위는 해당 노동조합의 규약이 정하는 바에 의하여 정하여지며, 근로자는 노동조합의 규약이 정하는 바에 따라 해당 노동조합에 자유로이 가입함으로써 조합원의 자격을 취득하는 것인바, 한편 사용자와 노동조합 사이에 체결된 단체협약은 특약으로 일정 범위의 근로자에게만 적용하기로 정하고 있는 등의 특별한 사정이 없는 한 협약 당사자로 된 노동조합의 구성원으로 가입한 조합원 모두에게 현실적으로 적용되는 것이 원칙이고, 다만 단체협약에서 노사 간의 상호 협의에 의하여 규약상 노동조합의 조직대상이 되는 근로자의 범위와는 별도로 조합원이 될 수 없는 자를 특별히 규정함으로써 일정 범위의 근로자들에 대하여 위 단체협약의 적용을 배제하고자 하는 취지의 규정을 둔 경우에는 비록 이러한 규정이 노동조합 규약에 정해진 조합원의 범위에 관한 규정과 배치된다고 하더라도 무효라고 볼 수 없다(2001다6800 판결 참조).

▷ 참고1 판결(2001두10264 판결)에서 이 사건 징계해고 당시 원고들은 단체협약 제6조에 규정된 조합원의 범위에 해당되지 아니하여 단체협약의 규정에 따른 조합원의 자격이 없는 자이므로 위 단체협약의 적용이 예상된다고 할 수 없어 원고들을 노조법 제35조에 따라 단체협약의 일반적 구속력을 받는 동종의 근로자라고 할 수 없다고 판단되었다. 참고2 판결(2001다6800 판결)에서 피고 회사의 과장으로 근무해 온 원고는 피고 회사의 단체협약 제5조 제1항 제1호에 의하여 조합원의 자격이 인정되지 않는 '과장급 이상의 직책을 가진 자'로서, 노동조합에 조합원으로 가입하였다 하더라도 위 단체협약의 적용을 받을 수 없다고 판단되었다.

2. 기타 일반적 구속력의 요건과 효과

▷ 일반적 구속력의 요건인 '상시 사용되는' 동종의 근로자는 근로자의 지위나 종류, 고용기간의 정함의 유무 또는 근로계약상의 명칭에 구애됨이 없이 사업장에서 사실상 계속적으로 사용되고 있는 동종의 근로자 전부를 의미하고, 단기의 계약기간을 정하여 고용된 근로자라도 기간만료시마다 반복 갱신되어 사실상 계속 고용되어 왔다면 여기에 포함된다(대법원 1992. 12. 22. 선고 92누13189 판결 참고).

▷ 일반적 구속력의 요건인 '하나의 단체협약의 적용을 받는 근로자'란 단체협약의 본래적 적용 대상자로서 단체협약상의 적용범위에 드는 자만을 일컫는 것으로 단체협약상 특별히 적용범위를 한정하지 않은 경우에는 당해 단체협약의 협약당사자인 노동조합의 조합원 전체를 의미하고 단체협약이 근로자 일부에게만 적용되는 것으로 한정하는 경우에는 그 한정된 범위의 조합원을 의미한다(대법원 2005. 5. 12. 선고 2003다52456 판결 참고).

▷ 서로 다른 종류의 사업을 운영하던 회사들이 합병한 이후 근로자들의 근로관계 내용을 단일화하기로 변경·조정하는 새로운 합의가 있기 전에 그 중 한 사업부문의 근로자들로 구성된 노동조합이 회사와 체결한 단체협약은 그 사업부문의 근로자들에 대하여만 적용될 것이 예상되는 것이라 할 것이어서 다른 사업부문의 근로자들에게는 적용될 수 없다(대법원 2004. 5. 14. 선고 2002다23185,23192 판결 참고)

▷ 일반적 구속력의 효과로서 그 효력이 확장 적용되는 것은 단체협약 중 규범적 부분에 한정된다고 보는 것이 일반적이다. 이 경우 유리원칙 적용 여부(즉 비조합원의 근로조건이 협약상의 것보다 유리한 경우에도 일반적 구속력에 의해 불리한 협약의 적용을 받게 되는지 여부)에 관한 학설상 견해의 대립이 있고, 해당 판결례는 없는 것으로 보인다.[6]

---

[6] 사용자가 일방적으로 불리하게 변경한 취업규칙상의 퇴직금조항에 대해 과반수 노동조합이 그에 따르기로 하는 단체협약을 체결한 경우 그 단체협약의 적용을 받는 기존의 근로자에 대해서도 변경된 퇴직금조항이 적용된다(☞ 제5강 2. 대상판결 및 같은 취지의 대법원 2005. 3. 11. 선고 2003다27429 판결 참고). 이 경우 기존의 비조합원들에게도 변경된 퇴직금조항이 적용된다는 판결이 있다(대법원 2006. 4. 27. 선고 2004다4683 판결). 이 판결이 일반적 구속력에 의해 동종의 근로자인 비조합원들에게도 불리하게 변경된 단체협약이 적용되는 것으로 본 것인지(그렇다면 결과적으로 유리원칙 부정), 아니면 근로자의 집단적 동의 없이 불리하게 변경된 취업규칙에 대해 과반수 노동조합이 단체협약의 체결을 통해 소급적으로 동의한 효과로서 변경된 취업규칙이 적용되는 것으로 본 것인지(그렇다면 유리원칙과 무관) 그 취지가 분명하지 않다.

4. 단체협약의 지역적 구속력

◀ 판례분석 ▶

▌**제 목** : 별도의 단체협약이 체결된 경우 지역적 구속력의 효력(N) [제일교통사건]

▌**대상판결** : 대법원 1993. 12. 21. 선고 92도2247 판결【업무방해,노동조합법위반】
【피고인】 피고인 1 외 2인
【상고인】 피고인들
【원심판결】 부산지방법원 1992. 8. 12. 선고 91노2411 판결
【주 문】 원심판결을 파기하고, 사건을 부산지방법원 합의부에 환송한다.

▌**사건의 개요** : 소외 회사(택시회사)의 노조 간부인 피고인들은 부산시 택시사업
조합(소외 회사는 이 사업조합에 교섭권을 위임)과 전국택시노동조합연맹 부산시지부(피
고인들의 노조는 이 연맹에 교섭권을 위임하지 않음) 사이에 체결된 단체협약과 임금협
정에 대한 부산시장의 지역적 구속력 결정·공고가 있었음에도 불구하고 별도의
개별적인 교섭권을 주장하며 기존 협약의 갱신 등을 위한 파업을 하였다는 이유
로 형법 및 구 노조법 위반으로 공소가 제기되었다.

▌**관련 법 규정**(현행법 기준)
- 노조법 제36조(지역적 구속력) ① 하나의 지역에 있어서 종업하는 동종의 근
로자 3분의 2 이상이 하나의 단체협약의 적용을 받게 된 때에는 행정관청은 당
해 단체협약의 당사자의 쌍방 또는 일방의 신청에 의하거나 그 직권으로 노동위
원회의 의결을 얻어 당해 지역에서 종업하는 다른 동종의 근로자와 그 사용자에
대하여도 당해 단체협약을 적용한다는 결정을 할 수 있다.
② 행정관청이 제1항의 규정에 의한 결정을 한 때에는 지체없이 이를 공고하여
야 한다.

> ※ 구 노조법에서는 지역적 구속력 결정에 위반한 자에 대한 벌칙규정이 있었으나
> (구 노조법 제46조의 3), 현행 노조법에는 이러한 벌칙규정이 없다.

▌**판결의 성격** : 원심은 피고인들의 행위가 형법상의 업무방해 및 구 노조법상의 지역적 구속력 결정 위반에 해당한다고 판단하여 유죄를 선고하였으나, 대법원은 지역적 구속력의 한계 법리에 근거하여 이러한 원심판결을 파기환송하였다.

▌**쟁 점**

- 지역적 구속력 결정의 효력은 그 결정의 대상인 단체협약의 체결에 참여하지 않은 노동조합에도 미치는지 여부
- 지역적 구속력이 위와 같은 노동조합의 교섭권과 단체행동권을 제한하는지 여부

▌**중요 사실관계**

- 소외 회사(이하 회사)는 1991. 3. 8. 부산에 있는 108개 택시업체와 함께 공동교섭권한을 부산시 택시사업조합(이하 사업조합)에 위임하였고, 사업조합과 전국택시노동조합연맹 부산시지부(이하 택시노련) 사이에 1991. 4. 5. "91 단체협약 및 임금협정"(이하 공동타결안)이 체결되었으나 회사의 노조는 택시노련에 교섭권을 위임하지 않음 ⇒ **사용자만이 교섭권을 위임하여 체결된 공통타결안이 교섭권을 위임하지 않은 노조와 그 조합원들에게 적용되는지 여부와 관련**

- 회사의 노조는 위 공동타결안과는 별도로 단체협약의 개정 및 임금과 차량세차비 등에 관한 단체협약의 체결을 요구하다가 회사가 응하지 않자, 같은 해 4. 24. 관할 행정관청과 부산지노위에 쟁의발생신고를 하였고, 그 후 같은 해 5. 1. 부산시장이 위 공동타결안에 대한 지역적 구속력 결정공고를 하였지만, 노조는 같은 해 5. 10. 07:00경 피고인들의 주도로 임시총회를 개최하여 파업을 결의한 후 같은 날 09:00경부터 6.4.까지 택시운행을 거부 ⇒ **지역적 구속력 결정의 효력이 노조에 미치는지 여부 및 노조의 파업이 지역적 구속력 결정에 위반하는 것인지 여부와 관련**

▌**기본법리**(판지)

1) 헌법 제33조 제1항은 근로자는 근로조건의 향상을 위하여 자주적인 단결권, 단체교섭권 및 단체행동권을 가진다고 규정하여 근로자의 자주적인 단결권뿐 아니라 단체교섭권과 단체행동권을 보장하고 있으므로, ⇒ **[헌법상의 근로삼권 보장]**

2) 노동조합법 제38조(현행 제36조)가 규정하는 지역적 구속력 제도의 목적을 어떠한 것으로 파악하건 적어도 교섭권한을 위임하거나 협약체결에 관여하지 아니한 협약 외의 노동조합이 독자적으로 단체교섭권을 행사하여 이미 별도의 단체협약을 체결한 경우에는 그 협약이 유효하게 존속하고 있는 한 지역적 구속력 결정의

효력은 그 노동조합이나 그 구성원인 근로자에게는 미치지 않는다고 해석하여야 할 것이고, ⇒ **[지역적 구속력의 한계1(별도 협약 체결·적용되는 노조 및 그 조합원에게 효력 없음)]**

3) 또 <u>협약 외의 노동조합이</u> 위와 같이 별도로 체결하여 적용 받고 있는 <u>단체협약의 갱신체결이나 보다 나은 근로조건을 얻기 위한 단체교섭이나 단체행동을 하는 것 그 자체를 금지하거나 제한할 수는 없다</u>고 보아야 할 것이다. ⇒ **[지역적 구속력의 한계2 (지역적 구속력의 적용을 받지 않는 노조의 협약갱신 등을 위한 교섭·단체행동 가능)]**

■**결론 및 이유** : 지역적 구속력 결정이 당연히 노동조합과 그 구성원인 피고인들에게도 미침을 전제로 피고인들이 위법한 쟁의행위를 하여 회사의 업무를 방해하고 지역적 구속력 결정을 위반하였다고 판단한 것은 위법하다.

- <u>원심은 지역적 구속력의 결정이 협약 외 노동조합의 단체교섭권이나 단체행동권을 합리적 범위 내에서 제한한 것</u>으로 볼 것이지 이를 헌법에 위반하여 부당하게 협약 외의 단위노동조합의 단체교섭권과 단체행동권을 박탈한 것이라고 할 수 없다고 <u>본 것 같으나,</u> 그렇게 되면 <u>협약 외 노동조합의 자주적인 단체교섭권과 단체행동권을 부인하는 결과에 이를 수 있어 부당.</u>

- <u>피고인들의 판시행위 당시</u> 회사에는 그 효력기간을 1989. 3. 31.부터 2년으로 하고 협약효력기간이 지난 후에도 협약이 갱신체결될 때까지 효력을 지속하되 3개월 이전에 새로운 협약을 체결하도록 한 <u>단체협약과</u> 효력기간을 1990. 9. 1.부터 1991. 6. 30.까지로 하여 체결한 <u>임금협정이 존속하고</u> 있었던 것으로 엿보임.

- <u>피고인들은</u> 회사의 노동조합의 조합장, 조직부장, 총무부장 등을 맡고 있으면서 <u>사업조합과 택시노련이 공동교섭을 할 때에 단체교섭을 위임하지 않고</u> 공동교섭 결과 협약안이 마련된 후인 1991. 4. 8.부터 <u>회사에 대하여 단체교섭을 요구하였으</u>나 회사가 이에 불응하자 회사가 <u>부당노동행위를</u> 하였다며 <u>진정을</u> 하고, 같은 달 24. 쟁의발생 신고까지 하였던 사실을 인정할 수 있는 바, 위 <u>지역적 구속력 결정은</u> 결정 당시 유효한 단체협약의 개정이나 새로운 단체협약체결을 위한 단체교섭을 요구하고 있었던 회사의 노동조합에는 미치지 않는다고 보아야 할 것.

　※ **원심의 판단** : 기본적으로 위 제도는 그 존재의의가, 사업장 단위의 일반적 구속력제도와는 달리, 협약당사자인 노동조합의 조직을 유지 강화하고 미조직 소수 노동자를 보호함에 있다고 하기보다는 오히려, <u>일정지역 내의 모든 동종 사업장의</u>

근로조건을 통일적으로 규제함으로써 사업장 사이의 부당경쟁을 막아 동일노동, 동일임금의 원칙을 지역적으로 실현하고 이를 위하여 협약체결에 관여하지 않은 노동조합이나 사업장까지 모두 협약의 효력범위내로 강제포섭함으로써 분쟁의 소지를 미연에 방지하고자 하는 것에 그 주안점이 있는 것이 아닌가 생각되는 것이다. 그리하여 일정지역 내의 모든 동종근로자와 사용자에 대하여 그 협약의 효력을 강제확장시키기 위한 요건으로서, 법 소정의 요건이 충족되면 자동적으로 협약의 효력이 확장되는 사업장 단위의 구속력제도와는 달리 지역적 구속력제도에서는, 중립성이 보장되는 기관인 노동위원회의 의결을 거칠 것과 다시 행정관청의 결정공고가 있을 것을 절차요건으로 규정하고 있으니, 이와 같은 지역적 구속력제도의 입법취지와 그 발효요건에 비추어 보면, 위 제도는 일정 지역 내의 산업평화, 분쟁방지 기타 공공복리를 위하여 단위노동조합의 개별적인 단체교섭권과 단체행동권을 합리적 범위 내에서 제한한 것으로 볼 것이지 이를 헌법에 위반하여 부당하게 단위 노동조합의 단체교섭권과 단체행동권을 박탈한 것이라 할 수 없다.

▌판결의 의의와 한계

1) 대상판결은 지역적 구속력에 관한 최초이자 아직까지 유일한 대법원 판결이다. 대상판결은 지역적 구속력 제도의 목적(입법취지)을 밝히고 있지는 않지만 지역적 구속력 결정의 효력은 그 결정에 의해 확장 적용되는 단체협약과 무관한 노동조합(즉 교섭권한을 위임하거나 협약체결에 관여하지 아니한 노동조합, 대상판결에서는 '협약 외의 노동조합'으로 표현하고 있음)의 단체교섭권 및 단체행동권을 금지·제한할 수 없다고 함으로써 동 제도의 한계를 분명히 한 점에서 의의가 있다.

2) 대상판결에 의하면, 별도의 단체협약이 체결·존속하는 동안에는 지역적 구속력이 인정되지 않고, 그 협약의 갱신 등을 위한 노동조합의 단체교섭권 내지 단체행동권이 금지·제한되지 않는다. 이 경우 별도의 단체협약의 내용이 지역적 구속력에 의해 확장 적용되는 단체협약의 내용보다 불리한 경우에도 별도의 단체협약만이 적용되고 지역적 구속력이 미치지 않는 것으로 해석해야 하는지는 대상판결의 법리상 명확하지 않다. 지역적 구속력 제도의 본래의 취지(☞ Q 2. 참고)에 비추어 볼 때 그 효력이 미치는 것으로 해석함이 타당하다는 견해[7]와 별도의 단체협약만이 적용되고 독자적인 단체교섭 또는 쟁의행위가 가능하다는 견해[8]가 대립한다.

3) 한편, 대상판결의 판지를 역으로 해석하면 별도의 단체협약이 존속하지 않는 경우에는 지역적 구속력이 노동조합(대상판결에 따르면 '협약 외의 노동조합')의 조합

---

7) 사법연수원, 「노동조합 및 노동관계조정법」, 2010, 199면 참조.
8) 임종률, 앞의 책, 184면 참조.

원들에게 미치는 것으로 된다. 이 경우 노동조합은 독자의 새로운 단체협약을 체결하기 위한 단체교섭이나 쟁의행위가 가능한지 역시 대상판결의 법리상 명확치 않다. 학설상으로는 이를 긍정하는 견해[9]가 있다. 만일 지역적 구속력의 효력이 미치면 단체협약의 적용에 따른 평화의무가 인정될 것이고 그 효력이 미치는 기간 동안에는 쟁의행위가 허용되지 않는다고 해석될 것이다. 반면에 평화의무는 단체협약 당사자의 의무이고, 따라서 지역적 구속력 결정에 의해 확장 적용되는 단체협약의 당사자가 아닌 노동조합에 평화의무를 적용시킬 수 없다고 보면, 새로운 협약의 체결을 위한 단체교섭이나 쟁의행위가 가능하다고 해석될 것이다.

4) 대상판결에서는 "사업조합과 택시노련이 단체협약을 작성하면 교섭권한을 위임한 각 사업장에서는 그 형편에 따라 이를 그대로 단체협약으로 하거나 위 단체협약의 내용을 일부, 수정 보충하여 합의각서를 작성하여 이를 단체협약으로 하는 것이 관행"인 사실을 확인하면서 지역적 구속력 결정의 대상이 될 '하나의 단체협약'이 구체적으로 어떠한 것을 가리키고 어떠한 형태로 존재하고 있었다는 것인지 분명하지 않다는 점을 지적하고 있다. 학설상으로는 위와 같은 사업조합과 택시노련간의 단체협약이 교섭권한을 위임한 각 사업장에서 최저기준으로 적용되는 경우[10] 또는 기업별 교섭이나 대각선교섭을 통해 체결된 여러 개의 협약이라도 그 내용이 같은 경우[11]에는 실질적으로 '하나의 단체협약'에 해당하는 것으로 보는 견해가 있다.

◀ Q 풀이 ▶

Q 1. 대상판결에 의하면 지역적 구속력의 한계는?

[A] 교섭권한을 위임하거나 협약체결에 관여하지 아니한 협약 외의 노동조합이 독자적으로 단체교섭권을 행사하여 이미 별도의 단체협약을 체결한 경우에는 그 협약이 유효하게 존속하고 있는 한 지역적 구속력 결정의 효력은 그 노동조합이나 그 구성원인 근로자에게는 미치지 않는다.

---

9) 김유성, 앞의 책, 202면.
10) 사법연수원, 앞의 책, 197-198면 참조.
11) 임종률, 앞의 책, 182면 참조.

Q 2. 지역적 구속력 제도의 목적 내지 취지는?

[A] 1) 지역적 구속력 제도의 입법취지는 하나의 지역을 단위로 하여 그 지역 동종 근로자 중 소수에 속하는 근로자들에 대하여 하나의 단체협약의 효력이 미치게 함으로써 그 지역 사용자들이 낮은 근로조건으로 노동력을 공급받는 것을 방지(이른바 불공정 경쟁의 방지)하고 이에 따라 단체협약의 실효성을 확보함으로써 노동조합의 유지 및 단결력의 강화를 기함과 아울러 그 소수 근로자들에 대하여도 균등한 근로조건이 보장(최저기준으로서의 기능)되도록 함으로써 소수 근로자들을 보호하기 위한 것으로 설명하는 것이 일반적이다.

2) 한편, 지역적 구속력에 의하여 확장 적용되는 것은 단체협약 중 규범적 부분에 한정되고, 동 제도의 취지상 확장 적용 시에는 유리의 원칙이 인정된다는 것이 일반적 견해이다.[12] 확장 적용되는 단체협약의 유효기간이 만료되거나 지역적 구속력 요건의 흠결사유가 발생하면 지역적 구속력 결정의 효력도 당연히 실효된다.

Q 3. 노조법 제35조의 일반적 구속력과 같은 법 제36조의 지역적 구속력의 차이점은?

[A] 1) 일반적 구속력의 경우 법 소정의 실체적 요건이 충족되면 자동적으로 협약의 효력이 확장되지만, 지역적 구속력의 경우에는 법 소정의 실체적 요건 충족만으로 확장되지 않으며 절차적 요건(행정관청의 결정·공고 등)까지 갖추어야 한다.

2) 일반적 구속력은 하나의 사업 또는 사업장 단위에서 동종 근로자의 반수 이상에게 적용되는 단체협약을 동종의 비조합원 근로자들에게 적용하는 것이고, 지역적 구속력은 일정한 지역에서 동종 근로자의 다수(3분의 2 이상)에게 적용되는 지배적인 단체협약을 그 협약의 적용을 받지 않는 다른 동종의 근로자와 그 사용자에게 적용하는 것이다.

---

12) 김유성, 앞의 책, 201면; 임종률, 앞의 책, 183면; 사법연수원, 앞의 책, 199면 참조.

제21강 쟁의행위 (1)

1. 쟁의행위의 주체·절차

◀ 판례분석 ▶

▌제 목 : 초기업노조의 하부단체인 기업지부 조합원 과반수의 찬성에 의한 쟁의행위의 정당성(Y) [한국펠저사건]

▌대상판결 : 대법원 2004. 9. 24. 선고 2004도4641 판결 【업무방해】
【피고인】 피고인
【상고인】 검사
【원심판결】 전주지법 2004. 7. 2. 선고 2004노190 판결
【주 문】 상고를 기각한다.

▌사건의 개요 : 피고인은 공소외 회사(한국펠저)의 근로자이자 대우자동차 군산지역 협력업체노동조합(지역·업종별노조) 한국펠저지부의 지부장으로서 협력업체노조의 교섭요구에 대해 회사가 불응하자 지부 조합원의 과반수 찬성으로 쟁의행위를 결의하여 협력업체노조의 지침에 따라 쟁의행위를 하였고, 이러한 쟁의행위가 협력업체노조 전체 조합원 과반수의 찬성이 없이 이루어져 쟁의절차가 위법한 점 등의 이유로 정당한 쟁의행위가 아니라 하여 업무방해죄로 공소제기되었다.

▌관련 법 규정(현행법 기준)
- 노조법 제37조(쟁의행위의 기본원칙) ① 쟁의행위는 그 목적·방법 및 절차에 있어서 법령 기타 사회질서에 위반되어서는 아니 된다.
② 조합원은 노동조합에 의하여 주도되지 아니한 쟁의행위를 하여서는 아니 된다.

- 노조법 제41조(쟁의행위의 제한과 금지) ① 노동조합의 쟁의행위는 그 조합원 (제29조의2에 따라 교섭대표노동조합이 결정된 경우에는 그 절차에 참여한 노동조합의 전체 조합원)의 직접·비밀·무기명투표에 의한 조합원 과반수의 찬성으로 결정하지 아니하면 이를 행할 수 없다. 이 경우 조합원 수 산정은 종사근로자인 조합원을 기준으로 한다.
- 노조법 제91조(벌칙) 제38조 제2항, 제41조 제1항, … (중략) … 또는 제63조의 규정을 위반한 자는 1년 이하의 징역 또는 1천만원 이하의 벌금에 처한다.
- 형법 제314조(업무방해) ① 제313조의 방법 또는 위력으로써 사람의 업무를 방해한 자는 5년 이하의 징역 또는 1천 500만원 이하의 벌금에 처한다.

▌**판결의 성격** : 원심은 협력업체노조 전체 조합원의 과반수 찬성이 없어도 이 사건 쟁의행위는 절차적으로 적법하고 그 밖의 점에서도 그 정당성이 인정된다고 판단하였고, 대법원은 원심의 판단이 정당하다고 보아서 검사의 상고를 기각하였다.

▌**쟁 점**
- 초기업노조의 대각선교섭이 사용자에 의해 거부된 경우 그 하부단체인 기업지부가 소속 조합원 과반수의 찬성으로 행한 쟁의행위의 정당성 여부

▌**중요 사실관계**
- 협력업체노조는 그 지부가 있는 회사에 대해 교섭을 요구하였으나 회사는 이에 불응 ⇒ **교섭의 주체(당사자)가 협력업체노조임에도 불구하고 쟁의행위 찬반투표의 단위가 해당 교섭이 거부된 지부 차원이라고 볼 수 있는지 여부와 관련**
- 위 지부의 조합원 15명 중 14명이 참석하여 쟁의행위 찬반투표를 하여 참석자 전원의 찬성으로 쟁의행위를 결의·실행 ⇒ **초기업 노조 전체 조합원이 아닌 지부 소속 조합원 과반수의 찬성으로 결의한 쟁의행위의 절차적 정당성 여부와 관련**

▌**기본법리**(판지)
1) 근로자의 쟁의행위가 형법상 정당행위가 되기 위한 절차적 요건으로서, 쟁의행위를 함에 있어 조합원의 직접·비밀·무기명투표에 의한 찬성결정이라는 절차를 거치도록 한 노동조합 및 노동관계조정법 <u>제41조 제1항</u>은 <u>노동조합의 자주적이고 민주적인 운영을 도모함</u>과 아울러 쟁의행위에 참가한 근로자들이 사후에 그 쟁

의행위의 정당성 유무와 관련하여 어떠한 불이익을 당하지 않도록 <u>그 개시에 관한 조합의사의 결정에 보다 신중을 기하기 위하여 마련된 규정</u>이라고 할 것이다(대법원 2001. 10. 25. 선고 99도4837 전원합의체 판결 참조). ⇒ **[쟁의찬반투표 규정의 취지]**
2) 이와 같은 취지에 비추어 보면, 지역별·산업별·업종별 노동조합의 경우에는 <u>총파업이 아닌 이상 쟁의행위를 예정하고 있는 당해 지부나 분회소속 조합원의 과반수의 찬성이 있으면 쟁의행위는 절차적으로 적법하다고 보아야 할 것이고, 쟁의행위와 무관한 지부나 분회의 조합원을 포함한 전체 조합원의 과반수 이상의 찬성을 요하는 것은 아니라고 할 것</u>이다. ⇒ **[초기업노조 하부조직의 쟁의행위 찬반투표 조합원의 범위]**

▌**결론 및 이유** : 이 사건 쟁의행위는 절차적으로 적법하고, 그 목적이나 수단 및 방법에 있어서도 정당성을 인정할 수 있다.
- 협력업체노조 한국펠저 지부 조합원 과반수 이상이 쟁의행위를 결의한 이상 협력업체노조의 전 조합원의 과반수 찬성이 없어도 절차적으로 적법함.
- 피고인이 작업을 거부하고 집회 등에 참석한 것은 <u>그 쟁의행위의 목적이 협력업체 노조와 한국펠저 주식회사 사이의 단체협약체결</u>이었으므로 정당성을 인정할 수 있음.
- 이 사건 쟁의행위가 전체적으로 협력업체노조의 지침에 따라 이루어졌고, 그 기간이 매우 짧고 시간도 오전 또는 오후의 반나절만 이용하였으며, 폭력은 전혀 사용되지 아니하였던 점에서 이는 노동조합의 합법적인 단체행동권 행사에 자연히 수반되는 것으로서 사용자의 수인의무의 범위 내라고 봄이 상당하므로 <u>그 수단 및 방법에 있어서도 정당성을 인정할 수 있음</u>.

▌**판결의 의의와 한계**
1) 초기업노조의 하부조직에 관한 소송실무상의 법적 쟁점은 독자적인 교섭·협약체결 능력 여부 등이었는데, 대상판결은 단체행동에 관한 것으로서 쟁의행위 찬반투표의 범위를 명확히 한 사례이다.
2) 대상판결에 의하면 초기업노조의 경우 총파업이 아닌 이상 쟁의행위를 예정하고 있는 당해 지부나 분회 소속 조합원의 과반수의 찬성이 있으면 쟁의행위는 절차적으로 적법하다. 이러한 법리는 지부나 분회가 독자적인 교섭·협약체결 능력을 갖는 경우뿐만 아니라 그렇지 않은 경우에도 적용된다고 보아야 할 것이다. 즉 기업 차원에서 조직된 지부나 분회의 독자적인 교섭·협약체결 능력이 부정되는 경우에도 초기업노조의 대각선교섭이나 지부·분회에 대한 교섭권한의

위임을 통해 기업 차원에서 단체교섭이 진행되다가 결렬된 때에는 해당 기업에 조직된 지부나 분회 소속 조합원들만의 찬반투표로 쟁의행위는 가능하여야 하고, 해당 단체교섭과 무관한 다른 기업에 소속된 초기업노조의 조합원들까지 전부 포함하여 쟁의행위 찬반투표를 하여야 하는 것은 아니다.

◀ Q 풀이 ▶

Q 1. 대상판결에서 지부조합원만의 파업결의만으로도 쟁의행위 절차가 정당하다고 판단한 이유는?

[A] 이 사건 지부(한국펠저지부)의 쟁의행위는 지부 차원에 국한된 것이고 자신이 속한 초기업노조(협력업체노조)의 총파업을 위한 것이 아니다. 따라서 대상판결의 법리상 협력업체노조 전체 조합원이 아니라 지부 조합원 과반수의 결의만으로도 쟁의행위가 절차적으로 정당한 것으로 판단되었다.

Q 2. 대상판결에 의하면 초기업단위의 노동조합이 조합 전체 차원에서 총파업을 하고자 하는 경우에는 어떤 찬반투표 절차를 거쳐야 하는가?

[A] 초기업노조가 조합 전체 차원에서 총파업을 행할 경우에는 직접·비밀·무기명 투표에 의한 해당 노조의 전체 조합원 과반수의 찬성이 있어야 한다.

Q 3. 노조법 제41조 제1항의 규정 취지는 무엇이고, 특별한 사정이 없는 한 이 규정 위반의 쟁의행위는 정당하지 않은 것으로 해석되어야 할 이유는?

[A] 1) 위 규정의 취지는 노조의 자주적·민주적인 운영 및 쟁의행위의 개시에 관한 조합의사의 보다 신중한 결정(이로써 쟁의 참가 근로자들이 사후에 쟁의행위의 정당성 유무 관련 불이익을 당하지 않도록 함)에 있고, 쟁의행위에 대한 조합원의 민주적 의사결정이 실질적으로 확보된 때에는 위 규정에 의한 투표절차를 거치지 않은 쟁의행위도 그 정당성이 상실되지 않는 것으로 해석한다면 위임에 의한 대리투표, 공개결의나 사후결의, 사실상의 찬성간주 등의 방법이 용인되는 결과를 낳아 위 규정의 취지에 반한다는 것이 판례의 입장이다.

※ **대법원 2001. 10. 25. 선고 99도4837 전원합의체 판결【업무방해】**

- "쟁의행위를 함에 있어 조합원의 직접·비밀·무기명투표에 의한 찬성결정이라는 절차를 거쳐야 한다는 규정은 노동조합의 자주적이고 민주적인 운영을 도모함과 아울러 쟁의행위에 참가한 근로자들이 사후에 그 쟁의행위의 정당성 유무와 관련하여 어떠한 불이익을 당하지 않도록 그 개시에 관한 조합의사의 결정에 보다 신중을 기하기 위하여 마련된 규정이므로 위의 절차를 위반한 쟁의행위는 그 절차를 따를 수 없는 객관적인 사정이 인정되지 아니하는 한 정당성이 상실된다고 잇달아 판시하여(대법원 1992. 3. 13. 선고 91누10473 판결, 1992. 9. 22. 선고 91다4317 판결, 1992. 12. 8. 선고 92누1094 판결, 2000. 3. 10. 선고 99도4838 판결 등 참조) … (중략) … 그러하니 이러한 해석견해와 달리 쟁의행위의 개시에 앞서 법 제41조 제1항에 의한 투표절차를 거치지 아니한 경우에도 조합원의 민주적 의사결정이 실질적으로 확보된 때에는 단지 노동조합 내부의 의사형성 과정에 결함이 있는 정도에 불과하다고 하여 쟁의행위의 정당성이 상실되지 않는 것으로 해석한다면 위임에 의한 대리투표, 공개결의나 사후결의, 사실상의 찬성간주 등의 방법이 용인되는 결과, 그와 같은 견해는 위의 관계 규정과 대법원의 판례취지에 반하는 것이 된다. 따라서 견해를 달리하여 법 제41조 제1항을 위반하여 조합원의 직접·비밀·무기명 투표에 의한 과반수의 찬성결정을 거치지 아니하고 쟁의행위에 나아간 경우에도 조합원의 민주적 의사결정이 실질적으로 확보된 경우에는 위와 같은 투표절차를 거치지 아니하였다는 사정만으로 쟁의행위가 정당성을 상실한다고 볼 수 없다는 취지의 대법원 2000. 5. 26. 선고 99도4836 판결은 위의 판결들과 어긋나는 부분에 한하여 변경하기로 한다."

2) 그러나 찬반투표 규정은 쟁의행위를 할 것인지 여부를 민주적으로 또 신중하게 결정하게 하려는 정책적 고려에서 노조법이 특별히 설정한 것이므로 이 절차를 거치지 않았다는 것만으로 정당성을 부인해서는 안 될 것이라는 견해,[1] 형사책임을 묻는 사건에서 찬반투표절차를 거치지 않은 쟁의행위에 참가했다는 단순한 이유만으로 일반 조합원들에게 형사상 업무방해죄를 묻는 것은 부당하다(쟁의행위가 절차상의 결함으로 인해 정당성을 구비하지 못한 경우 노조의 민사책임을 면할 수 없다고 하여 그러한 쟁의행위에 가담한 개인 근로자에게 곧바로 형사책임을 묻는 것은 타당하지 않기 때문)는 견해[2]가 있다.

---

1) 임종률, 앞의 책, 248면.
2) 김형배, 「노동법」, 박영사, 2015, 1023-1024면.

◀ 심화학습 ▶

1. 단체협약에 쟁의절차에 관한 특별한 규정을 두고 있는 경우 그 위반의 법적 효과

▷ 단체협약상의 쟁의절차에 관한 조항은 채무적 부분에 속하고 그 위반에 대하여는 채무불이행에 따른 손해배상 책임이 발생하지만 위 조항은 법규범이 아니라 협약 당사자 사이의 계약이기 때문에 이에 위반하는 쟁의행위가 당연히 정당성을 상실하는 것은 아니라는 견해[3]가 있다.

▷ 다른 한편, 노조법 제92조 제2호에서는 단체협약의 내용 중 쟁의행위에 관한 사항을 위반한 자에 대하여 1천만원 이하의 벌금에 처하도록 규정하고 있기 때문에 협약상의 쟁의절차조항을 위반한 자에게는 형사책임이 가해질 수 있다.

2. 노동조합의 지부·분회가 쟁의행위의 정당한 주체인지 여부 (대법원 2008. 1. 18. 선고 2007도1557 판결 참고)

▷ 쟁의행위의 정당한 주체는 단체교섭의 주체가 될 수 있는 자이고, 노동조합의 하부단체인 분회나 지부가 독자적인 규약 및 집행기관을 가지고 독립된 조직체로서 활동을 하는 경우에는 설립신고 여부를 불문하고 당해 조직이나 그 조합원에 고유한 사항에 대하여 독자적으로 단체교섭하고 단체협약을 체결할 수 있으며(2007도1557 판결), 따라서 이러한 경우에 해당하는 노동조합의 하부조직인 지부나 분회 등은 쟁의행위의 정당한 주체가 될 수 있다.

> ※ 대법원 2008. 1. 18. 선고 2007도1557 판결 【업무방해·절도·상해·폭력행위등처벌에관한법률위반(야간·공동협박)·폭행·모욕·특수협박(일부인정된죄명:협박)·공무집행방해·집회및시위에관한법률위반】
> - "근로자의 쟁의행위가 형법상 정당행위가 되기 위해서는, 첫째 그 주체가 단체교섭의 주체로 될 수 있는 자이어야 하고, 둘째 그 목적이 근로조건의 향상을 위한 노사간의 자치적 교섭을 조성하는 데에 있어야 하며, 셋째 사용자가 근로자의 근로조건 개선에 관한 구체적인 요구에 대하여 단체교섭을 거부하였을 때 개시하되 특별한 사정이 없는 한 조합원의 찬성결정 등 법령이 규정한 절차를 거쳐야 하고, 넷째 그 수단과 방법이 사용자의 재산권과 조화를 이루어야 함은 물론 폭력의 행사에 해당되지 아니하여야 한다는 여러 조건을 모두 구비하여야 할 것이며(대법원 1998. 1. 20. 선고 97도588 판결, 대법원 2001. 10. 25. 선고 99도4837 전원합

---

3) 임종률, 앞의 책, 173면 참조.

의체 판결 등 참조), 노동조합의 하부단체인 분회나 지부가 독자적인 규약 및 집행기관을 가지고 독립된 조직체로서 활동을 하는 경우 당해 조직이나 그 조합원에 고유한 사항에 대하여는 독자적으로 단체교섭하고 단체협약을 체결할 수 있고, 이는 그 분회나 지부가 노노법 시행령 제7조의 규정에 따라 그 설립신고를 하였는지 여부에 영향받지 아니한다(대법원 2001. 2. 23. 선고 2000도4299 판결 등 참조). … (중략) … 피고인들이 주도하는 비상대책위원회가 2005. 5. 11. 이후에 실시한 파업은 전국민주버스 노동조합 장흥교통지부의 적법한 대표자를 배제하고 사용자에 대하여 아무런 통지를 하지 아니하는 등 적법한 절차를 준수하지 아니한 것이며, 그 당시 비상대책위원회가 요구조건으로 내세운 회사 대표자의 형사처벌 및 퇴진이나 군내버스의 완전공영제 등은 노사간에 자치적으로 해결할 수 있는 사항이라고 할 수 없으므로, 위와 같은 피고인들의 파업행위가 정당행위의 요건을 구비하였다고 볼 수 없다 … (이하 생략) …"

2-1. 노동조합(또는 독자적인 지부)이 아닌 조합원 집단의 쟁의행위

▷ 판례는 단체교섭의 주체가 될 수 없는 집단을 쟁의행위의 정당한 주체로 인정하지 않는다. 일부 조합원의 집단이 노동조합의 승인 없이 또는 지시에 반하여 쟁의행위를 한 경우 그 정당성이 인정되지 않으며(대법원 1995. 10. 12. 선고 95도1016 판결 참조), 그러한 행위는 조합원으로서의 자발적인 행동에 불과할 뿐이어서 정당한 노동조합 활동이라고 할 수도 없다(대법원 1999. 9. 17. 선고 99두5740 판결 참조). 일부 근로자들로 구성된 비상대책위원회가 노동조합 지부의 적법한 대표자를 배제하고 쟁의행위를 주도한 사안에서 그 정당성이 부정되었다(대법원 2008. 1. 18. 선고 2007도1557 판결 ☞ 위 심화학습 2. 참고판결).

3. 노동조합의 요건을 갖추지 못한 근로자단체가 쟁의행위의 정당한 주체인지 여부(헌재 2008. 7. 31. 2004헌바9; 대법원 1997. 2. 11. 선고 96누2125 판결 참고)

▷ 노동조합으로서의 실질적 요건(노조법 제2조 제4호)을 갖추었으나 형식적 요건(노조법 제10조, 제12조)을 갖추지 못한 근로자들의 단결체인 이른바 법외노조의 경우 단체교섭 내지 협약체결 능력이 완전히 부인되는 것은 아니기 때문에(2004헌바9; 96누2125 판결) 쟁의행위의 정당한 주체로 인정될 수 있지만, 노동조합으로서의 실질적 요건을 갖추지 못한 근로자들의 단결체는 단체교섭권이나 쟁의행위의 정당한 주체가 될 수 없다(96누2125 판결).

※ 헌법재판소 2008. 7. 31. 2004헌바9

- "실질적인 요건은 갖추었으나 형식적인 요건을 갖추지 못한 근로자들의 단결체는 노동조합이라는 명칭을 사용할 수 없음은 물론 그 외 법에서 인정하는 여러 가지 보호를 받을 수 없는 것은 사실이나, 명칭의 사용을 금지하는 것은 이미 형성된 단결체에 대한 보호정도의 문제에 지나지 아니하고 단결체의 형성에 직접적인 제약을 가하는 것도 아니며, 또한 <u>위와 같은 단결체의 지위를 '법외의 노동조합'으로 보는 한 그 단결체가 전혀 아무런 활동을 할 수 없는 것은 아니고 어느 정도의 단체교섭이나 협약체결 능력을 보유한다 할 것</u>이므로, 노동조합의 명칭을 사용할 수 없다고 하여 헌법상 근로자들의 단결권이나 단체교섭권의 본질적인 부분이 침해된다고 볼 수 없다."

※ 대법원 1997. 2. 11. 선고 96누2125 판결 【파면처분취소】

- "<u>원심은 전국기관차협의회(이하 '전기협'이라고 한다)는 근로조건의 유지, 개선</u>을 통한 근로자의 경제적, 사회적 지위의 향상만 아니라 정치적 지위의 향상도 그 목적으로 하고 있고, 근로자라고 할 수 없는 해직이 확정된 자도 회원자격을 인정하고 있을 뿐만 아니라, 기존의 전국철도노동조합과 그 조직대상을 같이 하고 있어 <u>노동조합법상의 노동조합이라고 볼 수 없고, 따라서 단체교섭권도 없어 쟁의행위의 정당한 주체로 될 수 없고</u> … (중략) … <u>원심의 설시 취지는 전기협이 그 설시와 같은 여러 가지점에서 노동조합으로서의 실질적 요건을 갖추지 못하였으므로 단체교섭권이나 쟁의행위의 정당한 주체로 될 수 있는 노동조합이라고 볼 수 없다는 것이지, 노동조합법상의 노동조합이 아닌 근로자의 단결체는 무조건 단체교섭권 등이 없다는 것은 아니므로</u>, 이와 다른 전제에서 원심판결을 비난하는 주장 부분은 받아들일 수 없다."

4. 노동위원회의 행정지도(교섭미진을 이유로 한 자주적 교섭 권고)에 반하는 쟁의행위의 정당성 (대법원 2001. 6. 26. 선고 2000도2871 판결 참고)

▷ 노동조합이 노동위원회에 노동쟁의 조정신청을 하여 조정절차가 마쳐지거나 조정이 종료되지 아니한 채 조정기간이 끝나면 노동조합은 쟁의행위를 할 수 있는 것으로 노동위원회가 반드시 조정결정을 한 뒤에 쟁의행위를 하여야지 그 절차가 정당한 것은 아니다(2000도2871 판결). 참고판결은 조정전치제도와 쟁의행위의 절차적 정당성 양자의 관계에 관한 법리를 처음으로 제시한 대법원 판결로서, 교섭미진을 이유로 한 노동위원회의 행정지도 이후에 이루어진 쟁의행위가 절차적으로 정당하다고 본 사례이다. 쟁의행위가 절차적으로 정당하기 위해서는 특별한 사정이 없는 한 조정절차 등 법령이 정한 절차를 거칠 것이 요구되지만, 다른 한편 조정전치제도로 인해 쟁의권이 부당하게 제한되어서도 아니 된다. 참고판결은 후자의 측면을 고려한 것으로서 유의미하다.

2. 쟁의행위의 목적 (1)

◀ 판례분석 ▶

■**제 목** : 실질적으로 민영화 실시의 반대를 목적으로 한 쟁의행위의 정당성(N)
[한국산업단지공단사건]

■**대상판결** : 대법원 2006. 5. 12. 선고 2002도3450 판결【집단에너지사업법위반·업무방해·노동조합및노동관계조정법위반】
【피고인】 피고인 1외 1인
【상고인】 피고인들
【원심판결】 수원지법 2002. 6. 20. 선고 2001노4065 판결
【주 문】 원심판결을 파기하고, 사건을 수원지방법원 본원 합의부에 환송한다.

■**사건의 개요** : 한국산업단지공단(이하 공단)이 정부방침에 따라 적자 운영중인 열병합발전소의 민영화를 추진하자 이에 반발한 공단의 노동조합은 민영화의 반대와 민영화에 따른 고용보장 등을 요구하며 추석연휴기간(공단은 이 기간 동안에도 일부 보일러 발전시설의 정상 가동, 근무조의 편성과 시설보수의 감독 등을 지시)을 이용하여 사업장 밖 유스호스텔에서 집단투숙·농성을 벌이고 추석연휴가 끝난 후에도 업무에 복귀하지 않았으며, 이와 관련 위 노조의 위원장 등 간부인 피고인들은 형법상의 업무방해죄와 노조법상의 안전보호시설 운영방해죄로 공소제기되었다.

■**관련 법 규정**(현행법 기준)
- 노조법 제37조(쟁의행위의 기본원칙) ① 쟁의행위는 그 목적·방법 및 절차에 있어서 법령 기타 사회질서에 위반되어서는 아니 된다.
- 노조법 제42조(폭력행위 등의 금지) ② 사업장의 안전보호시설에 대하여 정상적인 유지·운영을 정지·폐지 또는 방해하는 행위는 쟁의행위로서 이를 행할 수 없다.
- 노조법 제91조(벌칙) 제38조제2항, 제41조 제1항, 제42조 제2항, … (중략) … 또는 제63조의 규정을 위반한 자는 1년 이하의 징역 또는 1천만원 이하의 벌금에 처한다.
- 형법 제314조(업무방해) ① 제313조의 방법 또는 위력으로써 사람의 업무를

방해한 자는 5년 이하의 징역 또는 1천 500만원 이하의 벌금에 처한다.

▌판결의 성격 : 원심은 이 사건 쟁의행위가 정당하지 않고 위력에 의한 업무방해죄에 해당하며 안전보호시설 운영방해의 노조법 위반이라고 판단하였으나, 대법원은 원심판결 중 노조법 위반죄의 부분이 위법하다고 보아서 상상적 경합관계를 이유로 원심판결 전체를 파기환송하였다.

▌쟁 점

- 민영화를 반대하면서 동시에 민영화에 따른 고용보장 등을 요구사항으로 내세운 쟁의행위가 그 목적의 면에서 정당성이 인정될 수 있는지 여부
- 위와 같은 목적을 가진 쟁의행위의 수단으로서 조합원들로 하여금 사업장 밖에서 집단적 농성으로 작업을 거부하도록 한 피고인들의 행위가 형법상의 위력에 의한 업무방해죄에 해당하는지 여부
- 공단 열병합발전소의 보일러 등의 발전시설이 노조법상의 안전보호시설에 해당하는지, 나아가 그 시설의 가동이 중단되었다는 이유만으로 노조법 위반이 성립하는지 여부

▌중요 사실관계

- 노동조합은 이 사건 쟁의행위 이전부터 공개적으로 민영화 반대의 입장을 천명하였고, 공단과의 교섭을 진행하면서 정부의 민영화 방침의 철회를 주장하였으나, 공단이 계속 민영화를 추진하자 이 사건 쟁의행위를 준비·실행하였고, 그 과정에서 요구사항을 변경하여 충분한 협의하의 민영화 추진을 전제로 한 명예퇴직금의 상향조정, 근로조건·고용의 승계 등을 주장 ⇒ **쟁의행위의 목적의 정당성 여부(교섭대상이 될 수 없는 사항을 관철하기 위한 쟁의행위 여부)와 관련**
- 공단측이 추석연휴기간(2001. 9. 30.~10. 3.)의 근무조를 편성하여 보수감독 등의 업무를 지시하였지만, 노동조합은 9. 30. 08:00경 전면 파업돌입을 선언하고 추석연휴기간을 이용, 집단농성의 방법으로 노조측 안을 관철시키기 위하여 미리 예약한 관광버스들을 이용하여 노조원들과 함께 춘천시 소재 유스호스텔에 집단투숙하여, 10. 4. 10:20까지 노동가수 초청공연, 민영화 반대 토의, 체육행사 등으로 집단농성을 함 ⇒ **단순한 근로제공의무의 불이행이 형법상의 업무방해죄 구성요건에 해당하는지 여부와 관련**
- 안산지방노동사무소는 노동조합 위원장 앞으로 안전보호시설에 대한 쟁의행위의 금지 등을 내용으로 하는 협조공문을 4회에 걸쳐 발송하였고, 공단측은 추

석연휴기간에 중부지역본부의 발전소 발전설비인 보일러 4기중 1기의 정상가동, 10. 3.부터 증기공급의 개시, 10. 4. 09:00 전 조합원의 정상출근 등을 고지하였으나, 일부 조합원이 9. 30. 08:30경 정상가동 중이던 보일러 4호기의 가동을 공단의 승낙을 받지 않고 완전 중단시키고 조합원 전원이 위의 춘천 소재 장소에 투숙한 후 10. 4. 10:20까지 집단농성을 함 ⇒ **안전보호시설의 정상적인 유지·운영을 정지·폐지 또는 방해하는 쟁의행위에 해당하는지 여부와 관련**

▌기본법리(판지)

1) (1) 정리해고나 사업조직의 통폐합, 공기업의 민영화 등 <u>기업의 구조조정의 실시 여부는 경영주체에 의한 고도의 경영상 결단에 속하는 사항</u>으로서 이는 <u>원칙적으로 단체교섭의 대상이 될 수 없고</u>, ⇒ **[비교섭사항(구조조정의 실시 여부)]**

(2) 그것이 긴박한 경영상의 필요나 합리적인 이유 없이 불순한 의도로 추진되는 등의 <u>특별한 사정이 없는 한</u>, 노동조합이 <u>실질적으로 그 실시를 반대하기 위하여 쟁의행위에 나아간다면</u>, 비록 그 실시로 인하여 근로자들의 지위나 근로조건의 변경이 필연적으로 수반된다 하더라도 그 쟁의행위는 <u>목적의 정당성을 인정할 수 없는 것</u>이고(대법원 2002. 2. 26. 선고 99도5380 판결 참조), ⇒ **[구조조정 실시의 '실질적' 반대를 목적으로 하는 쟁의행위의 부당성]**

(3) 여기서 노동조합이 '실질적으로' 그 실시를 반대한다고 함은 비록 <u>형식적으로는 민영화 등 구조조정을 수용한다고 하면서도 결과적으로 구조조정의 목적을 달성할 수 없게 하는 요구조건을 내세움</u>으로써 실질적으로 구조조정의 반대와 같이 볼 수 있는 경우도 포함한다고 보아야 한다. ⇒ **[실질적 반대의 의미]**

2) (1) 노노법(노조법) 제42조 제2항은 "사업장의 안전보호시설에 대하여 정상적인 유지·운영을 정지·폐지 또는 방해하는 행위는 쟁의행위로서 이를 행할 수 없다."고 규정하고 있는바, 여기서 '<u>안전보호시설</u>'이라 함은 사람의 생명이나 신체의 위험을 예방하기 위해서나 위생상 필요한 시설을 말하고, 이에 해당하는지 여부는 당해 사업장의 성질, 당해 시설의 기능, 당해 시설의 정상적인 유지·운영이 되지 아니할 경우에 일어날 수 있는 위험 등 제반 사정을 구체적·종합적으로 고려하여 판단하여야 할 것이다(대법원 2005. 9. 30. 선고 2002두7425 판결 참조). ⇒ **['안전보호시설'의 의미와 그 해당 여부 판단의 고려요소]**

(2) 한편, 노노법 <u>제42조 제2항</u>의 입법 목적이 '사람의 생명·신체의 안전보호'라는 점과 노노법 제42조 제2항이 <u>범죄의 구성요건</u>이라는 점 등을 종합적으로 고려하면, 성질상 안전보호시설에 해당하고 그 안전보호시설의 유지·운영을 정지·

폐지 또는 방해하는 행위가 있었다 하더라도 사전에 필요한 안전조치를 취하는 등으로 인하여 <u>사람의 생명이나 신체에 대한 위험이 전혀 발생하지 않는 경우에는 노노법 제91조 제1호, 제42조 제2항 위반죄가 성립하지 않는다 할 것이다.</u> ⇒ **[안전보호시설 관련 노조법 위반의 제한적 해석]**

■**결론 및 이유** : 원심판결 중 피고인들에 대한 노노법 위반죄 부분은 위법하므로 파기되어야 할 것인바, 위 파기부분은 원심판결에서 유죄로 인정된 나머지 부분과 상상적 경합관계[4]에 있는 이상 전체의 판결 결과에 영향을 미쳤다고 보아야 하므로, 원심판결 전부를 파기하기로 한다.

- 피고인들은 정부의 이 사건 민영화 방침이 확고하게 추진되자 <u>공단측에서 수용하기 힘든 요구사항을 주장하며 실질적으로는 민영화 추진 반대를 목적으로</u> 이 사건 파업에 임하였음.
- 원심이 피고인들의 이 사건 쟁의행위를 위력에 의한 업무방해행위에 해당한다고 본 판단은 정당함.
- 원심은 이 사건 각 시설을 모두 '안전보호시설'에 해당한다고 판단하면서도 <u>그 각 시설의 정상적인 유지·운영을 정지·폐지 또는 방해하면 어떠한 이유로 사람의 생명·신체에 대하여 위험을 초래하게 되는지에 관하여는 아무런 설명을 하지 않고 있음.</u>
- 원심으로서는 이 부분 공소사실에서 들고 있는 이 사건 각 시설이 어떤 근거에서 사람의 생명이나 신체에 대한 위험을 예방하기 위한 시설이고 구체적으로 어떠한 위험성이 있는 시설인지, 위 각 시설의 가동을 중단함에 있어 사전에 필요한 안전조치를 취하였는지, 위 각 시설의 가동중단에 의하여 사람의 생명이나 신체에 대한 어떠한 위험이 발생하였는지, 이 사건 열병합발전소로부터 증기를 공급받는 수용업체가 예정된 시간에 증기를 공급받지 못하여 사람의 생명이나 신체에 대한 피해를 입은 사실이 있는지 등에 대하여 더 자세히 심리한 다음 이 부분 공소사실에 대하여 노노법 제91조 제1호, 제42조 제2항 위반죄의 성립을 인정할 수 있는지를 가려보았어야 할 것임에도, 원심은 이 사건 각 시설이 어떠

---

4) 형법 제40조에 의하면 "1개의 행위가 수개의 죄에 해당하는 경우에는 가장 중한 죄에 정한 형으로 처벌한다." 상상적 경합은 1개의 행위가 수개의 죄에 해당하는 경우를 말한다. 예를 들어, 1개의 폭탄을 던져 사람을 살해하고 또 다른 사람을 상해한 경우와 같이 한 개의 행위로 수개의 다른 구성요건을 충족한 경우가 여기에 해당한다. 또한 한 개의 폭탄으로 동시에 여러 사람을 살해한 경우와 같이 동일한 구성요건을 충족하였으나 그 객체를 달리하는 경우에도 상상적 경합에 해당한다. 손동권, 「형법총론」, 율곡출판사, 2005, 599면.

한 이유로 안전보호시설에 해당되는지에 관하여 언급함이 없이 피고인들의 주장을 배척하고 이 부분 범죄사실을 유죄로 인정하였으니, 원심판결에는 심리미진 또는 채증법칙 위배로 인한 사실오인이나 노노법 제42조 제2항에서 규정하고 있는 '안전보호시설'의 개념에 관한 법리오해 등의 위법이 있음.

▌판결의 의의와 한계

1) 쟁의행위가 정당성을 갖추기 위해서는 그 목적이 근로조건의 향상을 위한 노사간의 자치적 교섭을 조성하기 위한 것이어야 하고, 따라서 쟁의행위에 의하여 달성하려는 요구사항은 단체교섭사항이 될 수 있는 것이어야 한다. 판례의 일관된 입장에 의하면 정리해고, 민영화 등 구조조정의 실시 여부는 원칙적으로 교섭사항이 될 수 없고, 특별한 사정이 없는 한 실질적으로 그 실시를 반대하기 위한 쟁의행위는 그 목적의 정당성이 인정되지 않는다. 대상판결은 이러한 판례의 입장을 재확인하고 있는 사례일 뿐만 아니라 '실질적 반대'의 의미를 구체화하고 있는 사례인 점에서 의의가 있다.

2) 대상판결은 집단적 노무제공의 거부 관련 위력업무방해죄에 관한 기존 판례의 법리에 따라 쟁의행위의 정당성을 판단한 사례이다. 2011년에 대법원은 전원합의체 판결을 통해 집단적 노무제공의 거부에 따른 위력업무방해죄의 성립에 관한 종래의 판례 법리를 변경하였다(☞ 제22강 1. 쟁의행위와 형사책임 참고).

3) 이 사건 쟁의행위의 노조법 위반(이른바 안전보호시설 운영방해죄) 여부와 관련하여 대상판결에서는 어느 정도의 보호법익의 침해가 있어야 하는지가 문제되었는데, 원심은 위 범죄의 성질을 추상적 위험범(법익 침해의 일반적 위험이 있으면 구성요건이 충족되는 범죄, 구체적 사건에서 위험성을 입증할 필요가 없음)으로 파악하였지만, 대법원은 구체적 위험범(법익 침해의 구체적 위험, 즉 현실적 위험의 발생을 요건으로 하는 범죄로서 행위객체에 대한 구체적 위험의 발생이 필요)으로 파악하여 원심판결을 파기하였고, 이러한 대법원의 입장은 같은 사실관계의 사안에서 헌법재판소가 제시한 해석기준(헌재 2005. 6. 30. 2002헌바83 ☞ Q 2. 참고)을 수용한 것으로 풀이할 수 있다.[5]

---

5) 도재형, "안전보호시설 운영방해죄의 구체적 위험범으로서의 성질", 「노동법률」 제184호, 중앙 경제사, 2006. 9, 141-143면 참조.

◀ Q 풀이 ▶

Q 1. 대상판결에서는 어떤 사실에 입각하여 이 사건 파업이 실질적으로 민영화 추진의 반대를 목적으로 한 것이라고 판단하고 있는가?

[A] 1) 노동조합이 파업 이전부터 공개적인 집회, 공단과의 교섭, 조합유인물 등에서 민영화의 반대·철회를 주장한 사실에 입각하여 민영화 실시의 반대가 이 사건 쟁의행위의 실질적인 목적이라고 판단하고 있다.

2) 또한 노조측 핵심적 요구사항으로 i) 민영화시 위로금 60개월치 지급, ii) 고용안정협약서 체결, iii) 명예퇴직금 100% 인상, iv) 임금 12% 인상 등을 요구하다가 2001. 9. 26. 교섭 시에는 i) 일방적인 발전소 민영화의 잠정보류 및 노사동수의 비상대책반 구성·충분한 협의 하의 민영화 추진, ii) 발전소 별도 법인 설립시 조합원에 한한 희망퇴직의 실시, 희망퇴직자에 대해 명예퇴직금에 조기퇴직금(평균임금 6개월분) 지급, 희망퇴직자 전원을 신설법인에 재입사, iii) 명예퇴직금의 50% 상향조정 및 발전소 신설법인에의 적용, iv) 별도 법인의 최초 지분매각시 매각에 대한 보상과 사후 대책을 노사간 합의, 고용보장, 근로조건의 승계, 노동조합과 단체협약의 승계 등 보장, v) 발전소 법인 설립시 사내근로복지기금의 분할 등의 요구사항을 주장한 사실에 입각하여, "형식적으로는 민영화 등 구조조정을 수용한다고 하면서도 결과적으로 구조조정의 목적을 달성할 수 없게 하는 요구 조건을 내세움으로써 실질적으로 구조조정의 반대와 같이 볼 수 있는 경우"에 해당하는 것으로 판단하고 있다(피고인들은 이 사건 민영화 방침이 확고하게 추진되자 공단측에서 수용하기 힘든 요구사항을 주장하며 실질적으로는 민영화 추진 반대를 목적으로 이 사건 파업에 임한 것이라고 판시).

Q 2. 노조법 제42조 제2항 위반에 대한 동법 제91조 제1호의 벌칙 적용에 있어서 대상판결과 같이 제한적으로 해석하여야 할 필요성 내지 이유는? (헌재 2005. 6. 30. 2002헌바83 참고)

[A] 위 조항의 입법목적(사람의 생명·신체의 안전보호)을 고려한 완화 해석의 요청과 위 조항이 형벌의 구성요건이자 단체행동권의 제한 규정임을 고려한 엄격·제한 해석의 요청간에 긴장관계가 존재하는바 양자를 조화하는 해석기준이 요구되기 때문에, 필요 이상으로 금지행위의 범위를 확대하지 않는 해석(즉 형식적으로 안전보호시설의 유지·운영을 정폐 또는 방해하는 행위가 있더라도 그로 인하여 사람의 생명·신체에 대한 위험이 전혀 발생하지 않는 경우에는 제한적으로 해석)이 위의 조화로운 해

석기준에 맞는다.

※ 헌재 2005. 6. 30. 2002헌바83 전원재판부 【노동조합및노동관계조정법제91조제
1호등위헌확인】
- "사람의 생명·신체의 안전보호는 노노법 제42조 제2항의 핵심적 입법목적이다.
이 입법목적만을 고려한다면 가급적 위 조항의 요건을 완화시켜 해석함으로써 그
금지범위를 확대하는 것이 요청된다. 그러나 한편 노노법 제42조 제2항은 형벌의
구성요건임과 동시에 단체행동권을 제한하는 요건규정으로서 기본권을 제한하는
정도가 크기 때문에 이 점에서 가급적 위 조항의 요건을 엄격하게 해석하여 그 금
지범위를 제한적으로 해석하여야 하는 요청이 있다. 위 두 요청을 비교하여 볼 때,
양자 사이에는 서로 반대방향의 긴장관계가 존재한다고 할 수 있다. 그러나 이 긴
장관계는 서로 융화할 수 없는 것이 아니라 적절한 조화점을 찾을 수 있는 관계이
다. 그러므로 노노법 제42조 제2항은 위 양자의 요청을 조화하는 해석기준으로써
그 의미내용을 파악하여야 하며, 여기에 위 조항의 진정한 입법목적이 있다. …
(중략) … 위와 같은 조화로운 해석기준은, 어떠한 시설이 그 가동을 중단할 경우
결과적으로 사람의 생명·신체의 안전에 영향을 미친다는 사실만으로 그 시설이
안전보호시설에 해당한다고 평가하는 해석을 지양하는 방향의 해석을 요구한다.
위와 같은 광범한 해석은 "안전보호시설"이라는 문언에도 어울리지 아니한다. 또,
사람의 생명·신체의 안전보호라는 입법목적을 달성하기에 필요한 최소한의 수단이
확보되면 그것으로 그쳐야 하고 이에 나아가 필요 이상으로 금지행위의 범위를 넓
히지 않는 것이 위 해석기준에 맞는 해석이 된다. 따라서 위 해석기준은 형식적으
로 안전보호시설의 유지·운영을 정지·폐지 또는 방해하는 행위가 있었지만 그로
인하여 사람의 생명·신체에 대한 위험이 전혀 발생하지 않은 경우에 대하여 제한
적인 해석방향을 제시한다."

◀ 심화학습 ▶

1. 노동조합의 요구가 과다하거나 무리한 경우 쟁의행위의 목적의 정당성 (대법
원 1992. 1. 21. 선고 91누5204 판결; 대법원 2000. 5. 26. 선고 98다34331 판결 참고)

▷ 사용자가 수용할 수 없는 노동조합의 요구(예, 국회에서 근무하는 미화원의 신분을
국회 고용직 공무원으로의 환원)가 쟁의행위의 직접적이고 주된 목적이 아닌 경우(즉
여러 목적 중에서 부차적인 것에 불과한 경우) 쟁의행위의 정당성이 부정될 수 없고,
또한 그러한 요구는 교섭단계에서 조정 가능한 문제이기에 그러한 요구가 있었
다는 것만으로 쟁의행위의 목적이 부당하다고 해석할 수는 없다(참고1 판결).

▷ 노동조합이 사용자에게 다소 무리한 요구(예, 전년도 임금협상에서 14%의 임금인상에 합의한 후 차년도 임금협상에서 다시 10%의 임금인상을 요구)를 하였다고 하더라도 그것만으로 노동조합의 쟁의행위가 정당성을 결하는 것은 아니다(참고2 판결).

※(참고1) 대법원 1992. 1. 21. 선고 91누5204 판결【부당노동행위구제재심판정취소】
- "하나의 쟁의행위에서 추구되는 목적이 여러 가지이고 그 중 일부가 정당하지 못한 경우에는 주된 목적 내지 진정한 목적의 당부에 의하여 그 쟁의목적의 당부를 판단하여야 할 것이고, 부당한 요구사항을 뺏더라면 쟁의행위를 하지 않았을 것이라고 인정되는 경우에는 그 쟁의행위 전체가 정당성을 갖지 못한다고 보아야 할 것인바, 기록에 의하면 이 사건에서 위 노동조합은 원고 회사와 단체교섭을 진행하면서, 다른 한편으로는 국회에서 근무하는 미화원들의 신분을 국회고용직 공무원으로 환원되도록 하여 달라는 취지의 진정을 대통령, 국회, 정당 및 언론기관 등에 계속하였고, 쟁의기간중 "고용직으로 환원하라"는 리본을 착용한 사실은 인정할 수 있다 할 것이나, 원심이 적법하게 인정한 바와 같이 위 노동조합은 원고 회사에 대하여 임금인상 등 근로조건의 개선을 위한 요구를 계속하였고, 또 그에 관하여 노사간에 진지한 교섭을 장기간에 걸쳐 벌여 온 점에 비추어 보면, 위 노동조합의 고용직 공무원에로의 환원운동은 대외적 활동이거나 쟁의행위의 부차적 목적에 지나지 아니하고 이 사건 쟁의행위의 직접적이고 주된 목적은 아니라고 보아야 할 것이므로 이 때문에 이 사건의 쟁의행위가 부당한 것으로 된다고 할 수 없고, 위 노동조합이 원고 회사로서는 수용할 수 없는 요구를 하고 있었다고 하더라도 이는 단체교섭의 단계에서 조정할 문제이지 노동조합측으로부터 과다한 요구가 있었다고 하여 막바로 그 쟁의행위의 목적이 부당한 것이라고 해석할 수는 없고, … (이하 생략) …"

※(참고2) 대법원 2000. 5. 26. 선고 98다34331 판결【임금】
- "노동조합의 쟁의행위는 노동조합이 근로조건에 관한 주장의 불일치로 인하여 발생된 분쟁상태를 자기측에게 유리하게 전개하여 자기의 주장을 관철할 목적으로 행하는 투쟁행위로서 업무의 정상운영을 저해하는 것을 의미하므로, 단순히 노동조합이 사용자에게 다소 무리한 임금인상을 요구함으로써 분쟁이 발생하였으며 또한 노동조합의 쟁의행위 결과 사용자의 정상적인 업무수행이 저해되었다 하더라도, 그것만으로 노동조합의 쟁의행위가 정당성을 결하는 것은 아니라 할 것이다."(1994년 임금협정시 제주도내 35개 택시회사 중 다른 11개 회사와 함께 가장 높은 14%의 임금인상에 합의한 피고 회사의 노동조합이 1995년 임금협상에서 다시 10%의 임금인상을 요구하고 피고는 피고 회사 운전기사들의 임금이 다른 회사에 비하여 높다는 이유로 임금동결을 주장하여 교섭결렬에 따른 노조의 준법투쟁의 쟁의행위에 대하여, 당시 피고 회사와 같은 수준의 임금을 지급받고 있던 다른 12개 회사 중 피고 회사 노조의 요구와 같이 임금을 10% 인상하기로 합의한 회사도 있

었으므로 노조의 임금인상 요구가 피고가 전혀 수용할 수 없을 정도로 터무니없는 것은 아닌 점 등에 비추어 위 준법투쟁 3일만에 행해진 피고의 직장폐쇄가 정당성을 결여하였다고 본 사례)

1-1. 쟁의행위 목적이 여러 가지인 경우 목적의 정당성

▷ 쟁의행위의 목적이 여러 가지이고 그 일부가 부당한 경우에는 주된 목적 내지 진정한 목적의 당부에 따라 쟁의행위 목적의 정당성 여부를 판단하는 것이 판례의 입장이다(대법원 1992. 1. 21. 선고 91누5204 판결 ☞ 심화학습 1. 참고1 판결).
▷ 정당성 부정 사례 : 임금 등 근로조건 개선을 내세워 쟁의행위에 돌입하였으나 그 주된 목적은 정부의 공기업 구조조정 및 그 일환으로 추진되는 조폐창 통폐합을 반대하기 위한 대정부 투쟁에 있다고 보아 쟁의행위의 정당성을 부정한 사례(대법원 2002. 2. 26. 선고 99도5380 판결), 쟁의행위의 주된 목적이 시설부문 민영화계획 저지에 있었다고 보아 그 정당성을 부정한 사례(대법원 2003. 12. 26. 선고 2001도3380 판결) 등이 있다.
▷ 정당성 긍정 사례 : 병원개혁, 의료민주화 등도 쟁의행위의 목적 가운데 하나이지만 주된 목적은 임금인상과 고용안정쟁취라고 보아 쟁의행위 목적의 정당성을 인정한 사례(대법원 2003. 12. 26. 선고 2001도1863 판결), 임금 등 근로조건의 개선이 주된 목적이고 고용직 공무원에로의 환원운동은 부차적 목적에 지나지 아니하므로 쟁의행위가 부당하지 않다고 한 사례(대법원 1992. 1. 21. 선고 91누5204 판결 ☞ 심화학습 1. 참고1 판결) 등이 있다.

2. 공정보도를 관철하기 위한 쟁의행위의 정당성

▷ 방송사 노동조합이 방송의 공정성 보장을 요구하는 쟁의행위(파업)를 행한 사안에서 그 목적의 정당성을 인정한 하급심 판결(서울고법 2014나11910 판결)이 있다.[6] 이 판결에서 서울고법은 방송의 공정성 실현을 위한 제도적 장치의 마련과 그 준수 및 교섭 여부는 의무적 교섭사항에 해당하고, 방송의 공정성 실현을 위해 마련된 제도적 장치가 제대로 기능하지 못해 실제로 근로환경 내지 근로조건 등에 영향을 미치게 되었다면 이에 대한 시정을 요구하고 쟁의행위로 나아가는 것은 근로조건에 관한 분쟁에 해당한다는 전제 하에, 피고 방송사가 방송법 등 관계법령 및 단체협약에 의해 인정된 공정방송의 의무를 위반했을 뿐만 아니라

---

6) 같은 취지의 다른 판결로서 서울남부지법 2014. 1. 23. 선고 2012가합3891 판결, 서울남부지법 2014. 5. 27. 선고 2014고합9 판결 등이 있다.

그 구성원인 근로자의 구체적인 근로환경 또는 근로조건을 악화시켰다 할 것이므로 피고 방송사의 근로자들은 그 시정을 구하기 위한 쟁의행위에 나아갈 수 있고, 이 사건 파업은 그 목적에서 정당하다고 판시하였다.

※ 서울고등법원 2015. 4. 29. 선고 2014나11910 판결【해고무효확인등】
- "… (중략) … 공정방송의 의무는 방송법 등 관계법규 및 피고 단체협약에 의하여 노사 양측에 요구되는 의무임과 동시에 근로관계의 기초를 형성하는 원칙이라 할 것이어서, 방송의 공정성을 실현하기 위한 제도적 장치의 마련과 그 준수 또한 교섭 여부가 근로관계의 자율성에 맡겨진 사항이 아니라 사용자가 노동조합법 제30조에 따라 단체교섭의 의무를 지는 사항(이른바 의무적 교섭사항)이라 할 것이다. 따라서 피고는 피고의 구성원에게 방송의 공정성을 실현하기 위한 근로환경과 근로조건을 제공하여야 할 의무를 부담한다고 할 것이고, 피고 단체협약은 피고와 피고 구성원 사이의 상호 양해 아래 위와 같은 방송의 공정성을 실현하기 위한 내부적인 장치를 두고 있는 것으로 이해된다.
다만 방송의 공정성이라는 것은 상대적인 개념으로서 주관적 가치에 따라 그 판단을 달리할 수도 있는 것이므로, 단순히 추상적으로 방송의 공정성이 의심된다는 사정에 기초하여 또는 공정한 방송의 실현이 필요하다는 이유만으로 쟁의행위에 나아가는 것은 사용자가 처분할 수 없는 사항에 대한 것으로서 그 목적의 정당성을 인정할 수 없다. 그러나 방송의 제작, 편성, 보도 등 구체적인 업무수행 과정에 있어서 방송의 공정성을 실현하기 위하여 마련된 제도적 장치가 제대로 기능을 하지 못해 실제적으로 근로환경 내지 근로조건 등에 영향을 미치게 되었다면, 이에 대한 시정을 요구하고 쟁의행위에 나아가는 것은 노동조합법에서 규정하고 있는 근로조건에 관한 분쟁에 해당한다 할 것이다.
나아가 이처럼 기존에 합의된 단체협약을 사용자가 지키지 않는 경우 그 준수를 요구하기 위한 행위는, 단순히 기존의 단체협약의 해석, 적용에 관한 사항을 주장하는 것이 아니라 단체협약의 이행을 실효적으로 확보할 수 있는 방안을 강구하기 위한 것으로서 어디까지나 근로조건의 결정에 관한 사항을 목적으로 한 쟁의행위에 해당한다고 할 것이다. 만약 그와 같이 보지 않고 기존 단체협약의 준수를 요구하는 쟁의행위를 근로조건의 '결정'에 관한 것이 아닌 소위 권리분쟁으로서 목적의 정당성을 인정할 수 없다고 보는 경우에는, 사용자가 기존의 단체협약을 이행하지 아니하여 저해된 근로조건을 원상으로 회복하기 위한 쟁의행위는 노동조합법상 금지되는 결과가 되는데, 이는 '근로조건의 향상을 위하여' 단체행동권을 인정한 헌법 제33조 제1항을 부당하게 제한하는 해석일 뿐 아니라, 노동조합이 단체협약의 유효기간 중 그 개폐를 요구하는 쟁의행위를 할 수 없는 이른바 평화의무를 지는 것(대법원 1992. 9. 1. 선고 92누7733 판결 참조)과 비교하더라도 균형이 맞지 않기 때문이다.
이러한 전제에서 앞서 본 사실에 변론 전체의 취지를 종합하여 인정할 수 있는 다음과 같은 사정들에 비추어보면, 피고는 방송법 등의 관계법령 및 단체협약에 의하여 인정된 공정방송의 의무를 위반하였을 뿐만 아니라 그 구성원인 근로자의 구체적인 근로환경 또는 근로조건을 악화시켰다 할 것이므로, 원고들을 비롯한 피고의 근로자들은 그 시정을 구하기 위한 쟁의행위에 나아갈 수 있다. … (중략) … 따라서 이 사건 파업은 그 목적에 있어 정당하다 할 것이다."

3. 권리분쟁사항을 관철하기 위한 쟁의행위의 정당성

▷ 권리분쟁(근로조건을 규율하는 규범인 법령, 협약, 근로계약 등에 따른 근로자의 권리에 관한 해석·적용을 둘러싼 분쟁 또는 법원에의 제소나 부당노동행위 구제신청 등 다른 권리구제절차를 통해 해결 가능한 분쟁) 관련 쟁의행위의 정당성 여부에 관해서는 부정설, 긍정설, 절충설이 대립한다.

▷ 부정설 : i) 쟁의행위는 앞으로 정하여질 권리나 의무를 보다 유리하게 결정하기 위하여 교섭·협약체결을 유리하게 전개하기 위한 수단이지 이미 확정되어 존재하고 있는 권리나 의무의 내용에 관한 분쟁을 해결하기 위한 수단은 아니기 때문에 사법적 보호 또는 해결방법의 길이 열려 있는 권리분쟁을 풀기 위하여 쟁의행위를 하는 것은 정당하지 않다는 견해,[7] ii) 현행 노조법은 노동쟁의의 조정에 관하여 노동관계 당사자간에 임금 등 근로조건의 '결정'에 관한 주장의 불일치로 인하여 발생한 분쟁상태를 말한다고 규정하고 있고(제2조 제5호), 쟁의행위는 노동관계 당사자가 위와 같은 노동쟁의의 원인이 된 그 주장을 관철할 목적으로 행하는 행위를 말한다고 규정하고 있으므로(제2조 제6호) 위 법률규정의 해석상으로는 구 노동쟁의조정법의 규정("근로조건에 관한 노동관계 당사자간의 주장의 불일치")과 달리 권리분쟁은 노동쟁의의 개념에서 제외되었고 따라서 권리분쟁에 해당하는 주장을 관철할 목적으로 행하는 행위는 쟁의행위에서도 제외되었다고 풀이하여야 할 것으로 보는 견해[8]가 있다.

▷ 긍정설 : 집단적 노사관계에서 당사자의 사적 자치에 의한 분쟁의 해결은 사법적 또는 행정적 구제절차의 존재 여부와 관계없이 적극적으로 보장되어야 하기 때문에 다른 구제절차가 존재한다는 사정을 이유로 권리분쟁을 해결하려는 쟁의행위의 정당성이 부정되어서는 아니 된다는 견해가 있다.[9]

▷ 절충설 : 권리분쟁사항은 단체교섭의 대상이 되지 않기 때문에 원칙적으로 쟁의행위의 정당한 목적으로 인정될 수 없지만, 사용자가 명백히 노동관계법령·단체

---

7) 김형배, 앞의 책, 1018-1019면 참조.
8) 사법연수원, 「노동조합 및 노동관계조정법」, 2010, 226-227면.
9) 김유성, 「노동법II」, 법문사, 1999, 239면.

협약·취업규칙 등을 위반하여 노사관계 전반에 중대한 영향을 미치고 그 시정이 시급한 경우에 그 위반에 항의하고 그 준수를 촉구하기 위한 쟁의행위는 예외적으로 정당성이 인정되어야 할 것이라는 견해[10]가 있다.

3. 쟁의행위의 목적 (2)

◀ 판례분석 ▶

▌**제 목** : 단체협약 소정의 특별상여금 관련 평화의무에 반하는 쟁의행위의 정당성(N) [삼표중공업사건]

▌**대상판결** : 대법원 1994. 9. 30. 선고 94다4042 판결 【해고무효확인】
【원고, 상고인】 원고 1 외 1인
【피고, 피상고인】 피고 주식회사
【원심판결】 서울고등법원 1993. 12. 9. 선고 92나65137 판결
【주 문】 상고를 모두 기각한다. 상고비용은 원고들의 부담으로 한다.

▌**사건의 개요** : 피고 회사 노동조합의 위원장인 원고 1 등은 단체협약에 규정된 인센티브(경영성과에 따른 특별상여금)의 지급 요구를 관철하기 위한 준법투쟁을 결의하여 조합원들로 하여금 약 2주 동안 1일 2시간(1일 8시간 근무 중 연장근로로 인정하여 유해연장근로수당이 지급되는 시간)씩 정상 근무를 하지 않게 하는 등 취업규칙 위반의 불법행위를 하였다는 이유로 피고 회사에 의해 징계해고가 되어 그 효력을 다투는 소를 제기하였다.

▌**관련 법 규정**(현행법 기준)
- 근기법 제5조(근로조건의 준수) 근로자와 사용자는 각자가 단체협약, 취업규칙과 근로계약을 지키고 성실하게 이행할 의무가 있다.
- 민법 제2조(신의성실) ① 권리의 행사와 의무의 이행은 신의에 좇아 성실히

---

10) 임종률, 앞의 책, 244면.

하여야 한다.

▌판결의 성격 : 원심은 불법쟁의행위 등을 이유로 한 징계해고가 정당하다고 판단하였고, 대법원은 인센티브 지급 관련 쟁의행위는 평화의무에 반하는 것으로 정당성이 없다는 등의 이유로 원고들의 상고를 기각하였다.

▌쟁 점
- 협약의 유효기간중에 협약 소정의 사항(인센티브의 지급)과 관련하여 행한 쟁의행위가 협약준수의무에 반하는 것으로서 그 정당성이 부정되는지 여부

▌중요 사실관계
- 이 사건 준법투쟁 쟁의행위 당시의 단체협약에서는 인센티브의 지급을 노사협의로 결정한다고 규정 ⇒ **단체협약에서 이미 정한 사항을 변경하기 위한 쟁의행위인지 여부와 관련**
- 단체협약에서 평화의무를 규정("본 협약에 규정된 사항에 대해서는 협약해석을 둘러싼 분쟁을 제외하고는 본 협약 유효기간중 평화의무를 진다") ⇒ **평화의무는 협약 당사자간의 명시적 약정(평화의무조항)이 있어야 발생하는 것인지 여부와 관련**

▌기본법리(판지) : 단체협약에서 이미 정한 근로조건이나 기타 사항의 변경·개폐를 요구하는 쟁의행위를 단체협약의 유효기간중에 하여서는 아니 된다는 이른바 평화의무를 위반하여 이루어진 쟁의행위는 노사관계를 평화적·자주적으로 규율하기 위한 단체협약의 본질적 기능을 해치는 것일 뿐 아니라 노사관계에서 요구되는 신의성실의 원칙에도 반하는 것이라 할 것이므로 정당성이 없다. ⇒ **[평화의무의 의의 및 그 의무를 위반한 쟁의행위의 부당성]**

▌결론 및 이유 : 원고들이 소속된 노동조합이 이른바 준법투쟁이라는 형태의 쟁의행위를 통하여 인센티브의 지급액을 노조 주장대로 관철시킬 목적으로 행한 쟁의행위는 정당성이 없다.
- 위 쟁의행위 당시 유효하게 성립된 단체협약 제53조 제3항에서는 인센티브의 지급을 노사협의로 결정한다고 규정하고 있고, 제88조에서는 "본 협약에 규정된 사항에 대해서는 협약해석을 둘러싼 분쟁을 제외하고는 본 협약 유효기간중 평화의무를 진다"고 규정.

- 그렇다면 위 단체협약의 유효기간중에는 인센티브의 지급 여부나 지급방법 등에 관한 근로조건은 노사협의사항으로 규정하여 이를 단체교섭대상에서 제외하는 노사간의 협약이 이루어졌다 할 것.

- 따라서 단체협약에서 이미 노사협의사항으로 합의하여 단체교섭대상이 되지 아니 하는 인센티브의 지급에 관하여 노동조합이 그 교섭을 요구하다가 그 요구가 받아들여지지 아니하자 그 요구를 관철하기 위하여 이루어진 위 쟁의행위는 그 요구사항이 단체교섭사항이 될 수 없는 것을 목적으로 한 것일 뿐 아니라 평화의무에 반하는 것으로 정당성이 없음.

▌판결의 의의와 한계

1) 대상판결은 선례(대법원 1992. 9. 1. 선고 92누7733 판결)에 입각하여 단체협약의 당사자인 노동조합이 부담하는 평화의무의 내용과 그 의무를 위반한 쟁의행위의 부당성을 밝힌 사례이다.

2) 평화의무는 단체협약의 당사자가 단체협약의 유효기간중에 단체협약에서 이미 정한 근로조건이나 기타 사항의 변경·개폐를 요구하는 쟁의행위를 행하지 않을 의무이기 때문에 단체협약에 규정되지 않은 사항이나 차기 단체협약의 체결을 위한 단체교섭이나 쟁의행위에는 평화의무가 적용되지 않는다는 것이 일반적인 견해이다.[11]

3) 평화의무의 근거로서 판례는 "노사관계를 평화적·자주적으로 규율하기 위한 단체협약의 본질적 기능"(대상판결), "평화의무가 노사관계의 안정과 단체협약의 질서형성적 기능을 담보하는 것"(92누7733 판결) 등을 들고 있다. 학설에서는 일반적으로 협약 당사자 사이의 명시적인 약정이 없어도 평화의무가 발생한다고 보며, 그 근거로 내재설(단체협약의 평화적 기능에 내재하는 본래적 의무), 묵시적 합의설(협약당사자의 묵시적 합의에 따른 의무), 신의칙설(협약이행의무로부터 당연히 발생하는 신의칙상 의무) 등이 제시되고 있다.

  ※ 대법원 1992. 9. 1. 선고 92누7733 판결 【부당해고및부당노동행위구제재심판정취소】
  - "노동조합의 위원장이 조합원들의 의사를 제대로 반영하지 아니하여 단체협약이 만족스럽지 못하게 체결됨에 따라 조합원들이 단체협약의 무효화를 위한 투쟁의 일환으로 비상대책위원회를 구성하여 그 비상대책위원회가 위와 같은 파업농성을

---

11) 이러한 입장에 선 판결례로서 김형배, 앞의 책, 955면 각주1에서 대법원 2003. 2. 11. 선고 2002두9919 판결을 소개하고 있으나 대법원 홈페이지에서 이 판결을 검색할 수 없다.

주도하게 된 것이라고 하더라도, <u>단체협약의 당사자인 노동조합은 단체협약의 유</u> <u>효기간중에 단체협약에서 정한 근로조건 등에 관한 내용의 변경이나 폐지를 요구</u> <u>하는 쟁의행위를 행하지 아니하여야 함은 물론, 조합원들에 대하여도 통제력을 행</u> <u>사하여 그와 같은 쟁의행위를 행하지 못하게 방지하여야 할 이른바 평화의무를 지</u> <u>고 있다</u>고 할 것인바, 이와 같은 <u>평화의무가 노사관계의 안정과 단체협약의 질서</u> <u>형성적 기능을 담보하는</u> 것인 점에 비추어 보면, 단체협약이 새로 체결된 직후부 터 뚜렷한 무효사유를 내세우지도 아니한 채 단체협약의 전면 무효화를 주장하면 서 평화의무에 위반되는 쟁의행위를 행하는 것은 이미 노동조합활동으로서의 정 당성을 결여한 것이라고 하지 아니할 수 없다."

▌**기타 해설** : 평화의무는 협약의 유효기간중에 협약 소정 사항의 개폐를 위한 쟁의행위를 하지 않을 의무로서 협약 당사자 사이에 명시적인 약정이 없어도 당 연히 인정되는 의무이지만(절대적 평화의무와 구분하기 위해 '상대적 평화의무'라고 칭하 기도 함), 절대적 평화의무는 협약의 유효기간중에 '일체의 쟁의행위'를 하지 않 는다는 취지의 특약이 있는 경우에 인정되는 의무라는 점에서 차이가 있다. 다 만, 절대적 평화의무 특약의 유효성 여부에 관한 학설상의 다툼이 있다(단체행동 권의 침해 내지 형해화로서 무효라는 견해, 협약 유효기간 동안에 쟁의권을 스스로 포기한 것 으로 유효하다는 견해 등)

◀ Q 풀이 ▶

Q 1. 대상판결에서 평화의무의 근거는 무엇인가?

[A] ☞ 판결의 의의와 한계 3) 참고.

Q 2. 대상판결에서 평화의무 위반으로 판단한 이유는?

[A] 쟁의행위 당시 유효한 단체협약에서 인센티브의 지급 관련 사항을 노사협의 사항으로 규정하여 단체교섭 대상에서 제외하는 합의를 하였을 뿐만 아니라 평 화의무를 명시적으로 규정하였기 때문에 인센티브의 지급 요구를 관철하기 위하 여 행한 쟁의행위는 교섭사항이 될 수 없는 것을 목적으로 한 것이자 평화의무 를 위반한 것으로 그 정당성이 없다.

4. 쟁의행위의 수단·방법

◀ 판례분석 ▶

■**제 목** : 사업장 시설의 일부에 대한 점거행위의 정당성 여부(Y) 및 이 경우 부당한 직장폐쇄를 행한 사용자의 퇴거요구에 응할 의무의 존부(N) [건축사협회사건]

■**대상판결** : 대법원 2007. 12. 28. 선고 2007도5204 판결 【업무방해·폭력행위등처벌에관한법률위반(공동주거침입)】
【피고인】 피고인 1외 1인
【상고인】 피고인들
【원심판결】 서울중앙지법 2007. 6. 20. 선고 2006노2979 판결
【주 문】 원심판결을 파기하고, 사건을 서울중앙지방법원 합의부에 환송한다.

■**사건의 개요** : 서울시건축사협회(이하 협회)의 근로자이자 전국건설엔지니어링노동조합(이하 노조) 위 협회지부(이하 지부)의 지부장인 피고인1과 노조의 위원장인 피고인 2는 고용조정 등에 관한 협회와의 교섭이 결렬되자 찬반투표 등을 거쳐 부분파업에 이어 전면파업에 돌입했고, 이에 협회는 직장폐쇄로 대응했으며, 이후 재개된 교섭이 또 결렬되자 피고인들은 조합원들과 함께 교섭장소인 협회의 회의실을 약 20여일 점거하고 협회의 퇴거요구에 불응했으며, 이로 인해 업무방해죄 등으로 공소제기되었다.

■**관련 법 규정**(현행법 기준)
- 노조법 제37조(쟁의행위의 기본원칙) ③ 노동조합은 사용자의 점유를 배제하여 조업을 방해하는 형태로 쟁의행위를 해서는 아니 된다.
- 노조법 제42조(폭력행위 등의 금지) ① 쟁의행위는 폭력이나 파괴행위 또는 생산 기타 주요업무에 관련되는 시설과 이에 준하는 시설로서 대통령령이 정하는 시설을 점거하는 형태로 이를 행할 수 없다.
- 노조법 제46조(직장폐쇄의 요건) ① 사용자는 노동조합이 쟁의행위를 개시한 이후에만 직장폐쇄를 할 수 있다.
- 형법 제319조(주거침입, 퇴거불응) ① 사람의 주거, 관리하는 건조물, 선박이

나 항공기 또는 점유하는 방실에 침입한 자는 3년 이하의 징역 또는 500만원 이하의 벌금에 처한다.

② 전항의 장소에서 퇴거요구를 받고 응하지 아니한 자도 전항의 형과 같다.

- 폭력행위 등 처벌에 관한 법률 제2조(폭행 등) ② 2명 이상이 공동하여 다음 각 호의 죄를 범한 사람은 「형법」 각 해당 조항에서 정한 형의 2분의 1까지 가중한다.

   1. 「형법」 제260조 제1항(폭행), 제283조 제1항(협박), 제319조(주거침입, 퇴거불응) 또는 제366조(재물손괴 등)의 죄

▌판결의 성격 : 원심은 피고인들의 이 사건 점거 및 퇴거불응의 행위가 협회의 업무를 방해한 전면적·배타적 점거 등에 해당하여 업무방해죄 및 퇴거불응죄가 성립한다고 판단하였으나, 대법원은 부분적·병존적 점거 법리 등에 입각하여 원심판결을 파기환송하였다.

▌쟁 점

- 이 사건 회의실과 같이 사용자 시설의 일부를 일정 기간 점거하는 행위가 쟁의행위의 수단·방법이라는 측면에서 정당한지 여부
- 위와 같은 직장점거의 행위자들은 직장폐쇄를 행한 사용자의 퇴거요구에 응하여야 할 의무가 있는지 여부

▌중요 사실관계

- 2005. 10. 26. 지부가 전면파업을 개시한 후 4시간 정도 경과한 시점에서 협회는 직장폐쇄 조치를 취하였고, 피고인들 등이 같은 해 11. 29. 이 사건 회의실을 점거하자 협회는 그 다음 날 등 4회에 걸쳐 팩스를 통해 무단점거에 따른 협회 업무의 방해와 회의실에서의 즉각적인 퇴거 취지의 공문을 발송 ⇒ **직장폐쇄의 정당성 여부 및 피고인들 등이 이러한 퇴거요구에 응할 의무가 있는지 여부와 관련**
- 이 사건 회의실은 전체 약 40평의 협회 사무실 내부에 칸막이로 구분되어 있는 약 15평의 공간으로서 협회 직원들이나 임원들이 통상적인 업무를 수행하는 공간이 아니라, 협회장(비상근으로서 가끔씩 출근)이 자신의 업무를 처리하고, 협회의 임원들이 개인 사물함을 보관해 두며, 협회장과 임원들이 임원회의를 하는 공간으로 활용되던 장소 ⇒ **점거된 사용자 시설의 범위와 용도라는 측면에서 이 사건 점거행위의 정당성 여부와 관련**

- 피고인들 등이 이 사건 회의실을 점거하고 있는 동안 비조합원들 및 협회가 고용한 대체근로자들이 사무실에서 통상의 업무를 처리하는 데에는 별다른 지장이 없었으나, 협회장과 임원들은 위 회의실을 사용할 수 없게 되어 음식점 등에서 임원회의를 진행(다만, 임원회의는 1달에 1, 2회 정도 개최되고, 이 사건 회의실 점거 개시 이전이나 종료 이후에도 이 사건 회의실이 아닌 음식점 등에서 개최된 적이 있음) ⇒ **이 사건 점거행위가 사용자측의 출입·관리지배 및 업무를 배제하거나 방해한 것인지 여부와 관련**

▌기본법리(판지)

1) (1) 직장 또는 사업장시설의 점거는 적극적인 쟁의행위의 한 형태로서 <u>그 점거의 범위가</u> 직장 또는 사업장시설의 <u>일부분이고</u> <u>사용자측의 출입이나 관리지배를 배제하지 않는 병존적인 점거</u>에 지나지 않을 때에는 정당한 쟁의행위로 볼 수 있으나, ⇒ **[부분적·병존적 점거=정당한 직장점거]**

(2) 이와 달리 직장 또는 사업장시설을 <u>전면적, 배타적으로 점거하여 조합원 이외의 자의 출입을 저지하거나 사용자측의 관리지배를 배제하여 업무의 중단 또는 혼란을 야기케 하는 것</u>과 같은 행위는 이미 정당성의 한계를 벗어난 것이라고 볼 수밖에 없다(대법원 1991. 6. 11. 선고 91도383 판결 등 참조). ⇒ **[전면적·배타적 점거=부당한 직장점거]**

2) (1) 사용자의 <u>직장폐쇄는</u> 노사간의 교섭태도, 경과, 근로자측 쟁의행위의 태양, 그로 인하여 사용자측이 받는 타격의 정도 등에 관한 <u>구체적 사정에 비추어 형평의 견지에서 근로자측의 쟁의행위에 대한 대항·방위 수단으로서 상당성이 인정되는 경우에 한하여</u> 정당한 쟁의행위로 평가받을 수 있는 것이고, ⇒ **[직장폐쇄의 정당성 요건]**

(2) 사용자의 직장폐쇄가 정당한 쟁의행위로 인정되지 아니하는 때에는 적법한 쟁의행위로서 사업장을 점거중인 근로자들이 직장폐쇄를 단행한 사용자로부터 퇴거요구를 받고 이에 불응한 채 직장점거를 계속하더라도 퇴거불응죄가 성립하지 아니한다(대법원 2002. 9. 24. 선고 2002도2243 판결, 대법원 2007. 3. 29. 선고 2006도9307 판결 등 참조). ⇒ **[부당한 직장폐쇄의 경우 정당한 직장점거에 대한 퇴거불응죄의 적용 불가]**

▌결론 및 이유 : 이 사건 회의실 점거행위는 노동관계법령에 따른 정당한 쟁의행위로서 위법성이 조각된다고 할 것이고 그 쟁의행위 과정에서 별도의 업무방해행위가 있었던 것으로 보이지도 아니하므로 피고인들에 대하여 그로 인한 업무방해죄의 책임을 물을 수 없고, 정당한 쟁의행위로서 이 사건 회의실을 부분적, 병존적으로 점거하고 있던 피고인들로서는 협회측의 퇴거요구(위 직장폐쇄를

이유로 하는 것인지 여부와 무관)에 응하여야 할 의무가 인정되지 아니한다.
- 피고인들의 이 사건 회의실 점거행위는 협회의 사업장시설을 전면적, 배타적
으로 점거한 것이라고 보기 어렵고, 오히려 그 점거의 범위가 협회의 사업장시
설의 일부분이고 사용자측의 출입이나 관리지배를 배제하지 않는 부분적, 병존
적인 점거에 지나지 않으며, 그 수단과 방법이 사용자의 재산권과 조화를 이루
면서 폭력의 행사에 해당되지 아니하는 것으로 봄이 상당.
- 쟁의행위의 본질상 사용자의 정상업무가 일부 저해되는 경우가 있음은 부득이
한 것으로서 이 사건의 경우 이 사건 회의실 점거행위로 인하여 1달에 1, 2회 정
도 개최되는 임원회의를 이 사건 회의실이 아닌 음식점 등에서 개최하게 된 사
정 정도는 사용자가 이를 수인하여야 할 범위 내라고 봄이 상당하고, 그 외에는
실질적으로 협회의 업무의 중단 또는 혼란을 초래한 바도 없어, 협회의 업무가
실제로 방해되었거나 또는 적어도 그 업무방해의 결과를 초래할 위험성이 발생
하였다고 보이지도 아니함.
- 협회측은 노사간 교섭에 있어서 소극적이었던 점, 협회 직원들인 노조 조합원
들이 파업을 하더라도 즉각적으로 노사간 교섭력의 균형이 깨진다거나 협회의
업무수행에 현저한 지장을 초래하거나 회복할 수 없는 손해가 발생할 염려가 있
다는 등의 사정을 찾아 볼 수 없는 점 및 기타 제반 사정에 비추어 볼 때, 이 사
건 지부가 파업에 돌입한 지 불과 4시간 만에 협회가 바로 직장폐쇄 조치를 취
한 것은 근로자측의 쟁의행위에 대한 대항·방위 수단으로서의 상당성이 인정될
수 없어 위 직장폐쇄는 정당한 쟁의행위로 인정되지 아니하고, 따라서 협회가 위
와 같은 직장폐쇄를 이유로 근로자들인 피고인들에게 퇴거요구를 한 것이라면,
피고인들이 협회로부터 그와 같은 퇴거요구를 받고 이에 불응하였다고 하더라도
퇴거불응죄가 성립하지 아니함.

▮ 판결의 의의와 한계

1) 대상판결은 선례에 의해 확립된 법리(직장점거와 직장폐쇄의 정당성 판단기준, 퇴거
불응죄 성립 여부 관련 직장점거와 직장폐쇄의 관계)에 입각하여 이 사건 직장점거의
정당성과 직장폐쇄의 부당성을 인정하였고, 결과적으로 사용자의 퇴거요구에 대
한 불응이 퇴거불응죄에 해당하지 않는다고 판단한 사례이다.

2) 선례에 의하면 직장폐쇄가 부당한 경우에는, 다른 특별한 사정이 없는 한 평
소 출입이 허용되는 사업장 시설(주차장, 식당, 조합사무실 등)에 출입한 행위가 주
거침입죄를 구성하지 않으며(대법원 2002. 9. 24. 선고 2002도2243 판결), 적법한 쟁

의행위로서 사업장(평소 출입이 통제되지 아니한 로비)을 점거 중인 근로자들이 사용자로부터 퇴거 요구를 받고 이에 불응한 채 직장점거를 계속하더라도 퇴거불응죄가 성립하지 않는다(대법원 2007. 3. 29. 선고 2006도9307 판결).

3) 그러나 사용자가 정당하게 직장폐쇄를 행한 경우에는 비록 적법하게 직장을 점거하고 있었던 경우에도 사용자의 퇴거요구에 응하여야 한다는 판례법리(☞ 심화학습1. 참고)는 여전히 유효하고, 대상판결 역시 이러한 법리를 전제로 하고 있다.

◀ Q 풀이 ▶

Q 1. 대상판결에서 원심과 달리 직장점거가 정당하다고 판단한 이유는?

[A] 1) 점거의 범위 및 사용자의 출입·관리지배 관련 : 원심은 이 사건 회의실 점거행위는 회의실에 관한 사용자측의 출입이나 관리지배를 배제한 전면적·배타적인 점거로 판단했으나, 대법원은 점거의 범위가 사업장시설의 일부분(전체 약 40평의 협회 사무실 중 칸막이로 구분된 약 15평의 공간)이고 사용자측의 출입이나 관리지배를 배제하지 않은 부분적·병존적인 점거로 판단하였다.

2) 업무의 중단 또는 혼란 야기 관련 : 원심은 이 사건 회의실 점거행위로 인해 협회의 임원회의 장소인 위 회의실에서 임원회의가 진행되지 못하고 음식점 등에서 진행된 점 등에 비추어 협회의 업무가 실제로 방해되었거나 또는 적어도 그 업무방해의 결과를 초래할 위험성이 발생하였다고 봄이 상당하다고 판단하였다. 그러나 대법원은 피고인들을 비롯한 조합원들이 이 사건 회의실을 점거하고 있는 동안 비조합원들 및 협회가 고용한 대체근로자들이 사무실에서 통상의 업무를 처리하는 데에는 별다른 지장이 없었고, 임원회의는 1달에 1, 2회 정도 개최되고 위 회의실 점거 개시 이전이나 종료 이후에도 위 회의실이 아닌 음식점 등에서 개최된 적이 있는 사정 등에 입각하여, 임원회의를 위 회의실이 아닌 음식점 등에서 개최하게 된 사정 정도는 사용자가 이를 수인하여야 할 범위 내라고 봄이 상당하고, 그 외에는 실질적으로 협회의 업무의 중단 또는 혼란을 초래한 바도 없어 협회의 업무가 실제로 방해되었거나 또는 적어도 그 업무방해의 결과를 초래할 위험성이 발생하였다고 보이지도 아니한다고 판단하였다.

Q 2. 대상판결에서 퇴거불응죄의 성립 여부와 관련하여 원심과 대법원간에 어떤 판단의 차이를 보이고 있는가?

[A] 원심은 이 사건 회의실 점거행위가 정당하지 않은 점거이고 사용자측의 퇴거요구에 불응하였기 때문에 퇴거불응죄가 성립한다(직장폐쇄가 위법하다고 가정하더라도 마찬가지)고 판단했지만, 대법원은 위 점거행위가 정당하고 이 사건 직장폐쇄는 정당하지 않기 때문에 사용자측의 퇴거요구가 이러한 부당한 직장폐쇄를 이유로 한 것이었다면 그에 불응했어도 퇴거불응죄가 성립하지 않는다고 판단하였다(퇴거요구가 위와 같은 직장폐쇄를 이유로 한 것이 아니었어도 이 사건 점거행위가 정당하므로 피고인들은 퇴거요구에 응할 의무가 없다고 봄).

◀ 심화학습 ▶

1. 대상판결과 대법원 1991. 8. 13. 선고 91도1324 판결(퇴거불응죄 인정)의 비교
▷ 참고판결(91도1324 판결)에 의하면 정당한 직장점거의 경우에도 사용자가 정당하게 직장폐쇄를 하면 사업장에 대한 물권적 지배권이 전면적으로 회복되므로 점거중인 근로자들에게 퇴거를 요구할 수 있고 이런 요구에 반하는 직장점거는 위법하고 퇴거불응죄가 적용될 수 있다. 그러나 대상판결에 따르면 위와 같은 참고판결의 법리는 사용자의 직장폐쇄가 정당하지 않은 경우에는 적용될 수 없다.

> ※ 대법원 1991. 8. 13. 선고 91도1324 판결 【노동쟁의조정법위반, 업무방해, 퇴거불응, 사문서위조, 동행사】
> - "근로자들의 <u>직장점거가</u> 쟁의의 목적달성을 위하여 필요한 범위 내에서 제한적으로 개시됨으로써 <u>적법한 것이었다</u> 하더라도 사용자가 이에 대응하여 <u>적법하게 직장폐쇄를 하게 되면</u>, 사용자의 <u>사업장에 대한 물권적 지배권이 전면적으로 회복</u>되는 결과 사용자는 점거중인 근로자들에 대하여 정당하게 사업장으로부터의 퇴거를 요구할 수 있고 <u>퇴거를 요구받은 이후의 직장점거는 위법함을 면치 못한다</u> <u>할 것이고</u>, 나아가 이 사건에서와 같이 근로자들의 직장점거 자체가 회사의 업무를 위력으로 방해하는 등 그 적법성에 의심이 가는 경우에는 더 말할 나위가 없다고 할 것인바, 이와 같은 견지에서 원심이 적법히 직장폐쇄를 단행한 사용자로부터 2차에 걸친 퇴거요구를 받고도 불응한 채 직장점거를 계속한 피고인들의 행위를 퇴거불응죄로 의율한 제1심의 판단을 유지한 것은 정당하고 … (이하 생략) …"

2. 피케팅의 정당성 판단기준 (대법원 1990. 10. 12. 선고 90도1431 판결; 대법원 1992. 7. 14. 선고 91다43800 판결 참고)

▷ 피케팅(쟁의를 알리고 쟁의참가를 호소·설득하는 등의 행위)은 평화적 설득, 언어적 설득의 범위 내에서 그 정당성이 인정되고 실력적 저지나 물리적 강제의 피케팅은 정당화될 수 없다는 것이 판례의 입장이다(참고1 판결). 이러한 판례의 법리는 노조법 제38조 제1항의 내용으로 입법화되었다.

▷ 노조법 제43조 제1항은 쟁의행위 중 사용자의 대체근로를 금지하고 있는데 이를 위반한 대체근로를 저지하기 위한 피케팅으로서 상당한 정도의 실력행사는 쟁의행위의 실효성을 확보하고자하는 위 규정의 취지에 비추어 허용되지만, 불법 대체근로와 무관한 작업까지 전면 저지하기 위한 고지서의 탈취·은닉행위는 피케팅으로서 정당화될 수 없다(참고2 판결).

※(참고1) 대법원 1990. 10. 12. 선고 90도1431 판결 【폭력행위등처벌에관한법률위반】

- "보조적 쟁의수단인 피케팅은 파업에 가담하지 않고 조업을 계속하려는 자에 대하여 평화적 설득, 구두와 문서에 의한 언어적 설득의 범위내에서 정당성이 인정되는 것이고, 폭행, 협박 또는 위력에 의한 실력적 저지나 물리적 강제는 정당화될 수 없는 것이며 … (중략) … 이러한 관점에서 피고인들의 행위를 보건대, 제1심 판시 제1항의 협박에 의한 출근저지행위, 제3항의 고지서탈취 등의 방법에 의한 고지서 발송작업저지행위는 소론이 주장하는 여러 사정을 감안하더라도 앞에서 본 피케팅의 정당성의 한계를 넘어선 것으로서 위법하다고 할 것이며 … (이하 생략) …"

※(참고2) 대법원 1992. 7. 14. 선고 91다43800 판결 【해고무효확인등】

- "이 사건 파업기간중 국민연금갹출료 고지서 발송업무가 파업에 참가하지 아니한 노조원이나 비노조원에 의하여 수행되고, 서울중부출장소에서는 그 작업에 아르바이트 학생까지 동원하여 돕게 하였음은 사실로 보이는바, 노동쟁의조정법 제15조(현행 노조법 제43조 제1항)에 의하면 사용자는 쟁의기간중 쟁의에 관계없는 자를 채용 또는 대체할 수 없다고 되어 있어 피고 공단이 쟁의에 관계없는 자를 채용 또는 대체하여 고지서 발송작업을 하게 하거나 도와주도록 한 부분은 정당한 쟁의대항행위라고 할 수는 없을 것이다. 따라서 파업에 참가한 근로자들이 파업에 동조하지 아니하고 조업을 하는 위의 사람들에게 피케팅을 하고, 피고 공단의 위와 같은 법규위반행위를 저지하기 위하여 상당한 정도의 실력을 행사하는 것은 동맹파업 등 근로자들에 의한 쟁의행위가 실효를 거둘 수 있도록 하기 위하여 마련된 위 규정의 취지에 비추어 허용된다고 보아야 할 것이나, 그렇다고 하더라도 모든 사람에 의한 고지서 발송작업을 전면적으로 저지하기 위하여 그 작업현장에 있던 고지서를 전부 탈취하여 은닉한 원심판시와 같은 행위는 파업의 보조적 쟁의수단인 피케팅으로서도 정당화 될 수 없다 할 것이어서, 판시 고지서 발송업무의 저지행위가 위법하다는 원심의 판단결과는 정당하다고 보아야 한다."

제22강 쟁의행위 (2)

1. 쟁의행위와 형사책임

◀ 판례분석 ▶

■제 목 : 구 노조법상 직권중재회부 시의 쟁의행위금지 규정에 반하여 실시된 파업의 업무방해죄상의 '위력' 해당 여부(Y) [철도노조사건]

■대상판결 : 대법원 2011. 3. 17. 선고 2007도482 전원합의체 판결 【업무방해】
【피고인】 피고인
【상고인】 피고인
【원심판결】 서울중앙지법 2006. 12. 20. 선고 2006노1532 판결
【주 문】 상고를 기각한다.

■사건의 개요 : 전국철도노동조합의 위원장인 피고인을 비롯한 노조 집행부는 중앙노동위원회 위원장의 노동쟁의 중재회부결정에도 불구하고 파업을 지시하여 조합원 13,808명이 서울철도차량정비창 등 전국 641개 사업장에 출근하지 않아 열차운행이 중단되도록 하는 등의 방법으로 영업수익 손실 등 총 135억원 상당의 손해를 발생시켜 위력으로써 한국철도공사의 여객·화물 수송업무 등을 방해하였다는 이유로 업무방해죄로 기소되었다.

■관련 법 규정(현행법 기준)
- 형법 제314조(업무방해) ① 제313조의 방법 또는 위력으로써 사람의 업무를 방해한 자는 5년 이하의 징역 또는 1천500만원 이하의 벌금에 처한다
- 노조법 제63조(중재시의 쟁의행위의 금지) 노동쟁의가 중재에 회부된 때에는 그 날부터 15일간은 쟁의행위를 할 수 없다.

※ **구 노조법**(2006. 12. 30. 법률 제8158호로 개정되기 전의 것) **제62조**(중재의 개시) 노동위원회는 다음 각호의 1에 해당하는 때에는 중재를 행한다.
  3. 제71조 제2항의 규정에 의한 필수공익사업에 있어서 노동위원회 위원장이 특별조정위원회의 권고에 의하여 중재에 회부한다는 결정을 한 때

▌**판결의 성격** : 원심은 이 사건 파업은 위력에 의한 업무방해행위에 해당한다고 판단하였고, 대법원은 원심이 같은 취지에서 이 사건 업무방해의 공소사실에 대하여 유죄를 선고한 것은 정당하다고 보아서 피고인의 상고를 기각하였다.

▌**쟁 점**
- 근로자들의 집단적인 노무제공의 거부가 업무방해죄상의 '위력'(구성요건)에 해당하는지 여부
- 이 사건 파업이 위력에 해당하여 업무방해죄가 성립하는지 여부

▌**중요 사실관계**
- 전국철도노동조합과 한국철도공사 간의 단체교섭이 2006. 2. 28. 최종적으로 결렬되자 중앙노동위원회 위원장은 같은 날 21:00부로 직권중재회부결정을 했음에도 불구하고, 피고인을 비롯한 전국철도노동조합 집행부는 2006. 2. 7.자 결의에 따라 예정대로 파업에 돌입하여 이를 지속할 것을 지시하여 이 사건 파업 발생 ⇒ **파업개시의 전격성(사용자가 예측할 수 없는 시기에 전격적으로 이루어진 파업) 여부와 관련**
- 위 지시에 따라 전국철도노동조합 조합원들은 2006. 3. 1. 01:00경부터 같은 달 4일 14:00경까지 서울철도차량정비창 등 전국 641개 사업장에 출근하지 아니한 채 업무를 거부하여 한국철도공사의 케이티엑스(KTX) 열차 329회, 새마을호 열차 283회 운행이 중단되도록 함으로써 한국철도공사로 하여금 영업수익 손실과 대체인력 보상금 등 총 135억 원 상당의 손해를 입게 함 ⇒ **파업결과의 심각성(사용자의 사업운영에 심대한 혼란 내지 막대한 손해를 초래하는 파업) 여부와 관련**

▌**기본법리**(판지)
1) 업무방해죄는 위계 또는 위력으로써 사람의 업무를 방해한 경우에 성립한다(형법 제314조 제1항). 위력이라 함은 사람의 자유의사를 제압·혼란케 할 만한 일체의 세력을 말한다. 근로자가 그 주장을 관철할 목적으로 근로의 제공을 거부

하여 업무의 정상적인 운영을 저해하는 쟁의행위로서의 파업(노동조합 및 노동관계조정법 제2조 제6호)도, 단순히 근로계약에 따른 노무의 제공을 거부하는 부작위에 그치지 아니하고 이를 넘어서 사용자에게 압력을 가하여 근로자의 주장을 관철하고자 집단적으로 노무제공을 중단하는 실력행사이므로, 업무방해죄에서 말하는 위력에 해당하는 요소를 포함하고 있다. ⇒ **[업무방해죄상 위력의 의미와 파업의 위력 해당 요소 포함 여부(긍정)]**

2) ⑴ 그런데 근로자는, 헌법 제37조 제2항에 의하여 국가안전보장·질서유지 또는 공공복리 등의 공익상의 이유로 제한될 수 있고 그 권리의 행사가 정당한 것이어야 한다는 내재적 한계가 있어 절대적인 권리는 아니지만, 원칙적으로는 헌법상 보장된 기본권으로서 근로조건 향상을 위한 자주적인 단결권·단체교섭권 및 단체행동권을 가진다(헌법 제33조 제1항). ⇒ **[헌법상 근로자의 노동3권 보장]**

⑵ 그러므로 쟁의행위로서의 파업이 언제나 업무방해죄에 해당하는 것으로 볼 것은 아니고, 전후 사정과 경위 등에 비추어 사용자가 예측할 수 없는 시기에 전격적으로 이루어져 사용자의 사업운영에 심대한 혼란 내지 막대한 손해를 초래하는 등으로 사용자의 사업계속에 관한 자유의사가 제압·혼란될 수 있다고 평가할 수 있는 경우에 비로소 그 집단적 노무제공의 거부가 위력에 해당하여 업무방해죄가 성립한다고 봄이 상당하다. ⇒ **[집단적 노무제공 거부의 '위력' 해당 여부 판단기준(파업개시의 전격성 및 파업결과의 심각성)]**

⑶ 이와 달리, 근로자들이 집단적으로 근로의 제공을 거부하여 사용자의 정상적인 업무운영을 저해하고 손해를 발생하게 한 행위가 당연히 위력에 해당함을 전제로 하여 노동관계 법령에 따른 정당한 쟁의행위로서 위법성이 조각되는 경우가 아닌 한 업무방해죄를 구성한다는 취지로 판시한 대법원 1991. 4. 23. 선고 90도2771 판결, 대법원 1991. 11. 8. 선고 91도326 판결, 대법원 2004. 5. 27. 선고 2004도689 판결, 대법원 2006. 5. 12. 선고 2002도3450 판결, 대법원 2006. 5. 25. 선고 2002도5577 판결 등은 이 판결의 견해에 배치되는 범위 내에서 이를 변경한다. ⇒ **[기존 판례법리의 변경]**

■**결론 및 이유** : 피고인이 주도한 이 사건 파업은 사용자인 한국철도공사의 자유의사를 제압·혼란케 할 만한 세력으로서 형법 제314조 제1항 소정의 "위력"에 해당한다고 보기에 충분하다.

- **직권중재회부결정 관련** : 중앙노동위원회 위원장이 특별조정위원회의 조건부 중재회부권고의 취지에 따라 두 차례에 걸쳐 중재회부보류결정을 한 것은, 전국철

도노동조합과 한국철도공사 간의 노사 자치에 의한 교섭을 존중하되 양자 사이의 노동쟁의가 더 이상 단체교섭을 통해 자율적으로 해결될 수 없다고 판단되는 경우 사회적 혼란을 야기할 가능성이 큰 필수공익사업장인 한국철도공사에서의 쟁의행위를 허용하지 아니하고 직권중재를 통하여 해결하겠다는 의사를 명확히 한 것이고, 그에 따라 단체교섭의 최종적 결렬 직후 직권중재회부결정을 한 것.

- 파업개시의 전격성 관련 : 그럼에도 전국철도노동조합의 위원장인 피고인은 전국 규모의 철도사업장에서 이 사건 파업을 그대로 강행하였음. 비록 전국철도노동조합이 2006. 2. 7. 총파업 일정을 2006. 3. 1. 01:00경으로 미리 결의한 상태였다 하더라도, 앞서 본 바와 같은 중재회부보류결정이 내려진 경위 및 그 내용과 함께 위 총파업 결의 이후에도 한국철도공사와 전국철도노동조합 간에 단체교섭이 계속 진행되었고 실제로 단체교섭이 최종적으로 결렬된 직후 직권중재회부결정이 내려진 점까지 감안한다면, <u>한국철도공사로서는, 전국철도노동조합이 필수 공익사업장으로 파업이 허용되지 아니하는 이 사건 사업장에서 구 노동조합 및 노동관계조정법(2006. 12. 30. 법률 제8158호로 개정되기 이전의 것, 이하 '구 노조법'이라 한다)상 직권중재회부 시 쟁의행위 금지규정 등을 위반하면서까지 이 사건 파업을 강행하리라고는 예측할 수 없었다 할 것.</u>

- 파업결과의 심각성 관련 : 나아가 피고인이 주도하여 전국적으로 이루어진 이 사건 파업의 결과 수백 회에 이르는 열차 운행이 중단되어 총 135억 원 상당의 손해를 야기하는 등 한국철도공사의 사업운영에 예기치 않은 중대한 손해를 끼치는 상황을 초래한 것임을 알 수 있음.

> **※ 대법관 5인의 반대의견(요지)**
> 1) 다수의견은 폭력적인 수단이 동원되지 않은 채 단순히 근로자가 사업장에 출근하지 않음으로써 근로제공을 하지 않는 '소극적인 근로제공 중단', 즉 '단순 파업'이라고 하더라도 파업은 그 자체로 부작위가 아니라 작위적 행위라고 보아야 한다는 것이나, 이러한 견해부터 찬성할 수 없다. <u>근로자가 사업장에 결근하면서 근로제공을 하지 않는 것은 근로계약상의 의무를 이행하지 않는 부작위임이 명백하고, 근로자들이 쟁의행위의 목적에서 집단적으로 근로제공을 거부한 것이라는 사정이 존재한다고 하여 개별적으로 부작위인 근로제공의 거부가 작위로 전환된다고 할 수는 없다.</u>
> 2) '단순 파업'을 다수의견의 견해와 달리 부작위라고 보더라도, 부작위에 의하여 위력을 행사한 것과 동일한 결과를 실현할 수 있고 근로자들이 그러한 결과 발생을 방지하여야 할 보증인적 지위에 있다고 볼 수 있다면, 비록 다수의견과 논거를 달리하지만 위력에 의한 업무방해죄의 성립을 인정할 수 있다. 그러나 일반적으로

사용자에게 근로자들의 단순 파업으로부터 기업활동의 자유라는 법익을 스스로 보호할 능력이 없다거나, 근로자들이 사용자에 대한 보호자의 지위에서 사태를 지배하고 있다고는 말할 수 없다. 무엇보다 근로자 측에게 위법한 쟁의행위로서 파업을 해서는 안 된다는 작위의무를 인정하는 것은 서로 대립되는 개별적·집단적 법률관계의 당사자 사이에서 상대방 당사자인 사용자 또는 사용자단체에 대하여 당사자 일방인 근로자 측의 채무의 이행을 담보하는 보증인적 지위를 인정하자는 것이어서 받아들일 수 없고, 근로자들의 단순한 근로제공 거부는 그것이 비록 집단적으로 이루어졌다 하더라도 업무방해죄의 실행행위로서 사용자의 업무수행에 대한 적극적인 방해 행위로 인한 법익침해와 동등한 형법가치를 가진다고 할 수도 없다.

3) 다수의견의 견해와 같이 '단순 파업'도 예외적인 상황에서는 작위로서 위력에 해당한다고 보는 입장에 서더라도, 위력의 해당 여부에 관하여 다수의견이 제시하는 판단 기준에는 찬성할 수 없다. 단순 파업이 쟁의행위로서 정당성의 요건을 갖추지 못하고 있더라도 개별적 근로관계의 측면이나 집단적 근로관계의 측면에서 모두 근본적으로 근로자 측의 채무불이행과 다를 바 없으므로, 이를 위력의 개념에 포함시키는 것은 무엇보다 죄형법정주의의 관점에서 부당하다. 또한 파업 등 쟁의행위가 정당성을 결여한 경우 쟁의행위를 위법하게 하는 각각의 행위에 대하여는 노동조합 및 노동관계조정법에 별도의 처벌규정을 두고 있어 같은 법 위반죄로 처벌할 수 있으므로, 위법한 단순 파업이 위력에 의한 업무방해죄를 구성하지 않는다 하더라도 위법의 원인행위 자체에 대한 처벌의 공백이 생기는 것이 아니다. 따라서 근로자들이 단결하여 소극적으로 근로제공을 거부하는 파업 등 쟁의행위를 하였으나 폭행·협박·강요 등의 수단이 수반되지 않는 한, 같은 법의 규정을 위반하여 쟁의행위로서 정당성을 갖추지 못하였다고 하더라도 당해 쟁의행위를 이유로 근로자를 형법상 업무방해죄로 처벌할 수는 없고, 근로자에게 민사상 채무불이행 책임을 부담시킴과 함께 근로자를 노동조합 및 노동관계조정법 위반죄로 처벌할 수 있을 뿐이며, 그것으로 충분하다.

4) 다수의견이 '단순 파업'이 쟁의행위로서 정당성이 없는 경우라 하여 언제나 위력에 해당한다고 볼 수 없다고 보아 위력의 개념을 어느 정도 제한하여 해석한 것은 종래 판례의 태도에 비추어 진일보한 입장이다. 그러나 다수의견이 제시하는 위력의 해당 여부에 관한 판단 기준에 의하더라도 과연 어떠한 경우를 전격적으로 이루어졌다고 볼 수 있을 것인지, 어느 범위까지를 심대한 혼란 또는 막대한 손해로 구분할 수 있을 것인지 반드시 명백한 것은 아니다. 따라서 다수의견의 해석론에 따른다 할지라도 형법 제314조 제1항에 규정한 '위력' 개념의 일반조항적 성격이 충분히 해소된 것은 아니고, 위력에 의한 업무방해죄의 성립 여부가 문제되는 구체적 사례에서 자의적인 법적용의 우려가 남을 수밖에 없다.

5) 이 사안에서 전국철도노동조합의 조합원들이 단순히 근로제공을 거부하는 형태로 이루어진 파업은, 앞서 본 법리에 비추어 볼 때 형법 제314조 제1항에서 정한 '위력'에 해당한다고 볼 수 없고, 또한 다수의견의 법리에 비추어 보더라도 제반

사정을 종합할 때 위 파업이 <u>예측할 수 없는 시기에 전격적으로 이루어졌다고 볼 수 없으며</u>, 파업의 수단 역시 폭력적 행동이나 달리 위법이라고 할 만한 언동 없이 집단적인 소극적 근로제공 거부에 그친 이상 그 손해가 파업의 전격성에 기한 것이었다고 단정할 수 없는데도, 이와 반대의 전제에서 <u>피고인에게 업무방해죄의 죄책을 인정한 원심판결에 법리오해의 위법이 있다.</u>

▮ 판결의 의의와 한계

1) 쟁의행위의 형사책임과 관련하여, 기존의 판례는 폭력·파괴 등과 같은 적극적인 행위가 수반되지 않은 근로자들의 소극적인 노무제공의 거부(이른바 '단순파업')도 업무방해죄의 구성요건인 '위력'에 당연히 해당하는 것으로 보았다. 즉 다수의 근로자들이 상호 의사연락 하에 집단적으로 작업장을 이탈하거나 결근하는 등 근로의 제공을 거부함으로써 사용자의 생산·판매 등 업무의 정상적인 운영을 저해하여 손해를 발생하게 하였다면, 그와 같은 행위가 노동관계법령에 따른 정당한 쟁의행위로서 위법성이 조각되는 경우가 아닌 한, 다중의 위력으로써 타인의 업무를 방해하는 행위에 해당하여 업무방해죄를 구성한다고 보았다(대법원 1991. 4. 23. 선고 90도2771 판결 등).[1] 따라서 단순파업은 업무방해죄의 구성요건에 해당하고 예외적으로만 면책될 수 있는 것이었다.

2) 위와 같은 기존 판례의 입장에 대해 헌법재판소는 연장근로의 거부, 정시출근, 집단적 휴가의 경우와 같이 일면 근로자들의 권리행사로서의 성격을 갖는 쟁의행위에 관하여도 정당성이 인정되지 않는다고 하여 바로 형사처벌할 수 있다는 대법원 판례(대법원 1991. 11. 8. 선고, 91도326; 1996. 2. 27. 선고, 95도2970; 1996. 5. 10. 선고, 96도419 판결 등)의 태도는 지나치게 형사처벌의 범위를 확대하여 근로자들의 단체행동권의 행사를 사실상 위축시키는 결과를 초래하여 헌법이 단체행동권을 보장하는 취지에 부합하지 않고 근로자들로 하여금 형사처벌의 위협 하에 노동에 임하게 하는 측면이 있다는 점을 지적한 바 있다(헌재 1998. 7. 16. 97헌바23 참조).[2]

3) 대상판결(다수의견)은 반대의견과 달리 부작위 형식의 단순파업도 위력에 해당

---

[1] 이는 사용자의 자유의사를 제압하기에 족한 다수의 근로자가 상호 의사연락 하에 집단적으로 노무제공을 거부하는 것을 작위의 일종인 위력으로 파악하여 업무방해죄의 구성요건에 해당한다고 본 것이고, 다수 근로자의 상호의사 연락하에 이루어진 노무제공의 거부는 근로자 개개인의 그것과는 본질적으로 그 성격을 달리한다는 점을 전제로 한 것이었다.

[2] 집단적 노무제공 거부행위를 위력에 의한 업무방해죄로 형사처벌하는 것이 헌법에 위반되는지 여부가 다투어진 사안으로 헌법재판소는 심판대상 규정(업무방해죄 중 '위력' 부분)이 위헌이 아니라고 결정하였다. 같은 취지의 결정으로 헌법재판소 2010. 4. 29. 2009헌바168이 있다.

할 수 있음을 인정한 점에서 한계가 있지만, 종래의 판례와 달리 파업과 관련하여 위력의 개념을 제한 해석하는 새로운 기준을 제시하여 업무방해죄의 성립 가능성을 축소한 점에서 큰 의미가 있다. 다만, 대상판결 사건에서 피고인이 주도한 파업은 구 노조법상의 직권중재회부에 따른 쟁의금지규정 등에 위반하여 개시된 것으로서 사용자가 이를 예측할 수 없었고, 파업의 결과 수백 회에 이르는 열차 운행의 중단으로 사용자의 사업운영에 예기치 않은 중대한 손해를 끼쳤기 때문에 위력에 의한 업무방해죄의 성립이 인정되었다.

▌**기타 해설** : 대상판결 이후 동 판결이 제시한 새로운 판단기준에 따라 대법원이 위력에 의한 업무방해죄의 성립을 부정한 사례를 소개하면 다음과 같다(☞ 추가 사례로 심화학습 1.의 2개 판결 참고).

1) 대법원 2011. 10. 27. 선고 2010도7733 판결 : 전국금속노동조합 부위원장인 피고인이 조합 핵심간부 및 조합원들 등과 공모하여 '미국산 쇠고기 수입 반대 내지 재협상 요구' 등을 주된 목적으로 노동조합 산하 전국 사업장에서 총파업을 실시하여 위력으로 사용자의 업무를 방해하였다는 내용으로 기소된 사안에서, 공소사실에 근로자 182명 중 9명만이 부분파업에 참여하는 등 파업 규모로 보아 사용자의 사업운영에 심대한 혼란이나 막대한 손해가 초래되었다고 볼 수 없는 사업장까지 피해 사업장으로 적시되어 있는 점에 비추어, 사업장들 가운데 일부는 사용자의 사업계속에 관한 자유의사가 제압·혼란될 수 있는 경우로 평가할 수 없는 여지가 있는데도 공소사실 전부를 유죄로 인정한 원심판결에 업무방해죄에 관한 법리오해의 위법이 있다고 한 사례이다.

2) 대법원 2012. 1. 27. 선고 2009도8917 판결 : 이 사건 파업은 단체협약 갱신을 위한 쟁의행위 진행중에 회사가 단체협약안을 부정하는 내용의 일방적인 성과급제를 실시하자 이에 반발하여 실시된 것으로 그 목적이 단체협약의 갱신과 관련 없는 것으로 보기 어려울 뿐 아니라, 회사로서는 위와 같은 노조의 단체협약 갱신을 위한 쟁의행위 중에 일방적으로 성과급제를 실시할 경우 노조가 파업에 돌입할 것을 충분히 예상할 수 있었다 할 것이므로, 피고인들이 주도한 이 사건 파업은 사용자가 예측할 수 없는 시기에 전격적으로 이루어진 것이라고 보기 어려워 업무방해죄 소정의 위력에 해당한다고 보기 어렵다고 한 사례이다.

◀ Q 풀이 ▶

Q 1. 대상판결에 의하면 위력 업무방해죄가 성립하려면 파업이 어떤 경우이어야 하는가?

[A] 파업이 언제나 업무방해죄에 해당하는 것으로 볼 것은 아니고, 전후 사정과 경위 등에 비추어 사용자가 예측할 수 없는 시기에 전격적으로 이루어져 사용자의 사업운영에 심대한 혼란 내지 막대한 손해를 초래하는 등으로 사용자의 사업계속에 관한 자유의사가 제압·혼란될 수 있다고 평가할 수 있는 경우에 비로소 그 집단적 노무제공의 거부가 위력에 해당하여 업무방해죄가 성립한다고 보아야 한다.

Q 2. 대상판결은 어떤 사실에 근거하여 파업이 위력 업무방해죄의 '위력'에 해당한다고 판단하였는가?

[A] 중재회부보류결정이 내려진 경위 및 그 내용, 총파업 결의 이후에도 노사간에 단체교섭이 계속 진행되다가 최종적으로 결렬된 직후 직권중재회부결정이 내려진 사정 등에 비추어 보면, 노조(전국철도노동조합)가 필수공익사업장으로 파업이 허용되지 아니하는 이 사건 사업장에서 구 노조법상의 직권중재회부 시의 쟁의행위금지 규정 등을 위반하면서까지 이 사건 파업을 강행하리라고 사용자(한국철도공사)가 예측할 수 없었다고 할 것인 점, 나아가 노조의 위원장인 피고인이 주도하여 전국적으로 이루어진 이 사건 파업의 결과 수백 회에 이르는 열차 운행이 중단되어 총 135억 원 상당의 손해를 야기하는 등 사용자의 사업운영에 예기치 않은 중대한 손해를 끼치는 상황을 초래한 점에 근거하여, 피고인이 주도한 이 사건 파업은 사용자의 자유의사를 제압·혼란케 할 만한 세력으로서 업무방해죄 소정의 '위력'에 해당한다고 보기에 충분하다고 판단하였다.

◀ 심화학습 ▶

1. 쟁의행위의 주된 목적이 정당하지 않은 경우 업무방해죄의 성립 여부 (대법원 2014. 8. 20. 선고 2011도468 판결; 대법원 2014. 11. 13. 선고 2011도393 판결 참고)

▷ 참고1 판결(2011도468 판결)은 철도공사가 정부의 공공기관 선진화 계획에 따라 철도공사의 인력감축 및 직영식당의 외주화를 결정하자 노동조합이 그에 반

대하는 쟁의행위(안전운행투쟁, 경고파업, 순환파업, 전면파업)를 행한 사안이다. 참고 2 판결(2011도393 판결)은 가스공사 지부의 지부장 등 피고인들의 주도로 지부 조합원 1,200여 명이 출근하지 않고 정부과천청사 앞에서 열린 공동투쟁본부 파업 출정식에 참가한 사안이다. 참고1, 2 판결의 각 원심은 해당 사안의 쟁의행위(참고1 사례의 경우 안전운행투쟁, 참고2 사례의 경우 출근 거부 및 파업 출정식 참가)의 주된 목적이 교섭대상이 될 수 없는 것(참고1 사례의 경우 구내식당 외주화 반대, 참고2 사례의 경우 가스산업 선진화 정책 반대)이므로 목적의 정당성이 결여되어 업무방해죄가 성립한다는 취지로 판단했으나, 대법원은 업무방해죄의 위력에 해당하지 않는다고 볼 여지가 충분함에도 원심이 그러한 사정을 전혀 살피지 않은 채 쟁의행위의 주된 목적이 정당하지 않다는 이유만으로 업무방해죄가 성립한다고 단정하여 이 부분 공소사실을 유죄로 인정한 것은 위법하다고 보았다.

▷ 그러나 참고1 판결에서 대법원은 순환파업 및 전면파업과 관련하여, "공중의 일상생활이나 국민경제에 큰 영향을 미치는 필수공익사업을 경영하는 한국철도공사로서는 공소외 철도노동조합이 위와 같은 부당한 목적을 위하여 순환파업 및 전면파업을 실제로 강행하리라고는 예측할 수 없었다고 평가함이 타당하고, 비록 그 일정이 예고되거나 알려지고 필수유지업무 근무 근로자가 참가하지 아니하였다고 하여 달리 볼 것은 아니다. … (중략) … 순환파업 및 전면파업으로 말미암아 다수의 열차 운행이 중단되어 거액의 영업수익 손실이 발생하고 열차를 이용하는 국민의 일상생활이나 기업의 경제활동에 지장이 생기지 않도록 적지 않은 수의 대체인력이 계속적으로 투입될 수밖에 없는 등 큰 피해가 야기된 이상, 이로써 한국철도공사의 사업운영에 심대한 혼란 내지 막대한 손해를 끼치는 상황을 초래하였음이 분명하다."는 이유로 업무방해죄의 성립을 인정했다. 참고1 판결에서 대법원은 목적의 정당성이 없다고 해서 파업의 전격성 및 심각성(중대성) 여부와 관계없이 업무방해죄가 성립한다는 취지로 판시하지는 않았지만, 위에 인용한 이유에서 알 수 있듯이 목적의 정당성이 결여된 파업은 그 전격성 등의 판단에 부정적인 영향을 미쳐 업무방해죄의 위력에 해당하는 것으로 해석될 여지가 크지 않는가 하는 우려를 낳게 한 측면이 있었다. 참고2 판결은 파업의 주된 목적이 정당하지 않다는 이유만으로 업무방해죄의 성립을 단정해서는 아니 됨을 재차 확인한 사례로서 대상판결(2007도482 전원합의체 판결)의 취지를 명확히 하였을 뿐만 아니라 참고1 판결이 낳을 수 있는 위와 같은 우려를 해소하였다는 점에서 의미가 있다.

※(참고1) 대법원 2014. 8. 20. 선고 2011도468 판결 【업무방해】

- "이 사건 공소사실 중 2009. 5. 1.~2009. 6. 9. 업무방해의 점(이하 '안전운행투쟁'이라 한다)에 관하여 본다. 이 부분 공소사실의 요지는, 공소외 철도노동조합과 그 산하 서울지방본부의 간부인 피고인들의 주도로 … (중략) … 사전에 조합원 찬반투표 및 노동위원회 조정 등의 절차를 거치지 아니한 채 '구내식당 외주화 반대, 정원 감축 철회' 등 한국철도공사의 경영권에 속하는 사항을 주장하면서 투쟁지침에 따라 2009. 5. 1.부터 2009. 6. 9.까지 업무 관련 규정을 지나치게 철저히 준수하는 등의 방법으로 정상적인 열차 운행을 방해하여 서울역·용산역에서 출발하는 열차 56대를 10분에서 46분간 지연 운행되도록 함으로써 위력으로 한국철도공사의 정상적인 여객수송업무 등을 방해하였다는 것이다. … (중략) …

원심이 쟁의행위에 해당함을 전제로 안전운행투쟁의 주된 목적을 단체교섭의 대상이 될 수 없는 구내식당 외주화 반대로 보아 그 정당성을 부인한 것은 정당하고, 거기에 상고이유로 주장하는 바와 같이 쟁의행위의 개념이나 그 목적의 정당성 등에 관한 법리를 오해한 위법은 없다. 그러나 원심이 쟁의행위로서의 정당성이 인정되지 않는다는 점만을 들어 안전운행투쟁이 곧바로 업무방해죄에 해당한다고 판단한 것은 다음과 같은 이유에서 수긍하기 어렵다.

원심판결 이유와 기록에 의하면, 공소외 철도노동조합과 사용자인 한국철도공사는 2008. 12.경 단체협약 체결을 위한 단체교섭을 2009. 3.경 이후 재개하되 그때까지는 공소외 철도노동조합이 쟁의행위를 하지 않기로 하면서, 구내식당의 외주화를 예정하여 조리원의 고용에 관한 사항 등을 협의하기로 합의하였지만, 단체교섭이 재개되기 이전이자 안전운행투쟁 직전인 2009. 4. 28. 공소외 철도노동조합 산하 서울 수색지구 3개 지부 명의로 구내식당 외주화가 중단되지 않을 경우 안전운행투쟁에 돌입할 것이라는 취지의 공동성명서가 발표되고 공소외 철도노동조합의 관여하에 안전운행투쟁이 실제로 전개되기에 이른 점, 그런데 안전운행투쟁은 그 실질에 있어 서울 수색지구에 근무하는 공소외 철도노동조합의 조합원들이 열차의 입환과 구내 운행 시 작업규정·안전규칙에 따른 제한속도 준수 등의 방법으로 40일 동안 서울역·용산역에서 출발하는 열차 56대를 10분에서 46분간 지연 운행되도록 한 것에 지나지 않는 점, 더구나 안전운행투쟁 시작 초기인 2009. 5. 1., 2009. 5. 2., 2009. 5. 4. 이외에는 열차의 지연 운행이 거의 없었을 뿐 아니라 그나마 절반 이상의 기간에는 열차가 전혀 지연 운행되지 아니하였으며, 그 과정에서 한국철도공사가 운행 지연을 원인으로 승객들에게 요금을 환불하거나 지연 보상을 한 사례도 별로 없었던 것으로 보이는 점 등의 사정을 알 수 있다.

이러한 사정을 앞서 본 법리에 비추어 살펴보면, 안전운행투쟁으로 말미암아 한국철도공사의 사업운영에 심대한 혼란 내지 막대한 손해가 초래될 위험이 있었다고 하기는 어렵고, 그 결과 한국철도공사의 사업계속에 관한 자유의사가 제압·혼란될 수 있다고 평가할 수 있는 경우에는 해당하지 아니한다고 볼 여지가 충분하다. 그럼에도 원심은 이와 달리 위와 같은 사정을 전혀 살피지 아니한 채 안전운행투쟁의 주된 목적이 정당하지 않다는 이유만으로 업무방해죄가 성립한다고 단정하여 이 부분 공소사실을 유죄로 인정하였으니, 이러한 원심의 판단에는 업무방해죄의 위력에 관한 법리를 오해하여 필요한 심리를 다하지 아니함으로써 판결 결과에 영향을 미친 위법이 있다. … (이하 생략) …"

※(참고2) 대법원 2014. 11. 13. 선고 2011도393 판결 【업무방해】
- "이 사건 공소사실의 요지는, 민주노총 산하 공공운수연맹 전국공공서비스노동조합 ○○○○공사 지부(이하 '이 사건 지부'라고 한다)의 지부장, 부지부장, 사무처장 또는 국장인 피고인들의 주도로 이 사건 지부 조합원 1,200여 명이 2009. 11. 6. 해당 근무지에 출근하지 아니하고 정부과천청사 앞에서 열린 '공공부문 선진화 분쇄와 사회 공공성 강화를 위한 공동투쟁본부 파업 출정식'에 참가(이하 '이 사건 파업'이라고 한다)함으로써 ○○○○공사의 업무를 방해하였다는 것이다. … (중략) …
원심이 이 사건 파업의 주된 목적을 단체교섭의 대상이 될 수 없는 가스산업 선진화 정책에 대한 반대로 보아 그 정당성을 부인한 것은 정당하고, … (중략) … 그러나 원심이 쟁의행위로서의 정당성이 인정되지 않는다는 점만을 들어 이 사건 파업이 곧바로 업무방해죄에 해당한다고 판단한 것은 다음과 같은 이유에서 수긍하기 어렵다.
원심이 적법하게 채택한 증거들에 의하면, 이 사건 지부는 2009. 9. 22.부터 9. 24.까지 전 조합원에 대하여 파업 찬반투표를 실시하여 전 조합원 중 92%가 투표하여 그 중 85.2%가 파업에 찬성하는 등 이 사건 파업을 위한 절차를 거친 사실, 이 사건 지부의 지부장인 피고인 1은 2009. 10. 23. 이 사건 지부의 조합원들에게 2009. 11. 6. 공동투쟁본부 파업 출정식에 따른 파업 참가지침을 하달한 사실, 이 사건 지부와 ○○○○공사는 2009. 11. 3. 단체협약 개정 제14차 실무교섭을 하면서 2009. 11. 6.에 파업이 예정되어 있음을 전제로 하여 실무교섭을 한 사실, 2009. 11. 5. 피고인 1은 ○○○○공사 사장에게 2009. 11. 6.에 이 사건 파업에 돌입함을 예고하고 필수유지업무 근무 대상 조합원의 명단을 통보한 사실, 같은 날 ○○○○공사 사장은 ○○○○공사 직원들에게 파업 참여 자제를 호소하는 호소문을 발표하고, 전국공공서비스노동조합의 위원장에게 필수유지업무 근무 대상 조합원의 명단을 통보하면서 필수유지업무 대상자의 파업 참가의 제한에 대한 협조를 요청한 사실, 이 사건 파업 기간은 1일에 불과하고, 필수유지업무 근무 대상자들은 2009. 11. 6. 이 사건 파업에 참가하지 않고 천연가스의 인수, 제조 및 저장, 공급 업무, 천연가스시설의 긴급정비 및 안전관리 업무를 계속한 사실, 이에 따라 이 사건 파업으로 가스의 공급업무나 인수업무가 중단된 바는 없는 사실을 알 수 있다.
위와 같은 사실관계를 앞서 본 법리에 비추어 살펴보면, 이 사건 파업으로 말미암아 ○○○○공사의 사업운영에 심대한 혼란 내지 막대한 손해가 초래될 위험이 있었다고 하기는 어렵고, 그 결과 ○○○○공사의 사업계속에 관한 자유의사가 제압·혼란될 수 있다고 평가할 수 있는 경우에는 해당하지 아니한다고 볼 여지가 충분하다. 그럼에도 <u>원심은 이와 달리 위와 같은 사정을 전혀 살피지 아니한 채 이</u> <u>사건 파업의 주된 목적이 정당하지 않다는 이유만으로 업무방해죄가 성립한다고</u> <u>단정하여 이 사건 공소사실을 유죄로 인정하였으니,</u> 이러한 원심의 판단에는 업무 방해죄의 위력에 관한 법리를 오해하여 필요한 심리를 다하지 아니함으로써 판결 결과에 영향을 미친 <u>위법이 있다.</u> … (이하 생략) …"

2. 사내하청업체(수급인)를 상대로 한 사내하청업체 소속 근로자들의 쟁의행위가 도급인의 사업장에서 일어나 도급인의 법익을 침해하는 경우 그 쟁의행위가 도급인과의 관계에서 정당한 행위로서 위법성이 조각되는지 여부 (대법원 2020. 9. 3. 선고 2015도1927 판결 참고)

▷ 참고판결(2015도1927 판결)은 수급인 소속 근로자의 쟁의행위가 도급인의 사업장에서 일어나 도급인의 형법상 보호되는 법익을 침해한 경우 사용자인 수급인에 대한 관계에서 쟁의행위의 정당성을 갖추었다는 사정만으로 사용자가 아닌 도급인에 대한 관계에서까지 법령에 의한 정당한 행위로서 법익 침해의 위법성이 조각된다고 볼 수는 없다고 하면서도, 사용자인 수급인에 대한 정당성을 갖춘 쟁의행위가 도급인의 사업장에서 이루어져 형법상 보호되는 도급인의 법익을 침해하였더라도 형법 제20조의 '사회상규에 위배되지 아니하는 행위'로서 위법성이 조각되는 경우 및 이러한 경우에 해당하는지 판단하는 기준을 제시하고 있다. 해당 법리의 구체적 내용은 다음과 같다.

▷ 단체행동권은 헌법 제33조 제1항에서 보장하는 기본권으로서 최대한 보장되어야 하지만 헌법 제37조 제2항에 의하여 국가안전보장·질서유지 또는 공공복리 등의 공익상의 이유로 제한될 수 있고 그 권리의 행사가 정당한 것이어야 한다는 내재적인 한계가 있다. <u>쟁의행위가 정당행위로 위법성이 조각되는 것은 사용자에 대한 관계에서 인정되는 것이므로, 제3자의 법익을 침해한 경우에는 원칙적으로 정당성이 인정되지 않는다.</u> 그런데 **도급인은 원칙적으로 수급인 소속 근로자의 사용자가 아니므로,** <u>수급인 소속 근로자의 쟁의행위가 도급인의 사업장에서 일어나 도급인의 형법상 보호되는 법익을 침해한 경우에는</u> **사용자인 수급인에 대한 관계에서 쟁의행위의 정당성을 갖추었다는 사정만으로 사용자가 아닌 도급인에 대한 관계에서까지 법령에 의한 정당한 행위로서 법익 침해의 위법성이 조각된다고 볼 수는 없다.** 그러나 수급인 소속 근로자들이 집결하여 함께 근로를 제공하는 장소로서 <u>도급인의 사업장은 수급인 소속 근로자들의 삶의 터전이 되는 곳이고,</u> 쟁의행위의 주요 수단 중 하나인 <u>파업이나 태업은 도급인의</u>

사업장에서 이루어질 수밖에 없다. 또한 도급인은 비록 수급인 소속 근로자와 직접적인 근로계약관계를 맺고 있지는 않지만, 수급인 소속 근로자가 제공하는 근로에 의하여 일정한 이익을 누리고, 그러한 이익을 향수하기 위하여 수급인 소속 근로자에게 사업장을 근로의 장소로 제공하였으므로 그 사업장에서 발생하는 쟁의행위로 인하여 일정 부분 법익이 침해되더라도 사회통념상 이를 용인하여야 하는 경우가 있을 수 있다. 따라서 **사용자인 수급인에 대한 정당성을 갖춘 쟁의행위가 도급인의 사업장에서 이루어져 형법상 보호되는 도급인의 법익을 침해한 경우, 그것이 항상 위법하다고 볼 것은 아니고, 법질서 전체의 정신이나 그 배후에 놓여있는 사회윤리 내지 사회통념에 비추어 용인될 수 있는 행위에 해당하는 경우에는** 형법 제20조의 '사회상규에 위배되지 아니하는 행위'로서 위법성이 조각된다. **이러한 경우에 해당하는지 여부**는 쟁의행위의 목적과 경위, 쟁의행위의 방식·기간과 행위 태양, 해당 사업장에서 수행되는 업무의 성격과 사업장의 규모, 쟁의행위에 참여하는 근로자의 수와 이들이 쟁의행위를 행한 장소 또는 시설의 규모·특성과 종래 이용관계, 쟁의행위로 인해 도급인의 시설관리나 업무수행이 제한되는 정도, 도급인 사업장 내에서의 노동조합 활동 관행 등 여러 사정을 종합적으로 고려하여 판단하여야 한다.

※ **대법원 2020. 9. 3. 선고 2015도1927 판결 【업무방해·퇴거불응】**
- "나. 원심판결 이유와 기록에 의하면 다음의 사실을 알 수 있다.
1) 공소외 1 공사는 1998년경부터 수급업체와 용역위탁계약을 체결하여 시설관리업무, 청소미화업무 등을 수행해 왔다. 수급업체에 고용된 대부분의 근로자들은 수급업체가 변경되더라도 신규 수급업체로 고용이 승계되어 공소외 1 공사 사업장에서 동일한 업무를 담당하면서 계속 근무해 왔다.
2) 피고인들은 시설관리 용역업체인 공소외 2 주식회사와 청소 용역업체인 공소외 3 주식회사(이하 '공소외 2 회사', '공소외 3 회사'라 하고, 통칭하는 경우 '이 사건 수급업체들'이라 한다)의 근로자로서 ○○○○노동조합총연맹 △△△△△△△△△△△노동조합 □□지부 공소외 1 공사지회(이하 노동조합을 지칭할 때는 '이 사건 노동조합', 지회 단위를 지칭할 때는 '공소외 1 공사지회'라 한다) 소속 조합원이다.
3) 이 사건 노동조합은 이 사건 수급업체들을 상대로 임금인상 등에 관한 단체교섭이 결렬되고 노동위원회를 통한 노동쟁의조정 절차도 불성립으로 종결되자 공소외 1 공사지회 소속 조합원들의 찬반투표를 거쳐 2012. 6. 25. 파업에 돌입하였다(이하 '이 사건 파업'이라 한다).
4) 공소외 1 공사지회장인 피고인 1을 포함한 공소외 1 공사지회 소속 조합원 등 30~40명은 같은 날 09:50경부터 12:30경까지 공소외 1 공사 사업장 내 본관 건물과 ◇◇◇◇◇◇◇◇ 건물 사이 인도에 모여 차량에 설치된 확성기를 틀어놓고 이

사건 수급업체들에 대하여 임금인상, 성실교섭 촉구 등을 요구하며 구호를 외치고 율동과 함께 노동가를 제창하였다.

위와 같은 집회는 다음 날인 2012. 6. 26. 10:00경부터 1시간 동안, 그로부터 약 일주일 뒤인 2012. 7. 3. 10:00경부터 약 1시간 20분 동안 같은 장소에서 유사한 방식으로 진행되었다(이하 '이 사건 각 집회'라 한다).

다. 위와 같은 사실관계와 기록을 통해 알 수 있는 다음과 같은 사정들을 앞서 본 법리에 비추어 살펴보면, 피고인 1이 공소외 1 공사지회 조합원들과 함께 공소외 1 공사 사업장에서 이 사건 각 집회를 개최하였다고 하더라도 이러한 행위는 사회 상규에 위배되지 아니하는 정당행위로서 위법성이 조각된다.

1) 피고인 1을 비롯한 공소외 1 공사지회 조합원들은 이 사건 수급업체들을 상대로 임금인상 등 주장을 관철하기 위하여 이 사건 파업에 돌입하고 임금인상, 성실교섭 촉구 등을 요구하였다. 이 사건 파업은 피고인 1을 비롯한 공소외 1 공사지회 조합원들의 근로조건 및 경제적 지위의 향상이라는 정당한 목적을 달성하기 위한 것이다. 이 사건 파업 과정에서 단결을 유지하고 쟁의행위의 정당성을 호소하며 조합원들의 쟁의행위 참가를 독려하기 위하여 이 사건 각 집회가 이루어졌다.

2) 이 사건 노동조합은 이 사건 수급업체들을 상대로 단체교섭이 결렬되고 노동위원회를 통한 조정도 불성립하자 조합원 찬반투표를 거쳐 집단적으로 노무제공을 거부하기로 하고 이 사건 파업에 돌입하였다. 피고인 1을 비롯한 공소외 1 공사지회 조합원들은 위 장소에서 쟁의행위의 일환으로 구호를 외치고 노동가를 제창하거나 행진을 하는 등 집회나 시위에서 통상 이용할 수 있는 수단을 사용하여 집단적인 의사를 표시하였고, 이러한 행위는 비교적 길지 않은 시간 동안 총 3일간 평화로운 방식으로 이루어졌다. 공소외 1 공사지회 조합원들의 이러한 행위는 폭력이나 시설물의 파괴를 수반한 것이 아니다.

게다가 피고인 1을 비롯한 공소외 1 공사지회 조합원들이 이 사건 각 집회를 통해 일시적으로 농성을 한 장소는 공소외 1 공사 직원들의 ☆☆☆업무를 위한 주요 시설로 볼 수 있는 본관 건물 내부가 아니라 본관 건물과 ◇◇◇◇◇◇◇ 건물 사이의 인도이다. 이러한 장소는 공소외 1 공사가 업무수행을 위하여 배타적으로 사용하는 공간이 아니라 이 사건 수급업체들 소속 근로자들에게도 평소에 통행이 자유롭게 허용되는 장소이다. 피고인 1을 비롯한 공소외 1 공사지회 조합원들이 공소외 1 공사의 시설관리권을 배제하는 등 전면적이고 배타적인 점거에 이르지도 아니하였다.

3) 이 사건 각 집회 당시 일정한 소음을 발생시킨 사정이 있다고 하더라도, 헌법상 단체행동권 행사의 일환으로 다수가 공동 목적으로 회합한 이 사건 각 집회의 성격상 어느 정도의 소음이 발생하는 것은 부득이한 면이 있고, 반면 이로써 공소외 1 공사 직원들이 ☆☆☆☆ 등 업무를 정상적으로 수행하는 데 실질적으로 지장이 초래되었다고 단정하기도 어려워 보인다.

나아가 이 사건 각 집회가 개최된 장소, 그 방식이나 태양 등에 비추어 볼 때 이 사건 각 집회로 인한 공소외 1 공사의 시설관리권에 대한 제약 역시 상당히 제한적이었다.

4) 공소외 1 공사는 사업장 내 본관 건물 지하에 공소외 1 공사지회의 정당한 노동조합 활동을 보장하기 위하여 노동조합 사무실을 제공하여 왔다. 그리고 공소외 1 공사지회는 이 사건 파업에 돌입하기 전 공소외 1 공사 사업장 내에서 이 사건 수급업체들과 단체교섭을 진행하였으며, 이 사건 파업 기간 중에도 피고인 1이 공소외 1 공사 사업장 내에서 공소외 3 회사 대표이사 등과 교섭을 계속하여 왔다.

5) 쟁의행위에 참가하지 않은 조합원들의 쟁의행위 참가를 독려하고, 위법한 대체근로를 저지하며, 쟁의행위 기간 중 단결을 유지하는 등 <u>이 사건 수급업체들 소속 근로자의 헌법상 단체행동권을 실효적으로 보장하기 위해서는 이들의 근로제공이 현실적으로 이루어지는 장소인 공소외 1 공사의 사업장에서 쟁의행위가 이루어져야 할 필요성이 있었던 반면</u>, 이 사건 수급업체들 본사나 사무소의 위치로 인해 이 사건 노동조합 조합원들이 <u>이 사건 수급업체들의 사업장에서 단체행동권을 실효적으로 행사하는 것은 사실상 불가능한 측면이 있었다.</u>"

3. 단순파업에 대한 업무방해죄 적용의 위헌 여부 (헌재 2022. 5. 26. 2012헌바66 참고)

▷ 헌법재판소는 2012헌바66 결정 사건에서 형법 제314조 제1항 중 '위력으로써 사람의 업무를 방해한 자' 부분(이하 '심판대상조항')이 죄형법정주의의 명확성원칙에 위배되는 않는다고 보았고, 심판대상조항이 단체행동권을 침해하는지 여부에 대하여 재판관 4명은 합헌의견을, 재판관 5명은 심판대상조항 중 근로조건의 향상을 위한 쟁의행위 가운데 집단적 노무제공 거부행위인 단순파업에 관한 부분이 단체행동권을 침해한다는 위헌의견을 밝혀, 일부 위헌의견이 다수이기는 하나, 위헌결정을 위한 심판정족수에는 이르지 못하여 합헌을 선고하였다. 그 요지는 다음과 같다.

▷ <u>심판대상조항이 죄형법정주의의 명확성원칙에 위배되는지 여부</u>(소극) : 헌법재판소는 이미 세 차례에 걸쳐 심판대상조항이 죄형법정주의의 명확성원칙에 위배되지 않는다고 판단한 바 있고(97헌바23, 2003헌바91, 2009헌바168), 이후 대법원은 2011. 3. 17. 선고 2007도482 전원합의체 판결에서 전격성과 중대성을 위력의 판단기준으로 하여 위력에 의한 업무방해죄의 성립 범위를 위 결정 당시보다 축소하였다. 그럼에도 구체적 사건에 있어 어떤 행위가 법적 구성요건을 충족시키는지에 관하여 여전히 의문이 있을 수 있으나, 이는 형법규범의 일반성과 추상성에 비추어 불가피한 것으로, 그러한 사정만으로 형법규범이 불명확하다고 볼 수 없다. 따라서 선례와 달리 판단할 사정변경이 인정되지 않으므로, 죄형법정주의의 명확성원칙에 위배되지 않는다.

▷ 심판대상조항이 단체행동권을 침해하는지 여부(소극)

i) **재판관 4명의 합헌의견** : 대법원은 2007도482 전원합의체 판결에서 심판대상조항에 대한 확립된 해석을 제시하고 있으므로, 헌법재판소는 이를 존중하여 그 조항의 위헌 여부를 판단해야 한다. 따라서 이 사건에서 문제가 되는 것은 심판대상조항이 '사용자가 예측할 수 없는 시기에 전격적으로 이루어져 사용자의 사업운영에 심대한 혼란 내지 막대한 손해를 초래한 집단적 노무제공 거부행위'를 위력에 의한 업무방해죄로 처벌하는 부분이 근로자들의 단체행동권을 침해하는지 여부이다. 심판대상조항은 노사관계의 형성에 있어 사회적 균형을 이루기 위해 필요한 범위를 넘는 사용자의 영업의 자유에 대한 침해를 방지하고 개인과 기업의 경제상의 자유와 거래질서를 보장하며, 경우에 따라 국민의 일상생활이나 국가의 경제적 기능에 부정적인 영향을 미치는 행위를 억제하기 위한 것이므로, 입법목적의 정당성 및 수단의 적합성이 인정된다. 근로자들의 단체행동권은 집단적 실력행사로서 위력의 요소를 가지고 있으므로, 사용자의 재산권이나 직업의 자유, 경제활동의 자유를 현저히 침해하고, 거래질서나 국가 경제에 중대한 영향을 미치는 일정한 단체행동권의 행사에 대하여는 제한이 가능하다. 헌법재판소는 심판대상조항에 대하여 이미 세 차례에 걸쳐 합헌결정(97헌바23, 2003헌바91, 2009헌바168)을 내리면서 '권리행사로서의 성격을 갖는 쟁의행위에 대한 형사처벌이 단체행동권의 보장 취지에 부합하지 않는다는 점'과, '단체행동권의 행사로서 노동법상의 요건을 갖추어 헌법적으로 정당화되는 행위를 구성요건에 해당하는 행위로 보고 다만 위법성이 조각되는 것으로 해석하는 것은 기본권의 보호영역을 하위 법률을 통해 축소하는 것임'을 밝힌 바 있다. 이후 대법원은 2007도482 전원합의체 판결에서 구성요건해당성 단계부터 심판대상조항의 적용범위를 축소함으로써 헌법재판소 선례가 지적한 단체행동권에 대한 과도한 제한이나 위축 문제를 해소하였다. 이에 따라 심판대상조항에 의하여 처벌되는 쟁의행위는 단체행동권의 목적에 부합한다고 보기 어렵거나 사용자의 재산권, 직업의 자유 등에 중대한 제한을 초래하는 행위로 한정되므로, 심판대상조항은 침해의 최소성 및 법익균형성 요건을 갖추었다. 따라서 심판대상조항은 단체행동권을 침해하지 않는다.

ii) **재판관 5명의 일부 위헌의견** : 이 사건의 쟁점은 심판대상조항이 쟁의행위 중 유형력이 수반되지 않은 채 단순히 근로자들이 사업장에 출근하지 않음으로써 집단적으로 노무제공을 거부하는 행위(이하 '단순파업')를 위력에 의한 업무방해죄의 처벌대상으로 하는 것이 단체행동권을 침해하는지 여부이다. 대법원은 2007도

482 전원합의체 판결에서 위력의 포섭 범위를 축소하였으나, 이로 인하여 단순파업이 형사처벌의 대상이 된다는 규범 내용이 변경된 것은 아니다. 심판대상조항은 위법한 쟁의행위로부터 사용자의 영업이나 사업수행이 방해되는 것을 방지하고 노동관계를 공정하게 조정하여 산업평화 유지 및 국민경제 발전에 기여하기 위한 것이므로, 입법목적의 정당성 및 수단의 적합성은 인정된다. 그런데 심판대상조항은 이미 노동조합법상 쟁의행위의 주체, 시기, 절차, 방법 등을 제한하는 상세한 규정이 있음에도 '위력에 의한 업무방해'라는 포괄적인 방식으로 대부분의 노동조합법상 처벌조항보다 더 중한 형으로 단순파업 그 자체에 대하여도 형사처벌이 가능하도록 규정하여 근로자들이 단체행동권 행사를 주저하게 하는 위축효과를 초래하고 있다. 단순파업은 어떠한 적극적인 행위요소도 포함하지 않은 소극적인 방법의 실력행사로서, 그 본질에 있어 근로계약상 노무제공을 거부하는 채무불이행과 다를 바 없어, 단순파업 그 자체를 형사처벌의 대상으로 하는 것은 사실상 근로자의 노무제공의무를 형벌의 위하로 강제하는 것일 뿐만 아니라, 노사관계에 있어 근로자 측의 대등한 협상력을 무너뜨려 단체행동권의 헌법상 보장을 형해화할 위험도 존재한다. 대법원이 2007도482 전원합의체 판결에서 단순파업의 위력 해당 여부에 대한 판단기준으로 전격성과 결과의 중대성을 들어 위력의 포섭 범위를 제한하고 있으나, 쟁의행위의 정당성 여하는 쟁의행위의 전후 사정과 경위 등을 종합하여 사후적으로 결정되는 것이므로, 법률에 문외한이라고 할 수 있는 근로자들이 사전에 노동조합법상의 정당성 문제를 명확하게 판단한다는 것을 기대하기는 어렵다. 따라서 근로자들은 단순파업에 나아가는 경우에도 항상 심판대상조항에 의한 형사처벌의 위험을 감수하여야 하므로, 이는 그 자체로 단체행동권의 행사를 위축시킬 위험이 있다. 단순파업은 그 본질에 있어 근로계약상 채무불이행의 문제이므로, 정당성을 결여한 단순파업에 대해서는 민사상으로 책임을 추궁할 수 있고 이로써 정당성이 인정되지 않는 파업을 억지하는 효과를 기대할 수 있다. 그럼에도 제재수단으로 형벌을 택한 것은 형벌의 보충성 및 최후수단성 원칙에 부합한다고 보기 어렵다. 따라서 단순파업 그 자체에 대해 형법상 위력에 의한 업무방해죄로 처벌하도록 한 심판대상조항은 피해의 최소성 원칙에 위배된다. 또한, 심판대상조항은 근로자의 단체행동권 행사에 심대한 위축효과를 야기하고, 노동조합법이 공정하게 조정하고 있는 노사 간의 균형을 허물어뜨릴 뿐만 아니라, 국가가 노사 간의 자율적인 근로관계 형성을 위한 전제조건을 제대로 마련한 것이라고 보기도 어려워, 달성하고자 하는 공익에 비하여 제한되는 사익이 더 크므로, 법익의 균형성 원칙에도

<u>위배된다</u>. 그러므로 심판대상조항 중 근로조건의 향상을 위한 쟁의행위 가운데 집단적 노무제공 거부행위인 단순파업에 관한 부분은 단체행동권을 침해한다.

2. 쟁의행위와 민사책임

◀ 판례분석 ▶

▌**제 목** : 정당하지 않은 쟁의행위를 계획·주도한 조합간부와 노동조합의 손해 배상책임(Y) [동산의료원사건]

▌**대상판결** : 대법원 1994. 3. 25. 선고 93다32828,32835 판결 【손해배상(기)】
【원고, 피상고인】 학교법인 계명기독대학
【피고, 상고인】 이○춘 외 7인
【원심판결】 대구고등법원 1993. 5. 27. 선고 92나8928,8935(병합) 판결
【주 문】 상고를 모두 기각한다. 상고비용은 피고들의 부담으로 한다.

▌**사건의 개요** : 원고의 병원과 노조간의 단체교섭이 결렬되어 지방노동위원회 가 구 노동쟁의조정법에 따라 직권으로 중재재정을 하였으나 조합원 찬반투표 결과 그 수용이 거부되었고(노조는 중앙노동위원회에 중재재정 재심신청 않음), 이에 노 조간부들은 비상대책위원회를 소집해 파업을 결의하고 자신들의 주도로 약 1개월 간 파업(집회, 일부 시설 점거 등 병행)하였으며, 원고는 노조간부들과 노조를 상대로 진료수입의 손실에 대한 손해배상청구의 소(금 5천만원 및 지연이자의 지급)를 제기 하였다.

▌**관련 법 규정**(현행법 기준)
- 노조법 제3조(손해배상 청구의 제한) 사용자는 이 법에 의한 단체교섭 또는 쟁의행 위로 인하여 손해를 입은 경우에 노동조합 또는 근로자에 대하여 그 배상을 청구할 수 없다.
- 노조법 제69조(중재재정 등의 확정) ① 관계 당사자는 지방노동위원회 또는

특별노동위원회의 중재재정이 위법이거나 월권에 의한 것이라고 인정하는 경우에는 그 중재재정서의 송달을 받은 날부터 10일 이내에 중앙노동위원회에 그 재심을 신청할 수 있다.

③ 제1항 및 제2항에 규정된 기간 내에 재심을 신청하지 아니하거나 행정소송을 제기하지 아니한 때에는 그 중재재정 또는 재심결정은 확정된다.

④ 제3항의 규정에 의하여 중재재정이나 재심결정이 확정된 때에는 관계 당사자는 이에 따라야 한다.

- 노조법 제70조(중재재정 등의 효력) ① 제68조 제1항의 규정에 따른 중재재정의 내용은 단체협약과 동일한 효력을 가진다.

- 민법 제35조(법인의 불법행위능력) ① 법인은 이사 기타 대표자가 그 직무에 관하여 타인에게 가한 손해를 배상할 책임이 있다. 이사 기타 대표자는 이로 인하여 자기의 손해배상책임을 면하지 못한다.

- 민법 제393조(손해배상의 범위) ① 채무불이행으로 인한 손해배상은 통상의 손해를 그 한도로 한다.

② 특별한 사정으로 인한 손해는 채무자가 그 사정을 알았거나 알 수 있었을 때에 한하여 배상의 책임이 있다.

- 민법 제750조(불법행위의 내용) 고의 또는 과실로 인한 위법행위로 타인에게 손해를 가한 자는 그 손해를 배상할 책임이 있다.

■**판결의 성격** : 원심은 불법파업을 주도하여 원고의 병원 진료업무를 방해한 피고들(조합간부들 및 노조)은 원고가 입은 손해를 연대하여 배상할 책임이 있다고 판단하였고, 대법원은 원심의 판단이 정당하다고 보아 피고들(조합간부들)의 상고를 기각하였다.

■**쟁 점**
- 이 사건 쟁의행위의 정당성 여부 및 그에 따른 손해배상책임의 면책 여부
- 이 사건 쟁의행위를 기획·주도한 조합간부들은 노동조합과 더불어 손해배상책임을 부담하는지 여부
- 이 사건에서 조합간부들과 노동조합이 부담하는 손해배상액의 범위와 그 산정방법

▌중요 사실관계

- 원고의 병원과 피고 노조 사이의 교섭결렬(노조는 기본급 28% 인상 등 요구, 병원은 기본급 9% 인상 고수), 대구지노위의 직권 중재재정(기본급은 정률 9.5%와 정액 8,000원 각각 인상, 위험수당은 10,000원 인상), 원고의 위 중재재정 수용 및 의사인 교수들에 대한 연구수당 9.5% 별도 인상 발표, 이에 대해 피고 노조가 임금의 차별인상이라고 반발 ⇒ **중재재정의 내용 및 이 사건 쟁의행위의 원인과 관련**

- 피고 노조는 중재재정 수용 여부를 조합원 찬반투표에 회부하여 과반수가 반대하자 조합간부들은 비상대책위원회를 소집하여 파업하기로 결의, 노조는 중노위에 중재재정에 대한 재심을 신청하지 않은 채 1991. 6. 3.부터 1991. 6. 30.까지 이 사건 쟁의행위 실시(주말을 제외하고 출근과 동시에 외래환자 진료실 입구에 집결하여 집회 후 병원 내 강당 등에서 오전 교육·토의 등을 행하고, 점심 후 오후 집회 등을 거쳐 퇴근 무렵 해산, 쟁의과정에서 일부 조합간부 주도 하에 일부 조합원들은 의무기록실과 원무과 사무실을 각각 약 5-6시간 점거하였고 원장실을 3일간 점거) ⇒ **쟁의행위의 정당성 여부, 조합간부 및 노조의 손해배상책임 여부와 관련**

- 파업으로 인하여 입원환자의 상당수 퇴원, 외래환자에 대한 진료중단 등이 발생하여 1991. 6. 3.부터 9일간 진료환자의 수가 전년도의 같은 기간(1990. 6. 3.~ 1990. 6. 11.), 같은 해 전월의 같은 기간(1991. 5. 3.~1991. 5. 11.)에 비해 각각 7,594명, 8,976명 감소, 그에 따라 진료수입이 전년도의 같은 기간, 같은 해 전월의 같은 기간에 비해 각각 470,822,646원, 549,063,982원 감소, 진료수입을 얻기 위한 비용으로 진료수입의 41%가량인 재료비와 진료수입의 5%가량인 일반관리비의 지출이 필요 ⇒ **쟁의행위로 인하여 사용자가 입은 손해의 범위 및 그 산정방법과 관련**

▌기본법리(판지)

1) 노동쟁의조정법 제8조(현행 노조법 제3조)는 "사용자는 이 법에 의한 쟁의행위로 인하여 손해를 받은 경우에 노동조합 또는 근로자에 대하여 그 배상을 청구할 수 없다"고 규정하여 사용자의 손해배상청구에 대하여 제한을 가하고 있는바 여기서 <u>민사상 그 배상책임이 면제되는 손해는 정당한 쟁의행위로 인한 손해에 국한된다고 풀이하여야 할 것이고, 정당성이 없는 쟁의행위는 불법행위를 구성하고 이로 말미암아 손해를 입은 사용자는 노동조합이나 근로자에 대하여 그 손해배상을 청구할 수 있다</u> 할 것이다. ⇒ **[쟁의행위와 손해배상책임의 관계(정당한 쟁의행위=민사면책, 정당성 없는 쟁의행위=불법행위)]**

2) ⑴ <u>노동조합의 간부들이 불법쟁의행위를 기획, 지시, 지도하는 등으로 주도한</u>

경우에 이와 같은 간부들의 행위는 조합의 집행기관으로서의 행위라 할 것이므로 이러한 경우 <u>민법 제35조 제1항의 유추적용</u>에 의하여 <u>노동조합은 그 불법쟁의행위로 인하여 사용자가 입은 손해를 배상할 책임</u>이 있다 할 것이고, ⇒ **[불법쟁의행위를 주도한 조합간부의 행위에 대한 노조의 손해배상책임(법인의 불법행위능력을 규정한 민법 제35조 제1항의 유추적용)]**

(2) 한편 <u>조합간부들의 행위</u>는 일면에 있어서는 <u>노동조합 단체로서의 행위</u>라고 할 수 있는 외에 개인의 행위라는 측면도 아울러 지니고 있고, 일반적으로 쟁의<u>행위가</u> 개개 근로자의 노무정지를 조직하고 집단화하여 이루어지는 <u>집단적 투쟁행위라는 그 본질적 특징</u>을 고려하여 볼 때 노동조합의 책임 외에 불법쟁의행위를 기획, 지시, 지도하는 등으로 주도한 조합의 간부들 개인에 대하여도 책임을 지우는 것이 상당하다 할 것이다. ⇒ **[불법쟁의행위를 주도한 조합간부의 손해배상책임(쟁의행위의 집단성=단체행위+개인행위)]**

3) (1) 불법쟁의행위로 인하여 노동조합이나 근로자가 그 배상책임을 지는 <u>배상액의 범위는 불법쟁의행위와 상당인과관계에 있는 모든 손해</u>라 할 것이고, ⇒ **[배상액의 범위(불법쟁의행위와 상당인과관계 있는 모든 손해)]**

(2) 노동조합이나 근로자의 불법쟁의행위로 인하여 의료업무를 수행하는 사용자가 그 영업상의 손실에 해당하는 <u>진료수입의 감소로 입은 손해는 일실이익으로서 불법쟁의행위와 상당인과관계가 있는 손해</u>라 할 것이다. ⇒ **[의료사업에서 불법쟁의행위로 인한 조업정지의 일실이익(소극적 손해)=진료수입의 감소로 입은 손해]**

(3) 한편, 이러한 일실이익의 산정방법은 구체적 사정에 따라 다를 것이나 일응 불법쟁의행위가 없었던 <u>전년도의 같은 기간에 대응하는 진료수입과 대비한 감소분</u>이나 불법쟁의행위가 없었던 <u>전월의 같은 기간에 대응하는 진료수입과 대비한 감소분을 산출</u>한 다음 그 수입을 얻기 위하여 소요되는 <u>제 비용을 공제하는 방법</u>으로도 산정할 수 있다 할 것이다. ⇒ **[의료사업에서 위 일실이익의 산정방법=(불법쟁의행위 없었던 전년도 또는 전월의 같은 기간의 진료수입 - 불법쟁의행위기간의 진료수입) - 소요된 제 비용]**

■ **결론 및 이유** : 피고들은 연대하여 원고가 입은 손해를 배상할 책임이 있고, 원심이 인정한 수입상실손해는 이 사건 불법쟁의행위와 상당인과관계가 있는 손해라 할 것이다.

- 피고들은 피고 노동조합의 간부로서 중재재정이 조합원들의 찬반투표에서 수용 거부되자 노동쟁의조정법의 관계규정에 의한 불복절차를 취하지 아니한 채 위법한 파업계획을 수립하고, 불법파업을 주도함으로써 동산의료원의 진료업무의 수

행을 방해하였으며 이로 인하여 최소한 금 50,000,000원의 수입손실을 입게 하였음.

- 원심은 이 사건 파업으로 인하여 입원환자는 상당수 퇴원하고, 외래환자에 대한 진료가 중단되는 등 동산의료원의 진료업무 수행에 막대한 차질이 생겨 1991. 6. 3.부터 같은 달 11.까지의 진료환자수가 그 판시와 같이 감소되고, 그에 따라 같은 기간의 진료수입이 금 479,297,243원으로서 전년도 같은 기간에 비하여 금 470,822,646원, 1991. 5. 3.부터 같은 달 11.까지의 진료수입에 비하여 금 549,063,982원이 감소되었다고 인정한 후 위와 같은 진료수입을 얻기 위하여는 진료수입 41% 가량인 재료비가 들고, 5%가량인 일반관리비의 지출이 필요한데 이를 고려하더라도 원고는 이 사건 파업으로 인하여 최소한 원고가 구하는 금 50,000,000원의 수입손실을 입게 되었다 하여 피고들에게 그 지급을 명하고 있는 바 원심이 인정한 위 수입상실손해는 이 사건 불법쟁의행위와 상당인과관계가 있는 손해임.

- 원심이 위와 같은 일실이익을 산정함에 있어 공제항목으로 고려한 일반관리비 속에 파업참가근로자에 대하여 지급하여야 할 임금부분이 포함되어 있는지 여부에 관하여 명백하게 판시하고 있지는 않으나, 일반관리비의 감소가 파업근로자에 대한 임금을 지급하지 아니한 부분을 의미하는 것으로 풀이되고, 원심은 위에서 본 전년도 또는 전월의 진료수입 중에서 파업근로자에 대하여 지급되는 임금부분을 일반관리비라 하여 진료수입의 5% 정도로 고려하여 공제한 것으로 보여지므로 이를 공제하지 아니하였다는 소론 주장은 이유 없음.

▌판결의 의의와 한계

1) 대상판결은 정당하지 않은 쟁의행위를 주도한 조합간부와 그 노동조합에 대하여 불법행위에 따른 손해배상책임을 인정한 첫 대법원 판결로서 손해배상책임의 근거, 배상액의 범위, 일실이익의 산정방법 등을 제시하고 있다.

2) 특히 대상판결은 의료업에서의 일실이익(진료수입)과 그 산정방법을 제시하고 있는데, 이는 다른 서비스업에도 준용될 수 있다는 점에서 유의미하다(예컨대, 운송업에서의 운송수입). 일실이익(소극적 손해: 불법쟁의행위에 따른 조업정지로 상품이나 서비스를 생산 내지 제공하지 못함으로써 생산 내지 제공할 수 있었던 상품이나 서비스의 판매로 얻을 수 있는 영업이익을 얻지 못한 손해)의 산정방법은 사업체의 종류 등 구체적 사정에 따라 달라진다(☞ 기타 해설 참고).

3) 대상판결 사건에서의 불법쟁의행위는 쟁의행위의 가능성이 제한되었던 구 노

동쟁의조정법상의 노동위원회 직권중재제도(이 제도는 폐지되어 현행 노조법 제42조
의2 이하의 필수유지업무제도로 대체되었음)와 관련된 것임에 유의할 필요가 있다.

▮ 기타 해설 : 불법쟁의행위로 인한 손해에는 소극적 손해(일실이익)와 적극적 손
해(고정적 비용의 지출로 인한 손해, 재물손괴 등으로 인한 손해 등)가 있다. 예컨대, 제조
업의 경우 일실이익은『(제품의 판매가격 - 총생산원가) × 생산감소량』의 방식으
로 산출할 수 있고, 적극적 손해에는 조업 중단에도 불구하고 무용하게 계속 지
출되고 회수되지 못한 고정비용(임차료 등)이 포함된다.

> ※ 대법원 2018. 11. 29. 선고 2016다11226 판결 【손해배상(기)】
> - "제조업체가 위법한 쟁의행위로 인한 조업중단으로 입는 손해로는, 조업중단으
> 로 제품을 생산하지 못함으로써 생산할 수 있었던 제품을 판매하여 얻을 수 있는
> 매출이익을 얻지 못한 손해와 조업중단 여부와 관계없이 고정적으로 지출되는 비
> 용(차임, 제세공과금, 감가상각비, 보험료 등)을 회수하지 못한 손해가 있을 수 있
> 다. 이러한 손해배상을 구하는 측에서는 조업중단으로 인하여 일정량의 제품을 생
> 산하지 못하였다는 점과 생산되었을 제품이 판매될 수 있다는 점을 증명하여야 한
> 다. 다만 판매가격이 생산원가에 미달하는 이른바 적자제품이라거나 조업중단 당
> 시 불황 등과 같은 특별한 사정이 있어서 장기간에 걸쳐 제품이 판매될 가능성이
> 없다거나, 제품에 결함이나 하자가 있어서 판매가 제대로 이루어지지 않는다는 등
> 의 특별한 사정의 간접반증이 없는 한, 당해 제품이 생산되었다면 그 후 판매되어
> 제조업체가 이로 인한 매출이익을 얻고 또 그 생산에 지출된 고정비용도 매출원가
> 의 일부로 회수할 수 있다고 추정함이 상당하다(대법원 1993. 12. 10. 선고 93다
> 24735 판결 등 참조)."

◀ Q 풀이 ▶

Q 1. 대상판결에서 노동조합과 조합간부들에게 손해배상책임을 인정하는 논거는?
[A]   ☞ 앞의 기본법리(판지) 2)의 내용 참고

Q 2. 조합간부 개인의 손해배상책임과 노동조합 자체의 손해배상책임간에 부진
정 연대채무관계가 성립한다는 것의 의미는?
[A]   1) 판례에 의하면 노동조합 간부 개인의 손해배상책임과 노동조합 자체의
손해배상책임은 부진정 연대채무관계에 있기 때문에 조합간부도 불법쟁의행위

로 인하여 발생한 손해 전부를 배상할 책임이 있다(대법원 2006. 9. 22. 선고 2005다30610 판결 ☞ 심화학습 1. 참고판결).

2) 부진정연대채무는 하나의 동일한 급부에 관하여 수인의 채무자가 각자 독립하여 전부의 급부를 하여야 할 채무이고, 원칙적으로 각 채무자 사이에 구상관계가 존재하지 않으며, 채무자 1인과 채권자 사이에 발생한 사유 중 변제 또는 이에 준하는 사유 외의 사유는 다른 채무자에게 영향을 주지 않기 때문에 부진정연대채무에서의 채권자의 지위는 연대채무에서의 그것보다 강하다. 법인의 대표기관이 그 직무에 관하여 불법행위를 한 경우에 법인의 손해배상의무와 이사 개인의 손해배상의무의 경우 부진정연대관계가 인정된다.[3]

◀ 심화학습 ▶

1. 불법쟁의행위의 손해배상책임에서 불법쟁의행위에 원인을 제공하였다고 볼 수 있는 사용자의 행위(예, 불성실한 교섭 등)의 고려 방식 (대법원 2006. 9. 22. 선고 2005다30610 판결 참고)

▷ 사용자가 노동조합과의 성실교섭의무를 다하지 않는 등 불법쟁의행위에 원인을 제공하였다고 볼 사정이 있는 경우 그러한 사용자의 과실을 손해배상액을 산정함에 있어 참작할 수 있다.

> ※ **대법원 2006. 9. 22. 선고 2005다30610 판결【손해배상(기)】**
> - "불법쟁의행위에 대한 귀책사유가 있는 노동조합이나 불법쟁의행위를 기획·지시·지도하는 등 이를 주도한 노동조합 간부 개인이 그 배상책임을 지는 배상액의 범위는 불법쟁의행위와 상당인과관계에 있는 모든 손해이고, 그러한 <u>노동조합 간부 개인의 손해배상책임과 노동조합 자체의 손해배상책임은 부진정 연대채무관계에 있는 것</u>이므로 노동조합의 간부도 불법쟁의행위로 인하여 발생한 손해 전부를 배상할 책임이 있고, 다만 <u>사용자가</u> 노동조합과의 성실교섭의무를 다하지 않거나, 노동조합과의 기존 합의를 파기하는 등 불법쟁의행위에 원인을 제공하였다고 볼 <u>사정이 있는 경우 등에는 그러한 사용자의 과실을 손해배상액을 산정함에 있어 참작할 수 있을 뿐이다.</u>"

▷ 불법행위로 인한 손해배상액을 산정할 때에는 공평 내지 신의칙의 관점에서

---

3) 지원림, 「민법강의」, 홍문사, 2004, 933-934면 참조.

피해자의 과실을 참작하여 과실상계가 이루어질 수 있고, 이 경우 피해자의 과실은 불법행위의 성립요건을 이루는 엄격한 의미의 귀책사유에 해당하는 것과 달리 사회통념상, 신의칙상, 공동생활상 요구되는 약한 의미의 부주의를 가리키는 것이며, 과실상계의 비율은 가해자와 피해자의 고의·과실의 정도, 피해자의 과실이 불법행위의 발생 및 손해의 확대에 관하여 어느 정도의 원인이 되어 있는가 등의 제반사정을 종합적으로 고려하여 정하게 된다. 따라서 불법쟁의행위로 인한 손해배상액의 범위를 정함에 있어서도 불법쟁의행위에 이르게 된 경위, 피해자인 사용자측의 과실 및 노동조합 등의 귀책사유의 정도 등에 비추어 사용자측에게 위법한 쟁의행위로 인한 손해의 발생 또는 확대에 기여한 과실이 있다면 그 비율에 해당하는 만큼의 과실상계가 이루어져야 한다.[4]

2. 일반 조합원의 손해배상책임 (대법원 2006. 9. 22. 선고 2005다30610 판결 참고)

▷ 판례는 불법쟁의행위의 경우 노조 등의 지시에 따라 단순히 노무를 정지한 일반조합원의 불법행위책임을 제한적으로 인정한다. 즉 위와 같은 행위만으로 일반조합원이 노조 또는 조합간부들과 함께 공동불법행위책임을 진다고 할 수는 없지만, 위험 또는 손해 등의 예방을 위한 노무정지 시의 준수사항(의무)을 위반한 노무정지로 인해 손해가 발생 내지 확대된 경우에는 그와 상당인과관계에 있는 손해에 대한 배상책임이 있다. 다른 한편, 쟁의행위 자체가 정당한 경우에도 일반조합원이 노조와 무관하게 개별적으로 폭력, 파괴 등 불법행위를 한 경우에는 손해배상책임을 부담한다.

> ※ **대법원 2006. 9. 22. 선고 2005다30610 판결 【손해배상(기)】**
> - "불법쟁의행위를 기획·지시·지도하는 등으로 주도한 조합간부들이 아닌 일반조합원의 경우, 쟁의행위는 언제나 단체원의 구체적인 집단적 행동을 통하여서만 현실화되는 집단적 성격과 근로자의 단결권은 헌법상 권리로서 최대한 보장되어야 하는데, 일반조합원에게 쟁의행위의 정당성 여부를 일일이 판단할 것을 요구하는 것은 근로자의 단결권을 해칠 수도 있는 점, 쟁의행위의 정당성에 관하여 의심이 있다 하여도 일반조합원이 노동조합 및 노동조합 간부들의 지시에 불응하여 근로제공을 계속하기를 기대하기는 어려운 점 등에 비추어 보면, <u>일반조합원이 불법쟁의행위 시 노동조합 등의 지시에 따라 단순히 노무를 정지한 것만으로는 노동조합 또는 조합 간부들과 함께 공동불법행위책임을 진다고 할 수 없을 것이다.</u> 다만, 근로자의 근로내용 및 공정의 특수성과 관련하여 그 <u>노무를 정지할 때에 발생할 수</u>

---

4) 사법연수원, 「노동조합 및 노동관계조정법」, 2010, 244-245면.

있는 위험 또는 손해 등을 예방하기 위하여 그가 <u>노무를 정지할 때에 준수하여야</u>
<u>할 사항 등이 정하여져 있고, 당해 근로자가 이를 준수함이 없이 노무를 정지함으</u>
<u>로써 그로 인하여 손해가 발생하였거나 확대되었다면, 그 근로자가 일반조합원이</u>
<u>라고 할지라도 그와 상당인과관계에 있는 손해에 대하여는 이를 배상할 책임이 있</u>
<u>다고 할 것이다.</u>" (이 사건의 경우 석유화학 원료를 중합 반응시켜 원사를 생산하
는 공정을 중지시키기 위해 요구되는 표준행동절차를 준수하여야 함에도 불구하
고 각 근무부서에서 무단이탈함으로써 급격한 공정중단으로 인한 치명적 손상을
가한 일반조합원인 피고 다섯 명에 대하여 손해배상책임을 부정한 원심의 판단 부
분에 대해 대법원은 이를 파기)

3. 쟁의행위 기간 동안 근로자의 임금청구권 (대법원 2013. 11. 28. 선고 2011다
39946 판결 참고)

▷ 참고판결(2011다39946 판결)은 쟁의행위 기간 동안 근로자의 임금청구권이 발
생하는지, 근로자가 파업기간 중에 포함된 유급휴일에 대한 임금의 지급을 청구
할 수 있는지 등에 관해 판시한 사례다. 참고판결에 따르면, 쟁의행위 시의 임금
지급에 관하여 단체협약이나 취업규칙 등에서 이를 규정하거나 그 지급에 관한
당사자 사이의 약정이나 관행이 있다고 인정되지 아니하는 한, 근로자의 근로제
공의무 등의 주된 권리·의무가 정지되어 근로자가 근로를 제공하지 아니한 쟁의
행위 기간 동안에는 근로제공의무와 대가관계에 있는 근로자의 주된 권리로서의
임금청구권은 발생하지 아니하고, 근로를 불완전하게 제공하는 형태의 쟁의행위
인 태업도 근로제공이 일부 정지되는 것이라고 할 수 있으므로 여기에도 이러한
무노동 무임금 원칙이 적용된다고 한다(이 사례에서 대법원은 피고 회사가 각 근로자별
로 측정된 태업시간 전부를 비율적으로 계산하여 임금에서 공제한 것이 불합리하다고 할 수
없다고 한 원심의 판단을 정당한 것으로 보았다).

▷ 참고판결에 의하면, 유급휴일 제도를 근기법에 규정한 목적에 비추어 보면 근
로의 제공 없이도 근로자에게 임금을 지급하도록 한 유급휴일의 특별규정이 적
용되기 위해서는 평상적인 근로관계, 즉 근로자가 근로를 제공하여 왔고, 또한
계속적인 근로제공이 예정되어 있는 상태가 당연히 전제되어 있다고 볼 것이고,
이러한 유급휴일에 대한 법리는 휴직 등과 동일하게 근로자의 근로제공의무 등
의 주된 권리·의무가 정지되어 근로자의 임금청구권이 발생하지 아니하는 쟁의
행위인 파업에도 적용된다 할 것이므로 근로자는 파업기간 중에 포함된 유급휴
일에 대한 임금의 지급 역시 구할 수 없으며, 이와 같은 법리는 파업과 마찬가지
로 무노동 무임금 원칙이 적용되는 태업에도 그대로 적용된다고 할 것이고, 따

라서 근로자는 태업기간에 상응하는 유급휴일에 대한 임금의 지급을 구할 수 없다고 한다(이 사례에서 대법원은 태업기간 중 포함된 유급휴일에 대하여 원고 근로자들의 개근 여부와 상관없이 그 해당 주간의 소정근로시간에 미달하는 태업시간만큼 사용자인 피고 회사가 임금을 삭감할 수 있다는 취지로 원심이 판단한 것은 정당하다고 보았다).

제23강 쟁의행위 (3)

1. 준법투쟁

◀ 판례분석 ▶

▌**제 목** : 연장·휴일근로에 대한 집단적 거부의 쟁의행위 해당성(N) [현대로템사건]

▌**대상판결** : 대법원 2022. 6. 9. 선고 2016도11744 판결 【노동조합및노동관계조정법 등 위반】
【피 고 인】 피고인 1 외 5인
【상 고 인】 피고인들 및 검사
【원심판결】 창원지법 2016. 7. 6. 선고 2015노2084 판결
【주 문】 원심판결 중 유죄 부분을 파기하고, 이 부분 사건을 창원지방법원에 환송한다. 검사의 상고를 모두 기각한다.

▌**사건의 개요** : 노동조합 간부인 피고인들은 주요방위산업체로 지정된 회사와 임금 단체협상을 진행하면서 회사의 방산물자 생산부서 근로자인 조합원들을 포함하여 연장·휴일근로를 집단적으로 거부하도록 결정함으로써 위 조합원들과 공모하여 방산물자를 생산하는 업무에 종사하는 자의 쟁의행위금지 규정을 위반하였다는 이유로 노조법 위반으로 기소되었다.

▌**관련 법 규정**(현행법 기준)
- 노조법 제2조 제6호 : "쟁의행위"라 함은 파업·태업·직장폐쇄 기타 노동관계 당사자가 그 주장을 관철할 목적으로 행하는 행위와 이에 대항하는 행위로서 업무의 정상적인 운영을 저해하는 행위를 말한다.
- 노조법 제37조(쟁의행위의 기본원칙) ① 쟁의행위는 그 목적·방법 및 절차에

있어서 법령 기타 사회질서에 위반되어서는 아니된다.
② 조합원은 노동조합에 의하여 주도되지 아니한 쟁의행위를 하여서는 아니된다.
- 노조법 제41조(쟁의행위의 제한과 금지) ② 「방위사업법」에 의하여 지정된 주
요방위산업체에 종사하는 근로자중 전력, 용수 및 주로 방산물자를 생산하는 업
무에 종사하는 자는 쟁의행위를 할 수 없으며 주로 방산물자를 생산하는 업무에
종사하는 자의 범위는 대통령령으로 정한다.
- 노조법 제88조(벌칙) 제41조 제2항의 규정에 위반한 자는 5년 이하의 징역 또
는 5천만원 이하의 벌금에 처한다.

▌**판결의 성격** : 원심은 피고인들이 조합원들과 함께 연장·휴일근로를 거부한 행
위는 쟁의행위에 해당한다고 판단하였으나, 대법원은 통상적인 연장·휴일근로에
대한 조합원들의 집단적 거부로서의 쟁의행위에 해당한다고 볼 수 없다는 이유
로 원심판결을 파기환송하였다.

▌**쟁 점**
- 연장·휴일근로가 통상적 또는 관행적으로 이루어져 왔다고 볼 수 있는지
- 피고인들이 조합원들과 함께 연장·휴일근로를 거부한 행위가 쟁의행위에 해당
하는지 여부

▌**중요 사실관계**
- 전국금속노동조합 현대로템지회(이하 '지회')와 현대로템 주식회사(이하 '회사')가
체결한 단체협약상에는 연장근로·휴일근로는 지회의 사전 동의를 얻어 실시하
되, 그에 대한 소정의 가산임금을 지급하고, 연장근로·휴일근로를 하지 않은 이
유로 불이익 처우를 하지 못한다고 정함 ⇒ **연장·휴일근로에 대한 단체협약상의 제한
및 연장·휴일근로의 관행성 여부와 관련**
- 회사 창원공장에서는 일정한 날을 연장근로일 또는 휴일근로일로 미리 지정하
는 방식이 아니라, 필요할 때마다 연장근로는 당일 아침에, 휴일근로는 보통 이
틀 전에 직장·팀장 등 중간관리자를 통해 신청자를 모집하는 방식으로 연장근
로·휴일근로를 실시해 왔고, 이렇게 실시된 연장근로 또는 휴일근로에 참여하는
근로자의 비율은 70~80% 정도 ⇒ **연장·휴일근로의 실시 방식 및 연장·휴일근로의 관행
성 여부와 관련**
- 지회가 임금 단체협상 진행 기간에 조합원들에게 연장근로·휴일근로 거부 지

침을 내릴 때에는 회사가 애초에 연장근로·휴일근로 신청자 모집 자체를 하지 않기도 하였음 ⇒ 연장·휴일근로 거부 지침에 따른 조합원들의 집단적 거부 해당 여부와 관련

▌**기본법리**(판지) :

1) 노동조합 및 노동관계조정법(이하 '노동조합법') 제2조 제6호에 따르면 쟁의행위란 파업·태업·직장폐쇄 기타 노동관계 당사자가 그 주장을 관철할 목적으로 행하는 행위와 이에 대항하는 행위로서 업무의 정상적인 운영을 저해하는 행위를 말한다. 노동조합법은 쟁의행위에 대하여 그 목적·방법 및 절차가 법령 기타 사회질서에 위배되지 않아야 하고 조합원은 노동조합에 의하여 주도되지 아니한 쟁의행위를 하여서는 아니 되는 등 일정한 제한을 하고 있다(노동조합법 제37조). 특히 방위사업법에 의하여 지정된 주요방위산업체에 종사하는 근로자 중 전력, 용수 및 주로 방산물자를 생산하는 업무에 종사하는 자는 쟁의행위를 할 수 없는데 이를 위반한 경우 노동조합법상 가장 중한 형사처벌을 하도록 규정하고 있다(노동조합법 제41조 제2항, 제88조). ⇒ **[노조법상 쟁의행위의 정의와 그 제한(특히 주요방산업체에 종사하는 일정한 근로자의 쟁의행위금지와 그 위반에 대한 형사처벌)]**

2) 이러한 쟁의행위에 대한 법령상의 엄정한 규율 체계와 헌법 제33조 제1항이 노동3권을 기본권으로 보장한 취지 등을 고려하면, 연장근로의 집단적 거부와 같이 사용자의 업무를 저해함과 동시에 근로자들의 권리행사로서의 성격을 아울러 가지는 행위가 노동조합법상 쟁의행위에 해당하는지는 해당 사업장의 단체협약이나 취업규칙의 내용, 연장근로를 할 것인지에 대한 근로자들의 동의 방식 등 근로관계를 둘러싼 여러 관행과 사정을 종합적으로 고려하여 엄격하게 제한적으로 판단하여야 한다. 이는 휴일근로 거부의 경우도 마찬가지이다. ⇒ **[연장·휴일근로 집단적 거부의 쟁의행위 해당성 판단기준]**

▌**결론 및 이유** : 방산물자 생산부서 조합원들이 쟁의행위를 하였음을 전제로 피고인들에게 공동정범의 책임을 물을 수 없음에도, 이와 달리 연장근로·휴일근로 거부로 인한 노동조합법 위반 부분을 유죄로 판단한 원심판결에는 연장근로·휴일근로 거부와 쟁의행위에 관한 법리를 오해하여 판결에 영향을 미친 잘못이 있다.

- 회사는 지회의 사전 동의를 얻고 필요시 근로자의 신청을 받아 연장근로·휴일근로를 실시해 왔을 뿐 **일정한 날에 연장근로·휴일근로를 통상적 혹은 관행적으로 해왔다고 단정하기는 어려움.**

- 그러므로 이 사건 단체협상 기간에 지회의 지침에 따라 연장근로·휴일근로가

이루어지지 않았다고 하더라도 이로써 방산물자 생산부서 조합원들이 통상적인 연장근로·휴일근로를 집단적으로 거부함으로써 쟁의행위를 하였다고 볼 수 없음.

※ **원심의 판단** : ① 피고인들은 단체협상 기간이 길어지자 행동지침을 통해 연장근로 등을 거부할 것을 촉구하였고 이에 따라 조합원들이 연장근로와 휴일근로를 거부하게 된 점, ② 그 목적도 단체교섭 과정에서 사측을 압박하여 노동조합의 주장을 관철하기 위한 점, ③ 회사가 조합원들에게 새로운 작업 내지 공정에 대하여 노동조합의 사전 동의 없이 연장근로 등을 요구하여 조합원들이 이를 거부한 것이 아니고, 조합원들은 기존부터 진행되던 작업 내지 공정에 대한 연장근로 등을 거부한 것인 점, ④ 그와 같은 행동지침이 없었을 때에는 연장근로 내지 휴일근로에 참여하는 비율이 70~80%에 이르렀는바 묵시적인 노사 합의 내지 업무 관행에 따라 연장근로 등이 이루어져 왔다고 봄이 상당한 점, ⑤ 회사는 그와 같은 연장근로 내지 휴일근로 비율에 따라 생산 계획 등을 수립하여 왔고 당시 □□□□ 등에 대해 납기 일정 준수를 위해서는 근로자들의 연장근로 내지 휴일근로가 필요한 상황이었으므로, 조합원들의 일방적인 연장근로 내지 휴일근로 거부로 인하여 회사업무의 정상적인 운영을 저해될 수밖에 없었던 점 등을 종합하여 보면, 피고인들이 조합원들과 함께 연장근로, 휴일근로 거부한 행위는 쟁의행위에 해당한다.

▌판결의 의의와 한계

1) 대상판결 이전에 대법원은 근로자들이 관행적 또는 통상적으로 해오던 연장근로나 휴일근로를 집단적으로 거부하여 회사업무의 정상적인 운영을 저해한 행위는 쟁의행위에 해당한다고 보았고(대법원 1991. 10. 22. 선고 91도600 판결 등 ☞ Q. 1 참고), 대상판결의 원심도 이러한 판례의 입장에 따라 피고인들이 조합원들과 함께 연장·휴일근로를 거부한 행위는 쟁의행위에 해당한다고 판단하였다.

2) 대상판결이 위와 같은 기존 판례의 입장을 변경한 것은 아니지만(대상판결은 연장·휴일근로와 관련한 해당 사업장의 관행과 사정을 두루 고려한 판단을 요구하고 있고, 대상판결 사건의 사업장이 연장·휴일근로를 통상적 혹은 관행적으로 해 왔다고 단정하기 어렵다는 점을 판단이유로 들고 있음), 연장근로의 집단적 거부처럼 근로자들의 권리행사로서의 성격을 아울러 갖는 행위가 노조법상 쟁의행위에 해당하는지는 엄격하게 제한적으로 판단해야 한다고 밝힘으로써, 종래의 판례와는 달리 헌법이 노동3권을 근로자의 기본권으로 보장한 취지에 잘 부합하는 진일보한 태도를 보인 판결로 높이 평가할 수 있다. 또한 대상판결은 근로자와 사용자 간 합의가 요구되지 않는 휴일근로에 대한 근로자들의 집단적 거부에도 위와 같은 판단기준이 마찬가지로 적용되어야 함을 명시한 점에서 유의미하다.

3) 대상판결 사건에서는 주요방위산업체 내 방산물자를 생산하는 업무에 종사하는 자의 쟁의행위를 금지하는 노조법 제41조 제2항 위반에 따른 같은 법 제88조의 벌칙 규정(노조법상 가장 중한 형사처벌) 적용 여부가 쟁점이었고, 이와 관련하여 대상판결이 제시한 연장·휴일근로 집단적 거부의 쟁의행위 해당성에 관한 판단기준(엄격하게 제한적으로 판단하여야 한다는 기준)은 헌법상 기본권 제한의 최소침해 원칙과 죄형법정주의 원칙에서 파생되는 형벌법규 엄격해석의 원칙에 충실한 해석으로 볼 수 있다. 또한 대상판결의 판단기준은 노조법 제41조 제2항에 의하여 쟁의행위가 금지됨으로써 기본권이 중대하게 제한되는 근로자의 범위를 엄격하게 제한적으로 해석하여야 한다는 기존 판례(대법원 2017. 7. 18. 선고 2016도3185 판결 ☞ 심화학습 1. 참고)의 입장과도 일맥상통하는 것으로 볼 수 있다.

4) 한편, 대상판결의 판단기준("연장근로의 집단적 거부와 같이 사용자의 업무를 저해함과 동시에 근로자들의 권리행사로서의 성격을 아울러 가지는 행위가 노동조합법상 쟁의행위에 해당하는지는 … (중략) … 여러 관행과 사정을 종합적으로 고려하여 엄격하게 제한적으로 판단해야 한다.")은 노조법 제41조 제2항 및 제88조에 따라 쟁의행위에 해당하면 그 정당성 여부와 관계없이 노조법 위반죄로 처벌될 수 있는 주요방위산업체에 종사하는 일정한 근로자와 관련하여 제시된 것으로서, 위와 같은 판단기준이 쟁의행위의 정당성에 대하여 검토해야 하는 일반 사업장에서의 연장·휴일근로에 대한 근로자들의 집단적 거부 사안에도 마찬가지로 적용될 수 있을지는 미지수이나, 일반 사업장 사안에서도 대상판결의 취지와 판지에 상응하는 판단기준의 확립이 필요하다고 보아야 할 것이다.

▌**기타 해설** : 헌법재판소(1998. 7. 16. 97헌바23)는 "연장근로의 거부, 정시출근, 집단적 휴가의 경우와 같이 일면 근로자들의 권리행사로서의 성격을 갖는 쟁의행위에 관하여도 정당성이 인정되지 않는다고 하여 바로 형사처벌할 수 있다는 대법원 판례(대법원 1991. 11. 8. 선고, 91도326; 1996. 2. 27. 선고, 95도2970; 1996. 5. 10. 선고, 96도419 판결 등)의 태도는 지나치게 형사처벌의 범위를 확대하여 근로자들의 단체행동권의 행사를 사실상 위축시키는 결과를 초래하여 헌법이 단체행동권을 보장하는 취지에 부합하지 않고 근로자들로 하여금 형사처벌의 위협하에 노동에 임하게 하는 측면이 있음을 지적"하면서, 그 이유로 "쟁의행위의 정당성의 판단기준이 반드시 명백한 것이 아닌데다가 특히 쟁의행위의 당사자로서 법률의 문외한이라 할 수 있는 근로자의 입장에서 보면 그 정당성을 판단하기가 더욱 어려울 것인데, 연장근로의 거부 등과 같은 경우에도 위법성이 조각되지

않는다 하여 업무방해죄의 성립을 긍정한다면 이는 결국 근로자로 하여금 혹시 있을지 모를 형사처벌을 감수하고라도 쟁의행위에 나아가도록 하는 것을 주저하게 만들 것이고 따라서 단체행동권의 행사는 사실상 제약을 받게 될 것이기 때문"이라고 판시한 바 있다.

◀ Q 풀이 ▶

Q 1. 연장근로 또는 휴일근로의 집단적 거부가 쟁의행위에 해당한다고 본 대법원 판례는? (대법원 1991. 7. 9. 선고 91도1051 판결; 대법원 1991. 10. 22. 선고 91도600 판결; 대법원 1996. 2. 27. 선고 95도2970 판결 참고)

[A] 1) 노사 간 체결된 단체협약에 작업상 부득이한 사정이 있거나 생산계획상 차질이 있는 등 업무상 필요가 있을 때에는 사용자인 회사가 휴일근로를 시킬 수 있도록 정하여져 있어서, 회사가 이에 따라 관행적으로 휴일근로를 시켜 왔음에도 불구하고, 근로자들이 자신들의 주장을 관철할 목적으로 정당한 이유도 없이 집단적으로 회사가 지시한 휴일근로를 거부한 것은 회사업무의 정상적인 운영을 저해하는 것으로서 쟁의행위에 해당한다(91도1051 판결).
2) 연장근로가 당사자 합의에 의하여 이루어지는 것이라고 하더라도 근로자들을 선동하여 근로자들이 통상적으로 해 오던 연장근로를 집단적으로 거부하도록 함으로써 회사업무의 정상운영을 저해하였다면 이는 쟁의행위로 보아야 한다(91도600 판결 및 95도2970 판결).

◀ 심화학습 ▶

1. 주요방위산업체에 종사하는 일정한 근로자의 쟁의행위를 금지하는 노조법 제41조 제2항의 해석 방법과 주요방위산업체로 지정된 회사가 사업의 일부를 사내하도급 방식으로 다른 업체에 맡겨 방산물자를 생산하는 경우 하수급업체 소속 근로자가 위 조항에서 쟁의행위를 금지하는 '주요방위산업체에 종사하는 근로자'에 해당하는지 여부 (대법원 2017. 7. 18. 선고 2016도3185 판결 참고)

▷ 참고판결(2016도3185 판결)은 피고인이 주요방위산업체 공소외 1 회사의 특수선 사업부에 소속된 사내협력업체인 공소외 2 회사에서 방산물자인 특수선의 도

장업무에 종사한 근로자로서 쟁의행위를 할 수 없는데도 총 32회에 걸쳐 파업을 하였다고 하여 노조법 위반으로 기소된 사안에서, 주요방위산업체인 공소외 1 회사의 하수급업체 근로자인 피고인의 쟁의행위에 대하여는 같은 법 제41조 제2항이 적용되지 않는다고 보아 공소사실을 무죄로 판단한 원심판결이 정당하다고 한 사례이다. 참고판결의 판지는 아래와 같다.

▷ 헌법 제33조 제1항은 근로자의 근로3권인 단결권, 단체교섭권과 단체행동권을 헌법상 보장된 기본적 권리로 명시하고, 같은 조 제3항에서 법률이 정하는 바에 따라 주요방위산업체에 종사하는 근로자의 단체행동권을 제한하거나 인정하지 않을 수 있다고 규정하고 있다. 이는 근로자의 근로3권에 관하여 기본권 최대보장의 원칙을 선언함과 동시에, 남북이 대치하고 있는 특수한 상황에서 주요방위산업체 근로자의 단체행동으로 발생하는 국가의 안전보장에 대한 위해를 방지하기 위하여 주요방위산업체에 종사하는 근로자에 대한 단체행동권을 법률로써 제한하거나 금지할 수 있도록 유보해 둔 것이다. 이를 근거로 노동조합법 제41조 제2항은 "방위사업법에 의하여 지정된 주요방위산업체에 종사하는 근로자 중 전력, 용수 및 주로 방산물자를 생산하는 업무에 종사하는 자는 쟁의행위를 할 수 없으며, 주로 방산물자를 생산하는 업무에 종사하는 자의 범위는 대통령령으로 정한다."라고 정하고 있다. 이와 같이 노동조합법은 헌법이 정한 범위에서 주요방위사업체에 종사하는 일정한 근로자에 대하여 단체행동권의 핵심인 쟁의권 자체를 전면적으로 금지하되, 쟁의행위가 금지되는 근로자의 범위를 구체적으로 한정하고 있다. 나아가 노동조합법 제88조는 이를 위반한 쟁의행위를 노동조합법의 벌칙규정 가운데 가장 무거운 법정형인 5년 이하의 징역 또는 5천만 원 이하의 벌금에 처하도록 정하고 있다. 주요방위산업체의 원활한 가동이 국가의 안전보장에 필수불가결한 요소라는 점에서 법률로써 주요방위산업체 종사자의 단체행동권을 제한하거나 금지하는 것이 불가피한 면은 있으나, 헌법 제37조 제2항이 규정하는 기본권 제한입법에 관한 최소침해의 원칙과 비례의 원칙, 죄형법정주의의 원칙에서 파생되는 형벌법규 엄격해석의 원칙에 비추어 볼 때 노동조합법 제41조 제2항에 의하여 쟁의행위가 금지됨으로써 기본권이 중대하게 제한되는 근로자의 범위는 엄격하게 제한적으로 해석하여야 한다.

▷ 방위사업법 등 관계 법령이 정한 요건과 절차에 따라 산업자원부장관이 주요방위산업체를 개별적으로 지정하도록 되어 있고, 노동조합법 제41조 제2항은 주요방위산업체로 지정된 업체에 종사하는 근로자 가운데에서도 전력, 용수 및 대통령령에서 구체적으로 열거한 업무에 종사하는 자로 그 적용 범위를 제한하고

있다. 위에서 본 법해석 원칙에 기초하여 위 법규정의 문언, 내용, 체계와 목적을 종합해 보면, <u>주요방위산업체로 지정된 회사가 사업의 일부를 사내하도급 방식으로 다른 업체에 맡겨 방산물자를 생산하는 경우에 하수급업체에 소속된 근로자는 노동조합법 제41조 제2항이 쟁의행위를 금지하는 '주요방위산업체에 종사하는 근로자'에 해당한다고 볼 수 없다.</u> 주요방위산업체로 지정된 하도급업체의 사업장과 동일한 장소에 근무하면서 주요 방산물자를 생산하는 업무에 노무를 제공한다는 사정만으로 <u>주요방위산업체로 지정되지 않은 독립된 사업자인 하수급업체에 소속된 근로자가 하도급업체인 주요방위산업체에 '종사'한다고 보는 것은 형벌규정을 피고인에게 불리한 방향으로 지나치게 확장해석하는 것으로서 허용되지 않는다.</u>

2. 직장폐쇄

◀ 판례분석 ▶

▌**제 목** : 노동조합의 쟁의행위(준법투쟁)에 대응하여 3일 만에 이루어진 사용자의 직장폐쇄의 정당성(N) [성일운수사건]

▌**대상판결** : 대법원 2000. 5. 26. 선고 98다34331 판결 【임금】
【원고,피상고인】 강○빈 외 81인
【피고,상고인】 성일운수 주식회사
【원심판결】 광주고법 제주지부 1998. 6. 12. 선고 97나562 판결
【주 문】 상고를 기각한다. 상고비용은 피고의 부담으로 한다.

▌**사건의 개요** : 피고 회사(택시회사)와 노조 사이의 1995년 임금교섭이 결렬되자 노조는 쟁의행위로서 준법투쟁(정시 출퇴근, 준법운행)에 돌입하였고, 이로써 사납금액이 감소되자 회사는 위 준법투쟁 3일 만에 직장폐쇄를 실시하여 이를 해제한 날(임금협약이 체결된 날)까지 34일간 전 조합원의 차량운행을 중지시켰으며, 직장폐쇄기간 동안 임금을 받지 못한 조합원인 원고들은 미지급 임금의 지급을 구

하는 소를 제기하였다.

▌관련 법 규정(현행법 기준)
- 노조법 제46조(직장폐쇄의 요건) ① 사용자는 노동조합이 쟁의행위를 개시한 이후에만 직장폐쇄를 할 수 있다.
② 사용자는 제1항의 규정에 의한 직장폐쇄를 할 경우에는 미리 행정관청 및 노동위원회에 각각 신고하여야 한다.
- 노조법 제91조(벌칙) 제38조 제2항, … (중략) … <u>제46조 제1항</u> 또는 제63조의 규정을 위반한 자는 1년 이하의 징역 또는 1천만원 이하의 벌금에 처한다.

▌판결의 성격 : 원심은 피고의 직장폐쇄가 정당하지 않기 때문에 피고는 직장폐쇄 기간 동안 원고들에게 지급하지 않은 임금을 지급할 책임이 있다고 판단하였고, 대법원은 이러한 원심의 판단이 정당하다고 보아서 피고의 상고를 기각하였다.

▌쟁 점
- 노동조합의 이 사건 준법투쟁이 정당한 쟁의행위인지 여부
- 노동조합의 위 준법투쟁에 대응한 사용자의 직장폐쇄가 정당한 것인지(따라서 원고들과의 관계에서 임금지급책임을 면하는지) 여부

▌중요 사실관계
- 피고 회사와 노조의 1994년 임금합의(도내 35개 택시회사 중 다른 11개 회사와 함께 가장 높은 14% 임금인상에 합의), 1995년 임금교섭의 결렬(노조는 다시 10% 임금인상 요구, 회사는 임금동결 주장), 당시 피고 회사 택시기사들의 임금수준(근속 1년 기준 월 651,004원으로 도내 35개 택시회사 중 다른 12개 회사와 함께 가장 높은 수준) ⇒ **무리한 요구로 볼 수도 있는 임금인상을 관철키 위한 쟁의행위(준법투쟁)의 정당성 여부와 관련**
- 노조는 노동쟁의 발생신고, 교섭의 재시도와 결렬, 임시총회에서의 태업 결의 등을 거쳐 준법투쟁에 돌입(정시 출퇴근, 과속·신호위반 등 교통법규 위반행위 않음, 합승·부당요금징수 등 불법운행 않음), 이러한 준법투쟁으로 사납금이 종전의 절반 수준으로 감소(1일 98,000원 내지 120,000원에서 35,000원 내지 75,000원으로 감소) ⇒ **절차와 수단·방법의 면에서 정당한 쟁의행위인지, 쟁의행위가 사용자의 사업 경영에 어느 정도로 영향을 미치는지와 관련**
- 회사는 노조의 준법투쟁 돌입 3일째 되는 날에 회사수입금 저하를 이유로 직장

폐쇄 신고를 한 후 비노조원이 운행하는 차량 5대를 제외한 회사 소속 차량 46대의 운행을 중지하여 노조원 전원에 대한 직장폐쇄를 단행(회사는 노조의 준법투쟁 우선 철회를 고집하며 별다른 대화 않은 채 직장폐쇄를 한 달여 계속해 오다가 임금 4.5% 인상하는 대신 사납금 4,000원 인상키로 노조와 합의하고 같은 날 직장폐쇄를 해제) ⇒ **직장폐쇄의 이유와 대상, 그 개시시기 및 기간 등에 비추어 정당한 직장폐쇄로 볼 수 있는지 여부와 관련**

▌기본법리(판지)

1) 노동조합의 쟁의행위는 노동조합이 근로조건에 관한 주장의 불일치로 인하여 발생된 분쟁상태를 자기측에게 유리하게 전개하여 자기의 주장을 관철할 목적으로 행하는 투쟁행위로서 업무의 정상운영을 저해하는 것을 의미하므로, 단순히 노동조합이 사용자에게 다소 무리한 임금인상을 요구함으로써 분쟁이 발생하였으며 또한 노동조합의 쟁의행위 결과 사용자의 정상적인 업무수행이 저해되었다 하더라도, 그것만으로 노동조합의 쟁의행위가 정당성을 결하는 것은 아니라 할 것이다. ⇒ **[다소 무리한 임금인상의 요구와 이를 관철키 위한 쟁의행위의 정당성 여부]**

2) ⑴ 우리 헌법과 노동관계법은 근로자의 쟁의권에 관하여는 이를 적극적으로 보장하는 명문의 규정을 두고 있는 반면 사용자의 쟁의권에 관하여는 이에 관한 명문의 규정을 두고 있지 않은바, 이것은 일반 시민법에 의하여 압력행사 수단을 크게 제약받고 있어 사용자에 대한 관계에서 현저히 불리할 수밖에 없는 입장에 있는 근로자를 그러한 제약으로부터 해방시켜 노사대등을 촉진하고 확보하기 위함이므로, ⇒ **[근로자의 쟁의권만을 적극 보장한 취지(노사대등 촉진·확보)]**

⑵ 일반적으로는 힘에서 우위에 있는 사용자에게 쟁의권을 인정할 필요는 없다 할 것이나, 개개의 구체적인 노동쟁의의 장에서 근로자측의 쟁의행위로 노사간에 힘의 균형이 깨지고 오히려 사용자측이 현저히 불리한 압력을 받는 경우에는, 사용자측에게 그 압력을 저지하고 힘의 균형을 회복하기 위한 대항·방위 수단으로 쟁의권을 인정하는 것이 형평의 원칙에 맞는다 할 것이고, 우리 법도 바로 이 같은 경우를 상정하여 사용자의 직장폐쇄를 노동조합의 동맹파업이나 태업 등과 나란히 쟁의행위의 한 유형으로서 규정하고 있는 것으로 보인다. ⇒ **[노조법상 사용자의 직장폐쇄를 쟁의행위의 한 유형으로 인정한 취지: 형평원칙(힘의 균형 회복 위한 대항·방위의 수단)]**

3) 다만, 구체적인 노동쟁의의 장에서 단행된 사용자의 직장폐쇄가 정당한 쟁의행위로 평가받기 위하여는, 노사간의 교섭태도, 경과, 근로자측 쟁의행위의 태

양, 그로 인하여 사용자측이 받는 타격의 정도 등에 관한 <u>구체적 사정에 비추어</u> <u>형평의 견지에서 근로자측의 쟁의행위에 대한 대항·방위 수단으로서 상당성이</u> <u>인정되는 경우에 한한다</u> 할 것이고, 그 직장폐쇄가 <u>정당한 쟁의행위로 평가받을</u> <u>때</u> 비로소 사용자는 직장폐쇄 기간 동안의 대상 근로자에 대한 임금지불의무를 면한다 할 것이다. ⇒ **[정당한 직장폐쇄의 요건(대항·방위수단으로서의 상당성)과 효과(임 금지불의무의 면책)]**

▌결론 및 이유 : 피고는 원고들에 대한 직장폐쇄 기간 동안의 임금지급 의무를 면할 수 없다.

- 준법투쟁의 목적, 절차, 형태 등과 이로 인한 피고의 수입감소 등에 비추어 <u>노 조의 준법투쟁은 태업과 유사한 쟁의행위</u>라 할 것인데, 이와 같은 쟁의행위의 주체, 목적, 시기, 절차, 수단과 방법 등을 종합적으로 고려하여 볼 때 <u>피고의 정 상적인 업무수행 및 재정상황에 차질이 생긴 것만으로 위 쟁의행위의 정당성이 부인될 수는 없고</u>, 한편 당시 피고 회사와 같은 수준의 임금을 지급받고 있던 다 른 12개 회사 중 피고 회사 노조의 요구와 같이 임금을 10% 인상하기로 합의한 회사도 있었으므로 <u>노조의 임금인상 요구가 피고가 전혀 수용할 수 없을 정도로 터무니없는 것은 아님.</u>

- <u>노조의 준법투쟁이 차량의 운행에 관한 제반 법규나 단체협약상의 근로시간을 준수하는 정도를 넘어서서 사납금을 일정 수준으로 정하거나 빈차로 운행하게 하는 등 불법적이고 파행적인 운행의 정도에까지 이르지는 않음.</u>

- 노조가 준법투쟁을 한 기간이 3일에 불과하여 이와 같은 <u>단기간의 준법투쟁으 로 인한 피고의 수입금 감소가 경영에 심각한 타격을 끼칠 정도에 이르렀다고는 단정할 수 없음.</u>

- 피고가 좀 더 시간을 가지고 대화를 통하여 노조와 임금협상을 시도하지 아니 한 채 <u>준법투쟁 3일 만에 전격적으로 단행한 직장폐쇄</u>는 근로자측의 쟁의행위에 의해 노사간에 힘의 균형이 깨지고 오히려 사용자측에게 현저히 불리한 압력이 가해지는 상황에서 회사를 보호하기 위하여 <u>수동적, 방어적인 수단으로서 부득 이하게 개시된 것이라고 보기 어려우므로</u>, 결국 피고의 직장폐쇄는 <u>정당성을 결 여하였다</u> 할 것.

▌판결의 의의와 한계
1) 대상판결은 직장폐쇄의 정당성 법리를 처음으로 제시한 대법원 판결이라는

점에서 의의가 있다. 이 사건에서 사용자는 노조가 준법투쟁의 쟁의행위를 개시한 지 3일 만에 사납금의 감소를 이유로 하여 조합원들만을 대상으로 직장폐쇄를 행하였고, 이러한 직장폐쇄는 쟁의행위에 대한 대항·방위 수단으로서의 상당성(달리 말하면 직장폐쇄의 긴급성 및 필요성)이 없는 것으로 판단되었다.

2) 이 사건에서 사용자는 준법투쟁에 참가한 조합원들에 대하여 임금을 계속 지급하여야 했던 반면에, 준법투쟁으로 인해 회사의 수입금(사납금)은 절반 정도 감소한 상황이었다. 그러나 직장폐쇄의 개시 시점에서의 이러한 상황은 쟁의행위로 인해 사용자가 현저히 불리한 압력을 받는 상황으로 판단되지 않았다. 만일 이 사건에서 노조의 준법투쟁이 상당한 기간 지속되어 사용자가 수인하기 곤란한 정도로 중대한 손실이 발생하였거나 기타 이에 준하는 장애 혹은 사업의 존속을 위협할 수 있는 사유가 생겼다면, 이에 대응하기 위한 직장폐쇄는 현저히 불리한 압력으로부터 벗어나기 위한 대항·방위 수단으로서 그 정당성이 인정될 수 있을 것이다.

3) 노조법은 직장폐쇄의 요건으로 노동조합이 쟁의행위를 개시한 이후에만 사용자가 직장폐쇄를 할 수 있도록 규정하고 있다. 그런데 노동조합의 쟁의행위가 비록 정당한 것이라도 무기한 지속될 수 있고 그에 따른 사업의 정상적인 운영이 현저히 저해될 위험성이 막연히 예견된다는 이유만으로 쟁의행위의 초기단계에서 직장폐쇄가 가능하다고 본다면, 이는 노사대등을 촉진하기 위해 근로자의 단체행동권을 보장한 헌법의 취지에 반할 것이다. 이러한 점에서 이 사건 직장폐쇄의 정당성을 부인한 대상판결의 판단은 타당하다고 평가할 수 있다.

▋기타 해설

1) 직장폐쇄의 정당성은 그 시기(노조의 쟁의행위 개시 이후: 대항성 요건), 목적(현저히 불리한 압력에서 벗어나 힘의 균형 회복: 방어성 요건), 대상(근로자 내지 사업장의 범위) 등의 측면으로 구분하여 판단할 수도 있다.

2) 직장폐쇄가 노조의 쟁의행위 개시 이전에 이루어지고 노조의 쟁의행위에 대한 방어적인 목적을 벗어나 적극적으로 노조의 조직력을 약화시키기 위한 목적 등을 갖는 경우 이러한 선제적, 공격적 직장폐쇄는 그 정당성이 인정될 수 없다(대법원 2003. 6. 13. 선고 2003두1097 판결 참조).

3) 판례는 정당한 직장폐쇄의 효과로서 사용자의 임금지급의무 면책뿐만 아니라 사업장에 대한 물권적 지배권의 전면적 회복과 그에 따른 근로자의 사업장 점유의 배제(예, 정당한 직장점거에 대응하여 적법한 직장폐쇄가 이루어진 경우 사용자의 퇴거요구를 받

은 이후의 직장점거는 위법하고 퇴거불응죄를 구성)를 인정한다(☞ 제21강 4. 쟁의행위의 수단·방법, 심화학습 1. 참고).

4) 직장폐쇄가 정당한 쟁의행위로 평가받는 경우 사용자의 사업장에 대한 물권적 지배권이 전면적으로 회복되므로 사용자는 직장폐쇄의 효과로서 사업장의 출입을 제한할 수 있다. 그러나 이러한 경우에도 사업장 내의 노조사무실 등 정상적인 노조활동에 필요한 시설, 기숙사 등 기본적인 생활근거지에 대한 출입은 허용되어야 하고, 다만 쟁의 및 직장폐쇄와 그 후의 상황전개에 비추어 노조가 노조사무실 자체를 쟁의장소로 활용하는 등 노조사무실을 쟁의행위와 무관한 정상적인 노조활동의 장소로 활용할 의사나 필요성이 없음이 객관적으로 인정되거나, 노조사무실과 생산시설이 장소적·구조적으로 분리될 수 없는 관계에 있어 일방의 출입 혹은 이용이 타방의 출입 혹은 이용을 직접적으로 수반하게 되는 경우로서 생산시설에 대한 노조의 접근 및 점거 가능성이 합리적으로 예상되고, 사용자가 노조의 생산시설에 대한 접근, 점거 등의 우려에서 노조사무실 대체장소를 제공하고 그것이 원래 장소에서의 정상적인 노조활동과 견주어 합리적 대안으로 인정된다면, 합리적인 범위 내에서 노조사무실의 출입을 제한할 수 있다는 것이 판례의 입장이다(대법원 2010. 6. 10. 선고 2009도12180 판결).

5) 노동조합의 쟁의행위가 정당하지 않는 경우 사용자가 직장폐쇄로 대응할 수 있는지 여부에 관한 학설상의 논란이 있다(☞ 심화학습 2. 참고).

6) 행정관청 및 노동위원회에 대한 사용자의 직장폐쇄 신고의무(노조법 제46조 제2항)는 직장폐쇄의 정당성 요건이 아니기 때문에 신고를 하지 않았다고 해서 그 정당성이 부정되는 것은 아니다.

◀ Q 풀이 ▶

Q 1. 대상판결에 의하면 직장폐쇄 정당성 여부를 판단할 때 고려하여야 하는 구체적인 제반 사정은 무엇인가?

[A] 1) 대상판결에 의하면 i) 노사간의 교섭태도, ii) 경과, iii) 근로자측 쟁의행위의 태양, iv) 그로 인하여 사용자측이 받는 타격의 정도 등에 관한 구체적 사정에 비추어 형평의 견지에서 근로자측의 쟁의행위에 대한 대항·방위 수단으로서 상당성이 인정되는 경우에 한하여 사용자의 직장폐쇄가 정당한 쟁의행위로 인정된다.

2) 대상판결 이후의 판결례에서는 대상판결과 유사하게 i) 사용자와 근로자의 교

섭태도와 교섭과정, ii) 근로자의 쟁의행위의 목적과 방법, iii) 그로 인하여 사용자가 받는 타격의 정도 등을 구체적 사정으로 언급하고 있다(대법원 2002. 9. 24. 선고 2002도2243 판결; 대법원 2005. 6. 9. 선고 2004도7218 판결; 대법원 2010. 1. 28. 선고 2007다76566 판결 등).

Q 2. 대상판결은 어떤 사실에 근거하여 직장폐쇄가 정당하지 않다고 판단하였는가?

[A] 1) 노사간의 교섭태도와 경과 : i) 당시 같은 수준의 임금을 지급하던 다른 12개 택시회사들 중 피고 회사 노조의 요구처럼 임금 10% 인상을 합의한 회사도 있었기에 이 사건 노조의 임금인상 요구가 피고 회사가 전혀 수용할 수 없을 정도로 터무니없는 것 아님, ii) 피고 회사가 좀 더 시간을 가지고 대화를 통하여 노조와 임금협상을 시도하지 아니한 채 준법투쟁 3일 만에 전격적으로 직장폐쇄를 단행함.

2) 근로자측 쟁의행위의 태양 : 준법투쟁이 차량운행 제반 법규나 협약상 근로시간의 준수 정도를 넘어서서 불법·파행적인 운행(일정 수준의 사납금 정함 내지 빈차운행 등)에까지 이르지 않음.

3) 사용자측이 받는 타격의 정도 : 단기간의 준법투쟁으로 인한 피고 회사의 수입금 감소가 경영에 심각한 타격을 끼칠 정도에 이르렀다고 단정할 수 없음.

◀ 심화학습 ▶

1. 방어적 목적에서 벗어난 공격적 직장폐쇄로의 성격 변질 (대법원 2016. 5. 24. 선고 2012다85335 판결; 대법원 2017. 4. 7. 선고 2013다101425 판결 참고)

▷ 대법원은 노동조합의 쟁의행위에 대한 방어적인 목적을 벗어나 적극적으로 노동조합의 조직력을 약화시키기 위한 목적 등을 갖는 선제적, 공격적 직장폐쇄에 해당하는 경우에는 그 정당성이 인정될 수 없다 할 것이고, 그 직장폐쇄가 정당한 쟁의행위로 평가받지 못하는 경우에는 사용자는 직장폐쇄 기간 동안의 대상 근로자에 대한 임금지불의무를 면할 수 없다는 입장을 일관되게 취하여 왔다(대법원 2000. 5. 26. 선고 98다34331 판결, 대법원 2003. 6. 13. 선고 2003두1097 판결 등).

▷ 참고1 판결(2012다85335 판결)은 비록 직장폐쇄의 개시 자체가 정당하다고 볼 수 있더라도, 어느 시점 이후에 근로자가 쟁의행위를 중단하고 진정으로 업무에 복귀할 의사를 표시하였음에도 사용자가 직장폐쇄를 계속 유지하면서 근로자의

쟁의행위에 대한 방어적인 목적에서 벗어나 적극적으로 노동조합의 조직력을 약화시키기 위한 목적 등을 갖는 공격적 직장폐쇄의 성격으로 변질되었다고 볼 수 있는 경우에는 그 이후의 직장폐쇄는 정당성을 상실한 것으로 보아야 하고, 이에 따라 사용자는 그 기간 동안의 임금지불의무를 면할 수 없다고 판시한 사례이다. 참고1 판결 사건에서 원심은 조합원들의 업무 복귀의사 표명을 진정한 업무 복귀의사로 보기 어려울 뿐만 아니라 사용자로서도 위 업무 복귀의사만으로 쟁의행위가 확정적으로 종료되었다고 신뢰하고 곧바로 직장폐쇄를 해제할 수 없었다고 할 것이어서 2010. 5. 24.까지의 이 사건 직장폐쇄 유지 역시 노동조합(발레오만도 지회)의 쟁의행위에 대항하기 위한 상당한 방어수단으로서 정당한 것으로 인정된다고 판단하였다. 그러나 대법원은 이 사건 직장폐쇄는 2010. 2. 16.부터 2010. 5. 24.까지 98일이나 되는 장기간 동안 지속되었는데, 조합원 상당수가 복귀한 2010. 3.경 이후의 어느 시점부터는 이 사건 직장폐쇄가 사용자가 노동조합과의 교섭력의 균형을 도모하기 위한 목적, 즉 노동조합의 쟁의행위에 대한 방어적인 목적을 벗어나 적극적으로 노동조합의 조직력을 약화시키기 위한 목적 등을 갖는 선제적, 공격적 직장폐쇄에 해당하여 정당성을 상실한 것으로 볼 여지가 크다는 이유로 원심판결을 파기환송하였다.

▷ 한편, 참고2 판결(2013다101425 판결)은 근로자들이 쟁의행위를 중단하고 업무에 복귀할 의사를 표시한 경우에 그 진정성을 확인할 수 있는 의사표시의 방법에 관하여 판시하고 있다. 그에 따르면, 노동조합이 쟁의행위를 하기 위해서는 투표를 거쳐 조합원 과반수의 찬성을 얻어야 하고(노조법 제41조 제1항) 사용자의 직장폐쇄는 노동조합의 쟁의행위에 대한 방어수단으로 인정되는 것이므로, 근로자가 업무에 복귀하겠다는 의사 역시 일부 근로자들이 개별적·부분적으로 밝히는 것만으로는 부족하고, 그 복귀 의사는 반드시 조합원들의 찬반투표를 거쳐 결정되어야 하는 것은 아니지만 사용자가 경영의 예측가능성과 안정을 이룰 수 있는 정도로 집단적·객관적으로 표시되어야 한다. 참고2 판결은 사용자가 노동조합(상신브레이크 지회)의 쟁의행위가 불법파업에 해당한다는 이유로 조합원 전원에 대하여 직장폐쇄를 실시하자 노동조합이 직장폐쇄가 이루어진 다음 날부터 사용자에게 여러 차례 근로복귀 의사를 표명하는 서면을 보내고, 원고들을 포함한 조합원 일부의 근로제공 확약서를 발송하였으며, 그 후 지방노동위원회에 쟁의행위 철회신고를 제출하여 지방고용노동청이 사용자에게 '직장폐쇄의 지속 여부에 대한 재검토 및 성실한 교섭을 촉구'하는 서면을 발송하였고, 사용자가 같은 날 그 서면을 확인하였는데, 그로부터 22일 후 직장폐쇄가 종료되자 원고들

이 사용자를 상대로 직장폐쇄 기간 동안 미지급 임금의 지급을 구한 사안에서 사용자가 지방고용노동청이 발송한 서면을 받은 날부터 22일간 직장폐쇄를 계속 유지한 것은 위법한 직장폐쇄에 해당한다는 이유로 그 기간 동안 사용자의 원고들에 대한 임금지불의무를 인정한 원심판단을 수긍한 사례이다.

※(참고1) 대법원 2016. 5. 24. 선고 2012다85335 판결 【임금】
- "… (중략) … 가. 원심은 제1심판결을 인용하여, 비록 발레오만도 지회가 직장폐쇄 기간 중 피고에게 직장폐쇄의 철회를 요청하면서 조합원들의 업무 복귀의사를 표명한 사실이 있다고 하더라도, 발레오만도 지회가 2010. 2. 19.부터 피고 공장 정문 등에서 집회·시위를 하면서 피고의 업무를 방해하고 회사 진입을 시도하면서 범법행위를 지속한 사실, 발레오만도 지회는 2010. 3. 25.부터 2010. 4. 27.까지 사이에 사업장 부근이나 경주시 일원에서 피고의 신용, 업무에 관하여 허위사실이 기재된 유인물을 배포하고 피케팅 시위를 벌인 사실, 피고가 직장폐쇄 철회일 이전에도 업무 복귀를 희망하는 발레오만도 지회 조합원들에 대하여 업무복귀를 허용한 사실, 피고는 발레오만도 지회의 수회에 걸친 직장폐쇄 철회 요구에 대하여, 경비업무 외주화에 대한 반대입장의 철회가 없는 업무복귀 의사는 진정으로 쟁의행위를 종료하고 조업을 정상화하려는 것으로 보기 어렵다는 이유로 거절하다가 법원의 직장폐쇄효력정지가처분결정이 발령되자 2010. 5. 25. 이 사건 직장폐쇄를 철회한 사실 등에서 나타나는 노사 간의 교섭태도, 경과, 근로자 측의 쟁의행위의 태양, 그로 인하여 사용자 측이 받는 타격의 정도 등에 비추어 보면, 조합원들의 업무 복귀의사 표명을 진정한 업무 복귀의사로 보기 어려울 뿐만 아니라 피고로서도 위 업무 복귀의사만으로 쟁의행위가 확정적으로 종료되었다고 신뢰하고 곧바로 직장폐쇄를 해제할 수 없었다고 할 것이어서 2010. 5. 24.까지의 이 사건 직장폐쇄 유지 역시 발레오만도 지회의 쟁의행위에 대항하기 위한 상당한 방어수단으로서 정당한 것으로 인정된다고 판단하였다.
나. 그러나 원심의 위와 같은 판단은 아래와 같은 이유에서 수긍하기 어렵다.
먼저 원심판결 이유와 제1심 및 원심이 적법하게 채택한 증거들에 의하면, ① 발레오만도 지회는 이 사건 직장폐쇄 개시 이후 2010. 2. 22. 피고에게 2010. 2. 23.까지 전체 조합원이 업무에 복귀하겠다는 의사를 표시하면서 2010. 2. 24.에 단체교섭을 하자고 요청한 사실, ② 피고가 2010. 3. 2. 발레오만도 지회에게 대화의 진정성 등에 의문을 제기하면서 대표이사 비방 등에 대한 사과를 요구하자, 발레오만도 지회는 2010. 3. 8. 피고가 요구하는 모든 문제에 대해 유감을 표현하고 피고를 비방한 부분에 대해서도 사과한 사실, ③ 발레오만도 지회는 2010. 3. 9. 노사 간 대화 시 피고의 요청을 그대로 수용하여 금속노조 경주지부 위원들을 배제한 채 지회 위원들만 참석하겠다고 통지한 사실, ④ 피고는 직장폐쇄 이후 조합원들이 노동조합 사무실이나 공장 내부를 출입하는 것을 원천봉쇄하였고, 이에 발레오만도 지회는 2010. 3. 16. 노조사무실을 점거하거나 흉기를 휴대하고 출입할 의사가 없음을 밝히고 향후 피고 주장대로 문제가 발생하면 모든 책임을 지회가 지겠다는 입장을 표시하면서 노동조합 및 복지시설 출입을 허용해달라고 요청한 사실, ⑤ 발레오만도 지회는 2010. 4. 22. 피고가 직장폐쇄를 철회하고 정상조업을 재개한다면 지회에서는 집행부 사퇴를 포함하여 모든 것을 열어놓고 임할 용의가 있음을 표명한 사실 등을 알 수 있다. 사실관계가 위와 같다면, <u>발레오만도 지회는 여러 차례에 걸쳐 명시적·묵시적으로 쟁의행위를 중단하고 업무에 복귀할 것과 피고가 우려하는 폭력적 행위나 생산활동에 대한 방해행위 등을 하지 않고 피고의 요구사항을 조건 없이 수용할 것을 약속하면서 직장폐쇄의 철회 및 대화에 의하여 문제를 해결할 것을 요청해온 것으로 볼 수 있다.</u>

한편 기록에 의하면 발레오만도 지회 조합원들은 2010. 3. 2.경부터 3. 6.경까지 피고의 공장 앞에서 직장폐쇄에 대한 항의 시위를 개최하면서 폭행, 업무방해 등 위법행위를 한 사실이 있고, 2010. 3. 5.경부터 3. 9.경까지 전국금속노조 경주지부 산하 여러 사업장 조합원들이 연대하여 파업과 집회 등을 시도하였으나, 그 후로는 발레오만도 지회 조합원들이 불법 시위를 개최하는 등 적극적인 투쟁방법을 지속하였다는 자료는 찾을 수 없으며, 발레오만도 지회 측이 2010. 3. 25.경부터 경주 시민들에게 피고를 비방하는 내용의 유인물을 배포한 사실이 있으나, 원고들은 2010. 4. 6.경부터는 이와 같은 유인물 배포 등 피고에 대한 비방 활동을 전혀 하지 않았다고 주장하고 있다. 그렇다면 <u>이 사건 직장폐쇄가 철회된 2010. 5. 25. 이전에 이미 발레오만도 지회의 위법행위 또는 적대적 행위가 뚜렷하게 잦아들어 쟁의행위 상태가 사실상 종료되었다고 볼 여지도 없지 아니하다.</u>

나아가 기록에 의하면 피고는 이 사건 직장폐쇄조치를 계속 유지하면서도 개별적인 접촉을 통하여 2010. 3.경까지 약 100여 명, 2010. 4.경까지 약 300여 명의 조합원들을 선별적으로 업무에 복귀시킨 사실, 소외인 등 일부 조합원들이 주도하여 2010. 5. 19. 및 2010. 6. 7. 두 차례에 걸쳐 발레오만도 지회의 노동조합 조직형태 변경을 위한 총회를 개최한 사실, 피고는 노무법인 창조컨설팅과 노사관계에 관한 자문을 제공받고 보수를 지급하기로 하는 계약을 체결하고 2010. 3.경부터 위 노무법인으로부터 여러 차례 '쟁의행위 전략문건'이라는 문서를 제공받았는데, 그 주요 내용은 피고가 직장폐쇄를 유지하면서 협력적인 노사관계의 구축을 위하여 발레오만도 지회의 조합원 수가 감소하도록 조합원들의 탈퇴를 유도하고 발레오만도 지회의 조직형태를 기업별 노동조합으로 변경하는 방안을 추진하는 것으로서 그 구체적인 절차까지 포함되어 있었던 사실 등을 알 수 있는데, 그렇다면 <u>피고가 의도적으로 발레오만도 지회의 조직력, 투쟁력을 약화시키는 것을 목표로 삼고 위와 같은 조합원들의 선별적 업무복귀 및 조직형태 변경을 위한 총회 개최를 계획적으로 추진하거나 개입하였을 개연성도 적지 않다고 볼 수 있다.</u>

앞서 본 법리에 비추어 위와 같은 사실관계와 정황들을 살펴보면, <u>이 사건 직장폐쇄는 2010. 2. 16.부터 2010. 5. 24.까지 98일이나 되는 장기간 동안 지속되었는데, 조합원 상당수가 복귀한 2010. 3.경 이후의 어느 시점부터는 이 사건 직장폐쇄가 피고가 발레오만도 지회와의 교섭력의 균형을 도모하기 위한 목적, 즉 발레</u>

오만도 지회의 쟁의행위에 대한 방어적인 목적을 벗어나 적극적으로 발레오만도 지회의 조직력을 약화시키기 위한 목적 등을 갖는 선제적, 공격적 직장폐쇄에 해당하여 정당성을 상실한 것으로 볼 여지가 크다고 할 것이다.

다. 그렇다면 원심으로서는 발레오만도 지회가 피고 측에 진정한 업무복귀 의사를 표명한 것으로 볼 수 있는 시기 또는 위법행위나 피고에 대한 적대적 행위 등을 종료한 시기와 발레오만도 지회의 투쟁력이 급격하게 약화된 것으로 볼 수 있는 시기 등이 언제인지, 피고가 선별적으로 조합원들의 업무복귀를 추진한 경위와 목적 및 구체적 방법이 무엇인지, 발레오만도 지회가 조직형태를 변경하는 결의를 추진한 실질적인 목적과 배경 및 피고가 이에 관여하였는지 여부, 그 밖에 발레오만도 지회와 피고의 관계의 변화를 추정할 수 있는 제반 사정 등에 대하여 보다 구체적으로 심리하여, 피고가 이 사건 직장폐쇄조치를 2010. 3.경 이후에도 유지한 것이 발레오만도 지회의 쟁의행위에 대한 방어적인 목적을 벗어나 적극적으로 발레오만도 지회의 조직력을 약화시키기 위한 목적 등을 갖는 선제적, 공격적 직장폐쇄에 해당하는지를 판단함으로써 그 시기 이후에 해당하는 임금에 대해서는 피고의 지불의무를 인정하였어야 할 것이다.

그럼에도 원심은 이에 이르지 아니한 채 단지 그 판시와 같은 사정만으로 전체 직장폐쇄기간 동안의 정당성을 인정하였으니, 원심의 이와 같은 판단에는 직장폐쇄의 정당성에 관한 법리를 오해하여 필요한 심리를 제대로 하지 아니함으로써 판결에 영향을 미친 위법이 있고, 이를 지적하는 상고이유 주장은 이유 있다."

※(참고2) 대법원 2017. 4. 7. 선고 2013다101425 판결 【임금】

- "… (중략) … 나. 원심판결 이유에 의하면, 원심은 그 판시와 같은 사실을 인정한 다음, 판시와 같은 사정을 들어 민주노총 전국금속노동조합 대구지부 상신브레이크 지회(이하 '상신지회'라고 한다)의 이 사건 쟁의행위는 노동쟁의의 대상이 될 수 없는 특별단체협약 요구안, 현안문제 관련 특별요구안을 관철하기 위하여 2010. 6. 25.부터 2010. 8. 20.까지 약 2개월에 걸쳐 부분파업, 잔업 및 특근 거부, 전면파업 등의 형태로 진행된 것으로 정당성을 갖추지 못하였고, 나아가 이 사건 쟁의행위의 목적, 기간, 방법 등에 비추어 그로 인해 피고의 제품 생산에 상당한 차질이 초래되었을 것으로 보이므로, 피고가 상신지회의 이 사건 쟁의행위가 불법파업에 해당한다는 이유로 2010. 8. 23. 07:00경부터 상신지회 노조원 전원에 대하여 실시한 이 사건 직장폐쇄는 이 사건 쟁의행위에 대한 방어수단으로서 상당성이 있다고 판단하였다.

앞에서 본 법리와 기록에 비추어 살펴보면, 원심의 위와 같은 판단은 정당한 것으로 수긍이 되고, 거기에 상고이유 주장과 같이 채증법칙을 위반하거나 직장폐쇄 개시의 정당성에 관한 법리를 오해하는 등의 잘못이 없다.

다. 원심판결 이유에 의하면, 원심은 ① 상신지회가 이 사건 직장폐쇄가 이루어진 다음 날부터 피고에게 여러 차례 근로복귀 의사를 표명하는 서면을 보내고 2010. 9. 6. 원고들을 포함한 조합원 241명의 근로제공 확약서를 발송하였으며, 2010.

9. 15. 경북지방노동위원회에 쟁의행위 철회신고를 제출한 점, ② 이에 대구지방
고용노동청은 상신지회와의 면담 등을 거쳐 2010. 9. 28. 피고에게 '원고들을 포
함한 조합원 241명의 근로복귀 의사에 진정성이 없다고 단정하기 곤란하다'는 판
단과 함께 '직장폐쇄의 지속 여부에 대한 재검토 및 성실한 교섭을 촉구'하는 서면
을 발송하였으며, 피고가 같은 날 위 서면을 확인한 것으로 보이는 점, ③ 상신지
회의 약 2개월에 걸친 이 사건 파업으로 인해 제품 생산에 상당한 차질이 초래되
는 등 타격을 입은 피고로서도 쟁의행위 철회신고서가 제출되지 않은 상태에서 상
신지회가 보내온 조합원 241명의 근로제공 확약서만으로 곧바로 이들의 근로복귀
의사의 진정성을 확인하였다고 보기는 어려운 점 등의 사정을 들어, <u>적어도 피고
가 대구지방고용노동청으로부터 '직장폐쇄의 지속 여부에 대한 재검토 및 성실한
교섭을 촉구'하는 서면을 받은 2010. 9. 28.경에는 상신지회가 쟁의행위 철회신고
서를 제출한 사실 및 원고들을 포함한 조합원들의 근로복귀 의사의 진정성을 확인
하였다고 봄이 타당하다고 보아, 피고가 2010. 9. 28.부터 2010. 10. 19.까지 22
일간 이 사건 직장폐쇄를 계속 유지한 것은 쟁의행위에 대한 방어수단으로서 상당
성이 있다고 할 수 없어 위법한 직장폐쇄라고 판단하고, 그 기간 동안 피고의 원
고들에 대한 임금지불의무를 인정하였다.</u>
앞에서 본 법리와 기록에 비추어 살펴보면, <u>원심의 위와 같은 판단은 정당한 것으
로 수긍이 된다.</u> 거기에 원고들과 피고의 상고이유 주장과 같이 채증법칙을 위반
하거나 직장폐쇄 유지의 정당성에 관한 법리를 오해하는 등의 잘못이 없다."

2. 위법한 파업에 대항하기 위한 수단으로서의 직장폐쇄의 허용 여부

▷ 부정설 : 위법한 파업은 넓은 의미의 단체교섭의 일환으로 파악될 수 없으며 또
한 단체협약의 체결에 이를 수 없는 것이므로 이른바 이익분쟁으로서 조정의 대
상이 될 수 없기 때문에 이에 대해서는 사법적 구제수단(예, 가처분신청, 징계처분,
해고 등)으로 대응하는 것이 원칙이고, 다만, 사법적 구제방법으로 불법파업을 종
료시킬 수 없는 경우에만 직장폐쇄를 행할 수 있다(그러나 사법적 구제조치가 가능한
위법한 부분파업에 대해 전면적 직장폐쇄를 하는 것은 정당치 않으며 근로희망자에 대한 임
금지급의무를 면할 수 없다)는 견해.[1]

▷ 긍정설 : 위법한 쟁의행위에 대항하는 직장폐쇄가 허용되지 않는다면 정당한
쟁의행위는 직장폐쇄로부터 위협당하고 위법한 쟁의행위는 직장폐쇄로부터 보
호받는다는 모순이 초래되며, 또 위법한 행위로 법익이 침해되는 급박한 경우에
는 정당방위의 자력구제로 대항할 수 있다는 법질서의 기본원리에도 어긋나기
때문에 근로자가 명백히 위법한 파업이나 태업을 하고 사용자가 이 때문에 현저

---

1) 김형배, 앞의 책, 1078-1079면 참조.

히 불리한 압력이나 손해를 입는 경우에 이에 대항하는 직장폐쇄는 방어적인 것으로 보아야 한다는 견해.[2]

▷ 결 론 : 쟁의행위의 정당성 여부를 불문하고 사용자가 쟁의행위로 인해 현저히 불리한 압력을 받는 상황 또는 기업의 보호나 존속을 위해 직장폐쇄가 긴절히 필요한 상황인 경우에는 직장폐쇄가 가능하다고 보아야 할 것이다. 이 경우 사법적 구제 수단을 통한 대응 가능 여부는 별개의 문제로 보아야 한다.

3. 대체근로금지

◀ 판례분석 ▶

■**제 목** : 쟁의행위 이전 근로자의 신규채용과 대체근로금지 위반 여부(Y) [동양특송사건]

■**대상판결** : 대법원 2000. 11. 28. 선고 99도317 판결【근로기준법위반·노동쟁의조정법위반】

【피고인】 피고인

【상고인】 피고인

【원심판결】 서울지법 1998. 12. 24. 선고 98노2324 판결

【주 문】 원심판결 중 유죄 부분을 파기하고, 그 부분 사건을 서울지방법원 본원 합의부에 환송한다.

■**사건의 개요** : 택시회사의 설립자이자 대표이사인 피고인은 회사의 노조가 쟁의행위에 돌입하기 직전 약 15일 기간 동안에 10명의 운전기사를 채용하여 쟁의행위로 중단된 업무에 대체근로를 시켰다는 이유로 노조법 위반으로 공소제기되었다.

---

2) 임종률, 앞의 책, 272면.

▌관련 법 규정(현행법 기준)

- 노조법 제43조(사용자의 채용제한) ① 사용자는 쟁의행위 기간중 그 쟁의행위로 중단된 업무의 수행을 위하여 당해 사업과 관계없는 자를 채용 또는 대체할 수 없다. ② 사용자는 쟁의행위기간중 그 쟁의행위로 중단된 업무를 도급 또는 하도급 줄 수 없다.

③ 제1항 및 제2항의 규정은 필수공익사업의 사용자가 쟁의행위 기간중에 한하여 당해 사업과 관계없는 자를 채용 또는 대체하거나 그 업무를 도급 또는 하도급 주는 경우에는 적용하지 아니한다.

④ 제3항의 경우 사용자는 당해 사업 또는 사업장 파업참가자의 100분의 50을 초과하지 않는 범위 안에서 채용 또는 대체하거나 도급 또는 하도급 줄 수 있다. 이 경우 파업참가자 수의 산정 방법 등은 대통령령으로 정한다.

- 노조법 제91조(벌칙) 제38조 제2항, … (중략) … <u>제43조 제1항·제2항·제4항</u>, … (중략) … 의 규정을 위반한 자는 1년 이하의 징역 또는 1천만원 이하의 벌금에 처한다.

▌판결의 성격 : 원심은 운전기사 채용 시점이 쟁의행위 이전이라도 쟁의기간중 채용제한에 관한 노조법 소정의 규정을 위반한 것이라고 판단하였고, 대법원은 원심의 판단이 정당하다고 보아서 이 부분에 관한 피고인의 상고이유를 받아들이지 않았다.

▌쟁 점

- 사용자가 쟁의행위 개시 직전에 신규채용한 근로자들을 쟁의행위기간중에 쟁의행위로 중단된 업무를 수행케 한 경우 대체근로를 금지하는 노조법 위반인지 여부

▌중요 사실관계

- 노조는 1994. 3. 28. 노동쟁의가 발생하였음을 회사, 서울 강남구청, 서울지방노동위원회에 신고하고, 같은 해 4. 15.부터 쟁의행위에 돌입 ⇒ **대체근로가 금지되는 시점과 관련**

- 피고인은 1994. 3. 30.경부터 1994. 4. 14.경까지 사이에 총 10명의 운전기사를 채용하여 4. 15.경부터 같은 해 6.경까지 사이에 쟁의행위로 중단된 업무에 대체근로를 시킴 ⇒ **쟁의행위 개시 이전에 채용하였음에도 대체근로금지 위반에 해당하는지 여부와 관련**

▌기본법리(판지)

1) 구 노동쟁의조정법 제15조(현행 노조법 제43조 제1항)는 노동조합의 <u>쟁의행위권을</u> <u>보장하기 위한 규정</u>으로서 사용자가 노동조합의 쟁의행위기간중 당해 사업 내의 비노동조합원이나 쟁의행위에 참가하지 아니한 노동조합원 등 기존의 근로자를 제외한 자를 새로 채용 또는 대체할 수 없다는 것으로 풀이되는바, ⇒ [대체근로금 지의 취지와 범위]

2) 사용자가 노동조합이 <u>쟁의행위에 들어가기 전에 근로자를 새로 채용하였다</u> <u>하더라도 쟁의행위기간중 쟁의행위에 참가한 근로자들의 업무를 수행케 하기 위</u> <u>하여 그 채용이 이루어졌고 그 채용한 근로자들로 하여금 쟁의행위기간중 쟁의행위</u> 에 참가한 근로자들의 업무를 수행케 하였다면 위 조항 위반죄를 구성하게 된다. ⇒ [대체근로를 목적으로 한 쟁의행위 개시 이전의 근로자 채용과 쟁의기간중의 대체근로 실 행은 노조법 위반]

▌결론 및 이유 : 대체근로금지와 관련한 원심의 판단은 정당하다.

- 새로이 창출된 업무의 필요에 따라 고용한 것이 아니고 쟁의행위에 가담한 기 존의 근로자를 대체하기 위하여 고용하였다면 운전기사를 채용한 시점이 쟁의발 생신고 후 쟁의행위신고 이전이라 하더라도 쟁의기간중 채용제한에 관한 구 노 동쟁의조정법 제15조(현행 노조법 제43조 제1항)를 위반한 것.

▌판결의 의의와 한계

1) 대상판결은 쟁의행위기간중 대체근로금지 위반죄에 관하여 판시한 최초의 대 법원 판결로서 대체근로금지의 취지와 범위를 명확히 하였고, 쟁의행위기간 이 전에 대체근로를 목적으로 한 신규채용 및 쟁의행위기간중의 그 활용에 대하여 노조법 위반을 인정한 점에서 그 의의가 있다.

2) 대상판결은 대체근로금지 조항의 입법취지가 쟁의권의 보장이라고 밝히고 있 다. 사용자가 파업에 대비하여 미리 조건부로 혹은 임시직으로 근로자를 신규채 용하는 경우에 근로계약을 체결한 시점이 쟁의행위기간 이전이라고 하여 처벌할 수 없다고 한다면 위 조항의 취지에 반하게 될 것이다.[3] 대상판결은 이러한 점 을 충분히 고려하여 피고인의 행위에 대해 위 조항 위반죄를 인정한 타당한 판

---

3) 박재필, "근로자의 연차유급휴가에 관한 구 근로기준법 제48조 제1항 위반죄의 성립요건 및 구 노동쟁의조정법 제15조의 규정 의미와 그 위반죄의 성립 여부", 「대법원판례해설」 통권 제35호, 법원도 서관, 2000, 1068면 참조.

결로 평가할 수 있다.

3) 대상판결의 판지를 역으로 해석하면, 비록 사용자가 대체근로의 의도로서 쟁의행위기간 전에 근로자를 신규로 채용하였다고 하더라도 신규채용한 근로자로 하여금 쟁의행위기간중 쟁의행위에 참가한 근로자들의 업무를 수행케 하지 않았다면 쟁의권의 침해가 없기 때문에 대체근로금지 조항 위반죄로 처벌할 수 없게 될 것이다.[4]

▮기타 해설

1) 쟁의행위기간중이라도 사용자는 사업의 운영을 계속할 자유(이른바 조업계속의 자유)를 갖기 때문에 쟁의행위와 무관한 당해 사업의 근로자(비조합원 또는 파업불참 조합원)를 사용하여 쟁의행위로 중단된 업무를 수행하게 할 수 있다. 또한 대체근로금지는 쟁의행위로 중단된 업무를 수행하기 위한 것에 국한되기 때문에 그 외의 목적으로 근로자를 신규채용하거나 도급 또는 하도급을 주는 행위는 허용된다(☞ 심화학습 1. 참고).

2) '파견근로자보호 등에 관한 법률'에 의하면 파견사업주는 쟁의행위중인 사업장에 그 쟁의행위로 중단된 업무의 수행을 위하여 근로자를 파견하여서는 아니 되고(제16조 제1항), 이를 위반한 자에 대해서는 벌칙이 적용된다(제44조 제3호).

3) 필수공익사업의 경우에는 대체근로금지에 관한 노조법 제43조 제1항과 제2항이 적용되지 않으며, 동조 제4항에서 대체근로의 허용범위(당해 사업 또는 사업장 파업참가자의 100분의 50을 초과하지 않는 범위 안에서 채용·대체 내지 도급·하도급)를 구체적으로 규정하고 있다.

◀ Q 풀이 ▶

Q 1. 대상판결 등 판례에 의하면 대체근로금지 위반 여부의 판단에서 중요한 기준은?

[A] 1) 쟁의행위를 전후로 한 사용자의 신규채용이나 도급 또는 하도급의 행위가 쟁의행위와 무관한 정당한 인사·경영권의 행사로서 보호되어야 하는지 아니면 근로자의 쟁의권을 침해하는 인사·경영권의 남용으로서 금지되어야 하는지

---

4) 위의 글, 같은 면.

가 판단의 핵심이라고 할 수 있다.

2) 대상판결은 신규채용의 목적이 대체근로에 있고 실제로 대체근로가 이루어졌다면 노조법 위반으로 보아야 한다는 점을 제시한 사례이고, 다른 판결례에서는 신규채용의 목적이 대체근로인지 여부를 판단함에 있어서 고려하여야 할 구체적이고 객관적인 제반의 사정이 제시되고 있다(☞ 심화학습 1. 참고).

Q 2. 쟁의행위가 정당하지 않는 경우에도 대체근로가 금지되는가?

[A] 1) 대체근로금지의 취지가 쟁의권을 보장하기 위한 것이고 그 결과로서 사용자의 조업계속의 자유가 일정 정도 제한되는 것이라는 점을 감안하면, 정당성이 없는 쟁의행위까지 대체근로제한을 통해 보호받기는 어려울 것이다. 따라서 정당하지 않은 쟁의행위로 인해 중단된 업무의 수행을 위한 대체근로는 허용된다고 보아야 한다.[5]

2) 그렇지만 명백히 위법한 쟁의행위가 아닌 한 쟁의행위의 정당성 여부에 관한 해석 내지 판단이 현실적으로 쉽지 않고 사용자가 위법한 쟁의행위를 이유로 들어 대체근로를 남용하게 되면 쟁의권 보장의 취지가 퇴색될 수 있음에 주의할 필요가 있다.

◀ 심화학습 ▶

1. 결원충원을 위한 신규채용이 대체근로금지 규정 위반인지 여부를 판단할 때 고려하여야 할 제 요소 (대법원 2008. 11. 13. 선고 2008도4831 판결 참고)

▷ 대체근로금지의 조항은 쟁의권의 침해를 목적으로 하지 않은 사용자의 정당한 인사권의 행사를 제한하는 것은 아니기 때문에 쟁의행위와 무관한 신규채용(예, 결원충원) 등은 쟁의행위기간중이라도 가능하고, 이 경우 위와 같은 신규채용 등이 위 조항 위반인지 여부는 종래의 인력충원 과정·절차 및 시기, 인력부족 규모, 결원 발생시기 및 그 이후 조치내용, 쟁의행위기간중 채용의 필요성, 신규채용 인력의 투입시기 등을 종합적으로 고려하여 판단한다.

▷ 참고판결(2008도4831 판결)은 대체근로금지 조항의 해석과 관련하여 신규채용의 목적이 대체근로를 위한 것인지 아니면 쟁의권 침해와는 무관한 정당한 인사권의 행사인지를 판단하는 구체적인 기준을 제시한 점에서 의의가 있다.

---

5) 임종률, 앞의 책, 220-221면 ; 사법연수원, 「노동조합 및 노동관계조정법」, 2010, 252면 참조.

※ 대법원 2008. 11. 13. 선고 2008도4831 판결 【노동조합및노동관계조정법위반】

- "노동조합 및 노동관계조정법 제43조 제1항에 의하면, 사용자는 쟁의행위 기간 중 그 쟁의행위로 중단된 업무의 수행을 위하여 당해 사업과 관계없는 자를 채용 또는 대체할 수 없고, 여기서 당해 사업과 관계없는 자란 당해 사업의 근로자 또는 사용자를 제외한 모든 자를 가리키는바, 이 규정은 노동조합의 쟁의행위권을 보장하기 위한 것으로서 쟁의행위권의 침해를 목적으로 하지 않는 사용자의 정당한 인사권 행사까지 제한하는 것은 아니어서 자연감소에 따른 인원충원 등 쟁의행위와 무관하게 이루어지는 신규채용은 쟁의행위 기간중이라고 하더라도 가능하다고 할 것이나, 결원충원을 위한 신규채용 등이 위 조항 위반인지 여부는 표면상의 이유만을 가지고 판단할 것이 아니라 종래의 인력충원 과정·절차 및 시기, 인력부족 규모, 결원 발생시기 및 그 이후 조치내용, 쟁의행위기간중 채용의 필요성, 신규채용 인력의 투입시기 등을 종합적으로 고려하여 판단하여야 한다. 이러한 법리에 의할 때, 사용자가 쟁의기간중 쟁의행위로 중단된 업무의 수행을 위해 당해 사업과 관계있는 자인 비노동조합원이나 쟁의행위에 참가하지 아니한 노동조합원 등 당해 사업의 근로자로 대체하였는데 그 대체한 근로자마저 사직함에 따라 사용자가 신규채용하게 되었다면, 이는 사용자의 정당한 인사권 행사에 속하는 자연감소에 따른 인원충원에 불과하다고 보아야 하므로 특별한 사정이 없는 한 위 조항 위반죄를 구성하지 않는다."

2. 위법한 대체근로를 저지하기 위한 실력 행사의 정당성 (대법원 2020. 9. 3. 선고 2015도1927 판결 참고)

▷ 참고판결(2015도1927 판결)에 따르면, 사용자는 쟁의행위 기간 중 그 쟁의행위로 중단된 업무의 수행을 위하여 당해 사업과 관계없는 자를 채용 또는 대체할 수 없고(노조법 제43조 제1항), 사용자가 당해 사업과 관계없는 자를 쟁의행위로 중단된 업무의 수행을 위하여 채용 또는 대체하는 경우 쟁의행위에 참가한 근로자들이 위법한 대체근로를 저지하기 위하여 상당한 정도의 실력을 행사하는 것은 쟁의행위가 실효를 거둘 수 있도록 하기 위하여 마련된 위 규정의 취지에 비추어 정당행위로서 위법성이 조각되며, 위법한 대체근로를 저지하기 위한 실력 행사가 사회통념에 비추어 용인될 수 있는 행위로서 정당행위에 해당하는지는 그 경위, 목적, 수단과 방법, 그로 인한 결과 등을 종합적으로 고려하여 구체적인 사정 아래서 합목적적·합리적으로 고찰하여 개별적으로 판단하여야 한다.

▷ 참고판결의 원심은 공소외 1 공사의 청소업무 수급업체인 공소외 3 회사가 공소외 1 공사 본사 본관 건물에 이 사건 대체근로자들을 투입한 행위가 위법한 대체근로에 해당한다고 인정한 다음, 아래와 같은 사정을 들어 피고인들이 이

사건 대체근로자들의 작업을 방해한 것은 위법한 대체근로자 투입에 대항하기 위해 상당한 범위 내에서 실력 행사가 이루어진 정당행위에 해당하여 공소외 3 회사에 대한 관계에서뿐만 아니라 이 사건 대체근로자들이나 공소외 1 공사에 대한 관계에서도 마찬가지로 위법성이 조각된다고 보아서 이 부분 공소사실에 대해 무죄를 선고하였고, 대법원은 원심의 판단이 정당하다고 보았다.

i) 피고인들은 수회에 걸쳐 이 사건 대체근로자들이 공소외 3 회사에 고용된 기존 근로자들인지 여부를 확인하기 위한 시도를 하였던 것으로 보이고, 공소외 3 회사 내지 대체근로자 측에서 직원 신분에 대한 아무런 확인 조치도 해주지 아니한 상태에서 이 사건 파업으로 중단된 청소업무 등을 수행하려 하자 이를 제지하기 위해 실력 행사에 나아갔다.

ii) 피고인들은 이 사건 대체근로자들의 앞을 막으면서 청소를 그만두고 밖으로 나가라고 소리치는 등의 방식으로 이 사건 대체근로자들의 청소업무를 방해하였고, 이러한 행위는 폭력, 협박 및 파괴행위에 나아가지 아니한 소극적·방어적 행위로서 사용자 측의 위법한 대체근로를 저지하기 위한 상당한 범위 내에 있다고 인정된다.

iii) 비록 피고인 2를 비롯한 일부 성명을 알 수 없는 공소외 1 공사지회 조합원들이 이 사건 대체근로자들에 의해 수거된 쓰레기를 복도에 투기하여 공소외 1 공사 본관 건물 일부 공간의 미관이 일시적으로 훼손되고 공소외 1 공사 직원들의 통행에 불편을 초래한 것은 사실이나, 이러한 쓰레기 투기행위 역시 이 사건 대체근로자들의 근로제공의 결과를 향유하지 못하게 하기 위한 소극적 저항행위였다는 점에서, 이 행위만을 별도로 상당한 범위를 벗어난 실력 행사로 보기도 어렵다.

제24강 부당노동행위 (1)

1. 부당노동행위 주체

◀ 판례분석 ▶

■**제 목** : 사내 하청업체 근로자와의 관계에서 원청회사의 부당노동행위 주체성(Y) [현대중공업(부노)사건]

■**대상판결** : 대법원 2010. 3. 25. 선고 2007두8881 판결【부당노동행위구제재심 판정취소】
【원고, 상고인】 현대중공업 주식회사
【피고, 피상고인】 중앙노동위원회위원장
【피고보조참가인】 참가인 1외 4인
【원심판결】 서울고법 2007. 4. 11. 선고 2006누13970 판결
【주 문】 상고를 기각한다. 상고비용은 보조참가로 인한 부분을 포함하여 원고가 부담한다.

■**사건의 개요** : 원고 회사의 사내 하청업체들 소속 근로자인 참가인들은 2003. 8. 24. 창립총회를 거쳐 같은 달 30일 조합설립신고증을 교부받은 현대중공업사내 하청 노동조합(이하 '참가인 조합'이라 함)의 간부이고, 참가인 조합이 설립된 직후 부터 참가인들이 소속된 사내 하청업체들이 폐업을 하여서 관할 지방노동위원회 에 부당해고 및 부당노동행위(불이익취급과 지배개입)의 구제신청을 하였다(위 지방 노동위원회는 원고 회사가 참가인들의 사용자가 아니라는 이유로 각하, 그 재심에서 중앙노동 위원회는 지배·개입의 부당노동행위 부분에 대해서만 초심판정을 취소하고 원고 회사에 대한 구제명령을 발함, 원고 회사는 재심판정에 불복하여 그 취소를 구하는 소를 제기).

■ 관련 법 규정(현행법 기준)

- 노조법 제81조(부당노동행위) ① 사용자는 다음 각 호의 어느 하나에 해당하는 행위(이하 "부당노동행위"라 한다)를 할 수 없다.

  4. 근로자가 노동조합을 <u>조직 또는 운영하는 것을 지배하거나 이에 개입하는 행위</u>와 … (이하 생략) …

- 노조법 제84조(구제명령) ① 노동위원회는 제83조의 규정에 의한 심문을 종료하고 <u>부당노동행위가 성립한다고 판정한 때에는 사용자에게 구제명령을 발하여야 하며</u>, 부당노동행위가 성립되지 아니한다고 판정한 때에는 그 구제신청을 기각하는 결정을 하여야 한다.

- 노조법 제2조 제2호 : "사용자"라 함은 사업주, 사업의 경영담당자 또는 그 사업의 근로자에 관한 사항에 대하여 사업주를 위하여 행동하는 자를 말한다.

■ 판결의 성격 : 원심은 원고 회사가 지배·개입의 부당노동행위를 하였다고 판단하였고, 대법원은 원심의 판단이 정당하다고 보아서 원고 회사의 상고를 기각하였다.

■ 쟁 점

- 참가인 근로자들과 근로계약관계가 없는 원고 회사가 부당노동행위(지배·개입)의 주체인 사용자에 해당하는지 여부
- 사내 하청업체의 폐업 등과 관련하여 원고 회사의 부당노동행위(지배·개입)를 인정할 수 있는지 여부
- 지배·개입에 해당하는 행위를 금지하는 부작위명령이 노동위원회의 구제명령으로서 적법한 것인지 여부

■ 중요 사실관계

- 원고 회사는 사내 하청업체 소속 근로자들의 작업의 내용·시간·일정을 관리·통제하고 작업의 진행방법·휴식·야간근로 등에 관해서도 실질적으로 지휘·감독, 사내 하청업체 소속 근로자들은 원고 회사가 계획한 작업질서에 편입되어 원고 회사의 근로자들과 함께 업무에 종사 등 ⇒ **원고 회사의 사용자 지위(부당노동행위 주체성) 해당 여부와 관련**
- 원고 회사는 참가인 조합의 임원인 참가인 4가 사업장에서 근무하지 못하도록 해당 하청업체에 요청하여 근무대기토록 함, 사내 하청업체 대부분은 원고 회사

의 업무만 수행(원고 회사는 도급계약의 해지, 사내 하청업체 등록해지 권한 보유), 원고 회사는 유인물을 배포한 사내하청 근로자의 업체에 대해 도급계약해지 등 경고, 참가인조합의 간부가 소속된 하청업체들이 경영상 폐업할 사정이 없음에도 참가인 조합 설립 직후에 폐업을 결정, 폐업된 하청업체의 근로자와 하도급업무는 신설업체 내지 타 업체로 이전 등 ⇒ **사내 하청업체 폐지 등과 관련 원고 회사가 지배·개입의 부당노동행위를 한 것으로 볼 수 있는지와 관련**

▌**기본법리**(판지)

1) ⑴ 법 제81조 내지 제86조는 헌법이 규정하는 <u>근로3권을 구체적으로 확보하고</u> 집단적 노사관계의 질서를 파괴하는 사용자의 행위를 예방·제거함으로써 근로자의 <u>단결권·단체교섭권 및 단체행동권을 확보하여 노사관계의 질서를 신속하게 정상화</u>하기 위하여 부당노동행위에 대한 구제제도에 관하여 규정하고 있다(대법원 1993. 12. 21. 선고 93다11463 판결, 대법원 1998. 5. 8. 선고 97누7448 판결 등 참조). ⇒ **[부당노동행위 및 그 구제 제도의 취지]**

⑵ 이에 의하면 부당노동행위의 예방·제거는 노동위원회의 구제명령을 통해서 이루어지는 것이므로, <u>구제명령을 이행할 수 있는 법률적 또는 사실적인 권한이나 능력을 가지는 지위에 있는 한 그 한도 내에서는 부당노동행위의 주체로서 구제명령의 대상자인 사용자에 해당한다고 볼 수 있을 것이다. ⇒ **[부당노동행위의 주체 및 구제명령의 대상자인 사용자의 범위]**

2) ⑴ 법 제81조 제4호는 '근로자가 노동조합을 조직 또는 운영하는 것을 지배하거나 이에 개입하는 행위' 등을 부당노동행위로 규정하고 있고, 이는 <u>단결권을 침해하는 행위를 부당노동행위로서 배제·시정하여 정상적인 노사관계를 회복하는 것</u>을 목적으로 하고 있으므로, ⇒ **[지배개입 부당노동행위 규정의 취지]**

⑵ 그 지배·개입 주체로서의 사용자인지 여부도 당해 <u>구제신청의 내용, 그 사용자가 근로관계에 관여하고 있는 구체적 형태, 근로관계에 미치는 실질적인 영향력 내지 지배력의 유무 및 행사의 정도</u> 등을 종합하여 결정하여야 할 것이다. ⇒ **[지배·개입의 주체인 사용자 해당 여부 판단의 고려요소]**

⑶ 따라서 근로자의 <u>기본적인 노동조건 등에 관하여 그 근로자를 고용한 사업주로서의 권한과 책임을 일정 부분 담당하고 있다고 볼 정도로 실질적이고 구체적으로 지배·결정할 수 있는 지위에 있는 자</u>가, 노동조합을 조직 또는 운영하는 것을 지배하거나 이에 개입하는 등으로 법 제81조 제4호 소정의 행위를 하였다면, 그 시정을 명하는 구제명령을 이행하여야 할 사용자에 해당한다. ⇒ **[근로계약관계**

가 없는 사업주(원청회사)의 지배·개입 부당노동행위 주체성 판단기준]

3) ⑴ 현실적으로 발생하는 부당노동행위의 유형은 다양하고, 노사관계의 변화에 따라 그 영향도 다각적이어서 그에 대응하는 <u>부당노동행위 구제의 방법과 내용도 유연하고 탄력적일 필요가 있는바</u>, ⇒ [유연하고 탄력적인 부당노동행위 구제명령의 필요성]

⑵ 사용자의 지배·개입 행위가 사실행위로 이루어진 경우 그 행위 자체를 제거 내지 취소하여 원상회복하는 것이 곤란하며 또한 사용자의 행위가 장래에 걸쳐 계속 반복하여 행하여질 가능성이 많기 때문에 <u>사용자의 지배·개입에 해당하는 행위를 금지하는 부작위명령은 적절한 구제방법</u>이 될 수 있다. 법 제8조(※ 제84조의 오기로 보임)<u>의 규정</u> 또한 노동위원회가 전문적·합목적적 판단에 따라 개개 사건에 적절한 구제조치를 할 수 있도록 하기 위해서 사용자의 부당노동행위가 성립한다고 판정한 때에 사용자에게 구제명령을 발하여야 한다고 규정하고 있을 뿐, <u>구제명령의 유형 및 내용에 관하여는 특별히 정하고 있지 아니하다</u>. ⇒ [지배·개입금지 부작위명령의 적절성과 그 법적 근거]

▮**결론 및 이유** : 원고 회사는 지배개입 부당노동행위의 시정을 명하는 구제명령을 이행할 주체로서의 사용자에 해당하고, 원고 회사는 사내 하청업체의 사업폐지를 유도하는 행위와 이로 인하여 참가인 조합의 활동을 위축시키거나 침해하는 지배·개입 행위를 하였다.

- **노조법 제81조 제4호 소정의 사용자 여부** : <u>원고 회사는 참가인들을 포함한 사내 하청업체 소속 근로자들의 기본적인 노동조건 등에 관하여</u> 고용사업주인 사내 하청업체의 권한과 책임을 일정 부분 담당하고 있다고 볼 정도로 <u>실질적이면서 구체적으로 지배·결정할 수 있는 지위에 있음</u>(☞ 보다 자세한 이유는 Q 1. 참고).
- **노조법 제81조 제4호 소정의 부당노동행위 성립 여부** : i) 원고 회사 사내 하청업체 소속 일부 근로자들이 2003. 8. 24. 참가인 조합 창립총회를 거쳐 같은 달 30. 노동조합설립신고증을 교부받게 되었는데, <u>원고 회사는</u> 같은 달 26일 사내 하청업체 성원기업 대표 소외 1로 하여금 <u>참가인 조합의 조합원으로 드러난 참가인 4를 사업장에서 근무하지 못하도록 요청</u>하여 근무대기를 하도록 하였고, 같은 달 29일 소외 1에게 참가인 4가 참가인 조합 임원인 사실을 알려준 점, ii) 원고 회사의 사내 하청업체는 대부분 원고 회사의 업무만 수행하고 있고, <u>원고 회사는</u> 사내 하청업체에 대한 개별도급계약의 체결 여부 및 물량을 그 계획에 따라 주도적으로 조절할 수 있는데다가 그 외에도 도급계약의 해지, 사내 하청업체

등록해지 권한을 가지고 있는 등 <u>사내 하청업체에 대하여 우월적 지위에 있었던</u> 점, iii) 원고 회사가 <u>사내 하청업체에게</u> 소속 근로자가 원고 회사에서 유인물을 배포하는 등 회사 운영을 방해하고 있다면서 <u>계약해지 등의 경고를 한 점</u>, iv) 참가인 조합 회계감사인 소외 2가 소속된 원광산업전기는 2003. 8. 30. 폐업하고, 참가인 조합 위원장인 참가인 1이 소속된 영진기업은 2003. 10. 8. 폐업하였으며, 그 사이에도 참가인 2가 소속된 동아산업, 참가인조합 사무국장인 참가인 4가 소속된 성원기업(의장부분만 폐지) 등의 <u>사내 하청업체들이 경영상 폐업할 별다른 사정이 없음에도 참가인 조합 설립 직후에</u> 참가인 근로자들이 참가인 조합 간부임이 드러나고 근로조건에 대한 협상요구를 받은 즉시 <u>폐업을 결정한 것을</u> 볼 때, 위 사내 하청업체들의 <u>폐업이유는 참가인 조합의 설립 이외에 다른 이유가 없다고 보이는 점</u>, v) 위 사내 하청업체들은 1997년경부터 설립되어 그 폐업시까지 아무런 문제없이 운영되어 온 회사들로서 전에 노사분규를 경험하여 본 적이 없고, 수십 명의 소속 근로자를 두고 있으며, 위 폐업시기가 본격적인 단체협상을 하기도 전이라는 점에서 <u>위 폐업결정은 사내 하청업체의 독자적인 결정이라고 보이지 않는 점</u>, vi) 위 영진기업의 경우 폐업결정 직후에 그 부분 사업을 인수할 효정산업이 설립되었고, 실제로 폐업한 위 영진기업 소속 근로자 상당수가 효정산업으로 적을 옮겨 영진기업이 하던 원고 회사 도장5부의 작업을 하고 있으며, 동아산업의 경우 폐업공고 직후 신라 주식회사에서 패널 조립업무에 근무할 근로자를 모집하여 동아산업이 하던 패널 조립작업을 그대로 이어받았고, 원고 회사가 현우기업에 대하여 계약해지를 예상하고 있었음에도 참가인 조합의 임원이 소속된 성원기업 의장부분이 갑자기 폐지되고 성원기업 의장부분 소속 근로자가 현우기업에 입사하였는데, <u>영세하고 정보력이 부족한 사내 하청업체들의 독자적인 능력만으로 폐업 및 직원모집, 회사설립 등의 복잡한 업무를 원고 회사의 운영에 아무런 차질이 없도록 위와 같이 신속하게 진행할 수 있었다고는 보이지 않는 점</u> 등을 종합하여 볼 때, 원고 회사가 사업폐지를 유도하는 행위와 이로 인하여 참가인 조합의 활동을 위축시키거나 침해하는 지배·개입 행위를 하였다고 판단됨.

- 구제명령의 내용 : 중앙노동위원회가 이 사건 지배·개입을 부당노동행위로 인정한 후 원고 회사에 대하여 발한, "실질적인 영향력과 지배력을 행사하여 사업폐지를 유도하는 행위와 이로 인하여 노동조합의 활동을 위축시키거나 침해하는 행위를 하여서는 아니 된다"는 구제명령이 위법하다고 볼 것은 아님.

▌판결의 의의와 한계

1) 대상판결은 근로계약관계가 없는 사업주의 부당노동행위(지배·개입) 주체성에 관한 법리를 처음으로 제시하였을 뿐만 아니라, 이 사건에서 사내하도급계약의 도급인인 원고 회사(원청회사)의 지배·개입의 부당노동행위를 인정한 대법원 판결로서 매우 유의미하다. 이 사건에서 대법원은 원청회사가 사내 하청업체 소속 근로자들의 기본적인 노동조건 등에 관하여 고용사업주인 사내 하청업체의 권한과 책임을 일정 부분 담당하고 있다고 볼 정도로 실질적·구체적으로 지배·결정할 수 있는 지위에 있고 사내 하청업체의 사업폐지를 유도하고 그로 인하여 사내 하청업체 노동조합의 활동을 위축시키거나 침해하는 지배·개입행위를 하였기 때문에 부당노동행위 구제명령의 대상인 사용자에 해당한다고 보았다. 대상판결 이전의 사례에서 대법원은 이른바 '묵시적 근로계약관계론'에 입각하여 원청회사가 사내 하청업체에 소속된 근로자와의 관계에서 근기법상의 사용자임을 인정한 바 있다(대법원 2008. 7. 10. 선고 2005다75088 판결 ☞ 제2강 3. 사업주, Q 1.의 참고1 판결 참고).[1] 대상판결에서 대법원은 '실질적 지배(영향)론'에 입각하여 원청회사의 노조법상 사용자성을 인정하였다. 따라서 위와 같은 판례들을 통해 근기법상의 사용자와 노조법상의 사용자는 다를 수 있음을 확인할 수 있다. 다만, 대상판결은 지배·개입과 관련하여서 근로계약관계가 없는 사업주의 부당노동행위 주체성을 인정한 사례이다. 그렇지만 교섭거부 등 다른 유형의 부당노동행위에서도 사용자 개념의 확대를 시도할 수 있는 계기를 마련한 점에서 대상판결의 의의가 있다.

2) 한편, 대상판결은 i) 부당노동행위 구제명령의 대상자인 사용자의 범위와 관련하여, 구제명령을 이행할 수 있는 법률적 권한이나 능력을 갖는 자(예, 근로계약의 당사자인 사업주)뿐만 아니라 구제명령을 이행할 수 있는 '사실적인' 권한이나 능력을 가지는 지위에 있는 자도 사용자에 해당함을 인정한 점에서, 나아가 ii) 구제명령의 내용과 관련하여, 부당노동행위의 다양한 유형에 대응한 유연하고 탄력적인 구제명령의 필요성과 노동위원회의 전문적이고 합목적적인 판단에 따른 구제명령의 재량성을 인정한 점에서 의의가 있다.

---

1) 2005다75088 판결 등 판례에 의하면 묵시적 근로계약관계가 성립하려면 '원고용주(예, 하청업체)의 사업주로서의 독자성 내지 독립성 결여' 및 '제3자(예, 원청회사)와 원고용주 소속 피고용인 사이의 종속관계'가 인정되어야 한다.

◀ Q 풀이 ▶

Q 1. 대상판결이 원고를 부당노동행위의 주체인 사용자로 인정한 이유는?

[A] 1) 대상판결의 법리에 의하면, 근로자의 기본적인 노동조건 등에 관하여 그 근로자를 고용한 사업주로서의 권한과 책임을 일정 부분 담당하고 있다고 볼 정도로 실질적이고 구체적으로 지배·결정할 수 있는 지위에 있는 자는 지배·개입의 부당노동행위 주체인 사용자로 인정된다.

2) 이 사건에서 i) 원고 회사가 공정의 원활한 수행 및 품질관리 등을 위해서 사내 하청업체 소속 참가인들을 포함한 근로자들이 해야 할 작업 내용 전반에 관하여 직접 관리하고 있었고, 또 개별도급계약을 통하여 작업 일시, 작업 시간, 작업 장소, 작업 내용 등에 관하여 실질적·구체적으로 결정하는 등 원고 회사가 작업시간과 작업 일정을 관리·통제하고 있기 때문에 근로자들이 노동조합의 총회나 대의원대회 등 회의를 개최하기 위하여 필요한 노조활동 시간 보장, 노조간부의 유급 노조활동시간 보장 등에 대하여 실질적인 결정권을 행사하게 되는 지위에 있는 점, ii) 사내 하청업체는 위와 같은 작업 일시, 장소, 내용 등이 개별도급계약에 의해 확정되기 때문에 사실상 이미 확정되어 있는 업무에 어느 근로자를 종사시킬지 여부에 관해서만 결정하고 있던 것에 지나지 않았던 점, iii) 사내 하청업체 소속 근로자는 원고 회사가 제공한 도구 및 자재를 사용하여 원고 회사의 사업장 내에서 작업함으로써 원고 회사가 계획한 작업 질서에 편입되고 원고 회사 직영근로자와 함께 선박건조업무에 종사하고 있었던 점, iv) 작업의 진행방법, 작업시간 및 연장, 휴식, 야간근로 등에 관하여서도 위 근로자들이 실질적으로 원고 회사 공정관리자(직영반장이나 팀장)의 지휘·감독하에 놓여 있었던 점 등을 이유로 하여, 원고 회사가 참가인들을 포함한 사내 하청업체 소속 근로자들의 기본적인 노동조건 등에 관하여 고용사업주인 사내 하청업체의 권한과 책임을 일정 부분 담당하고 있다고 볼 정도로 실질적이면서 구체적으로 지배·결정할 수 있는 지위에 있다고 판단되었다.

Q 2. 대상판결에 따르면 부당노동행위 구제 명령의 한계는?

[A] 부당노동행위 구제제도의 목적은 집단적 노사관계의 질서를 파괴하는 사용자의 행위를 예방·제거함으로써 근로자의 근로삼권을 확보하여 노사관계의 질서를 신속하게 정상화하기 위한 것이고, 부당노동행위의 예방·제거는 노동위원회의 구제명령을 통해서 이루어진다. 그런데 현실적으로 발생하는 부당노동행위

의 유형은 다양하고, 노사관계의 변화에 따라 그 영향도 다각적이어서 그에 대응하는 부당노동행위 구제의 방법과 내용도 유연하고 탄력적일 필요가 있다. 이런 점에서 노조법은 구제명령의 유형 및 내용에 관하여는 특별히 정하고 있지 아니하다. 즉 노동위원회는 자신의 재량으로 구제명령의 내용을 결정할 권한을 갖는다. 그렇지만 노동위원회의 구제명령 재량권은 위에서 언급한 부당노동행위 구제제도의 목적을 달성하기 위한 범위 내에서 행사되어야 한다. 또한 구제명령은 부당노동행위를 사실상 시정하기 위한 행정상의 조치이므로 행정처분으로서의 적법성을 갖추어야 한다.[2] 이와 관련 사용자의 지배·개입에 해당하는 행위를 금지하는 부작위명령은 적절한 구제방법이 될 수 있다. 왜냐하면, 사용자의 지배·개입 행위가 사실행위로 이루어진 경우 그 행위 자체를 제거 내지 취소하여 원상회복하는 것이 곤란하며 또한 사용자의 행위가 장래에 걸쳐 계속 반복하여 행하여질 가능성이 많기 때문이다.

Q 3. 불이익취급, 단체교섭 거부, 지배개입에서 사용자의 범위는?

[A] 불이익취급 등의 부당노동행위 금지의무를 부담하는 자는 사용자이고, 노조법은 사용자를 사업주, 사업의 경영담당자 또는 그 사업의 근로자에 관한 사항에 대하여 사업주를 위하여 행동하는 자로 정의하고 있다(제2조 제2호). 그러나 대상판결에 따르면 근로계약의 당사자가 아닌 사업주의 경우에도 기본적인 노동조건 등에 관하여 실질적이고 구체적으로 지배·결정할 수 있는 지위에 있으면 부당노동행위의 주제로 인정될 수 있다. 다만, 대상판결은 지배·개입과 관련하여서 근로계약관계가 없는 사업주(원청회사)의 부당노동행위 주체성을 인정한 사례이다.

2. 불이익취급과 부당노동행위의사

◀ 판례분석 ▶

∎**제 목** : 표면적인 해고사유와 달리 정당한 조합활동을 실질적인 이유로 한 해

---

2) 임종률, 「노동법」, 박영사, 2018, 310면.

고의 부당노동행위 해당성(Y) [금성택시사건]

■ **대상판결** : 대법원 1999. 11. 9. 선고 99두4273 판결【부당노동행위구제재심판정취소】
【원고, 피상고인】원고
【피고, 상고인】중앙노동위원회 위원장
【피고보조참가인】피고보조참가인 주식회사
【원심판결】서울고법 1999. 2. 4. 선고 98누11702 판결
【주 문】상고를 기각한다.

■ **사건의 개요** : 참가인 택시회사는 소속 운전기사인 원고의 행위(무선호출실 마이크로 상무의 도박 등에 관해 방송, 회사임원에 대한 폭언, 상무에 대한 고소내용 신문사에 제보, 노조휴게실 흑판과 게시판을 이용한 조합장의 비리의혹 제기 및 대리기사의 처우개선 촉구 등)를 문제로 삼아, 원고가 조합장 불신임을 위한 조합임시총회 소집권자의 지명을 관할 행정관청에 요구하여 그 개최를 앞둔 상황에서 원고를 징계해고하였고, 이에 원고는 부당해고 및 부당노동행위라고 주장하면서 관할 지방노동위원회에 구제신청을 하였다.

■ **관련 법 규정**(현행법 기준)
- 노조법 제81조(부당노동행위) ① 사용자는 다음 각 호의 어느 하나에 해당하는 행위(이하 "부당노동행위"라 한다)를 할 수 없다.
　　1. 근로자가 노동조합에 가입 또는 가입하려고 하였거나 노동조합을 조직하려고 하였거나 기타 <u>노동조합의 업무를 위한 정당한 행위를 한 것을 이유로 그 근로자를 해고</u>하거나 그 근로자에게 불이익을 주는 행위

■ **판결의 성격** : 원심은 이 사건 해고가 징계재량권을 일탈한 부당해고이고, 실질적으로는 원고의 정당한 조합활동을 혐오하고 이를 저지할 의도에서 행한 것으로 추인되므로 부당노동행위에 해당된다고 판단하여 피고의 재심판정을 취소하였고, 대법원은 원심의 판단이 옳다고 보아서 피고의 상고를 기각하였다.

■ **쟁 점**
- 무선호출실 방송 등 원고의 행위가 정당한 해고사유에 해당하는지 여부

- 이 사건 해고는 노동조합의 업무를 위한 정당한 행위를 이유로 한 불이익처분으로서 부당노동행위에 해당하는지 여부

▌중요 사실관계

- 원고는 1997. 7. 13. 참가인 회사 노조사무실 내의 <u>무선호출실에 들어가 마이크를 이용하여</u> 운행중인 차량을 상대로 회사 <u>상무와 기사들의 도박 중지를 촉구하는 내용의 방송</u>을 하고, 같은 해 8. 14. 회사가 자신을 징계하려는 사실을 알고 회사 사무실로 가서 <u>상무 등 임원들에게 폭언</u>을 하고, 같은 해 9. 10. 교통사고 합의금 일부의 <u>횡령 혐의로 상무를 고소</u>하고 나서 같은 달 중순경 <u>상무의 비리를 주간 신문사에 제보하여 보도되게</u> 하였고, 같은 해 9.경 노조휴게실 흑판에 조합장의 무선호출기 설치사업 관련 <u>자금지출내역의 공개를 요구</u>하는 글을 쓰고 게시판에 회사에 대해서 <u>대기기사들의 처우개선을 바라는</u> 취지의 서면을 부착하였음 ⇒ **해고사유 내지는 조합활동 해당 여부와 관련**

- 위 무선호출기 설치사업 관련 의혹 외에도 조합장에 대한 다른 비리의혹이 확산되자 원고는 조합원들의 임시대표자격에서 같은 해 10. 16. 조합원 2/3 이상의 연명으로 조합장에게 <u>조합장 불신임 등을 주요 안건으로 한 임시총회 소집</u>을 요구하고, 같은 해 11. 7. 과반수 조합원의 연명으로 <u>관할관청에 임시총회 소집권자 지명을 신청</u>하였으며, 회사는 같은 해 12. 3. 징계위원회를 개최하여 <u>원고를 같은 달 5.자로 해고</u>하기로 결정하였고, 같은 해 12. 12. 개최된 <u>임시총회에서 조합장불신임안이 통과</u>되고 <u>원고가 신임 조합장에 선출</u>되었으며, 같은 달 13.경 원고는 상무에 대한 고소취하를 조건으로 복직을 제안했으나 회사는 원고가 조합장직을 사퇴하기 전에는 복직시켜 줄 수 없다며 거절함 ⇒ **해고가 정당한 조합활동을 실질적 이유로 한 것인지 여부(조합활동의 내용, 해고시기, 사용자의 태도 등)와 관련**

▌기본법리(판지)

1) ⑴ 사용자가 근로자를 해고함에 있어서 <u>표면적으로 내세우는 해고사유와는 달리 실질적으로는 근로자의 정당한 노동조합 활동을 이유로 해고한 것으로 인정되는 경우</u>에 있어서는 그 해고는 부당노동행위라고 보아야 할 것이고, ⇒ **[해고의 부당노동행위 해당성(실질적 해고사유=정당한 조합활동)]**

⑵ 근로자의 <u>노동조합 업무를 위한 정당한 행위를 실질적인 해고사유로 한 것인지의 여부</u>는 <u>사용자측이 내세우는 해고사유</u>와 근로자가 한 노동조합 업무를 위한 정당한 행위의 내용, 해고를 한 시기, 사용자와 노동조합과의 관계, 동종의 사

례에 있어서 조합원과 비조합원에 대한 제재의 불균형 여부, 종래의 관행에 부합 여부, 사용자의 조합원에 대한 언동이나 태도, 기타 <u>부당노동행위 의사의 존재를 추정할 수 있는 제반 사정 등을 비교 검토하여 판단하여야 할 것이다</u>(대법원 1997. 3. 28. 선고 96누4220 판결, 1997. 7. 8. 선고 96누6431 판결 등 참조). ⇒ **[해고의 부당노동행 위 판단기준(사용자측 해고사유와 부당노동행위의사 추정 제반사정의 비교·검토)]**

2) 노조법 제81조 제1호 소정의 '노동조합의 업무를 위한 정당한 행위'의 의미 : 생략 (☞ 제25강 1. 조합원의 자발적 활동 대상판결의 판지 참고)

▮결론 및 이유 : 참가인의 원고에 대한 해고처분은 징계재량권을 일탈한 것으로 서 위법하고, 실제에 있어 원고의 정당한 조합활동을 혐오하고 이를 저지할 의도 에서 행한 것으로 추인된다 할 것이어서 부당노동행위에 해당한다.

- 원고가 휴게실에 위 같은 내용(☞ 앞의 중요 사실관계 참고)의 글을 쓰고 서면을 <u>부착한 것은 근로자의 정당한 활동범위에 속하고,</u> 한편 원고가 <u>방송 및 제보를</u> 한 경위와 그 내용, 임원들에게 <u>폭언</u>을 한 경위와 정도, 그 후의 정황 등 제반 사정에 비추어 볼 때, 원고의 이 같은 <u>비위행위가 근로관계를 계속할 수 없을 정 도의 중대한 사유가 된다고 보기 어려울 뿐만 아니라,</u> 원고에게 징계전력이 없 는 점과 <u>해고사유에 해당되는 비위행위를 한 다른 운전기사들이 가벼운 징계처 분을 받은 점.</u>

- 참가인이 해고사유로 내세우는 <u>원고의 비위행위는 사실과 다르거나 해고를 정 당화할 만한 사유가 되지 못하는 점.</u>

- 원고는 조합장에 대한 비리의혹이 확산되자 조합의 정상화를 바라는 조합원들 의 임시대표 자격에서 1997. 10. 16. 2/3 이상 조합원의 연명으로 조합장에게 조 합장 불신임 등을 주요 안건으로 한 임시총회 소집을 요구하고 같은 해 11. 7. 과반수 조합원의 연명으로 수원지방노동사무소장에게 <u>임시총회 소집권자 지명을 요구하는 등 조합활동에 주도적으로 참여한 결과</u> 이 사건 해고처분 당시 원고가 <u>차기 조합장에 당선될 가능성이 누구보다 높았고,</u> 실제로 같은 해 12. 12. 개최 된 임시총회에서 조합장 불신임안이 통과되고 원고가 <u>새 조합장에 선출된 점,</u> 위와 같은 임시총회 소집지명권자 요구로 더 이상 <u>임시총회 소집을 미룰 수 없 는 상황에서</u> 같은 해 8. 20. <u>징계위원회 의결이 무산된지 4개월 가까이 지난 다 음 전격적으로 원고를 다시 징계에 회부하여 해고한 점.</u>

- 이 사건 해고처분 후 소외 2(상무이사)에 대한 고소를 취소하겠으니 원고를 복 직시켜 달라'는 원고측 제안에 대하여 참가인측이 '원고가 <u>조합장직을 사퇴하기 전</u>

에는 복직시켜 줄 수 없다.'며 거절한 점.
- 원고에 대한 징계양정이 회사에 우호적인 조합원에 대한 징계양정과 비교하여
현격한 불균형이 있는 점 등.

▮판결의 의의와 한계

1) 대상판결은 해고의 부당노동행위 판단기준에 관한 확립된 판례의 법리에 입각하
여 이 사건 징계해고가 부당노동행위에 해당하는 것으로 본 사례라는 점에서 의의가
있다. 판례에 의하면 '불이익취급'의 부당노동행위 성립요건으로서 부당노동행위의
사(이른바 사용자의 반조합적 의도 내지 동기)가 필요하다. 다시 말해, 해고사유 내지 해
고절차가 부당하다는 이유만으로 부당노동행위가 성립하는 것은 아니다. 판례에 따
르면 부당노동행위의사는 해고 등 불이익처분 당시의 제반 사정(객관적 사실)으로부
터 인정되는 의사이다(그 증명책임은 주장자인 근로자에게 있음 ☞ 심화학습 1. 참고). 대
상판결은 어떤 점에서 부당노동행위의사가 인정되어 부당노동행위가 성립하는지를
잘 보여주고 있는 사례이다(☞ Q 1. 참고).

2) 부당노동행위의사의 존재를 추정할 수 있는 제반 사정으로서 대상판결에 언
급된 사항들(☞ 판지 1)의 ⑵ 참고) 외에도 '(불이익)처분 후에 있어서 다른 노동조
합원의 탈퇴 등 노동조합활동의 쇠퇴 내지 약화 여부'까지 고려한 사례(대법원
1991. 2. 22. 선고 90누6132 판결[3])도 있다.

3) 대상판결에서 회사가 해고사유로 내세운 근로자의 비위행위는 사실과 다르거
나 해고를 정당화할 만한 사유가 되지 못하는 점을 부당노동행위 성립의 한 근
거로 삼고 있다. 이와 달리 해고의 정당한 이유가 인정되고 부당노동행위의사가
추정되는 사정도 존재하는 경우에 부당노동행위가 성립하는지, 판례는 어떤 입
장을 취하고 있는지에 대한 견해의 대립이 있다(☞ 심화학습 2. 참고). 그렇지만 해
고사유가 정당함에도 불구하고 부당노동행위의 성립을 인정한 사례를 찾아보기
어렵다.

▮기타 해설

1) '불이익을 주는 행위'(불이익취급)에서 '불이익'의 종류에는 조합활동상의 불이

---

3) 이 판결에서는 "1987. 9.경에는 원고 회사의 운전기사 74명 전원이 노조원이었으나 그 후 원고
회사의 보이지 않는 탄압으로 1988. 11. 당시까지 39명의 조합원이 탈퇴하고 그 후 계속 탈퇴하여 노동
조합원수가 27명까지 격감되었던 사실 등을 엿볼 수 있는 바 이는 원고 회사가 평소 노동조합활동을 혐
오하고 있었음을 보여주는 징표라고 못 볼 바가 아니고"라고 판시하고 있다.

익(예, 조합활동 혐오·방해의 의사로 이루어진 승진, 배치전환 또는 노조전임자 원직복귀명령), 신분·인사상의 불이익(예, 해고, 계약갱신의 거부, 승진탈락, 강등), 경제적 불이익(예, 연장근로의 거부, 감봉, 차별적인 임금·복리후생), 생활상의 불이익(예, 별거가 수반되는 배치전환) 등이 있다.

※(참고1) 대법원 1998. 12. 23. 선고 97누18035 판결 【부당노동행위구제재심판정취소】
- "사용자가 근로자의 노동조합활동을 혐오하거나 노동조합활동을 방해하려는 의사로 노동조합의 간부이거나 노동조합활동에 적극적으로 관여하는 근로자를 승진시켜 조합원 자격을 잃게 한 경우에는 노동조합활동을 하는 근로자에게 불이익을 주는 행위로서 부당노동행위가 성립될 수 있을 것인바, 이 경우에 근로자의 승진이 사용자의 부당노동행위 의사에 의하여 이루어진 것인지의 여부는 승진의 시기와 조합활동과의 관련성, 업무상 필요성, 능력의 적격성과 인선의 합리성 등의 유무와 당해 근로자의 승진이 조합활동에 미치는 영향 등 제반 사정을 고려하여 판단하여야 할 것이고(당원 1992. 10. 27. 선고 92누9418 판결 참조), 사용자가 근로자의 정당한 노동조합활동을 실질적인 이유로 삼으면서도 표면적으로는 업무상 필요성을 들어 배치전환한 것으로 인정되는 경우에는 부당노동행위라고 보아야 할 것이고(당원 1992. 2. 18. 선고 91누9572 판결, 1994. 12. 23. 선고 94누3001 판결, 1995. 3. 14. 선고 94누5496 판결, 1995. 4. 28. 선고 94누11583 판결 등 참조), 배치전환이 부당노동행위에 해당되는지 여부는, 배치전환의 동기, 목적, 배치전환에 관한 업무상의 필요성이나 합리성의 존부, 전보에 따른 근로자의 생활상의 불이익과의 비교형량, 배치전환의 시기, 사용자와 노동조합과의 관계, 배치전환을 하기에까지 이른 과정이나 사용자가 취한 절차, 그 밖에 배치전환 당시의 외형적 객관적인 사정에 의하여 추정되는 부당노동행위 의사의 존재유무 등을 종합적으로 검토하여 판단하여야 한다(당원 1993. 2. 23. 선고 92누11121 판결, 1995. 11. 7. 선고 95누9792 판결 등 참조)." (승진 및 배치전환이 실질적으로는 근로자의 종전 노동조합활동을 혐오한 나머지 이에 대한 예방적 차원의 조치로서 노동조합활동을 방해하려는 의사로 행한 것으로서 업무상 필요성은 표면적으로 내세운 사유에 불과한 것이라고 보아야 할 것이기 때문에 부당노동행위에 해당한다고 본 사례)

※(참고2) 대법원 1992. 1. 21. 선고 91누5204 판결 【부당노동행위구제재심판정취소】
- "근로자에 대한 전직이나 전보는 원칙적으로 사용자(인사권자)의 권한에 속하므로 업무상 필요한 범위 안에서는 상당한 재량을 사용자에게 인정하여야 할 것이나, 그것이 근로기준법 제27조(현행 제23조) 제1항 또는 제105조(현행 제104조)에 위반하거나 권리남용에 해당하는 등 특별한 사정이 있는 경우에는 허용되지 않는다고 할 것이고(당원 1991. 2. 22. 선고 90다카27389 판결 참조), 또 근로계약상 근로의 장소가 특정되어 있는 경우에 이를 변경하는 전직이나 전보명령을 하려면 근로자의 동의가 있어야 할 것인데, 이 사건에서 원고 회사가 근로계약상 근무장소가 국

회현장으로 되어 있는 참가인 박○○을 다른 곳으로 전직명령한 것은 이것이 승진이기는 하나 그의 의사에 반하여 이루어진 것으로서 인사권의 남용에 해당된다고 할 것이고, 한편 위 참가인에 대한 <u>전직명령의 시기가 노사간의 노동쟁의가 한창</u>인 무렵에 이루어진 점, 사용자인 원고 회사가 <u>노동조합의 활동을 주도한 조합간부들만을 재계약포기의 방법으로 해고함과 동시에 위 참가인에 대하여는 노동조합 활동을 할 수 없는 곳으로 전직시킴으로써</u> 조합활동상 불리한 조치를 한 점, 위 전직명령이 업무상의 정상적인 인사권의 범위를 벗어난 것인 점 등에 비추어 보면 위 전직명령은 정당한 인사권의 행사라기보다는 위 참가인의 노동조합활동을 이유로 그에 대하여 한 불이익처분으로서 부당노동행위에 해당한다고 보아야 하고, 따라서 이를 거부한 것을 이유로 한 해고도 정당성을 갖지 못한다고 할 것이다."

※(참고3) 대법원 1991. 5. 28. 선고 90누6392 판결 【부당노동행위구제재심판정취소】
- "부당노동행위제도의 목적은 근로자의 단결권 등 근로3권의 보장에 있다 할 것이므로 <u>노동조합업무의 전임자나 노조간부 등의 조합활동상의 불이익도 노동조합 법 제39조(현행 제81조) 제1호 소정의 불이익취급의 한 유형에 해당한다</u> 할 것이고 노조전임자 등에 대하여 그들의 쟁의행위 등 정당한 조합활동을 혐오한 나머지 조합활동을 곤란하게 할 목적으로 원직복귀명령을 하였다면 이는 사용자의 고유 인사권에 기한 정당한 조치라고는 볼 수 없고 노동조합법 제39조 <u>제1호, 제5호 소정의 부당노동행위</u>에 해당한다고 봄이 상당하고 또한 노조의 조직과 운영에 지배, 개입하는 행위로서 같은 조 <u>제4호 소정의 부당노동행위</u>에도 해당한다고 보아야 할 것이다."

※(참고4) 대법원 2006. 9. 8. 선고 2006도388 판결 【노동조합및노동관계조정법위반·산업안전보건법위반】
- "일반적으로 근로자가 연장 또는 휴일근로(이하 '연장근로 등'이라고 한다)를 희망할 경우 회사에서 반드시 <u>이를 허가하여야 할 의무는 없지만</u>, 특정 근로자가 파업에 참가하였거나 노조활동에 적극적이라는 이유로 해당 근로자에게 <u>연장근로 등을 거부하는 것은</u> 해당 근로자에게 <u>경제적 내지 업무상의 불이익을 주는 행위로서 부당노동행위에 해당할 수 있다</u>. … (중략) … 피고인 1, 2 등이 노동조합 활동에 적극적이라는 이유로 2001년 10월경부터 2002년 8월경까지 공소외 1에 대한 <u>연장근로 등의 허가에 있어 지나치게 엄격한 기준을 적용하고</u> 그에 따라 공소외 1이 이를 포기하도록 하는 등의 방법으로 공소외 1을 <u>다른 근로자들과 차별함으로써 업무상 또는 경제상 불이익을 준 사실을</u> 충분히 인정할 수 있고, 이는 부당노동행위에 해당한다."

2) 징계양정의 부당 내지 징계절차의 위반 등의 사정은 부당노동행위의사를 판단하는 하나의 자료가 되지만 그 사유만으로 부당노동행위가 성립하는 것은 아니라는 것

이 판례의 입장이다(대법원 1992. 2. 28. 선고 91누9572 판결 참조). 그러나 조합활동에 적극적인 조합원과 그렇지 않은 조합원 사이의, 또는 조합원과 비조합원 사이의 차별적인 취급·대우는 부당노동행위의사를 추정케 하는 중요한 요소이다. 예컨대, 유사한 교통사고를 일으킨 운전사들 중 노동조합 탈퇴자 또는 미가입자에 대하여는 감봉처분을 하면서 노동조합 총무에 대하여는 징계사유로서는 미흡한 사유를 추가하여 징계해고처분을 한 것이 제반사정에 비추어 부당노동행위에 해당한다고 본 사례가 있다(대법원 1991. 2. 22. 선고 90누6132 판결 참조). 그 밖에 조합원에 대한 불리한 인사고과와 그에 따른 정리해고가 부당노동행위에 해당하는지에 관한 판단기준을 제시한 사례(☞ 제24강 3. 인사고과와 불이익 취급 참고) 등이 있다.

◀ Q 풀이 ▶

Q 1. 대상판결에서 해고를 부당노동행위로 판단함에 있어 구체적으로 어떠한 사정들을 검토하고 있는가?

[A] 1) 사용자측 주장 해고사유 : 해고사유로 내세우는 원고의 비위행위(방송, 폭언, 고소 및 제보, 노조휴게실 글 작성 및 서면 부착 등)는 사실과 다르거나 해고를 정당화할 만한 사유가 되지 못하는 것으로 보았다.

2) 부당노동행위의사 추정 사유 : i) 노동조합 업무를 위한 정당한 행위의 내용(노조휴게실 글 작성 및 서면 부착, 조합장 불신임 임시총회 소집 요구 및 소집권자 지명신청 등 조합활동에 주도적으로 참여), ii) 해고를 한 시기(원고의 차기 조합장 당선 가능성이 높았고 임시총회소집을 미룰 수 없는 상황에서 과거 징계위원회 의결 무산 후 약 4개월 경과한 때에 다시 징계에 회부하여 해고), iii) 사용자와 노동조합과의 관계(조합장에 대한 비리 의혹 확산, 임시총회소집권자 지명신청에 과반수 조합원 서명, 원고에 대한 해고, 개최된 임시총회에서 조합장 불신임안 통과 및 원고를 새 조합장으로 선출, 원고의 복직에 대한 사측의 조건부 거절의 순으로 전개), iv) 동종의 사례에 있어서 조합원과 비조합원에 대한 제재의 불균형 여부 내지 종래의 관행에 부합 여부(징계양정에 있어 원고와 회사에 우호적인 조합원간에 현격한 불균형 존재), v) 사용자의 조합원에 대한 언동이나 태도(원고의 고소취소·복직 제안에 대해 사측은 원고의 조합장직 사퇴 전에는 복직 불가하다며 거절)에 근거하여 부당노동행위로 판단하였다.

◀ 심화학습 ▶

1. 부당노동행위의 증명책임 (대법원 2007. 11. 15. 선고 2005두4120 판결 참고)

▷ 불이익취급의 부당노동행위를 주장하는 근로자는 i) 자신의 정당한 조합활동, ii) 사용자의 불이익처분, iii) 사용자의 부당노동행위의사(즉 i)의 행위를 이유로 한 ii)의 처분)에 관하여 입증하여야 한다. 이 경우 부당노동행위의사는 내심에 있는 것이라서 근로자가 이를 직접 입증하기란 매우 어렵고, 따라서 판례에서 언급되고 있는 '부당노동행위의사의 존재를 추정할 수 있는 제반 사정'(간접사실)을 근로자가 입증하면 부당노동행위의사의 존재가 추정되고, 사용자가 그러한 추정을 깨뜨리기 위한 반증(주로 해고의 정당한 이유에 대한 입증)에 실패하면 부당노동행위의 성립이 긍정된다.

▷ 근로자의 주장에도 불구하고 법원이 부당노동행위의사의 존재 여부를 확정할 수 없으면 그에 따른 위험은 근로자가 부담하여야 하는데, 이 경우 사용자의 입증에 의해 해고의 정당사유가 있는 것으로 밝혀지면 해고가 부당노동행위의사에 기하여 이루어진 것으로 단정될 수 없다는 것이 판례의 태도이다(2005두4120 판결). 그리고 판례는 사용자가 근로자를 해고함에 있어서 적법한 징계해고사유가 있어 징계해고한 이상 사용자가 근로자의 노동조합활동을 못마땅하게 여긴 흔적이 있다고 하여 그 사유만으로 징계해고가 징계권 남용에 의한 노조법상의 부당노동행위에 해당한다고 단정할 것도 아니라고 한다(대법원 2014. 2. 13. 선고 2011다78804 판결).

> ※ 대법원 2007. 11. 15. 선고 2005두4120 판결 【부당노동행위및부당해고구제재심판정취소】
> - "사용자의 행위가 노동조합 및 노동관계조정법에 정한 부당노동행위에 해당하는지 여부는 사용자의 부당노동행위 의사의 존재 여부를 추정할 수 있는 모든 사정을 전체적으로 심리 검토하여 종합적으로 판단하여야 하고, 부당노동행위에 대한 입증책임은 이를 주장하는 근로자 또는 노동조합에 있으므로, 필요한 심리를 다하였어도 사용자에게 부당노동행위 의사가 존재하였는지 여부가 분명하지 아니하여 그 존재 여부를 확정할 수 없는 경우에는 그로 인한 위험이나 불이익은 그것을 주장한 근로자 또는 노동조합이 부담할 수밖에 없는데, 이와 관련하여 사용자가 근로자에게 징계나 해고 등 기타 불이익한 처분을 한 경우 그에 관하여 심리한 결과 그 처분을 할 만한 정당한 사유가 있는 것으로 밝혀졌다면 사용자의 그와 같은 불이익한 처분이 부당노동행위 의사에 기인하여 이루어진 것이라고 섣불리 단정할 수 없다고 보는 것이 종래 대법원의 확립된 판례이다."

2. 징계해고의 정당한 사유와 부당노동행위 의사가 경합하는 경우 부당노동행위 성립 여부

▷ 사용자가 주장하는 해고사유가 정당한 것으로 인정되고 사용자의 부당노동행위의사가 추정되는 사유도 존재하는 경우(이러한 경우를 원인의 경합, 처분이유의 경합 등으로 부름) 부당노동행위 성립 여부에 관해 4가지의 설이 있다. 부당노동행위의 성립을 가장 좁게 보는 '부정설'과 가장 넓게 보는 '긍정설'의 중간에 '결정적 원인설'과 '상당인과관계설'이 위치한다. 결정적 원인설과 상당인과관계설 중 후자가 부당노동행위의 성립을 더 적극적으로 인정하려는 것이다.

(1) 부정설(또는 정당사유설) : 해고 등 불이익취급의 정당한 이유가 있으면 비록 부당노동행위의사가 있더라도 부당노동행위가 성립하지 않는다고 보는 견해이다.

(2) 긍정설 : 부당노동행위의사가 있으면 불이익취급의 정당한 이유가 있더라도 부당노동행위가 성립한다고 보는 견해이다.

(3) 결정적 원인(이유)설 : 정당한 조합활동과 해고의 정당사유 중 어느 쪽이 결정적 내지는 우월적 원인인가에 따라 부당노동행위 성립 여부를 판단하는 견해이다.

(4) 상당인과관계설 : 정당한 조합활동이 없었더라면 불이익취급이 없었을 것이라는 정도의 관계가 존재하면 부당노동행위가 성립한다고 보는 견해이다.[4]

▷ 판례가 위 4가지 설 중 어떤 입장에 속하는가에 대한 견해의 대립이 있는데, 부정설이라는 견해와 결정적 원인(이유)설이라는 견해가 있다.

(1) 부정설로 보는 견해 : 판례는 사용자가 정당한 해고사유가 있어 근로자를 해고한 경우에는 노동조합활동을 못마땅하게 여긴 흔적이 있다거나 사용자에게 반노동조합의사가 추정된다고 하더라도 그 해고사유가 단순히 표면상의 구실에 불과하다고 할 수는 없으므로 불이익취급의 부당노동행위가 되지 않는다고 하여 부정설을 취하고 있다고 보는 견해이다.[5]

(2) 결정적 원인(이유)설로 보는 견해 : 부당노동행위 사건에서는 근기법 사건(해고무효확인 사건)과 달리 사용자의 부당노동행위의사가 추정되는 단계에서 그 추정을 깨뜨리기 위하여 해고의 정당이유에 관한 주장·입증이 필요로 되기 때문에 해고의 정당이유는 그 자체의 절대적 기준에 의하여 심사되는 것이 아니라 부당노동행위의사의 존재를 추정할 수 있는 제반 사정과 비교·검토를 한다는 상대적 기준에 의하여 심사되고, 비교·검토의 목적은 과연 부당노동행위의사의 추정을

---

4) 김유성, 「노동법Ⅱ」, 법문사, 1999, 335면 참조.
5) 임종률, 앞의 책, 290면.

깨뜨릴 수 있는가 하는 데에 있으며, 이러한 비교·검토의 과정은 바로 해고의 결정적 이유를 찾아가는 과정이라고 할 것이고, 판례에서 실질적 이유라고 표현하고 있는 것은 바로 결정적 이유와 같은 의미이기에 대법원은 결정적 원인설을 취하고 있는 것으로 보는 견해이다.[6]

(3) 결 론 : 대법원이 불이익취급의 정당한 사유가 인정되는 사안에서 부당노동행위를 긍정한 사례는 찾기 어렵고, 대법원이 부당노동행위의 성립을 긍정한 사안은 정당한 해고사유로 볼 수 없는 사유를 내세워 근로자를 해고한 것이 거의 대부분인바 이러한 점은 주류적인 판례의 태도가 부정설의 입장에 서있는 것으로 해석된다(또한 대법원은 근로자에 대한 해고의 정당한 사유가 없는 경우에 있어서조차 곧바로 부당노동행위를 단정하지 아니함).[7] 부당노동행위의 성립을 인정한 사례와 달리 부정한 사례에서 대법원은 '부정설로 보는 견해'가 인용하고 있는 판례의 내용, 즉 "근로자에 대한 해고 등의 불이익처분에 정당한 이유가 있는 것으로 인정되는 경우에는 비록 사용자가 근로자의 조합활동을 못마땅하게 여긴 흔적이 있다거나 사용자에게 반노동조합 의사가 추정된다고 하더라도 당해 불이익처분의 사유가 단순히 표면상의 구실에 불과하다고 할 수는 없어 그와 같은 불이익처분이 부당노동행위에 해당한다고 할 수 없다"(대법원 1997. 6. 24. 선고 96누16063 판결; 대법원 1999. 3. 26. 선고 98두4672 판결; 대법원 2000. 6. 23. 선고 98다54960 판결 등)는 법리를 일관되게 판시하고 있다. 즉 사용자가 주장하는 해고사유가 정당한 경우에는 그것이 해고의 '실질적' 내지는 '진정한' 원인·이유라고 보아야 하고, 그것과 부당노동행위의사 중 어느 쪽이 해고의 '결정적' 내지는 '우월적' 원인·이유인지를 저울질할 필요는 없다는 것이 판례의 태도인 것으로 보인다. 다른 한편, 해고무효확인의 소에서 청구기각의 판결이 확정된 경우에는 부당노동행위 구제신청의 구제이익 또는 재심판정취소의 소의 이익은 없다는 것이 판례의 입장이다(☞ 아래의 판결 참고). 이는 '원인(처분이유)의 경합'에서 판례가 부정설의 입장을 취하고 있다고 평가할 수 있는 또 다른 근거라 할 수 있다.

> ※ **대법원 1996. 4. 23. 선고 95누6151 판결 【부당노동행위구제재심판정취소】**
> - "근로자가 자신에 대한 해고 등의 불이익처분이 부당노동행위에 해당한다고 주장하여 <u>부당노동행위 구제신청</u>을 하여 그 구제절차가 진행중에 자신이 <u>별도로</u> 사

---

6) 박상훈, "해고사유의 경합에 관한 최근 판례의 경향", 「조정과 심판」 제22호, 중앙노동위원회, 2005. 7, 49-50면 참조.

7) 사법연수원, 「노동조합 및 노동관계조정법」, 2010, 330면.

용자를 상대로 <u>제기한 해고등무효확인청구의 소에서 청구기각 판결이 선고되어</u> <u>확정된 경우에 있어서는</u> 사용자의 근로자에 대한 <u>해고 등의 불이익처분이 정당</u> <u>한 것으로 인정되었다</u> 할 것이어서 노동위원회로서는 그 불이익처분이 부당노동 행위에 해당한다고 하여 <u>구제명령을 발할 수 없게 되었다</u> 할 것이므로 <u>구제이익</u> <u>은 소멸한다고 보아야</u> 할 것이고, 이와 같은 경우 근로자의 부당노동행위 구제신 청을 기각한 지방노동위원회의 결정을 유지하여 <u>재심신청을 기각하거나</u> 구제명 령을 발한 지방노동위원회의 결정을 취소하여 <u>구제신청을 기각하는</u> 내용의 중앙 노동위원회의 재심판정의 취소를 구하는 소송은 그 소의 이익이 없어 <u>부적법하다</u> 할 것이다."

3. 인사고과와 불이익취급

◀ 판례분석 ▶

■**제 목** : 인사고과(평정결과)를 기준으로 한 조합원 경영상 해고의 부당노동행위 해당 여부(N) [스포츠조선사건]

■**대상판결** : 대법원 2009. 3. 26. 선고 2007두25695 판결 【부당노동행위구제재 심판정취소】
【원고, 상고인】 원고
【피고, 피상고인】 중앙노동위원회위원장
【피고보조참가인】 피고 보조참가인
【원심판결】 서울고법 2007. 11. 22. 선고 2007누9909 판결
【주 문】 상고를 기각한다. 상고비용은 원고가 부담한다.

■**사건의 개요** : 참가인 신문사는 경영악화를 이유로 원고(전국언론노동조합) 지부 소속 조합원 근로자들을 해고하였고, 해고된 근로자들과 원고는 부당해고 및 부 당노동행위를 주장하면서 관할 노동위원회에 그 구제를 신청하였다.

■**관련 법 규정**(현행법 기준)
- 노조법 제81조(부당노동행위) ① 사용자는 다음 각호의 어느 하나에 해당하는

행위(이하 "부당노동행위"라 한다)를 할 수 없다.

　　1. 근로자가 노동조합에 가입 또는 가입하려고 하였거나 노동조합을 조직하려
　　　고 하였거나 기타 노동조합의 업무를 위한 정당한 행위를 한 것을 이유로 그
　　　근로자를 해고하거나 그 근로자에게 불이익을 주는 행위

▌**판결의 성격** : 원심은 원고의 지부 조합원들에 대한 이 사건 해고가 부당노동
행위에 해당한다는 원고의 주장을 받아들이지 않았고, 대법원은 원심의 판단이
정당하다고 보아서 원고의 상고를 기각하였다.

▌**쟁 점**
- 이 사건 해고가 조합원에 대한 차별적 인사고과에 의한 것으로서 부당노동행
위에 해당하는지 여부

▌**중요 사실관계**
- i) 참가인은 근로자 230여 명을 고용하여 스포츠신문발행업을 영위하는 회사
이고, 원고(전국언론노동조합)는 조합원수 16,000여 명으로 조직된 산별노조, ii) 참
가인은 원고 지부 소속 조합원들인 근로자 소외인 외 13명에 대하여 경영악화를
이유로 2004. 12. 1. 이 사건 해고를 행함, iii) 원고는 이 사건 해고가 노조법 제
81조 제1호상의 부당노동행위에 해당한다고 주장(단 한 명의 일반사원도 포함되지
않은 친사용자적 성향을 가진 근로자위원 등으로만 구성되어 어용조직에 불과한 노사협의회
에서 직접 업무지휘를 하지 않은 소속 국장이나 경영지원국장이 행한 자의적인 인사고과 등
과 평소 노동조합 활동을 적극적으로 행하였던 조합원들에 대한 불리한 징계 배점 등을 경영
상 해고의 기준으로 삼는 등 참가인이 해고 대상자를 선정함에 있어 합리적이고 공정한 기준
에 의하였다고 볼 수 없음) ⇒ **조합원들에 대한 사용자의 차별적인 인사고과로 인해 조합원들
만 이 사건 해고의 대상자로 선정된 것인지와 관련**
- 제1심법원에서 참가인에 대하여 이 사건 해고 대상자 선정시 기준자료로 삼았
던 개인별 종합평가표, 개인별 최종합계표 등 평정결과가 기재된 문서를 제출하
도록 문서제출명령을 하였으나 참가인이 이를 거부하고 즉시항고를 제기하여 그
것이 항고심(서울고등법원 2006루183)에서 인용되어 확정됨으로써 결국 위와 같은
문서가 제출되지 않아 항소심 법원으로서는 참가인이 이 사건 해고 대상자 선정
을 함에 있어서 조합원들에게 비조합원들에 비하여 불리하게 차별적으로 평정한
것인지 여부에 관한 실질적인 심리를 할 수 없었음 ⇒ **이 사건 해고 근로자들을 포함**

한 모든 직원의 평정결과 자료가 제출되지 않고 있다는 사정만을 가지고 사용자의 부당노동행위의사를 추정할 수 있는지와 관련

■ **기본법리**(판지)

1) 노동조합 및 노동관계조정법 제81조(현행 제81조 제1항) 제1호는 '근로자가 노동조합에 가입 또는 가입하려고 하였거나 노동조합을 조직하려고 하였거나 기타 노동조합의 업무를 위한 정당한 행위를 한 것을 이유로 그 근로자를 해고하거나 그 근로자에게 불이익을 주는 행위'를 사용자의 부당노동행위의 한 유형으로 규정하고 있으므로 같은 법조의 부당노동행위가 성립하기 위해서는 근로자가 '노동조합의 업무를 위한 정당한 행위'를 하고 사용자가 이를 이유로 근로자에 대하여 해고 등의 불이익을 주는 차별적 취급행위를 한 경우라야 하며 그 사실의 주장 및 증명책임은 부당노동행위임을 주장하는 측에 있다(대법원 1991. 7. 26. 선고 91누2557 판결, 대법원 1996. 9. 10. 선고 95누16738 판결 등 참조). ⇒ **[해고 등 차별적 불이익취급의 부당노동행위 성립요건과 증명책임]**

2) 이와 관련하여, 사용자가 어느 근로자에 대하여 노동조합의 조합원이라는 이유로 비조합원보다 불리하게 인사고과를 하고 그 인사고과가 경영상 이유에 의한 해고 대상자 선정기준이 됨에 따라 그 조합원인 근로자가 해고되기에 이르렀다고 하여 그러한 사용자의 행위를 부당노동행위라고 주장하는 경우, 그것이 부당노동행위에 해당하는지 여부는, 조합원 집단과 비조합원 집단을 전체적으로 비교하여 **양 집단이 서로 동질의 균등한 근로자 집단**임에도 불구하고, i) 인사고과에 있어서 **양 집단 사이에 통계적으로 유의미한 격차**가 있었는지, ii) 인사고과에 있어서의 그러한 격차가 노동조합의 조합원임을 이유로 하여 비조합원에 비하여 불이익취급을 하려는 사용자의 반조합적 의사에 기인하는 것, 즉 사용자의 **부당노동행위 의사의 존재를 추정할 수 있는 객관적인 사정**이 있었는지, iii) 인사고과에 있어서의 그러한 차별이 없었더라면 해고 대상자 선정기준에 의할 때 해고대상자로 선정되지 않았을 것인지 등을 심리하여 판단하여야 한다. ⇒ **[조합원에 대한 인사고과 차별 문제의 부당노동행위 해당 여부 판단 방법(이른바 '대량관찰방법')]**

■ **결론 및 이유** : 피고 보조참가인의 원고의 지부 조합원들에 대한 이 사건 해고가 노조법 제81조 제1호에 정한 부당노동행위에 해당한다는 원고의 주장을 받아들이지 않은 아래와 같은 원심의 판단은 정당하다.

- 피고 보조참가인으로부터 경영상 이유로 해고된 근로자들은 모두 원고의 지부

소속 조합원들이기는 하나, <u>피고 보조참가인이 해고 대상자 선정기준으로 사용한 인사고과자료인 근로자들의 개인별 종합평가표, 개인별 최종합계표 등 평정결과가 기재된 모든 문서가 제출되지 않은 상태에서, 피고 보조참가인이 조합원들에 대하여 비조합원들에 비하여 불리하게 차별적으로 평정하여 인사고과를 한 것으로 단정할 수 없고, 달리 원고의 주장사실을 인정할 증거가 없음.</u>

▌판결의 의의와 한계

1) 부당노동행위의 증명책임은 그것을 주장하는 근로자 측에게 있다는 것이 판례의 입장이고, 앞의 기본법리(판지) 1)에서 보듯이 대상판결도 이에 따르고 있다(☞ 부당노동행위 증명책임에 관한 자세한 내용은 제24강 2. 불이익취급과 부당노동행위의사, 심화학습 1.과 2. 참고). 그런데 대상판결은 여기에 그치지 않고, 조합원에 대한 사용자의 인사고과 차별과 그에 따른 임금, 승진, 해고 등에서의 불이익취급이 문제되는 경우에 부당노동행위 성립 여부를 판단하는 방법, 이른바 '대량관찰방법'을 제시한 것으로 볼 수 있는 사례란 점에서 의미가 있다.

2) 인사고과 차별사건에서 부당노동행위를 주장하는 근로자는 i) 자신이 어느 노조의 조합원이라는 점, ii) 자신이 비교 가능한 다른 근로자(비조합원 또는 다른 노조 소속 조합원)에 비해 낮은 인사고과를 받았고, 이로 인해 임금 등에서 불이익을 입은 점, iii) ii)는 i)을 이유로 한다는 점을 증명하여야 한다. 그러나 인사고과자료가 전적으로 사용자의 수중에 있는 상황에서 근로자가 비교 가능한 다른 근로자와의 개별적 비교방식에 따라 위와 같은 점을 입증하기란 현실적으로 매우 어렵다. 대량관찰방법은 비교 대상 근로자집단(조합원 집단과 비조합원 집단, 다수노조 조합원 집단과 소수노조 조합원 집단) 간의 인사고과 평균치를 비교하여 양자 사이에 유의미한 격차가 있는지를 확인하는 집단적 비교방식으로서, 위와 같은 개별적 비교방식이 가지는 한계에 대응하여 근로자 측의 입증부담을 경감할 수 있는 방법이다.

3) 대상판결이 판시하고 있듯이, 대량관찰방법은 비교 대상 두 집단이 서로 동질의 균등한 근로자 집단일 것을 전제로 한다(이질적 집단 간의 비교는 유의성이 없기 때문에 그러한 전제는 당연하다). 이는 업무의 성격과 내용, 근로자의 권한과 책임 등의 면에서 볼 때, 두 집단이 동질적인 집단으로 평가될 수 있어야 한다는 의미로 풀이할 수 있다. 대상판결이 판시하고 있는 '인사고과에서 두 집단 사이에 통계적으로 유의미한 격차'란 격차의 정도가 경미하지 않고 일정 정도에 달할 것을 요하는 것으로 일응 볼 수 있는데, 경미한 격차와 현저한 격차 사이의 어느 지점

에서 유의미한 격차를 인정할 수 있을지는 과제라 할 것이다. 한편, '인사고과에서의 통계적으로 유의미한 격차가 노동조합의 조합원임을 이유로 하여 비조합원에 비하여 불이익취급을 하려는 사용자의 반조합적 의사에 기인하는 것인지(즉 사용자의 부당노동행위 의사의 존재를 추정할 수 있는 객관적인 사정이 있었는지)'의 판단에서는 노동조합이나 조합활동을 혐오하는 사용자의 언동이나 조치, 노동조합 가입자 또는 탈퇴자의 가입 내지 탈퇴 전후 인사고과상의 변화 등을 고려하여야 할 것이다. 이러한 과정을 통해 근로자 측이 비교 대상이 되는 두 근로자 집단 간 인사고과에서의 통계적으로 유의미한 격차와 사용자의 반조합적 언동 등 불이익취급 의사를 입증하면 해고 등이 사용자의 차별적인 인사고과에 의한 것으로 추정되고, 사용자 측이 격차의 존재와 그에 따른 불리한 처우가 합리적인 이유에 의한 것(즉 정당한 인사고과에 의한 것으로서 차별적 취급이 아니라는 것)임을 반증할 수 없으면, 부당노동행위의 성립이 인정된다.

4) 그러나 대상판결 사건에서 보듯이, 조합원 집단과 비조합원 집단 간 인사고과 평정결과를 비교할 수 있는 자료가 제출되지 않은 경우에는 근로자 측이 대량관찰방법에 따라 불이익취급의 부당노동행위 의사를 입증하는 것이 사실상 불가능하므로, 이러한 한계를 극복할 수 있는 방안을 강구하는 것이 과제라 하겠다. 특히 근로자와 노동조합이 노동위원회에 부당해고 및 부당노동행위의 구제를 동시에 신청하는 경우 부당해고 여부를 중심으로 노동위원회의 조사와 심리가 이루어지는 실무경향은 지양되어야 하고, 근로자 측의 부당노동행위 주장과 관련한 노동위원회의 직권조사 및 심리가 강화되어야 한다. 그렇지 않고 부당노동행위 증명책임을 전적으로 근로자나 노동조합에 부담케 하는 것은 타당하지 않다. 또한 사용자가 인사고과 평정결과를 비교할 수 있는 자료의 제출을 거부하는 경우에는 조합원 집단 구성원(또는 다수노조 조합원 집단 구성원) 중 해고 등 불리한 처우를 입은 근로자의 비율과 비조합원 집단 구성원(또는 소수노조 조합원 집단 구성원) 중 불리한 처우를 입은 근로자의 비율을 비교하여 양자 간에 현저한 격차가 있으면, 특별한 사정이 없는 한 불이익취급의 의사를 추정하고 그에 대한 반증을 사용자가 부담하도록 하는 방향으로, 노동위원회와 법원이 부당노동행위 구제제도를 운영하는 것이 바람직하다고 하겠다.

▌**기타 해설** : 대상판결은 사용자가 근로자에 대하여 노동조합의 조합원이라는 이유로 불리하게 인사고과를 하고 그 인사고과가 경영상 이유에 의한 해고 대상자 선정기준이 되어 그 근로자가 해고되었다고 주장하는 경우 사용자의 행위가

부당노동행위에 해당하는지에 관한 판단 방법을 제시한 것이다. 이후 대법원은 대상판결의 판지를 참조하여, 근로자에 대한 인사고과가 상여금의 지급 기준이 되는 사업장에서 사용자가 특정 노동조합의 조합원이라는 이유로 다른 노동조합의 조합원 또는 비조합원보다 불리하게 인사고과를 하여 상여금을 적게 지급하는 불이익을 준 때 그러한 사용자의 행위가 부당노동행위에 해당하는지 판단하는 기준을 밝혔고, 이에 따라 해당 사건에서 사용자(원고)가 2014년 상반기 성과평가에서 전반적으로 낮은 등급을 부여받은 소수노조의 조합원들을 포함한 이 사건 근로자들에게 상여금을 적게 지급한 것은 부당노동행위에 해당한다고 판단하였다(2017두37031 판결).

※ **대법원 2018. 12. 27. 선고 2017두37031 판결 【부당노동행위구제재심판정취소】**
- "가. … (중략) … 근로자에 대한 인사고과가 상여금의 지급기준이 되는 사업장에서 사용자가 특정 노동조합의 조합원이라는 이유로 다른 노동조합의 조합원 또는 비조합원보다 불리하게 인사고과를 하여 상여금을 적게 지급하는 불이익을 주었다면 그러한 사용자의 행위도 부당노동행위에 해당할 수 있다. **이 경우 사용자의 행위가 부당노동행위에 해당하는지 여부는,** 특정 노동조합의 조합원 집단과 다른 노동조합의 조합원 또는 비조합원 집단을 전체적으로 비교하여 양 집단이 서로 동질의 균등한 근로자 집단임에도 불구하고 인사고과에 양 집단 사이에 통계적으로 유의미한 격차가 있었는지, 인사고과의 그러한 격차가 특정 노동조합의 조합원임을 이유로 불이익취급을 하려는 사용자의 반조합적 의사에 기인한다고 볼 수 있는 객관적인 사정이 있었는지, 인사고과에서의 그러한 차별이 없었더라도 동등한 수준의 상여금이 지급되었을 것은 아닌지 등을 심리하여 판단하여야 한다(대법원 2009. 3. 26. 선고 2007두25695 판결의 취지 참조).
나. 원심은 제1심 판결이유를 인용하여, 아래와 같은 사정 등 그 판시와 같은 이유를 들어 원고가 변경된 2014년 단체협약의 상여금 조항 및 상여금 지급규칙에 따라 2014년 상반기 성과평가에서 전반적으로 낮은 등급을 부여받은 피고보조참가인(이하 '참가인'이라고 한다)들을 포함한 이 사건 근로자들에게 상여금을 적게 지급한 것은 부당노동행위에 해당한다고 판단하였다.
(1) 참가인들이 가입한 전국금속노동조합 경주지부 발레오만도지회(이하 '이 사건 지회'라고 한다)의 조합원 집단과 2014. 4. 9. 교섭대표노동조합이 된 발레오경주노동조합(이하 '교섭대표노조'라고 한다) 소속 조합원 등 그 밖의 근로자 집단은 전체적으로 보아 **생산직 직원으로서 동질의 균등한 근로자 집단**이고, 두 집단 사이에 업무 성과에 영향을 미칠 만한 이질적인 징표를 찾을 수 없다. 그런데도 2014년 상반기 성과평가에서 위 **두 집단 사이에는 통계적으로 현격한 격차**가 있었다.
(2) 원고와 이 사건 지회 또는 그 소속 근로자들 간의 분쟁 경과, 교섭대표노조의

설립 경위, 원고 소속 간부직원들의 이 사건 지회에 대한 적대적인 언동, 원고의 이 사건 지회에 대한 부당노동행위 및 이 사건 지회 소속 조합원에 대한 부당징계 전력 등 제반 사정에 비추어 보면, 2014년 상반기 성과평가에서 이 사건 지회의 조합원 집단과 그 밖의 근로자 집단 사이에 통계적으로 현격한 격차가 발생한 것은 이 사건 지회의 조합원임을 이유로 이 사건 근로자들을 그 밖의 근로자들에 비하여 불이익취급을 하려는 **원고의 이 사건 지회에 대한 반조합적 의사에 기인한 것으로서, 부당노동행위 의사의 존재가 추정**된다.

(3) 2014년 상반기 성과평가에서 위와 같은 차별이 없었더라면 이 사건 지회 소속인 이 사건 근로자들이 더 높은 등급을 부여받았을 것으로 보인다.

다. 원심판결 이유를 적법하게 채택된 증거들에 비추어 살펴보면, 이러한 원심의 판단은 앞에서 본 법리에 기초한 것으로서 정당하다."

◀ Q 풀이 ▶

Q 1. 인사고과에서 조합원에 대한 불이익취급이 부당노동행위에 해당하는지를 판단하는 기준은?

[A] 앞의 기본법리(판지) 2) 및 판결의 의의와 한계 참고.

Q 2. 대상판결에서 이 사건 해고가 부당노동행위에 해당하지 않는다고 판단한 이유는?

[A] 참가인에 의해 경영상 이유로 해고된 근로자들은 모두 원고의 지부 소속 조합원들이지만, 참가인이 해고 대상자 선정기준으로 사용한 인사고과자료가 제출되지 않은 상태에서 그러한 사정만으로 참가인이 이 사건 해고 근로자들에 대하여 차별적인 인사고과를 한 것으로 단정할 수 없고, 달리 원고의 주장 사실을 인정할 증거가 없다는 이유로 이 사건 해고가 불이익취급의 부당노동행위에 해당한다는 원고의 주장을 받아들이지 않았다.

제25강 부당노동행위 (2)

1. 조합원의 자발적 활동

◀ 판례분석 ▶

▌**제 목** : 사용자의 승낙을 받지 않고 휴게시간 중에 유인물을 배포한 조합원의 자발적 행위의 정당한 조합활동 해당성(Y) [대선조선사건]

▌**대상판결** : 대법원 1991. 11. 12. 선고 91누4164 판결 【부당노동행위구제재심판정취소】

【원고, 피상고인】 대선조선주식회사

【피고, 상고인】 중앙노동위원회위원장

【피고보조참가인】 이○기

【원심판결】 서울고등법원 1991. 4. 11. 선고 90구9454 판결

【주 문】 원심판결을 파기하고, 사건을 서울고등법원에 환송한다.

▌**사건의 개요** : 원고 회사의 노조 위원장선거에서 중복추천의 문제로 다른 2인과 함께 후보직을 자진사퇴한 참가인은 단독후보자로 남은 소외인이 배포한 유인물을 보고나서 자신이 소외인을 지지하여 사퇴한 것이 아님을 조합원들에게 알리려고 점심시간을 이용하여 유인물을 근로자들에게 배포하였고, 원고는 회사의 승인 없는 참가인의 유인물 배포행위가 단체협약에 위반되고 취업규칙상의 징계사유에 해당한다고 보아서 참가인을 징계해고하였으며, 참가인은 이러한 해고가 부당노동행위라고 주장하면서 관할 지방노동위원회에 구제신청을 하였다.

▌**관련 법 규정**(현행법 기준)

- 노조법 제81조(부당노동행위) ① 사용자는 다음 각호의 어느 하나에 해당하는

행위(이하 "부당노동행위"라 한다)를 할 수 없다.

　1. 근로자가 노동조합에 가입 또는 가입하려고 하였거나 노동조합을 조직하려
　　고 하였거나 기타 노동조합의 업무를 위한 정당한 행위를 한 것을 이유로 그
　　근로자를 해고하거나 그 근로자에게 불이익을 주는 행위

- 근기법 제54조(휴게)　① 사용자는 근로시간이 4시간인 경우에는 30분 이상, 8시간인 경우에는 1시간 이상의 휴게시간을 근로시간 도중에 주어야 한다.
② 휴게시간은 근로자가 자유롭게 이용할 수 있다.

■판결의 성격 : 원심은 참가인의 유인물 배포행위가 노조의 업무를 위한 행위 또는 이를 위한 정당한 행위라고 볼 수 없어서 이 사건 징계해고가 부당노동행위에 해당하지 않는다고 판단했으나, 대법원은 노조의 업무를 위한 정당한 행위로 보아서 원심판결을 파기환송하였다.

■쟁 점
- 참가인(조합원)의 자발적인 유인물 배포행위가 조합활동('노동조합의 업무를 위한 행위')에 해당하는지 여부
- 조합활동에 해당한다면 회사의 승낙 없이 유인물을 휴게시간에 배포한 참가인의 행위가 정당한지 여부

■중요 사실관계
- 단독후보자로 남은 소외인이 1989. 12. 19. 07:35경 회사에게 유인물 배포하겠다고 신고한 뒤 같은 날 오전에 회사 근로자들에게 자신의 지지를 부탁하는 내용의 유인물을 배포하였고, 참가인은 위 유인물 내용 중에 자신 등의 사퇴이유가 위 소외인을 지지하기 위함에 있는 것처럼 표현된 부분이 있다고 보아서 1989. 12. 21. 점심식사 시간에 회사의 승인을 받지 아니하고 본사에서는 참가인이 직접, 제2공장에서는 다른 사람을 시켜 참가인이 작성한 300여 매의 유인물을 회사 근로자들에게 배포 ⇒ 사퇴이유를 알리기 위한 유인물 배포행위가 '노동조합의 업무를 위한 행위'(조합활동)에 해당하는지, 휴게시간 중의 배포(유인물 배포의 방법)가 정당한 것인지와 관련
- 참가인이 배포한 유인물은 참가인의 후보사퇴경위와 조합원이 해 준 추천서를 훼손한 데 대한 해명과 사과가 주된 내용 ⇒ 유인물의 내용 측면에서 배포행위가 정당한지와 관련
- 단체협약 제14조의 내용("노조는 회사구내에 있어서 게시 혹은 인쇄물의 첨부 및 배부

토록 하고자 할 때는 1일전에 회사의 승인을 얻어야 한다")과 징계해고사유를 규정한 취업규칙 제94조 제1항 제4호의 내용("회사 내에서 무단으로 문서, 도서 등의 배포나 부착 또는 시위, 집회의 선동, 유언비어 살포 등의 행위") ⇒ **회사의 승낙이 없는 유인물 배포행위가 정당한지와 관련**

▌기본법리(판지)

1) (구) 노동조합법 제39조(현행 제81조) 제1호 소정의 "노동조합의 업무를 위한 정당한 행위"란 일반적으로는 정당한 노동조합의 활동을 가리킨다고 할 것이나, 조합원이 조합의 결의나 조합의 구체적인 지시에 따라서 한 노동조합의 조직적인 활동 그 자체가 아닐지라도 그 행위의 성질상 노동조합의 활동으로 볼 수 있거나, 노동조합의 묵시적인 수권 혹은 승인을 받았다고 볼 수 있을 때에는 노동조합의 업무를 위한 행위로 보아야 할 것이다(당원 1989. 4. 25. 선고 88누1950 판결; 1990. 8. 10. 선고 89누8217 판결 참조). ⇒ **[주체 측면에서의 정당한 조합활동(조합원의 기관활동과 이에 준하는 활동)]**

2) ⑴ 유인물의 배포에 허가제를 채택하고 있다고 할지라도 노동조합의 업무를 위한 정당한 행위까지 금지시킬 수는 없는 것이므로 그 배포행위가 정당한가 아닌가는 허가가 있었는지 여부만 가지고 판단할 것은 아니고 그 유인물의 내용이나 배포방법 등 제반사정을 고려하여 판단되어져야 할 것이고, ⇒ **[허가제 하의 유인물 배포의 정당성 판단기준]**

⑵ 취업시간 아닌 주간의 휴게시간 중의 배포는 다른 근로자의 취업에 나쁜 영향을 미치거나 휴게시간의 자유로운 이용을 방해하거나 구체적으로 직장질서를 문란하게 하는 것이 아닌 한 허가를 얻지 아니 하였다는 이유만으로 정당성을 잃는다고 할 수 없다(당원 1988. 10. 11. 선고 87누147 판결 참조). ⇒ **[휴게시간 중 유인물 배포의 정당성 판단기준]**

3) 근로자가 노동조합의 위원장으로 출마한 행위는 노동조합의 업무를 위한 정당한 행위에 해당함이 분명하다 할 것이고(당원 1990.8.10. 선고 89누8217 판결 참조), 다수의 노동조합위원장 입후보자 중 일부만 사퇴하고 복수 이상의 후보자가 남았는데 그 중 한 사람이 사퇴자의 사퇴이유를 왜곡하여 그의 선거운동에 이용하는 경우 당해 사퇴자가 그의 사퇴이유를 조합원에게 알리는 행위를 하는 것도 조합의 업무를 위한 행위에 포함되는 것으로 해석하는 것이 상당하고, 후보자가 한 사람만 남아 가부의 투표를 하게 되는 경우라고 하여 달리 볼 것은 아니다. ⇒ **[노조위원장 입후보 사퇴이유를 알리는 행위의 조합업무와의 관련성]**

▌결론 및 이유 : 원심판결에는 부당노동행위에 관한 법리를 오해한 위법이 있다.

- 참가인이 자신이 사퇴한 것이 단독후보자로 남은 소외인을 지지하기 위한 것이 아니라는 사실을 조합원에게 알리고자 유인물을 만들어 배포한 것은 조합의 운영위원 및 대의원으로서 그리고 위원장에 입후보하였던 사람으로서 <u>노동조합의 위원장 선거와 관련된 문제에 대한 의견을 말하고</u>, 위원장후보 사퇴에 따른 조합원의 오해를 해명하여 <u>위원장 선거라는 조합내부의 의사결정이 제대로 이루어지게 하고자 한 행위로서 노동조합의 업무를 위한 행위라고 볼 수 있을지언정, 노동조합의 활동을 벗어난 순수한 개인적 활동이라고만 하기는 어려울 것임.</u>

- <u>유인물의 내용을 살펴보면</u> 그 취지가 분명하지는 아니하고 과장된 표현이 사용되어 있기는 하나 참가인의 <u>후보사퇴경위와 조합원이 해 준 추천서를 훼손한데 대한 해명과 사과가 주된 내용</u>이고, 자신의 사퇴가 사용자인 원고의 간섭이나 방해에 의한 것임을 나타내는 내용이 포함되어 있다고 보이지는 아니함.

- 참가인이 휴게시간인 <u>점심시간에</u> 원고 회사의 시설물을 이용하지 않고 <u>다른 조합원에게 유인물을 단순히 전달만 한 것을 가리켜</u>, 이것이 원고의 <u>허가를 얻어야 한다는 조항에 위배된다고 하여</u> 이것만 가지고 <u>정당한 행위가 아니라고 할 수 없고</u>, 이 사건에서 참가인이 배포한 유인물의 내용에 과장된 표현이 있고, 개인적인 자기변명을 한 부분이 있으며, <u>부분적으로 사실과 다른 내용이 포함되어 있다고 하여도 전체적인 내용이 위</u>와 같은 것이라면, 이를 가리켜 <u>노동조합의 업무를 위한 정당한 행위</u>가 아니라고 하여서는 아니 될 것임.

▌판결의 의의와 한계

1) 사용자가 근로자의 '노동조합의 업무를 위한 정당한 행위'(즉 정당한 조합활동)를 한 것을 이유로 해고하는 행위는 부당노동행위이다. 대상판결이 인용하고 있는 판례법리에 따르면 조합원 개인의 행위가 '노동조합의 업무를 위한 행위'에 해당하는 경우는 3가지, 즉 i) 조합의 결의나 지시에 따른 행위, ii) 그 성질상 노조의 활동으로 볼 수 있는 행위, iii) 노조의 묵시적 수권이나 승인을 받았다고 볼 수 있는 행위이다. i)은 조합원의 '기관활동', ii)와 iii)은 '기관활동에 준하는 활동'으로 부를 수 있을 것이다. 대상판결은 참가인(조합원 개인)이 노조위원장 후보사퇴경위 등을 알리기 위한 자발적인 유인물 배포행위가 그 행위의 성질상 조합활동에 해당하고, 위 배포행위가 허가제를 규정한 단체협약에 위반한 행위임에도 불구하고 그 정당성이 인정될 수 있다고 보아서 원심판결을 파기한 사례이다.

2) 대상판결의 법리에 따르면 허가제 하의 유인물 배포행위의 정당성은 허가 여

부만으로 판단해서는 아니 되고, 유인물의 내용, 배포방법 등 제반사정을 고려하여 판단해야 한다(☞ 구체적인 판단기준은 심화학습 1. 참고). 대상판결에서 언급되고 있지는 않지만 허가제의 취지는 아마도 사용자의 시설관리권을 침해하거나 직장질서를 문란케 하는 유인물 배포행위를 방지하고자 함에 있을 것이다. 이 사건의 경우 참가인은 휴게시간 중에 회사의 시설물을 이용하지 않고 다른 근로자들에게 유인물을 단순히 전달하였을 뿐이므로 이로써 사용자의 시설관리권에 대한 침해가 있었다고 보기 어려울 것이고, 유인물의 내용 또한 사용자를 비방하거나 노사관계를 악화시키는 것 등이 아니어서 직장질서를 문란케 하는 경우에 해당한다고도 볼 수 없을 것이다. 이러한 점에 비추어 대상판결의 판단은 타당하다고 평가할 수 있다.

3) 다만, 대상판결의 법리에 따르면 휴게시간 중의 유인물 배포라고 할지라도 사용자의 시설관리 내지 직장질서규율에 관한 권한을 침해하는 것으로 볼 수 있는 경우(즉 다른 근로자의 취업에 나쁜 영향을 미치거나 휴게시간의 자유로운 이용을 방해하거나 구체적으로 직장질서를 문란하게 하는 경우)에는 그 정당성이 부정될 수 있음을 확인할 수 있다.

▌기타 해설

1) <u>조합원의 행위가 그 행위의 성질상 노동조합의 활동으로 볼 수 있거나 노동조합의 묵시적인 수권 혹은 승인을 받았다고 볼 수 있는 행위로 인정된 사례</u>는 다음과 같다.

- 위원장 등 정상적으로 선출된 집행부가 사퇴하고 노동조합이 대행체제에 의하여 운영되고 있던 중 조합규약을 조합원의 토론 없이 찬반투표로 개정하려고 하자 이를 부당하다고 생각하고 그 개정안의 내용 및 개정 절차상의 문제점을 주된 내용으로 한 유인물을 작성하여 투표예정일 아침 출근버스 안에서 회사 근로자들에게 배포한 행위(대법원 1995. 6. 13. 선고 95다1323 판결).

- 조합총회나 대의원회의의 동의도 없이 사용자측의 뜻에 따라 임금인상 시기를 변경하는 내용의 단체협약을 체결하려는 노조집행부에 반대하면서 조합원들로부터 조합총회 소집을 요구하는 서명을 받기 시작하여 노조집행부와 회사가 임금인상시기를 늦추는 데에 따르는 보상안을 마련하자 서명작업을 중단하였고, 그 후에도 대의원회의 등을 통하여 임의수당을 신설할 것을 주장한 행위(대법원 1990. 11. 27. 선고 90누3683 판결).

- 노조 휴게실의 흑판에 조합장에게 무선호출기 설치사업과 관련된 자금지출내

역의 공개를 요구하는 글을 쓰고 게시판에 대기기사의 월 근무일수는 개인택시 면허 발급요건에 미달되며 월 수입금액도 지나치게 적어 생계에 지장이 있으므로 회사가 이를 시정하여 달라는 취지의 서면을 부착한 행위와 조합장에 대한 비리의혹이 확산되자 조합의 정상화를 바라는 조합원들의 임시대표 자격에서 2/3 이상 조합원의 연명으로 조합장에게 조합장 불신임 등을 주요 안건으로 한 임시총회 소집을 요구하고 과반수 조합원의 연명으로 관할 지방노동사무소장에게 임시총회 소집권자 지명을 요구한 행위(대법원 1999. 11. 9. 선고 99두4273 판결 ☞ 제24강 2. 불이익취급과 부당노동행위의사 대상판결).

- 취업규칙과 노사협의에 의하여 지급하도록 정하여진 목욕권과 예비군훈련기간의 수당을 지급하지 않는다고 노동부에 진정한 행위(대법원 1990. 8. 10. 선고 89누8217 판결).

2) 반면에 <u>조합원의 행위가 '노동조합의 업무를 위한 행위'에 해당하지 않는다고 본 사례</u>는 다음과 같다.

- 사업장 밖(보라매 공원후문 앞 잔디밭)에서 근로자 8명을 모아놓고 어용노조퇴진, 해고근로자의 복직 등의 요구가 관철되지 않을 때는 농성을 하자고 선동하여 그 다음 날 회사 주차장에서 교대하기 위하여 주차하여 놓은 회사 소유의 택시를 주차장 출입구로 끌고 가서 타이어의 바람을 빼고 출입구를 막아 놓아 회사 택시 58대가 약 3시간 30분 동안 운행하지 못하게 하고, 조합사무실을 불법으로 점거한 후 각목으로 사무실문짝 등을 두드리며 노래와 구호를 외치고 유인물을 종업원들에게 배포하는 등 농성을 주도한 행위(대법원 1990. 11. 13. 선고 89누5102 판결).

- 노동조합과 회사 사이에 임금인상에 관한 협의가 이루어졌음에도 불구하고 이에 불만을 품은 다른 수십 명의 근로자와 함께 임금의 보다 많은 인상 등을 요구하며 농성한 행위(대법원 1991. 9. 24. 선고 91누124 판결).

- 노조집행부와 회사가 타결한 임금협상의 내용에 불만을 품고 조합원의 찬반투표를 요구하며 조합집행부와 대립하여 오다가 점심시간에 식당 입구에서 조합원 40여 명을 모아 놓고 노조가 어용이라고 주장하며 조합장의 퇴진서명운동을 벌일 것과 연장근로의 거부를 선동하여 이에 동조한 근로자 120여 명으로 하여금 잔업을 거부하게 한 행위(대법원 1992. 9. 25. 선고 92다18542 판결).

- 조합원 전체가 아닌 소속 부서 조합원들의 모임에서 작업거부 결의를 주도하고, 작업자들이 작업반장의 작업지시에 따라 옥외에서의 조립작업에 나서는 것을 막고 작업자들에게 옥외작업을 거부하도록 종용함으로써 작업이 이루어지지 못하게 한 행위(대법원 1999. 9. 17. 선고 99두5740 판결).

◀ Q 풀이 ▶

Q 1. 대상판결에서 원심법원과 대법원 사이에는 어떤 판단의 차이를 보이고 있는가?

[A] 1) 원심법원은 유인물의 내용(입후보 사퇴경위 및 사과가 주된 내용)이 노동조합의 업무와 관련성이 없고, 허위의 내용(자신의 사퇴가 자의가 아닌 타인의 간섭 또는 방해로 인한 것)까지 포함하고 있어서 참가인의 배포행위를 조합활동 내지는 '정당한' 조합활동으로 볼 수 없고, 다만 유인물의 주된 내용, 그 배포방법 등 제반사정에 비추어 징계권의 남용에 따른 해고의 무효 여부를 별론으로 하고 이 사건 해고가 부당노동행위로 되는 것은 아니라고 판단하였다.
2) 반면에 대법원은 참가인의 유인물 배포행위가 그 행위의 성질상 순수한 개인적 활동이라기보다는 조합활동이라고 볼 수 있고, 비록 회사의 허가를 받지 않았지만 유인물의 전체적 내용 및 그 배포방법 등에 비추어 정당한 조합활동에 해당하는 것으로 볼 수 있다고 판단하였다.

Q 2. 대상판결에서 휴게시간의 이용과 관련한 쟁점은 무엇인가?

[A] 휴게시간은 근로자가 사용자의 지휘나 명령에서 벗어나 자유롭게 이용할 수 있는 것이 원칙이다(근기법 제54조). 그런데 기업에서는 취업규칙 등에 휴게시간 중의 정치활동이나 조합활동을 금지하거나 허가제 등의 제한을 두는 경우가 종종 있다. 또한 휴게시간인가 근로시간인가를 불문하고 회사 내에서의 각종 활동에 유사한 제한을 두기도 한다. 이러한 취업규칙 등의 규정에 위반하였다고 근로자를 징계할 수 있는지가 휴게시간의 자유 이용과 관련하여 종종 문제가 된다. 대상판결에서는 휴게시간에 이루어진 조합활동(유인물 배포)에 대한 징계의 정당성이 쟁점으로 되고 있다.

◀ 심화학습 ▶

1. 유인물 배포가 정당한 조합활동인지의 판단기준 (대법원 1997. 12. 23. 선고 96누11778 판결; 대법원 1992. 6. 23. 선고 92누4253 판결 참고)

▷ 노동조합활동으로서 배포된 문서에 기재되어 있는 문언에 의하여 타인의 인격·신용·명예 등이 훼손 또는 실추되거나 그렇게 될 염려가 있고, 또 그 문서에

기재되어 있는 사실 관계의 일부가 허위이거나 그 표현에 다소 과장되거나 왜곡된 점이 있다고 하더라도, 그 문서를 배포한 목적이 타인의 권리나 이익을 침해하려는 것이 아니라 노동조합원들의 단결이나 근로조건의 유지 개선과 근로자의 복지증진 기타 경제적·사회적 지위의 향상을 도모하기 위한 것이고, 또 그 문서의 내용이 전체적으로 보아 진실한 것이라면, 그와 같은 문서의 배포행위는 노동조합의 정당한 활동범위에 속하는 것으로 보아야 하고, 따라서 그와 같은 행위를 한 것을 이유로 그 문서를 작성·배포한 근로자를 해고하거나 근로자에게 불이익을 주는 행위는 허용되지 않는 것이다(대법원 1993. 12. 28. 선고 93다13544 판결, 대법원 2011. 2. 24. 선고 2008다29123 판결 등). 그리고 이러한 법리는 사용자가 징계사유로 삼은 근로자의 행위가 선전방송인 경우 그 행위의 정당성 여부를 판단함에 있어서도 마찬가지로 적용된다(대법원 2017. 8. 18. 선고 2017다227325 판결).

▷ 유인물 배포행위의 정당성 여부를 판단함에 있어서는 사용자의 승인 여부만을 기준으로 할 것은 아니고 유인물의 내용과 매수, 그 배포의 시기·대상·방법, 유인물 배포가 기업이나 업무에 미치는 영향 등을 고려한다(참고1 판결). 참고1 판결(96누11778 판결)은 근로자의 유인물 배포행위를 정당한 것으로 본 사례인 반면에 참고2 판결(92누4253 판결)은 그 정당성을 부정한 사례이다. 후자의 판결에서는 유인물의 내용(사용자에 대한 비방, 적개심 유발 염려)과 그 배포방법의 부당성(사용자의 시설관리권 침해 등)에 특히 주목하여 정당하지 않은 행위로 판단하고 있다.

※(참고1) 대법원 1997. 12. 23. 선고 96누11778 판결 【부당해고구제재심판정취소】
- "회사가 취업규칙에서 여론조사나 유인물의 배포에 관하여 회사의 사전 승인을 얻도록 하고 있다고 할지라도 근로자들의 근로조건의 유지·향상이나 복지 증진을 위한 정당한 행위까지 금지할 수는 없는 것이므로 그 행위가 정당한가 아닌가는 회사의 승인 여부만을 가지고 판단할 것은 아니고, 그 유인물의 내용, 매수, 배포의 시기, 대상, 방법, 이로 인한 기업이나 업무에의 영향 등을 기준으로 하여야 하며(대법원 1992. 3. 13. 선고 91누5020 판결, 1996. 9. 24. 선고 95다11504 판결 등 참조), 유인물로 배포된 문서에 기재되어 있는 문언에 의하여 타인의 인격, 신용, 명예 등이 훼손 또는 실추되거나 그렇게 될 염려가 있고, 또 그 문서에 기재되어 있는 사실관계의 일부가 허위이거나 그 표현에 다소 과장되거나 왜곡된 점이 있다고 하더라도 그 문서를 배포한 목적이 타인의 권리나 이익을 침해하려는 것이 아니라 근로조건의 유지·개선과 근로자의 복지 증진 기타 경제적·사회적 지위의 향상을 도모하기 위한 것으로서 그 문서의 내용이 전체적으로 보아 진실한 것이라면 이는 근로자들의 정당한 활동범위에 속한다고 할 것이다(대법원 1993. 12. 28. 선고 93다13544 판결 참조). 이 사건에서 참가인 전○○이 회사의 사전 승인 없이

원심 판시와 같은 설문조사를 하고 이를 토대로 탄원서, 진정서 등을 제출하며, 또 원고 회사 근로자들을 상대로 '협조문'이라는 유인물을 제작하여 참가인 배○○와 함께 배포한 행위는 그 문서의 내용에 일부사실과 다른 점이 있고 또 표현이 다소 과장되거나 과격한 점이 있다고 하더라도 기본적으로는 원고 회사 기사들의 근로조건의 향상과 복지 증진 등을 도모하기 위한 것으로서 전체적으로는 그 내용이 진실한 것이라고 할 것이므로 이를 이유로 한 해고가 부당하다.”

※(참고2) 대법원 1992. 6. 23. 선고 92누4253 판결 【부당노동행위구제재심판정등취소】
- “유인물의 배포가 정당한 노동조합의 활동에 해당되는 경우라면 사용자는 비록 취업규칙 등에서 허가제를 채택하고 있다 하더라도 이를 이유로 유인물의 배포를 금지할 수 없을 것이지만, 원심이 인정한 사실에 의하면 이 사건에서 <u>원고가 배포한 유인물은 참가인의 허가를 받지 아니하였을 뿐 아니라 허위사실을 적시하여 참가인을 비방하는 내용을 담고 있는 것이어서 근로자들로 하여금 사용자인 참가인에 대하여 적개감을 유발시킬 염려가 있는 것</u>이고, 또 원심이 인정한 사실에 의하면 위 유인물은 근로자들에게 직접 건네주지 않고 사용자인 참가인 회사 대전공장에 은밀히 뿌렸다는 것이므로 이는 참가인의 시설관리권을 침해하고 참가인의 직장질서를 문란시킬 구체적인 위험성이 있는 것으로서, 비록 위 유인물의 배포시기가 노동조합의 대의원선거운동기간이었다 할지라도 위 배포행위는 정당화될 수 없다.”

▷ 참고3 판결(추가: 2017다227325 판결)은 근로자가 사용자의 허가 없이 회사의 구조조정 등을 비난하는 12회 선전방송을 하고 1회 유인물을 게시한 행위가 노동조합의 정당한 업무를 위한 행위에 해당된다고 볼 여지가 크고, 따라서 이를 이유로 한 징계는 허용되지 않는다고 봄이 상당하다는 이유로 이와 달리 판단한 원심판결을 파기환송한 사례이다.

※(참고3) 대법원 2017. 8. 18. 선고 2017다227325 판결 【징계처분무효확인】
- “… (중략) … 2. <u>원심은</u> 그 판시와 같은 이유를 들어, 원고가 피고 회사의 허가 없이 12회 선전방송을 하고 1회 유인물을 게시하였으며, 그 내용이 피고 회사가 근로자들과 협의 없이 일방적으로 구조조정을 단행하고 경영진의 책임을 노동자들에게 전가한다는 취지 등이어서 일부 내용이 사실과 다르거나 과장되어 있고 또한 피고 회사의 경영진을 모욕하는 것이라고 판단하여, <u>위와 같은 선전방송 및 유인물 게시 행위가 노동조합의 정당한 업무를 위한 행위에 해당하여 징계사유가 될 수 없다는 원고의 주장을 배척하였다.</u>
3. 그러나 <u>원심의 위와 같은 판단은 다음과 같은 이유에서 수긍할 수 없다.</u>
가. 원심판결 이유와 원심이 적법하게 채택한 증거들에 의하면, <u>다음과 같은 사실을 알 수 있다.</u>

① 피고 회사가 2014. 11.경 성과연봉제 도입, 2015. 1.경 경영난을 이유로 한 1,000여 명의 희망퇴직 등 구조조정을 진행하자, 이에 대응하기 위해 피고 회사의 노동조합은 2015. 3. 9. 원고를 비롯한 대의원들의 행동지침으로 '수시로 집회를 갖고 조합원과 함께 투쟁 결의를 다지고, 구조조정 반대와 회사규탄, 피고 회사 대표이사인 소외인 퇴진 내용 등을 담은 대자보 등을 만들어 현장에 붙일 것' 등을 결정하였다. 또한 피고 회사의 노동조합은 피고 회사 측에 '2015. 1. 30.부터 진행되고 있는 전환배치가 단체협약에 위배되는 것이므로, 올바른 조치를 촉구한다'는 취지의 내용증명을 발송하기도 하였다.

② 원고는 2015. 3. 11.부터 2015. 4. 29.까지 약 2개월 동안 출근시간 무렵에 도크 게이트나 문화관, 생산기술관 앞 등에서 12회에 걸쳐 선전방송을 하였고, 2015. 4. 7. 생산기술관 현관 출입문 등에 유인물을 1회 게시하였다. 그 주된 내용은 피고 회사가 명예퇴직을 빙자하여 정리해고를 강행하고 있고, 단체협약을 위반한 전환배치가 강제로 이루어지고 있다는 취지인데, '여성 노동자들을 강제퇴직시켰다', '경영진들은 아침부터 우리 노동자들을 어떻게 하면 회유하고 협박하고 탄압할 것인지 그런 연구를 하고 있다'는 등 사실과 다른 내용을 포함하거나, '살인을 자행하는 소외인 사장', '낙하산으로 내려온 사장', '악마의 얼굴을 갖고 있는 소외인 사장' 등 경영진을 비하하는 표현도 포함되어 있다.

③ 피고 회사의 취업규칙에는 회사의 명예나 신용을 훼손하는 행위, 허가 없이 사내에서 방송을 하거나 유인물을 게시하는 행위, 유언비어의 날조·유포 행위 등을 금지하고 있고, 이를 어기거나 회사의 승인 없이 회사의 이익에 반하는 유인물 등을 배포하거나 작업자를 선동 규합하려는 행위를 한 때 등을 징계사유로 규정하고 있다.

④ 피고 회사는 2015. 6. 3. '원고가 회사의 허가를 받지 않고 무단으로 선전방송이나 유인물 게시를 하였고, 이를 통해 허위사실을 유포하고, 경영진을 비하하며 명예를 훼손하는 등 직장 내 근무 질서를 문란하게 하였다'는 이유로 정직 4주의 징계처분을 하였다.

나. <u>위와 같은 사실관계와 이를 통해 알 수 있는 다음과 같은 사정을 앞서 본 법리에 비추어 살펴보면, 비록 원고가 취업규칙에서 정한 허가를 받지 않은 채 선전방송과 유인물 게시 행위를 하였고, 그 내용에 있어 사실관계 일부가 허위이거나 타인의 인격·명예 등을 훼손하는 표현 등이 포함되어 있다고 하더라도, 원고의 선전방송이나 유인물 게시 행위는 노동조합의 정당한 업무를 위한 행위에 해당된다고 볼 여지가 크고, 따라서 이를 이유로 한 징계는 허용되지 않는다고 봄이 상당하다.</u>

① 원고의 행위는 노동조합의 대응지침에 따라 노동조합 활동의 일환으로, 피고 회사의 구조조정이 노동조합과 충분한 협의 없이 일방적으로 진행되는 데 대한 부당함을 호소하고 근로조건의 개선 및 근로자의 경제적 지위 향상을 도모하기 위한 목적에서 이루어진 것으로 보인다.

② 원고의 선전방송과 유인물의 주된 내용 역시 피고 회사가 진행하는 구조조정이 사실상 정리해고에 해당함을 지적하고 단체협약을 위반하여 전환배치가 강제로

이루어졌음을 비판하는 것으로, 실제 피고 회사가 진행한 구조조정이나 전환배치 등의 사실을 근거로 한 의견이나 비판으로 보인다. 따라서 비록 그 내용 중 일부가 허위이거나 왜곡되어 있고, 타인의 인격·명예 등이 훼손될 염려가 있는 표현 등이 포함되어 있기는 하지만, 전체적으로 볼 때 그 내용에 허위성이 있다고 단정할 수는 없다.

③ 원고는 근무시간이 시작되기 이전에 길가에 노동조합 방송차량을 세우고, 옆에 다른 노조원들 몇 명이 현수막을 들고 서 있는 상태에서 위 차량을 이용하여 출근하는 근로자들을 대상으로 선전방송을 하였던 것으로 보인다. 이러한 원고의 선전방송은 근무시간 외에 2개월 동안 12회에 걸쳐 이루어진 것이고, 유인물 게시는 1회에 불과하며, 위법한 행동을 야기하거나 선동하는 내용은 포함되어 있지 않다. 이러한 원고의 행동이 폭력적이라거나 폭력성을 띄게 될 위험이 있다고 보이지 않고, 한편 이로 인해 실제로 피고 회사의 정상적인 업무수행이 방해되었다거나 피고 회사 내 근무 질서가 문란해졌다고 볼 뚜렷한 증거나 자료도 없다. … (이하 중략) …"

2. 반조합계약

◀ 판례분석 ▶

▌**제 목** : union shop 협정 하에서 조합탈퇴자에 대한 사용자의 해고거부의 부당노동행위 해당성(N) [한국전력기술사건]

▌**대상판결** : 대법원 1998. 3. 24. 선고 96누16070 판결【부당노동행위구제재심판정취소】
【원고, 상고인】 한국전력기술 노동조합
【피고, 피상고인】 중앙노동위원회 위원장
【피고보조참가인】 한국전력기술 주식회사
【원심판결】 서울고법 1996. 9. 20. 선고 95구37003 판결
【주 문】 상고를 기각한다. 상고비용은 원고의 부담으로 한다.

▌**사건의 개요** : 원고 노조와 참가인 회사간에 union shop 협정(조합탈퇴자에 대한 사용자의 해고의무 명시 않음)이 체결되어 있었는데, 교섭결렬에 따른 파업이 장기화되자 노조집행부에 불만을 품은 파업불참 조합원 4명이 파업기간중에 노조를

탈퇴했고, 파업종료 직후 회사는 전문가 자문을 받아 탈퇴자에 대한 해고의 의무·의사가 없다는 내용의 문서를 회사의 부서장들에게 발송했고, 위 탈퇴자의 해고를 요구한 노조에도 같은 내용의 통보를 하여 해고를 하지 않았으며, 이에 노조는 관할 지방노동위원회에 부당노동행위 구제신청을 하였다.

▮관련 법 규정(현행법 기준)
- 노조법 제81조(부당노동행위) ① 사용자는 다음 각호의 어느 하나에 해당하는 행위(이하 "부당노동행위"라 한다)를 할 수 없다.
　2. 근로자가 어느 노동조합에 가입하지 아니할 것 또는 탈퇴할 것을 고용조건으로 하거나 특정한 노동조합의 조합원이 될 것을 고용조건으로 하는 행위. 다만, 노동조합이 당해 사업장에 종사하는 <u>근로자의 3분의 2 이상을 대표하고 있</u>을 때에는 근로자가 <u>그 노동조합의 조합원이 될 것을 고용조건으로 하는 단체협</u><u>약의 체결은 예외로</u> 하며, 이 경우 사용자는 근로자가 그 노동조합에서 제명된 것 또는 그 노동조합을 탈퇴하여 새로 노동조합을 조직하거나 다른 노동조합에 가입한 것을 이유로 근로자에게 신분상 불이익한 행위를 할 수 없다.
　4. 근로자가 노동조합을 조직 또는 운영하는 것을 지배하거나 이에 개입하는 행위와 … (이하 생략) …

▮판결의 성격 : 원심은 회사가 이 사건 조합탈퇴자들을 해고할 의무를 부담하지 않기 때문에 이들을 해고하지 않은 것과 해고의무·해고의사 없다는 내용의 문서를 발송한 것 모두 부당노동행위가 아니라고 판단하였고, 대법원은 해고할 의무를 부담하지 않는다는 원심의 판시는 잘못이나 부당노동행위가 아니라는 결론은 정당하다고 보아서 원고의 상고를 기각하였다.

▮쟁 점
- union shop 협정상 명문의 규정이 없더라도 사용자는 노동조합을 임의로 탈퇴한 근로자를 해고할 의무를 부담하는지 여부
- 이 사건 사용자(참가인 회사)가 조합탈퇴자에 대한 해고의무 및 해고의사가 없다는 내용의 문서를 부서장들에게 발송하고 조합탈퇴자 4명에 대한 노조의 해고 요구를 거부한 행위가 노동조합의 조직·운영에 대한 지배·개입의 부당노동행위에 해당하는지 여부

▌중요 사실관계

- 1994년도 단체협약 제5조(노조원의 범위) "주임급 이하 전 직원을 노조원으로 하는 유니온 샵으로 한다. 단, 주임급으로서 직위자와 현행 직제규정 및 시행세칙상 기획조정처, 행정관리처, 노무처, 경리처 팀장직위자는 제외한다", 제6조(노조원의 가입) "제5조에 해당하는 직원은 <u>입사와 동시에 자동적으로 노조원이 된다</u>", 제7조(제명 탈퇴자의 확인) "회사는 제명, 탈퇴 여부를 일방적으로 해석할 수 없으며 노조의 확인에 따라야 한다." ⇒ union shop 협정의 내용상 조합탈퇴자에 대한 사용자의 명시적인 해고의무가 없음에도 협정의 취지상 그 의무가 인정될 수 있는지 여부와 관련

- 파업기간(1995. 6. 23.~1995. 8. 8.) 중인 1995. 8. 3.과 8. 4.에 노조집행부에 불만을 가진 소외인 조합원 4명의 조합탈퇴서 제출, 노조는 같은 해 8. 7. 탈퇴처리 후 같은 달 16. 회사에 대해 이들의 해고를 요구 ⇒ **조합탈퇴의 이유(노조집행부에 대한 불만)·시기(파업중 탈퇴)·성격(임의탈퇴) 등에 비추어 노조의 해고요구가 필요하고도 정당한 것인지, 나아가 이러한 필요·정당성에 반하는 사용자의 해고거부가 노조운영에 대한 방해로서 부당노동행위에 해당하는지 여부와 관련**

- 위 탈퇴 이전인 같은 해 7. 27. 회사 사업개발처장의 질의(조합원 노조탈퇴시의 회사의 처리방침 관련) 제기, 위 소외인들의 조합탈퇴 후 회사는 노동문제 전문가(공인노무사)의 자문을 받아 파업 종료 후인 같은 해 8. 14. 노무처장의 명의로 각 부서장들에게 이 사건 문서(조합탈퇴 근로자들을 해고할 의무도 없고 해고할 의사도 없다는 내용)를 발송, 위 노조의 해고 요구에 대해 회사는 같은 달 21. 해고할 수 없음을 통보, 같은 해 8. 30. 노사간의 교섭·협약 타결 ⇒ **질의에 대한 답변형식의 문서 발송, 전문가의 자문의견 등에 근거한 해고거부가 지배개입의사에 의한 것인지 여부와 관련**

▌기본법리(판지)

1) ⑴ 구 노동조합법 제39조(현행 제81조 제1항) 제2호 단서에 의하면 '노동조합이 당해 사업장에 종사하는 근로자의 3분의 2 이상을 대표하고 있을 때에는 근로자가 그 노동조합의 조합원이 될 것을 고용조건으로 하는 단체협약의 체결'이 허용되고 있고, ⇒ [union shop 협정의 법적 근거]

⑵ 이러한 단체협약의 조항, 이른바 유니언 숍(Union Shop) 협정은 <u>노동조합의 단결력을 강화하기 위한 강제의 한 수단</u>으로서 근로자가 대표성을 갖춘 노동조합의 조합원이 될 것을 '고용조건'으로 하고 있는 것이므로 단체협약에 유니언 숍 협정에 따라 <u>근로자는 노동조합의 조합원이어야만 된다는 규정이 있는 경우에는 다른 명문의 규정이 없더라도 사용자는 노동조합에서 탈퇴한 근로자를 해고할</u>

의무가 있다(대법원 1996. 10. 29. 선고 96다28899 판결 참조). ⇒ **[union shop 협정하의 조합탈퇴 근로자에 대한 사용자의 해고의무]**

2) 단체협약상의 유니언 숍 협정에 의하여 사용자가 노동조합을 탈퇴한 근로자를 해고할 의무는 단체협약상의 채무일 뿐이고, 이러한 채무의 불이행 자체가 바로 같은 법 제39조(현행 제81조) 제4호 소정 노동조합에 대한 지배·개입의 부당노동행위에 해당한다고 단정할 수는 없다. 이 부당노동행위가 성립하려면 사용자에게 근로자가 노동조합을 조직 또는 운영하는 것을 지배하거나 개입할 의사가 있어야 한다. ⇒ **[해고의무의 성격(협약상의 채무)과 그 불이행의 지배개입 부당노동행위 성립 요건(지배개입의사)]**

■ **결론 및 이유** : 참가인 회사는 원고 조합을 탈퇴한 근로자를 해고할 의무가 있으나, 이 사건 경위에 비추어 볼 때 해고조치를 취하지 아니함에 있어 사용자인 참가인에게 지배·개입의 의사가 있었던 것으로 볼 수가 없고, 또한 참가인의 이 사건 회신·통보 행위는 지배·개입의 부당노동행위에 해당하지 않는다.

- 원고 조합과 참가인 회사 사이에 체결된 단체협약 제5조~제7조의 내용에 비추어 볼 때 근로자가 노동조합의 조합원이 될 것을 고용조건으로 하는 통상적인 유니언숍 협정이 체결된 것으로 보아야 할 것이므로 참가인으로서는 그에 따라 원고 조합을 탈퇴한 근로자를 해고할 의무가 있음(원심이 참가인은 원고 조합을 탈퇴한 근로자를 해고할 의무가 없다고 판시한 것은 잘못).

- 참가인이 전 사업장에 대하여 이 사건 문서를 발송한 행위는 단체협약의 해석에 관한 부서장들의 질의에 대하여 회신하기 위한 것일 뿐이고, 원고 조합에 대하여 해고의무가 없어 해고할 수 없다고 통보를 한 것 또한 원고 조합의 해고요구에 대하여 답변하기 위한 것일 뿐이며 설사 그 내용에 잘못된 점이 있다 하더라도 참가인이 전문가의 자문을 받아 그와 같이 믿고 회신이나 통보를 한 이상 그것이 원고 조합의 단결활동의 자주성을 저해하거나 거기에 영향을 미치려 한 것이라고는 볼 수 없으므로 위와 같은 회신이나 통보가 원고 조합에 대한 지배·개입의 부당노동행위에 해당한다는 원고의 주장은 받아들일 수 없음.

■ **판결의 의의와 한계**

1) 대상판결 이전의 사례에서 대법원은 i) 노조탈퇴의사를 철회하고 노조에 다시 가입하려는 근로자에 대하여 이를 거부하고 해고되게 한 것은 노조 자체가 단결권의 정신을 저버리고 실질상 제명과 같은 효과를 발생시킨 것으로서 제명된 것

을 이유로 신분상 불이익한 행위를 할 수 없도록 규정한 제2호 단서에 위반될 뿐만 아니라 유니언숍 협정에 기한 해고의 목적범위를 일탈한 것이고(대법원 1995. 2. 28. 선고 94다15363 판결), ii) 유니언숍 협정에 의한 가입강제가 있는 경우에는 단체협약에 명문규정이 없더라도 노동조합의 요구가 있으면 사용자는 노동조합에서 탈퇴한 근로자를 해고할 수 있기 때문에 조합측에서 근로자의 조합 가입을 거부하게 되면 이는 곧바로 해고로 직결될 수 있으므로 조합은 노조 가입 신청인에게 제명에 해당하는 사유가 있다는 등의 특단의 사정이 없는 한 그 가입에 대하여 승인을 거부할 수 없다(대법원 1996. 10. 29. 선고 96다28899 판결 ☞ 제16강 1. 조합원 자격의 취득과 상실 대상판결)고 판시한 적은 있으나, 협약상 명문의 규정이 없어도 임의로 노조를 탈퇴한 근로자를 해고할 의무가 사용자에게 있는지의 쟁점에 관해서 직접적으로 판단한 바는 없었다.

2) 대상판결의 원심은 union shop 협정의 효력을 제한적으로 해석하는 입장에서 임의탈퇴의 경우에도 제명과 마찬가지로 신분상 불이익한 행위를 할 수 없는 것으로 보아 사용자에게 해고의무가 없다고 판시했으나(☞ Q 2. 참고), 대법원은 동 협정의 취지를 고려하여 비록 협약상 명문의 규정이 없더라도 사용자는 조합 탈퇴자를 해고할 의무가 있다고 함으로써 위와 같은 원심의 제한적 해석을 배척하였다. 대상판결은 위 선례(96다28899 판결)의 판시내용을 참고하기는 하였으나 사용자의 해고의무를 명시적으로 인정한 점에서, 또한 union shop 협정의 효력과 관련하여 근로자가 노조로부터 제명된 경우와 임의로 탈퇴한 경우를 동일시할 수 없음을 수긍하고 있는 점[1]에서 의의가 있다.

3) 한편, 지배개입의 부당노동행위 성립요건으로서 지배개입의사(즉 근로자나 노조의 자주적인 단결활동에 대한 간섭·방해의 의도 내지 동기)가 필요한지 여부가 문제된다. 대상판결의 판지를 보면 "이 부당노동행위가 성립하려면 사용자에게 근로자가 노동조합을 조직 또는 운영하는 것을 지배하거나 개입할 의사가 있어야 하는 것인바"라고 하여 지배개입의사 필요설의 입장을 취한 것으로 볼 수 있다. 다만, 여기서 지배개입의사는 사용자의 '주관적 의사'(내심의 의사)라고 좁게 이해하기보다는 '제반 사정에 비추어 인정되는 의사'(객관적으로 판단되는 의사)라고 봄이 타당

---

1) 이러한 점과 관련하여 "제명의 경우와 달리 취급한다는 것은 너무 형식논리적이며, 규범 목적성을 제대로 살리지 아니한 것"으로 대상판결을 비판적으로 평가한 견해(박종희, "유니온숍과 노조탈퇴자에 대한 사용자의 해고의무", 「노동판례평석집Ⅲ」, 한국경영자총협회, 1999, 83-84면 참조)와 "유니언샵 협정 자체는 사용자에게 조합원이 아닌 자에 대한 해고의무를 그 개념요소로 당연히 내포되어 있다."는 점에서 대상판결을 긍정적으로 평가한 견해(김홍영, "사용자가 유니언 샵 협정에 따른 해고를 거부한 경우 지배개입의 성립 여부", 「노동법연구」 제8호, 서울대노동법연구회, 1999, 402-403면 참조)가 대립한다.

할 것이다. 왜냐하면, i) 노조법에서는 "근로자가 노동조합을 조직 또는 운영하는 것을 지배하거나 이에 개입하는 행위" 자체를 사용자의 부당노동행위로 간주하여 금지하고 있고, ii) 대상판결 이전의 선례(대법원 1991. 12. 10. 선고 91누636 판결 등)에서는 지배개입의사 필요 여부를 명시적으로 언급하지 않았지만 제반 사정에 비추어 부당노동행위에 해당된다고 인정함이 상당하다고 판단한 바 있으며, iii) 대상판결에서도 "이 사건 경위에 비추어 볼 때 그 해고조치를 취하지 아니함에 있어 사용자인 참가인에게 그러한 의사가 있었던 것으로 볼 수가 없다"고 판시하여 제반 사정을 고려한 지배개입 여부의 판단을 행하고 있기 때문이다. 한편, 대상판결은 부당노동행위가 아니라는 결론을 도출함에 있어서, 소외인 근로자들의 조합탈퇴시기(쟁의행위기간중의 탈퇴), 사용자의 문서발송 및 노조에의 통보 시점(쟁의행위가 종료 후이나 교섭·협약 타결 이전), 문서발송 및 통보의 내용(해고의무·해고의사가 없다는 것으로 비록 전문가의 자문을 받았다지만 법적으로 타당하다고 보기 어려운 내용), 이러한 사정들이 노조의 운영에 미쳤거나 미칠 수 있는 영향(예컨대, 조합탈퇴자의 증가나 노조교섭력의 약화 또는 그러한 우려) 등 노동조합측과 관련된 객관적 사정을 거의 고려하지 않았고, 사용자측의 객관적 사정(협약 해석에 관한 부서장 질의에 대한 회신의 필요성, 조합의 해고요구 대한 답변의 필요성)에 초점을 두었을 뿐만 아니라 심지어 그릇된 믿음의 주관적 사정(회신 및 통보의 내용에 잘못된 점이 있었지만 전문가의 자문을 받아 그와 같이 믿었던 사정)까지 적극적으로 참작하였다는 점에서 볼 때, 과연 대법원이 이 사건에서 객관적 정황에 비추어 균형 있게 지배개입의사의 존부를 판단한 것인지 의문이 든다.

■ 기타 해설

1) union shop 협정을 부당노동행위의 예외로 허용하고 있는 노조법 제81조 제2호(현행 제81조 제1항) 단서에 대해서 헌법재판소는 합헌으로 판단한 바 있다(헌재 2005. 11. 24. 2002헌바95.96,2003헌바9 병합).

2) 다른 노조에 가입하기 위한 조합탈퇴의 경우 union shop 협정에 따른 해고의 유효성을 인정한 사례(대법원 2002. 10. 25. 선고 2000다23815 판결)가 있으나, 2011. 7. 1. 시행된 노조법 제81조(현행 제81조 제1항) 제2호 단서에서는 제명뿐만 아니라 "그 노동조합을 탈퇴하여 새로 노동조합을 조직하거나 다른 노동조합에 가입한 것을 이유로" 해고 등 신분상 불이익한 행위를 할 수 없도록 함으로써 union shop 협정의 효력을 더욱 제한하고 있다.

3) 지배개입의 부당노동행위 성립요건으로서 단결권의 침해라는 결과의 발생을

요하는 것은 아니다(대법원 1997. 5. 7. 선고 96누2057 판결).

◀ Q 풀이 ▶

Q 1. 대상판결에서 사용자의 해고의무 불이행이 부당노동행위에 해당하지 않는 것으로 판단된 이유는?

[A] 대상판결에서 대법원은 단체협약상의 채무(유니언 숍 협정에 의하여 사용자가 조합탈퇴 근로자를 해고할 의무) 불이행 자체가 바로 지배·개입의 부당노동행위에 해당하는 것은 아니며 지배·개입의 의사가 있어야 부당노동행위가 성립한다는 전제하에, 이 사건 해고의무 불이행의 경우 노조에 대한 해고거부의 통보는 노조의 해고 요구에 대한 답변을 위한 것일 뿐이고 전문가의 그릇된 자문을 그대로 믿고 통보한 것인 이상 노조의 단결활동의 자주성을 저해하거나 거기에 영향을 미치려 한 것이라고 볼 수 없다는 점에 근거해 부당노동행위에 해당하지 않는다고 판단하였다(부서장 질의에 대한 회신으로서의 문서발송 관련 부당노동행위 성립 부인의 논거는 생략 ☞ 앞의 결론 및 이유 참고).

Q 2. 대상판결의 원심법원이 이 사건 사용자에게 해고의무가 없다고 판단한 이유는?

[A] 원심법원은 union shop 협정이 노조법상 부당노동행위의 예외로서 소극적으로 허용되고 있다는 점을 강조하면서 동 협정의 효력을 제한적으로 해석하는 입장(즉 임의탈퇴의 경우에도 제명과 마찬가지로 사용자는 신분상 불이익한 행위를 할 수 없는 것으로 해석)을 채택하여 해고의무가 없는 것으로 판단하였다.

> ※ **원심의 판단** : "유니온 샵 조항은 노동조합으로 하여금 사용자에 대한 관계에 있어서 보다 견고한 위치를 확보하게 함으로써 그 노동조합에 가입한 근로자들의 권익을 향상시킬 수도 있지만 다른 한편으로는, 노동조합에의 가입을 강제함으로써 근로자들이 노동조합에의 가입 여부 등을 스스로 결정할 수 있는 권리를 침해하는 결과가 발생하는 점, 노동조합법이 유니온 샵을 부당노동행위의 하나로서 원칙적으로 금지하면서 예외적으로 노동조합이 당해 사업장에 종사하는 근로자의 3분의 2 이상을 대표하고 있을 때에 한하여 유니온 샵을 허용하면서 그 경우에도 근로자가 당해 노동조합에서 제명된 경우에는 사용자가 그 근로자에게 신분상 불이익한 행위를 할 수 없도록 규정함으로써, 유니온 샵의 적법성이나 사용자가 노

동조합에서 <u>탈퇴한 근로자를 해고할 의무가 있음을 적극적으로 규정하지 아니하였고</u>, 근로자가 노동조합원의 신분을 상실하는 경우에 있어서도 해고되지 아니하는 경우가 있음을 규정한 점 및 위 노동조합법 조항의 해석상 근로자가 당해 노동조합에서 <u>제명된 경우</u>나 근로자가 노동조합을 <u>임의탈퇴하는 경우</u>는 전자가 타의에 의한 것임에 반하여 후자는 자의에 의한 것이라는 점이 다를 뿐 다같이 <u>노동조합원의 지위를 벗어나는 결과를 초래한다는 점</u>에서 특별히 달리 취급할 이유가 없는 점 등을 종합해 보면, 근로자가 노동조합으로부터 <u>제명된 경우</u>에는 사용자가 그 근로자에게 <u>신분상의 불이익한 행위를 할 수 없도록 한 위 노동조합법의 정신</u>은 근로자가 노동조합을 <u>임의탈퇴하는 경우</u>에도 동일하게 적용되어야 할 것이므로 참가인 회사는 원고조합을 임의탈퇴한 위 4인을 해고하여야 할 의무를 부담하지 않는다."

Q 3. 유니온 숍 협정을 위반한 근로자를 사용자가 해고하지 않는 경우 노동조합은 어떻게 대응할 수 있나?

[A] 1) <u>단체협약상의 채무불이행 책임</u> : union shop 협정은 단체협약의 채무적 부분에 해당하고 채무적 부분 위반에 대한 책임을 묻기 위한 일반적인 수단으로서 단체협약의 해제, 동시이행의 항변, 손해배상, 강제집행 등이 거론되지만, 집단적 노사관계 및 단체협약의 특수성(채무의 대부분 편무적 성격 및 '하는 채무'로서의 성격 등) 때문에 위 각 수단의 법리적 내지는 현실적 실효성에 대한 의문이 제기되고 있고, 따라서 union shop 협정 위반의 해고거부의 경우 위와 같은 일반적 수단은 사용자의 책임을 묻기 위한 실효적인 방법으로 보기 어렵다.

2) <u>부당노동행위 구제신청</u> : 대상판결 사건의 경우처럼 부당노동행위 구제신청을 할 수 있으나 지배개입의사가 인정되어야 부당노동행위가 성립한다. 노동위원회가 해고거부의 부당노동행위에 대해서 구제명령을 하는 경우에도 그 내용으로서 해고거부가 부당노동행위에 해당한다거나 향후 그러한 행위를 하지 않도록 명할 수는 있겠지만, 해당 근로자를 해고하도록 명할 수 있는지는 의문이고, 아직 관련 사례는 없는 것으로 보인다. 한편, 확정된 구제명령을 위반하면 벌칙(노조법 제89조 제2호)이 적용된다.

3) <u>쟁의행위</u> : 위 1) 및 2)와 같은 법적 수단 외에 노조의 현실적인 대응수단으로 쟁의행위를 생각해 볼 수 있으나, 단체협약(union shop 협정) 위반은 권리분쟁사항으로 볼 수 있기 때문에 권리분쟁사항을 관철하기 위한 쟁의행위가 정당한지 여부에 관한 학설의 대립이 있다(☞ 제21강 2. 쟁의행위의 목적(1), 심화학습 3. 참고).

◀ 심화학습 ▶

1. 유니온 숍 협정의 효력 제한 (대법원 2019. 11. 28. 선고 2019두47377 판결 참고)

▷ 참고판결(2019두47377 판결)의 쟁점은 원고 회사에 신규로 입사한 이 사건 근로자들이 이 사건 유니온 숍 협정을 체결한 지배적 노동조합에 가입하지 아니한 상태에서 소수노조(이하 '이 사건 노동조합')에 가입한 경우 사용자인 원고가 이 사건 유니온 숍 협정에 따라 이 사건 근로자들을 적법, 유효하게 해고할 수 있는지 여부이다.

▷ 참고판결은 유니온 숍 협정의 인적 효력 범위에 대하여, 유니온 숍 협정의 효력은 근로자의 노동조합 선택의 자유 및 지배적 노동조합이 아닌 노동조합의 단결권이 영향을 받지 아니하는 근로자, 즉 어느 노동조합에도 가입하지 아니한 근로자에게만 미친다고 본다. 따라서 신규로 입사한 근로자가 노동조합 선택의 자유를 행사하여 지배적 노동조합이 아닌 노동조합에 이미 가입한 경우에는 유니온 숍 협정의 효력이 해당 근로자에게까지 미치지 않으며, 비록 지배적 노동조합에 대한 가입 및 탈퇴 절차를 별도로 경유하지 아니하였더라도 사용자가 유니온 숍 협정을 들어 신규 입사 근로자를 해고하는 것은 부당해고로서 무효라고 본다.

> ※ 대법원 2019. 11. 28. 선고 2019두47377 판결 【부당해고구제재심판정취소】
> - "1. 사건의 경위와 쟁점
> 가. 사용자인 원고와 원고 사업장의 유일한 노동조합이던 제주지역 자동차노동조합은 2016. 3. 11. '제3조에 규정한 자(승무원직 근로자 이외의 근로자)를 제외하고는 <u>채용과 동시에 자동으로 조합원이 되고, 원고는 조합원에 한하여 근무시킨다. 원고는 노동조합에 가입하지 않은 근로자를 면직시켜야 한다(제2조).'라는 취지의 유니온 숍</u>(union shop) 조항(이하 '이 사건 유니온 숍 협정'이라고 한다)을 포함한 단체협약을 체결하였다.
> 나. 전국 단위 산업별 노동조합인 전국운수산업 민주버스노동조합이 2017. 12. 9. 원고 <u>사업장에 금남여객지회</u>(이하 '이 사건 노동조합'이라고 한다)를 설치함으로써 <u>원고 사업장에는 복수의 노동조합이 존재</u>하게 되었다. 그러나 제주지역 자동차노동조합은 여전히 원고 사업장에 종사하는 근로자의 2/3 이상 조합원으로 가입한 노동조합(이하 '지배적 노동조합'이라고 한다)이었다.
> 다. 2017. 8. 26. 원고에 입사한 소외 1, 소외 2, 소외 3(이하 '<u>이 사건 근로자들</u>'이라고 한다)은 이 사건 노동조합이 설립될 무렵 <u>지배적 노동조합에 대한 가입, 탈퇴 절차 없이 곧바로 이 사건 노동조합에 가입</u>하였다.

라. 원고는 2017. 12. 26. <u>이 사건 유니온 숍 협정에 따라 이 사건 근로자들을 면</u><u>직하였다</u>(이하 '이 사건 해고'라고 한다). … (중략) …

2. 유니온 숍 협정의 효력 범위

헌법 제33조 제1항은 "근로자는 근로조건의 향상을 위하여 자주적인 단결권·단체교섭권 및 단체행동권을 가진다."라고 규정하고 있고, 헌법 제11조 제1항은 "모든 국민은 법 앞에 평등하다. 누구든지 성별·종교 또는 사회적 신분에 의하여 정치적·경제적·사회적·문화적 생활의 모든 영역에 있어서 차별을 받지 아니한다."라고 정하고 있으며, 헌법 제32조 제1항 전문은 "모든 국민은 근로의 권리를 가진다."라고 규정하고 있다.

한편 노동조합 및 노동관계조정법 제5조 본문은 "근로자는 자유로이 노동조합을 조직하거나 이에 가입할 수 있다."라고 규정하고 있고, 같은 법 제81조(현행 제81조 제1항) 제2호 본문은 '근로자가 어느 노동조합에 가입하지 아니할 것 또는 탈퇴할 것을 고용조건으로 하거나 특정한 노동조합의 조합원이 될 것을 고용조건으로 하는 행위'를 부당노동행위의 한 유형으로 정하고 있다. 또한, 같은 호 단서는 "다만 노동조합이 당해 사업장에 종사하는 근로자의 3분의 2 이상을 대표하고 있을 때에는 근로자가 그 노동조합의 조합원이 될 것을 고용조건으로 하는 단체협약의 체결은 예외로 하며, 이 경우 사용자는 근로자가 그 노동조합에서 제명된 것 또는 그 노동조합을 탈퇴하여 새로 노동조합을 조직하거나 다른 노동조합에 가입한 것을 이유로 근로자에게 신분상 불이익한 행위를 할 수 없다."라고 규정하고 있고, 근로기준법 제23조 제1항은 "사용자는 근로자에게 정당한 이유 없이 해고, 휴직, 정직, 전직, 감봉 그 밖의 징벌을 하지 못한다."라고 정하고 있다.

위와 같은 헌법, 노동조합 및 노동관계조정법, 근로기준법 등 관련 법령의 문언과 취지 등을 함께 고려하면, <u>근로자에게는 단결권 행사를 위해 가입할 노동조합을 스스로 선택할 자유가 헌법상 기본권으로 보장되고</u>, 나아가 근로자가 지배적 노동조합에 가입하지 않거나 그 조합원 지위를 상실하는 경우 사용자로 하여금 그 근로자와의 근로관계를 종료시키도록 하는 내용의 <u>유니온 숍 협정이 체결되었다 하</u><u>더라도 지배적 노동조합이 가진 단결권과 마찬가지로 유니온 숍 협정을 체결하지</u><u>않은 다른 노동조합의 단결권도 동등하게 존중되어야 한다.</u> 유니온 숍 협정이 가진 목적의 정당성을 인정한다고 하더라도, **지배적 노동조합이 체결한 유니온 숍 협정은 사용자를 매개로 한 해고의 위협을 통해 지배적 노동조합에 가입하도록 강제한다는 점에서 그 허용 범위가 제한적일 수밖에 없다.** 이러한 점들을 종합적으로 고려하면, <u>근로자의 노동조합 선택의 자유 및 지배적 노동조합이 아닌 노동조합의 단결권이</u><u>침해되는 경우에까지 지배적 노동조합이 사용자와 체결한 유니온 숍 협정의 효력</u><u>을 그대로 인정할 수는 없고,</u> **유니온 숍 협정의 효력은 근로자의 노동조합 선택의 자유 및 지배적 노동조합이 아닌 노동조합의 단결권이 영향을 받지 아니하는 근로자, 즉 어느 노동조합에도 가입하지 아니한 근로자에게만 미친다고 보아야** 한다. 따라서 <u>신규로 입사한 근로자가 노동조합 선택의 자유를 행사하여 지배적 노동조합이 아닌 노</u><u>동조합에 이미 가입한 경우에는 유니온 숍 협정의 효력이 해당 근로자에게까지 미</u>

친다고 볼 수 없고, 비록 지배적 노동조합에 대한 가입 및 탈퇴 절차를 별도로 경유하지 아니하였다고 하더라도 사용자가 유니온 숍 협정을 들어 신규 입사 근로자를 해고하는 것은 정당한 이유가 없는 해고로서 무효로 보아야 한다.

3. 원심판단의 당부

원심은 노동조합 및 노동관계조정법 제81조(현행 제81조 제1항) 제2호의 문언, 같은 호 단서 후단의 개정 경위와 취지 등을 비롯한 판시 사정들을 종합하면, 이 사건 유니온 숍 협정에 따라 이루어진 이 사건 해고는 부당해고에 해당한다고 판단하였다.

앞서 본 법리와 기록에 비추어 살펴보면, 원심의 판단에 상고이유 주장과 같이 노동조합 및 노동관계조정법 제81조 제2호 단서 등에 관한 법리를 오해하거나 필요한 심리를 다하지 아니한 채 논리와 경험의 법칙을 위반하여 자유심증주의의 한계를 벗어난 잘못이 없다."

3. 단체교섭 거부

☞ 제18강 단체교섭(2) 2. 단체교섭 거부의 행정적 구제 참고.

4. 지배개입

◀ 판례분석 ▶

▌**제 목** : 개별교섭 중 특정 노조와 체결한 단체협약에 따라 그 노조의 조합원들에게만 금품을 지급한 사용자 행위의 지배개입 부당노동행위 여부(Y) [대신증권 사건]

▌**대상판결** : 대법원 2019. 4. 25. 선고 2017두33510 판결 【부당노동행위구제재심판정취소】
【원고, 상고인】 대신증권 주식회사
【피고, 피상고인】 중앙노동위원회위원장

【피고 보조참가인, 피상고인】전국사무금융서비스노동조합

【원심판결】서울고법 2017. 1. 19. 선고 2016누62377 판결

【주 문】상고를 기각한다. 상고비용은 보조참가로 인한 부분을 포함하여 원고가 부담한다.

▋**사건의 개요** : 원고 회사는 피고 보조참가인 노동조합(이하 '참가인 노동조합') 및 소외 대신증권 노동조합과 각각 개별교섭을 진행하던 중 2014. 12. 3. 대신증권 노동조합과 단체협약을 잠정 합의하면서 격려금('무쟁의 타결 격려금' 150만 원과 '경영목표 달성 및 성과향상을 위한 격려금' 150만 원)을 단체협약 체결일 현재 조합원에 한정해 지급하기로 정하여 그에 따라 2014. 12. 17. 단체협약을 체결하고 2014. 12. 말경 대신증권 노동조합의 조합원들에게만 격려금을 지급했던 반면, 원고 회사와 참가인 노동조합 사이의 단체교섭은 2015. 1. 8. 최종 결렬되어 단체협약이 체결되지 않았고, 이에 참가인 노동조합은 관할 지방노동위원회에 원고 회사의 격려금 지급 행위가 지배개입 등의 부당노동행위에 해당한다고 주장하며 구제신청을 하였다.

▋**관련 법 규정**(현행법 기준)

- 노조법 제81조(부당노동행위) 제1항 제4호 본문 : 근로자가 노동조합을 조직 또는 운영하는 것을 지배하거나 이에 개입하는 행위와 … (이하 생략) …

- 노조법 제29조의2(교섭창구 단일화 절차) ① 하나의 사업 또는 사업장에서 조직형태에 관계없이 근로자가 설립하거나 가입한 노동조합이 2개 이상인 경우 노동조합은 교섭대표노동조합(2개 이상의 노동조합 조합원을 구성원으로 하는 교섭대표기구를 포함한다. 이하 같다)을 정하여 교섭을 요구하여야 한다. 다만, 제3항에 따라 교섭대표노동조합을 자율적으로 결정하는 기한 내에 사용자가 이 조에서 정하는 교섭창구 단일화 절차를 거치지 아니하기로 동의한 경우에는 그러하지 아니하다. ② 제1항 단서에 해당하는 경우 사용자는 교섭을 요구한 모든 노동조합과 성실히 교섭하여야 하고, 차별적으로 대우해서는 아니 된다.

▋**판결의 성격** : 원심은 원고 회사가 대신증권 노동조합의 조합원들에게만 격려금을 지급한 행위는 지배개입의 부당노동행위에 해당한다고 판단하였다고, 대법원은 원심의 판단이 정당하다고 보아서 원고 회사의 상고를 기각하였다.

▌쟁 점

- 복수노조 기업에서 개별교섭 도중 사용자(원고 회사)가 특정 노동조합(대신증권 노조)과 체결한 단체협약에 따라 그 노동조합의 조합원에게만 금품(격려금)을 지급한 행위가 다른 노동조합(참가인 노동조합)에 대한 지배개입의 부당노동행위에 해당하는지 여부

▌중요 사실관계

- i) 원고 회사는 2014. 2. 5. 참가인 노조(원고 회사의 근로자 51명이 2014. 1. 25. 참가인 노조에 가입)와 대신증권 노조(원고 회사의 근로자 46명이 2014. 1. 29. 설립)를 교섭요구 노동조합으로 확정·공고, ii) 원고 회사는 2014. 2. 23. 대신증권 노조의 개별교섭 요구를 받아들여 위 각 노조에 개별교섭 진행을 통보 ⇒ **교섭창구 단일화의 예외인 사용자 동의에 따른 개별교섭 결정 경위와 관련**

- i) <u>원고 회사와 참가인 노조</u>는 2014. 3. 18. 교섭 개시하여 같은 해 5. 14. 교섭위원을 노사 각 4인 이내로 하는 등의 내용을 담은 '2014 단체교섭의 진행원칙에 관한 합의서' 작성, ii) 원고 회사와 참가인 노조 간 2014. 5. 28. ~ 2014. 11. 26. 교섭이 진행되었으나, 참가인 노조는 2014. 11. 26. 더 이상의 교섭은 무의미하니 결정권자인 대표이사가 나와서 교섭할 수 있도록 대표교섭 전환을 촉구하며 교섭 장소에서 퇴장, iii) 참가인 노조는 2014. 11. 27. 원고 회사에 대표교섭을 요구했으나, 원고 회사는 2014. 12. 8. 기존 작성된 합의서의 내용대로 교섭 진행할 것임을 통보, iv) 이에 참가인 노조는 2015. 1. 8. 원고 회사에 교섭결렬 통보해 노동위원회의 조정 절차를 거쳤으나 이 사건 제1심 변론 종결 시까지 단체협약을 체결하지 못함 ⇒ **원고 회사와 참가인 노조 간 개별교섭 진행, 교섭결렬 및 단체협약 미체결 경위와 관련**

- <u>원고 회사와 대신증권 노조</u>는 2014. 3. 27. ~ 2014. 12. 2. 교섭을 진행해 <u>2014. 12. 3.</u> 단체협약에 잠정 합의하며 단체협약 체결일 기준으로 조합원에게 '무쟁의 타결 격려금' 150만 원 및 '경영목표 달성 및 성과향상을 위한 격려금' 150만 원을 지급하기로 하는 내용의 '<u>(잠정)합의서</u>' 작성 ⇒ **원고 회사와 대신증권 노조 간 개별교섭 진행 및 격려금 지급에 관한 잠정 합의 내용과 관련**

- i) <u>대신증권 노조는 2014. 12. 5.</u> 노조 인터넷 까페에 '2014년 단체협약 잠정 합의안 주요 내용 안내'라는 제목 하에 <u>조합원에게 격려금 300만 원을 지급할 것이라는 내용의 글</u>과 '단협 잠정 합의에 따른 조합원 실무(가입/조합비/격려금 등) 안내'라는 제목 하에 '<u>12/17(수)까지 가입한 조합원에게 격려금 지급</u>'이라는 내용

이 포함된 글 게시, ii) 원고 회사는 2014. 12. 17. 대신증권 노조와 단체협약 체결하면서 별도로 '단체협약 체결에 따른 별도 합의서' 작성(조합원 1인당 150만 원의 '무쟁의 타결 격려금'은 단체협약 체결일 현재 조합원에 한하여 지급, 조합원 1인당 150만 원의 '경영목표 달성 및 성과향상을 위한 격려금'은 단체협약 체결일 현재 조합원 중 별도의 확약서를 작성하는 조합원에 한하여 지급 등의 내용), iii) 대신증권 노조는 위 단체협약 체결일의 근무 개시 이전 원고 회사의 직원들 책상 위에 노조 가입을 독려하는 유인물과 노조 가입신청서 배부, 참가인 노조의 조합원 8명은 원고 회사와 대신증권 노조가 단체협약을 체결하기 전날 및 당일에 참가인 노조를 탈퇴, iv) 원고 회사는 대신증권 노조로부터 받은 조합원 명단과 확약서를 기준으로 대신증권 노조의 조합원을 242명으로 확정하여 2014. 12.말경 약 7억 원의 격려금 지급 ⇒ 참가인 노조의 단체교섭 등에 영향을 미쳐 이에 개입하거나 방해할 의도 아래 이루어진 지배개입의 부당노동행위 여부와 관련

■ **기본법리**(판지)

1) ⑴ 사용자는 노동조합 및 노동관계조정법(이하 '노동조합법') 제29조의2 제1항이 정하는 바에 따라 교섭창구를 단일화하지 않고 복수의 노동조합과 개별적으로 교섭을 진행하여 체결 시기와 내용 등을 달리하는 복수의 단체협약을 체결할 수 있다. ⇒ [노조법상 복수노조 교섭창구 단일화 제도의 예외(=개별교섭에 대한 사용자의 동의)]

⑵ 한편 노동조합법 제81조(현행 제81조 제1항) 제4호는 근로자가 노동조합을 조직 또는 운영하는 것을 지배하거나 이에 개입하는 행위 등을 사용자의 부당노동행위의 한 유형으로 규정하고 있다. 이는 단결권을 침해하는 행위를 배제·시정함으로써 정상적인 노사관계를 회복하려는 데에 그 취지가 있다. ⇒ [지배개입의 부당노동행위 금지 규정의 취지]

2) ⑴ 이러한 부당노동행위 금지 규정과 취지를 고려하면, 노동조합법 제29조의2 제1항 단서에 따라 개별교섭 절차가 진행되던 중에 사용자가 특정 노동조합과 체결한 단체협약의 내용에 따라 해당 노동조합의 조합원에게만 금품을 지급한 경우, 사용자의 이러한 금품 지급 행위가 다른 노동조합의 조직이나 운영을 지배하거나 이에 개입하는 의사에 따른 것이라면 부당노동행위에 해당할 수 있다. ⇒ [개별교섭 중 특정 노조와 체결한 단체협약에 따른 차별적 금품 지급의 지배개입 부당노동행위 해당성(지배개입의 의사에 의한 차별적 금품 지급)]

⑵ 이 경우 사용자의 행위가 부당노동행위에 해당하는지 여부는, 금품을 지급하게 된 배경과 명목, 금품 지급에 부가된 조건, 지급된 금품의 액수, 금품 지급의

시기나 방법, 다른 노동조합과의 교섭 경위와 내용, 다른 노동조합의 조직이나 운영에 미치거나 미칠 수 있는 영향 등을 종합적으로 고려하여 판단하여야 한다. ⇒ **[복수노조 간 차별적 금품 지급의 지배개입 부당노동행위 해당 여부 판단 방법]**

(3) 다만 그 지배·개입으로서의 부당노동행위의 성립에 반드시 **근로자의 단결권의 침해라는 결과의 발생**까지 요하는 것은 아니다(대법원 2006. 9. 8. 선고 2006도388 판결 등 참조). ⇒ **[지배개입의 부당노동행위 성립요건(단결권 침해의 결과 발생 불요)]**

▌**결론 및 이유** : 원고 회사가 대신증권 노동조합의 조합원들에게만 격려금을 지급한 행위는 참가인 노동조합의 단체교섭을 방해하기 위한 의도로 행하여진 것으로 지배·개입의 부당노동행위에 해당한다.

- 원고 회사가 참가인 노동조합 및 대신증권 노동조합과의 개별교섭 과정에서 대신증권 노동조합의 조합원들에게만 '무쟁의 타결 격려금'을 지급하기로 한 행위는 여전히 **개별교섭 중인 참가인 노동조합의 자유로운 의사에 기초한 쟁의행위 여부 결정 등에 간접적으로 영향을 미쳐 그 의사결정을 원고 회사가 의도한 대로 변경시키려 한 행위로 볼 여지가 큼.**

- 원고 회사는 2015. 12. 3. 대신증권 노동조합과 단체협약을 잠정적으로 합의하면서 '무쟁의 타결 격려금' 150만 원 및 '경영목표 달성 및 성과향상을 위한 격려금' 150만 원을 단체협약 체결일 현재 조합원에 한하여 지급한다고 명시하고 단체협약을 같은 달 17일 체결하기로 하여 14일의 기간 동안 대신증권 노동조합이 격려금 지급을 조합원 가입 유치의 수단으로 이용할 가능성 및 그로 인하여 원고 회사가 지급해야 할 격려금이 증가될 가능성을 열어두었고, 실제로 대신증권 노동조합은 잠정합의 내용을 조합원 가입 유치의 수단으로 적극 활용하였음. 이러한 사정에 비추어 보면, **원고 회사는** 대신증권 노동조합으로부터 복리후생에 대한 사항을 양보받는 것에 대한 대가로 격려금을 지급하는 것을 넘어 **대신증권 노동조합이 격려금 지급 사실을 조합원 가입 유치 수단으로 홍보하게 함으로써 개별교섭 중인 참가인 노동조합의 단체교섭에 간접적으로나마 영향을 미칠 의도가 있었던 것으로 보임.**

▌**판결의 의의와 한계**

1) 노조법에서 지배개입의 부당노동행위를 금지하는 이유는 노동조합의 조직·운영에 대한 사용자의 지배나 개입·간섭·조정 등을 배제하여 노동조합이 자주성과 독립성 및 단결·교섭력 등을 유지할 수 있도록 하기 위한 것이다. 특히 하나의

사업 또는 사업장에 복수의 노동조합이 존재하는 경우 사용자는 합리적인 이유 없이 특정 노동조합과 그 조합원들만 우대하고 다른 노동조합을 차별하는 행위를 하여서는 아니 될 중립의무가 있고, 그 의무 위반은 불이익취급의 부당노동행위뿐만 아니라 지배개입의 부당노동행위에 해당할 수 있다.

2) 대상판결은 복수노조가 존재하는 사업장에서 사용자가 개별교섭에 따른 단체협약의 체결을 빌미로 특정 노동조합의 조합원들에게만 금품을 지급하는 행위가 단체교섭 중인 다른 노동조합의 교섭력 등에 영향을 미쳐 지배개입의 부당노동행위가 성립할 수 있음을 보여주는 사례라는 점에서 의미가 있다. 또한 대상판결은 지배개입의 부당노동행위 성립에 단결권 침해라는 결과의 발생(예, 노조 세력의 약화, 조합활동의 실패 등)까지 요구되지는 않으나 지배개입의 의사는 부당노동행위의 성립요건에 해당한다는 선례의 법리를 재확인하는 데 그치지 않고, 더 나아가 위와 같이 특정 노동조합의 조합원들에게만 금품을 지급하는 사용자의 행위가 지배개입의 의사에 따른 부당노동행위에 해당하는지를 판단할 때 고려해야 할 객관적인 요소들(즉 금품을 지급하게 된 배경과 명목, 금품 지급에 부가된 조건, 지급된 금품의 액수, 금품 지급의 시기나 방법, 다른 노동조합과의 교섭 경위와 내용, 다른 노동조합의 조직이나 운영에 미치거나 미칠 수 있는 영향 등)을 구체적으로 제시하고 있는 점에서 그 의의가 있다.

3) 한편, 대상판결 선고 이후 2021. 1. 5. 개정 노조법은 제29조의2 제2항을 신설하여 개별교섭 시 교섭을 요구한 모든 노동조합과 성실히 교섭하고 차별적으로 대우해서는 아니 될 의무를 사용자에게 부과하고 있는데, 대상판결은 이러한 규정의 신설에도 영향을 미친 것으로 볼 수 있다.

◀ Q 풀이 ▶

Q 1. 대상판결 사건의 원심에서 원고 회사가 대신증권 노동조합의 조합원들에게만 격려금을 지급한 행위가 참가인 노동조합에 대한 지배개입의 부당노동행위에 해당하는 것으로 판단된 이유는?

[A] 원심이 인용하고 있는 제1심판결 이유는 아래와 같다.

※ **서울행정법원 2016. 8. 18. 선고 2015구합78311 판결 【부당노동행위구제재심판정취소】**
- "… (중략) … 2) 위에서 인정한 사실관계를 따라 알 수 있는 다음과 같은 사정들에 비추어 보면, 원고 회사가 대신증권 노동조합의 조합원들에게만 격려금을 지급한 이 사건 행위는 참가인 노조의 단체교섭을 방해하기 위한 의도로 행하여진 것으로서 노동조합법 제81조(현행 제81조 제1항) 제4호에서 정한 노동조합의 조직·운영에 관한 지배·개입의 부당노동행위에 해당한다고 봄이 상당하다.

가) 단일한 노조와 사용자 사이의 양자 관계에서 사용자가 무분규를 조건으로 금원을 지급하는 경우 단일한 노조로서는 쟁의행위에 나아감으로써 보다 유리한 조건의 단체협약을 체결하려고 시도할 것인지, 아니면 쟁의행위를 자제함으로써 사용자로부터 금전적 보상을 받을 것인지 여부를 그 이해득실을 비교·교량하여 자유로운 의사에 따라 결정할 수 있다. 따라서 사용자가 단체교섭 과정에서 무쟁의·무분규 등을 조건으로 노조에 금원지급을 약속하고, 이후 체결된 단체협약에 따라 실제로 조합원들에게 금원을 지급하는 행위는 모두 집단적 자치의 일방 당사자로서 얼마든지 취할 수 있는 조치라고 볼 수 있다. 그러나 **복수 노조와 사용자 사이의 다자간 관계**에서 사용자가 무분규를 조건으로 금원을 지급하는 경우, 사용자가 개별교섭에 임하는 복수의 노조들을 상대로 무쟁의·무분규 등을 조건으로 하여 금원지급을 약속한다면, 사용자와의 관계뿐만 아니라 타 노조와의 관계까지 고려하여 교섭에 임하여야 하는 복수 노조들로서는 오로지 자유로운 의사에 기초하여 쟁의행위 여부를 결정하기보다는, 다른 노조가 쟁의행위를 하지 아니하여 사용자로부터 금전적 보상을 받을 경우에 자기 조합에 미칠 불이익(예컨대, 소속 조합원들이 금전적 보상을 받기 위해 노조를 탈퇴하여 다른 노조에 가입하는 경우)을 고려하여 의사를 결정할 수밖에 없게 된다.

따라서 원고 회사가 참가인 노조 및 대신증권 노동조합과의 **개별교섭 과정에서** 단체협약의 내용과는 별도로 **대신증권 노동조합의 조합원들에게만 '무쟁의 타결 격려금'을 지급하기로 한 행위**는 특별한 사정이 없는 한 참가인 노조의 어떠한 의사결정이나 이를 행동으로 옮기는 과정에 간접적으로 영향을 미쳐 그 의사결정이나 행동을 원고 회사가 의도한 대로 변경시키려 한 행위에 해당할 여지가 크다.

나) 또한 원고 회사가 대신증권 노동조합의 조합원들에게 지급한 **'경영목표달성 및 성과향상 격려금'**은 그 명칭 및 지급 목적에 비추어 볼 때 특정 노동조합과의 단체협약에 반드시 수반되어야 하는 사항이라고 볼 수 없고, 원고 회사의 모든 근로자들을 대상으로 지급하는 것이 오히려 더욱 공평하다는 측면에서 대신증권 노동조합의 조합원들에게만 지급한 것 역시 참가인 노조의 어떠한 의사결정이나 이를 행동으로 옮기는 과정에 간접적으로 영향을 미쳐 그 의사결정이나 행동을 원고 회사가 의도한 대로 변경시키려 한 행위에 해당한다고 볼 수 있다.

… (중략) … 원고 회사 주장과 같이 위 격려금이 '무쟁의 타결 격려금'과 같은 성격이라 하더라도 그러한 격려금의 지급행위가 참가인 노조의 어떠한 의사결정이나 이를 행동으로 옮기는 과정에 간접적으로 영향을 미쳐 그 의사결정이나 행동을 원고 회사가 의도한 대로 변경시키려 한 행위에 해당함은 앞서 본 바와 같다.

다) 한편 원고 회사는 2015. 12. 3. 대신증권 노동조합과 단체협약을 잠정적으로 합의하면서 '무쟁의 타결 격려금' 및 '경영목표 달성 및 성과향상을 위한 격려금'을 잠정적 합의일이 아닌 단체협약 체결일 현재 조합원에 한하여 지급한다고 명시하면서 최종 단체협약을 같은 달 17. 체결하기로 하여 잠정합의일과 격려금 지급 대상이 되는 조합원 지위 확정일 사이에 14일의 격차를 둠으로써 대신증권 노동조합이 격려금 지급을 조합원 가입 유치의 수단으로 이용할 가능성 및 그로 인하여 원고 회사가 지급해야 할 격려금이 증가될 가능성을 열어두었다. 그리고 실제로 대신증권 노동조합은 2014. 12. 5. 자신의 노동조합 인터넷 카페에 '단협 잠정합의에 따른조합원 실무(가입/조합비/격려금등)' 제목의 글을 게시하면서 단체협약 체결일인 2015. 12. 17.까지 가입한 사람에 대해서는 '무쟁의 타결 격려금'등 300만 원을 지급한다는 내용으로 노동조합 가입을 홍보하였고, 단체협약 체결일인 같은 달 17. 근무시간 개시 이전에 원고 회사 소속 직원들의 책상 위에 조합 가입을 독려하는 유인물과 노조가입신청서를 배포하는 등 '무쟁의 타결 격려금' 등을 지급하기로 한 잠정합의 내용을 조합원 가입 유치의 수단으로 적극 활용하였다.

그런데 사용자로서는 근로계약에 따른 임금과 별도로 근로자들에게 격려금을 지급할 경우 당초 예상하지 못한 예산이 소요되고 격려금 지급 대상자가 늘어날 경우 적지 않은 예산이 소요될 우려가 있으므로, 격려금의 지급 여부에 신중을 기하고 지급 대상 및 지급시기를 조정함으로써 가급적이면 격려금의 지급액수를 축소하려 하는 것이 일반적이라 할 것인데, 이와 달리 원고 회사는 지급해야 할 격려금 액수가 증가할 위험을 감수하면서 격려금을 지급하기로 잠정 합의한 날이 아닌 실제 단체협약 체결일을 격려금 지급의 기준으로 삼았다. 위와 같은 사정에 비추어 보면 원고 회사는 단지 대신증권 노동조합으로부터 복리후생에 대한 요구를 양보받는 것에 대한 대가로 격려금을 지급하는 것을 넘어 대신증권 노동조합이 격려금 지급 사실을 조합원 가입 유치 수단으로 홍보하게 함으로써 참가인 노조의 단체교섭에 간접적으로나마 영향을 미칠 의도가 있었던 것으로 보인다.

라) 원고 회사는 대신증권 노동조합과의 단체협약 타결 이후 오히려 참가인 노조의 조합원은 증가하였고 대신증권 노동조합의 조합원 수는 감소하였으므로 지배·개입의 부당노동행위가 성립할 수 없다고 주장하나, 참가인 노조의 조합원 8명은 원고 회사와 대신증권 노동조합의 단체교섭 체결일 2014. 12. 17. 무렵에 참가인 노조를 탈퇴하였고, 지배·개입으로서 부당노동행위의 성립에는 반드시 근로자의 단결권의 침해라는 결과의 발생을 요하는 것은 아니므로 참가인 노조의 조합원이 감소하거나 대신증권 노동조합의 조합원이 증가하는 결과가 수반되지 않더라도 부당노동행위는 성립할 수 있다.

또한, 원고 회사는 참가인 노조와 단체협약을 체결하면 대신증권 노동조합과 마찬가지로 격려금을 지급할 예정이라고 주장하나, 이는 대신증권 노동조합의 조합원들에게 격려금을 지급한 이후에 발생한 후발적인 사정에 불과하므로 원고 회사가 참가인 노조의 조합원들에게도 장차 단체협약이 체결되면 격려금을 지급할 것이라는 사정만으로 원고 회사가 대신증권 노동조합의 조합원들에게 격려금을 지급

<u>한 행위를 부당노동행위로 인정하는데 방해가 되지는 않는다.</u>"

Q 2. 지배개입의 부당노동행위 성립에서 대상판결의 법리와 같이 단결권 침해의 결과 발생을 요건으로 삼지 않는 이유는?

[A] 지배개입의 부당노동행위를 금지하는 입법의 취지는 사용자의 개입행위만으로도 부당노동행위의 성립을 인정하려는 것이며, 또한 부당노동행위제도가 민사법과 같이 이미 발생한 손해의 배상을 목적으로 하는 것이 아니라는 점에서 구체적인 결과나 손해의 발생을 요건으로 하지 않는다.[2] 따라서 조합활동에 실제로 장애가 발생하였는지 혹은 노조의 자주성이 침해되었는지 등의 현실적 결과의 발생 여부는 지배개입의 성립 여부와는 상관이 없으며, 그러한 우려가 있는 행위도 지배개입이 된다.[3]

◀ **심화학습** ▶

1. 지배개입의 부당노동행위가 인정된 판결례(대법원 1991. 5. 28. 선고 90누6392 판결; 대법원 1991. 12. 10. 선고 91누636 판결)와 부정된 판결례(대법원 1994. 12. 23. 선고 94누3001 판결)의 비교

▷ 참고1 판결(90누6392 판결)은 노조전임자에 대한 사용자의 원직복귀명령이 쟁의행위 등 정당한 조합활동을 혐오한 데서 나온 보복행위인 동시에 노동조합의 운영에 지배·개입하는 행위라고 보아서 불이익취급 및 지배개입의 부당노동행위에 해당하는 것으로 판단한 사례이다. 참고2 판결(91누636 판결)은 회사의 대표이사 등이 일부 조합원들을 종용하여 노조의 준법운행에 반대하고 종전과 같은 방식으로 근무하게 한 행위가 지배개입의 부당노동행위에 해당한다고 본 사례이다. 반면에 참고3 판결(94누3001 판결)은 노조에서 제명된 피징계자에 대하여 단체협약 규정에 따라 적절한 조치를 취하여야 하는 사용자가 징계에 앞서 제명처분이 철회되도록 노조와 화해할 것을 권유하면서 제명처분이 철회되면 선처하겠다는 취지로 행한 발언은 지배개입의 부당노동행위가 아니고, 이러한 발언을 했다는 점만으로는 정당한 징계해고사유가 있는 해고가 부당노동행위의사에 의한 것이라고 볼 수 없다고 한 사례이다.

---

2) 김형배, 「노동법」, 박영사, 2015, 1169면.
3) 김유성, 「노동법Ⅱ」, 법문사, 1999, 353면.

▷ 참고1 판결에서는 불이익취급의 부당노동행위와 지배개입의 부당노동행위가 모두 인정된 반면에 참고3 판결에서는 모두 부정되었다. 참고1 판결의 경우 노조전임자라는 노조 내부에서의 지위와 역할 등을 특히 고려하여 부당노동행위를 인정한 것으로 볼 수 있고, 참고3 판결의 경우 사용자의 발언이 일견 노조 내부의 징계 문제에 개입한 것으로 보일 수 있으나 발언의 진정한 취지가 징계 선처라는 점을 고려하여 부당노동행위의 성립을 부정한 것으로 볼 수 있다. 한편, 참고2 판결에서는 사용자의 지배개입 행위의 결과도 고려하여 부당노동행위를 인정하고 있다.

※(참고1) 대법원 1991. 5. 28. 선고 90누6392 판결 【부당노동행위구제재심판정취소】

- "부당노동행위제도의 목적은 근로자의 단결권 등 근로3권의 보장에 있다 할 것이므로 <u>노동조합업무의 전임자나 노조간부 등의 조합활동상의 불이익도 노동조합법 제39조</u>(현행 제81조) <u>제1호 소정의 불이익취급의 한 유형</u>에 해당한다 할 것이고 노조전임자 등에 대하여 그들의 <u>쟁의행위 등 정당한 조합활동을 혐오한 나머지 조합활동을 곤란하게 할 목적으로 원직복귀명령을 하였다면</u> 이는 사용자의 고유 인사권에 기한 정당한 조치라고는 볼 수 없고 노동조합법 제39조 <u>제1호, 제5호 소정의 부당노동행위</u>에 해당한다고 봄이 상당하고 <u>또한 노조의 조직과 운영에 지배, 개입하는</u> 행위로서 같은 조 <u>제4호 소정의 부당노동행위</u>에도 해당한다고 보아야 할 것이다. 원심이 이와 같은 취지에서 소외 1이 원고조합의 노조업무전임자임을 전제로 하여 동인에 대한 원직복귀명령은 동인의 원고조합에서의 직책, 쟁의기간중의 활동 내용, 참가인 회사의 쟁의기간중 원고조합 및 동인에 대한 대응태도, 동인에 대한 처분의 시기 및 절차, 참가인회사의 규모 및 경영상태 등에 비추어 동인의 <u>쟁의행위 등 정당한 조합활동을 혐오한 데서 나온 보복행위인 동시에 원고조합의 운영에 지배 또는 개입하는 행위</u>라고 봄이 상당하다하여 이를 노동조합법 제39조 제1호, 제4호 및 제5호 소정의 부당노동행위라고 판시한 것은 정당하고 … (이하 생략) …"

※(참고2) 대법원 1991. 12. 10. 선고 91누636 판결 【부당노동행위구제재심판정취소】

- "원심은 노동조합법 제39조(현행 제81조) 제4호가 부당노동행위의 한 유형으로서, … (중략) … 를 규정하고 있는바, 앞에서 사실을 인정한 바와 같이 참가인 회사의 대표이사나 전무가 원고 조합의 일부 조합원들을 <u>개별적으로 만나거나</u> 원고 조합의 결의에 불만을 품은 <u>일부 조합원들을 모아서,</u> 원고 조합 운영위원회의 결의에 의하여 시행하고 있는 위 <u>준법운행에 참여하게 된 경위를 묻고, 위 준법운행에 반대하여 종전과 같은 방식으로 근무할 것을 종용하는 등의 행위</u>를 하고, <u>그 결과로 조합원들 중의 일부가 원고 조합의 위 준법운행을 반대하고 종전과 같은 방식으로 근무할 것을 결의하는 등의 행위를 하게 되었다면,</u> 참가인 회사가 위와

같이 원고 조합의 준법운행에 대항하여 한 행위는 위 법조 소정의 <u>부당노동행위에</u> <u>해당</u>된다고 인정함이 상당하다고 판단하였는바, 노동조합법 제39조 제4호 등 관계 법령의 규정 내용에 비추어 볼 때, 원심의 위와 같은 판단은 정당한 것으로 … (이 하 생략) …"

※(참고3) 대법원 1994. 12. 23. 선고 94누3001 판결【부당노동행위구제재심판정취소】
- "근로자의 노동조합업무를 위한 정당한 행위를 실질적인 해고사유로 한 것인지 의 여부는 … (중략) … 제반사정을 비교, 검토하여 종합적으로 판단하여야 하고(당 원 1994. 8. 26. 선고 94누3940 판결; 1993. 12. 10. 선고 93누4595 판결 등 참조) <u>적법한 징계해고사유가 있어 징계해고한 이상 사용자가 근로자의 노동조합활동을</u> <u>못마땅하게 여긴 흔적이 있다 하여 그 사유만으로 위 징계해고가 징계권 남용에</u> <u>의한 부당노동행위에 해당한다고 단정할 것도 아니다</u>(당원 1988. 2. 9.선고 87누 818 판결 참조). 기록에 의하면 원고를 노동조합에서 제명함에 대하여 참가인 회 사가 당시 노조 조합장과 결탁하였다는 원고의 주장은 이를 인정할 아무런 증거가 없고 한편, <u>참가인 회사의 회장인 소외 하○규가 원고에 대한 징계절차가 진행되</u> <u>기에 앞서</u> "원고에 대한 제명이 철회되도록 노조와 화해하라. 그렇지 못하면 회사 를 위하여 사직서를 제출하라. 위 제명처분이 철회되면 선처하겠다"는 <u>취지의 발</u> <u>언을 한 사실</u>은 인정되나 이는 참가인 회사의 단체협약 제2조 제3항에 "회사는 종 업원이 노동조합 가입을 거부하거나 탈퇴할 때에는 즉시 해고하여야 하며 노동조 합에서 제명한 자의 경우 특별히 업무에 지장이 없는 한 회사는 적절한 조치를 취 하여야 한다"는 <u>규정에 따라 노동조합으로부터 제명처분이 이루어진 원고에 대하</u> <u>여 적절한 조치를 취할 수밖에 없고</u> 원고에 대하여 노동조합의 제명처분에 따른 어떤 조치를 취하지 아니하는 경우 노동조합과의 관계에 부정적인 영향을 끼칠 것 을 염려한 참가인 회사가 원고 개인을 위하여 노동조합으로부터의 <u>제명처분이 철</u> <u>회되도록 노력할 것을 권하면서 위 제명처분이 철회되면 징계에 있어서 선처하겠</u> <u>다는 취지에서 이루어진 것</u>으로 보여지므로 그것이 근로자가 노동조합을 조직 또 는 운영하는 것을 지배하거나 이에 개입하는 행위를 하였다고 할 수 없고, 원심이 적법하게 인정한 바와 같이 <u>정당한 징계해고사유가 있어 원고를 해고한 것으로 인</u> <u>정되는 이 사건에 있어서</u> 참가인 회사가 이 사건 해고에 앞서 <u>위와 같은 취지의</u> <u>발언을 하였다는 점만으로 이 사건 해고가 부당노동행위의사로 한 것이라고 할 수</u> <u>도 없다.</u>"

2. 사용자의 언론의 자유와 부당노동행위의 관계 (대법원 1998. 5. 22. 선고 97누 8076 판결; 대법원 2006. 9. 8. 선고 2006도388 판결; 대법원 2013. 1. 10. 선고 2011도 15497 판결 참고))

▷ 언론의 자유 측면에서 볼 때 노동조합이나 노조활동에 관한 사용자의 의견표명 자체를 금지할 수는 없지만, 자주적인 단결활동 보장과의 관계에서 사용자의 언론

의 자유는 일정한 한계를 가질 수밖에 없다. 참고1 판결(97누8076 판결 ☞ 제18강 2. 단체교섭 거부의 행정적 구제 대상판결)은 이러한 한계에 대한 일반적 기준을 제시하고 있을 뿐만 아니라 이 사건에서 사용자의 발언이 그러한 한계를 넘어선 지배개입의 부당노동행위에 해당한다고 본 사례라는 점에서 의의가 있다.

▷ 사용자의 발언 등이 부당노동행위에 해당하는지 여부는 제반 사정(발언의 내용, 장소, 상황, 시점, 방법 등)에 비추어 지배개입의 의사가 인정되는가에 따라 판단된다. 참고1 판결 사건에서는 노조가 설립되고 교섭 등을 둘러싼 분쟁 와중에서 사용자가 근로자의 참여가 강제되었다고 볼 수 있는 공식 석상에서 전 직원을 상대로 노조를 부인하고 신분상 불이익이 있을 수 있다는 취지로 발언한 것이 부당노동행위로 인정되었다. 그러나 사용자의 발언 내용에 조합활동 관련 보복 내지는 불이익의 위협이 있어야만 부당노동행위가 성립하는 것은 아니라는 점에 유의할 필요가 있다.

▷ 지배개입의 부당노동행위 성립요건으로 단결권 침해라는 결과의 발생은 필요치 않고, 이러한 법리는 사용자의 언론의 자유와 부당노동행위의 관계에서도 마찬가지로 적용된다. 즉 사용자의 의견표명이 노동조합의 운영이나 활동에 미치거나 미칠 수 있는 영향은 지배개입의 부당노동행위 성립 여부 판단의 고려 요소이지만, 사용자의 의견표명이 조합활동에 전혀 영향을 미치지 못하였다고 하더라도 부당노동행위가 성립할 수 있다(☞ 참고2 판결 참고).

▷ 한편, 참고3 판결(2011도15497 판결)은 사용자도 자신의 의견을 표명할 수 있는 자유를 가지고 있으므로, 노동조합의 활동에 대하여 단순히 비판적 견해를 표명하는 행위 또는 파업의 정당성과 적법성 여부 및 파업이 회사나 근로자에 미치는 영향 등을 설명하는 행위는, 거기에 징계 등 불이익의 위협 또는 이익제공의 약속 등이 포함되어 있거나 노조의 자주성을 해할 수 있는 요소가 연관되어 있지 않는 한, 사용자에게 지배개입의 의사가 있다고 가볍게 단정할 것은 아니라고 본다. 불이익의 위협이나 이익제공의 약속은 지배개입의 의사를 확인할 수 있는 중요한 사정에 해당하지만, 불이익의 위협이나 이익제공의 약속이 포함되어야만 지배개입의 의사가 인정될 수 있는 것은 아니란 점에서 논란이 예상된다.

※(참고1) 대법원 1998. 5. 22. 선고 97누8076 판결 【부당노동행위구제재심판정취소】
- "사용자가 연설, 사내방송, 게시문, 서한 등을 통하여 의견을 표명할 수 있는 언론의 자유를 가지고 있음은 당연하나, 그것이 행하여진 상황, 장소, 그 내용, 방법, 노동조합의 운영이나 활동에 미친 영향 등을 종합하여 노동조합의 조직이나 운영l

을 지배하거나 이에 개입하는 의사가 인정되는 경우에는 법 제39조 제4호에 정한 부당노동행위가 성립한다고 볼 것이다(대법원 1991. 12. 10. 선고 91누636 판결, 1994. 12. 23. 선고 94누3001 판결 등 참조). 기록에 의하면, 이 사건 조합의 조합원들이 연명으로 1995. 12. 5. 원고의 대표자인 회장 소외 이○전 등을 업무상횡령 혐의로 수사기관에 고소함으로써 원고와 이 사건 조합간의 갈등이 형사문제로 비화된 사실을 알 수 있고, 이러한 상황 속에서, 원심이 적법하게 인정한 사실과 같이, 위 이○전이 1995. 12. 29. 종무식상에서 전직원을 상대로 원고 조직의 성질상 태어나지 말아야 할 노동조합이 생겼으며, 자신을 포함한 우리 모두가(감독관청인 국방부에 대하여) 노동자인 것이고, 원고 조직의 성격상 노조활동에는 한계가 있다고 보며, 계속하여 분쟁이 야기되어 전직원으로부터 사표를 받고 공개채용으로 다시 충원해야 하는 일이 없기 바란다는 취지로 발언한 것은, 이 사건 조합을 부인하는 태도를 명백히 함과 동시에 조합활동이 계속되는 경우 직원의 신분이 박탈될 수도 있다는 신분상의 불안감을 느끼게 하여 조합활동을 위축시킴으로써 조합의 조직과 활동에 영향을 미치고자 하는 의도임이 충분히 인정되므로, 원심이 위 연설행위를 법 제39조 제4호에 정한 부당노동행위로 판단한 것은 정당하고 … (이하 생략) …"

※**(참고2)** 대법원 2006. 9. 8. 선고 2006도388 판결 【노동조합및노동관계조정법위 반·산업안전보건법위반】

- "사용자가 연설, 사내방송, 게시문, 서한 등을 통하여 의견을 표명할 수 있는 언론의 자유를 가지고 있음은 당연하나, 그 표명된 의견의 내용과 함께 그것이 행하여진 상황, 시점, 장소, 방법 및 그것이 노동조합의 운영이나 활동에 미치거나 미칠 수 있는 영향 등을 종합하여 노동조합의 조직이나 운영 및 활동을 지배하거나 이에 개입하는 의사가 인정되는 경우에는 '근로자가 노동조합을 조직 또는 운영하는 것을 지배하거나 이에 개입하는 행위'로서 부당노동행위가 성립한다(대법원 1998. 5. 22. 선고 97누8076 판결 등 참조). 또 그 지배·개입으로서의 부당노동행위의 성립에 반드시 근로자의 단결권의 침해라는 결과의 발생까지 요하는 것은 아니다(대법원 1997. 5. 7. 선고 96누2057 판결 등 참조). … (중략) … 회사의 조합비에 대한 가압류로 인해 경제적인 어려움을 겪고 있던 지회가 이를 극복하기 위한 방안으로 채권을 발행하기로 하자, 피고인 1, 2 등이 2회에 걸쳐 지회의 채권발행을 중단할 것을 촉구하고, 업무에 지장을 초래하는 채권발행이나 근무시간 중의 채권발행에 대하여 엄중 조치하겠다는 내용의 공문을 발송한 사실이 인정되고, 당시 노동조합의 경제적 상황과 회사측 공문 내용 등에 비추어 보면 위와 같은 행위는 단순히 사용자의 입장에서 노사현안에 대한 의견을 개진하는 수준을 넘어 조합원 개개인의 판단과 행동, 노동조합의 운영에까지 영향을 미치려는 시도로서 노동조합의 운영에 개입하는 행위임을 충분히 인정할 수 있고, 이 사건에 있어 실제로 지회가 회사의 의견을 무시한 채 채권발행을 강행하여 사용자 측의 위와 같은 의사표명이 노조활동에 전혀 영향을 미치지 못하였다고 하더라도 이 부분 공소사실을 유죄

로 인정하는 데 장애가 되지 아니한다고 판단한 것은 정당하고 … (이하 생략) …"

※(참고3) 대법원 2013. 1. 10. 선고 2011도15497 판결【업무방해】

- "사용자 또한 자신의 의견을 표명할 수 있는 자유를 가지고 있으므로, 사용자가 노동조합의 활동에 대하여 단순히 비판적 견해를 표명하거나 근로자를 상대로 집단적인 설명회 등을 개최하여 회사의 경영상황 및 정책방향 등 입장을 설명하고 이해를 구하는 행위 또는 비록 파업이 예정된 상황이라 하더라도 그 파업의 정당성과 적법성 여부 및 파업이 회사나 근로자에 미치는 영향 등을 설명하는 행위는 거기에 징계 등 불이익의 위협 또는 이익제공의 약속 등이 포함되어 있거나 다른 지배·개입의 정황 등 노동조합의 자주성을 해칠 수 있는 요소가 연관되어 있지 않는 한, 사용자에게 노동조합의 조직이나 운영 및 활동을 지배하거나 이에 개입하는 의사가 있다고 가볍게 단정할 것은 아니라 할 것이다. … (중략) … 이러한 순회설명회의 경과 등에 비추어 볼 때, 공소외 1이 이 사건 설명회에서 설명하고자 한 내용은 다른 지역설명회에서 한 발언과 유사할 것으로 보이지만, 원심은 그 내용에 대해서는 구체적으로 심리한 바가 없다. 그리고 그 발언의 내용이 이 사건 설명회가 무산된 뒤 중간관리자 등을 상대로 하였던 발언 내용과 별 차이가 없는 것이라면, 이는 파업이 예정된 상황에서 한국철도공사의 전반적 현황과 파업이 회사에 미치는 영향을 설명하면서 파업 참여에 신중할 것을 호소·설득하는 등 사용자 입장에서 노동조합이 예정한 파업방침에 대해 비판적 견해를 표명한 것으로서 사용자 측에 허용된 언론의 자유의 범위를 벗어난 것이라고 단정하기는 어렵다 할 것이다. … (중략) … 그렇다면 원심으로서는, 비록 이 사건 설명회가 파업이 임박한 시기에 개최된 것이라고 하더라도, 공소외 1이 이 사건 설명회 전 다른 지역에서 한 순회설명회에서 표명한 발언의 내용 및 그러한 발언 등이 조합원이나 노동조합의 활동에 미쳤거나 미칠 수 있는 영향, 그리고 당초 예정된 파업의 정당성 여부 등 지배·개입의 부당노동행위를 인정하는 전제가 되는 전후 상황 등에 대하여 구체적으로 심리하여, 이 사건 설명회 개최가 사용자 입장에서 단순히 파업에 대한 의견을 개진하는 수준을 넘어 조합원에 대해 회유 내지 위협적 효과를 가지는 등의 사정이 있어, 사용자에게 노동조합의 운영이나 활동을 지배하거나 노동조합의 활동에 개입하려는 의사가 있었던 것으로 추단되는지 여부를 판단하였어야 할 것이다. 그럼에도 원심은 이에 이르지 아니한 채 단지 그 판시와 같은 사정만으로 이 사건 설명회 개최가 '근로자가 노동조합을 운영하는 것을 지배하거나 이에 개입하는 행위'로서 업무방해죄의 보호법익으로서의 업무에 해당하지 않는다고 판단하였으니, 이러한 원심의 판단에는 지배·개입에 의한 부당노동행위의 성립에 관한 법리 또는 업무방해죄의 보호법익으로서의 업무에 관한 법리를 오해하여 필요한 심리를 다하지 아니함으로써 판결에 영향을 미친 위법이 있다."

3. 근로시간 면제자에 대한 급여지급과 부당노동행위 (대법원 2016. 4. 28. 선고 2014두11137 판결; 대법원 2018. 5. 15. 선고 2018두33050 판결 참고)

▷ 노조법 제24조에 따르면, 근로자는 단체협약으로 정하거나 사용자의 동의가 있는 경우에는 사용자 또는 노동조합으로부터 급여를 지급받으면서 근로계약 소정의 근로를 제공하지 아니하고 노동조합의 업무에 종사할 수 있고(제1항), 이에 따라 사용자로부터 급여를 지급받는 근로자(이하 "근로시간면제자")는 사업 또는 사업장별로 종사근로자인 조합원 수 등을 고려하여 제24조의2에 따라 결정된 근로시간 면제 한도를 초과하지 아니하는 범위에서 임금의 손실 없이 사용자와의 협의·교섭, 고충처리, 산업안전 활동 등 노조법 또는 다른 법률에서 정하는 업무와 건전한 노사관계 발전을 위한 노동조합의 유지·관리업무를 할 수 있다(제2항). 노조법 제81조 제1항은 이러한 규정 내용을 반영하여 제4호 본문에서 '근로시간 면제 한도를 초과하여 급여를 지급하는 행위'를 부당노동행위로 금지하면서도, 그 단서에서 '근로시간 면제자가 근로시간 중에 노조법 제24조 제2항에 따른 활동을 하는 것을 허용하는 사용자의 행위'는 부당노동행위에 해당하지 않는 것으로 정하고 있다.

▷ 참고1 판결(2014두11137 판결)은 사용자가 근로시간 면제자에게 급여를 지급하는 행위가 부당노동행위에 해당하는지 등에 관한 판단기준을 제시한 사례이고, 참고2 판결(2018두33050 판결)은 참고1 판결의 판지를 재확인하고 있는 사례이다. 참고1(2014두11137 판결) 판결의 요지는 다음과 같다. i) 근로시간 면제자로 지정된 바 없는 근로자에게 급여를 지원하는 행위는 그 자체로 부당노동행위가 되지만, 근로시간 면제자에게 급여를 지급하는 행위는 특별한 사정이 없는 한 부당노동행위가 되지 않는 것이 원칙이다. ii) 다만 근로시간 면제자로 하여금 근로제공의무가 있는 근로시간을 면제받아 경제적인 손실 없이 노동조합 활동을 할 수 있게 하려는 근로시간 면제 제도 본연의 취지에 비추어 볼 때, 근로시간 면제자에게 지급하는 급여는 근로제공의무가 면제되는 근로시간에 상응하는 것이어야 하므로, 단체협약 등 노사 간 합의에 의한 경우라도 타당한 근거 없이 과다하게 책정된 급여를 근로시간 면제자에게 지급하는 사용자의 행위는 노조법 제81조(현행 제81조 제1항) 제4호 단서에서 허용하는 범위를 벗어나는 것으로서 부당노동행위가 될 수 있다. iii) 여기서 근로시간 면제자에 대한 급여지급이 과다하여 부당노동행위에 해당하는지는 근로시간 면제자가 받은 급여 수준이나 지급 기준이 그가 근로시간 면제자로 지정되지 아니하고 일반 근로자로 근로하였다면 해당 사업장에서 동종 혹은 유사 업무에 종사하는 동일 또는 유사 직급·호봉의 일반 근로자의 통상 근로시간과 근로조건 등을 기준으로 받을 수 있는 급여 수준이나

지급 기준을 사회통념상 수긍할 만한 합리적인 범위를 초과할 정도로 과다한지 등의 사정을 살펴서 판단하여야 한다.

▷ 한편, 헌법재판소는 2018. 5. 31. 2012헌바90 결정(헌법불합치 결정)에서 구 노조법 제81조 제4호 중 사용자가 노동조합의 운영비를 원조하는 행위를 부당노동행위로 금지하는 부분이 노동조합의 단체교섭권을 침해하므로 헌법에 위반된다고 판단하였고, 사용자의 노동조합에 대한 운영비 원조 행위에 대한 제한은 실질적으로 노동조합의 자주성이 저해되었거나 저해될 위험이 현저한 경우에 한하여 이루어져야 한다고 보았다. 이에 따라 2020. 6. 9. 개정된 노조법 제81조 제1항 제4호 단서에서는 '노동조합의 자주적인 운영 또는 활동을 침해할 위험이 없는 범위에서의 운영비 원조행위'를 부당노동행위의 예외로 규정하고 있고, 같은 조 제2항에서는 제1항 제4호 단서에 따른 "노동조합의 자주적 운영 또는 활동을 침해할 위험" 여부를 판단할 때 고려하여야 할 사항으로 운영비 원조의 목적과 경위(제1호), 원조된 운영비 횟수와 기간(제2호), 원조된 운영비 금액과 원조방법(제3호), 원조된 운영비가 노동조합의 총수입에서 차지하는 비율(제4호), 원조된 운영비의 관리방법 및 사용처 등(제5호)을 규정하고 있다.

저자약력

조용만
서울대학교 법과대학 졸업/ 서울대학교 법학박사/ 건국대학교 법학전문대학원 교수/
중앙노동위원회 공익위원 역임/ 서울지방노동위원회 공익위원

김홍영
서울대학교 법과대학 졸업/ 서울대학교 법학박사/ 성균관대학교 법학전문대학원 교수/
서울지방노동위원회 공익위원 역임/ 중앙노동위원회 공익위원

<제5판>
로스쿨 노동법 해설

초판발행　　　2011. 4. 15
제2판발행　　2013. 3. 20
제3판발행　　2016. 3. 20
제4판발행　　2019. 3. 20
제5판발행　　2023. 3. 10

저　자　　조용만·김홍영
발행인　　황인욱
발행처　　도서출판 **오 래**
　　　　　서울특별시마포구 토정로 222 406호
　　　　　전화: 02-797-8786,8787; 070-4109-9966
　　　　　Fax: 02-797-9911
　　　　　신고: 제2016-000355호

ISBN 979-11-5829-210-2

http://www.orebook.com
email orebook@naver.com

정가 45,000원